디버깅을 통해 배우는
리눅스 커널의 구조와 원리 **2**

라즈베리 파이로 따라하면서
쉽게 이해할 수 있는 리눅스 커널

[예제파일 다운로드]

https://wikibook.co.kr/linux-kernel-2/

https://github.com/wikibook/linux-kernel

디버깅을 통해 배우는
리눅스 커널의 구조와 원리 **2**

라즈베리 파이로 따라하면서
쉽게 이해할 수 있는 리눅스 커널

지은이 김동현

펴낸이 박찬규   엮은이 이대엽   디자인 북누리   표지디자인 Arowa & Arowana

펴낸곳 위키북스   전화 031-955-3658, 3659   팩스 031-955-3660

주소 경기도 파주시 문발로 115 세종출판벤처타운 311호

가격 40,000   페이지 964   책규격 188 x 240mm

1쇄 발행 2020년 05월 12일
2쇄 발행 2021년 10월 15일
ISBN 979-11-5839-199-7 (93000)

등록번호 제406-2006-000036호   등록일자 2006년 05월 19일
홈페이지 wikibook.co.kr   전자우편 wikibook@wikibook.co.kr

이 도서의 국립중앙도서관 출판시도서목록 CIP는
서지정보유통지원시스템 홈페이지(http://seoji.nl.go.kr)와
국가자료공동목록시스템(http://www.nl.go.kr/kolisnet)에서 이용하실 수 있습니다.
CIP제어번호 CIP2020016390

디버깅을 통해 배우는
리눅스 커널의
구조와 원리
-2-

라즈베리 파이로
따라하면서
쉽게 이해할 수 있는
리눅스 커널

김동현 지음

위키북스

서문

현재 리눅스는 IT 산업과 생활 전반을 이루는 운영체제로 자리 잡아 휴대폰, TV, 라우터에서 인공 지능, 로봇, 사물 인터넷, 자동차 제어 시스템까지 적용되고 있습니다. 이에 따라 리눅스 개발자의 저변이 꾸준히 확대되고 있습니다.

책을 쓰게 된 배경

당연한 이야기지만, 많은 리눅스 시스템 개발자들은 리눅스 커널을 배우려고 노력합니다. 임베 디드 리눅스, 리눅스 BSP(Board Support Package) 같은 리눅스 시스템은 물론이고, 데브옵스 (Devops)를 위해서도 리눅스 커널을 잘 알아야 하기 때문입니다. 저도 임베디드(BSP) 리눅스를 개발하면서 주위 개발자를 대상으로 리눅스 커널 세미나를 꾸준히 진행했으며, 신입 개발자와 학생 들을 대상으로 리눅스 커널을 주제로 세미나와 발표를 했습니다. 이를 위해 시중에 출간된 도서들 중 세미나에 활용할 참고서를 찾으려 했는데 신입 개발자를 위한 리눅스 커널 입문서를 찾기가 어려 웠습니다. '리눅스 커널' 도서의 난이도가 중급 이상 리눅스 개발자가 이해할 수 있는 수준이었기 때 문입니다. 신입 리눅스 시스템 개발자들을 위한 마땅한 리눅스 커널 도서가 없다고 느낀 이유는 다 음과 같습니다.

- 이론과 소스코드를 어려운 용어로 설명한다.
- 실무에 활용되지 않는 커널의 이론과 함수를 설명한다.
- 실무에서 사용하는 유용한 디버깅 툴의 사용법을 다루지 않는다.
- 커널을 구성하는 함수들이 어떤 흐름으로 호출되는지 자세히 다루지 않는다.
- 오래된 리눅스 커널 버전의 커널 소스를 바탕으로 커널의 구현 방식을 분석한다.

'리눅스 커널' 책을 읽다가 너무 어렵다고 느낀 신입 리눅스 시스템 개발자들은 리눅스 커널의 소스 코드를 분석하기도 합니다. 리눅스 커널의 소스코드는 공개돼 있고 소스를 분석하면서 리눅스 커널 의 원리를 배울 수 있다는 기대 때문입니다. 하지만 신입 개발자들이 리눅스 커널의 소스를 분석하 다가 포기하는 경우가 대부분입니다. 그 이유를 요약하면 다음과 같습니다.

- 분석하려는 커널 함수의 구현부를 찾기 어렵다.

- 함수가 너무 많아 어느 함수를 분석해야 할지 모르겠다.

- 함수를 누가 언제 호출하는지 모르겠다.

- 자료구조가 방대하고 복잡하게 구성돼 있어 어느 코드에서 자료구조가 변경되는지 파악하기 어렵다.

- 분석하는 코드가 제대로 컴파일돼서 동작하는지도 알기 어렵다.

결국 리눅스 커널을 처음 접하는 학생이나 신입 개발자들이 리눅스 커널의 구조와 동작 원리를 이해하지 못하고 포기하는 것을 많이 봤습니다. 이처럼 신입 개발자들이 리눅스 커널을 배우다가 겪는 어려움을 해소하기 위해 이 책을 집필하게 됐습니다.

이 책의 구성과 특징

이 책은 리눅스 커널을 공부하다가 포기하지 않고 끝까지 따라갈 수 있도록 다음과 같이 구성돼 있습니다.

- 쉬운 내용부터 시작해서 어렵고 복잡한 내용으로 이어지도록 난이도를 조절했습니다.

- 커널의 이론 중에 실무에서 쓰이는 내용을 중심으로 소개합니다.

- 커널 함수를 일정한 시나리오에 따라 끝까지 따라가면서 분석합니다.

- 실전 개발에서도 바로 적용할 수 있는 디버깅 방법(ftrace, TRACE32)을 소개합니다.

- 커널 소스코드의 URL을 제공하고, 최신 4.19(LTS) 버전을 기준으로 분석합니다.

- 학습한 내용은 모두 라즈베리 파이로 실습을 통해 익힐 수 있도록 구성했습니다.

이 과정을 통해 배운 내용을 오랫동안 머릿속에 기억할 것이라 확신합니다.

이 책은 신입 개발자가 5년 차까지 실무를 하면서 알아야 하는 내용으로 구성돼 있습니다. 중급 이상의 개발자들이 알면 좋은 커널의 주요 개념들은 리눅스 커널의 메일링 리스트나 세계 최고의 리눅스 커널 블로그인 '문c 블로그(http://jake.dothome.co.kr/)'를 참고하면 좋겠습니다.

입문자를 위한 책

반복하지만 이 책의 주요 독자는 신입 개발자 혹은 졸업반 학생과 같은 리눅스 커널의 입문자이며 세부 예상 독자는 다음과 같습니다.

- 리눅스 보드로 졸업 과제를 준비 중인 졸업반 학생

- 연구실의 프로젝트를 리눅스 환경(리눅스 보드, 리눅스 배포판)에서 진행 중인 대학원생

- 리눅스 드라이버의 동작 원리를 더 깊게 알고 싶은 분

- 리눅스 커널을 실무에서 어떻게 디버깅하는지 알고 싶은 리눅스 시스템 개발자

이 밖의 예상 독자는 다음과 같습니다.

- 리눅스 커널을 통해 운영체제의 세부 원리를 연구하려는 분

- 리눅스 드라이버를 통해 개발하려는 IT 분야의 세부 구현 방식(보안, 메모리, 네트워크 프로토콜)을 파악하려는 분

- 실전 리눅스 개발에서 어떤 방식으로 디버깅하는지 알고 싶은 분

쉬운 설명과 실습 위주

반복하지만 이 책은 입문자를 위해 집필했으며 주요 독자는 신입 개발자입니다. 따라서 입문자도 리눅스 커널을 이해할 수 있도록 쉽게 설명하는 것이 이 책의 목표입니다. 선점 스케줄링을 야구의 투수 교체(10.6절 '선점 스케줄링')에, 시그널을 전화가 오는 상황(12.1절 '시그널이란?')에, 슬랩 할당자(14.5절 '슬랩 메모리 할당자')를 '구내식당'에 비유해서 설명했습니다.

책을 자세히 읽다 보면 이론적으로 100% 옳지 않은 설명도 가끔 보입니다. 그것은 말 그대로 최대한 쉽게 설명하기 위해 완곡한 문장으로 표현하다 보니 제 나름대로 커널의 함수의 일부 동작(예외 처리)을 적당히 무시한 경우입니다. 리눅스 커널의 이론을 포함해 커널의 함수나 로그의 분석은 일반적인 상황을 기준으로 설명한다는 점을 알아주셨으면 좋겠습니다.

실무에 바로 적용할 수 있는 내용

원고를 리뷰한 베타리더들은 모두 책의 내용이 '매우 실용적'이라는 의견을 주셨습니다. 저자가 리눅스 드라이버를 구현하고 버그를 잡는 '실전 개발자'이기 때문입니다. 책 중간에 소개한 디버깅 방법은 실전 프로젝트에서 바로 활용할 수 있습니다.

온라인 커뮤니티(블로그, 유튜브)

이 책을 읽다가 궁금한 사항이 있다면 토론장을 열어둘 예정이므로 다음과 같은 저자의 블로그를 방문하길 바랍니다.

- http://rousalome.egloos.com/category/Question_Announcement

혹시 책에 명시된 4.19 버전의 커널 소스가 바뀌거나 기타 업데이트(오탈자 및 오류 확인)가 있으면 이 블로그를 통해 안내할 예정입니다.

또한 저자의 개인 유튜브 채널에 방문하시면 책의 강의 동영상을 보고 공부하시면서 댓글로 질문을 남길 수 있습니다.

- https://www.youtube.com/user/schezokim

마지막으로 드리는 말씀

- 이 책에서 설명하는 리눅스 커널의 소스는 '4.19' 버전을 기준으로 설명합니다.
  리눅스 커널의 소스 버전은 계속 업그레이드되므로 독자의 학습 시점에 따라 소스의 내용이 달리 보일 수 있습니다.

- 이 책에서 소개된 ftrace 로그와 터미널의 출력 결과는 라즈비안 커널의 4.14/4.19 버전에서 테스트한 내용을 바탕으로 독자들이 쉽게 이해할 수 있는 메시지로 선정했습니다. 독자들이 라즈베리 파이에서 테스트하는 ftrace 나 터미널의 출력 결과는 다르게 보일 수 있습니다.

- 이 책에 기재된 내용을 참고해서 운용한 결과에 대해서 저자와 위키북스 출판사는 일체의 책임을 지지 않으니 양해 바랍니다. 특히 이 책에 설명한 다양한 실습 패치는 모두 학습용으로 제작된 것이니 오로지 디버깅 용으로만 활용하길 권장합니다.

감사의 글

우선 책의 기획부터 집필을 거쳐 편집에 이르는 과정 내내 격려로 이끌어주신, 위키북스의 박찬규 대표님과 어색한 문장을 잘 다듬어 주신 위키북스의 이대엽 님께 감사드립니다. 개발자에게 꼭 필요한 책을 만들기 위한 열정으로 대중성과 약간 거리가 있는 제 원고를 받아주신 위키북스의 박찬규 대표님과 편집자님께 감사드립니다.

이 책은 많은 리눅스 커널 개발자들의 도움으로 완성할 수 있었습니다. 먼저 원고의 소스코드와 모든 분석 내용을 일일이 읽고 오류를 잡아 주신 박병철 님께 깊은 감사를 드립니다. 그리고 원고에서 부족한 설명과 어색한 표현을 자세히 알려주신 문동희 님, 한글로 된 원고를 번역기로 돌려 읽고 피드백을 주신 Reddy 교수님께도 감사의 말씀을 드립니다. 또한 최종 원고를 자세히 읽고 결정적인 오타를 제보해주신 안성우 님, 윤동현 님 그리고 현미경을 사용해 글을 읽듯이 꼼꼼하게 책을 읽고 오류를 알려주신 김태현 님께도 감사의 말씀을 드리고 싶습니다. 원고의 구성과 콘텐츠에 대해 깊이 공감하고 많은 아이디어를 알려주신 서형진 님께도 감사드립니다. 이렇게 훌륭한 개발자들의 도움을 받아 완성된 원고에서도 미비한 점이나 문제점이 있다면 모두 저자가 부족한 탓입니다.

또한 집필 내내 많은 응원과 격려를 보내주신 정호 선배님, 치국 선배님 그리고 이경섭 박사님, 어상훈 박사님께도 감사드립니다. 마지막으로 리눅스 개발을 하면서 초보 개발자인 저에게 많은 가르침을 주신 장경석 선배님께 지면을 빌려 감사의 말씀을 드리고 싶습니다.

책이 언제 출간되는지 항상 궁금해하시며 변함없는 격려와 응원을 보내주신 양가 부모님께도 감사드립니다. 2년이 넘도록 모든 시간을 집필에 몰두하도록 배려와 희생을 한 아내에게 가장 큰 감사의 마음을 전하며 이 책을 아내에게 헌정합니다.

베타리더 후기

박병철(LG전자)

개발 현장에서 마치 신입 사원 옆에 선배 사원 한 명이 앉아서 하나하나 꼼꼼하게 설명해 주는 느낌이 드는 책입니다. 실전 개발에서 마주하게 되는 많은 어려움은, 사실 잘 정돈된 이론보다 한 걸음 한 걸음 꼼꼼한 설명에 의해 해소되는 경우가 더 많습니다. 실전 개발에서 경험한 내용을 바탕으로 서술하여 실전 감각을 익히는 데 큰 도움이 되는 책입니다.

강승철(세미파이브)

저자는 임베디드 리눅스와 BSP 등에서 10여 년이 넘는 경력을 가진 프로페셔널 엔지니어다. 그의 운영체제와 관련한 이론적 배경은 얕을지도 모르겠다. 그러나 10년이 넘는 기간 동안 갈고닦은 실무 노하우는 그 모자람을 채우고도 남는다. 이 책은 그간의 경험을 바탕으로 리눅스 커널의 이론과 실전 개발 사이의 간극을 좁히는 가교와도 같은 존재다. 책의 내용이 실무에서 디버깅할 때 발생할 수 있는 업무 순서대로 구성돼 있고, 지금까지의 커널 분석을 다룬 책에서는 볼 수 없었던 실무에 매우 도움이 되는 내용들로 채워져 있다. 커널을 분석하는 내용이 지루해도 각 장의 끝에 나오는 실습을 해본다면 개발에 큰 도움이 될 것이다.

이 책이 커널 분석을 시작하려는 사람들에게 진정으로 큰 도움이 될 것이라 확신한다.

장경석(LG전자)

시중에서 볼 수 있는 리눅스 커널 도서는 대부분 코드를 통해 난해하게 설명하는 컨셉이다. 이 책은 실전 경험을 가진 엔지니어가 구체적인 디버깅 자료와 코드 블럭을 토대로 리눅스 커널의 이론과 개념을 자세히 설명한다. 기존 도서와는 다른 신선한 느낌을 주는 것 같다.

다년간 실전 프로젝트를 통해 축적된 실전 경험(Kernel Troubleshooting)을 바탕으로 집필한 '리눅스 커널' 서적으로서 으뜸이라 생각한다.

독자 후기

문영일(문c 블로그 운영자)

이 책을 처음 읽어보곤 정말 쉽게 읽혀 깜짝 놀랐습니다. 리눅스 개발자 및 커널 스터디 뉴비를 위한 최고의 도서로 무조건 한 번 읽어야 할 추천 도서로 평가합니다. 오프라인 도서 시장이 하락하는 시점에도 시장에서 히트한 이유가 이 책엔 분명히 있습니다. 독자들에게 어떻게 설명하면 더 도움이 될지 고심하며 정성을 들인 부분이 많습니다. 두껍고 분량이 많은 책이지만 잘 읽히는 문장들로 구성되어 빠른 이해를 돕습니다. 새로운 디버깅 방법을 찾는 데 목마른 초/중/상급자를 비롯한 모든 세대의 개발자분들에게도 최고로 도움이 될 책입니다.

김흥열(삼성전자)

리눅스 커널에 대해 모든 것을 설명해 주는 바이블을 찾는다면 이 책은 적당하지 않을 수 있습니다. 하지만 임베디드 리눅스를 배우기 위해 어디서부터 시작해야 할지 막막한 개발자라면 이만한 서적을 찾기는 어렵습니다. 최신 버전의 커널과 함께, 누구나 쉽게 구할 수 있는 라즈베리 파이에서 실습할 수 있는 예제로 구성된 이 책은 초기 셋업부터 파일시스템과 메모리 관리까지 커널의 거의 모든 부분을 친절하게 설명하고 있습니다. 십수 년 동안 개발 현장에서 익힌 기술과 지식들을 단순한 나열이 아닌 실제 사례로 풀어냈기 때문에 기술 서적임에도 불구하고 마치 소설처럼 흐름을 가지고 읽힙니다. 이 책은 쉽게 읽을 수 있지만 그렇다고 그 깊이가 얕다고는 말할 수 없습니다. 임베디드 리눅스를 배우는 학생부터 실제 현장에서 일하는 개발자까지, 이 책을 통해 많은 것을 배우고 얻을 수 있을 것이라 확신합니다.

송태웅(리얼리눅스)

리눅스 시스템 개발에서 문제 해결 능력을 키우기 위해서는 추상적이며 이론적인 내용으로 만으로는 부족할 수 있습니다. 하지만 커널 코드를 직접 분석하는 것도 어려운 일입니다. 이 책은 리눅스 커널을 분석하는 과정에서 겪을 수 있는 어려움과 한계를 극복할 수 있게 구성되어 있습니다. 이 책에서 설명하는 것처럼 리눅스 커널을 구성하는 주요 서브시스템의 동작 원리와 소스의 분석 내용을 ftrace 같은 트레이싱 도구를 활용하면서 익히면 훨씬 효율적으로 리눅스 커널을 배울 수 있습니다. 리눅스 커널을 배우려는 개발자는 반드시 읽어야 할 좋은 책으로 추천합니다.

김원경(퀄컴)

리눅스를 주제로 이렇게 읽기 쉽고 따라 하기 쉬운 책이 또 있을까 싶을 정도로 잘 쓰여진 책입니다. 특히 현업에서 리눅스 기반으로 임베디드 시스템을 개발하는 분들에게 좋은 길잡이가 될 것이고, 리눅스를 제대로 배우려는 분께도 적극 추천합니다.

정요한(SK 하이닉스)

기존 리눅스 커널 책 대비 최신 버전의 커널 버전으로 구성되어 있고, 유용한 예제 및 디버깅 방법을 소개합니다. 처음 리눅스 커널을 접하는 분들이 거부감 없이 공부할 수 있는 좋은 책이 나온 것 같습니다. 저 또한 신입 사원에게 이 책을 추천했습니다.

남영민(삼성전자)

최신 커널 코드로 리눅스 커널의 기본을 배울 수 있는 정말 감사한 책입니다. 리눅스 커널을 쉽게 이해할 수 있도록, 친한 형처럼 기본 개념을 쉽게 설명하고, 쉽게 구할 수 있는 보드(라즈베리 파이)로 실습까지 가이드합니다. 또한 TRACE32 및 Crash Utility(Crash tool)를 통한 커널의 주요 자료구조 및 메모리 덤프를 직접 볼 수 있어 실무에도 정말 많은 도움이 됩니다. 지금까지 만나본 커널 도서 중 단연 최고입니다. 같은 BSP 개발자로서 이렇게 좋은 책을 집필해 주신 저자께 무한한 감사의 마음을 드립니다.

서형진(LG전자)

사실 이 책의 초고 원고를 이미 다 읽고, 출간된 1권과 2권까지 완독했습니다. 타 리눅스 책보다 이 책은 입문자를 배려해 어려운 리눅스 커널의 개념을 쉽게 설명하려는, 개발자에 대한 애정이 더 크게 느껴집니다. 스케줄러부터 메모리 관리까지 커널의 주요 기능을 깊지만 쉬운 표현으로 꼼꼼하게 분석했습니다. ftrace, TRACE32를 통한 리눅스 커널에 대한 분석 내용은 실무에 크게 도움이 됩니다.

08

커널 타이머
관리

11

시스템 콜

12

시그널

13

**가상 파일
시스템**

14

메모리 관리

부록 **C**

**리눅스 커널 프로젝트에
기여하기**

08

커널 타이머 관리

이번 장에서 다룰 내용

- HZ와 jiffies의 개념
- 드라이버에서 실행 시간을 제어하는 방식
- 동적 타이머의 등록과 실행 과정

대부분의 운영체제에서는 이벤트나 실행 시간의 흐름을 기준으로 함수나 드라이버를 제어합니다. 이 중에서 실행 시간의 흐름을 제어하는 루틴은 매우 중요한데, 리눅스 커널이나 드라이버 코드를 조금만 분석하면 관련 코드를 볼 수 있습니다. 리눅스 커널은 실행 시간의 흐름을 제어하기 위해 타이머를 제공합니다.

리눅스 커널에서 지원하는 타이머는 1/HZ 단위로 동작하는 저해상도(Low Resolution) 타이머와 나노초 단위인 고해상도(High Resolution) 타이머로 분류할 수 있습니다. 일반적으로 디바이스 드라이버에서 사용하는 타이머는 저해상도 타이머이며, 이를 커널 타이머라고 부르기도 합니다. 이번 장에서는 jiffies(1/HZ) 단위로 동작하는 저해상도 타이머를 설명하며, 저해상도 타이머를 '커널 타이머'로 명시합니다. 고해상도 타이머는 너무 어려운 개념을 담고 있어서 이 책에서는 다루지 않습니다.

커널 타이머는 몹시 어려운 개념이므로 코드를 열심히 분석해도 머릿속에 오래 남기 힘듭니다. 따라서 코드를 직접 입력하고 라즈베리 파이에서 빌드한 코드를 실행하면서 실습하는 과정이 필요합니다. 이번 장에서는 다양한 패치 코드를 소개했으니 꼭 따라 하면서 커널 타이머를 익히기를 바랍니다.

8.1 커널 타이머(저해상도 타이머)의 주요 개념

커널 타이머는 리눅스 커널의 핵심 기능 중 하나입니다. 커널을 구성하는 많은 서브시스템에서는 커널이 제공하는 타이머 함수를 이용해 백그라운드 작업으로 다음과 같은 동작을 수행합니다.

- 스케줄링 함수들은 커널이 제공하는 타이머 관련 함수를 사용해 프로세스를 제어합니다.
- 시스템 시간은 타이머 인터럽트를 받아 주기적으로 갱신됩니다.
- Soft IRQ 타이머 서비스를 주기적으로 실행해 동적 타이머를 관리합니다.

또한 리눅스 커널의 세부 알고리즘과 디바이스 드라이버는 실행 시간을 기준으로 세부 제어를 합니다. 예를 들면 다음과 같습니다.

- 어떤 함수를 현재 시각을 기준으로 200ms 후에 실행
- 어떤 함수가 500ms 내에 실행되지 않으면 예외 처리
- 특정 함수를 1초 주기로 실행해서 시스템의 상태를 점검

리눅스 커널이나 드라이버 코드를 분석하면 커널이 지원하는 타이머 함수를 사용해 실행 시간의 흐름을 제어하는 코드를 만날 확률이 높습니다. 이번 절에는 먼저 '커널 시간 관리'를 이루는 다음과 같은 주요 개념을 소개합니다.

- HZ와 jiffies
- Soft IRQ 서비스
- 커널 타이머를 이루는 자료구조
- 동적 타이머

먼저 HZ에 대해 배워봅시다.

8.1.1 HZ란?

HZ는 진동수라고 부르며, 다음과 같이 정의할 수 있습니다.

> **1초에 지피스(jiffies)가 업데이트되는 횟수**

만약 HZ가 100이면 지피스는 1초에 100번 증가하고, HZ가 300이면 지피스는 1초에 300번 증가합니다.

HZ에 대한 이해를 돕기 위해 시계 초침을 예로 들겠습니다. 벽걸이 시계를 보면 1분에 60번 초침이 움직입니다. 그러면 1초 동안 100번 움직이는 초침이 있다고 상상해 봅시다. 1초에 100번 움직이니 우리 눈으로 초침이 100번 바뀌는 것을 인지하지는 못할 것입니다. 리눅스 커널 관점으로는 HZ가 100이면 앞에서 언급한 1초 동안 초침이 100번 움직이는 것과 같은 개념으로 볼 수 있습니다. HZ는 1초 동안 값이 증가하는 횟수를 나타내는 상수이기 때문입니다.

8.1.2 Soft IRQ의 타이머 서비스란?

커널 타이머는 Soft IRQ의 TIMER_SOFTIRQ 서비스 구조 내에서 실행됩니다. 따라서 커널 타이머의 전체 실행 흐름을 파악하려면 Soft IRQ의 구조를 알아야 합니다. Soft IRQ에서 TIMER_SOFTIRQ 서비스의 실행 단계를 알아볼까요?

1. 타이머 인터럽트가 발생하면 TIMER_SOFTIRQ라는 Soft IRQ 서비스를 요청합니다.
2. Soft IRQ 서비스 루틴에서 TIMER_SOFTIRQ 서비스의 핸들러인 run_timer_softirq() 함수를 호출합니다.
3. run_timer_softirq() 함수에서는 time_bases라는 전역변수에 등록된 동적 타이머를 처리합니다.

Soft IRQ의 전체 흐름을 알아야 동적 타이머의 동작 원리를 이해할 수 있습니다. Soft IRQ라는 용어가 익숙하지 않은 분은 6.6절을 먼저 읽고 오시기 바랍니다.

 이번 장에서는 Soft IRQ의 TIMER_SOFTIRQ를 줄여서 Soft IRQ 타이머 서비스라고 표기합니다.

8.1.3 Soft IRQ 타이머(TIMER_SOFTIRQ) 서비스와 동적 타이머란?

일상생활에서 쓰는 알람과 동적 타이머는 개념상 유사한 점이 많습니다. 다음과 같이 질문/답변 형식으로 Soft IRQ 타이머 서비스와 동적 타이머가 무엇인지 설명하겠습니다.

누군가 여러분에게 다음과 같이 질문을 합니다.

Q) 휴대폰으로 2시간 후 알람을 맞춰 놓으면 2시간 후에 어떤 동작을 할까요?

이 질문에 어떻게 대답하시겠습니까? 아마 다음과 같이 대답할 것입니다.

A) 2시간 후에 알람이 울릴 것입니다.

이제 여러분께 다음과 같은 질문을 드리겠습니다.

Q) 2시간 후 실행하도록 동적 타이머를 등록하면 2시간 후에 어떻게 동작을 할까요?

조금 어렵게 들리는 질문이지만 저라면 다음과 같이 대답할 것입니다.

A) 2시간 후에 동적 타이머가 실행될 것입니다.

여기서 의문이 생깁니다. 과연 동적 타이머가 실행된다는 것은 어떤 의미일까요? **바로 동적 타이머 핸들러가 호출된다는 의미입니다.**

이처럼 동적 타이머는 디바이스 드라이버 레벨에서 등록한 타이머를 의미합니다. 알람을 2시간 후에 맞춰 놓으면 알람이 울리듯 동적 타이머를 2시간 후로 지정해 등록하면 2시간 후에 동적 타이머 핸들러가 실행되는 것입니다.

여러분이 알람을 맞춰 놓으면 시계 내부에서는 다음과 같이 동작할 것입니다.

- 1초 간격으로 시간 흐름을 체크
- 1초 간격으로 알람이 등록됐는지 확인 후 알람이 확인되면 알람을 울림

마찬가지로 Soft IRQ 타이머 서비스는 다음과 같은 일을 합니다.

- jiffies 간격(HZ 기준: 1초에 100번)으로 시간 흐름을 체크
- jiffies(1/HZ) 간격으로 만료되는 동적 타이머가 있는지 확인한 후 동적 타이머 핸들러를 실행

우리가 알람을 맞춰 놓으면 지정한 시간에 알람이 울립니다. 그 원리에 대해 조금 더 생각해 보면 누군가 알람을 설정했는지 주기적으로 체크하기 때문에 알람이 정해진 시간에 울리는 것인데, 이처럼 주기적으로 알람이 설정됐는지를 Soft IRQ 타이머 서비스가 체크합니다. 여기서 말하는 주기는 1/HZ 입니다.

Soft IRQ 타이머 서비스는 백그라운드로 실행되면서 동적 타이머를 관리하고 실행하면서 다음과 같은 동작을 수행합니다.

"Soft IRQ 타이머 서비스는 전체 시스템 관점에서 타이머를 처리하는 함수 흐름과 자료구조입니다."

Soft IRQ 타이머 서비스는 Soft IRQ 구조 내에서 실행되며, 전체 동적 타이머를 관리하는 자료구조를 관리하고 동적 타이머 핸들러를 호출합니다.

이번 장에서는 먼저 커널이 시간을 어떤 방식으로 관리하는지 살펴본 후 동적 타이머와 Soft IRQ 타이머 서비스를 다룹니다.

8.1.4 커널이 실행 시각을 관리하는 방식을 왜 잘 알아야 할까?

커널이 실행 시각을 관리하는 방식을 왜 잘 알아야 할지 생각해봅시다.

첫 번째, 코드를 읽는 능력을 더 키울 수 있습니다. 리눅스 커널 세부 함수나 드라이버 코드에서 특정 루틴(코드 블록)이 실행된 시간을 기준으로 실행 흐름을 제어하는 경우가 많습니다. 커널 코드를 읽으면 타이머 관련 함수를 써서 실행 시간을 제어하는 루틴을 만날 가능성이 높습니다. 드라이버 코드를 읽다가 타이머 관련 함수를 만나면 바로 이해해야 드라이버의 구조를 빨리 파악할 수 있습니다.

두 번째, 커널이 동적 타이머를 실행하는 방식을 알면 안정적인 타이머 코드를 입력해 시간 흐름을 제어할 수 있습니다. 다른 드라이버 코드를 참고해 동적 타이머가 동작하는 코드는 누구나 입력할 수 있습니다. 하지만 동적 타이머가 실행되는 전체 그림을 아는 분은 동적 타이머가 Soft IRQ 서비스로 실행된다는 사실을 알기에 동적 타이머 핸들러를 간결하게 작성할 것입니다.

세 번째, 동적 타이머와 관련된 문제 해결 능력을 키울 수 있습니다. 동적 타이머를 써서 실행 시간을 제어하는 코드를 작성한 후 문제가 생기면 ftrace의 동적 타이머 이벤트를 활용해 동적 타이머의 세부 동작을 추적할 수 있습니다. ftrace로 동적 타이머가 등록된 시점과 동적 타이머 핸들러가 호출될 시점까지 알 수 있습니다. 동적 타이머에 대한 디버깅 실력 향상으로 문제 해결 능력을 키울 수 있습니다.

 리눅스 커널의 시간을 처리하는 기법은 매우 다양하고 난이도가 높습니다. SoC(System on chip)에서 제공하는 틱 디바이스와 timekeeping, 고해상도 타이머(High Resolution Timer)에 대한 기법도 있습니다. 이 주제는 리눅스 커널 입문자가 익히기는 어렵기 때문에 이 책에서는 저해상도 타이머의 관리 방법만 다룹니다. 그런데 1/HZ 단위로 처리되는 저해상도 타이머는 위에서 언급한 커널이 시간을 처리하는 기법들의 근간이 됩니다. 저해상도 타이머를 사용해 시간을 관리하는 기법을 제대로 익히면 커널에서 제공하는 다른 타이머 기법도 어렵지 않게 분석할 수 있습니다.

8.1.5 커널 타이머 용어 정리

이번에는 질문/답변 형식으로 이번 장에서 사용하는 커널 타이머 관련 용어를 정리해봅시다.

Q) 동적 타이머란 무엇인가요?

A) 평소에 쓰는 알람과 비슷한 개념입니다. jiffies(1/HZ) 단위로 동적 타이머를 설정할 수 있습니다.

Q) Soft IRQ 타이머 서비스란 무엇인가요?

A) Soft IRQ 타이머 서비스는 1초에 HZ 만큼 주기적으로 동적 타이머가 만료되는지 체크합니다. 만약 만료되는 동적 타이머가 있으면 동적 타이머를 실행합니다.

Q) 동적 타이머를 실행하는 것은 Soft IRQ 타이머 서비스군요?

A) 맞습니다.

Q) 커널 타이머란 무엇인가요?

A) 시스템 전체 관점에서 jiffies(1/HZ) 단위로 처리되는 동적 타이머를 관리하는 자료구조와 함수를 의미합니다. 시스템 전체에서 백그라운드로 실행하는 동적 타이머를 관리하는 함수를 호출하고 타이머 관련 자료 구조를 관리합니다. Soft IRQ 타이머 서비스에서 동적 타이머를 실행할 때 커널 타이머가 제공하는 자료구조를 활용합니다.

이어지는 절에서 jiffies에 대해 살펴보겠습니다.

8.2 jiffies란?

리눅스 커널의 내부 함수에서 jiffies(1/HZ) 단위로 코드가 실행된 시간을 기준으로 알고리즘을 제어합니다. 이번 절에서는 jiffies의 개념을 소개하고 리눅스 커널에서 jiffies로 시간의 흐름을 제어하는 코드를 소개합니다.

8.2.1 jiffies 소개

jiffies는 동적 타이머를 실행하는 시간 단위입니다. 공학 용어로 Resolution과 비슷한 개념입니다. jiffies를 지피스라고도 부르기도 합니다. 하지만 이번 장에서는 리눅스 커널에서 쓰는 jiffies라는 용어를 그대로 쓰겠습니다.

HZ가 크면 좋을까?

이전 절에서 HZ에 대해 배웠습니다. HZ는 진동수라고 부르며, 1초에 지피스(jiffies)가 업데이트되는 횟수입니다.

그럼 HZ가 크면 좋은 시스템일까요? HZ가 너무 크면 시스템에 오버헤드가 걸릴 수 있습니다. HZ값이 늘어나면 동적 타이머를 처리하는 횟수도 증가하기 때문입니다. 반대로 HZ가 너무 작으면 동적 타이머를 처리하는 횟수가 줄어듭니다. 또한 동적 타이머의 만료 시각을 처리하는 데 오차가 생깁니다. 소프트웨어에서 자주 듣는 트레이드오프가 HZ에도 적용되는 것입니다. HZ는 수많은 테스트로 최적화된 값을 적용합니다.

HZ는 어떻게 확인할까?

이미 수많은 커널과 CPU 개발자들이 갖은 시행착오로 CPU 아키텍처별로 HZ값을 이미 정해놨습니다. 라즈베리 파이에서는 HZ가 얼마일까요? 라즈베리 파이에는 ARM CPU(32비트 기반 ARMv7)가 탑재돼 있으므로 HZ값이 100입니다. 참고로 대부분의 ARM 계열 리눅스 커널에서는 HZ값이 100입니다. 이 값은 라즈비안 커널을 빌드하면 생성되는 .config 파일(out/.config)에서 다음과 같이 확인할 수 있습니다.

```
CONFIG_HZ=100
```

 커널을 빌드하면 생성되는 out 폴더에서 .config 파일을 확인할 수 있습니다. 2.3.2절에서 라즈비안 커널 소스를 빌드하는 방법을 설명하니 참고하세요.

HZ는 커널 빌드를 할 때 정해지며, 커널이 실행되는 도중에는 바뀌지 않습니다. 만약 HZ가 100이면 리눅스 시스템은 부팅되고 나서 실행하는 동안 계속 100입니다.

대부분의 ARMv7 프로세서를 탑재한 리눅스 시스템에서는 HZ를 100으로 설정하는 경우가 많습니다. 하지만 시스템의 전반적인 설계 방향에 따라 HZ를 300으로 정할 수도 있습니다.

타이머 인터럽트의 발생 빈도는 스케줄러나 시스템 리소스를 관리하는 드라이버 동작에 영향을 줄 수 있습니다. 라즈비안에서의 HZ는 100이니 앞으로 이를 기준으로 커널 타이머를 이용해 시간의 흐름을 어떻게 관리하는지 분석하겠습니다.

jiffies는 실제 어떻게 바뀔까?

jiffies는 1초에 HZ(100)만큼 증가하며 이를 기준으로 시간의 흐름을 관리할 수 있습니다. 그렇다면 실제 jiffies는 어떤 값일까요? 만약 여러분에게 다음과 같은 시나리오가 주어졌다고 가정하겠습니다.

"어떤 함수 안에 있는 코드 블록이 2초 내에 실행되는지 점검하자."

현재 jiffies가 1000이면 jiffies는 초당 다음과 같이 바뀝니다.

- 1초 후: 1100
- 2초 후: 1200
- 3초 후: 1300

이처럼 jiffies라는 용어는 다음과 같은 두 가지 개념으로 생각해 볼 수 있습니다.

- 현재 시각: "지금 jiffies가 304200입니다"라는 문장은 jiffies라는 변수가 현재 시각 정보를 나타낸다는 의미입니다.
- 상대 시각: "jiffies 단위로 200ms로 마감시각을 설정합니다"라는 문장에서 jiffies는 어떤 의미일까요? jiffies는 1/HZ 단위로 시간 정보를 표현하는 값입니다. 마감시각을 현재 시각 값인 jiffies(1/HZ) 단위 기준으로 설정합니다.

이처럼 두 가지 개념을 섞어서 jiffies라는 용어를 쓰니 헷갈릴 수 있습니다. 다음 절에서 소개할 ftrace 로그를 함께 분석하면 jiffies의 개념을 확실히 파악할 수 있습니다.

Soft IRQ 관점에서의 HZ의 의미

Soft IRQ 타이머 서비스는 1초에 HZ만큼 TIMER_SOFTIRQ 아이디로 실행합니다. Soft IRQ 서비스를 실행하는 __do_softirq() 함수에서 동적 타이머를 실행합니다. 따라서 동적 타이머를 실행하는 단위는 1/HZ입니다. 라즈베리 파이는 HZ가 100이니 1초에 100번 동적 타이머가 등록됐는지 체크합니다. 만약 동적 타이머가 설정됐다면 Soft IRQ 타이머 서비스에서 동적 타이머를 실행합니다.

jiffies로 시간 흐름을 제어하는 코드 분석

1/HZ 단위 값은 시간을 제어하는 다음과 같은 함수에 전달하는 인자입니다.

- mod_timer()
- add_timer()

- time_after()

- time_before()

관련 예제 코드를 보면서 HZ 단위로 시각 값을 어떻게 전달하는지 알아봅시다.

우선 mod_timer() 함수를 보겠습니다.

```
01   static timer_list dynamic_timer
02   int timeout = 0;
03   timeout = jiffies;
04   timeout += 2 * HZ;
05
06   mod_timer(&dynamic_timer, timeout);
```

먼저 3번째 줄을 봅시다. timeout 지역변수에 현재 시각을 표현하는 jiffies 값을 저장합니다.

4번째 줄에서는 timeout 지역변수에 (2 * HZ)를 더합니다. HZ는 1초 동안 jiffies가 증가하는 횟수를 표현하니 (2 * HZ) 값은 2초를 나타내는 1/HZ 단위 시간 정보입니다.

6번째 줄에서는 mod_timer() 함수의 두 번째 인자로 timeout을 전달합니다. 이처럼 동적 타이머가 2초 후에 만료하려면 위와 같이 (jiffies + 2 * HZ) 인자를 mod_timer() 함수의 2번째 인자로 적용해 호출해야 합니다.

다음으로 mod_timer() 함수의 선언부를 봅시다.

https://github.com/raspberrypi/linux/blob/rpi-4.19.y/include/linux/timer.h

```
extern int mod_timer(struct timer_list *timer, unsigned long expires);
```

두 번째 인자가 expires입니다. 이 인자에 1/HZ 단위 시간 정보를 전달해야 합니다.

이번에는 time_after() 함수를 호출해 실행 시간을 관리하는 예시 코드를 보겠습니다.

```
01   int elapsed_time = jiffies + ( 3 * HZ )
02
03 //
04 // 특정 함수 실행 구간
05 //
06   if (time_after(jiffies, elapsed_time) {
07       panic("Current function should have been executed within elapsed_time\n");
08   }
```

01번째 줄을 먼저 보겠습니다. 현재 시간 정보를 담고 있는 jiffies에 (3 * HZ)를 더해서 elapsed_time 지역변수에 저장합니다. 여기서 elapsed_time 지역변수는 3초 후의 시간 정보를 저장합니다.

이후 03~05번째 줄에서 특정 루틴을 실행합니다. 이 구간에 for 문이나 while 문이 올 수 있습니다.

다음으로 06번째 줄을 보겠습니다. time_after() 함수의 첫 번째 인자로 jiffies 변수와 elapsed_time 변수가 보입니다. 당연한 이야기지만 06번째 줄에서 보이는 jiffies는 06번째 줄을 실행할 때 시간 정보를 담고 있습니다. 달리 설명하자면 01번째 줄에서 보이는 jiffies와 다른 값을 저장하고 있을 것입니다. 그 이유는 01번째 줄의 jiffies는 01번째 줄을 실행할 때 시간 정보를 담고 있기 때문입니다.

그런데 06번째 줄에서 time_after() 함수를 사용해 현재 시각인 jiffies와 elapsed_time을 비교합니다. 현재 시각인 jiffies가 elapsed_time보다 크면 panic() 함수를 호출해서 커널 크래시를 유발합니다. 즉, **03~05번째 코드 구간의 실행 시간이 3초를 경과하면 커널 크래시를 유발**하는 목적의 코드인 것입니다.

이처럼 time_after() 함수에 전달하는 두 개의 인자도 1/HZ 기준 시간 값입니다. 커널 타이머에서 HZ는 상대 시간을 표현하는 매우 중요한 단위입니다. 이 개념을 정확히 이해해야 실행 시간의 흐름을 기준으로 제어하는 코드를 제대로 읽을 수 있습니다.

다음 절에서는 소스코드에서 jiffies와 jiffies_64 변수의 의미를 알아보겠습니다.

8.2.2 jiffies와 jiffies_64 변수

지금까지 커널에서의 jiffies의 개념을 알아봤습니다. 그렇다면 커널 코드에서는 어떤 변수가 jiffies를 나타낼까요? 바로 jiffies와 jiffies_64 변수입니다. 그런데 뭔가 이상합니다. 어떻게 2개의 변수를 jiffies라고 말할 수 있을까요? 이해를 돕기 위해 한 가지 예를 들겠습니다.

https://github.com/raspberrypi/linux/blob/rpi-4.19.y/drivers/base/power/wakeup.c

```
01 void pm_wakeup_ws_event(struct wakeup_source *ws, unsigned int msec, bool hard)
02 {
03     unsigned long flags;
04     unsigned long expires;
....
05     expires = jiffies + msecs_to_jiffies(msec);
```

5번째 줄을 보겠습니다. msecs_to_jiffies(msec) 함수의 반환값에 jiffies를 더해 expires 지역변수에 저장합니다. 5번째 줄에 있는 jiffies는 현재 시각 정보를 담고 있는 전역변수입니다.

이번에는 다른 예제 코드를 보겠습니다.

https://github.com/raspberrypi/linux/blob/rpi-4.19.y/kernel/time/timekeeping.c

```
01 void do_timer(unsigned long ticks)
02 {
03     jiffies_64 += ticks;
04     calc_global_load(ticks);
05 }
```

위 코드의 3번째 줄에서는 jiffies_64 전역변수에 do_timer() 함수의 인자인 ticks를 더하는 연산을 수행합니다. 3번째 줄에서 보이는 jiffies_64도 현재 시각 정보를 담고 있는 전역변수입니다.

여기서 한 가지 의문이 생깁니다. pm_wakeup_ws_events() 함수에서 쓰는 jiffies와 do_timer() 함수에서 증가하는 jiffies_64 변수는 다른 값일까요? 정답은 같은 값입니다. 그러면 두 변수가 같은지 알아보기 위해 먼저 주소 위치를 알아봅시다.

라즈비안을 빌드하면 생성되는 out 디렉터리에 System.map 파일이 생성됩니다. 이 파일에서 jiffies와 jiffies_64 심벌의 주소를 확인해 봅시다.

```
80c03d00 D jiffies
80c03d00 D jiffies_64
```

jiffies와 jiffies_64 전역변수가 같은 주소 공간에 있습니다. 어떤 원리로 서로 다른 두 변수가 같은 주소에 있을까요? 그 비밀은 링커 스크립트인 vmlinux.lds.S 파일을 열어보면 알 수 있습니다.

https://github.com/raspberrypi/linux/blob/rpi-4.19.y/arch/arm/kernel/vmlinux.lds.S

```
jiffies = jiffies_64;
```

링커 스크립트는 섹션 정보나 심벌의 주소와 같이 바이너리를 생성하는 규칙을 지정할 수 있는데, 커널 이미지를 빌드할 때 링커 스크립트의 코드 내용이 반영됩니다. 위 코드의 목적은 jiffies와 jiffies_64 변수를 같은 시작 주소에 지정하는 것입니다.

다음 그림을 보면 jiffies와 jiffies_64 변수의 관계를 알 수 있습니다.

그림 8.1 jiffies와 jiffies_64 변수의 주소 위치

두 변수는 주소가 같지만 크기가 다릅니다. jiffies는 jiffies_64 시작 주소를 기준으로 4바이트 주소 공간에 있는 값을 저장합니다.

중요한 점은 jiffies로 상대적인 시간을 표현한다는 사실입니다. 현재 jiffies와 미래 시점(1분 후, 2분 후)의 jiffies의 차이로 시간의 흐름을 관리합니다. 따라서 jiffies 값 그 자체는 공학적으로 의미는 없습니다.

리눅스 커널에서는 왜 jiffies와 jiffies_64라는 변수가 각각 있을까?

초기 리눅스 커널에는 타이머를 관리하는 변수인 jiffies가 u32 크기였습니다. 이후 64비트 아키텍처를 도입하면서 더 큰 변수를 저장할 수 있는 u64 타입의 jiffies_64 전역변수를 쓰기 시작했습니다. 그런데 문제가 생겼습니다. 기존의 jiffies라는 변수로 드라이버 코드를 작성한 개발자들이 jiffies를 jiffies_64로 바꿔야 했던 것입니다. 그런데 리눅스 개발자들은 실행 흐름을 jiffies 변수로 처리하는 데 익숙했습니다. 그 결과, 리눅스 커널 소스를 관리하기 어려워졌습니다. 그러면 이 문제를 어떻게 해결했을까요? 링커 스크립트를 수정해 jiffies와 jiffies_64를 같은 주소에 위치시켰습니다.

다른 변수인데 기존 jiffies와 jiffies_64 변수가 어떻게 함께 공존할 수 있을까요? 그 이유는 두 변수가 상대적인 시각을 표현하기 때문입니다.

이어서 다음 절에서는 jiffies를 어느 코드에서 증가하는지 알아보겠습니다.

8.2.3 jiffies 값은 누가 언제 증가시킬까?

지금까지 jiffies는 1초에 진동수인 HZ만큼 증가한다고 배웠습니다. HZ가 100이면 1초에 100번 jiffies가 증가할 것입니다. 여기서 한 가지 의문이 생깁니다. 그러면 jiffies는 누가 언제 1만큼 증가시킬까요?

이번 전에서는 jiffies를 어느 함수에서 증가하는지 살펴보겠습니다. 분석할 함수 목록은 다음과 같습니다.

- do_timer()

- tick_do_update_jiffies64()

jiffies를 언제 1만큼 증가시키는지 확인하려면 do_timer() 함수를 분석할 필요가 있습니다.

https://github.com/raspberrypi/linux/blob/rpi-4.19.y/kernel/time/timekeeping.c

```
01 void do_timer(unsigned long ticks)
02 {
03    jiffies_64 += ticks;
04    calc_global_load(ticks);
05 }
```

3번째 줄을 보면 ticks라는 인자를 jiffies_64에 저장된 값과 더해 jiffies_64에 할당합니다.

 3번째 줄을 이해하기 쉽게 표현하면 다음과 같습니다.

```
jiffies_64 = jiffies_64 + ticks;
```

그러면 do_timer() 함수는 어디서 호출될까요? do_timer() 함수는 tick_do_update_jiffies64() 함수에서 호출됩니다.

https://github.com/raspberrypi/linux/blob/rpi-4.19.y/kernel/time/tick-sched.c

```
01 static void tick_do_update_jiffies64(ktime_t now)
02 {
...
03    if (delta >= tick_period) {
04
05        delta = ktime_sub(delta, tick_period);
06        last_jiffies_update = ktime_add(last_jiffies_update,
...
07        do_timer(++ticks);
```

7번째 줄과 같이 tick_do_update_jiffies64() 함수에서 1만큼 증가한 ticks 인자로 do_timer() 함수를 호출합니다. 이론상 라즈베리 파이에서는 HZ가 100이니 jiffies는 1초에 100번 증가합니다.

jiffies 값은 1초 안에 실제로 얼마나 증가할까?

앞서 jiffise는 1초에 진동수인 HZ만큼 증가한다고 배웠습니다. 라즈베리 파이에서는 HZ가 100이니 1초에 100번 jiffies가 증가할 것입니다. 이번에는 라즈베리 파이에서 jiffies가 실제로 1초에 100번 증가하는지 실습을 통해 확인해 보겠습니다.

먼저 패치 코드를 소개합니다.

```
diff --git a/kernel/time/timekeeping.c b/kernel/time/timekeeping.c
--- a/kernel/time/timekeeping.c
+++ b/kernel/time/timekeeping.c
@@ -2194,11 +2194,17 @@ struct timespec64 get_monotonic_coarse64(void)
 }
 EXPORT_SYMBOL(get_monotonic_coarse64);

/*
 * Must hold jiffies_lock
 */
01 void do_timer(unsigned long ticks)
02 {
03 +    trace_printk("[+]jiffies_64: %llu, caller:%pS \n",
04 +            jiffies_64, (void *)__builtin_return_address(0));
05 +
06     jiffies_64 += ticks;
07     calc_global_load(ticks);
08 }
```

먼저 패치 코드를 작성하는 방법을 소개하겠습니다. 위 코드에서 + 기호는 새롭게 추가하는 코드를 표현합니다. 그러니 do_timer() 함수에서 아래의 2줄만 추가하면 됩니다.

```
03 +    trace_printk("[+]jiffies_64: %llu, caller:%pS \n",
04 +            jiffies_64, (void *)__builtin_return_address(0));
```

패치 코드의 내용은 다음과 같습니다.

- trace_printk() 함수로 do_timer() 함수가 호출될 때 ftrace 로그를 출력
- jiffies_64 변수를 출력하고 __builtin_return_address(0) 빌트인 매크로 함수를 써서 자신을 호출한 함수의 심벌 정보를 출력

이 코드를 컴파일해서 라즈베리 파이에 설치한 후 리부팅해 봅시다. 그런 다음, 3.4.4절에서 소개한 get_ftrace.sh 셸 스크립트를 실행해 ftrace 로그를 받아봅시다. 다음은 ftrace 로그입니다(여기서는 이번 절과 관련된 부분만 발췌했습니다).

```
01 <idle>-0     [000] d...   228.989960: do_timer: [+]jiffies_64: 4294960195,
caller:tick_do_update_jiffies64.part.0+0xa0/0x180
02 <idle>-0     [000] d...   229.000074: do_timer: [+]jiffies_64: 4294960196,
caller:tick_do_update_jiffies64.part.0+0xa0/0x180
...
03 ibus-x11-706 [003] d.h.   229.989991: do_timer: [+]jiffies_64: 4294960295,
caller:tick_do_update_jiffies64.part.0+0xa0/0x180
04 <idle>-0     [003] d.h.   230.000012: do_timer: [+]jiffies_64: 4294960296,
caller:tick_do_update_jiffies64.part.0+0xa0/0x180
```

2번째 줄을 보면 229.000074라는 숫자가 보입니다. 이는 228초에서 229초로 바뀌는 첫 타임스탬프입니다. 1/HZ 단위의 jiffies로는 4294960196입니다.

이번에는 4번째 줄을 봅시다. 230.000012 타임스탬프입니다. 229초에서 230초로 처음 바뀐 시각입니다. 오른쪽 로그를 보면 jiffies는 4294960296입니다. 정확히 100만큼 증가했음을 알 수 있습니다.

즉, HZ가 100이면 1초 안에 jiffies가 100번 증가된다는 사실을 확인했습니다. 여러분도 라즈베리 파이로 실습해보길 바랍니다.

do_timer() 함수의 콜 스택

라즈베리 파이에서 jiffies는 do_timer() 함수에서 1초에 100번 증가한다는 사실을 실습으로 확인했습니다. 이번에는 do_timer() 함수를 누가 호출하는지 알아보겠습니다.

이를 위해서는 다음과 같이 ftrace를 설정해야 합니다.

```
#!/bin/bash

echo 0 > /sys/kernel/debug/tracing/tracing_on
sleep 1
echo "tracing_off"

echo 0 > /sys/kernel/debug/tracing/events/enable
sleep 1
```

```
echo "events disabled"

echo  secondary_start_kernel  > /sys/kernel/debug/tracing/set_ftrace_filter
sleep 1
echo "set_ftrace_filter init"

echo function > /sys/kernel/debug/tracing/current_tracer
sleep 1
echo "function tracer enabled"

echo do_timer  > /sys/kernel/debug/tracing/set_ftrace_filter
sleep 1
echo "set_ftrace_filter enabled"

echo 1 > /sys/kernel/debug/tracing/events/irq/irq_handle_entry/enable
echo 1 > /sys/kernel/debug/tracing/events/irq/irq_handle_exit/enable

sleep 1
echo "event enabled"

echo 1 > /sys/kernel/debug/tracing/options/func_stack_trace
echo "function stack trace enabled"

echo 1 > /sys/kernel/debug/tracing/tracing_on
echo "tracing_on"
```

위와 같은 코드를 입력한 후 do_timer_debug.sh라는 이름으로 저장합니다. 라즈베리 파이의 터미널에서 "./do_timer_debug.sh" 명령어로 이 스크립트를 실행하면 효율적으로 ftrace를 설정할 수 있습니다.

설정 코드 중에서 중요한 부분만 살펴보겠습니다. 먼저 다음은 do_timer() 함수의 콜 스택을 보기 위해 set_ftrace_filter 파일에 필터를 거는 명령어입니다.

```
echo do_timer  > /sys/kernel/debug/tracing/set_ftrace_filter
```

다음 명령어는 ftrace에서 타이머 인터럽트의 발생을 확인하기 위해 irq_handle_entry와 irq_handle_exit 이벤트를 활성화하는 설정입니다.

```
echo 1 > /sys/kernel/debug/tracing/events/irq/irq_handle_entry/enable
echo 1 > /sys/kernel/debug/tracing/events/irq/irq_handle_exit/enable
```

이번 실습에서는 커널 코드를 수정할 필요 없이 앞에서 소개한 방식으로 ftrace를 설정한 후 ftrace 로그만 받으면 됩니다. do_timer_debug.sh 셸 스크립트를 실행해 ftrace를 설정한 다음 10초 후에 3.4.4절에서 소개한 get_ftrace.sh 셸 스크립트를 실행해 ftrace 로그를 받아봅시다. 분석할 ftrace 로그는 다음과 같습니다.

```
01 <idle>-0     [001] d.h.    230.859933: irq_handler_entry: irq=162 name=arch_timer
02 <idle>-0     [000] d.h.    230.859943: do_timer <-tick_do_update_jiffies64.part.0
03 <idle>-0     [000] d.h.    230.859993: <stack trace>
04 => tick_sched_timer
05 => __hrtimer_run_queues
06 => hrtimer_interrupt
07 => arch_timer_handler_phys
08 => handle_percpu_devid_irq
09 => generic_handle_irq
10 => __handle_domain_irq
11 => bcm2836_arm_irqchip_handle_irq
12 => __irq_svc
13 => arch_cpu_idle
14 => arch_cpu_idle
15 => default_idle_call
16 => do_idle
17 => cpu_startup_entry
18 => rest_init
19 => start_kernel
```

먼저 01번째 줄을 보겠습니다.

```
01 <idle>-0     [001] d.h.    230.859933: irq_handler_entry: irq=162 name=arch_timer
```

162번 arch_timer라는 인터럽트가 발생했습니다.

02~19번째 줄을 보면 함수들이 일렬로 늘어서 있습니다.

이 중에서 02~04번째 줄을 보면 다음과 같은 순서로 함수 호출이 이뤄지는 것을 볼 수 있습니다.

- tick_sched_timer()
- tick_do_update_jiffies64()
- do_timer()

tick_sched_timer() 함수는 1초당 HZ 크기만큼 jiffies를 증가하는 역할을 하는 틱 디바이스 함수입니다. 틱 디바이스는 이 책의 범위를 벗어나므로 다루지는 않습니다.

이번 절에서는 jiffies가 1초에 얼마만큼 증가하는지 알아봤습니다. 코드상으로 HZ가 100인데 실제로 1초에 100번 증가한다는 사실을 확인했습니다.

다음 절에서는 밀리초를 jiffies(1/HZ) 단위로 바꿔주는 msecs_to_jiffies() 함수를 소개합니다.

8.2.4 msecs_to_jiffies() 함수란?

msecs_to_jiffies() 함수는 밀리초를 입력으로 받아 jiffies 단위 시각 정보를 반환합니다. 리눅스 커널에서 실행 시간 기준으로 흐름을 제어할 때 많이 씁니다.

msecs_to_jiffies() 함수의 코드 분석에 앞서 먼저 이 함수를 왜 쓰는지 알아봅시다.

당연한 이야기지만 개발자들은 다음과 같이 실행 시간을 '초'나 '밀리초' 단위로 생각하는 습관이 있습니다.

- 100밀리초 후에 이미 실행한 함수가 1을 반환하면 어떻게 예외 처리를 할까?"
- 200밀리초 정도 딜레이를 줘야 할까?"

그런데 커널은 jiffies(1/HZ) 단위로 실행 시간을 관리합니다. 따라서 커널이 시간을 처리하는 단위로 시간 정보를 변환해야 합니다. 이를 위해 msecs_to_jiffies() 함수를 호출해야 합니다. 이 함수는 가독성도 높습니다. 함수의 이름을 보면 '밀리초를 지피스로 바꾸는' 기능이라고 유추할 수 있습니다.

msecs_to_jiffies() 함수 선언부 분석

먼저 msecs_to_jiffies() 함수의 선언부를 소개합니다.

https://github.com/raspberrypi/linux/blob/rpi-4.19.y/include/linux/jiffies.h

```
static __always_inline unsigned long msecs_to_jiffies(const unsigned int m);
```

함수에 전달하는 const unsigned int m 인자는 밀리초 단위의 정수입니다. 이 함수는 unsigned long 타입의 jiffies를 반환합니다.

msecs_to_jiffies() 함수를 사용하는 예제

이번에는 실제 리눅스 커널에서 `msecs_to_jiffies()` 함수로 실행 흐름을 제어하는 예제 코드를 보겠습니다. 다음은 pstore 파일 시스템의 코드 중 일부입니다.

https://github.com/raspberrypi/linux/blob/rpi-4.19.y/fs/pstore/platform.c

```
01 int pstore_register(struct pstore_info *psi)
02 {
03     struct module *owner = psi->owner;
...
04     if (pstore_update_ms >= 0) {
05         pstore_timer.expires = jiffies +
06             msecs_to_jiffies(pstore_update_ms);
07         add_timer(&pstore_timer);
08     }
```

먼저 05~07번째 줄을 보겠습니다. pstore_update_ms라는 밀리초 단위 상수를 `msecs_to_jiffies()` 함수를 써서 jiffies(1/HZ) 단위로 변환합니다. `msecs_to_jiffies()` 함수의 반환 값과 현재 시간 정보인 jiffies를 더해 pstore_timer.expires에 저장합니다.

pstore_update_ms는 밀리초 단위의 동적 타이머의 만료 시간을 저장하는 전역변수입니다. 이처럼 동적 타이머의 만료 시각을 설정한 후 07번째 줄과 같이 `add_timer()` 함수를 호출해 동적 타이머를 등록합니다.

이번에는 다른 예제 코드를 소개합니다.

https://github.com/raspberrypi/linux/blob/rpi-4.19.y/arch/ia64/kernel/salinfo.c

```
01 #define SALINFO_TIMER_DELAY (60*HZ)
...
02 static int __init
03 salinfo_init(void)
04 {
05     struct proc_dir_entry *salinfo_dir; /* /proc/sal dir entry */
...
06     timer_setup(&salinfo_timer, salinfo_timeout, 0);
07     salinfo_timer.expires = jiffies + SALINFO_TIMER_DELAY;
08     add_timer(&salinfo_timer);
```

07번째 줄을 보겠습니다.

```
07      salinfo_timer.expires = jiffies + SALINFO_TIMER_DELAY;
```

현재 시각 정보를 나타내는 jiffies에 SALINFO_TIMER_DELAY 매크로를 더해서 salinfo_timer.expires에 더합니다. salinfo_timer.expires는 동적 타이머의 만료 시간을 저장하는 필드입니다.

여기서 SALINFO_TIMER_DELAY 플래그는 무엇일까요? 01번째 줄을 보면 알 수 있습니다. 즉, SALINFO_TIMER_DELAY는 (60 * HZ)인데, HZ는 1초를 의미합니다. 따라서 이 값에 60을 곱하니 SALINFO_TIMER_DELAY는 60초를 의미합니다. 여기서 HZ는 1초를 의미하는데 라즈비안에서는 HZ가 100이므로 SALINFO_TIMER_DELAY는 6000(60 * 100)이 됩니다.

이어서 08번째 줄을 해석해 봅시다. **add_timer()** 함수를 호출해서 60초 이후를 만료 시각으로 삼아 동적 타이머를 등록합니다.

이처럼 msecs_to_jiffies() 함수는 커널 코드에서 많이 사용되므로 이 함수의 의미를 잘 알아 둡시다.

msecs_to_jiffies() 함수의 구현부 분석

msecs_to_jiffies() 함수의 선언부와 사용 예를 소개했으니 이어서 함수 구현부를 분석하겠습니다.

https://github.com/raspberrypi/linux/blob/rpi-4.19.y/include/linux/jiffies.h

```
01 static __always_inline unsigned long msecs_to_jiffies(const unsigned int m)
02 {
03      if (__builtin_constant_p(m)) {
04              if ((int)m < 0)
05                      return MAX_JIFFY_OFFSET;
06              return _msecs_to_jiffies(m);
07      } else {
08              return __msecs_to_jiffies(m);
09      }
10 }
```

msecs_to_jiffies() 함수는 크게 두 가지 동작을 수행합니다.

- 입력 인자 예외 처리
- 실제 jiffies 단위 시간 정보 계산

먼저 3번째 줄을 봅시다.

```
03        if (__builtin_constant_p(m)) {
```

msecs_to_jiffies() 함수의 인자인 m이 정수인지 체크하는 조건문입니다. msecs_to_jiffies() 함수는 인라인 형태의 함수로서 심벌 없이 함수에 복사되는 코드 블록입니다. 컴파일러는 m이 정수가 아닌 경우 0을, 정수인 경우 1을 반환합니다.

다음으로 4~5번째 줄을 보겠습니다. m 인자가 0보다 작으면 MAX_JIFFY_OFFSET 플래그를 반환합니다. msecs_to_jiffies() 함수의 선언부를 보면 unsigned long 타입의 정숫값을 반환하므로 MAX_JIFFY_OFFSET 필드도 unsigned long 타입입니다.

그러면 MAX_JIFFY_OFFSET 필드는 어떤 값일까요? 이를 알아보기 위해 MAX_JIFFY_OFFSET 매크로의 선언부를 보겠습니다.

```
#define MAX_JIFFY_OFFSET ((LONG_MAX >> 1)-1)
#define LONG_MAX    ((long)(~0UL>>1))
```

MAX_JIFFY_OFFSET 매크로는 LONG_MAX 매크로를 치환해서 비트 연산자를 구성합니다. 결국 LONG_MAX 매크로에 선언된 연산자를 MAX_JIFFY_OFFSET에 대입하면 다음과 같습니다.

```
#define MAX_JIFFY_OFFSET ((((long)(~0UL>>1)) >> 1)-1)
```

MAX_JIFFY_OFFSET 매크로에 선언된 연산자를 단계별로 풀어 볼까요?

```
(((((long)(~0UL>>1)) >> 1)-1)
(((((long)(0xFFFFFFFF >> 1)) >> 1)-1)
(((((long)(0x7FFFFFFF)) >> 1)-1)
((0x3FFFFFFF)-1)
0x3FFFFFFE (1073741822)
```

단계별로 계산한 연산 결과는 0x3FFFFFFE(1073741822)입니다. 라즈베리 파이에서는 HZ가 100이니 연산 결과는 10,737,418초이고 178,956분입니다. 밀리초를 음수로 전달하면 엄청나게 큰 1/HZ 단위의 jiffies 값을 반환합니다.

이번에는 6번째 줄을 보겠습니다.

```
06          return _msecs_to_jiffies(m);
```

msecs_to_jiffies() 함수에 전달된 m 인자로 _msecs_to_jiffies() 함수를 호출합니다.

이제 _msecs_to_jiffies() 함수를 봅시다.

https://github.com/raspberrypi/linux/blob/rpi-4.19.y/include/linux/jiffies.h

```
01 static inline unsigned long _msecs_to_jiffies(const unsigned int m)
02 {
03      return (m + (MSEC_PER_SEC / HZ) - 1) / (MSEC_PER_SEC / HZ);
04 }
05
06 static inline  unsigned long _msecs_to_jiffies(const unsigned int m)
07 {
08      return (m + (1000L / 100) - 1) / (1000L / 100);
09 }
```

 01~04번째 줄은 C 언어 함수의 코드입니다. 06~09번째 줄은 커널 전처리 파일에서 확인한 내용입니다. _msecs_to_jiffies() 함수의 구현부는 매크로의 연산으로 구성됐으니 전처리 코드로 함수를 분석하면 빨리 코드를 읽을 수 있습니다.

MSEC_PER_SEC 매크로는 1000L, HZ는 100입니다. 각 CPU 아키텍처별로 설정된 HZ에 따라 다른 연산을 수행합니다.

_msecs_to_jiffies() 함수는 다음 수식을 연산한 결과를 반환합니다.

```
(m + (1000L / 100) - 1) / (1000L / 100)
```

이번에도 복잡해 보이는 연산자 수식을 단계별로 풀어 봅시다.

```
(m + (1000L / 100) - 1)/(1000L / 100);
(m + (10) - 1) / 10;
(m + 9) / 10;
```

위 연산을 차례로 풀면 밀리초는 (m + 9)/10 공식으로 1/HZ 단위로 변환됩니다.

만약 10ms이면 jiffies 값은 어떻게 변환될까요? 다음 공식에 따라 1이 됩니다.

```
(10 + 9) / 10 = 19 / 10 = 1
```

이번에 11ms부터 20ms를 jiffies로 변환한 결과를 표로 정리해 봅시다.

밀리초	jiffies
11	2
12	2
13	2
14	2
15	2
16	2
17	2
18	2
19	2
20	2
21	3

입력이 11~20 범위면 2를 반환합니다. 따라서 HZ가 100이면 ±5ms만큼 총 10ms의 오차가 있음을 알 수 있습니다.

msecs_to_jiffies() 함수 분석으로 다음과 같은 내용을 알게 됐습니다.

- 인자 값이 음수면 엄청나게 큰 0x3FFFFFFF 값을 반환
- HZ가 100이면 10ms 시간만큼 오차가 발생

다음 절에서는 1/HZ 단위인 jiffies로 커널 실행 흐름을 제어하는 방법을 알아보겠습니다.

8.3 커널에서 시간을 흐름을 제어하는 방법

이번 절에서는 jiffies로 실행 시간의 흐름을 제어하기 위해 쓰는 다음과 같은 매크로 함수를 소개합니다.

- time_after()
- time_before()

8.3.1 time_after()/time_before() 매크로 함수

리눅스 커널 코드나 디바이스 드라이버에서는 time_after()와 time_before() 함수를 써서 실행 시간과
타이밍을 제어합니다.

- 함수나 함수 내 코드 블록의 실행 시간 체크
- 실행 시간의 데드라인을 점검

먼저 time_after() 및 time_before() 함수의 구현부를 살펴보겠습니다.

time_after()와 time_before() 함수의 구현부

time_after()와 time_before() 함수의 구현부를 보겠습니다.

https://github.com/raspberrypi/linux/blob/rpi-4.19.y/include/linux/jiffies.h

```
01 #define time_after(a,b)        \
02     (typecheck(unsigned long, a) && \
03     typecheck(unsigned long, b) && \
04     ((long)((b) - (a)) < 0))
05 #define time_before(a,b)  time_after(b,a)
```

time_before() 함수의 구현부를 보면 인자를 서로 바꾼 다음 time_after() 함수를 호출합니다. 먼저
time_after() 함수를 분석합시다.

1번째 줄을 보면 첫 번째 인자로 a, 두 번째로 b를 받습니다. 2~3번째 줄에서는 입력 인자가 정수 타입
인지 점검하고, 4번째 줄에서 b에서 a를 뺀 결과를 반환합니다. 그런데 만약 a가 1000이고 b가 1100이
면 어떤 결괏값이 나올까요?

```
100 = (1100 - 1000) = (b - a)
```

결괏값이 100이니 0보다 작지 않습니다. 따라서 false를 반환합니다. 반대로 a가 b보다 크면 true를,
아니면 false를 반환합니다. 즉, time_after(a,b)는 a가 b보다 큰지 체크하는 함수인데 타이머 관점으로
"a가 담고 있는 시간 정보가 b의 시간 정보보다 나중인지" 알려주는 기능입니다.

반대로 time_before() 함수는 a가 b보다 크면 false를, 아니면 true를 반환합니다. 즉, time_before(a,b)
는 a가 b보다 작은지 체크하는 함수인데 타이머 관점으로 **"a가 담고 있는 시간 정보가 b의 시간 정보보
다 이전인지"** 알려주는 기능입니다.

그러면 이제 time_after(a, b)와 time_before(a,b) 함수에 어떤 인자를 전달할까요? 보통 a에는 현재 시각 정보, b에는 비교하려는 시간 정보를 입력합니다. 둘 다 1/HZ 단위 시간 정보입니다. 다음 절에서는 time_after()/time_before() 함수를 써서 시간 흐름을 제어하는 예제 코드를 살펴보겠습니다.

8.3.2 time_after()/time_before() 함수의 사용 예

이번에는 time_after()/time_before() 함수를 써서 실행 시간의 흐름을 제어하는 예제 코드를 살펴보겠습니다. 소개할 코드는 워크큐의 와치독 타이머인 wq_watchdog_timer_fn() 함수입니다.

https://github.com/raspberrypi/linux/blob/rpi-4.19.y/kernel/workqueue.c

```
01 static unsigned long wq_watchdog_thresh = 30;
02 static void wq_watchdog_timer_fn(struct timer_list *unused)
03 {
04     unsigned long thresh = READ_ONCE(wq_watchdog_thresh) * HZ;
...
05         /* did we stall? */
06         if (time_after(jiffies, ts + thresh)) {
07             lockup_detected = true;
08             pr_emerg("BUG: workqueue lockup - pool");
09             pr_cont_pool_info(pool);
10             pr_cont(" stuck for %us!\n",
11                     jiffies_to_msecs(jiffies - pool_ts) / 1000);
12         }
```

이 함수는 워크큐에 큐잉된 워크가 정해진 시간 내에 실행됐는지 점검합니다.

6번째 줄을 보면 jiffies와 (ts+thread)를 비교해서 jiffies가 더 크면 time_after() 함수는 true를 반환합니다. 이 조건을 '워크큐 락업'이라고 판단하고 if 문 내에서 에러 메시지를 출력하는 코드를 실행합니다. 현재 시각이 지정한 마감 시각보다 큰지 점검하는 동작입니다.

(ts + thresh)는 가장 최근에 워크가 실행됐던 시각 정보입니다. wq_watchdog_thresh가 30이니 워크를 워크큐에 큐잉하고 30초 동안 처리하지 못하면 워크큐 스톨(Stall)이라고 판단합니다.

이번에는 Soft IRQ의 핵심인 __do_softirq() 함수의 코드를 확인해 봅시다.

```
01 asmlinkage __visible void __softirq_entry __do_softirq(void)
02 {
03     unsigned long end = jiffies + MAX_SOFTIRQ_TIME;
...
04 restart:
...
05     while ((softirq_bit = ffs(pending))) {
06             unsigned int vec_nr;
07             int prev_count;
...
08             trace_softirq_entry(vec_nr);
09             h->action(h);
10             trace_softirq_exit(vec_nr);
...
11     }
12
13     rcu_bh_qs();
14     local_irq_disable();
15
16     pending = local_softirq_pending();
17     if (pending) {
18             if (time_before(jiffies, end) && !need_resched() &&
19                 --max_restart)
20                     goto restart;
21
22             wakeup_softirqd();
23     }
```

__do_softirq() 함수는 Soft IRQ의 서비스 핸들러 실행 시간이 2ms를 넘었는지 점검합니다.

3번째 줄을 보겠습니다.

```
03     unsigned long end = jiffies + MAX_SOFTIRQ_TIME;
```

현재 시간 정보인 jiffies에 msecs_to_jiffies(2) 함수의 결괏값을 더해 end라는 지역변수에 저장
합니다.

04~11번째 줄은 Soft IRQ의 서비스 핸들러를 실행하는 동작입니다.

이번에는 18번째 줄을 보겠습니다. 참고로 여기서는 time_before() 함수를 써서 실행 시간의 흐름을 알아보는 것이 목적이니 다른 조건은 무시하겠습니다. time_before() 함수의 실행 조건을 보면 현재 시각인 jiffies가 end보다 작으면 if 문을 실행해서 restart 레이블을 실행해 Soft IRQ 서비스를 실행합니다. 아니면 22번째 줄과 같이 wakeup_softirqd() 함수를 호출해서 ksoftirqd 스레드를 깨웁니다.

여기서 현재 시각인 jiffies가 end보다 작은지 점검하는 루틴은 어떤 의미일까요? 처음 __do_softirq() 함수를 실행했을 때를 기준으로 2ms 후를 마감 시각으로 end에 저장했습니다. **Soft IRQ 서비스를 실행한 다음 jiffies가 end보다 작으면 Soft IRQ 서비스를 2ms 내에 실행했다**고 볼 수 있습니다.

 __do_softirq() 함수는 6장 "인터럽트 후반부 처리"에서 자세히 다룹니다.

리눅스 커널 코드를 보면 time_after()와 time_before() 함수를 써서 코드의 실행 시간을 제어하는 루틴을 자주 볼 수 있습니다. 이 두 함수의 원리를 제대로 익히면 관련 코드를 어렵지 않게 이해할 수 있습니다.

8.4 동적 타이머 초기화

이번 절에서는 동적 타이머를 초기화하는 방법을 소개합니다. 먼저 동적 타이머의 전체 흐름을 살펴보면서 동적 타이머를 초기화하는 단계를 소개합니다.

8.4.1 동적 타이머의 전체 흐름

동적 타이머를 초기화하는 방식을 알아보기에 앞서 동적 타이머의 전체 동작 흐름을 알아봅시다.

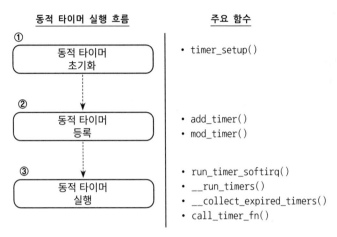

그림 8.2 동적 타이머의 실행 흐름

그림 8.2와 같이 동적 타이머의 동작은 3단계로 나눌 수 있습니다. 각 단계별 세부 동작을 살펴보겠습니다.

- 1단계: 동적 타이머 초기화

  동적 타이머 초기화는 보통 드라이버 레벨에서 수행합니다. 동적 타이머를 나타내는 timer_list 구조체의 필드 중에서 flags와 function만 바뀝니다.

- 2단계: 동적 타이머 등록

  동적 타이머도 마찬가지로 드라이버 레벨에서 등록됩니다. 각 드라이버의 시나리오에 따라 동적 타이머의 만료 시간을 1/HZ 단위로 지정한 다음 add_timer() 함수를 호출합니다.

- 3단계: 동적 타이머 실행

  동적 타이머가 지정한 만료 시간이 되면 Soft IRQ 타이머 서비스가 동적 타이머를 실행합니다.

3단계 중 첫 단계인 동적 타이머를 초기화하는 과정을 분석하겠습니다. 또한 자료구조의 어떤 필드가 바뀌는지 알아보겠습니다.

8.4.2 동적 타이머 자료구조

동적 타이머의 초기화 과정을 살펴보기에 앞서 동적 타이머를 나타내는 자료구조인 timer_list 구조체를 소개합니다.

https://github.com/raspberrypi/linux/blob/rpi-4.19.y/include/linux/timer.h

```
01 struct timer_list {
02     struct hlist_node     entry;
03     unsigned long         expires;
04     void                  (*function)(struct timer_list *);
05     u32                   flags;
06
07 #ifdef CONFIG_LOCKDEP
08     struct lockdep_map    lockdep_map;
09 #endif
10 };
```

구조체를 구성하는 각 필드의 의미를 살펴보겠습니다.

- struct hlist_node entry

  해시 연결 리스트를 저장하는 필드입니다. timer_bases 전역변수에 동적 타이머를 등록할 때 쓰입니다.

- unsigned long expires

  동적 타이머 만료 시각을 저장하는 필드입니다. 이 시각에 커널 타이머가 동적 타이머의 핸들러 함수를 호출합니다. 이 값의 단위는 1/HZ입니다.

- void (*function)(struct timer_list *)

  동적 타이머 핸들러 함수의 주소를 저장하는 필드입니다. call_timer_fn() 함수에서 이 필드에 접근해 동적 타이머 핸들러를 호출합니다.

- u32 flags

  동적 타이머의 설정 필드이며 다음 값 중 하나로 설정됩니다.

https://github.com/raspberrypi/linux/blob/rpi-4.19.y/include/linux/timer.h

```
#define TIMER_CPUMASK        0x0003FFFF
#define TIMER_MIGRATING      0x00040000
#define TIMER_BASEMASK       (TIMER_CPUMASK | TIMER_MIGRATING)
#define TIMER_DEFERRABLE     0x00080000
#define TIMER_PINNED         0x00100000
#define TIMER_IRQSAFE        0x00200000
#define TIMER_ARRAYSHIFT     22
#define TIMER_ARRAYMASK      0xFFC00000
```

위 플래그를 OR 연산한 결과를 flags 필드에 저장합니다.

라즈비안은 CONFIG_LOCKDEP 컨피그가 기본으로 선언돼 있지 않으므로 lockdep_map 필드는 컴파일되지 않습니다. 즉, lockdep_map 필드는 timer_list 구조체에 포함되지 않습니다. 그렇다면 동적 타이머를 초기화하면 timer_list 중 어느 필드가 바뀔까요? flags만 업데이트됩니다.

리눅스 커널 버전에 따라 동적 타이머를 초기화하는 범위가 다릅니다. 라즈비안에서 구동하는 커널 4.19.30버전에서는 flags 필드만 바뀝니다.

8.4.3 동적 타이머 초기화 함수

동적 타이머를 쓰려면 먼저 동적 타이머를 초기화해야 합니다. 다음 내용을 살펴보면서 동적 타이머의 초기화 과정을 소개합니다.

- timer_setup() 함수 소개
- 동적 타이머의 초기화 예제 분석

timer_setup() 함수 분석

동적 타이머를 초기화하려면 timer_setup() 함수를 호출해야 합니다. 먼저 timer_setup() 함수의 선언부를 소개합니다.

```
void timer_setup(struct timer_list *timer, void *func, unsigned int flags);
```

함수에 전달되는 인자의 속성은 다음과 같습니다.

- struct timer_list *timer: 동적 타이머를 나타내는 정보
- void *func: 동적 타이머 핸들러 함수
- unsigned int flags: 동적 타이머 플래그

 커널 4.14 버전까지 동적 타이머를 초기화하려면 setup_timer() 함수나 init_timer() 함수를 써야 했습니다. 커널 4.15 버전부터 timer_setup() 함수를 써야 동적 타이머를 초기화할 수 있습니다.

timer_setup() 함수의 선언부를 소개했으니 구현부 코드를 분석할 차례입니다.

```
01 #define timer_setup(timer, callback, flags)           \
02     __init_timer((timer), (callback), (flags))
03
04 #define __init_timer(_timer, _fn, _flags) \
05     init_timer_key((_timer), (_fn), (_flags), NULL, NULL)
```

02번째 줄을 보면 timer_setup() 함수는 timer, callback, flags 인자를 채워 그대로 __init_timer() 함수로 치환됩니다. 04번째 줄의 __init_timer() 함수 선언부를 보면 05번째 줄과 같이 init_timer_key() 함수로 치환됩니다.

다음으로 init_timer_key() 함수를 보겠습니다.

```
void init_timer_key(struct timer_list *timer,
                void (*func)(struct timer_list *), unsigned int flags,
                const char *name, struct lock_class_key *key)
{
        debug_init(timer);
        do_init_timer(timer, func, flags, name, key);
}
```

init_timer_key() 함수는 debug_init()과 do_init_timer() 함수를 호출합니다. 먼저 debug_init() 함수부터 살펴보겠습니다.

```
01 static inline void debug_init(struct timer_list *timer)
02 {
03     debug_timer_init(timer);
04     trace_timer_init(timer);
05 }
```

debug_init() 함수는 debug_timer_init() 함수와 trace_timer_init() 함수를 호출합니다. 각 함수의 역할을 알아보겠습니다.

3번째 줄의 debug_timer_init() 함수는 CONFIG_DEBUG_OBJECTS_TIMERS라는 디버그용 컨피그를 설정하면 실행되는 함수입니다. 동적 타이머를 중복해서 초기화할 경우 WARN() 함수를 실행해서 커널 로그로 에러 메시지를 출력합니다. 라즈비안에서는 기본 설정으로 이 컨피그가 비활성화돼 있습니다.

 WARN() 함수는 커널 동작에 오류가 생겼을 때 콜 스택과 함께 에러 메시지를 출력합니다.

4번째 줄의 trace_timer_init() 함수를 실행하면 ftrace의 timer_init 이벤트 로그를 출력합니다. 다음 명령어로 ftrace의 timer_init 이벤트를 설정하면 trace_timer_init() 함수가 실행되며 ftrace 로그를 출력합니다.

```
"echo 1 > /sys/kernel/debug/tracing/event/timer/timer_init/enable"
```

위와 같이 timer_init 이벤트를 활성화한 상태에서 trace_timer_init() 함수를 호출하면 다음과 같은 ftrace 로그를 출력합니다.

```
rcu_sched-8      [002] ....  5181.011526: timer_init: timer=b9e7bed0
```

위 로그는 5181.011526초에 동적 타이머를 초기화했다는 메시지입니다. 동적 타이머를 표현하는 timer_list 구조체가 위치한 주소는 b9e7bed0입니다. 정리하면 debug_init() 함수는 동적 타이머가 초기화됐다는 정보를 출력하는 역할을 합니다.

이번에는 init_timer_key() 함수에서 호출하는 do_init_timer() 함수를 분석하겠습니다.

https://github.com/raspberrypi/linux/blob/rpi-4.19.y/kernel/time/timer.c

```
01 static void do_init_timer(struct timer_list *timer,
02                 void (*func)(struct timer_list *),
03                 unsigned int flags,
04                 const char *name, struct lock_class_key *key)
05 {
06     timer->entry.pprev = NULL;
07     timer->function = func;
08     timer->flags = flags | raw_smp_processor_id();
09     lockdep_init_map(&timer->lockdep_map, name, key, 0);
10 }
```

먼저 7번째 줄을 보겠습니다. 동적 타이머 핸들러 함수의 주소를 timer->function에 저장합니다.

다음으로 8번째 줄을 보겠습니다. 인자인 flags와 현재 실행 중인 CPU 코어 번호를 OR 연산한 결과를 timer->flags 필드에 저장합니다. raw_smp_processor_id() 함수는 현재 실행 중인 코드가 몇 번째 CPU 코어에서 실행 중인지 알려줍니다.

만약 CPU3에서 do_init_timer() 함수가 실행됐다면 timer->flags는 무슨 값일까요? CPU3에서 실행 중이니 0x3이 됩니다.

 동적 타이머를 초기화하는 흐름을 코드 분석을 통해 알아봤습니다. 분석한 내용이 잘 이해되나요? 소스코드만 분석하면 배운 내용이 머릿속에 잘 남지 않을 수도 있습니다.

리눅스 커널 코드는 함수의 흐름을 토대로 개념을 이해할 수도 있지만 정밀히 데이터를 연산하거나 변환하는 코드는 자료구조를 직접 눈으로 확인하면 더 빨리 이해할 수 있습니다. 이해를 돕기 위해 이번에는 ftrace를 이용해 앞에서 코드를 통해 분석한 동적 타이머를 초기화할 때의 자료구조를 확인하겠습니다.

ftrace로 timer_init 관련 이벤트를 활성화하면 다음과 같은 ftrace 로그를 볼 수 있습니다.

```
rcu_sched-8     [002] ....  5181.011526: timer_init: timer=b9e7bed0
```

여기서 볼드체로 002로 표시돼 있는 숫자는 이 코드를 실행하고 있는 CPU 번호를 의미합니다. 또한 rcu_sched는 프로세스 이름이고 8은 pid를 의미합니다. 두 정보를 토대로 위 ftrace 로그는 CPU2에서 "rcu_sched"라는 프로세스가 구동 중이라고 해석할 수 있습니다.

만약 위 ftrace 로그가 실행됐을 때는 timer->flags 필드가 2로 업데이트됩니다. 이 함수는 CPU2에서 구동되고 있기 때문입니다.

동적 타이머의 초기화 예제 코드 분석

지금까지 동적 타이머를 초기화하는 과정에서 실행되는 함수를 분석했습니다. 이번에는 동적 타이머를 초기화하는 예제 코드를 보겠습니다. 다음은 라즈비안에서 동적 타이머를 초기화하는 코드입니다.

https://github.com/raspberrypi/linux/blob/rpi-4.19.y/drivers/mmc/host/bcm2835-sdhost.c

```
01 int bcm2835_sdhost_add_host(struct bcm2835_host *host)
02 {
03     struct mmc_host *mmc;
...
04     timer_setup(&host->timer, bcm2835_sdhost_timeout, 0);
```

04번째 줄을 보겠습니다. timer_setup() 함수를 써서 동적 타이머를 초기화하며, 다음과 같은 3개의 인자를 전달합니다.

- host->timer: timer_list 구조체의 주소
- bcm2835_sdhost_timeout: 동적 타이머 핸들러 함수
- 0: timer_list 구조체의 flags 플래그 설정 값

이번에는 timer_list 구조체의 필드가 어떤 값인지 TRACE32로 확인해 봅시다.

```
(struct timer_list *) (struct timer_list *)0xb9e7bed0 = 0xB9E7BED0 -> (
   (struct hlist_node) entry = ((struct hlist_node *) next = 0x0,
   (long unsigned int) expires = 0,
   (void (*)()) function = 0x8063F984 = bcm2835_sdhost_timeout,
   (long unsigned int) data = 0,
   (u32) flags = 2)
```

대부분 필드의 값은 0x0인데 flags 필드만 2입니다. CPU2에서 init_timer_key() 함수를 실행했기 때문입니다.

이번 절에서는 코드 분석을 통해 timer_setup() 함수를 호출하면 간단히 동적 타이머를 초기화한다는 사실을 알게 됐습니다. 동적 타이머의 핸들러 함수를 timer->function에 저장하고 현재 구동 중인 CPU 번호를 계산해서 timer->flags 변수에 저장할 뿐입니다.

여기서 한 가지 의문이 생깁니다. 그럼 현재 실행 중인 CPU 번호로 timer->flags 변수를 저장하는 이유는 뭘까요? 동적 타이머를 실행할 때 이 값을 바탕으로 timer_base 구조체의 percpu 타입 timer_bases 주소에 접근합니다.

동적 타이머를 설정한 CPU 번호가 1번이면 per-cpu1에 위치한 timer_bases를 로딩해서 동적 타이머를 저장합니다. 이 내용은 다음 8.5절에서 상세히 다룰 예정입니다.

8.5 동적 타이머 등록

이전 절에서는 동적 타이머를 초기화하는 방법을 소개했습니다. 그런데 동적 타이머를 초기화만 해서는 동적 타이머를 실행할 수 없습니다. 동적 타이머를 등록해야 동적 타이머를 실행할 수 있습니다.

이번 절에서는 다음 내용을 다룹니다.

- 동적 타이머를 등록하는 예제
- 동적 타이머를 등록하는 커널 내부의 mod_timer() 함수 분석

8.5.1 동적 타이머의 등록

다음으로 동적 타이머의 전체 처리 흐름을 보면서 동적 타이머의 등록 과정을 살펴보겠습니다.

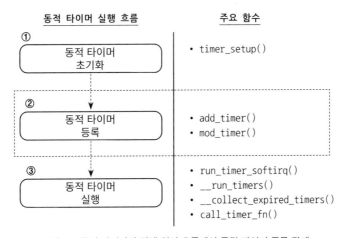

그림 8.3 동적 타이머의 전체 처리 흐름에서 동적 타이머 등록 단계

보다시피 동적 타이머가 처리되는 과정을 3단계로 분류할 수 있습니다. 보통 동적 타이머는 한번 초기화하고 ② '동적 타이머 등록'과 ③ '동적 타이머 실행 단계'를 자주 반복합니다. 그런데 동적 타이머는 초기화한 후 동적 타이머를 등록해야 쓸 수 있습니다. 위 그림에서 박스로 표시한 부분이 동적 타이머의 등록 단계입니다.

이어서 동적 타이머를 등록할 때 호출하는 함수를 소개합니다.

8.5.2 동적 타이머 등록 과정의 주요 함수

동적 타이머를 등록하려면 다음 함수를 호출해야 합니다.

- add_timer()
- add_timer_on()
- mod_timer()

보통 add_timer() 함수를 써서 동적 타이머를 등록하며, 동적 타이머 만료 시간을 다시 설정한 후 동적 타이머를 등록하려면 mod_timer() 함수를 호출합니다.

이번 절에서는 add_timer() 함수와 mod_timer() 함수를 분석하면서 동적 타이머를 등록하는 과정을 알아보겠습니다.

동적 타이머 실행 예제 분석

이번 절에서는 add_timer()와 mod_timer() 함수를 써서 동적 타이머를 등록하는 예제 코드를 소개하겠습니다. 먼저 add_timer() 함수를 써서 동적 타이머를 등록하는 예제 코드를 봅시다.

https://github.com/raspberrypi/linux/blob/rpi-4.19.y/drivers/mmc/host/vub300.c

```
01 static int vub300_probe(struct usb_interface *interface,
02                 const struct usb_device_id *id)
03 {
...
04     timer_setup(&vub300->sg_transfer_timer, vub300_sg_timed_out, 0);
05     kref_get(&vub300->kref);
06     timer_setup(&vub300->inactivity_timer,
07                 vub300_inactivity_timer_expired, 0);
08     vub300->inactivity_timer.expires = jiffies + HZ;
09     add_timer(&vub300->inactivity_timer);
```

4번째 줄부터 봅시다.

```
04     timer_setup(&vub300->sg_transfer_timer, vub300_sg_timed_out, 0);
```

timer_setup() 함수를 호출해 동적 타이머를 초기화하며, timer_setup() 함수에 전달되는 인자는 다음과 같습니다.

- 동적 타이머 자료구조: &vub300->sg_transfer_timer
- 동적 타이머 핸들러: vub300_sg_timed_out() 함수

만약 이 코드가 CPU2에서 실행 중이면 &vub300->sg_transfer_timer.flags는 2가 됩니다.

다음으로 08번째 줄을 보겠습니다.

```
08     vub300->inactivity_timer.expires = jiffies + HZ;
```

동적 타이머가 만료될 시각을 설정합니다. 현재 시각 정보인 jiffies에 HZ를 더하니 1초 후에 동적 타이머를 만료시키기 위한 코드입니다.

이번에는 라즈비안에서 동적 타이머를 등록하는 예제를 봅시다.

https://github.com/raspberrypi/linux/blob/rpi-4.19.y/drivers/mmc/host/bcm2835-sdhost.c

```
01 bool bcm2835_sdhost_send_command(struct bcm2835_host *host,
02                          struct mmc_command *cmd)
03 {
...
04     timeout = jiffies;
05     if (!cmd->data && cmd->busy_timeout > 9000)
06         timeout += DIV_ROUND_UP(cmd->busy_timeout, 1000) * HZ + HZ;
07     else
08         timeout += 10 * HZ;
09     mod_timer(&host->timer, timeout);
```

코드 분석에 앞서 jiffies와 timeout 변수의 단위는 1/HZ라는 점을 기억합시다.

4번째 줄을 먼저 봅시다.

```
04     timeout = jiffies;
```

timeout 변수에 현재 시각 정보인 jiffies를 저장합니다.

5~8번째 줄에서는 timeout 변수에 시각 정보를 더합니다. timeout 변수는 동적 타이머의 만료 시각을 나타냅니다.

```
05     if (!cmd->data && cmd->busy_timeout > 9000)
06         timeout += DIV_ROUND_UP(cmd->busy_timeout, 1000) * HZ + HZ;
07     else
08         timeout += 10 * HZ;
```

만약 8번째 줄을 실행하면 HZ에 10을 곱한 값을 timeout 변수에 더합니다. 현재 시각을 기준으로 10초 후에 동적 타이머를 처리하기 위한 코드입니다.

9번째 줄에서는 mod_timer() 함수를 써서 동적 타이머를 등록합니다.

```
09     mod_timer(&host->timer, timeout);
```

mod_timer() 함수에 전달되는 인자는 다음과 같습니다.

- &host->timer: 동적 타이머를 나타내는 timer_list 구조체의 주소

- timeout: 동적 타이머가 만료되는 시각

그런데 동적 타이머 핸들러와 동적 타이머 속성 정보는 어느 코드에 있을까요? &host->timer 타이머 속성은 bcm2835_sdhost_add_host() 함수에서 확인할 수 있습니다.

https://github.com/raspberrypi/linux/blob/rpi-4.19.y/drivers/mmc/host/bcm2835-sdhost.c

```
01 int bcm2835_sdhost_add_host(struct bcm2835_host *host)
02 {
03     struct mmc_host *mmc;
...
04     INIT_WORK(&host->cmd_wait_wq, bcm2835_sdhost_cmd_wait_work);
05
06     timer_setup(&host->timer, bcm2835_sdhost_timeout, 0);
```

6번째 줄을 보면, &host->timer 타이머는 이미 bcm2835_sdhost_add_host() 함수에서 다음과 같은 정보로 초기화했습니다.

- 동적 타이머 핸들러 함수: bcm2835_sdhost_timeout()

- timer_list 구조체 주소: &host->timer

정리하면 timeout 변수가 지정한 동적 타이머의 만료 시간에 동적 타이머의 핸들러인 bcm2835_sdhost_timeout() 함수가 호출됩니다. 그럼 add_timer()와 mod_timer() 함수의 차이점은 뭘까요?

add_timer() 함수는 동적 타이머의 전체 속성을 설정하고 호출해야 합니다. 대신 mod_timer() 함수는 동적 타이머의 만료 시각만 바꾼 다음 동적 타이머를 등록합니다. 두 함수의 동작은 다음과 같이 정리할 수 있습니다.

- add_timer() 함수
  - 동적 타이머의 세부 속성을 설정
  - 동적 타이머 등록

- mod_timer() 함수
  - 동적 타이머의 만료 시각을 설정
  - 동적 타이머 등록

add_timer()/mod_timer() 함수

동적 타이머를 등록하려면 add_timer() 함수와 mod_timer() 함수를 호출해야 합니다. 두 함수의 구현부를 먼저 소개하고 세부 소스코드 분석을 시작하겠습니다.

먼저 add_timer() 함수의 선언부를 보겠습니다.

https://github.com/raspberrypi/linux/blob/rpi-4.19.y/include/linux/timer.h

```
extern void add_timer(struct timer_list *timer);
```

함수 선언부에서 반환 타입이 void이므로 함수의 실행 결과를 반환하지 않습니다. 인자로 timer_list 구조체의 주소를 전달해야 합니다.

이번에는 add_timer() 함수의 구현부 코드를 보겠습니다.

https://github.com/raspberrypi/linux/blob/rpi-4.19.y/kernel/time/timer.c

```
01 void add_timer(struct timer_list *timer)
02 {
03     BUG_ON(timer_pending(timer));
04     mod_timer(timer, timer->expires);
05 }
```

add_timer() 함수의 구현부는 간단합니다. 특별한 동작을 하지 않고 03번째 줄에서 예외 조건을 점검한 후 mod_timer() 함수를 호출합니다.

03번째 줄을 보면 timer_pending(timer) 함수를 호출한 후 반환하는 값을 인자로 삼아 BUG_ON() 함수를 호출합니다. **timer_pending(timer) 함수가 true를 반환하면 BUG_ON() 함수 내부에서 커널 패닉을 유발합니다.** timer_pending() 함수는 동적 타이머를 이미 등록했으면 true를 반환합니다. 동적 타이머를 이미 등록했는데 다시 등록하면 BUG_ON() 매크로 함수 내부에서 커널 패닉을 일으키는 코드입니다.

다음은 04번째 줄입니다.

```
04     mod_timer(timer, timer->expires);
```

다음 인자를 mod_timer() 함수로 전달하며 호출합니다.

- timer: timer_list 구조체의 주소
- timer->expires: 동적 타이머 만료 시각(1/HZ 단위)

mod_timer() 함수 분석

먼저 mod_timer() 함수의 선언부를 보겠습니다.

https://github.com/raspberrypi/linux/blob/rpi-4.19.y/include/linux/timer.h

```
extern int mod_timer(struct timer_list *timer, unsigned long expires);
```

mod_timer() 함수는 동적 타이머의 만료 시각을 설정했으면 0, 아닌 경우 1을 반환합니다.

다음은 mod_timer() 함수의 인자를 정리한 것입니다.

- struct timer_list *timer

  동적 타이머를 표현하는 timer_list 구조체의 주소입니다.

- unsigned long expires

  동적 타이머가 만료되는 시각(1/HZ 단위)을 나타냅니다.

mod_timer() 함수의 선언부를 소개했으니 함수 구현부를 분석할 차례입니다.

https://github.com/raspberrypi/linux/blob/rpi-4.19.y/kernel/time/timer.c

```
01 int mod_timer(struct timer_list *timer, unsigned long expires)
02 {
03     return __mod_timer(timer, expires, false);
04 }
```

mod_timer() 함수는 __mod_timer() 함수를 호출합니다.

 __mod_timer() 함수 앞에 __ 기호가 보입니다. 리눅스 커널의 코딩 룰에 따르면 함수 이름의 앞부분에 __가 붙은 함수는 커널 함수 내에서만 호출할 수 있고 다른 커널 서브시스템에서 호출하지 못합니다. 리눅스 커널에서 가장 유명한 schedule() 함수를 예로 들어 봅시다.

https://github.com/raspberrypi/linux/blob/rpi-4.19.y/kernel/sched/core.c

```
01 asmlinkage __visible void __sched schedule(void)
02 {
03     struct task_struct *tsk = current;
04
05     sched_submit_work(tsk);
06     do {
```

```
07          preempt_disable();
08          __schedule(false);
09          sched_preempt_enable_no_resched();
10     } while (need_resched());
11 }
```

schedule() 함수의 08번째 줄에서 __schedule() 함수를 호출합니다. __schedule() 함수는 스케줄러 서브시스템 내부에서만 호출할 수 있습니다.

__mod_timer() 함수 분석

mod_timer() 함수에서 호출하는 __mod_timer()는 동적 타이머를 등록하는 커널 내부 함수입니다. 먼저 __mod_timer() 함수에 전달하는 인자를 살펴본 후 코드를 분석하겠습니다. 다음은 __mod_timer() 함수의 선언부입니다.

https://github.com/raspberrypi/linux/blob/rpi-4.19.y/kernel/time/timer.c

```
static inline int
__mod_timer(struct timer_list *timer, unsigned long expires, unsigned int options);
```

이 함수에 전달되는 매개변수를 살펴보겠습니다.

- struct timer_list *timer

    timer_list 구조체의 주소

- unsigned long expires

    동적 타이머가 만료되는 시각

- unsigned int options

    동적 타이머의 세부 옵션 정보

함수에 전달되는 인자를 살펴봤으니 __mod_timer() 함수의 구현부를 분석하겠습니다.

https://github.com/raspberrypi/linux/blob/rpi-4.19.y/kernel/time/timer.c

```
01 static inline int
02 __mod_timer(struct timer_list *timer, unsigned long expires, unsigned int options)
03 {
04     struct timer_base *base, *new_base;
```

```
05    unsigned int idx = UINT_MAX;
06    unsigned long clk = 0, flags;
07    int ret = 0;
08
09    BUG_ON(!timer->function);
10
11
12    if (timer_pending(timer)) {
13         long diff = timer->expires - expires;
14
15         if (!diff)
16              return 1;
17         if (options & MOD_TIMER_REDUCE && diff <= 0)
18              return 1;
19         base = lock_timer_base(timer, &flags);
20         forward_timer_base(base);
21
22         if (timer_pending(timer) && (options & MOD_TIMER_REDUCE) &&
23            time_before_eq(timer->expires, expires)) {
24              ret = 1;
25              goto out_unlock;
26         }
27
28         clk = base->clk;
29         idx = calc_wheel_index(expires, clk);
...
30    } else {
31         base = lock_timer_base(timer, &flags);
32         forward_timer_base(base);
33    }
34
35    ret = detach_if_pending(timer, base, false);
...
36    debug_activate(timer, expires);
37
38    timer->expires = expires;
39
40    if (idx != UINT_MAX && clk == base->clk) {
41         enqueue_timer(base, timer, idx);
```

```
42          trigger_dyntick_cpu(base, timer);
43      } else {
44          internal_add_timer(base, timer);
45      }
46
47 out_unlock:
48      raw_spin_unlock_irqrestore(&base->lock, flags);
49
50      return ret;
51 }
```

먼저 9번째 줄을 보겠습니다.

```
09      BUG_ON(!timer->function);
```

timer_list 구조체의 function 필드를 인자로 삼아 BUG_ON() 매크로 함수를 호출합니다. 만약 timer_list 구조체의 function 필드가 NULL이면 BUG_ON() 매크로 함수 내부에서 커널 패닉을 유발합니다. 동적 타이머 핸들러가 NULL이면 커널 패닉을 유발하는 예외 처리 코드입니다. 이 코드를 토대로 **디바이스 드라이버에서 동적 타이머 핸들러를 설정한 후 동적 타이머를 등록해야 한다**는 점을 알 수 있습니다.

이어서 12~18번째 줄을 보겠습니다.

```
12      if (timer_pending(timer)) {
13          long diff = timer->expires - expires;
14
15          if (!diff)
16              return 1;
17          if (options & MOD_TIMER_REDUCE && diff <= 0)
18              return 1;
```

timer_pending() 함수를 호출했을 때 true를 반환하면 동적 타이머를 이미 등록한 것입니다. 이 조건을 만족하면 13~18번째 줄을 실행해 예외 처리를 수행합니다.

다음으로 13~16번째 줄을 보겠습니다.

```
13          long diff = timer->expires - expires;
14
15          if (!diff)
16              return 1;
```

이미 등록한 동적 타이머의 만료 시각에서 새롭게 등록하는 만료 시각을 뺍니다. 만약 두 값이 같으면 diff는 0일 것입니다. 이 조건에서 (!0 = 1)이니 16번째 줄을 실행합니다. 1을 반환하면서 함수 실행을 종료합니다.

다음으로 19번째 줄을 보겠습니다.

```
19          base = lock_timer_base(timer, &flags);
```

19번째 줄에서는 lock_timer_base() 함수를 호출해 timer_base 구조체의 포인터 타입 변수인 base에 반환값을 저장합니다(lock_timer_base() 함수는 다음 절에서 분석합니다).

20번째 줄을 봅시다.

```
20          forward_timer_base(base);
```

forward_timer_base() 함수를 호출해서 timer_base 구조체의 clk 필드를 현재 시각인 jiffies 값으로 저장합니다. timer_base 구조체의 clk 필드는 동적 타이머의 실행 여부를 판단하는 중요한 정보를 담고 있습니다.

28번째 줄에서는 timer_base 구조체의 clk 필드를 clk에 저장합니다.

```
28          clk = base->clk;
```

29번째 줄에서는 calc_wheel_index() 함수를 호출해서 전체 동적 타이머를 관리하는 해시 벡터의 인덱스를 읽습니다.

```
29          idx = calc_wheel_index(expires, clk);
```

커널 타이머의 해시 벡터는 동적 타이머가 만료되는 시각 기준으로 동적 타이머 64(1 << 6)개를 8개씩 묶어서 관리합니다. 이 커널 타이머 해시 벡터 인덱스의 범위는 0부터 512입니다.

이어서 31~32번째 줄을 보겠습니다.

```
12      if (timer_pending(timer)) {
...
30      } else {
31              base = lock_timer_base(timer, &flags);
32              forward_timer_base(base);
33      }
```

먼저 31~32번째 줄이 실행되는 조건을 확인하겠습니다. 31~32번째 줄은 12번째 줄에서 동적 타이머의 등록 여부를 체크하는 timer_pending()이라는 함수가 0을 반환했을 때 실행되는 else 문입니다. 동적 타이머를 처음 등록하거나 동적 타이머가 만료된 후 다시 등록할 때 31~32번째 줄을 실행합니다. 따라서 일반적인 상황에서는 31~32번째 줄이 실행되며 동적 타이머가 이미 등록된 다음 만료되기 전에 다시 등록을 시도했을 때는 13~29번째 줄이 실행됩니다.

이제 31번째 줄을 보겠습니다. 동적 타이머를 초기화했을 때 CPU 번호가 저장된 timer_list 구조체의 flags 필드를 기준으로 percpu 타입의 timer_base 전역변수 주소를 읽어 base 지역변수로 저장합니다.

32번째 줄에서는 forward_timer_base() 함수를 호출해 timer_base 구조체의 clk 필드를 현재 시각인 jiffies로 저장합니다.

다음으로 35번째 줄을 봅시다.

```
35      ret = detach_if_pending(timer, base, false);
```

detach_if_pending() 함수를 실행해서 중복으로 동적 타이머를 등록하는지 다시 점검합니다. 만약 중복으로 동적 타이머를 등록하면 detach_if_pending() 함수 내부에서 timer_base 타이머 해시 벡터인 timer_base.vector[512]에 지정한 동적 타이머의 '해시 노드' 링크를 끊습니다.

이어서 40~45번째 줄을 보겠습니다.

```
40 if (idx != UINT_MAX && clk == base->clk) {
41      enqueue_timer(base, timer, idx);
42      trigger_dyntick_cpu(base, timer);
43 } else {
44      internal_add_timer(base, timer);
45 }
```

동적 타이머를 나타내는 timer를 인자로 삼아 적절한 커널 타이머 벡터 리스트에 동적 타이머를 새롭게 추가하는 동작을 수행합니다.

__mod_timer() 함수 분석으로 다음과 같은 사실을 알게 됐습니다.

- 반복해서 동적 타이머를 등록하면 1을 반환하며 실행을 종료
- 동적 타이머는 timer_base 타이머 해시 벡터에 등록함

이어서 동적 타이머를 등록하는 과정에서 호출하는 커널 타이머 내부 함수를 소개합니다.

8.5.3 동적 타이머 등록 과정에서 호출하는 함수 분석

이번 절에서는 __mod_timer() 함수에서 호출되는 다음과 같은 커널 타이머 함수를 분석합니다.

- timer_pending()

- lock_timer_base()

- forward_timer_base()

- enqueue_timer()

모두 처음 리눅스 커널을 접하는 분들에게는 분석하기가 쉽지 않은 함수입니다. __mod_timer() 함수 외의 다른 커널 타이머 함수에서 호출하므로 용도라도 익혀둡시다.

timer_pending() 함수 분석

timer_pending() 함수는 동적 타이머가 이미 등록된 상태인지를 알려줍니다. 함수 선언부는 다음과 같습니다.

https://github.com/raspberrypi/linux/blob/rpi-4.19.y/include/linux/timer.h

```
static inline int timer_pending(const struct timer_list * timer);
```

매개변수는 동적 타이머의 정보를 나타내는 timer_list 구조체 타입의 포인터입니다. 이 함수는 동적 타이머가 이미 등록됐으면 1을 반환합니다.

 함수 선언부를 통해 인라인 함수라는 사실을 알 수 있습니다. 인라인 함수는 매우 자주 호출되거나 함수 구현부가 간단한 경우가 많습니다.

timer_pending() 함수의 구현부를 보겠습니다.

https://github.com/raspberrypi/linux/blob/rpi-4.19.y/include/linux/timer.h

```
01 static inline int timer_pending(const struct timer_list * timer)
02 {
03     return timer->entry.pprev != NULL;
04 }
```

timer_list 구조체의 entry 필드는 struct hlist_node 타입으로 해시 리스트입니다. 여기서는 entry.pprev가 NULL이 아니면 1을 반환합니다.

커널 타이머 관점에서 이 코드는 **이미 동적 타이머를 등록했을 때 1을 반환**합니다. 동적 타이머를 등록하면 timer->entry.pprev 포인터는 percpu 타입의 timer_base 변수의 벡터 해시 테이블의 주소를 가리킵니다.

timer_pending() 함수는 동적 타이머를 중복해서 등록하는 동작을 방지하기 위해 자주 호출하는 함수입니다.

lock_timer_base() 함수 분석

lock_timer_base() 함수를 호출하면 다음과 같은 순서로 함수를 호출해 percpu 오프셋을 적용한 timer_base의 주소를 읽습니다.

- get_timer_base() 함수
- get_timer_cpu_base() 함수

처음 동적 타이머를 초기화할 때 실행한 CPU 번호를 기준으로 timer_bases 전역변수를 percpu 오프셋을 적용해 읽습니다. 동적 타이머를 초기화할 때 CPU 번호는 timer_list 구조체의 flags 필드에 저장돼 있습니다.

lock_timer_base() 함수를 보겠습니다.

https://github.com/raspberrypi/linux/blob/rpi-4.19.y/kernel/time/timer.c

```
01 static struct timer_base *lock_timer_base(struct timer_list *timer,
02                                 unsigned long *flags)
03     __acquires(timer->base->lock)
04 {
05     for (;;) {
...
06         if (!(tf & TIMER_MIGRATING)) {
07             base = get_timer_base(tf);
```

06번째 줄에서는 현재 동적 타이머를 마이그레이션하는 중인지 체크합니다. 만약 동적 타이머가 마이그레이션하는 상태가 아니면 07번째 줄을 실행해 get_timer_base() 함수를 호출합니다. 대부분의 상황에서 07번째 줄이 실행됩니다.

마이그레이션은 percpu 타입의 변수를 관리할 때 적용하는 기법입니다. percpu 변수에 해당하는 CPU에 일이 몰리면 다른 CPU에 일을 분산시키는 기법입니다.

get_timer_base() 함수를 보겠습니다.

https://github.com/raspberrypi/linux/blob/rpi-4.19.y/kernel/time/timer.c

```
01 static inline struct timer_base *get_timer_base(u32 tflags)
02 {
03     return get_timer_cpu_base(tflags, tflags & TIMER_CPUMASK);
04 }
```

03번째 줄과 같이 함수에 전달된 인자 tflags와 tflags를 TIMER_CPUMASK 플래그로 AND 연산한 결과를 인자로 삼아 get_timer_cpu_base() 함수를 호출합니다.

이어서 get_timer_cpu_base() 함수를 보겠습니다.

https://github.com/raspberrypi/linux/blob/rpi-4.19.y/kernel/time/timer.c

```
01 static inline struct timer_base *get_timer_cpu_base(u32 tflags, u32 cpu)
02 {
03     struct timer_base *base = per_cpu_ptr(&timer_bases[BASE_STD], cpu);
...
04     return base;
05 }
```

커널 타이머 베이스 변수인 timer_bases에 두 번째 인자의 cpu 오프셋을 적용한 주소를 반환합니다.

forward_timer_base() 함수 분석

forward_timer_base() 함수는 타이머 베이스의 clk 필드를 현재 시각으로 바꿉니다.

https://github.com/raspberrypi/linux/blob/rpi-4.19.y/kernel/time/timer.c

```
01 static inline void forward_timer_base(struct timer_base *base)
02 {
03 #ifdef CONFIG_NO_HZ_COMMON
04     unsigned long jnow;
...
05     jnow = READ_ONCE(jiffies);
...
06     if (time_after(base->next_expiry, jnow))
07             base->clk = jnow;
08     else
```

```
09           base->clk = base->next_expiry;
10 #endif
11 }
```

위 함수의 핵심 동작은 timer_base 구조체의 clk 필드에 현재 시각인 jiffies 값을 저장하는 것입니다. 여기서 timer_base 구조체의 clk 필드는 만료될 동적 타이머의 실행 여부를 판단하는 중요한 정보입니다.

05번째 줄을 보겠습니다.

```
05     jnow = READ_ONCE(jiffies);
```

jiffies를 읽어 jnow 지역변수에 저장합니다.

이어서 06~09번째 줄입니다.

```
06     if (time_after(base->next_expiry, jnow))
07             base->clk = jnow;
08     else
09             base->clk = base->next_expiry;
```

base->next_expiry가 jnow보다 크면 07번째 줄과 같이 base->clk에 jnow를 저장합니다. 반대의 경우 09번째 줄과 같이 base->clk에 base->next_expiry를 저장합니다.

enqueue_timer() 함수

enqueue_timer() 함수는 동적 타이머를 percpu 타입의 timer_bases 변수의 해시 벡터 테이블에 등록하는 역할입니다. enqueue_timer() 함수를 보겠습니다.

https://github.com/raspberrypi/linux/blob/rpi-4.19.y/kernel/time/timer.c

```
01 static void enqueue_timer(struct timer_base *base, struct timer_list *timer,
02                     unsigned int idx)
03 {
04     hlist_add_head(&timer->entry, base->vectors + idx);
05     __set_bit(idx, base->pending_map);
06     timer_set_idx(timer, idx);
07 }
```

먼저 함수에 전달하는 매개변수를 살펴보겠습니다.

- struct timer_base *base

  percpu 타입의 timer_bases 전역변수에서 현재 구동 중인 CPU에 해당하는 오프셋을 적용한 주소를 저장하고 있습니다.

- struct timer_list *timer

  등록하려는 동적 타이머의 속성 정보입니다.

4번째 줄에서는 base->vectors 필드인 타이머 해시 벡터 테이블의 시작 주소에 타이머 해시 벡터 인덱스를 더합니다. timer_base 구조체 필드인 vectors의 시작 주소를 기준으로 idx만큼 위치한 주소에 timer->entry 주소를 저장하는 것입니다. 또한 timer_base 구조체의 pending_map 필드에 pending 비트를 설정합니다.

여기까지 동적 타이머를 설정하면 처리되는 함수와 관련 자료구조를 살펴봤습니다. 이어서 다음 절에서는 동적 타이머의 만료 시간에 동적 타이머를 처리하는 동작을 살펴보겠습니다.

8.6 동적 타이머는 누가 언제 실행할까?

지금까지 동적 타이머를 등록하는 과정을 살펴봤습니다. 이어서 동적 타이머를 어떻게 실행하는지 알아보겠습니다.

다음 그림은 동적 타이머의 실행 흐름입니다.

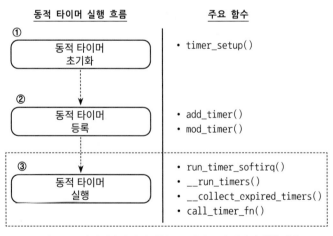

그림 8.4 동적 타이머의 전체 실행 흐름에서 동적 타이머 실행 단계

그림 8.4에서 3단계인 '동적 타이머 실행'에서는 다음과 같은 동작을 수행합니다.

- 등록된 동적 타이머의 만료 시간 점검
- 동적 타이머 관련 자료구조 업데이트
- 동적 타이머 핸들러 호출

위 그림과 같이 동적 타이머를 등록하면 3단계로 동적 타이머가 실행됩니다. 이처럼 동적 타이머는 순차적으로 실행되는 것 같지만 동적 타이머를 실행하는 과정은 다른 관점에서 분석할 필요가 있습니다.

동적 타이머를 실행하는 Soft IRQ 서비스의 전체 실행 흐름을 살펴보겠습니다.

8.6.1 Soft IRQ 타이머 서비스에서 동적 타이머를 실행하는 과정

커널에서 동적 타이머의 처리 과정을 이해하려면 Soft IRQ의 전체 실행 흐름을 알아야 합니다. 다음 그림을 봅시다.

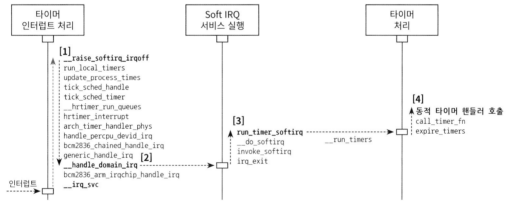

그림 8.5 동적 타이머의 전체 실행 흐름

동적 타이머를 실행하는 과정을 이해하려면 그림 8.5와 같이 Soft IRQ 타이머(TIMER_SOFTIRQ) 서비스의 처리 구조를 파악할 필요가 있습니다. 위 그림에서 [1]~[3]에 해당하는 부분은 동적 타이머의 등록 여부와 상관없이 1초에 HZ만큼 실행됩니다. 즉, HZ가 100이니 이미 1초에 100번 [1]~[3]루틴을 실행해 디바이스 드라이버에서 이미 등록한 동적 타이머가 만료되는지 주기적으로 점검합니다. 만약 등록된 동적 타이머가 만료될 시간이면 만료되는 동적 타이머를 실행하는 동작입니다.

이처럼 1초에 HZ 만큼의 주기로 동적 타이머가 등록됐는지 체크하는 이유는 무엇일까요? **디바이스 드라이버에서 동적 타이머를 언제 등록하고 등록된 동적 타이머가 언제 만료될지 모르기 때문입니다.**

이어서 그림 8.5를 보면서 단계별 Soft IRQ 타이머 서비스의 처리 과정을 살펴보겠습니다. 먼저 그림에서 [1]~[4]가 보일 것입니다. 각 숫자는 Soft IRQ의 전체 흐름에서 동적 타이머를 처리하는 단계를 의미합니다. 동적 타이머가 처리되는 각 과정을 알아보겠습니다.

- **1단계: TIMER_SOFTIRQ 아이디로 Soft IRQ 서비스 요청**

  타이머 인터럽트가 발생하면 [1]번 화살표 흐름으로 인터럽트 벡터부터 run_local_timers() 함수까지 실행합니다. 이때 run_local_timer() 함수에서는 TIMER_SOFTIRQ 아이디로 Soft IRQ 서비스 요청을 합니다.

  콜 스택을 유심히 보면 인터럽트 벡터(vector_irq)에서 브랜치되는 __irq_svc 레이블의 심벌이 보이므로 이 함수는 인터럽트 컨텍스트에서 실행된다는 사실을 알 수 있습니다.

- **2단계: Soft IRQ 컨텍스트 시작**

  인터럽트 처리를 마무리한 다음 irq_exit() 함수를 호출합니다. irq_exit() 함수는 Soft IRQ 서비스 실행의 출발점입니다.

- **3단계: Soft IRQ 서비스 요청 점검**

  irq_exit() 함수에서 Soft IRQ 서비스를 요청했는지 확인합니다. 이미 1단계에서 TIMER_SOFTIRQ라는 아이디로 Soft IRQ 서비스 요청을 했습니다. 따라서 invoke_softirq() 함수는 __do_softirq() 함수를 호출합니다. 이때 __do_softirq() 함수에서 TIMER_SOFTIRQ라는 Soft IRQ 서비스의 핸들러인 run_timer_softirq() 함수를 호출합니다.

- **4단계: 등록된 동적 타이머 실행**

  __run_timers() 함수를 호출해 percpu 타입의 변수인 timers_base 전역변수에 접근해 만료될 동적 타이머들을 로딩합니다. 타이머 해시 테이블에 등록된 timer_list 구조체의 주소를 로딩해 만료되는 동적 타이머의 핸들러 함수를 호출합니다.

 이처럼 동적 타이머는 Soft IRQ 서비스 내에서 처리되므로 Soft IRQ 처리 흐름을 잘 알아야 합니다. Soft IRQ 서비스를 등록하고 처리하는 과정은 6.6절에서 상세히 다룹니다.

이제부터 위 그림에서 살펴본 각 단계별로 세부적인 코드를 분석하겠습니다.

8.6.2 Soft IRQ 타이머 서비스의 1~2단계 분석

먼저 Soft IRQ 타이머 서비스의 1단계 세부 동작을 살펴봅니다. 그림 8.6은 Soft IRQ 타이머 서비스의 전체 흐름 중 1단계를 나타냅니다.

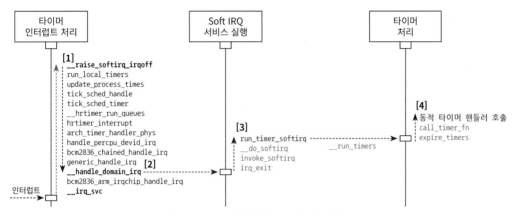

그림 8.6 Soft IRQ 타이머 서비스의 1단계 실행 흐름

위 그림에서 [1]번 위쪽 화살표 방향으로 호출되는 함수의 흐름을 살펴봅시다.

타이머 인터럽트가 발생하면 인터럽트 핸들러 함수인 arch_timer_handler_phys() 함수가 호출됩니다. 이처럼 Soft IRQ 타이머 서비스는 타이머 인터럽트가 발생한 후 실행을 시작합니다. jiffies를 1만큼 증가시키는 tick_sched_timer() 함수가 호출된 후 다음 순서로 함수 호출이 이뤄집니다.

- update_process_times()
- run_local_timers()

앞에서 소개한 함수는 다음과 같은 처리를 합니다.

- 커널 타이머가 만료되는 동적 타이머가 있는지 체크
- 만약 만료되는 동적 타이머가 있는 조건이면 Soft IRQ의 TIMER_SOFTIRQ 서비스를 요청

그럼 update_process_times() 함수부터 분석을 시작해 봅시다.

update_process_times() 함수 분석

먼저 update_process_times() 함수를 봅시다.

https://github.com/raspberrypi/linux/blob/rpi-4.19.y/kernel/time/timer.c

```
01  void update_process_times(int user_tick)
02  {
03      struct task_struct *p = current;
04
05      account_process_tick(p, user_tick);
06      run_local_timers();
```

6번째 줄과 같이 run_local_timers() 함수를 호출합니다. 참고로 이 함수는 인터럽트 컨텍스트에서 실행합니다.

run_local_timers() 함수 분석

다음으로 run_local_timers() 함수를 보겠습니다.

https://github.com/raspberrypi/linux/blob/rpi-4.19.y/kernel/time/timer.c

```
01  void run_local_timers(void)
02  {
03      struct timer_base *base = this_cpu_ptr(&timer_bases[BASE_STD]);
04
05      hrtimer_run_queues();
06
07      if (time_before(jiffies, base->clk)) {
08          if (!IS_ENABLED(CONFIG_NO_HZ_COMMON))
09              return;
10          /* CPU is awake, so check the deferrable base. */
11          base++;
13          if (time_before(jiffies, base->clk))
14              return;
15      }
16      raise_softirq(TIMER_SOFTIRQ);
17  }
```

먼저 3번째 줄을 보겠습니다.

```
03      struct timer_base *base = this_cpu_ptr(&timer_bases[BASE_STD]);
```

percpu 타입의 timer_bases 전역변수를 percpu 오프셋을 적용해 포인터 타입의 지역변수인 base에 저장합니다. this_cpu_ptr() 함수는 실행 중인 CPU 번호에 해당하는 percpu 오프셋을 percpu 변수에 적용하는 역할을 합니다.

다음으로 7번째 줄을 보겠습니다.

```
07      if (time_before(jiffies, base->clk)) {
08              if (!IS_ENABLED(CONFIG_NO_HZ_COMMON))
09                      return;
```

현재 시간이 동적 타이머의 만료 시각보다 이르면 함수 실행을 종료하는 동작입니다. 먼저 현재 시각 정보인 jiffies와 base->clk를 비교합니다. 만약 jiffies가 적으면 9번째 줄과 같이 return 문을 실행해 run_local_timers() 함수의 실행을 종료합니다. **만료될 시각 정보보다 jiffies가 이르면 함수 실행을 종료하는 것입니다.** jiffies는 현재 시각을 의미하고 base->clk 필드는 가장 먼저 만료될 동적 타이머의 만료 시각 정보입니다.

이어서 16번째 줄을 보겠습니다.

```
16      raise_softirq(TIMER_SOFTIRQ);
```

TIMER_SOFTIRQ라는 서비스 아이디로 Soft IRQ 서비스를 요청합니다.

Soft IRQ 타이머 서비스의 1단계 동작을 요약하면 다음과 같습니다.

- 타이머 인터럽트가 발생
- 만료될 동적 타이머가 있는지 점검
- 만료되는 동적 타이머가 있으면 TIMER_SOFTIRQ라는 서비스 아이디로 Soft IRQ 서비스를 요청

6장 6.6.2절 'Soft IRQ의 전체 흐름'에서 인터럽트 핸들러 처리가 끝난 후 바로 Soft IRQ 서비스를 실행한다고 배웠습니다.

리눅스 커널은 Soft IRQ 서비스 중 TIMER_SOFTIRQ라는 아이디로 동적 타이머를 실행합니다. 다음은 TIMER_SOFTIRQ라는 Soft IRQ 서비스를 초기화하는 코드입니다.

https://github.com/raspberrypi/linux/blob/rpi-4.19.y/kernel/time/timer.c

```
void __init init_timers(void)
{
    init_timer_cpus();
    open_softirq(TIMER_SOFTIRQ, run_timer_softirq);
}
```

위 코드를 실행하면 TIMER_SOFTIRQ라는 아이디로 Soft IRQ 서비스 핸들러인 run_timer_softirq()
함수를 등록합니다. 이후 TIMER_SOFTIRQ라는 서비스 아이디로 Soft IRQ 서비스를 요청하면 해당 핸들러인
run_timer_softirq() 함수를 호출합니다. 세부 동작은 6.7절 'Soft IRQ 서비스'를 참고하세요.

8.6.3 Soft IRQ 타이머 서비스에서 등록된 동적 타이머를 체크하는 단계의 코드 분석

이어서 Soft IRQ의 타이머 서비스 처리 과정 중 3단계를 알아봅시다. 다음 그림에서 [3]으로 표시된 부분입니다.

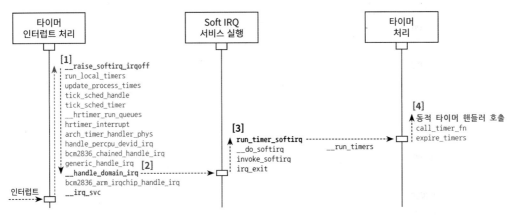

그림 8.7 Soft IRQ 타이머 서비스의 3단계 실행

1~2단계에서 타이머 인터럽트가 발생하면 TIMER_SOFTIRQ라는 아이디로 Soft IRQ 서비스 요청을 했습니다. 이후 타이머 인터럽트 핸들링이 끝나면 Soft IRQ 서비스를 시작하는 irq_exit() 함수를 호출합니다. 인터럽트 컨텍스트가 끝나고 Soft IRQ 컨텍스트가 시작하는 시점입니다.

TIMER_SOFTIRQ라는 아이디로 Soft IRQ 서비스 요청을 했으니 다음 순서로 함수를 호출합니다.

- irq_exit()

- invoke_softirq()

- __do_softirq()

동적 타이머는 Soft IRQ 타이머 서비스 내에서 실행됩니다. 따라서 Soft IRQ 서비스를 실행하는 __do_softirq() 함수를 분석할 필요가 있습니다. 6.9절에서 배운 내용을 떠올리며 Soft IRQ 서비스 핸들러를 호출하는 __do_softirq() 함수를 분석하겠습니다.

https://github.com/raspberrypi/linux/blob/rpi-4.19.y/kernel/softirq.c

```
01 asmlinkage __visible void __softirq_entry __do_softirq(void)
02 {
03     unsigned long end = jiffies + MAX_SOFTIRQ_TIME;
04     unsigned long old_flags = current->flags;
05     struct softirq_action *h;
...
06 restart:
07     set_softirq_pending(0);
08
09     local_irq_enable();
10
11     h = softirq_vec;
12     while ((softirq_bit = ffs(pending))) {
13             unsigned int vec_nr;
14             int prev_count;
15
16             h += softirq_bit - 1;
17
18             vec_nr = h - softirq_vec;
19             prev_count = preempt_count();
20
21             kstat_incr_softirqs_this_cpu(vec_nr);
22
23             trace_softirq_entry(vec_nr);
24             h->action(h);
...
25     }
```

먼저 11번째 줄을 보겠습니다.

```
11      h = softirq_vec;
```

Soft IRQ 서비스별 핸들러 함수 주소를 담고 있는 softirq_vec를 h에 저장합니다.

다음은 16번째 줄입니다.

```
16          h += softirq_bit - 1;
```

Soft IRQ 서비스가 활성화된 비트 정보인 softirq_bit를 h에 저장합니다.

이후 24번째 줄에서는 Soft IRQ 서비스 핸들러 함수를 호출합니다. Soft IRQ의 관점에서 보면 이 코드에서 TIMER_SOFTIRQ 서비스 핸들러인 run_timer_softirq() 함수를 호출합니다.

 TRACE32로 확인한 softirq_vec 변수는 다음과 같습니다.

```
(static struct softirq_action [10]) softirq_vec = (
    [0] = ((void (*)() action = 0x8012A364 = tasklet_hi_action),
    [1] = ((void (*)() action = 0x801856A8 = run_timer_softirq),
    [2] = ((void (*)() action = 0x80D02910 = net_tx_action),
    [3] = ((void (*)() action = 0x80D04A78 = net_rx_action),
    [4] = ((void (*)() action = 0x8038DC98 = blk_done_softirq),
    [5] = ((void (*)() action = 0x8038E28C = blk_iopoll_softirq),
    [6] = ((void (*)() action = 0x8012A494 = tasklet_action),
    [7] = ((void (*)() action = 0x80162CCC = run_rebalance_domains),
    [8] = ((void (*)() action = 0x801881F0 = run_hrtimer_softirq),
    [9] = ((void (*)() action = 0x8017ED78 = rcu_process_callbacks))
```

위에서 분석한 24번째 줄에서는 1번째 배열 인덱스에 있는 run_timer_softirq() 함수를 호출합니다.

여기까지 3단계에 걸친 Soft IRQ 타이머 서비스의 처리 과정을 요약하면 다음과 같습니다.

1. 타이머 인터럽트가 발생하면 TIMER_SOFTIRQ라는 Soft IRQ 서비스를 요청

2. Soft IRQ 서비스를 시작

3. TIMER_SOFTIRQ 서비스의 핸들러인 run_timer_softirq() 함수를 호출: 본격적으로 커널 타이머 관련 함수를 실행해서 동적 타이머 실행을 시작

이번에는 다음 그림의 Soft IRQ 타이머 서비스의 전체 흐름에서 4단계를 분석할 차례입니다.

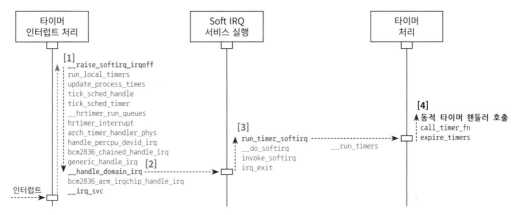

그림 8.8 Soft IRQ 타이머 서비스에서 동적 타이머를 실행하는 단계

마지막 4단계인 Soft IRQ 타이머 서비스가 동적 타이머의 핸들러 함수를 호출하는 동작을 살펴보겠습니다.

- run_timer_softirq()
- __run_timers()

위 함수는 다음과 같은 처리를 합니다.

- 동적 타이머를 실행할 조건을 점검합니다.
- 현재 시각 정보와 만료될 동적 타이머의 시각 정보를 비교해 동적 타이머를 실행할지 결정합니다.

run_timer_softirq() 함수 분석

주석을 지우고 본 run_timer_softirq() 함수의 구현부는 다음과 같습니다.

https://github.com/raspberrypi/linux/blob/rpi-4.19.y/kernel/time/timer.c

```
01 static __latent_entropy void run_timer_softirq(struct softirq_action *h)
02 {
03     struct timer_base *base = this_cpu_ptr(&timer_bases[BASE_STD]);
04     base->must_forward_clk = false;
05
06     __run_timers(base);
07     if (IS_ENABLED(CONFIG_NO_HZ_COMMON))
```

```
08              __run_timers(this_cpu_ptr(&timer_bases[BASE_DEF]));
09 }
```

3번째 줄을 보면 percpu 타입의 timer_bases 전역변수를 percpu 오프셋을 적용해 base에 저장합니다. 만약 run_timer_softirq() 함수가 CPU1에서 구동 중이면 CPU1에 해당하는 timer_base 구조체의 주소를 읽습니다.

base 지역변수는 6번째 줄과 같이 __run_timers() 함수의 인자로 전달합니다.

__run_timers() 함수 분석

이어서 __run_timers() 함수를 분석하겠습니다.

https://github.com/raspberrypi/linux/blob/rpi-4.19.y/kernel/time/timer.c

```
01 static inline void __run_timers(struct timer_base *base)
02 {
03     struct hlist_head heads[LVL_DEPTH];
04     int levels;
05
06     if (!time_after_eq(jiffies, base->clk))
07         return;
08
09     raw_spin_lock_irq(&base->lock);
10
11     while (time_after_eq(jiffies, base->clk)) {
12
13         levels = collect_expired_timers(base, heads);
14         base->clk++;
15
16         while (levels--)
17             expire_timers(base, heads + levels);
18     }
19     base->running_timer = NULL;
20     raw_spin_unlock_irq(&base->lock);
21 }
```

먼저 6번째 줄을 봅시다.

```
06     if (!time_after_eq(jiffies, base->clk))
07          return;
```

현재 시각 정보인 jiffies가 base->clk 값보다 작으면 7번째 줄을 실행해 함수 실행을 종료합니다. base->clk에는 어떤 값이 있길래 이 조건을 보고 함수를 빠져나올까요? 바로 등록한 동적 타이머 중 가장 먼저 만료되는 동적 타이머의 1/HZ 단위 jiffies 값입니다.

만약 현재 jiffies가 1100이고 base->clk 값이 1104이면 __run_timers() 함수의 실행을 종료합니다. 동적 타이머를 실행한 시점이 아니기 때문입니다. 만약 커널 타이머 기준으로 4번 do_timer() 함수가 호출돼 jiffies가 4만큼 증가해 1104가 되면 __run_timers() 함수를 실행할 것입니다.

이해를 돕기 위해 한 가지 예를 들겠습니다. 여러분이 아침 6시에 알람을 맞췄는데, 현재 시각이 5시 50분이라고 가정합시다. 5시 50분은 알람이 울릴 시간이 아니고 10분 후인 6시에 알람이 울려야 합니다.

마찬가지로 6~7번째 줄에서는 현재 시간이 동적 타이머를 실행할 시점인지 점검하는 동작입니다. 만약 현재 시각이 등록된 동적 타이머의 만료 시간보다 이른 시간이면 동적 타이머를 실행할 필요가 없습니다.

이제 __run_timers() 함수의 핵심 코드인 11번째 줄을 봅시다.

```
11     while (time_after_eq(jiffies, base->clk)) {
12
13          levels = collect_expired_timers(base, heads);
14          base->clk++;
15
16          while (levels--)
17               expire_timers(base, heads + levels);
18     }
```

jiffies가 base->clk 값보다 같거나 클 경우 while 루프가 실행됩니다. 6번째 줄에 이어 다시 동적 타이머를 실행할 조건을 점검합니다.

13번째 줄에서는 collect_expired_timers() 함수를 호출해 반환값을 levels 변수에 저장합니다. levels에는 현재 등록된 동적 타이머 개수를 저장합니다. 또한 heads로 타이머가 위치한 벡터 해시 테이블 주소를 읽어 옵니다.

14번째 줄에서는 base->clk 값을 1만큼 증가시킵니다. 만약 base->clk를 1만큼 증가시키지 않으면 다음에 타이머 인터럽트가 발생해서 위 코드가 실행될 때 커널은 만료되는 동적 타이머가 남아 있는 것으로 판단합니다.

16~17번째 줄에서는 levels 변수를 1만큼 감소시키며 expire_timers() 함수를 호출합니다. 동적 타이머 개수만큼 expire_timers() 함수를 호출해서 만료된 동적 타이머 함수를 호출합니다.

8.6.4 Soft IRQ 타이머 서비스 핸들러에서 등록된 동적 타이머를 실행하는 단계의 코드 분석

이제 동적 타이머 핸들러를 실행하는 마지막 단계 함수들을 분석할 차례입니다.

- __collect_expired_timers()
- expire_timers()
- call_timer_fn()

먼저 __collect_expired_timers() 함수를 호출하는 collect_expired_timers() 함수를 분석하겠습니다.

__collect_expired_timers() 함수 분석

collect_expired_timers() 함수를 보겠습니다.

https://github.com/raspberrypi/linux/blob/rpi-4.19.y/kernel/time/timer.c

```
static int collect_expired_timers(struct timer_base *base,
                                  struct hlist_head *heads)
{
...
    return __collect_expired_timers(base, heads);
}
```

위 코드에서 볼 수 있듯이 collect_expired_timers() 함수는 __collect_expired_timers() 함수를 그대로 호출합니다.

이어서 __collect_expired_timers() 함수를 분석하겠습니다.

https://github.com/raspberrypi/linux/blob/rpi-4.19.y/kernel/time/timer.c

```
01 static int __collect_expired_timers(struct timer_base *base,
02                                     struct hlist_head *heads)
03 {
04     unsigned long clk = base->clk;
05     struct hlist_head *vec;
06     int i, levels = 0;
07     unsigned int idx;
08
09     for (i = 0; i < LVL_DEPTH; i++) {
10         idx = (clk & LVL_MASK) + i * LVL_SIZE;
11
12         if (__test_and_clear_bit(idx, base->pending_map)) {
13             vec = base->vectors + idx;
14             hlist_move_list(vec, heads++);
15             levels++;
16         }
...
17     }
18     return levels;
}
```

먼저 12번째 줄을 보겠습니다. base->pending_map 비트맵 배열의 idx번째 플래그에 접근해 등록된 동적 타이머가 있는지 점검합니다. __test_and_clear_bit() 함수는 idx번째 비트에 pending_map 비트맵이 있으면 해당 비트를 0으로 바꾸는 기능입니다. 커널 타이머 해시 테이블에 동적 타이머가 등록됐는지는 pending_map 비트맵으로 알 수 있습니다.

13번째 줄에서는 타이머 벡터 해시 인덱스를 vec으로 얻어 오고 14번째 줄에서는 이 결과를 heads라는 인자에 저장합니다.

15번째 줄에서는 levels라는 지역 변수를 1만큼 증가시킵니다. levels는 현재 커널 타이머 해시 테이블에 등록된 동적 타이머 개수를 의미합니다.

expire_timers() 함수 분석

이제 동적 타이머의 핸들러 함수를 호출하는 단계까지 왔습니다. 다음 expire_timers() 함수를 분석하겠습니다.

https://github.com/raspberrypi/linux/blob/rpi-4.19.y/kernel/time/timer.c

```
01 static void expire_timers(struct timer_base *base, struct hlist_head *head)
02 {
03     while (!hlist_empty(head)) {
04             struct timer_list *timer;
05             void (*fn)(struct timer_list *);
06
07             timer = hlist_entry(head->first, struct timer_list, entry);
08
09             base->running_timer = timer;
10             detach_timer(timer, true);
11
12             fn = timer->function;
13
14             if (timer->flags & TIMER_IRQSAFE) {
15                     raw_spin_unlock(&base->lock);
16                     call_timer_fn(timer, fn);
17                     raw_spin_lock(&base->lock);
18             } else {
19                     raw_spin_unlock_irq(&base->lock);
20                     call_timer_fn(timer, fn);
21                     raw_spin_lock_irq(&base->lock);
22             }
23     }
24 }
```

expire_timers() 함수의 핵심 동작은 다음과 같습니다.

- 만료된 동적 타이머의 timer_list 구조체 주소를 로딩
- call_timer_fn() 함수 호출

이 점을 기억하고 코드를 분석하겠습니다.

07번째 줄을 보겠습니다.

```
07             timer = hlist_entry(head->first, struct timer_list, entry);
```

hlist_head 구조체의 필드 중 first에 접근해 timer_list 구조체 주소를 timer에 저장합니다.

이어서 09~10번째 줄을 보겠습니다.

```
09          base->running_timer = timer;
10          detach_timer(timer, true);
```

timer_base->running_time에 실행하려는 동적 타이머를 지정합니다. 10번째 줄에서는 detach_timer() 함수를 호출해 timer_list->entry 필드를 NULL로 바꿉니다. 이는 동적 타이머를 비활성화하는 동작입니다. 이 코드로 **동적 타이머가 만료될 때 커널은 동적 타이머를 해제한다**는 사실을 알 수 있습니다.

그럼 mod_timer() 함수를 호출해 동적 타이머를 등록한 후 주기적으로 동적 타이머를 구동시키려면 어떻게 해야 할까요? 동적 타이머가 만료할 시점에 동적 타이머를 다시 등록해야 합니다.

이어서 12번째 줄을 보겠습니다.

```
12          fn = timer->function;
```

timer->function은 동적 타이머 핸들러 함수의 주소를 저장합니다. 이 주소를 fn에 저장합니다.

이어서 14~22번째 줄을 보겠습니다.

```
14          if (timer->flags & TIMER_IRQSAFE) {
15                  raw_spin_unlock(&base->lock);
16                  call_timer_fn(timer, fn);
17                  raw_spin_lock(&base->lock);
18          } else {
19                  raw_spin_unlock_irq(&base->lock);
20                  call_timer_fn(timer, fn);
21                  raw_spin_lock_irq(&base->lock);
22          }
```

위 코드의 핵심은 16번째와 20번째 줄과 같이 동적 타이머를 호출하는 call_timer_fn() 함수를 호출하는 루틴입니다. 한 가지 차이점은 스핀락을 걸 때의 조건입니다.

14~22번째 구간의 코드는 if~else 문입니다. 먼저 if~else 문의 조건을 체크해볼까요?

- 14~17번째 줄: 스핀락을 걸고 동적 타이머 핸들러 함수를 호출
- 19~21번째 줄: 인터럽트를 비활성화하면서 스핀락을 걸고 동적 타이머 핸들러 함수를 호출

14~22번째 구간의 코드는 if~else 문인데 'timer->flags'가 TIMER_IRQSAFE를 포함하는지에 따라 다른 조건으로 처리됩니다.

이 코드는 난이도가 높아 이 책의 범위를 넘어서는데, "딜레이 워크를 인터럽트 컨텍스트에서 다른 조건으로 처리한다"라는 정도로 알아두면 좋겠습니다.

14~22번째 줄에 대한 더 자세한 이력은 다음 링크를 참고하세요.

- https://lore.kernel.org/patchwork/patch/318839/
- https://lore.kernel.org/patchwork/patch/318884/

call_timer_fn() 함수 분석

동적 타이머 핸들러 함수를 직접 호출하는 call_timer_fn() 함수를 보겠습니다.

https://github.com/raspberrypi/linux/blob/rpi-4.19.y/kernel/time/timer.c

```
01 static void call_timer_fn(struct timer_list *timer,
02                           void (*fn)(struct timer_list *))
03 {
04     int count = preempt_count();
...
05     trace_timer_expire_entry(timer);
06     fn(timer);
07     trace_timer_expire_exit(timer);
```

06번째 줄에서 동적 타이머 핸들러 함수의 주소를 가리키는 함수 포인터인 fn을 호출합니다. 이 코드는 동적 타이머의 핸들러 함수를 호출하는 것과 같은 의미입니다. 이처럼 함수 포인터를 써서 동적 타이머 핸들러를 호출하는 방식을 콜백 함수 호출이라고 말합니다.

그렇다면 call_timer_fn() 함수에 전달하는 2번째 인자인 fn는 어느 함수에서 설정했을까요? 이 의문을 풀려면 expire_timer() 함수를 볼 필요가 있습니다.

https://github.com/raspberrypi/linux/blob/rpi-4.19.y/kernel/time/timer.c

```
01 static void expire_timers(struct timer_base *base, struct hlist_head *head)
02 {
03     while (!hlist_empty(head)) {
04         struct timer_list *timer;
```

```
05          void (*fn)(struct timer_list *);
...
06
07          fn = timer->function;
08          if (timer->flags & TIMER_IRQSAFE) {
09                  raw_spin_unlock(&base->lock);
10                  call_timer_fn(timer, fn);
11                  raw_spin_lock(&base->lock);
12          } else {
13                  raw_spin_unlock_irq(&base->lock);
14                  call_timer_fn(timer, fn);
15                  raw_spin_lock_irq(&base->lock);
16          }
```

위 expire_timers() 함수의 07번째 줄을 봅시다. 동적 타이머 자료구조인 timer_list 구조체의 function 필드에 저장된 동적 타이머 핸들러를 fn에 저장합니다. 다음으로 10번째와 14번째 줄과 같이 call_timer_fn() 함수의 2번째 인자로 fn을 전달합니다.

이어서 05번과 07번째 줄을 보겠습니다.

```
05      trace_timer_expire_entry(timer);
06      fn(data);
07      trace_timer_expire_exit(timer);
```

05번과 07번째 줄에서는 동적 타이머 핸들러가 호출되는 동작을 출력하는 timer_expire_entry, timer_expire_exit 이벤트의 ftrace 로그를 출력합니다.

```
"echo 1 > /sys/kernel/debug/tracing/event/timer/timer_expire_entry/enable"
"echo 1 > /sys/kernel/debug/tracing/event/timer/timer_expire_exit/enable"
```

위 명령어를 입력하면 timer_expire_entry와 timer_expire_exit 이벤트를 활성화할 수 있습니다.

이처럼 ftrace의 timer 이벤트를 활성화한 상태에서 위 05번과 07번째 줄을 실행하면 다음과 같은 ftrace 로그를 볼 수 있습니다.

```
01 <idle>-0 [002] d.s. 187.040020: timer_expire_entry: timer=ba372d80 function=delayed_work_timer_fn
now=4294956001
02 <idle>-0 [002] dns.  187.040031: sched_wakeup: comm=kworker/2:1 pid=31 prio=120 target_cpu=002
03 <idle>-0    [002] dns.   187.040033: timer_expire_exit: timer=ba372d80
```

위에서 보이는 1번째와 3번째 ftrace 로그를 해석해 봅시다.

- 동적 타이머 핸들러는 delayed_work_timer_fn() 함수이고 현재 jiffies는 4294956001이다.
- 1번째 줄을 보면 187.040020초이고 3번째 줄 로그는 187.040033초에 실행됐습니다. delayed_work_timer_fn() 함수의 실행 시간은 다음 계산식으로 0.013밀리초입니다.

```
0.013 = 187.040033 - 187.040020
```

이렇게 ftrace로 timer_expire_entry와 timer_expire_exit 동적 타이머 이벤트를 활성화하면 동적 타이머 핸들러의 실행 시간을 알 수 있습니다. 혹시 여러분이 드라이버에서 새롭게 동적 타이머 핸들러 함수를 구현했으면 위 ftrace 이벤트를 활성화하고 동적 타이머 핸들러 함수의 실행 시간을 확인해봅시다.

여기까지 동적 타이머를 처리하는 커널 코드 분석으로 다음 내용을 배웠습니다.

- 동적 타이머 초기화
- 동적 타이머 등록
- Soft IRQ 타이머 서비스가 만료되는 동적 타이머를 처리

다음 절에서는 라즈베리 파이로 동적 타이머를 디버깅하는 실습을 진행합니다. 코드를 입력하고 ftrace 로그를 분석하면 배운 내용을 더 빨리 이해할 수 있으니 꼭 따라해 보길 바랍니다.

8.7 라즈베리 파이에서의 동적 타이머 실습 및 로그 분석

이번 절에서는 패치 코드를 입력하고 ftrace 로그를 분석하는 과정을 통해 앞에서 배운 내용을 복습하겠습니다.

8.7.1 ftrace의 동적 타이머 디버깅 이벤트 소개

이번 절에서는 동적 타이머의 실행 흐름을 추적하는 ftrace 이벤트를 소개합니다.

ftrace는 커널의 주요 동작을 추적하는데 이를 이벤트로 정의합니다. 동적 타이머도 커널의 중요 기능이니 ftrace에서 다음과 같은 이벤트를 제공합니다.

- timer_start: 동적 타이머를 등록

- timer_cancel: 동적 타이머 등록 해제

- timer_expire_entry: 동적 타이머가 만료될 때 해당 동적 타이머 핸들러를 실행하기 직전의 정보

- timer_expire_exit: 동적 타이머가 만료될 때 해당 동적 타이머 핸들러를 실행한 직후의 정보

먼저 ftrace 이벤트를 활성화하는 방법을 알아보고 ftrace에서 각 로그를 분석하는 방법을 소개합니다.

동적 타이머 ftrace 이벤트 활성화

동적 타이머 이벤트는 다음 명령어로 활성화할 수 있습니다.

```
"echo 1 > /sys/kernel/debug/tracing/events/timer/timer_init/enable"
"echo 1 > /sys/kernel/debug/tracing/events/timer/timer_start/enable"
"echo 1 > /sys/kernel/debug/tracing/events/timer/timer_expire_entry/enable"
"echo 1 > /sys/kernel/debug/tracing/events/timer/timer_expire_exit/enable"
"echo 1 > /sys/kernel/debug/tracing/events/timer/timer_cancel/enable"
```

동적 타이머의 ftrace 이벤트 로그 패턴과 실행 코드 확인

동적 타이머의 ftrace 이벤트 메시지는 다음과 같은 형식으로 출력됩니다.

```
rcu_sched-8 [001] .... 211.360650: timer_init: timer=b9e7bed0
rcu_sched-8 [001] d... 211.360652: timer_start: timer=b9e7bed0 function=process_timeout
expires=4294958434 [timeout=1] cpu=1 idx=0 flags=
...
Compositor-1170  [001] d.s.  211.380620: timer_cancel: timer=b9e7bed0
Compositor-1170  [001] ..s.  211.380621: timer_expire_entry: timer=b9e7bed0
function=process_timeout now=4294958435
Compositor-1170  [001] .ns.  211.380630: timer_expire_exit: timer=b9e7bed0
```

각 메시지의 의미와 메시지를 출력하는 함수의 이름은 다음 표와 같습니다.

표 8.1 동적 타이머의 세부 동작을 출력하는 ftrace 이벤트

이벤트 종류	역할	함수
timer_init	동적 타이머 초기화	debug_init()
timer_start	동적 타이머 등록	debug_activate()
timer_cancel	동적 타이머 해제	debug_deactivate()
timer_expire_entry	동적 타이머 핸들러 실행 시작	call_timer_fn()
timer_expire_exit	동적 타이머 핸들러 실행 종료	call_timer_fn()

이번에는 앞에서 소개한 이벤트를 출력하는 커널 코드의 위치를 알아보겠습니다. 다음은 '동적 타이머 초기화 시점'을 알려주는 timer_init 이벤트를 출력하는 코드입니다.

https://github.com/raspberrypi/linux/blob/rpi-4.19.y/kernel/time/timer.c

```
01 static inline void debug_init(struct timer_list *timer)
02 {
03     debug_timer_init(timer);
04     trace_timer_init(timer);
05 }
```

04번째 줄에서 trace_timer_init() 함수를 실행할 때 timer_init 이벤트의 메시지를 출력합니다.

이번에는 '동적 타이머를 등록'하는 정보를 알려주는 timer_start 이벤트를 출력하는 커널 코드입니다.

https://github.com/raspberrypi/linux/blob/rpi-4.19.y/kernel/time/timer.c

```
01 debug_activate(struct timer_list *timer, unsigned long expires)
02 {
03     debug_timer_activate(timer);
04     trace_timer_start(timer, expires, timer->flags);
05 }
```

04번째 줄에서 trace_timer_start() 함수를 실행할 때 timer_start 이벤트 메시지를 출력합니다.

이어서 '동적 타이머 만료' 시점을 알려주는 timer_cancel 이벤트를 출력하는 코드를 보겠습니다.

https://github.com/raspberrypi/linux/blob/rpi-4.19.y/kernel/time/timer.c

```
01 static inline void debug_deactivate(struct timer_list *timer)
02 {
03     debug_timer_deactivate(timer);
04     trace_timer_cancel(timer);
05 }
```

04번째 줄에서 trace_timer_cancel() 함수를 실행할 때 timer_cancel 이벤트 메시지를 출력합니다.

마지막으로 동적 타이머의 핸들러 함수를 호출하는 정보를 알려주는 timer_expire_entry와 trace_timer_expire_exit 이벤트를 출력하는 코드를 보겠습니다.

https://github.com/raspberrypi/linux/blob/rpi-4.19.y/kernel/time/timer.c

```
01 static void call_timer_fn(struct timer_list *timer, void (*fn)(unsigned long),
02                 unsigned long data)
03 {
04     int count = preempt_count();
...
05     trace_timer_expire_entry(timer);
06     fn(data);
07     trace_timer_expire_exit(timer);
```

06번째 줄에서는 동적 타이머 핸들러를 실행합니다. 06번째 줄 전후로 timer_expire_entry와 timer_expire_exit 이벤트를 출력합니다.

동적 타이머에 대한 ftrace 이벤트 로그 분석

이번에는 ftrace에서 동적 타이머 이벤트 로그를 분석하는 방법을 소개합니다. 먼저 분석할 로그는 다음과 같습니다.

```
01 rcu_sched-8 [001] .... 211.360650: timer_init: timer=b9e7bed0
02 rcu_sched-8 [001] d... 211.360652: timer_start: timer=b9e7bed0 function=process_timeout
expires=4294958434 [timeout=1] cpu=1 idx=0 flags=
...
03 Compositor-1170 [001] d.s. 211.380620: timer_cancel: timer=b9e7bed0
04 Compositor-1170 [001] ..s. 211.380621: timer_expire_entry: timer=b9e7bed0
function=process_timeout now=4294958435
05 Compositor-1170 [001] .ns. 211.380630: timer_expire_exit: timer=b9e7bed0
```

01번째 줄을 보겠습니다.

```
01 rcu_sched-8 [001] .... 211.360650: timer_init: timer=b9e7bed0
```

동적 타이머를 초기화하는 동작입니다. 이 로그의 핵심 정보인 **"timer=b9e7bed0"**는 동적 타이머 자료구조인 **timer_list 구조체의 주소**를 의미합니다.

위와 같은 ftrace 메시지가 출력할 때 timer_list 구조체의 세부 필드는 다음과 같습니다.

```
01 (struct timer_list *)0xb9e7bed0 = 0xB9E7BED0 -> (
02    (struct hlist_node) entry = (
03        (struct hlist_node *) next = 0x0,
04        (struct hlist_node * *) pprev = 0x0),
05        (long unsigned int) expires = 0x0,
06    (void (*)()) function = 0x8018DFFC = process_timeout,
07    (u32) flags = 0x1)
```

timer_init 이벤트의 왼쪽 부분에 '[001]' 패턴이 보입니다. 이 정보로 봐서 CPU1에서 PID가 8인 rcu_sched(rcu_sched-8) 프로세스를 실행하니 07번째 줄의 flags 필드가 0x1입니다.

다음 02번째 줄을 보겠습니다.

```
02 rcu_sched-8 [001] d... 211.360652: timer_start: timer=b9e7bed0 function=process_timeout
expires=4294958434 [timeout=1] cpu=1 idx=0 flags=
```

timer_start는 동적 타이머를 등록하는 동작을 출력하는 이벤트로서 다음과 같은 정보를 담고 있습니다.

- timer_list 구조체의 주소: b9e7bed0
- 동적 타이머 핸들러: process_timeout()
- 동적 타이머가 만료될 시간: 4294958434
- 동적 타이머를 초기화하는 코드를 실행할 때의 CPU 번호: CPU1

이 ftrace 메시지가 출력될 때 timer_list 구조체의 세부 필드는 다음과 같습니다.

```
01 (struct timer_list *)0xb9e7bed0
02    (struct hlist_node) entry = (
```

```
03    (struct hlist_node *) next = 0x0 = ,
04    (struct hlist_node * *) pprev = 0x0 = ),
05    (long unsigned int) expires = 4294958434,
06    (void (*)()) function = 0x8018DFFC = process_timeout,
07    (u32) flags = 1)
```

03~05번째 줄의 ftrace 로그를 보겠습니다.

```
03 Compositor-1170  [001] d.s.   211.380620: timer_cancel: timer=b9e7bed0
04 Compositor-1170  [001] ..s.   211.380621: timer_expire_entry: timer=b9e7bed0
function=process_timeout now=4294958435
05 Compositor-1170  [001] .ns.   211.380630: timer_expire_exit: timer=b9e7bed0
```

먼저 03번째 줄을 봅시다.

```
03 Compositor-1170  [001] d.s.   211.380620: timer_cancel: timer=b9e7bed0
```

동적 타이머를 해제하는 동작입니다. 위 메시지로 동적 타이머 핸들러를 실행하기 전에 동적 타이머를 해제한다는 사실을 알 수 있습니다.

이어서 동적 타이머 핸들러를 호출하는 04~05번째 줄을 분석합니다.

```
04 Compositor-1170  [001] ..s.   211.380621: timer_expire_entry: timer=b9e7bed0
function=process_timeout now=4294958435
05 Compositor-1170  [001] .ns.   211.380630: timer_expire_exit: timer=b9e7bed0
```

04번째 줄에서 다음 정보를 알 수 있습니다.

- "timer=b9e7bed0": 동적 타이머 timer_list 구조체의 주소
- "function=process_timeout": 동적 타이머 핸들러는 process_timeout() 함수
- "now=4294958435": 현재 jiffies

이렇게 timer_expire_entry 이벤트는 동적 타이머의 핸들러 함수를 호출하기 직전 세부 정보를 출력합니다.

이어서 05번째 줄입니다.

```
05 Compositor-1170  [001] .ns.   211.380630: timer_expire_exit: timer=b9e7bed0
```

timer_list 구조체의 주소가 b9e7bed0인 동적 타이머 핸들러 함수의 실행이 종료됐다는 정보입니다.

이번 절에서 분석한 타이머 ftrace 이벤트로 커널에서 동적 타이머를 처리할 때의 세부 정보를 알 수 있습니다. ftrace 로그와 해당 로그를 출력하는 커널 코드를 함께 분석하면 커널 코드만 읽을 때보다 훨씬 빨리 동적 타이머의 작동 원리를 파악할 수 있습니다. 또한 동적 타이머에 대한 ftrace 이벤트는 실전 임베디드 리눅스 개발에서 바로 활용할 수 있습니다.

8.7.2 라즈베리 파이에서의 동적 타이머 등록 및 실행 과정을 ftrace로 확인하기

이전 절에서는 ftrace에서 동적 타이머 관련 이벤트를 활성화하고 관련 로그를 해석하는 방법을 배웠습니다. 이번 절에서는 라즈비안 리눅스 커널 코드를 수정해 동적 타이머의 세부 동작을 분석하는 실습을 하겠습니다.

이번에 작성할 패치 코드의 기능은 다음과 같습니다.

- 동적 타이머 핸들러인 rh_timer_func() 함수의 콜 스택 파악
- 각 함수가 실행될 때의 프로세스 컨텍스트 정보 파악
- Soft IRQ 타이머 서비스에 대한 실행 요청을 할 때의 콜 스택 파악

이번 절에서 실습할 코드에서 raspbian_debug_state 전역 변수를 활용합니다. 실습 패치 코드를 입력하기 전에 3장의 3.6절에서 소개한 rpi_debugfs.c 소스를 입력하고 먼저 커널을 빌드하시기 바랍니다. 동적 타이머의 전체 실행 흐름을 파악하는 것이 패치 코드의 목적이므로 코드는 최대한 간결하게 소개합니다.

패치 코드를 입력하는 방법과 패치 코드 내용 알아보기

먼저 패치 코드를 소개합니다.

```
diff --git a/drivers/usb/core/hcd.c b/drivers/usb/core/hcd.c
index 1c21955..8892d43 100644
--- a/drivers/usb/core/hcd.c
+++ b/drivers/usb/core/hcd.c
@@ -789,11 +789,17 @@ void usb_hcd_poll_rh_status(struct usb hcd *hcd)
01 }
02 EXPORT_SYMBOL_GPL(usb_hcd_poll_rh_status);
```

```
03
04 +extern void raspbian_trace_debug_info(void);
05 +extern uint32_t raspbian_debug_state;
06 +
07 /* timer callback */
08 static void rh_timer_func (struct timer_list *t)
09 {
10     struct usb_hcd *_hcd = from_timer(_hcd, t, rh_timer);
11
12 +   if (raspbian_debug_state == 701)
13 +           raspbian_trace_debug_info();
14 +
15             usb_hcd_poll_rh_status(_hcd);
16 }
17
diff --git a/kernel/softirq.c b/kernel/softirq.c
index 6f58486..494b159 100644
--- a/kernel/softirq.c
+++ b/kernel/softirq.c
@@ -416,6 +416,9 @@ void irq_exit(void)
18     trace_hardirq_exit(); /* must be last! */
19 }
20
21 +extern void raspbian_trace_debug_info(void);
22 +extern uint32_t raspbian_debug_state;
23 +
24 /*
25  * This function must run with irqs disabled!
26  */
@@ -423,6 +426,8 @@ inline void raise_softirq_irqoff(unsigned int nr)
27 {
28     __raise_softirq_irqoff(nr);
29
30 +   if ( (nr == TIMER_SOFTIRQ) && (raspbian_debug_state == 701) )
31 +           raspbian_trace_debug_info();
32     /*
33      * If we're in an interrupt or softirq, we're done
34      * (this also catches softirq-disabled code). We will
diff --git a/kernel/time/timer.c b/kernel/time/timer.c
```

```
--- a/kernel/time/timer.c
+++ b/kernel/time/timer.c
@@ -944,6 +944,23 @@ static struct timer_base *lock_timer_base(struct timer_list *timer,
35     }
36 }
37
38 +extern uint32_t raspbian_debug_state;
39 +
40 +void raspbian_trace_debug_info(void)
41 +{
42 +    void *stack = NULL;
43 +    struct thread_info *current_thread;
44 +
45 +    stack = current->stack;
46 +    current_thread = (struct thread_info*)stack;
47 +
48 +    trace_printk("[-][%s]jiffies_64: %llu, caller:%pS \n",
49 +                    current->comm, jiffies_64, (void *)__builtin_return_address(0));
50 +
51 +    trace_printk("[-] in_softirq(): 0x%08x,preempt_count = 0x%08x \n",
52 +                    (unsigned int)in_softirq(), (unsigned int)current_thread->preempt_count);
53 +}
54 +
55 #define MOD_TIMER_PENDING_ONLY       0x01
56 #define MOD_TIMER_REDUCE      0x02
57
@@ -1041,6 +1058,8 @@ __mod_timer(struct timer_list *timer, unsigned long expires, unsigned int option
58     debug_activate(timer, expires);
59
60     timer->expires = expires;
61 +   if (raspbian_debug_state == 701)
62 +           raspbian_trace_debug_info();
63     /*
64      * If 'idx' was calculated above and the base time did not advance
65      * between calculating 'idx' and possibly switching the base, only
```

각 패치 코드를 입력하는 방법과 패치 코드의 내용을 알아봅시다.

첫 번째 패치 코드를 입력하는 방법을 소개하기 위해 다음 __mod_timer() 함수의 원래 코드를 소개합니다.

```
01 static inline int
02 __mod_timer(struct timer_list *timer, unsigned long expires, unsigned int options)
03 {
04     struct timer_base *base, *new_base;
05     unsigned int idx = UINT_MAX;
06     unsigned long clk = 0, flags;
07     int ret = 0;
08
09     BUG_ON(!timer->function);
10
...
11     debug_activate(timer, expires);
12
13     timer->expires = expires;
14 /* 첫 번째 패치 코드 조각을 입력하세요 */
15     if (idx != UINT_MAX && clk == base->clk) {
16             enqueue_timer(base, timer, idx);
17             trigger_dyntick_cpu(base, timer);
18     } else {
19             internal_add_timer(base, timer);
20     }
```

__mod_timer() 함수에서 "/* 첫 번째 패치 코드 조각을 입력하세요 */"라고 표시된 주석에 다음 61~62번째 줄을 입력합니다.

```
60     timer->expires = expires;
61 +   if (raspbian_debug_state == 701)
62 +           raspbian_trace_debug_info();
```

raspbian_debug_state 변수가 701일 때만 raspbian_trace_debug_info() 함수를 호출하는 코드입니다. 그렇다면 이 조건을 추가한 이유는 무엇일까요?

동적 타이머는 커널에서 백그라운드로 자주 호출됩니다. 그런데 실수로 패치 코드를 잘못 입력하면 라즈베리 파이가 부팅을 못 할 수 있습니다. 그래서 라즈비안 부팅 후 다음 명령어를 입력해 raspbian_debug_state를 701로 변경할 때만 디버깅 코드가 작동하도록 조건을 추가한 것입니다.

```
echo 701 > /sys/kernel/debug/rpi_debug/val
```

60번째 줄의 "timer->expires = expires;" 코드 다음에 패치 코드를 입력한 이유는 동적 타이머를 실제로 등록하는 과정을 보기 위해서입니다. 혹시 같은 만료 시각으로 __mod_timer() 함수를 호출해 동적타이머를 중복해서 등록하면 __mod_timer() 앞부분 코드에서 "return 1;" 문을 실행해 함수 실행을 종료하기 때문입니다.

다음으로 2번째 패치 코드를 입력하는 방법을 소개합니다. 아래 코드는 __mod_timer() 함수의 원래 코드입니다.

```
/* 2번째 패치 코드를 입력하세요. */
01 #define MOD_TIMER_PENDING_ONLY        0x01
02 #define MOD_TIMER_REDUCE         0x02
03
04
05 static inline int
06 __mod_timer(struct timer_list *timer, unsigned long expires, unsigned int options)
07 {
08     struct timer_base *base, *new_base;
09     unsigned int idx = UINT_MAX;
10     unsigned long clk = 0, flags;
```

위 코드에서 "/* 2번째 패치 코드를 입력하세요. */"라고 표시된 부분에 다음 패치 코드를 작성합시다.

```
38 +extern uint32_t raspbian_debug_state;
39 +
40 +void raspbian_trace_debug_info(void)
41 +{
42 +    void *stack = NULL;
43 +    struct thread_info *current_thread;
44 +
45 +    stack = current->stack;
46 +    current_thread = (struct thread_info*)stack;
47 +
48 +    trace_printk("[-][%s]jiffies_64: %llu, caller:%pS \n",
49 +                    current->comm, jiffies_64, (void *)__builtin_return_address(0));
50 +
51 +    trace_printk("[-] in_softirq(): 0x%08x,preempt_count = 0x%08x \n",
```

```
52 +            (unsigned int)in_softirq(), (unsigned int)current_thread->preempt_count);
53 +}
```

패치 코드에 있는 raspbian_trace_debug_info() 함수는 다음과 같은 동작을 수행합니다.

- 45~46번째 줄: current라는 매크로로 현재 실행 중인 프로세스의 스택 주소에 접근합니다. 현재 프로세스의 스택
  최상단 주소를 current_thread에 저장합니다.

- 48~49번째 줄: 프로세스 이름, jiffies와 자신을 호출한 함수 주소를 ftrace로 출력합니다.

- 51~52번째 줄: 프로세스의 thread_info 구조체의 preempt_count를 출력합니다. 이 변수는 인터럽트 컨텍스트
  및 Soft IRQ 컨텍스트 정보를 저장하고 있습니다.

이번에는 3~4번째 패치 코드를 입력하는 방법을 소개합니다.

```
void irq_exit(void)
{
...

    tick_irq_exit();
    rcu_irq_exit();
    trace_hardirq_exit(); /* must be last! */
}
/* 3번째 패치 코드 조각을 입력하세요 */
/*
 * This function must run with irqs disabled!
 */
inline void raise_softirq_irqoff(unsigned int nr)
{
    __raise_softirq_irqoff(nr);

        /* 4번째 패치 코드 조각을 입력하세요 */
...
}
```

위 코드에서 "/* 3번째 패치 코드를 입력하세요. */"라고 표시된 부분에 다음 패치 코드를 작성합시다.

```
21 +extern void raspbian_trace_debug_info(void);
22 +extern uint32_t raspbian_debug_state;
```

이어서 "/* 4번째 패치 코드를 입력하세요. */"라고 표시된 부분에 다음 패치 코드를 입력합시다.

```
30 +         if ( (nr == TIMER_SOFTIRQ) && (raspbian_debug_state == 701) )
31 +             raspbian_trace_debug_info();
```

위 패치 코드는 Soft IRQ 서비스가 TIMER_SOFTIRQ이고 raspbian_debug_state 변수가 701일 때 raspbian_trace_debug_info() 함수를 호출합니다. 즉, TIMER_SOFTIRQ라는 아이디로 Soft IRQ 서비스를 요청할 때 디버깅 정보를 출력하기 위한 코드입니다.

참고로, 타이머 인터럽트가 발생하면 인터럽트 핸들러인 arch_timer_handler_phys() 함수 이후로 다음과 같은 순서로 함수가 호출됩니다.

- arch_timer_handler_phys()
- run_local_timers()
- __raise_softirq_irqoff()

이번에는 마지막 5번째 패치 코드를 입력하는 방법을 소개합니다.

https://github.com/raspberrypi/linux/blob/rpi-4.19.y/drivers/usb/core/hcd.c

```
void usb_hcd_poll_rh_status(struct usb_hcd *hcd)
{
...
    if (hcd->uses_new_polling ? HCD_POLL_RH(hcd) :
                (length == 0 && hcd->status_urb != NULL))
        mod_timer (&hcd->rh_timer, (jiffies/(HZ/4) + 1) * (HZ/4));
}
EXPORT_SYMBOL_GPL(usb_hcd_poll_rh_status);

/* 5번째 패치 코드 조각을 작성하세요 */
/* timer callback */
static void rh_timer_func (struct timer_list *t)
{
    struct usb_hcd *hcd = from_timer(_hcd, t, rh_timer);
    /* 6번째 패치 코드 조각을 작성하세요 */


    usb_hcd_poll_rh_status(_hcd);
}
```

위 코드에서 "/* 5번째 패치 코드 조각을 작성하세요 */"로 표시된 부분에 다음 코드를 입력합니다.

```
04 +extern void raspbian_trace_debug_info(void);
05 +extern uint32_t raspbian_debug_state;
```

이어서 "/* 6번째 패치 코드 조각을 작성하세요 */"로 표시된 부분에 다음 코드를 입력합니다.

```
12 +        if (raspbian_debug_state == 701)
13 +                raspbian_trace_debug_info();
```

패치 코드는 동적 타이머 핸들러인 rh_timer_func() 함수가 실행될 때 콜 스택과 프로세스의 컨텍스트 실행 정보를 확인하는 것이 목적입니다.

앞에서 다룬 6개의 패치 내용을 정리하면 동적 타이머를 등록하거나 동적 타이머 핸들러를 호출할 때 raspbian_trace_debug_info() 함수를 호출해 디버깅 정보를 출력하는 것입니다.

앞에서 설명한 패치 코드를 입력한 후 컴파일합니다. 그런 다음, 라즈비안에 커널 이미지를 설치하고 라즈베리 파이를 재부팅합니다.

ftrace 설정

패치 코드를 입력하는 방법을 알아봤으니 이번에는 ftrace를 설정해봅시다.

```bash
#!/bin/bash

echo 0 > /sys/kernel/debug/tracing/tracing_on
sleep 1
echo "tracing_off"

echo 0 > /sys/kernel/debug/tracing/events/enable
sleep 1
echo "events disabled"

echo  secondary_start_kernel  > /sys/kernel/debug/tracing/set_ftrace_filter
sleep 1
echo "set_ftrace_filter init"

echo function > /sys/kernel/debug/tracing/current_tracer
```

```
sleep 1
echo "function tracer enabled"

echo raspbian_trace_debug_info mod_timer > /sys/kernel/debug/tracing/set_ftrace_filter
sleep 1
echo "set_ftrace_filter enabled"

echo 1 > /sys/kernel/debug/tracing/events/irq/enable

echo 1 > /sys/kernel/debug/tracing/events/sched/sched_switch/enable
echo 1 > /sys/kernel/debug/tracing/events/sched/sched_wakeup/enable

echo 1 > /sys/kernel/debug/tracing/events/timer/timer_init/enable
echo 1 > /sys/kernel/debug/tracing/events/timer/timer_start/enable
echo 1 > /sys/kernel/debug/tracing/events/timer/timer_expire_exit/enable
echo 1 > /sys/kernel/debug/tracing/events/timer/timer_cancel/enable
echo 1 > /sys/kernel/debug/tracing/events/timer/timer_expire_entry/enable
echo 1 > /sys/kernel/debug/tracing/events/irq/softirq_raise/enable
echo 1 > /sys/kernel/debug/tracing/events/irq/softirq_entry/enable
echo 1 > /sys/kernel/debug/tracing/events/irq/softirq_exit/enable

echo 1 > /sys/kernel/debug/tracing/options/func_stack_trace
echo "function stack trace enabled"

echo 1 > /sys/kernel/debug/tracing/tracing_on
echo "tracing_on"
```

위 코드를 입력한 후 timer_debug_raspbian.sh라는 이름으로 저장합시다.

위의 셸 스크립트는 이전에 소개했던 ftrace 설정 코드와 유사하지만 몇 가지 차이점이 있습니다. 가장 큰 차이는 다음 코드입니다.

```
echo raspbian_trace_debug_info > /sys/kernel/debug/tracing/set_ftrace_filter
```

이것은 패치 코드에서 구현한 raspbian_trace_debug_info() 함수의 콜 스택을 보는 설정입니다. 특정 함수의 콜 스택을 보기 위해서는 set_ftrace_filter 파일에 함수 이름을 지정해야 합니다.

패치 코드에서 구현한 raspbian_trace_debug_info() 함수는 다음 조건에서 호출된다는 사실을 떠올립시다.

- TIMER_SOFTIRQ라는 아이디로 Soft IRQ 서비스 요청
- 동적 타이머 핸들러인 rh_timer_func() 함수를 실행

다음은 ftrace 타이머와 관련된 이벤트를 활성화하는 명령어입니다.

```
echo 1 > /sys/kernel/debug/tracing/events/timer/timer_init/enable
echo 1 > /sys/kernel/debug/tracing/events/timer/timer_start/enable
echo 1 > /sys/kernel/debug/tracing/events/timer/timer_expire_entry/enable
echo 1 > /sys/kernel/debug/tracing/events/timer/timer_expire_exit/enable
echo 1 > /sys/kernel/debug/tracing/events/timer/timer_cancel/enable
```

이전 절에서 소개했던 동적 타이머의 ftrace 이벤트를 활성화하는 설정입니다. 위 이벤트는 다음 메시지를 출력합니다.

- 동적 타이머 핸들러 함수 이름
- 동적 타이머 플래그
- timer_list 구조체의 주소
- 동적 타이머 만료 시각(1/HZ 단위)

다음과 같은 명령어를 입력해 raspbian_debug_state 전역 변수를 701로 설정합시다.

```
echo 701 > /sys/kernel/debug/rpi_debug/val
```

패치 코드는 raspbian_debug_state 전역 변수가 701인 조건에서 동작한다는 점을 기억합시다.

이어서 다음 명령어로 ftrace를 설정합니다.

```
root@raspberrypi:/home/pi# ./timer_debug_raspbian.sh
```

다음으로 10초 후에 3.4.4절에서 소개한 get_ftrace.sh 셸 스크립트를 실행해 ftrace 로그를 받습니다.

```
root@raspberrypi:/home/pi# ./get_ftrace.sh
ftrace off
```

이어서 ftrace 로그와 함께 동적 타이머 관련 커널 소스코드를 분석하겠습니다.

전체 ftrace 로그와 전체 흐름도 알아보기

다음은 동적 타이머의 동작을 담고 있는 ftrace의 전체 메시지입니다. 이제부터 ftrace 로그를 함께 분석해 봅시다.

```
01 <idle>-0    [000] ..s.   105.040232: mod_timer <-usb_hcd_poll_rh_status
02 <idle>-0    [000] ..s.   105.040261: <stack trace>
03 => call_timer_fn
04 => expire_timers
05 => run_timer_softirq
06 => __do_softirq
07 => irq_exit
08 => __handle_domain_irq
09 => bcm2836_arm_irqchip_handle_irq
10 => __irq_svc
11 => arch_cpu_idle
12 => arch_cpu_idle
13 => default_idle_call
14 => do_idle
15 => cpu_startup_entry
16 => rest_init
17 => start_kernel
18 <idle>-0 [000] d.s.   105.040265: timer_start: timer=b9029684 function=rh_timer_func
expires=4294947825 [timeout=24] cpu=0 idx=25 flags=
19 <idle>-0 [000] d.s.   105.040268: mod_timer: [-][swapper/0]jiffies_64: 4294947801, timer->expires:
4294947825  caller:usb_hcd_poll_rh_status+0x10c/0x138
20 <idle>-0 [000] d.s.   105.040271: mod_timer: [-] in_softirq(): 0x00000100,preempt_count = 0x00000100
...
21 <idle>-0 [000] d.h.   105.290127: irq_handler_entry: irq=162 name=arch_timer
22 <idle>-0 [000] d.h.   105.290131: softirq_raise: vec=1 [action=TIMER]
23 <idle>-0 [000] d.h.   105.290132: raspbian_trace_debug_info <-__raise_softirq_irqoff
24 <idle>-0 [000] d.h.   105.290168: <stack trace>
25 => run_local_timers
26 => update_process_times
27 => tick_sched_handle
28 => tick_sched_timer
29 => __hrtimer_run_queues
```

```
30 => hrtimer_interrupt
31 => arch_timer_handler_phys
32 => handle_percpu_devid_irq
33 => generic_handle_irq
34 => __handle_domain_irq
35 => bcm2836_arm_irqchip_handle_irq
36 => __irq_svc
37 => arch_cpu_idle
38 => arch_cpu_idle
39 => default_idle_call
40 => do_idle
41 => cpu_startup_entry
42 => rest_init
43 => start_kernel
44 <idle>-0 [000] d.h.   105.290172: raspbian_trace_debug_info: [+][swapper/0] jiffies_64: 4294947826,
caller:__raise_softirq_irqoff+0x64/0xe8
45 <idle>-0 [000] d.h.105.290175: raspbian_trace_debug_info: [+] in_softirq(): 0x00000000,preempt_count
= 0x00010000
46 <idle>-0     [000] d.h.   105.290181: softirq_raise: vec=7 [action=SCHED]
47 <idle>-0     [000] d.h.   105.290185: irq_handler_exit: irq=162 ret=handled
48 <idle>-0     [000] ..s.   105.290187: softirq_entry: vec=1 [action=TIMER]
49 <idle>-0     [000] d.s.   105.290189: timer_cancel: timer=b9029684
50<idle>-0 [000] ..s.   105.290191: timer_expire_entry: timer=b9029684 function=rh_timer_func
now=4294947826
51<idle>-0 [000] ..s.   105.290192: raspbian_trace_debug_info <-rh_timer_func
52<idle>-0 [000] ..s.   105.290219: <stack trace>
53 => expire_timers
54 => run_timer_softirq
55 => __do_softirq
56 => irq_exit
57 => __handle_domain_irq
58 => bcm2836_arm_irqchip_handle_irq
59 => __irq_svc
60 => arch_cpu_idle
61 => arch_cpu_idle
62 => default_idle_call
63 => do_idle
64 => cpu_startup_entry
65 => rest_init
```

```
66 => start_kernel
67 <idle>-0 [000] ..s. 105.290223: raspbian_trace_debug_info: [-][swapper/0]jiffies_64: 4294947826,
caller:rh_timer_func+0x44/0x54
68 <idle>-0 [000] ..s. 105.290226: raspbian_trace_debug_info: [-]
in_softirq():0x00000100,preempt_count = 0x00000100
69 <idle>-0      [000] ..s. 105.290289: timer_expire_exit: timer=b9029684
```

콜 스택에 보이는 함수는 이번 장에서 배운 낯익은 이름이니 어렵게 생각하지 않았으면 좋겠습니다. ftrace 메시지가 복잡해 보이지만 전체 실행 흐름은 다음과 같이 4단계로 분류할 수 있습니다.

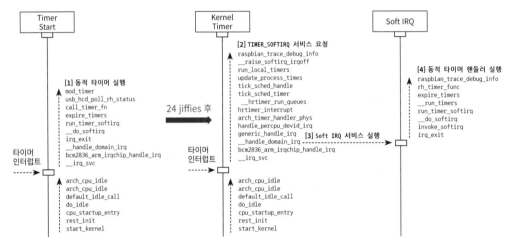

그림 8.9 ftrace 분석: 동적 타이머의 전체 실행 흐름

각 단계별로 동적 타이머의 처리 과정은 다음과 같습니다.

1단계: 동적 타이머 등록

mod_timer() 함수를 호출해 동적 타이머를 등록합니다. 24 jiffies 후로 동적 타이머 만료 시간을 설정합니다.

2단계: TIMER_SOFTIRQ 서비스 요청

24 jiffies 후 run_local_timers() 함수에서 TIMER_SOFTIRQ라는 아이디로 Soft IRQ 타이머 서비스를 요청하는 동작입니다. 이 동작은 1초에 HZ 크기(100)만큼 주기적으로 반복합니다. 24 jiffies 후에만 TIMER_SOFTIRQ 서비스를 요청하지는 않습니다. 동적 타이머를 등록하는 과정과 상관없이 run_local_timers() 함수는 1/HZ 주기만큼 호출돼서 만료되는 동적 타이머가 있는지 체크합니다. 만약 만료되는 동적 타이머가 있는 조건이면 Soft IRQ의 타이머 서비스를 요청합니다.

3단계: Soft IRQ 서비스 실행

타이머 인터럽트에 대한 처리를 끝낸 후 irq_exit() 함수를 호출해 Soft IRQ 서비스를 실행합니다.

4단계: 동적 타이머 만료 후 타이머 핸들러 실행

만료되는 동적 타이머가 있는지 다시 점검한 후 expire_timers() 함수에서 동적 타이머 핸들러인 rh_
timer_func() 함수를 호출합니다.

동적 타이머는 4단계로 동작한다는 점을 머릿속으로 그리면서 ftrace 로그를 봅시다. ftrace로 단계별
동적 타이머의 전체 흐름을 살펴봤으니 각 단계별 ftrace 메시지 분석을 시작합니다.

1단계: 동적 타이머 등록 동작 분석

먼저 1단계 ftrace 로그입니다. 동적 타이머를 등록하는 동작입니다.

```
01 <idle>-0      [000] ..s    105.040232: mod_timer <-usb_hcd_poll_rh_status
02 <idle>-0      [000] ..s    105.040261: <stack trace>
03 => call_timer_fn
04 => expire_timers
05 => run_timer_softirq
06 => __do_softirq
07 => irq_exit
08 => __handle_domain_irq
09 => bcm2836_arm_irqchip_handle_irq
10 => __irq_svc
11 => arch_cpu_idle
12 => arch_cpu_idle
13 => default_idle_call
14 => do_idle
15 => cpu_startup_entry
16 => rest_init
17 => start_kernel
18 <idle>-0 [000] d.s.   105.040265: timer_start: timer=b9029684 function=rh_timer_func
expires=4294947825 [timeout=24] cpu=0 idx=25 flags=
19 <idle>-0 [000] d.s.   105.040268: mod_timer: [-][swapper/0]jiffies_64: 4294947801, timer->expires:
4294947825  caller:usb_hcd_poll_rh_status+0x10c/0x138
20 <idle>-0 [000] d.s.   105.040271: mod_timer: [-] in_softirq(): 0x00000100,preempt_count = 0x00000100
```

먼저 1번째 줄을 보겠습니다.

```
01 <idle>-0     [000] ..s.   105.040232: mod_timer <-usb_hcd_poll_rh_status
```

동적 타이머의 만료 시간을 바꾼 후 동적 타이머를 등록하는 동작입니다. 그러면 위 로그는 어느 커널
코드에서 출력할까요? 다음 코드를 보면 알 수 있습니다.

https://github.com/raspberrypi/linux/blob/rpi-4.19.y/drivers/usb/core/hcd.c

```
01 void usb_hcd_poll_rh_status(struct usb_hcd *hcd)
02 {
...
03      if (hcd->uses_new_polling ? HCD_POLL_RH(hcd) :
04              (length == 0 && hcd->status_urb != NULL))
05          mod_timer (&hcd->rh_timer, (jiffies/(HZ/4) + 1) * (HZ/4));
06 }
```

1번째 줄의 ftrace 로그는 usb_hcd_poll_rh_status() 함수의 5번째 줄과 같이 mod_timer() 함수를 호출
할 때 출력됩니다.

다음과 같이 1번째 줄을 포함해서 콜 스택을 봅시다.

```
01 <idle>-0     [000] ..s.   105.040232: mod_timer <-usb_hcd_poll_rh_status
02 <idle>-0     [000] ..s.   105.040261: <stack trace>
03 => call_timer_fn
04 => expire_timers
05 => run_timer_softirq
06 => __do_softirq
07 => irq_exit
08 => __handle_domain_irq
09 => bcm2836_arm_irqchip_handle_irq
10 => __irq_svc
11 => arch_cpu_idle
12 => arch_cpu_idle
13 => default_idle_call
14 => do_idle
15 => cpu_startup_entry
16 => rest_init
17 => start_kernel
```

3~7번째 줄을 보면 아이디가 TIMER_SOFTIRQ인 Soft IRQ 서비스를 실행하는 레이블과 함수의 목록을 볼 수 있습니다. 함수가 호출된 순서는 다음과 같습니다.

- irq_exit 레이블

- __do_softirq() 함수

- run_timer_softirq() 함수

- expire_timers() 함수

- call_timer_fn() 함수

3번째 줄은 **call_timer_fn() 함수가 동적 타이머 핸들러 함수를 호출한다**는 중요한 사실을 알려줍니다.

1번째 줄을 보면 mod_timer() 함수는 usb_hcd_poll_rh_status() 함수에서 호출됩니다. 코드를 검색하면 동적 타이머 핸들러인 rh_timer_func() 함수가 usb_hcd_poll_rh_status() 함수를 호출한다는 사실을 알 수 있습니다. 즉, 동적 타이머 핸들러에서 만료 시각을 jiffies(1/HZ) 단위로 설정하고 다시 동적 타이머를 등록하는 것입니다. 이것은 동적 타이머를 주기적으로 등록할 때 쓰는 기법입니다.

다음으로 18번째 줄을 봅시다. 간단한 로그 같지만 아주 중요한 정보를 담고 있습니다.

```
18 <idle>-0 [000] d.s.    105.040265: timer_start: timer=b9029684 function=rh_timer_func
expires=4294947825 [timeout=24] cpu=0 idx=25 flags=
```

동적 타이머를 실행할 때 timer_start 이벤트를 활성화하면 ftrace 메시지로 상세한 동적 타이머의 속성 정보를 출력합니다.

이제 18번째 줄에서 출력되는 메시지의 의미를 상세히 분석해 봅시다.

- timer=b9029684

  동적 타이머를 표현하는 자료구조인 timer_list 구조체의 주소입니다.

- function=rh_timer_func

  동적 타이머 핸들러는 rh_timer_func() 함수입니다.

- expires=4294947825

  1/HZ 단위로 동적 타이머가 만료할 시각을 표시합니다. 현재 jiffies와 이 값을 비교하면 1/HZ 단위로 얼마 후에 동적 타이머가 만료할지 알 수 있습니다.

- [timeout=24]

  현재 jiffies 시각 기준으로 24 jiffies 후(1/HZ 단위)에 동적 타이머가 만료된다는 의미입니다. 여기서 24라는 값을 어떻게 계산하는지는 19번째 줄의 분석에서 이어집니다.

- cpu=0

  동적 타이머를 percpu 타입인 timer_base 변수를 CPU0 주소 공간에서 처리한다는 의미입니다. 이 정보로 CPU0에서 동적 타이머를 초기화했다는 정보를 확인할 수 있습니다.

- idx=25

  percpu 타입인 timer_base 전역변수에서 관리하는 해시 타이머 벡터 인덱스입니다.

다음 코드에서 calc_wheel_index() 함수를 호출하면 6번째 줄에서 idx 지역변수로 커널 타이머 해시 벡터 인덱스를 받습니다.

https://github.com/raspberrypi/linux/blob/rpi-4.19.y/kernel/time/timer.c

```
01 static void
02 __internal_add_timer(struct timer_base *base, struct timer_list *timer)
03 {
04     unsigned int idx;
05
06     idx = calc_wheel_index(timer->expires, base->clk);
07     enqueue_timer(base, timer, idx);
08 }
```

timer_start 이벤트에서 출력되는 각 메시지는 다음 코드를 분석하면 알 수 있습니다.

https://github.com/raspberrypi/linux/blob/rpi-4.19.y/include/trace/events/timer.h

```
TRACE_EVENT(timer_start,
...
        TP_printk("timer=%p function=%pf expires=%lu [timeout=%ld] cpu=%u idx=%u
flags=%s",
                __entry->timer, __entry->function, __entry->expires,
                (long)__entry->expires - __entry->now,
                __entry->flags & TIMER_CPUMASK,
                __entry->flags >> TIMER_ARRAYSHIFT,
                decode_timer_flags(__entry->flags & TIMER_TRACE_FLAGMASK))
);
```

이 코드의 동작 원리에 대해서는 이 책의 범위를 넘어선 내용이므로 넘어가겠습니다.

이번에는 다시 19번째 줄을 봅시다.

```
19 <idle>-0 [000] d.s.   105.040268: mod_timer: [-][swapper/0]jiffies_64: 4294947801, timer->expires:
4294947825  caller:usb_hcd_poll_rh_status+0x10c/0x138
20 <idle>-0 [000] d.s.   105.040271: mod_timer: [-] in_softirq(): 0x00000100,preempt_count = 0x00000100
```

이번 절에서 mod_timer() 함수에 적용한 패치 코드가 실행돼서 출력되는 메시지입니다.

19번째 줄을 통해 다음과 같은 정보를 알 수 있습니다.

- 현재 시각인 jiffies는 4294947801이고 동적 타이머의 만료 시각은 4294947825다.
- 두 변숫값의 차이는 24(4294947825 − 4294947801)이므로 1/HZ 단위로 jiffies가 24만큼 증가한 후 동적 타이머가 만료된다.

다시 18번째 줄로 되돌아가 보면 "timeout=24"라는 메시지가 보입니다.

```
18 <idle>-0 [000] d.s.   105.040265: timer_start: timer=b9029684 function=rh_timer_func
expires=4294947825 [timeout=24] cpu=0 idx=25 flags=
```

위 메시지는 24만큼 jiffies가 증가하면 동적 타이머가 만료된다는 의미입니다.

다음으로 20번째 줄을 봅시다. 프로세스 스택의 최상단 주소에 있는 thread_info 구조체의 preempt_count 필드가 0x00000100입니다. 또한 "d.s." 메시지를 보면 s가 확인되는데, 이는 Soft IRQ 컨텍스트를 의미합니다. 이 정보를 종합하면 Soft IRQ 컨텍스트에서 동적 타이머를 실행했다고 해석할 수 있습니다.

전체 Soft IRQ 시스템의 구조를 머릿속으로 그려보면 이 함수는 __do_softirq() 함수에서 호출된다고 유추할 수 있습니다.

여기까지 동적 타이머를 등록하는 로그를 분석했습니다. 동적 타이머가 만료될 때 호출하는 타이머 핸들러에서 다시 동적 타이머를 등록하는 동작입니다.

이번 ftrace 로그를 보면 동적 타이머는 Soft IRQ 컨텍스트에서 등록합니다. 그런데 사실 어느 함수에서도 동적 타이머를 등록할 수 있습니다. mod_timer() 함수에 필터를 걸고 ftrace 로그를 받으면 다음과 같은 콜 스택을 볼 수 있습니다.

```
kworker/u8:2-101    [001] d...   211.356838: mod_timer <-bcm2835_mmc_send_command
    kworker/u8:2-101    [001] d...   211.356854: <stack trace>
 => __mmc_start_request
 => mmc_start_request
```

```
=> mmc_wait_for_req
=> mmc_io_rw_extended
=> sdio_io_rw_ext_helper
=> sdio_readsb
=> brcmf_sdiod_buffrw
=> brcmf_sdiod_recv_pkt
=> brcmf_sdiod_recv_buf
=> brcmf_sdio_dataworker
=> process_one_work
=> worker_thread
=> kthread
=> ret_from_fork
   kworker/u8:2-101   [001] d...   211.356856:
timer_start: timer=b9c1a37c function=bcm2835_mmc_timeout_timer expires=4294959432
[timeout=1000] cpu=1 idx=134 flags=
```

위 로그를 잠깐 분석해 봅시다. 프로세스 이름이 kworker/u8:2인 워커 스레드가 bcm2835_mmc_timeout
_timer() 함수를 핸들러로 삼아 동적 타이머를 등록하는 동작입니다.

timer_start 메시지를 보면 현재 시각 기준으로 jiffies가 4294959432일 때 동적 타이머는 만료됩니다.
CPU1 공간에 있는 percpu 타입의 timer_base 변수에 등록하고 타이머 해시 인덱스는 134입니다.

2단계: TIMER_SOFTIRQ 서비스 요청 동작 분석

이어서 다음 그림에서 [2]로 표시된 ftrace 로그를 분석합시다.

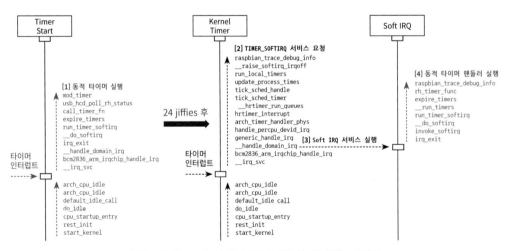

그림 8.10 ftrace 분석: Soft IRQ 타이머 서비스 요청 – 2단계

이번에는 24 jiffies 후 동적 타이머가 만료되는 시간에 "timer=b9029684"에 해당하는 동적 타이머 핸들러가 실행되는 과정을 확인해 보겠습니다. 다시 한번 반복하지만 이 동작은 동적 타이머 등록 여부와 상관없이 1초에 HZ만큼 주기적으로 수행한다는 사실을 기억합시다.

```
21 <idle>-0 [000] d.h.    105.290127: irq_handler_entry: irq=162 name=arch_timer
22 <idle>-0 [000] d.h.    105.290131: softirq_raise: vec=1 [action=TIMER]
23 <idle>-0 [000] d.h.    105.290132: raspbian_trace_debug_info <-__raise_softirq_irqoff
24 <idle>-0 [000] d.h.    105.290168: <stack trace>
25 => run_local_timers
26 => update_process_times
27 => tick_sched_handle
28 => tick_sched_timer
29 => __hrtimer_run_queues
30 => hrtimer_interrupt
31 => arch_timer_handler_phys
32 => handle_percpu_devid_irq
33 => generic_handle_irq
34 => __handle_domain_irq
35 => bcm2836_arm_irqchip_handle_irq
36 => __irq_svc
37 => arch_cpu_idle
38 => arch_cpu_idle
39 => default_idle_call
40 => do_idle
41 => cpu_startup_entry
42 => rest_init
43 => start_kernel
```

21번째 줄을 보면 162번 타이머 인터럽트가 발생했음을 알 수 있습니다.

```
21 <idle>-0 [000] d.h.    105.290127: irq_handler_entry: irq=162 name=arch_timer
22 <idle>-0 [000] d.h.    105.290131: softirq_raise: vec=1 [action=TIMER]
```

22번째 줄은 TIMER_SOFTIRQ라는 아이디로 Soft IRQ를 요청했다는 메시지입니다. 이 ftrace 메시지는 다음 3번째 줄에서 trace_softirq_raise() 함수를 실행할 때 출력됩니다.

https://github.com/raspberrypi/linux/blob/rpi-4.19.y/kernel/softirq.c

```
01 void __raise_softirq_irqoff(unsigned int nr)
02 {
03     trace_softirq_raise(nr);
04     or_softirq_pending(1UL << nr);
05 }
```

23~43번째 줄에서 raspbian_trace_debug_info() 함수의 콜 스택을 볼 수 있습니다. 37번째 줄과 같이 arch_cpu_idle() 함수의 실행 도중 타이머 인터럽트가 발생해서 run_local_timers() 함수까지 호출됩니다.

이번에는 44번째 줄을 봅시다.

```
44 <idle>-0 [000] d.h.   105.290172: raspbian_trace_debug_info: [+][swapper/0] jiffies_64: 4294947826,
caller:__raise_softirq_irqoff+0x64/0xe8
45 <idle>-0 [000] d.h.105.290175: raspbian_trace_debug_info: [+] in_softirq(): 0x00000000,preempt_count
= 0x00010000
```

현재 jiffies가 4294947826이고 raspbian_trace_debug_info() 함수는 __raise_softirq_irqoff() 함수가 호출했다는 정보입니다. 45번째 줄에서 thread_info 구조체의 preempt_count가 0x00010000이므로 인터럽트 컨텍스트에서 코드가 실행 중임을 알 수 있습니다.

이 동적 타이머를 실행할 때 만료 시각을 1/HZ 단위로 4294947825로 설정했는데 현재 jiffies가 4294947826입니다.

```
18 <idle>-0 [000] d.s.   105.040265: timer_start: timer=b9029684 function=rh_timer_func
expires=4294947825 [timeout=24] cpu=0 idx=25 flags=
```

동적 타이머가 만료되는 시각에 맞춰서 TIMER_SOFTIRQ라는 아이디로 Soft IRQ 서비스를 요청한 것입니다. 여기까지 2단계 단계까지 로그를 분석했습니다.

3단계: Soft IRQ의 타이머 서비스가 만료되는 동적 타이머를 실행하는 동작 분석

이제 3, 4단계의 로그를 분석하겠습니다.

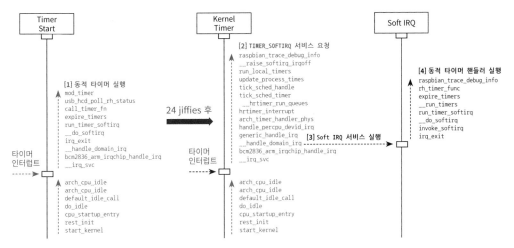

그림 8.11 ftrace 분석: Soft IRQ 타이머 서비스가 등록된 동적 타이머 실행 – 3/4단계

아래의 47번째 줄을 봅시다.

```
47 <idle>-0     [000] d.h.    105.290185: irq_handler_exit: irq=162 ret=handled
48 <idle>-0     [000] ..s.    105.290187: softirq_entry: vec=1 [action=TIMER]
49 <idle>-0     [000] d.s.    105.290189: timer_cancel: timer=b9029684
```

47번째 줄은 162번 타이머 인터럽트 핸들러의 실행이 완료됐다는 정보로서 **Soft IRQ의 TIMER_SOFTIRQ 서비스 핸들러인 run_timer_softirq() 함수를 호출한다**는 의미입니다. 이전 절에서 "run_timer_softirq() 함수는 __do_softirq() 함수에서 호출된다"라고 분석한 내용을 떠올려 봅시다.

이어서 49번째 줄을 봅시다.

```
49 <idle>-0     [000] d.s.    105.290189: timer_cancel: timer=b9029684
```

동적 타이머를 해제하는 동작을 출력하는 메시지입니다. 이 ftrace 로그는 다음과 같이 debug_deactivate() 함수에서 trace_timer_cancel() 함수를 실행할 때 출력됩니다.

https://github.com/raspberrypi/linux/blob/rpi-4.19.y/kernel/time/timer.c

```
static inline void debug_deactivate(struct timer_list *timer)
{
    debug_timer_deactivate(timer);
    trace_timer_cancel(timer);
}
```

debug_deactivate() 함수는 다음과 같은 함수 흐름으로 호출됩니다. 가장 먼저 실행하는 함수는 expire_timers()입니다.

- expire_timers()
- detach_timer()
- debug_deactivate()

이 로그를 통해 **커널 타이머는 동적 타이머가 만료될 때, 만료되는 동적 타이머를 해제시킨다**는 사실을 다시 한번 확인할 수 있습니다. 따라서 동적 타이머를 주기적으로 실행하려면 동적 타이머가 만료될 시점에 다시 등록해야 합니다.

4단계: 동적 타이머 만료 후 동적 타이머 핸들러의 실행 동작 분석

이제 동적 타이머 핸들러를 호출하는 50번째 줄을 봅시다.

```
50 <idle>-0 [000] ..s.   105.290191: timer_expire_entry: timer=b9029684 function=rh_timer_func
now=4294947826
51 <idle>-0 [000] ..s.   105.290192: raspbian_trace_debug_info <-rh_timer_func
52 <idle>-0 [000] ..s.   105.290219: <stack trace>
53 => expire_timers
54 => run_timer_softirq
55 => __do_softirq
56 => irq_exit
57 => __handle_domain_irq
58 => bcm2836_arm_irqchip_handle_irq
59 => __irq_svc
60 => arch_cpu_idle
61 => arch_cpu_idle
62 => default_idle_call
63 => do_idle
64 => cpu_startup_entry
65 => rest_init
66 => start_kernel
67 <idle>-0 [000] ..s. 105.290223: raspbian_trace_debug_info: [-][swapper/0]jiffies_64: 4294947826,
caller:rh_timer_func+0x44/0x54
68 <idle>-0 [000] ..s. 105.290226: raspbian_trace_debug_info: [-]
in_softirq():0x00000100,preempt_count = 0x00000100
69 <idle>-0    [000] ..s. 105.290289: timer_expire_exit: timer=b9029684
```

50번째 줄은 동적 타이머 핸들러를 호출하기 직전, 68번째 줄은 동적 타이머 핸들러 실행을 마무리했을 때 출력됩니다.

```
50 <idle>-0 [000] ..s.   105.290191: timer_expire_entry: timer=b9029684 function=rh_timer_func
now=4294947826
...
69 <idle>-0    [000] ..s. 105.290289: timer_expire_exit: timer=b9029684
```

이 로그는 동적 타이머를 호출하기 직전 아래 call_timer_fn() 함수의 5번과 7번째 줄에서 실행합니다.

https://github.com/raspberrypi/linux/blob/rpi-4.19.y/kernel/time/timer.c

```
01 static void call_timer_fn(struct timer_list *timer, void (*fn)(unsigned long),
02                      unsigned long data)
03 {
04     int count = preempt_count();
...
05     trace_timer_expire_entry(timer);
06     fn(data);
07     trace_timer_expire_exit(timer);
```

6번째 줄에서는 동적 타이머 핸들러를 호출합니다. 이 함수 전후로 ftrace의 timer_expire_entry와 timer_expire_exit 이벤트 로그를 출력합니다.

이 ftrace 로그를 통해 동적 타이머 핸들러가 실행한 시간을 측정할 수 있습니다. 지금 분석 중인 timer =b9029684의 동적 타이머 핸들러인 rh_timer_func() 함수의 실행 시간은 다음 계산에 따라 0.000098 초입니다.

```
0.000098 = 105.290289 - 105.290191
```

51~65번째 줄로 raspbian_trace_debug_info() 함수가 호출될 때의 콜 스택을 볼 수 있습니다.

```
53 => expire_timers
54 => run_timer_softirq
55 => __do_softirq
56 => irq_exit
57 => __handle_domain_irq
58 => bcm2836_arm_irqchip_handle_irq
59 => __irq_svc
```

위 콜 스택에서 irq_exit() 함수를 볼 수 있습니다. 162번 타이머 인터럽트 처리를 완료한 후 Soft IRQ 서비스를 실행하는 함수 흐름입니다. 이처럼 동적 타이머 핸들러는 expire_timers() 함수에서 호출됩니다.

이제 마지막 67번째 줄을 봅시다.

```
67 <idle>-0 [000] ..s. 105.290223: raspbian_trace_debug_info: [-][swapper/0]jiffies_64: 4294947826,
caller:rh_timer_func+0x44/0x54
68 <idle>-0 [000] ..s. 105.290226: raspbian_trace_debug_info: [-]
in_softirq():0x00000100,preempt_count = 0x00000100
```

rh_timer_func() 함수에서 raspbian_trace_debug_info() 함수를 호출한다는 사실을 알 수 있습니다.

동적 타이머를 Soft IRQ 타이머 서비스가 어떻게 처리하는지 커널 코드와 ftrace 로그 분석으로 알아봤습니다. 코드 분석으로 한 가지 유용한 정보를 알 수 있습니다. 바로 동적 타이머 핸들러는 될 수 있는 대로 빨리 수행돼야 한다는 사실입니다.

여기에는 그럴 만한 이유가 있습니다. 동적 타이머 핸들러는 타이머 인터럽트가 발생한 후 Soft IRQ 컨텍스트에서 실행되기 때문입니다. 좀 더 자세히 설명하자면 인터럽트는 실행 중인 프로세스를 멈추고 인터럽트 벡터부터 인터럽트에 대한 처리를 시작합니다. 그런데 인터럽트에 대한 처리를 마친 후 바로 Soft IRQ 서비스 요청을 실행합니다. Soft IRQ 서비스도 마찬가지로 프로세스가 실행을 멈춘 상태에서 동작합니다. 따라서 동적 타이머 핸들러는 되도록 빨리 실행되도록 간결한 코드를 작성할 필요가 있습니다. 여러분이 동적 타이머를 구현할 때도 동적 타이머 핸들러의 실행 시간을 꼭 점검하시길 바랍니다.

8.8 정리

1. HZ는 진동수라고 부르며 1초에 지피스(jiffies)가 업데이트되는 횟수를 의미합니다. HZ가 100이면 1초에 지피스(jiffies)는 100번 증가합니다.

2. 커널은 Soft IRQ로 1초에 HZ만큼 TIMER_SOFTIRQ라는 아이디로 Soft IRQ 서비스를 요청합니다. Soft IRQ 서비스를 실행하는 __do_softirq() 함수에서 동적 타이머를 실행합니다.

3. msecs_to_jiffies() 함수는 밀리초를 입력으로 받아 jiffies(1/HZ 단위)의 시각 정보를 반환합니다. 리눅스 커널에서 실행 시간을 기준으로 흐름을 제어할 때 많이 씁니다.

4. 리눅스 커널 내부 코드나 디바이스 드라이버에서는 time_after()와 time_before() 함수를 이용해 실행 시간과 타이밍을 제어합니다.

5. 동적 타이머는 add_timer()/mod_timer() 함수를 호출해 동적 타이머를 등록하면 Soft IRQ의 TIMER_SOFTIRQ 서비스로 실행됩니다.

6. 동적 타이머 핸들러는 Soft IRQ 컨텍스트에서 처리되므로 인터럽트 핸들러와 같이 실행 시간이 빨라야 합니다.

7. ftrace에서는 동적 타이머 처리 과정을 추적하는 다음과 같은 이벤트를 제공합니다.

- timer_init
- timer_start
- timer_expire_entry
- timer_expire_exit
- timer_cancel

09

커널 동기화

이번 장에서 다룰 내용

- 임계 영역과 레이스 컨디션
- 커널 동기화 기법이 필요한 이유
- 레이스 컨디션 발생 실습
- 스핀락과 뮤텍스의 세부 동작 방식

이번 장에서는 임계 영역에 대해 설명하고 레이스 컨디션이 왜 일어나는지 살펴보겠습니다. 또한 커널 동기화 기법 중 가장 많이 활용하는 스핀락과 뮤텍스 기법을 소개하고 세부 구현 방식을 분석합니다.

9.1 커널 동기화의 주요 개념

커널 동기화란 다음과 같이 동작하도록 코드를 설계하거나 유지 보수하는 기법을 의미합니다.

1. 어떤 함수나 특정 코드 구간을 실행할 때 1개의 프로세스만 접근
2. 정해진 순서로 코드를 실행

그런데 커널 동기화를 제대로 이해하려면 다음과 같은 두 가지 개념을 알 필요가 있습니다.

- 임계 영역
- 레이스 컨디션

이번 절에서는 커널 동기화를 구성하는 주요 개념을 소개합니다. 먼저 임계 영역과 레이스 컨디션이 무엇인지 알아본 후 레이스 컨디션이 발생하는 이유를 살펴보고 레이스 컨디션과 관련된 리눅스 커널 패치를 분석합니다.

9.1.1 임계 영역과 레이스 컨디션

임계 영역(Critical Section)이란 2개 이상의 프로세스가 동시에 실행하면 동시 접근 문제를 일으킬 수 있는 코드 블록을 말합니다. 즉, 1개의 프로세스만이 실행해야 하는 특정 코드 블록의 시작과 끝부분을 뜻합니다.

만약 A 프로세스가 어떤 코드 구간을 실행하는 도중에 B 프로세스가 같은 코드 블록을 실행한다고 가정하겠습니다. 이를 A 프로세스와 B 프로세스가 임계 영역에 동시에 접근 중인 상황이라고 볼 수 있습니다. **이처럼 임계 영역에 2개 이상의 프로세스가 동시에 어떤 코드 연산을 수행하는 상황을 레이스 혹은 레이스 컨디션이라고 말합니다.** 이를 경쟁 조건이라고 부르기도 합니다.

기존 운영체제 책에서는 임계 영역이나 레이스 컨디션의 이해를 돕기 위해 화장실을 예로 많이 듭니다. 이 책에서도 이 전통에 따라 화장실을 예로 들어 설명하겠습니다.

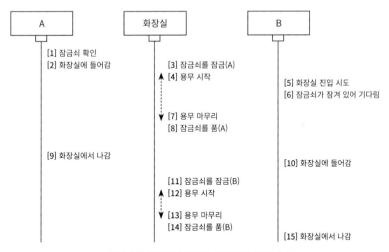

그림 9.1 임계 영역과 레이스 컨디션의 동작 흐름

그림 9.1은 한 사람만 들어갈 수 있는 공중 화장실에 A와 B라는 사람이 들어가는 상황을 나타냅니다. 하나밖에 없는 화장실 문에 있는 잠금쇠를 잠그고 용무를 보는 상황입니다. 그림에서 표시된 숫자는 화장실에 들어가기 전에 A와 B가 하는 동작을 의미합니다.

이 같은 상황을 리눅스 커널의 동기화 과정과 빗대서 생각해 봅시다.

첫째, 우리는 화장실에 들어가기 전에 화장실 문을 보고 잠금쇠가 잠겨 있나 확인해서 이미 다른 사람이 안에 있는지 살핍니다. 화장실 안에 사람이 없으면 화장실에 들어가서 화장실 문을 잠급니다.

 화장실 잠금장치에는 여러 가지 종류가 있듯이 리눅스 커널에도 스핀락, 뮤텍스 기법에 따라 잠금쇠를 잠그거나 푸는 방법이 다릅니다.

둘째, 화장실에서 용무는 딱 한 사람만 볼 수 있습니다. 화장실에 두 사람이 동시에 들어갈 수 없습니다. 유일하게 한 사람이 용무를 보는 상황을 운영체제에서 임계 영역이라고 합니다.

셋째, 화장실에서 다른 사람이 용무를 보고 있으면 밖에서 기다립니다. 그런데 화장실에서 기다리는 방식은 사람마다 다릅니다. 용무가 급한 사람은 다른 일을 하지 않고 밖에서 발을 동동 구르며 계속 기다립니다. 어떤 이는 화장실 밖에서 잡지를 보면서 유유히 기다립니다.

 리눅스 커널에서 스핀락의 경우 누군가 스핀락을 이미 획득했으면 화장실 밖에서 다른 일을 하지 않고 계속 기다립니다. 이를 Busy-wait라고 합니다. 대신 뮤텍스는 자신을 대기열에 추가하고 화장실 밖에서 잠든 상태로 기다립니다.

화장실에는 한 사람만 들어가서 용무를 봐야 하듯이 **한 개의 프로세스가 특정 코드 구간을 실행**해야 할 경우가 있습니다. 이 같은 특정 코드 구간을 임계 영역이라고 합니다.

이번에는 레이스 컨디션(Race Condition)에 대해 알아봅시다. 그림 9.1에서 A라는 사람이 용무를 보기 전에 어떻게 된 일인지 화장실 문에 있는 잠금쇠를 제대로 잠그지 않았습니다. 이후 B라는 사람이 화장실 문이 잠겨 있지 않으니 화장실 안에 사람이 없다고 판단하고 문을 엽니다. 결국 화장실에 두 사람이 함께 들어가게 됩니다. 화장실에 2명의 사람이 함께 들어가듯 임계 영역에 두 개의 프로세스가 동시에 접근하는 상황을 레이스 컨디션이라 합니다. 정리하면 레이스 컨디션은 다음과 같은 상황이라고 설명할 수 있습니다.

　"화장실에 두 명의 사람이 동시에 들어가 있다."

　"특정 코드 구간에 2개의 프로세스가 실행된다."

그렇다면 레이스 컨디션이 발생한 이유는 무엇일까요? 그 원인은 다음과 같습니다.

"A가 화장실 문을 제대로 잠그지 않았다."

"프로세스가 특정 코드 구간에 락(잠금)을 걸지 않았다."

이처럼 화장실에 2명의 사람이 들어가는 불상사를 막기 위해서는 어떻게 해야 할까요? 화장실 잠금쇠를 잘 잠가야 합니다. 커널에서도 마찬가지입니다. 한 개의 프로세스만 임계 영역을 실행하도록 임계 영역 구간에 락을 걸어 레이스 컨디션을 방지해야 합니다.

이제 임계 영역과 레이스 컨디션에 대해 알아봤으니 커널 동기화에 대한 정의를 내릴 차례입니다. 즉, **커널 동기화란 레이스 컨디션을 방지하기 위한 함수 호출과 설계 기법을 말합니다.**

 리눅스 커널이 실행하는 도중 위와 같이 레이스 컨디션이 발생하면 시스템은 오동작을 하게 되며 보통 커널 크래시로 리셋됩니다.

9.1.2 레이스 컨디션은 왜 발생할까?

이전 절에서 레이스 컨디션과 임계 영역의 개념을 소개했습니다. 이 내용을 읽으니 자연스럽게 다음과 같은 의문이 생깁니다. **레이스 컨디션은 왜 발생할까요?** 이번에는 그 이유를 살펴보겠습니다.

SMP(symmetric multiprocessing)

레이스 컨디션이 발생하는 첫 번째 이유는 리눅스 시스템에서 SMP(symmetric multiprocessing)를 적용하기 때문입니다. 여기서 SMP란 **하나의 시스템에 다수의 CPU가 한 개의 메모리를 쓰는 컴퓨터 시스템 아키텍처를 말합니다.**

이러한 SMP에 대한 정의를 읽어도 레이스 컨디션이 왜 발생하는지 잘 이해되지 않습니다. 그런데 소프트웨어 관점에서 SMP 시스템에서는 다수의 CPU 내에 있는 프로세스가 다음과 같이 실행됩니다.

다수의 CPU에서 병렬로 프로세스가 커널 코드를 실행한다.

만약 리눅스 시스템에 4개의 CPU를 탑재한 SMP 시스템에서는 4개의 CPU에서 병렬로 서로 다른 프로세스들이 실행될 수 있는 것입니다. 이 경우 **서로 다른 CPU에서 실행 중인 프로세스가 같은 코드나 함수에 접근하는 상황을 초래할 수 있습니다.**

이런 현상을 동시성(Concurrency)이라고도 부릅니다. 달리 보면 SMP 시스템은 동시성이 발생할 수밖에 없는 조건입니다.

그런데 동시성과 레이스 컨디션은 비슷한 의미를 지닙니다. 그러면 두 용어의 차이점은 무엇일까요? 동시성은 SMP 시스템에서 2개의 코어에서 같은 코드를 실행하는 것을 의미합니다. 레이스 컨디션은 '동시성'이란 환경에서 2개의 코어에 있는 프로세스가 임계 영역을 실행했을 때 문제가 발생하는 조건 이나 상황을 의미합니다.

현재 대부분의 리눅스 시스템은 SMP 환경에서 구동됩니다. 여러분이 사용 중인 스마트폰을 포함해서 대부분 리눅스는 SMP 시스템에서 실행됩니다. 라즈베리 파이에도 쿼드코어 CPU(4개의 코어)가 탑재 돼 있습니다.

선점 스케줄링

레이스 컨디션이 발생하는 두 번째 요인은 리눅스 커널이 선점 스케줄링을 지원하기 때문입니다. 현재 대부분의 리눅스 커널은 선점형 스케줄링 환경에서 실행되는데, 이를 가리켜 **"우리가 입력한 코드 블록 이 실행되는 도중 선점 스케줄링될 수 있다"**라고 해석할 수 있습니다.

이 내용을 읽고 나면 자연히 다음과 같은 의문이 생깁니다. **선점 스케줄링으로 레이스 컨디션이 발생 할까?**

선점 스케줄링으로 다양한 종류의 레이스 컨디션이 발생할 수 있습니다. 이해를 돕기 위해 한 가지 예 를 들어보겠습니다. 여러분이 작성한 코드가 rpi_set_synchronize() 함수에서 실행 중이라고 가정하겠 습니다. A 프로세스가 rpi_set_synchronize() 함수를 실행하는 도중 선점 스케줄링이 된 후 B 프로세스 가 다시 rpi_set_synchronize() 함수를 호출하면 어떻게 될까요? 중요한 자료구조를 처리하는 코드 구 간을 B 프로세스가 다시 실행한다면 레이스 컨디션이 발생할 수 있습니다.

선점 스케줄링이 발생해 다른 프로세스가 rpi_set_synchronize() 함수를 호출하지 않아도 다른 문제를 겪을 수 있습니다. 만약 rpi_set_synchronize() 함수 내에서 알고리즘 연산이나 정확한 딜레이를 주는 코드를 실행 중이라고 가정하겠습니다. 이때 선점 스케줄링으로 실행하는 코드를 멈추고 다른 프로세 스로 스케줄링되면 정해진 딜레이를 주지 못해 오동작을 유발할 수 있습니다.

이처럼 레이스 컨디션이 발생하는 주요 원인 중 하나가 선점 스케줄링입니다.

인터럽트 발생

어떤 CPU에서도 인터럽트는 언제든 발생할 수 있습니다. 여러분이 작성한 코드가 실행되는 도중 에 인터럽트가 발생하면 실행을 멈추고 인터럽트 벡터로 브랜치된 다음에 인터럽트 핸들러가 호출될 수 있습니다. 만약 rpi_set_synchronize() 함수를 실행하는 도중 인터럽트가 발생해 다시 rpi_set_synchronize() 함수에 진입하면 어떻게 될까요? 이 상황에서도 레이스 컨디션이 발생할 수 있습니다.

유저 프로세스에서 스레드 핸들링

유저 애플리케이션에서 스레드를 생성하면 한 개의 파일에 다수의 스레드가 접근할 수 있습니다. 이 과정에서 다수의 스레드가 같은 커널 코드의 구간을 실행할 수 있으며, 그 결과 동시성 혹은 레이스 컨디션이 발생할 수 있습니다.

동시성 발생 사례

임베디드 리눅스를 처음 접하는 분들은 동시성 문제가 왜 발생하는지 감이 잘 안 올 것입니다. 이해를 돕기 위해 리눅스 커널 커뮤니티에서 발췌한, SMP 환경에서 동시성 문제가 발생하는 사례를 소개하겠습니다.

다음 사례를 소개합니다.

https://lore.kernel.org/patchwork/patch/880120/

```
01 CPU0                                 CPU1
02 mmap syscall                     ioctl syscall
03 -> mmap_sem (acquired)             -> ashmem_ioctl
04 -> ashmem_mmap                       -> ashmem_mutex (acquired)
05    -> ashmem_mutex (try to acquire)    -> copy_from_user
06                                          -> mmap_sem (try to acquire)
```

03번째 줄에서 CPU0이 mmap_sem() 함수에 접근해 락을 획득했습니다. 그런데 맨 오른쪽 부분을 보면 거의 동시에 CPU1에서 06번째 줄과 같이 mmap_sem() 함수에 접근하고 있습니다.

위 사례를 보면 **"2개의 CPU에서 실행 중인 프로세스가 동시에 같은 코드 블록을 실행한다"**라는 사실을 알 수 있습니다.

여기까지 2개의 CPU에서 실행 중인 프로세스가 같은 코드 블록에 동시에 접근하는 사례를 살펴봤습니다. 이어서 다음 절에서는 리눅스 커뮤니티에서 논의된 레이스 컨디션과 관련된 패치를 분석하면서 레이스 컨디션에 대해 더 알아보겠습니다.

9.1.3 레이스 컨디션 관련 커널 패치

이번에는 리눅스 커널 커뮤니티에서 논의된 레이스 컨디션과 관련된 커널 패치를 소개합니다. 이번 절에서는 패치 코드를 분석하면서 다음과 같은 내용을 알아보겠습니다.

- 레이스 컨디션의 발생 원인
- 임계 영역 구간
- 패치 코드와 관련된 소스코드 분석

 임베디드 리눅스 입문자분들은 정상급 '리눅스 커널 개발자'들이 어떻게 리눅스 커널을 개발하는지 궁금해합니다. 이 궁금증을 해소할 수 있는 지름길은 '리눅스 커널 메일링 리스트'를 보는 것입니다. '리눅스 커널 메일링 리스트'를 읽으면 커널을 개발하는 도중 생긴 문제와 해결 방법에 대한 심도 있는 분석 내용을 확인할 수 있습니다. '리눅스 커널 메일링 리스트'를 구독하는 방법은 부록 B.4에서 자세히 소개합니다.

먼저 패치 코드에서 소개된 다음 함수 흐름을 같이 봅시다.

https://lore.kernel.org/lkml/CAARE===e6obTMLBeo3t2oJuwwtv3zfei7sUhREJwDcqUEGFPdAg@mail.gmail.com/

```
CPU0                                CPU1
01 n_tty_ioctl_helper               n_tty_ioctl_helper
02 __start_tty                      tty_send_xchar
03 tty_wakeup                       pty_write
04 n_hdlc_tty_wakeup                tty_insert_flip_string
05 n_hdlc_send_frames               tty_insert_flip_string_fixed_flag
06 pty_write
07 tty_insert_flip_string
08 tty_insert_flip_string_fixed_flag
```

위 함수 흐름은 CPU0과 CPU1에서 실행하는 함수의 호출 흐름을 알기 쉽게 표현한 것입니다. CPU0은 6번째 줄에서 pty_write() 함수에 접근합니다. 그런데 CPU1은 3번째 줄 오른쪽 부분과 같이 pty_write() 함수를 거의 동시에 실행합니다. CPU0과 CPU1의 함수 실행 흐름에서 마지막 부분을 보면 **CPU0과 CPU1이 tty_insert_flip_string() 함수와 tty_insert_flip_string_fixed_flag() 함수를 동시에 실행한다**는 사실을 알 수 있습니다.

이 내용을 일반화하면 **서로 다른 CPU에서 실행 중인 프로세스가 같은 코드나 함수에 접근한다고 할 수 있습니다.** 그럼 위와 같은 레이스 컨디션에서 리눅스 시스템은 어떻게 동작했을까요? **커널 패닉으로 시스템이 리셋됐습니다.**

 커널 패닉이란 "리눅스 시스템에 심각한 오류가 생겨 시스템이 다운되는 동작"을 의미합니다.

여러분은 대부분 컴퓨터나 노트북을 윈도우 운영체제로 쓰실 것입니다. 그런데 혹시 컴퓨터를 오래 쓰다가 블루 스크린을 본 적이 있나요? 밝은 파란색 배경 화면에 흰색으로 이상한 경고 문구가 떠 있습니다. 이때 컴퓨터는 아무런 동작을 하지 않습니다. 마찬가지로 라즈베리 파이와 같은 리눅스 컴퓨터에서는 검은색 배경에 흰색 문구를 띄웁니다. 이를 보통 커널 패닉 혹은 커널 크래시라고 부릅니다.

커널 패닉이 발생했을 때의 커널 로그를 보겠습니다.

```
01 BUG: KASAN: slab-out-of-bounds in
02 tty_insert_flip_string_fixed_flag+0xb5/0x130
03 drivers/tty/tty_buffer.c:316 at addr ffff880114fcc121
...
04 0000000000000000 ffff88011638f888 ffffffff81694cc3 ffff88007d802140
05 ffff880114fcb300 ffff880114fcc300 ffff880114fcb300 ffff88011638f8b0
06 ffffffff8130075c ffff88011638f940 ffff88007d802140 ffff880194fcc121
07 Call Trace:
08 [<ffffffff81694cc3>] __dump_stack lib/dump_stack.c:15 [inline]
09 [<ffffffff81694cc3>] dump_stack+0xb3/0x110 lib/dump_stack.c:51
10 [<ffffffff8130075c>] kasan_object_err+0x1c/0x70 mm/kasan/report.c:156
11 [<ffffffff813009f7>] print_address_description mm/kasan/report.c:194 [inline]
12 [<ffffffff813009f7>] kasan_report_error+0x1f7/0x4e0 mm/kasan/report.c:283
13 [<ffffffff81301076>] kasan_report+0x36/0x40 mm/kasan/report.c:303
14 [<ffffffff812ff9ce>] check_memory_region_inline mm/kasan/kasan.c:292 [inline]
15 [<ffffffff812ff9ce>] check_memory_region+0x13e/0x1a0 mm/kasan/kasan.c:299
16 [<ffffffff812ffea7>] memcpy+0x37/0x50 mm/kasan/kasan.c:335
17 [<ffffffff817f19f5>] tty_insert_flip_string_fixed_flag+0xb5/0x130
```

로그를 통해 커널 패닉이 다음과 같은 레이스 컨디션으로 발생했다는 사실을 알 수 있습니다.

CPU0과 CPU1이 동시에 `memcpy()` 함수를 실행했다.

커널 패닉이 발생한 이유를 알기 위해 커널 로그를 차례대로 분석해보겠습니다. 16~17번째 줄을 봅시다.

```
16 [<ffffffff812ffea7>] memcpy+0x37/0x50 mm/kasan/kasan.c:335
17 [<ffffffff817f19f5>] tty_insert_flip_string_fixed_flag+0xb5/0x130
```

먼저 함수 호출 방향은 17번째 줄에서 16번째 줄 방향이라는 사실을 기억합시다. 여기서 tty_insert_flip_string_fixed_flag() 함수에서 memcpy() 함수를 호출한 흐름이 보입니다.

다음으로 10~15번째 줄을 보겠습니다.

```
10 [<ffffffff8130075c>] kasan_object_err+0x1c/0x70 mm/kasan/report.c:156
11 [<ffffffff813009f7>] print_address_description mm/kasan/report.c:194 [inline]
12 [<ffffffff813009f7>] kasan_report_error+0x1f7/0x4e0 mm/kasan/report.c:283
13 [<ffffffff81301076>] kasan_report+0x36/0x40 mm/kasan/report.c:303
14 [<ffffffff812ff9ce>] check_memory_region_inline mm/kasan/kasan.c:292 [inline]
15 [<ffffffff812ff9ce>] check_memory_region+0x13e/0x1a0 mm/kasan/kasan.c:299
```

위 함수 흐름을 토대로 **메모리 주소를 통해 어떤 값을 읽거나 쓸 때 메모리 상태를 점검하는 check_memory_region() 함수가 호출됐다**는 사실을 알 수 있습니다. check_memory_region() 함수 내부에서 메모리 오염을 확인해서 커널 패닉을 유발한 것입니다.

이어서 커널 패닉의 원인이 되는 코드를 분석해 봅시다.

https://github.com/raspberrypi/linux/blob/rpi-4.19.y/drivers/tty/tty_buffer.c

```
01 int tty_insert_flip_string_fixed_flag(struct tty_port *port,
02          const unsigned char *chars, char flag, size_t size)
03 {
04     int copied = 0;
05     do {
06             int goal = min_t(size_t, size - copied, TTY_BUFFER_PAGE);
07             int flags = (flag == TTY_NORMAL) ? TTYB_NORMAL : 0;
08             int space = __tty_buffer_request_room(port, goal, flags);
09             struct tty_buffer *tb = port->buf.tail;
10             if (unlikely(space == 0))
11                     break;
12             memcpy(char_buf_ptr(tb, tb->used), chars, space);
```

 위 함수는 tty 드라이버에서 버퍼에 어떤 값을 쓰는 루틴입니다.

커널 패닉을 유발한 코드는 12번째 줄입니다.

```
12              memcpy(char_buf_ptr(tb, tb->used), chars, space);
```

chars 값을 tty 버퍼에 쓰는 동작에서 오동작한 것입니다. tty 드라이버에 두 개의 프로세스가 동시에 접근하니 tb->used에 지정한 배열을 넘어서는 값이 저장돼 있어서 배열의 범위를 넘어서는 메모리 영역에 접근해 커널 크래시가 발생한 것입니다.

앞에서 언급한 바와 같이 지정한 배열의 범위를 넘어서서 메모리 공간을 침범하는 상황을 경계 침범(Out-of-bound)이라고도 부릅니다. 조금 더 구체적으로 설명드리면 지정된 배열의 인덱스 범위를 넘어 메모리 값을 복사하거나 읽는 과정을 의미합니다. 가령 배열의 크기를 10으로 잡았는데 12번째 위치로 메모리를 복사하는 경우입니다. 경계 침범이 발생하면 메모리를 오염시키므로 커널은 오동작하게 되고, 대부분의 경우 커널 패닉을 유발합니다.

결국 커널 패닉이 발생한 이유는 **CPU0과 CPU1이 동시에 tty_insert_flip_string_fixed_flag() 함수에 접근했기 때문입니다.**

전 세계 리눅스 커널의 고수 개발자들은 리눅스 커널 메일링 리스트를 통해 커널 버그와 패치에 대해 열띤 논의를 합니다. 이 메일링 리스트에서 가장 많이 논의되는 주제 중 하나가 커널 동기화 문제로 생기는 레이스 컨디션입니다. 그렇다면 레이스 컨디션과 관련된 문제에 대해 많이 논의하는 이유는 뭘까요? **레이스 컨디션이 발생하면 리눅스 시스템은 아주 느려지거나 대부분 커널 패닉으로 시스템이 다운되기 때문입니다.**

여러분이 휴대폰이나 컴퓨터를 쓰고 있는데 자주 리부팅되면 기분이 어떨까요? 아마 짜증이 날 테고, 제품 안정성 관점에서 심각한 문제로 볼 수 있습니다. 그래서 리눅스 커널이나 디바이스 드라이버 개발자 입장에서 커널 패닉은 빨리 해결해야 할 문제입니다. 그래서 레이스 컨디션으로 생기는 리눅스 커널 크래시와 같은 문제를 해결하기 위해 지금도 수많은 리눅스 커널 개발자들은 디버깅하고 있습니다.

이어서 레이스 컨디션으로 발생하는 커널 패닉을 해결하기 위한 패치 코드를 함께 봅시다.

```
--- a/drivers/tty/pty.c
+++ b/drivers/tty/pty.c
@@ -110,16 +110,19 @@ static void pty_unthrottle(struct tty_st
01 static int pty_write(struct tty_struct *tty, const unsigned char *buf, int c)
02 {
03        struct tty_struct *to = tty->link;
```

```
04 +     unsigned long flags;
05
06       if (tty->stopped)
07               return 0;
08
09       if (c > 0) {
10 +             spin_lock_irqsave(&to->port->lock, flags);
11               /* Stuff the data into the input queue of the other end */
12               c = tty_insert_flip_string(to->port, buf, c);
13               /* And shovel */
14               if (c)
15                       tty_flip_buffer_push(to->port);
16 +             spin_unlock_irqrestore(&to->port->lock, flags);
17       }
18       return c;
19 }
```

패치 코드를 보니 12~15번째 줄 구간의 코드를 스핀락을 써서 보호합니다. 이렇게 하는 이유는 **2개의 CPU에서 실행 중인 프로세스가 tty_insert_flip_string() 함수에 동시에 접근할 수 있기 때문입니다.**

그렇다면 임계 영역은 어느 코드라고 할 수 있을까요? **바로 12~15번째 줄이 임계 영역입니다.**

10번째 줄에서 스핀락을 획득하고 CPU0에서 실행 중인 프로세스가 12~15번째 줄을 실행할 수 있습니다. 이때 CPU1에서 다른 프로세스가 12~15번째 줄을 실행하려고 시도하면 어떻게 동작할까요? **CPU0에서 실행 중인 프로세스가 16번째 줄을 실행할 때까지 10번째 줄에서 스핀락을 획득하려고 기다리게 됩니다.**

정리하면 두 개의 CPU가 다음과 같이 12~15번째 줄에 동시에 접근하므로 10번째와 16번째 코드에 스핀락(spin lock)을 걸어준 것입니다.

```
12               c = tty_insert_flip_string(to->port, buf, c);
13               /* And shovel */
14               if (c)
15                       tty_flip_buffer_push(to->port);
```

위 코드에서 임계 영역은 어딜까요? 12~15번째 줄이 임계 영역입니다. 이 코드 구간에는 한 개의 프로세스만 접근해 실행해야 합니다.

이번 절에서는 커널 동기화를 구성하는 주요 개념을 소개했습니다. 지금까지 설명한 내용을 정리해보겠습니다.

첫째, 임계 영역이란?

한 개의 프로세스만 실행해야 하는 코드 구간을 뜻합니다.

둘째, 레이스 컨디션이란?

임계 영역에 2개의 프로세스가 동시에 실행해 공유 데이터(구조체, 전역변수)를 오염시키는 조건을 의미합니다.

셋째, 레이스 컨디션을 방지하려면 어떻게 해야 할까?

임계 영역 구간에 락을 걸어 한 개의 프로세스만 임계 영역을 처리하도록 구조를 설계해야 합니다.

9.2 레이스 컨디션 발생 실습

이번 절에서는 라즈베리 파이에서 레이스 컨디션을 직접 확인하는 실습을 해보겠습니다. 그런데 커널 동기화에 대한 개념을 더 자세히 설명하지 않고 왜 실습을 하려는 것일까요?

우리는 커널 동기화 기법을 대부분 이론으로 이해하는 경우가 많습니다. 필자도 물론 커널 동기화를 익히기 위한 '이론'이 중요하다고 생각합니다. 하지만 커널 동기화 기법을 이론으로 이해하는 데 그치면 한계에 부딪힐 가능성이 높습니다. 이론을 통해 배운 내용을 실무에 적용하기 어렵기 때문입니다.

여러분이 실전 임베디드 리눅스 개발을 하는 도중 레이스 컨디션을 만났다고 가정하겠습니다. 이때 리눅스 커널에서 배운 커널 동기화 이론을 머릿속으로 다시 떠올리면 문제를 해결할 수 있을까요? 안타깝지만 이론으로 배운 지식을 곧바로 실무에 적용하기는 어렵습니다.

그렇다면 실무에서 레이스 컨디션을 만나면 어떤 과정으로 문제를 해결할까요? 보통 다음과 같은 과정을 거칩니다.

- 레이스 컨디션이 발생한 이유를 확인
- 우선 커널 로그나 메모리 덤프로 어느 코드 구간이 임계 영역인지 분석
- 이후 어떤 커널 동기화 방법(스핀락, 뮤텍스)를 써야 할지 결정

그런데 레이스 컨디션으로 생기는 문제의 원인을 분석하는 첫걸음은 '레이스 컨디션이 어떻게 발생했는지' 파악하는 것입니다. 그래야 리눅스 시스템에서 커널 동기화 기법이 왜 필요하고 어떤 커널 동기화 기법(스핀락, 뮤텍스)을 적용할지 결정할 수 있습니다.

이번 절에서는 다음 세 가지 상황에서 패치 코드를 입력해 레이스 컨디션을 직접 체험하는 시간을 갖겠습니다.

1. 유저 공간에서 생성된 프로세스

2. 커널 공간에서 구동하는 프로세스(커널 스레드)

3. 인터럽트가 발생해서 같은 함수를 두 번 호출

그렇다면 이번 절에서 체험할 레이스 컨디션은 구체적으로 무엇일까요? "**global_func_exe_times라는 전역 변수를 +1만큼 증가시킨 후 증가된 값이 제대로 출력되지 않는 상황**"을 레이스 컨디션으로 간주합니다. 실전 개발에서 겪는 레이스 컨디션은 난이도가 높으니 이처럼 간단히 레이스 컨디션을 체험할 수 있는 실습을 소개하는 것입니다.

여기까지 읽은 독자분들은 다음과 같은 의문이 생길 수 있습니다. **라즈베리 파이는 SMP로 4개의 CPU에서 프로세스가 실행하는데 당연히 동시성은 발생하지 않나? 이를 분석하는 것은 시간 낭비 아닐까?**

그렇지 않습니다. 특정 함수 구간에 2개 이상의 프로세스가 접근하는 동시성 환경으로 발생하는 레이스 컨디션을 ftrace로 분석하는 것은 큰 의미가 있습니다. 그 이유는 다음과 같습니다.

- 정상급 커널 개발자들도 이 방식으로 레이스 컨디션을 분석하고 디버깅합니다.
- 이번 절에서 소개한 디버깅 방법을 참고해 실전 개발에서 레이스 컨디션을 디버깅할 수 있습니다.

레이스 컨디션을 체험하는 실습을 소개하기에 앞서 실습을 왜 해야 하는지 설명해 드렸습니다. 이어서 첫 번째 유저 공간에서 생성된 프로세스의 레이스 컨디션을 확인해 보겠습니다.

9.2.1 유저 프로세스에서 시스템 콜을 호출할 때 발생하는 레이스 컨디션

유저 프로세스가 서로 다른 CPU에서 실행되는 도중 같은 구간의 커널 코드를 실행할 때 레이스 컨디션이 발생할 수 있습니다.

유저 프로세스는 시스템 콜로 커널과 통신합니다. fork() 함수를 유저 공간에서 시스템 콜로 호출하면 유저 공간에서 프로세스의 생성을 요청합니다. 유저 공간에서 open(), write(), ioctl() 함수를 호출하면 이에 대응하는 시스템 콜을 통해 커널 공간과 통신합니다. 그런데 이 과정에서 **유저 공간에서 생성된 프로세스는 여러 개의 스레드를 생성할 수 있고, 이 스레드는 서로 다른 CPU에서 구동되면서 디바이스 노드에 접근할 수 있습니다.**

그래서 이번에는 시스템 콜을 통해 호출된 커널 함수에서 발생한 레이스 컨디션을 확인해 보겠습니다.

패치 코드 입력

먼저 패치 코드를 소개합니다.

```
01 diff --git a/kernel/exit.c b/kernel/exit.c
02 --- a/kernel/exit.c
03 +++ b/kernel/exit.c
04 @@ -760,10 +760,24 @@ static void check_stack_usage(void)
05 static inline void check_stack_usage(void) {}
06 #endif
07 +static int global_func_exe_times = 0;
08 +void trace_function_dummy_call(void)
09 +{
10 +    trace_printk("[++] comm:%s, pid:%d, from(%pS) \n",
11 +            current->comm, current->pid, (void *)__builtin_return_address(0));
12 +}
13 +
14 void __noreturn do_exit(long code)
15 {
16     struct task_struct *tsk = current;
17     int group_dead;
18 +
19 +    trace_printk("[+] comm: %s, pid: %d, global_func_exe_times: %d\n",
20 +                current->comm, current->pid, global_func_exe_times);
21 +
22 +    global_func_exe_times++;
23 +    trace_function_dummy_call();
24 +
25     profile_task_exit(tsk);
26     kcov_task_exit(tsk);
27 @@ -809,6 +823,13 @@ void __noreturn do_exit(long code)
28     }
29
```

```
30      exit_signals(tsk);  /* sets PF_EXITING */
31 +
32 +    trace_printk("[-] comm: %s, pid: %d, global_func_exe_times: %d\n",
33 +                   current->comm, current->pid, global_func_exe_times);
34 +
35      /*
36       * Ensure that all new tsk->pi_lock acquisitions must observe
37       * PF_EXITING. Serializes against futex.c:attach_to_pi_owner().
```

패치 코드의 내용을 설명하기에 앞서 먼저 패치 코드를 입력하는 방법을 소개합니다. 패치 코드를 입력하기 전 원본 리눅스 커널 코드와 패치 코드를 입력하는 위치를 함께 봅시다.

https://github.com/raspberrypi/linux/blob/rpi-4.19.y/kernel/exit.c

```
void __noreturn do_exit(long code)
{
        struct task_struct *tsk = current;
        int group_dead;

        /* 1번째 패치 코드를 입력하세요 */
        profile_task_exit(tsk);
        kcov_task_exit(tsk);

        WARN_ON(blk_needs_flush_plug(tsk));
...
        if (unlikely(tsk->flags & PF_EXITING)) {
                pr_alert("Fixing recursive fault but reboot is needed!\n");

                tsk->flags |= PF_EXITPIDONE;
                set_current_state(TASK_UNINTERRUPTIBLE);
                schedule();
        }

        /* 2번째 패치 코드를 입력하세요 */
        exit_signals(tsk);  /* sets PF_EXITING */
        smp_mb();
```

do_exit() 함수에서 "/* 1번째 패치 코드를 입력하세요 */" 부분에 다음 19~24번째 줄의 패치 코드를 입력합시다.

```
19 +        trace_printk("[+] comm: %s, pid: %d, global_func_exe_times: %d\n",
20 +                    current->comm, current->pid, global_func_exe_times);
21 +
22 +        global_func_exe_times++;
23 +        trace_function_dummy_call();
24 +
```

이어서 "/* 2번째 패치 코드를 입력하세요 */" 부분에 아래의 31~34번째 줄의 패치 코드를 입력합시다.

```
31 +
32 +        trace_printk("[-] comm: %s, pid: %d, global_func_exe_times: %d\n",
33 +                    current->comm, current->pid, global_func_exe_times);
34 +
```

마지막으로 다음 코드는 do_exit() 함수 위에 작성합시다.

```
08 +void trace_function_dummy_call(void)
09 +{
10 +        trace_printk("[++] comm:%s, pid:%d, from(%pS) \n",
11 +                current->comm, current->pid, (void *)__builtin_return_address(0));
12 +}
```

패치 코드의 내용 알아보기

패치 코드를 작성하는 방법을 설명드렸으니 패치 코드의 내용을 알아보겠습니다. 우선 19번째 줄을 함께 살펴보겠습니다.

```
19 +        trace_printk("[+] comm: %s, pid: %d, global_func_exe_times: %d\n",
20 +                    current->comm, current->pid, global_func_exe_times);
21 +
22 +        global_func_exe_times++;
```

19~22번째 줄에서는 ftrace로 다음 정보를 출력합니다.

- 프로세스 이름: current->comm
- 프로세스 PID: current->pid
- global_func_exe_times 전역변수

22번째 줄은 global_func_exe_times 전역변수를 1만큼 증가시키는 동작입니다.

다음 23번째 줄에서 trace_function_dummy_call() 함수를 호출합니다.

```
23 +        trace_function_dummy_call();
```

8~12번째 줄에 구현된 trace_function_dummy_call() 함수를 보겠습니다.

```
08 +void trace_function_dummy_call(void)
09 +{
10 +      trace_printk("[++] comm:%s, pid:%d, from(%pS) \n",
11 +            current->comm, current->pid, (void *)__builtin_return_address(0));
12 +}
```

디버깅 용도로 만든 함수이며 다음 정보를 ftrace로 출력합니다.

- 프로세스 이름: current->comm
- 프로세스 PID: current->pid
- global_func_exe_times 전역변수
- 자신을 호출한 함수의 주소: __builtin_return_address(0)

이 간단한 코드를 함수로 만들어 호출하는 이유는 무엇일까요? **이 함수를 ftrace의 set_ftrace_filter에 지정하면 콜 스택을 확인할 수 있기 때문입니다.** 따라서 레이스 컨디션이 발생할 때 추가 디버깅 정보를 얻을 수 있습니다.

여기까지 패치 코드를 작성하는 방법과 패치 코드의 내용을 설명했습니다. 패치 코드의 내용을 Q/A로 정리해 봅시다.

Q) 패치 코드를 do_exit() 함수에 적용하는 이유는 무엇인가?

A) 유저 프로세스가 종료될 때 do_exit() 함수를 호출하기 때문입니다.

Q) 그렇다면 do_exit() 함수에서 레이스 컨디션이 일어날 수 있나?

A) 물론 한 개의 유저 프로세스만 종료하면서 do_exit() 함수를 실행하면 레이스 컨디션이 발생하지 않을 것입니다. 하지만 CPU에서 병렬로 실행 중인 유저 프로세스가 동시다발적으로 종료할 때 do_exit() 함수에 동시에 접근할 수 있습니다.

Q) 여러 유저 프로세스가 동시다발적으로 do_exit() 함수를 실행하게 하려면 어떻게 해야 할까?

A) 핵심 질문입니다. 여러 유저 프로세스가 동시에 종료되게 하려면 여러 개의 프로그램을 동시에 종료시키면 됩니다.

패치 코드를 입력하는 방법과 패치 코드의 내용을 알아봤으니 소스코드를 빌드할 차례입니다. 패치 코드를 작성했으면 커널 빌드를 통해 커널 이미지를 생성하고 이미지를 설치합시다. 이후 라즈베리 파이를 리부팅합시다.

ftrace 로그 설정과 로그 받기

패치 코드를 작성한 후 ftrace 로그를 설정해야 합니다. 명령어는 다음과 같습니다.

```bash
#!/bin/bash

echo 0 > /sys/kernel/debug/tracing/tracing_on
sleep 1
echo "tracing_off"

echo 0 > /sys/kernel/debug/tracing/events/enable
sleep 1
echo "events disabled"

echo  secondary_start_kernel  > /sys/kernel/debug/tracing/set_ftrace_filter
sleep 1
echo "set_ftrace_filter init"

echo function > /sys/kernel/debug/tracing/current_tracer
sleep 1
echo "function tracer enabled"

echo  trace_function_dummy_call > /sys/kernel/debug/tracing/set_ftrace_filter
sleep 1
echo "set_ftrace_filter enabled"

echo 1 > /sys/kernel/debug/tracing/events/sched/sched_switch/enable
sleep 1

echo 1 > /sys/kernel/debug/tracing/options/func_stack_trace
echo 1 > /sys/kernel/debug/tracing/options/sym-offset
```

```
echo "function stack trace enabled"

echo 1 > /sys/kernel/debug/tracing/tracing_on
echo "tracing_on"
```

그동안 ftrace를 설정하는 방법을 많이 소개했으니 여기서는 차이점 위주로 설명하겠습니다.

```
echo  trace_function_dummy_call > /sys/kernel/debug/tracing/set_ftrace_filter
```

위 명령어는 set_ftrace_filter로 trace_function_dummy_call() 함수를 지정합니다.

ftrace를 설정하는 명령어를 입력한 후 race_do_exit.sh 파일로 저장하고 다음과 같이 실행합시다.

```
root@raspberrypi:/home/pi# ./race_do_exit.sh
```

이렇게 ftrace를 설정한 후 다음과 같이 따라해 봅시다.

- 한 개의 크롬 브라우저를 실행하고 닫은 후 10초 동안 프로그램을 실행하지 않은 상태로 유지
- 라즈베리 파이에 있는 크롬 브라우저를 5개 실행
- 각 화면에서 유튜브 사이트에 접속해서 동영상을 잠깐 재생
- 5개의 크롬 브라우저를 연달아 종료

위에서 "5개의 크롬 브라우저를 연달아 종료"시키는 이유는 무엇일까요? 이렇게 하면 여러 프로세스가 동시에 종료될 것이기 때문입니다. 이렇게 여러 프로세스가 함께 종료되면 do_exit() 함수가 동시다발적으로 호출될 것입니다.

다음으로 3.4.4절에서 소개한 get_ftrace.sh 셸 스크립트를 실행해 ftrace 로그를 받습니다.

```
root@raspberrypi:/home/pi# ./get_ftrace.sh
ftrace off
```

이어서 ftrace 로그를 분석해 봅시다.

ftrace 로그 분석

먼저 ftrace 로그에서 "한 개의 크롬 브라우저를 실행하고 닫을 시점"의 부분을 보겠습니다. 레이스 컨디션이 발생하지 않을 때의 ftrace 로그입니다. 레이스 컨디션이 발생하지 않았을 때의 로그 패턴을 분석하는 이유는 무엇일까요? **레이스 컨디션이 발생했을 때의 로그 패턴과 비교하기 위해서입니다.**

분석할 로그는 다음과 같습니다.

```
01 <...>-3106 [001] .... 1342.119405: do_exit: [+] comm: TaskSchedulerRe, pid: 3106,
global_func_exe_times: 43
02 <...>-3106 [001] .... 1342.119407: trace_function_dummy_call <-do_exit
03 <...>-3106 [001] .... 1342.119423: <stack trace>
04 => get_signal+0x35c/0x69c
05 => do_signal+0x300/0x3d4
06 => do_work_pending+0xb4/0xcc
07 => slow_work_pending+0xc/0x20
08 <...>-3106 [001] .... 1342.119427: trace_function_dummy_call: [++] comm:TaskSchedulerRe,
pid:3106, from(do_exit+0x890/0xc18)
09 <...>-3106 [001] .... 1342.119431: do_exit: [-] comm: TaskSchedulerRe, pid: 3106,
global_func_exe_times: 44
```

1번째 줄의 로그는 do_exit() 함수의 앞부분 코드가 실행될 때 출력됩니다. pid가 3106인 "Task SchedulerRe" 프로세스가 종료하는 동작입니다.

이때 global_func_exe_times 전역변수의 값은 43입니다. 이 ftrace 로그를 출력하고 다음 코드를 실행해 global_func_exe_times 전역변수를 1만큼 증가시키니 44가 됩니다.

```
global_func_exe_times++;
```

2~7번째 줄은 trace_function_dummy_call() 함수의 콜 스택입니다. 종료 시그널을 받은 유저 프로세스 가 시그널을 받아 소멸되는 동작입니다.

8번째 줄은 trace_function_dummy_call() 함수에서 출력하는 프로세스 정보입니다. 1번째 줄의 로그와 같은 프로세스의 이름과 PID를 볼 수 있습니다.

9번째 줄을 보면 do_exit() 함수 하단에 추가한 패치 코드가 실행되는 것을 알 수 있습니다. global_func_exe_times 전역변수를 1만큼 증가시켰으니 44를 출력합니다.

아래 코드에서 보이듯 do_exit() 함수에서 6~24번째 줄까지 CPU1에서 pid가 3106인 TaskSchedulerRe 프로세스가 실행됐음을 알 수 있습니다. 레이스 컨디션이 발생하지 않았습니다.

https://github.com/raspberrypi/linux/blob/rpi-4.19.y/kernel/exit.c

```
01 void __noreturn do_exit(long code)
02 {
```

```
03     struct task_struct *tsk = current;
04     int group_dead;
05
06     profile_task_exit(tsk);
07     kcov_task_exit(tsk);
08
09     WARN_ON(blk_needs_flush_plug(tsk));
10
11     if (unlikely(in_interrupt()))
12             panic("Aiee, killing interrupt handler!");
13     if (unlikely(!tsk->pid))
14             panic("Attempted to kill the idle task!");
15     set_fs(USER_DS);
16     ptrace_event(PTRACE_EVENT_EXIT, code);
17     validate_creds_for_do_exit(tsk);
18     if (unlikely(tsk->flags & PF_EXITING)) {
19             pr_alert("Fixing recursive fault but reboot is needed!\n");
20             tsk->flags |= PF_EXITPIDONE;
21             set_current_state(TASK_UNINTERRUPTIBLE);
22             schedule();
23     }
24     exit_signals(tsk);  /* sets PF_EXITING */
```

지금까지 레이스 컨디션이 발생하지 않은 로그를 봤으니 이번에는 레이스 컨디션이 발생했을 때의 ftrace 로그를 보겠습니다. 다음은 "5개의 크롬 브라우저를 연달아 종료"할 때의 ftrace 메시지입니다.

```
01 CompositorTileW-3064  [003] ....  1396.127136: do_exit: [+] comm: CompositorTileW, pid: 3064,
global_func_exe_times: 111
02 CompositorTileW-3064  [003] ....  1396.127139: trace_function_dummy_call <-do_exit
03 GpuMemoryThread-3061  [000] ....  1396.127141: do_exit: [+] comm: GpuMemoryThread, pid: 3061,
global_func_exe_times: 111
04  GpuMemoryThread-3061  [000] ....  1396.127144: trace_function_dummy_call+0x14/0x58
<-do_exit+0x890/0xc18
05 CompositorTileW-3064  [003] ....  1396.127169: <stack trace>
06 => get_signal+0x35c/0x69c
07 => do_signal+0x74/0x3d4
08 => do_work_pending+0xb4/0xcc
09 => slow_work_pending+0xc/0x20
```

```
10 GpuMemoryThread-3061  [000] ....  1396.127170: <stack trace>
11 => get_signal+0x35c/0x69c
12 => do_signal+0x74/0x3d4
13 => do_work_pending+0xb4/0xcc
14 => slow_work_pending+0xc/0x20
15 CompositorTileW-3064  [003] ....  1396.127172: trace_function_dummy_call: [++]
comm:CompositorTileW, pid:3064, from(do_exit+0x890/0xc18)
16 GpuMemoryThread-3061  [000] ....  1396.127174: trace_function_dummy_call: [++]
comm:GpuMemoryThread, pid:3061, from(do_exit+0x890/0xc18)
17 CompositorTileW-3064  [003] ....  1396.127178: do_exit: [-] comm: CompositorTileW, pid: 3064,
global_func_exe_times: 113
```

1번째 줄을 보면 global_func_exe_times 값이 111입니다. 이 ftrace 로그는 다음 코드의 6번째 줄이 실행됐을 때 출력됩니다.

```
01 void __noreturn do_exit(long code)
02 {
03     struct task_struct *tsk = current;
04     int group_dead;
05 +
06 +    trace_printk("[+] comm: %s, pid: %d, global_func_exe_times: %d\n",
07 +                current->comm, current->pid, global_func_exe_times);
08 +
09 +    global_func_exe_times++;
10 +      trace_function_dummy_call();
```

위 do_exit() 함수의 6번째 줄을 실행한 후 바로 9번째 줄을 실행해서 global_func_exe_times 전역변수를 1만큼 증가시킵니다. 그 결과는 당연히 112라고 예상할 수 있습니다.

여기서 한 가지 의문이 생깁니다. **CPU3에서 실행 중인 CompositorTileW-3064 프로세스가 global_func_exe_times 전역변수를 111로 출력하고 바로 1만큼 증가시켰는데, CPU0에서 구동 중인 GpuMemoryThread-3061 프로세스는 global_func_exe_times 값을 111로 출력합니다. 뭔가 이상하지 않나요?**

맞습니다. 3번째 줄의 ftrace 로그를 보면 뭔가 이상합니다.

```
03 GpuMemoryThread-3061 [000] ....  1396.127141: do_exit: [+] comm: GpuMemoryThread, pid: 3061,
global_func_exe_times: 111
```

CPU0에서 구동 중인 pid가 3061인 GpuMemoryThread 프로세스가 실행될 때 global_func_exe_times 전역변수의 값은 112이어야 합니다. CPU0에서 구동 중인 CompositorTileW 프로세스가 global_func_exe_times 전역변수를 1만큼 증가시켰기 때문입니다.

여기서 다시 의문이 생깁니다. **pid가 3061인 GpuMemoryThread 프로세스가 global_func_exe_times의 값을 111로 출력하는 이유는 뭘까요?**

CPU3에서 실행 중인 CompositorTileW 프로세스(pid: 3064)가 global_func_exe_times 값을 111로 출력하고 1만큼 증가시키려는 사이 CPU0에서 구동 중인 GpuMemoryThread 프로세스가 do_exit() 함수에 접근해서 global_func_exe_times 전역변수의 값을 출력했기 때문입니다.

즉, CPU3에서 구동 중인 CompositorTileW 프로세스(pid: 3064)와 CPU0에서 실행 중이던 GpuMemoryThread (pid: 3061) 프로세스가 거의 동시에 do_exit() 함수의 6~24번째 줄에 있는 코드에 접근한 것입니다.

CPU3에서 실행 중인 CompositorTileW 프로세스 입장에서 global_func_exe_times를 111으로 출력한 후 +1만큼 증가시키니 112가 될 것으로 예상할 것이지만 그 결과는 113인 것입니다.

do_exit() 함수에 2개의 프로세스가 접근한 실행 흐름을 그림으로 표현하면 다음과 같습니다.

```
CPU3: CompositorTileW-3064              CPU0: GpuMemoryThread-3061
 slow_work_pending                       slow_work_pending
  do_work_pending                         do_work_pending
   do_signal                               do_signal
    get_signal                              get_signal
     do_group_exit                           do_group_exit
      do_exit                                 do_exit

       [1] [1396.127136]trace_printk("[+] comm: %s,...

                                                  [2] [1396.127141]trace_printk("[+] comm: %s,...

       [3] global_func_exe_times++;

                                                  [4] global_func_exe_times++;

       [5] [1396.127172]   trace_function_dummy_call

                                                  [6] [1396.127174]   trace_function_dummy_call
```

그림 9.2 do_exit() 함수에서 레이스 컨디션이 발생하는 과정

그림을 보면서 시간 순서대로 CPU3와 CPU0이 실행한 순서를 알아봅시다.

[1] CPU3 실행

1396.127136초에 CPU3에서 구동 중인 CompositorTileW-3064 프로세스가 6번째 줄을 실행합니다. global_func_exe_times 전역변수를 111로 출력합니다. 이후 8번째 줄을 실행해서 global_func_exe_times 전역변수를 1만큼 증가시킬 것입니다.

[2] CPU0 실행

1396.127141초에 CPU0에서 구동 중인 GpuMemoryThread-3061 프로세스가 6번째 줄을 실행해 global_func_exe_times 전역변수를 111로 출력합니다. CPU3에서 CompositorTileW-3064 프로세스가 6번째 줄을 실행하고 8번째 줄을 실행하기 직전에 6번째 줄을 실행한 것입니다.

[3] CPU3 실행

정확한 타임스탬프를 예측하기 어려우나 CPU3에서 CompositorTileW-3064 프로세스가 global_func_exe_times 전역변수를 1만큼 증가시켰습니다.

[4] CPU0 실행

마찬가지입니다. CPU0에서 GpuMemoryThread-3061 프로세스가 global_func_exe_times 전역변수를 1만큼 증가시켰습니다.

이번에는 CPU3에서 실행 중인 CompositorTileW-3064 프로세스의 함수 실행 흐름과 CPU0에서 구동 중인 GpuMemoryThread-3061 프로세스 콜 스택을 봅시다.

```
05 CompositorTileW-3064  [003] ....  1396.127169: <stack trace>
06 => get_signal+0x35c/0x69c
07 => do_signal+0x74/0x3d4
08 => do_work_pending+0xb4/0xcc
09 => slow_work_pending+0xc/0x20
10 GpuMemoryThread-3061  [000] ....  1396.127170: <stack trace>
11 => get_signal+0x35c/0x69c
12 => do_signal+0x74/0x3d4
13 => do_work_pending+0xb4/0xcc
14 => slow_work_pending+0xc/0x20
```

콜 스택이 동일합니다. 두 개의 프로세스를 종료시킬 시그널을 전달받아 동시에 프로세스가 종료되는 상황입니다.

여기까지 코드를 분석했는데 몇 가지 의문점이 생깁니다. 배운 내용을 정리하는 차원에서 Q&A 시간을 갖겠습니다.

> Q) 실제 리눅스 커널 함수인 do_exit() 함수에서는 이 코드 구간에 스핀락이나 뮤텍스를 써서 임계 영역을 보호하지 않는다. 그 이유는 무엇일까?
>
> A) 프로세스가 동시에 같은 함수에 접근할 때마다 반드시 락을 걸 필요는 없습니다. 대신 프로세스를 식별할 수 있는 유일한 식별자나 자료구조만 있으면 됩니다.

CPU3에서 실행한 CompositorTileW-3064 프로세스와 CPU0에서 구동 중인 GpuMemoryThread-3061 프로세스는 각자 태스크 디스크립터를 나타내는 task_struct 구조체가 있습니다.

https://github.com/raspberrypi/linux/blob/rpi-4.19.y/kernel/exit.c

```
01 void __noreturn do_exit(long code)
02 {
03    struct task_struct *tsk = current;
04    int group_dead;
05
06    profile_task_exit(tsk);
07    kcov_task_exit(tsk);
```

do_exit() 함수를 잠깐 보면 3번째 줄에서 프로세스의 스택 주소에 접근해서 현재 실행 중인 프로세스 정보를 담고 있는 태스크 디스크립터에 접근합니다. 이 태스크 디스크립터로 프로세스를 종료하는 동작을 실행합니다.

CPU3에서 실행 중인 CompositorTileW 프로세스(pid: 3064)와 CPU0에서 구동 중인 GpuMemoryThread 프로세스(pid: 3061)는 각각 자신의 태스크 디스크립터를 갖고 있습니다. 따라서 동시에 같은 함수를 수행 중이라고 해도 각각 프로세스를 관리하는 태스크 디스크립터로 코드를 실행하니 락을 걸 필요가 없습니다.

Q) 프로세스를 관리할 수 있는 유일한 메모리 혹은 자료구조는 무엇일까?

A) 프로세스는 각자 서로 다른 프로세스에게 할당된 스택 공간에서 실행됩니다. CompositorTileW-3064와 GpuMemoryThread-3061 프로세스는 각각 서로 다른 스택 공간에서 코드를 실행합니다.

각 프로세스가 사용 중인 스택 공간은 프로세스끼리 공유할 수 없습니다. 프로세스의 스택 공간은 독립적인 실행 공간입니다. 전역변수가 저장한 값을 지역변수에 저장하고 지역변수를 통해 쓰기나 읽기를 수행하는 방식으로 레이스 컨디션을 방지할 수 있습니다. 지역변수는 프로세스 각자 실행 중인 스택 메모리 공간을 사용합니다.

그래서 레이스 컨디션을 방지하기 위해 전역변수 값이나 공용 메모리 값을 프로세스별로 유일하게 접근하는 스택 공간에 저장해서 처리하기도 합니다.

다음 절에서는 커널 프로세스가 동작할 때 발생하는 레이스 컨디션을 확인해 보겠습니다.

9.2.2 커널 프로세스의 레이스 컨디션

이전 절에서는 서로 다른 CPU에서 구동 중인 유저 프로세스가 시스템 콜을 통해 같은 커널 함수를 동시에 실행하다가 발생하는 레이스 컨디션을 살펴봤습니다. 그런데 레이스 컨디션은 시스템 콜 통신 없이 커널 공간에서만 실행하는 커널 프로세스에서도 발생할 수 있습니다.

이번 절에서는 커널 프로세스에서 레이스 컨디션이 어떻게 발생하는지 실습을 통해 알아보겠습니다. 커널 스레드 중 워커 스레드의 핸들러인 worker_thread() 함수에서 레이스 컨디션을 확인합니다.

패치 코드를 입력하는 방법

먼저 다음 패치 코드를 소개합니다.

```
01 diff --git a/kernel/workqueue.c b/kernel/workqueue.c
02 --- a/kernel/workqueue.c
03 +++ b/kernel/workqueue.c
04 @@ -2187,6 +2187,12 @@ static void process_scheduled_works(struct worker *worker)
05 *
06 * Return: 0
07 */
08 +
09 +static unsigned int global_func_exe_times = 0;
10 +
11 +extern void trace_function_dummy_call(void);
12 +
13 static int worker_thread(void *__worker)
14 {
15     struct worker *worker = __worker;
16 @@ -2195,6 +2201,15 @@ static int worker_thread(void *__worker)
17     /* tell the scheduler that this is a workqueue worker */
18     set_pf_worker(true);
19 woke_up:
20 +    trace_printk("[+] comm: %s, pid: %d, global_func_exe_times: %d from(%pS) \n",
21 +                 current->comm, current->pid, global_func_exe_times, (void
*)__builtin_return_address(0));
22 +
23 +    global_func_exe_times++;
24 +
25 +    trace_function_dummy_call();
```

```
26 +
27        spin_lock_irq(&pool->lock);
28
29        /* am I supposed to die? */
30 @@ -2255,6 +2270,11 @@ static int worker_thread(void *__worker)
31        } while (keep_working(pool));
32
33        worker_set_flags(worker, WORKER_PREP);
34 +
35 +      trace_printk("[-] comm: %s, pid: %d, global_func_exe_times: %d from(%pS) \n",
36 +                    current->comm, current->pid, global_func_exe_times, (void
*)__builtin_return_address(0));
37 +
38 sleep:
39        /*
40         * pool->lock is held and there's no work to process and no need to
```

패치 코드를 입력하는 방법을 알려 드리기 위해 worker_thread( ) 함수의 원래 코드와 함께 입력할 패치
코드의 위치를 소개합니다.

https://github.com/raspberrypi/linux/blob/rpi-4.19.y/kernel/workqueue.c

```
static int worker_thread(void *__worker)
{
        struct worker *worker = __worker;
        struct worker_pool *pool = worker->pool;

        /* tell the scheduler that this is a workqueue worker */
        set_pf_worker(true);
woke_up:
        /* 1번째 패치 코드를 입력하세요. */
        spin_lock_irq(&pool->lock);

        /* am I supposed to die? */
        if (unlikely(worker->flags & WORKER_DIE)) {
                spin_unlock_irq(&pool->lock);
                WARN_ON_ONCE(!list_empty(&worker->entry));
                set_pf_worker(false);
```

```
                set_task_comm(worker->task, "kworker/dying");
                ida_simple_remove(&pool->worker_ida, worker->id);
                worker_detach_from_pool(worker);
                kfree(worker);
                return 0;
        }
...
        worker_set_flags(worker, WORKER_PREP);
sleep:
        /* 2번째 패치 코드를 입력하세요. */
        worker_enter_idle(worker);
        __set_current_state(TASK_IDLE);
```

먼저 1번째 패치 코드를 입력하는 방법을 소개합니다. 위 함수에서 주석으로 "/* 1번째 패치 코드를 입력하세요. */"라고 적힌 부분에 다음 20~26번째 줄의 패치 코드를 입력합시다.

```
20 +        trace_printk("[+] comm: %s, pid: %d, global_func_exe_times: %d from(%pS) \n",
21 +                    current->comm, current->pid, global_func_exe_times, (void
*)__builtin_return_address(0));
22 +
23 +        global_func_exe_times++;
24 +
25 +        trace_function_dummy_call();
26 +
```

패치 코드의 내용은 이전 절에서 소개한 내용과 같습니다. 20~21번째 줄에서는 ftrace로 다음 정보를 출력합니다.

- 프로세스 이름
- 프로세스 PID
- global_func_exe_times
- 자신을 호출한 함수명

23번째 줄을 실행하면 global_func_exe_times 전역변수를 1만큼 증가시킵니다.

25번째 줄에서는 trace_function_dummy_call() 함수를 호출합니다. trace_function_dummy_call() 함수의 구현부는 9.2.1절에서 소개한 코드입니다.

이어서 2번째 패치 코드를 입력하는 방법을 소개합니다. 위 함수에서 주석으로 "/* 2번째 패치 코드를 입력하세요. */"라고 적힌 부분에 다음 35~36번째 줄의 패치 코드를 입력합시다.

```
35 +        trace_printk("[-] comm: %s, pid: %d, global_func_exe_times: %d from(%pS) \n",
36 +                    current->comm, current->pid, global_func_exe_times, (void
*)__builtin_return_address(0));
```

35~36번째 줄에서는 ftrace로 다음 정보를 출력합니다.

- 프로세스 이름: current->comm

- 프로세스 PID: current->pid

- global_func_exe_times

- 자신을 호출한 함수의 이름: __builtin_return_address(0)

마지막으로 worker_thread() 함수의 윗부분에 다음 코드를 입력합시다.

```
09 +static unsigned int global_func_exe_times = 0;
10 +
11 +extern void trace_function_dummy_call(void);
```

9번째 줄에서는 global_func_exe_times 전역변수를 선언하고 11번째 줄에서는 trace_function_dummy_call() 함수를 extern으로 선언합니다.

앞에서 소개한 패치 코드를 차근차근 입력한 후 커널을 빌드해 봅시다. 컴파일 에러 없이 커널 빌드가 끝나면 커널 이미지를 설치하고 라즈베리 파이를 재부팅합니다.

ftrace 로그 설정 및 로그 받기

패치 코드를 입력하는 방법과 패치의 내용을 알아봤으니 이번에는 ftrace를 설정하는 방법을 알아봅시다. 다음은 ftrace를 설정하는 방법입니다.

```
#!/bin/bash

echo 0 > /sys/kernel/debug/tracing/tracing_on
sleep 1
echo "tracing_off"
```

```
echo 0 > /sys/kernel/debug/tracing/events/enable
sleep 1
echo "events disabled"

echo secondary_start_kernel > /sys/kernel/debug/tracing/set_ftrace_filter
sleep 1
echo "set_ftrace_filter init"

echo function > /sys/kernel/debug/tracing/current_tracer
sleep 1
echo "function tracer enabled"

echo trace_function_dummy_call > /sys/kernel/debug/tracing/set_ftrace_filter
sleep 1
echo "set_ftrace_filter enabled"

echo 1 > /sys/kernel/debug/tracing/events/workqueue/workqueue_execute_start/enable
echo 1 > /sys/kernel/debug/tracing/events/workqueue/workqueue_execute_end/enable

echo 1 > /sys/kernel/debug/tracing/options/func_stack_trace
echo 1 > /sys/kernel/debug/tracing/options/sym-offset
echo "function stack trace enabled"

echo 1 > /sys/kernel/debug/tracing/tracing_on
echo "tracing_on"
```

위에서 소개한 ftrace 명령어를 race_worker_thread.sh 셸 스크립트로 저장한 다음 실행하면 효율적으로 ftrace를 설정할 수 있습니다. ftrace 설정 명령어는 이전 절에서 다룬 내용과 같으니 따로 설명하지 않겠습니다.

이번에는 다음과 같이 실습을 하면서 ftrace 로그를 추출해 봅시다.

- 터미널을 열고 race_worker_thread.sh 셸 스크립트 실행
- 10초 동안 가만히 있기
- 크롬 브라우저를 열고 5개 유튜브 사이트에 접속한 후 10초 정도 동영상 플레이
- ftrace 로그 받기(3.4.4절에서 소개한 get_ftrace.sh 셸 스크립트를 실행)

ftrace 로그 분석

패치 코드를 입력하는 방법과 ftrace를 설정하고 로그를 받는 방법까지 알아봤습니다. 이제 ftrace 로그를 분석할 차례입니다. 먼저 ftrace에서 레이스 컨디션이 발생하지 않을 때(실습 과정에서 10초 동안 가만히 있을 시점)의 메시지를 봅시다.

```
01 kworker/3:1-3162  [003] ....  2048.385285: worker_thread: [+] comm: kworker/3:1, pid: 3162,
global_func_exe_times: 34594 from(kthread+0x144/0x174)
02 kworker/3:1-3162  [003] ....  2048.385287: trace_function_dummy_call: [++] comm:kworker/3:1,
pid:3162, from(worker_thread+0x36c/0x6cc)
03 kworker/3:1-3162  [003] ....  2048.385289: workqueue_execute_start: work struct ba383c8c: function
lru_add_drain_per_cpu
04 kworker/3:1-3162  [003] ....  2048.385293: workqueue_execute_end: work struct ba383c8c
05 kworker/3:1-3162  [003] d...  2048.385296: worker_thread: [-] comm: kworker/3:1, pid: 3162,
global_func_exe_times: 34595 from(kthread+0x144/0x174)
```

1번째 줄을 보면 global_func_exe_times 전역변수가 34594임을 알 수 있습니다. 이 로그를 실행하는 주인공은 pid가 3162인 kworker/3:1 프로세스입니다.

3~4번째 줄은 worker_thread() 함수에서 호출한 process_one_work() 함수에서 출력하는 워크의 실행 정보입니다. 워크의 핸들러는 lru_add_drain_per_cpu() 함수입니다.

 8장 워크큐를 읽었으면 이해할 수 있는 ftrace 로그입니다.

이번에는 5번째 줄을 봅시다. global_func_exe_times 전역변수를 1만큼 증가시켰으니 34595가 됩니다. 커널 동기화 관점에서 이 로그는 "패치 코드 구간에 한 개의 kworker/3:1 프로세스만 실행했다"라고 해석할 수 있습니다. 즉, **한 개의 코드 블록에 한 개의 프로세스만 실행됐다**고 볼 수 있습니다.

이번에는 "5개의 유튜브 동영상을 플레이하는 시점"의 레이스 컨디션이 발생하는 ftrace 로그를 분석해 봅시다.

```
01  kworker/3:1-3162  [003] ....  2048.406656: worker_thread: [+] comm: kworker/3:1, pid: 3162,
global_func_exe_times: 34602 from(kthread+0x144/0x174)
02 kworker/1:2-1376  [001] ....  2048.406660: worker_thread: [+] comm: kworker/1:2, pid: 1376,
global_func_exe_times: 34602 from(kthread+0x144/0x174)
03 kworker/3:1-3162  [003] ....  2048.406661: trace_function_dummy_call+0x0/0x58 <8067196c>: [++]
comm:kworker/3:1, pid:3162, from(worker_thread+0x36c/0x6cc)
04 kworker/1:2-1376  [001] ....  2048.406663: trace_function_dummy_call+0x0/0x58 <8067196c>: [++]
```

```
comm:kworker/1:2, pid:1376, from(worker_thread+0x36c/0x6cc)
05 kworker/1:2-1376  [001] ....  2048.406668: workqueue_execute_start: work struct ba361b18: function
drain_local_pages_wq
06 kworker/3:1-3162  [003] ....  2048.406668: workqueue_execute_start: work struct ba383b18: function
drain_local_pages_wq
07 kworker/3:1-3162  [003] ....  2048.406688: workqueue_execute_end: work struct ba383b18
08 kworker/3:1-3162  [003] d..  2048.406692: worker_thread+0x370/0x6cc <80138730>: [-] comm:
kworker/3:1, pid: 3162, global_func_exe_times: 34604 from(kthread+0x144/0x174)
09  kworker/1:2-1376  [001] ....  2048.406720: workqueue_execute_end: work struct ba361b18
10 kworker/1:2-1376  [001] ....  2048.406726: workqueue_execute_start: work struct 958a5ab4: function
wq_barrier_func
11 kworker/1:2-1376  [001] ....  2048.406730: workqueue_execute_end: work struct 958a5ab4
12 kworker/1:2-1376  [001] d..  2048.406732: worker_thread+0x370/0x6cc <80138730>: [-] comm:
kworker/1:2, pid: 1376, global_func_exe_times: 34604 from(kthread+0x144/0x174)
```

첫 번째 줄을 보겠습니다. 2048.406656초에 CPU3에서 kworker/3:1 프로세스가 실행되어 global_func_
exe_times 전역변수 값인 34602를 출력합니다.

2번째 줄을 분석할 차례입니다. 2048.406660초에 CPU1에서 kworker/1:2 프로세스가 실행되어 global_
func_exe_times 전역변수의 값을 34602로 출력합니다.

패치 코드를 보면 20번째 줄의 ftrace 메시지를 출력하고 바로 global_func_exe_times 전역변수를 1만
큼 증가시킵니다.

```
20 +          trace_printk("[+] comm: %s, pid: %d, global_func_exe_times: %d from(%pS) \n",
21 +                    current->comm, current->pid, global_func_exe_times, (void
*)__builtin_return_address(0));
22 +
23 +          global_func_exe_times++;
```

그런데 여기서 **CPU1과 CPU3에서 실행 중인 프로세스가 동시에 global_func_exe_times를 34602로 출력
한 이유는 무엇일까요?** CPU3에서 kworker/3:1 프로세스가 20번째 줄을 실행한 후 23번째 줄과 같이
global_func_exe_times 전역변수를 1만큼 증가시키기 직전 CPU1에서 실행 중인 kworker/1:2 프로세
스가 20번째 줄을 실행한 것입니다.

다음은 3번째 줄의 로그입니다. 이어서 3번째 줄의 로그를 봅시다.

```
03 kworker/3:1-3162  [003] ....  2048.406661: trace_function_dummy_call: [++] comm:kworker/3:1,
pid:3162, from(worker_thread+0x36c/0x6cc)
```

CPU3에서 구동 중인 kworker/3:1 프로세스가 2048.406661초에 trace_function_dummy_call() 함수를 실행합니다.

4번째 줄을 보겠습니다.

```
04 kworker/1:2-1376  [001] ....  2048.406663: trace_function_dummy_call: [++] comm:kworker/1:2,
pid:1376, from(worker_thread+0x36c/0x6cc)
```

CPU1에서 2048.406663초에 trace_function_dummy_call() 함수를 실행합니다.

```
03 kworker/3:1-3162  [003] ....  2048.406661: trace_function_dummy_call: [++] comm:kworker/3:1,
pid:3162, from(worker_thread+0x36c/0x6cc)
```

CPU3에서 2048.406661초에 trace_function_dummy_call() 함수를 실행합니다. 두 개의 CPU가 번갈아가면서 함수를 지그재그로 실행하고 있습니다.

5~9번째 줄을 보겠습니다.

```
05 kworker/1:2-1376  [001] ....  2048.406668: workqueue_execute_start: work struct ba361b18: function
drain_local_pages_wq
06 kworker/3:1-3162  [003] ....  2048.406668: workqueue_execute_start: work struct ba383b18: function
drain_local_pages_wq
07 kworker/3:1-3162  [003] ....  2048.406688: workqueue_execute_end: work struct ba383b18
08 kworker/3:1-3162  [003] d...  2048.406692: worker_thread: [-] comm: kworker/3:1, pid: 3162,
global_func_exe_times: 34604 from(kthread+0x144/0x174)
09  kworker/1:2-1376  [001] ....  2048.406720: workqueue_execute_end: work struct ba361b18
```

5~6번째 줄을 보면 CPU1에서 구동 중인 kworker/1:2 프로세스와 CPU3에서 실행 중인 kworker/3:1 프로세스가 2048.406668초에 거의 동시에 각각 ba361b18과 ba383b18 주소에 있는 워크를 실행합니다.

7~8번째 줄을 보면 CPU3에서 kworker/3:1 프로세스가 struct work_struct 구조체 주소가 ba361b18인 워크 실행을 마치고 global_func_exe_times 전역변수를 34604으로 출력합니다.

CPU3 입장에서 global_func_exe_times 변수를 1만큼 증가시키기 전의 값은 34602였습니다.

```
01  kworker/3:1-3162  [003] ....  2048.406656: worker_thread: [+] comm: kworker/3:1, pid:
3162, global_func_exe_times: 34602 from(kthread+0x144/0x174)
```

위 로그에서 두 CPU가 동시에 worker_thread() 함수에서 실행한 흐름을 그림으로 정리하면 다음과 같습니다.

```
CPU3: kworker/3:1                                      CPU1: kworker/1:2
ret_from_fork                                          ret_from_fork
  kthread                                                kthread
    worker_thread                                          worker_thread
      [1] [2048.406656]trace_printk("[+] comm: %s,...

                                                             [2] [2048.406660]trace_printk("[+] comm: %s,...

      [3] global_func_exe_times++;

                                                             [4] global_func_exe_times++;

      [5] [2048.406661]   trace_function_dummy_call

                                                             [6] [2048.406663]   trace_function_dummy_call
```

그림 9.3 worker_thread() 함수에서의 레이스 컨디션 발생 흐름

위 그림을 보면 거의 지그재그로 함수를 번갈아 가면서 실행했습니다. 그럼 시간 순서대로 CPU3과 CPU1이 실행한 순서를 점검해볼까요?

[1] CPU3 실행

2048.406656초에 CPU3에서 kworker/3:1 프로세스는 global_func_exe_times 전역변수를 34602로 출력합니다. 이후 다음 라인 코드를 실행해서 global_func_exe_times 전역변수를 1만큼 증가시킵니다.

[2] CPU1 실행

2048.406660초에 CPU1에서 kworker/1:2 프로세스가 global_func_exe_times 전역변수를 34602로 출력합니다. CPU3에서 kworker/3:1 프로세스가 global_func_exe_times 전역변수를 출력하고 1만큼 증가시키기 직전에 CPU1에서 실행 중인 kworker/1:2 프로세스가 global_func_exe_times 전역변수를 34602로 출력하는 것입니다.

[3] CPU3 실행

정확한 타임스탬프를 예측하기 어려우나 CPU3에서 kworker/3:1 프로세스가 global_func_exe_times 전역변수를 1만큼 증가시켰습니다.

[4] CPU1 실행

마찬가지입니다. CPU1에서 kworker/1:2 프로세스가 global_func_exe_times 전역변수를 1만큼 증가시켰습니다.

로그 분석 내용 중 핵심은 global_func_exe_times 전역변수에 2개의 프로세스가 동시에 접근해 ftrace 메시지를 출력하는 것입니다. 이번 실습으로 동시에 2개의 프로세스가 하나의 코드 구간을 실행할 수 있다는 사실을 알게 됐습니다.

레이스 컨디션을 방지하는 방법

이번에는 커널 동기화 관점에서 worker_thread() 함수를 분석해보고 어떻게 하면 레이스 컨디션을 방지할 수 있는지 생각해 봅시다. 먼저 다음 함수를 커널 동기화 관점에서 분석해 봅시다.

```
01 static int worker_thread(void *__worker)
02 {
03      struct worker *worker = __worker;
04      struct worker_pool *pool = worker->pool;
05
06      worker->task->flags |= PF_WQ_WORKER;
07 woke_up:
08      spin_lock_irq(&pool->lock);
09
10      /* am I supposed to die? */
11      if (unlikely(worker->flags & WORKER_DIE)) {
12              spin_unlock_irq(&pool->lock);
13              WARN_ON_ONCE(!list_empty(&worker->entry));
14              worker->task->flags &= ~PF_WQ_WORKER;
15
16              set_task_comm(worker->task, "kworker/dying");
17              ida_simple_remove(&pool->worker_ida, worker->id);
18              worker_detach_from_pool(worker, pool);
19              kfree(worker);
20              return 0;
21      }
22
23      worker_leave_idle(worker);
```

 8번째 줄에서 spin_lock_irq(&pool->lock) 함수를 호출해서 스핀락을 걸고 있습니다. 워커 스레드에서 워크를 실행할 때 워커풀에 등록된 워크를 실행하기 때문에 위와 같이 워커풀에 있는 락을 걸어준 것입니다.

코드를 분석하기 전에 worker_thread( ) 함수는 워커 스레드가 실행하면 구동되는 핸들러 함수라는 점을 상기합시다. 즉, 여러 워커 스레드가 이 함수에서 동시에 실행될 수 있다는 이야기입니다.

코드를 분석하니 여러 가지 의문이 생깁니다. 다시 Q&A 시간을 통해 배운 내용을 정리해봅시다.

Q) 이전 절에서 프로세스만의 유일한 메모리나 자료구조를 활용하면 락을 걸 필요가 없다고 했는데, 위 코드에서 관련 자료구조는 무엇일까?

A) 반복하지만 worker_thread( ) 함수는 워커 스레드만 실행하는 스레드 핸들러 함수입니다.

```
01 static int worker_thread(void *__worker)
02 {
03        struct worker *worker = __worker;
```

커널 스레드는 스레드를 처리할 수 있는 매개변수(디스크립터)를 첫 번째 인자로 전달합니다. void 포인터 형태인 __worker 인자는 worker_thread( ) 함수의 3번째 줄과 같이 worker 구조체로 캐스팅됩니다.

이 __worker 인자가 워커 스레드를 식별하는 주소를 담고 있습니다. worker_thread( ) 함수에서 워커 스레드를 표현하는 자료구조인 worker 구조체의 주소를 __worker 인자로 전달합니다. 이는 각각의 워커를 식별할 수 있는 주소입니다.

kworker/1:2-1376과 kworker/3:1-3162 프로세스는 서로 각각 worker 구조체의 주소에 접근해 처리합니다. 그래서 다음 11~21번째 줄에서 worker 포인터 변수로 워커 스레드를 종료하는 동작을 실행합니다.

```
11        if (unlikely(worker->flags & WORKER_DIE)) {
12
13            WARN_ON_ONCE(!list_empty(&worker->entry));
14            worker->task->flags &= ~PF_WQ_WORKER;
15
16            set_task_comm(worker->task, "kworker/dying");
17            ida_simple_remove(&pool->worker_ida, worker->id);
18            worker_detach_from_pool(worker, pool);
19            kfree(worker);
20            return 0;
21        }
22
23        worker_leave_idle(worker);
```

worker 포인터는 워커 스레드마다 있는 주소입니다.

> Q) 그렇다면 worker 포인터는 worker_thread() 함수를 실행하는 프로세스만 접근하는 유일한 자료구조인가요?
>
> A) 그렇습니다. 커널 스레드의 핸들러 함수로 전달되는 매개변수는 프로세스의 태스크 디스크립터와 같이 프로세스를 식별할 수 있는 자료구조입니다.

> Q) 워커 스레드마다 worker_thread() 함수로 전달되는 '__worker' 매개변수의 주소는 다르겠군요.
>
> A) 네, 제대로 이해하셨군요.

이번 절까지 커널 공간에서 프로세스가 실행 도중 어떻게 레이스 컨디션이 발생하는지 확인했습니다. 다음 절에서는 어떤 함수가 실행되는 도중에 인터럽트가 발생해서 다시 같은 함수가 실행되는 상황을 확인해 보겠습니다.

9.2.3 인터럽트 발생으로 인한 레이스 컨디션 발생

지금까지 서로 다른 CPU에서 구동 중인 프로세스가 같은 코드 구간을 실행하다가 발생하는 레이스 컨디션을 실습을 통해 알아봤습니다. 하지만 어떤 함수가 실행되던 도중 인터럽트가 발생한 후 다시 해당 함수가 실행되는 경우가 있습니다. 그런데 유저 애플리케이션만 작성한 분들이 이런 내용을 읽으면 낯설게 느낄 것입니다. 유저 애플리케이션이 실행되는 환경에서는 이런 상황이 발생하지 않기 때문입니다.

하지만 커널 공간에서는 인터럽트가 발생해 같은 함수가 2번 호출되는 상황이 일어날 수 있습니다. 이번에는 인터럽트가 발생해 같은 함수가 2번 호출돼 일어나는 레이스 컨디션을 실습을 통해 알아보겠습니다.

패치 코드를 입력하는 방법

먼저 패치 코드를 소개합니다.

```
diff --git a/mm/slub.c b/mm/slub.c
index 8da34a8..7901ca8 100644
--- a/mm/slub.c
+++ b/mm/slub.c
@@ -3731,11 +3731,37 @@ static int __init setup_slub_min_objects(char *str)


  __setup("slub_min_objects=", setup_slub_min_objects);
```

```
01 +extern uint32_t raspbian_debug_state;
02 +static unsigned int kmalloc_execute_times = 0;
03 +
04 +void trace_irq_race_dummy_call(void)
05 +{
06 +    void *stack;
07 +    struct thread_info *current_thread;
08 +
09 +    stack = current->stack;
10 +    current_thread = (struct thread_info*)stack;
11 +
12 +    trace_printk("[++] comm:%s, pid:%d, in_interrupt(): 0x%08x,preempt_count = 0x%08x \n",
13 +                current->comm, current->pid, (unsigned int)in_interrupt(), (unsigned
int)current_thread->preempt_count);
14 +}
15 +
16 void *__kmalloc(size_t size, gfp_t flags)
17 {
18     struct kmem_cache *s;
19     void *ret;
20
21 +    if ( raspbian_debug_state == 923) {
22 +          trace_printk("[+] comm: %s, pid: %d, kmalloc_times: %u from(%pS) \n",
23 +                  current->comm, current->pid, kmalloc_execute_times, (void
*)__builtin_return_address(0));
24 +
25 +          kmalloc_execute_times++;
26 +
27 +          if ( in_interrupt()) {
28 +                trace_irq_race_dummy_call();
29 +          }
30 +    }
31 +
32     if (unlikely(size > KMALLOC_MAX_CACHE_SIZE))
33          return kmalloc_large(size, flags);
34
@@ -3750,6 +3776,11 @@ void *__kmalloc(size_t size, gfp_t flags)
35
36     kasan_kmalloc(s, ret, size, flags);
```

```
37
38 +    if ( raspbian_debug_state == 923) {
39 +        trace_printk("[-] comm: %s, pid: %d, kmalloc_times: %u from(%pS) \n",
40 +                        current->comm, current->pid, kmalloc_execute_times, (void
*)__builtin_return_address(0));
41 +    }
42 +
43     return ret;
44 }
45 EXPORT_SYMBOL(__kmalloc);
```

 이번 절에서 실습할 코드는 raspbian_debug_state 전역 변수를 활용합니다. 실습 패치 코드를 입력하기 전에 3장의 3.6절에서 소개한 rpi_debugfs.c 소스를 입력하고 먼저 커널을 빌드하시기 바랍니다.

패치 코드는 커널에서 동적 메모리를 할당하는 kmalloc() 함수가 실행될 때 인터럽트가 발생해 레이스 컨디션이 발생하는 상황을 확인하기 위한 내용입니다.

먼저 패치 코드를 입력하는 방법을 알아봅시다. 이를 위해 패치 코드를 입력하는 위치와 함께 패치 코드를 입력하기 전의 원래 커널 코드를 소개합니다.

https://github.com/raspberrypi/linux/blob/rpi-4.19.y/mm/slub.c

```
void *__kmalloc(size_t size, gfp_t flags)
{
    struct kmem_cache *s;
    void *ret;

    /* 1번째 패치 코드 조각을 입력하세요. */
    if (unlikely(size > KMALLOC_MAX_CACHE_SIZE))
        return kmalloc_large(size, flags);

    s = kmalloc_slab(size, flags);

    if (unlikely(ZERO_OR_NULL_PTR(s)))
        return s;

    ret = slab_alloc(s, flags, _RET_IP_);
```

```
        trace_kmalloc(_RET_IP_, ret, size, s->size, flags);

        kasan_kmalloc(s, ret, size, flags);

    /* 2번째 패치 코드 조각을 입력하세요. */
        return ret;
}
EXPORT_SYMBOL(__kmalloc);
```

먼저 __kmalloc() 함수에서 "/* 1번째 패치 코드 조각을 입력하세요. */"라고 표시된 부분에 다음 21~30번째 줄을 입력합시다.

```
21 +    if ( raspbian_debug_state == 923) {
22 +        trace_printk("[+] comm: %s, pid: %d, kmalloc_times: %u from(%pS) \n",
23 +                current->comm, current->pid, kmalloc_execute_times, (void
*)__builtin_return_address(0));
24 +
25 +        kmalloc_execute_times++;
26 +
27 +        if ( in_interrupt()) {
28 +                trace_irq_race_dummy_call();
29 +        }
30 +    }
```

 위 실습 코드는 3.6절에서 소개한 rpi_debugfs.c 코드를 입력한 다음에 작동합니다. raspbian_debug _state 전역변수에 대한 내용은 3.6절을 참고하세요.

22~29번째 줄은 raspbian_debug_state 전역변수가 923일 때만 실행됩니다. 그렇다면 raspbian_debug_state 전역변수는 어떻게 923으로 바꿀 수 있을까요? 라즈비안에서 다음 명령어를 입력하면 됩니다.

```
echo 923 > /sys/kernel/debug/rpi_debug/val
```

위와 같은 명령어로 raspbian_debug_state 전역변수를 923으로 설정할 때만 22~29번째 줄이 실행됩니다.

__kmalloc() 함수는 1초에 수백 번 이상 자주 호출되는 함수입니다. 만약 22~29번째 줄을 실수로 잘못 입력하면 라즈베리 파이가 부팅되지 못할 수 있습니다. 이를 대비한 안전장치 코드입니다.

21~23번째 줄의 패치 코드는 이전 절에서 다룬 내용과 같습니다. 단지 다음 디버깅 정보를 ftrace로 출력합니다.

- 프로세스 이름
- 프로세스 PID
- 인터럽트 컨텍스트 유무
- 프로세스를 나타내는 thread_info 구조체의 preempt_count 필드값

25번째 줄은 kmalloc_execute_times 전역변수를 1만큼 증가시키는 동작입니다.

27~28번째 줄에서는 인터럽트 컨텍스트일 때 trace_irq_race_dummy_call() 함수를 호출합니다.

이번에는 2번째 패치 코드 조각을 입력해볼까요?

__kmalloc() 함수에서 "/* 2번째 패치 코드 조각을 입력하세요. */"라고 표시된 부분에 다음 38~41번째 줄을 작성합시다.

```
38 +    if ( raspbian_debug_state == 923) {
39 +        trace_printk("[-] comm: %s, pid: %d, kmalloc_times: %u from(%pS) \n",
40 +                        current->comm, current->pid, kmalloc_execute_times, (void
*)__builtin_return_address(0));
41 +    }
```

raspbian_debug_state 전역변수가 923일 때만 실행되는 코드입니다. 패치 코드의 내용은 1번째 패치 코드 블록과 같으니 설명은 생략하겠습니다.

마지막으로 3번째 패치 코드 블록을 입력하는 방법을 알아봅시다. __kmalloc() 함수 윗부분에 다음 01~14번째 줄을 작성합시다.

```
01 +extern uint32_t raspbian_debug_state;
02 +static unsigned int kmalloc_execute_times = 0;
03 +
04 +void trace_irq_race_dummy_call(void)
05 +{
06 +    void *stack;
07 +    struct thread_info *current_thread;
08 +
09 +    stack = current->stack;
```

```
10 +    current_thread = (struct thread_info*)stack;
11 +
12 +    trace_printk("[++] comm:%s, pid:%d, in_interrupt(): 0x%08x,preempt_count = 0x%08x \n",
13 +                 current->comm, current->pid, (unsigned int)in_interrupt(), (unsigned
int)current_thread->preempt_count);
14 +}
```

3번째 패치 코드의 핵심은 trace_irq_race_dummy_call() 함수입니다.

09~10번째 줄은 현재 프로세스의 태스크 디스크립터에 접근해 스택의 최상단 주소를 로딩하는 동작입니다. task_struct 구조체의 stack 필드를 current_thread에 저장합니다.

12~13번째 줄에서는 ftrace로 다음 정보를 출력합니다.

- 프로세스 이름
- 프로세스 PID
- 인터럽트 컨텍스트 유무
- 프로세스를 나타내는 thread_info 구조체의 preempt_count 필드값

패치 코드는 커널에서 동적 메모리를 할당하는 kmalloc() 함수가 실행될 때 레이스 컨디션을 점검하는 목적으로 작성된 것입니다. 그러면 kmalloc() 함수 대신 왜 __kmalloc() 함수에 패치 코드를 입력할까요? 그 이유는 kmalloc() 함수의 구현부를 보면 알 수 있습니다.

kmalloc() 함수는 인라인 타입으로 할당하려는 메모리 사이즈를 체크한 후 7번째 줄과 같이 __kmalloc() 함수를 호출합니다.

```
01 static __always_inline void *kmalloc(size_t size, gfp_t flags)
02 {
03    if (__builtin_constant_p(size)) {
04       if (size > KMALLOC_MAX_CACHE_SIZE)
05          return kmalloc_large(size, flags);
...
06    }
07    return __kmalloc(size, flags);
08 }
```

그런데 동적으로 할당하려는 메모리 사이즈가 매우 큰 경우를 제외하고, 대부분의 메모리 할당은 __kmalloc() 함수 내에서 수행됩니다.

앞에서 소개한 코드를 입력한 후 커널을 빌드합시다. 이후 라즈비안에 커널 이미지를 설치한 후 라즈베리 파이를 리부팅시킵시다.

ftrace 설정과 로그를 받는 방법

이어서 ftrace 로그를 설정하는 방법을 소개합니다.

```
#!/bin/bash

echo 0 > /sys/kernel/debug/tracing/tracing_on
sleep 1
echo "tracing_off"

echo 0 > /sys/kernel/debug/tracing/events/enable
sleep 1
echo "events disabled"

echo  secondary_start_kernel  > /sys/kernel/debug/tracing/set_ftrace_filter
sleep 1
echo "set_ftrace_filter init"

echo function > /sys/kernel/debug/tracing/current_tracer
sleep 1
echo "function tracer enabled"

echo trace_irq_race_dummy_call  > /sys/kernel/debug/tracing/set_ftrace_filter
sleep 1
echo "set_ftrace_filter enabled"

echo 1 > /sys/kernel/debug/tracing/events/sched/sched_switch/enable
sleep 1
echo "event enabled"

echo 1 > /sys/kernel/debug/tracing/options/func_stack_trace
echo "function stack trace enabled"

echo 1 > /sys/kernel/debug/tracing/tracing_on
echo tracing_on
```

위 명령어의 핵심은 다음과 같이 trace_irq_race_dummy_call() 함수를 필터로 저장하는 코드입니다.

```
echo trace_irq_race_dummy_call  > /sys/kernel/debug/tracing/set_ftrace_filter
```

앞에서 소개한 명령어를 race_irq_kmalloc.sh 파일로 저장한 후 이 셸 스크립트를 실행합시다.

```
root@raspberrypi:/home/pi# ./race_irq_kmalloc.sh
```

ftrace 로그를 설정한 후 이번에도 라즈베리 파이에서 크롬 브라우저를 5개 정도 실행합니다. 유튜브 홈페이지에 접속해 동영상을 재생합니다. 이런 동작을 하는 이유는 시스템에 부하를 주기 위해서입니다. 이어서 다음과 같은 명령어를 입력해 raspbian_debug_state 전역 변수를 923으로 설정합시다.

```
root@raspberrypi:/home/pi# echo 923 > /sys/kernel/debug/rpi_debug/val
```

이번 절에 소개한 패치 코드는 raspbian_debug_state 전역 변수가 923인 조건에서 동작한다는 점을 기억합시다.

이렇게 동작시킨 다음 10초 후에 3.4.4절에서 소개한 get_ftrace.sh 셸 스크립트를 실행해 ftrace 로그를 받습니다.

ftrace 로그 분석

이번에는 레이스 컨디션이 발생할 때의 ftrace 로그를 분석하겠습니다. 이전 절에 다룬 로그보다 복잡하니 더 집중해서 봅시다.

```
01 TaskSchedulerFo-1796  [000] dns.  4183.573504: __kmalloc+0x2bc/0x3c0: [+] comm: TaskSchedulerFo,
pid: 1796, kmalloc_times: 131380 from(__DWC_ALLOC_ATOMIC+0x24/0x28)
02 TaskSchedulerFo-1796  [000] dns.  4183.573504: trace_race_dummy_call+0x14/0x70
<-__kmalloc+0x348/0x3c0
03 TaskSchedulerFo-1796  [000] dns.  4183.573504: <stack trace>
04 => dwc_otg_hcd_qtd_create+0x2c/0x60
05 => dwc_otg_hcd_urb_enqueue+0x58/0x208
06 => dwc_otg_urb_enqueue+0x1fc/0x31c
07 => usb_hcd_submit_urb+0xc8/0x934
08 => usb_submit_urb+0x284/0x510
09 => hid_irq_in+0x74/0x230
10 => __usb_hcd_giveback_urb+0xa4/0x15c
```

```
11 => usb_hcd_giveback_urb+0x4c/0xfc
12 => completion_tasklet_func+0x80/0xac
13 => tasklet_callback+0x20/0x24
14 => tasklet_hi_action+0x70/0x104
15 => __do_softirq+0x174/0x3d8
16 => irq_exit+0xe4/0x140
17 => __handle_domain_irq+0x70/0xc4
18 => bcm2836_arm_irqchip_handle_irq+0xac/0xb0
19 => __irq_svc+0x5c/0x7c
20 => __rb_reserve_next+0xc4/0x1a0
21 => __rb_reserve_next+0xc4/0x1a0
22 => ring_buffer_lock_reserve+0x154/0x4a0
23 => trace_vbprintk+0x168/0x2a8
24 => __trace_bprintk+0x44/0x58
25 => __kmalloc+0x30c/0x3c0
26 => ext4_ext_remove_space+0x98c/0x143c
27 => ext4_ext_truncate+0xa8/0xac
28 => ext4_truncate+0x370/0x458
29 => ext4_setattr+0x310/0x9d0
30 => notify_change+0x270/0x3fc
31 => do_truncate+0x90/0xb4
32 => do_sys_ftruncate+0x12c/0x1c0
33 => sys_ftruncate64+0x24/0x2c
34 => ret_fast_syscall+0x0/0x28
35 TaskSchedulerFo-1796  [000] dns.  4183.573504: trace_race_dummy_call+0x0/0x70: [++]
comm:TaskSchedulerFo, pid:1796, in_interrupt(): 0x00000100,preempt_count = 0x00000100
36 TaskSchedulerFo-1796  [000] dns.  4183.573504: __kmalloc+0x25c/0x3c0: [-] comm: TaskSchedulerFo,
pid: 1796, kmalloc_times: 131381 from(__DWC_ALLOC_ATOMIC+0x24/0x28)
37 TaskSchedulerFo-1796  [000] ....  4183.573765: __kmalloc+0x25c/0x3c0: [-] comm: TaskSchedulerFo,
pid: 1796, kmalloc_times: 131382 from(ext4_ext_remove_space+0x98c/0x143c)
```

위 ftrace 메시지의 핵심 정보는 kmalloc() 함수가 실행되는 도중 인터럽트가 발생해 kmalloc() 함수가 다시 호출된 것입니다. 이 점을 염두에 두면서 ftrace 로그를 봅시다.

먼저 1번째 줄을 보겠습니다.

```
01 TaskSchedulerFo-1796  [000] dns.  4183.573504: __kmalloc+0x2bc/0x3c0: [+] comm: TaskSchedulerFo,
pid: 1796, kmalloc_times: 131380 from(__DWC_ALLOC_ATOMIC+0x24/0x28)
```

__kmalloc() 함수에서 kmalloc_execute_times라는 전역변수의 값인 131380을 출력합니다. 4183.573504라는 타임스탬프 정보 옆에 dns.라는 문자열이 보입니다. 여기에 s가 있는데 이는 **Soft IRQ 컨텍스트에서 이 함수가 호출됐음을 나타냅니다.** 즉, 인터럽트가 발생해서 인터럽트 핸들러를 처리한 다음 Soft IRQ 서비스를 실행하는 과정에서 __kmalloc() 함수를 실행한다고 볼 수 있습니다.

2~35번째 줄은 __kmalloc() 함수가 호출될 때의 콜 스택입니다. 이 중에서 다음 2번째 줄 로그 가운데에 있는 "dns" 정보로 역시 Soft IRQ 컨텍스트라는 사실을 알 수 있습니다.

```
02 TaskSchedulerFo-1796  [000] dns.  4183.573504: trace_race_dummy_call+0x14/0x70
<-__kmalloc+0x348/0x3c0
```

다음으로 ftrace 로그에서 콜 스택을 분석하겠습니다.

```
02 TaskSchedulerFo-1796  [000] dns.  4183.573504: trace_race_dummy_call+0x14/0x70
<-__kmalloc+0x348/0x3c0
03 TaskSchedulerFo-1796  [000] dns.  4183.573504: <stack trace>
04 => dwc_otg_hcd_qtd_create+0x2c/0x60
05 => dwc_otg_hcd_urb_enqueue+0x58/0x208
06 => dwc_otg_urb_enqueue+0x1fc/0x31c
07 => usb_hcd_submit_urb+0xc8/0x934
08 => usb_submit_urb+0x284/0x510
09 => hid_irq_in+0x74/0x230
10 => __usb_hcd_giveback_urb+0xa4/0x15c
11 => usb_hcd_giveback_urb+0x4c/0xfc
12 => completion_tasklet_func+0x80/0xac
13 => tasklet_callback+0x20/0x24
14 => tasklet_hi_action+0x70/0x104
15 => __do_softirq+0x174/0x3d8
16 => irq_exit+0xe4/0x140
17 => __handle_domain_irq+0x70/0xc4
18 => bcm2836_arm_irqchip_handle_irq+0xac/0xb0
19 => __irq_svc+0x5c/0x7c
20 => __rb_reserve_next+0xc4/0x1a0
21 => __rb_reserve_next+0xc4/0x1a0
22 => ring_buffer_lock_reserve+0x154/0x4a0
23 => trace_vbprintk+0x168/0x2a8
24 => __trace_bprintk+0x44/0x58
25 => __kmalloc+0x30c/0x3c0
```

```
26 => ext4_ext_remove_space+0x98c/0x143c
27 => ext4_ext_truncate+0xa8/0xac
28 => ext4_truncate+0x370/0x458
29 => ext4_setattr+0x310/0x9d0
30 => notify_change+0x270/0x3fc
31 => do_truncate+0x90/0xb4
32 => do_sys_ftruncate+0x12c/0x1c0
33 => sys_ftruncate64+0x24/0x2c
34 => ret_fast_syscall+0x0/0x28
```

 함수 호출 순서는 34번째 줄에서 4번째 줄 방향입니다.

ext4_ext_remove_space() 함수에서 __kmalloc() 함수를 호출해서 메모리를 할당하는 부분의 콜 스택을 보겠습니다.

```
19 => __irq_svc+0x5c/0x7c
20 => __rb_reserve_next+0xc4/0x1a0
21 => __rb_reserve_next+0xc4/0x1a0
22 => ring_buffer_lock_reserve+0x154/0x4a0
23 => trace_vbprintk+0x168/0x2a8
24 => __trace_bprintk+0x44/0x58
25 => __kmalloc+0x30c/0x3c0
26 => ext4_ext_remove_space+0x98c/0x143c
```

__kmalloc() 함수에서 ftrace 메시지를 출력하는 __trace_bprintk() 함수를 호출합니다. 이는 실습 코드인 __kmalloc() 함수에서 trace_printk() 함수를 호출했기 때문입니다. __trace_bprintk() 함수는 trace_printk() 함수에서 호출되며 커널 내부에서 ftrace 메시지를 출력하는 기능을 수행합니다.

그런데 ftrace의 링버퍼를 처리하는 __rb_reserve_next() 함수가 실행되는 도중 인터럽트가 발생했습니다. 즉, __kmalloc() 함수에서 trace_printk() 함수를 호출해 ftrace 로그를 출력하는 코드가 실행되는 도중 인터럽트가 발생한 것입니다.

여기서 한 가지 의문이 생깁니다. **인터럽트가 발생했다고 어떻게 판단할 수 있을까요?**

19번째 줄을 보면 인터럽트 벡터(vector_irq)에서 브랜치되는 __irq_svc 심벌이 보이니 인터럽트가 발생했음을 알 수 있습니다. 이후 태스크릿 핸들러인 completion_tasklet_func() 함수가 호출된 이후 dwc_otg_hcd_qtd_create() 함수에서 __kmalloc() 함수를 호출한 것입니다.

다음으로 2~16번째 줄의 콜 스택을 보겠습니다.

```
02 TaskSchedulerFo-1796  [000] dns.  4183.573504: trace_race_dummy_call+0x14/0x70
<-__kmalloc+0x348/0x3c0
03 TaskSchedulerFo-1796  [000] dns.  4183.573504: <stack trace>
04 => dwc_otg_hcd_qtd_create+0x2c/0x60
05 => dwc_otg_hcd_urb_enqueue+0x58/0x208
06 => dwc_otg_urb_enqueue+0x1fc/0x31c
07 => usb_hcd_submit_urb+0xc8/0x934
08 => usb_submit_urb+0x284/0x510
09 => hid_irq_in+0x74/0x230
10 => __usb_hcd_giveback_urb+0xa4/0x15c
11 => usb_hcd_giveback_urb+0x4c/0xfc
12 => completion_tasklet_func+0x80/0xac
13 => tasklet_callback+0x20/0x24
14 => tasklet_hi_action+0x70/0x104
15 => __do_softirq+0x174/0x3d8
16 => irq_exit+0xe4/0x140
```

16~4번째 줄 방향의 콜 스택을 보면 인터럽트가 발생해 인터럽트 핸들링을 마무리한 후 Soft IRQ 서비스를 실행하는 동작임을 알 수 있습니다.

여기서 2~4번째 줄을 유심히 봅시다. dwc_otg_hcd_qtd_create() 함수에서 다시 __kmalloc() 함수를 호출합니다.

이번에는 35번째 줄을 보겠습니다.

```
35 TaskSchedulerFo-1796  [000] dns.  4183.573504: trace_race_dummy_call+0x0/0x70: [++]
comm:TaskSchedulerFo, pid:1796, in_interrupt(): 0x00000100,preempt_count = 0x00000100
```

trace_race_dummy_call() 함수가 실행되면서 출력하는 로그입니다. 이번 절에서 소개한 패치 코드에서 trace_race_dummy_call() 함수는 in_interrupt() 함수가 true를 반환할 때만 실행된다는 점을 떠올립시다.

trace_race_dummy_call() 함수에서 프로세스의 thread_info 구조체의 preempt_count 필드인 0x00000100을 출력합니다.

thread_info 구조체의 preempt_count가 0x00000100이면 어떻게 해석할 수 있을까요? 바로 **Soft IRQ 컨텍스트를 의미합니다.**

Soft IRQ 컨텍스트에서는 thread_info 구조체의 preempt_count는 0x100입니다. Soft IRQ 컨텍스트의 실행 정보를 나타내는 SOFTIRQ_OFFSET 매크로는 다음 연산으로 0x100입니다.

```
#define SOFTIRQ_OFFSET (1UL << SOFTIRQ_SHIFT)
```

이어서 36번째 줄을 보겠습니다.

```
36 TaskSchedulerFo-1796  [000] dns.  4183.573504: __kmalloc+0x25c/0x3c0: [-] comm: TaskSchedulerFo,
pid: 1796, kmalloc_times: 131381 from(__DWC_ALLOC_ATOMIC+0x24/0x28)
```

__kmalloc() 함수의 맨 아랫부분에 추가된 코드가 실행되면서 출력하는 로그입니다. kmalloc_execute_times 전역변수를 1만큼 증가시킨 131381을 출력합니다. 타임스탬프 옆에 dns가 보이므로 역시 Soft IRQ 컨텍스트임을 알 수 있습니다.

이제 마지막 부분의 로그를 봅시다.

```
37 TaskSchedulerFo-1796  [000] ....  4183.573765: __kmalloc+0x25c/0x3c0: [-] comm: TaskSchedulerFo,
pid: 1796, kmalloc_times: 131382 from(ext4_ext_remove_space+0x98c/0x143c)
```

맨 오른쪽 메시지를 보면 이 함수를 호출한 함수는 ext4_ext_remove_space()임을 알 수 있습니다. 또한 36번째 줄 로그에 있는 dns.라는 기호가 없습니다. 프로세스 컨텍스트이기 때문입니다.

ftrace 메시지를 분석한 내용을 종합해보면 다음과 같습니다.

- __kmalloc() 함수 호출
- ftrace 메시지를 출력하는 함수를 실행하는 도중 인터럽트 발생
- Soft IRQ 서비스 실행 후 다시 __kmalloc() 함수 호출
- ftrace 메시지를 출력하는 함수의 실행으로 다시 복귀

__kmalloc() 함수를 실행하는 도중 인터럽트가 발생해 다시 __kmalloc() 함수를 호출한 것입니다.

이번에는 패치 코드를 보면서 이 과정을 살펴보겠습니다.

```
15 void *__kmalloc(size_t size, gfp_t flags)
16 {
```

```
17      struct kmem_cache *s;
18      void *ret;
19 +
20 +    if ( raspbian_debug_state == 923) {
21 +        trace_printk("[+] comm: %s, pid: %d, kmalloc_times: %d from(%pS) \n",
22 +                current->comm, current->pid, kmalloc_execute_times, (void
*)__builtin_return_address(0));
23 +
24 +        kmalloc_execute_times++;
25 +
26 +        if ( in_interrupt()) {
27 +            trace_race_dummy_call();
28 +        }
29 +    }
```

프로세스 컨텍스트에서 kmalloc() 함수의 21번째 줄을 실행하는 도중 인터럽트가 발생한 후 Soft IRQ 컨텍스트에서 다시 kmalloc() 함수를 호출한 것입니다.

분석한 로그를 그림으로 정리하면 다음과 같습니다.

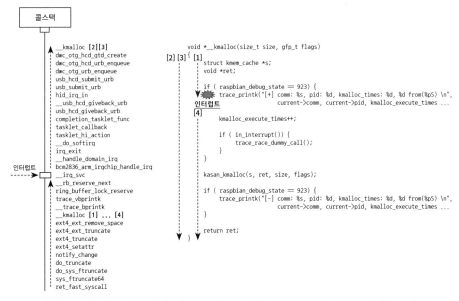

그림 9.4 __kmalloc( ) 함수를 실행하는 도중 발생한 인터럽트로 인한 레이스 컨디션 발생 흐름

그림을 보면서 __kmalloc() 함수가 어떻게 2번 실행됐는지 단계별로 알아보겠습니다. 1단계 이전에 kmalloc_execute_times 전역변수는 131380이라는 점을 기억합시다.

1단계

ex4_ext_remove_space() 함수에서 __kmalloc() 함수를 호출해서 커널 메모리 할당을 시도합니다. __kmalloc() 함수에서 __trace_bprintk() 함수를 호출해 ftrace 로그로 kmalloc_execute_times 전역변수를 출력하려는 과정에서 인터럽트가 발생했습니다.

2단계

그림 왼쪽의 함수 호출 흐름을 보면 __do_softirq() 함수에서 tasklet_hi_action() 함수를 호출한 흔적이 보입니다. 인터럽트가 발생한 후 Soft IRQ 컨텍스트에서 'HI 태스크릿'을 실행할 때의 함수 흐름입니다.

dwc_otg_hcd_qtd_create() 함수에서 다시 __kmalloc() 함수를 호출합니다.

3단계

Soft IRQ 컨텍스트에서 kmalloc_execute_times 전역변수를 131380로 처음 출력한 다음 +1만큼 증가해 131381이 됩니다.

4단계

인터럽트와 Soft IRQ 처리가 끝났으니 인터럽트 발생으로 실행을 멈춘 __kmalloc() 함수를 다시 실행합니다. 이어서 kmalloc_execute_times 전역변수를 +1만큼 증가시킵니다. 이후 ftrace는 두 번째로 kmalloc_execute_times 전역변수 131382로 출력합니다.

다음과 같은 ftrace 로그를 출력합니다.

```
37 TaskSchedulerFo-1796  [000] ....  4183.573765: __kmalloc+0x25c/0x3c0: [-] comm: TaskSchedulerFo,
pid: 1796, kmalloc_times: 131382 from(ext4_ext_remove_space+0x98c/0x143c)
```

이번 절에서 분석한 ftrace의 내용을 정리하는 차원으로 다시 Q&A 시간을 갖겠습니다.

Q) 이번 절에서 발생한 레이스 컨디션은 무엇인가?

A) kmalloc_execute_times 전역 변수를 +1만큼 증가하는 코드가 실행되기 직전에 인터럽트가 발생해 __kmalloc() 함수가 다시 호출돼서 kmalloc_execute_times 전역 변수를 +1만큼 증가시킨 동작입니다.

Q) 이전 절에서는 서로 다른 CPU에서 구동 중인 2개의 프로세스가 같은 함수에 접근하는 레이스 컨디션을 확인했다. 이전 절에서 살펴본 레이스 컨디션과 어떤 차이가 있을까?

A) 이번 절에서 실습으로 살펴본 내용은 어떤 함수가 실행하는 도중에 인터럽트가 발생해서 다시 같은 함수를 호출하는 동작입니다. 다른 CPU에서 실행 중인 프로세스가 같은 함수에 접근하는 상황은 아닙니다. SMP 아키텍처 환경에서만 발생하는 레이스 컨디션은 아닙니다.

Q) 그렇다면 인터럽트가 발생해서 같은 함수를 다시 실행해서 발생하는 레이스 컨디션은 어떻게 방지할까?

A) 어떤 함수가 실행되는 도중 인터럽트가 발생해 다시 같은 함수가 호출될 경우를 방지하려면 임계 영역에서 실행 중인 CPU의 인터럽트를 비활성화하면 됩니다. 만약 인터럽트가 발생해 다시 실행하는 코드 구간 내에 '임계영역'이 있으면 이 코드 구간이 실행되는 동안 인터럽트를 비활성화해 레이스 컨디션을 방지해야 합니다. 그런데 함수 내에서 지역변수를 사용해 연산을 수행할 경우 굳이 인터럽트를 비활성화할 필요가 없습니다. 지역변수를 선언하면 프로세스의 스택 공간을 사용해 연산 결과를 저장하기 때문입니다.

Q) 인터럽트 발생을 막고 임계 영역을 한 개의 프로세스만 실행하게 하려면 어떻게 해야 할까?

A) 여러 프로세스가 접근하는 임계 영역에 인터럽트가 발생하리라 판단하면 `local_irq_disable()`/`local_irq_enable()` 함수를 써서 임계 영역을 보호하면 됩니다.

여기까지 라즈베리 파이에서 레이스 컨디션을 체험하는 실습을 해봤습니다. 아직 실무 프로젝트를 진행하지 않은 분들은 레이스 컨디션을 체감하기 어렵습니다. 그런데 실전 프로젝트에서 겪을 수 있는 레이스 컨디션도 이번 절에서 소개한 내용에서 크게 벗어나지 않습니다. 이번 절에서 소개한 실습을 따라 하면서 꾸준히 ftrace 로그를 보면 레이스 컨디션이 무엇인지 감을 잡을 수 있습니다.

다음 절에서는 커널 동기화 기법인 스핀락, 뮤텍스 기법을 소개합니다.

9.3 커널 동기화 기법

지금까지 레이스 컨디션이 발생하는 3가지 상황을 소개했습니다. 레이스 컨디션이 발생하면 여러분이 작성한 코드가 의도하지 않게 오동작하며 커널 크래시로 시스템이 리셋될 수 있습니다. 그럼 레이스 컨디션을 방지하려면 어떻게 해야 할까요?

레이스 컨디션으로 오염될 수 있는 임계 영역을 한 개의 프로세스만 실행하도록 락을 걸어야 합니다.

커널은 이를 위한 다양한 기능을 지원하는데, 이번 절에서는 리눅스 커널에서 가장 많이 쓰는 스핀락과 뮤텍스 기법을 소개합니다. 스핀락과 뮤텍스의 기본 동작을 소개하고 두 기법의 차이점을 설명합니다.

9.3.1 스핀락과 뮤텍스 기법

커널에서는 레이스 컨디션이 발생하는 다양한 조건에 맞게 임계 영역을 보호할 수 있는 락(Locking) 기법을 제공합니다. 여기서는 다양한 '락' 기법 중에서 가장 많이 쓰이는 스핀락과 뮤텍스를 이번에 소개합니다.

참고로 커널은 스핀락과 뮤텍스 기법 외에도 다양한 커널 락 기법을 지원합니다. 하지만 이번 절에서 소개하는 스핀락과 뮤텍스를 제대로 사용하면 대부분의 조건에서 임계 영역을 보호할 수 있습니다. 이제 다음 그림을 보면서 스핀락과 뮤텍스 기법을 알아봅시다.

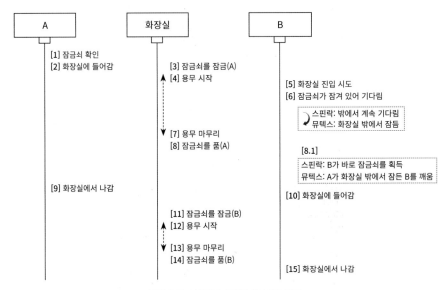

그림 9.5 스핀락과 뮤텍스의 동작 흐름

 9.1.1절에서 소개했던 그림 9.1에서 스핀락과 뮤텍스가 추가됐습니다. 위 그림에서 A와 B는 각각 프로세스를 의미합니다.

스핀락과 뮤텍스의 동작의 차이점은 무엇일까요?

첫째, 스핀락과 뮤텍스의 가장 큰 차이는 락을 기다리는 방식이 다르다는 것입니다.

이 내용은 위 그림의 6번 아랫부분의 박스에 표시돼 있습니다. 프로세스가 스핀락을 획득하지 못하면 프로세스는 다른 일(스케줄링)을 하지 않고 화장실 밖에서 계속 기다립니다. 밖에서 계속 화장실 문을 쳐다보는 것입니다. 이런 동작을 Busy-Wait라고 부릅니다.

뮤텍스의 경우는 다릅니다. 프로세스가 뮤텍스를 획득하지 못하면 화장실 문에 자신의 이름을 써 놓고 휴면 상태로 진입합니다. 화장실 안에 있는 프로세스가 밖으로 나오면 자신을 깨워달라는 메시지입니다. 프로세스는 이 방식으로 자신을 뮤텍스 대기열에 등록하고 자신을 UNINTERRUPTIBLE 상태로 바꾼 다음 휴면 상태로 진입합니다.

 뮤텍스는 다른 프로세스가 뮤텍스를 획득했으면 휴면 상태로 진입합니다. 따라서 인터럽트나 Soft IRQ 컨텍스트에서 뮤텍스를 쓰면 안 됩니다. 인터럽트나 Soft IRQ를 실행하는 도중 스케줄링 관련 동작을 지원하는 함수를 호출하면 리눅스 커널에서는 커널 패닉을 유발합니다.

둘째, B 프로세스가 락을 기다리고 있다가 화장실에서 A 프로세스가 나왔을 때 하는 행동이 다릅니다.

이 내용은 위 그림의 8.1 부분에 표시돼 있습니다. 먼저 스핀락의 동작 방식을 알아봅시다. 이미 누군가 스핀락을 획득했으면 프로세스는 계속 기다립니다. 그래서 화장실에서 A 프로세스가 나오면 B 프로세스는 바로 스핀락을 획득한 다음에 화장실에 들어갑니다. B 프로세스가 화장실 밖에서 다른 일을 안하고 계속 기다렸으니 빨리 스핀락을 획득할 수 있습니다.

다음으로 뮤텍스의 동작 방식을 살펴봅시다. A 프로세스는 화장실에서 나올 때 화장실 문을 봅니다. 밖에서 기다리는 프로세스가 있는지 확인합니다. 8.1단계에서 A 프로세스는 대기열을 보고 B 프로세스가 화장실 밖에서 잠든 상태로 기다리고 있다는 사실을 알게 됩니다. 친절하게 A 프로세스는 화장실 밖에서 잠들어 있는 B 프로세스를 깨웁니다. 휴면 상태인 B 프로세스는 깨어난 후 뮤텍스를 획득하고 화장실에 들어갑니다.

스핀락과 뮤텍스 기법의 차이점을 중심으로 스핀락과 뮤텍스의 기본 동작을 소개했습니다. 다음 절에서는 스핀락과 뮤텍스의 차이점을 더 자세히 살펴보겠습니다.

9.3.2 스핀락과 뮤텍스 기법의 차이점

이번에는 스핀락과 뮤텍스의 자료구조와 함께 두 기법의 차이점을 살펴보겠습니다. 스핀락과 뮤텍스의 구현 방식의 차이점은 다음과 같습니다.

- 스핀락의 구현부 코드는 간결합니다. 다른 프로세스가 스핀락을 획득하고 있으면 밖에서 계속 기다리는 동작이 대부분입니다. 뮤텍스는 스핀락에 비해 코드 복잡도가 높습니다. 다른 프로세스가 뮤텍스를 획득하면 휴면 상태로 들어가고 깨어나는 추가 동작을 하기 때문입니다.
- 스핀락은 아키텍처에 의존적인 코드로 구현됐습니다. 대신 뮤텍스는 아키텍처에 의존적이지 않은 리눅스 커널 함수로 구현됐습니다.

이번에도 화장실 밖에서 B 프로세스가 기다리는 상황을 그리면서 두 기법의 차이점을 알아보겠습니다.

잠금쇠(락)가 잠겼는지 알아보는 방법

기법	특징

스핀락	스핀락 구조체 중 owner와 next 필드가 다음과 같이 0x134C로 같으면 스핀락을 잠근 적이 없다고 판단합니다. 바로 스핀락을 획득할 수 있습니다.
	
	(arch_spinlock_t) raw_lock = (
	  (u32) slock = 0x134C134C,
	  (struct __raw_tickets) tickets = (
	    (u16) owner = 0x134C,
	    (u16) next = 0x134C))))

뮤텍스	뮤텍스 구조체에서 owner 필드가 0x0이면 다른 프로세스가 뮤텍스를 획득한 적이 없다고 판단합니다. 바로 뮤텍스를 획득할 수 있습니다.
	
	(struct mutex *) (struct mutex *)0xb000c000 = 0xB000C000 -> (
	    (atomic_long_t) owner = ((int) counter = 0x0),
	    (spinlock_t) wait_lock = ((struct raw_spinlock) rlock,
	     (struct list_head *) next = 0x0,
	     (struct list_head *) prev = 0x0))

잠금쇠(락)를 잠그는 방법

기법	특징

스핀락	스핀락을 획득하면 스핀락을 표현하는 구조체 필드 중 next를 1만큼 증가시킵니다. 다음 스핀락 구조체에서 next는 0x134C에서 0x134D로 1만큼 증가했습니다.
	
	(arch_spinlock_t) raw_lock = (
	  (u32) slock = 0x134C134C,
	  (struct __raw_tickets) tickets = (
	    (u16) owner = 0x134C,
	    (u16) next = 0x134D))))

뮤텍스	뮤텍스를 획득하면 뮤텍스 구조체 중 owner 필드에 뮤텍스를 획득한 프로세스의 태스크 디스크립터 주소를 저장합니다. 다음 정보에서 0x80C00000가 뮤텍스를 획득한 태스크 디스크립터의 주소입니다.
	
	(struct mutex *) (struct mutex *)0xb000c000 = 0xB000C000 -> (
	    (atomic_long_t) owner = ((int) counter = 0x80C00000),
	    (spinlock_t) wait_lock = ((struct raw_spinlock) rlock,

잠금쇠(락)를 푸는 방법

기법	특징
스핀락	스핀락을 해제하면 스핀락을 표현하는 구조체인 tickets의 필드 가운데 owner를 1만큼 증가시킵니다. 다음 스핀락 구조체에서 owner는 0x134C에서 0x134D로 1만큼 증가했습니다. ``` (arch_spinlock_t) raw_lock = ((u32) slock = 0x134C134C, (struct __raw_tickets) tickets = ((u16) owner = 0x134D, (u16) next = 0x134D)))) ```
뮤텍스	뮤텍스를 해제하면 뮤텍스 구조체의 owner 필드를 0x0으로 바꿉니다. ``` (struct mutex *) (struct mutex *)0xb000c000 = 0xB000C000 -> ((atomic_long_t) owner = ((int) counter = 0x0), (spinlock_t) wait_lock = ((struct raw_spinlock) rlock, ```

잠금쇠(락)가 이미 잠겨있을 때 어떻게 동작할까?

기법	특징
스핀락	스핀락을 표현하는 구조체에서 next가 owner보다 1만큼 크면 스핀락을 이미 누군가 획득했다고 판단합니다. 스핀락을 획득하기 위해 계속 기다립니다. ``` (arch_spinlock_t) raw_lock = ((u32) slock = 0x134C134C, (struct __raw_tickets) tickets = ((u16) owner = 0x134C, (u16) next = 0x134D)))) ```
뮤텍스	뮤텍스를 나타내는 mutex 구조체의 owner 필드가 0x0이 아니면 이미 누군가 뮤텍스를 획득한 것입니다. 뮤텍스 구조체인 mutex의 필드인 wait_list에 등록하고 잠들어 버립니다. ``` (struct mutex *) (struct mutex *)0xb000c000 = 0xB000C000 -> ((atomic_long_t) owner = ((int) counter = 0x80C00000), (spinlock_t) wait_lock = ((struct raw_spinlock) rlock, (struct list_head) wait_list = ((struct list_head *) next = 0x833F0000, (struct list_head *) prev = 0x833F0000)) ```

이번 절에서 커널에서 지원하는 대표적인 동기화 기법인 스핀락과 뮤텍스의 기본적인 동작 원리를 소개했습니다. 다음 절에서는 스핀락을 좀 더 자세히 살펴보겠습니다.

9.4 스핀락

리눅스 커널에서 가장 많이 쓰는 락기법 중 하나는 스핀락(spinlock)입니다. 이번 절에서는 스핀락의 특징을 살펴보고 스핀락 코드를 분석하면서 상세 동작 원리를 살펴보겠습니다. 이후 어떤 상황에서 스핀락을 써서 임계 영역을 보호해야 하는지 알아보겠습니다.

9.4.1 스핀락의 특징

스핀락의 세부 동작 방식을 살펴보기 전에 스핀락의 전반적인 특징과 스핀락의 동작 원리를 설명하겠습니다. 먼저 스핀락의 특징을 먼저 파악한 후 스핀락 관련 어셈블리 코드를 분석하면 세부 구현 방식을 더 쉽게 이해할 수 있습니다.

스핀락의 특징 알아보기

먼저 스핀락이 지닌 특징은 **뮤텍스 비해 구현 복잡도가 낮다는 것입니다.** 스핀락은 __raw_tickets 구조체의 owner와 next로 스핀락의 세부 동작을 처리합니다. **또한 spin_lock_irq(), spin_lock_irq_save() 등등 추가 기능이 포함된 함수를 제공합니다.** 스핀락은 이러한 함수와 같이 스핀락을 획득하면서 인터럽트를 비활성화할 수 있는 스핀락 함수를 제공합니다.

또한 스핀락 구현부는 CPU 아키텍처에 의존적입니다. CPU 아키텍처(ARMv7, x86)에 따라 스핀락 구현부가 다릅니다. 따라서 스핀락의 동작 방식을 제대로 이해하기 위해서는 어셈블리 코드를 분석해야 합니다.

스핀락의 동작 원리

스핀락의 전반적인 특징을 알아봤으니 이제 스핀락의 동작 원리를 살펴보겠습니다.

이전 절에서는 커널 동기화 기법으로 뮤텍스와 스핀락을 비교하면서 설명했습니다. 그런데 커널 락 기법의 구현 방식은 아래의 두 가지 부분에 초점을 맞춰 분석하면 더 쉽게 이해할 수 있습니다.

첫째, 화장실에 이미 다른 사람이 있어 잠금쇠가 잠겨 있을 때는 어떻게 할까?

둘째, 화장실에 있던 사람이 잠금쇠를 풀고 나올 때는 어떻게 할까?

스핀락은 위에서 소개한 두 가지 상황에서 어떻게 동작할까요? 먼저 첫 번째 상황을 생각해 보겠습니다.

화장실에 이미 다른 사람이 있어 잠금쇠가 잠겨 있을 때 어떻게 할까?

이미 누군가가 스핀락을 획득했으면 스핀락을 획득할 때까지 다른 일을 하지 않고 계속 기다립니다. 이 상황은 다음과 같이 설명할 수 있습니다.

화장실에 잠금쇠가 잠겨 있을 때 밖에서 잠금쇠를 보면서 계속 기다린다. 스핀락을 다른 프로세스가 해제할 때까지 스핀락을 쳐다보면서 계속 기다린다.

그렇다면 프로세스가 스핀락을 기다리는 동안 다른 일을 할 수 있을까요? 다른 일을 하지 않고 오로지 스핀락을 계속 기다립니다. 다른 관점으로 보면 프로세스는 CPU를 소모하면서 기다린다고 볼 수 있습니다. 이를 전문 용어로 Busy-wait라고 합니다.

이번에는 두 번째 상황을 생각해보겠습니다.

화장실에 있는 사람이 잠금쇠를 풀고 나올 때 어떻게 동작할까?

프로세스는 다른 프로세스가 스핀락을 획득했으면 스핀락을 해제할 때까지 계속 기다립니다. 따라서 다른 프로세스가 스핀락을 해제하면 바로 스핀락을 획득하고 임계 영역을 실행합니다. 이를 다음과 같이 비교해서 설명할 수 있습니다.

화장실에 있던 사람이 잠금쇠를 풀고 나올 때 바로 화장실에 들어간다. 스핀락을 다른 프로세스가 해제하면 바로 스핀락을 획득하고 임계 영역을 실행한다.

위 두 가지 상황을 통해 알아본 스핀락의 특징은 다음과 같이 정리할 수 있습니다.

첫째, 이미 다른 프로세스가 스핀락을 획득했다면 어떻게 동작할까?

스핀락을 획득할 때까지 다른 일을 하지 않고 계속 기다립니다.

둘째, 다른 프로세스가 스핀락을 해제하면 어떻게 할까?

스핀락을 계속 기다렸으니 바로 스핀락을 획득할 수 있습니다.

위에서 배운 내용을 토대로 "스핀락을 획득한 다음 임계 영역을 실행하는 시간이 오래 걸리면 안 된다"는 점을 도출할 수 있습니다. 만약 스핀락을 획득하고 임계 영역을 실행할 때 다른 프로세스가 스핀락을 획득하려고 하면 다음과 같은 동작을 하기 때문입니다.

Busy-wait로 계속 기다린다.

여기서 말하는 Busy-wait란 다른 일을 하지 않고 CPU를 소모하는 동작이므로 임계 영역 구간의 코드를 실행하는 시간이 오래 걸리면 시스템 성능에 악영향을 끼칠 수 있습니다.

스핀락의 기본 개념을 알아봤으니 이제 스핀락으로 임계 영역을 보호하는 방법을 알아볼 차례입니다. 임계 영역에 실행 중인 프로세스만 접근하기 위해서는 임계 영역의 코드 구간에 스핀락을 걸어 다른 프로세스가 임계 영역에 접근하는 것을 막아야 합니다. 이를 위해 다음과 같은 함수를 호출해야 합니다.

```
static DEFINE_SPINLOCK(static_spinlock);
void kernel_function()
{
    spin_lock(&static_spinlock);
    // 임계 영역 코드 시작
    // ...
    // ...
    // 임계 영역 코드 마무리
    spin_unlock(&static_spinlock);
```

다음 절부터 스핀락을 표현하는 구조체와 스핀락이 어떻게 동작하는지 알아봅시다.

9.4.2 스핀락 자료구조

스핀락의 구조체나 자료구조는 다음과 같은 관점에서 분석하면 더 쉽게 이해할 수 있습니다.

스핀락을 획득하거나 해제할 때 어떤 필드가 바뀔까? 스핀락을 획득했다고 어떻게 판단할까?

이 점을 염두에 두고 스핀락을 표현하는 자료구조를 분석하겠습니다. 다음은 스핀락을 표현하는 자료구조인 spinlock_t 구조체의 선언부입니다.

https://github.com/raspberrypi/linux/blob/rpi-4.19.y/include/linux/spinlock_types.h

```
01 typedef struct spinlock {
02    union {
03            struct raw_spinlock rlock;
04    };
05 } spinlock_t;
```

spinlock_t는 struct spinlock 자료형이며 struct raw_spinlock 타입의 rlock 필드로 구성돼 있습니다.

이어서 raw_spinlock 구조체를 봅시다.

https://github.com/raspberrypi/linux/blob/rpi-4.19.y/include/linux/spinlock_types.h

```
typedef struct raw_spinlock {
    arch_spinlock_t raw_lock;
#ifdef CONFIG_DEBUG_SPINLOCK
    unsigned int magic, owner_cpu;
    void *owner;
#endif
#ifdef CONFIG_DEBUG_LOCK_ALLOC
    struct lockdep_map dep_map;
#endif
} raw_spinlock_t;
```

라즈비안에서는 기본적으로 CONFIG_DEBUG_SPINLOCK와 CONFIG_DEBUG_LOCK_ALLOC 컨피그가 비활성화돼 있습니다. 따라서 raw_spinlock 구조체의 선언부는 다음과 같습니다.

```
typedef struct raw_spinlock {
    arch_spinlock_t raw_lock
} raw_spinlock_t;
```

raw_spinlock_t는 struct raw_spinlock 타입이며 struct arch_spinlock_t 타입인 raw_lock 필드로 구성돼 있습니다. 이어서 arch_spinlock_t 구조체를 봅시다.

https://github.com/raspberrypi/linux/blob/rpi-4.19.y/arch/arm/include/asm/spinlock_types.h

```
typedef struct {
    union {
        u32 slock;
        struct __raw_tickets {
            u16 owner;
            u16 next;
        } tickets;
    };
} arch_spinlock_t;
```

arch_spinlock_t 구조체의 세부 필드는 위와 같습니다. union 키워드로 u32 slock와 __raw_tickets 구조체로 구성돼 있습니다. __raw_tickets 구조체 필드는 각각 u16 owner와 u16 next 타입입니다.

구조체 선언부를 보니 조금 복잡해 보입니다. 분석한 내용을 정리하면 spinlock_t 구조체는 다음과 같은 흐름으로 계속 캐스팅할 수 있습니다.

- spinlock_t(struct spinlock): 리눅스 커널 공통
- raw_spinlock_t(struct raw_spinlock): 아키텍처 인터페이스 자료구조
- arch_spinlock_t(struct __raw_tickets): 아키텍처 내 자료구조

이처럼 스핀락 구조체 선언부가 복잡한 이유는 스핀락 자료구조가 CPU 아키텍처(ARMv7, x86, PowerPC)마다 다르기 때문입니다.

그럼 spinlock_t 구조체는 리눅스 커널에서 어떻게 동작할까요? 리눅스 커널에서 아키텍처에 무관한 함수에 스핀락 함수를 호출할 때 spinlock_t 구조체를 씁니다. 그런데 아키텍처에 따라 커널 빌드를 하면 spintlock_t 구조체는 아키텍처에 맞는 자료구조로 변환돼서 컴파일됩니다.

이번에는 spinlock_t 구조체를 TRACE32로 확인해 봅시다.

```
(spinlock_t *) (spinlock_t*)0xb7e0eb00
  (struct raw_spinlock) rlock = (
    (arch_spinlock_t) raw_lock = (
      (u32) slock = 0x134C134C,
      (struct __raw_tickets) tickets = (
        (u16) owner = 0x134C,
        (u16) next = 0x134C))))
```

위와 같이 spinlock_t 구조체는 struct raw_spinlock, arch_spinlock_t 타입으로 캐스팅될 수 있습니다. spinlock_t 구조체의 실체는 arch_spinlock_t이며 __raw_tickets 구조체의 owner와 next 필드로 구성돼 있습니다. 생각보다 구조체는 간단합니다.

결국 실제 스핀락 동작을 표현하는 __raw_tickets 구조체의 필드를 보면 owner가 0x134C이고, next가 0x134C이며 slock은 0x134C134C입니다.

이번에는 다른 아키텍처에서 spinlock_t 구조체를 확인해 봅시다. 다음은 x86 아키텍처에서 TRACE32로 확인한 spinlock_t 구조체입니다.

```
01  (spinlock_t *) (spinlock_t*)0xFFFFFFFF8164A340
02    (struct raw_spinlock) rlock = (
03      (arch_spinlock_t) raw_lock = (
04        (__ticketpair_t) head_tail = 0x13001300,
05        (struct __raw_tickets) tickets = (
06          (__ticket_t) head = 0x1300,
07          (__ticket_t) tail = 0x1300))))
```

라즈비안에서 확인한 spinlock_t 구조체와는 약간 다릅니다. 03번째 줄까지 구조체는 같으나, 04~07번째 줄은 다릅니다.

이처럼 스핀락 자료구조를 여러 구조체로 캐스팅하는 이유는 무엇일까요? **바로 리눅스 커널 전체 코드에서 스핀락 공용 함수와 자료구조로 스핀락을 쓰고 싶은데, CPU 아키텍처(ARMv7, x86)별로 스핀락의 구현부는 다르기 때문입니다.** 이처럼 아키텍처별로 호환성을 유지하며 스핀락 구조체를 쓰기 위해 이 같은 방식으로 spinlock_t 구조체를 선언한 것입니다.

9.4.3 스핀락 사용 예제

스핀락을 표현하는 구조체를 확인했으니 스핀락을 어떤 방식으로 획득하고 해제하는지 살펴보겠습니다. 예제 코드를 보기 전에 spin_lock() 함수와 spin_unlock() 함수의 선언부를 소개합니다. 먼저 스핀락을 획득할 때 쓰는 spin_lock() 함수의 선언부를 보겠습니다.

```
static __always_inline void spin_lock(spinlock_t *lock);
```

인자는 spinlock_t 구조체 포인터 타입의 lock입니다. 반환 타입이 void이니 반환값은 없습니다.

 __always_inline 매크로로 선언했으니 커널 함수 내에서 자주 호출되는 함수임을 유추할 수 있습니다.

다음은 스핀락을 해제할 때 쓰는 spin_unlock() 함수의 선언부를 봅시다.

```
static __always_inline void spin_unlock(spinlock_t *lock);
```

spin_lock() 함수와 마찬가지로 인자는 spinlock_t 구조체 포인터 타입의 lock입니다. 반환 타입이 void이므로 반환값은 없습니다.

이전 절에서 살펴봤듯이 임계 영역에 한 개의 프로세스만 접근하려면 임계 영역의 코드 구간을 보호해야 합니다. 이 코드 구간을 spin_lock() 함수와 spin_unlock() 함수로 감싸는 것입니다.

이어서 스핀락을 쓰는 예제 코드를 보겠습니다.

https://github.com/raspberrypi/linux/blob/rpi-4.19.y/kernel/kthread.c

```
01 struct task_struct *__kthread_create_on_node(int (*threadfn)(void *data),
02                                               void *data, int node,
03                                               const char namefmt[],
04                                               va_list args)
05 {
06     DECLARE_COMPLETION_ONSTACK(done);
07     struct task_struct *task;
08     struct kthread_create_info *create = kmalloc(sizeof(*create),
09                                          GFP_KERNEL);
...
10     spin_lock(&kthread_create_lock);
11     list_add_tail(&create->list, &kthread_create_list);
12     spin_unlock(&kthread_create_lock);
13
14     wake_up_process(kthreadd_task);
```

10번째 줄에서 spin_lock() 함수를 호출해 스핀락을 획득하고 12번째 줄에서는 스핀락을 해제합니다.

이제 "임계 영역은 어느 코드 구간일까?"라는 질문을 던지면서 코드를 분석해 봅시다. kthread_create_list 연결 리스트에 접근하는 동작을 수행하는 11번째 줄이 임계 영역입니다.

그런데 임계 영역을 스핀락으로 보호하는 이유는 무엇일까요? __kthread_create_on_node() 함수는 커널 프로세스 생성을 요청할 때 호출됩니다. 서로 다른 CPU에서 실행 중인 프로세스가 동시다발적으로 __kthread_create_on_node() 함수를 호출하면 11번째 줄에 동시에 접근할 수 있기 때문입니다.

9.4.4 스핀락 처리 흐름

스핀락을 분석할 때는 스핀락을 획득한 후 '임계 영역을 실행할 때' 바뀌는 자료구조를 함께 파악하는 것이 중요합니다.

이번에는 스핀락을 관리하는 spinlock_t 구조체를 다시 보면서 스핀락의 자료구조에 대해 설명하겠습니다.

```
(spinlock_t *) (spinlock_t*)0xb7e0eb00
  (struct raw_spinlock) rlock = (
    (arch_spinlock_t) raw_lock = (
      (u32) slock = 0x134C134C,
      (struct __raw_tickets) tickets = (
        (u16) owner = 0x134C,
        (u16) next = 0x134C))))
```

위와 같이 spinlock_t 구조체는 서로 다른 아키텍처에서 스핀락을 처리하도록 다른 구조체로 캐스팅됩니다. 그런데 라즈비안은 ARMv7 아키텍처를 채용했으므로 spinlock_t 구조체의 실체는 struct__raw_tickets입니다.

__raw_tickets 구조체 필드를 보면 owner와 next가 있습니다. **스핀락은 owner와 next라는 이 두 개의 필드만으로 스핀락 동작을 처리합니다.** 앞으로 스핀락의 세부 동작 방식을 설명할 때 스핀락의 자료구조 owner와 next로 언급하겠습니다.

스핀락을 획득하고 해제하는 전체 흐름

이번에는 다음과 같은 전체 실행 흐름을 보면서 스핀락을 획득하고 해제할 때의 동작 원리를 배워봅시다.

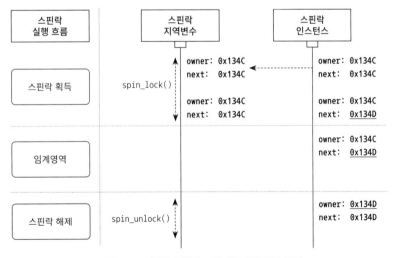

그림 9.6 스핀락을 획득하고 해제할 때의 동작 흐름

먼저 그림 9.6에서 쓴 용어부터 소개하겠습니다.

그림 가운데에 있는 스핀락 지역변수부터 알아봅시다. 스핀락을 획득하려는 프로세스의 스택 공간에서 만들어지는 스핀락 값입니다. 지역변수이므로 각각 프로세스의 스택 공간에서 만들어집니다. 만약 A와 B라는 프로세스가 있다고 가정하면 A와 B 프로세스별로 각각 스핀락 지역변수가 있는 것입니다.

다음으로 그림 오른쪽 부분에 보이는 스핀락 인스턴스입니다. 특정 메모리 공간에 있는 스핀락 자료구조이며 전역변수와 비슷한 개념입니다. 스핀락 인스턴스를 A나 B라는 프로세스가 같은 시간에 읽으면 스핀락 인스턴스의 값은 같습니다.

스핀락 코드를 분석할 때 스핀락 인스턴스와 스핀락 지역변수의 개념을 그리면서 보면 더 쉽게 이해할 수 있습니다.

다음으로 단계별로 스핀락의 세부 동작 방식을 알아봅시다. 스핀락을 획득하기 이전에 스핀락 인스턴스의 owner와 next가 각각 0x134C라고 가정합니다.

1. 스핀락 획득

spin_lock() 함수를 실행하면 스핀락 획득을 시작합니다.

1. 스핀락 인스턴스의 owner와 next 값을 스핀락 지역변수인 owner와 next에 저장합니다. 스핀락 인스턴스의 next를 1만큼 증가시킵니다.

2. spin_lock() 함수를 처음 실행했을 때 스핀락 인스턴스의 owner와 next가 각각 0x134C으로 같으니 스핀락을 다른 프로세스가 획득한 적이 없다고 판단합니다.

따라서 바로 스핀락을 획득합니다.

2. 임계 영역

스핀락을 획득했으니 spin_lock() 함수의 실행을 종료합니다. 이후 임계 영역에서 코드를 실행합니다. 임계 영역 구간에서 스핀락 인스턴스 값은 다음과 같습니다.

- owner: 0x134C
- next: 0x134D

위 조건에서 만약 다른 CPU에서 실행 중인 프로세스가 같은 임계 영역에 접근하려고 스핀락 획득을 시도하면 어떻게 동작할까요? 스핀락 인스턴스의 next가 owner보다 1보다 크니 spin_lock() 함수 내부에서 next가 owner와 같을 때까지 기다립니다.

3. 스핀락 해제

임계 영역이 끝나는 시점에 spin_unlock() 함수를 호출하면 획득한 스핀락을 해제할 수 있습니다. spin_unlock() 함수는 스핀락 인스턴스의 owner를 1만큼 증가시킵니다.

스핀락을 해제한 후 스핀락 인스턴스의 값은 다음과 같습니다.

- owner: 0x134D
- next: 0x134D

owner와 next가 같은 값입니다. 이를 "지금 스핀락을 획득하고 실행하는 프로세스는 **없으며** 스핀락이 **획득된 상태가 아니다**"라고 해석할 수 있습니다.

스핀락 획득을 기다리다가 스핀락을 획득하는 과정

이번에는 누군가 스핀락을 획득한 상태에서 스핀락을 기다리는 동작을 그려봅시다. 이전 그림에서 2단계 임계 영역 구간의 코드를 실행하는 도중 스핀락을 획득하는 상황입니다.

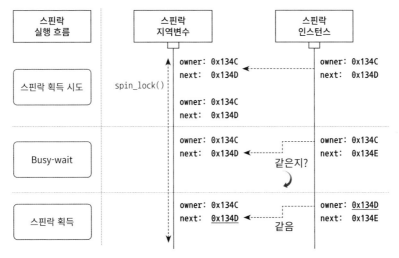

그림 9.7 스핀락을 기다리다가 획득할 때의 동작 흐름

스핀락을 획득하기 위해 기다리다가 스핀락을 획득하는 실행 흐름은 그림 9.7의 왼쪽 부분과 같이 3단계로 분류할 수 있습니다.

스핀락 획득 시도

이미 스핀락을 누군가 획득했으니 spin_lock() 함수를 호출하기 전 스핀락 인스턴스는 다음 값과 같습니다.

- owner: 0x134C
- next: 0x134D

스핀락 인스턴스는 어느 프로세스에서 접근할 수 있는 전역변수와 같은 상태입니다. 스핀락 지역변수인 owner, next에 스핀락 인스턴스인 owner, next를 저장합니다. 스핀락 인스턴스의 next를 1만큼 증가시킵니다.

Busy-Wait

스핀락 지역변수인 owner, next가 같지 않으니 스핀락을 누군가 획득한 상태라 판단합니다. 다른 프로세스가 스핀락을 획득하고 임계 영역을 실행 중인 상태입니다. 스핀락 인스턴스를 계속 읽으면서 스핀락 인스턴스 중 owner가 0x134D로 바뀔 때까지 무한 루프를 통해 기다립니다.

그런데 다른 프로세스가 스핀락을 해제하면 스핀락 인스턴스는 어떻게 바뀔까요? 스핀락 인스턴스의 owner가 1만큼 증가해서 0x134D가 됩니다.

 이전 절의 커널 동기화 기법을 소개할 때 화장실에 이미 누군가 있으면 밖에서 계속 기다린다고 설명했습니다. 바로 이 동작입니다.

스핀락 획득

다른 프로세스가 스핀락을 해제했으니 스핀락 인스턴스의 owner를 0x134D로 증가시킵니다.

스핀락이 해제되기를 계속 기다린 프로세스의 스핀락 지역변수의 next가 0x134D입니다. 곧바로 스핀락을 획득하고 spin_lock() 함수를 종료한 후 임계 영역을 실행합니다.

여기까지 설명한 스핀락을 획득하는 과정을 정리해 봅시다.

첫째, 스핀락을 이미 획득했는지 어떻게 판단할까?

스핀락 인스턴스의 next와 owner 필드를 확인하면 된다.

둘째, 스핀락을 획득한 후 바뀌는 자료구조는 무엇인가?

스핀락 인스턴스의 next를 1만큼 증가시킨다.

셋째, 획득한 스핀락을 해제한 후 바뀌는 자료구조는 무엇인가?

스핀락 인스턴스의 owner를 1만큼 증가시킨다.

스핀락 동작에 대해 전체 흐름을 알아봤습니다. 다음 절에서는 스핀락 함수를 직접 분석하면서 스핀락의 동작 방식을 알아봅니다.

9.4.5 spin_lock() 함수의 인라인 어셈블리 코드 분석

지금까지 스핀락의 특징과 동작 원리를 이론적으로 설명을 했는데 이를 제대로 이해했다고 생각할 수도 있습니다. **하지만 커널이 지원하는 스핀락의 핵심 원리를 파악하는 지름길은 커널 소스코드를 직접 분석하는 것입니다.** 이어서 spin_lock() 함수를 분석해 보면서 스핀락을 획득하는 코드의 구현 방식을 살펴보겠습니다.

spin_lock() 함수부터 호출되는 인터페이스 함수 분석

이전 절에서 살펴봤듯이 스핀락의 spinlock_t 구조체는 다양한 CPU 아키텍처에서 실행하도록 다른 구조체로 캐스팅되도록 선언됐습니다. 마찬가지로 spin_lock() 함수도 여러 CPU 아키텍처에서 실행하도록 다음과 같은 인라인 함수 타입으로 연결돼 있습니다.

- spin_lock()
- _raw_spin_lock()
- __raw_spin_lock()
- do_raw_spin_lock()
- arch_spin_lock()

그렇다면 스핀락의 실제 구현부 코드는 어디일까요? 바로 **arch_spin_lock() 함수입니다.**

스핀락 코드를 분석하기 시작할 때 만나는 첫 번째 걸림돌은 **스핀락의 세부 동작을 처리하는 함수의 위치를 찾기가 어렵다**는 점입니다. 이 걸림돌을 없애는 과정으로 다음 코드를 따라서 분석해 봅시다.

먼저 spin_lock() 함수를 보겠습니다.

https://github.com/raspberrypi/linux/blob/rpi-4.19.y/include/linux/spinlock.h

```
static __always_inline void spin_lock(spinlock_t *lock)
{
    raw_spin_lock(&lock->rlock);
}
```

spin_lock() 함수의 선언부에 __always_inline 키워드가 지정돼 있으므로 인라인 타입의 함수입니다. GCC 컴파일러는 이 코드를 보면 spin_lock() 함수를 raw_spin_lock() 함수로 바꿉니다.

이어서 raw_spin_lock() 함수의 선언부를 보겠습니다.

https://github.com/raspberrypi/linux/blob/rpi-4.19.y/include/linux/spinlock.h

```
#define raw_spin_lock(lock)  _raw_spin_lock(lock)
```

매크로 타입이며 _raw_spin_lock() 함수로 치환됩니다.

이어서 다음 _raw_spin_lock() 함수의 선언부를 봅시다.

https://github.com/raspberrypi/linux/blob/rpi-4.19.y/kernel/locking/spinlock.c

```
01 void __lockfunc _raw_spin_lock(raw_spinlock_t *lock)
02 {
03    __raw_spin_lock(lock);
04 }
```

03번째 줄과 같이 _raw_spin_lock() 함수는 __raw_spin_lock() 함수를 호출합니다. 함수 선언부에 __always_inline이 없으니 인라인 함수는 아닙니다.

다음으로 __raw_spin_lock() 함수를 보겠습니다.

https://github.com/raspberrypi/linux/blob/rpi-4.19.y/include/linux/spinlock_api_smp.h

```
01 static inline void __raw_spin_lock(raw_spinlock_t *lock)
02 {
03    preempt_disable();
04    spin_acquire(&lock->dep_map, 0, 0, _RET_IP_);
05    LOCK_CONTENDED(lock, do_raw_spin_trylock, do_raw_spin_lock);
06 }
```

__raw_spin_lock() 함수 선언부에 inline 키워드가 보이니 인라인 함수라는 사실을 알 수 있습니다. GCC 컴파일러는 이 키워드를 보고 03~05번째 줄을 _raw_spin_lock() 함수에 복사해 붙여줍니다.

03번째 줄을 보면 preempt_disable() 함수를 호출해 선점 스케줄링을 잠시 비활성화합니다. 스핀락을 획득해 임계 영역을 실행할 때 선점 스케줄링이 실행하지 않게 설정하는 것입니다. **그러므로 스핀락을 획득한 후 임계 영역 코드 구간에서 preempt_disable() 함수를 호출할 필요는 없습니다.**

05번째 줄에서는 LOCK_CONTENDED 매크로 함수가 호출되는 듯 보입니다. 하지만 락의 통계 정보를 볼 수 있는 컨피그(CONFIG_LOCK_STAT=y)가 활성화된 조건에서만 다음 헤더 파일에 위치한 다른 코드로 변환돼 실행됩니다.

- https://github.com/raspberrypi/linux/blob/rpi-4.19.y/include/linux/lockdep.h

라즈비안에서는 해당 컨피그가(CONFIG_LOCK_STAT)가 꺼져 있어서 05번째 줄에서 do_raw_spin_lock() 함수를 호출합니다.

다음으로 do_raw_spin_lock() 함수를 보겠습니다.

https://github.com/raspberrypi/linux/blob/rpi-4.19.y/include/linux/spinlock.h

```
01 static inline void do_raw_spin_lock(raw_spinlock_t *lock) __acquires(lock)
02 {
03     __acquire(lock);
04     arch_spin_lock(&lock->raw_lock);
05 }
```

함수를 계속 따라가 보니 spin_lock() 함수의 구현부는 arch_spin_lock() 함수임을 알 수 있습니다.

- spin_lock()
- _raw_spin_lock()
- __raw_spin_lock()
- do_raw_spin_lock()
- arch_spin_lock()

다음과 같은 리눅스 커널 소스 분석 사이트에 접근해서 arch_spin_lock 키워드로 검색해 보겠습니다.

- https://elixir.bootlin.com/linux/v4.19.40/ident

그 결과, 다음과 같이 각각 아키텍처별로 arch_spin_lock() 함수는 다르게 구현돼 있습니다.

```
arch/alpha/include/asm/spinlock.h, line 31 (as a function)
arch/arc/include/asm/spinlock.h, line 21 (as a function)
arch/arc/include/asm/spinlock.h, line 236 (as a function)
arch/arm/include/asm/spinlock.h, line 58 (as a function)
arch/arm64/include/asm/spinlock.h, line 32 (as a function)
arch/blackfin/include/asm/spinlock.h, line 34 (as a function)
arch/ia64/include/asm/spinlock.h, line 110 (as a function)
```

arm64 및 ia64와 같은 CPU 아키텍처별로 서로 다른 헤더 파일에 arch_spin_lock() 함수가 구현돼 있습니다. arch_spin_lock() 함수는 특정 CPU에서만 실행되는 어셈블리 코드로 구현됐으므로 스핀락은 아키텍처에 따라 다르게 동작합니다. 그런데 spin_lock() 함수에서 바로 arch_spin_lock() 함수를 호출하지 않는 이유는 리눅스 커널이 다양한 CPU(아키텍처)를 지원하기 위해서입니다.

arch_spin_lock 키워드로 검색한 결과, 여러 헤더 파일에서 이 함수가 구현됐다는 사실을 알 수 있습니다. 이 헤더 파일의 경로를 유심히 보면 다음과 같은 패턴이 보일 것입니다.

```
arch/[아키텍처 이름]
```

검색 결과를 토대로 "arm64 및 ia64 CPU별로 서로 다른 헤더 파일에 arch_spin_lock() 함수가 구현돼 있다"라는 사실을 유추할 수 있습니다.

그렇다면 라즈베리 파이에서 실행하는 arch_spin_lock() 함수는 어디에 구현돼 있을까요? 라즈베리 파이에서 실행하는 라즈비안은 ARMv7 아키텍처를 채택했으므로 다음 경로에 있는 arch_spin_lock() 함수가 실행됩니다.

```
arch/arm/include/asm/spinlock.h
```

참고로 리눅스 커널에서 아키텍처별로 달리 동작하는 코드는 'arch/[아키텍처 이름]' 경로에 위치해 있다는 점을 기억해 둡시다.

앞에서 설명드린 내용을 알아야 스핀락 코드 소스를 처음 분석할 때 가장 먼저 만나는 걸림돌을 피할 수 있습니다.

라즈베리 파이는 ARM(ARMv7) 아키텍처를 적용하므로 arch/arm/include/asm/spinlock.h 헤더 파일에 있는 어셈블리 코드를 분석합시다.

arch_spin_lock() 함수 코드 분석

스핀락의 핵심 동작은 arch_spin_lock() 함수에 구현돼 있습니다. 이어서 arch_spin_lock() 함수의 구현부를 봅시다.

https://github.com/raspberrypi/linux/blob/rpi-4.19.y/arch/arm/include/asm/spinlock.h

```
01 static inline void arch_spin_lock(arch_spinlock_t *lock)
02 {
03     unsigned long tmp;
04     u32 newval;
05     arch_spinlock_t lockval;
06
07     prefetchw(&lock->slock);
08     __asm__ __volatile__(
09 "1:  ldrex   %0, [%3]\n"
10 "    add     %1, %0, %4\n"
11 "    strex   %2, %1, [%3]\n"
12 "    teq     %2, #0\n"
13 "    bne 1b"
14     : "=&r" (lockval), "=&r" (newval), "=&r" (tmp)
15     : "r" (&lock->slock), "I" (1 << TICKET_SHIFT)
16     : "cc");
17
18     while (lockval.tickets.next != lockval.tickets.owner) {
19             wfe();
20             lockval.tickets.owner = READ_ONCE(lock->tickets.owner);
21     }
22
23     smp_mb();
24 }
```

 arch_spin_lock() 함수는 위와 같이 인라인 어셈블리 코드로 구현돼 있습니다. 대부분 인라인 어셈블리 코드를 처음 접하는 분들이 많으니 먼저 인라인 어셈블리의 문법을 알아본 후 코드를 분석하겠습니다.

사실 리눅스 커널 코드를 분석하다가 인라인 어셈블리 코드를 만나면 포기할 때가 많습니다. 인라인 어셈블리 코드는 그 원리를 알면 어렵지 않으니 겁먹지 말고 차근차근 다음 내용을 읽어 주시길 바랍니다.

arch_spin_lock() 함수 내의 인라인 어셈블리 분석

인라인 어셈블리 코드를 분석하기에 앞서 인라인 어셈블리 코드의 문법을 설명하겠습니다.

```
3 unsigned long tmp;
4 u32 newval;
5 arch_spinlock_t lockval;
...
8 __asm__ __volatile__(
9 "1: ldrex %0, [%3]n"
10 " add %1, %0, %4n"
11 " strex %2, %1, [%3]n"
12 " teq %2, #0n"
13 " bne 1b"
14 : "=&r" (lockval), "=&r" (newval), "=&r" (tmp)
15 : "r" (&lock->slock), "I" (1 << 16)
16 : "cc");
```

9~12번째 줄을 보면 %0, %1, %2, %3이라는 기호가 보입니다. 이 기호의 의미를 파악하려면 먼저 14~15번째 줄을 볼 필요가 있습니다.

```
14 : "=&r" (lockval), "=&r" (newval), "=&r" (tmp)
15 : "r" (&lock->slock), "I" (1 << 16)
```

14번째 줄에서는 인라인 어셈블리 코드의 입력인자를, 15번째 줄에서는 '출력 인자'를 표시합니다. '입력 인자'는 인라인 어셈블리 코드에 넘겨주는 파라미터 변수를, '출력 인자'는 어셈블리 코드의 연산 결괏값을 출력하는 변수를 의미합니다.

먼저 인자부터 살펴보겠습니다. 각 변수 왼쪽에 있는 "=&r" 기호는 인라인 어셈블리 코드의 인자를 의미합니다. %0은 lockval이고 %1은 newval, %2는 tmp를 의미합니다.

다음으로 출력 인자를 확인해봅시다. "r" 기호는 인라인 어셈블리 코드의 출력 인자를 의미합니다. 각각 출력 인자를 해석하면 %3은 &(lock->slock), %4는 (1 << 16), 즉 0x10000입니다.

입력 인자와 출력 인자를 %에 해당하는 변수로 바꾸면 다음 목록과 같이 정리할 수 있습니다.

```
%0: =&r" (lockval),
%1: "=&r" (newval),
```

```
%2: "=&r" (tmp)
%3:"r" (&lock->slock),
%4: "I" (1 ≪ TICKET_SHIFT)
```

인라인 어셈블리 문법에 따라 각 인자를 %0, %1, %2로 치환하면 다음과 같습니다.

```
09 "1: ldrex lockval, [&(lock->slock)]n"
10 " add newval, lockval, 0x10000n"
11 " strex tmp, newval, [&(lock->slock)]n"
12 " teq tmp, #0n"
```

다음은 원본 인라인 어셈블리 코드입니다. 위 코드는 아래 코드를 이해하기 쉽게 바꾼 것입니다.

```
09 "1: ldrex %0, [%3]n"
10 " add %1, %0, %4n"
11 " strex %2, %1, [%3]n"
12 " teq %2, #0n"
```

여기까지 인라인 어셈블리 코드의 입력인자와 출력 인자를 설명했습니다. 이제 코드를 분석할 차례입니다.

arch_spin_lock() 함수를 분석하기에 앞서 이 함수의 전체 실행 단계를 알아보겠습니다. arch_spin_lock() 함수의 동작은 크게 2단계로 나눌 수 있습니다.

　　1단계: 스핀락 인스턴스의 next를 1만큼 증가시켜 스핀락을 획득했다는 정보를 업데이트한다.

　　2단계: 스핀락 인스턴스의 next와 owner 조건을 체크해 스핀락이 이미 획득된 상태인지 확인한다.

먼저 arch_spin_lock() 함수의 1단계 코드 분석을 시작합니다.

1단계 동작: 스핀락 인스턴스의 next를 1만큼 증가

먼저 9번째 줄을 봅시다.

```
9 "1: ldrex lockval, [&(lock->slock)]n"
```

 LDREX 명령어는 메모리에서 데이터를 로드하며, 물리 주소를 조건부 연산으로 처리하는 방식에 약간 차이가 있습니다. LDREX은 LDR과 같은 동작이라고 봐도 무방합니다.

LDR 명령어는 메모리 공간에 있는 값을 워드 단위로 읽는 동작입니다. 스핀락 인스턴스의 변수를 lockval 지역변수에 저장합니다. C 코드로는 "lockval = &lock->slock;"로 표현할 수 있습니다.

다음으로 10번째 줄을 보겠습니다.

```
10 " add newval, lockval, 0x10000n"
```

두 피연산자를 더하는 명령어입니다. lockval에 0x10000을 더해서 newval에 저장하는 연산입니다. C 코드로는 다음과 같이 표현할 수 있습니다.

```
newval = lockval.tickets.next + 1;
```

이번에 9~10번째 줄이 실행되기 전 lockval.tickets.next와 lockval.tickets.owner가 각각 0x8이라고 가정해 봅시다. 이때 lockval은 0x00080008입니다. lockval을 펼쳐서 보면 다음과 같습니다.

```
0x0008 ┊ 0x0008
(next)   (owner)
```

0x00080008 값에 0x10000을 더하면 어떻게 될까요? 결과 0x00090008이 됩니다. 이 연산으로 lockval. tickets.next만 1만큼 증가합니다.

```
   0x00080008
+    0x10000
---------------
   0x00090008
```

 TRACE32 프로그램으로 확인해도 같은 정보를 볼 수 있습니다.

```
(arch_spinlock_t *) (arch_spinlock_t *)0xb000c048 = 0xB000C048 -> (
    (u32) slock = 0x00090008,
    (struct __raw_tickets) tickets = (
      (u16) owner = 0x8,
      (u16) next = 0x9))
```

스핀락은 매우 자주 호출되는 루틴이라서 0x10000을 더해서 연산 횟수를 줄인 것입니다. 이해를 돕기 위해 10번째 어셈블리 코드와 이 동작을 C 코드로 변환한 코드를 함께 봅시다.

```
10 " add newval, lockval, 0x10000n"
newval = lockval.tickets.next + 1;
```

다음으로 11번째 줄을 보겠습니다.

```
11 " strex tmp, newval, [&(lock->slock)]n"
```

 STREX는 지정한 메모리 주소를 대상으로 조건부 저장 연산을 수행하며, 기본적으로 STR 명령어와 같은 동작입니다.

10번째 줄에서 스핀락 변수에서 tickets.next를 1만큼 증가시킨 결과를 newval에 저장했습니다.

str 명령어는 메모리 공간에 지정한 변수의 값을 저장하는 동작입니다. &(lock->slock)라는 메모리 공간에 newval을 저장합니다. 이 동작이 완료되면 tmp는 0으로 업데이트됩니다.

이번에도 이해를 돕기 위해 11번째 줄 어셈블리 코드와 이 동작을 C 코드로 변환한 코드를 함께 봅시다.

```
11 " strex tmp, newval, [&(lock->slock)]n"
&(lock.tickets.next) = newval;
```

여기까지 분석한 8~16번째 줄과 이에 해당하는 C 코드는 각각 다음과 같습니다.

```
08 __asm__ __volatile__(
09 "1: ldrex %0, [%3]n"
10 " add %1, %0, %4n"
11 " strex %2, %1, [%3]n"
12 " teq %2, #0n"
13 " bne 1b"
14 : "=&r" (lockval), "=&r" (newval), "=&r" (tmp)
15 : "r" (&lock->slock), "I" (1 << 16)
16 : "cc");
```

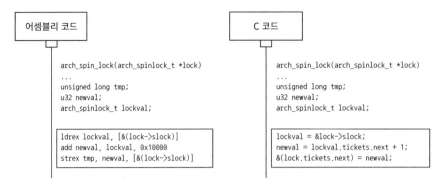

그림 9.8 arch_spin_lock( ) 함수의 인라인 어셈블리 코드와 C 코드 비교

위 코드를 이전 절에서 살펴본 스핀락의 전체 구조를 나타낸 그림에서 보면 다음과 같이 점선으로 표시한 부분에 해당합니다.

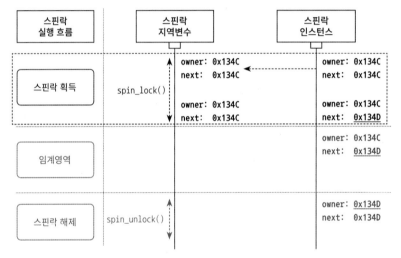

그림 9.9 스핀락의 전체 처리 과정 중 스핀락 획득 동작

2단계 동작: 스핀락 인스턴스의 next와 owner 조건 체크

이어서 2단계 처리 과정을 살펴보겠습니다.

아래의 18번째 줄을 보겠습니다.

```
18    while (lockval.tickets.next != lockval.tickets.owner) {
19        wfe();
```

```
20          lockval.tickets.owner = READ_ONCE(lock->tickets.owner);
21      }
```

 wfe는 ARM Core에 로드가 걸려 있지 않을 때 소모 전류를 최적화하며 실행하는 어셈블리 명령어입니다. 구체적인 내용은 다음 URL을 참고하세요.

http://infocenter.arm.com/help/index.jsp?topic=/com.arm.doc.faqs/ka15473.html

18~21번째 줄은 이미 스핀락을 누군가가 획득했는지를 체크하는 동작입니다. lockval.tickets.next 와 lockval.tickets.owner 지역변수에는 arch_spin_lock() 함수를 처음 실행할 때의 스핀락 인스턴스의 정보를 갖고 있습니다. 즉, **스핀락 인스턴스의 next를 1만큼 증가시키기 전의 스핀락 인스턴스의 정보입니다.**

먼저 18번째 줄을 유심히 볼 필요가 있습니다. lockval.tickets.next와 lockval.tickets.owner가 같으면 스핀락을 획득한 적이 없으니 스핀락을 획득한 후 19~20번째 줄을 실행하지 않습니다. 바로 arch_ spin_lock() 함수의 실행을 종료합니다.

만약 스핀락을 다른 모듈이 획득했다면 while 루프 내의 코드를 계속 실행합니다. 18~21번째 줄은 어떻게 실행할까요? **스핀락을 획득할 때까지 18~21번째 구간의 코드를 실행하면서 기다립니다.**

이번에는 스핀락을 누군가가 획득한 상태라 가정하고 코드를 분석하겠습니다.

18번째 줄을 다시 봅시다. 스핀락을 누군가 획득했다면 lockval.tickets.next와 lockval.tickets.owner 가 같지 않을 것입니다. 두 변수의 값이 같지 않으니 누군가 스핀락을 획득했다고 판단합니다. 이 조건에서 18~21번째 줄인 while 루프를 실행하면서 20번째 줄을 실행해 lock->tickets.owner를 lockval.tickets.owner에 저장합니다. 여기서 lock->tickets.owner에 스핀락 인스턴스의 owner가 저장돼 있습니다. **이후 다시 18번째 줄을 실행해 lockval.tickets.next와 lockval.tickets.owner가 같은지 체크합니다.**

이렇게 누군가 스핀락을 획득했다면 위와 같은 동작을 무한 반복하면서 스핀락이 해제되기를 기다립니다. 위 동작을 정리하면 "**스핀락이 해제될 때까지 18~21번째 줄을 반복해 실행한다**"라고 설명할 수 있습니다.

그렇다면 이미 스핀락을 획득한 다른 모듈에서 스핀락을 해제하면 어떻게 동작할까요? **lock->tickets. owner는 1만큼 증가합니다.**

이 경우 스핀락을 기다리며 18~21번째 줄을 반복하는 모듈에서는 **18번째 줄**에서 `lockval.tickets.next`
와 `lockval.tickets.owner`가 같으니 스핀락을 획득하고 임계 영역을 실행합니다.

9.4.6 spin_lock() 함수의 어셈블리 코드 분석

이전 절에서 인라인 어셈블리 코드 분석으로 스핀락을 획득할 때의 동작 원리를 살펴봤습니다. 이번에
는 ARM(ARMv7) 프로세서가 실행하는 어셈블리 코드를 분석하겠습니다.

그런데 앞에서 다룬 인라인 어셈블리 코드 분석으로 충분하지 않을까요? 필자의 경험으로 인라인 어셈
블리 코드보다 어셈블리 코드를 분석하면 스핀락의 핵심 동작 원리를 더 정확히 알 수 있습니다. 이미
여러분이 이전 절의 인라인 어셈블리 코드 분석 내용을 이해했다면 스핀락의 자료구조와 핵심 개념을
알고 있을 것입니다. 어셈블리 코드라고 겁먹을 필요는 없습니다.

어셈블리 코드에서 spin_lock() 함수의 심벌은 어떻게 바뀔까?

`spin_lock()`부터 `__raw_spin_lock()`, `do_raw_spin_lock()`, `arch_spin_lock()` 함수들은 모두 인라인 타입
함수입니다. 따라서 컴파일하면 위에 언급된 함수들은 심벌이 없습니다. 다음 목록은 `spin_lock()` 함수
를 호출하면 처리되는 함수들입니다.

```
spin_lock() → _raw_spin_lock() → __raw_spin_lock() → do_raw_spin_lock()→ arch_spin_lock()
```

예를 들어, 다음 `__kthread_create_on_node()` 함수의 10번째 줄에서는 `spin_lock()` 함수를 호출하는 것
처럼 보입니다.

https://github.com/raspberrypi/linux/blob/rpi-4.19.y/kernel/kthread.c

```
01 struct task_struct *__kthread_create_on_node(int (*threadfn)(void *data),
02                                    void *data, int node,
03                                    const char namefmt[],
04                                    va_list args)
05 {
06     DECLARE_COMPLETION_ONSTACK(done);
07     struct task_struct *task;
08     struct kthread_create_info *create = kmalloc(sizeof(*create),
09                                    GFP_KERNEL);
...
10     spin_lock(&kthread_create_lock);
```

```
11    list_add_tail(&create->list, &kthread_create_list);
12    spin_unlock(&kthread_create_lock);
13
14    wake_up_process(kthreadd_task);
```

위 함수를 objdump 바이너리 유틸리티를 사용해 변환한 어셈블리 코드를 보면 다음과 같습니다.

```
01 8013b5f0 <__kthread_create_on_node>:
02 8013b5f0:    e1a0c00d    mov     ip, sp
03 8013b5f4:    e92dd9f0    push    {r4, r5, r6, r7, r8, fp, ip, lr, pc}
04 8013b5f8:    e24cb004    sub     fp, ip, #4
05 8013b5fc:    e24dd014    sub     sp, sp, #20
06 8013b600:    e52de004    push    {lr}        ; (str lr, [sp, #-4]!)
...
07 8013b660:    e5845008    str     r5, [r4, #8]
08 8013b664:    e59f00e8    ldr     r0, [pc, #232] ; 8013b754 <__kthread_create_on_node+0x164>
09 8013b668:    eb17253c    bl      80704b60 <_raw_spin_lock>
```

C 코드에서는 10번째 줄과 같이 spin_lock() 함수를 호출했습니다. 하지만 어셈블리 코드에서는 09번째 줄과 같이 _raw_spin_lock() 함수를 호출하는 것입니다.

_raw_spin_lock() 함수의 인자

어셈블리 코드를 분석에 앞서 _raw_spin_lock() 함수에 전달하는 인자들의 개수와 유형을 먼저 꼼꼼히 살펴볼 필요가 있습니다.

```
void __lockfunc _raw_spin_lock(raw_spinlock_t *lock)
{
    __raw_spin_lock(lock);
}
```

_raw_spin_lock() 함수로 1개의 인자를 전달하며, 인자의 타입은 raw_spinlock_t *lock입니다. 여기서 한 가지 의문이 생깁니다. 어셈블리 코드에서 _raw_spin_lock() 함수로 전달하는 인자는 어떻게 처리할까요?

ARM 아키텍처의 함수 호출 규약에 따라 함수의 인자는 r0 레지스터로 전달되는데 r0 레지스터에 포인터 타입의 raw_spinlock_t 구조체 변수의 주소가 있습니다.

즉, r0 레지스터가 스핀락 인스턴스의 주소를 저장하고 있다는 의미입니다. 스핀락 인스턴스의 주소가 0xb93b4a78이면 r0 레지스터는 0xb93b4a78을 담고 있을 것입니다.

"_raw_spin_lock() 함수를 호출하기 전 스핀락 인스턴스의 값은 0x0001_0001이고 스핀락 인스턴스의 주소는 0xb93b4a78이다"라는 조건으로 어셈블리 코드의 분석을 시작하겠습니다.

_raw_spin_lock() 함수 분석

분석하려는 코드는 다음과 같습니다.

```
01 80704b60 <_raw_spin_lock>:
02 80704b60:    e1a0c00d    mov     ip, sp
03 80704b64:    e92dd800    push    {fp, ip, lr, pc}
04 80704b68:    e24cb004    sub     fp, ip, #4
05 80704b6c:    e52de004    push    {lr}        ; (str lr, [sp, #-4]!)
06 80704b70:    ebe82672    bl      8010e540 <__gnu_mcount_nc>
07 80704b74:    f590f000    pldw    [r0]
08 80704b78:    e1903f9f    ldrex   r3, [r0]
09 80704b7c:    e2832801    add     r2, r3, #65536  ; 0x10000
10 80704b80:    e1801f92    strex   r1, r2, [r0]
11 80704b84:    e3310000    teq     r1, #0
12 80704b88:    1afffffa    bne     80704b78 <_raw_spin_lock+0x18>
13 80704b8c:    e1a02823    lsr     r2, r3, #16
14 80704b90:    e6ff3073    uxth    r3, r3
15 80704b94:    e1530002    cmp     r3, r2
16 80704b98:    0a000003    beq     80704bac <_raw_spin_lock+0x4c>
17 80704b9c:    e320f002    wfe
18 80704ba0:    e1d030b0    ldrh    r3, [r0]
19 80704ba4:    e1530002    cmp     r3, r2
20 80704ba8:    1afffffb    bne     80704b9c <_raw_spin_lock+0x3c>
21 80704bac:    f57ff05b    dmb     ish
22 80704bb0:    e89da800    ldm     sp, {fp, sp, pc}
```

arch_spin_lock() 함수의 동작은 크게 2단계로 나눌 수 있습니다.

　　1단계: 스핀락 인스턴스의 next를 1만큼 증가

　　2단계: 스핀락 인스턴스의 next와 owner 조건을 체크

arch_spin_lock() 함수에서 스핀락의 세부 동작은 스핀락 인스턴스의 owner와 next 필드로 제어한다는 점을 염두에 두고 코드를 분석합시다.

스핀락을 획득하는 동작은 스핀락 인스턴스의 next를 1만큼 증가시키는 연산입니다. 이 연산은 스핀락 관점에서 스핀락을 잠그는 동작으로 해석할 수 있습니다. 반대로 스핀락을 해제할 때는 스핀락 인스턴스의 owner를 1만큼 증가시키는 연산을 수행합니다. 이 연산은 스핀락 관점에서 잠근 스핀락을 해제하는 동작으로 해석할 수 있습니다.

이 점을 염두에 두고 어셈블리 코드를 분석합시다.

1단계 동작: 스핀락 인스턴스의 next를 1만큼 증가

먼저 8번째 줄을 보겠습니다.

```
08  80704b78:   e1903f9f        ldrex   r3, [r0]
```

r0 레지스터는 0xb93b4a78이고 이 메모리 공간에 0x00010001이라는 값이 있으니 r3 레지스터는 0x00010001로 변경됩니다. 0xb93b4a78의 메모리 공간에 스핀락 인스턴스가 있습니다. r3 레지스터에 스핀락 인스턴스의 owner와 next를 모두 저장한 것입니다. r3 레지스터는 arch_spin_lock() 함수에서 스핀락 인스턴스의 next를 1만큼 증가시키기 전 스핀락 인스턴스를 저장하는 역할입니다.

다음으로 9번째 줄을 보겠습니다.

```
09  80704b7c:   e2832801        add     r2, r3, #65536 ; 0x10000
```

다음 수식으로 r3 레지스터에 0x10000을 더해 r2 레지스터에 저장합니다.

```
r2 = 0x0002|0001 = 0x0001|0001 + 0x0001|0000
```

연산 결과, r2 레지스터는 0x0002|0001이 됩니다. 이는 스핀락 지역변수의 next를 1만큼 더하는 동작입니다.

다음은 10번째 줄입니다.

```
10 80704b80:    e1801f92    strex   r1, r2, [r0]
```

위 코드에서 r0 레지스터는 스핀락 인스턴스 주소를 저장하고 있습니다. r2 레지스터는 ticket에서 next
만 1만큼 더한 결괏값인 0x00020001을 담고 있습니다. 이 값을 r0 레지스터가 저장하고 있는 메모리 공
간인 0xb93b4a78에 저장합니다. 스핀락 인스턴스 필드인 next를 1만큼 증가시키는 동작입니다. 만약 r0
레지스터가 가리키는 메모리 공간(0xb93b4a78)에 0x00020001이 제대로 저장됐으면 r1 레지스터는 0으로
변경됩니다. **이 코드가 스핀락을 잠그는 동작을 수행합니다.**

이어서 11~12번째 줄을 분석하겠습니다.

```
08 80704b78:    e1903f9f    ldrex   r3, [r0]
09 80704b7c:    e2832801    add     r2, r3, #65536  ; 0x10000
...
11 80704b84:    e3310000    teq     r1, #0
12 80704b88:    1afffffa    bne     80704b78 <_raw_spin_lock+0x18>
```

만약 0x00020001이 r0 레지스터가 가르키는 메모리 공간에 저장을 못하면 8번째 줄인 80704b78 주소로
이동해서 다시 스핀락 인스턴스의 변수를 읽습니다.

어셈블리 코드를 C 코드 형태로 변환해서 표현하면 다음과 같습니다.

```
08 80704b78:    e1903f9f    ldrex   r3, [r0]
09 80704b7c:    e2832801    add     r2, r3, #65536  ; 0x10000
10 80704b80:    e1801f92    strex   r1, r2, [r0]
11
12 static inline void _raw_spin_lock(arch_spinlock_t *lock)
13 {
14    unsigned long tmp;
15    u32 newval;
16    arch_spinlock_t lockval;
17
18    lockval = &lock->slock;
19    newval = lockval.tickets.next + 1;
20    &(lock.tickets.next) = newval;
```

8~10번 줄은 18~20번째 줄과 같습니다. 이를 조금 더 알기 쉽게 표현하면 다음 그림과 같습니다.

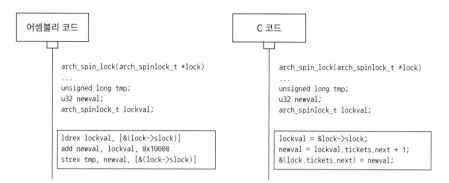

그림 9.10 _raw_spin_lock( ) 함수의 인라인 어셈블리 코드와 C 코드 비교

 어셈블리 코드를 분석할 때 C 코드로 변환하면 더 오랫동안 분석한 내용을 머릿속에 기억할 수 있습니다.

2단계 동작: 스핀락 인스턴스의 next와 owner 조건 체크

이번에는 _raw_spin_lock() 함수의 후반부 코드를 보겠습니다.

```
13 80704b8c:    e1a02823    lsr     r2, r3, #16
14 80704b90:    e6ff3073    uxth    r3, r3
15 80704b94:    e1530002    cmp     r3, r2
16 80704b98:    0a000003    beq     80704bac <_raw_spin_lock+0x4c>
17 80704b9c:    e320f002    wfe
18 80704ba0:    e1d030b0    ldrh    r3, [r0]
19 80704ba4:    e1530002    cmp     r3, r2
20 80704ba8:    1afffffb    bne     80704b9c <_raw_spin_lock+0x3c>
```

13번 줄을 보면 r2와 r3 레지스터로 연산을 수행합니다.

```
08 80704b78:    e1903f9f    ldrex   r3, [r0]
...
13 80704b8c:    e1a02823    lsr r2, r3, #16
```

r2 레지스터는 ticket에서 next 값을 1만큼 증가한 0x00020001입니다. r3 레지스터는 spin_lock() 함수를 호출하기 직전의 스핀락 인스턴스의 값을 저장하고 있으니 0x00010001입니다.

r3 레지스터는 스핀락을 획득하기 전의 스핀락 인스턴스의 정보를 담고 있습니다. 만약 arch_spin_lock() 함수를 호출하기 전 스핀락을 획득한 적이 없으면 r3 레지스터가 담고 있는 next와 owner는 같습니다. 이렇게 r3 레지스터는 스핀락 구현부 코드에서 가장 중요한 역할을 하므로 눈여겨볼 필요가 있습니다.

 lsr은 Logical Shift Right라는 용어의 약자로서 피연산자를 오른쪽으로 시프트하는 명령어입니다. r3 레지스터가 0x00010001인데 이 값을 왼쪽으로 16만큼 왼쪽으로 비트 시프트 연산을 하는 동작입니다.

연산의 결과는 다음과 같습니다.

```
0x00010001(r3)
+lsr
---------------
0x00000001(r2)
```

반복해서 설명하지만 어셈블리 코드를 볼 때는 그 의미를 파악하면서 읽을 필요가 있습니다. r3 레지스터에는 next와 owner가 포함된 ticket 값(0x00010001)이 있습니다. 이 중에서 next 값을 r2 레지스터에 저장하는 동작입니다. 13번째 줄은 **스핀락을 획득하려고 시도하기 전의 스핀락 인스턴스의 next 값을 r2 레지스터에 저장하는 의미입니다.**

다음 14번째 줄을 보겠습니다.

```
14 80704b90:    e6ff3073    uxth    r3, r3
```

 uxth는 Zero extend Halfword의 약자로서 16비트에서 상위 8비트를 비트 클리어하는 동작입니다. 이렇게 낯선 어셈블리 코드를 보면 겁먹지 마시고 인터넷에서 "uxth arm"라는 키워드로 검색하면 다음과 같이 ARM Infocenter 사이트에서 관련 정보를 얻을 수 있습니다.

- http://infocenter.arm.com/help/index.jsp?topic=/com.arm.doc.dui0489i/CIHHJCFE.html

연산의 결과는 다음과 같습니다. 이 어셈블리 명령어는 next와 owner 중 owner를 r3 레지스터에 저장하는 역할입니다.

```
0x00010001(r3)
------------------ uxth
0x00000001(r3)
```

13~14줄 명령어를 같이 늘어놓고 해석하면 r3(0x00010001)에 있는 next를 r2 레지스터에 저장하고
owner를 r3 레지스터에 저장하는 동작입니다.

```
13 80704b8c:    e1a02823    lsr     r2, r3, #16
14 80704b90:    e6ff3073    uxth    r3, r3
```

uxth 명령어를 실행한 후의 r2 레지스터와 r3 레지스터의 값은 다음과 같습니다.

```
0x0001 ¦ 0001(r3)

 next      owner
  r2         r3
```

lsr와 uxth 같은 2개의 어셈블리 명령어만 실행해 ticket에 저장된 값을 r2 레지스터와 r3 레지스터에
설정하는 코드입니다.

다음 15번째 줄을 분석할 차례입니다.

```
15 80704b94:    e1530002    cmp     r3, r2
16 80704b98:    0a000003    beq     80704bac <_raw_spin_lock+0x4c>
...
21 80704bac:    f57ff05b    dmb     ish
```

r3 레지스터(owner)와 r2 레지스터(next) 값을 비교해서 16번 줄과 같이 두 값이 같으면 0x80704bac라는
주소로 이동해서 _raw_spin_lock() 함수를 빠져나옵니다.

여기서 r3 레지스터의 의미를 조금 더 생각해 봅시다.

```
01  80704b60 <_raw_spin_lock>:
...
08  80704b78:    e1903f9f    ldrex   r3, [r0]
```

r3 레지스터는 _raw_spin_lock() 함수를 실행하기 직전의 스핀락 인스턴스의 owner를 담고 있습니다. 이 시점에 owner와 next가 같으면 스핀락을 획득한 적이 없으니 next를 1만큼 증가시키고 _raw_spin_lock() 함수를 빠져나옵니다.

만약 이 시점에서 ticket 값이 0x00020001이면 스핀락 인스턴스의 next가 2이고 스핀락 인스턴스의 owner가 1이므로 커널은 누군가 스핀락을 획득했다고 판단합니다. 만약 _raw_spin_lock() 함수를 호출하기 직전의 r3 레지스터가 '0x0002_0001'이면 15번째 줄을 실행할 때는 r3 레지스터는 owner인 0x1이고 r2 레지스터는 next인 0x2입니다.

```
15 80704b94:    e1530002    cmp    r3, r2
16 80704b98:    0a000003    beq    80704bac <_raw_spin_lock+0x4c>
```

이 조건에서(스핀락을 누군가 획득한 경우) r2 레지스터와 r3 레지스터가 같을 때까지 다음과 같이 17~20번째 줄을 실행합니다.

```
17 80704b9c:    e320f002    wfe
18 80704ba0:    e1d030b0    ldrh    r3, [r0]
19 80704ba4:    e1530002    cmp     r3, r2
20 80704ba8:    1afffffb    bne     80704b9c <_raw_spin_lock+0x3c>
```

이 동작을 Busy-wait라고 하며 스핀락을 획득할 때까지 계속 기다리는 동작입니다.

이어지는 절에서 spin_unlock() 함수를 분석합니다.

9.4.7 spin_unlock() 함수 분석

스핀락을 획득해서 임계 영역의 코드 구간을 실행한 후에는 반드시 spin_unlock() 함수를 실행해 스핀락을 해제해야 합니다. 이번에는 스핀락을 해제하는 spin_unlock() 함수를 분석하겠습니다.

spin_unlock() 함수 내에서 호출되는 스핀락 함수 분석

spin_lock() 함수와 마찬가지로 spin_unlock() 함수도 여러 CPU 아키텍처에서 실행되도록 다음과 같은 인라인 타입의 함수로 연결돼 있습니다.

- spin_unlock()
- _raw_spin_unlock()

- __raw_spin_unlock()

- do_raw_spin_unlock()

- arch_spin_unlock()

먼저 spin_unlock() 함수의 코드를 봅시다.

https://github.com/raspberrypi/linux/blob/rpi-4.19.y/include/linux/spinlock.h

```
static __always_inline void spin_unlock(spinlock_t *lock)
{
    raw_spin_unlock(&lock->rlock);
}
```

spin_unlock() 함수의 구현부에 __always_inline이 지정돼 있으므로 인라인 타입 함수입니다. GCC 컴파일러는 이 코드를 보면 spin_unlock() 함수를 raw_spin_unlock() 함수로 바꿉니다.

다음으로 _raw_spin_unlock() 함수의 구현부를 봅시다.

https://github.com/raspberrypi/linux/blob/rpi-4.19.y/kernel/locking/spinlock.c

```
01 void __lockfunc _raw_spin_unlock(raw_spinlock_t *lock)
02 {
03     __raw_spin_unlock(lock);
04 }
```

03번째 줄과 같이 _raw_spin_unlock() 함수는 __raw_spin_unlock() 함수를 호출하는 역할입니다.

이어서 __raw_spin_unlock() 함수를 보겠습니다.

https://github.com/raspberrypi/linux/blob/rpi-4.19.y/include/linux/spinlock_api_smp.h

```
01 static inline void __raw_spin_unlock(raw_spinlock_t *lock)
02 {
03     spin_release(&lock->dep_map, 1, _RET_IP_);
04     do_raw_spin_unlock(lock);
05     preempt_enable();
06 }
```

__raw_spin_unlock() 함수 선언부에 inline 키워드가 보이니 인라인 함수라는 사실을 알 수 있습니다. GCC 컴파일러는 이 키워드를 보고 컴파일 과정에서 03~05번째 줄을 _raw_spin_unlock() 함수에 복사해 붙여줍니다.

04번째 줄에서 do_raw_spin_lock() 함수를 호출합니다.

05번째 줄을 보면 preempt_enable() 함수를 호출해 선점 스케줄링을 활성화합니다. 스핀락을 획득하는 과정에서 실행하는 __raw_spin_lock() 인라인 함수에서 preempt_disable() 함수를 호출해 선점 스케줄링을 비활성화합니다. **이렇게 스핀락을 해제하는 시점에 다시 선점 스케줄링을 활성화하도록 설정합니다.**

다음으로 do_raw_spin_unlock() 함수를 보겠습니다.

https://github.com/raspberrypi/linux/blob/rpi-4.19.y/include/linux/spinlock.h

```
01 static inline void do_raw_spin_unlock(raw_spinlock_t *lock) __releases(lock)
02 {
03     arch_spin_unlock(&lock->raw_lock);
04     __release(lock);
05 }
```

함수를 계속 따라가 보니 spin_unlock() 함수의 구현부는 arch_spin_unlock() 함수임을 알 수 있습니다.

- spin_unlock()
- _raw_spin_unlock()
- __raw_spin_unlock()
- do_raw_spin_unlock()
- arch_spin_unlock()

arch_spin_unlock() 함수 분석

스핀락을 해제하는 동작을 확인하려면 arch_spin_unlock() 함수를 분석해야 합니다. 다음 arch_spin_unlock() 함수의 코드를 보겠습니다.

https://github.com/raspberrypi/linux/blob/rpi-4.19.y/arch/arm/include/asm/spinlock.h

```
01 static inline void arch_spin_unlock(arch_spinlock_t *lock)
02 {
```

```
03    smp_mb();
04    lock->tickets.owner++;
05    dsb_sev();
06 }
```

위 함수에서 lock 포인터 형 인자는 스핀락 인스턴스를 의미합니다.

arch_spin_unlock() 함수의 핵심 동작은 04번째 줄입니다. 스핀락을 획득할 때 스핀락 인스턴스의 next를 1만큼 증가시켰는데, **스핀락을 해제할 때는 스핀락 인스턴스의 owner를 1만큼 증가시킵니다.**

이제 스핀락의 전체 실행 흐름을 보면서 스핀락을 해제할 때 바뀌는 자료구조를 확인해 봅시다. 다음 그림의 전체 스핀락 동작 흐름에서 가장 아래의 점선으로 표시한 부분을 보겠습니다.

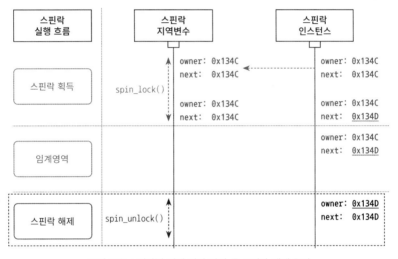

그림 9.11 스핀락의 전체 처리 과정 중 스핀락 해제 동작

그림 9.11의 맨 아랫부분은 '스핀락 해제' 동작을 나타냅니다. 스핀락을 해제할 때 spin_unlock() 함수가 실행됩니다. 이때 스핀락 인스턴스의 owner를 1만큼 증가시키니 0x134D로 바뀝니다.

지금까지 스핀락 획득과 해제 과정을 어셈블리 코드 분석을 통해 알아봤습니다. 스핀락을 획득하고 해제하는 과정을 정리하면 다음과 같습니다.

1. &lock->tickets.next를 1만큼 증가시켜 스핀락을 획득한 후 arch_spin_lock() 함수를 빠져나옴

2. 임계 영역의 코드를 실행

3. arch_spin_unlock() 호출로 &lock->tickets.owner를 1만큼 증가시켜 스핀락을 해제

처음 보는 어셈블리 코드라 낯설게 느낄 수도 있는데 코드의 의미를 차근차근 알아가면 그리 어렵지 않습니다.

9.4.8 스핀락 플러그인 함수: spin_lock_irq()/spin_unlock_irq()

리눅스 커널 코드를 조금만 분석하면 spin_lock() 함수뿐 아니라 spin_lock_irq() 함수를 써서 임계 영역을 보호하는 코드를 많이 볼 수 있습니다. 이처럼 커널은 스핀락 기능을 확장한 플러그인 형태의 스핀락 함수들을 제공합니다.

이번 절에서는 spin_lock() 함수의 기능을 확장한 다음과 같은 스핀락 플러그인 함수를 소개합니다.

- spin_lock_irq()
- spin_unlock_irq()

먼저 spin_lock_irq()/spin_unlock_irq() 함수를 리눅스 커널에서 지원하는 이유를 알아보고 세부 코드를 분석하겠습니다.

spin_lock_irq()/spin_unlock_irq() 함수가 생겨난 이유는 무엇일까요? spin_lock_irq()/spin_unlock_irq() 함수를 분석하기에 앞서 두 함수가 생겨난 이유가 무엇인지 알아보겠습니다.

임베디드 리눅스 개발자들은 spin_lock()/spin_unlock() 함수를 써서 임계 영역을 보호했고, 이를 통해 레이스 컨디션을 방지할 수 있었습니다. 그런데 리눅스 개발자들은 spin_lock()/spin_unlock() 함수를 쓰다가 다음과 같은 불만을 토로하게 됐습니다.

- **임계 영역에서 스핀락을 걸 때 인터럽트가 발생하지 않았으면 좋겠다.**
- **스핀락을 획득해 다른 모듈이 접근하지 못하는 것은 좋은데 임계 영역에서 인터럽트가 발생하는 것이 문제다.**

그래서 리눅스 개발자들은 임계 영역에서 예상치 못한 레이스 컨디션을 다시 겪게 됐습니다. 예를 들어 봅시다.

- 임계 영역의 코드를 실행하는 도중 인터럽트가 발생해 임계 영역의 코드가 있는 함수를 다시 실행
- 스핀락으로 보호한 임계 영역의 코드는 실행 타이밍이 중요한데 인터럽트가 발생해 실행 시간이 일정하지 않음

결국 리눅스 개발자들은 **스핀락을 걸 때 인터럽트가 발생하지 않는 기능을 추가해달라**는 요구를 하게 됐습니다. 그래서 리눅스 커널에서는 spin_lock_irq() 함수와 spin_unlock_irq() 함수를 지원하게 됐습니다. 그렇다면 앞에서 소개한 spin_lock_irq()/spin_unlock_irq() 함수는 어떤 방식으로 구현됐을까요?

리눅스 개발자들이 요청한 요구사항에 맞게 다음과 같은 방식으로 구현했습니다. 먼저 spin_lock_irq() 함수 구현 방식을 알아봅시다.

```
local_irq_disable();
spin_lock();
```

이 코드를 해석하면 다음과 같습니다.

- local_irq_disable() 함수를 호출해 인터럽트 라인을 비활성화하자.
- spin_lock() 함수를 호출해 기존 스핀락을 획득하는 기능을 그대로 쓰자.

다음으로 spin_unlock_irq() 함수 구현 방식을 알아봅시다.

```
spin_unlock();
local_irq_enable();
```

이 코드는 다음과 같이 동작합니다.

- spin_unlock() 함수를 호출해 기존 스핀락을 해제하는 기능을 그대로 쓰자.
- local_irq_enable() 함수를 호출해 인터럽트 라인을 다시 활성화하자.

정리하면 spin_lock_irq() 함수와 spin_unlock_irq() 함수의 동작 원리는 spin_lock()/spin_unlock() 함수에서 제공하는 스핀락 기능은 그대로 유지하고 인터럽트를 비활성화하는 기능만 추가하는 것으로 설명할 수 있습니다.

이렇게 spin_lock_irq() 함수는 스핀락 관점에서 spin_lock() 함수와 동작 방식이 같습니다. spin_lock_irq() 함수는 스핀락을 획득하는 과정에서 인터럽트 라인을 비활성화하는 동작만이 추가된 것입니다. 그렇다면 spin_lock() 함수 대신 spin_lock_irq() 함수는 어떤 상황에서 써야 할까요? 바로 **임계 영역의 코드 구간에서 인터럽트가 발생하면 안 될 때입니다.**

그렇다면 임계 영역에서 어떤 조건으로 실행 중일 때 현재 코드를 실행 중인 CPU 라인의 인터럽트를 비활성화해야 할까요? 여러 가지 예시를 들 수 있으나 대표적인 상황은 다음과 같습니다.

- 정확한 순서로 데이터 시트에 언급된 순서로 특정 메모리 구간에 어떤 값을 써야 할 경우
- 각 디바이스 드라이버가 Suspend/Resume과 같은 슬립에 진입하거나 깨어나는 동작일 경우
- 코드의 실행 순서를 반드시 지켜야 하는 코드인 경우

spin_lock_irq() 함수를 쓰는 예제 코드 분석

이번에는 spin_lock_irq() 함수를 써서 임계 영역을 보호하는 코드를 소개합니다.

https://elixir.bootlin.com/linux/v4.14.49/source/drivers/mfd/rtsx_pcr.c

```
01 static void rtsx_pci_remove(struct pci_dev *pcidev)
02 {
03     struct pcr_handle *handle = pci_get_drvdata(pcidev);
04     struct rtsx_pcr *pcr = handle->pcr;
05
06     pcr->remove_pci = true;
07
08     /* Disable interrupts at the pcr level */
09     spin_lock_irq(&pcr->lock);
10     rtsx_pci_writel(pcr, RTSX_BIER, 0);
11     pcr->bier = 0;
12     spin_unlock_irq(&pcr->lock);
```

spin_lock() 함수와 마찬가지로 10~11번째 줄의 함수 전후로 spin_lock_irq()와 spin_unlock_irq() 함수로 임계 영역을 보호합니다.

10~11번째 줄은 임계 영역인데 이 코드 구간에서는 다음과 같이 동작하게 됩니다.

- 스핀락을 획득해서 임계 영역을 보호
- 임계 영역의 코드를 실행하는 구간에서 인터럽트를 비활성화

여기까지 spin_lock_irq()/spin_unlock_irq() 함수를 써서 임계 영역을 보호하는 예제 코드를 살펴봤습니다. 이어서 세부 코드를 분석해 봅시다.

spin_lock_irq() 함수 분석

spin_lock_irq() 함수의 구현부는 다음과 같습니다.

https://github.com/raspberrypi/linux/blob/rpi-4.19.y/include/linux/spinlock.h

```
static __always_inline void spin_lock_irq(spinlock_t *lock)
{
    raw_spin_lock_irq(&lock->rlock);
}
```

spin_lock_irq() 함수는 스핀락 관점에서 spin_lock() 함수와 동작 방식이 같습니다. 그래서 spin_lock_
irq() 함수에서 호출하는 처리 흐름도 spin_lock() 함수와 거의 유사합니다. 다양한 아키텍처에서 spin_
lock_irq() 함수를 쓸 수 있게 다양한 인라인 함수를 호출하는 것입니다. spin_lock_irq() 함수가 호출
하는 함수 목록과 함수의 위치는 다음과 같습니다.

표 9.1 spin_lock_irq() 함수 내에서 호출되는 커널 내부 함수

함수명	함수의 위치
spin_lock_irq()	include/linux/spinlock.h
_raw_spin_lock_irq()	kernel/locking/spinlock.c
__raw_spin_lock_irq()	include/linux/spinlock_api_smp.h
do_raw_spin_lock()	include/linux/spinlock.h
arch_spin_lock()	arch/arm/include/asm/spinlock.h

spin_lock() 함수 대비 spin_lock_irq() 함수에서 다른 동작을 하는 코드는 어디일까요? 정답은 __raw_
spin_lock_irq() 함수입니다.

다음 __raw_spin_lock_irq() 함수의 구현부를 보겠습니다.

https://github.com/raspberrypi/linux/blob/rpi-4.19.y/include/linux/spinlock_api_smp.h

```
01 static inline void __raw_spin_lock_irq(raw_spinlock_t *lock)
02 {
03     local_irq_disable();
04     preempt_disable();
05     spin_acquire(&lock->dep_map, 0, 0, _RET_IP_);
06     LOCK_CONTENDED(lock, do_raw_spin_trylock, do_raw_spin_lock);
07 }
```

03번째 줄을 제외하고는 __raw_spin_lock() 함수와 구현부가 같습니다. __raw_spin_lock() 함수를 보면
서 이 차이점을 확인해 봅시다.

https://github.com/raspberrypi/linux/blob/rpi-4.19.y/include/linux/spinlock_api_smp.h

```
01 static inline void __raw_spin_lock(raw_spinlock_t *lock)
02 {
03     preempt_disable();
```

```
04      spin_acquire(&lock->dep_map, 0, 0, _RET_IP_);
05      LOCK_CONTENDED(lock, do_raw_spin_trylock, do_raw_spin_lock);
06 }
```

__raw_spin_lock_irq() 함수의 3번째 줄을 눈으로 따라가 봅시다. preempt_disable() 함수 이전에 local_irq_disable() 함수를 호출했습니다. 여기서 local_irq_disable() 함수를 호출한 이유는 무엇일까요? **임계 영역에서 실행 중인 해당 CPU의 인터럽트 라인을 비활성화하기 위해서입니다.**

이어서 local_irq_disable() 함수를 분석해 봅시다.

https://github.com/raspberrypi/linux/blob/rpi-4.19.y/include/linux/irqflags.h

```
01 #define local_irq_disable() \
02      do { raw_local_irq_disable(); trace_hardirqs_off(); } while (0)
```

local_irq_disable() 함수는 매크로 타입으로 raw_local_irq_disable() 함수로 치환됩니다. 커널 코드를 컴파일하는 과정에서 전처리기가 local_irq_disable() 함수를 보면 02번째 줄로 바꿉니다.

이번에는 raw_local_irq_disable() 함수를 보겠습니다.

https://github.com/raspberrypi/linux/blob/rpi-4.19.y/include/linux/irqflags.h

```
#define raw_local_irq_disable()      arch_local_irq_disable()
```

구현부를 보니 raw_local_irq_disable() 함수는 매크로 타입으로 arch_local_irq_disable() 함수로 치환됩니다.

이어서 arch_local_irq_disable() 함수를 보겠습니다.

https://github.com/raspberrypi/linux/blob/rpi-4.19.y/arch/arm/include/asm/irqflags.h

```
static inline void arch_local_irq_disable(void)
{
    asm volatile(
        "    cpsid i        @ arch_local_irq_disable"
        :
        :
        : "memory", "cc");
}
```

인라인 어셈블리 코드로 "cpsid i"라는 ARM 어셈블리 명령어를 실행합니다. 이 "cpsid i" 명령어에 대해 더 자세히 알려면 다음 ARM 페이지를 참고합시다.

http://infocenter.arm.com/help/index.jsp?topic=/com.arm.doc.dui0203ik/ch02s08s01.html

```
CPSID i  ; Disable interrupts and configurable fault handlers (set PRIMASK)
```

내용을 확인하니 실행 중인 CPU의 인터럽트 라인을 비활성화(Disable)하는 어셈블리 명령어입니다.

그럼 spin_lock_irq() 함수를 분석하면서 알게 된 내용을 정리해 봅시다.

- spin_lock() 함수에서 호출한 함수를 그대로 쓴다.
- local_irq_disable() 함수를 호출해 인터럽트를 비활성화한다.

spin_unlock_irq() 함수 분석

이어서 spin_unlock_irq() 함수의 세부 코드를 분석하겠습니다.

spin_unlock_irq() 함수는 spin_unlock() 함수에서 스핀락 기능을 그대로 물려받았습니다. 대신 스핀락을 해제한 후 인터럽트를 다시 활성화하는 동작만이 추가된 것입니다.

spin_unlock_irq() 함수를 호출했을 때 커널 내부에서 실행되는 함수 목록은 다음과 같습니다.

표 9.2 spin_unlock_irq() 함수 내에서 호출되는 커널 내부 함수

함수명	함수의 위치
spin_unlock_irq()	include/linux/spinlock.h
_raw_spin_unlock_irq()	kernel/locking/spinlock.c
__raw_spin_unlock_irq()	include/linux/spinlock_api_smp.h
do_raw_spin_unlock()	include/linux/spinlock.h
arch_spin_unlock()	arch/arm/include/asm/spinlock.h

위 함수 목록에서 __raw_spin_unlock_irq() 함수를 보겠습니다.

https://github.com/raspberrypi/linux/blob/rpi-4.19.y/include/linux/spinlock_api_smp.h

```
01 static inline void __raw_spin_unlock_irq(raw_spinlock_t *lock)
02 {
```

```
03      spin_release(&lock->dep_map, 1, _RET_IP_);
04      do_raw_spin_unlock(lock);
05      local_irq_enable();
06      preempt_enable();
07 }
```

04번째 줄과 같이 do_raw_spin_unlock() 함수를 호출해 스핀락을 해제합니다. 다음으로 05번째 줄을 보면 local_irq_enable() 함수를 호출해 **인터럽트를 다시 활성화하는** 동작을 수행합니다.

이어서 local_irq_enable() 함수 분석으로 어느 코드에서 인터럽트를 활성화하는지 확인해 보겠습니다.

https://github.com/raspberrypi/linux/blob/rpi-4.19.y/include/linux/irqflags.h

```
01 #define local_irq_enable() \
02      do { trace_hardirqs_on(); raw_local_irq_enable(); } while (0)
...
03 #define raw_local_irq_enable()      arch_local_irq_enable()
```

01~02번째 줄과 같이 local_irq_enable() 함수는 매크로 타입으로 raw_local_irq_enable() 함수로 치환됩니다.

이어서 03번째 줄을 봅시다. raw_local_irq_enable() 함수는 arch_local_irq_enable() 함수로 치환됩니다.

마지막으로 arch_local_irq_enable() 함수를 보겠습니다.

https://github.com/raspberrypi/linux/blob/rpi-4.19.y/arch/arm/include/asm/irqflags.h

```
01 static inline void arch_local_irq_enable(void)
02 {
03      asm volatile(
04          "       cpsie i              @ arch_local_irq_enable"
05          :
06          :
07          : "memory", "cc");
08 }
```

함수 구현부를 보니 인라인 어셈블리 타입으로 "cpsie i" ARM 어셈블리 명령어를 실행하는 코드입니다. "cpsie i" 명령어는 해당 CPU의 인터럽트 라인을 활성화하는 동작입니다.

spin_unlock_irq() 함수를 분석하면서 알게 된 내용을 정리해 봅시다.

- spin_unlock() 함수에서 호출한 함수를 그대로 쓴다.
- local_irq_enable() 함수를 호출해 인터럽트를 활성화한다.

9.4.9 스핀락 플러그인 함수: spin_lock_irqsave()/spin_unlock_irqrestore()

리눅스 커널에서는 spin_lock_irq() 함수뿐만 아니라 spin_lock_irqsave() 함수로 임계 영역을 보호하는 기능을 지원합니다.

이번 절에서는 spin_lock() 함수의 기능을 확장한 다음과 같은 스핀락 플러그인 함수를 소개합니다.

- spin_lock_irqsave()
- spin_unlock_irqrestore()

먼저 spin_lock_irqsave()/spin_unlock_restore() 함수를 리눅스 커널에서 지원하는 이유를 알아보고 세부 코드를 분석하겠습니다.

spin_lock_irq() 함수를 써서 임계 영역의 코드 구간을 보호하다 보니 다음과 같이 불편한 점이 생겼습니다.

- spin_lock_irq() 함수를 호출한 후 인터럽트를 비활성화하다 보니 현재 인터럽트를 상태(활성화/비활성화)를 확인하기 어려움
- 함수 호출 깊이가 깊어지면 인터럽트의 상태(활성화/비활성화)를 확인하기 어려움

이런 상황에서는 spin_lock_irq() 함수 대신 spin_lock_irqsave() 함수를 쓰면 됩니다. spin_lock_irqsave() 함수의 처리 과정은 다음과 같습니다.

- 스핀락 획득
- 인터럽트 라인 비활성화
- 인터럽트 상태 반환

spin_lock_irqsave() 함수는 스핀락 관점으로 보면 spin_lock()/spin_lock_irq() 함수와 같은 기능입니다. 또한 인터럽트 라인을 비활성화하는 동작은 spin_lock_irq() 함수와 같습니다. 다만 spin_ lock_irqsave() 함수는 인터럽트 상태를 나타내는 플래그를 반환하는데 이 정보를 토대로 spin_lock_irqrestore() 함수를 호출한다는 점이 다릅니다.

이전 절에서는 스핀락을 획득하고 인터럽트 라인을 비활성화하는 부분을 살펴봤습니다. 이어서 spin_lock_irqsave()/spin_lock_irqrestore() 함수에 대한 분석은 spin_lock_irq()/spin_unlock_irq() 함수와 차이점을 비교하면서 진행하겠습니다.

spin_lock_irqsave() 함수를 쓰는 예제 코드 분석

이번에는 spin_lock_irqsave() 함수를 써서 임계 영역을 보호하는 코드를 봅시다.

https://github.com/raspberrypi/linux/blob/rpi-4.19.y/drivers/base/power/qos.c

```
01 enum pm_qos_flags_status dev_pm_qos_flags(struct device *dev, s32 mask)
02 {
03     unsigned long irqflags;
04     enum pm_qos_flags_status ret;
05
06     spin_lock_irqsave(&dev->power.lock, irqflags);
07     ret = __dev_pm_qos_flags(dev, mask);
08     spin_unlock_irqrestore(&dev->power.lock, irqflags);
09
10     return ret;
11 }
```

07번째 줄이 임계 영역인데 이 코드 구간에서 실행 중인 CPU 라인의 인터럽트를 비활성화합니다. 07번째 줄 전후로 spin_lock_irqsave()와 spin_unlock_irqrestore() 함수를 호출해 임계 영역을 보호합니다.

이어서 spin_lock_irqsave() 함수와 spin_lock_irqrestore() 함수를 분석합니다.

spin_lock_irqsave() 함수 분석

spin_lock_irqsave() 함수의 구현부는 다음과 같습니다.

https://github.com/raspberrypi/linux/blob/rpi-4.19.y/include/linux/spinlock.h

```
#define spin_lock_irqsave(lock, flags)                          \
do {                                                            \
```

```
    raw_spin_lock_irqsave(spinlock_check(lock), flags);      \
} while (0)
```

spin_lock_irqsave() 함수는 스핀락 관점에서 spin_lock() 함수와 동작이 같습니다. 그래서 spin_lock_irqsave() 함수에서 호출하는 처리 흐름도 spin_lock() 함수와 거의 유사하며, 다양한 아키텍처에서 spin_lock_irqsave() 함수를 쓸 수 있게 인라인 함수를 호출하는 과정이 비슷합니다. spin_lock_irqsave() 함수가 호출하는 함수 목록과 함수의 위치는 다음과 같습니다.

표 9.3 spin_lock_irqsave() 함수 내에서 호출되는 커널 내부 함수

함수명	함수의 위치
spin_lock_irqsave()	include/linux/spinlock.h
_raw_spin_lock_irqsave()	kernel/locking/spinlock.c
__raw_spin_lock_irqsave()	include/linux/spinlock_api_smp.h
do_raw_spin_lock()	include/linux/spinlock.h
arch_spin_unlock()	arch/arm/include/asm/spinlock.h

위 표의 함수 목록에서 spin_lock() 함수 내에서 호출되는 do_raw_spin_lock() 함수와 arch_spin_lock() 함수가 보입니다. 이 정보로 spin_lock_irqsave() 함수는 스핀락 동작 관점에서 spin_lock() 함수와 세부 동작이 같음을 알 수 있습니다.

그러면 spin_lock_irq() 함수 대비 spin_lock_irqsave() 함수에서 다른 동작을 하는 코드는 어디일까요? 정답은 __raw_spin_lock_irq() 함수이며 구현부는 다음과 같습니다.

https://github.com/raspberrypi/linux/blob/rpi-4.19.y/include/linux/spinlock_api_smp.h

```
01 static inline unsigned long __raw_spin_lock_irqsave(raw_spinlock_t *lock)
02 {
03     unsigned long flags;
04
05     local_irq_save(flags);
06     preempt_disable();
07     spin_acquire(&lock->dep_map, 0, 0, _RET_IP_);
08
09 #ifdef CONFIG_LOCKDEP
10     LOCK_CONTENDED(lock, do_raw_spin_trylock, do_raw_spin_lock);
11 #else
```

```
12        do_raw_spin_lock_flags(lock, &flags);
13 #endif
14        return flags;
15 }
```

03~05번째 줄을 제외하고는 __raw_spin_lock() 함수와 구현부가 같습니다. __raw_spin_lock() 함수를 보면서 이 차이점을 확인해 봅시다.

https://github.com/raspberrypi/linux/blob/rpi-4.19.y/include/linux/spinlock_api_smp.h

```
01 static inline void __raw_spin_lock(raw_spinlock_t *lock)
02 {
03        local_irq_disable();
04        preempt_disable();
05        spin_acquire(&lock->dep_map, 0, 0, _RET_IP_);
06        LOCK_CONTENDED(lock, do_raw_spin_trylock, do_raw_spin_lock);
07 }
```

__raw_spin_lock_irqsave() 함수의 05번째 줄을 보면 local_irq_disable() 함수 대신 local_irq_save() 함수를 호출합니다. local_irq_save() 함수를 호출해 임계 영역에서 인터럽트가 발생하지 않게 설정합니다.

그런데 local_irq_save() 함수가 local_irq_disable() 함수와 다른 점은 인터럽트를 비활성화할 때 인터럽트의 상태 플래그를 flags로 반환한다는 점입니다.

이어서 local_irq_save() 함수를 분석해 봅시다.

https://github.com/raspberrypi/linux/blob/rpi-4.19.y/include/linux/irqflags.h

```
#define local_irq_save(flags)                    \
    do {                                         \
            raw_local_irq_save(flags);           \
    } while (0)
```

local_irq_save() 함수는 매크로 타입으로 raw_local_irq_save() 함수로 치환됩니다.

이어서 raw_local_irq_save() 함수를 보겠습니다.

```
01 #define raw_local_irq_save(flags)                  \
02     do {                                            \
03                 typecheck(unsigned long, flags);  \
04                 flags = arch_local_irq_save();      \
05     } while (0)
```

raw_local_irq_save() 함수도 매크로 타입으로 02~05번째 줄로 치환됩니다.

03번째 줄은 인자인 flags가 unsigned long 타입인지 확인하는 동작입니다. 이어서 04번째 줄에서는 arch_local_irq_save() 함수를 실행합니다.

다음으로 arch_local_irq_save() 함수를 보겠습니다.

```
01 static inline unsigned long arch_local_irq_save(void)
02 {
03     unsigned long flags;
04
05     asm volatile(
06         "        mrs        %0, " IRQMASK_REG_NAME_R "        @ arch_local_irq_save\n"
07         "        cpsid    i"
08         : "=r" (flags)    : : "memory", "cc");
09     return flags;
10 }
```

arch_local_irq_save() 함수는 인라인 어셈블리 코드로 구현돼 있었습니다. 먼저 문법을 살펴보면 08번째 줄에 보이는 "=r"(flags)는 인자를 의미하며, "mrs   %0" 명령어에서 %0 인자로 쓰입니다. 따라서 06번째 코드는 다음과 같이 바꿔서 읽어도 무방합니다.

```
"     mrs      flags, " IRQMASK_REG_NAME_R
```

06번째 줄을 어셈블리 코드에서 보면 다음과 같습니다.

```
mrs      r5,cpsr
```

인터럽트의 상태 정보를 r5 레지스터에 저장하는 동작입니다. r5 레지스터의 값은 flags 플래그에 저장됩니다.

이어서 07번째 줄에서는 "cpsid i" ARM 어셈블리 명령어를 실행해 해당 인터럽트의 라인을 비활성화합니다.

이 "cpsid i" 명령어에 대해서는 다음 링크에 있는 내용을 참고합시다.

http://infocenter.arm.com/help/index.jsp?topic=/com.arm.doc.dui0203ik/ch02s08s01.html

```
CPSID i  ; Disable interrupts and configurable fault handlers (set PRIMASK)
```

내용을 확인하면 인터럽트 라인을 비활성화하는 명령어입니다.

spin_unlock_irqrestore() 함수 분석

spin_unlock_irqrestore() 함수는 spin_unlock_irq() 함수에서 스핀락 기능을 그대로 물려받았습니다. 또한 스핀락을 해제한 후 인터럽트를 다시 활성화하는 동작은 같습니다. 하지만 인터럽트를 비활성화할 때 spin_lock_irqsave() 함수를 호출해 저장한 인터럽트의 상태 필드를 써서 인터럽트를 활성화하는 동작이 다릅니다.

spin_unlock_irqrestore() 함수를 호출하면 커널 내부에서 실행하는 함수 목록은 다음과 같습니다.

표 9.4 spin_unlock_irqrestore() 함수 내에서 호출되는 커널 내부 함수

함수명	함수의 위치
spin_unlock_irqrestore()	include/linux/spinlock.h
_raw_spin_unlock_irqrestore()	kernel/locking/spinlock.c
__raw_spin_unlock_irqrestore()	include/linux/spinlock_api_smp.h
do_raw_spin_unlock()	include/linux/spinlock.h
arch_spin_unlock()	arch/arm/include/asm/spinlock.h

위 표에서 spin_unlock() 함수 내에서 호출되는 do_raw_spin_unlock() 함수와 arch_spin_unlock() 함수가 보입니다. 이 정보로 spin_unlock_irqrestore() 함수는 스핀락 동작 관점에서 spin_unlock() 함수와 세부 동작이 같음을 알 수 있습니다.

위 함수 목록 중 __raw_spin_unlock_irq() 함수를 보겠습니다.

https://github.com/raspberrypi/linux/blob/rpi-4.19.y/include/linux/spinlock_api_smp.h

```
01 static inline void __raw_spin_unlock_irqrestore(raw_spinlock_t *lock,
02                                     unsigned long flags)
03 {
04     spin_release(&lock->dep_map, 1, _RET_IP_);
05     do_raw_spin_unlock(lock);
06     local_irq_restore(flags);
07     preempt_enable();
08 }
```

05번째 줄과 같이 **do_raw_spin_unlock()** 함수를 호출해 스핀락을 해제합니다. 이후 06번째 줄과 같이 **local_irq_restore()** 함수를 호출해 해당 인터럽트 라인을 다시 활성화합니다.

이어서 local_irq_restore() 함수를 봅시다.

https://github.com/raspberrypi/linux/blob/rpi-4.19.y/include/linux/irqflags.h

```
#define local_irq_restore(flags) do { raw_local_irq_restore(flags); } while (0)
```

local_irq_restore() 함수는 매크로 형식으로 raw_local_irq_restore() 함수로 치환됩니다.

이어서 raw_local_irq_restore() 함수를 보겠습니다.

https://github.com/raspberrypi/linux/blob/rpi-4.19.y/include/linux/irqflags.h

```
01 #define raw_local_irq_restore(flags)            \
02     do {                            \
03             typecheck(unsigned long, flags);\
04             arch_local_irq_restore(flags);      \
05     } while (0)
```

raw_local_irq_restore() 함수도 매크로 타입으로 02~05번째 줄로 치환됩니다. 여기서 03번째 줄은 입력 인자인 flags가 unsigned long 타입인지 확인하는 동작입니다. 이어서 04번째 줄에서는 arch_local_irq_restore() 함수를 실행합니다.

마지막으로 arch_local_irq_restore() 함수를 보겠습니다.

https://github.com/raspberrypi/linux/blob/rpi-4.19.y/arch/arm/include/asm/irqflags.h

```
static inline void arch_local_irq_restore(unsigned long flags)
{
    asm volatile(
        "    msr    " IRQMASK_REG_NAME_W ", %0    @ local_irq_restore"
        :
        : "r" (flags)
        : "memory", "cc");
}
```

arch_local_irq_restore() 함수의 flags 인자로 인터럽트를 활성화하는 동작입니다.

여기까지 spin_lock_irqsave()/spin_lock_irqrestore() 함수를 spin_lock_irq()/spin_unlock_irq() 함수와 차이점을 비교하면서 분석했습니다.

코드 분석으로 다음과 같은 내용을 알게 됐습니다.

- spin_lock_irqsave() 함수는 스핀락 관점에서 spin_lock()/spin_lock_irq() 함수와 동작이 같음
- spin_lock_irqsave() 함수는 인터럽트를 비활성화할 때 인터럽트 플래그 정보를 반환함

9.5 뮤텍스란?

스핀락과 더불어 커널에서 가장 많이 쓰이는 동기화 기법은 뮤텍스(mutex)입니다. 뮤텍스는 휴면을 지원하며 프로세스 컨텍스트에서 주로 쓰는 동기화 기법입니다. 이번 절에서는 먼저 뮤텍스의 기본 개념과 동작 원리를 설명합니다. 이후 스핀락과 차이점을 알아보면서 뮤텍스의 특징을 살펴보고 뮤텍스 관련 커널 함수를 분석합니다.

9.5.1 뮤텍스의 기본 개념

뮤텍스는 상호 배제(mutual exclusion)의 약자로서 임계 영역에 한 개의 프로세스만 접근하는 동기화 기법입니다. 뮤텍스는 사실 리눅스 커널에서만 쓰이는 동기화 기법은 아닙니다.

뮤텍스는 운영체제에서 쓰는 용어입니다. '임계 영역에 2개의 프로세스가 동시에 접근하지 못하도록 막는 기법'으로서 각 운영체제마다 다르게 구현돼 있습니다.

이번 절에서는 리눅스 커널에서 스핀락과 함께 많이 쓰는 뮤텍스의 기본 개념을 살펴보겠습니다.

뮤텍스 기본 동작을 스핀락과 비교하면서 알아보기

지금까지 스핀락에 대해 배웠으니 뮤텍스를 스핀락과 비교하면서 실행 흐름을 확인해보겠습니다. 다음 그림은 뮤텍스와 스핀락의 실행 흐름입니다.

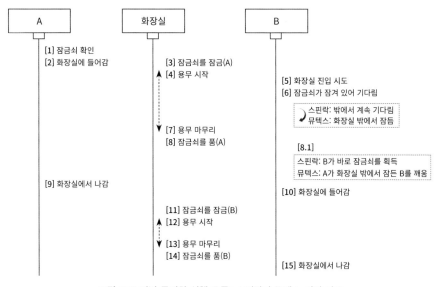

그림 9.12 커널 동기화 실행 흐름: 스핀락과 뮤텍스 기법 비교

뮤텍스를 스핀락과 비교했을 때 가장 큰 차이점은 그림의 [6]과 같이 잠금쇠가 잠겨 있을 때 기다리는 방식입니다. 프로세스는 뮤텍스를 획득하지 못하면 휴면 상태로 진입합니다. 물론 휴면에 진입하기 전에 뮤텍스 대기 리스트에 자신을 등록합니다. **즉, 휴면 상태에 진입하면서 뮤텍스를 기다리는 것입니다.**

다음으로 위 그림에서 [8.1] 부분을 눈으로 따라가 봅시다. 임계 영역을 실행하고 난 다음 A 프로세스는 자신이 획득한 뮤텍스를 해제합니다. 이때 뮤텍스를 기다리는 프로세스가 있는지 확인합니다. 위 그림에서 A 프로세스는 B 프로세스가 뮤텍스를 획득하지 못하고 휴면 상태에 진입했다는 사실을 뮤텍스의 대기 리스트를 보고 알게 됩니다. 이후 A 프로세스는 B 프로세스를 깨웁니다. 그러면 뮤텍스를 기다리면서 잠든 B 프로세스는 깨어나 뮤텍스를 획득한 후 임계 영역을 실행합니다.

정리하면 뮤텍스를 스핀락 기법과 비교하면 다음 동작이 다릅니다.

- 뮤텍스 획득: 이미 뮤텍스를 다른 프로세스가 획득했으면 휴면 상태로 진입
- 뮤텍스 해제: 뮤텍스를 기다리며 휴면 상태에 진입한 프로세스를 깨움

이어서 뮤텍스를 써서 임계 영역을 보호하는 예제를 살펴보겠습니다.

뮤텍스를 써서 임계 영역을 보호하는 예제 코드 분석

리눅스 커널에서 뮤텍스를 써서 임계 영역을 보호하는 코드를 보겠습니다.

https://github.com/raspberrypi/linux/blob/rpi-4.19.y/drivers/cpufreq/cpufreq_governor.c

```
01 static void dbs_work_handler(struct work_struct *work)
02 {
03     struct policy_dbs_info *policy_dbs;
04     struct cpufreq_policy *policy;
05     struct dbs_governor *gov;
...
06     mutex_lock(&policy_dbs->update_mutex);
07     gov_update_sample_delay(policy_dbs, gov->gov_dbs_update(policy));
08     mutex_unlock(&policy_dbs->update_mutex);
```

7번째 줄 전후로 mutex_lock() 함수와 mutex_unlock() 함수를 볼 수 있습니다. 7번째 줄의 gov_update_sample_delay() 함수가 임계 영역인데 이 함수를 한 개의 프로세스만 실행하도록 뮤텍스를 써서 보호한 것입니다. 정리하면 **mutex_lock() 함수는 뮤텍스를 획득하고 mutex_unlock() 함수는 획득한 뮤텍스를 해제하는 기능입니다.**

어떤 프로세스가 뮤텍스를 획득한 후 7번째 코드를 수행하는 동안 다른 프로세스는 7번째 함수를 수행할 수 없습니다. 대신 mutex_lock() 함수 내부에서 휴면 상태로 진입하면서 뮤텍스를 기다리게 됩니다.

이어서 뮤텍스의 자료구조를 알아보겠습니다.

뮤텍스 자료구조

뮤텍스를 표현하는 자료구조는 mutex 구조체이며 선언부는 다음과 같습니다.

https://github.com/raspberrypi/linux/blob/rpi-4.19.y/include/linux/mutex.h

```
01 struct mutex {
02     atomic_long_t        owner;
03     spinlock_t           wait_lock;
04 #ifdef CONFIG_MUTEX_SPIN_ON_OWNER
05     struct optimistic_spin_queue osq; /* Spinner MCS lock */
```

```
06 #endif
07     struct list_head      wait_list;
08 #ifdef CONFIG_DEBUG_MUTEXES
09     void                  *magic;
10 #endif
11 #ifdef CONFIG_DEBUG_LOCK_ALLOC
12     struct lockdep_map    dep_map;
13 #endif
14 };
```

 라즈비안에서 CONFIG_DEBUG_MUTEXES와 ONFIG_DEBUG_LOCK_ALLOC 컨피그는 비활성화돼 있으므로
*magic, dep_map 필드는 컴파일되지 않습니다.

mutex 구조체에서 중요한 필드를 소개하겠습니다.

- atomic_long_t owner

  뮤텍스를 획득한 프로세스의 태스크 디스크립터 주소를 저장합니다. owner 필드를 보고 뮤텍스가 잠겼는지 확인합
  니다. 뮤텍스 구조체에서 가장 중요한 정보입니다.

- struct list_head wait_list

  뮤텍스를 기다리는 프로세스의 정보를 나타냅니다.

  이미 다른 프로세스가 뮤텍스를 획득했다고 판단하면 프로세스는 mutex 구조체의 wait_list 주소를 wait_list에
  등록한 후 휴면 상태로 진입합니다. 뮤텍스를 디버깅할 때 맨 먼저 점검해야 할 필드입니다. wait_list에 등록된 연
  결 리스트 주소가 보이면 뮤텍스를 획득하지 못하고 잠들어서 휴면 상태에 진입한 프로세스가 있다고 볼 수 있습
  니다.

뮤텍스를 표현하는 mutex 구조체 외에도 뮤텍스를 기다리는 프로세스를 표현하는 mutex_waiter 구조체
가 있습니다.

https://github.com/raspberrypi/linux/blob/rpi-4.19.y/include/linux/mutex.h

```
struct mutex_waiter {
    struct list_head      list;
    struct task_struct    *task;
    struct ww_acquire_ctx *ww_ctx;
#ifdef CONFIG_DEBUG_MUTEXES
    void                  *magic;
```

```
#endif
};
```

mutex_waiter 구조체의 주요 필드를 살펴보겠습니다.

- **struct list_head list**

  뮤텍스 획득을 시도하다 잠든 프로세스의 연결 리스트입니다. mutex 구조체의 wait_list 필드가 list 필드의 주소를 저장합니다.

- **struct task_struct *task**

  뮤텍스를 기다리는 프로세스의 태스크 디스크립터 주소를 저장합니다. 뮤텍스를 기다리는 프로세스의 태스크 디스크립터 주소입니다. 뮤텍스를 어느 프로세스가 획득했는지 알 수 있는 핵심 자료구조입니다.

 ww_ctx, magic 필드는 이 책의 범위를 벗어나는 내용이므로 넘어가겠습니다.

이어서 mutex_lock() 함수와 mutex_unlock() 함수의 선언부를 봅시다.

```
extern void mutex_lock(struct mutex *lock);
extern void mutex_unlock(struct mutex *lock);
```

두 함수의 인자는 모두 뮤텍스를 나타내는 mutex 구조체입니다.

뮤텍스에서 fastpath와 slowpath 동작

뮤텍스 실행 흐름은 fastpath와 slowpath 루틴으로 분류할 수 있습니다. 각 동작의 의미를 살펴보겠습니다.

- **fastpath**

  뮤텍스는 다른 프로세스가 이미 획득하지 않은 상태면 바로 획득할 수 있습니다. 이 경우 fastpath로 빨리 뮤텍스를 획득하고 해제합니다.

- **slowpath**

  fastpath 흐름으로 뮤텍스 획득을 시도했는데 다른 프로세스가 이미 뮤텍스를 획득한 경우 실행되는 동작입니다.

  slowpath 동작은 크게 다음과 같이 나눌 수 있습니다.

  1. 뮤텍스를 획득하지 못한 프로세스는 대기열에 자신을 등록하고 휴면 상태에 들어감
  2. 뮤텍스를 해제한 프로세스는 뮤텍스 대기열에 등록(뮤텍스 획득을 이미 시도)한 다른 프로세스를 깨움

먼저 뮤텍스의 fasthpath 실행 흐름부터 알아보겠습니다.

9.5.2 뮤텍스의 fastpath 동작

뮤텍스의 fastpath는 뮤텍스를 다른 프로세스가 획득하지 않았을 때 뮤텍스를 획득하고 빠져나오는 실행 흐름입니다. 다음 그림을 보면서 fastpath 동작의 실행 흐름을 살펴보겠습니다.

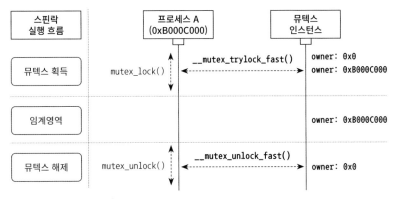

그림 9.13 뮤텍스의 fastpath 실행 흐름

위 그림에서 뮤텍스를 획득하는 '프로세스 A'의 태스크 디스크립터의 주소는 0xB000C000입니다. 맨 오른쪽 부분에 보이는 '뮤텍스 인스턴스'는 뮤텍스의 상태를 나타내는 mutex 구조체이며 9.4절에서 설명한 '스핀락 인스턴스'와 유사한 개념입니다.

먼저 뮤텍스를 획득하는 단계의 세부 동작을 설명하겠습니다.

뮤텍스를 획득하려면 mutex_lock() 함수를 호출해야 합니다. mutex_lock() 함수의 내부 루틴에서는 다음 순서로 동작합니다.

- mutex 구조체의 owner 필드 점검
- owner가 0x0이니 뮤텍스를 다른 프로세스가 획득하지 않은 상태로 판단
- 뮤텍스 자료구조인 mutex 구조체의 owner 필드는 뮤텍스를 획득한 프로세스의 태스크 디스크립터를 저장

태스크 디스크립터의 주소가 0xB000C000인 프로세스 A는 자신의 태스크 디스크립터를 mutex 구조체의 owner 필드에 저장합니다. 프로세스 A가 뮤텍스를 획득했다는 정보를 mutex 구조체에 남기려는 의도입니다.

이후 임계 영역을 실행하면서 뮤텍스를 해제하기 전까지 mutex 구조체의 owner 필드는 태스크 디스크립터 주소인 0xB000C000을 저장합니다. 만약 mutex 구조체의 owner 필드에 태스크 디스크립터의 주소가 보이면 **"이미 프로세스가 뮤텍스를 획득했다"**로 해석할 수 있습니다.

다음으로 뮤텍스를 해제하는 동작을 살펴보겠습니다. 임계 영역의 실행을 마친 후 뮤텍스를 해제하려면 mutex_unlock() 함수를 호출해야 합니다.

mutex_unlock() 함수의 내부 처리 과정은 다음과 같습니다.

- **mutex 구조체의 owner 필드를 0x0으로 변경**

이 방식으로 프로세스 A가 뮤텍스를 해제했다는 정보를 mutex 구조체에 남깁니다.

이어서 __mutex_trylock_fast() 함수와 __mutex_unlock_fast() 함수의 선언부를 봅시다.

```
static __always_inline bool __mutex_trylock_fast(struct mutex *lock);
static __always_inline bool __mutex_unlock_fast(struct mutex *lock);
```

 static으로 선언했으니 mutex.c에서만 호출 가능하고 __always_inline이라는 gcc 매크로로 선언됐으니 심벌이 없는 함수입니다. 또한 함수명 앞에 __라는 기호가 붙어 있으므로 리눅스 커널의 코어 함수로 구성된 소스 파일 내에서만 호출되는 함수라고 볼 수 있습니다.

__mutex_trylock_fast() 함수는 뮤텍스를 획득하고 __mutex_unlock_fast() 함수는 뮤텍스를 해제하는 역할을 수행합니다.

뮤텍스 획득: __mutex_trylock_fast() 함수 분석

이번 절에서는 fastpath 실행 흐름으로 뮤텍스를 획득 및 해제하는 코드를 분석하겠습니다. 먼저 mutex_lock() 함수를 보겠습니다.

https://github.com/raspberrypi/linux/blob/rpi-4.19.y/kernel/locking/mutex.c

```
01 void __sched mutex_lock(struct mutex *lock)
02 {
03     might_sleep();
04
05     if (!__mutex_trylock_fast(lock))
```

```
06          __mutex_lock_slowpath(lock);
07 }
08 EXPORT_SYMBOL(mutex_lock);
```

 3번째 줄에서 might_sleep() 함수를 호출해서 휴면 상태에 진입할 조건인지 점검합니다. 만약 인터럽트 컨텍스트에서 mutex_lock() 함수를 호출하면 이 함수의 서브루틴에서 에러 로그를 출력하거나 커널 패닉을 유발합니다.

5번째 줄을 보면 __mutex_trylock_fast() 함수를 호출합니다. 만약 뮤텍스를 다른 프로세스가 획득한 적이 없으면 뮤텍스를 획득 후 true를 반환합니다. !는 1을 0으로 반전시키는 연산자이므로 __mutex_lock_slowpath() 함수를 호출하지 않습니다. 뮤텍스를 바로 획득했을 때 실행하는 fastpath 실행 흐름입니다.

뮤텍스를 획득하는 fastpath 함수인 __mutex_trylock_fast()의 구현부는 다음과 같습니다.

https://github.com/raspberrypi/linux/blob/rpi-4.19.y/kernel/locking/mutex.c

```
01 static __always_inline bool __mutex_trylock_fast(struct mutex *lock)
02 {
03     unsigned long curr = (unsigned long)current;
04
05     if (!atomic_long_cmpxchg_acquire(&lock->owner, 0UL, curr))
06         return true;
07
08     return false;
09 }
```

3번째 줄을 봅시다. current라는 매크로를 써서 현재 실행 중인 프로세스의 태스크 디스크립터의 주소를 curr 지역변수에 저장합니다.

 그림 9.13을 다시 보면 '프로세스 A' 박스 하단에 0xB000C000이라는 주소가 보입니다. 이는 A라는 프로세스의 태스크 디스크립터 주소를 의미합니다.

다음으로 5번째 줄을 분석합시다.

```
05     if (!atomic_long_cmpxchg_acquire(&lock->owner, 0UL, curr))
06         return true;
```

atomic_long_cmpxchg_acquire() 함수를 호출해서 &lock->owner에 저장된 값이 0이면 curr를 저장합니다. &lock->owner가 0이면 어떤 의미일까요? 뮤텍스를 다른 프로세스가 획득하지 않았다는 의미입니다.

그래서 mutex 구조체의 owner 필드인 &lock->owner에 현재 실행 중인 프로세스의 태스크 디스크립터 (task_struct) 주소를 저장합니다. 이 코드가 뮤텍스를 획득하는 동작입니다.

 태스크 디스크립터는 프로세스를 표현하는 핵심 자료구조입니다. current라는 매크로로 언제든지 현재 실행 중인 프로세스의 태스크 디스크립터에 접근할 수 있습니다.

뮤텍스 해제: __mutex_unlock_fast() 함수 분석

다음으로 fastpath로 뮤텍스를 해제하는 코드를 보겠습니다.

https://github.com/raspberrypi/linux/blob/rpi-4.19.y/kernel/locking/mutex.c

```
01 static __always_inline bool __mutex_unlock_fast(struct mutex *lock)
02 {
03     unsigned long curr = (unsigned long)current;
04
05     if (atomic_long_cmpxchg_release(&lock->owner, curr, 0UL) == curr)
06         return true;
07
08     return false;
09 }
```

3번째 줄을 봅시다. current라는 매크로를 써서 현재 실행 중인 프로세스의 태스크 디스크립터 주소를 curr 지역변수에 저장합니다.

5번째 줄을 볼 차례입니다. &lock->owner 주소가 curr와 같으면 &lock->owner를 0으로 바꿉니다.

&lock->owner에는 뮤텍스를 획득한 프로세스의 태스크 디스크립터의 주소가 있습니다.

curr라는 지역변수에는 뮤텍스를 해제하는 프로세스의 태스크 디스크립터의 주소가 담겨 있습니다. 즉, **뮤텍스를 획득한 프로세스가 뮤텍스를 해제하는 것입니다.** 뮤텍스를 해제한 후 mutex 구조체의 owner 필드를 0으로 변경합니다. 이 동작은 **뮤텍스를 획득한 프로세스가 없다**는 의미로 해석할 수 있습니다.

9.5.3 뮤텍스 slowpath: mutex_lock() 함수 분석

뮤텍스는 프로세스 뮤텍스를 획득할 때 조건에 따라 fastpath와 slowpath로 실행 흐름을 분류할 수 있습니다.

- fastpath: 뮤텍스를 획득한 적이 없어서 뮤텍스를 바로 획득
- slowpath: 뮤텍스를 이미 획득해 휴면 상태에 진입한 후 깨어남

이전 절에서 배운 바와 같이 fastpath인 경우의 뮤텍스 획득 및 해제 동작은 간단합니다. 하지만 이미 다른 프로세스가 뮤텍스를 이미 획득했을 때 처리되는 slowpath의 실행 흐름은 fastpath보다 더 복잡합니다.

이번 절에서는 뮤텍스가 slowpath로 실행될 때 뮤텍스를 획득하는 다음 함수를 분석합니다.

- mutex_lock()
- __mutex_lock_slowpath()
- __mutex_lock()
- __mutex_lock_common()

먼저 slowpath로 실행을 시작하는 출발점인 mutex_lock() 함수를 분석하겠습니다.

mutex_lock() 함수에서 slowpath로 실행되는 조건 분석

뮤텍스에서 slowpath로 뮤텍스를 획득하는 과정을 파악하려면 먼저 mutex_lock() 함수를 분석할 필요가 있습니다.

다음 mutex_lock() 함수를 보겠습니다.

https://github.com/raspberrypi/linux/blob/rpi-4.19.y/kernel/locking/mutex.c

```
01 void __sched mutex_lock(struct mutex *lock)
02 {
03     might_sleep();
04
05     if (!__mutex_trylock_fast(lock))
06             __mutex_lock_slowpath(lock);
07 }
```

위 mutex_lock() 함수의 05번째 줄과 같이 __mutex_trylock_fast() 함수가 false를 반환했을 때 뮤텍스의 slowpath 실행 흐름이 시작됩니다.

뮤텍스의 slowpath 실행 흐름을 결정하는 분기점인 __mutex_trylock_fast() 함수를 봅시다.

https://github.com/raspberrypi/linux/blob/rpi-4.19.y/kernel/locking/mutex.c

```
01 static __always_inline bool __mutex_trylock_fast(struct mutex *lock)
02 {
03      unsigned long curr = (unsigned long)current;
04      unsigned long zero = 0UL;
05
06      if (atomic_long_try_cmpxchg_acquire(&lock->owner, &zero, curr))
07          return true;
08
09      return false;
10 }
```

06번째 줄이 실행되면 mutex의 구조체 owner 필드가 0이 아니면 09번째 코드를 실행해 false를 반환합니다. 뮤텍스 관점에서 이 동작을 해석하면 **이미 다른 프로세스가 뮤텍스를 획득했다는 것을 의미합니다**. 만약 mutex 구조체의 owner 필드가 0이면 다른 프로세스가 뮤텍스를 획득한 적이 없으니 true를 반환해 fastpath 흐름으로 함수를 실행하는 것입니다.

정리하면 뮤텍스를 다른 프로세스가 획득했을 때 __mutex_trylock_fast() 함수는 false를 반환합니다. 이 조건에서 mutex_lock() 함수에서 __mutex_lock_slowpath() 함수를 호출하는 것입니다.

뮤텍스의 slowpath 실행 흐름의 시작점을 확인했으니 이어서 __mutex_lock_slowpath() 함수를 분석하겠습니다.

__mutex_lock_slowpath() 함수 분석

__mutex_lock_slowpath() 함수를 분석하겠습니다.

https://github.com/raspberrypi/linux/blob/rpi-4.19.y/kernel/locking/mutex.c

```
static noinline void __sched
__mutex_lock_slowpath(struct mutex *lock)
{
        __mutex_lock(lock, TASK_UNINTERRUPTIBLE, 0, NULL, _RET_IP_);
}
```

__mutex_lock_slowpath() 함수는 특별한 일을 하지 않습니다. 단지 __mutex_lock() 함수를 호출할 뿐입니다. __mutex_lock() 함수를 호출하는 코드에서 눈여겨볼 부분은 2번째 인자인 TASK_UNINTERRUPTIBLE입니다.

slowpath 흐름의 세부 함수에서 뮤텍스 획득을 기다리는 프로세스는 이 인자를 받아 TASK_UNINTERRUPTIBLE 상태로 휴면 상태에 진입하게 됩니다. TASK_UNINTERRUPTIBLE 플래그는 다음과 같이 프로세스 상태 중 하나입니다.

https://github.com/raspberrypi/linux/blob/rpi-4.19.y/include/linux/sched.h

```
#define TASK_RUNNING          0x0000
#define TASK_INTERRUPTIBLE    0x0001
#define TASK_UNINTERRUPTIBLE  0x0002
```

이어서 __mutex_lock() 함수를 분석해 봅시다.

__mutex_lock() 함수 분석

이어서 __mutex_lock() 함수를 분석하겠습니다.

https://github.com/raspberrypi/linux/blob/rpi-4.19.y/kernel/locking/mutex.c

```
static int __sched
__mutex_lock(struct mutex *lock, long state, unsigned int subclass,
          struct lockdep_map *nest_lock, unsigned long ip)
{
    return __mutex_lock_common(lock, state, subclass, nest_lock, ip, NULL, false);
}
```

코드를 보면 알 수 있듯이 __mutex_lock_common() 함수를 호출합니다.

다음으로 뮤텍스 slowpath의 핵심 동작을 수행하는 __mutex_lock_common() 함수를 분석하겠습니다.

__mutex_lock_common() 함수 분석

__mutex_lock_common() 함수는 뮤텍스 slowpath 실행 흐름의 핵심 동작을 수행합니다. 주요 동작은 다음과 같습니다.

- **전처리 단계의 동작: slowpath 실행 도중 뮤텍스 해제**

  __mutex_lock_common() 함수에 진입했을 때 뮤텍스를 획득한 프로세스가 뮤텍스를 해제할 수 있습니다. 이 조건에서 뮤텍스를 획득하고 __mutex_lock_common() 실행을 종료합니다.

- **일반적인 slowpath 동작: 뮤텍스 대기열에 등록한 후 휴면 진입 혹은 깨어나는 동작**

  프로세스는 자신을 뮤텍스 대기열에 등록한 후 TASK_UNINTERRUPTIBLE 상태로 바꾼 다음 휴면 상태에 진입합니다.

__mutex_lock_common() 함수는 앞 부분에 있는 전처리 단계의 루틴이 복잡해 이해하기 어렵습니다. 이번에는 일반적인 slowpath 실행 동작 위주로 코드를 설명합니다.

일반적인 slowpath 동작에서 __mutex_lock_common() 함수의 실행 흐름은 2단계로 나눌 수 있습니다.

- 1단계: 뮤텍스 획득을 기다리며 휴면 상태에 진입하는 동작
- 2단계: 다시 깨어나 뮤텍스를 획득하는 동작

이 점을 염두에 두고 __mutex_lock_common() 함수를 분석합시다.

https://github.com/raspberrypi/linux/blob/rpi-4.19.y/kernel/locking/mutex.c

```
01 static __always_inline int __sched
02 __mutex_lock_common(struct mutex *lock, long state, unsigned int subclass,
03                struct lockdep_map *nest_lock, unsigned long ip,
04                struct ww_acquire_ctx *ww_ctx, const bool use_ww_ctx)
05 {
06     struct mutex_waiter waiter;
07     bool first = false;
08     struct ww_mutex *ww;
09     int ret;
...
10     waiter.task = current;
11
12     set_current_state(state);
13     for (;;) {
...
14             spin_unlock(&lock->wait_lock);
15             schedule_preempt_disabled();
...
16             set_current_state(state);
```

```
...      }
17       spin_lock(&lock->wait_lock);
18 acquired:
19       __set_current_state(TASK_RUNNING);
...
20       mutex_remove_waiter(lock, &waiter, current);
21       if (likely(list_empty(&lock->wait_list)))
22           __mutex_clear_flag(lock, MUTEX_FLAGS);
23
24       debug_mutex_free_waiter(&waiter);
...
25 }
```

1단계: 뮤텍스 획득을 기다리며 휴면 상태에 진입하는 동작 분석

10~12번째 줄을 보겠습니다.

```
10       waiter.task = current;
11
12       set_current_state(state);
```

10번째 줄은 mutex_waiter 구조체의 task 필드에 뮤텍스 획득을 시도하는 프로세스의 태스크 디스크립터의 주소를 저장합니다. 다음 12번째 줄은 프로세스의 상태를 TASK_UNINTERRUPTIBLE로 바꾸는 동작입니다. 뮤텍스 획득을 기다리는 프로세스는 자신을 TASK_UNINTERRUPTIBLE 상태로 바꾸고 휴면 상태에 진입합니다. 참고로 __mutex_lock_common() 함수의 2번째 인자인 state로 TASK_UNINTERRUPTIBLE이 전달됩니다.

다음으로 15번째 줄을 보겠습니다.

```
15           schedule_preempt_disabled();
```

프로세스는 휴면 상태에 진입합니다. 여기까지가 뮤텍스 획득을 기다리며 휴면 상태에 진입하는 코드입니다.

 뮤텍스를 획득하지 못한 프로세스가 위 코드를 실행했을 때 다음과 같은 콜 스택을 확인할 수 있습니다. 먼저 리눅스 커널 메일링 리스트에서 논의된 내용을 소개합니다.

https://lkml.org/lkml/2018/8/22/570

```
제목: hv_netvsc: Fix a deadlock by getting rtnl_lock earlier in netvsc_probe()
#1:
    Workqueue: hv_vmbus_con vmbus_onmessage_work [hv_vmbus]
    Call Trace:
     schedule
     schedule_preempt_disabled
     __mutex_lock
     __device_attach
     bus_probe_device
     device_add
     vmbus_device_register
     vmbus_onoffer
     vmbus_onmessage_work
     process_one_work
     worker_thread
     kthread
     ret_from_fork
```

__mutex_lock() 함수를 호출했는데 뮤텍스를 획득하지 못해 schedule_preempt_disabled() 함수를 호출한 후 휴면 상태에 진입합니다.

이번에는 TRACE32로 뮤텍스 획득을 기다리며 휴면 상태에 진입하는 다른 콜 스택을 봅시다.

```
-000|context_switch(inline)
-000|__schedule()
-001|schedule_preempt_disabled()
-002|__mutex_lock_slowpath()
-003|current_thread_info(inline)
-003|mutex_set_owner(inline)
-003|mutex_lock(lock = 0xC1327164)
-004|cpu_hotplug_disable()
-005|migrate_to_reboot_cpu()
-006|kernel_restart(cmd = 0x0)
-007|SYSC_reboot(inline)
-007|sys_reboot(magic1 = -18751827, ?, cmd = 19088743, arg = 0)
-008|ret_fast_syscall(asm)
-->|exception
-009|__reboot(asm)
```

```
-010|restart(?)
-011|__pthread_start(arg = 0xB55F7930)
-012|__start_thread(?, ?)
```

유저 영역에서 reboot() 함수를 실행하면 이에 대응하는 sys_reboot() 시스템 콜 함수가 실행되는 흐름입니다. 리눅스 시스템에서 리부팅할 때 위와 같은 콜 스택으로 동작합니다.

TRACE32로 schedule_preempt_disabled() 함수를 호출한 후 스케줄링되는 동작을 확인할 수 있습니다. 002번째 함수 콜 스택에서 __mutex_lock_slowpath() 함수가 다음 함수를 실행하면서 휴면 상태에 진입합니다.

- __mutex_lock_slowpath()
- schedule_preempt_disabled()
- __schedule()

2단계: 깨어나 뮤텍스를 획득하는 동작

뮤텍스를 획득한 프로세스가 뮤텍스를 해제하면 뮤텍스를 기다리면서 잠든 프로세스를 깨웁니다. 이때 뮤텍스를 기다리며 휴면에 진입한 프로세스는 15번째 줄의 다음 16번째 줄을 실행합니다. 이후 for 루프를 빠져나와 acquired 레이블을 실행합니다.

```
15     schedule_preempt_disabled();
...
16     set_current_state(state);
... }
17 spin_lock(&lock->wait_lock);
18 acquired:
19 __set_current_state(TASK_RUNNING);
...
20 mutex_remove_waiter(lock, &waiter, current);
```

다음 18~20번째 줄을 보겠습니다.

```
18 acquired:
19     __set_current_state(TASK_RUNNING);
...
20     mutex_remove_waiter(lock, &waiter, current);
```

19번째 줄에서 프로세스의 상태를 TASK_RUNNING으로 변경합니다. 20번째 줄에서는 뮤텍스를 획득하기 전에 등록했던 뮤텍스 대기열을 해제합니다.

이렇게 뮤텍스 획득을 기다리며 잠든 프로세스는 다시 깨어나 뮤텍스를 확보해서 임계 영역을 실행하게 됩니다.

9.5.4 뮤텍스 slowpath: mutex_unlock() 함수 분석

이번 절에서는 뮤텍스가 slowpath로 실행될 때 뮤텍스를 해제하는 함수를 분석합니다.

- mutex_unlock()
- __mutex_unlock_slowpath()

먼저 뮤텍스를 해제할 때 slowpath로 실행되는 조건을 점검하려면 먼저 mutex_unlock() 함수를 분석해야 합니다.

mutex_unlock() 함수에서 slowpath로 실행되는 조건 분석

mutex_unlock() 함수는 다음과 같습니다.

https://github.com/raspberrypi/linux/blob/rpi-4.19.y/kernel/locking/mutex.c

```
01 void __sched mutex_unlock(struct mutex *lock)
02 {
03 #ifndef CONFIG_DEBUG_LOCK_ALLOC
04     if (__mutex_unlock_fast(lock))
05         return;
06 #endif
07     __mutex_unlock_slowpath(lock, _RET_IP_);
08 }
```

04~05번째 줄을 보겠습니다. __mutex_unlock_fast() 함수가 true를 반환하면 05번째 줄을 실행해 함수 실행을 종료합니다. 그러면 __mutex_unlock_fast() 함수가 어떤 조건에서 true를 반환하는지 확인해 봅시다.

https://github.com/raspberrypi/linux/blob/rpi-4.19.y/kernel/locking/mutex.c

```
01 static __always_inline bool __mutex_unlock_fast(struct mutex *lock)
02 {
```

```
03    unsigned long curr = (unsigned long)current;

04

05    if (atomic_long_cmpxchg_release(&lock->owner, curr, 0UL) == curr)

06            return true;

07

08    return false;

09 }
```

03번째 줄은 현재 실행 중인 프로세스의 태스크 디스크립터 주소를 지역변수인 curr에 저장합니다.

다음으로 05~06번째 줄을 보겠습니다. mutex 구조체의 owner가 자신의 태스크 디스크립터 주소와 같으면 06번째 줄을 실행해 true를 반환합니다. 이는 "프로세스가 뮤텍스를 획득하고 뮤텍스를 해제하는 실행 구간에 다른 프로세스가 뮤텍스를 획득하는 시도를 한 적이 없다"라고 분석할 수 있습니다. **만약 mutex 구조체의 owner가 자신의 태스크 디스크립터 주소와 다르면 다른 프로세스가 뮤텍스 획득을 시도했다고 판단합니다.** 이때 08번째 줄을 실행해 false를 반환합니다.

그러면 다른 프로세스가 뮤텍스 획득을 시도하면 mutex 구조체의 owner가 자신의 태스크 디스크립터 주소와 왜 다를까요? 뮤텍스를 획득한 프로세스가 임계 영역을 실행하는 도중에 다른 프로세스가 뮤텍스 획득을 시도하면 mutex 구조체의 owner 필드의 마지막 바이트에 MUTEX_FLAG_WAITERS 플래그를 더합니다. 이때 함수 흐름은 다음과 같습니다.

- __mutex_lock_common()
- __mutex_add_waiter()
- __mutex_set_flag()

뮤텍스를 획득한 프로세스의 태스크 디스크립터 주소가 0xB000C000이면 뮤텍스의 동작에 따라 mutex 구조체의 owner 필드는 다음과 같이 바뀝니다.

- 0xB000C000: 뮤텍스를 획득한 후
- 0xB000C001: 임계 영역을 실행하는 도중 다른 프로세스가 뮤텍스 획득을 시도한 경우

뮤텍스를 해제하려는 프로세스가 mutex 구조체의 owner를 읽고 **"다른 프로세스가 뮤텍스 획득을 시도했구나"**라고 판단하게 됩니다.

mutex_unlock() 함수에서 slowpath 실행 흐름의 조건을 파악했으니 이어서 __mutex_unlock_slowpath() 함수를 분석하겠습니다.

__mutex_unlock_slowpath() 함수 분석

__mutex_unlock_slowpath() 함수의 구현부는 다음과 같습니다.

https://github.com/raspberrypi/linux/blob/rpi-4.19.y/kernel/locking/mutex.c

```
01 static noinline void __sched __mutex_unlock_slowpath(struct mutex *lock, unsigned long ip)
02 {
03     struct task_struct *next = NULL;
04     DEFINE_WAKE_Q(wake_q);
05     unsigned long owner;
...
06     if (!list_empty(&lock->wait_list)) {
07         /* get the first entry from the wait-list: */
08         struct mutex_waiter *waiter =
09                 list_first_entry(&lock->wait_list,
10                                     struct mutex_waiter, list);
11
12         next = waiter->task;
13
14         debug_mutex_wake_waiter(lock, waiter);
15         wake_q_add(&wake_q, next);
16     }
...
17     wake_up_q(&wake_q);
18 }
```

08~10번째 줄을 보겠습니다.

```
08         struct mutex_waiter *waiter =
09                 list_first_entry(&lock->wait_list,
10                                     struct mutex_waiter, list);
```

뮤텍스 대기열에 접근해 mutex_waiter 타입의 waiter 지역변수를 업데이트합니다. 여기서 mutex_waiter 구조체는 뮤텍스 획득을 기다리며 휴면 상태에 진입한 프로세스의 정보를 저장하고 있습니다.

다음 12번째 줄을 보겠습니다.

```
12         next = waiter->task;
```

mutex_waiter 구조체의 task 필드를 next에 저장합니다. mutex_waiter 구조체의 task 필드와 지역변수인 next의 타입은 태스크 디스크립터인 task_struct입니다.

다음으로 15번째 줄을 보겠습니다.

```
15        wake_q_add(&wake_q, next);
```

next 프로세스를 웨이크 큐에 추가합니다.

이어서 17번째 줄을 보겠습니다.

```
17        wake_up_q(&wake_q);
```

웨이크 큐에 추가한 프로세스를 깨웁니다. 즉, 뮤텍스 획득을 기다리며 휴면 상태에 진입한 프로세스를 깨우는 동작입니다.

__mutex_unlock_slowpath() 함수의 분석으로 다음 내용을 알게 됐습니다.

- 뮤텍스 대기열에 등록한 프로세스 정보를 읽음
- 뮤텍스 획득을 기다리며 휴면 상태에 진입한 프로세스를 깨움

 __mutex_unlock_slowpath() 함수에서 뮤텍스를 기다리며 휴면 상태에 진입한 프로세스를 wake_up_q() 함수를 호출해 깨웁니다. 이번에는 wake_up_q() 함수의 세부 동작을 분석하겠습니다.

https://github.com/raspberrypi/linux/blob/rpi-4.19.y/kernel/sched/core.c

```
01 void wake_up_q(struct wake_q_head *head)
02 {
03      struct wake_q_node *node = head->first;
04
05      while (node != WAKE_Q_TAIL) {
06              struct task_struct *task;
07
08              task = container_of(node, struct task_struct, wake_q);
...
09              wake_up_process(task);
10              put_task_struct(task);
11      }
12 }
```

wake_up_q() 함수를 실행하면 3번째 줄과 같이 대기큐 헤드 정보로 태스크 디스크립터를 읽습니다. 이후 9번째 줄이 실행되면 wake_up_process() 함수를 호출해서 프로세스 깨웁니다.

resched_curr() 함수에 set_ftrace_filter를 설정하고 ftrace를 통해 위와 같은 코드가 실행될 때의 콜 스택을 보면 다음과 같습니다.

```
01 bash-2438 [000] d..4 520.493604: resched_curr+0x10/0x58
<-check_preempt_wakeup+0x15c/0x1b8
02 bash-2438  [000] d..4   520.493656: <stack trace>
03 => resched_curr+0x14/0x58
04 => check_preempt_wakeup+0x15c/0x1b8
05 => check_preempt_curr+0x38/0x8c
06 => ttwu_do_wakeup+0x20/0x144
07 => ttwu_do_activate.constprop.50+0x68/0x6c
08 => try_to_wake_up+0x338/0x358
09 => wake_up_process+0x20/0x24
10 => wake_up_q+0x5c/0x98
11 => __mutex_unlock_slowpath+0x44/0x50
12 => mutex_unlock+0x44/0x48
13 => tty_unlock+0x4c/0x60
14 => tty_release+0x26c/0x454
15 => __fput+0xe8/0x1b0
16 => ____fput+0x18/0x1c
17 => task_work_run+0xa8/0xbc
18 => do_exit+0x468/0x900
19 => do_group_exit+0xcc/0xd0
20 => __wake_up_parent+0x0/0x30
21 => ret_fast_syscall+0x0/0x3c
22 bash-2438  [000] dn.4   520.493660: sched_wakeup: comm=bash pid=617 prio=120 success=1
target_cpu=000
```

여기서 눈여겨봐야 할 정보는 9~12번째 줄의 로그입니다.

```
09 => wake_up_process+0x20/0x24
10 => wake_up_q+0x5c/0x98
11 => __mutex_unlock_slowpath+0x44/0x50
12 => mutex_unlock+0x44/0x48
```

PID가 2438인 bash 프로세스는 tty_unlock() 함수에서 mutex_unlock() 함수를 호출해서 뮤텍스를 해제합니다. 이 과정에서 뮤텍스 대기열을 체크해 뮤텍스 획득을 기다리며 휴면 상태에 진입한 프로세스가 있는지 파악합니다. 이후 `wake_up_q()` 함수와 `wake_up_process()` 함수가 실행돼서 뮤텍스를 기다리며 잠든 PID가 617인 bash 프로세스를 깨웁니다.

이후 스케줄링 설정 요청을 수행하는 `resched_curr()` 함수를 실행해 스케줄러에 뮤텍스 획득을 위해 기다리는 PID가 617인 bash 프로세스에 대한 실행 요청을 합니다.

9.6 커널 동기화 디버깅

지금까지 커널 동기화 기법의 대표 주자인 스핀락과 뮤텍스를 살펴봤습니다. 다른 장에서 소개한 실습도 중요하나 스핀락과 뮤텍스 디버깅은 훨씬 더 중요합니다. 이번 절에서 소개할 실습으로 커널에서 스핀락과 뮤텍스가 실제로 어떻게 동작하는지 파악할 수 있기 때문입니다. 또한 실습 패치는 실무에도 바로 적용 가능한 내용입니다.

9.6.1 스핀락

커널 동기화 기법으로 스핀락이 많이 활용됩니다. 그래서 필자는 ftrace에서 스핀락 동작을 추적해주는 이벤트가 있을 것이라 예상했습니다. 하지만 커널에서 스핀락 동작을 추적하는 이벤트는 지원하지 않습니다.

그래서 이번 절에서는 스핀락 관련 함수에 패치 코드를 입력하면서 스핀락 동작을 디버깅해보는 시간을 갖겠습니다. 여기서 한 가지 주의해야 할 점이 있는데 **이번 절에서 소개하는 패치 코드를 실수로 잘못 입력하면 라즈베리 파이가 부팅을 못할 수도 있다는 것입니다.** 그러니 최대한 주의를 기울여 패치 코드를 입력하길 바랍니다.

먼저 패치 코드를 작성하는 방법을 소개한 후 코드의 내용을 설명하겠습니다.

실습 패치 코드 작성

패치 코드를 먼저 소개합니다.

```
diff --git a/kernel/locking/spinlock.c b/kernel/locking/spinlock.c
--- a/kernel/locking/spinlock.c
+++ b/kernel/locking/spinlock.c
00 +#include <linux/sched.h>
@@ -154,10 +154,32 @@ void __lockfunc _raw_spin_lock(raw_spinlock_t *lock)
```

```
01 EXPORT_SYMBOL(_raw_spin_lock);
02 #endif
03
04 +
05 +extern uint32_t raspbian_debug_state;
06 +
07 #ifndef CONFIG_INLINE_SPIN_LOCK_IRQSAVE
08 unsigned long __lockfunc _raw_spin_lock_irqsave(raw_spinlock_t *lock)
09 {
10 -     return __raw_spin_lock_irqsave(lock);
11 +     unsigned long ret_flags;
12 +     arch_spinlock_t lockval;
13 +
14 +     if ( 901 == raspbian_debug_state) {
15 +                 lockval = lock->raw_lock;
16 +                 trace_printk("[+] start spin_lock[%p] owner: 0x%x, next: 0x%x ,process:%p \n",
17 +                             lock, lockval.tickets.owner, lockval.tickets.next, current);
18 +
19 +     }
20 +
21 +     ret_flags = __raw_spin_lock_irqsave(lock);
22 +     if ( 901 == raspbian_debug_state) {
23 +                 lockval = lock->raw_lock;
24 +                 trace_printk("[+] end spin_lock[%p] owner: 0x%x, next: 0x%x, process:%p \n",
25 +                             lock, lockval.tickets.owner, lockval.tickets.next, current);
26 +     }
27 +
28 +     return ret_flags;
29 }
 EXPORT_SYMBOL(_raw_spin_lock_irqsave);
 #endif
@@ -189,7 +211,21 @@ EXPORT_SYMBOL(_raw_spin_unlock);
 #ifndef CONFIG_INLINE_SPIN_UNLOCK_IRQRESTORE
 void __lockfunc _raw_spin_unlock_irqrestore(raw_spinlock_t *lock, unsigned long flags)
 {
30 +     arch_spinlock_t lockval;
31 +     if ( 901 == raspbian_debug_state) {
32 +                 lockval = lock->raw_lock;
```

```
33 +            trace_printk("[-] start spin_unlock[%p] owner: 0x%x, next: 0x%x, process:%p
\n",
34 +                        lock, lockval.tickets.owner, lockval.tickets.next, current);
35 +
36 +   }
37    __raw_spin_unlock_irqrestore(lock, flags);
38
39 +   if ( 901 == raspbian_debug_state) {
40 +            lockval = lock->raw_lock;
41 +            trace_printk("[-] end spin_unlock[%p] owner: 0x%x, next: 0x%x, process:%p \n",
42 +                        lock, lockval.tickets.owner, lockval.tickets.next, current);
43 +
44 +   }
45 }
46 EXPORT_SYMBOL(_raw_spin_unlock_irqrestore);
47 #endif
```

이 패치 코드의 내용 중에 주의해야 할 점이 있습니다.

- 이번 절에서 실습할 코드는 raspbian_debug_state 전역 변수를 활용합니다. 실습 패치 코드를 입력하기 전에 3장의 3.6절에서 소개한 rpi_debugfs.c 소스를 입력하고 먼저 커널을 빌드하시기 바랍니다.

- 위 패치 코드를 보면 17번째와 25번째 줄과 같이 current라는 매크로가 보입니다. current 매크로를 사용하려면 00번째 줄과 같이 함수의 윗부분이나 소스코드의 가장 윗부분에 다음과 같은 코드(헤더 파일)가 추가돼야 합니다.

```
#include <linux/sched.h>
```

먼저 패치 코드를 입력하는 방법을 소개합니다. 첫 번째 패치 코드를 입력하는 방법을 설명하기 위해 리눅스 커널의 원래 코드를 보겠습니다.

https://github.com/raspberrypi/linux/blob/rpi-4.19.y/kernel/locking/spinlock.c

```
#ifndef CONFIG_INLINE_SPIN_LOCK_IRQSAVE
unsigned long __lockfunc _raw_spin_lock_irqsave(raw_spinlock_t *lock)
{
    return __raw_spin_lock_irqsave(lock); /* 이 코드를 삭제하세요 */
}
EXPORT_SYMBOL(_raw_spin_lock_irqsave);
```

_raw_spin_lock_irqsave() 함수에서 "/* 이 코드를 삭제하세요 */"라는 주석으로 표시된 코드를 삭제합니다. 대신 다음 11~28번째 줄을 입력합시다.

```
11 +    unsigned long ret_flags;
12 +    arch_spinlock_t lockval;
13 +
14 +    if ( 901 == raspbian_debug_state) {
15 +                lockval = lock->raw_lock;
16 +                trace_printk("[+] start spin_lock[%p] owner: 0x%x, next: 0x%x ,process:%p \n",
17 +                        lock, lockval.tickets.owner, lockval.tickets.next, current);
18 +
19 +    }
20 +
21 +    ret_flags = __raw_spin_lock_irqsave(lock);
22 +    if ( 901 == raspbian_debug_state) {
23 +                lockval = lock->raw_lock;
24 +                trace_printk("[+] end spin_lock[%p] owner: 0x%x, next: 0x%x, process:%p \n",
25 +                        lock, lockval.tickets.owner, lockval.tickets.next, current);
26 +    }
27 +
28 +    return ret_flags;
```

패치 코드를 설명하기 전에 패치 코드가 동작하는 조건을 설명하겠습니다.

이번 절에 소개한 패치 코드는 raspbian_debug_state 전역 변수가 901일 때만 동작합니다. 이런 조건으로 패치 코드를 소개한 이유는 패치 코드를 실수로 잘못 입력하면 시스템이 오동작할 수 있기 때문입니다.

raspbian_debug_state 전역 변수를 901로 변경하려면 다음 명령어를 입력하면 됩니다.

```
root@raspberrypi:/home/pi# echo 901 > /sys/kernel/debug/rpi_debug/val
```

이어서 패치 코드의 내용을 설명하겠습니다.

먼저 14~19번째 줄을 보겠습니다.

```
14 +    if ( 901 == raspbian_debug_state) {
15 +                lockval = lock->raw_lock;
16 +                trace_printk("[+] start spin_lock[%p] owner: 0x%x, next: 0x%x ,process:%p \n",
```

```
17 +                                    lock, lockval.tickets.owner, lockval.tickets.next, current);
18 +
19 +    }
```

스핀락을 획득하기 전 스핀락 인스턴스의 next와 owner를 출력하는 목적의 코드입니다. 앞에서 스핀락을 획득한 적이 없으면 스핀락 인스턴스의 next는 owner와 같다고 배웠습니다. 실제 라즈베리 파이에서는 어떤 값으로 출력하는지 알아보려는 의도입니다.

다음으로 21번째 줄을 보겠습니다.

```
21 +    ret_flags = __raw_spin_lock_irqsave(lock);
```

__raw_spin_lock_irqsave() 함수를 호출한 후 반환값을 ret_flags에 저장합니다. ret_flags는 인터럽트의 활성화 상태 정보이며 _raw_spin_lock_irqsave() 함수가 반환합니다.

다음으로 22~26번째 줄을 설명하겠습니다.

```
22 +    if ( 901 == raspbian_debug_state) {
23 +            lockval = lock->raw_lock;
24 +            trace_printk("[+] end spin_lock[%p] owner: 0x%x, next: 0x%x, process:%p \n",
25 +                                    lock, lockval.tickets.owner, lockval.tickets.next, current);
26 +    }
```

스핀락을 획득한 다음 스핀락 인스턴스의 next와 owner를 출력하는 코드입니다. 스핀락을 획득했으니 next는 owner보다 클 것으로 예상할 수 있습니다.

이어서 스핀락을 해제하는 _raw_spin_unlock_irqrestore() 함수에 패치 코드를 입력하는 방법을 소개합니다.

https://github.com/raspberrypi/linux/blob/rpi-4.19.y/kernel/locking/spinlock.c

```
void __lockfunc _raw_spin_unlock_irqrestore(raw_spinlock_t *lock, unsigned long flags)
{
    /* 3번째 패치 코드 조각을 작성하세요. */
    __raw_spin_unlock_irqrestore(lock, flags);

    /* 4번째 패치 코드 조각을 작성하세요. */
}
```

`_raw_spin_unlock_irqrestore()` 함수에서 "/* 3번째 패치 코드 조각을 작성하세요. */"라는 주석으로 표시된 부분에 다음 코드를 입력합니다.

```
30 +    arch_spinlock_t lockval;
31 +    if ( 901 == raspbian_debug_state) {
32 +            lockval = lock->raw_lock;
33 +            trace_printk("[-] start spin_unlock[%p] owner: 0x%x, next: 0x%x, process:%p \n",
34 +                    lock, lockval.tickets.owner, lockval.tickets.next, current);
35 +
36 +    }
```

스핀락을 해제하기 직전 스핀락 인스턴스의 next와 owner를 출력하는 코드입니다. 이번 장에서 배운 내용을 떠올리면 next는 owner보다 클 것입니다.

이어서 `_raw_spin_unlock_irqrestore()` 함수에서 "/* 4번째 패치 코드 조각을 작성하세요. */"라는 주석으로 표시된 부분에 다음 코드를 입력합니다.

```
39 +    if ( 901 == raspbian_debug_state) {
40 +            lockval = lock->raw_lock;
41 +            trace_printk("[-] end spin_unlock[%p] owner: 0x%x, next: 0x%x, process:%p \n",
42 +                    lock, lockval.tickets.owner, lockval.tickets.next, current);
43 +
44 +    }
```

스핀락을 해제한 후 스핀락 인스턴스의 next와 owner 필드를 ftrace로 출력하는 코드입니다.

 이번 절에서 소개하는 디버깅 패치 코드는 주의를 기울여서 작성해야 합니다. 스핀락은 백그라운드로 매우 자주 실행되므로 코드를 실수로 입력하면 라즈베리 파이가 부팅을 안 할 수도 있습니다.

ftrace 설정

본격적인 실습을 위해 패치 코드를 빌드해 라즈베리 파이에 설치한 다음 ftrace를 설정해야 합니다. 이어서 ftrace를 설정하는 방법을 소개합니다.

```
#!/bin/bash

echo 0 > /sys/kernel/debug/tracing/tracing_on
```

```
sleep 1
echo "tracing_off"

echo 0 > /sys/kernel/debug/tracing/events/enable
sleep 1
echo "events disabled"

echo  secondary_start_kernel  > /sys/kernel/debug/tracing/set_ftrace_filter
sleep 1
echo "set_ftrace_filter init"

echo function > /sys/kernel/debug/tracing/current_tracer
sleep 1
echo "function tracer enabled"

echo _raw_spin_unlock_irqrestore  > /sys/kernel/debug/tracing/set_ftrace_filter
sleep 1
echo "set_ftrace_filter enabled"

echo 1 > /sys/kernel/debug/tracing/events/sched/sched_switch/enable
sleep 1
echo "event enabled"

echo 1 > /sys/kernel/debug/tracing/options/func_stack_trace
echo "function stack trace enabled"

echo 1 > /sys/kernel/debug/tracing/tracing_on
echo "tracing_on"
```

이전 절에서 소개한 ftrace 명령어 대비 달라진 점은 다음 부분입니다.

```
echo _raw_spin_unlock_irqrestore  > /sys/kernel/debug/tracing/set_ftrace_filter
```

위 명령어를 입력하면 _raw_spin_unlock_irqrestore() 함수를 set_ftrace_filter로 지정해 콜 스택을 볼
수 있습니다.

위 명령어를 rpi_spinlock_debug.sh 파일로 저장한 다음에 아래와 같이 실행하면 손쉽게 ftrace를 설정
할 수 있습니다.

```
root@raspberrypi:/home/pi# ./rpi_spinlock_debug.sh
```

이어서 다음과 같은 명령어를 입력해 raspbian_debug_state 전역 변수를 901로 설정합시다.

```
echo 901 > /sys/kernel/debug/rpi_debug/val
```

패치 코드는 raspbian_debug_state 전역 변수가 901인 조건에서 동작한다는 점을 기억합시다.

이어서 10초 후에 3.4.4절에서 소개한 get_ftrace.sh 셸 스크립트를 실행해 ftrace 로그를 받습니다.

```
root@raspberrypi:/home/pi# ./get_ftrace.sh
ftrace off
```

ftrace 로그를 이용한 스핀락 동작 분석

분석하려는 ftrace 로그는 다음과 같습니다.

```
01 Xorg-448   [003] ..s.   132.999809: _raw_spin_lock_irqsave+0xd0/0x12c: [+] start spin_lock[ba385d00]
owner: 0xcf45, next: 0xcf45 ,process:b5f89e00
02 Xorg-448   [003] d.s.   132.999811: _raw_spin_lock_irqsave+0x8c/0x12c: [+] end spin_lock[ba385d00]
owner: 0xcf45, next: 0xcf46, process:b5f89e00
03 Xorg-448   [003] d.s.   132.999818: _raw_spin_unlock_irqrestore+0x14/0x120
<-update_blocked_averages+0x548/0x700
04 Xorg-448   [003] d.s.   132.999830: <stack trace>
05 => run_rebalance_domains+0x214/0x238
06 => __do_softirq+0x174/0x3d8
07 => irq_exit+0xe4/0x140
08 => __handle_domain_irq+0x70/0xc4
09 => bcm2836_arm_irqchip_handle_irq+0xac/0xb0
10 => __irq_svc+0x5c/0x7c
11 => _raw_spin_unlock_irqrestore+0xd8/0x120
12 => _raw_spin_unlock_irqrestore+0xd8/0x120
13 => sys_epoll_wait+0x30c/0x43c
14 => ret_fast_syscall+0x0/0x28
```

ftrace 메시지에서 볼 스핀락 흐름은 2단계로 나눌 수 있습니다.

- 스핀락을 획득할 때의 next, owner
- 스핀락을 해제할 때의 next, owner

ftrace 메시지 분석: 스핀락을 획득할 때의 next, owner

먼저 스핀락을 획득할 때의 로그를 보겠습니다. 1번째 로그를 보겠습니다.

```
01 Xorg-448   [003] ..s.   132.999809: _raw_spin_lock_irqsave+0xd0/0x12c: [+] start spin_lock[ba385d00]
owner: 0xcf45, next: 0xcf45 ,process:b5f89e00
```

스핀락을 획득하기 전의 동작입니다. 스핀락 인스턴스는 ba385d00 주소에 있으며 next와 owner가 0xcf45
로 같습니다.

다음은 2번째 줄의 로그입니다.

```
02 Xorg-448   [003] d.s.   132.999811: _raw_spin_lock_irqsave+0x8c/0x12c: [+] end spin_lock[ba385d00]
owner: 0xcf45, next: 0xcf46, process:b5f89e00
```

스핀락을 획득한 후의 로그인데 next가 0xcf46이고 owner는 0xcf45입니다. 그 이유는 무엇일까요? **_raw_
spin_lock_irqsave()** 함수에서 스핀락 인스턴스 중 **next**를 1만큼 증가시켰기 때문입니다.

132.999811이라는 타임스탬프 옆에 "d.s." 기호가 보이므로 Soft IRQ 컨텍스트에서 스핀락을 획득했다
는 사실을 알 수 있습니다.

ftrace 메시지 분석: 스핀락을 해제할 때의 next, owner

이어서 스핀락을 해제할 때의 ftrace 메시지를 분석하겠습니다.

다음은 _raw_spin_unlock_irqrestore() 함수를 호출할 때의 콜 스택 정보입니다.

```
03 Xorg-448   [003] d.s.   132.999818: _raw_spin_unlock_irqrestore+0x14/0x120
<-update_blocked_averages+0x548/0x700
04 Xorg-448   [003] d.s.   132.999830: <stack trace>
05 => run_rebalance_domains+0x214/0x238
06 => __do_softirq+0x174/0x3d8
07 => irq_exit+0xe4/0x140
08 => __handle_domain_irq+0x70/0xc4
09 => bcm2836_arm_irqchip_handle_irq+0xac/0xb0
10 => __irq_svc+0x5c/0x7c
11 => _raw_spin_unlock_irqrestore+0xd8/0x120
12 => _raw_spin_unlock_irqrestore+0xd8/0x120
13 => sys_epoll_wait+0x30c/0x43c
```

```
14 => ret_fast_syscall+0x0/0x28
15 Xorg-448    [003] d.s.   132.999832: _raw_spin_unlock_irqrestore+0xdc/0x120: [-] start
spin_unlock[ba385d00] owner: 0xcf45, next: 0xcf46, process:b5f89e00
16 Xorg-448    [003] ..s.   132.999834: _raw_spin_unlock_irqrestore+0x80/0x120: [-] end
spin_unlock[ba385d00] owner: 0xcf46, next: 0xcf46, process:b5f89e00
```

Soft IRQ 서비스 핸들러 중 하나인 run_rebalance_domains() 함수에서 update_blocked_averages() 함수
를 호출하는 흐름입니다.

다음으로 15번째 줄을 보겠습니다.

```
15 Xorg-448    [003] d.s.   132.999832: _raw_spin_unlock_irqrestore+0xdc/0x120: [-] start
spin_unlock[ba385d00] owner: 0xcf45, next: 0xcf46, process:b5f89e00
```

스핀락을 해제하기 직전의 시점이라 스핀락 인스턴스의 next(0xcf46)가 owner(0xcf45)보다 1만큼 큽
니다.

마지막 16번째 줄을 분석합시다.

```
16 Xorg-448    [003] ..s.   132.999834: _raw_spin_unlock_irqrestore+0x80/0x120: [-] end
spin_unlock[ba385d00] owner: 0xcf46, next: 0xcf46, process:b5f89e00
```

획득한 스핀락을 해제한 후 출력되는 메시지입니다. 스핀락 인스턴스의 owner를 1만큼 증가시켰으니
스핀락 인스턴스의 next와 owner 값이 0xcf46으로 같습니다. **이때 next와 owner의 값이 같으니 획득한 스
핀락을 해제했다고 해석할 수 있습니다.**

ftrace 로그 분석으로 스핀락 인스턴스의 next와 owner를 라즈베리 파이에서 확인했습니다. 스핀락 동
작별로 next와 owner 값을 정리하면 다음과 같습니다.

- 스핀락을 획득하기 전: next와 owner는 같음
- 스핀락을 획득: next가 owner 보다 1만큼 큼

update_blocked_averages() 함수에서 어떤 이유로 스핀락 함수를 추가했는지 알려면 다음 리눅스 커널
메일링 리스트에서 패치 이력을 확인하세요.

- https://lore.kernel.org/patchwork/patch/772839/

9.6.2 뮤텍스 디버깅

앞의 9.5절에서는 뮤텍스를 배웠습니다. 핵심 내용은 다음과 같습니다.

뮤텍스를 획득한 프로세스는 `mutex` 구조체의 `owner` 필드에 자신의 태스크 디스크립터 주소를 저장한다.

이번 절에서는 실습을 통해 프로세스가 뮤텍스를 획득하고 해제하는 과정에서 `mutex` 구조체의 `owner` 필드의 변화를 살펴보겠습니다.

패치 코드 작성

먼저 패치 코드를 소개합니다.

```
diff --git a/kernel/locking/mutex.c b/kernel/locking/mutex.c
--- a/kernel/locking/mutex.c
+++ b/kernel/locking/mutex.c
@@ -233,12 +233,33 @@ static void __sched __mutex_lock_slowpath(struct mutex *lock);
  *
  * This function is similar to (but not equivalent to) down().
  */
01 +
02 +extern uint32_t raspbian_debug_state;
03 +
04 void __sched mutex_lock(struct mutex *lock)
05 {
06 +    void *mutex_addr = NULL;
07 +
08 +    if ( 902 == raspbian_debug_state) {
09 +        mutex_addr = (void*)lock;
10 +        trace_printk("[+][fastpath] mutex_lock[%p] start.. owner:%lx, current_process:%lx\n",
11 +                    mutex_addr, atomic_long_read(&lock->owner), (long)current);
12 +    }
13    might_sleep();
14 +
15
16    if (!__mutex_trylock_fast(lock))
17        __mutex_lock_slowpath(lock);
...
24 +
25 + if (902 == raspbian_debug_state) {
```

```
26 +        trace_printk("[+][fastpath] mutex_lock[%p] end.. owner:0x%lx, current_process:%lx\n",
27 +                        mutex_addr, atomic_long_read(&lock->owner), (long)current);
28 +    }
29 }
  EXPORT_SYMBOL(mutex_lock);
  #endif
@@ -607,9 +628,23 @@ static noinline void __sched __mutex_unlock_slowpath(struct mutex *lock,
unsigne
  */
30 void __sched mutex_unlock(struct mutex *lock)
31 {
32 +    void *mutex_addr = NULL;
33 +
34 +    if (902 == raspbian_debug_state) {
35 +        mutex_addr = (void*)lock;
36 +        trace_printk("[-][fastpath] mutex_unlock[%p] start.. owner:0x%lx,
current_process:%lx\n",
37 +                        mutex_addr, atomic_long_read(&lock->owner), (long)current);
38 +    }
39 +
40 #ifndef CONFIG_DEBUG_LOCK_ALLOC
41 -    if (__mutex_unlock_fast(lock))
42 +    if (__mutex_unlock_fast(lock)) {
43 +        if (902 == raspbian_debug_state) {
44 +            trace_printk("[-][fastpath] mutex_unlock[%p] end.. owner:0x%lx,
current_process:%lx %p\n",
45 +                        mutex_addr, atomic_long_read(&lock->owner), (long)current);
46 +        }
47 +
48        return;
49 +    }
  #endif
    __mutex_unlock_slowpath(lock, _RET_IP_);
```

이번 절에서 실습할 코드는 raspbian_debug_state 전역 변수를 활용합니다. 실습 패치 코드를 입력하기 전에 3장의 3.6절에서 소개한 rpi_debugfs.c 소스를 입력하고 먼저 커널을 빌드하시기 바랍니다.

패치 코드를 입력히는 방법을 알려드리기 위해 원본 코드와 패치 코드를 입력할 부분을 소개합니다.

https://github.com/raspberrypi/linux/blob/rpi-4.19.y/kernel/locking/mutex.c

```
void __sched mutex_lock(struct mutex *lock)
{
    /* 첫 번째 패치 코드 조각을 입력하세요. */
    might_sleep();

    if (!__mutex_trylock_fast(lock))
            __mutex_lock_slowpath(lock);

    /* 두 번째 패치 코드 조각을 입력하세요. */
}
```

위 원본 코드에서 "/* 첫 번째 패치 코드 조각을 입력하세요. */"라고 표시된 부분에 다음 패치 코드를 입력합시다.

```
06 +    void *mutex_addr = NULL;
07 +
08 +    if ( 902 == raspbian_debug_state) {
09 +          mutex_addr = (void*)lock;
10 +          trace_printk("[+][fastpath] mutex_lock[%p] start.. owner:0x%lx,
current_process:%lx\n",
11 +                                  mutex_addr, atomic_long_read(&lock->owner), (long)current);
12 +    }
```

06~12번째 줄은 뮤텍스를 획득하기 전에 다음 자료구조를 확인하기 위한 코드입니다.

- mutex 구조체의 주소
- mutex 구조체의 owner 필드 값
- 현재 실행 중인 프로세스의 태스크 디스크립터의 주소

디버그 코드는 raspbian_debug_state 변수가 902일 때만 실행됩니다. 따라서 raspbian_debug_state 변수를 902로 변경하려면 다음 명령어를 입력해야 합니다.

```
echo 902 > /sys/kernel/debug/rpi_debug/val
```

이어서 패치 코드를 조금 더 자세히 분석해보겠습니다. 9번째 줄은 뮤텍스 인스턴스를 void 포인터 변수인 mutex_addr에 저장합니다.

```
09 +        mutex_addr = (void*)lock;
```

10~11번째 줄을 보겠습니다.

```
10 +        trace_printk("[+][fastpath] mutex_lock[%p] start.. owner:0x%lx, current_process:%lx\n",
11 +                        mutex_addr, atomic_long_read(&lock->owner), (long)current);
```

이번 장에서 다른 프로세스가 이미 뮤텍스를 획득했는지 점검하려면 mutex 구조체의 owner 필드를 체크해야 한다고 배웠습니다. 위 코드는 **뮤텍스 인스턴스의 주소, mutex 구조체의 owner, 현재 실행 중인 프로세스의 태스크 디스크립터**를 ftrace로 출력하는 코드입니다.

이번에는 2번째 패치 코드를 작성하는 방법을 소개합니다.

https://github.com/raspberrypi/linux/blob/rpi-4.19.y/kernel/locking/mutex.c

```
void __sched mutex_lock(struct mutex *lock)
{
    /* 첫 번째 패치 코드 조각을 입력하세요. */
    might_sleep();

    if (!__mutex_trylock_fast(lock))
        __mutex_lock_slowpath(lock);

    /* 두 번째 패치 코드 조각을 입력하세요. */
}
```

"/* 두 번째 패치 코드 조각을 입력하세요. */"라고 표시된 부분에 다음 패치 코드를 입력합니다.

```
25 +    if (902 == raspbian_debug_state) {
26 +        trace_printk("[+][fastpath] mutex_lock[%p] end.. owner: 0x%lx, current_process:%lx\n",
27 +                        mutex_addr, atomic_long_read(&lock->owner), (long)current);
28 +    }
```

25~28번째 줄은 뮤텍스를 획득한 후 다음 자료구조를 확인하기 위한 코드입니다.

- mutex 구조체의 주소

- mutex 구조체의 owner 필드 값

- 현재 실행 중인 프로세스의 태스크 디스크립터의 주소

이어서 3번째 패치 코드를 입력하는 방법을 소개합니다. 이번에도 패치 코드를 입력하는 위치와 함께
원본 리눅스 커널 코드를 소개합니다.

https://github.com/raspberrypi/linux/blob/rpi-4.19.y/kernel/locking/mutex.c

```
01 void __sched mutex_unlock(struct mutex *lock)
02 {
03      /* 3번째 패치 코드 조각을 입력하세요. */
04 #ifndef CONFIG_DEBUG_LOCK_ALLOC
05      /* 아래 06~07번째 줄을 지우고 4번째 패치 코드 조각을 입력하세요. */
06      if (__mutex_unlock_fast(lock))
07              return;
08 #endif
09      __mutex_unlock_slowpath(lock, _RET_IP_);
10 }
```

먼저 "/* 3번째 패치 코드 조각을 입력하세요. */"라고 표시된 부분에 다음 패치 코드를 입력합니다.

```
32 +     void *mutex_addr = NULL;
33 +
34 +     if (902 == raspbian_debug_state) {
35 +          mutex_addr = (void*)lock;
36 +          trace_printk("[-][fastpath] mutex_unlock[%p] start.. owner:0x%lx,
current_process:%lx\n",
37 +                          mutex_addr, atomic_long_read(&lock->owner), (long)current);
38 +     }
```

위 패치 코드는 획득한 뮤텍스를 해제하기 직전에 다음 자료구조를 ftrace로 출력하는 동작입니다.

- mutex 구조체의 주소

- mutex 구조체의 owner 필드 값

- 현재 실행 중인 프로세스의 태스크 디스크립터의 주소

다음으로 4번째 패치 코드를 입력할 차례입니다.

https://github.com/raspberrypi/linux/blob/rpi-4.19.y/kernel/locking/mutex.c

```
01 void __sched mutex_unlock(struct mutex *lock)
02 {
03      /* 3번째 패치 코드 조각을 입력하세요. */
04 #ifndef CONFIG_DEBUG_LOCK_ALLOC
05      /* 아래 06~07번째 줄을 지우고 4번째 패치 코드 조각을 입력하세요. */
06      if (__mutex_unlock_fast(lock))
07              return;
08 #endif
09      __mutex_unlock_slowpath(lock, _RET_IP_);
10 }
```

위 함수의 06~07번째 줄을 삭제하고 다음 코드를 입력합시다.

```
42 +     if (__mutex_unlock_fast(lock)) {
43 +             if (902 == raspbian_debug_state) {
44 +                     trace_printk("[-][fastpath] mutex_unlock[%p] end.. owner:%lx,
current_process:%lx %p\n",
45 +                             mutex_addr, atomic_long_read(&lock->owner), (long)current);
46 +             }
47 +
48 +             return;
49 +     }
```

패치 코드는 획득한 뮤텍스를 해제한 후 다음 자료구조를 ftrace로 출력하는 동작입니다.

- mutex 구조체의 주소
- mutex 구조체의 owner 필드 값
- 현재 실행 중인 프로세스의 태스크 디스크립터의 주소

앞에서 소개한 패치를 입력한 후 커널을 빌드합니다. 이후 라즈베리 파이에 커널 이미지를 설치하고 리부팅합니다.

 이번 절에서 소개하는 디버깅 패치 코드는 주의를 기울여 작성해야 합니다. 실수로 mutex_lock() 함수에서 __mutex_trylock_fast() 함수를 2번 호출하거나 mutex_unlock() 함수에서 __mutex_unlock_fast() 함수를 2번 호출하는 코드를 입력하면 라즈베리 파이는 제대로 부팅하지 못할 수도 있습니다. 예를 들어

mutex_lock() 함수에서 __mutex_trylock_fast() 함수를 2번 호출하면 프로세스는 뮤텍스를 확보하고
자신이 이미 확보한 뮤텍스를 획득하려고 다시 휴면 상태에 진입하게 됩니다. 이 경우 프로세스는 휴면
상태에서 깨어나지 못하게 됩니다.

ftrace 설정

패치 코드를 빌드해 커널 이미지에 설치한 다음 ftrace를 설정해야 합니다. 이를 위해 ftrace를 설정하
는 방법을 소개합니다.

```bash
#!/bin/bash

echo 0 > /sys/kernel/debug/tracing/tracing_on
sleep 1
echo "tracing_off"

echo 0 > /sys/kernel/debug/tracing/events/enable
sleep 1
echo "events disabled"

echo  secondary_start_kernel  > /sys/kernel/debug/tracing/set_ftrace_filter
sleep 1
echo "set_ftrace_filter init"

echo function > /sys/kernel/debug/tracing/current_tracer
sleep 1
echo "function tracer enabled"

echo mutex_unlock  > /sys/kernel/debug/tracing/set_ftrace_filter
sleep 1
echo "set_ftrace_filter enabled"

echo 1 > /sys/kernel/debug/tracing/events/sched/sched_switch/enable
sleep 1
echo "event enabled"

echo 1 > /sys/kernel/debug/tracing/options/func_stack_trace
echo "function stack trace enabled"
```

```
echo 1 > /sys/kernel/debug/tracing/tracing_on
echo "tracing_on"
```

이전 절에서 소개한 ftrace 명령어와 비교해서 달라진 점은 다음 부분입니다.

```
echo mutex_unlock > /sys/kernel/debug/tracing/set_ftrace_filter
```

mutex_unlock() 함수를 필터로 지정하는 명령어입니다.

위 명령어를 rpi_mutex_debug.sh 파일로 저장한 다음에 아래와 같이 실행하면 손쉽게 ftrace를 설정할 수 있습니다.

```
root@raspberrypi:/home/pi# ./rpi_mutex_debug.sh
```

이어서 다음과 같은 명령어를 입력해 raspbian_debug_state 전역 변수를 902로 설정합시다.

```
echo 902 > /sys/kernel/debug/rpi_debug/val
```

패치 코드는 raspbian_debug_state 전역 변수가 902인 조건에서 동작한다는 점을 기억합시다.

이어서 10초 후에 3.4.4절에서 소개한 get_ftrace.sh 셸 스크립트를 실행해 ftrace 로그를 받습니다.

```
root@raspberrypi:/home/pi# ./get_ftrace.sh
ftrace off
```

ftrace 로그를 이용한 뮤텍스 동작 분석

분석할 ftrace 로그는 다음과 같습니다.

```
01 lxterminal-876    [001] ....   107.389671: mutex_lock+0xcc/0x130: [+][fastpath] mutex_lock[b5bbf504]
start.. owner:0, current_process:ac136900
02 lxterminal-876    [001] ....   107.389673: mutex_lock+0x94/0x130: [+][fastpath] mutex_lock[b5bbf504]
end.. owner:ac136900, current_process:ac136900
03 lxterminal-876    [001] ....   107.389674: mutex_unlock+0x14/0x104
<-unix_stream_read_generic+0x1a0/0x8ac
04 lxterminal-876    [001] ....   107.389682: <stack trace>
05 => sock_recvmsg+0x28/0x2c
06 => ___sys_recvmsg+0xa0/0x124
```

```
07 => __sys_recvmsg+0x70/0x16c

08 => sys_recvmsg+0x18/0x1c

09 => ret_fast_syscall+0x0/0x28

10 lxterminal-876   [001] ....   107.389684: mutex_unlock+0xc4/0x104: [-][fastpath]

mutex_unlock[b5bbf504] start.. owner:ac136900, current_process:ac136900

11 lxterminal-876   [001] ....   107.389686: mutex_unlock+0x8c/0x104: [-][fastpath]

mutex_unlock[b5bbf504] end.. owner:0, current_process:ac136900
```

ftrace 메시지에서 뮤텍스의 동작 흐름은 다음 그림과 같이 2단계로 나눌 수 있습니다.

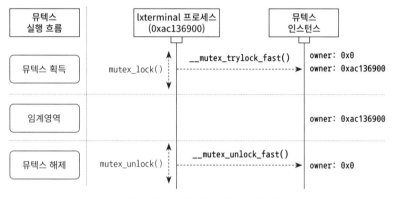

그림 9.14 ftrace 메시지: 뮤텍스 동작 흐름

1단계: 뮤텍스 획득

- 뮤텍스 획득 전: mutex 구조체의 owner 필드는 0x0
- 뮤텍스 획득 후: mutex 구조체의 owner 필드는 뮤텍스를 획득하는 프로세스의 태스크 디스크립터 주소로 바뀜. 이후 임계 영역의 코드를 실행

2단계: 뮤텍스 해제

- 뮤텍스 해제 전: mutex 구조체의 owner 필드는 뮤텍스를 획득한 프로세스의 태스크 디스크립터 주소임
- 뮤텍스 해제 후: mutex 구조체의 owner 필드는 0x0으로 바뀜

ftrace 로그에서 뮤텍스의 실행 흐름을 알아봤으니 이어서 로그를 분석하겠습니다.

ftrace 메시지 분석: 뮤텍스를 획득할 때의 mutex 자료구조

먼저 첫 번째 줄을 봅시다.

```
01 lxterminal-876     [001] ....    107.389671: mutex_lock+0xcc/0x130: [+][fastpath] mutex_lock[b5bbf504]
start.. owner:0, current_process:ac136900
```

뮤텍스를 획득하기 직전의 동작입니다. mutex 구조체의 주소는 b5bbf504이며 owner 필드는 0x0입니다.
mutex_lock 구조체의 owner 필드가 0x0이므로 뮤텍스를 획득한 적이 없다고 해석할 수 있습니다.

또한 "current_process:ac136900" 메시지로 lxterminal 프로세스의 태스크 디스크립터(struct task_
struct)의 주소가 ac136900임을 알 수 있습니다.

이번에는 뮤텍스를 획득한 후 출력되는 2번째 줄을 분석하겠습니다.

```
02 lxterminal-876     [001] ....    107.389673: mutex_lock+0x94/0x130: [+][fastpath] mutex_lock[b5bbf504]
end.. owner:ac136900, current_process:ac136900
```

mutex 구조체의 owner 필드가 ac136900입니다. ac136900는 현재 실행 중인 lxterminal이라는 프로세스의
태스크 디스크립터 주소입니다.

ftrace 로그 분석으로 중요한 정보를 다시 알게 됐습니다. 즉, **뮤텍스를 획득한 프로세스의 태스크 디
스크립터 주소는 mutex 구조체의 owner 필드에 저장된다라는 사실입니다.**

ftrace 메시지 분석: 뮤텍스를 해제할 때의 mutex 자료구조

이어서 뮤텍스를 해제할 때의 ftrace 메시지를 분석하겠습니다. 먼저 다음 로그를 봅시다.

```
03 lxterminal-876     [001] ....    107.389674: mutex_unlock+0x14/0x104
<-unix_stream_read_generic+0x1a0/0x8ac
04 lxterminal-876     [001] ....    107.389682: <stack trace>
05 => sock_recvmsg+0x28/0x2c
06 => ___sys_recvmsg+0xa0/0x124
07 => __sys_recvmsg+0x70/0x16c
08 => sys_recvmsg+0x18/0x1c
09 => ret_fast_syscall+0x0/0x28
```

3~9번째 줄의 로그는 mutex_unlock() 함수를 호출할 때의 콜 스택입니다. 함수를 호출하는 방향은 9번
째 줄에서 3번째 줄 방향입니다.

이번에는 뮤텍스를 해제하는 로그를 볼 차례입니다.

```
10 lxterminal-876     [001] ....   107.389684: mutex_unlock+0xc4/0x104: [-][fastpath]
mutex_unlock[b5bbf504] start.. owner:ac136900, current_process:ac136900
```

mutex_unlock() 함수에서 뮤텍스를 해제하기 직전의 로그입니다. 뮤텍스를 획득한 상태니 mutex 구조체의 owner 필드는 ac136900이라는 주소를 저장하고 있습니다. 반복하지만 이 주소는 lxterminal 프로세스의 태스크 디스크립터의 주소입니다.

다음으로 11번째 줄을 봅시다.

```
11 lxterminal-876     [001] ....   107.389686: mutex_unlock+0x8c/0x104: [-][fastpath]
mutex_unlock[b5bbf504] end.. owner:0, current_process:ac136900
```

뮤텍스를 해제한 다음 로그입니다. **이때 mutex 구조체의 owner는 다시 0x0으로 변경됩니다.**

ftrace 메시지 분석으로 다음과 같은 내용을 알게 됐습니다.

- 뮤텍스를 획득하기 전 mutex 구조체의 owner 필드는 0x0
- 뮤텍스를 획득하면 뮤텍스를 획득한 프로세스의 태스크 디스크립터 주소인 ac136900를 mutex 구조체의 owner 필드에 저장
- 뮤텍스를 해제하면 mutex 구조체의 owner 필드를 0x0으로 바꿈

이처럼 다른 프로세스가 이미 뮤텍스를 획득했는지 점검하려면 mutex 구조체의 owner 필드를 점검해야 합니다.

9.7 정리

1. 커널 동기화란 1개의 프로세스만 특정 코드 구간을 실행할 때 접근하거나 정해진 순서로 코드 구간을 실행하도록 설계하는 기법입니다.

2. 임계 영역은 2개 이상의 프로세스가 동시에 실행하면 동시 접근 문제를 일으킬 수 있는 코드 블록입니다.

3. 레이스 컨디션은 임계 영역에 두 개의 프로세스가 동시에 접근하는 상황을 뜻합니다.

4. 레이스 컨디션이 발생하는 요인은 선점 스케줄링, 인터럽트 발생, SMP(symmetric multiprocessing) 시스템에서 2개 이상의 프로세스가 같은 코드를 실행하는 상황을 들 수 있습니다.

5. 레이스 컨디션을 방지하려면 선점 스케줄링이나 인터럽트 발생을 비활성화하거나 임계 영역에 락을 걸어야 합니다.

6. 리눅스 커널에서 가장 많이 쓰이는 커널 동기화 기법은 스핀락과 뮤텍스이며 이 기법들을 활용해 임계 영역을 보호할 수 있습니다.

7. 스핀락 획득을 시도할 때 __raw_tickets 구조체의 next 필드와 owner를 체크합니다. next 필드와 owner 필드가 같으면 스핀락을 획득한 적이 없으니 바로 스핀락을 획득할 수 있습니다. 만약 next 필드가 owner 필드보다 크면 스핀락을 획득하기 전까지 계속 기다립니다.

8. 뮤텍스 획득을 시도할 때 mutex 구조체의 owner 필드를 체크합니다. owner 필드가 0이면 프로세스는 바로 뮤텍스를 획득합니다. 다른 프로세스가 뮤텍스를 획득했으면 mutex 구조체의 owner는 뮤텍스를 획득한 프로세스의 태스크 디스크립터 주소를 저장합니다. 이 경우 뮤텍스 획득을 시도하는 프로세스는 자신을 뮤텍스 대기열에 등록하고 휴면 상태에 진입합니다.

9. 뮤텍스를 해제하는 프로세스는 뮤텍스 대기열을 체크하고 뮤텍스를 기다리며 잠든 프로세스를 깨웁니다. 이후 뮤텍스를 기다리며 잠든 프로세스는 깨어나 뮤텍스를 획득합니다.

10

프로세스 스케줄링

이번 장에서 다룰 내용

- 프로세스 상태 관리
- 스케줄러 구조와 알고리즘
- 선점 스케줄링
- 컨텍스트 스위칭
- 스케줄러 클래스
- 런큐
- 비선점 스케줄링
- 스케줄링 디버깅

커널은 프로세스를 실행하고 종료시키는 데 그치지 않고 다수의 프로세스들이 CPU에서 효율적으로 실행되도록 멀티태스킹이라는 중요한 임무를 수행합니다. 멀티태스킹을 위한 커널의 소프트웨어 모듈을 스케줄링라고 하며 커널을 구성하는 핵심 요소 중 하나입니다.

먼저 스케줄링이라는 용어의 의미와 리눅스 커널에서 스케줄링을 구현하는 방식과 자료구조를 소개하겠습니다.

10.1 스케줄링의 주요 개념

커널에서 세부적으로 스케줄링을 어떻게 구현하는지 알아보기에 앞서 스케줄링을 구성하는 주요 개념과 자료구조를 먼저 소개합니다.

이번 절에서 다룰 내용을 소개하면 다음과 같습니다.

표 10.1 스케줄러를 구성하는 주요 개념

주제	내용
스케줄링	▪ 실행 대기 중인 프로세스 중에서 우선순위가 가장 높은 프로세스를 선택해 CPU에서 실행시킴
스케줄링 방식	▪ 선점 스케줄링 강제로 CPU에서 실행 중인 프로세스를 비우고 새로운 프로세스 실행 ▪ 비선점 스케줄링 프로세스가 자발적으로 스케줄링 요청
컨텍스트 스위칭	▪ CPU에서 실행 중인 프로세스의 레지스터 세트를 비우고 새로운 프로세스 레지스터 세트를 채우는 동작 ▪ CPU 아키텍처(ARM, x86)에 따라 세부 구현 방식이 다름
스케줄링 정책	▪ 스케줄링 시 어떤 방식과 규칙으로 다음에 실행할 프로세스를 선택할지 결정
스케줄러 클래스	▪ 5가지 커널 스케줄러 세부 동작을 모듈화한 자료구조이자 인터페이스 ▪ 프로세스는 스케줄러 클래스를 우선순위에 따라 선택할 수 있음
런큐	▪ 실행 대기 중인 프로세스를 관리하는 자료구조 ▪ percpu 타입 변수
우선순위	▪ 유저 공간에서 설정한 nice와 커널 우선순위가 있음

10.1.1 스케줄링이란?

리눅스 시스템이 탑재된 휴대폰이나 라즈베리 파이에서는 동시에 여러 프로그램을 실행할 수 있습니다. 휴대폰을 보면 다양한 프로그램이 동시에 실행되는 것을 확인할 수 있습니다. 예를 들면, 웹 브라우저를 실행하면서 음악을 듣거나 메신저를 사용하면서 애플리케이션을 다운로드할 수 있습니다.

사람들은 여러 프로세스들이 동시에 CPU에서 실행된다고 느낄 수 있습니다. 하지만 CPU는 여러 개의 프로세스를 절대로 동시에 실행할 수 없습니다. 리눅스 커널을 포함한 다양한 운영체제에서 스케줄링과 멀티태스킹 기법이 생겨난 이유는 **CPU는 한순간에 한 개 프로세스의 코드만 실행할 수 있기 때문입니다.** 이때 여러 개의 프로세스들이 효율적으로 번갈아가면서 CPU에서 실행될 수 있게 규칙을 부여하고 프로세스들을 관리하는 소프트웨어 모듈을 스케줄러라고 말합니다.

하나의 프로세스는 CPU에서 실행을 시작하면 계속 CPU에서 실행되는 것이 아니라 실행되다가 잠깐 멈추고 다시 실행되는 방식으로 동작합니다. 즉, 프로세스는 CPU를 점유하면서 실행 중인 상태와 실행 대기하는 상태로 계속 바뀌는 것입니다.

메모리에 존재하는 여러 프로세스 중에서 실제 CPU에서 실행될 프로세스를 선택하는 일을 스케줄링이라고 합니다. 이때 스케줄러는 어떤 프로세스를 어떤 방식으로 선택할지를 결정합니다.

스케줄링의 동작 방식은 다음 그림으로 표현할 수 있습니다.

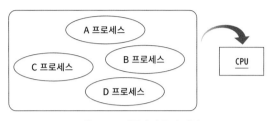

그림 10.1 스케줄링의 동작 방식

보다시피 CPU에서 실행하려고 대기 중인 A ~ D 프로세스 중 하나를 선택해서 CPU에서 실행시키는 동작입니다.

이번에는 스케줄링의 동작을 다른 각도에서 살펴보겠습니다. 다음 그림은 프로세스의 상태 변화를 나타내는 다이어그램입니다.

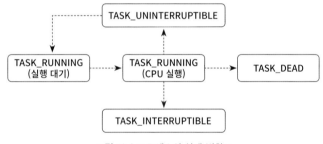

그림 10.2 프로세스의 상태 변화도

커널은 프로세스에게 프로세스의 상태를 정해줍니다. 프로세스는 생성 및 실행된 후 종료될 때까지 위와 같이 상태가 바뀌면서 동작합니다.

프로세스가 CPU에서 실행되기 위해서는 실행 대기(TASK_RUNNING) 상태로 바꾼 다음, 커널 스케줄링에 의해 CPU 실행(TASK_RUNNING) 상태로 바뀌어야 합니다. 프로세스는 실행 후 종료될 때까지 이 과정을 자주 반복합니다.

대부분 한 프로세스의 실행 상태가 바뀌는 흐름도를 보면서 분석할 때가 많습니다. 이번에는 전체 시스템 관점에서 프로세스의 상태 변화 다이어그램을 살펴봅시다.

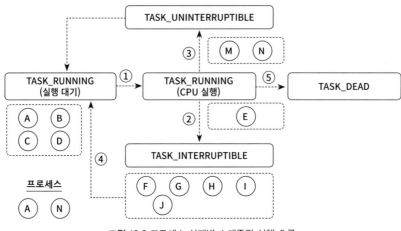

그림 10.3 프로세스 상태별 스케줄링 실행 흐름

위 그림을 보면 전체 프로세스가 각각 어떤 상태로 실행 중인지 알 수 있습니다. 원형으로 표시된 A~N 은 각각 프로세스를 의미합니다.

그림의 맨 왼쪽에 표시된 A~D 프로세스들을 보면 실행 대기(TASK_RUNNING) 상태에 있습니다. CPU에 서 실행하기 위해 대기 중인 프로세스입니다.

CPU 실행(TASK_RUNNING) 상태를 보면 'E 프로세스'가 CPU에서 실행 중입니다.

다른 관점에서 스케줄링 동작을 다음과 같이 설명할 수 있습니다.

> **실행 대기(TASK_RUNNING) 상태에 있는 프로세스 중 하나를 선택해서 CPU 실행(TASK_RUNNING)**
> **상태로 바꿔주는 동작**

커널 스케줄링은 프로세스의 상태를 보고 실행 대기 중인 프로세스를 어떤 방식으로 실행할지를 결정 합니다. 따라서 프로세스의 상태 정보는 매우 중요합니다.

 대부분 드라이버 코드를 작성할 때 프로세스 상태를 바꾸는 코드를 작성할 필요는 없습니다. 하지만 커널 스레드의 핸들러 함수를 구현할 때는 프로세스 상태를 바꿔주는 코드를 입력할 때가 있습니다. 이때 set_current_state() 함수를 써서 프로세스의 상태를 바꿔야 합니다.

그 이유는 다음과 같이 set_current_state() 함수를 보면 알 수 있습니다.

https://github.com/raspberrypi/linux/blob/rpi-4.19.y/include/linux/sched.h

```
01 #define set_current_state(state_value)                    \
```

```
02      do {                                                      \
03              WARN_ON_ONCE(is_special_task_state(state_value)); \
04              current->task_state_change = _THIS_IP_;           \
05              smp_store_mb(current->state, (state_value));      \
06      } while (0)
```

5번째 줄을 보면 `smp_store_mb()` 함수를 호출해서 메모리 배리어를 실행합니다. 메모리 배리어 코드를 추가하면 GCC 컴파일러 혹은 아키텍처가 코드 최적화를 위해 임의로 코드 위치를 바꾸는 것을 방지합니다.

다음 절에서 선점과 비선점 스케줄링에 대해 알아보겠습니다.

10.1.2 선점 스케줄링과 비선점 스케줄링이란?

커널에서 지원하는 스케줄링 방식은 다음 테이블과 같이 선점 스케줄링 방식과 비선점 스케줄링 방식으로 나눌 수 있습니다.

표 10.2 스케줄링 방식과 특징

스케줄링 방식	내용

선점 스케줄링	▪ 실행 중인 프로세스를 강제로 CPU에서 실행 중지
	▪ 새로운 프로세스가 CPU에서 실행
	▪ 선점 스케줄링 시작점
	    – 인터럽트 핸들러를 처리하고 난 후 인터럽트가 발생하기 전 코드로 되돌아가기 직전
	    – 시스템 콜의 핸들러 함수를 처리하고 난 후 유저 공간으로 복귀하기 직전

비선점 스케줄링	▪ 프로세스가 자발적으로 스케줄링 요청
	▪ 비선점 스케줄링 시작점
	    – 입출력(I/O) 동작을 시작할 때
	    – 뮤텍스를 획득하지 못하고 휴면 상태에 진입할 때

스케줄링이란 용어를 들으면 대부분 선점 스케줄링 방식으로 이해합니다. 하지만 프로세스의 스케줄링 방식은 선점 스케줄링과 비선점 스케줄링으로 나눌 수 있습니다.

선점 스케줄링

먼저 선점 스케줄링의 동작 방식을 살펴보겠습니다. 선점이란 단어는 보통 영어로 preemptive 혹은 preemption과 비슷한 의미입니다. 실전 개발자들은 선점이란 표현보다 preemption을 더 자주 씁니다. preemptive라는 단어는 뭔가 점유하고 있는 것을 빼앗아 버린다는 의미가 있습니다. 이 용어를 써서 선점 스케줄링 동작을 정의하면 다음과 같습니다.

CPU를 점유하면서 실행 중인 프로세스를 스케줄러가 강제로 CPU에서 빼내는 동작

만약 "A라는 프로세스가 선점 혹은 preemption됐다"라고 하면 스케줄러는 어떻게 동작할까요? 다음과 같이 3단계로 세부 동작을 분류할 수 있습니다.

- 첫째, 스케줄러는 CPU에서 실행 중인 A 프로세스의 의사와 관계없이 강제로 중지시킴
- 둘째, 새로운 프로세스를 CPU에서 실행시킴
- 셋째, 새로운 프로세스가 CPU를 점유하면서 실행을 시작

그러면 선점 스케줄링은 언제 실행을 시작할까요? 다음 두 가지 상황에서 실행을 시작합니다.

- 인터럽트 핸들링 후
- 시스템 콜 핸들링 후

앞에서 소개한 '선점 스케줄링 방식'을 정리하면 CPU에서 실행 중인 프로세스를 빼내고 새로운 프로세스를 CPU에서 실행시키는 것입니다. 여기서 한 가지 의문이 생깁니다. **그러면 CPU에서 실행 중인 프로세스가 충분히 자신이 하고 있는 일을 마치고 CPU에서 나가면 안 될까요?**

물론 CPU에서 실행할 프로세스의 개수가 적거나 모든 프로세스를 커널에서 생성하고 처리한다면 이 방법이 가장 좋을 것입니다. 하지만 리눅스 커널은 다양한 애플리케이션을 실행하도록 지원해야 하므로 어떤 프로세스가 실행될지 예측할 수 없습니다. 그래서 '출처를 알 수 없는' 어떤 프로세스가 자신이 CPU를 쓰고 싶을 만큼 충분히 점유하게 되면 "실행 대기" 상태로 기다리는 프로세스들이 'CPU를 차지하면서' 실행할 수 있는 기회가 줄어들게 됩니다. 그 결과, 시스템 응답 속도가 느려질 가능성이 높아집니다.

그러면 선점 스케줄링 방식을 적용했을 때 얻는 이점은 무엇인가요? 어떤 프로세스가 CPU를 점유하면서 실행하건 강제로 실행 흐름을 중지시킬 수 있기 때문에 실행 대기 상태로 기다리고 있는 프로세스들이 CPU에서 실행될 수 있는 기회를 더 자주 얻을 수 있습니다. 커널에서는 선점 방식을 적용해서 프로세스가 빠른 응답과 실행이 가능하도록 지원하는 것입니다. 만약 휴대폰에서 어떤 애플리케이션을 터치해서 실행했을 때 해당 애플리케이션을 구동하는 프로세스가 더 빨리 실행할 수 있게 됩니다.

이 부분을 읽다 보니 다음 내용이 궁금해집니다. **스케줄링을 실행하는 주인공은 누구일까요?** 프로세스가 스케줄링을 실행합니다. 그래서 스케줄링이 빈번하게 발생하면 프로세스가 순수하게 실행할 수 있는 시간 외에 스케줄링 동작을 위한 커널 코드를 추가로 실행해야 합니다. 이 같은 컨텍스트 스위칭이 빈번하게 발생하면 프로세스 입장에서는 오버헤드입니다. 너무 잦은 스케줄링은 시스템 응답 속도가 느려지는 효과를 초래합니다.

그렇다면 프로세스 입장에서 중요한 동작을 수행 중이다가 선점되면 어떻게 될까요? 예를 들어 수학적 알고리즘을 실행 중이거나 디바이스에 정확한 타이밍으로 어떤 값을 써주는 동작이 여기에 해당합니다. 이 경우 시스템이나 관련 디바이스 드라이버는 오동작할 수 있습니다. 그렇다면 **선점돼서는 안 될 코드 블록이 있는 경우 어떻게 해야 선점 스케줄링을 비활성화할 수 있을까요?** 선점됐을 때 문제가 생길 수 있는 중요한 코드 블록은 preempt_disable()과 preempt_enable() 함수를 페어로 호출해서 선점 스케줄링을 비활성화해야 합니다.

비선점 스케줄링

이번에는 비선점 스케줄링을 소개합니다. 비선점 스케줄링이란 자발적인 스케줄링이라고도 합니다. 조금 전문적으로 비선점 스케줄링을 정의하자면 **"프로세스가 입출력을 시작하면서 자발적으로 스케줄링을 요청하는 동작"**이라 할 수 있습니다. 입출력이 끝나면 다시 깨어나 실행 대기 상태로 바꾼 다음 다시 실행을 시작하는 것입니다.

프로세스가 파일 I/O를 시작할 때 파일 입출력을 기다려야 하므로 CPU를 사용할 필요가 없습니다. 이때 프로세스가 자발적으로 스케줄링 요청을 하는 것입니다.

10.1.3 컨텍스트 스위칭이란?

CPU에서 실행 중인 프로세스를 비우고 새로운 프로세스를 CPU에서 실행시키는 동작을 컨텍스트 스위칭이라고 합니다. 다음 그림을 보면서 컨텍스트 스위칭이라는 용어를 살펴봅시다.

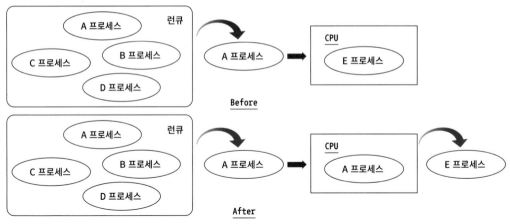

그림 10.4 컨텍스트 스위칭의 실행 흐름

그림 10.4의 위쪽에 Before로 표시된 부분을 보면 CPU에서 'E 프로세스'가 있습니다. CPU에서 E라는 프로세스가 실행 중인 것을 의미합니다. '어떤 프로세스가 CPU에서 실행 중'이라는 것은 어떤 의미일까요? CPU 레지스터 세트에 프로세스의 실행 정보가 채워져 있다는 것을 의미합니다. 즉, 어떤 코드가 실행 중이라는 의미는 CPU 코어의 프로그램 카운터에서 현재 실행 중인 주소를 가리키고 있다는 것입니다.

E라는 프로세스는 계속 CPU에서 실행을 하려고 하지만 A, B, C, D 프로세스들이 실행 요청을 합니다. 스케줄러는 CPU에서 실행 중인 E 프로세스와 A, B, C, D 프로세스들과의 우선순위를 비교합니다. 만약 E 프로세스보다 A라는 프로세스가 우선순위가 높으면 스케줄러는 어떻게 할까요? **E 프로세스를 CPU에서 빼낸 후 A 프로세스를 CPU에 채워줍니다.**

이 동작을 조금 더 세분화하면 다음과 같이 설명할 수 있습니다.

> **1단계:** CPU에서 실행 중인 E 프로세스의 실행 정보로 채워져 있는 CPU 레지스터 세트를 비운다.
>
> **2단계:** A 프로세스의 레지스터 세트를 다시 CPU 코어 레지스터에 채운다.

이 정도로 컨텍스트 스위칭에 대한 개념을 기억합시다. 세부 동작 방식은 10.9절 "컨텍스트 스위칭"에서 다룹니다.

10.1.4 스케줄링 정책이란?

스케줄링은 실행 대기 상태에 있는 프로세스 목록 중 하나를 선택해서 CPU를 실행하는 동작입니다. 여기서 한 가지 의문이 생깁니다. **실행 대기 상태의 프로세스 중 하나를 어떤 규칙으로 선택한 후 CPU 실행 상태로 바꿀까요?**

스케줄러는 다음 그림과 같이 A ~ D 프로세스를 **어떤 방식으로** 선택해서 CPU에서 실행할지 결정해야 합니다.

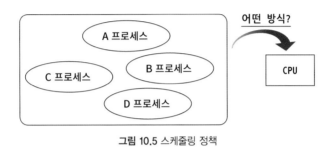

그림 10.5 스케줄링 정책

스케줄링 동작을 구현할 때 프로세스를 어떤 방식으로, 무엇을 기준으로 선택하느냐는 중요한 설계 시나리오 중 하나입니다. 이를 스케줄링 정책이라고 합니다.

이해를 돕기 위해 한 가지 예를 들겠습니다. 종합 병원에서 진찰을 받으려면 먼저 예약을 해서 진료 시간을 잡아야 합니다. 진료 시간에 병원에 방문하면 대기실에서 여러 환자들이 진찰을 받기 위해 기다립니다. 의사에게 받는 진찰 시간은 30분 정도로 정해져 있습니다. 한 환자가 진찰을 독점할 수는 없습니다. 이는 일반적인 상황에서의 진료 정책이라고 말할 수 있습니다.

하지만 응급실은 다릅니다. 응급실에 들어오는 환자는 심각한 상태인 경우가 많아 바로 의사가 진찰하고 치료 시간은 정해 놓지 않습니다. 이처럼 종합 병원에서는 일반 환자를 진찰할 때의 정책과 응급환자를 진찰할 때의 정책이 다릅니다.

프로세스도 마찬가지입니다. 일반 환자들의 진찰 시간이 어느 정도 정해져 있듯이 일반 프로세스들의 실행 시간은 정해져 있습니다. 이를 시분할 실행 정책이라고 말하기도 합니다. 대기 중인 프로세스가 모두 실행할 수 있는 기회를 얻는 것이 중요하다는 것입니다.

하지만 프로세스 중에서 우선순위가 높아 CPU를 점유하면서 계속 실행해야 하는 경우가 있습니다. 오디오나 비디오 같은 멀티미디어 관련 프로세스를 예로 들 수 있습니다. 이런 종류의 프로세스는 자신보다 우선순위가 높은 프로세스가 실행을 요청하기 전까지 계속 CPU를 점유하면서 실행합니다.

커널에서 스케줄링 정책은 다음과 같이 분류할 수 있습니다.

- 우선순위가 높은 프로세스가 계속 CPU를 점유하면서 실행합니다.
- 실행 대기 상태에 있는 프로세스들에게 공평하게 실행 기회를 부여합니다.

리눅스 커널에서는 다음 헤더 파일에 스케줄링 정책이 정의돼 있습니다.

https://github.com/raspberrypi/linux/blob/rpi-4.19.y/include/uapi/linux/sched.h

```
#define SCHED_NORMAL      0
#define SCHED_FIFO        1
#define SCHED_RR          2
#define SCHED_BATCH       3
#define SCHED_IDLE        5
#define SCHED_DEADLINE    6
```

커널은 평상 시 일반 프로세스들을 SCHED_NORMAL 정책으로 관리합니다. 실행 대기 상태에 있는 프로세스들에 대해 공평하게 실행할 기회를 부여하는 것입니다. 하지만 가끔 우선순위가 높아서 일을 마무리할 때까지 CPU를 점유해야 하는 프로세스가 있을 수 있습니다. 이럴 때 해당 프로세스에 SCHED_FIFO 정책을 적용합니다. SCHED_FIFO 정책으로 실행하는 프로세스를 보통 RT(Real-Time: 실시간) 프로세스라고 합니다.

10.1.5 스케줄러 클래스란?

대부분 커널이 지원하는 스케줄러는 CFS(Completely Fair Scheduler)라고 생각하는 분들이 많습니다. 하지만 커널은 5개의 스케줄러를 지원하며, 프로세스가 이를 유연하게 사용하도록 스케줄러의 세부 동작을 객체화했습니다. 이를 스케줄러 클래스라고 부르며, 5개의 스케줄러를 스케줄러 클래스라고 정의합니다.

그림 10.6 스케줄러 클래스의 종류

위 그림에서 볼 수 있듯이 리눅스 커널에서는 기본적으로 5개의 스케줄러를 제공합니다.

- stop 스케줄러
- deadline 스케줄러
- RT 스케줄러
- CFS 스케줄러
- 아이들 스케줄러

프로세스는 자신이 실행할 스케줄러 클래스 정보를 갖고 있습니다. 즉, 모든 프로세스들은 태스크 디스크립터에 자신이 선택하거나 부모 프로세스로부터 물려받은 스케줄러 클래스 정보가 있는 것입니다. 대부분의 일반 프로세스들은 CFS 스케줄러 클래스에 등록해서 CFS 스케줄러로 스케줄링됩니다.

하지만 프로세스의 우선순위가 올라가서 선점되지 않고 CPU를 점유하면서 지속적으로 어떤 일을 수행하기 위해서는 CFS 스케줄러 클래스보다 우선순위가 높은 RT 스케줄러를 써야 합니다. 이때 프로세스는 간단히 스케줄러 클래스만 바꿔주면 지정한 스케줄러를 사용할 수 있습니다.

정리하면 커널이 스케줄러 클래스를 지원하는 이유는 **프로세스가 유연하게 스케줄러를 바꿀 수 있는 인터페이스를 제공해주기 위해서입니다.**

이처럼 리눅스 커널은 프로세스가 다양한 상황에서 유연하게 스케줄링할 수 있게 5개의 스케줄러를 제공합니다.

10.1.6 런큐란?

반복하지만 리눅스 커널 스케줄링은 다음과 같은 이유로 도입됐습니다.

> **CPU에서는 한 개의 프로세스만 실행할 수 있다.**

만약 CPU가 10개 있는데 10개의 프로세스만 실행한다면 스케줄링 동작은 필요 없을 것입니다. 그럼 다음과 같은 상황을 머릿속으로 그려봅시다.

- CPU에서 A 프로세스가 실행되는 동안 B 프로세스가 대기 상태에 있다.
- CPU에서 A 프로세스가 실행을 마치면 실행 대기 상태인 B 프로세스가 실행을 시작한다.

이처럼 실행 대기 중인 프로세스가 한 개 밖에 없다면 얼마나 좋을까요? 이 방식대로 프로세스들이 동작한다면 리눅스 커널 코드는 지금과 같이 복잡하지 않을 것입니다. 하지만 실제 스케줄링의 세부 동작을 살펴보면 이와 같지 않습니다.

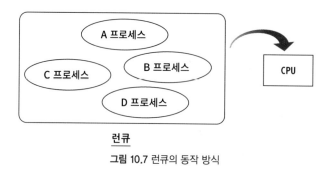

런큐

그림 10.7 런큐의 동작 방식

CPU에서 어떤 프로세스가 실행되는 동안 A 프로세스, B 프로세스, C 프로세스, D 프로세스 등등 다수의 프로세스들이 서로 실행 대기 상태로 기다릴 수 있습니다. 각 프로세스들은 되도록 빨리 실행되고 싶어합니다. 서로 자신들의 우선순위가 높다고 주장할 것입니다. 또한 여러 개의 프로세스들이 동시 다발적으로 실행 요청을 합니다.

이 같은 상황에서 대기 상태에 있는 프로세스를 관리하는 자료구조나 특정 메모리 공간이 필요하지 않을까요? 이런 역할을 수행하는 것이 런큐이며, 런큐를 정의하면 "**실행 대기 상태의 프로세스와 CPU에서 실행 중인 프로세스를 관리하는 자료구조**"라고 할 수 있습니다. 즉, 런큐가 여러 개의 프로세스들로부터 실행 요청을 받아 이를 관리합니다. 그래서 스케줄러는 런큐 자료구조를 이용해 스케줄링할 수 있는 것입니다. 여기서 다음과 같은 의문이 생깁니다.

그러면 '프로세스 스케줄링' 동작에서 언제 런큐 자료구조에 접근할까?

먼저 프로세스 입장에서 생각해 봅시다. 프로세스가 실행 요청을 할 때는 다음과 같은 단계로 동작합니다.

- 1단계: 프로세스의 상태를 실행 대기(TASK_RUNNING) 상태로 변경
- 2단계: 런큐에 삽입

프로세스가 실행되려면 먼저 런큐에 '삽입'하면서 자신을 등록해야 합니다. 런큐는 실행 대기 상태인 일반 프로세스를 프로세스의 태스크 디스크립터를 연결 리스트로 등록해 관리합니다.

이번에는 스케줄러 입장에서 언제 런큐에 접근하는지 알아보자면 **스케줄러는 실행 대기 목록에 있는 프로세스 중에서 우선순위가 가장 높은 프로세스를 다음에 실행할 프로세스로 선택합니다.** 즉, 스케줄러는 런큐 자료구조에 접근해서 실행 대기 상태인 프로세스들 중에 우선순위를 고려해서 다음에 실행할 프로세스를 선택하는 것입니다. 커널은 프로세스들이 생성될 때 프로세스의 상태나 컨텍스트 정보

를 저장할 수 있는 태스크 디스크립터를 부여하는데, 런큐는 태스크 디스크립터 단위로 실행 대기 상태에 있는 프로세스를 관리합니다.

여기서 가장 중요한 의문이 생깁니다. **CPU를 점유하면서 실행 중인 프로세스는 런큐에서 확인할 수 있을까요?** 런큐 관점에서 스케줄링되어 프로세스의 상태가 'CPU 실행'으로 변경된다는 의미는 rq 구조체의 curr 필드에 저장된 프로세스의 태스크 디스크립터의 주소가 바뀐다는 것입니다. 즉, 런큐에서 실행 대기 상태로 연결 리스트에 등록된 태스크 디스크립터 중 하나를 rq 구조체의 curr 필드에 저장한다는 것입니다.

10.1.7 우선순위(nice)란?

다른 운영체제와 마찬가지로 리눅스 커널도 프로세스마다 우선순위를 매기며 이를 기준으로 다음에 실행할 프로세스를 선택합니다. **그렇다면 커널에서 우선순위란 무엇일까요?**

커널에서 우선순위가 무엇인지 알려면 먼저 nice의 의미를 파악할 필요가 있습니다. nice는 유저 공간에서 설정한 프로세스의 우선순위를 뜻합니다. 정수형인 nice의 범위는 -20~19인데 이 값은 커널 공간에서 100~139 범위의 값으로 변환되어 관리됩니다.

이해를 돕기 위해 다음 그림을 함께 봅시다.

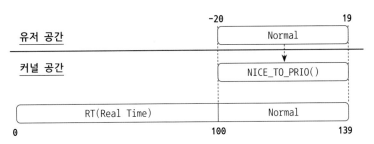

그림 10.8 유저 공간과 커널 공간별 우선순위

보다시피 유저 공간의 Normal과 커널 공간의 Normal 우선순위 사이에 NICE_TO_PRIO() 함수를 볼 수 있습니다. NICE_TO_PRIO() 함수는 유저 공간에서 설정된 nice값을 커널에서 관리하는 우선순위로 바꿉니다.

유저 공간에서 설정한 nice 값의 범위는 -20~19인데 커널 공간에서는 100~139 범위의 우선순위로 변환됩니다. 이처럼 프로세스마다 부여되는 우선순위에 따라 프로세스의 종류가 나뉩니다. 커널 공간에서 RT 스케줄러 클래스에 등록한 RT 프로세스의 우선순위 범위는 0~99이고, CFS 스케줄러 클래스에서 구동하는 일반 프로세스의 우선순위 범위는 100~139입니다.

NICE_TO_PRIO() 함수는 다음과 같은 공식으로 nice를 커널 우선순위로 변환합니다.

```
static_prio = 120 + nice
```

이해를 돕기 위해 NICE_TO_PRIO()의 소스코드를 봅시다.

https://github.com/raspberrypi/linux/blob/rpi-4.19.y/include/linux/sched/prio.h

```
01 #define NICE_TO_PRIO(nice)((nice) + DEFAULT_PRIO)
02
03 #define DEFAULT_PRIO (MAX_RT_PRIO + NICE_WIDTH / 2)
04 #define MAX_USER_RT_PRIO   100
05
06 #define MAX_NICE          19
07 #define MIN_NICE          -20
08 #define NICE_WIDTH        (MAX_NICE - MIN_NICE + 1)
09 #define MAX_RT_PRIO       100
```

1번째 줄은 NICE_TO_PRIO() 매크로의 선언부이고, 3~8번째 줄은 NICE_TO_PRIO() 매크로를 계산할 때 필요한 정보입니다.

이 정보를 활용해 다음과 같이 단계별로 "((nice) + DEFAULT_PRIO)" 수식을 풀어가면 최종 수식은 "nice + 120"임을 알 수 있습니다.

```
((nice) + DEFAULT_PRIO)
((nice) + (MAX_RT_PRIO + NICE_WIDTH / 2))
((nice) + (100 + NICE_WIDTH / 2))
((nice) + (100 + (MAX_NICE - MIN_NICE + 1) / 2))
((nice) + (100 + (19 - (-20) + 1) / 2))
((nice) + (100 + (19 + 20 + 1) / 2))
((nice) + (100 + (40) / 2))
((nice) + (100 + 20))
((nice) + (120))
```

이렇게 우선순위별로 RT 프로세스와 일반 프로세스로 분류할 수 있습니다. 각각의 특징을 알아보면 다음과 같습니다.

RT(Real-Time) 프로세스의 우선순위 범위

RT 프로세스는 0~99 사이의 우선순위에서 실행됩니다. 일반 프로세스에 비해 높은 우선순위로 실행되므로 빠르고 신속히 처리하도록 구현해야 합니다.

스케줄러 정책은 SCHED_FIFO이며 우선순위가 더 높은 RT 프로세스가 없으면 계속 CPU를 점유해 사용합니다. 런큐 내 서브 런큐 중 RT 프로세스를 관리하는 RT 프로세스 런큐가 있으며 rt_rq 구조체로 구현돼 있습니다.

일반 프로세스의 우선순위 범위

일반 프로세스는 100~139 범위의 우선순위에서 실행됩니다. CFS 스케줄러 클래스로 실행되며, 대부분의 프로세스가 이 범주에 속합니다. 또한 CFS 스케줄러 정책에 따라 SCHED_NORMAL 스케줄링 정책으로 시분할 방식으로 관리됩니다.

이번 절에서는 스케줄링을 구성하는 주요 개념을 소개했습니다. 다음 절에서는 프로세스의 상태를 기준으로 커널이 어떻게 스케줄링을 수행하는지 살펴보겠습니다.

10.2 프로세스 상태 관리

커널은 프로세스를 효율적으로 관리하기 위해 프로세스에게 상태 정보를 부여합니다. 커널에서 정의한 프로세스의 상태는 다음과 같습니다.

https://github.com/raspberrypi/linux/blob/rpi-4.19.y/include/linux/sched.h

```
#define TASK_RUNNING            0x0000
#define TASK_INTERRUPTIBLE      0x0001
#define TASK_UNINTERRUPTIBLE    0x0002
#define __TASK_STOPPED          0x0004
#define __TASK_TRACED           0x0008
```

커널에서 구동 중인 프로세스는 위에서 정의한 상태 정보를 갖고 있으며, 커널은 이 정보를 기준으로 스케줄링을 수행합니다. **그럼 프로세스의 상태는 어디에 저장할까요?** 프로세스를 관리하는 태스크 디스크립터 필드 중 state가 바로 앞에서 언급한 상태 정보를 정수형으로 담고 있습니다.

https://github.com/raspberrypi/linux/blob/rpi-4.19.y/include/linux/sched.h

```
struct task_struct {
...
    /* -1 unrunnable, 0 runnable, >0 stopped: */
    volatile long state;
```

그렇다면 프로세스의 실행 상태를 분류하는 이유는 무엇일까요? **바로 프로세스를 효율적으로 관리할 수 있기 때문입니다.**

이번 절에서는 리눅스 커널에서 프로세스의 상태를 어떻게 관리하는지 살펴보겠습니다.

10.2.1 프로세스 상태

프로세스의 상태는 다음과 같은 프로세스 상태 다이어그램으로 표현할 수 있습니다.

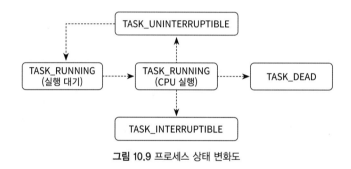

그림 10.9 프로세스 상태 변화도

다음 표에서 프로세스의 상태를 확인할 수 있습니다.

표 10.3 프로세스 상태별 세부 동작

프로세스 상태	내용
실행대기 (TASK_RUNNING)	▪ 프로세스가 런큐에 삽입이 된 후 실행을 기다리는 상태 ▪ 스케줄러는 TASK_RUNNING(실행 대기) 상태에 있는 프로세스 중에서 CPU에서 실행할 프로세스를 선택
CPU 실행 (TASK_RUNNING)	▪ 프로세스가 CPU에서 실행 중인 상태 ▪ CPU 레지스터 세트에는 현재 실행 중인 프로세스의 상태 정보로 채워짐
TASK_INTERRUPTIBLE	▪ 프로세스가 휴면 상태에 진입한 상태 ▪ 프로세스를 깨우면 디시 TASK_RUNNING(실행 대기) 상태로 변경됨

프로세스 상태	내용
TASK_UNINTERRUPTIBLE	▪ 프로세스가 특정 조건으로 깨어나고 싶을 때 설정하는 상태 ▪ 보통 스스로 깨어날 조건을 설정한 다음에 TASK_UNINTERRUPTIBLE 상태로 변경 ▪ 뮤텍스를 얻지 못하거나 입출력(I/O) 동작 중에 TASK_UNINTERRUPTIBLE 상태로 변경

프로세스는 생성된 후 위 표에서 정리한 상태 중 하나로 실행됩니다. 커널 스케줄러는 프로세스의 상태 정보를 읽고 다음에 어떤 프로세스를 실행할지 결정합니다.

TASK_RUNNING 상태에 대한 이야기를 조금 더 하겠습니다.

current 프로세스란?

런큐에 삽입된 후 실행을 기다리는 실행 대기(TASK_RUNNING) 상태의 프로세스와 CPU를 점유하면서 실행 중인 CPU 실행(TASK_RUNNING) 상태의 프로세스가 모두 TASK_RUNNING 상태입니다. **리눅스 커널에서는 이 두 가지 상태를 어떻게 식별할까요?**

다음과 같은 런큐 구조체를 보면서 그 이유를 설명하겠습니다.

https://github.com/raspberrypi/linux/blob/rpi-4.19.y/kernel/sched/sched.h

```
01 struct rq {
02     /* runqueue lock: */
03     raw_spinlock_t lock;
...
04     struct task_struct *curr, *idle, *stop;
```

04번째 줄에 보이는 런큐 구조체인 rq의 curr 필드는 현재 CPU를 점유하면서 실행 중인 프로세스의 태스크 디스크립터의 주소를 저장합니다. 커널은 CPU를 점유하면서 실행 중인 프로세스를 확인할 때 런큐 구조체의 curr 필드에 접근합니다.

이번에는 rq 구조체의 필드 중 curr에 접근하는 예제 코드를 보겠습니다.

https://github.com/raspberrypi/linux/blob/rpi-4.19.y/kernel/sched/sched.h

```
01 static inline int task_current(struct rq *rq, struct task_struct *p)
02 {
03     return rq->curr == p;
04 }
```

함수의 인자를 먼저 확인해 봅시다.

▪ struct rq *rq: 런큐 구조체
▪ struct task_struct *p: 태스크 디스크립터의 주소

위 task_current() 함수의 3번째 줄을 보면 rq 구조체의 curr 필드와 두 번째 인자로 전달한 태스크 디스크립터를 비교합니다. 두 번째 인자인 struct task_struct *p가 현재 CPU에서 실행 중인지 점검하는 동작입니다. 만약 현재 CPU에서 실행 중이면 1을, 아니면 0을 반환합니다. 요약하면 위 함수는 **두 번째로 전달한 프로세스가 현재 CPU에서 실행 중인 프로세스인지 점검하는 역할을 합니다.**

이번에는 task_current() 함수를 호출하는 코드를 봅시다.

https://github.com/raspberrypi/linux/blob/rpi-4.19.y/kernel/sched/core.c

```
01 void do_set_cpus_allowed(struct task_struct *p, const struct cpumask *new_mask)
02 {
03     struct rq *rq = task_rq(p);
04     bool queued, running;
05
06     lockdep_assert_held(&p->pi_lock);
07
08     queued = task_on_rq_queued(p);
09     running = task_current(rq, p);
```

3번째 줄에서 런큐의 주소를 읽습니다. 이후 9번째 줄에서 task_current() 함수를 호출해서 p라는 프로세스(태스크 디스크립터)가 현재 CPU에서 실행 중인지 점검합니다.

이처럼 CPU를 점유하면서 현재 실행 중인 프로세스를 current 프로세스라고 부릅니다.

TASK_INTERRUPTIBLE과 TASK_UNINTERRUPTIBLE 상태의 차이점은 무엇일까?

프로세스가 휴면 상태에 진입하면 TASK_INTERRUPTIBLE과 TASK_UNINTERRUPTIBLE 중 하나의 상태로 바뀝니다. 두 상태의 차이점은 무엇일까요?

보통 프로세스가 휴면 상태에 진입하면 TASK_INTERRUPTIBLE 상태로 바뀝니다. ps -ely 명령어를 입력하면 모든 프로세스 목록을 볼 수 있습니다. 대부분의 프로세스는 TASK_INTERRUPTIBLE 상태입니다.

그런데 프로세스가 휴면 상태에 진입하면서 프로세스가 특정 조건에서 깨어나고 싶을 때가 있습니다. 이때 스스로 깨어날 조건을 설정한 다음, 자신을 TASK_UNINTERRUPTIBLE 상태로 바꿉니다. 대표적으로 뮤텍스를 얻지 못하거나 I/O 동작 중에 TASK_UNINTERRUPTIBLE 상태로 바꿉니다. 예를 들어 프로세스가 뮤텍스를 획득하지 못했을 때 자신을 TASK_UNINTERRUPTIBLE 상태로 바꾼 다음 휴면 상태에 진입합니다. 대부분 뮤텍스를 해제하는 프로세스가 자신을 깨우면 TASK_RUNNING(실행 대기) 상태로 바뀝니다.

커널에서 구동 중인 전체 프로세스 목록 중 TASK_UNINTERRUPTIBLE 혹은 TASK_RUNNING 상태의 프로세스가 너무 많은(20개 이상) 경우가 있습니다. 이럴 때는 시스템에 뭔가 문제가 있을 확률이 높으니 프로세스들의 콜 스택이나 ftrace를 차근차근 점검할 필요가 있습니다.

그렇다면 시스템에서 TASK_UNINTERRUPTIBLE 혹은 TASK_RUNNING 상태의 프로세스 개수가 많은 이유는 무엇일까요? 다음과 같은 대표적인 예시를 들 수 있습니다.

첫째, TASK_UNINTERRUPTIBLE 상태의 프로세스가 비정상으로 많은 경우

- 다수의 프로세스들이 뮤텍스를 획득하지 못해 자신을 TASK_UNINTERRUPTIBLE 상태로 바꾸고 휴면 상태에 진입함
- I/O 동작 중에 외부 저장 장치와 인터페이싱에 문제가 있음

둘째, TASK_RUNNING 상태의 프로세스가 비정상으로 많은 경우

- 특정 프로세스가 CPU를 계속 점유하고 실행 중
- 인터럽트가 비정상적으로 많이 발생해서 프로세스 선점 스케줄링이 제대로 수행되지 못함

10.2.2 프로세스 상태 변화

이번에는 프로세스의 상태가 바뀔 때의 동작 방식을 알아보겠습니다. 프로세스의 상태 정보를 단편적으로 아는 것보다 프로세스의 상태가 바뀔 때 커널이 어떻게 동작하는지 파악하는 것이 중요합니다.

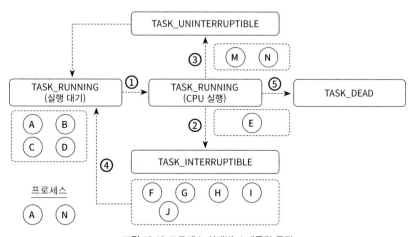

그림 10.10 프로세스 상태별 스케줄링 동작

① 실행 대기 → CPU 실행 중

프로세스가 생성된 다음 바로 TASK_RUNNING(실행 대기) 상태로 바뀌면서 자신을 런큐에 삽입합니다. 스케줄러가 TASK_RUNNING(실행 대기) 프로세스 중에서 우선순위가 가장 높은 프로세스를 선택한 다음 CPU에서 실행시킵니다.

프로세스가 CPU를 점유해 실행되려면 먼저 TASK_RUNNING 상태로 바꿔야 합니다. 즉, 실행 후보 프로세스 리스트가 되는 것입니다. 다시 말해 스케줄러에 의해 선택되기 위해 런큐에 삽입된 다음, 실행 대기 상태를 관리하는 연결 리스트에 등록하는 것입니다.

여기서 한 가지 질문을 해보겠습니다. **프로세스가 생성된 다음 스스로 자신을 실행할 수 있을까요?**

프로세스는 스스로 자신이 실행되고 싶을 때 실행할 수 없습니다. 프로세스는 스케줄러에 의해 실행을 당하는 것입니다. 달리 말하면 스케줄러가 프로세스를 실행하는 것입니다.

스케줄러가 현재 CPU를 점유하면서 실행 중인 프로세스보다 우선순위가 높은 프로세스가 보이면 이를 어떻게 처리할까요? 스케줄러는 런큐에 있는 실행 대기 목록의 프로세스 중 우선순위가 가장 높은 프로세스를 선택하고 난 다음 CPU로 데리고 갑니다. **이어서 기존에 CPU를 점유하면서 실행 중인 프로세스를 CPU에서 비우고 선택한 프로세스를 CPU에서 실행시킵니다.** 이때 CPU 레지스터 세트는 새롭게 실행할 프로세스의 실행 정보(프로그램 카운터, 스택, 입력 인자) 등으로 채워집니다. 이 동작을 컨텍스트 스위칭이라고 합니다.

② CPU 실행(TASK_RUNNING) → 휴면(TASK_INTERRUPTIBLE)

보통 프로세스는 이 흐름으로 휴면 상태에 진입합니다. 프로세스가 다시 깨어나길 기다리거나 지정된 시간 동안 기다리는 상태입니다.

프로세스가 다시 깨어날 조건이 되면 프로세스는 다시 TASK_RUNNING(실행 대기) 상태로 바꾸면서 런큐에 삽입합니다. TASK_RUNNING(실행 대기) 상태인 프로세스를 스케줄러가 선택하면 CPU에서 실행할 수 있습니다.

③ CPU 실행 중(TASK_RUNNING) → 휴면(TASK_UNINTERRUPTIBLE)

프로세스가 특정 조건에서 깨어나 실행하려면 TASK_UNINTERRUPTIBLE 상태로 바꿉니다. 대부분의 프로세스는 다음과 같은 순서로 동작합니다.

1. **자신이 깨어날 조건을 설정**

2. **TASK_UNINTERRUPTIBLE 상태로 변경**

3. **schedule( ) 함수를 호출해 휴면 상태에 진입**

스케줄링 관점에서 분석하면 명시적 스케줄링 혹은 비선점형 스케줄링 동작인 상황입니다.

프로세스 동작 관점에서 TASK_UNINTERRUPTIBLE 상태로 바뀌는 과정을 바라보면 프로세스가 데이터 입출력과 관련된 I/O를 실행 중이거나 프로세스가 뮤텍스를 획득하지 못했을 때를 예로 들 수 있습니다. 이 상황에서 프로세스의 상태가 TASK_UNINTERRUPTIBLE로 바뀌는 세부 동작을 알아보겠습니다.

첫째, I/O를 실행할 때

프로세스가 I/O 관련 동작을 수행 중일 때 CPU에서 실행될 필요가 없기 때문에 다른 프로세스가 CPU를 점유할 수 있도록 스스로 TASK_UNINTERRUPTIBLE 상태로 바꿉니다. I/O 동작이 끝나면 다시 TASK_RUNNING(실행 대기) 상태로 바꾼 후 실행을 재개합니다.

둘째, 뮤텍스를 획득하지 못했을 때

프로세스가 뮤텍스를 획득하지 못했을 때 자신을 TASK_UNINTERRUPTIBLE 상태로 바꾼 다음에 휴면 상태에 진입합니다.

④ 휴면(TASK_INTERRUPTIBLE) → 실행 대기(TASK_RUNNING)

wake_up_process( ) 함수를 호출해서 프로세스를 깨울 때 TASK_INTERRUPTIBLE에서 TASK_RUNNING(실행 대기) 상태로 바꿉니다.

⑤ 휴면(TASK_UNINTERRUPTIBLE) → 실행 대기(TASK_RUNNING)

특정 조건에서 프로세스가 깨어난 후 바꾸는 상태입니다. 깨어난 프로세스는 다시 실행 대기(TASK_RUNNING) 상태로 바뀝니다.

프로세스 동작 관점에서는 다음 상황에서 TASK_UNINTERRUPTIBLE 상태에서 실행 대기(TASK_RUNNING) 상태로 바뀝니다.

- I/O 실행 완료
- 뮤텍스를 해제한 프로세스가 뮤텍스 획득을 위해 휴면 상태에 진입한 프로세스를 깨울 때

10.2.3 어떤 함수가 프로세스 상태를 바꿀까?

지금까지 프로세스 상태가 바뀔 때 프로세스 스케줄링을 수행하는 방식을 살펴봤습니다. 이어서 어떤 리눅스 커널 코드에서 프로세스 상태가 바뀌는지 알아보겠습니다.

사실 디바이스 드라이버 코드를 작성할 때는 프로세스의 상태를 바꾸는 코드를 작성하지는 않습니다. 그런데 드라이버 코드를 실행하는 프로세스는 항상 CPU 실행(TASK_RUNNING) 상태입니다. 누가 프로세스를 CPU 실행(TASK_RUNNING) 상태로 바꿀까요? **바로 커널 내부의 스케줄링 공통 코드에서 CPU 실행 (TASK_RUNNING) 상태로 업데이트합니다.**

다음은 커널이 프로세스 상태를 바꿀 때 호출하는 함수의 목록입니다.

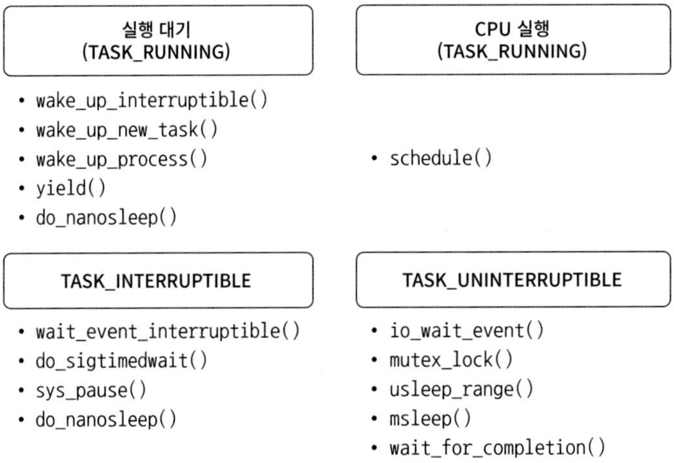

실행 대기
(TASK_RUNNING)

- wake_up_interruptible()
- wake_up_new_task()
- wake_up_process()
- yield()
- do_nanosleep()

CPU 실행
(TASK_RUNNING)

- schedule()

TASK_INTERRUPTIBLE

- wait_event_interruptible()
- do_sigtimedwait()
- sys_pause()
- do_nanosleep()

TASK_UNINTERRUPTIBLE

- io_wait_event()
- mutex_lock()
- usleep_range()
- msleep()
- wait_for_completion()

그림 10.11 프로세스 상태를 바꿀 때 호출되는 함수의 목록

프로세스가 실행 대기(TASK_RUNNING) 상태로 바뀌기 위해 호출하는 함수부터 살펴보겠습니다.

TASK_RUNNING(실행 대기)으로 바뀔 때 호출되는 함수

프로세스가 다음과 같은 동작을 수행할 때 실행 대기(TASK_RUNNING) 상태로 바뀝니다.

- 프로세스를 깨울 때
- 프로세스를 처음 생성하고 실행 요청을 할 때
- 프로세스 관련 정보를 업데이트할 때

보통 휴면 중에 있는 프로세스를 깨우면 프로세스는 실행 대기(TASK_RUNNING) 상태로 바뀝니다. 프로세스의 상태가 실행 대기(TASK_RUNNING)로 바뀔 때 실행하는 함수의 목록은 다음과 같습니다.

표 10.4 프로세스 상태가 실행 대기로 바뀔 때 호출되는 함수의 목록

프로세스 상태	호출되는 함수
실행 대기 (TASK_RUNNING)	▪ wake_up_interruptible() ▪ wake_up_new_task() ▪ wake_up_process() ▪ yield() ▪ do_nanosleep()

앞에서 소개한 함수를 분석하면서 프로세스의 상태를 실행 대기(TASK_RUNNING)로 바꾸는 과정을 살펴봅시다.

wake_up_new_task() 함수

프로세스가 생성된 직후 커널은 생성한 프로세스의 상태를 실행 대기(TASK_RUNNING) 상태로 바꿉니다.

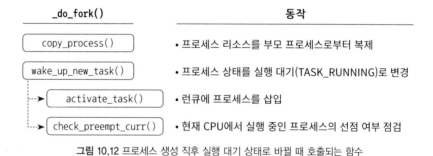

그림 10.12 프로세스 생성 직후 실행 대기 상태로 바뀔 때 호출되는 함수

프로세스를 생성할 때 _do_fork() 함수를 호출합니다. _do_fork() 함수에서는 copy_process() 함수를 호출해 부모 프로세스의 리소스를 자식 프로세스에게 복사합니다.

이 과정을 마무리하면 부모 프로세스는 바로 wake_up_new_task() 함수를 호출해서 생성한 자식 프로세스를 깨웁니다. 즉, 프로세스를 생성한 다음 바로 실행 요청을 하는 것입니다.

이번에는 wake_up_new_task() 함수를 보겠습니다.

https://github.com/raspberrypi/linux/blob/rpi-4.19.y/kernel/sched/core.c

```
01 void wake_up_new_task(struct task_struct *p)
02 {
03     struct rq_flags rf;
04     struct rq *rq;
05
06     raw_spin_lock_irqsave(&p->pi_lock, rf.flags);
07     p->state = TASK_RUNNING;
```

7번째 줄에서 TASK_RUNNING으로 프로세스의 상태를 바꿉니다. 여기서 다음과 같은 의문이 생깁니다. **wake_up_new_task() 함수는 어떤 흐름으로 호출될까요?**

다음 코드를 보면 알 수 있듯이 프로세스를 생성하는 _do_fork() 함수에서 wake_up_new_task() 함수를 호출해 생성한 프로세스를 깨웁니다.

https://github.com/raspberrypi/linux/blob/rpi-4.19.y/kernel/fork.c

```
01 long _do_fork(unsigned long clone_flags,
02         unsigned long stack_start,
03         unsigned long stack_size,
04         int __user *parent_tidptr,
05         int __user *child_tidptr,
06         unsigned long tls)
07 {
08     struct completion vfork;
...
09     wake_up_new_task(p);
```

wake_up_process() 함수

휴면 중인 프로세스를 깨울 때 가장 많이 쓰는 함수입니다. wake_up_process() 함수를 호출하면 프로세스는 TASK_RUNNING(실행 대기) 상태로 바뀝니다.

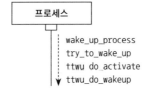

그림 10.13 프로세스를 깨울 때 호출되는 함수의 흐름

wake_up_process() 함수를 호출하면 위 그림과 같은 흐름으로 ttwu_do_wakeup() 함수를 호출합니다.

프로세스의 상태를 TASK_RUNNING(실행 대기)으로 바꾸는 ttwu_do_wakeup() 함수의 구현부는 다음과 같습니다.

https://github.com/raspberrypi/linux/blob/rpi-4.19.y/kernel/sched/core.c

```
01 static void ttwu_do_wakeup(struct rq *rq, struct task_struct *p, int wake_flags,
02                     struct rq_flags *rf)
03 {
04     check_preempt_curr(rq, p, wake_flags);
05     p->state = TASK_RUNNING;
06     trace_sched_wakeup(p);
```

5번째 줄을 보면 태스크 디스크립터의 state 필드에 TASK_RUNNING을 지정합니다. 프로세스의 상태를 TASK_RUNNING으로 바꾸는 코드입니다.

 "프로세스를 깨운다"라는 말의 의미를 잠깐 생각해 봅시다. "프로세스를 깨운다"라는 표현은 프로세스 실행을 스케줄러에게 요청한다는 의미입니다. 이때 런큐에서 실행을 기다리는 프로세스들과 우선순위를 참고해서 실제로는 스케줄러가 프로세스를 실행시킵니다. 즉, 프로세스를 깨운다는 의미는 프로세스 실행을 스케줄러에게 요청한다는 것입니다.

yield() 함수

프로세스의 실행을 잠시 양보할 때 호출하는 yield() 함수에서도 프로세스의 상태를 실행 대기(TASK_RUNNING)로 바꿉니다.

yield() 함수의 코드를 소개합니다.

https://github.com/raspberrypi/linux/blob/rpi-4.19.y/kernel/sched/core.c

```
01 void __sched yield(void)
02 {
03     set_current_state(TASK_RUNNING);
04     do_sched_yield();
05 }
```

3번째 줄을 보면 TASK_RUNNING을 인자로 삼아 set_current_state() 함수를 호출해 프로세스의 상태를 TASK_RUNNING으로 바꿉니다.

4번째 줄에서 호출하는 do_sched_yield() 함수는 스케줄러 클래스의 yield_task 함수를 호출한 다음 스스로 휴면 상태에 진입합니다.

do_nanosleep() 함수

이번에는 특정 시각 동안 휴면 상태에 진입하는 do_nanosleep() 함수의 코드를 보겠습니다.

https://github.com/raspberrypi/linux/blob/rpi-4.19.y/kernel/time/hrtimer.c

```
01 static int __sched do_nanosleep(struct hrtimer_sleeper *t, enum hrtimer_mode mode)
02 {
03     struct restart_block *restart;
04
...
05     __set_current_state(TASK_RUNNING);
```

5번째 줄과 같이 TASK_RUNNING을 인자로 삼아 __set_current_state() 함수를 호출해 프로세스의 상태를 TASK_RUNNING으로 바꿉니다.

TASK_RUNNING(CPU 실행)로 바뀔 때 호출하는 함수 분석

프로세스의 상태를 CPU 실행(TASK_RUNNING)으로 변경하는 함수는 1개밖에 없습니다. __schedule() 함수를 실행할 때 프로세스는 CPU를 점유하면서 실행하는 상태로 바뀝니다.

__schedule() 함수를 살펴봅시다.

https://github.com/raspberrypi/linux/blob/rpi-4.19.y/kernel/sched/core.c

```
01 static void __sched notrace __schedule(bool preempt)
02 {
03     struct rq *rq;
04     int cpu;
05
06     cpu = smp_processor_id();
07     rq = cpu_rq(cpu);
...
08     if (likely(prev != next)) {
09             rq->nr_switches++;
10             rq->curr = next;
...
```

```
11            /* Also unlocks the rq: */
12            rq = context_switch(rq, prev, next, &rf);
13    } else {
...
```

먼저 6~7번째 줄을 보겠습니다.

```
06    cpu = smp_processor_id();
07    rq = cpu_rq(cpu);
```

6번째 줄에서는 현재 실행 중인 CPU 번호를 cpu 지역변수에 저장합니다. 이어서 7번째 줄에서는 현재 실행 중인 CPU 번호에 해당하는 런큐의 구조를 rq 지역변수로 읽습니다.

컨텍스트 스위칭 동작을 수행하기 이전 코드인 8~10번째 줄을 보겠습니다.

```
08    if (likely(prev != next)) {
09            rq->nr_switches++;
10            rq->curr = next;
```

스케줄러가 컨텍스트 스위칭으로 다음에 실행할 프로세스 태스크 디스크립터의 주소는 next 지역변수에 담겨 있습니다. 10번째 줄을 보면 런큐 구조체의 curr 필드에 next를 저장합니다.

런큐 구조체의 curr 필드는 현재 CPU를 점유하면서 실행 중인 프로세스 태스크 디스크립터의 주소를 저장합니다. 이 코드가 실행되면 next에 저장된 프로세스는 CPU를 점유하면서 실행하게 되는데, 이를 프로세스의 상태 관점에서 TASK_RUNNING(CPU 실행) 상태로 바뀐다고 볼 수 있습니다.

누군가 '커널에서 CPU를 점유하면서 실행 중인 프로세스는 어디서 확인할까?'라고 질문을 던진다면 어떻게 답할 수 있을까요? **런큐를 나타내는 rq 구조체의 curr 필드에서 확인할 수 있다고 답할 수 있습니다.**

TASK_INTERRUPTIBLE 상태로 바뀔 때 호출하는 함수 분석

보통 프로세스가 휴면 상태에 진입할 때 커널은 프로세스의 상태를 TASK_INTERRUPTIBLE로 바꿔줍니다. 그렇다면 커널의 어느 코드에서 프로세스의 상태를 TASK_INTERRUPTIBLE 상태로 바꿀까요?

프로세스의 상태를 TASK_INTERRUPTIBLE 상태로 바꾸는 다양한 커널이나 드라이버 코드를 볼 수 있습니다. 그중 대표적인 함수를 요약하면 다음과 같습니다.

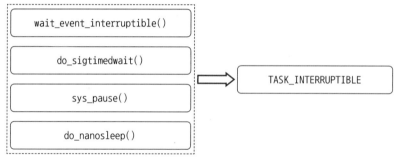

그림 10.14 프로세스 상태가 TASK_INTERRUPTIBLE로 바뀔 때 호출되는 함수

wait_event_interruptible() 함수

wait_event_interruptible() 함수를 호출하면 휴면 상태(TASK_INTERRUTIBLE)로 프로세스의 상태를 바꿉니다. wait_event_interruptible() 함수를 호출하면 웨이트 큐에서 웨이트 큐 이벤트가 실행될 때까지 기다립니다.

이제 커널이 wait_event_interruptible() 함수를 호출하면 프로세스의 상태를 어떻게 바꾸는지 살펴보겠습니다.

https://github.com/raspberrypi/linux/blob/rpi-4.19.y/include/linux/wait.h

```
01 #define wait_event_interruptible(wq_head, condition)                    \
02 ({                                                                      \
03      int __ret = 0;                                                     \
04      might_sleep();                                                     \
05      if (!(condition))                                                  \
06              __ret = __wait_event_interruptible(wq_head, condition);    \
07      __ret;                                                             \
08 })
09
10 #define __wait_event_interruptible(wq_head, condition)                  \
11      ___wait_event(wq_head, condition, TASK_INTERRUPTIBLE, 0, 0,        \
12                      schedule())
```

wait_event_interruptible() 함수는 매크로 형식으로 구성돼 있습니다. 이 함수를 호출하면 3~7번째 줄과 같이 might_sleep()/__wait_event_interruptible() 함수로 치환됩니다.

이어서 __wait_event_interruptible() 함수의 구현부를 보면 11번째 줄과 같이 ___wait_event() 함수를 호출합니다. 그럼 ___wait_event() 함수의 구현부를 보겠습니다.

https://github.com/raspberrypi/linux/blob/rpi−4.19.y/include/linux/wait.h

```
01 #define ___wait_event(wq_head, condition, state, exclusive, ret, cmd)        \
02 ({                                                                           \
03     __label__ __out;                                                         \
04     struct wait_queue_entry __wq_entry;                                      \
05     long __ret = ret; /* explicit shadow */                                  \
06                                                                              \
07     init_wait_entry(&__wq_entry, exclusive ? WQ_FLAG_EXCLUSIVE : 0);         \
08     for (;;) {                                                               \
09             long __int = prepare_to_wait_event(&wq_head, &__wq_entry, state); \
...                                                                            \
10     }                                                                        \
11     finish_wait(&wq_head, &__wq_entry);                                      \
12 __out: __ret;                                                                \
13 })
```

7번째 줄에서 웨이트 큐를 초기화한 다음 9번째 줄에서 prepare_to_wait_event() 함수를 호출해서 웨이트 큐의 전처리 과정을 수행합니다. 다음은 prepare_to_wait_event() 함수의 구현부입니다.

https://github.com/raspberrypi/linux/blob/rpi−4.19.y/kernel/sched/wait.c

```
01 long prepare_to_wait_event(struct wait_queue_head *wq_head, struct wait_queue_entry *wq_entry,
02         int state)
03 {
04     unsigned long flags;
05     long ret = 0;
06
07     spin_lock_irqsave(&wq_head->lock, flags);
08     if (unlikely(signal_pending_state(state, current))) {
...
09     } else {
10             if (list_empty(&wq_entry->entry)) {
11                     if (wq_entry->flags & WQ_FLAG_EXCLUSIVE)
12                             __add_wait_queue_entry_tail(wq_head, wq_entry);
13                     else
```

```
14                              __add_wait_queue(wq_head, wq_entry);
15              }
16          set_current_state(state);
17      }
...
18 }
```

11~14번째 줄에서 웨이트 큐를 삽입시킨 다음, 16번째 줄에서 set_current_state() 함수를 호출해서
프로세스의 상태를 TASK_INTERRUPTIBLE(휴면 상태)로 바꿉니다.

 set_current_state() 함수의 구현부는 다음과 같습니다.

https://github.com/raspberrypi/linux/blob/rpi-4.19.y/include/linux/sched.h

```
01 #define set_current_state(state_value)                  \
02     do {                                        \
03              WARN_ON_ONCE(is_special_task_state(state_value));\
04              current->task_state_change = _THIS_IP_;     \
05              smp_store_mb(current->state, (state_value));\
06      } while (0)
```

5번째 줄의 코드가 핵심인데 current->state 필드에 state_value 인자를 저장합니다. 이 과정에서
smp_store_mb() 함수를 써서 GCC 컴파일러가 코드 최적화를 위해 코드 위치를 바꾸는 것을 방지합니다.
여기서 current는 실행 중인 프로세스의 태스크 디스크립터를 나타내며 task_struct 타입입니다.

sys_pause() 함수

이번에 볼 코드는 시그널을 기다릴 때 호출하는 sys_pause() 함수입니다.

https://github.com/raspberrypi/linux/blob/rpi-4.19.y/kernel/signal.c

```
01 SYSCALL_DEFINE0(pause)
02 {
03     while (!signal_pending(current)) {
04              __set_current_state(TASK_INTERRUPTIBLE);
05              schedule();
06      }
07     return -ERESTARTNOHAND;
08 }
```

sys_pause() 함수는 다음과 같은 동작을 수행합니다.

- 펜딩된 시그널(자신에게 전달된 시그널)이 없는지 점검
- 자신을 TASK_INTERRUPTIBLE(휴면 상태)로 변경
- schedule() 함수를 호출해 휴면 상태에 진입

위 함수의 4번째 줄을 보면 프로세스의 상태를 TASK_INTERRUPTIBLE(실행 대기)로 바꿉니다.

 시그널에 대한 내용은 12장을 참고합시다.

TASK_UNINTERRUPTIBLE 상태로 바뀔 때 호출하는 함수

다음 함수가 호출될 때 프로세스의 상태를 TASK_UNINTERRUPTIBLE로 바꿉니다.

- io_wait_event()
- mutex_lock()
- usleep_range()
- msleep()
- wait_for_completion()

io_wait_event() 함수

io_wait_event() 함수를 호출할 때도 프로세스는 TASK_UNINTERRUPTIBLE 상태로 바뀝니다. io_wait_event() 함수를 봅시다.

https://github.com/raspberrypi/linux/blob/rpi-4.19.y/include/linux/wait.h

```
01 #define io_wait_event(wq_head, condition)                      \
02 do {                                                           \
03     might_sleep();                                             \
04     if (condition)                                             \
05         break;                                                 \
06     __io_wait_event(wq_head, condition);                       \
07 } while (0)
08
09 #define __io_wait_event(wq_head, condition)                    \
```

```
10    (void)___wait_event(wq_head, condition, TASK_UNINTERRUPTIBLE, 0, 0,  \
11                         io_schedule())
```

보다시피 io_wait_event() 함수는 might_sleep()/__io_wait_event() 함수로 치환되는데, 10번째 줄과 같이 ___wait_event() 함수의 3번째 인자로 TASK_UNINTERRUPTIBLE을 전달해서 프로세스의 상태를 변경합니다.

__mutex_lock_common() 함수

뮤텍스는 리눅스 커널의 대표적인 커널 동기화 기법 중 하나입니다.

 프로세스가 뮤텍스를 획득하는 과정은 9.5절에서 상세히 다룹니다.

프로세스가 뮤텍스를 획득하는 과정에서 프로세스의 상태가 TASK_UNINTERRUPTIBLE로 바뀌는 단계를 대화로 풀어서 설명해 보겠습니다.

　　A 프로세스: 뮤텍스를 획득하고 싶습니다.

　　커널: 이미 B라는 프로세스가 뮤텍스를 획득한 상태다.

　　A 프로세스: 그러면 뮤텍스를 계속 기다려야 할까요?

　　커널: 네가 뮤텍스를 획득하기 위해 계속 기다리면 다른 프로세스가 CPU에서 일을 못한다. 너를 TASK_UNINTERRUPTIBLE 상태로 바꾸고 휴면 상태에 진입시켜주마. B라는 프로세스가 뮤텍스를 해제하면 널 깨워주겠다.

이처럼 slowpath 뮤텍스 동작 흐름에서 프로세스를 TASK_UNINTERRUPTIBLE 상태로 바꿉니다. 이를 조금 더 구체적으로 설명하면 이미 프로세스가 뮤텍스를 획득했을 때 다른 프로세스가 뮤텍스를 획득하려고 하면 자신을 뮤텍스 대기열에 등록하고 TASK_UNINTERRUPTIBLE 상태로 바꾼 후 휴면 상태에 진입합니다.

뮤텍스의 동작에 대해 간단히 알아봤으니 이제 관련 코드를 보겠습니다.

https://github.com/raspberrypi/linux/blob/rpi-4.19.y/kernel/locking/mutex.c

```
01 void __sched mutex_lock(struct mutex *lock)
02 {
03     might_sleep();
04
05     if (!__mutex_trylock_fast(lock))
06         __mutex_lock_slowpath(lock);
07 }
```

6번째 줄을 보면 __mutex_lock_slowpath() 함수를 호출합니다. __mutex_lock_slowpath() 함수를 보면 TASK_UNINTERRUPTIBLE을 두 번째 인자로 삼아 __mutex_lock() 함수를 호출합니다.

https://github.com/raspberrypi/linux/blob/rpi-4.19.y/kernel/locking/mutex.c

```
01 static noinline void __sched
02 __mutex_lock_slowpath(struct mutex *lock)
03 {
04     __mutex_lock(lock, TASK_UNINTERRUPTIBLE, 0, NULL, _RET_IP_);
05 }
```

이어서 __mutex_lock() 함수를 보겠습니다.

https://github.com/raspberrypi/linux/blob/rpi-4.19.y/kernel/locking/mutex.c

```
01 static int __sched
02 __mutex_lock(struct mutex *lock, long state, unsigned int subclass,
03         struct lockdep_map *nest_lock, unsigned long ip)
04 {
05     return __mutex_lock_common(lock, state, subclass, nest_lock, ip, NULL, false);
06 }
```

__mutex_lock() 함수의 두 번째 인자가 state입니다. __mutex_lock_slowpath() 함수에서 state 인자로 TASK_UNINTERRUPTIBLE 플래그가 전달됩니다.

다음은 프로세스의 상태를 TASK_UNINTERRUPTIBLE로 바꾸는 __mutex_lock_common() 함수의 구현부입니다.

https://github.com/raspberrypi/linux/blob/rpi-4.19.y/kernel/locking/mutex.c

```
01 static __always_inline int __sched
02 __mutex_lock_common(struct mutex *lock, long state, unsigned int subclass,
03             struct lockdep_map *nest_lock, unsigned long ip,
04             struct ww_acquire_ctx *ww_ctx, const bool use_ww_ctx)
05 {
...
06     set_current_state(state);
07     for (;;) {
...
08             schedule_preempt_disabled();
```

6번째 줄과 같이 set_current_state() 함수를 호출해 프로세스의 상태를 바꿉니다. 함수의 인자로 전달되는 state가 TASK_UNINTERRUPTIBLE이므로 TASK_UNINTERRUPTIBLE 상태로 바뀌는 것입니다.

이처럼 다른 프로세스가 뮤텍스를 획득했으면 8번째 줄과 같이 schedule_preempt_disabled() 함수를 호출해 프로세스 자신은 휴면 상태에 들어갑니다. 나중에 뮤텍스를 획득한 프로세스가 뮤텍스를 해제할 때까지 휴면 상태에 있는 것입니다.

usleep_range() 함수

max와 min으로 지정한 시각만큼 휴면 상태에 들어가는 usleep_range() 함수를 실행해도 TASK_UNINTERRUPTIBLE 상태로 바꿉니다.

usleep_range() 함수를 봅시다.

https://github.com/raspberrypi/linux/blob/rpi-4.19.y/kernel/time/timer.c

```
01 void __sched usleep_range(unsigned long min, unsigned long max)
02 {
03     ktime_t exp = ktime_add_us(ktime_get(), min);
04     u64 delta = (u64)(max - min) * NSEC_PER_USEC;
05
06     for (;;) {
07             __set_current_state(TASK_UNINTERRUPTIBLE);
08             /* Do not return before the requested sleep time has elapsed */
09             if (!schedule_hrtimeout_range(&exp, delta, HRTIMER_MODE_ABS))
10                     break;
11     }
12 }
```

7번째 줄을 보면 __set_current_state() 함수를 호출해 프로세스의 상태를 TASK_UNINTERRUPTIBLE로 바꿉니다.

msleep() 함수

msleep() 함수는 밀리초 단위로 딜레이를 줄 때 호출합니다. 주로 리눅스 드라이버에서 많이 활용합니다. msleep() 함수를 쓰는 예제 코드를 잠깐 봅시다.

https://github.com/raspberrypi/linux/blob/rpi-4.19.y/drivers/i2c/busses/i2c-tegra.c

```
01 static int tegra_i2c_flush_fifos(struct tegra_i2c_dev *i2c_dev)
02 {
...
03     while (i2c_readl(i2c_dev, offset) & mask) {
04         if (time_after(jiffies, timeout)) {
05             dev_warn(i2c_dev->dev, "timeout waiting for fifo flush\n");
06             return -ETIMEDOUT;
07         }
08         msleep(1);
09     }
10     return 0;
11 }
```

3~9번째 줄은 while 문입니다. 3번째 줄에서는 i2c_readl() 함수를 호출해서 i2c 버스에서 약속된 값을 읽습니다.

그런데 8번째 줄에서 msleep(1) 함수를 호출해서 1밀리초만큼 딜레이를 줍니다. 위 코드는 디바이스 드라이버 관점에서 다음과 같이 동작합니다.

> 하드웨어적으로 i2c 버스에서 어떤 값을 읽을 때 딜레이를 줘서 i2c 버스가 실행할 여유 시간을 주자.

예제 코드를 봤으니 msleep() 함수의 구현부를 보겠습니다.

https://github.com/raspberrypi/linux/blob/rpi-4.19.y/kernel/time/timer.c

```
01 void msleep(unsigned int msecs)
02 {
03     unsigned long timeout = msecs_to_jiffies(msecs) + 1;
04
05     while (timeout)
06         timeout = schedule_timeout_uninterruptible(timeout);
07 }
08
09 signed long __sched schedule_timeout_uninterruptible(signed long timeout)
10 {
11     __set_current_state(TASK_UNINTERRUPTIBLE);
```

```
12      return schedule_timeout(timeout);
13 }
```

msleep() 함수에서 6번째 줄과 같이 schedule_timeout_uninterruptible() 함수를 호출합니다. schedule_timeout_uninterruptible() 함수를 보면 11번째 줄과 같이 __set_current_state() 함수를 호출해 프로세스를 TASK_UNINTERRUPTIBLE 상태로 바꿉니다.

이후 12번째 줄을 실행해서 schedule_timeout() 함수를 실행합니다.

wait_for_completion() 함수

wait_for_completion() 함수를 호출하면 프로세스의 상태는 TASK_UNINTERRUPTIBLE로 바뀝니다.

https://github.com/raspberrypi/linux/blob/rpi-4.19.y/kernel/sched/completion.c

```
01 void __sched wait_for_completion(struct completion *x)
02 {
03     wait_for_common(x, MAX_SCHEDULE_TIMEOUT, TASK_UNINTERRUPTIBLE);
04 }
```

3번째 줄에서 wait_for_common() 함수를 호출할 때 3번째 인자로 TASK_UNINTERRUPTIBLE 상태를 지정합니다. wait_for_common() 함수를 호출하면 다음과 같은 흐름으로 함수가 호출됩니다.

```
wait_for_completion(struct completion *x);
wait_for_common(x, MAX_SCHEDULE_TIMEOUT, TASK_UNINTERRUPTIBLE);
__wait_for_common(x, schedule_timeout, MAX_SCHEDULE_TIMEOUT, TASK_UNINTERRUPTIBLE);
do_wait_for_common(x, action=schedule_timeout, MAX_SCHEDULE_TIMEOUT, TASK_UNINTERRUPTIBLE);
```

그러면 어느 함수에서 프로세스의 상태를 TASK_UNINTERRUPTIBLE로 바꿀까요? do_wait_for_common() 코드를 보면 알 수 있습니다.

https://github.com/raspberrypi/linux/blob/rpi-4.19.y/kernel/sched/completion.c

```
01 static inline long __sched
02 do_wait_for_common(struct completion *x,
03                 long (*action)(long), long timeout, int state)
04 {
05     if (!x->done) {
06             DECLARE_WAITQUEUE(wait, current);
07
```

```
08                __add_wait_queue_entry_tail_exclusive(&x->wait, &wait);
09                do {
10                        if (signal_pending_state(state, current)) {
11                                timeout = -ERESTARTSYS;
12                                break;
13                        }
14                        __set_current_state(state);
15                        spin_unlock_irq(&x->wait.lock);
16                        timeout = action(timeout);
17                        spin_lock_irq(&x->wait.lock);
18                } while (!x->done && timeout);
19                __remove_wait_queue(&x->wait, &wait);
20                if (!x->done)
21                        return timeout;
22        }
23        if (x->done != UINT_MAX)
24                x->done--;
25        return timeout ?: 1;
26 }
```

14번째 줄을 보면 __set_current_state() 함수를 호출해서 프로세스의 상태를 TASK_UNINTERRUPTIBLE로 바꿉니다.

```
14                        __set_current_state(state);
```

다음으로 16번째 줄을 실행해서 action으로 등록한 콜백 함수를 호출합니다.

```
16                        timeout = action(timeout);
```

wait_for_completion() 함수를 실행할 때 콜 스택을 확인하면 action 포인터를 실행하면 schedule_timeout() 함수를 호출한다는 사실을 알 수 있습니다.

10.2.4 프로세스 상태를 ftrace로 확인하기

필자가 처음 리눅스 커널을 공부할 때 '프로세스 상태 변화도'를 읽고 다음과 같은 궁금증이 생겼습니다. 커널이 실행하는 동안 커널 소스에서는 프로세스의 상태를 어떻게 확인할 수 있을까? 이를 며칠 동안 고민했지만 끝내 알아내지 못했습니다. 결국 리눅스 커널 공부를 포기하고 말았습니다.

그래서 이번 절에서는 리눅스 시스템에서 프로세스 상태를 직접 확인하는 방법을 공개하려 합니다. 프로세스 상태 변화에 대해 알아봤으니 이번에는 리눅스 시스템에서 실제 프로세스 상태가 어떻게 바뀌는지 알아보는 것입니다.

패치 코드

먼저 컨텍스트 스위칭을 수행하는 다음 코드에 ftrace 로그를 하나 추가합시다.

```
diff --git a/kernel/sched/core.c b/kernel/sched/core.c
index aedd9bf..4fbd5e5 100644
--- a/kernel/sched/core.c
+++ b/kernel/sched/core.c
@@ -3457,7 +3457,7 @@ static void __sched notrace __schedule(bool preempt)
            ++*switch_count;

            trace_sched_switch(preempt, prev, next);
-
+           trace_printk("[+] prev->state:%d, next->state: %d \n", prev->state, next->state);
            /* Also unlocks the rq: */
            rq = context_switch(rq, prev, next, &rf);
        } else {
```

패치 코드를 입력하는 방법에 대한 이해를 돕기 위해 다음 코드를 소개합니다. 원래 __schedule() 함수에서 박스로 표시한 부분의 코드를 입력하면 됩니다.

```
1  static void __sched notrace __schedule(bool preempt)
2  {
3          struct task_struct *prev, *next;
4          unsigned long *switch_count;
...
5
6          if (likely(prev != next)) {
7                  rq->nr_switches++;
8                  rq->curr = next;
9
10                 ++*switch_count;
11
12                 trace_sched_switch(preempt, prev, next);
13
14         + trace_printk("[+] prev->state:%d, next->state: %d \n", prev->state, next->state);
15
16                 /* Also unlocks the rq: */
17                 rq = context_switch(rq, prev, next, &rf);
18         } else {
19                 rq->clock_update_flags &= ~(RQCF_ACT_SKIP|RQCF_REQ_SKIP);
20                 rq_unlock_irq(rq, &rf);
21         }
22
23         balance_callback(rq);
24 }
```

prev와 next는 프로세스의 태스크 디스크립터를 의미합니다. prev는 컨텍스트 스위칭될 프로세스이고 next는 새롭게 실행을 시작하는 프로세스인 것입니다.

앞에서 소개한 패치 코드를 입력한 후 커널을 빌드하고 라즈베리 파이에 설치합시다.

ftrace 로그를 이용한 프로세스 상태 확인

이후 ftrace의 sched_switch 이벤트를 활성화한 다음 3.4.4절에서 소개한 get_ftrace.sh 셸 스크립트를 실행해 ftrace 로그를 받습니다. 추출한 ftrace 로그를 열어 보면 다음과 같은 메시지를 확인할 수 있습니다.

```
01 <idle>-0      [002] d..2   148.079678: sched_switch: prev_comm=swapper/2 prev_pid=0 prev_prio=120
prev_state=R ==> next_comm=rcu_preempt next_pid=8 next_prio=120
02 <idle>-0      [002] d..2   148.079686: __schedule+0x468/0x938: [+] prev->state:0, next->state: 0
```

 ftrace를 설정하는 방법은 3.4절 'ftrace'에서 상세히 다루고 있습니다.

2번째 줄에서 prev->state는 0입니다. 이 정보는 prev 프로세스의 태스크 디스크립터인 task_struct 구조체의 state 필드에 저장된 값입니다. state 필드가 0이면 프로세스의 상태는 무엇일까요? 다음 헤더 파일을 열어보면 정답을 확인할 수 있습니다.

https://github.com/raspberrypi/linux/blob/rpi-4.19.y/include/linux/sched.h

```
#define TASK_RUNNING            0x0000
```

즉, 이 코드로 0x0000은 TASK_RUNNING 상태를 의미한다는 사실을 알 수 있습니다.

prev 프로세스의 상태 값은 0인데, ftrace 메시지에서는 'R(prev_state=R)'로 표시합니다.

```
01 <idle>-0      [002] d..2   148.079678: sched_switch: prev_comm=swapper/2 prev_pid=0 prev_prio=120
prev_state=R ==> next_comm=rcu_preempt next_pid=8 next_prio=120
```

이번에는 다른 ftrace 로그를 보겠습니다.

```
01 watchdog/1-15      [001] d..2   148.095672: sched_switch: prev_comm=watchdog/1 prev_pid=15
prev_prio=0 prev_state=S ==> next_comm=swapper/1 next_pid=0 next_prio=120
02 watchdog/1-15      [001] d..2   148.095677: __schedule+0x468/0x938: [+] prev->state:1, next->state: 0
```

2번째 줄을 보면 prev->state는 1입니다. 이번에는 state 필드가 1이면 어떤 프로세스의 상태를 의미할까요? 다음 헤더 파일을 보면 정답을 확인할 수 있습니다.

https://github.com/raspberrypi/linux/blob/rpi-4.19.y/include/linux/sched.h

```
#define TASK_INTERRUPTIBLE        0x0001
```

이처럼 프로세스의 스케줄링 동작을 나타내는 ftrace의 'sched_switch' 이벤트 메시지로 프로세스의 상태를 알 수 있습니다. 이 메시지를 자주 활용해서 프로세스 상태 변화를 체크합시다.

10.3 스케줄러 클래스

스케줄러 클래스는 다양한 스케줄러가 공존하면서 유연하게 실행하도록 스케줄링 동작을 모듈화한 자료구조입니다. 또한 스케줄러 클래스는 스케줄러별로 지정된 세부 함수 연산을 수행할 수 있도록 함수 포인터 형식의 필드로 구성돼 있습니다. 즉, 스케줄러 클래스의 각 필드를 통해 리눅스 커널에서 제공하는 5가지 스케줄러 세부 함수에 접근합니다.

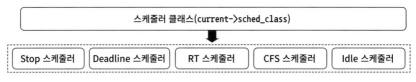

그림 10.15 스케줄러 클래스의 종류

그림 10.15를 보면서 스케줄러 클래스의 개념을 조금 더 알아봅시다.

프로세스는 생성됨과 동시에 스케줄러 클래스를 등록합니다. 이후 리눅스 커널에서 지원하는 5개의 스케줄러에서 등록된 함수를 호출하기 위해서는 current->sched_class에 등록된 함수를 호출합니다.

5가지 스케줄러 동작을 각기 모듈화해서 sched_class라는 구조체로 선언하고 프로세스 태스크 디스크립터의 sched_class 필드에 등록하는 것입니다.

 리눅스 커널에서는 기본적으로 5개의 스케줄러를 지원합니다. 이러한 스케줄러에 대한 소개는 다음 표에서 확인할 수 있습니다.

표 10.5 스케줄러 클래스별 소스코드의 위치

스케줄러 클래스	소스코드 위치
Stop 스케줄러	kernel/sched/stop_task.c
Deadline 스케줄러	kernel/sched/deadline.c
RT 스케줄러	kernel/sched/rt.c
CFS 스케줄러	kernel/sched/fair.c
Idle 스케줄러	kernel/sched/idle.c

이번 절에서는 자주 사용하는 RT 스케줄러, CFS 스케줄러, Idle 스케줄러에 초점을 맞추겠습니다.

스케줄러 클래스를 도입한 이유는 무엇일까?

그럼 커널에서 스케줄러 클래스를 도입한 이유는 무엇일까요? **프로세스가 스케줄러 클래스를 통해 유연하게 스케줄러를 바꿀 수 있기 때문입니다.**

이해를 돕기 위해 한 가지 예를 들겠습니다. 대부분의 일반 프로세스는 CFS 스케줄러에 의해 실행 흐름이 관리됩니다. 그런데 프로세스가 실행하는 도중 중요한 데이터나 코드가 선점되지 않고 CPU를 점유하면서 지속적으로 처리해야 하는 상황이 생길 수 있습니다. 이때 CFS 스케줄러보다 RT 스케줄러를 쓰면 계속 CPU를 점유하면서 실행할 수 있습니다. 이 같은 상황에서는 **리눅스 커널에서 지원하는 5가지 스케줄러 클래스 중 'RT 클래스'를 스케줄러 클래스로 등록해서 처리하면 됩니다.**

스케줄러 클래스는 왜 알아야 할까?

스케줄러 클래스를 왜 알아야 할까요? **스케줄러 클래스가 어떤 자료구조로 구현돼 있는지 모르면 스케줄러 관련 코드를 읽을 수 없기 때문입니다.**

스케줄러와 관련된 세부 함수들은 모두 스케줄러 클래스를 통해 접근하는 구조로 설계됐습니다. 따라서 스케줄링 코드의 전체 흐름을 이해하기 위해서는 스케줄러 클래스를 이해해야 합니다. 커널 스케줄러의 세부 알고리즘만큼 코드의 전체 흐름을 파악하는 것이 중요합니다.

10.3.1 스케줄러 클래스 자료구조

스케줄러 클래스는 리눅스 커널이 기본으로 지원하는 5가지 스케줄러의 세부 동작을 모듈화한 자료구조입니다.

sched_class 구조체

먼저 sched_class 구조체를 소개하겠습니다.

https://github.com/raspberrypi/linux/blob/rpi-4.19.y/kernel/sched/sched.h

```
01 struct sched_class {
02     const struct sched_class *next;
03
04     void (*enqueue_task) (struct rq *rq, struct task_struct *p, int flags);
05     void (*dequeue_task) (struct rq *rq, struct task_struct *p, int flags);
06     void (*yield_task) (struct rq *rq);
07     bool (*yield_to_task) (struct rq *rq, struct task_struct *p, bool preempt);
08
09     void (*check_preempt_curr) (struct rq *rq, struct task_struct *p, int flags);
10
11     struct task_struct * (*pick_next_task) (struct rq *rq,
12                                             struct task_struct *prev,
13                                             struct rq_flags *rf);
14     void (*put_prev_task) (struct rq *rq, struct task_struct *p);
15     int  (*select_task_rq)(struct task_struct *p, int task_cpu, int sd_flag, int flags);
16     void (*migrate_task_rq)(struct task_struct *p);
17     void (*task_woken) (struct rq *this_rq, struct task_struct *task);
18     void (*set_cpus_allowed)(struct task_struct *p,
                                 const struct cpumask *newmask);
```

2번째 줄의 *next 필드를 제외하고 모든 필드는 포인터 타입으로 선언돼 있습니다. 다음 표에서 스케줄러 클래스의 필드 중 중요한 항목을 확인할 수 있습니다.

표 10.6 스케줄러 클래스의 주요 필드

필드	설명
enqueue_task	프로세스가 실행 가능한 상태가 되면서 런큐에 삽입될 때 호출
dequeue_task	런큐에서 제거되면서 프로세스가 더 이상 실행 가능한 상태가 아닐 때
yield_task	프로세스가 스스로 yield() 시스템 콜을 실행했을 때
check_preempt_curr	현재 실행 중인 프로세스를 선점할 수 있는지 검사
pick_next_task	실행할 다음 프로세스를 선택
put_prev_task	실행 중인 프로세스를 다시 내부 자료구조(런큐)에 삽입

필드	설명
load_balance	코어 스케줄러가 태스크 부하를 분산하고자 할 때
set_curr_task	프로세스의 스케줄러 클래스나 태스크 그룹을 바꿀 때
task_tick	타이머 틱 함수를 호출

sched_class 자료구조를 소개했으니 이어서 5가지 스케줄러 클래스를 살펴보겠습니다.

10.3.2 5가지 스케줄러 클래스란?

다음 코드와 같이 sched_class 구조체로 스케줄러 클래스를 정의할 수 있습니다.

https://github.com/raspberrypi/linux/blob/rpi-4.19.y/kernel/sched/sched.h

```
01 extern const struct sched_class stop_sched_class;
02 extern const struct sched_class dl_sched_class;
03 extern const struct sched_class rt_sched_class;
04 extern const struct sched_class fair_sched_class;
05 extern const struct sched_class idle_sched_class;
```

1~5번째 줄에서 볼 수 있는 5가지 전역변수를 스케줄러 클래스라고 합니다. 각각 전역변수를 열어보면 sched_class 구조체에 스케줄러별로 실행되는 함수를 볼 수 있습니다. 예를 들어 RT 클래스의 스케줄러 클래스 선언부를 보겠습니다.

https://github.com/raspberrypi/linux/blob/rpi-4.19.y/kernel/sched/rt.c

```
01 const struct sched_class rt_sched_class = {
02     .next               = &fair_sched_class,
03     .enqueue_task       = enqueue_task_rt,
04     .dequeue_task       = dequeue_task_rt,
05     .yield_task         = yield_task_rt,
06
07     .check_preempt_curr = check_preempt_curr_rt,
08
09     .pick_next_task     = pick_next_task_rt,
10     .put_prev_task      = put_prev_task_rt,
...
11     .get_rr_interval    = get_rr_interval_rt,
12
```

```
13      .prio_changed        = prio_changed_rt,
14      .switched_to         = switched_to_rt,
15
16      .update_curr         = update_curr_rt,
17 };
```

위 코드를 보면 sched_class 구조체의 필드에 RT 스케줄러의 세부 함수를 선언했습니다. 이렇게 스케
줄러 동작을 모듈화한 sched_class 구조체 필드에 스케줄러별 세부 함수를 등록한 것이 스케줄러 클래
스라고 볼 수 있습니다.

다음 그림에서 5가지 스케줄러 클래스와 세부 함수를 확인할 수 있습니다.

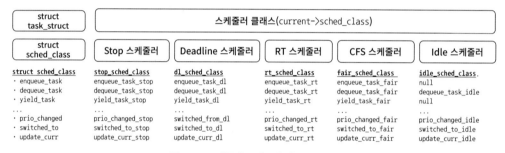

그림 10.16 스케줄러 클래스별 세부 연산 함수

정리하면 스케줄러 클래스는 스케줄러의 세부 동작을 나타내는 인터페이스용 객체라고 볼 수 있습니다.

스케줄러 클래스의 우선순위

각 스케줄러 클래스 사이에는 우선순위가 있습니다. 다음 그림을 보면서 스케줄러 클래스 간 우선순위
를 설명하겠습니다.

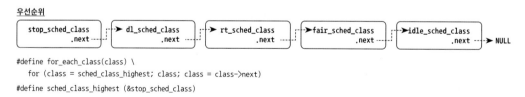

그림 10.17 스케줄러 클래스별 우선순위

우선순위가 가장 높은 스케줄러 클래스는 stop_sched_class인데 오른쪽 화살표 방향으로 우선순위가 낮아집니다. RT 스케줄러 클래스(rt_sched_class)는 CFS 스케줄러 클래스(fair_sched_class)보다 우선순위가 높습니다.

그럼 스케줄러에서 스케줄러 클래스의 우선순위에 따라 스케줄러 클래스를 처리하는 코드는 무엇일까요? 정답은 for_each_class() 함수입니다. 스케줄러 클래스를 순회할 때 for_each_class() 함수를 호출합니다.

for_each_class() 함수의 구현부를 보면 stop_sched_class 전역변수로 시작해서 class->next에 지정된 다음 우선순위에 해당하는 스케줄러 클래스의 전역변수에 접근합니다. 낮은 우선순위 방향으로 연결된 스케줄러 클래스를 순차적으로 호출하는 동작입니다.

스케줄러 클래스별 sched_class 구조체

이해를 돕기 위해 stop_sched_class부터 idle_sched_class 전역변수의 선언부를 보겠습니다.

```
01 const struct sched_class stop_sched_class = {
02      .next         = &dl_sched_class,
...
03 const struct sched_class dl_sched_class = {
04      .next         = &rt_sched_class,
...
05 const struct sched_class rt_sched_class = {
06      .next         = &fair_sched_class,
...
07 const struct sched_class fair_sched_class = {
08      .next         = &idle_sched_class,
...
09 const struct sched_class idle_sched_class = {
10      /* .next is NULL */
```

스케줄러 클래스의 구조체인 sched_class의 첫 번째 필드는 next입니다. next 필드에 자신보다 우선순위가 한 단계 낮은 다음 스케줄러 클래스를 지정하는 것입니다.

다음 코드와 같이 sched_class 구조체의 첫 번째 필드는 const struct sched_class *next입니다.

```
01 struct sched_class {
02     const struct sched_class *next;
03
04     void (*enqueue_task) (struct rq *rq, struct task_struct *p, int flags);
```

이번에는 커널 내부에서 프로세스의 스케줄링을 처리하는 코드에서 for_each_class() 함수를 어떻게 쓰는지 알아봅시다.

```
01 void check_preempt_curr(struct rq *rq, struct task_struct *p, int flags)
02 {
03     const struct sched_class *class;
04
05     if (p->sched_class == rq->curr->sched_class) {
06         rq->curr->sched_class->check_preempt_curr(rq, p, flags);
07     } else {
08         for_each_class(class) {
09             if (class == rq->curr->sched_class)
10                 break;
11             if (class == p->sched_class) {
12                 resched_curr(rq);
13                 break;
14             }
15         }
16     }
```

check_preempt_curr() 함수의 8번째 줄에서 'for_each_class(class)' 구문을 볼 수 있습니다. for_each_class() 함수는 stop_sched_class 전역변수로 시작해서 다음 전역변수를 순회하는 동작입니다.

다음은 for_each_class() 매크로 함수의 구현부입니다.

```
#define for_each_class(class) \
    for (class = sched_class_highest; class; class = class->next)
#define sched_class_highest (&stop_sched_class)
```

for_each_class() 함수의 구현부를 보면 stop_sched_class 전역변수로 시작해서 class->next에 지정된 다음 우선순위의 스케줄러 클래스 전역변수에 접근합니다. 이는 낮은 우선순위 방향으로 연결된 스케줄러 클래스를 순차적으로 호출하는 것입니다.

배운 내용을 참고해서 다음 코드는 어떻게 해석할 수 있을까요?

```
08          for_each_class(class) {
09                  if (class == rq->curr->sched_class)
10                          break;
11                  if (class == p->sched_class) {
12                          resched_curr(rq);
13                          break;
14                  }
15          }
```

먼저 8~15번째 줄의 실행 조건을 봅시다. 이 구간의 코드는 stop_sched_class 전역변수부터 idle_sched_class 전역변수까지 순회합니다. 다음으로 9번째 줄을 보면 현재 CPU를 점유하면서 실행 중인 프로세스의 스케줄러 클래스와 같은지 점검합니다.

만약 현재 CPU를 점유하면서 실행 중인 프로세스가 RT 스케줄러 클래스에 등록돼 있으면 stop_sched_class, dl_sched_class 변수를 순회한 다음 rt_sched_class 전역변수와 비교한 후 10번째 줄 break 문에서 for_each_class 문을 빠져나올 것입니다. RT 스케줄러 클래스로 등록된 프로세스는 current->sched_class = &rt_sched_class로 지정돼 있기 때문입니다.

 다음 그림은 라즈베리 파이에서 TRACE32로 확인한 스케줄러 클래스의 실제 자료구조입니다.

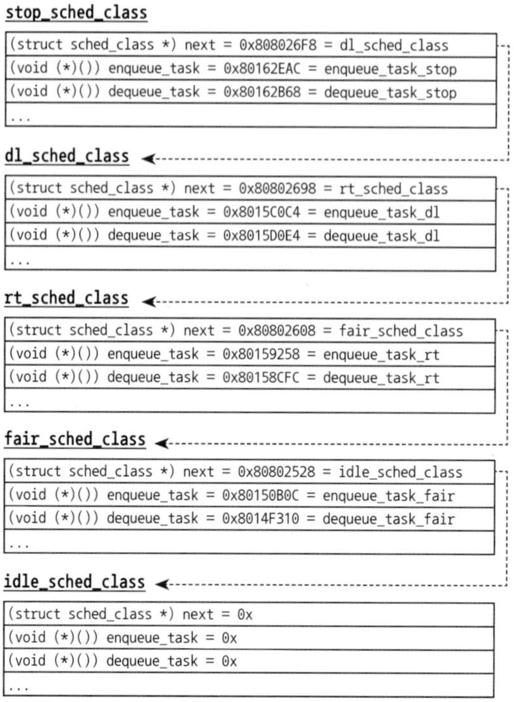

```
stop_sched_class
┌─────────────────────────────────────────────────────────────────┐
│ (struct sched_class *) next = 0x808026F8 = dl_sched_class         │
│ (void (*)()) enqueue_task = 0x80162EAC = enqueue_task_stop        │
│ (void (*)()) dequeue_task = 0x80162B68 = dequeue_task_stop        │
│ ...                                                                │
└─────────────────────────────────────────────────────────────────┘

dl_sched_class ◄┄┄┄┄┄┄┄┄┄┄┄┄┄┄┄┄┄┄┄┄┄┄┄┄┄┄┄┄┄┄┄┄┄┄┄┄┄┄┄┄┄┄┄┄┄┄┄┄┄┐
┌─────────────────────────────────────────────────────────────────┐
│ (struct sched_class *) next = 0x80802698 = rt_sched_class         │
│ (void (*)()) enqueue_task = 0x8015C0C4 = enqueue_task_dl          │
│ (void (*)()) dequeue_task = 0x8015D0E4 = dequeue_task_dl          │
│ ...                                                                │
└─────────────────────────────────────────────────────────────────┘

rt_sched_class ◄┄┄┄┄┄┄┄┄┄┄┄┄┄┄┄┄┄┄┄┄┄┄┄┄┄┄┄┄┄┄┄┄┄┄┄┄┄┄┄┄┄┄┄┄┄┄┄┄┄┐
┌─────────────────────────────────────────────────────────────────┐
│ (struct sched_class *) next = 0x80802608 = fair_sched_class       │
│ (void (*)()) enqueue_task = 0x80159258 = enqueue_task_rt          │
│ (void (*)()) dequeue_task = 0x80158CFC = dequeue_task_rt          │
│ ...                                                                │
└─────────────────────────────────────────────────────────────────┘

fair_sched_class ◄┄┄┄┄┄┄┄┄┄┄┄┄┄┄┄┄┄┄┄┄┄┄┄┄┄┄┄┄┄┄┄┄┄┄┄┄┄┄┄┄┄┄┄┄┄┄┐
┌─────────────────────────────────────────────────────────────────┐
│ (struct sched_class *) next = 0x80802528 = idle_sched_class       │
│ (void (*)()) enqueue_task = 0x80150B0C = enqueue_task_fair        │
│ (void (*)()) dequeue_task = 0x8014F310 = dequeue_task_fair        │
│ ...                                                                │
└─────────────────────────────────────────────────────────────────┘

idle_sched_class ◄┄┄┄┄┄┄┄┄┄┄┄┄┄┄┄┄┄┄┄┄┄┄┄┄┄┄┄┄┄┄┄┄┄┄┄┄┄┄┄┄┄┄┄┄┄┄┘
┌─────────────────────────────────────────────────────────────────┐
│ (struct sched_class *) next = 0x                                  │
│ (void (*)()) enqueue_task = 0x                                    │
│ (void (*)()) dequeue_task = 0x                                    │
│ ...                                                                │
└─────────────────────────────────────────────────────────────────┘
```

그림 10.18 TRACE32로 본 스케줄러 클래스 자료구조

이번 절까지 스케줄러의 동작을 모듈화하는 스케줄러 클래스와 이 자료구조를 이용한 5가지 스케줄러 클래스를 알아봤습니다. 다음 절에서는 5가지 스케줄러 클래스를 프로세스가 어떻게 등록하는지 살펴보겠습니다.

10.3.3 프로세스는 스케줄러 클래스를 어떻게 등록할까?

이전 절에서는 스케줄러 클래스와 5가지 스케줄러 클래스를 살펴봤습니다. 이제부터 프로세스 입장에서 스케줄러 클래스를 통해 세부 스케줄러 함수를 호출하는 과정을 알아보겠습니다.

스케줄러 클래스를 통해 세부 스케줄러 함수를 실행하는 주인공은 누구일까요? 정답은 프로세스입니다. 프로세스는 스케줄러 클래스를 통해 스케줄러 세부 함수를 실행할 수 있습니다. 이를 위해 프로세스에 스케줄러 클래스를 등록해야 합니다.

프로세스 입장에서 스케줄러 클래스 설정은 크게 2단계로 분류할 수 있습니다.

1단계: 스케줄러 클래스 설정

프로세스는 생성될 때 부모 프로세스로부터 스케줄러 클래스를 함께 물려받습니다. 이해를 돕기 위해 프로세스가 생성되는 과정에서 호출되는 sched_fork() 함수를 소개합니다.

https://github.com/raspberrypi/linux/blob/rpi-4.19.y/kernel/sched/core.c

```
01 int sched_fork(unsigned long clone_flags, struct task_struct *p)
02 {
03     unsigned long flags;
...
04     if (dl_prio(p->prio))
05             return -EAGAIN;
06     else if (rt_prio(p->prio))
07             p->sched_class = &rt_sched_class;
08     else
09             p->sched_class = &fair_sched_class;
```

이 함수의 핵심 동작은 다음과 같습니다.

- 태스크 디스크립터의 prio 필드에 저장된 우선순위에 따라 스케줄러 클래스를 지정한다.

04~09번째 줄을 보겠습니다. dl_prio() 함수와 rt_prio() 함수는 p->prio 필드에 저장된 우선순위를 보고 데드라인 혹은 'RT 클래스' 스케줄러 우선순위인지 식별합니다.

 rt_prio() 함수를 잠깐 봅시다.

https://github.com/raspberrypi/linux/blob/rpi-4.19.y/include/linux/sched/rt.h

```
01 static inline int rt_prio(int prio)
02 {
03     if (unlikely(prio < MAX_RT_PRIO))
04             return 1;
05     return 0;
06 }
```

MAX_RT_PRIO는 100으로 선언돼 있습니다. 우선순위가 100보다 작을 때는 1, 나머지 경우에는 0을 반환합니다.

06~09번째 줄을 보면 프로세스의 우선순위에 따라 태스크 디스크립터의 sched_class 필드를 나타내는 'p->sched_class'에 스케줄러 클래스를 등록합니다.

2단계: 스케줄러 클래스 변경

프로세스를 실행하다 보면 필요에 따라 우선순위를 높여서 실행해야 할 때가 있습니다. 이때 스케줄러 클래스를 바꿀 필요가 있습니다. 이 경우 __setscheduler() 함수를 호출해서 스케줄러 클래스를 바꿉니다.

https://github.com/raspberrypi/linux/blob/rpi-4.19.y/kernel/sched/core.c

```
01 static void __setscheduler(struct rq *rq, struct task_struct *p,
02                     const struct sched_attr *attr, bool keep_boost)
03 {
04     __setscheduler_params(p, attr);
05
06     p->prio = normal_prio(p);
07     if (keep_boost)
08             p->prio = rt_effective_prio(p, p->prio);
09
10     if (dl_prio(p->prio))
11             p->sched_class = &dl_sched_class;
12     else if (rt_prio(p->prio))
13             p->sched_class = &rt_sched_class;
14     else
15             p->sched_class = &fair_sched_class;
16 }
```

이 함수는 태스크 디스크립터의 prio 필드에 저장된 우선순위에 따라 스케줄러 클래스를 지정하는 역할을 수행합니다. 10~15번째 줄에서는 프로세스의 우선순위에 따라 p->sched_class 필드에 각각 스케줄러 클래스를 등록합니다.

정리하면 모든 프로세스의 태스크 디스크립터에는 스케줄러 클래스 정보가 있고 프로세스의 우선순위에 따라 스케줄러 클래스를 동적으로 바꿀 수 있는 것입니다.

스케줄러 클래스 자료구조를 태스크 디스크립터에서 확인하기

마지막으로 프로세스의 태스크 디스크립터에서 스케줄러 클래스를 TRACE32로 확인하는 디버깅을 해 보겠습니다.

다음 태스크 디스크립터의 주인공은 라즈베리 파이에서 86번 인터럽트의 후반부 처리를 담당하는 IRQ 스레드인 "irq/86-mmc1" 프로세스입니다.

```
01  (struct task_struct *) (struct task_struct*)0xB01E8740
02    (long int) state = 1
03    (void *) stack = 0xB0260000,
...
04    (int) prio = 49
05    (int) static_prio = 120
06    (int) normal_prio = 49
07    (unsigned int) rt_priority = 50
...
08    (struct sched_class *) sched_class = 0x80802698 = rt_sched_class -> (
09      (struct sched_class *) next = 0x80802608 = fair_sched_class,
10      (void (*)()) enqueue_task = 0x80159258 = enqueue_task_rt,
11      (void (*)()) dequeue_task = 0x80158CFC = dequeue_task_rt,
12      (void (*)()) yield_task = 0x80156D94 = yield_task_rt,
...
13      (void (*)()) switched_to = 0x80157E18 = switched_to_rt,
14      (void (*)()) prio_changed = 0x80157D74 = prio_changed_rt,
15      (unsigned int (*)()) get_rr_interval = 0x80156DB8 = get_rr_interval_rt,
16      (void (*)()) update_curr = 0x80158964 = update_curr_rt,
```

8번째 줄을 보면 task_struct 구조체의 필드 중 하나인 sched_class가 rt_sched_class 전역변수의 주소를 가리키고 있습니다. 이는 "irq/86-mmc1" 프로세스가 'RT 클래스' 스케줄러를 등록했다는 의미입니다.

다음에 살펴볼 태스크 디스크립터는 "kworker/0:0H" 프로세스입니다. 프로세스 이름을 통해 워커 스레드임을 알 수 있습니다.

```
01  (struct task_struct *) (struct task_struct*)0xB1619D00
02    (long int) state = 1 = 0x1,
03    (void *) stack = 0xB1634000 = ,
```

```
04    (atomic_t) usage = ((int) counter = 2 = 0x2),
05    (unsigned int) flags = 0x04208060,
...
06    (int) on_rq = 0
07    (int) prio = 100
08    (int) static_prio = 100
09    (int) normal_prio = 100
10    (unsigned int) rt_priority = 0 = 0x0,
11    (struct sched_class *) sched_class = 0x80802608 = fair_sched_class -> (
12      (struct sched_class *) next = 0x80802528 = idle_sched_class,
13      (void (*)()) enqueue_task = 0x80150B0C = enqueue_task_fair,
14      (void (*)()) dequeue_task = 0x8014F310 = dequeue_task_fair,
15      (void (*)()) yield_task = 0x8014F248 = yield_task_fair,
...
16      (void (*)()) switched_to = 0x80151C88 = switched_to_fair,
17      (void (*)()) prio_changed = 0x80151C3C = prio_changed_fair,
18      (unsigned int (*)()) get_rr_interval = 0x8014C5D4 = get_rr_interval_fair,
19      (void (*)()) update_curr = 0x8014DB48 = update_curr_fair,
```

11번째 줄을 보면 task_struct 구조체의 필드 중 하나인 sched_class는 fair_sched_class 전역변수의 주소를 가리키고 있습니다. 이는 "kworker/0:0H" 프로세스가 스케줄러 클래스로 'CFS 클래스' 스케줄러를 등록했다는 의미입니다.

다음 절에서는 스케줄러 클래스를 이용해 프로세스가 스케줄러 클래스 함수를 호출하는 과정을 소개합니다.

10.3.4 프로세스는 스케줄러 클래스로 스케줄러의 세부 함수를 어떻게 호출할까?

스케줄러 클래스 자료구조는 스케줄러 세부 함수의 동작을 모듈화한 함수 포인터를 저장하는 필드로 구성돼 있습니다. 이번 절에서는 스케줄러 클래스의 필드 중 enqueue_task와 dequeue_task 필드에 저장된 함수 주소를 호출하면 어떤 방식으로 스케줄러 클래스의 세부 함수를 호출하는지 분석하겠습니다.

enqueue_task() 함수 분석

먼저 살펴볼 함수는 enqueue_task() 함수입니다.

https://github.com/raspberrypi/linux/blob/rpi-4.19.y/kernel/sched/core.c

```
01 static inline void enqueue_task(struct rq *rq, struct task_struct *p, int flags)
02 {
03     if (!(flags & ENQUEUE_NOCLOCK))
04             update_rq_clock(rq);
05
06     if (!(flags & ENQUEUE_RESTORE))
07             sched_info_queued(rq, p);
08
09     p->sched_class->enqueue_task(rq, p, flags);
10 }
```

위 코드는 스케줄러 클래스를 배워야 하는 이유를 알려주는 좋은 예시입니다. 어떤 분이 여러분에게 묻습니다.

9번째 줄에서 어느 함수를 호출할까요?

스케줄러 클래스를 모른다면 대답하기 어려운 질문입니다. 하지만 앞에서 스케줄러 클래스를 배웠으니 다음과 같이 대답할 수 있을 것입니다.

프로세스의 태스크 디스크립터에 등록된 스케줄러 클래스 중 enqueue_task 필드에 저장된 함수를 호출합니다.

enqueue_task() 함수는 프로세스를 런큐에 삽입하는 동작을 수행합니다.

먼저 함수에 전달되는 인자부터 점검합시다.

- struct rq *rq: 런큐 주소
- struct task_struct *p: 런큐에 삽입하려는 프로세스 태스크 디스크립터의 주소

다음 9번째 줄을 보겠습니다.

```
09     p->sched_class->enqueue_task(rq, p, flags);
```

두 번째 인자인 p(struct task_struct)의 sched_class에 접근해 enqueue_task 필드에 저장된 함수를 호출합니다. 그럼 여기서는 어떤 함수를 호출할까요?

만약 이 코드를 실행하는 프로세스의 스케줄러 클래스가 CFS 스케줄러로 지정돼 있으면 CFS 스케줄러 클래스로 지정된 enqueue_task_fair() 함수를 호출합니다. 'RT 클래스' 스케줄러를 등록했을 경우 enqueue_task_rt() 함수를 호출합니다.

dequeue_task() 함수 분석

프로세스를 런큐에 삽입하는 동작을 알아봤으니 이번에는 프로세스를 런큐에서 제거(Dequeue)하는 함수 코드를 보겠습니다. 다음은 dequeue_task() 함수의 구현부입니다.

https://github.com/raspberrypi/linux/blob/rpi-4.19.y/kernel/sched/core.c

```
01 static inline void dequeue_task(struct rq *rq, struct task_struct *p, int flags)
02 {
03     if (!(flags & DEQUEUE_NOCLOCK))
04             update_rq_clock(rq);
05
06     if (!(flags & DEQUEUE_SAVE))
07             sched_info_dequeued(rq, p);
08
09     p->sched_class >dequeue_task(rq, p, flags);
10 }
```

dequeue_task() 함수의 9번째 줄을 보면 프로세스의 스케줄러 클래스 중 dequeue_task 필드에 저장된 함수 주소를 호출합니다. 그럼 **여기서는 어떤 함수를 호출할까요?**

만약 이 코드를 실행하는 프로세스의 스케줄러 클래스가 CFS 스케줄러로 지정돼 있으면 CFS 스케줄러 클래스로 지정된 dequeue_task_fair() 함수를 호출합니다. 'RT 클래스' 스케줄러인 경우 dequeue_task_rt() 함수를 호출합니다.

여기까지 배운 내용을 정리하면 다음과 같습니다.

프로세스는 생성되는 과정에서 스케줄러 클래스를 부모 프로세스로부터 물려받거나 우선순위에 따라 스케줄러 클래스를 바꿉니다. 모든 프로세스는 스케줄러 클래스에 등록한 상태로 실행됩니다.

필자가 진행한 세미나 시간에 받았던 질문을 공개합니다.

리눅스 시스템에서 전체 프로세스 가운데 'RT 클래스' 프로세스와 'CFS 클래스' 프로세스의 비율은 어떻게 될까요?

수많은 리눅스 코어 덤프를 관찰한 결과, 99% 정도의 프로세스들은 CFS 스케줄러 클래스로 등록돼서 실행되고 나머지 1%에 해당하는 프로세스들이 RT 스케줄러 클래스로 등록해 실행됩니다. 리눅스 커널의 기본 스케줄러 정책에서 일반 프로세스는 CFS 스케줄러 클래스로 실행하고 우선순위가 높은 프로세스들은 'RT 클래스' 스케줄러로 빠른 시간 내에 실행하는 것입니다.

대부분의 일반 프로세스들은 CFS 스케줄러 클래스로 실행되므로 입출력 중심으로 처리하는 프로세스들의 실행 속도가 빠릅니다.

10.4 런큐

런큐는 실행이 되기 위해 기다리는 프로세스와 CPU에서 실행 중인 프로세스를 관리하는 스케줄링의 핵심 자료구조입니다.

프로세스가 CPU에서 실행되려면 먼저 런큐에 삽입돼야 합니다. 스케줄러는 런큐에 삽입된 프로세스 중에서 우선순위를 계산해서 다음 프로세스를 선택하기 때문입니다. 런큐의 특징은 다음과 같습니다.

- percpu 타입의 전역변수
- RT, CFS, Deadline 서브 런큐를 관리
- 실행 요청을 한 프로세스가 런큐에 삽입됨
- CPU를 점유하면서 실행 중인 current 프로세스를 관리

런큐에 대해 알아보기에 앞서 런큐라는 단어의 뜻부터 생각해보겠습니다. runqueue는 'run'과 'queue'의 합성어로 '실행큐'라는 의미입니다. 달리 보면 프로세스가 실행되기 위한 큐라고 볼 수 있습니다.

스케줄러는 런큐와 다음과 같은 대화를 자주 나눕니다.

CPU를 점유하고 있는 프로세스는 누구니?
현재 런큐에서 대기 중인 프로세스는 개수를 알려줘.

이처럼 스케줄러는 런큐 자료구조에 자주 접근해서 실행 대기 상태의 프로세스 목록을 확인하고 스케줄링 관련 프로파일 정보를 확인합니다. 따라서 리눅스 시스템에서 프로세스의 실행 흐름에 대한 전반적인 정보를 런큐가 관리하며 저장합니다.

태스크 디스크립터만큼 중요한 자료구조가 런큐입니다. 런큐 자료구조를 보면 실행 대기 상태의 프로세스와 CPU를 점유하면서 실행 중인 프로세스 목록까지 확인할 수 있기 때문입니다.

먼저 런큐 자료구조부터 살펴봅시다.

10.4.1 런큐 자료구조(rq) 소개

런큐 구조체는 struct rq이며 이 구조체 필드에 프로세스의 스케줄링에 관련된 데이터를 저장합니다. rq 구조체의 선언부는 다음과 같습니다.

https://github.com/raspberrypi/linux/blob/rpi-4.19.y/kernel/sched/sched.h

```
struct rq {
    raw_spinlock_t lock;

    unsigned int nr_running;
...
    struct load_weight load;
    unsigned long nr_load_updates;
    u64 nr_switches;

    struct cfs_rq cfs;
    struct rt_rq rt;
    struct dl_rq dl;
...
    unsigned long nr_uninterruptible;

    struct task_struct *curr, *idle, *stop;
...
};
```

다음 표에서 rq 구조체의 필드 중 중요한 내용을 확인할 수 있습니다.

표 10.7 rq 구조체의 주요 필드

타입	필드	설명
raw_spinlock_t	lock	런큐 자료구조를 변경할 때 경쟁 조건을 피하기 위한 락
unsigned int	nr_running	런큐에 삽입된 모든 프로세스 개수
u64	nr_switches	컨텍스트 스위칭을 수행한 개수
struct cfs_rq	cfs	CFS 런큐
struct rt_rq	rt	RT(실시간) 런큐
unsigned long	nr_uninterruptible	런큐에 있는 프로세스 중 TASK_UNINTERRUPTIBLE 상태의 프로세스 개수
struct task_struct *	curr	해당 런큐에서 CPU를 점유하면서 실행 중인 프로세스의 태스크 디스크립터
struct task_struct *	idle	아이들(Idle) 프로세스의 태스크 디스크립터
struct list_head	cfs_tasks	CFS 런큐에 삽입된 모든 일반 프로세스의 연결 리스트

런큐 자료구조인 rq 구조체의 필드를 소개했습니다. 다음 절에서는 라즈베리 파이에서 확보한 코어 덤프로 런큐 자료구조를 직접 확인해 보겠습니다.

10.4.2 runqueues 변수

런큐는 percpu 타입의 전역변수인 runqueues로 각 CPU 번호별로 프로세스의 스케줄링 정보를 저장합니다.

runqueues 변수의 선언부

먼저 percpu 타입의 런큐 전역변수를 소개합니다.

https://github.com/raspberrypi/linux/blob/rpi-4.19.y/kernel/sched/sched.h

```
01 DECLARE_PER_CPU_SHARED_ALIGNED(struct rq, runqueues);
```

런큐는 runqueues라는 percpu 타입의 전역변수로 관리합니다. 따라서 percpu별 런큐의 주소를 얻기 위해서는 다음과 같은 cpu_rq() 함수와 this_rq() 함수를 호출해야 합니다.

https://github.com/raspberrypi/linux/blob/rpi-4.19.y/kernel/sched/sched.h

```
#define cpu_rq(cpu)        (&per_cpu(runqueues, (cpu)))
#define this_rq()          this_cpu_ptr(&runqueues)
```

runqueues 변수의 percpu 구조 확인

라즈베리 파이에서 확인한 런큐 디버깅 정보와 함께 percpu 타입의 변수인 runqueues 변수에 대해 조금 더 짚어보겠습니다.

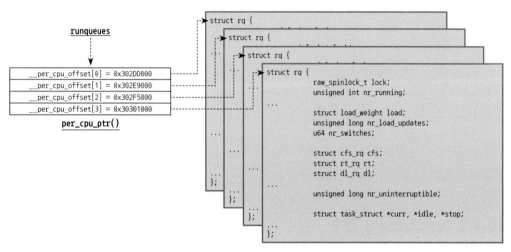

그림 10.19 런큐를 나타내는 runqueues 변수의 구조

먼저 runqueues라는 전역변수 주소는 0x80B8CD40입니다.

```
(struct rq *) &runqueues = 0x80B8CD40
```

다음 계산식으로 percpu별 런큐의 위치를 확인할 수 있습니다.

```
CPU0: runqueues
0xB0E69D40 = 0x80B8CD40 + 0x302DD000 = &runqueues + __per_cpu_offset[0]

CPU1: runqueues
0xB0E75D40 = 0x80B8CD40 + 0x302E9000 = &runqueues + __per_cpu_offset[1]

CPU2: runqueues
```

```
0xB0E81D40 = 0x80B8CD40 + 0x302F5000 = &runqueues + __per_cpu_offset[2]


CPU3: runqueues
0xB0E8DD40 = 0x80B8CD40 + 0x30301000 = &runqueues + __per_cpu_offset[3]
```

percpu 타입의 변수인 runqueues 전역변수 주소에 __per_cpu_offset[] 배열에 저장된 percpu 오프셋을 더하면 각 CPU별로 관리하는 런큐의 주소를 알 수 있습니다.

__per_cpu_offset 배열 값은 CPU 코어의 개수만큼 설정하며, 각 배열에 저장된 값은 다음과 같습니다.

```
(static long unsigned int [4]) __per_cpu_offset = (
    [0x0] = 0x302DD000,
    [0x1] = 0x302E9000,
    [0x2] = 0x302F5000,
    [0x3] = 0x30301000,
```

10.4.3 런큐에 접근하는 함수

커널에서는 런큐에 접근할 수 있는 인터페이스 함수를 제공합니다.

- cpu_rq()
- this_rq()

cpu_rq() 함수 분석

cpu_rq() 함수부터 분석하겠습니다.

https://github.com/raspberrypi/linux/blob/rpi-4.19.y/kernel/sched/sched.h

```
01 #define cpu_rq(cpu)    (&per_cpu(runqueues, (cpu)))
```

cpu_rq() 함수의 구현부를 보면 percpu 타입의 runqueues 변수에서 CPU 오프셋을 적용한 주소에 접근하는 코드를 볼 수 있습니다.

커널 스케줄러의 내부 코드를 보면 cpu_rq() 함수를 써서 런큐의 주소를 얻어오는 패턴을 자주 볼 수 있습니다.

https://github.com/raspberrypi/linux/blob/rpi-4.19.y/kernel/sched/fair.c

```
01 static unsigned long scale_rt_capacity(int cpu)
02 {
03     struct rq *rq = cpu_rq(cpu);
```

위 코드에서 cpu 번호에 해당하는 런큐의 주소를 rq 포인터에 저장합니다.

this_rq() 함수 분석

이번에는 this_rq() 함수를 소개합니다.

https://github.com/raspberrypi/linux/blob/rpi-4.19.y/kernel/sched/sched.h

```
01 #define this_rq()        this_cpu_ptr(&runqueues)
```

코드 구현부와 같이 percpu 타입의 runqueues 런큐 변수에 cpu 오프셋을 적용해 주소를 얻어옵니다. this_rq() 함수는 cpu 번호를 지정하지 않아도 현재 실행 중인 CPU 번호의 런큐의 주소를 반환합니다.

다음은 this_rq() 함수를 쓰는 예제 코드입니다.

https://github.com/raspberrypi/linux/blob/rpi-4.19.y/kernel/sched/core.c

```
01 static int migration_cpu_stop(void *data)
02 {
03     struct migration_arg *arg = data;
04     struct task_struct *p = arg->task;
05     struct rq *rq = this_rq();
```

5번째 줄과 같이 this_rq() 함수로 런큐의 주소를 읽어서 rq라는 포인터에 저장합니다.

10.4.4 런큐 자료구조

이번 절에서는 런큐 자료구조를 소개합니다.

런큐에 삽입된 프로세스 리스트 확인

일반 프로세스가 런큐에 삽입되면 런큐 구조체인 rq의 필드 중 연결 리스트인 cfs_tasks에 자신의 태스크 디스크립터 주소(&se->group_node)를 등록합니다.

프로세스의 태스크 디스크립터인 task_struct 구조체의 &se->group_node 필드의 주소를 rq 런큐 구조체
의 cfs_tasks 필드에 저장하는 것입니다.

이 관계를 다음 그림을 보면서 살펴보겠습니다.

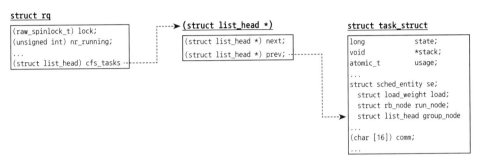

그림 10.20 런큐에 삽입된 프로세스 연결 리스트의 구조

여기서 한 가지 의문이 생깁니다. **어느 함수에서 프로세스의 태스크 디스크립터를 런큐의 cfs_tasks 필
드에 등록할까?**

정답은 언제나 소스코드에 있습니다. 아래의 account_entity_enqueue() 함수를 함께 보겠습니다.

https://github.com/raspberrypi/linux/blob/rpi-4.19.y/kernel/sched/fair.c

```
01 static void
02 account_entity_enqueue(struct cfs_rq *cfs_rq, struct sched_entity *se)
03 {
04     update_load_add(&cfs_rq->load, se->load.weight);
05     if (!parent_entity(se))
06         update_load_add(&rq_of(cfs_rq)->load, se->load.weight);
07 #ifdef CONFIG_SMP
08     if (entity_is_task(se)) {
09         struct rq *rq = rq_of(cfs_rq);
10
11         account_numa_enqueue(rq, task_of(se));
12         list_add(&se->group_node, &rq->cfs_tasks);
13     }
#endif
14     cfs_rq->nr_running++;
15 }
```

이 코드에서 눈여겨볼 부분은 9~12번째 줄입니다.

9번째 줄은 cfs_rq라는 입력으로 런큐의 주소를 읽는 동작입니다.

```
09        struct rq *rq = rq_of(cfs_rq);
```

다음으로 12번째 줄을 보겠습니다.

```
12        list_add(&se->group_node, &rq->cfs_tasks);
```

12번째 줄을 실행하면 프로세스의 struct task_struct->se->group_node 주소를 &rq->cfs_tasks 주소에 등록합니다.

여기서 'struct task_struct->se->group_node' 자료구조에서 struct task_struct->se의 정체는 무엇일까요?

다음 코드와 같이 account_entity_enqueue() 함수의 2번째 인자인 struct sched_entity *se는 런큐에 삽입하려는 프로세스의 태스크 디스크립터의 se 필드의 주소를 담고 있습니다.

```
static void
account_entity_enqueue(struct cfs_rq *cfs_rq, struct sched_entity *se)
```

여기서 한 가지 의문이 생깁니다. **struct sched_entity *se 인자는 어디서 확인할 수 있을까?**

다음 task_struct 구조체의 선언부를 보면 프로세스의 태스크 디스크립터 필드 가운데 se를 확인할 수 있습니다.

https://github.com/raspberrypi/linux/blob/rpi-4.19.y/include/linux/sched.h

```
01 struct task_struct {
...
02    const struct sched_class    *sched_class;
03    struct sched_entity         se;
```

03번째 줄과 같이 struct sched_entity 타입입니다.

10.5 CFS 스케줄러

CFS(Completely Fair Scheduler)는 커널 2.6.23 버전 이후로 적용된 리눅스의 기본 스케줄러입니다. CFS라는 용어를 그대로 풀면 '완벽하게 공정한 스케줄러'라고 해석할 수 있습니다. 즉, 런큐에서 실행 대기 상태로 기다리는 프로세스를 공정하게 실행하도록 기회를 부여하는 스케줄러입니다.

이번 절에서는 CFS 알고리즘의 개념을 알아보고 코드 분석을 통해 세부 동작 방식을 살펴보겠습니다.

10.5.1 CFS 스케줄러의 주요 개념

CFS는 실행 대기 상태인 프로세스들을 우선순위에 따라 최대한 공정하게 실행하는 스케줄러입니다. CFS의 세부 동작 방식과 알고리즘을 이해하려면 다음과 같은 개념을 알아둘 필요가 있습니다.

- 타임 슬라이스
- 우선순위
- 가상 실행 시간(vruntime)

먼저 이번 절에서는 CFS를 구성하는 3가지 주요 개념을 소개합니다.

타임 슬라이스

타임 슬라이스는 무엇을 말하는 것일까요? 먼저 용어의 뜻부터 살펴봅시다. 타임 슬라이스는 사실 운영체제에서 쓰는 용어로서 '스케줄러가 프로세스에게 부여한 실행 시간'을 의미합니다.

CFS는 프로세스마다 실행할 수 있는 단위 시간을 부여하는데 이를 타임 슬라이스라고 부릅니다. 프로세스는 주어진 타임 슬라이스를 모두 소진하면 컨텍스트 스위칭됩니다.

타임 슬라이스로 프로세스를 관리하는 가장 큰 이유는 실행 대기 상태에 있는 모든 프로세스에게 최대한 CPU에서 실행할 수 있는 기회를 부여하기 위해서입니다. 만약 타임 슬라이스가 없다면 프로세스의 실행 단위를 관리하기 어려울 것입니다.

스케줄러 입장에서 타임 슬라이스는 프로세스의 실행 시간을 관리하기 위한 단위라고 볼 수 있습니다. 하지만 프로세스 입장에서 타임 슬라이스는 모래시계와 같습니다. 만약 프로세스에게 부여된 타임 슬라이스가 10ms라고 가정해봅시다. 프로세스가 5ms 동안 실행했다면 실행할 수 있는 시간이 5ms 남은 것입니다. 즉 5ms만큼 타임 슬라이스를 소진한 것입니다.

CFS 스케줄러는 타이머 인터럽트가 발생했을 때 주기적으로 프로세스가 얼마나 타임 슬라이스를 소진하고 있는지 체크합니다.

그럼 프로세스가 타임 슬라이스를 모두 소진하면 스케줄러는 어떻게 동작할까요? 스케줄러는 해당 프로세스가 '선점 스케줄링'이 될 대상이라고 마킹합니다.

 이 동작을 '선점 스케줄링 요청을 한다'라고도 표현합니다. 해당 프로세스의 thread_info 구조체 중 flags 필드에 _TIF_NEED_RESCHED 플래그를 설정합니다.

선점 스케줄링 대상으로 마킹된 프로세스는 컨텍스트 스위칭됩니다.

우선순위

우선순위는 CFS 스케줄러가 컨텍스트 스위칭 시 다음 프로세스를 선택하는 기준 중 하나입니다. CFS 스케줄러는 우선순위가 높은 프로세스에 대해 다음과 같이 처리합니다.

- **가장 먼저 CPU에서 실행시킨다.**
- **더 많은 타임 슬라이스를 할당해준다.**

리눅스는 총 140단계의 우선순위를 제공하며 다음과 같은 범위입니다.

- 0~99: RT(실시간) 프로세스
- 100~139: 일반 프로세스

CFS 스케줄러는 프로세스마다 설정된 우선순위를 기준으로 가상 실행 시간을 설정합니다. 이를 위해 커널이 프로세스의 우선순위를 어떤 방식으로 처리하는지 파악할 필요가 있습니다.

가상 실행 시간

가상 실행시간(vruntime)은 가상이란 의미인 형용사인 "virtual"과 실행 시간을 뜻하는 "runtime"을 붙여 만든 용어입니다. 즉, vruntime을 가상 실행시간이라고 해석할 수 있습니다. 그럼 커널에서 vruntime은 무엇이라고 설명할 수 있을까요? **프로세스가 그동안 실행한 시간을 정규화한 시간 정보라고 할 수 있습니다.** CFS가 프로세스를 선택할 수 있는 load weight 같은 여러 지표가 고려된 실행 시간입니다.

vruntime은 다음과 같은 특징을 지닙니다.

- CFS는 런큐에 실행 대기 상태에 있는 프로세스 중 vruntime이 가장 작은 프로세스를 다음에 실행할 프로세스로 선택합니다.
- 우선순위가 높은 프로세스는 우선순위가 낮은 프로세스에 비해 vruntime이 더 서서히 증가합니다. 즉, 우선순위가 높은 프로세스가 낮은 프로세스에 비해 vruntime이 덜 증가한다는 것입니다.

여기서 한 가지 의문이 생깁니다. **vruntime은 어느 자료구조에서 확인할 수 있을까요?**

프로세스는 자신의 태스크 디스크립터인 &se.vruntime 필드에 vruntime 정보를 저장합니다. 다음은 TRACE32로 확인한 vruntime 정보입니다.

```
01  (struct task_struct *) (struct task_struct*)0xA36AF9180
...
02      (struct sched_class *) sched_class = 0xA9208BE0,
03      (struct sched_entity) se = (
04      (struct load_weight) load = ((long unsigned int) weight = 2048,
05      (struct rb_node) run_node = ((long unsigned int) __rb_parent_color = 1,
06      (struct list_head) group_node
07      (unsigned int) on_rq = 0
08      (u64) exec_start = 13097506209
09      (u64) sum_exec_runtime = 15165884
10      (u64) vruntime = 3532405028
```

10번째 줄과 같이 vruntime은 3532405028임을 알 수 있습니다.

10.5.2 CFS 스케줄러 알고리즘

CFS는 용어 그대로 프로세스를 공정하게 실행하도록 구현된 스케줄러입니다. CFS의 목표는 런큐에 있는 실행 대기 상태의 프로세스에게 CPU 시간을 우선순위에 따라 공정하게 할당하는 것입니다. 우선순위가 높은 프로세스에는 CPU 시간을 더 부여하고 우선순위가 낮은 프로세스에는 CPU 시간을 적게 할당합니다.

load weight: 프로세스의 우선순위에 주는 가중치

CFS를 적용하기 전에 프로세스에게 우선순위의 절댓값을 기준으로 타임 슬라이스를 할당했었습니다. 하지만 프로세스에게 공정한 CPU 시간을 할당할 수 없었습니다. 그래서 CFS에서는 프로세스에게 공정한 CPU 시간을 할당하기 위해 우선순위의 비율로 CPU 시간을 분배하게 됐습니다.

즉, 정수형 우선순위를 절댓값이 아니라 우선순위 비율로 정했는데, 이것이 load weight입니다. 프로세스가 더 큰 load weight를 갖고 있으면 CFS는 더 자주 실행할 수 있는 기회를 부여합니다. 이해를 돕기 위해 관련 소스코드를 보겠습니다.

https://github.com/raspberrypi/linux/blob/rpi-4.19.y/kernel/sched/core.c

```
01 static void set_load_weight(struct task_struct *p)
02 {
03      int prio = p->static_prio - MAX_RT_PRIO;
04      struct load_weight *load = &p->se.load;
...
05      if (update_load && p->sched_class == &fair_sched_class) {
06              reweight_task(p, prio);
07      } else {
08              load->weight = scale_load(sched_prio_to_weight[prio]);
09              load->inv_weight = sched_prio_to_wmult[prio];
10      }
```

set_load_weight() 함수는 프로세스가 갖고 있는 우선순위를 load weight로 변환하는 역할을 수행합니다.

3번째 줄을 보면 프로세스의 태스크 디스크립터에 저장된 static_prio 우선순위를 변환해 prio 변수에 저장합니다.

```
03      int prio = p->static_prio - MAX_RT_PRIO;
```

 여기서 MAX_RT_PRIO는 100입니다. 프로세스의 static_prio 범위는 100~139이니 prio 변수의 범위는 0~39입니다.

08번째 줄을 보겠습니다.

```
08      load->weight = scale_load(sched_prio_to_weight[prio]);
```

먼저 sched_prio_to_weight 배열을 인자로 호출하는 scale_load() 함수를 보겠습니다. 이 함수는 sched_prio_to_weight 배열에 저장된 값을 왼쪽으로 10비트만큼 시프트하는 동작을 수행합니다. 이런 동작을 '스케일링'이라고 부르는데 scale_load() 함수는 64비트 아키텍처 기반의 커널에서만 작동합니다. 이 책에서 다루는 라즈비안은 32비트 기반 ARMv7 아키텍처에서 구동되므로 scale_load() 함수는 동작하지 않습니다.

scale_load() 함수를 빼고 코드를 분석하면 sched_prio_to_weight라는 배열에 prio 변수로 접근해 load->weight에 저장합니다.

sched_prio_to_weight 배열의 선언부를 보겠습니다.

https://github.com/raspberrypi/linux/blob/rpi-4.19.y/kernel/sched/core.c

```
01 const int sched_prio_to_weight[40] = {
02 /* -20 */     88761,     71755,     56483,     46273,     36291,
03 /* -15 */     29154,     23254,     18705,     14949,     11916,
04 /* -10 */      9548,      7620,      6100,      4904,      3906,
05 /*  -5 */      3121,      2501,      1991,      1586,      1277,
06 /*   0 */      1024,       820,       655,       526,       423,
07 /*   5 */       335,       272,       215,       172,       137,
08 /*  10 */       110,        87,        70,        56,        45,
09 /*  15 */        36,        29,        23,        18,        15,
10 };
```

sched_prio_to_weight 배열은 우선순위별로 가중치를 적용한 테이블입니다. 여기서 2번째 줄과 같이 가장 우선순위가 큰 load weight는 88761임을 알 수 있습니다.

load weight는 프로세스 태스크 디스크립터의 다음 필드에 저장됩니다.

https://github.com/raspberrypi/linux/blob/rpi-4.19.y/include/linux/sched.h

```
01 struct task_struct {
...
02     const struct sched_class    *sched_class;
03     struct sched_entity         se;
04
05     struct sched_entity {
06         struct load_weight      load;
07
08         struct load_weight {
09             unsigned long       weight;
10             u32                 inv_weight;
11 };
```

위 선언부 코드를 종합하면 프로세스의 태스크 디스크립터 기준으로 다음 필드에 load weight를 저장한다는 사실을 알 수 있습니다.

```
current->se.load.weight
```

여기서 current 매크로의 구조체는 task_struct입니다.

또한 런큐 구조체의 cfs 필드에는 런큐에 등록한 프로세스들의 load weight를 합한 값을 load.weight에 저장합니다.

```
01 (struct rq *)0xBCF15A00
02    (raw_spinlock_t) lock = ((arch_spinlock_t) raw_lock
03    (unsigned int) nr_running = 2
...
04    (u64) nr_switches = 7403
05    (struct cfs_rq) cfs = (
06      (struct load_weight) load = (
07        (long unsigned int) weight = 2048
08        (u32) inv_weight = 0
```

위 정보는 TRACE32에서 확인한 런큐의 필드 정보입니다. 런큐의 cfs 필드는 CFS 런큐 구조체인데 load 필드 내에서 weight 정보를 확인할 수 있습니다.

CFS 런큐의 load weight는 7번째 줄과 같이 2048입니다.

이처럼 런큐의 load weight는 런큐에 실행을 기다리는 전체 프로세스들의 load weight를 더한 결과입니다. 런큐의 load weight와 프로세스 개수 비율을 고려해서 프로세스에게 타임 슬라이스를 부여합니다.

이어서 CFS 스케줄러에서 타임 슬라이스를 어떻게 계산하는지 살펴보겠습니다.

타임 슬라이스

CFS에서 프로세스의 타임 슬라이스는 다음 공식으로 계산할 수 있습니다.

$$\text{타임 슬라이스} = \frac{\text{프로세스 } load\ weight}{CFS\ \text{런큐 전체 } load\ weight} \times \text{스케줄링 레이턴시}$$

그림 10.21 타임 슬라이스 계산식

여기서 스케줄링 레이턴시란 CFS 런큐에서 실행 대기 상태로 기다리는 프로세스들의 타임 슬라이스를 합한 값입니다.

 라즈베리 파이에서 확인한 스케줄링 레이턴시 값은 다음과 같이 18000000 나노초입니다.

```
root@raspberrypi:/home/pi# cat /proc/sys/kernel/sched_latency_ns
18000000
```

이번에는 2가지 조건에서 각각 프로세스에 타임 슬라이스를 어떻게 할당하는지 알아봅시다. 만약 CPU1 런큐에 2개 프로세스가 있고 각각 static_prio가 120이라고 가정하겠습니다.

먼저 A 프로세스의 load weight를 계산해 보겠습니다.

```
sched_prio_to_weight 인덱스 = static_prio - 100
20 = 120 - 100
```

계산 결괏값인 20은 sched_prio_to_weight 배열의 인덱스입니다.

https://github.com/raspberrypi/linux/blob/rpi-4.19.y/kernel/sched/core.c

```
const int sched_prio_to_weight[40] = {
 /* -20 */     88761,     71755,     56483,     46273,     36291,
 /* -15 */     29154,     23254,     18705,     14949,     11916,
 /* -10 */      9548,      7620,      6100,      4904,      3906,
 /*  -5 */      3121,      2501,      1991,      1586,      1277,
 /*   0 */      1024,       820,       655,       526,       423,
```

sched_prio_to_weight[20] = 1024가 됩니다.

A 프로세스와 B 프로세스의 load weight는 각각 1024입니다. A 프로세스와 B 프로세스의 load weight가 1024이니 CFS 런큐의 load weight는 2048이 됩니다.

```
2048 = 1024 + 1024
```

다음 계산으로 A 프로세스와 B 프로세스에게는 9ms만큼의 타임 슬라이스를 할당할 수 있습니다.

$$9000000 = \frac{1024}{2048} * 18000000$$

분자인 1024는 A 프로세스와 B 프로세스의 load weight이고 분모인 2048은 CFS load weight입니다.

이렇게 계산한 타임 슬라이스는 다음 그림과 같이 표현할 수 있습니다.

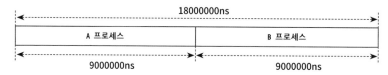

그림 10.22 A 프로세스와 B 프로세스에 할당된 타임 슬라이스

A 프로세스와 B 프로세스에게 9000000ns(9밀리초)만큼 타임 슬라이스를 부여한 것입니다. 두 프로세스의 우선순위가 같으니 타임 슬라이스도 같습니다.

이번에는 A 프로세스의 static_prio가 119이고 B 프로세스와 C 프로세스의 static_prio가 120인 경우를 살펴봅시다.

먼저 A 프로세스의 load weight를 계산해봅시다.

https://github.com/raspberrypi/linux/blob/rpi-4.19.y/kernel/sched/core.c

```
const int sched_prio_to_weight[40] = {
 /* -20 */      88761,     71755,     56483,     46273,     36291,
 /* -15 */      29154,     23254,     18705,     14949,     11916,
 /* -10 */       9548,      7620,      6100,      4904,      3906,
 /*  -5 */       3121,      2501,      1991,      1586,      1277,
 /*   0 */       1024,       820,       655,       526,       423,
```

'sched_prio_to_weight[19] = 1277'이 됩니다.

따라서 A 프로세스의 load weight는 1277입니다. 이어서 B 프로세스와 C 프로세스의 load weight를 계산해 봅시다. sched_prio_to_weight 배열의 20번째 원소가 1024이므로 B 프로세스와 C 프로세스의 load weight는 1024입니다.

```
sched_prio_to_weight[20] = 1024
```

위 정보를 참고해서 CFS 런큐의 load weight를 계산하면 다음과 같습니다.

```
3325 = 1277 + 1024 + 1024
```

CFS 런큐의 load weight는 런큐에 등록된 모든 프로세스의 load weight를 더한 값입니다.

A 프로세스의 타임 슬라이스는 다음 계산식으로 얻을 수 있습니다.

$$6913082 = \frac{1277}{3325} * 18000000$$

B 프로세스와 C 프로세스의 타임 슬라이스 계산 과정은 다음과 같습니다.

$$5543458 = \frac{1024}{3325} * 18000000$$

A, B, C 프로세스에 할당된 타임 슬라이스를 모아 다음 그림으로 표현할 수 있습니다.

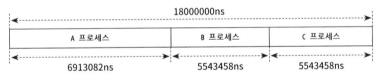

그림 10.23 A, B, C 프로세스에 할당된 타임 슬라이스

이렇게 타임 슬라이스는 런큐에 등록된 프로세스의 개수와 우선순위 비율에 따라 결정됩니다.

 앞서 살펴 본 load weight와 타임 슬라이스는 '그룹 스케줄링'이 적용되지 않는 조건에서 계산한 것입니다.

vruntime 알아보기

커널에서 vruntime은 프로세스가 그동안 실행한 시간을 정규화한 시간 정보입니다. CFS 스케줄러가 프로세스를 선택할 수 있는 load weight와 같은 지표가 고려된 실행 시간입니다.

vruntime이 CFS 스케줄러에서 중요한 이유는 무엇일까요? **CFS 스케줄러는 런큐에 등록된 프로세스 중 vruntime이 가장 작은 프로세스를 다음에 실행할 프로세스로 선택하기 때문입니다.**

vruntime은 프로세스가 실행되는 동안 update_curr() 함수에서 지속적으로 업데이트됩니다. vruntime을 계산하는 공식을 알기 위해서는 update_curr() 함수를 분석할 필요가 있습니다.

 update_curr() 함수는 정기적 스케줄러를 포함한 다음과 같은 다양한 스케줄링 공통 함수에서 호출됩니다.

- enqueue_entity()
- dequeue_entity()
- put_prev_entity()
- check_preempt_wakeup()
- yield_task_fair()
- task_fork_fair()

참고로 프로세스가 타임 슬라이스를 모두 소진하면 다음과 같은 과정으로 선점 스케줄링됩니다.

- 프로세스의 thread_info 구조체의 flags를 _TIF_NEED_RESCHED 플래그로 지정
- 선점 스케줄링됨(인터럽트 핸들링 후, 시스템 콜 핸들링 후)

update_curr() 함수에서 vruntime을 업데이트하는 과정 확인

다음 코드는 update_curr() 함수와 calc_delta_fair() 함수에서 vruntime을 계산하는 부분입니다.

https://github.com/raspberrypi/linux/blob/rpi-4.19.y/kernel/sched/fair.c

```
01 static void update_curr(struct cfs_rq *cfs_rq)
02 {
...
03     u64 delta_exec;
...
04     delta_exec = now - curr->exec_start;
...
05     curr->vruntime += calc_delta_fair(delta_exec, curr);
06
07 static inline u64 calc_delta_fair(u64 delta, struct sched_entity *se)
08 {
09     if (unlikely(se->load.weight != NICE_0_LOAD))
10         delta = __calc_delta(delta, NICE_0_LOAD, &se->load);
11     return delta;
12 }
```

delta_exec는 다음 코드와 같이 프로세스가 실행된 시각입니다.

```
04      delta_exec = now - curr->exec_start;
```

vrumtime은 다음 5번째 줄에서 바뀝니다.

```
05      curr->vruntime += calc_delta_fair(delta_exec, curr);
```

calc_delta_fair() 함수를 호출해서 얻은 vruntime 증가분을 curr->vruntime 필드에 저장합니다.

위 소스코드에서 본 변수 이름을 그대로 살리면 vrumtime 계산 공식은 다음과 같습니다.

$$vruntime \mathrel{+}= delta\_exec * \frac{NICE\_0\_LOAD}{\&se -> load.weight}$$

그림 10.24 소스코드 변수 이름을 기준으로 한 vruntime 계산 공식

여기서 NICE_0_LOAD는 1024이고 &se->load.weight는 프로세스의 load weight 정보입니다. 위 공식을 쉽게 풀어쓰면 다음과 같습니다.

$$vruntime \mathrel{+}= 실행시각 * \frac{1024}{load\ weight}$$

그림 10.25 vruntime 계산 공식

분모가 load weight이니 우선순위가 높은 프로세스는 vruntime이 더 서서히 증가합니다.

vruntime의 특징

vruntime은 다음과 같은 특징을 지닙니다.

1. CFS는 vruntime이 가장 작은 프로세스를 다음에 실행할 프로세스로 선택합니다.

2. vruntime은 프로세스가 실행을 하면 할수록 계속 증가하게 됩니다.

3. vruntime이 천천히 커질수록 스케줄러에 의해 선택될 확률이 높습니다. 달리 보면 우선순위가 높은 중요한 프로세스는 vruntime이 서서히 증가합니다. 그 이유는 vruntime 계산식에서 분모가 load weight이기 때문입니다. load weight 값이 클수록 프로세스의 우선순위가 높습니다.

4. 프로세스가 잠든 상태(휴면)이면 vruntime은 업데이트되지 않습니다.

일반적인 상황에서 vruntime은 계속 증가합니다. 그런데 새로 생성된 프로세스는 다음 코드와 같이 vruntime을 0으로 초기화합니다.

https://github.com/raspberrypi/linux/blob/rpi-4.19.y/kernel/sched/core.c

```
01 static void __sched_fork(unsigned long clone_flags, struct task_struct *p)
02 {
03     p->on_rq              = 0;
...
04     p->se.vruntime        = 0;
```

새롭게 생성된 프로세스의 vruntime은 0인데 다른 프로세스들은 이보다 훨씬 큰 vruntime을 갖고 있을 것입니다. 따라서 새롭게 생성된 프로세스는 가장 작은 vruntime을 갖고 있으니 스케줄러가 가장 먼저 실행할 것입니다.

또한 새롭게 생성된 프로세스는 vruntime 값이 0이니 다른 프로세스의 vruntime만큼 커질 때까지 충분히 많은 시간을 동안 CPU를 점유할 것입니다.

최소 vruntime

이런 문제를 해결하기 위해 스케줄러는 최소 vruntime을 주기적으로 계산합니다. 이 값을 새롭게 생성된 프로세스에게 갱신합니다. 최소 vruntime은 update_min_vruntime() 함수에서 갱신됩니다.

https://github.com/raspberrypi/linux/blob/rpi-4.19.y/kernel/sched/fair.c

```
01 static void update_min_vruntime(struct cfs_rq *cfs_rq)
02 {
03     struct sched_entity *curr = cfs_rq->curr;
04     struct rb_node *leftmost = rb_first_cached(&cfs_rq->tasks_timeline);
05
06     u64 vruntime = cfs_rq->min_vruntime;
...
07     /* ensure we never gain time by being placed backwards. */
08     cfs_rq->min_vruntime = max_vruntime(cfs_rq->min_vruntime, vruntime);
```

8번째 줄과 같이 최소 vruntime을 계산해서 CFS 런큐의 min_vruntime 필드에 갱신합니다.

세부적인 코드 분석은 책의 범위를 벗어나므로 주기적으로 min_vruntime, 즉 최소 vruntime을 계산해 새롭게 생성된 프로세스 vruntime에 갱신하다는 정도로 기억해둡시다.

10.5.3 CFS 관련 세부 함수 분석

CFS 스케줄러를 구성하는 주요 개념을 알아봤으니 이번에는 소스코드 분석을 통해 세부 동작 방식을 살펴보겠습니다.

10.5.3.1 타임 슬라이스 관리

CFS 스케줄러는 지속적으로 프로세스의 타임 슬라이스를 관리합니다.

타임 슬라이스를 소진했을 때의 선점 요청

프로세스가 자신에게 주어진 타임 슬라이스를 모두 소진하면 선점됩니다. 즉, CPU에서 실행을 멈추고 CPU를 비우게 되는 것입니다.

이제 타임 슬라이스가 무엇인지 알아봤으니 커널에서 타임 슬라이스를 어떤 방식으로 관리하는지 소스 코드를 분석하겠습니다.

커널에서는 다음 함수가 실행될 때 프로세스의 타임 슬라이스를 업데이트합니다.

- scheduler_tick()
- task_tick_fair()
- check_preempt_tick()

위 함수들은 다음과 같은 역할을 수행합니다.

1. 프로세스가 타임 슬라이스를 소진했는지 점검합니다.

2. 프로세스의 타임 슬라이스를 업데이트합니다.

3. 만약 프로세스가 타임 슬라이스를 모두 소진했으면 프로세스의 thread_info 구조체에 선점될 조건임을 마킹합니다.

scheduler_tick() 함수 분석

먼저 타이머 인터럽트가 발생한 후 호출되는 scheduler_tick() 함수를 보겠습니다.

https://github.com/raspberrypi/linux/blob/rpi-4.19.y/kernel/sched/core.c

```
01 void scheduler_tick(void)
02 {
```

```
03    int cpu = smp_processor_id();
04    struct rq *rq = cpu_rq(cpu);
05    struct task_struct *curr = rq->curr;
06    struct rq_flags rf;
07
08    sched_clock_tick();
09
10    rq_lock(rq, &rf);
11
12    update_rq_clock(rq);
13    curr->sched_class->task_tick(rq, curr, 0);
...
14 }
```

먼저 5번째 줄을 보겠습니다.

```
05    struct task_struct *curr = rq->curr;
```

런큐 필드 중 curr는 현재 CPU에서 실행 중인 프로세스의 태스크 디스크립터 주소를 가리킵니다. 이를 curr라는 포인터 타입의 지역변수에 저장합니다.

8번째 줄을 보겠습니다.

```
08    sched_clock_tick();
```

sched_clock_tick() 함수를 호출해서 '스케줄링 클록의 틱' 정보를 업데이트합니다.

다음으로 13번째 줄을 보겠습니다.

```
13    curr->sched_class->task_tick(rq, curr, 0);
```

프로세스 태스크 디스크립터의 sched_class 필드 중 task_tick에 저장된 함수를 호출합니다. 일반 프로세스는 CFS 스케줄러 클래스를 사용하므로 task_tick 필드에 등록된 함수를 실행하면 task_tick_fair() 함수를 호출합니다.

TRACE32 프로그램으로 CFS 스케줄러 클래스의 task_tick 필드에 어떤 주소가 저장됐는지 확인하면 task_tick_fair() 함수로 지정된 것을 확인할 수 있습니다.

```
(static void (*)()) fair_sched_class.task_tick = 0x8014FF34 = task_tick_fair
```

task_tick_fair() 함수 분석

다음으로 task_tick_fair() 함수를 보겠습니다.

https://github.com/raspberrypi/linux/blob/rpi-4.19.y/kernel/sched/fair.c

```
01 static void task_tick_fair(struct rq *rq, struct task_struct *curr, int queued)
02 {
03     struct cfs_rq *cfs_rq;
04     struct sched_entity *se = &curr->se;
05
06     for_each_sched_entity(se) {
07         cfs_rq = cfs_rq_of(se);
08         entity_tick(cfs_rq, se, queued);
09     }
...
10 }
```

8번째 줄을 보겠습니다.

```
08         entity_tick(cfs_rq, se, queued);
```

entity_tick() 함수를 호출합니다.

다음으로 entity_tick() 함수의 코드를 분석하겠습니다.

https://github.com/raspberrypi/linux/blob/rpi-4.19.y/kernel/sched/fair.c

```
01 static void
02 entity_tick(struct cfs_rq *cfs_rq, struct sched_entity *curr, int queued)
03 {
04     update_curr(cfs_rq);
05
06     update_load_avg(curr, UPDATE_TG);
07     update_cfs_shares(curr);
...
08
09     if (cfs_rq->nr_running > 1)
10         check_preempt_tick(cfs_rq, curr);
11 }
```

9번째 줄을 보겠습니다.

```
09      if (cfs_rq->nr_running > 1)
10              check_preempt_tick(cfs_rq, curr);
```

현재 런큐에서 삽입된 프로세스의 개수가 1보다 많으면 check_preempt_tick() 함수를 호출합니다. 여기서 rq는 해당 CPU 런큐 구조체를 가리키는 포인터이고 curr는 프로세스 태스크 디스크립터의 주소를 가리킵니다.

check_preempt_tick() 함수 분석

이어서 check_preempt_tick() 함수를 봅시다.

https://github.com/raspberrypi/linux/blob/rpi-4.19.y/kernel/sched/fair.c

```
01 static void
02 check_preempt_tick(struct cfs_rq *cfs_rq, struct sched_entity *curr)
03 {
04      unsigned long ideal_runtime, delta_exec;
05      struct sched_entity *se;
06      s64 delta;
07
08      ideal_runtime = sched_slice(cfs_rq, curr);
09      delta_exec = curr->sum_exec_runtime - curr->prev_sum_exec_runtime;
10      if (delta_exec > ideal_runtime) {
11              resched_curr(rq_of(cfs_rq));
...
12      }
13
14      if (delta_exec < sysctl_sched_min_granularity)
15              return;
16
17      se = __pick_first_entity(cfs_rq);
18      delta = curr->vruntime - se->vruntime;
19
20      if (delta < 0)
21              return;
22
23      if (delta > ideal_runtime)
```

```
24          resched_curr(rq_of(cfs_rq));
25 }
```

이 함수의 동작은 다음과 같은 단계로 분류할 수 있습니다.

- 1단계: 프로세스가 소진한 타임 슬라이스 읽기

  현재 CPU에서 실행 중인 프로세스가 소진한 타임 슬라이스 정보를 읽습니다.

- 2단계: 프로세스 선점 요청

  만약 프로세스가 타임 슬라이스를 모두 소진했으면 resched_curr() 함수를 호출해서 선점 요청을 합니다. 즉, 현재 실행 중인 프로세스의 thread_info 구조체의 flags 필드에 _TIF_NEED_RESCHED를 설정합니다.

 프로세스 선점 요청을 하면 다음 조건에서 프로세스가 선점됩니다.

- 인터럽트를 핸들링한 후
- 시스템 콜을 핸들링한 후 유저 공간으로 복귀하기 전

함수의 동작을 단계별로 리뷰했으니 이제 세부 코드를 분석하겠습니다. 먼저 8번째 줄을 보겠습니다.

```
08      ideal_runtime = sched_slice(cfs_rq, curr);
```

sched_slice() 함수를 호출해서 프로세스의 타임 슬라이스를 읽습니다.

다음으로 9번째 줄을 분석하겠습니다.

```
09      delta_exec = curr->sum_exec_runtime - curr->prev_sum_exec_runtime;
```

프로세스가 소진한 타임 슬라이스의 시각을 계산해 delta_exec 지역변수에 저장합니다. 참고로 이번 절에서 가장 중요한 코드입니다.

```
10      if (delta_exec > ideal_runtime) {
11              resched_curr(rq_of(cfs_rq));
...
12      }
```

만약 delta_exec가 ideal_runtime보다 클 경우 resched_curr() 함수를 호출합니다. 프로세스가 타임 슬라이스를 소진했을 때 delta_exec가 ideal_runtime보다 큽니다. 이 조건에서 resched_curr() 함수를 호출해서 해당 프로세스에 대해 선점 요청을 합니다.

여기서 프로세스 선점 요청이란 어떤 동작을 의미일까요? **프로세스의 thread_info 구조체의 flags 필드에 _TIF_NEED_RESCHED를 설정하는 동작입니다.**

다음으로 14번째 줄을 보겠습니다.

```
14      if (delta_exec < sysctl_sched_min_granularity)
15              return;
```

프로세스가 부여받는 최소 실행 시각보다 타임 슬라이스가 작은 경우 15번째 줄을 실행해 함수를 바로 종료합니다.

다음으로 17~21번째 줄의 코드를 보겠습니다.

```
17      se = __pick_first_entity(cfs_rq);
18      delta = curr->vruntime - se->vruntime;
19
20      if (delta < 0)
21              return;
```

현재 프로세스가 레드 블랙 트리에서 가장 왼쪽 노드에 있는지 체크합니다. 이 경우 21번째 줄을 실행해 함수를 종료합니다.

여기까지 스케줄러가 프로세스의 타임 슬라이스를 관리하는 코드를 분석했습니다. 분석 내용을 정리해 보겠습니다.

1. 프로세스가 CPU에서 실행 중일 때 스케줄러는 프로세스가 타임 슬라이스를 모두 소진했는지 주기적으로 체크합니다.

2. 만약 프로세스가 타임 슬라이스를 모두 소진하면 프로세스의 thread_info 구조체의 flags 필드에 _TIF_NEED_RESCHED를 설정합니다.

프로세스는 자신에게 주어진 임무를 수행하려고 커널 코드를 수행 중일 것입니다. 프로세스가 타임 슬라이스를 모두 소진해 선점되면 프로세스는 실행 대기(TASK_RUNNING) 상태로 런큐에 남습니다. 일반적으로 선점 스케줄링을 실행할 때 런큐에서 선점될 프로세스는 런큐에서 제거되지는 않습니다.

이번 절에서는 스케줄러가 프로세스가 타임 슬라이스를 관리하는 세부 동작 방식을 살펴봤습니다. 이어서 다음에 vruntime을 관리하는 세부 커널 코드를 살펴보겠습니다.

10.5.3.2 vruntime 관리와 관련된 세부 함수

이번 절에서는 다음과 같은 vruntime의 핵심 동작과 관련된 커널 소스코드를 분석합니다.

- 프로세스를 vruntime 기준으로 CFS 런큐의 레드 블랙 트리에 등록
- CFS가 다음 프로세스를 레드 블랙 트리에서 선택(pick)하는 과정

프로세스를 vruntime 기준으로 CFS 런큐 레드 블랙 트리에 등록

프로세스는 실행 요청을 할 때 자신을 런큐에 등록합니다. 이 과정에서 CFS는 **실행 요청을 한 프로세스의 vruntime과 이미 런큐에 등록된 프로세스들의 vruntime을 비교한 후, 레드 블랙 트리에 등록합니다.**

세부 동작은 enqueue_entity() 함수에서 확인할 수 있습니다.

https://github.com/raspberrypi/linux/blob/rpi-4.19.y/kernel/sched/fair.c

```
01 static void
02 enqueue_entity(struct cfs_rq *cfs_rq, struct sched_entity *se, int flags)
03 {
04     bool renorm = !(flags & ENQUEUE_WAKEUP) || (flags & ENQUEUE_MIGRATED);
05     bool curr = cfs_rq->curr == se;
...
06     update_curr(cfs_rq);
...
07     account_entity_enqueue(cfs_rq, se);
...
08     if (!curr)
09         __enqueue_entity(cfs_rq, se);
10     se->on_rq = 1;
...
11 }
```

6번째 줄에서는 update_curr() 함수를 호출해서 스케줄러의 세부 엔티티 정보를 업데이트합니다.

```
06     update_curr(cfs_rq);
```

다음으로 7번째 줄을 보겠습니다.

```
07      account_entity_enqueue(cfs_rq, se);
```

account_entity_enqueue() 함수를 호출해서 다음과 같은 동작을 수행합니다.

- update_load_add() 함수를 호출해서 런큐에 삽입하는 프로세스의 load weight를 CFS 런큐의 load.weight 필드에 더함
- nr_running 필드를 1만큼 증가시킴

다음으로 9번째 줄을 보겠습니다.

```
08      if (!curr)
09              __enqueue_entity(cfs_rq, se);
```

__enqueue_entity() 함수를 호출합니다.

이어서 __enqueue_entity() 함수를 분석하겠습니다.

https://github.com/raspberrypi/linux/blob/rpi-4.19.y/kernel/sched/fair.c

```
01 static void __enqueue_entity(struct cfs_rq *cfs_rq, struct sched_entity *se)
02 {
03      struct rb_node **link = &cfs_rq->tasks_timeline.rb_root.rb_node;
04      struct rb_node *parent = NULL;
05      struct sched_entity *entry;
06      bool leftmost = true;
07
08
09      while (*link) {
10              parent = *link;
11              entry = rb_entry(parent, struct sched_entity, run_node);
12
13              if (entity_before(se, entry)) {
14                      link = &parent->rb_left;
15              } else {
16                      link = &parent->rb_right;
17                      leftmost = false;
18              }
```

```
19          }
20
21      rb_link_node(&se->run_node, parent, link);
22      rb_insert_color_cached(&se->run_node,
23                          &cfs_rq->tasks_timeline, leftmost);
24 }
```

9~19번째 줄은 while 루프입니다. 레드 블랙 트리에 추가할 위치를 찾기 위해 노드를 탐색하는 루틴입니다. 먼저 13~18번째 줄을 보겠습니다.

```
13              if (entity_before(se, entry)) {
14                      link = &parent->rb_left;
15              } else {
16                      link = &parent->rb_right;
17                      leftmost = false;
18              }
```

13~14번째 줄을 실행하면 **레드 블랙 트리에서 탐색한 노드보다 등록한 프로세스의 vruntime이 작으면 노드의 왼쪽 자식 노드를 선택합니다.**

else 문인 16~17번째 줄에서는 **탐색한 노드보다 vruntime이 클 경우 오른쪽 자식 노드를 선택합니다.**

만약 런큐에 삽입하는 프로세스의 vruntime이 가장 작은 경우에는 이를 어떻게 처리할까요? **해당 프로세스의 노드를 &cfs_rq->tasks_timeline에 저장합니다.**

&cfs_rq->tasks_timeline은 vruntime 캐시라고 부르며 스케줄러가 다음 프로세스를 선택할 때 사용됩니다.

다음은 22~23번째 줄입니다.

```
22      rb_insert_color_cached(&se->run_node,
23                          &cfs_rq->tasks_timeline, leftmost);
```

프로세스의 &se->run_node를 레드 블랙 트리에 연결합니다.

여기까지 프로세스가 런큐에 삽입할 때 vruntime을 레드 블랙 트리에 등록하는 코드 흐름을 살펴봤습니다. 스케줄러는 vruntime이 가장 작은 프로세스를 다음에 실행할 프로세스로 선택하는데, 이 정보는 &cfs_rq->tasks_timeline 자료구조에 저장돼 있습니다. **이때 &cfs_rq->tasks_timeline을 vruntime 캐시라고 합니다.**

CFS가 다음 프로세스를 레드 블랙 트리에서 선택하는 과정

스케줄러는 __schedule() 함수에서 pick_next_task() 함수를 호출해서 다음에 실행할 프로세스를 선택합니다. 다음과 같은 함수 흐름으로 __pick_first_entity() 함수를 호출해서 레드 블랙 트리의 맨 왼쪽에 위치한 노드의 프로세스를 선택합니다.

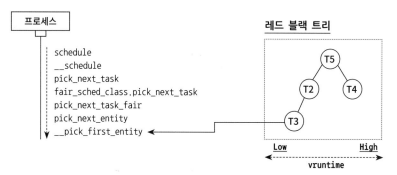

그림 10.26 프로세스가 레드 블랙 트리에서 다음에 실행할 프로세스를 선택

pick_next_entity() 함수를 먼저 보겠습니다.

https://github.com/raspberrypi/linux/blob/rpi-4.19.y/kernel/sched/fair.c

```
01 static struct sched_entity *
02 pick_next_entity(struct cfs_rq *cfs_rq, struct sched_entity *curr)
03 {
04     struct sched_entity *left = __pick_first_entity(cfs_rq);
05     struct sched_entity *se;
```

4번째 줄과 같이 __pick_first_entity() 함수를 호출해서 레드 블랙 트리의 맨 왼쪽에 있는 노드에 있는 스케줄링 엔티티를 읽습니다.

이번에는 __pick_first_entity() 함수를 분석하겠습니다.

https://github.com/raspberrypi/linux/blob/rpi-4.19.y/kernel/sched/fair.c

```
01 struct sched_entity *__pick_first_entity(struct cfs_rq *cfs_rq)
02 {
03     struct rb_node *left = rb_first_cached(&cfs_rq->tasks_timeline);
04
05     if (!left)
06         return NULL;
```

```
07
08       return rb_entry(left, struct sched_entity, run_node);
09 }
```

레드 블랙 트리인 tasks_timeline으로 맨 왼쪽 노드를 읽습니다.

```
03       struct rb_node *left = rb_first_cached(&cfs_rq->tasks_timeline);
...
08       return rb_entry(left, struct sched_entity, run_node);
```

CFS는 다음에 실행할 프로세스를 선택할 때 레드 블랙 트리의 맨 왼쪽에 있는 노드의 프로세스를 선택
합니다.

10.5.4 vruntime을 ftrace로 확인하는 실습

이 부분까지 포기하지 않고 읽었다면 다음과 같은 의문이 생길 것입니다. **리눅스 시스템에서 vruntime
은 실제로 어떤 값일까?** 그래서 이번 절에서는 vruntime을 ftrace에서 확인해 보는 방법을 소개합니다.

ftrace에서 sched_stat_runtime 이벤트를 활성화하면 다음과 같은 프로세스의 실행 정보를 출력할 수
있습니다.

- vruntime
- 프로세스의 실행 시각

ftrace의 sched_stat_runtime 이벤트 활성화

ftrace의 sched_stat_runtime 이벤트 메시지를 분석하기에 앞서 이벤트를 활성화는 방법을 먼저 알아보
겠습니다. 다음 명령어를 입력하면 sched_stat_runtime 이벤트를 활성화할 수 있습니다.

```
01 #!/bin/bash
02
03 echo 0 > /sys/kernel/debug/tracing/tracing_on
04 sleep 1
05 echo "tracing_off"
06
07 echo 0 > /sys/kernel/debug/tracing/events/enable
08 sleep 1
09 echo "events disabled"
```

```
10
11 echo nop > /sys/kernel/debug/tracing/current_tracer
12 sleep 1
13 echo "nop tracer enabled"
14
15 echo 1 > /sys/kernel/debug/tracing/events/sched/sched_stat_runtime/enable
16 echo 1 > /sys/kernel/debug/tracing/events/sched/sched_waking/enable
17 echo 1 > /sys/kernel/debug/tracing/events/sched/sched_switch/enable
18 sleep 1
19 echo "event enabled"
20
21 echo 1 > /sys/kernel/debug/tracing/tracing_on
22 echo "tracing_on"
```

sched_stat_runtime 이벤트를 활성화하는 명령어는 다음과 같습니다.

```
15 echo 1 > /sys/kernel/debug/tracing/events/sched/sched_stat_runtime/enable
```

이 셸 스크립트 코드를 sched_stat_runtime.sh라는 이름으로 저장합시다. 이후 다음 명령어를 입력해서 sched_stat_runtime.sh 스크립트를 실행하면 효율적으로 ftrace를 설정할 수 있습니다.

```
root@raspberrypi:/home/pi# ./sched_stat_runtime.sh
```

앞에서 소개한 방식으로 ftrace 이벤트를 활성화하고 10초 후에 3.4.4절에서 소개한 get_ftrace.sh 셸 스크립트를 실행해 ftrace를 받습니다. 이번 실습에서는 커널 코드를 수정할 필요가 없습니다. 단지 ftrace만 설정하고 ftrace 로그를 받으면 됩니다.

ftrace 로그로 vruntime 확인하기

분석할 ftrace 로그는 다음과 같습니다.

```
01 InputThread-620 [000] d... 10213.037017: sched_waking: comm=Xorg pid=552 prio=120 target_cpu=002
02 InputThread-620 [000] d... 10213.037042: sched_stat_runtime: comm=InputThread pid=620
runtime=211355 [ns] vruntime=52059310628 [ns]
03 InputThread-620 [000] d... 10213.037052: sched_switch: prev_comm=InputThread prev_pid=620
prev_prio=120 prev_state=D ==> next_comm=swapper/0 next_pid=0 next_prio=120
04 InputThread-620 [000] d... 10213.052890: sched_waking: comm=Xorg pid=552 prio=120 target_cpu=002
05 InputThread-620 [000] d... 10213.052907: sched_stat_runtime: comm=InputThread pid=620
```

```
runtime=142812 [ns] vruntime=52059453440 [ns]
```

이 ftrace 메시지 중에서 sched_stat_runtime 이벤트 로그는 2번째와 5번째 줄입니다. 2번째와 5번째 메시지를 보면 vruntime을 확인할 수 있습니다.

우선 sched_stat_runtime 이벤트 메시지를 보겠습니다.

```
02 InputThread-620 [000] d... 10213.037042: sched_stat_runtime: comm=InputThread pid=620
runtime=211355 [ns] vruntime=52059310628 [ns]
```

pid가 620인 InputThread 프로세스에 대한 스케줄링 정보입니다. **여기서 vruntime은 52059310628이고 실행한 시간은 211355입니다.** 참고로 시간 단위는 모두 나노초입니다.

이번에는 vruntime이 얼마나 증가했는지 살펴보겠습니다. 5번째 줄과 2번째 줄의 vruntime을 확인하니 +142812만큼 증가한 것을 알 수 있습니다.

```
52059453440 - 52059310628 = 142812
```

그렇다면 앞서 본 sched_stat_runtime 이벤트의 메시지는 커널의 어떤 코드가 실행될 때 출력될까요?
update_curr() 함수에서 sched_stat_runtime 이벤트의 메시지를 출력합니다.

다음은 update_curr() 함수의 구현부입니다.

https://github.com/raspberrypi/linux/blob/rpi-4.19.y/kernel/sched/fair.c

```
01 static void update_curr(struct cfs_rq *cfs_rq)
02 {
...
03     if (entity_is_task(curr)) {
04         struct task_struct *curtask = task_of(curr);
05
06         trace_sched_stat_runtime(curtask, delta_exec, curr->vruntime);
...
07     }
08
09     account_cfs_rq_runtime(cfs_rq, delta_exec);
10 }
```

6번째 줄을 보면 trace_sched_stat_runtime() 함수를 호출해서 ftrace의 sched_stat_runtime 이벤트 메시지를 출력합니다.

프로세스의 세부 동작을 점검할 때는 vruntime과 실제 실행 시간을 함께 보면 더 유익한 정보를 얻을 수 있습니다.

10.6 선점 스케줄링

선점 스케줄링(Preemptive Scheduling)은 CPU에서 실행 중인 프로세스를 중단시키고 우선순위가 높은 프로세스를 CPU에서 실행하는 방식입니다. 선점 스케줄링으로 프로세스 실행을 관리하면 우선순위가 높은 프로세스가 기다리는 빈도가 줄어들어 시스템의 전반적인 응답 속도를 높일 수 있습니다.

이번 절에서는 선점 스케줄링을 소개하고 선점 스케줄링을 시작하는 진입점을 상세히 살펴보겠습니다.

10.6.1 선점 스케줄링이란?

선점 스케줄링은 다음과 같이 정의할 수 있습니다.

CPU에서 실행 중인 프로세스를 비우고 새로운 프로세스를 CPU에서 실행시킴

선점 스케줄링에 대한 이해를 돕기 위해 야구에서 투수를 교체하는 과정을 예를 들겠습니다. 마운드에 A라는 투수가 있다고 가정합시다. A 투수는 열심히 공을 던지고 있습니다. 감독은 투수가 마운드에서 제대로 공을 던지고 있는지 계속 관찰합니다. 제구는 좋은지, 구속은 제대로 나오는지 점검합니다.

그런데 시간이 흘러 B, C, D라는 투수가 공을 던지고 싶다는 의사와 함께 불펜에서 몸을 풀기 시작했습니다. B, C, D 투수도 A와 같은 기량의 투수입니다. 감독은 A, B, C, D 투수를 비교합니다. 만약 B, C, D 투수 중에서 A보다 잘 던진다면(우선순위가 높으면) 감독은 어떤 결정은 내릴까요? A 투수를 강판시키고 B 투수를 마운드에 올릴 것입니다.

여기서 A와 B 투수를 프로세스, 감독을 스케줄러, 마운드를 CPU로 바꿔서 생각해 봅시다. 현재 A라는 프로세스가 CPU를 점유하면서 실행 중이라고 가정하겠습니다. 그런데 런큐에 삽입된 후 실행을 기다리는 B, C, D라는 프로세스가 있습니다.

스케줄러는 A 프로세스와 B, C, D 프로세스의 우선순위를 비교합니다. 만약 A 프로세스보다 B 프로세스가 우선순위가 높다고 판단하면 A 프로세스를 CPU에서 비우고 B 프로세스를 CPU에서 실행시킵니다. 이를 선점 스케줄링이라고 합니다.

10.6.2 선점 스케줄링 진입점은 어디일까?

예전에 리눅스 세미나 시간에 필자가 받았던 질문을 소개합니다.

선점 스케줄링은 언제 발생하나요?

이에 필자는 '선점 스케줄링은 언제든 발생할 수 있습니다'라고 대답했습니다. 틀린 대답은 아니었지만 지금 생각해보면 아쉬움이 많이 남는 답변이라 생각합니다. 그렇다면 누군가 다음과 같이 질문을 던질 수 있습니다.

선점 스케줄링이 발생하는 코드는 어디인가요?

앞의 질문보다 조금 더 예리한 질문입니다. 이번 절에서는 이 질문에 대한 상세한 대답을 하려고 합니다.

먼저 예제 소스코드를 보면서 선점 스케줄링이 언제 발생하는지 생각해 봅시다.

https://github.com/raspberrypi/linux/blob/rpi-4.19.y/kernel/module.c

```
01 bool try_module_get(struct module *module)
02 {
03      bool ret = true;
04
05      if (module) {
06              /* Note: here, we can fail to get a reference */
07              if (likely(module_is_live(module) &&
08                              atomic_inc_not_zero(&module->refcnt) != 0))
09                      trace_module_get(module, _RET_IP_);
10              else
11                      ret = false;
12      }
13      return ret;
14 }
```

여기서 볼 수 있는 try_module_get() 함수의 코드는 03~13번째 줄입니다. 그렇다면 위 코드에서 선점 스케줄링은 언제 발생할 수 있을까요? **이 구간의 코드를 실행하는 도중 언제든 선점 스케줄링이 일어날 수 있습니다.** 가령 09번째 줄을 실행하다가도 코드 실행을 중단하고 다른 프로세스가 실행될 수 있습니다.

여러분이 작성한 디바이스 드라이버 코드도 마찬가지입니다. 어떤 코드가 실행되든 선점될 수 있습니다. 이 점을 염두에 두고 코드를 작성할 필요가 있습니다.

 위에서 소개한 예시 코드의 try_module_get() 함수에서 7~11번째 줄이 실행될 때 선점 스케줄링이 일어나면 안 되는 조건이라고 가정해 봅시다. 이 경우에 어떻게 하면 선점 스케줄링이 일어나지 않게 할 수 있을까요? 아래의 6번째와 14번째 코드와 같이 preempt_disable() 함수와 preempt_enable() 함수를 호출하면 됩니다.

https://github.com/raspberrypi/linux/blob/rpi-4.19.y/kernel/module.c

```
01 bool try_module_get(struct module *module)
02 {
03     bool ret = true;
04
05     if (module) {
06 +         preempt_disable();
07         /* Note: here, we can fail to get a reference */
08         if (likely(module_is_live(module) &&
09                     atomic_inc_not_zero(&module->refcnt) != 0))
10                     trace_module_get(module, _RET_IP_);
11         else
12                     ret = false;
13
14 +         preempt_enable();
15     }
16     return ret;
17 }
```

선점 스케줄링이 발생하면 안 되는 코드 구간을 preempt_disable() 함수와 preempt_enable() 함수로 감싸는 것입니다. preempt_disable() 함수는 선점 스케줄링을 잠시 비활성화하고 preempt_enable() 함수는 선점 스케줄링을 활성화하는 설정을 합니다.

앞에서 필자는 "선점 스케줄링은 언제든 일어날 수 있다"라고 대답했습니다. 그런데 이 대답은 어떻게 보면 반은 맞고 반은 틀릴 수 있습니다. 사실, 선점 스케줄링을 1초에 수백 번 이상 시도하므로 선점 스케줄링은 어느 때나 발생할 수 있다고 볼 수 있습니다.

그럼 리눅스 커널은 언제 선점 스케줄링을 시작할까요? 선점 스케줄링을 실행하는 진입점은 다음과 같이 정해져 있습니다.

1. **인터럽트 핸들링 후**

   인터럽트 핸들러를 실행한 후 실행을 멈춘 프로세스로 복귀하기 전

2. **시스템 콜 핸들링 후**

   시스템 콜 함수를 처리한 후 유저 공간으로 복귀하기 직전

선점 스케줄링은 이 두 가지 상황에서만 시작합니다. 그동안 우리는 schedule() 함수를 호출했을 때만 스케줄링이 실행된다고 알고 있었습니다. 하지만 인터럽트가 발생했을 때 선점 스케줄링이 시작합니다.

 인터럽트란 비동기적인 전기 신호로 볼 수도 있는데 소프트웨어 관점에서 보면 비동기적인 이벤트라고 볼 수 있습니다. 휴대폰으로는 언제 문자나 전화가 올지 모르는데, 이와 비슷한 상황을 인터럽트라고 할 수 있습니다.

10.6.3 선점 스케줄링의 발생 시점을 아는 것은 왜 중요할까?

이번 절에서는 선점 스케줄링의 발생 시점을 왜 알아야 하는지에 대해 이야기해보겠습니다. 사실 여러분이 '시간을 갈아 넣는' '단순한 반복' 작업으로 임베디드 리눅스 개발을 진행하고자 한다면 선점 스케줄링은 배울 필요가 없습니다. 하지만 고급 개발자로 오랫동안 엔지니어로 인정받고 개발하고 싶다면 '선점 스케줄링'을 반드시 알아야 합니다. 그 이유를 정리하면 다음과 같습니다.

첫째, 리눅스 시스템 개발자로서의 문제 해결 능력을 키울 수 있습니다.

리눅스 시스템 개발자로서 문제 해결 능력을 키우려면 선점 스케줄링의 발생 시점을 아는 것이 중요합니다.

실전 개발에서 리눅스 디바이스를 개발하다 보면 다양한 버그를 만납니다. 수많은 버그 중 선점 스케줄링으로 시스템이 오동작하는 상황을 겪을 수 있는데, 레이스 컨디션으로 커널 패닉이 발생하는 가장 큰 원인 중 하나가 선점 스케줄링입니다. 리눅스 커널 커뮤니티에서 배포하는 커널 패치도 마찬가지로 선점 스케줄링으로 발생하는 레이스 컨디션을 방지하기 위한 패치가 많습니다.

여러분이 시스템 개발자인데 리눅스 시스템이 하루에 한 번 커널 패닉이 발생한다고 가정하겠습니다. 커널 로그와 메모리 덤프를 분석하니 선점 스케줄링으로 인한 '레이스 컨디션'이 의심되는 상황입니다.

그렇다면 커널 프로세스를 실행하는 도중 선점 스케줄링이 발생하는 코드를 막고 테스트해볼 수도 있습니다. 커널 프로세스가 실행 중에 선점 스케줄링이 발생하는 코드를 미리 소개하면 다음과 같습니다.

https://github.com/raspberrypi/linux/blob/rpi-4.19.y/arch/arm/kernel/entry-armv.S

```
01 __irq_svc:
02     svc_entry
03     irq_handler
04
05 #ifdef CONFIG_PREEMPT
06     ldr     r8, [tsk, #TI_PREEMPT]    @ get preempt count
07     ldr     r0, [tsk, #TI_FLAGS]      @ get flags
08     teq     r8, #0                    @ if preempt count != 0
09     movne   r0, #0                    @ force flags to 0
10     tst     r0, #_TIF_NEED_RESCHED
11     blne    svc_preempt
#endif
12 svc_exit r5, irq = 1                  @ return from exception
```

커널 프로세스 실행 중에 선점 스케줄링이 발생하는 코드를 막으려면 위 코드에서 06~11번째 줄의 코드를 주석으로 처리하면 됩니다.

만약 이처럼 선점 스케줄링이 발생하는 코드를 막고 테스트했는데 '레이스 컨디션'으로 커널 패닉이 발생하지 않는다면 선점 스케줄링에 초점을 맞춰서 디버깅할 필요가 있는 것입니다.

둘째, 안정적인 디바이스 드라이버 코드를 작성할 수 있습니다.

누구나 리눅스 커널은 안정적인 코드이니 잘 실행될 것이라 믿고 커널에서 제공하는 함수를 호출해 드라이버 코드를 작성합니다.

선점 스케줄링의 동작 원리를 이미 잘 알고 있는 개발자는 자신이 작성한 코드는 언제든 선점 스케줄링될 수 있다고 생각할 것입니다. 이렇게 가정하고 작성한 코드는 더 안정적일 가능성이 높습니다. 또한 선점 스케줄링으로 버그가 발생해도 문제점을 더 빨리 분석할 수 있습니다. 선점 스케줄링으로 시스템이 오동작해도 어느 코드부터 분석할지 알 수 있기 때문입니다.

10.6.4 선점 스케줄링의 진입점: 커널 모드 중 인터럽트 발생

선점 스케줄링을 지원하는 운영체제에서 자주 듣는 이야기가 있습니다. 바로 **커널 코드를 실행하는 도중 언제든 선점될 수 있다는 것입니다.**

이는 리눅스 커널에서도 마찬가지입니다. 우리가 보는 리눅스 커널의 어떤 코드도 실행되다가 선점될 수 있습니다. 그렇다면 커널 모드에서 실행되는 리눅스 커널 코드가 실행되는 도중에는 언제 선점 스케줄링을 시작할까요? 이 질문에 다음과 같이 대답할 수 있습니다.

> **인터럽트가 발생하면 실행되는 __irq_svc 레이블에서 선점 스케줄링을 시작한다.**

이번 절에는 커널 모드에서 커널 코드를 실행하는 도중 선점 스케줄링을 실행하는 세부 동작을 분석하 겠습니다. 먼저 다음 블록 다이어그램을 봅시다.

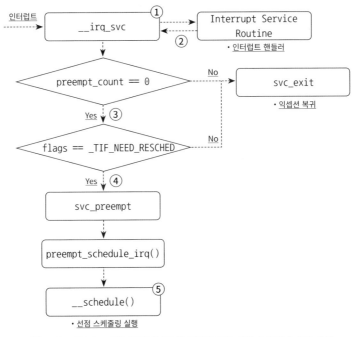

그림 10.27 커널 모드에서 인터럽트가 발생했을 때의 선점 스케줄링 실행 흐름

> 커널 모드에서 코드를 실행하는 도중 인터럽트가 발생하면 인터럽트 벡터에 위치한 `vector_irq` 레이블로 프로그램 카운터가 바뀌며, 이후 `__irq_svc` 레이블로 브랜치됩니다.

그림 10.27의 블록 다이어그램은 커널 모드에서 프로세스가 실행되는 도중 선점 스케줄링되는 흐름을 나타낸 것입니다. 블록 다이어그램을 각 단계별로 알아보겠습니다.

1단계: 인터럽트 발생 후 인터럽트 핸들러 처리

먼저 ①로 표시된 부분을 눈으로 따라가 봅시다. 인터럽트가 발생해서 호출되는 __irq_svc 레이블입니다. 블록 다이어그램의 ①번 오른쪽을 보면 화살표가 보이는데 이는 인터럽트 핸들러가 호출되는 실행 흐름입니다.

 커널 코드가 실행되는 도중에 인터럽트가 발생하면 인터럽트 벡터(vector_irq)로 프로그램 카운터가 브랜치됩니다. 자세한 내용은 5.3절을 참고하세요.

그럼 Interrupt Service Routine이라고 표시된 박스는 무엇을 의미할까요? 이 부분은 인터럽트 핸들링을 수행하는 커널 내부 함수와 인터럽트 핸들러 처리 과정을 표시한 것입니다.

이렇게 인터럽트 핸들링으로 인터럽트 핸들러 처리를 마무리하면 다시 __irq_svc 레이블로 복귀합니다. **그렇다면 어떤 원리로 다시 __irq_svc 레이블로 복귀할까요?** 함수 A에서 함수 B를 호출하고 나면 함수 B를 호출하고 난 다음 A 함수를 호출한 다음 줄 코드로 복귀하는 원리와 비슷합니다. __irq_svc 레이블에서 인터럽트를 핸들링하는 함수를 호출한 다음 코드가 실행되는 것입니다.

2단계: 프로세스 선점 스케줄링 조건 점검

①로 표시된 __irq_svc 박스에서 선점 스케줄링을 수행할 수 있는 조건을 체크합니다. 프로세스의 thread_info 구조체에 접근한 다음 preempt_count 필드를 읽습니다. 만약 preempt_count 필드가 0이 아니면 svc_exit 레이블을 실행해 인터럽트가 발생해서 멈춘 커널 코드로 복귀합니다.

③으로 표시된 부분은 프로세스의 thread_info 구조체의 preempt_count 필드가 0일 때 실행되는 흐름입니다.

이어서 thread_info 구조체의 flags 필드가 _TIF_NEED_RESCHED인지 체크합니다. flags가 _TIF_NEED_RESCHED이 아니면 svc_exit 레이블을 실행합니다.

④로 표시된 부분은 thread_info 구조체의 flags 필드가 _TIF_NEED_RESCHED일 때 처리되는 흐름입니다.

3단계: 프로세스 선점 스케줄링 실행

④~⑤로 표시된 부분은 선점 스케줄링을 시작하는 동작을 나타내며, 다음 레이블과 함수를 차례로 실행해 선점 스케줄링을 실행합니다.

- svc_preempt 레이블

- preempt_schedule_irq()

- __schedule()

각 단계별로 실행 흐름을 소개했는데, 이 설명만으로는 다소 복잡해서 쉽게 풀어서 설명할 필요가 있습니다. 그래서 이번에는 위의 블록 다이어그램의 내용을 Q/A 형식으로 정리해보겠습니다.

Q) 위 블록 다이어그램의 핵심 내용은 무엇입니까?

A) 프로세스가 선점될 조건인지 체크한 후 선점 스케줄링을 실행합니다.

Q) 그렇다면 프로세스가 선점될 수 있는 조건은 무엇입니까?

A) 프로세스의 thread_info 구조체의 flags 필드가 _TIF_NEED_RESCHED이고 preempt_count가 0일 때 선점될 수 있습니다.

Q) 이 사실을 토대로 추론해 보면 프로세스의 thread_info 구조체의 preempt_count 필드가 0이 아니면 선점 스케줄링되지 않는 것입니까?

A) 맞습니다. 선점되지 않습니다.

커널 모드에서 인터럽트가 발생했을 때 선점 스케줄링되는 과정을 살펴봤으므로 이제 코드 분석을 통해 세부 동작 방식을 알아봅시다.

__irq_svc 레이블 분석

먼저 살펴볼 코드는 __irq_svc 레이블입니다.

https://github.com/raspberrypi/linux/blob/rpi-4.19.y/arch/arm/kernel/entry-armv.S

```
01 __irq_svc:
02     svc_entry
03     irq_handler
04
05 #ifdef CONFIG_PREEMPT
06     ldr    r8, [tsk, #TI_PREEMPT]    @ get preempt count
07     ldr    r0, [tsk, #TI_FLAGS]      @ get flags
08     teq    r8, #0                    @ if preempt count != 0
09     movne  r0, #0                    @ force flags to 0
10     tst    r0, #_TIF_NEED_RESCHED
11     blne   svc_preempt
#endif
12 svc_exit r5, irq = 1                 @ return from exception
```

사실 라즈베리 파이에서는 CONFIG_PREEMPT 컨피그가 비활성화돼 있어 5~11번째 줄의 코드는 컴파일되지 않습니다. 커널 코드가 실행되는 도중 인터럽트가 발생했을 때 선점 스케줄링을 시도하지 않겠다는 의도입니다.

그런데 대부분의 상용 리눅스 시스템에서는 CONFIG_PREEMPT 컨피그가 활성화돼 있습니다. 따라서 이번 절에서는 CONFIG_PREEMPT가 활성화된 코드를 기준으로 분석을 진행하겠습니다.

6~7번째 줄 코드부터 봅시다.

```
06    ldr    r8, [tsk, #TI_PREEMPT]    @ get preempt count
07    ldr    r0, [tsk, #TI_FLAGS]      @ get flags
```

프로세스의 thread_info 구조체의 preempt_count 필드를 r8 레지스터, flags 필드를 r0 레지스터에 저장합니다.

이번에는 8~9번째 줄을 봅시다.

```
08    teq    r8, #0                    @ if preempt count != 0
09    movne  r0, #0                    @ force flags to 0
```

선점 스케줄링 관점에서 중요한 코드입니다. r8 레지스터에는 프로세스의 thread_info 구조체의 preempt_count 필드가 저장돼 있습니다. r8 레지스터가 0이 아니면 r0 레지스터를 0으로 변경합니다. 만약 r8 레지스터가 0이면 r0 레지스터 값은 변경하지 않습니다.

세부 동작 방식이 조금 복잡하므로 이 과정을 C 코드로 표현해 봅시다.

```
01 if (thread_info_preempt_count_r8 == 0 ) {
02     if (thread_info_flags_r0 & _TIF_NEED_RESCHED) {
03          svc_preempt();
04     }
05 } else {
06     thread_info_flags_r0 = 0;
07 }
```

위 코드에서 r8 레지스터가 thread_info_preempt_count_r8이고 r0 레지스터는 thread_info_flags_r0 변수입니다.

가장 중요한 코드는 다음 01~02번째 줄입니다.

```
01 if (thread_info_preempt_count_r8 == 0 ) {
02     if (thread_info_flags_r0 & _TIF_NEED_RESCHED) {
03         svc_preempt();
```

프로세스의 thread_info 구조체의 preempt_count 필드가 0이고, flags 필드가 _TIF_NEED_RESCHED(2)를 포함하는 경우 svc_preempt 레이블을 호출해 선점 스케줄링을 시작합니다. 반대로 thread_info 구조체의 preempt_count 필드가 0이라도 flags 필드가 _TIF_NEED_RESCHED(2)가 아니면 선점 스케줄링을 시작하지 않습니다.

정리하면 현재 실행 중인 프로세스의 thread_info 필드가 다음 조건을 만족하면 선점 스케줄링을 실행합니다.

- preempt_count가 0
- flags가 _TIF_NEED_RESCHED(2)

10장에서는 "프로세스의 thread_info 구조체의 flags 필드에 _TIF_NEED_RESCHED를 설정한다"라는 표현을 많이 볼 수 있습니다.

프로세스의 thread_info 구조체를 current_thread() 함수로 나타내면 이 동작은 다음과 같이 표현할 수 있습니다.

```
current_thread()->flags |= _TIF_NEED_RESCHED;
```

위 연산은 "current_thread()->flags에 _TIF_NEED_RESCHED를 포함하도록 설정한다"라고 말할 수 있습니다.

그렇다면 프로세스의 thread_info 구조체의 flags 필드에 _TIF_NEED_RESCHED이 설정됐는지는 어떻게 확인할까요? 다음 코드를 보면서 이 내용을 설명하겠습니다.

```
if (current_thread()->flags & _TIF_NEED_RESCHED) {
    printk("thread_info.flags includes _TIF_NEED_RESCHED \n");
}
```

if 문을 보면 current_thread()->flags와 _TIF_NEED_RESCHED를 AND 연산을 한 결과가 true이면 flags 필드에 _TIF_NEED_RESCHED이 설정됐다고 판단합니다. 이는 "current_thread()->flags가 _TIF_NEED_RESCHED를 포함하는지 점검한다"라고 설명할 수 있습니다.

10장에는 이런 표현을 자주 접할 수 있으니 혼돈하지 않았으면 좋겠습니다.

svc_preempt 레이블 분석

이어서 svc_preempt 레이블을 봅시다.

https://github.com/raspberrypi/linux/blob/rpi-4.19.y/arch/arm/kernel/entry-armv.S

```
01 svc_preempt:
02     mov     r8, lr
03 1:  bl      preempt_schedule_irq        @ irq en/disable is done inside
```

svc_preempt 레이블에서는 특별한 동작을 수행하지 않습니다. 3번째 줄과 같이 preempt_schedule_irq()
함수를 호출합니다.

preempt_schedule_irq() 함수 분석

이어서 preempt_schedule_irq() 함수를 분석하겠습니다.

https://github.com/raspberrypi/linux/blob/rpi-4.19.y/kernel/sched/core.c

```
01 asmlinkage __visible void __sched preempt_schedule_irq(void)
02 {
03     enum ctx_state prev_state;
04
05     /* Catch callers which need to be fixed */
06     BUG_ON(preempt_count() || !irqs_disabled());
07
08     prev_state = exception_enter();
09
10     do {
11         preempt_disable();
12         local_irq_enable();
13         __schedule(true);
14         local_irq_disable();
15         sched_preempt_enable_no_resched();
16     } while (need_resched());
```

preempt_schedule_irq() 함수를 보면 13번째 줄에서 __schedule() 함수를 호출합니다. __schedule() 함
수를 호출할 때 true라는 인자를 전달합니다. __schedule() 함수를 보면 인자가 true이면 선점될 프로세
스를 런큐에서 제거하지 않습니다.

선점 스케줄링 시의 콜 스택

이번에는 TRACE32로 이번 절에서 분석한 함수의 호출 흐름을 소개합니다.

```
-000|__schedule()
-001|preempt_schedule_irq()
-002|svc_preempt(asm)
-003|__irq_svc(asm)
 -->|exception
-004|blk_flush_plug_list()
-005|current_thread_info(inline)
-005|blk_finish_plug()
-006|ext4_writepages()
-007|__filemap_fdatawrite_range()
-008|filemap_write_and_wait_range()
-009|ext4_sync_file()
-010|vfs_fsync()
-011|fdput(inline)
-011|do_fsync()
-012|ret_fast_syscall(asm)
```

__schedule() 함수에 브레이크 포인트를 걸고 확인한 콜 스택입니다. 콜 스택으로 보아 인터럽트가 발생한 후 선점 스케줄링을 시도합니다.

004번째 콜 스택을 보면 blk_flush_plug_list() 함수를 실행 중이었습니다. 003번째 콜 스택에서 __irq_svc 레이블이 보이니 인터럽트가 발생했음을 알 수 있습니다.

이후 다음 함수를 호출해 선점 스케줄링을 실행합니다.

- svc_preempt 레이블
- preempt_schedule_irq()
- __schedule()

이번에는 다른 리눅스 시스템에서 커널 모드에서 선점 스케줄링을 실행할 때 확보한 ftrace 콜 스택 로그를 소개합니다.

```
01 sh-1359 [000] d.h1 125.454337: irq_handler_entry: irq=18 name=arch_timer
02 sh-1359 [000] dnh1 125.454363: irq_handler_exit: irq=18 ret=handled
03 sh-1359 [000] dn.1 125.454368: preempt_schedule_irq+0x10/0x7c <-svc_preempt+0x8/0x18
04 sh-1359 [000] dn.1 125.454397: <stack trace>
05 => preempt_schedule_irq+0x14/0x7c
```

```
06 => svc_preempt+0x8/0x18
07 => user_path_at_empty+0x50/0x58
08 => vfs_fstatat+0x60/0xa0
09 => vfs_stat+0x28/0x2c
10 => sys_stat64+0x24/0x40
11 => ret_fast_syscall+0x0/0x3c
```

02번째 메시지를 보면 인터럽트 핸들링을 마무리한 시점임을 알 수 있습니다.

```
02 sh-1359 [000] dnh1 125.454363: irq_handler_exit: irq=18 ret=handled
```

이후 이번 절에서 분석한 함수를 볼 수 있습니다. 함수 호출 방향은 11번째 줄에서 03번째 줄입니다. 이 콜 스택에서 실행 중에 선점되는 코드는 다음과 같습니다.

```
06 => svc_preempt+0x8/0x18
07 => user_path_at_empty+0x50/0x58
```

07번째 줄의 user_path_at_empty() 함수의 시작 주소를 기준으로 +0x50만큼 떨어진 주소의 코드가 실행되는 도중 선점 스케줄링이 실행됐다는 것입니다.

로그 뒤에 숨겨진 세부 정보까지 이끌어내면 다음과 같이 해석할 수 있습니다.

1. user_path_at_empty+0x50/0x58 코드를 실행 중 arch_timer 인터럽트 발생
2. arch_timer 인터럽트 핸들링 마무리
3. __irq_svc 레이블로 다시 복귀
4. sh-1359 프로세스의 thread_info 구조체 flags와 preempt_count 필드를 점검한 후 다음 조건을 만족
   - flags == _TIF_NEED_RESCHED(2)
   - preempt_count == 0

5. svc_preempt 레이블 실행

커널 코드 분석을 통해 선점 스케줄링을 파악한 후 ftrace 메시지를 보니 로그가 쉬워 보이는 것 같습니다.

이번 절에서 살펴본 선점 스케줄링 실행 과정을 정리하면 다음과 같습니다.

1. 인터럽트 발생(커널 모드에서 실행 중인 프로세스)

2. 인터럽트 핸들러 실행

3. 프로세스의 thread_info 구조체의 preempt_count 필드가 0이고 flags 필드가 _TIF_NEED_RESCHED(2)이면 svc_preempt 레이블을 실행

4. svc_preempt 레이블에서 preempt_schedule_irq() 함수를 호출해서 __schedule() 함수를 호출

여기서 3번 단계가 선점 스케줄링을 실행할 조건을 점검하는 동작입니다.

10.6.5 선점 스케줄링 진입점: 유저 프로세스 실행 중 인터럽트 발생

선점 스케줄링을 실행하는 중요한 진입점 중 하나가 인터럽트를 핸들링한 후의 시점입니다. 이번 절에서는 유저 프로세스가 실행되던 도중 인터럽트가 발생했을 때 어떤 방식으로 선점 스케줄링을 시작하는지 살펴보겠습니다.

전체 처리 흐름 파악

다음 블록 다이어그램을 봅시다.

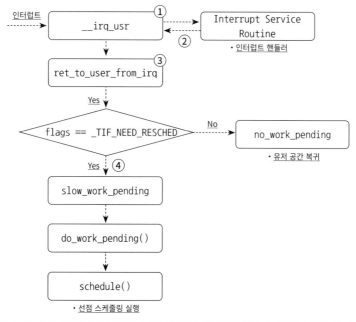

그림 10.28 유저 프로세스가 실행하는 도중 인터럽트 발생으로 선점 스케줄링이 실행되는 흐름

위 블록 다이어그램은 유저 레벨 프로세스가 실행되는 도중 선점 스케줄링되는 흐름입니다. 유저 레벨 프로세스가 실행되는 도중 일어나는 선점 스케줄링은 다음과 같은 과정으로 진행됩니다.

1. 인터럽트가 발생해 vector_irq 인터럽트 벡터로 브랜치된 후, __irq_usr 레이블 실행

2. 인터럽트 핸들러 실행으로 인터럽트 핸들링 마무리

3. __irq_usr 레이블에서 ret_to_user_from_irq 레이블을 실행

4. 프로세스의 thread_info 구조체의 flags 필드를 점검해서 _TIF_NEED_RESCHED이면 선점 스케줄링을 실행

이제부터 유저 프로세스를 실행하는 도중 인터럽트가 발생하면 (인터럽트 벡터: vector_irq 레이블을 통해) 브랜치되는 __irq_usr 레이블부터 __schedule() 함수까지 실행되는 흐름을 알아보겠습니다.

유저 공간에서 프로세스가 실행하는 도중 인터럽트가 발생하면 인터럽트 벡터(vector_irq)를 통해 통해 __irq_usr이라는 레이블로 브랜치됩니다.

__irq_usr 레이블과 __irq_svc 레이블의 차이점은 무엇일까요? 일단 인터럽트가 발생하면 인터럽트 벡터인 vector_irq 레이블로 브랜치됩니다. vector_irq 레이블에서는 인터럽트가 유저 모드나 커널 모드에서 발생했는지 점검합니다. 즉, 유저 공간에서 어떤 코드가 실행되는 중에 인터럽트가 발생하면 vector_irq 레이블을 통해 __irq_usr 레이블, 커널 공간에서 코드를 실행하는 도중 인터럽트가 발생하면 vector_irq 레이블을 통해 __irq_svc 레이블로 브랜치됩니다.

그렇다면 유저 공간과 커널 공간별로 구분해서 레이블이 브랜치되는 이유는 무엇일까요? 유저 공간에서 코드를 실행하는 도중 인터럽트가 발생하면 커널 공간인 __irq_usr 레이블을 실행한 다음 유저 공간으로 복귀해야 하기 때문입니다. 하지만 커널 공간에서 커널 함수의 코드를 실행하는 도중 인터럽트가 발생하면 __irq_svc 레이블을 실행한 다음, 기존에 실행 중이던 코드(커널 공간)로 복귀하면 됩니다.

따라서 __irq_usr 레이블과 __irq_svc 레이블은 인터럽트를 처리한 다음에 동작하는 방식이 다릅니다.

__irq_usr 레이블 분석

__irq_usr 레이블의 코드를 보면서 선점 스케줄링의 세부 동작 방식을 살펴봅시다. __irq_usr 레이블의 동작은 크게 3단계로 구분할 수 있습니다.

- 1단계: 인터럽트 핸들링

  인터럽트를 처리합니다. 인터럽트 종류에 따라 인터럽트 핸들러를 실행하는 것입니다.

- 2단계: 선점 스케줄링 실행 조건 점검

  현재 실행 중인 프로세스의 thread_info 구조체의 flags 필드에 접근한 후 선점 스케줄링 실행 조건을 점검합니다. 만약 flags 필드가 _TIF_NEED_RESCHED이면 선점 스케줄링을 시작합니다.

- 3단계: 유저 공간 복귀

  만약 선점 스케줄링을 실행할 조건이 아니면 유저 공간으로 복귀합니다. 유저 공간으로 복귀하는 코드는 아키텍처에 의존적인 코드로 구성돼 있습니다. 라즈베리 파이는 ARM 프로세서를 탑재했으니 ARM 어셈블리 코드로 구성돼 있습니다.

이번 절에서는 선점 스케줄링 동작 관점으로 앞에서 명시한 3단계 중 1~2단계에 초점을 맞춰 코드를 분석하겠습니다.

먼저 유저 공간에서 프로세스를 실행하는 도중 인터럽트가 발생하면 실행되는 __irq_usr 레이블의 구현부를 보겠습니다.

https://github.com/raspberrypi/linux/blob/rpi-4.19.y/arch/arm/kernel/entry-armv.S

```
01 __irq_usr:
02     usr_entry
03     kuser_cmpxchg_check
04     irq_handler
05     get_thread_info tsk
06     mov    why, #0
07     b      ret_to_user_from_irq
```

4번째 줄에서는 irq_handler 매크로를 실행합니다. 인터럽트 핸들러를 실행하는 코드입니다.

5번째 줄을 보겠습니다.

```
05     get_thread_info tsk
```

현재 프로세스 스택의 최상단 주소에 있는 thread_info 구조체를 읽어오는 동작입니다. 프로세스의 thread_info 구조체의 flags 필드에는 프로세스가 선점될 조건과 같이 프로세스의 세부 동작 정보가 담겨 있기 때문입니다.

7번째 줄을 보면 ret_to_user_from_irq라는 레이블로 브랜치하는 어셈블리 명령어를 볼 수 있습니다. 'b' 명령어는 어셈블리어로 다음 형식으로 사용되며, C 코드로 함수를 호출하는 동작과 같습니다.

```
b [주소]
b [함수 이름]
```

ret_to_user_from_irq 레이블 분석

이제부터 분석할 ret_to_user_from_irq 레이블의 코드를 소개합니다.

https://github.com/raspberrypi/linux/blob/rpi-4.19.y/arch/arm/kernel/entry-common.S

```
01 ENTRY(ret_to_user_from_irq)
02      ldr     r2, [tsk, #TI_ADDR_LIMIT]
03      cmp     r2, #TASK_SIZE
04      blne    addr_limit_check_failed
05      ldr     r1, [tsk, #TI_FLAGS]
06      tst     r1, #_TIF_WORK_MASK
07      bne     slow_work_pending
08 no_work_pending:
09      asm_trace_hardirqs_on save = 0
10
11      /* perform architecture specific actions before user return */
12      arch_ret_to_user r1, lr
13      ct_user_enter save = 0
14
15      restore_user_regs fast = 0, offset = 0
16 ENDPROC(ret_to_user_from_irq)
```

선점 스케줄링을 실행할지 점검하는 코드는 5~7번째 줄입니다. 이번 절에서 가장 중요한 코드입니다.

어렵게 보이는 어셈블리 코드를 C 코드로 쉽게 풀면 다음과 같습니다.

어셈블리 코드	C 코드
| ```
ldr     r1, [tsk, #TI_FLAGS]
tst     r1, #_TIF_WORK_MASK
bne     slow_work_pending
``` | ```
if (current_thread_info()->flags & _TIF_WORK_MASK)
        slow_work_pending();
``` |

그림 10.29 선점 스케줄링 조건을 점검할 때의 어셈블리와 C 코드

C 코드에서 current_thread_info() 함수는 프로세스 스택의 최상단 주소에 있는 thread_info 구조체 주소를 의미합니다. current_thread_info()->flags를 _TIF_WORK_MASK와 AND 연산한 결과가 true이면 slow_work_pending() 레이블을 호출합니다.

위 코드를 선점 스케줄링 관점에서 세부 동작을 분석해 보면 **current_thread_info()->flags가 _TIF_NEED_RESCHED를 포함하면 slow_work_pending 레이블로 브랜치합니다.** 이 코드의 목적은 '프로세스가 선점될 조건인지를 점검'하는 것입니다.

ret_to_user_from_irq 레이블의 동작 방식을 검토했으므로 어셈블리 코드를 보겠습니다. 다음은 5번째 줄입니다.

```
05        ldr    r1, [tsk, #TI_FLAGS]
```

thread_info 구조체에서 flags 필드를 r1 레지스터에 로딩하는 명령어입니다.

TI_FLAGS는 다음 코드와 같이 thread_info 구조체에서 flags 필드가 위치한 주소 오프셋을 의미합니다.

https://github.com/raspberrypi/linux/blob/rpi-4.19.y/arch/arm/kernel/asm-offsets.c

```
DEFINE(TI_FLAGS,        offsetof(struct thread_info, flags));
```

다음으로 current_thread_info()->flags 값을 담고 있는 r1 레지스터와 _TIF_WORK_MASK 매크로와 AND 연산을 수행합니다.

```
06        tst    r1, #_TIF_WORK_MASK
07        bne    slow_work_pending
08 no_work_pending:
09        asm_trace_hardirqs_on save = 0
10
11        /* perform architecture specific actions before user return */
12        arch_ret_to_user r1, lr
13        ct_user_enter save = 0
14
15        restore_user_regs fast = 0, offset = 0
```

6~7번째 줄에서는 _TIF_WORK_MASK 매크로와 r1 레지스터를 AND 연산한 결과가 true이면 slow_work_pending 레이블을 브랜치합니다. 만약 _TIF_WORK_MASK 매크로와 r1 레지스터와 AND 연산한 결과가 false 이면 slow_work_pending 레이블을 실행하지 않습니다. 8번째 줄과 같이 no_work_pending 레이블로 브랜치한 후 유저 공간으로 복귀합니다.

tst 명령어는 C 코드에서 if 문을 처리할 때 쓰는 어셈블리 명령어이니 잘 알아둡시다.

_TIF_WORK_MASK 매크로의 선언부 코드를 보겠습니다.

https://github.com/raspberrypi/linux/blob/rpi-4.19.y/arch/arm/include/asm/thread_info.h

```
#define _TIF_WORK_MASK (_TIF_NEED_RESCHED | _TIF_SIGPENDING | \
                        _TIF_NOTIFY_RESUME | _TIF_UPROBE)
```

_TIF_WORK_MASK 매크로는 _TIF_NEED_RESCHED, _TIF_SIGPENDING, _TIF_NOTIFY_RESUME, _TIF_UPROBE 매크로를 OR 연산한 결괏값(0xF)입니다.

프로세스의 thread_info 구조체의 flags 필드가 _TIF_NEED_RESCHED, _TIF_SIGPENDING, _TIF_NOTIFY_RESUME, _TIF_UPROBE 매크로 중 하나라도 포함하면 slow_work_pending 레이블을 호출합니다.

다음으로 6~7번째 줄과 매크로를 눈으로 따라가 봅시다.

```
06      tst     r1, #_TIF_WORK_MASK
07      bne     slow_work_pending
```

 각 매크로는 다음 코드에서 확인할 수 있습니다.

https://github.com/raspberrypi/linux/blob/rpi-4.19.y/arch/arm/include/asm/thread_info.h

```
#define TIF_SIGPENDING        0    /* signal pending */
#define TIF_NEED_RESCHED      1    /* rescheduling necessary */
#define TIF_NOTIFY_RESUME     2    /* callback before returning to user */
#define TIF_UPROBE           3    /* breakpointed or singlestepping */
...
#define _TIF_SIGPENDING       (1 << TIF_SIGPENDING)
#define _TIF_NEED_RESCHED     (1 << TIF_NEED_RESCHED)
#define _TIF_NOTIFY_RESUME    (1 << TIF_NOTIFY_RESUME)
#define _TIF_UPROBE          (1 << TIF_UPROBE)
```

위 코드에서 _TIF_NEED_RESCHED(2)는 1을 TIF_NEED_RESCHED(1)만큼 왼쪽 비트 시프트한 결과입니다. 이를 기준으로 각 매크로의 실제 값을 계산한 결과는 다음과 같습니다.

```
#define _TIF_SIGPENDING       1 ( 1<< 0 )
#define _TIF_NEED_RESCHED     2 ( 1<< 1 )
#define _TIF_NOTIFY_RESUME    4 ( 1<< 2 )
#define _TIF_UPROBE          8 ( 1<< 4 )
```

각 결괏값을 바탕으로 _TIF_WORK_MASK 매크로는 0xF임을 알 수 있습니다.

```
_TIF_SIGPENDING | _TIF_NEED_RESCHED | _TIF_NOTIFY_RESUME | _TIF_UPROBE
0xF = 0x1 | 0x2 | 0x4 | 0x8
```

여기까지 ret_to_user_from_irq 레이블에서 가장 중요한 코드를 분석했습니다. 선점 스케줄링 동작 관점에서 위 코드는 다음과 같이 해석할 수 있습니다.

> 프로세스의 thread_info 구조체의 flags 필드가 _TIF_NEED_RESCHED이면 slow_work_pending 레이블을 실행합니다.

이 내용을 조금 더 일반화하면 다음과 같이 설명할 수 있습니다.

> 프로세스의 thread_info 구조체의 flags 필드가 _TIF_NEED_RESCHED이면 선점 스케줄링을 시작한다.

slow_work_pending 레이블과 do_work_pending() 함수 분석

slow_work_pending 레이블을 실행하면 서브 루틴에서 schedule() 함수를 호출하게 됩니다. 이번에는 slow_work_pending 레이블의 코드를 볼 차례입니다.

https://github.com/raspberrypi/linux/blob/rpi-4.19.y/arch/arm/kernel/entry-common.S

```
slow_work_pending:
01  mov    r0, sp          @ 'regs'
02  mov    r2, why         @ 'syscall'
03  bl     do_work_pending
```

1번째 줄을 보면 r0 레지스터에 스택 포인터 주소를 저장합니다. ARM 아키텍처의 함수 호출 규약에 따르면 r0 레지스터는 함수의 첫 번째 인자를 저장합니다. 다음으로 3번째 줄에서 do_work_pending() 함수로 브랜치합니다.

 bl 명령어는 어셈블리 코드에서 지정한 주소나 함수로 프로그램 카운터를 바꾼다는 의미입니다. 어셈블리 코드에서 "bl [함수]" 명령어가 보이면 [함수]를 호출합니다.

이어서 do_work_pending() 함수를 보겠습니다.

https://github.com/raspberrypi/linux/blob/rpi-4.19.y/arch/arm/kernel/signal.c

```
01 asmlinkage int
02 do_work_pending(struct pt_regs *regs, unsigned int thread_flags, int syscall)
03 {
04     trace_hardirqs_off();
05     do {
```

```
06              if (likely(thread_flags & _TIF_NEED_RESCHED)) {
07                      schedule();
08              } else {
```

다음으로 6~7번째 줄을 봅시다.

```
06              if (likely(thread_flags & _TIF_NEED_RESCHED)) {
07                      schedule();
```

thread_flags 인자는 프로세스의 thread_info 구조체의 flags 필드에 저장된 값입니다. 이 값이 _TIF_NEED_RESCHED이면 schedule() 함수를 호출합니다. 즉, 선점 스케줄링의 실행을 시작하는 것입니다.

이번 절에서 유저 프로세스가 실행되는 도중 인터럽트가 발생했을 때 선점 스케줄링의 실행 과정을 살펴봤습니다. 배운 내용을 정리해 봅시다.

1. **인터럽트 발생**

    유저 공간에서 실행 중인 프로세스이므로 인터럽트 벡터(vector_irq)를 통해 __irq_usr 레이블이 실행

2. **인터럽트 핸들러 실행**

    인터럽트 핸들러를 호출합니다.

3. **선점 스케줄링 시작 조건 점검**

    프로세스의 thread_info 구조체의 flags 필드가 _TIF_NEED_RESCHED이면 slow_work_pending 레이블을 호출

4. **slow_work_pending 레이블에서 do_work_pending() 함수를 호출해서 스케줄링을 실행**

인터럽트가 발생할 때마다 프로세스가 선점될 조건을 점검한다는 것을 파악했습니다. 여기서 한 가지 의문이 생깁니다. **과연 리눅스 시스템에서는 인터럽트가 얼마나 자주 발생할까요?**

라즈베리 파이에서 터미널 프로그램만 실행한 상태에서 다른 프로그램을 실행하지 않고 가만히 있으면 714번, 크롬 브라우저를 띄우고 유튜브 동영상을 4개 재생할 때는 2949번 발생했습니다.

즉, 라즈베리 파이에서 아무런 액션을 취하지 않아도 인터럽트가 1초에 714번 발생하므로 유저 프로세스의 thread_info 구조체의 flags 필드가 _TIF_NEED_RESCHED이면 바로 선점 스케줄링이 됩니다. 그것은 **1초에 714번 선점 스케줄링 조건을 점검하기 때문입니다.**

이어지는 절에서는 유저 프로세스가 시스템 콜 처리를 미무리한 후 선점 스케줄링되는 동작에 대해 살펴보겠습니다.

10.6.6 선점 스케줄링 진입점: 유저 프로세스가 시스템 콜 처리를 마무리한 후

유저 프로세스는 시스템 콜을 통해 커널과 통신합니다. 즉, 유저 프로세스는 시스템 콜을 발생시켜 시스템 콜 핸들러 함수를 호출합니다. 이후 시스템 콜 핸들러에서 호출하는 커널 내부 함수의 실행을 끝낸 후 유저 공간으로 복귀하기 직전에 선점 스케줄링의 실행 조건을 점검합니다.

다음 다이어그램을 보면서 세부 동작 방식을 살펴보겠습니다.

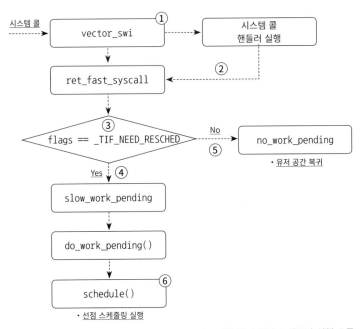

그림 10.30 유저 프로세스가 시스템 콜 처리를 마무리한 후의 선점 스케줄링 실행 흐름

위 블록 다이어그램은 유저 프로세스가 시스템 콜을 처리한 후, 유저 공간으로 복귀하기 전의 시점에 선점 스케줄링되는 흐름을 보여줍니다. 선점 스케줄링은 다음과 같은 단계로 실행합니다.

1. 시스템 콜 발생으로 시스템 콜 벡터인 vector_swi 레이블로 브랜치

2. 시스템 콜 핸들러와 서브 루틴 실행을 마무리한 후 ret_fast_syscall 레이블로 복귀

3. ret_fast_syscall 레이블에서 프로세스의 thread_info 구조체의 flags 필드가 _TIF_NEED_RESCHED(2)인지 점검

4. _TIF_NEED_RESCHED(2)이면 slow_work_pending 레이블로 브랜치

5. _TIF_NEED_RESCHED(2)가 아니면 no_work_pending 레이블로 브랜치해서 유저 공간으로 복귀

6. 차례로 do_work_pending() 함수와 schedule() 함수를 호출해서 스케줄링을 실행

유저 프로세스에서 시스템 콜 핸들링을 마무리한 후 선점 스케줄링이 되는 과정을 리뷰했으니 이제 코드 분석으로 세부 동작 방식을 알아봅시다.

여기서 한 가지 의문이 생깁니다. **시스템 콜 실행을 마무리한 다음 선점 스케줄링을 시도하는 이유는 무엇일까요?**

이 궁금증을 풀기 위해서는 시스템 콜의 특징을 살펴볼 필요가 있습니다. 시스템 콜은 유저 프로세스가 유저 공간에서 커널과 통신을 위해 시스템 콜을 발생시킵니다.

시스템 콜의 발생 횟수는 유저 프로세스의 실행 빈도에 비례합니다. 반대로 유저 프로세스의 개수가 적거나 휴면 상태에 진입한 경우 시스템 콜의 발생 횟수도 줄어듭니다.

유저 프로세스의 실행 빈도에 비례해서 시스템 콜을 핸들링하므로 시스템 콜 핸들러를 수행한 후 선점 스케줄링을 시도하는 것입니다. 다른 관점에서 커널 프로세스는 유저 공간과 시스템 콜로 통신하지 않으니 유저 프로세스를 위한 선점 스케줄링 진입로라 볼 수 있습니다.

유저 프로세스에서 시스템 콜 핸들링을 마무리한 다음에는 어떤 함수로 복귀할까요? **어셈블리 코드로 구현된 ret_fast_syscall 레이블입니다.** 그럼 ret_fast_syscall 레이블을 분석하면서 선점 스케줄링의 세부 동작 방식을 알아봅시다.

ret_fast_syscall 레이블 분석

다음 그림은 ret_fast_syscall 레이블에서 schedule() 함수까지의 실행 흐름입니다.

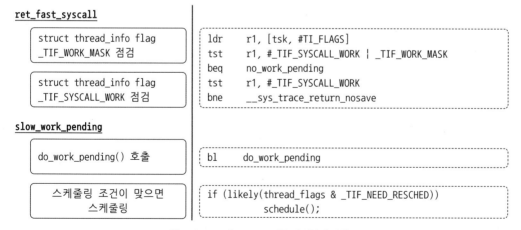

그림 10.31 ret_fast_syscall 레이블의 실행 흐름

시스템 콜 핸들러를 실행한 후 유저 공간까지 복귀하는 과정은 시스템 콜을 다룬 11장을 참고하세요.

선점 스케줄링 관점에서 ret_fast_syscall 레이블의 코드를 보겠습니다. ret_fast_syscall 레이블의 핵심 코드는 다음 루틴입니다.

프로세스의 thread_info 구조체의 flags 필드가 _TIF_NEED_RESCHED인가?

이 조건을 만족하면 slow_work_pending 레이블과 do_work_pending() 함수와 schedule() 함수를 차례로 호출해 선점 스케줄링을 실행합니다.

시스템 콜 핸들러의 실행을 끝낸 후 유저 공간으로 복귀하는 ret_fast_syscall 레이블의 분석을 시작합시다.

https://github.com/raspberrypi/linux/blob/rpi-4.19.y/arch/arm/kernel/entry-common.S

```
ret_fast_syscall:
01    str    r0, [sp, #S_R0 + S_OFF]!   @ save returned r0
02    disable_irq_notrace               @ disable interrupts
03    ldr    r2, [tsk, #TI_ADDR_LIMIT]
04    cmp    r2, #TASK_SIZE
05    blne   addr_limit_check_failed
06    ldr    r1, [tsk, #TI_FLAGS]       @ re-check for syscall tracing
07    tst    r1, #_TIF_SYSCALL_WORK | _TIF_WORK_MASK
08    beq    no_work_pending
09 ENDPROC(ret_fast_syscall)
10    tst    r1, #_TIF_SYSCALL_WORK
11    bne    __sys_trace_return_nosave
12 slow_work_pending:
13    mov    r0, sp                     @ 'regs'
14    mov    r2, why                    @ 'syscall'
15    bl     do_work_pending
16    cmp    r0, #0
17    beq    no_work_pending
```

먼저 6~8번째 줄을 보겠습니다.

```
06    ldr    r1, [tsk, #TI_FLAGS]       @ re-check for syscall tracing
07    tst    r1, #_TIF_SYSCALL_WORK | _TIF_WORK_MASK
08    beq    no_work_pending
```

6번째 줄의 어셈블리 코드를 분석하겠습니다.

프로세스 스택의 최상단 주소를 저장한 r9(tsk) 레지스터를 통해 thread_info 구조체의 첫 번째 필드인 flags를 r1 레지스터로 로딩합니다.

6번째 줄에서 보이는 tsk는 r9 레지스터를 의미합니다.

https://github.com/raspberrypi/linux/blob/rpi-4.19.y/arch/arm/kernel/entry-header.S

```
tsk    .req    r9    @ current thread_info
```

vector_swi 레이블에서 r9 레지스터에 프로세스 스택의 최상단 주소를 저장했습니다. r9 레지스터는 vector_swi 레이블에서 시스템 콜 핸들러 함수를 호출할 때 스택에 푸시됩니다. 이후 시스템 콜 핸들러 함수의 호출을 마무리한 후 ret_fast_syscall 레이블로 복귀할 때 이전에 스택에 푸시한 r9 레지스터를 로딩합니다.

정리하면 ret_fast_syscall 레이블에서 이전에 vector_swi 레이블에서 시스템 콜 핸들러를 호출할 때 스택에 푸시한 r9 레지스터(thread_info 구조체의 주소)를 로딩해서 프로세스의 flags 정보(thread_info 구조체의 flags 필드)를 확인합니다.

flags와 (_TIF_SYSCALL_WORK | _TIF_WORK_MASK) 매크로와 AND 비트 연산을 한 후 결괏값이 false이면 no_work_pending 레이블을 실행해 유저 공간으로 복귀합니다. 이를 쉽게 설명하면 flags가 (_TIF_SYSCALL_WORK | _TIF_WORK_MASK) 매크로로 선언된 비트를 포함하지 않으면 no_work_pending 레이블로 브랜치하는 동작입니다.

다음 10~11번째 줄에서는 thread_info 구조체의 flags와 _TIF_SYSCALL_WORK 매크로를 AND 비트 연산을 수행해서 결괏값이 true이면 __sys_trace_return_nosave 레이블을 브랜치합니다.

```
10    tst    r1, #_TIF_SYSCALL_WORK
11    bne    __sys_trace_return_nosave
```

thread_info 구조체의 flags가 _TIF_SYSCALL_TRACE, _TIF_SYSCALL_AUDIT, _TIF_SYSCALL_TRACEPOINT, _TIF_SECCOMP 매크로 중 하나의 비트로 설정돼 있으면 __sys_trace_return_nosave 레이블을 실행합니다.

https://github.com/raspberrypi/linux/blob/rpi-4.19.y/arch/arm/include/asm/thread_info.h

```
#define _TIF_SYSCALL_WORK (_TIF_SYSCALL_TRACE | _TIF_SYSCALL_AUDIT | \
                    _TIF_SYSCALL_TRACEPOINT | _TIF_SECCOMP)
```

위 매크로는 현재 시스템이 시스템 콜을 디버깅하도록 설정돼 있다는 의미입니다.

시스템 콜 디버깅을 설정하지 않는 일반적인 상황에서 __sys_trace_return_nosave 레이블로 브랜치를 하지 않습니다.

이번에는 _TIF_WORK_MASK 매크로의 선언부를 보겠습니다.

https://github.com/raspberrypi/linux/blob/rpi-4.19.y/arch/arm/include/asm/thread_info.h

```
#define _TIF_WORK_MASK          (_TIF_NEED_RESCHED | _TIF_SIGPENDING | \
                                 _TIF_NOTIFY_RESUME | _TIF_UPROBE)
```

_TIF_WORK_MASK 매크로는 _TIF_NEED_RESCHED, _TIF_SIGPENDING, _TIF_NOTIFY_RESUME, _TIF_UPROBE 매크로를 OR 연산한 결괏값(0xF)입니다.

이번에도 선점 스케줄링 관점에서 위에서 분석한 코드를 해석해 보면 다음과 같습니다.

> 프로세스의 thread_info 구조체의 flags 필드가 _TIF_NEED_RESCHED(2)이면 slow_work_pending 레이블로 브랜치한다.

이해를 돕기 위해 여기까지 분석한 어셈블리 코드를 C 코드로 변환하면 다음과 같습니다.

```
01 if(!(current_thread_info()->flags & (_TIF_SYSCALL_WORK | _TIF_WORK_MASK)) ) {
02     no_work_pending();
03 } else if(current_thread_info()->flags & _TIF_SYSCALL_WORK) {
04     __sys_trace_return_nosave();
05 } else {
06     do_work_pending();
07 }
```

위 코드를 눈으로 따라가보면 current_thread_info()->flags가 _TIF_WORK_MASK 매크로를 구성하는 _TIF_NEED_RESCHED와 같은 플래그를 포함한 경우 6번째 줄의 else 문을 실행한다는 사실을 알 수 있습니다.

선점 스케줄링 관점으로 thread_info 구조체의 flags 필드가 _TIF_NEED_RESCHED(2)를 포함하고 있으면 실행되는 slow_work_pending 레이블의 코드를 봅시다.

```
12 slow_work_pending:
13     mov    r0, sp           @ 'regs'
14     mov    r2, why          @ 'syscall'
15     bl     do_work_pending
```

```
16    cmp     r0, #0
17    beq     no_work_pending
```

13번째 줄에서 스택 주소를 r0 레지스터에 저장하고, r2 레지스터에는 시스템 콜 테이블의 주소를 저장합니다.

vector_swi 레이블에서 시스템 콜 테이블의 시작 주소를 저장한 r8 레지스터에 접근합니다.

https://github.com/raspberrypi/linux/blob/rpi-4.19.y/arch/arm/kernel/entry-header.S

```
tbl     .req  r8      @ syscall table pointer
why     .req  r8      @ Linux syscall (!= 0)
```

위와 같이 why는 시스템 콜 테이블의 시작 주소를 저장하고 있는 r8 레지스터임을 알 수 있습니다.

15번째 줄에서는 do_work_pending() 함수를 호출합니다. do_work_pending() 함수를 분석하기에 앞서 이 함수로 전달하는 인자를 점검합시다.

- r0 레지스터: 유저 공간에서 실행된 레지스터가 저장된 스택(커널 프로세스의 스택 주소)
- r1 레지스터: thread_info 구조체의 flags 필드
- r2 레지스터: 시스템 콜 테이블의 시작 주소

어셈블리 코드에서 C 언어로 구현된 함수를 호출할 때는 ARM 함수 호출 규약에 따라 인자를 레지스터에 어떻게 전달하는지 파악할 필요가 있습니다.

이번에는 do_work_pending() 함수를 분석하겠습니다.

https://github.com/raspberrypi/linux/blob/rpi-4.19.y/arch/arm/kernel/signal.c

```
01 asmlinkage int
02 do_work_pending(struct pt_regs *regs, unsigned int thread_flags, int syscall)
03 {
04     trace_hardirqs_off();
05     do {
06         if (likely(thread_flags & _TIF_NEED_RESCHED)) {
07             schedule();
08         } else {
09             if (unlikely(!user_mode(regs)))
10                 return 0;
11             local_irq_enable();
```

```
12            if (thread_flags & _TIF_SIGPENDING) {
13                    int restart = do_signal(regs, syscall);
```

먼저 do_work_pending() 함수의 인자를 점검합시다.

- struct pt_regs *regs

  유저 공간에서 실행된 레지스터가 저장된 스택 주소(커널 프로세스의 스택 주소)

- unsigned int thread_flags

  thread_info 구조체의 flags 필드

- int syscall

  시스템 콜 테이블 주소

함수에 전달된 인자를 살펴봤으니 이제 세부 코드 분석을 시작합시다. 먼저 6번째 줄을 먼저 보겠습니다.

```
06    if (likely(thread_flags & _TIF_NEED_RESCHED)) {
07            schedule();
```

thread_flags가 _TIF_NEED_RESCHED(2)를 포함하면 schedule() 함수를 호출해서 스케줄링을 실행합니다. 시스템 콜을 처리 완료 후 스케줄링되는 동작입니다.

이번 절에서 코드 분석을 통해 다음 내용을 알게 됐습니다.

- 선점 스케줄링을 시도하는 시점은 유저 프로세스가 시스템 콜 핸들링을 마무리한 후입니다.
- ret_fast_syscall 레이블에서 프로세스의 thread_info 구조체의 flags 필드가 _TIF_NEED_RESCHED(2)를 포함하는지 점검합니다.
- _TIF_NEED_RESCHED(2)를 포함하면 slow_work_pending 레이블로 브랜치합니다.
- 차례로 do_work_pending() 함수와 schedule() 함수를 호출해서 스케줄링을 실행합니다.

10.6.7 선점 스케줄링 비활성화/활성화 함수 preempt_disable()/ preempt_enable() 소개

지금까지 알아봤듯이 커널의 어떤 코드도 실행하는 도중에 선점될 수 있습니다. 그런데 특정 코드 구간을 실행할 때 선점 스케줄링되면 안 되는 상황이 있습니다. 이를 위해 커널은 선점 스케줄링 동작을 잠시 비활성화할 수 있는 함수를 지원합니다.

- preempt_disable(): 선점 스케줄링 비활성화
- preempt_enable(): 선점 스케줄링 활성화

preempt_disable() 함수의 이름은 "선점"을 의미하는 "preempt"에 "불능"을 의미하는 "disable"을 조합한 것입니다. 즉, preempt_disable() 함수를 실행하면 선점 스케줄을 비활성화시킬 수 있습니다. 반대로 preempt_enable() 함수를 실행하면 선점 스케줄링을 활성화합니다.

preempt_disable() 함수와 preempt_enable() 함수의 기본 원리를 알아보기에 앞서 커널 모드에서 선점 스케줄링을 시작하는 조건을 떠올려 봅시다. 커널 모드에서 커널 함수의 코드가 실행될 때는 다음과 같은 조건에서 선점 스케줄링의 실행을 시도합니다.

- 선점 스케줄링을 체크하는 시점은 어디일까?

  인터럽트 핸들링 후 __irq_svc 레이블 코드입니다.

- 어떤 조건에서 선점 스케줄링을 시작할까?

  프로세스의 thread_info 구조체의 preempt_count 필드가 0이고 flags 필드가 _TIF_NEED_RESCHED를 포함할 때 선점 스케줄링을 시작합니다.

- 프로세스의 thread_info 구조체의 preempt_count 필드를 1만큼 증가시키면 어떻게 될까?

  선점되지 않습니다.

> 1초에 수백 번 발생하는 인터럽트 빈도만큼 커널 모드에서 선점 스케줄링을 점검하는 것입니다. 이처럼 선점 스케줄링을 시도하는 빈도가 높으니 우리가 작성한 어떤 코드도 실행 도중 선점될 수 있습니다.

선점 스케줄링을 점검할 때 먼저 프로세스의 thread_info 구조체의 preempt_count 필드가 0인지 점검합니다. 만약 preempt_count 필드가 0이고 flags 필드가 _TIF_NEED_RESCHED이면 선점 스케줄링을 시작합니다. 그런데 preempt_disable() 함수를 실행하면 **thread_info 구조체의 preempt_count 필드를 1만큼 증가시킵니다.**

선점 스케줄링을 실행할 조건을 점검할 때 프로세스의 thread_info 구조체의 preempt_count 필드가 1이면 선점 스케줄링을 시도하지 않기 때문입니다.

preempt_enable() 함수는 preempt_disable() 함수와 반대로 동작합니다. 즉, **강제로 1만큼 증가시킨 preempt_count 필드를 1만큼 감소시켜 원래 값으로 복원시킵니다.**

여기서 한 가지 의문점이 생깁니다. **그러면 preempt_disable() 함수와 preempt_enable() 함수는 어떻게 호출해야 선점 스케줄링을 비활성화할 수 있을까요?** 선점 스케줄링이 실행되면 안 되는 코드 블록의 시작과 끝부분에 preempt_disable() 함수와 preempt_enable() 함수를 각각 호출하면 됩니다.

preempt_disable() 함수 분석

preempt_disable() 함수와 preempt_enable() 함수를 소개했으니 이번에는 코드 분석으로 세부 동작 방식을 알아봅시다. 먼저 분석할 preempt_disable() 함수의 구현부는 다음과 같습니다.

https://github.com/raspberrypi/linux/blob/rpi-4.19.y/include/linux/preempt.h

```
01 #define preempt_disable() \
02 do { \
03     preempt_count_inc(); \
04     barrier(); \
05 } while (0)
```

3번째 줄을 보면 preempt_count_inc() 함수를 호출할 뿐 특별한 동작은 없습니다. 4번째 줄에서는 barrier() 함수를 호출해서 GCC 컴파일러가 코드의 위치를 바꾸지 못하도록 설정합니다.

preempt_count_inc() 함수를 보겠습니다.

https://github.com/raspberrypi/linux/blob/rpi-4.19.y/include/linux/preempt.h

```
01 #define preempt_count_inc() preempt_count_add(1)
02 #define preempt_count_add(val)    __preempt_count_add(val)
```

1~2번째 줄을 보면 preempt_count_inc() 함수는 __preempt_count_add(1) 함수로 치환됩니다.

다음으로 __preempt_count_add() 함수를 보겠습니다.

https://github.com/raspberrypi/linux/blob/rpi-4.19.y/include/asm-generic/preempt.h

```
01 static __always_inline volatile int *preempt_count_ptr(void)
02 {
03     return &current_thread_info()->preempt_count;
```

```
04 }
05
06 static __always_inline void __preempt_count_add(int val)
07 {
08      *preempt_count_ptr() += val;
09 }
```

위 코드의 8번째 줄을 보면 *preempt_count_ptr()에 인자인 val을 더합니다. __preempt_count_add() 함수를 호출할 때 val 인자가 1이니 *preempt_count_ptr()에 1만큼 더하는 연산입니다.

3번째 줄을 보면 preempt_count_ptr() 함수는 &current_thread_info()->preempt_count를 반환합니다. current_thread_info() 함수를 호출해서 프로세스의 최상단 스택 공간 메모리에 접근한 후 thread_info 구조체의 preempt_count 필드를 1만큼 증가시키는 연산입니다.

preempt_disable() 코드 분석으로 다음과 같은 내용을 알게 됐습니다.

> 프로세스의 `thread_info` 구조체의 `preempt_count` 필드를 1만큼 증가시켰으니 선점 스케줄링을 시도할 수 없는 조건입니다.

preempt_enable() 함수 분석

이번에는 선점 스케줄링을 활성화하는 preempt_enable() 함수를 보겠습니다.

https://github.com/raspberrypi/linux/blob/rpi-4.19.y/include/linux/preempt.h

```
01 #define preempt_enable() \
02 do { \
03      barrier(); \
04      if (unlikely(preempt_count_dec_and_test())) \
05              __preempt_schedule(); \
06 } while (0)
```

먼저 3번째 줄을 보겠습니다.

```
03      barrier(); \
```

메모리 베리어를 실행하는 코드로서 GCC 컴파일러가 코드 최적화를 위해 코드의 순서를 바꾸지 않도록 지정합니다.

다음은 4~5번째 줄입니다.

```
04      if (unlikely(preempt_count_dec_and_test())) \
05           __preempt_schedule(); \
```

preempt_count_dec_and_test() 함수는 프로세스의 thread_info 구조체의 preempt_count 필드를 1만큼 감소시킨 후 선점 스케줄링을 실행할 조건이면 1을 반환합니다. 이 조건에서 __preempt_schedule() 함수를 호출합니다.

다음 절에서 알아보겠지만 __preempt_schedule() 함수는 선점 스케줄링을 실행하는 역할을 수행합니다. 함수의 동작 흐름을 살펴봤으니 이제 코드 분석을 하겠습니다.

preempt_enable() 함수를 구성하는 세부 매크로 함수 분석

이어서 preempt_enable() 함수를 구성하는 매크로 함수를 분석하면서 세부 동작 방식을 알아봅시다. 먼저 preempt_count_dec_and_test() 함수를 분석하겠습니다.

https://github.com/raspberrypi/linux/blob/rpi-4.19.y/include/asm-generic/preempt.h

```
01 #define preempt_count_dec_and_test() \
02      ({ preempt_count_sub(1); should_resched(0); })
03
04 static __always_inline bool should_resched(int preempt_offset)
05 {
06      return unlikely(preempt_count() == preempt_offset &&
07                      tif_need_resched());
08 }
```

preempt_count_dec_and_test()의 2번째 줄을 보면 2개의 함수를 호출합니다. 먼저 preempt_count_sub() 함수를 호출해서 프로세스의 thread_info 구조체의 preempt_count 필드를 1만큼 감소시킵니다.

먼저 2번째 줄에서 preempt_count_sub() 함수를 실행하면 처리되는 함수 흐름을 살펴봅시다. 2번째 줄의 preempt_count_sub() 함수를 실행하면 __preempt_count_sub() 함수를 호출해 인자로 전달된 val 값만큼 뺄셈 연산을 수행합니다. 다음은 preempt_count_sub()/__preempt_count_sub() 매크로 함수의 구현부입니다.

https://github.com/raspberrypi/linux/blob/rpi-4.19.y/include/linux/preempt.h

```
#define preempt_count_sub(val)   __preempt_count_sub(val)
```

https://github.com/raspberrypi/linux/blob/rpi-4.19.y/include/asm-generic/preempt.h

```
static __always_inline void __preempt_count_sub(int val)
{
     *preempt_count_ptr() -= val;
}
```

보다시피 current_thread_info()->preempt_count 값을 1만큼 감소시키는 동작입니다.

프로세스의 최상단 스택 공간의 메모리에 접근한 후 thread_info 구조체의 preempt_count 필드를 1만큼 감소시키는 연산입니다.

다음으로 preempt_count_dec_and_test() 함수에서 호출하는 should_resched() 함수를 분석하겠습니다.

https://github.com/raspberrypi/linux/blob/rpi-4.19.y/include/asm-generic/preempt.h

```
01 #define preempt_count_dec_and_test() \
02     ({ preempt_count_sub(1); should_resched(0); })
03
04 static __always_inline bool should_resched(int preempt_offset)
05 {
06     return unlikely(preempt_count() == preempt_offset &&
07                  tif_need_resched());
08 }
```

should_resched() 함수의 6~7번째 줄에서는 다음 조건을 점검합니다.

- 프로세스의 thread_info 구조체의 preempt_count 필드가 0인지 여부
- 프로세스의 thread_info 구조체의 flags 필드가 _TIF_NEED_RESCHED를 포함하는지 여부

tif_need_resched() 함수를 보면 프로세스의 thread_info 구조체의 flags 필드가 _TIF_NEED _RESCHED인지 검사합니다.

https://github.com/raspberrypi/linux/blob/rpi-4.19.y/include/linux/thread_info.h

```
#define tif_need_resched() test_thread_flag(TIF_NEED_RESCHED)
```

preempt_enable() 함수의 세부 동작 방식을 정리하면 다음과 같습니다.

- 프로세스의 thread_info 구조체의 preempt_count 필드를 1만큼 감소시킴
- 프로세스의 thread_info 구조체의 preempt_count 필드가 0이고 flags 필드가 _TIF_NEED_RESCHED인지 점검: 만약 이 조건을 만족하면 __preempt_schedule() 함수를 호출해서 스케줄링을 실행

정리하면 current_thread_info()->preempt_count를 1만큼 감소시킨 결괏값이 0이고 tif_need_resched() 함수가 1을 반환하면 __preempt_schedule() 함수를 실행하는 것입니다.

코드 분석 내용을 더 쉽게 설명하면 다음과 같습니다.

> 선점 스케줄링을 비활성화할 코드 블록이 실행될 동안에 누군가 프로세스의 thread_info 구조
> 체의 flags 필드를 _TIF_NEED_RESCHED로 설정했거나 이미 flags 필드가 _TIF_NEED_RESCHED이라면
> 선점 스케줄링을 실행한다.

이후 __preempt_schedule() 함수를 실행해 스케줄링을 실행합니다.

__preempt_schedule() 함수 분석

이어서 __preempt_schedule() 함수를 분석하겠습니다.

https://github.com/raspberrypi/linux/blob/rpi-4.19.y/include/asm-generic/preempt.h

```
01 #define __preempt_schedule() preempt_schedule()
```

보다시피 __preempt_schedule() 함수는 preempt_schedule() 함수로 치환됩니다.

이어서 preempt_schedule() 함수의 구현부를 보겠습니다.

https://github.com/raspberrypi/linux/blob/rpi-4.19.y/kernel/sched/core.c

```
01 asmlinkage __visible void __sched notrace preempt_schedule(void)
02 {
03
04     if (likely(!preemptible()))
05             return;
06
07     preempt_schedule_common();
08 }
```

4번째 줄을 보면 preemptible() 함수를 호출해서 선점 스케줄링을 시작할 조건인지 점검합니다.

이후 7번째 줄과 같이 preempt_schedule_common() 함수를 호출합니다.

다음으로 preempt_schedule_common() 함수를 분석하겠습니다.

https://github.com/raspberrypi/linux/blob/rpi-4.19.y/kernel/sched/core.c

```
01 static void __sched notrace preempt_schedule_common(void)
02 {
03     do {
04             preempt_disable_notrace();
05             preempt_latency_start(1);
06             __schedule(true);
07             preempt_latency_stop(1);
08             preempt_enable_no_resched_notrace();
09
10     } while (need_resched());
11 }
```

06번째 줄을 보면 __schedule() 함수를 호출해서 스케줄링을 시작합니다. __schedule() 함수를 호출하기 전 preempt_disable_notrace() 함수를 호출합니다.

다음으로 preempt_disable_notrace() 함수의 03번째 줄을 보면 __preempt_count_inc() 함수가 보입니다.

https://github.com/raspberrypi/linux/blob/rpi-4.19.y/include/linux/preempt.h

```
01 #define preempt_disable_notrace() \
02 do { \
03     __preempt_count_inc(); \
04     barrier(); \
05 } while (0)
```

프로세스의 thread_info 구조체의 preempt_count 필드를 1만큼 증가시킵니다. 이는 06번째 줄의 __schedule() 함수가 실행될 동안에 선점 스케줄링을 비활성화시키는 동작입니다. 즉, **__schedule() 함수가 실행될 동안 선점 스케줄링을 수행하면 다시 __schedule() 함수가 호출되는 동작을 막기 위한 코드입니다.**

언제 선점 스케줄링을 비활성화해야 할까?

이 부분까지 읽으면 자연스럽게 다음과 같은 의문이 생길 것입니다. **언제 preempt_disable() 함수와 preempt_enable() 함수를 호출해서 선점 스케줄링을 비활성화할까?**

특정 조건에서 어떤 코드 구간이 실행될 때 선점이 되면 안 될 때가 있습니다. 예를 들어, 하드웨어 디바이스에 정확한 딜레이를 주거나 실행 시간을 정확히 지켜야 하는 경우입니다. 이번에는 preempt_disable() 함수와 preempt_enable() 함수를 사용해 선점 스케줄링을 비활성화하는 예제를 들어 보겠습니다.

선점 스케줄링으로 코드 실행이 멈추면 안 되는 코드 블록의 시작과 끝부분에 preempt_disable() 함수와 preempt_enable() 함수를 각각 호출하면 됩니다. 위 함수를 사용할 때 주의해야 할 사항은 preempt_disable() 함수와 preempt_enable() 함수를 페어(Pair)로 함께 써야 한다는 점입니다.

만약 어떤 함수 코드가 다음과 같다고 가정합시다.

```
01    preempt_disable();
02    /* 선점 불가한 코드 구간 시작
03    A();
04    B();
05    */ 선점 불가한 코드 구간 종료
06    preempt_enable();
```

선점돼서는 안 되는 코드의 시작점인 1번째 줄에서 preempt_disable() 함수를 호출해서 선점을 비활성화합니다. 다음으로 6번째 줄과 같이 preempt_enable() 함수를 호출해서 선점을 다시 활성화합니다.

이번에는 preempt_disable() 함수와 preempt_enable() 함수를 호출해서 선점을 비활성화하는 예제 코드를 소개합니다.

https://github.com/raspberrypi/linux/blob/rpi-4.19.y/net/packet/af_packet.c

```
01 static int packet_create(struct net *net, struct socket *sock, int protocol,
02                     int kern)
03 {
...
04
05    preempt_disable();
06    sock_prot_inuse_add(net, &packet_proto, 1);
07    preempt_enable();
08
09    return 0;
...
10 }
```

5번째 줄과 7번째 줄을 보면 각각 preempt_disable() 함수와 preempt_enable() 함수를 호출합니다. 이 코드는 "**sock_prot_inuse_add() 함수가 실행되는 동안 선점 스케줄링을 비활성화하고 싶다**"는 의미로 해석할 수 있습니다.

이번에는 다른 예제 코드를 소개합니다.

https://github.com/raspberrypi/linux/blob/rpi-4.19.y/kernel/signal.c

```
01 static void print_fatal_signal(int signr)
02 {
03     struct pt_regs *regs = signal_pt_regs();
04     pr_info("potentially unexpected fatal signal %d.\n", signr);
...
05     preempt_disable();
06     show_regs(regs);
07     preempt_enable();
08 }
```

print_fatal_signal() 함수는 시그널을 처리하는 도중 에러 상황이 발생했을 때 호출됩니다. 앞의 코드를 선점 스케줄링 관점에서 분석해 보면 "**show_regs() 함수가 실행될 동안에만 선점 스케줄링을 비활성화하고 싶다**"로 해석할 수 있습니다. 이어서 05~07번째 줄을 분석하겠습니다.

6번째 줄의 'show_regs(regs);' 함수 호출 전후로 preempt_disable() 함수와 preempt_enable() 함수를 호출합니다. 두 함수가 'show_regs(regs);' 함수 호출을 감싸고 있는 것입니다.

5번째 줄에서는 preempt_disable() 함수를 호출해서 선점을 비활성화하고 7번째 줄에서는 preempt_enable() 함수를 호출해서 선점을 활성화합니다. 'show_regs(regs);' 함수가 실행될 동안에 선점 스케줄링이 발생하지 않도록 선점 스케줄링을 비활성화하는 것입니다.

5번째 줄을 실행하면 프로세스의 thread_info 구조체의 preempt_count 필드를 1만큼 증가시킵니다.

이 내용을 읽으니 자연스럽게 다음과 같은 의문이 생깁니다. **thread_info 구조체의 preempt_count 필드를 1만큼 증가시키면 어떤 원리로 선점 스케줄링을 비활성화할까요?**

6번째 줄의 show_regs() 함수를 실행하는 중에 인터럽트가 발생하면 인터럽트 벡터(vector_irq)를 통해 __irq_svc 레이블이 실행됩니다. __irq_svc 레이블에서 인터럽트 핸들링을 마무리한 다음 프로세스의 thread_info 구조체의 preempt_count 필드에 접근해서 선점 스케줄링 실행 여부를 점검합니다. 그런데 preempt_disable() 함수를 이미 호출해서 thread_info 구조체의 preempt_count 필드의 값을 1만큼 증가시켰으니 __irq_svc 레이블에서 선점 스케줄링을 실행하지 않습니다.

preempt_disable()/preempt_enable() 함수를 호출할 때 주의해야 할 사항이 있습니다. 바로 **preempt_disable() 함수를 호출한 다음 스케줄링 동작을 수행하는 함수를 호출하면 리눅스 시스템이 오동작한다는 것입니다.**

다음과 같이 드라이버를 초기화하는 코드를 예로 들겠습니다.

```
01 void configure_something_driver(void)
02 {
03     preempt_disable();
04
05     do_something();
06     msleep(100);
07     do_something();
08
09     preempt_enable();
10 }
```

코드를 보니 05~07번째 줄이 실행될 때 선점되면 안 된다고 판단한 것으로 보입니다. 그래서 3번째와 9번째 줄에 preempt_disable() 함수와 preempt_enable() 함수를 추가해서 5~7번째 줄의 코드 구간에서 선점 스케줄링을 비활성화했습니다.

그런데 preempt_disable() 함수를 호출한 다음 스케줄링 동작을 지원하는 함수가 실행되면 리눅스 시스템이 오동작합니다. 그 이유는 무엇일까요? **6번째 줄의 msleep() 함수를 호출하면 내부에서 schedule() 함수를 호출하기 때문입니다.**

리눅스 커널 입장에서 앞서 소개한 예제 코드를 다음 함수와 같이 해석할 수 있습니다.

```
01 void configure_something_driver(void)
02 {
03     preempt_disable();
04
05     do_something();
06     schedule();
07     do_something();
08
09     preempt_enable();
10 }
```

msleep() 함수를 사용하면 안 되는 이유를 파악하려면 msleep() 함수를 분석할 필요가 있습니다. msleep() 함수의 구현부를 봅시다.

https://github.com/raspberrypi/linux/blob/rpi-4.19.y/kernel/time/timer.c

```
01 void msleep(unsigned int msecs)
02 {
03     unsigned long timeout = msecs_to_jiffies(msecs) + 1;
04
05     while (timeout)
06             timeout = schedule_timeout_uninterruptible(timeout);
07 }
```

06번째 줄과 같이 schedule_timeout_uninterruptible() 함수를 호출합니다. 이어서 schedule_timeout_uninterruptible() 함수는 schedule_timeout() 함수를 호출해 스케줄링 동작을 수행합니다.

https://github.com/raspberrypi/linux/blob/rpi-4.19.y/kernel/time/timer.c

```
signed long __sched schedule_timeout_uninterruptible(signed long timeout)
{
    __set_current_state(TASK_UNINTERRUPTIBLE);
    return schedule_timeout(timeout);
}
```

그러면 msleep() 함수 대신 어떤 함수를 써야 이런 문제를 방지할 수 있을까요? **msleep() 함수 대신 mdelay() 함수를 쓰면 됩니다.** 즉, 위에서 소개한 예시 코드를 다음과 같이 수정하면 문제가 발생하지 않을 것입니다.

```
01 void configure_something_driver(void)
02 {
03     preempt_disable();
04     do_something();
05     preempt_enable();
06
07     mdelay(100);
...
08 }
```

리눅스 커널 메일링 리스트에서도 유사한 내용을 확인할 수 있습니다.

출처: https://lkml.org/lkml/2010/5/13/638

```
Sleeping in the kernel with preemption disabled is considered to be a
bug.  So the scheduler will print an error and a stack dump when this
happens.
```

```
In contrast, it is OK to do the following:

    preempt_disable();
    do_something();
    preempt_enable();
    schedule();
    preempt_disable();
    do_something_else();
    preempt_enable();
```

즉, preempt_disable() 함수를 호출해서 선점 스케줄링을 비활성화하고 휴면 상태에 진입하면 안 된다는 내용입니다.

10.7 프로세스는 어떻게 깨울까?

운영체제나 커널 소스코드를 보다 보면 다음과 같은 문장을 많이 접해 봤을 것입니다.

프로세스 A를 깨우는 동작이다.

여기서 '프로세스를 깨운다'라는 문장의 의미는 무엇일까요? 이번 절에서는 이 내용을 다루고자 합니다.

만약 누군가 'A 프로세스를 깨운다'라고 말한다면 커널 입장에서 **스케줄러에게 프로세스의 실행 요청을 한다**로 해석할 수 있습니다. 즉, "A 프로세스를 깨운다"라는 말은 A 프로세스의 실행 요청을 한다는 의미입니다. 그럼 프로세스 실행 요청을 하고 나면 누가 실행시킬까요? 스케줄러가 다음에 어떤 프로세스를 실행할지 결정합니다.

정리하자면 누군가 'A 프로세스를 깨운다'라고 하면 커널에서 다음과 같이 해석할 수 있습니다.

- A 프로세스 실행 요청을 한다
- 스케줄러가 실행 요청을 한 A 프로세스를 실행시킬지 판단합니다

이번 절에서는 "프로세스를 깨운다"는 표현의 의미와 코드 분석으로 커널의 세부 동작 방식을 살펴보겠습니다.

10.7.1. 프로세스를 깨운다는 것은 무엇을 의미할까?

프로세스를 깨우는 동작은 크게 2단계로 분류할 수 있습니다.

1단계: 런큐에 깨울 프로세스를 삽입

- 런큐에 깨울 프로세스를 삽입하면 실행 대기 상태(TASK_RUNNING)가 됩니다. 스케줄러는 런큐에 실행 대기 상태로 기다리는 프로세스 중에서 우선순위가 가장 높은 프로세스를 컨텍스트 스위칭 대상으로 선정합니다.

 실행 대기 상태의 프로세스 중 가장 우선순위가 높은 프로세스는 vruntime이 제일 작습니다. 런큐에서 관리하는 레드 블랙 트리의 맨 왼쪽 노드에 있습니다.

2단계: current 프로세스의 thread_info 구조체 내 flags 필드를 _TIF_NEED_RESCHED로 변경

- 현재 CPU를 점유하면서 실행 중인 프로세스의 current_thread_info()->flags를 _TIF_NEED_RESCHED 필드로 설정합니다. 이후 인터럽트나 시스템 콜 핸들링을 마무리하는 시점에 current_thread_info()->flags가 _TIF_NEED_RESCHED 필드이면 선점 스케줄링을 실행하게 됩니다.

여기서 한 가지 의문이 생깁니다. 프로세스는 누가 깨울까요? 프로세스를 깨우는 주인공은 자신이 아닙니다. 프로세스가 깨어나기 전에 대부분의 프로세스는 휴면 상태에 있습니다. 따라서 다른 프로세스가 깨워줘야 합니다.

10.7.2 프로세스를 깨울 때 호출하는 함수

프로세스를 깨울 때 커널에서 지원하는 어떤 함수를 호출해야 할까요? 이번 절에서는 프로세스를 깨울 때 호출하는 대표적인 함수를 소개합니다.

- wake_up_process()
- default_wake_function()
- wake_up_state()

이어서 앞에서 소개한 각 함수를 살펴보겠습니다.

```
01 int wake_up_process(struct task_struct *p)
02 {
03     return try_to_wake_up(p, TASK_NORMAL, 0);
04 }
```

```
05
06 int default_wake_function(wait_queue_entry_t *curr, unsigned mode, int wake_flags,
07         void *key)
08 {
09     return try_to_wake_up(curr->private, mode, wake_flags);
10 }
11
12 int wake_up_state(struct task_struct *p, unsigned int state)
13 {
14     return try_to_wake_up(p, state, 0);
15 }
```

위와 같이 3개 함수의 구현부를 보면 모두 특별한 동작을 수행하지는 않습니다. try_to_wake_up() 함수를 호출하면서 자신에게 전달된 인자를 그대로 전달할 뿐입니다.

이번에는 위 함수에서 공통으로 호출하는 try_to_wake_up() 함수의 인자를 살펴보겠습니다.

https://github.com/raspberrypi/linux/blob/rpi-4.19.y/kernel/sched/core.c

```
01 static int
02 try_to_wake_up(struct task_struct *p, unsigned int state, int wake_flags)
```

위 함수에 전달되는 각 인자의 의미는 다음과 같습니다.

- struct task_struct *p: 실행 요청할(깨울) 프로세스의 태스크 디스크립터
- unsigned int state: 바꿀 프로세스의 상태
- int wake_flags: 설정할 플래그

try_to_wake_up() 함수에서 예외 처리 루틴을 제외한 주요 코드를 보겠습니다.

https://github.com/raspberrypi/linux/blob/rpi-4.19.y/kernel/sched/core.c

```
01 static int
02 try_to_wake_up(struct task_struct *p, unsigned int state, int wake_flags)
03 {
04     unsigned long flags;
...
05     ttwu_queue(p, cpu, wake_flags);
06 stat:
```

```
07     ttwu_stat(p, cpu, wake_flags);
08 out:
09     raw_spin_unlock_irqrestore(&p->pi_lock, flags);
10
11     return success;
12 }
```

보다시피 특별한 동작을 수행하지는 않습니다. 단지 5번째 줄과 같이 ttwu_queue() 함수를 호출합니다.

이어서 분석할 코드는 ttwu_queue() 함수입니다.

https://github.com/raspberrypi/linux/blob/rpi-4.19.y/kernel/sched/core.c

```
01 static void ttwu_queue(struct task_struct *p, int cpu, int wake_flags)
02 {
03     struct rq *rq = cpu_rq(cpu);
...
04     rq_lock(rq, &rf);
05     update_rq_clock(rq);
06     ttwu_do_activate(rq, p, wake_flags, &rf);
07     rq_unlock(rq, &rf);
08 }
```

6번째 줄과 같이 ttwu_do_activate() 함수를 호출합니다.

다음 절에서는 프로세스를 깨우는 핵심 동작인 ttwu_do_activate() 함수를 분석하겠습니다.

10.7.3 깨우는 프로세스를 런큐에 삽입하는 동작

프로세스를 깨우는 핵심 동작은 ttwu_do_activate() 함수에서 실행됩니다. 소스코드를 보면서 세부 동작을 살펴보겠습니다.

https://github.com/raspberrypi/linux/blob/rpi-4.19.y/kernel/sched/core.c

```
01 static void
02 ttwu_do_activate(struct rq *rq, struct task_struct *p, int wake_flags,
03                 struct rq_flags *rf)
04 {
05     int en_flags = ENQUEUE_WAKEUP | ENQUEUE_NOCLOCK;
...
```

```
06      ttwu_activate(rq, p, en_flags);
07      ttwu_do_wakeup(rq, p, wake_flags, rf);
08 }
```

ttwu_do_activate() 함수에서 호출되는 ttwu_activate() 함수와 ttwu_do_wakeup() 함수는 각각 다음과 같은 역할을 수행합니다.

- ttwu_activate(): 깨울 프로세스를 런큐에 삽입
- ttwu_do_wakeup(): 현재 CPU를 점유하면서 실행 중인 프로세스의 thread_info 구조체의 flags 필드를 _TIF_NEED_RESCHED로 변경

이어서 ttwu_activate() 함수를 분석합시다.

https://github.com/raspberrypi/linux/blob/rpi-4.19.y/kernel/sched/core.c

```
01 static inline void ttwu_activate(struct rq *rq, struct task_struct *p, int en_flags)
02 {
03      activate_task(rq, p, en_flags);
04      p->on_rq = TASK_ON_RQ_QUEUED;
05
06      /* If a worker is waking up, notify the workqueue: */
07      if (p->flags & PF_WQ_WORKER)
08              wq_worker_waking_up(p, cpu_of(rq));
09 }
```

3번째 줄을 보면 activate_task() 함수를 호출합니다.

이어서 activate_task() 함수를 보겠습니다.

https://github.com/raspberrypi/linux/blob/rpi-4.19.y/kernel/sched/core.c

```
01 void activate_task(struct rq *rq, struct task_struct *p, int flags)
02 {
03      if (task_contributes_to_load(p))
04              rq->nr_uninterruptible--;
05
06      enqueue_task(rq, p, flags);
07 }
```

6번째 줄과 같이 enqueue_task() 함수를 호출해 런큐에 해당 프로세스를 삽입합니다.

다음으로 enqueue_task() 함수를 보겠습니다.

https://github.com/raspberrypi/linux/blob/rpi-4.19.y/kernel/sched/core.c

```
01 static inline void enqueue_task(struct rq *rq, struct task_struct *p, int flags)
02 {
03     if (!(flags & ENQUEUE_NOCLOCK))
04         update_rq_clock(rq);
05
06     if (!(flags & ENQUEUE_RESTORE))
07         sched_info_queued(rq, p);
08
09     p->sched_class->enqueue_task(rq, p, flags);
10 }
```

 09번째 줄에서는 스케줄러 클래스를 통해 스케줄러의 세부 함수에 접근합니다. 세부 동작 원리는 10.3절 '스케줄러 클래스'를 참고합시다.

09번째 줄을 보겠습니다.

```
09     p->sched_class->enqueue_task(rq, p, flags);
```

프로세스의 정보를 저장하는 태스크 디스크립터 구조체에서 sched_class 필드는 스케줄러 클래스의 정보를 저장합니다. 이어서 sched_class를 구성하는 필드 중에서 enqueue_task 필드에 저장된 함수를 호출하는 것입니다.

여기서 한 가지 의문이 생깁니다. **09번째 줄에서 enqueue_task 함수 포인터를 실행하는데, 구체적으로 어떤 함수를 호출할까요?**

프로세스 종류별로 등록된 스케줄러 클래스에 따라 09번째 줄에서 서로 다른 함수를 호출합니다.

- 일반 프로세스: enqueue_task_fair() 함수
- RT 프로세스: enqueue_task_rt() 함수

이제 ttwu_do_wakeup() 함수를 살펴보겠습니다.

https://github.com/raspberrypi/linux/blob/rpi-4.19.y/kernel/sched/core.c

```
01 static void ttwu_do_wakeup(struct rq *rq, struct task_struct *p, int wake_flags,
02                     struct rq_flags *rf)
03 {
04     check_preempt_curr(rq, p, wake_flags);
05     p->state = TASK_RUNNING;
06     trace_sched_wakeup(p);
```

4번째 줄부터 살펴보겠습니다. 4번째 줄에서는 check_preempt_curr() 함수를 호출해 **current 프로세스**
에 _TIF_NEED_RESCHED 플래그를 설정합니다.

check_preempt_curr() 함수에서 깨울 프로세스의 스케줄러 클래스가 런큐의 스케줄러 클래스와 같은
지 체크한 후 resched_curr() 함수를 호출합니다. resched_curr() 함수를 실행하면 current 프로세스의
thread_info 구조체의 flags 필드를 _TIF_NEED_RESCHED로 설정합니다.

이어서 resched_curr() 함수를 분석하겠습니다.

https://github.com/raspberrypi/linux/blob/rpi-4.19.y/kernel/sched/core.c

```
01 void resched_curr(struct rq *rq)
02 {
03     struct task_struct *curr = rq->curr;
04     int cpu;
05
06     lockdep_assert_held(&rq->lock);
07
08     if (test_tsk_need_resched(curr))
09         return;
10
11     cpu = cpu_of(rq);
12
13     if (cpu == smp_processor_id()) {
14         set_tsk_need_resched(curr);
15         set_preempt_need_resched();
16         return;
17     }
```

8번째 줄에서는 현재 실행 중인 프로세스의 태스크 디스크립터 주소로 thread_info 구조체의 flags 필드가 _TIF_NEED_RESCHED인지 점검합니다.

test_tsk_need_resched() 함수의 구현부는 다음과 같습니다.

https://github.com/raspberrypi/linux/blob/rpi-4.19.y/include/linux/sched.h

```
static inline int test_tsk_need_resched(struct task_struct *tsk)
{
    return unlikely(test_tsk_thread_flag(tsk,TIF_NEED_RESCHED));
}
```

current_thread_info()->flags가 _TIF_NEED_RESCHED이면 중복으로 스케줄링을 요청하는 것이므로 resched_curr() 함수 9번째 줄의 'return;'을 실행해 함수를 바로 종료합니다.

다음으로 11번째 줄을 보겠습니다.

```
11      cpu = cpu_of(rq);
```

cpu_of() 함수를 호출해 런큐의 CPU 번호를 cpu 지역변수에 저장합니다.

다음으로 13번째 줄의 조건문을 보겠습니다. smp_processor_id() 함수를 호출해 현재 실행 중인 CPU 번호와 런큐 CPU 번호가 같은지 체크합니다. 일반적인 상황에서 두 CPU 번호는 같습니다.

이어서 14번째 줄에서 호출하는 set_tsk_need_resched() 함수의 구현부를 보겠습니다.

https://github.com/raspberrypi/linux/blob/rpi-4.19.y/include/linux/sched.h

```
static inline void set_tsk_need_resched(struct task_struct *tsk)
{
    set_tsk_thread_flag(tsk,TIF_NEED_RESCHED);
}
```

프로세스의 thread_info 구조체의 flags 필드를 _TIF_NEED_RESCHED로 설정합니다. _TIF_NEED_RESCHED 매크로는 ARMv7 및 ARMv8 아키텍처에서 모두 2입니다.

https://github.com/raspberrypi/linux/blob/rpi-4.19.y/arch/arm/include/asm/thread_info.h

```
#define _TIF_NEED_RESCHED (1 << TIF_NEED_RESCHED) // 2 = 1 << 1
```

https://github.com/raspberrypi/linux/blob/rpi-4.19.y/arch/arm64/include/asm/thread_info.h

```
#define TIF_NEED_RESCHED 1
```

현재 CPU에서 실행 중인 프로세스의 current_thread_info()->flags를 _TIF_NEED_RESCHED로 설정한다는 것은 무엇을 의미할까요? **해당 프로세스는 선점 스케줄링돼야 할 프로세스라는 것을 의미합니다.**

선점을 비활성화한 상태(thread_info 구조체의 preempt_count가 0보다 크면)가 아니면 current_thread_info()->flags가 _TIF_NEED_RESCHED인 프로세스는 인터럽트나 시스템 콜 핸들링 직후 곧바로 선점 스케줄링으로 CPU를 비우게 됩니다.

10.8 스케줄링의 핵심 schedule() 함수

선점 스케줄링과 비선점 스케줄링의 진입 경로는 서로 다릅니다. 공통으로 둘다 schedule() 함수를 호출합니다. 이번 절에서는 스케줄링의 핵심 동작 방식을 __schedule() 함수를 분석하면서 살펴보겠습니다.

우리는 스케줄링이라고 하면 schedule() 함수를 생각할 수 있는데 핵심 동작은 schedule() 함수에서 호출되는 __schedule() 함수에서 수행합니다. __schedule() 함수에서 호출하는 주요 함수는 다음과 같습니다.

pick_next_task()

- 다음에 CPU에서 실행할 프로세스 선택
- 다음에 실행할 프로세스 정보를 next 변수(태스크 디스크립터)로 로딩

clear_preempt_need_resched()

- prev 프로세스의 thread_info 구조체의 flags 필드에 저장된 TIF_NEED_RESCHED(1)번째 비트를 클리어

trace_sched_switch()

- sched_switch라는 ftrace 메시지 출력

context_switch()

- next 변수에 저장된 레지스터 세트를 로딩해 프로세스를 실행
- prev 변수에 저장된 프로세스는 레지스터 세트를 백업한 후 휴면 상태에 진입

10.8.1 schedule() 함수 분석

프로세스 스케줄링의 세부 구현 방식을 파악하려면 스케줄링의 핵심인 __schedule() 함수를 분석할 필요가 있습니다. 먼저 __schedule() 함수를 소개합니다.

https://github.com/raspberrypi/linux/blob/rpi-4.19.y/kernel/sched/core.c

```
01 static void __sched notrace __schedule(bool preempt)
02 {
03     struct task_struct *prev, *next;
04     unsigned long *switch_count;
05     struct rq_flags rf;
06     struct rq *rq;
07     int cpu;
08
09     cpu = smp_processor_id();
10     rq = cpu_rq(cpu);
11     prev = rq->curr;
...
12     next = pick_next_task(rq, prev, &rf);
13     clear_tsk_need_resched(prev);
14     clear_preempt_need_resched();
15
16     if (likely(prev != next)) {
17             rq->nr_switches++;
18             rq->curr = next;
19
20             ++*switch_count;
21
22             trace_sched_switch(preempt, prev, next);
23
24             rq = context_switch(rq, prev, next, &rf);
25     } else {
26             rq->clock_update_flags &= ~(RQCF_ACT_SKIP|RQCF_REQ_SKIP);
27             rq_unlock_irq(rq, &rf);
28     }
29
30     balance_callback(rq);
31 }
```

중요한 동작을 하는 코드니 상세히 분석하겠습니다. 먼저 분석할 코드는 9~11번째 줄입니다.

```
09    cpu = smp_processor_id();
10    rq = cpu_rq(cpu);
11    prev = rq->curr;
```

9번째 줄은 현재 코드가 몇 번째 CPU에서 실행되는지 알아낸 후 이를 cpu 지역변수에 저장하는 코드입니다. 10번째 줄에서는 cpu 번호를 입력으로 percpu 타입의 변수인 런큐의 주소를 읽습니다. 만약 현재 실행 중인 CPU 번호가 2이면 2번째 런큐의 percpu 주소를 읽어옵니다.

 percpu 타입으로 변수를 정의하면 커널은 cpu 코어의 개수만큼 메모리 공간을 확보하므로 percpu 타입의 변수는 cpu 코어의 개수만큼의 원소로 구성된 배열로 봐도 무방합니다.

11번째 줄의 코드는 중요한 정보를 담고 있습니다. 런큐의 curr 필드에 저장된 태스크 디스크립터의 주소를 prev에 저장합니다. 런큐 구조체인 rq의 curr 필드는 어떤 정보를 저장할까요? 바로 **현재 CPU를 점유하면서 실행 중인 프로세스의 태스크 디스크립터 주소를 담고 있습니다.**

다음으로 12~14번째 줄을 보겠습니다.

```
12    next = pick_next_task(rq, prev, &rf);
13    clear_tsk_need_resched(prev);
14    clear_preempt_need_resched();
```

12번째 줄에서는 pick_next_task() 함수를 호출합니다. 여기서 pick_next_task() 함수는 어떤 정보를 next에 저장할까요? **다음에 실행할 프로세스의 태스크 디스크립터 주소를 next 지역변수에 저장합니다.**

 pick_next_task() 함수는 런큐에 있는 실행 대기(TASK_RUNNING) 상태의 프로세스 중에서 우선순위가 가장 높은 프로세스를 선택합니다. 일반 프로세스인 경우 레드 블랙 트리의 맨 왼쪽 노드에 있는 프로세스의 태스크 디스크립터를 반환합니다.

다음으로 13번째 줄을 보겠습니다.

```
13    clear_tsk_need_resched(prev);
```

prev 프로세스의 thread_info 구조체의 flags 필드에 저장된 TIF_NEED_RESCHED(1)번째 비트를 클리어 (Clear)합니다. 쉽게 설명하면 flags 필드를 2에서 0으로 바꾸는 연산입니다.

 clear_tsk_need_resched() 함수의 세부 코드를 열어 보겠습니다.

https://github.com/raspberrypi/linux/blob/rpi-4.19.y/include/linux/sched.h

```
01 static inline void clear_tsk_need_resched(struct task_struct *tsk)
02 {
03     clear_tsk_thread_flag(tsk,TIF_NEED_RESCHED);
04 }
05 static inline void clear_tsk_thread_flag(struct task_struct *tsk, int flag)
06 {
07     clear_ti_thread_flag(task_thread_info(tsk), flag);
08 }
```

clear_tsk_need_resched() 함수는 프로세스의 태스크 디스크립터인 *tsk 인자를 받아 03번째 줄과 같이 clear_tsk_thread_flag() 함수의 첫 번째 인자로 전달합니다. clear_tsk_thread_flag() 함수의 두 번째 인자로는 TIF_NEED_RESCHED를 전달합니다.

다음으로 05번째 줄의 clear_tsk_thread_flag() 함수를 보겠습니다. 07번째 줄과 같이 task_thread _info(tsk) 함수를 호출해 프로세스의 스택 최상단 주소를 가져옵니다.

task_thread_info() 함수 선언부는 다음과 같습니다.

https://github.com/raspberrypi/linux/blob/rpi-4.19.y/include/linux/sched.h

```
define task_thread_info(task) ((struct thread_info *)(task)->stack)
```

07번째 줄을 일기 쉬운 형식으로 변환하면 다음과 같습니다.

```
07     clear_ti_thread_flag(task_thread_info(tsk), flag);
07     clear_ti_thread_flag(프로세스 스택의 최상단 주소, TIF_NEED_RESCHED(1));
```

다음으로 clear_ti_thread_flag() 함수를 보겠습니다.

https://github.com/raspberrypi/linux/blob/rpi-4.19.y/include/linux/thread_info.h

```
09 static inline void clear_ti_thread_flag(struct thread_info *ti, int flag)
10 {
11     clear_bit(flag, (unsigned long *)&ti->flags);
12 }
```

https://github.com/raspberrypi/linux/blob/rpi-4.19.y/arch/arm/include/asm/bitops.h

```
13 #define clear_bit(nr,p)          ATOMIC_BITOP(clear_bit,nr,p)
```

11번째 줄과 같이 clear_bit() 함수를 호출해 ATOMIC_BITOP() 매크로 함수를 실행합니다.

프로세스의 thread_info 구조체의 flags 필드에는 여러 커널 함수에서 잦은 빈도로 접근합니다. clear_tsk_need_resched() 함수를 호출해 비트를 바꾸면 원자적(Atomic Operation)으로 비트를 변경할 수 있습니다. 원자적인 동작을 지원하는 커널 함수를 쓰면 커널 동기화 문제를 미리 방지할 수 있습니다.

이처럼 프로세스의 thread_info 구조체의 flags 필드는 프로세스 스케줄링을 수행할 때 선점 여부를 결정하는 중요한 정보입니다.

이번에 살펴볼 코드는 스케줄링의 핵심 루틴인 16~24번째 줄입니다.

```
16      if (likely(prev != next)) {
17              rq->nr_switches++;
18              rq->curr = next;
19
20              ++*switch_count;
21
22              trace_sched_switch(preempt, prev, next);
23
24              rq = context_switch(rq, prev, next, &rf);
```

16번째 줄의 if 조건문을 확인해 봅시다. prev와 next가 다른 경우 17번째 줄을 실행합니다. 일반적인 상황에서 prev와 next는 다릅니다. **이것은 다음에 실행될 프로세스가 현재 실행 중인 프로세스와 다른지 체크하는 동작입니다.**

17번째 줄을 보겠습니다.

```
17              rq->nr_switches++;
```

런큐를 나타내는 rq 구조체의 nr_switches 필드를 1만큼 증가시킵니다. 이는 컨텍스트 스위칭 횟수를 나타내는 정보로서 **시스템에서 컨텍스트 스위칭 빈도를 점검하고 싶을 때 참고할 수 있는 데이터입니다.**

다음은 18번째 줄입니다.

```
18                 rq->curr = next;
```

next는 컨텍스트 스위칭으로 다음에 CPU에서 실행할 프로세스 태스크 디스크립터의 주소입니다. 이 주소를 런큐를 나타내는 rq 구조체의 curr 필드에 저장합니다. **rq 구조체의 필드 중 curr는 현재 CPU를 점유하면서 실행 중인 프로세스 태스크 디스크립터의 주소를 가리킵니다.**

이어서 22~24번째 줄을 보겠습니다.

```
22                 trace_sched_switch(preempt, prev, next);
23
24                 rq = context_switch(rq, prev, next, &rf);
```

22번째 줄에서 trace_sched_switch() 함수를 호출해 sched_switch라는 ftrace 이벤트 로그를 출력합니다. 여기서 trace_sched_switch() 함수가 context_switch() 함수의 바로 이전에 실행한다는 점이 중요합니다. 이로써 context_switch() 함수가 컨텍스트 스위칭을 수행한다는 사실을 알 수 있습니다.

10.8.2 schedule() 함수의 동작 정리

이번에는 __schedule() 함수에서 중요한 동작을 추려서 정리해봅시다.

1. **pick_next_task() 함수**

   다음에 CPU에서 실행할 프로세스를 선택해 next 변수(태스크 디스크립터)로 로딩

2. **clear_preempt_need_resched() 함수**

   prev 프로세스의 thread_info 구조체의 flags 필드에 저장된 TIF_NEED_RESCHED(1) 비트를 클리어

3. **trace_sched_switch() 함수**

   ftrace의 sched_switch 이벤트 메시지를 출력

4. **context_switch() 함수**

   컨텍스트 스위칭을 실행

다음 절에서는 컨텍스트 스위칭에 대해 살펴보겠습니다.

10.9 컨텍스트 스위칭

이전 절에서 커널에서는 2가지 방식으로 스케줄링을 지원한다고 배웠습니다.

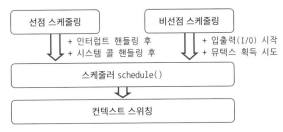

그림 10.32 컨텍스트 스위칭의 실행 흐름

선점 스케줄링 실행 시점은 다음과 같습니다.

- 인터럽트를 핸들링을 마무리한 후
- 시스템 콜 실행을 마무리한 후 유저 공간으로 복귀 전

또한 비선점 스케줄링은 프로세스가 스스로 schedule() 함수를 호출하면 실행됩니다. 선점 스케줄링 혹은 비선점 스케줄링 방식의 공통점은 컨텍스트 스위칭을 수행한다는 것입니다. 이번 절에서는 스케줄링 동작의 핵심인 컨텍스트 스위칭의 개념과 세부 동작을 알아봅시다.

 여기서 간단히 한 가지만 짚고 넘어가겠습니다. 스케줄링과 컨텍스트 스위칭은 비슷한 개념 같은데 어떤 차이점이 있을까요?

스케줄링은 현재 실행 중인 프로세스를 새로운 프로세스로 바꾸는 기준이나 알고리즘을 의미하며, CPU 아키텍처(x86, ARM)와 무관하게 동작합니다. 예를 들면, x86과 ARM에서 실행되는 CFS는 동작 방식이 같습니다.

반면 컨텍스트 스위칭은 CPU 아키텍처(x86, ARM)마다 동작 방식이 다릅니다. 그 이유는 컨텍스트 스위칭은 현재 CPU에서 실행 중인 프로세스를 빼내고 새롭게 실행할 프로세스를 채우는 동작이기 때문입니다. 이 동작은 각 CPU 아키텍처에서 지원하는 어셈블리 코드로 구현돼 있습니다.

컨텍스트 스위칭의 세부 동작 방식을 알기 위해서는 context_switch() 함수를 분석할 필요가 있습니다. context_switch() 함수를 분석하기에 앞서 컨텍스트 스위칭의 개념을 소개하겠습니다.

10.9.1 컨텍스트 스위칭이란?

이번에는 컨텍스트 스위칭이라는 용어가 무엇인지 배워보겠습니다. 컨텍스트 스위치란 용어는 '컨텍스트' + '스위치'라는 단어의 합성어입니다. 즉, 컨텍스트를 바꾼다는 의미입니다. 그런데 여기서 컨텍스트란 용어는 무슨 뜻일까요? **바로 컨텍스트는 프로세스가 실행 중인 그 자체를 의미합니다.**

이 표현은 추상적이라 이해하기 어렵습니다. 그럼 프로세스의 실행 그 자체를 어떻게 표현할까요? 바로 레지스터 세트입니다. **그 이유는 CPU 레지스터 세트가 프로세스 실행 자체를 표현하기 때문입니다.**

다음 표를 보면서 컨텍스트 스위칭의 개념을 소개합니다.

표 10.7 컨텍스트 스위칭을 실행할 때 바뀌는 자료구조

용어	설명
컨텍스트	▪ 프로세스가 실행 중인 그 자체
컨텍스트 자료구조	▪ thread_info 구조체 내 cpu_context 필드 ▪ 스택과 프로그램 카운터와 같이 프로세스의 실행 정보로 채워진 ARM 레지스터 세트
컨텍스트 스위칭	▪ 프로세스의 실행 흐름을 바꾸는 동작 ▪ CPU에서 실행 중인 프로세스를 비우고 새로운 프로세스를 실행
컨텍스트 스위칭를 실행할 때 변경되는 자료구조	▪ prev 프로세스 　thread_info 구조체 내 cpu_context 필드(스택 치상단 주소)에 레지스터 세트를 저장 ▪ next 프로세스 　thread_info 구조체 내 cpu_context 필드(스택 최상단 주소)에 저장된 레지스터 세트를 ARM 코어 레지스터에 로딩

컨텍스트는 먼저 프로세스가 실행 중인 그 자체를 뜻합니다. 프로세스는 CPU에서 실행됩니다. 프로세스가 CPU에서 실행될 때는 현재 실행 중인 함수에 대한 세부 정보가 CPU 레지스터 세트에 채워집니다. 즉, 프로세스 실행의 세부 정보를 담고 있는 레지스터 세트 자체가 컨텍스트인 것입니다.

컨텍스트 스위칭은 CPU에서 실행 중인 프로세스를 비우고 새로운 프로세스를 CPU에 채우는 동작입니다. 우선순위에 따라 다음에 실행할 프로세스를 선택하는 일은 스케줄러가 합니다.

다음과 같이 컨텍스트 스위칭의 세부 동작을 설명할 때 prev와 next 프로세스로 명시한 부분이 있습니다.

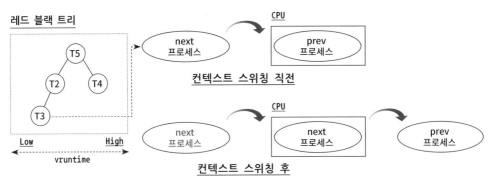

그림 10.33 컨텍스트 스위칭의 세부 동작 실행 흐름

위 그림과 같이 prev는 현재 CPU에서 실행 중인 프로세스를 의미하며, 컨텍스트 스위칭으로 CPU를 비울 프로세스입니다. next는 스케줄러가 다음에 실행할 프로세스로 선택한 프로세스입니다. 컨텍스트 스위칭 후 CPU에서 실행할 프로세스입니다.

prev 프로세스는 CPU를 비울 것이니 자신의 실행 정보가 채워져 있는 레지스터 세트를 어딘가에 저장해야 합니다. 그래야 다음에 깨어나서 이전 실행 정보를 다시 로딩해 다시 실행될 수 있을 것입니다. 이를 위해 다음과 같은 공간과 자료구조로 이 정보를 저장합니다.

- 공간: 프로세스 스택의 최상단 주소
- 자료구조: struct thread_info 구조체의 cpu_context 필드

next 프로세스의 입장은 조금 다릅니다. 기존에 실행했던 정보를 다시 CPU 코어의 레지스터에 채워줘야 합니다. 즉, 프로세스의 스택 최상단 주소에 접근해 thread_info 구조체의 cpu_context 필드에 저장된 레지스터 세트 정보를 CPU 코어의 레지스터 세트로 로딩해줘야 합니다.

 prev와 next로 명시했지만 prev는 next 프로세스가 되고 next는 prev 프로세스가 됩니다. CPU를 비우는 prev 프로세스는 시간이 지나 스케줄러가 next 프로세스로 선택할 수 있습니다. next 프로세스는 CPU를 점유하면서 실행 중이다가 선점되면 prev 프로세스가 됩니다.

이어서 다음 절에서는 컨텍스트 스위칭 자료구조를 소개하겠습니다.

10.9.2 컨텍스트 스위칭 관련 자료구조

컨텍스트는 프로세스가 실행 중인 그 자체를 의미합니다. 그런데 '프로세스 실행 그 자체'는 레지스터 세트로 표현할 수 있습니다. 어떤 프로세스가 CPU에서 실행되면 CPU 코어의 레지스터 세트에 프로세스가 실행 중인 코드와 함수 정보가 채워집니다. 즉, 컨텍스트 스위칭으로 CPU 레지스터 세트를 어딘가에 저장할 텐데, CPU 레지스터 세트를 표현하는 자료구조는 무엇일까요?

바로 다음 소스코드의 8번째 줄에 있는 thread_info 구조체의 cpu_context 필드입니다.

https://github.com/raspberrypi/linux/blob/rpi-4.19.y/arch/arm/include/asm/thread_info.h

```
01 struct thread_info {
02     unsigned long           flags;          /* low level flags */
03     int                     preempt_count;  /* 0 => preemptable, <0 => bug */
04     mm_segment_t            addr_limit;     /* address limit */
05     struct task_struct      *task;          /* main task structure */
06     __u32                   cpu;            /* cpu */
07     __u32                   cpu_domain;     /* cpu domain */
08     struct cpu_context_save cpu_context;    /* cpu context */
```

커널은 프로세스를 생성할 때 스택 공간을 할당합니다. 이 스택 공간 내에서 함수를 호출하고 실행할 수 있습니다. 이 프로세스 스택의 최상단 주소 공간에 thread_info 구조체의 필드 데이터가 있으며, 이 공간에 레지스터 세트를 백업하거나 로딩합니다.

8번째 줄의 오른쪽 주석을 보면 "/* cpu context */"라는 주석을 볼 수 있습니다. 즉, **cpu_context_save 구조체의 cpu_context 필드에 프로세스의 컨텍스트 정보가 담긴 레지스터 세트를 저장합니다.**

이번에는 cpu_context_save 구조체의 선언부를 보겠습니다.

ttps://github.com/raspberrypi/linux/blob/rpi-4.19.y/arch/arm/include/asm/thread_info.h

```
01 struct cpu_context_save {
02     __u32   r4;
03     __u32   r5;
04     __u32   r6;
05     __u32   r7;
06     __u32   r8;
07     __u32   r9;
08     __u32   sl;
```

```
09     __u32    fp;
10     __u32    sp;
11     __u32    pc;
12     __u32    extra[2];    /* Xscale 'acc' register, etc */
13 };
```

cpu_context_save 구조체의 필드를 보겠습니다.

먼저 2~7번째 줄을 보면 r4, r5, r6, r7, r8, r9라는 필드가 있고 8~11번째 줄에 sl, fp, sp, pc 필드가 있습니다. **각 필드는 CPU에서 실행했던 레지스터 세트를 의미합니다.**

cpu_context_save 구조체의 각 필드는 레지스터 세트를 저장합니다. 컨텍스트 스위칭되는 prev 프로세스는 실행 중인 레지스터 세트를 백업해야 합니다. 컨텍스트 스위칭으로 다음에 실행할 next 프로세스 입장에서 자신의 스택 최상단 주소에 저장된 레지스터 세트를 CPU 코어의 레지스터로 로딩해야 합니다.

이번에는 TRACE32로 본 cpu_context_save 구조체의 필드 데이터를 소개합니다.

```
01 (static struct thread_info) (struct thread_info)0x80C00000 = (
02 (long unsigned int) flags = 0x0,
03 (int) preempt_count = 0x1,
04 (mm_segment_t) addr_limit = 0x0,
05 (struct task_struct *) task = 0x80C06C80,
06 (__u32) cpu = 0x0,
07 (__u32) cpu_domain = 0x0,
08 (struct cpu_context_save) cpu_context = (
09     (__u32) r4 = 0xA6B46780,
10     (__u32) r5 = 0x828EA000,
11     (__u32) r6 = 0x9EB07000,
12     (__u32) r7 = 0x81709294,
13     (__u32) r8 = 0x9DB8B200,
14     (__u32) r9 = 0x9F89EA00,
15     (__u32) sl = 0x96B46780,
16     (__u32) fp = 0x9B7DFD64,
17     (__u32) sp = 0x9B7DFCE8,
18     (__u32) pc = 0x80F65224,
19     (__u32 [2]) extra = (0x0, 0x0)),
```

08번째 줄에 thread_info 구조체의 cpu_context 필드가 보이며 struct cpu_context_save 타입입니다. 09~18번째 줄을 보면 레지스터 세트를 볼 수 있습니다. CPU 코어에서 실행했던 레지스터 세트를 나타냅니다.

앞에서 분석한 내용을 정리하면 컨텍스트 정보인 레지스터 세트를 thread_info 구조체의 cpu_context 필드에 저장하고 로딩합니다. 그러면 이 cpu_context 필드는 어디에 저장하고 로딩할까요? **프로세스 자신의 스택 최상단 주소에 있는 thread_info 구조체의 cpu_context 필드에 접근해 레지스터를 로딩하고 저장하는 것입니다.**

다음 표를 보면 다시 prev와 next 프로세스 입장에서 cpu_context 필드를 어떤 방식으로 로딩하고 저장하는지 알 수 있습니다.

표 10.8 컨텍스트 스위칭 시의 레지스터 백업 및 로딩 흐름

프로세스 종류	설명
prev 프로세스	▪ CPU에서 실행 중인 프로세스이며 컨텍스트 스위칭으로 CPU를 비움 ▪ 실행 중인 ARM 코어 레지스터 세트를 스택 최상단 주소에 백업
next 프로세스	▪ 스케줄러에 의해 다음에 CPU를 점유하면서 실행할 프로세스 ▪ 프로세스 스택의 최상단 주소에 접근해서 레지스터 세트를 ARM 코어 레지스터에 로딩

세부 동작 방식은 다음 그림에서 확인할 수 있습니다.

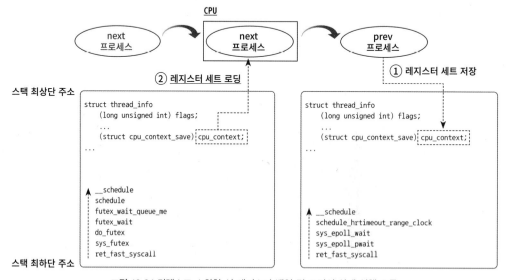

그림 10.34 컨텍스트 스위칭 시 레지스터 백업 및 로딩의 상세 실행 흐름

prev와 next 각자 프로세스 스택의 최상단 주소 공간에 접근해 thread_info 구조체의 cpu_context 필드에 레지스터를 로딩하고 저장합니다.

스케줄러에 의해 CPU를 비울 prev 프로세스는 다음 콜 스택으로 실행 중이었습니다.

- __schedule()
- schedule_hrtimeout_range_clock()
- sys_epoll_wait()
- sys_epoll_pwait()

다음에 실행할 next 프로세스는 이전에 다음과 같은 콜 스택으로 실행 중 컨텍스트 스위칭이 됐습니다.

- __schedule()
- schedule()
- futex_wait_queue_me()
- futex_wait()
- do_futex()
- sys_futex()

이번 절에서 다룬 내용을 한 문장으로 정리하면 다음과 같습니다.

> 컨텍스트를 표현하는 자료구조는 cpu_context_save 구조체이며 프로세스 스택의 최상단 주소에
> 저장됩니다.

다음 절에서는 context_switch() 함수를 분석함으로써 컨텍스트 스위칭의 세부 동작 방식을 살펴보겠습니다.

10.9.3 컨텍스트 스위칭의 세부 코드 분석

이전 절에서 다룬 컨텍스트 스위칭이란 다음과 같은 문장으로 정리할 수 있습니다.

> CPU에서 실행 중인 프로세스 정보로 채워진 CPU 레지스터 세트를 프로세스의 스택 공간에
> 저장하고, 다음에 실행할 프로세스의 레지스터 세트를 스택 공간에서 로딩해 CPU 레지스터
> 세트에 채운다.

이번에는 context_switch() 함수를 분석해서 컨텍스트 스위칭의 세부 동작 방식을 알아보겠습니다. 참고로 라즈베리 파이는 ARMv7(32비트) 아키텍처에서 동작하니 이 기준으로 컨텍스트 스위칭의 세부 코드를 분석하겠습니다.

먼저 context_switch() 함수에 전달하는 인자를 확인합시다.

https://github.com/raspberrypi/linux/blob/rpi-4.19.y/kernel/sched/core.c

```
static __always_inline struct rq *
context_switch(struct rq *rq, struct task_struct *prev,
           struct task_struct *next, struct rq_flags *rf)
```

2~3번째 인자인 struct task_struct *prev와 struct task_struct *next를 살펴보겠습니다.

- struct task_struct *prev

    현재 실행 중인 프로세스: 스케줄링으로 CPU를 비우고 휴면 상태에 진입할 프로세스

- struct task_struct *next

    다음에 실행할 프로세스: 스케줄러가 다음에 실행할 프로세스로 선택

context_switch() 함수를 비롯해 이번에 분석할 함수와 레이블의 목록은 다음과 같습니다.

- context_switch()
- switch_to(prev, next, prev)
- __switch_to(prev,task_thread_info(prev), task_thread_info(next))

실제 컨텍스트 스위칭을 실행하는 코드는 __switch_to 레이블에서 확인할 수 있습니다. __switch_to 레이블은 어셈블리 코드로 구현돼 있어, 컨텍스트 스위칭은 CPU 아키텍처에 의존적인 동작입니다. 따라서 CPU 아키텍처(ARM/x86)에 따라 프로세스별로 실행된 레지스터 세트를 로딩하거나 저장하는 구현 방식이 다릅니다.

context_switch() 함수의 분석을 시작하기에 앞서 함수 선언부를 살펴보겠습니다.

```
static __always_inline struct rq *
context_switch(struct rq *rq, struct task_struct *prev,
           struct task_struct *next, struct rq_flags *rf)
```

보다시피 반환값으로 struct rq*를 반환합니다. 함수에 전달되는 각 인자의 의미는 다음과 같습니다.

- struct rq *rq: 런큐 주소

- struct task_struct *prev: 휴면될 프로세스 태스크 디스크립터의 주소

- struct task_struct *next: 다음 프로세스로 실행할 태스크 디스크립터의 주소

- struct rq_flags *rf: 런큐 플래그

이어서 컨텍스트 스위칭의 실행 흐름에 초점을 맞춰 코드를 분석하겠습니다. 다음 context_switch() 함수를 봅시다.

https://github.com/raspberrypi/linux/blob/rpi-4.19.y/kernel/sched/core.c

```
01 static __always_inline struct rq *
02 context_switch(struct rq *rq, struct task_struct *prev,
03            struct task_struct *next, struct rq_flags *rf)
04 {
...
05     /* Here we just switch the register state and the stack. */
06     switch_to(prev, next, prev);
07     barrier();
08
09     return finish_task_switch(prev);
10 }
```

context_switch() 함수에서 switch_to() 함수를 호출하기 이전에 메모리 디스크립터를 백업하고 로딩하는 코드의 분석은 생략합니다.

위 코드의 6번째 줄을 보겠습니다. switch_to() 함수를 호출해서 새로운 프로세스로 실행을 시작할 준비를 합니다. switch_to() 함수의 구현부를 보면 다음 코드로 치환됩니다.

https://github.com/raspberrypi/linux/blob/rpi-4.19.y/arch/arm/include/asm/switch_to.h

```
01 extern struct task_struct *__switch_to(struct task_struct *, struct thread_info *, struct
02 thread_info *);
03
04 #define switch_to(prev,next,last)                    \
05 do {                                    \
06     __complete_pending_tlbi();                \
```

```
07      last = __switch_to(prev,task_thread_info(prev), task_thread_info(next)); \
08 } while (0)
```

7번째 줄을 보면 __switch_to() 함수가 보입니다. 여기서 __switch_to() 함수에 전달하는 인자를 정리합시다.

- prev: 휴면 상태에 진입할 프로세스 태스크 디스크립터의 주소
- task_thread_info(prev): 휴면 상태에 진입할 프로세스의 current_thread_info() 주소
- task_thread_info(next): 다음 실행할 프로세스 current_thread_info() 주소

__switch_to() 코드를 검색하니 구현부는 어셈블리 코드입니다.

https://github.com/raspberrypi/linux/blob/rpi-4.19.y/arch/arm/kernel/entry-armv.S

```
/*
 * Register switch for ARMv3 and ARMv4 processors
 * r0 = previous task_struct, r1 = previous thread_info, r2 = next thread_info
 * previous and next are guaranteed not to be the same.
 */
ENTRY(__switch_to)
 UNWIND(.fnstart   )
 UNWIND(.cantunwind   )
        add     ip, r1, #TI_CPU_SAVE
 ARM(   stmia   ip!, {r4 - sl, fp, sp, lr} )  @ Store most regs on stack
 THUMB(stmia  ip!, {r4 - sl, fp}   )          @ Store most regs on stack
 THUMB(str    sp, [ip], #4         )
 THUMB(str    lr, [ip], #4         )
        ldr     r4, [r2, #TI_TP_VALUE]
        ldr     r5, [r2, #TI_TP_VALUE + 4]
#ifdef CONFIG_CPU_USE_DOMAINS
        mrc     p15, 0, r6, c3, c0, 0        @ Get domain register
        str     r6, [r1, #TI_CPU_DOMAIN]     @ Save old domain register
        ldr     r6, [r2, #TI_CPU_DOMAIN]
#endif
```

코드를 보기 어려우니 objdump 바이너리 유틸리티를 사용해 변환한 어셈블리 코드를 봅시다.

```
01 80707db8 <__switch_to>:
02 80707db8:      e281c018      add     ip, r1, #24
03 80707dbc:      e8ac6ff0      stmia   ip!, {r4, r5, r6, r7, r8, r9, sl, fp, sp, lr}
04 80707dc0:      e592405c      ldr     r4, [r2, #92]    ; 0x5c
05 80707dc4:      e5925060      ldr     r5, [r2, #96]    ; 0x60
06 80707dc8:      ee1d7f50      mrc     15, 0, r7, cr13, cr0, {2}
07 80707dcc:      ee0d4f70      mcr     15, 0, r4, cr13, cr0, {3}
08 80707dd0:      ee0d5f50      mcr     15, 0, r5, cr13, cr0, {2}
09 80707dd4:      e5817060      str     r7, [r1, #96]    ; 0x60
10 80707dd8:      e1a05000      mov     r5, r0
11 80707ddc:      e2824018      add     r4, r2, #24
12 80707de0:      e59f000c      ldr     r0, [pc, #12]    ; 80707df4 <__switch_to+0x3c>
13 80707de4:      e3a01002      mov     r1, #2
14 80707de8:      ebe8d560      bl      8013d370 <atomic_notifier_call_chain>
15 80707dec:      e1a00005      mov     r0, r5
16 80707df0:      e894aff0      ldm     r4, {r4, r5, r6, r7, r8, r9, sl, fp, sp, pc}
17 80707df4:      80c77088      sbchi   r7, r7, r8, lsl #1
18 80707df8:      e320f000      nop     {0}
19 80707dfc:      e320f000      nop     {0}
```

_switch_to 레이블의 어셈블리 코드를 보기에 앞서 레이블에 전달된 인자를 정리하면 다음과 같습니다.

- r0 레지스터 = prev: 휴면 상태에 진입할 프로세스 태스크 디스크립터의 주소

- r1 레지스터 = task_thread_info(prev): 휴면 상태에 진입할 프로세스의 thread_info 구조체가 위치한 스택 최상단 주소

- r2 레지스터 = task_thread_info(next): 다음에 실행할 프로세스의 thread_info 구조체가 위치한 스택 최상단 주소

 ARM 프로세서에서 함수의 인자는 r0 ~ r3 레지스터를 통해 전달됩니다.

__switch_to 레이블의 코드 동작은 2단계로 나눌 수 있습니다.

- 1단계: 휴면 상태에 진입할 프로세스의 레지스터 세트를 cpu_context 필드에 백업

- 2단계: 다음에 실행할 프로세스의 스택 최상단 주소에 위치한 thread_info 구조체의 cpu_context 필드 값을 ARM 코어의 레지스터로 로딩

current_thread_info() 함수를 실행하면 프로세스의 스택 최상단 주소에 있는 thread_info 구조체에 접근합니다. 따라서 current_thread_info()->cpu_context 필드는 프로세스의 thread_info 구조체의 cpu_context 필드와 같은 의미입니다.

1단계: prev 프로세스의 레지스터 백업 과정

먼저 prev 프로세스의 레지스터 세트를 백업하는 1단계 코드를 분석하겠습니다. 먼저 2번째 줄입니다.

```
02  80707db8:       e281c018        add     ip, r1, #24
```

thread_info 구조체가 위치한 프로세스의 스택 최상단 주소에서 24만큼 더합니다. thread_info 구조체에서 cpu_context 필드의 오프셋이 24바이트이기 때문입니다.

이어서 3번째 줄을 분석하겠습니다.

```
03  80707dbc stmia   ip!, {r4, r5, r6, r7, r8, r9, sl, fp, sp, lr}
```

thread_info 구조체에서 cpu_context 필드에 r4, r5, r6, r7, r8, r9, sl, fp, sp, lr 레지스터 세트를 저장합니다. 이 동작은 다음 그림에서 굵게 표시된 부분에 해당합니다.

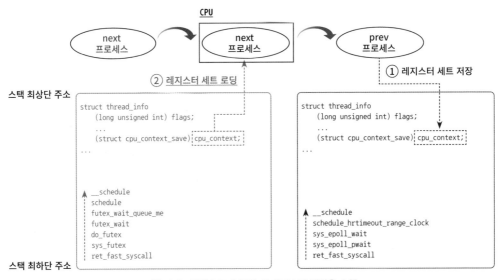

그림 10.35 컨텍스트 스위칭 시 레지스터 백업을 수행

보다시피 prev 프로세스의 실행 정보가 담긴 레지스터 세트를 자신의 스택 최상단 주소에 위치한 thread_info 구조체의 cpu_context 필드에 백업하는 동작을 나타냅니다.

2단계: next 프로세스 레지스터 로딩 과정

이번에는 스케줄링으로 다음에 실행할 next 프로세스의 레지스터 세트를 로딩하는 2단계 코드를 분석하겠습니다.

코드를 분석하기에 앞서 r2 레지스터에 다음으로 실행할 프로세스의 스택 최상단 주소가 저장됐다는 사실을 떠올립시다.

먼저 11번째 줄을 봅시다.

```
11 80707ddc:       e2824018        add     r4, r2, #24
```

r2 레지스터에서 24만큼 더한 결과를 r4 레지스터에 저장합니다. thread_info 구조체가 위치한 프로세스의 스택 최상단 주소에서 24만큼 더하는 동작입니다. 그렇다면 이 같은 연산을 하는 이유는 무엇일까요? **thread_info 구조체의 시작 주소 기준으로 cpu_context 필드의 오프셋이 24바이트이기 때문입니다.**

이 어셈블리 명령어의 연산 결과, r4 레지스터에는 thread_info 구조체의 cpu_context 필드가 있는 주소가 저장됩니다.

다음으로 16번째 줄을 보겠습니다.

```
16 80707df0        ldm     r4, {r4, r5, r6, r7, r8, r9, sl, fp, sp, pc}
```

r4 레지스터의 값이 가리키는 주소를 기준으로, 저장된 레지스터 세트를 ARM 코어의 레지스터에 로딩합니다. 이 순간부터 기존에 실행했던 프로그램 카운터로 이동해 다시 실행을 재개합니다.

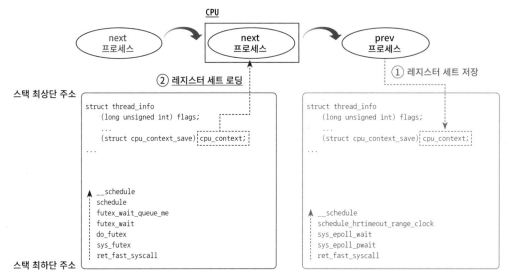

그림 10.36 컨텍스트 스위칭 시의 레지스터 로딩 흐름

그림 10.36은 next 프로세스의 스택 최상단 주소에 위치한 thread_info 구조체의 cpu_context 필드에 저장된 레지스터 세트를 ARM 코어의 레지스터로 로딩하는 동작을 나타냅니다.

10.9.4 ftrace를 이용한 컨텍스트 스위칭 동작 확인

이번에는 ftrace 로그를 살펴보면서 스케줄링 동작을 살펴봅시다. 먼저 다음 메시지를 봅시다.

```
lxpanel-718   [002] d... 7831.739824: sched_switch: prev_comm=lxpanel prev_pid=718 prev_prio=120
prev_state=D ==> next_comm=Xorg next_pid=552 next_prio=120
```

이 메시지의 맨 왼쪽 부분을 보면 CPU2에서 lxpanel(pid=718) 프로세스가 실행 중입니다.

휴면 상태에 진입할 프로세스는 lxpanel(pid=718)이고 다음에 실행될 프로세스는 Xorg(pid=552)입니다. 이를 다음과 같이 표현할 수 있습니다.

- struct task_struct *prev: prev_comm=lxpanel prev_pid=718 prev_prio=120
- struct task_struct *next: ext_comm=Xorg next_pid=552 next_prio=120

 여기서 한 가지 의문점이 생깁니다. 현재 스케줄링 관련 코드는 어느 프로세스가 실행하고 있을까요?

스케줄링 코드는 컨텍스트 스위칭되는 prev 프로세스가 실행합니다. 즉, schedule() 함수에서 prev로 지정된 프로세스입니다. ftrace 로그에서도 같은 정보를 확인할 수 있습니다.

```
lxpanel-718    [002] d...  7831.739824: sched_switch: prev_comm=lxpanel prev_pid=718
prev_prio=120 prev_state=D ==> next_comm=Xorg next_pid=552 next_prio=120
```

lxpanel-718 프로세스가 스케줄링 코드를 실행하는데 이 프로세스는 스케줄링으로 CPU를 비우게 됩니다. 이처럼 스케줄링을 실행하는 주체가 프로세스입니다. 프로세스는 자신에게 주어진 특정 임무를 수행하려고 생성됐습니다. 예를 들어, 워커 스레드는 스레드 핸들러인 worker_thread() 함수에서 워크를 실행 및 관리합니다.

프로세스는 자신의 임무와 함께 추가로 스케줄링 코드를 실행합니다. 프로세스 입장에서 스케줄링 코드는 오버헤드입니다. 스케줄링 빈도가 높으면 전체 프로세스 실행에 부하를 줄 수밖에 없습니다.

소프트웨어 세계에서 가장 어려운 과제가 최적화입니다. 하지만 트레이드오프 없이 스케줄링을 적게 실행하면서 프로세스를 최대한 골고루 실행하는 것이 스케줄러의 역할이자 목표입니다.

컨텍스트 스위칭 동작을 휴면 상태에 진입할 프로세스와 다음에 실행할 프로세스 입장에서 생각해봅시다.

먼저 휴면 상태에 진입할 prev 프로세스 관점에서 생각해 봅시다. 휴면 상태에 진입할 prev 프로세스는 실행 정보를 어딘가에 저장해야 합니다. 다음에 다른 프로세스가 자신을 깨우면 다시 실행할 정보가 담긴 레지스터 세트입니다. **이 레지스터 세트는 thread_info 구조체의 cpu_context 필드에 저장됩니다.**

앞에서 언급한 ftrace를 예로 들어봅시다.

```
struct task_struct *prev: prev_comm=lxpanel prev_pid=718 prev_prio=120
```

lxpanel 프로세스는 자신의 스택 최상단 주소에 위치한 thread_info 구조체의 cpu_context 필드에 현재 실행 중인 레지스터 세트를 저장해야 합니다.

이번에는 다음에 실행할 next 프로세스 관점에서 생각해 봅시다. 다시 실행할 프로세스는 이전에 자신이 실행했던 정보를 ARM 코어의 레지스터에 로딩해야 합니다. 어디서 이전에 자신이 실행했던 정보를 로딩할까요? **thread_info 구조체의 cpu_context 필드에서 로딩합니다.** 이는 이전에 휴면 상태에 진입할 때 저장했던 정보(레지스터 세트)입니다.

앞에서 언급한 ftrace를 다시 봅시다.

```
struct task_struct *next: next_comm=Xorg next_pid=552 next_prio=120
```

Xorg 프로세스는 자신의 thread_info 구조체의 cpu_context 필드에 있는 레지스터 세트를 ARM 코어의 레지스터로 로딩합니다.

10.9.5 컨텍스트 스위칭 디버깅

이번에는 크래시 유틸리티를 활용해 컨텍스트 정보를 확인해 보겠습니다. 먼저 다음 정보는 ARM 코어에서 실행 중인 프로세스의 레지스터 세트입니다.

```
pc : [<80f65224>]    lr : [<80f65bcc>]    psr: 0x80f655ac
sp : 0x9b7dfce8      ip : 0x9b7dfd74      fp : 0x9b7dfd64
r10: 0x0             r9 : 0x9f89ea00      r8 : 0x9db8b200
r7 : 0x81709294      r6 : 0x9eb07000      r5 : 0x828ea000    r4 : 0xa6b46780
r3 : 0x00000000      r2 : 0x036db918      r1 : 0x00000089    r0 : 0x72fbe0b8
```

ARM 코어의 레지스터 세트에는 ARM 코어에서 실행 중인 프로세스의 코드 정보로 가득 차 있습니다.

그럼 위 레지스터 세트는 어떤 코드를 실행할 때의 정보일까요?

위 레지스터 세트를 채우면서 실행 중인 주인공은 라즈베리 파이에서 볼 수 있는 "lxpanel" 프로세스이며, 다음 콜 스택으로 실행 중이었습니다.

```
01 crash> bt 718
02 PID: 718    TASK: 9eb07000  CPU: 2    COMMAND: "lxpanel"
03 #0 [<80f65224>] (__schedule) from [<80f65bcc>]
04 #1 [<80f65b80>] (schedule) from [<801e059c>]
05 #2 [<801e0480>] (futex_wait_queue_me) from [<801e11b8>]
06 #3 [<801e10a0>] (futex_wait) from [<801e2e14>]
07 #4 [<801e2cf4>] (do_futex) from [<801e3a58>]
08 #5 [<801e3938>] (sys_futex) from [<80108f20>]
```

 위 콜 스택은 리눅스 코어 덤프를 로딩해서 프로세스 정보를 디버깅할 수 있는 크래시 유틸리티 프로그램에서 확인한 내용입니다. "bt [pid]" 명령어를 입력하면 프로세스의 콜 스택을 확인할 수 있습니다.

레지스터 세트에서 프로그램 카운터는 80f65224이며 __schedule() 함수 내 주소를 의미합니다. 그럼 ARM 코어의 프로그램 카운터 레지스터에 저장된 함수의 주소는 무엇을 의미할까요? **현재 ARM 코어에서 해당 주소에 있는 어셈블리 코드를 실행 중이라는 의미입니다.**

프로그램 카운터에 코드 주소를 지정하면 해당 주소에 위치한 명령어를 페치해 해당 어셈블리 명령어를 실행합니다.

이번에는 코어 덤프에서 ARM 레지스터 세트를 어디에 저장하는지 확인해 봅시다.

```
01  crash> ps 718
02    PID   PPID CPU   TASK    ST %MEM   VSZ    RSS  COMM
03 >  718     1   2  9eb07000  WA  0.1  13540  1704  lxpanel
```

3번째 줄로 봐서 프로세스 태스크 디스크립터의 주소가 9eb07000이라는 사실을 알 수 있습니다. 참고로 TASK라는 필드는 프로세스의 태스크 디스크립터를 의미합니다.

이번에는 다음 명령어를 입력해서 9eb07000 주소를 태스크 디스크립터 구조체로 캐스팅해보겠습니다.

```
01 crash> struct task_struct 9eb07000
02 struct task_struct {
03     state = 256,
04     stack = 0x9b7de000,
05     usage = {
06         counter = 3
07     },
```

4번째 줄의 정보를 토대로 프로세스 스택의 최상단 주소는 0x9b7de000입니다.

이번에는 다음 명령어를 입력해 프로세스 스택의 최상단 주소인 0x9b7de000을 thread_info.cpu_context 필드로 캐스팅해보겠습니다.

```
01  crash> struct thread_info.cpu_context 0x9b7de000
02  cpu_context = {
03     r4 = 0xa6b46780,
04     r5 = 0x828ea000,
05     r6 = 0x9eb07000,
06     r7 = 0x81709294,
07     r8 = 0x9db8b200,
08     r9 = 0x9f89ea00,
09     sl = 0x0,
10     fp = 0x9b7dfd64,
11     sp = 0x9b7dfce8,
12     pc = 0x80f655ac,
```

```
13    extra = {0x0, 0x0}
14  }
```

위 출력 메시지를 보면 cpu_context의 세부 필드에 레지스터 세트에 대한 정보가 보입니다. 여기서 **r4~pc 필드가 해당 프로세스가 ARM 코어에서 실행 중일 때의 레지스터 세트 값입니다.** 달리 보면 이 프로세스가 컨텍스트 스위칭을 실행할 때 저장한 ARM 코어의 레지스터 세트 값에 해당합니다.

그런데 pc 필드를 보면 0x80f655ac라는 주소를 확인할 수 있습니다. 이 주소의 정체는 무엇일까요? dis 명령어를 사용해 0x80f655ac 주소 근처 코드의 내용을 확인할 수 있습니다.

```
01 crash> dis 0x80f6559c 100
02 0x80f6559c <__schedule+0x37c>:   ldr    r2, [r5, #4]
03 0x80f655a0 <__schedule+0x380>:   mov    r0, r6
04 0x80f655a4 <__schedule+0x384>:   ldr    r1, [r6, #4]
05 0x80f655a8 <__schedule+0x388>:   bl     0x8010f96c <__switch_to>
06 0x80f655ac <__schedule+0x38c>:   bl     0x80158eec <finish_task_switch>
```

5번째 줄을 보면 __switch_to() 함수를 호출하는 어셈블리 코드입니다. 즉, 컨텍스트 스위칭될 때 실행하는 함수의 주소입니다.

5번째 줄의 코드는 C 코드로는 어떤 형태일까요?

https://github.com/raspberrypi/linux/blob/rpi-4.19.y/kernel/sched/core.c

```
01 static __always_inline struct rq *
02 context_switch(struct rq *rq, struct task_struct *prev,
03            struct task_struct *next, struct rq_flags *rf)
04 {
...
05     /* Here we just switch the register state and the stack. */
06     switch_to(prev, next, prev);
07     barrier();
08
09     return finish_task_switch(prev);
10 }
```

위 코드를 기준으로 context_switch() 함수의 6번째 줄 코드에 해당합니다.

10.10 스케줄링 디버깅

이번 절에서는 라즈베리 파이에서 스케줄링 동작을 확인하는 실습을 진행하겠습니다. 다음은 이번 절에서 다룰 디버깅 실습 항목입니다.

- ftrace: sched_switch/sched_wakeup 이벤트
- 스케줄링 동작 확인
- 프로세스의 상태 변화 확인
- 선점 스케줄링 시 콜 스택 확인
- 비선점 스케줄링 시 콜 스택 확인

소스코드 분석으로 배운 내용을 머릿속에 오랫동안 기억하기 위해서는 이번 절에서 소개하는 디버깅 실습을 라즈베리 파이나 다른 리눅스 보드에서 따라해 보시길 바랍니다.

10.10.1 ftrace: sched_switch와 sched_wakeup 이벤트 소개

ftrace에서는 sched_switch와 sched_wakeup 이벤트를 지원합니다. 각 이벤트에 대해 소개하고 메시지를 분석하는 방법을 살펴보겠습니다.

리눅스 커널에서 프로세스의 동작을 처음 접하는 분들이 겪는 어려움이 있습니다. 실제 리눅스 시스템에서 얼마나 자주 프로세스가 스케줄링되는지 확인할 수 없다는 것입니다. 그 이유는 간단합니다. **코드를 분석한 내용을 실제 리눅스 시스템에서 확인하지 않기 때문입니다.** 그래서 임베디드 리눅스 개발을 진행할 때는 모듈이나 드라이버 코드가 실행될 때 어떤 프로세스가 어떻게 스케줄링되는지 확인하기도 어렵습니다.

리눅스 커널에서는 이런 의문을 해소할 수 있는 디버깅 기능을 지원합니다. 바로 ftrace입니다. ftrace에는 프로세스가 스케줄링이 되는 동작을 트레이싱할 수 있는 다음과 같은 이벤트가 준비돼 있습니다.

- sched_switch
- sched_wakeup

이어서 sched_switch, sched_wakeup 이벤트를 중심으로 리눅스 시스템에서 얼마나 자주 프로세스를 깨우고 스케줄링하는지 확인해 보겠습니다.

ftrace 이벤트	내용
sched_switch	• 컨텍스트 스위칭 : \<idle\>-0 [001] d... 11169.311604: sched_switch: prev_comm=swapper/1 prev_pid=0 prev_prio=120 prev_state=S ⟹ next_comm=vchiq-slot/0 next_pid=60 next_prio=101
sched_wakeup	• 프로세스를 깨움 : \<idle\>-0 [002] d.h. 11169.316375: sched_wakeup: comm=chromium-browse pid=2343 prio=120 target_cpu=002

그림 10.37 ftrace: sched_switch와 sched_wakeup 이벤트

위 그림에서 볼 수 있듯이 sched_switch와 sched_wakeup 이벤트는 커널의 다음 동작을 트레이싱합니다.

- sched_switch: 프로세스가 스케줄링되는 동작

- sched_wakeup: 프로세스를 깨우는 동작

sched_switch와 sched_wakeup 이벤트 활성화

ftrace 메시지를 분석하는 방법을 소개하기에 앞서 ftrace의 sched_switch와 sched_wakeup 이벤트를 활성화하는 방법부터 소개하겠습니다. 먼저 다음 명령어를 봅시다.

```bash
01 #!/bin/bash
02
03 echo 0 > /sys/kernel/debug/tracing/tracing_on
04 sleep 1
05 echo "tracing_off"
06
07 echo 0 > /sys/kernel/debug/tracing/events/enable
08 sleep 1
09 echo "events disabled"
10
11 echo nop > /sys/kernel/debug/tracing/current_tracer
12 sleep 1
13 echo "nop tracer enabled"
14
15 echo 1 > /sys/kernel/debug/tracing/events/sched/sched_wakeup/enable
16 echo 1 > /sys/kernel/debug/tracing/events/sched/sched_switch/enable
17 sleep 1
18 echo "event enabled"
19
20 echo 1 > /sys/kernel/debug/tracing/tracing_on
21 echo "tracing_on"
```

위 명령어 가운데 sched_switch와 sched_wakeup 이벤트를 활성화하는 부분은 다음과 같습니다.

```
15 echo 1 > /sys/kernel/debug/tracing/events/sched/sched_wakeup/enable
16 echo 1 > /sys/kernel/debug/tracing/events/sched/sched_switch/enable
```

이 셸 스크립트 코드를 sched_basic.sh라는 이름으로 저장합니다. 이후 다음 명령어를 입력해서 sched_basic.sh 스크립트를 실행하면 ftrace를 손쉽게 설정할 수 있습니다.

```
root@raspberrypi:/home/pi# ./sched_basic.sh
```

셸 스크립트를 실행한 다음 10초 동안 기다립니다. 이때 라즈베리 파이에서 특별히 브라우저나 다른 프로그램을 실행할 필요는 없습니다.

이어서 3.4.4절에서 소개한 get_ftrace.sh 셸 스크립트를 실행해 ftrace 로그를 받습니다.

```
root@raspberrypi:/home/pi# ./get_ftrace.sh
ftrace off
```

이 셸 스크립트를 실행하면 ftrace_log.c라는 파일이 생성됩니다. 이 파일에 ftrace 로그가 저장됩니다.

sched_switch와 sched_wakeup 이벤트 메시지 분석

먼저 ftrace 로그에서 sched_switch 이벤트 메시지를 소개합니다.

```
kworker/2:1-1106  [002] d...  7831.602384: sched_switch: prev_comm=kworker/2:1 prev_pid=1106
prev_prio=120 prev_state=T ==> next_comm=ksoftirqd/2 next_pid=19 next_prio=120
```

sched_switch 이벤트 로그는 대부분 위와 같은 패턴으로 프로세스의 스케줄링 동작을 표현합니다.

이제 ftrace 로그의 의미를 차근차근 분석해 봅시다.

표 10.9 ftrace 로그의 prev와 next 메시지의 의미

메시지	설명
prev	▪ 컨텍스트 스위칭되어 CPU를 비울 프로세스 prev_comm=kworker/2:1
next	▪ 다음에 CPU에서 실행할 프로세스 next_comm=ksoftirqd/2

sched_switch 메시지의 세부 내용은 다음과 같습니다.

```
                ┌─ prev 프로세스 이름        ┌─ prev 프로세스 pid
                │                          │                    ┌─ prev 프로세스 우선순위
  sched_switch: prev_comm=kworker/2:1 prev_pid=1106 prev_prio=120 prev_state=T ==>
                next_comm=ksoftirqd/2 next_pid=19 next_prio=120 │
                │                      │                    │    └─ prev 프로세스 상태
                └─ next 프로세스 이름    └─ next 프로세스 pid    └─ next 프로세스 우선순위
```

그림 10.38 ftrace: sched_switch 이벤트 메시지의 세부 내용

 여기서 다음과 같은 의문이 생깁니다. **ftrace**의 **sched_switch 이벤트 메시지의 포맷을 어디서 확인할 수 있을까요?**

sched_switch 이벤트를 출력하는 포맷은 다음 헤더 파일에서 확인할 수 있습니다.

https://github.com/raspberrypi/linux/blob/rpi-4.19.y/include/trace/events/sched.h

```
01 TRACE_EVENT(sched_switch,
02
03     TP_PROTO(bool preempt,
04             struct task_struct *prev,
05             struct task_struct *next),
...
06     TP_printk("prev_comm=%s prev_pid=%d prev_prio=%d prev_state=%s%s ==>
next_comm=%s next_pid=%d next_prio=%d",
07             __entry->prev_comm, __entry->prev_pid, __entry->prev_prio,
08
09             (__entry->prev_state & (TASK_REPORT_MAX - 1)) ?
10             __print_flags(__entry->prev_state & (TASK_REPORT_MAX - 1), "|",
11                     { 0x01, "S" }, { 0x02, "D" }, { 0x04, "T" },
12                     { 0x08, "t" }, { 0x10, "X" }, { 0x20, "Z" },
13                     { 0x40, "P" }, { 0x80, "I" }) :
14         "R",
15
16             __entry->prev_state & TASK_REPORT_MAX ? "+" : "",
17             __entry->next_comm, __entry->next_pid, __entry->next_prio)
18 );
```

prev 프로세스와 next 프로세스의 태스크 디스크립터를 읽어서 각각 필드를 출력하는 것입니다.

이 중에서 프로세스의 상태를 출력하는 포맷은 다음 코드를 보면 알 수 있습니다.

```
09                (__entry->prev_state & (TASK_REPORT_MAX - 1)) ?
10                  __print_flags(__entry->prev_state & (TASK_REPORT_MAX - 1), "|",
11                         { 0x01, "S" }, { 0x02, "D" }, { 0x04, "T" },
12                         { 0x08, "t" }, { 0x10, "X" }, { 0x20, "Z" },
13                         { 0x40, "P" }, { 0x80, "I" }) :
```

프로세스 태스크 디스크립터의 state 필드 값을 읽어서 알파벳으로 출력하는 것입니다. 각 알파벳은 다음
상태 정보에 매핑됩니다.

표 10.10 ftrace: 프로세스 상태 메시지와 프로세스 상태 코드의 관계

코드	설명	선언부	
{ 0x01, "S" }	TASK_INTERRUPTIBLE	#define TASK_INTERRUPTIBLE	0x0001
{ 0x02, "D" }	TASK_UNINTERRUPTIBLE	#define TASK_UNINTERRUPTIBLE	0x0002
{ 0x04, "T" }	__TASK_STOPPED	#define __TASK_STOPPED	0x0004
{ 0x08, "t" }	__TASK_TRACED	#define __TASK_TRACED	0x0008
{ 0x10, "X" }	EXIT_DEAD	#define EXIT_DEAD	0x0010
{ 0x20, "Z" }	EXIT_ZOMBIE	#define EXIT_ZOMBIE	0x0020
{ 0x40, "P" }	TASK_PARKED	#define TASK_PARKED	0x0040
{ 0x80, "I" }	TASK_DEAD	#define TASK_DEAD	0x0080

먼저 맨 왼쪽 부분에 있는 "kworker/2:1-1106" 메시지를 보겠습니다.

```
kworker/2:1-1106   [002] d...  7831.602384
```

ftrace 로그를 실행하는 프로세스의 정보입니다. **보다시피 프로세스 이름은 "kworker/2:1"이고 PID는
1106입니다.** 프로세스 이름으로 봐서 워크를 처리하는 워커 스레드임을 알 수 있습니다. 또한 실행 중
인 CPU 번호는 2이고 타임스탬프는 7831.602384입니다.

다음 메시지는 스케줄링되기 전에 실행했던 프로세스의 정보입니다.

```
prev_comm=kworker/2:1 prev_pid=1106 prev_prio=120 prev_state=T
```

"prev_state=T" 메시지로 봐서 프로세스 상태가 __TASK_STOPPED임을 알 수 있습니다. 분석 내용을 요약
하면 스케줄링으로 CPU를 비울 prev 프로세스의 정보는 다음과 같습니다.

프로세스 이름은 "kworker/2:1"이고 PID는 1106입니다. 또한 프로세스의 우선순위는 120이고 프로세스 상태는 T입니다.

다음은 스케줄링 동작으로 다음에 실행될 프로세스의 정보입니다.

```
next_comm=ksoftirqd/2 next_pid=19 next_prio=120
```

프로세스 이름은 "ksoftirqd/2"이고 PID는 19입니다. 또한 프로세스 우선순위가 120입니다.

정리하면 "kworker/2:1" 프로세스에서 "ksoftirqd/2" 프로세스로 스케줄링하는 동작을 출력하는 메시지입니다.

다음은 sched_wakeup 이벤트의 로그입니다.

```
01 lxpanel-718 [002] d... 7831.739767: sched_wakeup: comm=Xorg pid=552 prio=120 target_cpu=002
02 lxpanel-718   [002] d...  7831.739824: sched_switch: prev_comm=lxpanel prev_pid=718 prev_prio=120
prev_state=D ==> next_comm=Xorg next_pid=552 next_prio=120
```

> 1번째 줄의 메시지가 sched_wakeup 이벤트인데 2번째 줄에 sched_switch 이벤트를 추가했습니다.
> sched_wakeup 이벤트는 sched_switch 이벤트와 같이 분석하는 경우가 많기 때문입니다.

먼저 1번째 줄의 메시지를 봅시다.

```
01 lxpanel-718 [002] d... 7831.739767: sched_wakeup: comm=Xorg pid=552 prio=120 target_cpu=002
```

위 메시지는 PID가 552이고 우선순위가 120인 "Xorg" 프로세스를 깨우는 동작임을 보여줍니다. 여기서 "Xorg" 프로세스를 누가 깨울까요? ftrace 로그에서 맨 왼쪽에 있는 부분이 현재 코드를 실행하는 프로세스 정보입니다. 따라서 **"Xorg" 프로세스는 PID가 718인 lxpanel 프로세스가 깨운다는 것을 알 수 있습니다.** 이 메시지로 프로세스는 자신을 깨울 수 없다는 사실을 파악할 수 있습니다.

ftrace로 sched_switch/sched_wakeup 이벤트 로그에 대해 알아봤으니 이번에는 sched_switch/sched_wakeup 이벤트 로그를 출력하는 리눅스 커널 코드를 살펴봅시다.

sched_switch와 sched_wakeup 이벤트 출력 함수 분석

ftrace 메시지를 분석할 때 해당 ftrace 이벤트 메시지를 커널의 어느 코드에서 출력하는지 확인하면 더 많은 것을 배울 수 있습니다. 이번에는 sched_switch 이벤트 로그를 어느 코드에서 출력하는지 확인해 봅시다.

https://github.com/raspberrypi/linux/blob/rpi-4.19.y/kernel/sched/core.c

```
01 static void __sched notrace __schedule(bool preempt)
02 {
03     struct task_struct *prev, *next;
...
04
05     if (likely(prev != next)) {
06             rq->nr_switches++;
07             rq->curr = next;
08
09             ++*switch_count;
10
11             trace_sched_switch(preempt, prev, next);
12
13             rq = context_switch(rq, prev, next, &rf);
14     } else {
15             rq->clock_update_flags &= ~(RQCF_ACT_SKIP|RQCF_REQ_SKIP);
16             rq_unlock_irq(rq, &rf);
17     }
18
19     balance_callback(rq);
20 }
```

__schedule() 함수의 13번째 줄을 보면 context_switch() 함수를 호출해서 컨텍스트 스위칭을 실행합니다. 13번째 줄 바로 위의 11번째 줄에서 trace_sched_switch() 함수를 실행할 때 sched_switch 이벤트 로그를 출력합니다.

 여기서 한 가지 의문이 생깁니다. **ftrace 이벤트를 출력하는 함수의 이름에 어떤 패턴이 있지 않을까요?** ftrace 이벤트를 보면 어느 리눅스 커널 코드에서 해당 메시지를 출력하는지 파악할 수 있습니다.

ftrace 이벤트를 출력하는 함수의 이름은 다음과 같은 형식입니다.

trace_ + ftrace 이벤트 이름

따라서 sched_switch 이벤트를 출력하는 함수는 trace_sched_switch() 함수입니다. 마찬가지로 sched_wakeup 이벤트를 출력하는 함수는 trace_sched_wakeup()이라는 사실을 유추할 수 있습니다.

이어서 sched_wakeup 이벤트를 출력하는 코드는 다음과 같습니다.

https://github.com/raspberrypi/linux/blob/rpi-4.19.y/kernel/sched/core.c

```
01 static void ttwu_do_wakeup(struct rq *rq, struct task_struct *p, int wake_flags,
02                         struct rq_flags *rf)
03 {
04     check_preempt_curr(rq, p, wake_flags);
05     p->state = TASK_RUNNING;
06     trace_sched_wakeup(p);
```

ttwu_do_wakeup() 함수의 6번째 줄에서 trace_sched_wakeup() 함수를 호출할 때 sched_wakeup 이벤트를 출력하는 것입니다.

10.10.2 ftrace: 스케줄링과 프로세스를 깨울 때의 콜 스택 파악

sched_switch와 sched_wakeup 이벤트는 각각 프로세스의 스케줄링과 프로세스를 깨우는 동작을 트레이싱합니다. 이번에는 스케줄링이 실행될 때의 콜 스택을 점검해 보겠습니다.

커널에서는 다음의 두 가지 타입의 스케줄링을 지원합니다.

표 10.11 스케줄링 종류와 동작 방식

스케줄링 종류	동작
선점 스케줄링	■ 인터럽트 핸들러를 처리하고 난 후 인터럽트가 발생하기 전 코드로 되돌아가기 직전에 선점될 조건을 체크한 후 schedule() 함수를 호출 ■ 시스템 콜의 핸들러 함수를 처리하고 난 후 유저 공간으로 되돌아가기 직전에 선점될 조건을 체크한 후 schedule() 함수를 호출
비선점 스케줄링	■ 스케줄링될 상황이라 판단해서 스스로 schedule() 함수를 호출 ■ 뮤텍스를 획득하기 위해 휴면 상태에서 기다리거나 입출력(I/O) 동작 시 수행

스케줄링 종류별로 어떤 콜 스택인지 점검해 보겠습니다. 먼저 ftrace 설정을 위한 다음 코드를 소개합니다.

```
01 #!/bin/bash
02
03 echo 0 > /sys/kernel/debug/tracing/tracing_on
04 sleep 1
```

```
05 echo "tracing_off"
06
07 echo 0 > /sys/kernel/debug/tracing/events/enable
08 sleep 1
09 echo "events disabled"
10
11 echo  secondary_start_kernel  > /sys/kernel/debug/tracing/set_ftrace_filter
12 sleep 1
13 echo "set_ftrace_filter init"
14
15 echo function > /sys/kernel/debug/tracing/current_tracer
16 sleep 1
17 echo "function tracer enabled"
18
19 echo 1 > /sys/kernel/debug/tracing/events/sched/sched_wakeup/enable
20 echo 1 > /sys/kernel/debug/tracing/events/sched/sched_switch/enable
21
22 echo 1 > /sys/kernel/debug/tracing/events/irq/irq_handler_entry/enable
23 echo 1 > /sys/kernel/debug/tracing/events/irq/irq_handler_exit/enable
24
25 echo 1 > /sys/kernel/debug/tracing/events/raw_syscalls/enable
26 sleep 1
27 echo "event enabled"
28
29 echo  schedule ttwu_do_wakeup > /sys/kernel/debug/tracing/set_ftrace_filter
30
31 sleep 1
32 echo "set_ftrace_filter enabled"
33
34 echo 1 > /sys/kernel/debug/tracing/options/func_stack_trace
35 echo 1 > /sys/kernel/debug/tracing/options/sym-offset
36 echo "function stack trace enabled"
37
38 echo 1 > /sys/kernel/debug/tracing/tracing_on
39 echo "tracing_on"
```

다음은 sched_switch와 sched_wakeup 이벤트를 설정하는 명령어입니다.

```
19 echo 1 > /sys/kernel/debug/tracing/events/sched/sched_wakeup/enable
20 echo 1 > /sys/kernel/debug/tracing/events/sched/sched_switch/enable
```

다음은 함수에 필터를 거는 명령어입니다.

```
29 echo  schedule ttwu_do_wakeup > /sys/kernel/debug/tracing/set_ftrace_filter
```

위 명령어로 schedule()과 ttwu_do_wakeup() 함수의 콜 스택을 볼 수 있습니다.

다음의 22~25번째 줄은 irq_handler_entry, irq_handler_exit 이벤트와 시스템 콜 이벤트를 활성화하는 코드입니다.

```
22 echo 1 > /sys/kernel/debug/tracing/events/irq/irq_handler_entry/enable
23 echo 1 > /sys/kernel/debug/tracing/events/irq/irq_handler_exit/enable
24
25 echo 1 > /sys/kernel/debug/tracing/events/raw_syscalls/enable
```

이처럼 인터럽트 동작과 관련된 이벤트와 시스템 콜 이벤트를 설정한 이유는 인터럽트 핸들링과 시스템 콜 처리가 끝난 다음에 선점 스케줄링이 실행되기 때문입니다.

위 셸 스크립트를 sched_irq_syscall.sh라는 파일로 저장한 다음 실행합니다. 그런 다음 스크립트를 실행하고 20초 정도 방치합니다. 이후 3.4.4절에서 소개한 get_ftrace.sh라는 셸 스크립트 파일을 실행해 ftrace 로그를 추출합니다.

10.10.2.1 명시적 스케줄링 시의 콜 스택 분석

이번에는 명시적 스케줄링을 실행할 때의 콜 스택을 보겠습니다. **그런데 명시적 스케줄링이란 무엇일까요?** 프로세스가 스스로 schedule() 함수를 호출해 스케줄링하는 동작을 말합니다. 비선점 스케줄링을 실행하는 함수의 목록은 다음과 같습니다.

- schedule_hrtimeout_range_clock()
- schedule_timeout()
- worker_thread()
- __mutex_lock_common()

이어서 위에서 소개한 함수의 콜 스택을 알아봅시다.

schedule_hrtimeout_range_clock() 함수의 콜 스택 분석

schedule_hrtimeout_range_clock() 함수의 콜 스택을 보면서 명시적 스케줄링을 실행할 때의 함수 흐름을 살펴보겠습니다. 먼저 분석할 ftrace 로그는 다음과 같습니다.

```
01 lxterminal-840    [001] ....   8632.128798: schedule+0x10/0xa8
<-schedule_hrtimeout_range_clock+0xd8/0x14c
02 lxterminal-840    [001] ....   8632.128816: <stack trace>
03 => poll_schedule_timeout+0x54/0x84
04 => do_sys_poll+0x3d8/0x500
05 => sys_poll+0x74/0x114
06 => __sys_trace_return+0x0/0x10
07 lxterminal-840    [001] d...   8632.128827: sched_switch: prev_comm=lxterminal prev_pid=840
prev_prio=120 prev_state=D ==> next_comm=sched_basic.sh next_pid=1153 next_prio=120
```

위 로그에서 1번째 줄을 보면 다음 정보를 확인할 수 있습니다.

> schedule_hrtimeout_range_clock() 함수에서 schedule() 함수를 호출한다.

콜 스택을 통해 프로세스가 스스로 schedule() 함수를 호출한다는 사실을 확인했습니다. 이 정보로 다음과 같은 사실을 알 수 있습니다.

> 프로세스가 스스로 schedule() 함수를 호출해 명시적 스케줄링을 실행한다.

여기서 6~3번째 줄의 로그가 함수가 호출되는 방향입니다.

콜 스택 다음에 바로 7번째 줄과 같이 sched_switch 이벤트 메시지를 볼 수 있습니다. 이 메시지로 다음과 같은 사실을 알 수 있습니다.

> "lxterminal" 프로세스에서 "sched_basic.sh" 프로세스로 스케줄링된다.

ftrace 로그를 봤으니 커널 코드를 보면서 실제로 로그에서 분석한 내용과 같이 함수 호출이 이뤄지는지 확인해 봅시다.

https://github.com/raspberrypi/linux/blob/rpi-4.19.y/kernel/time/hrtimer.c

```
01 int __sched
02 schedule_hrtimeout_range_clock(ktime_t *expires, u64 delta,
```

```
03                        const enum hrtimer_mode mode, int clock)
04 {
...
05    if (!expires) {
06            schedule();
07            return -EINTR;
08    }
```

위 schedule_hrtimeout_range_clock() 함수를 스케줄링 관점에서 해석하면 지정한 시각이 지나면 타임 아웃으로 명시적 스케줄링을 실행하는 동작에 해당합니다. 6번째 줄을 보면 schedule() 함수를 호출합니다.

schedule_timeout() 함수의 콜 스택 분석

이어서 schedule_timeout() 함수의 콜 스택을 분석하겠습니다.

```
01 VCHIQ completio-1630   [002] ....   9447.646780: schedule+0x10/0xa8 <-schedule_timeout+0x1e0/0x418
02 VCHIQ completio-1630   [002] ....   9447.646829: <stack trace>
03 => down_interruptible+0x5c/0x68
04 => vchiq_ioctl+0x9d4/0x1950
05 => do_vfs_ioctl+0xb0/0x7d0
06 => sys_ioctl+0x44/0x6c
07 => __sys_trace_return+0x0/0x10
08 VCHIQ completio-1630   [002] d...   9447.646934: sched_switch: prev_comm=VCHIQ completio
prev_pid=1630 prev_prio=120 prev_state=D ==> next_comm=swapper/2 next_pid=0 next_prio=120
```

먼저 1번째 줄을 보면 다음과 같은 정보를 확인할 수 있습니다.

schedule_timeout() 함수에서 schedule() 함수를 호출한다.

이번에도 프로세스가 스스로 schedule() 함수를 호출하는 정보를 확인했습니다. 이 정보를 토대로 다음과 같은 사실을 알 수 있습니다.

프로세스가 스스로 schedule() 함수를 호출해 명시적 스케줄링을 실행한다.

여기서 함수가 호출되는 방향은 07번째 줄에서 03번째 줄입니다.

콜 스택 다음에 바로 08번째 줄과 같이 sched_switch 이벤트 메시지를 볼 수 있습니다. 이 메시지를 해석하면 다음과 같습니다.

"VCHIQ completio" 프로세스에서 "swapper/2" 프로세스로 스케줄링된다.

이번에는 ftrace에서 본 콜 스택을 커널 함수에서 확인해보겠습니다. ftrace 로그 분석에서 그치지 말고 커널 코드를 같이 열어 보면 더 많은 정보를 얻을 수 있습니다.

https://github.com/raspberrypi/linux/blob/rpi-4.19.y/kernel/locking/semaphore.c

```
01 static inline int __sched __down_common(struct semaphore *sem, long state,
02                                                        long timeout)
03 {
...
04
05     for (;;) {
...
06             __set_current_state(state);
07             raw_spin_unlock_irq(&sem->lock);
08             timeout = schedule_timeout(timeout);
```

08번째 줄과 같이 세마포어를 획득하는 __down_common() 함수에서 schedule_timeout() 함수를 호출합니다. 이후 schedule_timeout() 함수를 호출하면 schedule() 함수를 호출하게 됩니다.

__mutex_lock_slowpath() 함수의 콜 스택 분석

이번에는 뮤텍스를 할당하는 과정에서 비선점 스케줄링을 수행하는 콜 스택을 보겠습니다.

```
01  kworker/u16:19-23715 [003] ...1 21857.480423: schedule+0x10/0x9c
<-schedule_preempt_disabled+0x18/0x2c
02  kworker/u16:19-23715 [003] ...1 21857.480427: <stack trace>
03 => __mutex_lock_slowpath+0x15c/0x39c
04 => mutex_lock+0x34/0x48
05 => clk_prepare_lock+0x48/0xd4
06 => clk_get_rate+0x24/0x90
07 => dev_get_cur_freq+0x28/0x70
08 => update_devfreq+0xa0/0x1d4
09 => devfreq_monitor+0x34/0x94
```

```
10 => process_one_work+0x184/0x480
11 => worker_thread+0x140/0x4b4
12 => kthread+0xf4/0x108
13 => ret_from_fork+0x10/0x50
14 <...>-23715 [003] d..2 21857.480468: sched_switch: prev_comm=kworker/u16:19 prev_pid=23715
prev_prio=120 prev_state=D ==> next_comm=swapper/3 next_pid=0 next_prio=120
```

먼저 1~3번째 줄을 보겠습니다.

```
01  kworker/u16:19-23715 [003] ...1 21857.480423: schedule+0x10/0x9c
<-schedule_preempt_disabled+0x18/0x2c
02  kworker/u16:19-23715 [003] ...1 21857.480427: <stack trace>
03  => __mutex_lock_slowpath+0x15c/0x39c
```

1~3번째 줄에 보이는 함수는 다음과 같은 순서로 호출됩니다.

- __mutex_lock_slowpath()
- schedule_preempt_disabled()
- schedule()

__mutex_lock_slowpath() 함수에서 schedule_preempt_disabled() 함수를 호출해 명시적 스케줄링을 실
행하는 것입니다. 결국 schedule_preempt_disabled() 함수에서 schedule() 함수를 호출하기 때문입니다.
이번에도 프로세스가 스스로 schedule() 함수를 호출해 명시적 스케줄링을 수행합니다.

다음으로 14번째 줄을 봅시다.

```
14 <...>-23715 [003] d..2 21857.480468: sched_switch: prev_comm=kworker/u16:19 prev_pid=23715
prev_prio=120 prev_state=D ==> next_comm=swapper/3 next_pid=0 next_prio=120
```

kworker/u16:19 프로세스에서 swapper/3 프로세스로 스케줄링되는 동작입니다.

이처럼 뮤텍스를 획득하지 못한 프로세스는 자신을 TASK_UNINTERRUPTIBLE 상태로 바꾼 후 휴면 상태에
진입합니다.

커널 스레드에서 schedule() 함수를 호출하는 패턴을 확인해 봅시다.

```
01 kworker/u8:0-1128 [001] 8632.128947: schedule+0x10/0xa8 <-worker_thread+0x104/0x5f0
02 kworker/u8:0-1128 [001] 8632.128961: <stack trace>
```

```
03 => ret_from_fork+0x14/0x28
04 kworker/u8:0-1128   [001] d...  8632.128968: sched_switch: prev_comm=kworker/u8:0 prev_pid=1128
prev_prio=120 prev_state=R+ ==> next_comm=lxterminal next_pid=840 next_prio=120
```

ftrace의 1번째 메시지를 보면 worker_thread() 함수에서 schedule() 함수를 호출하는 콜 스택을 확인할 수 있습니다.

워크를 처리하는 워커 스레드 핸들러인 worker_thread() 함수의 어느 코드에서 schedule() 함수를 호출할까요? 다음 코드를 보겠습니다.

https://github.com/raspberrypi/linux/blob/rpi-4.19.y/kernel/workqueue.c

```c
01 static int worker_thread(void *__worker)
02 {
...
03                 process_one_work(worker, work);
...
04 sleep:
05     worker_enter_idle(worker);
06     __set_current_state(TASK_IDLE);
07     spin_unlock_irq(&pool->lock);
08     schedule();
09     goto woke_up;
10 }
```

03번째 줄에서 process_one_work() 함수를 호출해 워크를 모두 처리한 다음, 08번째 줄과 같이 워커 스레드는 schedule() 함수를 호출해 휴면 상태에 진입합니다.

10.10.2.2 선점 스케줄링 시의 콜 스택 분석

프로세스가 자신의 의지에 상관없이 스케줄러에 의해 CPU를 비우는 스케줄링 방식을 선점 스케줄링이라고 합니다. 이번에는 선점 스케줄링 동작 시의 콜 스택을 ftrace로 확인하겠습니다.

분석할 ftrace 로그는 다음과 같습니다.

```
01 chromium-browse-1436  [000] d.h.  9448.149965: irq_handler_entry: irq=86 name=mmc1
02 chromium-browse-1436  [000] d.h.  9448.149972: irq_handler_exit: irq=86 ret=handled
03 chromium-browse-1436  [000] d.h.  9448.149982: ttwu_do_wakeup+0x10/0x1a4
<-ttwu_do_activate+0x80/0x84
```

```
04  chromium-browse-1436  [000] d.h.  9448.150003: <stack trace>
05 => wake_up_process+0x20/0x24
06 => __irq_wake_thread+0x70/0x74
07 => __handle_irq_event_percpu+0x84/0x224
08 => handle_irq_event_percpu+0x2c/0x68
09 => handle_irq_event+0x54/0x78
10 => handle_level_irq+0xb4/0x160
11 => generic_handle_irq+0x34/0x44
12 => bcm2836_chained_handle_irq+0x38/0x50
13 => generic_handle_irq+0x34/0x44
14 => __handle_domain_irq+0x6c/0xc4
15 => bcm2836_arm_irqchip_handle_irq+0xac/0xb0
16 => __irq_usr+0x4c/0x60
17 => 0x4228e4c
18 chromium-browse-1436  [000] dnh.  9448.150005: sched_wakeup: comm=irq/86-mmc1 pid=65 prio=49
target_cpu=000
19 chromium-browse-1436  [000] dn..  9448.150010: schedule+0x10/0xa8 <-do_work_pending+0x38/0xcc
20 chromium-browse-1436  [000] dn..  9448.150016: <stack trace>
21 chromium-browse-1436  [000] d...  9448.150028: sched_switch: prev_comm=chromium-browse
prev_pid=1436 prev_prio=120 prev_state=S ==> next_comm=irq/86-mmc1 next_pid=65 next_prio=49
```

조금 복잡해 보이는 로그의 실행 흐름은 다음과 같이 분류할 수 있습니다.

- 1단계: 인터럽트 발생(01~02번째 줄)

  86번 mmc1 인터럽트가 발생한 후 인터럽트 핸들러가 실행됐습니다.

- 2단계: IRQ 스레드를 깨움(03~18번째 줄)

  인터럽트 핸들러에서 IRQ_WAKE_THREAD를 반환해 등록한 IRQ 스레드를 깨웁니다.

- 3단계: 선점 스케줄링 실행(19~21번째 줄)

  인터럽트 핸들링을 마무리한 다음에 선점 스케줄링을 실행합니다.

- 4단계: IRQ 스레드 실행(21번째 줄)

  바로 IRQ 스레드가 실행을 시작합니다.

1단계 인터럽트 발생 로그를 보겠습니다.

```
01  chromium-browse-1436  [000] d.h.  9448.149965: irq_handler_entry: irq=86 name=mmc1
02  chromium-browse-1436  [000] d.h.  9448.149972: irq_handler_exit: irq=86 ret=handled
```

1~2번째 줄을 보면 86번 mmc1 인터럽트가 발생한 동작을 확인할 수 있습니다.

2단계로 IRQ 스레드를 깨우는 로그를 보겠습니다.

```
03  chromium-browse-1436  [000] d.h.  9448.149982: ttwu_do_wakeup+0x10/0x1a4
<-ttwu_do_activate+0x80/0x84
04  chromium-browse-1436  [000] d.h.  9448.150003: <stack trace>
05 => wake_up_process+0x20/0x24
06 => __irq_wake_thread+0x70/0x74
07 => __handle_irq_event_percpu+0x84/0x224
08 => handle_irq_event_percpu+0x2c/0x68
09 => handle_irq_event+0x54/0x78
10 => handle_level_irq+0xb4/0x160
11 => generic_handle_irq+0x34/0x44
12 => bcm2836_chained_handle_irq+0x38/0x50
13 => generic_handle_irq+0x34/0x44
14 => __handle_domain_irq+0x6c/0xc4
15 => bcm2836_arm_irqchip_handle_irq+0xac/0xb0
16 => __irq_usr+0x4c/0x60
17 => 0x4228e4c
```

7번째 줄을 보면 __handle_irq_event_percpu() 함수에서 __irq_wake_thread() 함수를 호출해서 IRQ 스레드를 깨웁니다.

함수의 호출 흐름 다음에 보이는 sched_wakeup 이벤트 로그로 irq/86-mmc1 IRQ 스레드를 깨우는 동작을 확인할 수 있습니다.

```
18 chromium-browse-1436  [000] dnh.  9448.150005: sched_wakeup: comm=irq/86-mmc1 pid=65 prio=49
target_cpu=000
```

18번째 줄에서 놓치지 말아야 할 메시지는 '9448.150005' 타임스탬프 왼쪽에 있는 "dnh"입니다. **여기서 h는 인터럽트 컨텍스트를 의미합니다.**

앞에서 86번 mmc1 인터럽트 핸들러가 IRQ_WAKE_THREAD 매크로를 반환해서 IRQ 스레드를 깨웠다고 해석했습니다. 그 근거는 무엇일까요? 이해를 돕기 위해 소스코드를 보겠습니다.

https://github.com/raspberrypi/linux/blob/rpi-4.19.y/kernel/irq/handle.c

```
01 irqreturn_t __handle_irq_event_percpu(struct irq_desc *desc, unsigned int *flags)
02 {
```

```
...
03      for_each_action_of_desc(desc, action) {
04              irqreturn_t res;
05
06              trace_irq_handler_entry(irq, action);
07              res = action->handler(irq, action->dev_id);
08              trace_irq_handler_exit(irq, action, res);
09
...
10              switch (res) {
11              case IRQ_WAKE_THREAD:
...
12                      __irq_wake_thread(desc, action);
```

7번째 줄을 보겠습니다. 인터럽트 핸들러를 실행한 후 반환값을 res에 저장합니다.

다음으로 10번째 줄을 보면 switch/case 문을 실행하는데 res가 IRQ_WAKE_THREAD를 저장하기 때문에 __irq_wake_thread() 함수를 호출하는 것입니다.

물론 ftrace 로그에서 86번 인터럽트 핸들러가 실행됐고 IRQ_WAKE_THREAD를 반환했다는 직접적인 메시지를 확인할 수는 없습니다. 하지만 ftrace 로그를 출력하는 코드 흐름을 이해하면 로그에서 출력하지 않는 동작도 머릿속으로 떠올릴 수 있습니다.

다음으로 분석할 ftrace 로그는 3단계인 선점 스케줄링 동작입니다.

```
19 chromium-browse-1436  [000] dn..  9448.150010: schedule+0x10/0xa8 <-do_work_pending+0x38/0xcc
20 chromium-browse-1436  [000] dn..  9448.150016: <stack trace>
21 chromium-browse-1436  [000] d...  9448.150028: sched_switch: prev_comm=chromium-browse
prev_pid=1436 prev_prio=120 prev_state=S ==> next_comm=irq/86-mmc1 next_pid=65 next_prio=49
```

19~20번째 줄을 보면 난데없이 do_work_pending() 함수에서 schedule() 함수를 호출했습니다. 조금 더 세밀하게 레이블과 함수의 동작 흐름을 나열하면 다음과 같습니다.

- __irq_usr 레이블
- ret_to_user_from_irq 레이블
- slow_work_pending 레이블
- do_work_pending() 함수
- schedule() 함수

__irq_usr 레이블에서 인터럽트 핸들링을 마무리한 다음 선점 스케줄링 조건을 점검합니다. 이전 절에 다룬 내용을 떠올리면 이 로그는 "**현재 실행 중인 chromiumbrowse(pid:1436) 프로세스의 thread_info 구조체의 flags 값을 보고 선점 스케줄링할 조건인지 확인한다.**"라고 해석할 수 있습니다.

프로세스의 thread_info 구조체의 preempt_count 필드가 0이고 flags가 _TIF_NEED_RESCHED(2)이면 slow_work_pending 레이블, do_work_pendig() 함수, schedule() 함수를 실행해서 선점 스케줄링을 실행하는 것입니다.

다음 21번째 줄을 보면 바로 선점 스케줄링 동작을 확인할 수 있습니다.

```
21 chromium-browse-1436  [000] d...  9448.150028: sched_switch: prev_comm=chromium-browse
prev_pid=1436 prev_prio=120 prev_state=S ==> next_comm=irq/86-mmc1 next_pid=65 next_prio=49
```

chromium-browse(pid:1436) 프로세스에서 irq/86-mmc1 프로세스로 컨텍스트 스위칭되는 것입니다.

21번째 줄을 유심히 보면 irq/86-mmc1 프로세스의 우선순위는 49임을 알 수 있습니다. 우선순위가 0~99 사이인 프로세스는 실시간 프로세스(Real Time) 프로세스로서 'RT 클래스' 스케줄러에서 실행한다고 유추할 수 있습니다.

10.10.3 프로세스를 깨울 때의 콜 스택 분석

이번에는 sched_wakeup이라는 ftrace 이벤트를 출력하는 ttwu_do_wake_up() 함수의 콜 스택을 확인하겠습니다. ftrace 메시지를 열어 보면 ttwu_do_wakeup() 함수가 다양한 경로로 호출된다는 사실을 알 수 있습니다.

이 가운데 평소 자주 볼 수 있는 함수의 호출 흐름을 중심으로 살펴봅시다.

 ftrace를 설정하고 ftrace 로그를 받는 방법은 이전 10.10.2절 'ftrace: 스케줄링과 프로세스를 깨울 때의 콜 스택 파악'에서 소개한 내용을 참고합시다.

먼저 ftrace 메시지를 보겠습니다.

```
01 lxterminal-840 [000] d... 8688.516171: ttwu_do_wakeup+0x10/0x1a4 <-ttwu_do_activate+0x80/0x84
02 lxterminal-840 [000] d... 8688.516204: <stack trace>
03  => wake_up_process+0x20/0x24
04 => insert_work+0x8c/0xd4
```

```
05 => __queue_work+0x1ac/0x51c

06 => queue_work_on+0xa0/0xa4

07 => tty_flip_buffer_push+0x3c/0x40

08 => pty_write+0x84/0x88

09 => n_tty_write+0x368/0x458

10 => tty_write+0x1c8/0x2e4

11 => __vfs_write+0x3c/0x13c

12 => vfs_write+0xd4/0x214

13 => sys_write+0x4c/0xa0

14 => __sys_trace_return+0x0/0x10

15 lxterminal-840   [000] d...  8688.516208: sched_wakeup: comm=kworker/u8:0 pid=1128 prio=120
target_cpu=000

16 lxterminal-840   [000] d...  8688.516497: sched_switch: prev_comm=lxterminal prev_pid=840
prev_prio=120 prev_state=D ==> next_comm=Xorg next_pid=552 next_prio=120

17 Xorg-552   [000] d...  8688.516757: sched_switch: prev_comm=Xorg prev_pid=552 prev_prio=120
prev_state=D ==> next_comm=lxterminal next_pid=840 next_prio=120

18 lxterminal-840   [000] d...  8688.516900: sched_switch: prev_comm=lxterminal prev_pid=840
prev_prio=120 prev_state=D ==> next_comm=kworker/u8:0 next_pid=1128 next_prio=120
```

전체 ftrace 로그에서 중요한 부분은 다음과 같이 요약할 수 있습니다.

- 1~14번째 줄: 워크를 워크큐에 큐잉하고 워커 스레드를 깨우는 콜 스택

- 15번째 줄: 워커 스레드를 깨우는 동작

- 18번째 줄: 스케줄러가 스케줄링으로 워커 스레드를 실행하는 동작

전체 ftrace에서 실행 흐름을 요약했으니 이제 함수가 호출된 순서로 ftrace 메시지를 분석하겠습니다.
먼저 01~14번째 줄의 메시지를 봅시다.

```
01 lxterminal-840 [000] d... 8688.516171: ttwu_do_wakeup+0x10/0x1a4 <-ttwu_do_activate+0x80/0x84

02 lxterminal-840 [000] d... 8688.516204: <stack trace>

03  => wake_up_process+0x20/0x24

04 => insert_work+0x8c/0xd4

05 => __queue_work+0x1ac/0x51c

06 => queue_work_on+0xa0/0xa4

07 => tty_flip_buffer_push+0x3c/0x40

08 => pty_write+0x84/0x88

09 => n_tty_write+0x368/0x458

10 => tty_write+0x1c8/0x2e4
```

```
11 => __vfs_write+0x3c/0x13c
12 => vfs_write+0xd4/0x214
13 => sys_write+0x4c/0xa0
14 => __sys_trace_return+0x0/0x10
```

함수가 호출된 흐름은 14번째 줄에서 1번째 줄 방향입니다. 이해하기 쉽도록 함수 호출 방향을 기준으로 로그를 설명하겠습니다.

14~8번째 줄을 통해 유저 공간에서 write() 시스템 콜 함수를 실행했다는 사실을 알 수 있습니다. 커널 공간에서 write() 시스템 콜 핸들러인 sys_write() 함수가 호출됩니다. 파일 객체에 등록된 tty 드라이버의 write() 함수를 호출해서 tty 버퍼 처리를 수행하는 동작입니다.

다음으로 7~3번째 줄을 보겠습니다.

```
03 => wake_up_process+0x20/0x24
04 => insert_work+0x8c/0xd4
05 => __queue_work+0x1ac/0x51c
06 => queue_work_on+0xa0/0xa4
07 => tty_flip_buffer_push+0x3c/0x40
```

워크를 워크큐에 큐잉하는 함수 흐름입니다. 워크를 워커 풀의 연결 리스트에 등록한 다음 워크를 실행할 워커 스레드를 깨우는 동작입니다.

워커 스레드를 프로세스와 같은 개념으로 설명하고 있는데 용어를 잠깐 정리합시다.

먼저 워커 스레드는 프로세스 종류 중 하나입니다. 워커 스레드를 프로세스 관점에서 설명하면 워커 스레드는 워크를 관리하기 위해 커널 공간에서만 실행되는 프로세스에 해당됩니다.

워크와 워크큐의 세부 동작 방식은 워크큐 7장을 참고하세요.

프로세스를 깨우는 함수는 wake_up_process() 함수입니다. wake_up_process() 함수를 잠깐 보겠습니다.

https://github.com/raspberrypi/linux/blob/rpi-4.19.y/kernel/sched/core.c

```
01 int wake_up_process(struct task_struct *p)
02 {
03     return try_to_wake_up(p, TASK_NORMAL, 0);
04 }
```

`wake_up_process()` 함수는 태스크 디스크립터인 p 인자를 `try_to_wake_up()` 함수의 1번째 인자로 전달합니다. p 인자는 깨우려고 하는 프로세스 태스크 디스크립터의 주소를 저장합니다.

다음으로 깨운 프로세스가 실제로 언제 스케줄링되는지 살펴보겠습니다.

앞에서 살펴본 로그를 토대로 kworker/u8:0(pid=1128) 프로세스를 깨웠다는 것을 알 수 있습니다. 그럼 바로 스케줄러가 kworker/u8:0(pid=1128) 프로세스를 실행할까요? 그렇지는 않습니다. **먼저 스케줄러는 런큐에 이미 삽입된 프로세스를 점검합니다. 이 과정에서 프로세스별 우선순위를 계산해서 가장 먼저 실행할 프로세스를 선택합니다.**

이어서 다음으로 16~18번째 줄 로그를 분석해보겠습니다.

```
16 lxterminal-840 [000] d... 8688.516497: sched_switch: prev_comm=lxterminal prev_pid=840
prev_prio=120 prev_state=D ⇒ next_comm=Xorg next_pid=552 next_prio=120
17 Xorg-552 [000] d... 8688.516757: sched_switch: prev_comm=Xorg prev_pid=552 prev_prio=120
prev_state=D ⇒ next_comm=lxterminal next_pid=840 next_prio=120
18 lxterminal-840 [000] d... 8688.516900: sched_switch: prev_comm=lxterminal prev_pid=840
prev_prio=120 prev_state=D ⇒ next_comm=kworker/u8:0 next_pid=1128 next_prio=120
```

이제까지 `ftrace` 메시지를 통해 프로세스를 깨우는 동작을 확인했습니다. 16~18번째 줄 메시지를 보면 다음 순서로 프로세스들이 스케줄링됩니다.

- `lxterminal(pid=840) -> Xorg(pid=552) -> lxterminal(pid=840) -> kworker/u8:0(pid=1128)`

이 순서로 프로세스들이 실행된 이유는 무엇일까요? **스케줄러가 `kworker/u8:0(pid=1128)` 프로세스보다 `Xorg(pid=552)` 프로세스와 `lxterminal(pid=840)` 프로세스의 우선순위가 더 높다**고 판단한 것입니다.

그래서 스케줄러는 Xorg(pid=552) 프로세스와 lxterminal(pid=840) 프로세스를 먼저 실행하고 난 다음 kworker/u8:0(pid=1128) 프로세스를 실행한 것입니다.

'프로세스를 깨운다'라는 표현의 의미는 해당 프로세스를 실행시켜 달라고 스케줄러에게 요청하는 동작을 의미합니다. 이때 스케줄러는 다음과 같은 순서로 처리합니다.

- 런큐에 이미 삽입된 다른 프로세스들과 우선순위를 비교한다.
- 스케줄러는 우선순위에 따라 다음에 실행할 프로세스를 결정한다.

만약 실행 요청을 한 프로세스가 이미 삽입된 다른 프로세스보다 우선순위가 높으면 스케줄러는 실행 요청한 프로세스를 바로 실행할 것입니다.

10.11 정리

1. 커널은 여러 개의 프로세스가 CPU에서 효율적으로 실행하도록 관리하는 멀티태스킹이라는 중요한 임무를 수행합니다. 멀티태스킹을 위한 커널의 소프트웨어 모듈을 스케줄링이라고 하며, 커널의 핵심 기술 중 하나입니다.

2. CPU는 한 순간에 한 개의 프로세스의 코드만 실행할 수 있습니다.

3. 실행 대기(TASK_RUNNING) 상태에 있는 프로세스 중 하나를 선택해서 CPU 실행(TASK_RUNNING) 상태로 바꿔주는 동작을 스케줄링이라고 합니다.

4. 커널에서 지원하는 스케줄링 방식은 크게 선점 스케줄링 방식과 비선점 스케줄링 방식으로 나눌 수 있습니다.

5. CPU에서 실행 중인 프로세스를 강제로 비우고 새로운 프로세스를 실행하는 방식을 선점 스케줄링이라고 합니다.

6. 프로세스가 자발적으로 schedule( ) 함수를 호출해서 스케줄링하는 방식을 비선점 스케줄링이라고 합니다.

7. CPU에서 실행 중인 프로세스 정보가 있는 레지스터 세트를 비우고 새로운 프로세스의 레지스터 세트를 로딩해서 실행하는 과정을 컨텍스트 스위칭이라고 합니다.

8. 스케줄링 시 실행 대기 상태의 프로세스 가운데 어떤 방식으로 하나의 프로세스를 선택해서 어떤 규칙으로 실행하는가를 결정해야 합니다. 이를 스케줄링 정책이라고 합니다.

9. 리눅스 커널은 5개의 스케줄러를 프로세스가 유연하게 쓸 수 있도록 스케줄러의 세부 동작을 모듈화했습니다. 이를 스케줄러 클래스라고 하며, 5개의 스케줄러를 스케줄러 클래스로 정의합니다.

10. 실행 대기 상태의 프로세스와 CPU에서 실행 중인 프로세스를 관리하는 자료구조를 런큐라고 합니다.

11. 선점 스케줄링 실행의 진입점은 인터럽트 핸들링을 마무리한 직후, 시스템 콜을 핸들링하고 유저 공간으로 복귀하기 직전입니다.

12. ftrace에서는 스케줄링 동작을 트레이싱하는 sched_switch와 sched_wakeup 이벤트를 지원합니다. 여러 리눅스 커널 개발자들이 자주 활용하는 이벤트니 자주 활용합시다.

11

시스템 콜

이번 장에서 다룰 내용

- 시스템 콜의 전체 처리 흐름
- ARM 프로세서 관점의 시스템 콜 처리 흐름
- 유저 공간에서의 시스템 콜 실행 과정
- 커널 공간에서의 시스템 콜 처리 과정
- 시스템 콜 디버깅

시스템 콜은 유저 모드에서 커널 모드로 진입하는 관문이자 하나의 가상 소프트웨어 계층입니다. 이번 장에서는 유저 공간에서 시스템 콜이 발생하면 커널 공간에서 이를 어떤 방식으로 처리하는지 상세히 분석합니다.

11.1 시스템 콜의 주요 개념

이번 절에서는 시스템 콜의 주요 개념을 소개합니다. 먼저 시스템 콜이 무엇인지 알아보고 이를 어떤 방식으로 구현했는지 살펴봅니다. 이어서 ARM 프로세서 관점에서 시스템 콜 처리 방식을 알아봅니다.

먼저 시스템 콜이 무엇인지 알아보겠습니다.

11.1.1 시스템 콜이란?

시스템 콜은 유저 모드에서 커널 모드로 진입하는 동작입니다. 시스템 콜은 유저 공간과 커널 공간 사이의 가상 계층이자 인터페이스입니다.

유저 공간과 커널 공간

그렇다면 여기서 말하는 유저 공간과 커널 공간이란 무엇일까요? 리눅스에서는 실행 공간을 메모리 접근과 실행 권한에 따라 유저 공간과 커널 공간으로 분류합니다.

먼저 커널 공간이 무엇인지 알아보겠습니다.

- 커널 코드가 실행될 때는 커널 내부의 모든 함수 호출이 가능
- 제약 없이 메모리 공간에 접근해서 하드웨어를 제어

이 같은 시스템 상태를 커널 공간이라고 부릅니다.

다음으로 유저 공간을 알아봅시다.

- 유저 애플리케이션 코드가 구동하는 동작과 상태
- 유저 애플리케이션은 유저 공간에서 실행되며, 메모리 공간 접근에 제한이 있어 하드웨어에 직접 접근할 수 없음

 유저 애플리케이션에서 권한이 없는 메모리 공간에 접근하면 커널은 오류를 감지해서 해당 프로세스를 종료시킵니다.

시스템 콜은 누가 언제 발생시킬까?

시스템 콜은 유저 모드에서 동작 중인 애플리케이션에서 커널에게 어떤 서비스를 요청할 때 실행을 시작합니다. 유저 애플리케이션에서는 다음과 같은 상황에서 규약에 맞게 커널에 서비스를 요청하는 것입니다.

- 파일 시스템에 접근해서 파일을 읽거나 쓰고 싶을 때
- PID 같은 프로세스 정보를 얻으려 할 때
- 시스템 정보를 얻고 싶을 때

이를 위해 시스템 콜을 발생시켜 유저 공간에서 커널 공간으로 실행 흐름을 이동합니다.

이 동작을 다음 그림으로 표현할 수 있습니다.

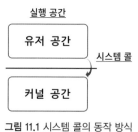

그림 11.1 시스템 콜의 동작 방식

보다시피 시스템 콜을 통해 유저 공간에서 커널 공간으로 진입할 수 있습니다.

시스템 콜 동작을 왜 잘 알아야 할까?

이번에는 시스템 콜의 세부 동작 방식을 왜 잘 알아야 하는지 생각해 봅시다.

문제 해결 능력을 키울 수 있다

개발자들에게 시스템 콜을 잘 알아야 한다고 말하면 다음과 같이 반문할 수 있습니다.

> 시스템 콜은 리눅스 시스템에서 당연히 잘 동작하는데 왜 알아야 합니까?

필자는 이 질문에 "문제 해결 능력을 키우기 위해 시스템 콜의 동작 방식을 잘 알아야 합니다"라고 말씀드리고 싶습니다.

리눅스 시스템 프로그래밍을 하다 보면 리눅스 표준 함수를 호출했는데 가끔 에러를 반환할 때가 있습니다. 이 경우 정해진 시나리오에 따라 프로그램이 동작하지 않게 됩니다. 시스템 콜이 유저 공간에서 커널 공간까지 어떤 흐름으로 동작하는지 잘 알면 어디서부터 분석을 시작해야 할지 알 수 있습니다.

그렇다면 시스템 콜의 세부 동작 방식은 어떻게 디버깅할 수 있을까요? **ftrace로 디버깅하면 시스템 콜을 실행할 때의 세부적인 인자와 반환값을 알 수 있습니다.**

이처럼 시스템 콜의 처리 과정을 파악하고 ftrace로 시스템 콜을 디버깅하면 효율적으로 문제를 분석할 수 있습니다. 사실 실전 개발에서 이와 비슷한 문제가 생겼을 때 어느 코드부터 분석을 시작할지 모를 때 참 난감합니다. 어느 코드부터 분석을 시작할지 아는 것과 모르는 것은 큰 차이입니다.

안정적인 코드를 작성할 수 있다

리눅스 시스템에서 저수준 함수를 써서 애플리케이션 코드를 작성하는 것은 누구나 할 수 있습니다. 그런데 시스템 콜의 전체 흐름을 잘 알면 더 안정적인 코드를 작성할 가능성이 높습니다. 시스템 콜을 실행해 리눅스 커널의 어느 함수에서 이를 처리하는지 알면 에러 코드의 의미를 파악할 수 있습니다. 또한 에러 코드를 반환했을 때 예외 처리 코드를 추가할 수 있습니다.

다음 절에서는 시스템 콜의 전체 흐름과 동작 방식을 살펴보겠습니다.

11.1.2 시스템 콜의 전체 흐름과 계층

이전 절에서 시스템 콜을 구성하는 주요 개념을 알아봤습니다. 이번에는 시야를 넓혀 전체 리눅스 시스템에서의 시스템 콜 실행 흐름을 살펴보겠습니다.

시스템 콜의 전체 흐름 파악하기

다음 그림은 이번 장에서 다룰 시스템 콜의 전체 흐름입니다.

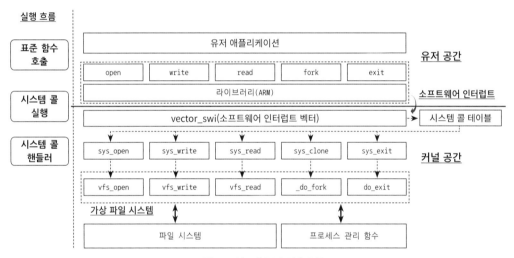

그림 11.2 시스템 콜의 전체 흐름

먼저 위 그림에서 유저 공간이라고 표시된 부분을 눈으로 따라가 봅시다.

open(), write(), read() 함수는 파일을 열거나 읽고 쓰는 파일 입출력 동작이고, fork()와 exit() 함수는 프로세스 생성 및 종료와 연관된 동작을 실행합니다. 이를 리눅스 저수준 함수라고 부릅니다. 다른 관점에서 GNU C 라이브러리로 진입하는 함수이며, API(Application Programming Interface)라고도 합니다.

리눅스 시스템에는 390여 개의 표준 함수가 있는데 위 그림에서 대표적인 함수 5개를 표현한 것입니다. 라즈베리 파이에서 다음 파일을 열어보면 시스템 콜 번호를 확인할 수 있습니다.

```
/usr/include/arm-linux-gnueabihf/asm/unistd-common.h
#define __NR_restart_syscall (__NR_SYSCALL_BASE+ 0)
#define __NR_exit            (__NR_SYSCALL_BASE+ 1)
#define __NR_fork            (__NR_SYSCALL_BASE+ 2)
...
#define __NR_pkey_mprotect   (__NR_SYSCALL_BASE+394)
#define __NR_pkey_alloc      (__NR_SYSCALL_BASE+395)
#define __NR_pkey_free       (__NR_SYSCALL_BASE+396)
```

시스템 콜의 세부 실행 단계

시스템 콜을 제대로 이해하려면 시스템 콜을 발생시키는 유저 공간부터 시스템 콜 핸들러를 실행하는 커널 공간 계층까지 전체 흐름을 살펴볼 필요가 있습니다. 시스템 콜의 동작 흐름은 크게 4단계로 나눌 수 있습니다.

1단계: 리눅스 저수준 표준 함수 호출

유저 애플리케이션에서 파일 시스템에 접근해서 파일을 열고 읽고 쓰려면 open(), write(), read() 함수를 각각 호출해야 합니다. 혹은 프로세스를 생성하거나 종료할 때 fork()나 exit() 함수를 호출합니다. 이 함수들을 API라고 하며, 유저 애플리케이션에서 리눅스 커널에서 제공하는 기능을 사용하기 위해 만든 인터페이스를 의미합니다. 이 인터페이스는 모두 리눅스 시스템에서 제공하는 GNU C 라이브러리 내부에 구현돼 있습니다.

2단계: 유저 공간에서 시스템 콜 실행

리눅스 시스템의 저수준 함수를 호출하면 GNU C 라이브러리 내부에 있는 어셈블리 코드가 실행됩니다. 이때 시스템 콜이 발생합니다. 이 과정을 제대로 이해하려면 어떤 ARM 어셈블리 명령어로 시스템 콜을 발생시키는지 살펴볼 필요가 있습니다.

3단계: 커널 공간에서 시스템 콜 실행

시스템 콜이 실행되면 커널 공간으로 이동해 시스템 콜 테이블에 접근합니다. 이 시스템 콜 테이블로 시스템 콜 번호에 해당하는 시스템 콜 핸들러 함수로 분기됩니다. 시스템 콜 동작에 따라 호출되는 시스템 콜 핸들러 함수는 다음과 같습니다.

- 가상 파일 시스템: sys_open()/sys_write()/sys_read() 함수
- 프로세스 생성 및 종료: sys_clone()/sys_exit_group() 함수

 시스템 콜 핸들러 함수는 리눅스 저수준 함수 앞에 sys_ 접두사가 붙는 경우가 대부분입니다. write() 함수의 시스템 콜 핸들러는 sys_write() 함수이고, read() 함수의 시스템 콜 핸들러는 sys_read() 함수입니다. 하지만 모든 시스템 콜 핸들러 함수가 이 규칙을 따르지는 않습니다. 리눅스 저수준 함수인 fork()의 경우 sys_clone() 시스템 콜 핸들러가 실행됩니다.

4단계: 시스템 콜 핸들러 실행

시스템 콜 핸들러에서는 유저 공간에서 전달한 인자에 오류가 있는지 체크합니다. 이후 시스템 콜의 종류에 따라 가상 파일 시스템 계층이나 프로세스 관리 함수에 접근합니다.

여기까지 유저 공간에서 커널 공간까지 시스템 콜의 처리 과정을 알아봤습니다.

11.1.3 시스템 콜의 특징

이번 절에서는 시스템 콜의 특징을 알아보겠습니다.

앞서 알아봤듯이 시스템 콜은 유저 모드에서 커널 모드로 진입하는 관문입니다. 소프트웨어 구조 관점에서 보면 시스템 콜은 유저 공간과 커널 공간 사이의 가상 계층으로 볼 수도 있습니다. 이 계층은 다음과 같은 특징이 있습니다.

1. 시스템 콜 계층으로 시스템의 안정성과 보안을 지킬 수 있습니다. 유저 모드에서 애플리케이션이 커널 공간에 아무런 제약 없이 접근한다고 가정해 봅시다. 실수로 애플리케이션이 커널 코드 영역의 메모리를 오염시키면 시스템이 오동작할 가능성이 높습니다. 그래서 유저 모드에서 시스템 콜로만 커널 모드에 진입해서 제한된 메모리 공간에 접근하는 것입니다.

2. 유저 애플리케이션에서 추상화된 하드웨어 인터페이스를 제공합니다. 유저 모드에서 구동 중인 애플리케이션 입장에서 하나의 파일 시스템 위에서 구동 중인 것으로 착각하게 합니다.

3. 시스템 콜 구현으로 유저 애플리케이션의 호환성과 이식성을 보장할 수 있습니다. 대부분의 리눅스 배포판은 시스템 콜 인터페이스를 POSIX(Portable Operating System Interface)라는 유닉스 표준 규약에 맞게 구현합니다. 이를 통해 유저 애플리케이션 코드를 라즈베리 파이, 안드로이드 등 리눅스 계열의 시스템과 유닉스 운영체제에서도 구동할 수 있습니다.

4. 유저 공간에서 실행되는 애플리케이션은 커널과 독립적으로 구동됩니다. 유저 애플리케이션 입장에서는 파일 시스템과 프로세스 생성과 같은 커널의 내부 동작에 신경 쓸 필요가 없습니다.

또한 시스템 콜은 ARM 아키텍처와 연관이 깊은 동작입니다. ARM 프로세서는 시스템 콜을 익셉션의 한 종류인 소프트웨어 인터럽트로 실행하기 때문입니다. ARM 프로세서 관점에서 시스템 콜을 어떻게 구현했는지 함께 살펴봅시다.

11.1.4 ARM 프로세서 관점의 시스템 콜 처리

리눅스 시스템에서 시스템 콜 관련 코드를 읽다 보면 어셈블리 코드를 만나게 됩니다.

 보통 어셈블리 코드는 ARM 프로세서 입장에서 실행하는 동작입니다. 어셈블리 코드로 구현돼 있으니 시스템 콜이 아키텍처(ARM, x86) 동작과 연관이 있다고 볼 수 있습니다.

라즈베리 파이는 ARMv7 아키텍처에서 구동되므로 ARMv7(Aarch32, ARM 32비트) 프로세서 기준으로 시스템 콜의 세부 동작 방식을 알아보겠습니다.

ARM 프로세서 모드

ARM 프로세서에서 시스템 콜이 어떻게 동작하는지 알려면 ARM 프로세서의 작동 모드(Operating Mode)에 대해 알아야 합니다. ARM 프로세서는 다음과 같이 6가지 모드를 지원하며, 각 모드별로 레지스터 세트를 저장합니다.

- Supervisor
- FIQ
- IRQ
- ABORT
- UNDEF
- USER

보통 ARM 기반 리눅스 커널에서 커널 모드는 ARM의 Supervisor 모드에서 실행하고, 유저 애플리케이션은 ARM의 User 모드에서 실행됩니다.

- ARM Supervisor 모드: 커널 공간
- ARM User 모드: 유저 공간

여기서 다음과 같은 의문이 생깁니다. **그렇다면 ARM 프로세서 관점에서 User 모드에서 Supervisor 모드로 스위칭하려면 어떻게 해야 할까?**

ARM 프로세서에서 각 모드를 전환시키려면 익셉션을 발생시켜야 합니다. 유저 모드에서 커널 모드로 진입하려면 User 모드에서 Supervisor 모드로 실행 모드 변환을 해야 합니다. 이를 위해 익셉션을 유발해야 하며, 이 과정에서 슈퍼바이저 콜(Supervisor Call)이라는 어셈블리 명령어를 실행해야 합니다.

ARM 프로세서 관점에서 소프트웨어 인터럽트를 발생시키는 슈퍼바이저 콜의 흐름은 다음과 같습니다.

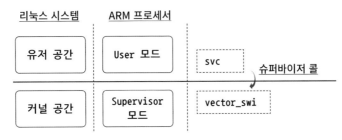

그림 11.3 ARM 프로세서 관점의 시스템 콜 실행 흐름

보다시피 유저 공간에서 'svc' 어셈블리 명령어를 실행하면 커널 공간에 있는 'vector_swi' 벡터로 실행 흐름이 바뀝니다. 그렇다면 ARM 아키텍처 관점에서 시스템 콜은 어떻게 처리할까요?

ARM 아키텍처 입장에서 시스템 콜은 소프트웨어 인터럽트로 처리합니다. 즉, ARM 프로세서에서 소프트웨어 인터럽트는 익셉션의 한 종류로 처리합니다. ARM 프로세서에서 익셉션이 발생하면 이미 정해놓은 주소로 ARM 프로그램 카운터를 브랜치하고 정해진 동작을 수행합니다.

그렇다면 익셉션으로 소프트웨어 인터럽트만 있을까요? 소프트웨어 인터럽트는 익셉션의 종류 중 하나입니다. 대표적인 익셉션으로 인터럽트를 예로 들 수 있습니다. 커널 공간에서 인터럽트가 발생하면 인터럽트 벡터인 vector_irq 레이블을 통해 __irq_svc로 브랜치됩니다. 마찬가지로 소프트웨어 인터럽트가 발생하면 이미 정해진 주소인 vector_swi 레이블로 브랜치합니다.

ARM 프로세서에서는 소프트웨어 인터럽트를 다음 2번째 줄과 같은 명령어로 실행합니다.

```
01 0x76f01170 <__libc_fork+276>    mov    r7, #120      ; 0x78
02 0x76f01174 <__libc_fork+280>    svc    0x00000000
```

 각 아키텍처별로 커널 모드에서 유저 모드로 변환시키는 방식은 다릅니다.

ARM 프로세서 입장에서 슈퍼바이저 콜을 실행하면 User 모드에서 Supervisor 모드로 변환됩니다.

ARM 프로세서에서 슈퍼바이저 콜로 시스템 콜 익셉션 벡터로 분기하는 과정

ARM 프로세서 기반으로 구동하는 리눅스 커널에서는 슈퍼바이저 콜로 소프트웨어 인터럽트가 발생하기 전의 시스템 콜 번호를 r7 레지스터에 저장합니다.

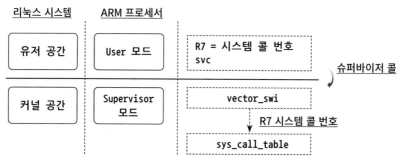

그림 11.4 ARM 프로세서 관점의 리눅스 시스템 콜 실행 흐름

User 모드에서 r7 레지스터에 POSIX 규약에서 정의한 시스템 콜 번호를 지정하고 'svc' 명령어로 슈퍼바이저 콜을 실행해 Supervisor 모드로 전환합니다. Supervisor 모드는 커널 코드가 실행하는 커널 공간임을 기억합시다. Supervisor(커널) 모드에서 vector_swi 레이블을 실행할 때 User 모드에서 저장한 r7 레지스터를 읽습니다.

이후 시스템 콜 테이블인 sys_call_table 심벌의 주소에 접근해 r7 레지스터에 저장된 시스템 콜 번호에 따라 시스템 콜 핸들러로 분기합니다.

소프트웨어 인터럽트에 대해 조금 더 배워 봅시다. 우선 소프트웨어 인터럽트는 인터럽트가 아닙니다. 여기서 말하는 '인터럽트'는 하드웨어에서 올려주는 전기 신호로서 언제 발생할지 모르는 비동기적인 이벤트나 통지입니다.

그런데 소프트웨어 인터럽트는 ARM 프로세서에서 제공하는 "svc" 어셈블리 명령어를 실행하면 동작합니다. 그럼 소프트웨어 인터럽트를 발생시키는 주인공은 누구일까요? **바로 프로세스입니다.** 즉, 소프트웨어 인터럽트라는 용어의 인터럽트는 하드웨어 디바이스에서 비동기적으로 전달하는 신호는 아닙니다.

실제 인터럽트가 발생하면 ARM 프로세서는 인터럽트를 익셉션의 한 종류로 처리합니다. 처리 과정을 조금 더 세분화해서 보면 다음과 같습니다.

1. 익셉션 발생(인터럽트는 비동기적인 신호)

2. 익셉션 벡터로 ARM 프로그램 카운터를 이동

3. 익셉션 벡터에서 기존에 실행 중인 레지스터 세트를 스택 공간에 저장

4. 익셉션 종류에 따른 서브 루틴으로 분기

5. 익셉션 처리를 마무리한 후 익셉션 서브 루틴을 실행한 주소로 복귀

6. 스택에 푸시한 레지스터를 ARM 레지스터 세트에 로딩해서 익셉션이 발생하기 전에 실행했던 주소로 이동

그런데 소프트웨어 인터럽트는 인터럽트가 아니라고 앞에서 말씀드렸습니다. 대신 소프트웨어 인터럽트는 ARM에서 지원하는 어셈블리 코드의 'svc' 명령어를 명시적으로 실행해서 익셉션을 유발합니다. 따라서 소프트웨어 인터럽트는 하드웨어 신호로 발생하는 비동기적인 이벤트는 아닙니다.

앞에서 언급한 인터럽트 익셉션이 발생했을 때 6가지 단계로 실행 흐름을 분류했습니다. 그러면 '익셉션'이란 단어를 '소프트웨어 인터럽트'로 바꿔 볼까요?

1. 유저 모드에서 svc "0x00000000" 명령어의 실행으로 커널 코드에 진입

2. '소프트웨어 인터럽트' 벡터로 ARM 프로그램 카운터를 이동

3. '소프트웨어 인터럽트' 벡터에서 기존에 실행 중인 레지스터 세트를 스택 공간에 저장

4. '소프트웨어 인터럽트' 종류에 따른 서브 루틴으로 분기

5. '소프트웨어 인터럽트' 처리를 마무리한 후 '소프트웨어 인터럽트' 서브 루틴을 실행한 주소로 복귀

6. '소프트웨어 인터럽트'가 발생했을 때 푸시한 레지스터를 ARM 레지스터 세트에 로딩해서 '소프트웨어 인터럽트'가 발생하기 직전에 실행했던 다음 주소로 이동(유저 모드 복귀)

소프트웨어 인터럽트를 유발하는 소스가 다른 것이지 ARM 프로세서에서 인터럽트 벡터를 실행해서 인터럽트를 처리하는 방식은 같습니다.

ARM 프로세서에서 인터럽트 벡터는 vector_irq입니다. 마찬가지로 소프트웨어 인터럽트 벡터는 vector_swi입니다.

유저 공간에서 소프트웨어 인터럽트를 발생시키면 다음과 같은 과정으로 실행 흐름이 바뀝니다.

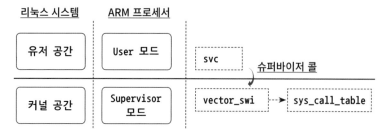

그림 11.5 ARM 프로세서 관점의 소프트웨어 인터럽트 발생 흐름

위 그림은 순수하게 ARM 프로세서 익셉션 관점에서 본 실행 흐름입니다. 여기서 한 가지 의문이 생깁니다. **과연 ARM 프로세서는 시스템 콜을 알고 있을까요?**

ARM 프로세서 입장에서는 시스템 콜이 무엇인지 모릅니다. ARM 프로세서는 유저 공간에서 `svc 0x0` 명령어를 실행하면 해당 벡터인 `vector_swi` 레이블을 브랜치하기만 할 뿐입니다. 다른 관점에서 보면 리눅스 커널에서 ARM 프로세서의 '익셉션 동작' 원리를 활용해 시스템 콜을 구현한 것입니다.

그렇다면 다른 CPU 아키텍처 입장에서 생각해볼까요? x86, PowerPC, ARMv8(64비트) **프로세서는 시스템 콜을 알고 있을까요?** 마찬가지로 앞에서 언급한 프로세서들도 시스템 콜이 무엇인지 모릅니다.

앞에서 설명한 내용을 종합하면 시스템 콜의 세부 구현 방식은 다음과 같다고 결론 내릴 수 있습니다. **각 CPU 아키텍처의 특징을 활용해 시스템 콜을 구현한다.**

다음 절에서는 시스템 콜 종류별로 시스템 콜 핸들러를 분기하는 시스템 콜 테이블을 살펴봅시다.

11.1.5 시스템 콜 테이블이란?

유저 공간에서 시스템 콜 번호와 함께 시스템 콜을 발생시키면 커널은 이에 맞는 시스템 콜 핸들러 함수를 찾아줍니다. 이 과정에서 커널은 시스템 콜 테이블에 접근합니다.

시스템 콜 테이블은 시스템 콜 번호와 시스템 콜 핸들러 함수 주소로 구성돼 있습니다.

표 11.1 시스템 콜 번호와 시스템 콜 핸들러 함수 목록

시스템 콜 번호	시스템 콜 핸들러	함수 위치
1	sys_exit	kernel/exit.c
2	sys_fork	kernel/fork.c
3	sys_read	fs/read_write.c
4	sys_write	fs/read_write.c

시스템 콜 번호	시스템 콜 핸들러	함수 위치
5	sys_open	fs/open.c
6	sys_close	fs/open.c
7	compat_sys_epoll_pwait	kernel/sys_ni.c
8	sys_creat	fs/open.c
9	sys_link	fs/namei.c
10	sys_unlink	fs/namei.c
11	sys_execve	fs/exec.c
12	sys_chdir	fs/open.c

위와 같은 시스템 콜 번호와 시스템 콜 핸들러 함수 목록은 POSIX 규약에 명시돼 있습니다. 따라서 리눅스 커널은 POSIX 규약에 명시된 시스템 콜 테이블에 따라 시스템 콜의 세부 코드를 구현합니다.

ARM 프로세서에서도 32비트 계열 아키텍처와 64비트 아키텍처별로 시스템 콜 테이블이 다릅니다. 위 테이블은 Aarch32, 32비트 계열 ARM 아키텍처를 기준으로 하는 시스템 콜 테이블입니다. 참고로 라즈베리 파이는 Aarch32, 32비트 계열 ARMv7 아키텍처에서 구동됩니다.

유저 모드에서 R7 레지스터에 시스템 콜 번호를 지정한 다음 소프트웨어 인터럽트를 발생시키고, 커널 모드로 vector_swi 벡터로 실행 흐름이 바뀌면 R7 레지스터에 저장된 시스템 콜 번호에 따라 시스템 콜 핸들러로 분기됩니다. 그렇다면 리눅스 커널에서는 어떤 심벌이 시스템 콜 테이블일까요? **바로 sys_call_table 심벌이 시스템 콜 테이블입니다.**

TRACE32로 본 시스템 콜 테이블은 다음과 같습니다.

```
d.v %y.l sys_call_table
_____address|value_____|symbol
    NSD:80107FC4|0x8012D4E0  \\vmlinux\kernel\signal\sys_restart_syscall
01  NSD:80107FC8|0x80121E08  \\vmlinux\exit\sys_exit
02  NSD:80107FCC|0x8011C6D0  \\vmlinux\fork\sys_fork
03  NSD:80107FD0|0x802844FC  \\vmlinux\read_write\sys_read
04  NSD:80107FD4|0x8028459C  \\vmlinux\read_write\sys_write
05  NSD:80107FD8|0x80281788  \\vmlinux\open\sys_open
06  NSD:80107FDC|0x80280380  \\vmlinux\open\sys_close
```

32비트 아키텍처에서는 함수 심벌은 4바이트 단위로 정렬됩니다. 따라서 함수 주소는 4바이트 단위입니다. 4바이트 크기인 시스템 콜 핸들러 함수의 주소가 sys_call_table 주소에 저장돼 있는 것입니다.

가장 왼쪽에 보이는 숫자는 시스템 콜 번호이고 가장 오른쪽에 보이는 함수 이름이 시스템 콜 핸들러 입니다. 시스템 콜 3번에 해당하는 시스템 콜 핸들러는 sys_read()이고, 4번에 대응하는 핸들러는 sys_ write() 함수입니다.

시스템 콜 번호와 핸들러는 리눅스 POSIX 표준으로 지정돼 있습니다. 시스템 콜 테이블은 시스템 콜 번호를 인덱스로 삼아 시스템 콜 핸들러를 분기시키는 역할을 수행합니다.

 라즈베리 파이에서 유저 애플리케이션 개발을 마무리했다고 해봅시다. 뿌듯한 마음에 우분투 리눅스를 쓰고 있는 친구에게 프로그램 파일과 소스를 주면서 한번 써보라고 했습니다. 친구가 여러분이 작성한 프로그램이 잘 실행된다고 합니다.

이처럼 여러분이 작성한 리눅스 애플리케이션을 다른 환경에서도 실행할 수 있다면 좋을 것입니다. 여러분이 사용 중인 라즈베리 파이에서만 동작하는 것보다는 친구가 쓰는 리눅스 컴퓨터에서도 실행된다면 더 좋을 것입니다. 만약 리눅스 컴퓨터뿐만 아니라 리눅스 기반인 안드로이드 휴대폰에서도 프로그램이 동작하면 더 좋을 것입니다. 더 나아가 다른 유닉스 시스템에서도 실행할 수 있다면 훨씬 좋을 것입니다.

이처럼 여러분이 작성한 유저 애플리케이션이 다른 유닉스 계열 운영체제에서 잘 실행된다면 해당 프로그램은 호환성이 높다고 할 수 있습니다. 그렇다면 이렇게 다른 유닉스 계열 시스템에서 여러분의 프로그램을 실행할 수 있는 이유는 무엇일까요? **바로 유닉스 계열 운영체제에서 POSIX 규약을 지키고 있기 때문입니다.**

그렇다면 POSIX 규약은 무엇일까요? POSIX는 **유닉스 계열 운영체제의 표준을 정하기 위한 규약입니다.** 즉, POSIX란 애플리케이션이 다양한 유닉스 계열 운영체제에서 호환성을 유지하면서 실행할 수 있게 만든 표준 규약입니다. 대표적인 POSIX 규약은 다음과 같습니다.

- 리눅스 저수준 함수
- 시스템 콜 테이블
- 프로세스 통신용으로 쓰는 시그널 종류

대부분의 유닉스 계열 운영체제의 소개 문구를 보면 다음과 같은 내용이 등장합니다.

저희 운영체제는 POSIX 규약을 따릅니다.

이 문장을 달리 표현하면 다음과 같습니다.

다른 유닉스 계열 운영체제에서 실행되는 애플리케이션은 저희 운영체세에서도 잘 실행됩니다.

POSIX 규약을 통해 애플리케이션은 각자의 알고리즘과 구현 시나리오에 집중하고 리눅스 저수준 함수의 세부 구현 내용과 리눅스 커널의 동작 방식에 신경 쓸 필요가 없습니다.

시스템 콜 핸들러 함수의 이름 규칙

리눅스 저수준 함수의 이름이 abc이면 이에 대응하는 시스템 콜 핸들러 함수의 이름은 대부분 sys_abc()
입니다. 예를 들면, 유저 공간에서 read() 함수를 호출하면 소프트웨어 인터럽트가 발생한 후 시스템 콜
테이블을 통해 sys_read() 함수로 분기됩니다.

다음 절부터는 유저 영역에서 시스템 콜을 실행하기 직전에 어떤 방식으로 시스템 콜 번호를 지정하는
지 상세히 살펴보겠습니다.

11.2 유저 공간에서 시스템 콜은 어떻게 발생할까?

여러분은 시스템 콜을 처음 분석할 때 "**시스템 콜의 실행 시작점은 어디일까?**"라는 의문이 든 적은 없
나요? 이번 절에서는 유저 모드에서 시스템 콜이 발생하면 커널 모드로 어떻게 스위칭하고 이후 시스
템 콜 핸들러가 어떤 흐름으로 실행되는지 분석하겠습니다. 즉, 유저 공간에서 커널 공간까지 시스템
콜의 세부 구현 방식을 확인하겠습니다.

유저 공간에서 리눅스 저수준 함수를 호출하는 것이 시스템 콜 실행의 출발점입니다. 그림 11.6에 나온
시스템 콜의 전체 흐름에서 진하게 표시된 부분이 바로 여기에 해당합니다.

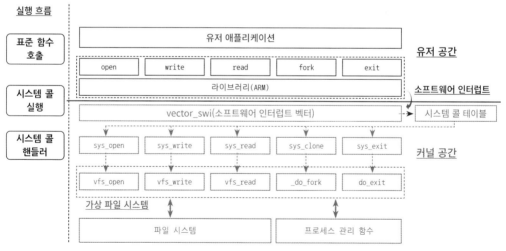

그림 11.6 유저 공간에서 시스템 콜이 발생하는 흐름

다음 절부터 리눅스 저수준 함수를 호출하면 실행되는 GNU C 라이브러리(glibc)가 어떤 흐름으로 시스템 콜을 호출하는지 알아보겠습니다.

11.2.1 GNU C 라이브러리의 실행 흐름

유저 공간에서 시스템 콜을 실행하려면 리눅스 저수준 표준 함수를 호출해야 합니다. 저수준 표준 함수는 glibc 라이브러리에 구현돼 있습니다. 그래서 실제 시스템 콜을 발생시키는 코드를 확인하기 어렵습니다.

 glibc 라이브러리 파일은 어디에 있을까요? 리눅스 배포판마다 다르지만 라즈베리 파이에서 glibc는 다음 경로에 있는 libc.a 파일입니다.

root@raspberrypi:/home/pi# ls /usr/lib/arm-linux-gnueabihf/libc.a

```
/usr/lib/arm-linux-gnueabihf/libc.a
```

libc.a를 리눅스에서 제공하는 라이브러리라고 하며, 표준 입출력 함수와 프로세스 생성 요청과 같은 핵심 동작을 수행합니다.

이번 절에서는 libc.a 파일에 있는 어셈블리 코드를 열어서 시스템 콜 호출을 어떻게 실행하는지 분석합시다. 그런데 여기서 한 가지 의문이 생깁니다. **glibc 라이브러리 파일인 libc.a에서 어떻게 어셈블리 코드를 볼 수 있을까요?**

libc.a 라이브러리 파일을 어셈블리 코드로 변환하려면 라즈베리 파이에서 제공하는 objdump라는 바이너리 유틸리티를 이용하면 됩니다. 다음과 같은 명령어를 입력하면 libc.a에 구현된 어셈블리 코드를 glibc_code.txt라는 파일로 저장할 수 있습니다.

```
root@raspberrypi:/home/pi# objdump -d libc.a > glibc_code.txt
```

이번에는 GNU C 라이브러리가 어떤 계층으로 구성됐는지 알아봅시다.

저수준 표준 함수인 fork(), exit(), open(), write(), exit() 함수를 호출하면 GNU C 라이브러리 함수를 통해 시스템 콜을 실행합니다. 이 내용을 "**리눅스 저수준 함수를 호출하면 GNU C 라이브러리에서 시스템 콜을 발생시킨다**"로 일반화할 수 있습니다.

이전 절에서 시스템 콜은 ARM 아키텍처에서 제공하는 'svc' 명령어를 실행하면 슈퍼바이저 콜로 소프트웨어 인터럽트가 발생하는 방식으로 동작한다고 설명했습니다. 이 사실을 토대로 "**GNU C 라이브러리 어딘가에 이 명령어를 실행하는 코드가 있다**"를 추론할 수 있습니다.

이어서 GNU C 라이브러리의 계층 구조를 다음 그림을 통해 알아봅시다.

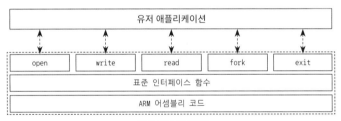

GNU C 라이브러리

그림 11.7 GNU C 라이브러리 계층 구조

GNU C 라이브러리는 크게 3개의 계층으로 분류할 수 있습니다.

리눅스 저수준 함수 인터페이스

유저 애플리케이션에서 직접 호출하는 표준 함수 인터페이스입니다. 이를 래퍼(Wrapper) 함수라고도 합니다. 위 그림에서 화살표로 표시된 부분입니다.

리눅스 저수준 프로그램에서 fork() 함수를 호출했다고 가정합시다. fork() 함수는 공용 인터페이스입니다. 이는 어떤 아키텍처(x86, ARM, PowerPC)에서도 진입하는 경로는 같다는 의미입니다.

표준 인터페이스 함수 계층

CPU 아키텍처에 무관한 표준 인터페이스 계층입니다. x86, ARM, PowerPC와 같은 CPU 아키텍처에서 공용으로 처리하는 루틴입니다. 리눅스 저수준 프로그램은 실행되는 CPU에 무관하게 작성돼 있습니다. 리눅스 시스템에서 CPU 아키텍처에 독립적으로 실행되는 코드입니다.

아키텍처에 의존적인 코드

마지막 계층은 GNU C 라이브러리의 가장 하단에 있는 CPU 아키텍처에 의존적인 코드입니다. 리눅스 저수준 프로그램을 실행하는 환경에 따라 각 CPU 아키텍처에 해당하는 코드로 바뀝니다. 리눅스 배포판을 관리하는 벤더에서는 GNU C 소스코드를 내려받아 CPU 아키텍처에 맞는 빌드 옵션으로 컴파일합니다. 라즈베리 파이의 경우 ARMv7 아키텍처이니 이에 맞는 빌드 옵션으로 GNU C를 빌드하면 ARM 어셈블리 코드가 생성됩니다.

다음 절에서는 이 계층에서 슈퍼바이저 콜 어셈블리 명령어를 실행해 소프트웨어 인터럽트를 발생하는 코드를 분석하겠습니다.

GNU C 라이브러리의 세부 동작과 분석은 이 책의 범위를 벗어납니다. 이번 절의 관심사는 시스템 콜이 어느 어셈블러 코드에서 실행하느냐입니다.

11.2.2 유저 공간에서 시스템 콜이 발생할 때의 어셈블리 코드 분석

유저 공간에서 시스템 콜을 발생하는 코드는 어셈블리로 구현돼 있습니다. 그래서 아키텍처별로 시스템 콜을 실행하는 동작이 다릅니다.

ARMv7 아키텍처(라즈베리 파이)에서는 유저 공간에서 시스템 콜을 발생시키는 동작은 다음과 같습니다.

1. r0 ~ r3 레지스터에 시스템 콜로 전달할 인자를 지정

2. r7 레지스터에 시스템 콜 번호를 저장

3. "svc 0x00000000" 명령어 실행

이어서 GNU C 라이브러리 파일에서 실제 시스템 콜을 실행하는 어셈블리 코드를 봅시다.

유저 공간에서 write() 함수를 호출할 때 시스템 콜의 발생 과정 분석

write() 함수를 호출했을 때 시스템 콜을 실행하는 코드를 소개합니다.

```
00000020 <__libc_write>:
01  20:   e59fc060    ldr    ip, [pc, #96]    ; 88 <__libc_write+0x68>
02  24:   e79fc00c    ldr    ip, [pc, ip]
03  28:   e33c0000    teq    ip, #0
04  2c:   e52d7004    push   {r7}             ; (str r7, [sp, #-4]!)
05  30:   1a000005    bne    4c <__libc_write+0x2c>
06  34:   e3a07004    mov    r7, #4
07  38:   ef000000    svc    0x00000000
```

6번째 줄을 보면 r7 레지스터에 write() 함수에 대응하는 시스템 콜 번호인 4를 저장합니다.

 위 어셈블리 코드를 보면 한 가지 의문이 생깁니다. **시스템 콜 번호는 어떻게 확인할까요?**
라즈베리 파이에서 다음 헤더 파일에서 __NR_write 매크로를 보면 인덱스가 4임을 알 수 있습니다.

/usr/include/arm-linux-gnueabihf/asm/unistd-common.h

```
#define __NR_write      (__NR_SYSCALL_BASE+ 4)
```

이 인덱스가 시스템 콜 번호입니다.

유저 공간에서 open() 함수를 호출할 때 시스템 콜의 발생 과정 분석

이번에는 open() 함수를 호출하면 시스템 콜을 발생시키는 어셈블리 코드를 보겠습니다.

```
00000020 <__libc_open>:
01  20:   e59fc060    ldr     ip, [pc, #96]    ; 88 <__libc_open+0x68>
02  24:   e79fc00c    ldr     ip, [pc, ip]
03  28:   e33c0000    teq     ip, #0
04  2c:   e52d7004    push    {r7}             ; (str r7, [sp, #-4]!)
05  30:   1a000005    bne     4c <__libc_open+0x2c>
06  34:   e3a07005    mov     r7, #5
07  38:   ef000000    svc     0x00000000
```

6번째 줄을 보면 r7 레지스터에 5를 저장합니다. 이후 7번째 줄에서 "svc 0x0" 명령어를 실행해 **슈퍼바이저 콜, 즉 소프트웨어 인터럽트를 유발합니다.**

그러면 시스템 콜 5번의 정체는 어디서 확인할 수 있을까요?

/usr/include/arm-linux-gnueabihf/asm/unistd-common.h

```
#define __NR_open               (__NR_SYSCALL_BASE+ 5)
```

라즈베리 파일의 위 헤더 파일에서 __NR_open 매크로를 확인하면 인덱스가 5임을 알 수 있습니다. r7 레지스터에 저장하는 5란 정수는 open() 함수에 대한 시스템 콜 번호입니다.

 write(), open() 함수를 호출하면 시스템 콜이 실행되고, 커널 공간에서 sys_write()와 sys_open() 함수를 호출할 것이라 예상할 수 있습니다.

대부분 리눅스의 저수준 함수의 이름과 시스템 콜 핸들러 함수는 일치하는 경우가 많지만 아닌 경우도 있습니다. exit() 함수가 그중 하나입니다. exit() 함수를 호출하면 당연히 커널 공간에서 sys_exit() 함수가 시스템 콜 핸들러로 실행될 것이라 예상합니다.

exit() 함수를 호출하면 libc.a 라이브러리 파일 내의 다음 경로에 있는 _exit 레이블을 실행합니다.

glibc/sysdeps/unix/sysv/linux/_exit.c

```
00000000 〈_exit〉:
01   0:    e92d4080    push    {r7, lr}
02   4:    e1a02000    mov     r2, r0
03   8:    e3a070f8    mov     r7, #248  ; 0xf8
04   c:    ef000000    svc     0x00000000
```

3~4번째 줄을 보겠습니다.

```
03   8:    e3a070f8    mov     r7, #248  ; 0xf8
04   c:    ef000000    svc     0x00000000
```

r7 레지스터에 시스템 콜 번호인 248를 저장합니다.

라즈베리 파이에서 다음 헤더 파일을 열어볼까요?

/usr/include/arm-linux-gnueabihf/asm/unistd-common.h

```
#define __NR_exit_group (__NR_SYSCALL_BASE+248)
```

248에 대한 시스템 콜 함수 매크로는 __NR_exit_group입니다.

리눅스 커널을 기준으로 sys_call_table 심벌에 있는 시스템 콜 테이블 248번에 해당하는 시스템 콜 핸들러는 sys_exit_group() 함수입니다. 프로세스가 종료될 때 프로세스가 속한 스레드 그룹까지 종료되는 경우가 많아서 sys_exit_group() 함수를 호출하는 것입니다.

참고로 GNU C 라이브러리 코드는 다음 경로에서 확인할 수 있습니다.

https://code.woboq.org/userspace/glibc/stdlib/exit.c.html

```
01 void
02 _exit (int status)
03 {
04     while (1)
05     {
06 #ifdef __NR_exit_group
07             INLINE_SYSCALL (exit_group, 1, status);
08 #endif
09             INLINE_SYSCALL (exit, 1, status);
10 #ifdef ABORT_INSTRUCTION
```

```
11              ABORT_INSTRUCTION;
12 #endif
13      }
14 }
```

7번째 줄을 실행하면 r7 레지스터에 __NR_exit_group 시스템 콜 번호인 248을 저장하고 소프트웨어 인터럽트를 유발합니다.

코드를 분석하고 실행 흐름을 예측하는 것은 중요합니다. 하지만 자신이 분석한 내용이 맞는지 리눅스 시스템에서 실제로 확인할 필요가 있습니다. 필자도 exit() 함수를 호출하면 248번 시스템 콜을 실행한다는 사실을 라즈베리 파이에서 직접 디버깅을 통해 확인했습니다. 디버깅을 하지 않은 상태에서 sys_exit() 함수를 분석하면 시간을 허비할 뿐입니다.

이번 절에서는 유저 공간에서 시스템 콜을 발생시키는 출발 지점을 살펴봤습니다. 이제 지금까지 설명한 내용을 정리해보겠습니다.

첫째, 시스템 콜을 실행하는 주인공은 누구일까?

프로세스입니다.

둘째, 시스템 콜을 유발하려면 어떤 ARM 어셈블리 명령어를 실행해야 할까요?

r7 레지스터에 시스템 콜 번호를 저장하고 'svc 0x0' 명령어를 실행합니다.

셋째, 시스템 콜을 유발하는 어셈블리 명령어는 CPU 아키텍처마다 같나요?

모두 다릅니다. CPU 아키텍처별로 각기 다른 명령어로 시스템 콜을 발생시킵니다.

이번 절까지 유저 공간에서 시스템 콜을 발생하는 어셈블리 코드를 분석했습니다. 다음 절에서는 유저 공간에서 발생한 시스템 콜을 커널 공간에서 어떻게 처리하는지 살펴보겠습니다.

11.3 커널 모드에서 시스템 콜을 어떻게 실행할까?

이번 절에서는 커널 공간에서 시스템 콜을 어떻게 실행하는지 살펴보겠습니다.

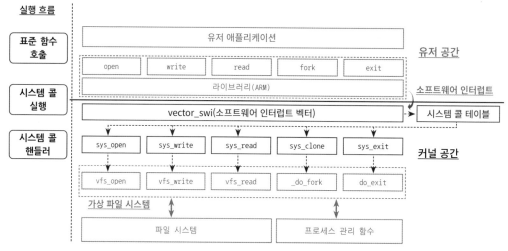

그림 11.8 커널 공간의 시스템 콜 실행 흐름

위 그림에서 진하게 표시된 부분을 눈으로 따라가 봅시다. 유저 공간에서 소프트웨어 인터럽트를 유발했으니 소프트웨어 익셉션 벡터에 위치한 vector_swi 레이블이 실행됩니다. 유저 공간에서 "svc 0x0"이라는 명령어를 실행하면 vector_swi라는 시스템 콜 처리용 벡터로 프로그램 카운터를 이동하는 것입니다.

 유저 공간에서 지정한 시스템 콜 번호는 r7 레지스터에 실려서 옵니다. 이 시스템 콜 번호를 통해 시스템 콜 테이블에 접근한 후 시스템 콜 핸들러로 분기합니다.

ARM 프로세서 관점에서 시스템 콜을 실행하면 커널 공간에서 다음과 같은 동작을 수행합니다.

1. 유저 공간에서 실행 중인 프로세스의 레지스터 세트를 프로세스의 스택 최하단 공간에 푸시

2. 시스템 콜에서 유저 공간에서 전달한 시스템 콜 번호를 r7 레지스터에서 읽어 시스템 콜 테이블에서 시스템 콜 핸들러 함수로 분기: 각 시스템 콜 핸들러 함수의 서브루틴 실행

3. 프로세스 최하단 스택 공간에 푸시한 레지스터를 팝해서 ARM 레지스터에 다시 저장: 소프트웨어 인터럽트가 발생한 유저 모드의 코드로 이동함

vector_swi 레이블은 ARM 프로세서를 직접 제어하는 어셈블리 코드로 구성돼 있습니다. 다음 절부터 해당 코드를 분석하겠습니다.

11.3.1 소프트웨어 인터럽트 벡터 vector_swi는 어떻게 실행될까?

시스템 콜을 호출하면 소프트웨어 인터럽트가 발생하며, 유저 공간에서 커널 공간으로 실행 흐름이 스위칭됩니다. 커널 공간에서 익셉션 벡터에 위치한 vector_swi 레이블로 브랜치하는 것입니다.

시스템 콜은 ARM 아키텍처에 의존적으로 동작을 합니다. 시스템 콜은 익셉션의 한 종류로 실행되며, **익셉션 벡터는 CPU 아키텍처별로 특화된 동작을 수행되므로** CPU마다 다르게 구현돼 있습니다.

그렇다면 ARM 프로세서에서는 익셉션이 발생하면 어떻게 동작할까요? 익셉션이 발생하면 ARM 프로세서는 실행하던 동작을 멈추고 익셉션 종류별로 이미 정해진 주소로 프로그램 카운터를 바꿉니다. 익셉션별로 실행하는 주소를 익셉션 벡터라고 합니다.

하지만 아쉽게도 익셉션 벡터는 다음과 같은 이유로 어셈블리 코드로 구현돼 있습니다.

- 익셉션 벡터는 각 CPU 아키텍처마다 특화된 동작을 수행한다.
- 익셉션 벡터는 1초에 수백 번 이상 실행되므로 ARM 프로세서를 최적화해서 구동할 수 있는 어셈블리 코드로 구현해야 한다.

이제 이번 절에서 설명한 내용을 정리해보겠습니다.

첫째, vector_swi라는 시스템 콜 처리용 인터럽트 벡터는 어떻게 실행될까?

유저 공간에서 "svc 0x0" 어셈블리 명령어를 실행합니다.

둘째, 시스템 콜 번호는 어디에서 확인할 수 있을까?

r7 레지스터에 시스템 콜 번호가 지정돼 있습니다. write 시스템 콜 번호가 4이면 r7 레지스터는 4를 저장합니다.

vector_swi 레이블의 코드를 분석하기에 앞서 앞의 두 가지 사실을 잘 기억해둡니다.

11.3.2 소프트웨어 인터럽트 벡터 vector_swi 레이블 분석

커널 공간에서 시스템 콜 실행의 출발점은 vector_swi 레이블입니다. 그 이유는 유저 공간에서 svc 명령어를 실행하면 '소프트웨어 인터럽트'의 벡터인 vector_swi 레이블로 브랜치하기 때문입니다.

이어서 vector_swi 레이블의 어셈블리 코드를 분석하면서 커널이 시스템 콜을 어떤 방식으로 처리하는지 배워봅시다.

먼저 vector_swi 레이블의 어셈블리 코드는 다음과 같습니다.

https://github.com/raspberrypi/linux/blob/rpi-4.19.y/arch/arm/kernel/entry-common.S

```
01 80107ee0 <vector_swi>:
02 80107ee0:  e24dd048  sub    sp, sp, #72   ; 0x48
03 80107ee4:  e88d1fff  stm    sp, {r0, r1, r2, r3, r4, r5, r6, r7, r8, r9, sl, fp, ip}
04 80107ee8:  e28d803c  add    r8, sp, #60   ; 0x3c
05 80107eec:  e9486000  stmdb  r8, {sp, lr}^
06 80107ef0:  e14f8000  mrs    r8, SPSR
07 80107ef4:  e58de03c  str    lr, [sp, #60]   ; 0x3c
08 80107ef8:  e58d8040  str    r8, [sp, #64]   ; 0x40
09 80107efc:  e58d0044  str    r0, [sp, #68]   ; 0x44
10 80107f00:  e3a0b000  mov    fp, #0
11 80107f04:  ee11cf10  mrc    15, 0, ip, cr1, cr0, {0}
12 80107f08:  e59fa0b0  ldr    sl, [pc, #176]  ; 80107fc0 <__cr_alignment>
13 80107f0c:  e59aa000  ldr    sl, [sl]
14 80107f10:  e13a000c  teq    sl, ip
15 80107f14:  1e01af10  mcrne  15, 0, sl, cr1, cr0, {0}
16 80107f18:  e92d500f  push   {r0, r1, r2, r3, ip, lr}
17 80107f1c:  eb0355a9  bl     801dd5c8 <trace_hardirqs_on>
18 80107f20:  e8bd500f  pop    {r0, r1, r2, r3, ip, lr}
19 80107f24:  f1080080  cpsie  i
20 80107f28:  e1a096ad  lsr    r9, sp, #13
21 80107f2c:  e1a09689  lsl    r9, r9, #13
22 80107f30:  e28f808c  add    r8, pc, #140    ; 0x8c
23 80107f34 <local_restart>:
24 80107f34:  e599a000  ldr    sl, [r9]
25 80107f38:  e92d0030  push   {r4, r5}
26 80107f3c:  e31a00f0  tst    sl, #240   ; 0xf0
27 80107f40:  1a000008  bne    80107f68 <__sys_trace>
28 80107f44:  e3570e19  cmp    r7, #400   ; 0x190
29 80107f48:  e24fee11  sub    lr, pc, #272   ; 0x110
30 80107f4c:  3798f107  ldrcc  pc, [r8, r7, lsl #2]
31 80107f50:  e28d1008  add    r1, sp, #8
32 80107f54:  e357080f  cmp    r7, #983040 ; 0xf0000
```

```
33 80107f58:  e2270000  eor    r0, r7, #0
34 80107f5c:  2a0010db  bcs    8010c2d0 <arm_syscall>
35 80107f60:  e3a08000  mov    r8, #0
36 80107f64:  ea00d333  b      8013cc38 <sys_ni_syscall>
```

 위와 같은 어셈블리 코드는 어떻게 추출할까요?

리눅스 커널을 빌드하면 리눅스 커널 폴더에 심벌 정보가 포함된 vmlinux 파일이 생성됩니다. 라즈베리 파이에서 제공하는 objdump를 이용하면 vmlinux에서 어셈블리 코드를 추출할 수 있습니다. 명령어는 다음과 같습니다.

```
root@raspberrypi:/home/pi# objdump -d vmlinux > linux_kernel_assemble.txt
```

vector_swi 레이블의 동작은 4단계로 구분할 수 있습니다.

1단계: 프로세스의 스택 공간에 유저 공간에서 실행했던 레지스터 세트를 푸시

2단계: 시스템 콜 테이블의 시작 주소 계산

3단계: 시스템 콜 핸들러를 실행한 후에 복귀할 주소를 ret_fast_syscall 레이블로 저장

4단계: 시스템 콜 테이블에 접근해서 시스템 콜 핸들러 함수 분기

그런데 vector_swi 레이블은 어셈블리 코드로 구현돼 있습니다. ARM 어셈블리 명령어에 익숙하지 않은 분들께 어려운 코드임에 틀림없습니다. 하지만 명령어의 원리를 파악하면서 분석하면 어렵지 않으니 겁먹지 맙시다. 그럼 각 단계별로 코드 분석을 시작해 보겠습니다.

1단계: 프로세스의 스택 공간에 유저 공간에서 실행했던 레지스터 세트를 푸시

먼저 1단계 코드를 분석하겠습니다. 아래의 2번째 줄을 봅시다.

```
01  80107ee0 <vector_swi>:
02  80107ee0:  e24dd048  sub    sp, sp, #72 ; 0x48
```

여기서 'sub sp, sp, #72' 명령어의 의미는 무엇일까요?

'sub'는 뺄셈 연산이니 스택 주소를 72(16진수: 0x48) 바이트만큼 빼는 동작입니다. 여기서 sp는 ARM 프로세서에서 스택 주소를 저장하는 r13 레지스터를 의미합니다. 그렇다면 스택 주소를 72(16진수: 0x48)바이트만큼 빼는 연산은 어떤 의미일까요? 바로 **0x48바이트만큼 스택 공간을 확보하는 동작입니다.**

이렇게 함수를 처음 실행하면 대부분 스택 공간을 확보하는 경우가 많습니다. 이 부분을 읽다 보니 자연히 다음과 같은 의문이 생깁니다. **vector_swi 레이블에서 0x48바이트만큼 스택 공간을 확보하는 이유는 무엇일까?**

유저 공간에서 실행 중인 레지스터 세트를 푸시하기 위해서입니다. 즉, 유저 공간에서 소프트웨어 인터럽트를 발생하기 직전 실행 정보가 채워져 있는 레지스터 세트를 프로세스의 스택 공간에 저장하려는 것입니다.

 02번째 줄이 실행돼 스택 공간에서 0x48(72) 바이트를 확보하는 이유는 무엇일까요? 유저 공간에서 실행된 레지스터 세트를 struct pt_regs 구조체로 관리하기로 약속했기 때문입니다.

pt_regs 구조체 선언부를 보겠습니다.

https://elixir.bootlin.com/linux/v4.19.30/source/arch/arm/include/uapi/asm/ptrace.h

```
struct pt_regs {
 long uregs[18];
};
```

pt_regs 구조체는 크기가 18인 uregs 배열로 구성돼 있는데, '72 = 4바이트 * 18'과 같은 공식에 따라 72바이트가 됩니다.

3번째 줄을 보겠습니다.

```
03 80107ee4: e88d1fff    stm  sp, {r0, r1, r2, r3, r4, r5, r6, r7, r8, r9, sl, fp, ip}
```

프로세스의 스택 공간에 r0에서 r12 레지스터까지 푸시(저장)합니다. r0~r12 레지스터는 유저 공간에서 실행 중인 프로세스의 레지스터 세트를 의미합니다.

다음 4번째 줄을 분석하겠습니다.

```
04 80107ee8: e28d803c add     r8, sp, #60  ; 0x3c
```

스택 주소를 0x3c만큼 더해서 r8 레지스터에 저장합니다. 보통 스택 주소를 이동해서 스택 공간에 다른 데이터를 저장하기 전에 주로 실행하는 명령어입니다.

이어서 20~21번째 줄을 분석하겠습니다.

```
20 80107f28: e1a096ad  lsr   r9, sp, #13
21 80107f2c: e1a09689  lsl   r9, r9, #13
```

위 코드는 현재 실행 중인 프로세스의 최상단 스택 주소를 얻어온 후, r9 레지스터에 저장하는 역할을 합니다.

프로세스의 최상단 주소에 접근해 thread_info 구조체의 flags 필드에 저장된 값을 읽을 수 있습니다. flags 필드에는 시스템 콜 디버깅 설정 정보가 저장돼 있습니다. 이 정보로 ftrace는 시스템 콜 이벤트를 처리하는 코드를 실행할지를 결정합니다.

2단계: 시스템 콜 테이블의 시작 주소 계산

다음으로 vector_swi 레이블에서 가장 중요한 22번째 줄을 보겠습니다.

```
22 80107f30: e28f808c  add    r8, pc, #140; 0x8c
```

위 코드는 시스템 콜 테이블 심벌인 sys_call_table의 시작 주소를 r8 레지스터에 로딩한다는 의미입니다.

위에서 본 어셈블리 코드를 조금 이해하기 어렵습니다. 이 코드를 objdump를 사용하지 않은 포맷으로는 다음 코드와 같습니다.

https://github.com/raspberrypi/linux/blob/rpi-4.19.y/arch/arm/kernel/entry-common.S

```
adr    tbl, sys_call_table      @ load syscall table pointer
```

코드의 형태와 내용으로 보아 'sys_call_table'에 대한 포인터를 로딩한다는 동작으로 보입니다.

이어서 TRACE32로 위 어셈블리 코드를 확인하면 다음과 같습니다.

```
NSR:80107F30|E28F808C              adr    r8,0x80107FC4    ; r8,sys_call_table
```

정리하면, 시스템 콜 테이블의 심볼이 위치한 주소를 r8 레지스터에 로딩하는 명령어입니다.

이번에는 시스템 콜 테이블을 나타내는 sys_call_table 심벌을 확인해 봅시다.

```
80107fc4 <sys_call_table>:
80107fc4:8012c6f4 801212c0 8011c100 8026ab24
80107fd4:8026abc4 80268508 80267108 8013cc38
80107fe4:80268558 8027a428 8027a0e4 80271d68
80107ff4:80267abc 8013cc38 80279f74 80267dc8
...
801085c4:804ddd18 80225d30 8013cc38 80271d98
```

```
801085d4:8013cc38 80202d50 8023cf84 8026b224
801085e4:8026af60 8026affc 80241e9c 80241eb8
801085f4:80241f24 8013cc38 8013cc38 8013cc38
```

80107fc4 주소부터 80xx_xxxx 주소가 배열처럼 정렬돼 있습니다. 이 주소는 시스템 콜 핸들러 함수입니다. 그렇다면 sys_call_table 심벌에 저장된 주소가 시스템 콜 핸들러 함수 주소인지 어떻게 알 수 있을까요?

TRACE32 프로그램을 이용하면 sys_call_table에 저장된 주소의 세부 정보를 확인할 수 있습니다.

```
d.v %y.l sys_call_table
_____address|value_____|symbol
    NSD:80107FC4|0x8012D4E0  \\vmlinux\kernel/signal\sys_restart_syscall
01  NSD:80107FC8|0x80121E08  \\vmlinux\exit\sys_exit
02  NSD:80107FCC|0x8011C6D0  \\vmlinux\fork\sys_fork
03  NSD:80107FD0|0x802844FC  \\vmlinux\read_write\sys_read
04  NSD:80107FD4|0x8028459C  \\vmlinux\read_write\sys_write
05  NSD:80107FD8|0x80281788  \\vmlinux\open\sys_open
06  NSD:80107FDC|0x80280380  \\vmlinux\open\sys_close
07  NSD:80107FE0|0x8013DE74  \\vmlinux\sys_ni\compat_sys_epoll_pwait
08  NSD:80107FE4|0x802817D8  \\vmlinux\open\sys_creat
09  NSD:80107FE8|0x80294770  \\vmlinux\fs/namei\sys_link
10  NSD:80107FEC|0x80294428  \\vmlinux\fs/namei\sys_unlink
11  NSD:80107FF0|0x8028BE98  \\vmlinux\exec\sys_execve
12  NSD:80107FF4|0x80280D3C  \\vmlinux\open\sys_chdir
13  ...
14  NSD:801085E4|0x80284BAC  \\vmlinux\read_write\sys_preadv2
15  NSD:801085E8|0x80284C48  \\vmlinux\read_write\sys_pwritev2
16  NSD:801085EC|0x8013DE74  \\vmlinux\sys_ni\compat_sys_epoll_pwait
17  NSD:801085F0|0x8013DE74  \\vmlinux\sys_ni\compat_sys_epoll_pwait
18  NSD:801085F4|0x8013DE74  \\vmlinux\sys_ni\compat_sys_epoll_pwait
19  NSD:801085F8|0x80289668  \\vmlinux\fs/stat\sys_statx
20  NSD:801085FC|0x8013DE74  \\vmlinux\sys_ni\compat_sys_epoll_pwait
21  NSD:80108600|0x8013DE74  \\vmlinux\sys_ni\compat_sys_epoll_pwait
```

출력 결과에서 시스템 콜 테이블을 어떻게 해석해야 할까요? 맨 위쪽 부분을 보면 01번째 줄에 sys_exit() 함수가 보입니다. 이를 해석하면 다음과 같습니다.

01번 시스템 콜 핸들러는 sys_exit() 함수다.

그다음 02번째 줄은 다음과 같습니다.

02번 시스템 콜 핸들러는 sys_fork() 함수다.

이 같은 방식으로 시스템 콜 번호와 이에 해당하는 시스템 콜 핸들러 함수를 알 수 있습니다.

이처럼 sys_call_table 심벌에는 시스템 콜 핸들러 함수의 주소가 0x80107FC4~0x80108600 주소 구간에 저장돼 있는 것입니다. 11.6절에서 알아볼 예정이지만 시스템 콜 핸들러의 이름은 sys_xxx() 패턴을 띠고 있습니다.

위 출력 결과는 TRACE32 프로그램으로 확인한 것입니다.

0x80107FC8~0x80107FD0 주소에 단지 0x80121E08, 0x8011C6D0, 0x802844FC 값이 있을 뿐인데, 주소를 심벌 단위로 변환해서 보여주는 TRACE32의 "d.v %y.l [심벌]" 명령어로 바로 주소에 대응하는 함수를 알게 된 것입니다.

```
02   NSD:80107FC8¦0x80121E08    \\vmlinux\exit\sys_exit
03   NSD:80107FCC¦0x8011C6D0    \\vmlinux\fork\sys_fork
04   NSD:80107FD0¦0x802844FC    \\vmlinux\read_write\sys_read
```

다음으로 24~25번째 줄을 보겠습니다.

```
24 80107f34: e599a000 ldr      sl, [r9]
25 80107f38: e92d0030 push     {r4, r5}
26 80107f3c: e31a00f0 tst      sl, #240      ; 0xf0
27 80107f40: 1a000008 bne      80107f68 <__sys_trace>
```

이는 시스템 콜 디버깅을 위한 코드입니다.

24번째 줄에서는 r9 레지스터에 저장된 프로세스 스택의 최상단 주소로 thread_info 구조체에 접근합니다. thread_info 구조체의 첫 번째 필드인 flags를 sl(r10) 레지스터에 저장하는 동작입니다.

flags 값으로 시스템 콜을 ftrace로 출력할지 결정하며, ftrace에서 시스템 콜 디버깅 이벤트를 활성화할 경우 __sys_trace 레이블로 브랜치하는 코드입니다. 이번 절에서는 '시스템 콜'의 동작 원리를 이해하는 것이 중요하므로 24~27번째 줄은 '시스템 콜 디버깅을 위한 코드다' 정도로 기억해둡시다.

다음으로 28~30번째 줄을 보겠습니다.

```
28 80107f44: e3570e19 cmp     r7, #400      ; 0x190
29 80107f48: e24fee11 sub     lr, pc, #272  ; 0x110
30 80107f4c: 3798f107 ldrcc   pc, [r8, r7, lsl #2]
```

위 코드는 vector_swi 레이블에서 가장 중요한 동작을 수행합니다. 바로 **시스템 콜 번호에 해당하는 시스템 콜 핸들러를 호출하는 것입니다.**

먼저 28번째 줄을 보면 'cmp r7, #400' 명령어가 보입니다. 여기서 r7 레지스터는 어떤 값을 저장하고 있을까요? **r7 레지스터에는 시스템 콜 번호가 저장돼 있습니다.** 이를 다시 상기하면서 코드 분석을 이어가겠습니다.

cmp는 r7 레지스터에 저장된 값과 400을 비교하는 명령어입니다. r7 레지스터에 저장된 시스템 콜 번호와 시스템 콜 최댓값인 400과 비교하는 동작입니다.

유저 공간에서 리눅스 표준 함수를 제대로 호출했다면 시스템 콜 번호가 400보다 작을 것입니다. 하지만 유저 모드에서 시스템 콜 번호를 r7 레지스터에 잘못 지정해서 소프트웨어 인터럽트를 발생시킬 수 있습니다. 이런 조건에서 예외를 처리하는 코드입니다.

cmp 명령어의 결과는 ARM 프로세서 CPSR(Current Program Status Register) 레지스터의 제로와 캐리 비트에 업데이트됩니다. 정상적으로 r7 레지스터에 시스템 콜 번호가 저장돼 있으면 r7 레지스터는 400보다 작을 것이니 Z와 C 비트는 1로 바뀌지 않습니다.

만약 r7 레지스터에 저장된 시스템 콜 번호가 400이거나 400보다 크면 CPSR 레지스터의 캐리(C) 비트는 1로 바뀝니다. 이 명령어 결과에 따라 다음 30번째 줄은 다르게 동작합니다.

```
30 80107f4c: 3798f107 ldrcc   pc, [r8, r7, lsl #2]
```

ldrcc 명령어는 ldr+cc 조합에 해당하는 명령어인데 CPSR 레지스터의 캐리(C) 비트가 1이 아닐 때만 ldr 명령어를 수행합니다.

리눅스 관점에서 이 명령어는 **"시스템 콜 번호가 400 이하일 때만 시스템 콜 테이블에 지정된 핸들러 함수로 분기한다"**로 해석할 수 있습니다.

ARM 프로세서의 CPSR(Current Program Status Register) 레지스터의 자세한 동작 원리는 필자의 블로그를 참고하세요.

- http://rousalome.egloos.com/9998798

3단계: 시스템 콜 핸들러를 실행한 후에 복귀할 주소를 ret_fast_syscall 레이블로 저장

이번에는 3단계 코드를 볼 차례입니다. 먼저 29번째 줄을 봅시다.

```
29 80107f48: e24fee11 sub  lr, pc, #272   ; 0x110
```

이 명령어가 실행되면 1r(r14) 복귀 레지스터에 ret_fast_syscall 레이블의 주소를 저장합니다.

이해를 돕기 위해 TRACE32로 80107f48 주소의 명령어를 보겠습니다.

```
01 NSR:80107F48|E24FEE13    adr     r14,0x80107E20   ; r14,ret_fast_syscall
02 NSR:80107F4C|3798F107    ldrcc   pc,[r8,+r7,lsl #0x2]
```

01번째 줄과 같이 ret_fast_syscall 레이블의 주소를 1r(r14) 복귀 레지스터에 저장하는 동작입니다.

시스템 콜 핸들러 실행을 마무리한 다음에 복귀할 주소를 ret_fast_syscall 레이블로 지정하는 것입니다. ARM 프로세서에서 r14 레지스터는 함수가 호출된 다음에 복귀할 주소를 저장합니다.

 사실 임베디드 리눅스 개발자에게 ret_fast_syscall은 낯익은 심벌입니다. 시스템 콜을 통해 호출되는 커널 함수로 구성된 콜 스택에서 언제나 볼 수 있습니다. 즉, ftrace로 시스템 콜을 실행한 후에 호출되는 함수 콜 스택을 보면 다음 11번째 줄과 같이 ret_fast_syscall 레이블을 볼 수 있습니다.

```
01 lxpanel-731 [001] d... 2616.507028: finish_task_switch+0x14/0x230
<-__schedule+0x328/0x9b0
02 lxpanel-731 [001] d... 2616.507056: <stack trace>
03 => finish_task_switch+0x18/0x230
04 => __schedule+0x328/0x9b0
05 => preempt_schedule_common+0x20/0x30
06 => _cond_resched+0x50/0x58
07 => kmem_cache_alloc+0x200/0x23c
08 => copy_process.part.5+0x97c/0x1acc
09 => _do_fork+0xc0/0x41c
10 => sys_clone+0x30/0x38
11 => ret_fast_syscall+0x0/0x28
```

10번에서 3번째 줄 방향으로 함수를 실행한 후 다시 3번째 줄 함수에서 10번째 줄의 함수로 복귀합니다. 이후 11번째 줄에서 보이는 ret_fast_syscall 레이블을 실행합니다.

4단계: 시스템 콜 테이블에 접근해서 시스템 콜 핸들러 함수 분기

이제 4단계 코드를 볼 차례입니다. 마지막 30번째 줄을 보겠습니다.

```
30 80107f4c: 3798f107 ldrcc    pc, [r8, r7, lsl #2]
```

vector_swi 레이블에서 가장 중요한 명령어로서 **시스템 콜 테이블에 접근해 시스템 콜 번호에 해당 하는 핸들러 함수로 브랜치하는 동작을 수행합니다.**

그러면 ldrcc 명령어의 의미를 알아봅시다. 앞서 설명한 바와 같이 ldrcc 어셈블리 명령어는 ldr+cc 조합으로 구성돼 있습니다. ARM CPSR 레지스터의 캐리(C) 비트가 1로 설정돼 있으면 ldr 명령어를 실행하지 않습니다.

그럼 ARM CPSR 레지스터의 캐리(C) 비트는 어떤 조건에서 1로 설정될까요? 28번째 줄의 어셈블리 명령어에서 시스템 콜 번호가 400보다 같거나 클 경우 CPSR 레지스터의 캐리(C) 비트를 1로 설정합니다.

```
28 80107f44: e3570e19 cmp     r7, #400    ; 0x190
...
30 80107f4c: 3798f107 ldrcc    pc, [r8, r7, lsl #2]
```

유저 공간에서 적절한 시스템 콜 번호를 지정했을 때만 시스템 콜 핸들러를 실행하는 예외 처리 코드입니다.

ldrcc 명령어의 동작 조건을 알아봤으니 30번째 줄 명령어의 분석을 시작하겠습니다. 30번째 줄의 명령어는 이해하기 쉽게 다음 과정으로 바꿀 수 있습니다.

```
ldrcc   pc, [r8, r7, lsl #2]
pc = *(r8 + (r7 << 2))
```

r7 레지스터에 저장된 값을 왼쪽으로 2만큼 비트 연산(Logical Shift Left: lsl)한 결과를 r8 레지스터에 더합니다. r8 + (r7 << 2) 주소에 있는 값을 pc에 로딩하는 동작입니다.

자, 여기서 이 명령어를 실행할 때 r7, r8 레지스터가 어떤 값을 갖고 있는지 점검해 봅시다. r8 레지스터는 시스템 콜 테이블 주소의 위치를 담고 있고, r7은 유저 공간에서 지정한 시스템 콜 번호를 저장합니다.

r7 레지스터가 시스템 콜 번호인 4, 그리고 시스템 콜 테이블의 심벌 주소인 0x80107fc4가 r8 레지스터에 저장돼 있다고 가정하고 이 명령어의 실행 과정을 확인합시다.

```
ldrcc  pc, [r8, r7, lsl #2]
```

위 어셈블리 코드를 세부 동작 단계별로 풀어서 보면 다음과 같습니다.

```
[계산 과정]
pc = *(r8 + (r7 << 2))
pc = *(r8 + (4 << 2))
pc = *(0x80107fc4 + 0x10)
pc = *(0x80107fd4)
pc =  0x8028459c   \\vmlinux\read_write\sys_write
```

r7 레지스터가 write 시스템 콜 번호인 4인 경우 'ldrcc pc, [r8, r7, lsl #2]' 명령어를 실행하면 **프로그램 카운터 레지스터에 sys_write() 함수의 주소인 0x8028459c를 저장하는 동작을 수행하게 됩니다.**

프로그램 카운터 레지스터에 sys_write() 함수의 주소를 지정하면 sys_write() 함수를 실행하게 됩니다. ARM 코어의 프로그램 카운터 레지스터가 어떤 주소로 바뀌면 해당 주소에 위치한 명령어를 실행하게 됩니다. ARM 아키텍처에서 프로그램 카운터 레지스터에 저장된 주소에 있는 기계어를 페치(Fetch)하기 때문입니다.

시스템 콜 테이블인 sys_call_table 주소에 있는 메모리 정보는 다음과 같습니다.

```
_____address|value_____|symbol
00   NSD:80107FC4|0x8012D4E0    \\vmlinux\kernel/signal\sys_restart_syscall
01   NSD:80107FC8|0x80121E08    \\vmlinux\exit\sys_exit
02   NSD:80107FCC|0x8011C6D0    \\vmlinux\fork\sys_fork
03   NSD:80107FD0|0x802844FC    \\vmlinux\read_write\sys_read
04   NSD:80107FD4|0x8028459C    \\vmlinux\read_write\sys_write
05   NSD:80107FD8|0x80281788    \\vmlinux\open\sys_open
```

1번째 줄의 0x80107FC8 주소에는 sys_exit() 함수의 정보가, 2번째 줄의 0x80107FC8 주소에는 sys_exit() 함수의 정보가 보입니다. 이처럼 sys_call_table 심벌에는 4바이트 단위로 시스템 콜 핸들러 주소가 저장돼 있습니다. 라즈베리 파이가 32비트 ARM 아키텍처를 적용했으니 심벌은 4바이트(32비트) 단위 주소입니다.

이번 절에서는 시스템 콜의 핵심 어셈블리 코드를 분석했습니다. 유저 공간에서 시스템 콜을 실행하면 커널 공간으로 스위칭되는 진입점 코드를 확인한 것입니다.

이처럼 리눅스 커널을 이론으로 이해하는 것보다 어셈블리 코드를 분석하면 배운 내용이 더 오랫동안 머릿속에 남을 것입니다.

11.3.3 커널 공간에서 시스템 콜 테이블 확인

지금까지 알아본 시스템 콜의 동작 방식은 다음과 같이 정리할 수 있습니다.

> 유저 공간에서 전달된 시스템 콜 번호로 시스템 콜 테이블에 저장된 시스템 콜 핸들러 함수로
> 분기된다.

그런데 위 문장에서 '시스템 콜 테이블'은 리눅스 커널의 어느 코드일까요? **시스템 콜 테이블은 sys_call_table 심벌입니다.**

시스템 콜 테이블인 sys_call_table 심벌에 시스템 콜 핸들러 함수 주소가 저장돼 있습니다.

TRACE32로 시스템 콜 테이블 확인

그렇다면 시스템 콜 테이블에 저장된 시스템 콜 핸들러는 어떻게 확인할 수 있을까요? TRACE32 프로그램을 활용하면 시스템 콜 테이블을 이해하기 쉽게 볼 수 있습니다.

```
d.v %y.1 sys_call_table
_____address¦¦value_____¦symbol
NSD:80107FC4¦ 0x8012C6F4     \\vmlinux\kernel\signal\sys_restart_syscall
NSD:80107FC8¦ 0x801212C0     \\vmlinux\exit\sys_exit
NSD:80107FCC¦ 0x8011C100     \\vmlinux\fork\sys_fork
NSD:80107FD0¦ 0x8026AB24     \\vmlinux\read_write\sys_read
NSD:80107FD4¦ 0x8026ABC4     \\vmlinux\read_write\sys_write
NSD:80107FD8¦ 0x80268508     \\vmlinux\open\sys_open
NSD:80107FDC¦ 0x80267108     \\vmlinux\open\sys_close
NSD:80107FE0¦ 0x8013CC38     \\vmlinux\sys_ni\compat_sys_epoll_pwait
NSD:80107FE4¦ 0x80268558     \\vmlinux\open\sys_creat
```

이번에는 TRACE32 프로그램으로 sys_call_table 심벌을 unsigned int 단위로 캐스팅해 봅시다.

```
v.v %i %h (unsigned int[100])*&sys_call_table = (
  [0] = 2148714228 = 0x8012C6F4,     // sys_restart_syscall
  [1] = 2148668096 = 0x801212C0,     // sys_exit
  [2] = 2148647168 = 0x8011C100,     // sys_fork
  [3] = 2150017828 = 0x8026AB24,     // sys_read
  [4] = 2150017988 = 0x8026ABC4,     // sys_write
  [5] = 2150008072 = 0x80268508,     // sys_open
```

```
[6] = 2150002952 = 0x80267108,    // sys_close
[7] = 2148781112 = 0x8013CC38,    // compat_sys_epoll_pwait
[8] = 2150008152 = 0x80268558,    // sys_creat
```

위 디버깅 정보에서 1, 2 … 8과 같은 배열 인덱스가 시스템 콜 번호이고 주석으로 표시된 함수가 시스템 콜 핸들러 함수입니다. 3번 인덱스를 보면 sys_read() 함수가 보입니다. 이 정보는 다음과 같은 사실을 말해줍니다.

3번 시스템 콜 핸들러는 sys_read() 함수다.

라즈베리 파이에서 시스템 콜 번호 확인

라즈베리 파이에서 다음 헤더 파일을 열면 시스템 콜 번호를 확인할 수 있습니다.

/usr/include/arm-linux-gnueabihf/asm/unistd-common.h

```
#define __NR_restart_syscall    (__NR_SYSCALL_BASE+  0)
#define __NR_exit               (__NR_SYSCALL_BASE+  1)
#define __NR_fork               (__NR_SYSCALL_BASE+  2)
#define __NR_read               (__NR_SYSCALL_BASE+  3)
#define __NR_write              (__NR_SYSCALL_BASE+  4)
#define __NR_open               (__NR_SYSCALL_BASE+  5)
#define __NR_close              (__NR_SYSCALL_BASE+  6)
...
#define __NR_mlock2             (__NR_SYSCALL_BASE+390)
#define __NR_copy_file_range    (__NR_SYSCALL_BASE+391)
#define __NR_preadv2            (__NR_SYSCALL_BASE+392)
#define __NR_pwritev2           (__NR_SYSCALL_BASE+393)
#define __NR_pkey_mprotect      (__NR_SYSCALL_BASE+394)
#define __NR_pkey_alloc         (__NR_SYSCALL_BASE+395)
#define __NR_pkey_free          (__NR_SYSCALL_BASE+396)
```

위 코드에서 선언된 매크로는 다음과 같은 규칙으로 해석할 수 있습니다.

```
#define __NR_'시스템 콜 함수'    (__NR_SYSCALL_BASE+ '시스템 콜 번호')
```

그렇다면 다음 매크로는 어떻게 해석할 수 있을까요?

```
#define __NR_exit                    (__NR_SYSCALL_BASE+ 1)
#define __NR_fork                    (__NR_SYSCALL_BASE+ 2)
```

먼저 __NR_exit 시스템 콜 정보를 확인해 봅시다. __NR_SYSCALL_BASE 매크로는 시스템 콜 베이스 주소이며 오른쪽에 있는 1이 시스템 콜 번호입니다. 이 규칙으로 __NR_fork 매크로는 2번 시스템 콜 정보를 나타냅니다. 이 정보를 모으면 다음과 같은 사실을 알 수 있습니다.

exit 시스템 콜 번호는 1이고 fork 시스템 콜 번호는 2다.

각 매크로는 다음과 같은 규칙을 따라 선언돼 있습니다.

표 11.2 매크로별 시스템 콜 이름과 핸들러 함수

매크로	시스템 콜 이름	시스템 콜 핸들러
__NR_exit	exit	sys_exit
__NR_fork	fork	sys_fork
__NR_read	read	sys_read
__NR_write	write	sys_write
__NR_open	open	sys_open

그렇다면 시스템 콜 함수별로 시스템 콜 핸들러 함수는 어떻게 알 수 있을까요? **매크로 앞에 붙은 __NR 문자열을 sys로 바꾸면 시스템 콜 핸들러 함수 이름을 알 수 있습니다.**

이 규칙을 토대로 소스코드를 검색하면 됩니다. 또한 각 시스템 콜 핸들러 함수의 선언부는 다음 헤더 파일에서 확인할 수 있습니다.

https://github.com/raspberrypi/linux/blob/rpi-4.19.y/include/linux/syscalls.h

```
asmlinkage long sys_fork(void);
asmlinkage long sys_exit(int error_code);
asmlinkage long sys_read(unsigned int fd, char __user *buf, size_t count);
asmlinkage long sys_write(unsigned int fd, const char __user *buf,
          size_t count);
```

 참고로 함수 신인부에 asmlinkage가 보이면 어셈블리 코드에서 비로 호출(브랜치)될 수 있다는 의미입니다.

여기까지 시스템 콜 테이블에 대해 다음과 같은 내용을 살펴봤습니다.

첫째, 시스템 콜 테이블은 어디서 확인할 수 있을까?

시스템 콜 테이블은 sys_call_table 심벌이며 시스템 콜 핸들러 함수를 저장한다.

둘째, 시스템 콜 번호는 어떻게 알 수 있나?

sys_call_table 심벌을 보면 시스템 콜 번호를 알 수 있다.

 지금까지 시스템 콜 테이블인 sys_call_table 심벌에 대해 공부하고 나니 어떤 생각이 드나요?

대부분 sys_call_table 심벌이 시스템 콜의 동작에서 중요한 역할을 수행하고 있다는 느낌이 들 것입니다. 그런데 '검은 마음'으로 리눅스 커널 코드를 분석하는 부류가 있습니다. 이를 보통 '해커(크래커)'라고 부릅니다. 이들은 sys_call_table 심벌을 보면 분명히 다음과 같은 마음을 품을 가능성이 높습니다.

시스템 콜 테이블인 sys_call_table 심벌을 오염시키면 리눅스 시스템을 먹통으로 만들 수 있겠네?

해커들에게는 시스템 콜 테이블인 sys_call_table 심벌이 시스템을 오염시킬 수 있는 먹잇감입니다. 하지만 시스템이 부팅할 때마다 함수 심벌 주소를 무작위로 바꾸는 KASLR(Kernel address space layout randomization) 같은 기법으로 시스템 콜 테이블 오염을 방지하고 있습니다.

다음 절에서는 유저 공간에서 리눅스 저수준 함수인 open(), read(), write() 함수를 호출하면 커널 공간에선 어떤 흐름으로 시스템 콜을 처리하는지 점검합니다.

11.4 시스템 콜 핸들러는 어떻게 동작할까?

지금까지 유저 공간에서 시스템 콜을 발생시키면 커널 공간으로 모드가 스위칭된 다음 vector_swi라는 소프트웨어 인터럽트 벡터에 위치한 레이블까지 실행하는 부분까지 살펴봤습니다. vector_swi 레이블에서 시스템 콜 테이블에 접근해서 시스템 콜 핸들러를 호출합니다. 이번 절에서는 시스템 콜 핸들러가 공통적으로 어떤 처리를 하는지 살펴봅니다.

11.4.1 시스템 콜 종류별 시스템 콜 핸들러의 동작

시스템 콜 핸들러에서는 어떤 동작을 수행할까요? 시스템 콜 종류에 따라 다음과 같은 세부 동작을 수행합니다.

- 가상 파일 시스템 계층에 접근

- 프로세스 설정 바꾸기

- 시그널 설정

- 메모리 관리

시스템 콜 기능별로 시스템 콜 핸들러의 세부 동작은 다릅니다. 하지만 시스템 콜 핸들러에서 공통으로 처리하는 사항이 있습니다. 바로 **시스템 콜 핸들러 함수의 인자로 전달된 인자를 점검하는 것입니다.** 이번 절에서는 시스템 콜 핸들러에서 인자를 점검하는 코드를 살펴보겠습니다.

11.4.2 매개변수 점검

시스템 콜 핸들러는 시스템 콜의 종류에 따라 커널 함수를 호출해 시스템 콜로 요청한 정보를 알려줍니다. 각 시스템 콜 핸들러마다 세부 동작은 다르나 한 가지 공통점이 있습니다. 바로 **시스템 콜 핸들러 인터페이스 함수의 앞부분에 예외 처리 코드를 볼 수 있다는 것입니다.**

그렇다면 이런 예외 처리 루틴이 있는 이유는 무엇일까요? 그것은 유저 모드에서 시스템 콜을 호출할 때 잘못된 인자(문자열 개수, 메모리 주소 등)를 전달할 수 있기 때문입니다.

유저 공간에서 write() 함수 호출 시 시스템 콜 핸들러의 동작 방식

먼저 유저 공간에서 write() 리눅스 시스템 저수준 함수를 어떻게 호출하는지 살펴보겠습니다.

https://android.googlesource.com/platform/system/core/+/master/init/uevent_listene.cpp

```
01 ListenerAction UeventListener::RegenerateUeventsForDir(DIR* d,
02                                          const ListenerCallback& callback) const {
03     int dfd = dirfd(d);
04     int fd = openat(dfd, "uevent", O_WRONLY);
05     if (fd >= 0) {
06         write(fd, "add\n", 4);
07         close(fd);
```

 위 코드는 안드로이드 디바이스에서 uevent를 처리하는 동작입니다.

보다시피 6번째 줄과 같이 write() 함수를 호출할 때 세 가지 인자를 전달해야 합니다.

첫 번째 인자인 fd는 파일 디스크립터, 두 번째 인자는 쓰려고 하는 문자열, 세 번째는 문자열의 크기입니다.

라즈베리 파이를 기준으로 다음 경로에 있는 unistd.h 헤더 파일을 열어서 write() 함수의 선언부를 보면 세 가지 인자 유형을 확인할 수 있습니다.

/usr/include/unistd.h

```
extern ssize_t write (int __fd, const void *__buf, size_t __n) __wur;
```

각 인자의 의미는 다음과 같습니다.

- __fd: 파일 디스크립터
- __buf: 파일 쓰기 버퍼
- __n: 쓰려는 파일 크기

유저 공간에서 write() 함수를 호출하면 시스템 콜을 발생시킨 다음 시스템 콜 핸들러인 sys_write() 함수를 호출합니다.

이번에는 sys_write() 함수의 선언부를 보겠습니다.

https://github.com/raspberrypi/linux/blob/rpi-4.19.y/include/linux/syscalls.h

```
long sys_write(unsigned int fd, const char *buf,
    size_t count);
```

이제 유저 공간에서 호출하는 write() 함수와 시스템 콜 핸들러인 sys_write() 함수의 선언부를 함께 보겠습니다.

- 유저 공간: extern ssize_t write (int __fd, const void *__buf, size_t __n) __wur;
- 커널 공간: long sys_write(unsigned int fd, const char *buf, size_t count);

유저 공간에서 write() 함수를 통해 전달한 3개의 인자가 커널 공간에서 실행되는 sys_write() 함수로 그대로 전달됩니다.

다른 파일 입출력 함수인 read() 함수도 마찬가지입니다.

- 유저 공간: extern ssize_t read (int __fd, void *__buf, size_t __nbytes) __wur;
- 커널 공간: long sys_read(unsigned int fd, char *buf, size_t count);

다음과 같은 이유로 시스템 콜 핸들러 앞부분에 예외 처리 코드가 있습니다.

> **대부분의 리눅스 저수준 표준 함수를 통해 전달된 인자들은 시스템 콜 핸들러 함수의 인자로 그대로 전달된다.**

그런데 커널 입장에서 유저 애플리케이션은 누가 어떻게 작성할지 예상할 수 없습니다. 누구나 리눅스 표준 함수 매뉴얼을 보고 코드를 작성한 후 리눅스 시스템에서 컴파일 후 실행할 수 있습니다. 만약 유저 애플리케이션에서 다음과 같이 write() 함수로 인자를 잘못 전달했다고 가정해 봅시다.

- 정상 코드: write(fd, "add\n", 4);
- 오류 코드: write(fd, "add\n", 4000);

쓰려고 하는 문자열의 크기가 4이어야 하는데 실수로 4000을 입력한 것입니다. 위와 같이 오류 코드를 작성해서 실행하면 write() 함수에 대응하는 시스템 콜 핸들러인 sys_write() 함수에서 이 인자를 그대로 받아서 처리하게 됩니다. 그 결과, 리눅스 커널은 오동작할 가능성이 높아집니다.

그래서 시스템 콜 핸들러는 코드의 앞부분에서 **함수로 전달된 매개변수를 먼저 확인하는** 예외 처리 코드를 실행하는 것입니다. 유저 공간에서 리눅스 저수준 표준 함수를 호출할 때 어떤 인자를 전달할지 모르기 때문입니다.

이어서 sys_write() 시스템 콜 핸들러 함수를 보면서 인자를 어떻게 처리하는지 살펴봅시다. 먼저 다음과 같은 sys_write() 함수의 구현부를 보겠습니다.

https://github.com/raspberrypi/linux/blob/rpi-4.19.y/fs/read_write.c

```
01 SYSCALL_DEFINE3(write, unsigned int, fd, const char __user *, buf,
02          size_t, count)
03 {
04     return ksys_write(fd, buf, count);
05 }
```

sys_write() 함수는 특별한 기능 없이 ksys_write() 함수를 호출합니다.

이어서 ksys_write() 함수를 보겠습니다.

https://github.com/raspberrypi/linux/blob/rpi-4.19.y/fs/read_write.c

```
01 ssize_t ksys_write(unsigned int fd, const char __user *buf, size_t count)
02 {
```

```
03        struct fd f = fdget_pos(fd);
04        ssize_t ret = -EBADF;
05
06        if (f.file) {
07            loff_t pos = file_pos_read(f.file);
08            ret = vfs_write(f.file, buf, count, &pos);
```

03번째 줄에서 fdget_pos() 함수를 호출해서 sys_write() 함수의 첫 번째 인자인 fd 번호를 통해 파일 디스크립터를 읽습니다. 이어서 8번째 줄에서 vfs_write() 함수를 호출합니다.

이제 vfs_write() 함수를 보겠습니다.

https://github.com/raspberrypi/linux/blob/rpi-4.19.y/fs/read_write.c

```
01 ssize_t vfs_write(struct file *file, const char __user *buf, size_t count, loff_t *pos)
02 {
03     ssize_t ret;
04
05     if (!(file->f_mode & FMODE_WRITE))
06         return -EBADF;
07     if (!(file->f_mode & FMODE_CAN_WRITE))
08         return -EINVAL;
09     if (unlikely(!access_ok(VERIFY_READ, buf, count)))
10         return -EFAULT;
```

5~10번째 줄을 보면 함수의 첫 부분에서 예외 처리를 한다는 사실을 알 수 있습니다. 그 이유는 **유저 애플리케이션에서 open() 함수를 호출해서 반환된 fd(파일 디스크립터)가 정숫값이 아닌 유효하지 않은 쓰레기 값으로 파일을 쓰려고 시도할 수 있기 때문입니다.**

이어서 5~8번째 줄을 봅시다. 파일 디스크립터의 FMODE_WRITE나 FMODE_CAN_WRITE를 포함하지 않으면 다음과 같이 오류 타입을 나타내는 숫자를 반환하고 함수 실행을 종료합니다.

https://github.com/raspberrypi/linux/blob/rpi-4.19.y/include/uapi/asm-generic/errno-base.h

```
#define    EBADF       9  /* Bad file number */
#define    EFAULT      14 /* Bad address */
#define    EINVAL      22 /* Invalid argument */
```

9번째 줄에서는 sys_write() 함수로 전달된 버퍼에 오류가 있는지 점검합니다.

```
09      if (unlikely(!access_ok(VERIFY_READ, buf, count)))
10          return -EFAULT;
```

유저 공간에서 잘못된 메모리 포인터 주소로 버퍼를 할당했을 수도 있기 때문입니다.

 여기서 시스템 콜 핸들러에서 반환하는 오류 정보를 어떻게 확인할 수 있을까요? 리눅스 커널에서 제공하는 ftrace를 활용하면 됩니다. ftrace에서 시스템 콜 동작을 추적하는 sys_enter와 sys_exit 이벤트를 제공합니다.

다음과 같이 ftrace 이벤트를 설정하고 ftrace 로그를 받으면 sys_write() 함수를 호출했을 때 어떤 인자가 전달되는지 알 수 있습니다.

```
"echo 1 > /sys/kernel/debug/tracing/events/raw_syscalls/enable"
```

다음은 sys_enter와 sys_exit 이벤트 메시지입니다.

```
01 RPi_signal-1218  [003] ....  3557.394288: sys_enter: NR 4 (1, 17ee008, 12, 0, 12,
17ee008)
02 RPi_signal-1218  [003] .n..  3557.394348: sys_exit: NR 4 = 18
```

1번째 줄의 로그로 다음과 같은 사실을 알 수 있습니다.

'fd: 1, buf: 17ee008, size: 0x12(십진수: 18)'로 sys_write() 함수의 실행을 시작했다.

로그의 "NR 4"에서 4는 시스템 콜 번호를 의미합니다.

다음으로 2번째 줄 로그를 보면 sys_write() 함수가 어떤 조건으로 실행을 마무리했는지 알 수 있습니다. 반환값은 문자열을 쓴 크기인데 18을 반환합니다.

만약 시스템 콜 핸들러에서 예외 처리 루틴이 실행되면 ftrace 로그에서 어떤 패턴을 확인할 수 있을까요?

```
01 RPi_signal-1105  [000] ....  3557.402524: sys_enter: NR 4 (1, 1c6e008, 12, 0, 12,
1c6e008)
02 RPi_signal-1105  [000] ....  3557.402528: sys_exit: NR 4 = -5  // #define SIGTRAP
```

2번째 로그의 -5와 같이 마이너스 정수를 반환합니다. 즉, 리눅스 커널에서는 에러 값을 반환할 때 에러를 나타내는 숫자를 마이너스로 변환해 반환합니다. -5는 다음과 같이 SIGTRAP을 의미합니다.

https://github.com/raspberrypi/linux/blob/rpi-4.19.y/arch/arm/include/uapi/asm/signal.h

```
#define SIGTRAP      5
```

유저 공간에서 reboot() 함수 호출 시 시스템 콜 핸들러의 동작 방식

이번에는 reboot 시스템 콜 핸들러를 보겠습니다. 먼저 reboot 시스템 콜이 어떻게 실행되는지 알아보자면 **유저 공간에서 reboot() 함수를 호출하면 시스템 콜 핸들러인 sys_reboot() 함수가 호출됩니다.** 보통 시스템 전원을 내리거나 리부팅할 때 reboot 시스템 콜을 실행합니다.

reboot() 함수의 선언부는 다음과 같으며 cmd 인자로 시스템 리부팅 타입을 전달합니다.

```
int reboot(int cmd);
```

이어서 sys_reboot() 함수의 앞부분 코드를 보겠습니다.

https://github.com/raspberrypi/linux/blob/rpi-4.19.y/kernel/reboot.c

```
01 SYSCALL_DEFINE4(reboot, int, magic1, int, magic2, unsigned int, cmd,
02         void __user *, arg)
03 {
04     struct pid_namespace *pid_ns = task_active_pid_ns(current);
05     char buffer[256];
06     int ret = 0;
07
08     /* We only trust the superuser with rebooting the system. */
09     if (!ns_capable(pid_ns->user_ns, CAP_SYS_BOOT))
10         return -EPERM;
11
12     /* For safety, we require "magic" arguments. */
13     if (magic1 != LINUX_REBOOT_MAGIC1 ||
14             (magic2 != LINUX_REBOOT_MAGIC2 &&
15             magic2 != LINUX_REBOOT_MAGIC2A &&
16             magic2 != LINUX_REBOOT_MAGIC2B &&
17             magic2 != LINUX_REBOOT_MAGIC2C))
18         return -EINVAL;
```

9번째 줄에서는 reboot() 함수를 호출한 프로세스가 슈퍼 유저 권한이 있는지 점검합니다. 만약 이 조건을 만족하지 못하면 EPERM(1) 음수 값을 반환하면서 함수 실행을 종료합니다.

https://github.com/raspberrypi/linux/blob/rpi-4.19.y/include/uapi/asm-generic/errno-base.h

```
#define EPERM    1  /* Operation not permitted */
```

EPERM 매크로는 권한 없이 어떤 코드를 실행했다는 정보입니다.

13~18번째 줄은 magic2 인자로 전달된 매직 값을 점검합니다. reboot() 함수는 리눅스 시스템 전원을 내리거나 리부팅하는 중요한 역할을 수행하므로 위와 같은 예외 처리 조건을 추가한 것입니다.

시스템 콜 핸들러 함수나 시스템 콜 핸들러에서 호출되는 함수에서는 위와 같이 매개변수에 오류가 있는지 점검하는 코드를 많이 볼 수 있습니다. 이는 유저 공간에서 저수준 함수를 통해 잘못된 인자가 시스템 콜 핸들러 함수로 전달됐을 경우 오동작을 막기 위한 예외 처리 코드입니다.

리눅스 해커들은 여러 가지 인자 조합으로 시스템 콜 핸들러에 구현된 예외 처리 루틴의 허점을 노립니다. 이런 코드를 보안 취약점(Security Hole)이라고 하며, 이를 방지하기 위한 보안 패치들이 리눅스 커널 코드에 반영되고 있습니다.

리눅스 해커들은 보통 상용 리눅스 시스템의 루트 권한 획득을 노립니다. 루트 권한으로 시스템을 마음대로 제어할 수 있기 때문입니다. 리눅스 해커들은 ARM, x86 아키텍처에서 시스템 콜을 어떤 흐름으로 처리하는지 어셈블리 코드를 외울 정도로 잘 압니다.

11.5 시스템 콜의 실행을 완료한 후에는 무슨 일을 할까?

시스템 콜을 수행하며 시스템 콜 핸들러를 통해 가상 파일 시스템이나 커널 프로세스 관련 함수를 실행합니다. 이후 시스템 콜의 종류에 따라 시스템 콜 핸들러의 서브 루틴을 수행하고 유저 공간으로 복귀합니다. 이번 절에서는 이 과정에서 실행되는 ret_fast_syscall 레이블의 처리 과정을 살펴보겠습니다.

11.5.1 ret_fast_syscall 레이블의 복귀 과정

지금까지 유저 공간에서 시스템 콜을 발생하면 어떤 과정으로 시스템 콜 핸들러를 호출하는지 살펴봤습니다.

- 유저 공간: 시스템 콜 발생
- 커널 공간: 시스템 콜 테이블에 접근한 후 시스템 콜 핸들러 함수를 호출

이처럼 시스템 콜 핸들러를 호출하면 시스템 콜의 종류와 기능에 따라 서로 다른 커널 함수를 호출합니다. 커널 내부에서 처리를 마무리하면 다시 유저 공간으로 복귀합니다. 이때 ret_fast_syscall 레이블을 실행하면서 다음과 같은 동작을 수행합니다.

- 시그널 받기

- 선점 스케줄링 시작

- 유저 공간 복귀

그런데 시스템 콜이 유저 공간에서 실행하는 과정만큼 시스템 콜 핸들러의 서브 함수 실행을 마치고 유저 공간으로 복귀하기 전의 ret_fast_syscall 레이블의 동작은 중요합니다. 그 이유는 ret_fast_syscall 레이블에서 다음과 같은 동작을 수행하기 때문입니다.

- **프로세스가 자신에게 전달된 시그널이 있는지 체크**

- **프로세스가 선점 스케줄링될 조건인지 점검**

그런데 여기서 한 가지 의문이 생깁니다. **시스템 콜 핸들러 실행을 마무리한 후 어떻게 ret_fast_syscall 레이블로 복귀할까요?**

언제나 정답은 소스코드에 있습니다. 시스템 콜 테이블을 통해 시스템 콜 핸들러를 분기하기 직전 시점의 코드를 볼까요?

https://github.com/raspberrypi/linux/blob/rpi-4.19.y/arch/arm/kernel/entry-common.S

```
01   badr   lr, ret_fast_syscall         @ return address
02   ldrcc  pc, [tbl, scno, lsl #2]              @ call sys_* routine
```

위에 있는 1번째 줄을 실행하면 **복귀 레지스터(r14, lr)에 ret_fast_syscall 레이블의 주소를 지정합니다.** 즉, 시스템 콜 핸들러 함수를 호출하기 직전에 시스템 콜 핸들러 함수를 실행한 후에 복귀할 함수의 주소를 ret_fast_syscall 레이블로 지정하는 동작입니다.

다음으로 2번째 줄을 실행하면 시스템 콜 핸들러 함수가 호출됩니다. 시스템 콜 핸들러 함수 코드의 앞부분에서 복귀 레지스터를 스택에 푸시합니다.

이해를 돕기 위해 POSIX write 시스템 콜 핸들러인 sys_write() 함수를 함께 봅시다.

```
01  NSR:80283D74|sys_write:    cpy    r12,r13
02  NSR:80283D78|              push   {r11-r12,r14,pc}
03  NSR:80283D88|              bl     0x80283CD4    ; ksys_write
```

위 코드는 sys_write() 함수를 어셈블리 코드로 본 것입니다. 02번째 줄을 보면 {r11-r12,r14,pc} 레지스터 세트를 프로세스의 스택 공간에 저장합니다. 여기서 r14 레지스터에는 ret_fast_syscall 레이블의 주소가 저장돼 있습니다.

위에서 분석한 내용은 다음과 같이 정리할 수 있습니다.

- 시스템 콜 핸들러를 호출하기 직전에 r14 복귀 레지스터에 ret_fast_syscall 레이블의 주소를 저장한다.
- 시스템 콜 핸들러는 r14 레지스터를 스택에 푸시한다.

그러면 이렇게 r14 레지스터를 ret_fast_syscall 레이블의 주소로 저장하는 이유는 무엇일까요? **시스템 콜 핸들러가 실행을 마치면 스택에 저장된 r14 레지스터가 저장한 주소로 복귀하기 때문입니다.** 그래서 시스템 콜 핸들러에서 시스템 콜의 종류에 따라 시스템 콜 핸들러에서 실행을 마친 후 ret_fast_syscall 레이블로 복귀하는 것입니다.

그러면 시스템 콜 핸들러 함수를 실행한 후 ret_fast_syscall 레이블이 콜 스택에서 보여야 하지 않을까요? 이해를 돕기 위해 다음 ftrace 로그를 함께 봅시다.

```
01 chromium-browse-1200 [001] 952.125229: _raw_spin_lock+0x10/0x54 <-__schedule+0xc0/0xa50
02 chromium-browse-1200 [001] 952.125238: <stack trace>
03 => futex_wait_queue_me+0x10c/0x1a8
04 => futex_wait+0xf8/0x234
05 => do_futex+0x10c/0xc58
06 => sys_futex+0xec/0x194
07 => ret_fast_syscall+0x0/0x28
```

위 ftrace에서 보이는 콜 스택에서 __raw_spin_lock() 함수가 실행 중입니다. 그런데 이 함수의 실행을 마무리하면 3번째 줄의 함수에서 6번째 줄 함수 방향으로 되돌아갑니다. 6번째 줄에 있는 시스템 콜 핸들러인 sys_futex() 함수가 실행을 끝낸 후 복귀하는 주소는 ret_fast_syscall 레이블인 것입니다.

이번 절에서는 시스템 콜 핸들러를 처리한 다음 실행하는 ret_fast_syscall을 소개했습니다. 다음 절에서는 ret_fast_syscall 레이블의 전체 실행 흐름을 알아보겠습니다.

11.5.2 ret_fast_syscall 레이블의 전체 실행 흐름

이번에는 ret_fast_syscall 레이블의 전체 실행 흐름을 살펴보겠습니다. 다음 그림은 ret_fast_syscall 레이블에서 no_work_pending 레이블까지의 동작 흐름입니다.

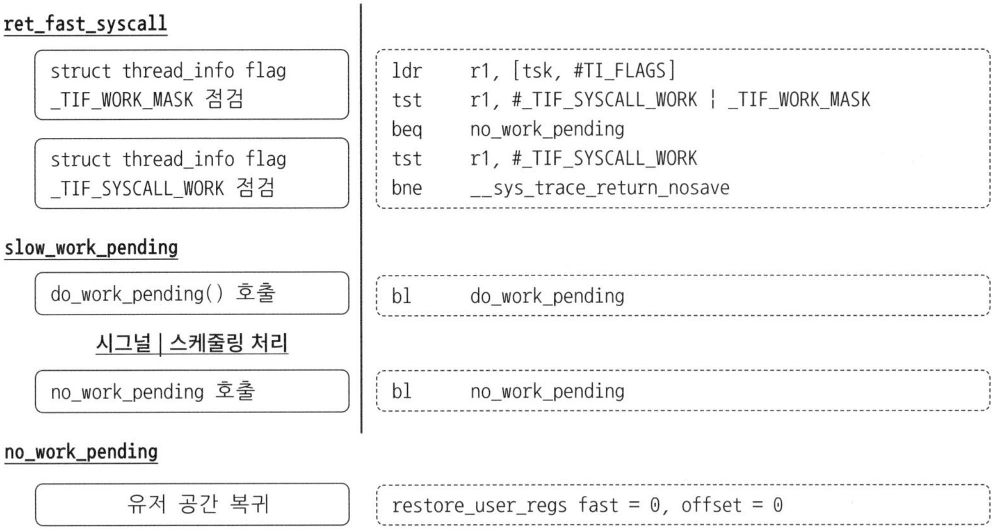

```
ret_fast_syscall

  struct thread_info flag           ldr     r1, [tsk, #TI_FLAGS]
  _TIF_WORK_MASK 점검               tst     r1, #_TIF_SYSCALL_WORK | _TIF_WORK_MASK
                                    beq     no_work_pending
  struct thread_info flag           tst     r1, #_TIF_SYSCALL_WORK
  _TIF_SYSCALL_WORK 점검            bne     __sys_trace_return_nosave

slow_work_pending

  do_work_pending() 호출            bl      do_work_pending

        시그널 | 스케줄링 처리

  no_work_pending 호출              bl      no_work_pending

no_work_pending

        유저 공간 복귀              restore_user_regs fast = 0, offset = 0
```

그림 11.9 ret_fast_syscall 레이블의 실행 흐름

보다시피 ret_fast_syscall 레이블의 핵심 동작은 시스템 콜의 실행을 종료하고 유저 공간으로 복귀하는 것입니다.

각 단계별로 어떤 동작을 하는지 살펴봅시다.

1단계: ret_fast_syscall 레이블 실행

프로세스 최상단 주소에 있는 thread_info 구조체의 flags 필드가 _TIF_WORK_MASK 플래그에 선언된 비트를 포함하는지 점검합니다. 만약 flags 필드가 _TIF_WORK_MASK를 구성하는 비트 플래그를 포함하지 않으면 다음 조건으로 처리합니다.

1) TIF_SYSCALL_WORK이면?

    __sys_trace_return_nosave 레이블을 실행해 ftrace의 sys_exit 이벤트 로그를 실행한 후 유저 공간으로 복귀

2) TIF_SYSCALL_WORK가 아니면?

    no_work_pending 레이블을 실행해서 유저 공간으로 복귀

2단계: slow_work_pending 레이블 실행

do_work_pending() 함수를 호출해서 시그널 및 선점 스케줄링을 처리할 조건인지 다시 체크한 다음 후속 루틴(시그널을 처리 혹은 선점 스케줄링)을 실행합니다. 리눅스 커널 관점에서 눈여겨봐야 할 레이블 코드입니다.

3단계: no_work_pending 레이블 실행

restore_user_regs 매크로를 실행해 유저 공간으로 복귀합니다.

ret_fast_syscall 레이블의 전체 실행 흐름을 살펴봤으니 다음 절에서는 각 레이블이 어떤 동작을 하는지 어셈블리 코드 분석으로 알아보겠습니다.

11.5.3 시그널 전달 및 스케줄링 실행 조건 점검

이번 절에서는 다음 레이블의 어셈블리 코드를 분석합니다.

- ret_fast_syscall 레이블
- slow_work_pending 레이블
- do_work_pending() 함수

앞에서 언급된 함수를 분석하면 시스템 콜 핸들링을 마친 후 커널이 시그널 전달과 선점 스케줄링 실행 조건을 어떻게 점검하는지 파악할 수 있습니다.

ret_fast_syscall 레이블의 코드 분석

시스템 콜 핸들러의 실행을 마무리한 후 유저 공간으로 복귀하는 동작의 출발점은 ret_fast_syscall 레이블입니다.

먼저 ret_fast_syscall 레이블의 코드를 분석하겠습니다.

https://github.com/raspberrypi/linux/blob/rpi-4.19.y/arch/arm/kernel/entry-common.S

```
ret_fast_syscall:
01    str    r0, [sp, #S_R0 + S_OFF]!       @ save returned r0
02    disable_irq_notrace                    @ disable interrupts
03    ldr    r2, [tsk, #TI_ADDR_LIMIT]
04    cmp    r2, #TASK_SIZE
05    blne   addr_limit_check_failed
06    ldr    r1, [tsk, #TI_FLAGS]            @ re-check for syscall tracing
07    tst    r1, #_TIF_SYSCALL_WORK | _TIF_WORK_MASK
08    beq    no_work_pending
09 ENDPROC(ret_fast_syscall)
10    tst    r1, #_TIF_SYSCALL_WORK
11    bne    __sys_trace_return_nosave
```

```
12 slow_work_pending:
13     mov     r0, sp                      @ 'regs'
14     mov     r2, why                     @ 'syscall'
15     bl      do_work_pending
16     cmp     r0, #0
17     beq     no_work_pending
```

ret_fast_syscall 레이블의 핵심 동작은 다음과 같습니다.

> **프로세스가 선점 스케줄링될 조건 혹은 시그널을 받았는지 체크한 후 slow_work_pending 레이블을 실행한다.**

6~8번째 줄을 보겠습니다.

```
06     ldr     r1, [tsk, #TI_FLAGS]             @ re-check for syscall tracing
07     tst     r1, #_TIF_SYSCALL_WORK | _TIF_WORK_MASK
08     beq     no_work_pending
```

6번째 줄의 어셈블리 코드를 분석하겠습니다. 프로세스 스택의 최상단 주소를 저장한 r9(tsk) 레지스터를 통해 thread_info 구조체의 첫 번째 필드인 flags를 로딩합니다.

6번째 줄에서 보이는 tsk는 r9 레지스터를 의미합니다.

https://github.com/raspberrypi/linux/blob/rpi-4.19.y/arch/arm/kernel/entry-header.S

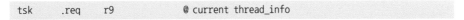

```
tsk     .req    r9                  @ current thread_info
```

시스템 콜이 발생하면 실행되는 vector_swi 레이블에서 r9 레지스터에 프로세스 스택의 최상단 주소를 저장했습니다. 그런데 r9 레지스터는 vector_swi 레이블에서 시스템 콜 핸들러의 서브 루틴을 호출할 때 스택에 푸시합니다. 이후 시스템 콜 핸들러 함수와 커널의 내부 함수의 실행을 마무리한 후 ret_fast_syscall 레이블로 복귀할 때 이미 스택에 푸시한 r9 레지스터를 로딩합니다.

flags가 (_TIF_SYSCALL_WORK | _TIF_WORK_MASK) 매크로로 선언된 비트를 포함하지 않으면 no_work_pending 레이블을 실행해 유저 공간으로 복귀합니다.(no_work_pending 레이블은 조금 후에 분석할 예정입니다). **즉, 대부분 시스템 콜 처리를 마치면 이 흐름으로 유저 공간으로 복귀합니다.**

다음의 10~11번째 줄은 thread_info 구조체의 flags가 _TIF_SYSCALL_WORK | _TIF_WORK_MASK로 설정된 경우 실행되는 코드입니다.

```
10  tst     r1, #_TIF_SYSCALL_WORK
11  bne     __sys_trace_return_nosave
```

flags가 _TIF_SYSCALL_TRACE, _TIF_SYSCALL_AUDIT, _TIF_SYSCALL_TRACEPOINT, _TIF_SECCOMP 플래그 중 하나로 설정돼 있으면 __sys_trace_return_nosave 레이블을 실행합니다.

https://github.com/raspberrypi/linux/blob/rpi-4.19.y/arch/arm/include/asm/thread_info.h

```
#define _TIF_SYSCALL_WORK (_TIF_SYSCALL_TRACE | _TIF_SYSCALL_AUDIT | \
            _TIF_SYSCALL_TRACEPOINT | _TIF_SECCOMP)
```

위 _TIF_SYSCALL_WORK 플래그는 현재 시스템이 시스템 콜을 디버깅하도록 설정돼 있다는 의미입니다.

ret_fast_syscall 레이블의 어셈블리 코드 분석을 통해 다음과 같은 내용을 알게 됐습니다.

- 프로세스 스택의 최상단 주소에 접근해 thread_info 구조체의 flags가 _TIF_WORK_MASK 매크로에 선언된 플래그 중에 포함돼 있는지 점검
- 만약 이 flags 값이 _TIF_WORK_MASK 매크로에 선언된 플래그 중 하나이면 slow_work_pending 레이블을 실행하고, 아니면 유저 공간으로 복귀

slow_work_pending 레이블의 코드 분석

이번에는 thread_info 구조체의 flags가 _TIF_WORK_MASK 매크로에 선언된 플래그 중 하나이면 실행되는 slow_work_pending 레이블의 어셈블리 코드를 분석할 차례입니다. 분석할 코드는 다음과 같습니다.

```
12  slow_work_pending:
13      mov     r0, sp          @ 'regs'
14      mov     r2, why         @ 'syscall'
15      bl      do_work_pending
16      cmp     r0, #0
17      beq     no_work_pending
```

slow_work_pending 레이블의 핵심은 시그널 처리와 선점 스케줄링을 실행하기 위해 do_work_pending() 함수를 호출하는 동작입니다.

13~14번째 줄과 같이 스택 주소를 r0 레지스터에 저장하고, r2 레지스터에는 시스템 콜 테이블의 주소를 저장합니다.

어셈블리 코드를 분석하다 보니 다음과 같은 의문이 생깁니다. 14번째 줄에 보이는 'why'의 정체가 무엇일까요?

why는 시스템 콜 테이블 주소를 저장하고 있는 r8 레지스터입니다. 이제 그 이유를 설명하겠습니다. 처음 시스템 콜이 발생하면 vector_swi 레이블이 실행됩니다. 이미 vector_swi 레이블에서 시스템 콜 테이블의 주소는 r8 레지스터에 저장한 후 스택에 푸시를 합니다. r9 레지스터와 마찬가지로 ret_fast_syscall 레이블로 복귀할 때 스택에 저장된 r8 레지스터를 로딩해 후속 처리를 하는 것입니다.

https://github.com/raspberrypi/linux/blob/rpi-4.19.y/arch/arm/kernel/entry-header.S

```
tbl .req    r8      @ syscall table pointer
why .req    r8      @ Linux syscall (!= 0)
```

위 선언문과 같이 why는 시스템 콜 테이블의 주소를 저장하고 있는 r8 레지스터임을 알 수 있습니다.

15번째 줄에서는 do_work_pending() 함수를 호출해서 시그널과 스케줄링 처리를 합니다.

이번에는 slow_work_pending 레이블에서 do_work_pending() 함수를 호출하기 전에 이 함수로 전달하는 인자를 점검합시다.

- r0 레지스터: 유저 공간에서 실행된 레지스터가 저장된 스택(커널 프로세스의 스택 주소)
- r1 레지스터: thread_info 구조체의 flags 필드
- r2 레지스터: 시스템 콜 테이블의 주소

어셈블리 코드에서 C 언어로 구현된 함수를 호출할 때는 ARM 아키텍처의 함수 호출 규약(AAPCS: Procedure Call Standard for the Arm Architecture)에 따라 함수 인자를 어떤 레지스터로 전달하는지 파악할 필요가 있습니다.

do_work_pending() 함수 분석

이번에는 do_work_pending() 함수를 분석할 차례입니다.

https://github.com/raspberrypi/linux/blob/rpi-4.19.y/arch/arm/kernel/signal.c

```
01 asmlinkage int
02 do_work_pending(struct pt_regs *regs, unsigned int thread_flags, int syscall)
03 {
04     trace_hardirqs_off();
05     do {
06             if (likely(thread_flags & _TIF_NEED_RESCHED)) {
```

```
07                    schedule();
08          } else {
09                    if (unlikely(!user_mode(regs)))
10                        return 0;
11                    local_irq_enable();
12                    if (thread_flags & _TIF_SIGPENDING) {
13                        int restart = do_signal(regs, syscall);
```

do_work_pending() 함수의 핵심 동작은 다음과 같습니다.

- do_signal() 함수를 호출해 시그널을 받아 처리 시작
- schedule() 함수를 실행해 스케줄링 시작

이 점을 염두에 두고 소스코드 분석에 들어갑시다. 먼저 6번째 줄을 먼저 보겠습니다.

```
06              if (likely(thread_flags & _TIF_NEED_RESCHED)) {
07                    schedule();
```

thread_flags가 _TIF_NEED_RESCHED를 포함하고 있으면 schedule() 함수를 호출해서 스케줄링을 실행합니다. 시스템 콜을 처리를 완료한 후 선점 스케줄링되는 동작입니다.

다음으로 12번째 줄을 보겠습니다.

```
12                    if (thread_flags & _TIF_SIGPENDING) {
13                        int restart = do_signal(regs, syscall);
```

thread_flags가 _TIF_SIGPENDING을 포함하고 있으면 **"프로세스가 시그널을 받았다"**로 해석할 수 있습니다. 이 조건이면 do_signal() 함수를 실행해서 프로세스에게 전달된 시그널을 처리합니다.

리눅스에서는 프로세스 간 통신을 위해 시그널이란 메시지를 이용합니다. 시그널 생성을 하면 시그널을 받을 프로세스의 thread_info 구조체의 flags는 _TIF_SIGPENDING으로 설정됩니다. 위 코드는 시그널을 받아 처리하는 do_signal() 함수를 호출하는 것입니다.

시스템 콜이 리눅스 커널 시스템 관점에서 매우 중요한 이유가 여기 있습니다. **시스템 콜 핸들러에서 실행을 마친 다음 유저 공간으로 복귀하기 직전에 ret_fast_syscall 레이블에서 스케줄링과 시그널 처리를 하기 때문입니다.**

 각 세부 동작은 10장 '스케줄러'(10.6.6절)와 12장 '시그널'(12.5.1절)에서 다룹니다.

11.5.4 유저 공간으로 복귀

이전 절에서는 slow_work_pending 레이블에서 do_work_pending() 함수를 호출하는 동작까지 확인했습니다.

- 프로세스에게 시그널이 전달되지 않았거나 스케줄링을 실행할 조건이 아니면 no_work_pending 레이블을 실행한다.
- no_work_pending 레이블은 유저 공간으로 복귀하는 동작을 수행한다.

no_work_pending 레이블을 실행하는 동작은 다음과 같이 2단계로 나눌 수 있습니다.

- 1단계: 유저 모드로 ARM 상태 레지스터를 변경
- 2단계: 프로세스의 스택에 저장된 유저 프로세스가 실행했던 레지스터 세트를 ARM 레지스터에 로딩

정리하면 no_work_pending 레이블은 **시스템 콜 핸들링을 마치고 유저 공간으로 복귀하는 임무를 수행합니다.**

no_work_pending 레이블 코드 분석

이제 no_work_pending 레이블의 코드를 분석할 차례입니다.

https://github.com/raspberrypi/linux/blob/rpi-4.19.y/arch/arm/kernel/entry-common.S

```
01 no_work_pending:
02     asm_trace_hardirqs_on save = 0
03
04     /* perform architecture specific actions before user return */
05     arch_ret_to_user r1, lr
06     ct_user_enter save = 0
07
08     restore_user_regs fast = 0, offset = 0
```

8번째 줄을 보면 "fast = 0, offset = 0"이라는 인자로 restore_user_regs 매크로를 실행해서 유저 공간으로 복귀합니다.

restore_user_regs 매크로 분석

restore_user_regs 매크로 코드는 다음과 같습니다.

https://github.com/raspberrypi/linux/blob/rpi-4.19.y/arch/arm/kernel/entry-header.S

```
01      .macro restore_user_regs, fast = 0, offset = 0
02      uaccess_enable r1, isb=0
...
03 #if defined(CONFIG_CPU_V6) || defined(CONFIG_CPU_32v6K)
04      @ We must avoid clrex due to Cortex-A15 erratum #830321
05      strex  r1, r2, [r2]            @ clear the exclusive monitor
#endif
06      .if     \fast
07      ldmdb   r2, {r1 - lr}^          @ get calling r1 - lr
08      .else
09      ldmdb   r2, {r0 - lr}^          @ get calling r0 - lr
10      .endif
11      mov     r0, r0                 @ ARMv5T and earlier require a nop
12                                     @ after ldm {}^
13      add     sp, sp, #\offset + PT_REGS_SIZE
14      movs    pc, lr                 @ return & move spsr_svc into cpsr
```

9번째 줄에서 프로세스의 스택 공간에 저장된 유저 프로세스가 실행했던 레지스터 세트를 ARM 코어의 레지스터에 로딩합니다. 유저 프로세스는 유저 공간과 커널 공간별로 스택이 따로 존재합니다. 유저 프로세스가 커널 공간에서 실행을 마치고 유저 공간으로 복귀해야 하니 유저 공간에서 실행했던 레지스터 세트를 다시 로딩하는 것입니다. 여기서 fast라는 인자가 0이므로 9번째 줄을 실행하는 것입니다.

13번째 줄에서 스택 주소를 업데이트한 후, 14번째 줄에서 유저 공간으로 복귀하도록 처리합니다.

이번 절에서 코드 분석으로 다음과 같은 내용을 알게 됐습니다.

첫째, ret_fast_syscall 레이블은 언제 실행할까?

시스템 콜 핸들러 실행을 마치고 유저 공간으로 복귀하기 직전에 실행합니다.

둘째, ret_fast_syscall 레이블에서는 어떤 동작을 수행할까?

프로세스가 자신에게 전달된 시그널이 있는지와 프로세스가 선점 스케줄링될 조건인지 점검합니다. 이 조건을 만족하면 시그널을 받거나 선점 스케줄링을 실행합니다. 만약 프로세스에게 전달된 시그널이 없거나 선점 스케줄링 될 상황이 아니면 유저 공간으로 복귀합니다.

셋째, `ret_fast_syscall` 레이블이 커널 관점에서 중요한 이유는 무엇일까?

유저 프로세스의 시그널 전달과 선점 스케줄링의 시작점이기 때문입니다.

11.6 시스템 콜 관련 함수

시스템 콜 관련 리눅스 커널 코드를 분석을 시작할 때 가장 먼저 만나는 걸림돌은 시스템 콜 핸들러 함수를 찾기가 어렵다는 점입니다. 이번 절에서는 시스템 콜 핸들러 구현 방식과 전처리 코드로 시스템 콜 핸들러 함수를 빨리 읽는 방법을 소개합니다.

11.6.1 SYSCALL_DEFINEx 매크로 분석

시스템 콜 관련 리눅스 커널 코드를 분석하려고 할 때 가장 먼저 만나는 걸림돌은 **시스템 콜 핸들러 함수의 위치가 어딘지 모르겠다는 것**입니다.

한 가지 예를 들어 봅시다. POSIX write와 read 시스템 콜의 시스템 콜 핸들러 함수는 각각 sys_write()와 sys_read()입니다. 그런데 아무리 소스코드에서 sys_write()와 sys_read() 함수를 검색해도 코드의 위치를 찾기 어렵습니다. 그 이유는 무엇일까요?

시스템 콜 핸들러 함수는 리눅스 커널에서 제공하는 `SYSCALL_DEFINE1`과 같은 매크로로 함수로 선언돼 있기 때문입니다.

그럼 시스템 콜 핸들러 함수의 구현부 위치를 알기 위해 시스템 콜 핸들러 함수를 어떻게 선언하는지 알아보겠습니다. 시스템 콜 핸들러는 처리하는 인자의 개수에 따라 다음과 같이 선언합니다.

```
SYSCALL_DEFINEx(시스템 콜 함수 이름, 1번째 인자 타입, 1번째 인자 이름, 2번째 인자 타입, 2번째
인자 이름,...)
```

여기서 x는 시스템 콜에 전달하는 인자의 개수를 의미합니다.

실제 시스템 콜 핸들러는 다음 코드와 같이 선언돼 있습니다.

```
01 SYSCALL_DEFINE1(exit, int, error_code)
02 SYSCALL_DEFINE2(kill, pid_t, pid, int, sig)
03 SYSCALL_DEFINE3(read, unsigned int, fd, char __user *, buf, size_t, count)
```

```
04 SYSCALL_DEFINE4(reboot, int, magic1, int, magic2, unsigned int, cmd, void __user *, arg)
05 SYSCALL_DEFINE5(clone, unsigned long, clone_flags, unsigned long, newsp,
06              int __user *, parent_tidptr,
07              unsigned long, tls,
08              int __user *, child_tidptr)
09 SYSCALL_DEFINE6(epoll_pwait, int, epfd, struct epoll_event __user *, events,
10              int, maxevents, int, timeout, const sigset_t __user *, sigmask,
11              size_t, sigsetsize)
```

위에서 본 목록 중 02번째 줄에 있는 시스템 콜 핸들러 함수의 이름을 해석하는 방법을 알아보겠습니다. 먼저 exit 시스템 콜 핸들러 함수의 구현부를 보겠습니다.

https://github.com/raspberrypi/linux/blob/rpi-4.19.y/kernel/exit.c

```
01 SYSCALL_DEFINE1(exit, int, error_code)
02 {
03     do_exit((error_code&0xff)<<8);
04 }
```

01번째 줄을 보면 'SYSCALL_DEFINE1(exit, int, error_code)'로 함수가 보입니다. 필자가 처음 위와 같은 시스템 콜 함수를 봤을 때는 다음과 같이 생각했었습니다.

"함수 이름이 SYSCALL_DEFINE1()이네. 뭔가 이상하다?"

위와 같은 코드를 보면 여러분은 다음과 같이 해석했으면 좋겠습니다.

- exit에 대한 시스템 콜 핸들러다.
- 함수 이름은 sys_exit()일 것이다.
- sys_exit() 함수에 전달되는 인자는 1개이며, int error_code다.

처음 리눅스 커널 코드를 분석하는 분의 입장에서 낯선 코드인 것은 분명합니다. 하지만 소스코드를 분석해보면 왜 이렇게 함수를 매크로 타입으로 선언했는지 알 수 있습니다. 먼저 시스템 콜 핸들러 함수의 이름을 짓는 규칙은 다음과 같습니다.

```
SYSCALL_DEFINE1("시스템 콜 함수 이름", "인자 유형", "인자 이름")
```

그러면 어떤 기준으로 위와 같이 시스템 콜 핸들러 함수를 해석할 수 있을까요? 정답은 SYSCALL_DEFINE1() 매크로 함수의 선언부에서 확인할 수 있습니다.

SYSCALL_DEFINEx 매크로 분석

SYSCALL_DEFINEx 매크로 함수의 실제 구현부는 다음과 같습니다.

https://github.com/raspberrypi/linux/blob/rpi-4.19.y/include/linux/syscalls.h

```
01 #define SYSCALL_DEFINE0(sname)                      \
02     SYSCALL_METADATA(_##sname, 0);                  \
03     asmlinkage long sys_##sname(void)
04
05 #define SYSCALL_DEFINE1(name, ...) SYSCALL_DEFINEx(1, _##name, __VA_ARGS__)
06 #define SYSCALL_DEFINE2(name, ...) SYSCALL_DEFINEx(2, _##name, __VA_ARGS__)
07 #define SYSCALL_DEFINE3(name, ...) SYSCALL_DEFINEx(3, _##name, __VA_ARGS__)
08 #define SYSCALL_DEFINE4(name, ...) SYSCALL_DEFINEx(4, _##name, __VA_ARGS__)
09 #define SYSCALL_DEFINE5(name, ...) SYSCALL_DEFINEx(5, _##name, __VA_ARGS__)
10 #define SYSCALL_DEFINE6(name, ...) SYSCALL_DEFINEx(6, _##name, __VA_ARGS__)
11
12 #define SYSCALL_DEFINE_MAXARGS    6
13
14 #define SYSCALL_DEFINEx(x, sname, ...)               \
15     SYSCALL_METADATA(sname, x, __VA_ARGS__)          \
16     __SYSCALL_DEFINEx(x, sname, __VA_ARGS__)
17
18 #define __PROTECT(...) asmlinkage_protect(__VA_ARGS__)
19 #define __SYSCALL_DEFINEx(x, name, ...)              \
...
20             asmlinkage long sys##name(__MAP(x,__SC_DECL,__VA_ARGS__))  \
21         __attribute__((alias(__stringify(SyS##name)))); \
```

먼저 1~10번째 줄을 보겠습니다. SYSCALL_DEFINE1 ~ SYSCALL_DEFINE6 매크로는 각각 SYSCALL_DEFINEx 매크로로 치환되며, 시스템 콜 함수의 인자 개수를 첫 번째 인자로 전달합니다.

16번째 줄과 같이 SYSCALL_DEFINEx() 매크로의 구현부를 보면 __SYSCALL_DEFINEx() 매크로로 치환됩니다.

20번째 줄을 보면 시스템 콜 핸들러 함수의 이름을 다음과 같은 규칙으로 생성한다는 사실을 알 수 있습니다.

```
sys##name
```

이 규칙에 따라 시스템 콜 핸들러 함수의 이름은 컴파일 과정에서 정해집니다. 그렇다면 다음 시스템 콜 핸들러 함수의 이름은 어떻게 해석할 수 있을까요?

```
01 SYSCALL_DEFINE1(exit, int, error_code)
02 SYSCALL_DEFINE2(kill, pid_t, pid, int, sig)
03 SYSCALL_DEFINE3(read, unsigned int, fd, char __user *, buf, size_t, count)
```

앞에서 설명한 규칙에 따라 01~03번째 시스템 콜 핸들러 함수 이름은 각각 sys_exit()/sys_kill()/sys_read()로 볼 수 있습니다.

SYSCALL_DEFINE3 시스템 콜의 변환 과정: sys_write()

이번에는 write 시스템 콜 핸들러인 sys_write() 함수가 치환되는 과정을 예로 들어 살펴보겠습니다.

https://github.com/raspberrypi/linux/blob/rpi-4.19.y/fs/read_write.c

```
01 SYSCALL_DEFINE3(write, unsigned int, fd, const char __user *, buf,
02          size_t, count)
03 {
04     return ksys_write(fd, buf, count);
05 }
```

앞에서 분석한 매크로 치환 규칙에 따라 다음 형식으로 함수를 선언합니다.

```
01 SYSCALL_DEFINE3(write, unsigned int, fd, const char __user *, buf,
02          size_t, count)
03
04 SYSCALL_DEFINEx(3, _write, __VA_ARGS__)
05
06 asmlinkage long sys_write(__MAP(x,__SC_DECL,__VA_ARGS__)) \
07          __attribute__((alias(__stringify(SyS_write))));
```

다음 매크로 선언부에 따라 01~02번째 줄의 매크로 선언부는 04번째 줄의 코드로 변환됩니다.

```
#define SYSCALL_DEFINE3(name, ...) SYSCALL_DEFINEx(3, _##name, __VA_ARGS__)
#define SYSCALL_DEFINE3(write, ...) SYSCALL_DEFINEx(3, _write, __VA_ARGS__)
```

이어서 다음 매크로에 따라 04번째 줄은 06~07번째 줄의 코드로 변환됩니다.

```
#define SYSCALL_DEFINEx(x, sname, ...)                    \
    SYSCALL_METADATA(sname, x, __VA_ARGS__)               \
    __SYSCALL_DEFINEx(x, sname, __VA_ARGS__)
```

따라서 write, read를 첫 번째 인자로 삼아 시스템 콜 함수를 선언하면 SYSCALL_DEFINE3 매크로에서 구현부 규칙에 따라 구현부가 sys_write()와 sys_read() 함수로 바뀌는 것입니다.

11.6.2 전처리 코드에서 시스템 콜 핸들러 확인

이처럼 시스템 콜 핸들러 함수는 커널에서 제공하는 매크로 함수로 구현됐습니다. 이번에는 전처리 코드에서 시스템 콜 핸들러의 구현부를 찾는 방법을 소개합니다.

먼저 커널 소스에서 sys_read() 시스템 콜 핸들러 함수를 찾는 방법을 알아보겠습니다. 먼저 다음 명령어를 입력해봅시다.

```
root@raspberrypi:/home/pi/rpi_kernel_src/linux #egrep -nr SYSCALL_DEFINE * | grep read
...
fs/read_write.c:566:SYSCALL_DEFINE3(read, unsigned int, fd, char __user *, buf, size_t, count)
```

'egrep -nr SYSCALL_DEFINE * | grep read' 명령어는 다음과 같은 동작을 처리합니다.

- 리눅스 커널 코드에서 'SYSCALL_DEFINE' 문자열을 찾아라.
- 'SYSCALL_DEFINE' 문자열이 들어있는 파일 중에서 "read"라는 문자열이 있는 결과만 라인(행)을 화면에 출력해라.

시스템 콜 핸들러는 SYSCALL_DEFINE으로 시작하는 매크로로 선언됐으니 이 매크로로 검색하고 grep 명령어로 지정한 이름이 포함된 결과를 출력하는 명령어입니다.

시스템 콜 핸들러는 SYSCALL_DEFINEx(x는 인자의 개수를 나타내며, 0~6 범위의 숫자) 매크로를 써서 선언됐습니다. 이 정보를 활용해서 코드를 검색한 것입니다.

이어서 sys_write() 시스템 콜 핸들러를 찾으려면 다음 명령어를 입력하면 됩니다.

```
root@raspberrypi:/home/pi/rpi_kernel_src/linux #egrep -nr SYSCALL_DEFINE *  | grep write
...
fs/read_write.c:581:SYSCALL_DEFINE3(write, unsigned int, fd, const char __user *, buf,
```

보다시피 write 시스템 콜 핸들러 함수의 위치는 fs/read_write.c의 581번째 줄입니다.

그런데 전처리 코드를 보면 시스템 콜 핸들러 함수를 더 쉽게 확인할 수 있습니다. 다음 전처리 코드를
봅시다.

out/fs/.tmp_read_write.i

```
01 long sys_write(unsigned int fd, const char * buf, size_t count)
__attribute__((alias("__se_sys_write")));
...
02 {
03     return ksys_write(fd, buf, count);
04 }
05
...
06 long sys_read(unsigned int fd, char * buf, size_t count) __attribute__((alias("__se_sys_read")));
...
07 {
08     return ksys_read(fd, buf, count);
U9 }
```

2번째 줄과 07번째 줄을 보면 각각 sys_write()와 sys_read() 함수의 시작 부분과 구현부를 볼 수 있습
니다. 새로운 시스템 콜 핸들러를 찾을 때 전처리 코드에서 이 방식으로 찾아서 검색해 봅시다.

이처럼 전처리 코드는 매크로를 모두 풀어서 커널 코드를 표현하므로 코드를 더 직관적으로 읽을 수 있
습니다.

11.7 시스템 콜 디버깅

이번 절에서는 다음과 같은 시스템 콜 디버깅 방법을 다룹니다.

- ftrace로 시스템 콜 디버깅하기
- strace로 시스템 콜 디버깅하기
- strace와 ftrace를 함께 써서 시스템 콜 디버깅하기

ftrace로 시스템 콜을 디버깅하는 방법은 가상 파일 시스템과 시그널에서 활용하니 잘 기억해둡시다. 먼저 ftrace로 시스템 콜의 동작을 확인하는 방법부터 알아보겠습니다.

11.7.1 ftrace 시스템 콜 이벤트

시스템 콜 관련 코드를 분석하다 보면 다음과 같은 의문이 생길 수 있습니다.

- 평소 시스템 콜은 얼마나 자주 발생할까?
- 시스템 콜 번호는 어떻게 확인할 수 있을까?

ftrace 메시지를 보면 이런 궁금증을 해소할 수 있습니다. ftrace에서는 시스템 콜의 동작을 트레이싱하는 다음과 같은 이벤트를 제공합니다.

- sys_enter
- sys_exit

먼저 위 ftrace 이벤트를 활성화하는 방법부터 알아보겠습니다.

ftrace: sys_enter와 sys_exit 이벤트 활성화

ftrace의 sys_enter와 sys_exit 이벤트를 활성화하려면 다음 명령어를 입력해야 합니다. 즉, enable 파일에 1을 쓰면 됩니다.

```
echo 1 > /sys/kernel/debug/tracing/events/raw_syscalls/sys_enter/enable
echo 1 > /sys/kernel/debug/tracing/events/raw_syscalls/sys_exit/enable
```

참고로 부팅할 때 위 경로에 위치한 enable 파일은 기본적으로 0으로 설정돼 있습니다.

시스템 콜에 대한 ftrace 이벤트를 설정하는 전체 명령어는 다음과 같습니다.

```
#!/bin/bash

echo  > /sys/kernel/debug/tracing/set_event
sleep 1

echo 0 > /sys/kernel/debug/tracing/tracing_on
sleep 1
```

```
echo nop > /sys/kernel/debug/tracing/current_tracer
sleep 1"

echo 1 > /sys/kernel/debug/tracing/events/raw_syscalls/sys_enter/enable
echo 1 > /sys/kernel/debug/tracing/events/raw_syscalls/sys_exit/enable
sleep 1

echo 1 > /sys/kernel/debug/tracing/tracing_on
sleep 1
```

위 명령어에서 가장 중요한 부분은 다음과 같습니다.

```
echo 1 > /sys/kernel/debug/tracing/events/raw_syscalls/sys_enter/enable
echo 1 > /sys/kernel/debug/tracing/events/raw_syscalls/sys_exit/enable
```

sys_enter와 sys_exit에 대한 ftrace 이벤트를 활성화하는 명령어입니다.

위 코드를 다음과 같이 syscall_ftrace.sh라는 파일로 저장해서 실행하면 효율적으로 ftrace 설정을 할 수 있습니다.

```
root@raspberrypi:/home/pi# ./syscall_ftrace.sh
```

위 셸 스크립트 파일을 실행해서 시스템 콜 이벤트를 설정합니다. 라즈베리 파이에서 터미널만 연 상태로 있다가 10초 후에 3.4.4절에서 소개한 get_ftrace.sh라는 셸 스크립트 파일을 실행해 ftrace 로그를 받습니다.

이어서 sys_enter/sys_exit에 대한 ftrace 이벤트 메시지를 보는 방법을 배워봅시다. 먼저 sys_enter 이벤트 메시지를 살펴보겠습니다.

ftrace: sys_enter 이벤트

ftrace에서 sys_enter 이벤트가 출력하는 세부 정보는 다음과 같습니다.

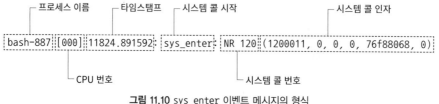

그림 11.10 sys_enter 이벤트 메시지의 형식

sys_enter 메시지에서 특히 눈여겨봐야 할 부분은 다음과 같습니다.

- 시스템 콜 번호
- 시스템 콜 실행을 시작한 시각
- 시스템 콜 핸들러 함수로 전달된 인자

위 sys_enter 메시지에서 보이는 정보를 모으면 다음과 같이 해석할 수 있습니다.

pid가 887인 bash 프로세스가 11824.891592초에 120번 시스템 콜 실행을 시작했다.

ftrace: sys_exit 이벤트

이어서 sys_exit 이벤트는 어떤 정보를 출력하는지 확인해 보겠습니다.

그림 11.11 sys_exit 이벤트 메시지의 형식

sys_exit 메시지에서 특히 눈여겨봐야 할 정보는 다음과 같습니다.

- 시스템 콜 실행을 종료한 시각
- 시스템 콜이 실행한 후 반환하는 값

위 sys_exit 메시지를 토대로 다음과 같은 사실을 알 수 있습니다.

pid가 887인 bash 프로세스가 120번 시스템 콜을 11824.893365초에 마무리했다. 유저 공간으로 복귀하기 직전 시점이다.

여기까지 시스템 콜 이벤트에 대한 메시지 정보를 해석하는 방법을 알아봤습니다. 이어서 실제 ftrace 로그를 보면서 시스템 콜 메시지를 해석하는 방법을 배워 봅시다.

```
01 bash-887  [000] 11824.891592: sys_enter: NR 120 (1200011, 0, 0, 0, 76f88068, 0)
02 bash-887  [000] 11824.893365: sys_exit: NR 120 = 894
03 bash-887  [000] 11824.893835: sys_enter: NR 3 (3, 7ec6b0f0, 200, 0, 76f71000, 0)
04 bash-887  [000] 11824.893852: sys_exit: NR 3 = 512
```

1번째와 3번째 줄에서 보이는 sys_enter 메시지로 시스템 콜이 실행을 시작한다는 사실을 알 수 있습니다. 다음으로 2번째와 4번째 줄에서 출력하는 sys_exit 메시지는 시스템 콜의 실행을 마무리하는 동작을 출력합니다.

유저 공간에서 시스템 콜이 발생하면 커널 공간으로 실행 흐름이 바뀐 후 시스템 콜 핸들러에서 커널 함수를 호출합니다. 다음으로 시스템 콜 종류에 따라 커널 내부 함수를 호출합니다. 이 처리를 마친 후 ret_fast_syscall 레이블을 실행해 유저 공간으로 다시 복귀합니다. sys_exit 메시지는 이 시점에서 ftrace 로그를 출력합니다.

다음으로 시스템 콜 번호를 확인해 보겠습니다. 1번째 줄에서 보이는 "NR 120" 메시지는 시스템 콜 번호를 의미합니다. 또한 3번째 줄의 "NR 3" 메시지로 3번 시스템 콜이 실행됐음을 알 수 있습니다.

120번과 3번에 대응하는 시스템 콜 핸들러 함수의 이름은 무엇일까요? POSIX에서 정의한 시스템 콜 번호는 다음 경로에 위치한 헤더 파일에서 확인할 수 있습니다.

/usr/include/arm-linux-gnueabihf/asm/unistd-common.h

```
#define __NR_read          (__NR_SYSCALL_BASE+  3)
...
#define __NR_clone         (__NR_SYSCALL_BASE+120)
```

시스템 콜 번호 3번에 대한 시스템 콜 핸들러는 sys_read() 함수이고, 120번 시스템 콜 핸들러는 sys_clone() 함수임을 알 수 있습니다.

ftrace: sys_enter 이벤트의 인자 확인

ftrace의 시스템 콜에 대한 sys_enter 이벤트는 시스템 콜 핸들러에 전달된 인자를 함께 출력합니다. 이번에는 시스템 콜 핸들러에 전달된 인자의 의미를 살펴보겠습니다.

먼저 다음 로그에 전달된 인자를 살펴봅시다.

```
sys_enter: NR 120 (1200011, 0, 0, 0, 76f88068, 0)
```

위 ftrace 메시지는 6개의 인자가 전달됐으며 각 인자는 시스템 콜 핸들러 함수로 전달됐음을 보여줍니다. 참고로 clone 시스템 콜에 대한 시스템 콜 핸들러는 sys_clone() 함수이며 선언부는 다음과 같습니다.

https://github.com/raspberrypi/linux/blob/rpi-4.19.y/kernel/fork.c

```
01 SYSCALL_DEFINE5(clone, unsigned long, clone_flags, unsigned long, newsp,
02             int __user *, parent_tidptr,
03             unsigned long, tls,
04             int __user *, child_tidptr)
05
06 long sys_clone(unsigned long clone_flags, unsigned long newsp, int * parent_tidptr, unsigned
long tls, int * child_tidptr)
```

다음 ftrace 메시지와 함수 선언부에서 보이는 인자를 함께 확인해 봅시다.

```
sys_enter: NR 120 (1200011, 0, 0, 0, 76f88068, 0)
```

ftrace 이벤트 메시지와 함수의 인자를 함께 나열하면 다음과 같습니다.

- unsigned long clone_flags = 0x1200011
- unsigned long newsp = 0x0;
- int * parent_tidptr = 0x0;
- unsigned long tls = 0x0;
- int * child_tidptr = 0x76f88068;

다음으로 3번 read 시스템 콜에 대한 메시지의 인자를 분석하겠습니다.

```
sys_enter: NR 3 (3, 7ec6b0f0, 200, 0, 76f71000, 0)
```

먼저 sys_read() 함수의 구현부를 봅시다.

https://github.com/raspberrypi/linux/blob/rpi-4.19.y/fs/read_write.c

```
SYSCALL_DEFINE3(read, unsigned int, fd, char __user *, buf, size_t, count)
{
    return ksys_read(fd, buf, count);
}
```

ftrace 메시지의 정보를 함수 인자와 함께 보면 다음과 같습니다.

- unsigned int fd = 0x3

- const char __user * buf = 0x7ec6b0f0

- size_t count = 0x200

이 방식으로 시스템 콜 동작을 시스템 콜 핸들러 함수를 함께 보면서 디버깅하면 더 많은 정보를 얻을 수 있습니다.

11.7.2 ftrace 시스템 콜 핸들러의 콜 스택 확인

이번 절에서는 시스템 콜 핸들러를 ftrace에서 제공하는 '콜 스택 출력' 기능을 활용해 확인해 볼 수 있는 방법을 소개합니다. 많은 시스템 콜은 가상 파일 시스템 관련 기능을 지원하며, 커널 내부에서 다음과 같은 함수가 호출됩니다.

- open: vfs_open()

- write: vfs_write()

- read: vfs_read()

- close: vfs_close()

그런데 ftrace 필터에 vfs_xxx로 함수를 지정하면 시스템 콜 핸들러 함수의 콜 스택을 확인할 수 있습니다. 이 방법을 활용해 각 시스템 콜 번호에 해당하는 시스템 콜 핸들러를 확인합시다.

read 시스템 콜 핸들러 확인

이를 위해 다음과 같이 ftrace를 설정할 필요가 있습니다.

```bash
01 #!/bin/bash
02
03 echo 0 > /sys/kernel/debug/tracing/tracing_on
04 sleep 1
05 echo "tracing_off"
06
07 echo 0 > /sys/kernel/debug/tracing/events/enable
08 sleep 1
09 echo "events disabled"
10
11 echo  secondary_start_kernel  > /sys/kernel/debug/tracing/set_ftrace_filter
```

```
12 sleep 1
13 echo "set_ftrace_filter init"
14
15 echo function > /sys/kernel/debug/tracing/current_tracer
16 sleep 1
17 echo "function tracer enabled"
18
19 echo 1 > /sys/kernel/debug/tracing/events/raw_syscalls/sys_enter/enable
20 echo 1 > /sys/kernel/debug/tracing/events/raw_syscalls/sys_exit/enable
21
22 echo __vfs_read > /sys/kernel/debug/tracing/set_ftrace_filter
23 sleep 1
24
25 echo 1 > /sys/kernel/debug/tracing/options/func_stack_trace
26 echo 1 > /sys/kernel/debug/tracing/options/sym-offset
27 echo "function stack trace enabled"
28
29 echo 1 > /sys/kernel/debug/tracing/tracing_on
30 echo "tracing_on"
```

대부분 시스템 콜 핸들러에서 __vfs_read로 시작하는 가상 파일 시스템 인터페이스 함수를 실행합니다. 이 점을 참고해 __vfs_read() 함수에 필터를 걸고 콜 스택을 받아 보려는 것입니다.

위 명령어를 syscall_vfs_read.sh라는 파일로 저장한 다음 실행해봅시다. 이후 10초 후에 3.4.4절에서 소개한 get_ftrace.sh라는 셸 스크립트 파일을 실행해 ftrace 로그를 받습니다.

ftrace 로그를 확인하면 다음과 같은 패턴을 볼 수 있습니다.

```
01 lxterminal-844 [003] .... 1002.070447: sys_enter: NR 3 (6, 119b014, 1fec, 1000, 119b000, 76f885bc)
02 lxterminal-844 [003] .... 1002.070450: __vfs_read+0x14/0x168 <-vfs_read+0x9c/0x164
03 lxterminal-844 [003] .... 1002.070466: <stack trace>
04 => __vfs_read+0x18/0x168
05 => vfs_read+0x9c/0x164
06 => ksys_read+0x5c/0xbc
07 => sys_read+0x18/0x1c
08 => __sys_trace_return+0x0/0x10
09 => 0x7ebb9350
10 lxterminal-844 [003] .... 1002.070479: sys_exit: NR 3 = 58
```

1번째 줄에 보이는 'sys_enter: NR 3' 메시지로 보아 3번 시스템 콜의 실행을 시작했음을 알 수 있습니다.

```
01 lxterminal-844 [003] .... 1002.070447: sys_enter: NR 3 (6, 119b014, 1fec, 1000, 119b000, 76f885bc)
```

그런데 10번째 줄의 'sys_exit: NR 3' 메시지는 3번 시스템 콜의 실행이 끝났다는 정보를 출력합니다.

```
10 lxterminal-844 [003] .... 1002.070479: sys_exit: NR 3 = 58
```

2~9번째 줄 사이에서 sys_read()와 vfs_read() 함수 구간의 호출 흐름을 확인할 수 있습니다.

대부분의 시스템 콜 핸들러 함수는 sys_xxx라는 규칙으로 생성되므로 유저 공간에서 호출한 read() 함수에 대한 시스템 콜 핸들러는 sys_read() 함수임을 알 수 있습니다.

이처럼 ftrace 로그를 분석해서 **시스템 콜 번호 3번에 해당하는 시스템 콜 핸들러는 sys_read() 함수라는 사실을 알게 됐습니다.**

write 시스템 콜 핸들러 확인

이번에는 write 시스템 콜 핸들러를 확인해 보겠습니다. 이를 위해 다음 명령어를 입력해 ftrace를 설정할 필요가 있습니다.

```
01 #!/bin/bash
02
03 echo 0 > /sys/kernel/debug/tracing/tracing_on
04 sleep 1
05 echo "tracing_off"
06
07 echo 0 > /sys/kernel/debug/tracing/events/enable
08 sleep 1
09 echo "events disabled"
10
11 echo  secondary_start_kernel  > /sys/kernel/debug/tracing/set_ftrace_filter
12 sleep 1
13 echo "set_ftrace_filter init"
14
15 echo function > /sys/kernel/debug/tracing/current_tracer
16 sleep 1
```

```
17 echo "function tracer enabled"
18
19 echo 1 > /sys/kernel/debug/tracing/events/raw_syscalls/sys_enter/enable
20 echo 1 > /sys/kernel/debug/tracing/events/raw_syscalls/sys_exit/enable
21
22 echo __vfs_write > /sys/kernel/debug/tracing/set_ftrace_filter
23 sleep 1
24
25 echo 1 > /sys/kernel/debug/tracing/options/func_stack_trace
26 echo 1 > /sys/kernel/debug/tracing/options/sym-offset
27 echo "function stack trace enabled"
28
29 echo 1 > /sys/kernel/debug/tracing/tracing_on
30 echo "tracing_on"
```

ftrace를 설정하는 명령어는 다음 부분을 제외하고 이전과 동일합니다.

```
22 echo __vfs_write > /sys/kernel/debug/tracing/set_ftrace_filter
```

__vfs_write() 함수를 필터로 설정하는 명령어입니다.

이번에는 다른 패턴의 시스템 콜 정보를 ftrace 로그에서 확인해 봅시다.

```
01 bash-863 [001] .... 1002.070321: sys_enter: NR 4 (2, 127b008, 3a, 0, 3a, 127b008)
02 bash-863 [001] .... 1002.070324: __vfs_write+0x14/0x170 <-vfs_write+0xb4/0x1c0
03 bash-863 [001] .... 1002.070343: <stack trace>
04 => __vfs_write+0x18/0x170
05 => vfs_write+0xb4/0x1c0
06 => ksys_write+0x5c/0xbc
07 => sys_write+0x18/0x1c
08 => __sys_trace_return+0x0/0x10
09 => 0x7ed5fb04
10 bash-863 [001] .... 1002.070370: sys_exit: NR 4 = 58
```

1번째 줄에서 보이는 'sys_enter: NR 4' 메시지로 4번 시스템 콜의 실행을 시작했음을 알 수 있습니다.

```
01 bash-863 [001] .... 1002.070321: sys_enter: NR 4 (2, 127b008, 3a, 0, 3a, 127b008)
```

그런데 10번째 줄의 'sys_exit: NR 4' 메시지는 4번 시스템 콜의 실행이 끝났다고 출력됩니다.

```
10 bash-863 [001] .... 1002.070370: sys_exit: NR 4 = 58
```

또한 2~9번째 줄에서는 sys_write()와 vfs_write() 함수의 호출 흐름을 확인할 수 있습니다.

이번에도 ftrace 로그를 분석해서 **시스템 콜 번호 4번에 해당하는 시스템 콜 핸들러는 sys_write() 함수**라는 사실을 알게 됐습니다.

이 같은 방식으로 가상 파일 시스템 함수의 콜 스택과 시스템 콜 메시지를 ftrace로 볼 수 있습니다. 리눅스 커널의 세부 동작 방식을 더 자세히 추적할 수 있으므로 소스코드만 볼 때보다 더 유익한 디버깅 정보를 얻을 수 있습니다.

11.7.3 strace를 이용한 시스템 콜 디버깅

대부분의 리눅스 배포판에서는 유저 프로세스의 시스템 콜이나 시그널의 세부 동작을 디버깅할 수 있는 strace라는 유틸리티를 제공합니다. strace는 유저 프로세스가 실행될 때 어떤 시스템 콜을 실행했는지 자세히 알려줍니다.

이번 절에서는 라즈비안에서 strace를 이용해 시스템 콜을 디버깅하는 실습을 소개합니다. 대부분의 리눅스 배포판과 같이 strace는 라즈비안에 기본으로 설치돼 있어 바로 사용할 수 있고 다음과 같은 기능을 제공합니다.

- glibc(GNU C) 라이브러리에서 시스템 콜을 호출하는 함수의 이름을 출력
- 시스템 콜을 실행한 후의 반환값

유저 애플리케이션 코드의 작성과 컴파일

먼저 다음과 같은 코드를 작성해 봅시다.

```
01  #include <stdio.h>
02  #include <stdlib.h>
03  #include <unistd.h>
04  #include <sys/types.h>
05  #include <signal.h>
06  #include <string.h>
07  #include <fcntl.h>
08
09  #define PROC_TIMES      2
```

```
10   #define SLEEP_DURATION   2
11   #define FORK_MAX_TIMES   3
12
13   #define FILENAME_NAME "/home/pi/sample_text.txt"
14
15   void raspbian_proc_process(void);
16
17   void raspbian_proc_process(void)
18   {
19       int proc_times = 0;
20
21       for(proc_times = 0; proc_times < PROC_TIMES; proc_times++) {
22               printf("raspbian tracing ppid:%d pid:%d \n", getppid(), getpid());
23               sleep(SLEEP_DURATION);
24       }
25
26       exit(EXIT_SUCCESS);
27   }
28
29   void raspbian_file_test()
30   {
31       int fd = 0;
32       ssize_t read_buf_size;
33       off_t new_file_pos;
34
35       char buf[256];
36       char string[] = "Raspbian Linux!\n";
37
38       fd = open(FILENAME_NAME, O_RDWR);
39
40       read_buf_size = read(fd, buf, 256);
41       printf("%s", buf);
42
43       memset(buf, 0x0, sizeof(buf));
44
45       write(fd, string, strlen(string));
46
47       new_file_pos = lseek(fd, (off_t)0, SEEK_SET);
48
```

```
49        read_buf_size = read(fd, buf, 256);
50        printf("read again \n");
51        printf("[+]read buffer: %s \n", buf);
52
53      close(fd);
54  }
55
56  int main()
57  {
58      pid_t pid;
59      int fork_times = 0;
60
61      printf("About to fork process \n");
62
63      raspbian_file_test();
64
65      pid = fork();
66
67      if ( pid == 0 ) {
68            printf("start execution of child process\n");
69            raspbian_proc_process();
70      }
71
72      else if ( pid > 0 ) {
73            printf("start execution of parent process\n");
74            raspbian_proc_process();
75      }
76
77      return 0;
78  }
```

소스코드의 주요 내용은 다음과 같습니다.

1. "/home/pi/sample_text.txt" 파일을 읽어서 "Raspbian Linux!"라는 문자열을 씀: raspbian_file_test() 함수가 이 역할을 수행합니다.

2. 프로세스를 생성한 다음 부모 프로세스와 자식 프로세스에서 raspbian_proc_process() 함수를 실행

위 프로그램을 작성해서 simple_exit.c라는 이름으로 저장한 후 다음과 같은 Makefile을 만들어서 빌드하겠습니다.

```
simple_exit: simple_exit.c
    gcc -g -o simple_exit simple_exit.c
```

컴파일이 끝나면 simple_exit라는 실행 파일이 생성됩니다.

strace를 이용한 시스템 콜의 동작 분석

simple_exit 파일을 생성하고 나서 다음 명령어로 실행해 봅시다.

```
strace -fF ./simple_exit

01 root@raspberrypi:/home/pi # strace -fF ./simple_exit
02 execve("./simple_exit", ["./simple_exit"], [/* 20 vars */]) = 0
03 brk(NULL)                           = 0x32c000
04 uname({sysname="Linux", nodename="raspberrypi", ...}) = 0
05 access("/etc/ld.so.nohwcap", F_OK)      = -1 ENOENT (No such file or directory)
06 mmap2(NULL, 12288, PROT_READ|PROT_WRITE, MAP_PRIVATE|MAP_ANONYMOUS, -1, 0) = 0x76f72000
07 access("/etc/ld.so.preload", R_OK)     = 0
08 open("/etc/ld.so.preload", O_RDONLY|O_CLOEXEC) = 3
09 fstat64(3, {st_mode=S_IFREG|0644, st_size=42, ...}) = 0
10 mmap2(NULL, 42, PROT_READ|PROT_WRITE, MAP_PRIVATE, 3, 0) = 0x76f71000
11 close(3)                           = 0
12 open("/usr/lib/arm-linux-gnueabihf/libarmmem.so", O_RDONLY|O_CLOEXEC) = 3
...
13 mprotect(0x20000, 4096, PROT_READ)    = 0
14 mprotect(0x76f75000, 4096, PROT_READ)  = 0
15 munmap(0x76f1b000, 81634)             = 0
16 fstat64(1, {st_mode=S_IFCHR|0620, st_rdev=makedev(136, 0), ...}) = 0
17 brk(NULL)                           = 0x32c000
18 brk(0x34d000)                       = 0x34d000
19 write(1, "About to fork process \n", 23About to fork process
20 ) = 23
21 open("/home/pi/sample_text.txt", O_RDWR) = 3
22 read(3, "Raspberri linux\nRaspbian Linux!\n"..., 256) = 80
23 write(1, "Raspberri linux\nRaspbian Linux!\n"..., 80Raspberri linux
```

```
24 Raspbian Linux!
25 ) = 80
26 write(3, "Raspbian Linux!\n", 16)        = 16
27 lseek(3, 0, SEEK_SET)                     = 0
28 read(3, "Raspberri linux\nRaspbian Linux!\n"..., 256) = 96
29 write(1, "\1read again \n", 13
30 read again
31 )         = 13
32 write(1, "[+]read buffer: Raspberri linux\n"..., 112[+]read buffer: Raspberri linux
33 Raspbian Linux!
34 ) = 112
35 write(1, " \n", 2
36 )                     = 2
37 close(3)                        = 0
38 clone(child_stack=NULL, flags=CLONE_CHILD_CLEARTID|CLONE_CHILD_SETTID|SIGCHLD,
child_tidptr=0x76f70068) = 897
39 write(1, "start execution of parent proces"..., 34start execution of parent process
40 ) = 34
41 getppid()                       = 894
42 getpid()                        = 896
43 write(1, "raspbian tracing ppid:894 pid:89"..., 35raspbian tracing ppid:894 pid:896
44 ) = 35
45 nanosleep({tv_sec=2, tv_nsec=0}, strace: Process 897 attached
46 <unfinished ...>
47 [pid   897] write(1, "start execution of child process"..., 33start execution of child process
48 ) = 33
49 [pid   897] getppid()           = 896
50 [pid   897] getpid()            = 897
51 [pid   897] write(1, "raspbian tracing ppid:896 pid:89"..., 35raspbian tracing ppid:896 pid:897
52 ) = 35
53 [pid   897] nanosleep({tv_sec=2, tv_nsec=0}, <unfinished ...>
54 [pid   896] <... nanosleep resumed> 0x7ec6b5f8) = 0
55 [pid   896] getppid()           = 894
56 [pid   896] getpid()            = 896
57 [pid   896] write(1, "raspbian tracing ppid:894 pid:89"..., 35raspbian tracing ppid:894 pid:896
58 ) = 35
59 [pid   896] nanosleep({tv_sec=2, tv_nsec=0}, <unfinished ...>
60 [pid   897] <... nanosleep resumed> 0x7ec6b5f8) = 0
61 [pid   897] getppid()           = 896
```

```
62 [pid   897] getpid()                        = 897
63 [pid   897] write(1, "raspbian tracing ppid:896 pid:89"..., 35raspbian tracing ppid:896 pid:897
64 ) = 35
65 [pid   897] nanosleep({tv_sec=2, tv_nsec=0}, <unfinished ...>
66 [pid   896] <... nanosleep resumed> 0x7ec6b5f8) = 0
67 [pid   896] exit_group(0)                   = ?
68 [pid   896] +++ exited with 0 +++
67 <... nanosleep resumed> 0x7ec6b5f8)         = 0
exit_group(0)                                  = ?
+++ exited with 0 +++
```

1~18번째 줄에서는 simple_exit 프로그램을 실행할 때 공유 라이브러리를 로딩하는 과정을 출력합니다. 이 로그를 제외하고 simple_exit.c 코드에서 작성한 함수 트레이싱 로그는 19번째 줄부터 시작합니다.

19번째 줄을 봅시다.

```
19 write(1, "About to fork process \n", 23About to fork process
20 ) = 23
```

이 로그는 다음 코드를 실행할 때 출력됩니다.

```
    printf("About to fork process \n");
```

이번에는 로그와 코드를 함께 보면서 분석해 봅시다. 19번째 줄은 다음과 같은 사실을 말해줍니다.

printf() 라이브러리 함수 내부에서 write() 함수를 호출했으며 23개만큼 문자열을 썼다.

이어서 다음 로그를 봅시다.

```
38 clone(child_stack=NULL, flags=CLONE_CHILD_CLEARTID|CLONE_CHILD_SETTID|SIGCHLD,
child_tidptr=0x76f70068) = 897
```

위 로그는 아래 코드를 실행했을 때 출력됩니다.

```
65      pid = fork();
```

fork() 함수를 호출했는데 glibc 내부에서 clone() 함수를 호출했다는 의미입니다. clone() 함수를 호출할 때 전달하는 인자 중 플래그 정보는 다음 로그에서 확인할 수 있습니다.

```
flags=CLONE_CHILD_CLEARTID|CLONE_CHILD_SETTID|SIGCHLD
```

clone() 함수에서 반환하는 PID는 897입니다.

위와 같은 로그로 glibc 내부의 코드가 어떤 흐름으로 동작하는지 알 수 있습니다.

이번에는 63~66번째 줄을 봅시다.

```
63 [pid   897] write(1, "raspbian tracing ppid:896 pid:89"..., 35raspbian tracing ppid:896 pid:897
64 ) = 35
65 [pid   897] nanosleep({tv_sec=2, tv_nsec=0}, <unfinished ...>
66 [pid   896] <... nanosleep resumed> 0x7ec6b5f8) = 0
```

위 로그는 다음 코드를 실행할 때 출력됩니다.

```
17 void raspbian_proc_process(void)
18 {
19     int proc_times = 0;
20
21     for(proc_times = 0; proc_times < PROC_TIMES; proc_times++) {
22             printf("raspbian tracing ppid:%d pid:%d \n", getppid(), getpid());
23             sleep(SLEEP_DURATION);
24     }
```

63번째 줄의 write 로그는 raspbian_proc_process() 함수의 22번째 줄과 같이 printf() 함수를 호출할 때의 동작을 출력합니다. 이 로그는 "**printf() 함수의 내부 코드에서 POSIX write 시스템 콜을 실행했다**"로 해석할 수 있습니다.

65번째 줄은 raspbian_proc_process() 함수의 'sleep(SLEEP_DURATION);' 구문을 실행할 때 출력됩니다. 리눅스 저수준 함수로 sleep() 함수를 호출하면 glibc 라이브러리 내에서 nanosleep()이라는 시스템 콜 함수를 호출한다는 사실을 알 수 있습니다.

strace 프로그램을 이용하면 유저 모드에서 리눅스 시스템 저수준 함수를 호출했을 때 실제로 어떤 시스템 콜 함수를 호출하는지 추적할 수 있습니다.

11.7.4 strace와 ftrace를 이용한 시스템 콜 디버깅

이전 절에서 strace를 활용해 유저 공간에서 시스템 콜의 동작 방식을 확인했습니다. 이번에는 strace와 ftrace를 함께 보면서 시스템 콜의 세부 동작 방식을 분석해보겠습니다.

먼저 설정 방법을 단계별로 알아봅시다.

- ftrace 설정
- strace 실행

ftrace 이벤트 설정과 strace 실행

시스템 콜에 대한 ftrace 이벤트를 설정하는 전체 명령어는 다음과 같습니다.

```bash
#!/bin/bash

echo  > /sys/kernel/debug/tracing/set_event
sleep 1

echo 0 > /sys/kernel/debug/tracing/tracing_on
sleep 1

echo nop > /sys/kernel/debug/tracing/current_tracer
sleep 1

echo 1 > /sys/kernel/debug/tracing/events/raw_syscalls/sys_enter/enable
echo 1 > /sys/kernel/debug/tracing/events/raw_syscalls/sys_exit/enable
sleep 1

echo 1 > /sys/kernel/debug/tracing/tracing_on
sleep 1
```

이를 syscall_ftrace.sh라는 파일로 저장해서 실행합니다.

다음으로 이전 절에서 소개한 바와 같이 strace를 실행합니다.

```
root@raspberrypi:/home/pi # strace - fF ./simple_exit
```

이어서 다음 명령어로 3.4.4절에서 소개한 get_ftrace.sh 셸 스크립트 파일을 실행해 ftrace 로그를 받습니다.

```
root@raspberrypi:/home/pi# ./get_ftrace.sh
ftrace off
```

ftrace와 strace 메시지를 함께 분석

이번에는 strace를 실행했을 때 동작한 ftrace 로그를 함께 분석하겠습니다.

```
01 simple_exit-896 [003] 330.985283: sys_enter: NR 64 (0, 7ec6b5f8, 10, 1, 37e, 0)
02 simple_exit-896 [003] 330.985286: sys_exit: NR 64 = 894
03 simple_exit-896 [003] 330.985434: sys_enter: NR 20 (37e, 7ec6b5f8, 10, 1, 37e, 0)
04 simple_exit-896 [003] 330.985436: sys_exit: NR 20 = 896
05 simple_exit-896 [003] 330.985631: sys_enter: NR 4 (1, 32c008, 23, 0, 23, 32c008)
06 simple_exit-896 [003] 330.985644: sys_exit: NR 4 = 35
07 simple_exit-896 [003] 330.985816: sys_enter: NR 162 (7ec6b5f8, 7ec6b5f8, 10, 2, 0, 7ec6b5f8)
08 simple_exit-896 [003] 332.985960: sys_exit: NR 162 = 0
09 simple_exit-896 [003] 332.986414: sys_enter: NR 248 (0, 0, 0, ffffffff, 1, 0)
10 simple_exit-896 [003] 332.986418: do_exit+0x14/0xb60 <-do_group_exit+0x50/0xe4
11 simple_exit-896 [003] 332.986446: <stack trace>
12 simple_exit-896 [003] 332.986848: sched_process_exit: comm=simple_exit pid=896 prio=120
```

먼저 1번째 줄을 보겠습니다.

```
01 simple_exit-896 [003] 330.985283: sys_enter: NR 64 (0, 7ec6b5f8, 10, 1, 37e, 0)
02 simple_exit-896 [003] 330.985286: sys_exit: NR 64 = 894
```

64번 시스템 콜이 실행됐음을 알 수 있습니다. 다음 경로에 있는 unistd.h 헤더 파일로 64번 시스템 콜 핸들러 매크로는 __NR_getppid임을 알 수 있습니다.

/usr/include/arm-linux-gnueabihf/asm/unistd-common.h

```
#define __NR_getppid (__NR_SYSCALL_BASE+ 64)
```

위 ftrace 로그는 다음 strace 로그에 대응합니다.

```
[pid   896] getppid()                  = 894
```

위 정보를 토대로 다음과 같은 사실을 알 수 있습니다.

getppid() 시스템 콜 함수를 호출해서 894라는 값을 반환했다.

같은 방식으로 ftrace 로그와 strace 로그를 시스템 콜 종류별로 함께 보겠습니다.

다음은 PID를 읽는 시스템 콜 동작입니다.

[ftrace 로그]

```
03 simple_exit-896 [003] 330.985434: sys_enter: NR 20 (37e, 7ec6b5f8, 10, 1, 37e, 0)
04 simple_exit-896 [003] 330.985436: sys_exit: NR 20 = 896
...
```

[strace 로그]

```
[pid   896] getpid()                    = 896
```

[시스템 콜 번호]

/usr/include/arm-linux-gnueabihf/asm/unistd-common.h

```
#define __NR_getpid             (__NR_SYSCALL_BASE+ 20)
```

위 ftrace와 strace 출력 결과와 시스템 콜 번호를 종합하면 **"getpid() 시스템 콜 함수를 호출해서 896 이라는 값을 반환했다"**라는 사실을 알 수 있습니다.

다음은 write 시스템 콜의 동작입니다. ftrace와 strace 로그처럼 파일에 쓴 스트림의 길이를 나타내는 35를 반환합니다.

[ftrace]

```
05 simple_exit-896 [003] 330.985631: sys_enter: NR 4 (1, 32c008, 23, 0, 23, 32c008)
06 simple_exit-896 [003] 330.985644: sys_exit: NR 4 = 35
```

[strace]

```
57 [pid   896] write(1, "raspbian tracing ppid:894 pid:89"..., 35raspbian tracing ppid:894 pid:896
58 ) = 35
```

/usr/include/arm-linux-gnueabihf/asm/unistd-common.h

```
#define __NR_write (__NR_SYSCALL_BASE+ 4)
```

위 로그를 종합하면 **"nanosleep 시스템 콜 함수를 호출했다"**라는 사실을 알 수 있습니다.

다음은 슬립에 진입하는 nanosleep 시스템 콜의 동작입니다.

[ftrace]

```
07 simple_exit-896 [003] 330.985816: sys_enter: NR 162 (7ec6b5f8, 7ec6b5f8, 10, 2, 0, 7ec6b5f8)
08 simple_exit-896 [003] 332.985960: sys_exit: NR 162 = 0
```

[strace]

```
[pid   896] nanosleep({tv_sec=2, tv_nsec=0},  <unfinished ...>
```

[시스템 콜 번호]

/usr/include/arm-linux-gnueabihf/asm/unistd-common.h

```
#define __NR_nanosleep            (__NR_SYSCALL_BASE+162)
```

위 로그를 종합하면 "nanosleep 시스템 콜 함수를 호출했다"라는 사실을 알 수 있습니다.

이번 절에서 소개한 방식을 활용하면 유저 공간과 커널 공간에서 시스템 콜의 동작 방식을 한눈에 분석할 수 있습니다. 특히 다음과 같은 상황에서 유용하게 활용할 수 있습니다.

- 유저 공간에서 시스템 콜이 제대로 발생했는지 확인하고 싶을 때
- 유저 공간에서 시스템 콜이 발생했는데 커널 공간에서 시스템 콜 핸들러가 실행됐는지를 확인하고 싶을 때
- 시스템 콜 핸들러로 전달된 인자와 시스템 콜 핸들러 실행 시 오류 메시지를 확인하고 싶을 때

이처럼 리눅스에서 제공하는 ftrace와 strace를 활용하면 더 유익한 디버깅 정보를 얻을 수 있습니다.

11.8 정리

1. 시스템 콜은 유저 모드에서 커널 모드로 진입하는 관문이자 하나의 가상 소프트웨어 계층입니다. 유저 모드에서 실행 중인 애플리케이션에서 커널에게 서비스를 요청할 때 발생합니다.

2. 시스템 콜의 동작을 ARM 프로세서 관점에서 바라보면 소프트웨어 인터럽트를 발생시키는 것입니다. 소프트웨어 인터럽트가 발생하면 해당 인터럽트 벡터인 vector_swi 레이블이 실행됩니다.

3. vector_swi 레이블에서 시스템 콜의 종류에 따라 커널 공간의 시스템 콜 테이블을 로딩해 시스템 콜 핸들러 함수를 호출합니다.

4. 시스템 콜 번호는 라즈베리 파이에서 다음 헤더 파일이나 커널의 sys_call_table 심벌에서 확인할 수 있습니다.

   `/usr/include/arm-linux-gnueabihf/asm/unistd-common.h`

5. 시스템 콜 핸들러 코드의 앞부분에서는 대부분 유저 공간에서 전달된 인자에 대한 예외 처리를 합니다.

6. 시스템 콜 핸들러의 서브 함수 실행을 마무리한 후 유저 공간으로 복귀하기 전 다음과 같은 동작을 수행합니다.

   - 프로세스 자신에게 시그널이 왔는지 확인
   - 스케줄링이 가능한지 확인

7. 리눅스 커널의 ftrace에서는 시스템 콜을 추적할 수 있는 sys_enter와 sys_exit 이벤트를 제공합니다.

12

시그널

이번 장에서 다룰 내용

- 시그널이란?
- 시그널 관점의 시스템 콜 함수
- 시그널 동작의 전체 흐름
- 디버깅을 통한 시그널 동작 방식 점검

시그널은 프로세스에게 전달하는 간단한 형태의 메시지입니다. 시그널은 주로 특정 프로세스에게 어떤 동작을 시킬 때 전달하며, 주로 프로세스를 종료할 때 많이 쓰입니다.

대부분의 시그널은 유저 프로세스 관점에서만 설명하는 경우가 많습니다. 이번 장에서는 유저 공간과 커널 공간을 함께 바라보면서 리눅스 커널이 시그널을 어떻게 처리하는지 초점을 맞춥니다.

이번 장에서 다룬 내용을 이해하면 리눅스 커널에서 시그널을 어떻게 처리하는지 알 수 있고, 시그널 전달 과정을 디버깅할 수 있습니다. 특히 디버깅 실습에서는 직접 라즈베리 파이에서 코드를 작성하면서 시그널 동작을 숙지하면 좋겠습니다.

이제부터 시그널이 무엇인지 함께 알아보겠습니다.

12.1 시그널이란?

이번 절에서는 유저 프로세스와 커널 프로세스 입장에서 시그널이 무엇인지 살펴봅니다.

다음과 같이 유저 프로세스와 커널 입장에서 시그널을 다른 관점으로 볼 수 있습니다.

- 커널 입장: 시그널은 프로세스에게 보내는 단순한 형태의 메시지입니다. 시그널 정보와 PID를 프로세스에게 전달합니다.
- 유저 프로세스 입장: 시그널은 실행 흐름을 제어하는 비동기적인 중단입니다.

먼저 유저 프로세스 관점에서 시그널이 무엇인지 알아봅시다.

12.1.1 유저 프로세스 입장에서 시그널이란?

유저 프로세스의 실행을 제어하기 위해 대표적으로 사용하는 기법이 시그널입니다. 유저 프로세스는 실행 도중 시그널을 받으면 시그널을 처리하기 위한 코드를 처리합니다. 그렇다면 유저 프로세스 입장에서 시그널은 무엇일까요? **시그널은 실행 흐름이 비동기적으로 바뀌는 흐름입니다.**

이제부터 시그널에 대해 알아봅시다.

유저 프로세스 입장에서의 시그널 동작

다음은 시그널의 실행 흐름입니다.

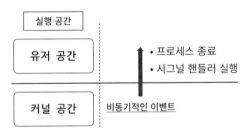

그림 12.1 유저 프로세스 입장에서의 시그널의 실행 흐름

위 그림을 보면서 유저 프로세스 입장에서 시그널이 무엇인지 배워봅시다. 커널이 유저 프로세스를 운영할 때 특정 메시지를 보내야 할 때가 있습니다. 이를 시그널이라고 하며, 유저 프로세스 입장에서는 실행 흐름이 갑자기 중단됩니다. 즉, 유저 프로세스 입장에서는 시그널을 비동기적인 이벤트로 볼 수 있습니다.

시그널을 받은 프로세스는 다음과 같은 동작을 처리합니다.

- 지정한 시그널 종류별로 시그널 핸들러를 실행
- 프로세스 종료

시그널에 대한 이해를 돕기 위해 예를 들어 설명하겠습니다. 여러분이 보고 싶은 책이 있다고 가정해 봅시다. 이 책은 3시간 동안 읽을 수 있는 분량이라 주말에 책을 읽기 시작했습니다. 3시간 동안 아무런 방해를 받지 않고 책을 읽으면 좋겠지만 이런 상황은 자주 오지 않습니다. 집에서 인터폰이 울리거나 전화가 오는 등 여러 종류의 중단이 발생할 수 있습니다.

 이런 중단은 예상하지 않았던 상황에서 발생하며 소프트웨어 관점으로는 비동기적인 이벤트라고도 말합니다.

인터폰이 울리거나 회사나 친구한테 전화가 오면 우리는 보통 이에 적절한 반응을 합니다. 즉, 전화를 받거나 인터폰을 받고 대화를 합니다. 만약 여러분이 임베디드 리눅스 개발자인데 주말에 회사에서 전화가 오면 어떻게 할까요? 대부분 전화를 받을 것입니다. 시급한 문제가 생겼을 때 전화를 하기 때문입니다. 하지만 가끔 중요하지 않은 다른 전화(광고, 부동산 투자)가 오면 전화를 안 받을 수도 있습니다.

프로세스도 마찬가지입니다. 유저 레벨의 프로세스를 기준으로 우리가 책을 읽는 것과 마찬가지로 정해진 시나리오에 따라 어떤 작업을 수행한다고 가정합시다. 책을 끝까지 방해받지 않고 읽으면 좋겠지만 유저 레벨 프로세스도 마찬가지로 예상치 못한 중단으로 작업 흐름이 끊어질 수 있습니다.

이처럼 인터폰이 울리거나 전화가 오는 것처럼 유저 프로세스도 일을 하다가 비동기적인 중단을 겪습니다. 이를 리눅스에서는 시그널이라고 하며, 유저 프로세스는 시그널에 대해 이미 정해진 처리를 해야 합니다.

 이런 유형의 다른 대표적인 중단으로 인터럽트를 예로 들 수 있습니다. 유저 프로세스 입장에서 시그널도 예상치 않았던 비동기적인 이벤트라고 볼 수 있습니다.

시그널은 프로세스 입장에서 '비동기적인 중단'이라고 설명했습니다. 그렇다면 시그널을 프로세스에게 전달하는 이유는 무엇일까요? **시그널을 전달해 유저 프로세스가 정의한 동작을 시키고 싶기 때문입니다.**

너무 어렵게 설명했나요? 쉽게 이야기하면 특정 유저 프로세스에게 어떤 일을 시키고 싶을 때 시그널을 전달하는 것입니다. 유저 프로세스 입장에서 시그널을 받으면 어떻게 동작할까요? 크게 두 가지 동작으로 분류할 수 있습니다.

- 전달된 시그널에 대한 시그널 핸들러를 등록했다면 핸들러 함수를 실행한다.
- 시그널 핸들러를 지정하지 않으면 POSIX에서 정의한 시그널에 동작을 처리한다.

대부분의 유저 프로세스가 시그널을 받으면 취하는 액션은 프로세스 종료입니다.

시그널은 어떻게 발생할까?

대표적인 비동기적인 이벤트로 시그널이 발생하는 상황을 생각해봅시다.

1. 리눅스 터미널에서 'Ctrl+C' 키를 눌러서 프로세스를 종료

2. 리눅스 터미널에서 다음 명령어를 입력해 프로세스를 강제 종료

   - `kill -9 [PID]`

3. 리눅스 커널에서 특정 조건에 따라 지정한 프로세스를 종료

유저 프로세스는 이처럼 언제 발생할지 모르는 비동기적인 중단(이벤트)에 대해 적절한 처리를 해야 합니다. **그렇다면 커널 내부에서 시그널을 생성할 수 있을까요?** 커널이 시그널을 생성해야 한다고 판단하면 스스로 시그널을 생성해서 프로세스에게 전달할 수 있습니다.

한 가지 예를 들어봅시다. 커널에서 OOM(Out-of-memory) Killer를 실행할 때 프로세스에게 시그널을 보냅니다. 여기서 OOM Killer란 무엇일까요? 잔여 메모리가 매우 부족할 때 OOM Killer 모듈이 일을 시작하는데, 프로세스를 강제 종료시켜서 프로세스가 사용한 메모리를 회수해 메모리를 확보합니다. 이 과정에서 OOM Killer는 종료시킬 프로세스에게 '종료 시그널'을 전달합니다.

안드로이드 시스템에서는 OOM Killer가 실행되기 전에 메모리 부족을 방지하려고 미리 Lowmemory Killer라는 모듈을 실행합니다. OOM Killer와 마찬가지로 Lowmemory Killer도 프로세스를 종료시켜서 메모리를 확보합니다. 이때도 종료할 프로세스에게 '종료 시그널'을 전달합니다. 이 내용은 12.4.3절에서 자세히 다룹니다.

다음 절에서는 시그널의 종류를 알아봅시다.

12.1.2 시그널 번호와 동작 방식

책을 읽다가 발생하는 여러 비동기적인 이벤트(인터폰, 전화)가 있듯이 유저 프로세스가 동작하는 중에 발생하는 시그널에도 여러 종류가 있습니다. 시그널은 POSIX 규약으로 정의된 표준이며, 이에 맞게 리눅스 시스템 개발자가 구현합니다. POSIX 규약에 맞게 구현된 서로 다른 리눅스 배포판(우분투, 데비안, 라즈비안, 안드로이드)에서도 시그널의 종류는 같습니다.

라즈베리 파이에서 시그널 종류 확인하기

시그널은 다양한 매크로 타입으로 정의되나 그 실체는 정수형 숫자입니다. 먼저 라즈베리 파이에서 터미널을 열고 다음 명령어를 입력해 시그널의 종류와 번호를 파악해봅시다.

```
pi@raspberrypi:~ $ kill -l
 1) SIGHUP       2) SIGINT       3) SIGQUIT      4) SIGILL       5) SIGTRAP
 6) SIGABRT      7) SIGBUS       8) SIGFPE       9) SIGKILL     10) SIGUSR1
11) SIGSEGV     12) SIGUSR2     13) SIGPIPE     14) SIGALRM     15) SIGTERM
16) SIGSTKFLT   17) SIGCHLD     18) SIGCONT     19) SIGSTOP     20) SIGTSTP
21) SIGTTIN     22) SIGTTOU     23) SIGURG      24) SIGXCPU     25) SIGXFSZ
26) SIGVTALRM   27) SIGPROF     28) SIGWINCH    29) SIGIO       30) SIGPWR
31) SIGSYS      34) SIGRTMIN    35) SIGRTMIN+1  36) SIGRTMIN+2  37) SIGRTMIN+3
38) SIGRTMIN+4  39) SIGRTMIN+5  40) SIGRTMIN+6  41) SIGRTMIN+7  42) SIGRTMIN+8
43) SIGRTMIN+9  44) SIGRTMIN+10 45) SIGRTMIN+11 46) SIGRTMIN+12 47) SIGRTMIN+13
48) SIGRTMIN+14 49) SIGRTMIN+15 50) SIGRTMAX-14 51) SIGRTMAX-13 52) SIGRTMAX-12
53) SIGRTMAX-11 54) SIGRTMAX-10 55) SIGRTMAX-9  56) SIGRTMAX-8  57) SIGRTMAX-7
58) SIGRTMAX-6  59) SIGRTMAX-5  60) SIGRTMAX-4  61) SIGRTMAX-3  62) SIGRTMAX-2
63) SIGRTMAX-1  64) SIGRTMAX
```

출력 결과에서 가장 왼쪽 윗부분에 있는 '1) SIGHUP' 출력 결과를 해석하면 **"SIGHUP 시그널의 시그널 번호는 1이다"**를 의미합니다. 마찬가지로 '9) SIGKILL' 출력 결과는 **"SIGKILL 시그널의 시그널 번호는 9다"**라고 해석할 수 있습니다. 이 같은 방식으로 간단히 시그널의 종류와 번호를 알 수 있습니다.

 리눅스 시스템 개발자는 POSIX 규약에 정한 표준에 따라 시그널을 구현합니다. POSIX는 애플리케이션이 다양한 유닉스 계열 운영체제에서 호환성을 유지하며 구동하기 위한 규칙입니다. 리눅스 시스템 개발자들은 POSIX 규약에 따라 시스템을 설계하고 코드를 구현합니다.

1~34번까지는 유닉스 계열 운영체제(리눅스 포함)에서 같은 시그널 종류와 번호를 확인할 수 있습니다. 이를 정규 시그널이라고도 말합니다. 35~63 시그널은 리얼타임 시그널입니다.

정규 시그널과 리얼타임 시그널의 차이점은 무엇일까요? 가장 큰 차이는 시그널 큐를 처리하는 방식입니다. 정규 시그널은 같은 종류의 시그널을 연달아 보내면 프로세스는 한 가지 시그널만 받아 처리합니다. 대신 리얼타임 시그널은 모두 큐에서 받은 다음 처리를 합니다.

터미널에서 'kill -l' 명령어만 입력해 시그널의 종류를 확인할 수 있는 것은 아닙니다. 라즈베리 파이에서는 소스코드를 열어서 시그널 종류를 확인할 수 있습니다. 다음 명령어를 입력해 시그널 종류별 정숫값을 확인해 봅시다.

```
root@raspberrypi:/usr/include # cat arm-linux-gnueabihf/asm/signal.h
#define SIGHUP      1
#define SIGINT      2
#define SIGQUIT     3
#define SIGILL      4
#define SIGTRAP     5
#define SIGABRT     6
#define SIGIOT      6
#define SIGBUS      7
#define SIGFPE      8
#define SIGKILL     9
#define SIGUSR1     10
#define SIGSEGV     11
```

라즈베리 파이의 다음 헤더 파일에서 시그널의 종류별로 int 타입의 시그널 번호를 확인할 수 있습니다.

```
/usr/include/arm-linux-gnueabihf/asm/signal.h
```

 리눅스 시스템(우분투, 안드로이드)의 종류에 따라 signal.h 헤더 파일의 위치는 다릅니다.

유저 애플리케이션에서 시그널을 처리하는 함수를 작성하면 위와 같이 각 시그널 종류별로 정의된 정숫값으로 시그널을 처리합니다.

시그널 종류와 시그널 번호 확인

유저 공간에서 정의된 시그널 번호는 리눅스 커널에서도 같은 번호로 관리합니다. 다음은 리눅스 커널에서 정의된 시그널 번호입니다.

https://github.com/raspberrypi/linux/blob/rpi-4.19.y/arch/arm/include/uapi/asm/signal.h

```
#define SIGHUP      1
#define SIGINT      2
#define SIGQUIT     3
```

```
#define SIGILL     4
#define SIGTRAP    5
#define SIGABRT    6
#define SIGIOT     6
#define SIGBUS     7
#define SIGFPE     8
#define SIGKILL    9
#define SIGUSR1    10
#define SIGSEGV    11
```

소스코드를 보니 라즈베리 파이에서 확인한 시그널 번호와 같다는 점을 알 수 있습니다.

32개의 시그널 중 자주 활용되는 시그널을 소개하면 다음과 같습니다.

표 12.1 리눅스에서 자주 활용되는 시그널의 종류

시그널	동작
SIGHUP	프로세스 제어 터미널과 시스템 사이에 통신 접속이 끊어졌을 때 발생
SIGINT	터미널 인터럽트 신호로 Ctrl+C나 DELETE 키를 입력했을 때 발생
SIGQUIT	사용자가 종료 문자(Ctrl+\)를 입력
SIGILL	유저가 유효하지 않은 명령어를 실행하려고 시도
SIGTRAP	트레이스 혹은 브레이크포인트를 실행
SIGABRT	프로세스가 비정상적으로 종료될 때 중단 신호로 abort( )에서 보냄
SIGIOT	비동기적인 I/O 이벤트 처리 시 보냄
SIGBUS	유효하지 않은 메모리 공간에 접근하거나 하드웨어 장애를 일으킬 때 커널이 생성
SIGFPE	부동 소수점을 연산하는 도중 오버플로나 언더플로가 발생하면 익셉션으로 발생하는 시그널
SIGKILL	kill( ) 함수를 호출하면 프로세스를 종료시킴
SIGUSR1 SIGUSR2	유저 공간에서 처리하기 위해 정의하며 커널은 이 시그널을 쓰지 않음
SIGSEGV	유효하지 않은 메모리 접근을 시도할 때 커널이 해당 프로세스에 전달함. 읽기나 쓰기 권한이 없는 메모리 공간에 접근하거나 실행할 수 없는 코드를 실행할 때 발생
SIGPIPE	닫힌 파이프를 열고 쓸 때 실행
SIGALRM	alarm( ) 함수가 자신을 실행한 프로세스에게 전달
SIGCHLD	프로세스가 종료될 때 커널은 해당 프로세스의 부모 프로세스에게 전달

이 같은 시그널은 어떻게 발생할 수 있을까요? 크게 세 가지 방법이 있습니다.

- 유저 애플리케이션 코드로 kill()/tgkill() 함수와 같은 리눅스 저수준 표준 함수를 호출
- 키보드로 Ctrl+C를 입력해 해당 프로세스에 종료 시그널을 생성
- 리눅스 커널 내부에서 스스로 시그널을 생성

시그널의 종류를 확인하는 방법을 설명했으니 터미널로 시그널을 전달하는 방법을 알아봅시다.

리눅스 터미널로 kill 명령어를 써서 시그널 전달하기

특정 프로세스에게 시그널을 전달하고 싶을 때는 어떻게 하면 될까요? 리눅스 터미널에서 kill 명령어를 입력하면 됩니다. 라즈베리 파이에서 터미널을 2개 열고 다음 명령어를 입력합시다.

```
01  root@raspberrypi:/usr/include # ps -ely | grep bash
02    S   1000    500     432   0  80  0   4096  1645  poll_s  tty1       00:00:00 bash
03    S   1000   1150    1146   0  80  0   4192  1628  wait    pts / 0    00:00:00 bash
04    S      0   1355    1350   0  80  0   3376  1433  wait    pts / 0    00:00:00 bash
05    S   1000   1386    1146   0  80  0   3964  1628  poll_s  pts / 1    00:00:00 bash
```

 "ps -ely | grep bash" 명령어를 입력하면 프로세스 목록 중 bash라는 이름의 프로세스만 볼 수 있습니다.

5번째 줄에 보이는 PID가 1386인 프로세스가 맨 마지막에 실행된 bash 프로세스입니다.

그러면 pid가 1386인 프로세스에게 종료 시그널을 전달해 봅시다. 이를 위해 다음 명령어를 입력합시다.

```
root@raspberrypi:# kill -SIGKILL 1386
```

위 명령어를 입력하면 1386 프로세스에게 SIGKILL 시그널을 전달해 해당 프로세스를 종료시킵니다. 이렇게 -SIGKILL 옵션과 프로세스의 pid를 지정해서 kill 명령어를 입력하면 해당 pid 프로세스는 강제 종료됩니다.

 라즈베리 파이 터미널에서 kill 명령어의 매뉴얼을 확인하기 위해 'info kill' 명령어를 입력해 봅시다.

```
root@raspberrypi:/home/pi# info kill
Up: Process control
```

```
24.1 'kill': Send a signal to processes
======================================
The 'kill' command sends a signal to processes, causing them to
terminate or otherwise act upon receiving the signal in some way.
```

출력 결과는 다음과 같은 사실을 말해줍니다.

- kill은 프로세스에게 시그널을 전달하는 명령어로 프로세스를 종료시킨다.
- 시그널 종류에 따라 정해진 동작을 수행한다.

다음 절에서는 유저 프로세스가 시그널을 받으면 어떤 동작을 수행하는지 살펴보겠습니다.

12.1.3 시그널을 받으면 프로세스는 어떻게 동작할까?

프로세스가 시그널은 받아 동작하는 방식은 우리가 이메일을 받았을 때와 비슷합니다. 대부분 자신에게 온 메일을 읽고 답장을 하지만 스팸메일이 오면 무시할 수도 있습니다. 시그널을 전달받은 프로세스가 이를 처리하는 방식은 두 가지로 분류할 수 있습니다.

- 1번째 방식: 시그널을 무시한다

    말 그대로 아무런 동작을 하지 않습니다. 하지만 SIGKILL, SIGSTOP과 같은 시그널은 프로세스가 무시할 수 없습니다. 특정 상황에서 지정된 프로세스는 반드시 종료돼야 하기 때문입니다.

- 2번째 방식: 시그널에 명시된 동작을 수행한다

    시그널 핸들러로 등록된 시그널 핸들러 함수를 실행하고 시그널별로 명시된 동작을 수행합니다. 대부분의 프로세스가 시그널을 받으면 취하는 액션은 프로세스 종료입니다.

지금까지 유저 프로세스 입장에서 시그널을 처리하는 동작을 살펴봤습니다. 다음 절에서는 커널이 시그널 처리를 위해 어떤 동작을 하는지 알아봅시다.

12.1.4 커널에서 시그널은 어떻게 처리할까?

유저 프로세스 입장에서 시그널은 '비동기적인 중단'입니다. 그런데 커널은 시그널을 유저 프로세스에게 잘 전달하는 역할을 수행합니다. 집배원은 우편물에 적힌 주소를 보고 우편물을 도착지에 잘 전달하는 임무를 맡습니다. 마찬가지로 커널도 유저 프로세스에게 시그널을 잘 전달하는 일을 합니다. 즉, 커널은 시그널에 대해 다음과 같은 처리를 합니다.

시그널 자료구조를 업데이트해서 시그널을 생성하고 전달하는 중재자 역할을 수행한다.

리눅스 커널에서 시그널을 처리하는 과정은 2단계로 나눌 수 있습니다.

1단계: 시그널 생성

커널은 시그널을 받을 프로세스에게 시그널을 받을 것이란 정보를 써주고 해당 프로세스를 깨웁니다.

- 시그널을 받을 프로세스에게 시그널 정보를 써줍니다. 시그널을 받을 프로세스의 thread_info 구조체의 flags 필드에 _TIF_SIGPENDING 플래그를 지정합니다. 시그널을 받을 프로세스에게 누군가 시그널을 생성했고 시그널 이 전달될 것이라고 알려주는 것입니다.
- wake_up_process() 함수를 호출해 시그널을 받을 프로세스를 깨웁니다.

2단계: 시그널을 받아 처리

시그널을 받을 프로세스는 시스템 콜이나 인터럽트 처리를 마무리한 후 시그널을 받아 처리합니다.

커널은 시그널의 종류에 따라 유저 프로세스가 정해진 동작을 수행하도록 지원해주는 중재자 역할을 수행합니다. 그런데 다음과 같은 두 가지 조건에 따라 다른 동작을 수행합니다.

- **유저 애플리케이션에서 시그널 핸들러를 설정했을 경우**

  커널은 시그널 핸들러를 호출만 합니다. 대신 커널은 시그널의 종류에 따라 세부적인 처리를 할 수가 없습니다.

  그렇다면 커널은 시그널 핸들러를 어떻게 호출할까요? 유저 애플리케이션에서 지정한 시그널 핸들러의 주소를 ARM 코어의 프로그램 카운터를 나타내는 자료구조에 써줍니다.

- **유저 애플리케이션에서 시그널 핸들러를 설정하지 않았을 경우**

  커널은 중재자 역할에 그치지 않고 시그널 타입에 따라 프로세스를 달리 처리합니다. 만약 전달된 시그널이 SIGINT, SIGKILL인 경우 프로세스를 종료시킵니다.

12.1.5 커널이 시그널을 처리하는 동작을 왜 잘 알아야 할까?

커널이 시그널을 처리하는 세부 동작 방식을 잘 알면 시그널과 관련된 문제의 원인을 잘 분석할 수 있습니다. 보통 유저 프로세스끼리 시그널을 써서 통신하거나 실행 흐름을 제어할 수 있습니다. 그런데 실전 개발이나 프로젝트를 진행하는 과정에서 다음과 같은 상황을 겪을 수 있습니다.

- 시그널을 보냈는데 시그널 핸들러가 호출되지 않음
- 시그널을 제대로 보냈는지 확인하기 어려움

이런 문제를 만났을 때 유저 애플리케이션 코드를 아무리 봐도 원인을 분석하기 어렵습니다. 그 이유는 시그널을 생성하고 전달하는 주인공이 리눅스 커널이기 때문입니다. 그래서 커널이 시그널을 처리하는 과정을 알면 문제의 원인을 빨리 좁힐 수 있습니다.

이를 위해 커널에서는 시그널 디버깅을 위해 중요한 기능을 제공합니다. **바로 ftrace의 signal 이벤트입니다.** 이 기능을 활용하면 커널 내부에서 시그널이 어떻게 처리되는지를 상세하게 추적할 수 있습니다. signal 이벤트를 활성화하고 디버깅하면 더 빨리 문제의 원인을 찾을 수 있습니다.

12.2 시그널 설정은 어떻게 할까?

리눅스 시스템 프로그래밍을 할 때 다음과 같은 의문이 든 적이 있을 것입니다. **유저 애플리케이션에서 시그널 함수를 호출하면 커널 내부에서 어떻게 동작할까?**

이번 절을 읽으면 이 의문을 풀 수 있습니다. 유저 공간에서 시그널을 설정했을 때 커널 공간에서 이를 처리하는 실행 흐름을 살펴보겠습니다.

12.2.1 유저 공간에서의 시그널 설정

지금까지 시그널의 개념과 종류를 알아봤습니다. 이번에는 애플리케이션 소스코드를 작성한 후 시그널 동작을 분석하겠습니다. 먼저 유지 공간에서 시그널을 설정하는 코드를 함께 봅시다.

유저 공간에서 시그널을 설정하는 코드

소스코드는 다음과 같습니다.

```
01 #include <unistd.h>
02 #include <signal.h>
03 #include <stdio.h>
04 #include <stdlib.h>
05
06 void sig_handler(int signum) {
07    switch(signum) {
08      case SIGINT:
09            printf("sig num [%d] \n", signum);
10      break;
11
```

```
12      case SIGALRM:
13        printf("sig num [%d] \n", signum);
14        break;
15
16      case SIGUSR1:
17        printf("sig num [%d] \n", signum);
18        break;
19
20    default:
21        printf(" default sig num [%d] \n", signum);
22    }
23 }
24
25 int main()
26 {
27    struct sigaction act;
28    sigset_t set;
29
30    sigemptyset(&(act.sa_mask));
31
32    sigaddset(&(act.sa_mask), SIGALRM);
33    sigaddset(&(act.sa_mask), SIGINT);
34    sigaddset(&(act.sa_mask), SIGUSR1);
35
36    act.sa_handler = sig_handler;
37
38    sigaction(SIGALRM, &act, NULL);
39    sigaction(SIGINT, &act, NULL);
40    sigaction(SIGUSR1, &act, NULL);
41
42    for (;;)
43        pause();
44 }
```

 이번 장에서는 시그널을 리눅스 커널에서 어떻게 처리하는지 초점을 맞춥니다. 따라서 유저 애플리케이션에서 시그널을 설정하는 코드는 최대한 간단히 소개합니다.

소스코드의 내용은 간단합니다.

- SIGALRM, SIGINT, SIGUSR1 시그널 속성을 설정해 sig_handler() 함수를 시그널 핸들러로 등록
- 세 가지 시그널 중 하나가 전달되면 호출될 sig_handler() 함수를 구현

코드를 소개했으니 이제 코드를 분석해 봅시다.

시그널 설정 코드 분석

30번째 줄부터 봅시다.

```
30    sigemptyset(&(act.sa_mask));
31
32    sigaddset(&(act.sa_mask), SIGALRM);
33    sigaddset(&(act.sa_mask), SIGINT);
34    sigaddset(&(act.sa_mask), SIGUSR1);
```

30~34번째 줄은 다음 동작을 수행합니다.

- sigemptyset() 함수를 써서 시그널 집합을 초기화
- sigaddset() 함수로 SIGALRM, SIGINT, SIGUSR1 시그널을 시그널 집합에 추가

다음으로 36~40번째 줄을 분석하겠습니다.

```
36    act.sa_handler = sig_handler;
37
38    sigaction(SIGALRM, &act, NULL);
39    sigaction(SIGINT, &act, NULL);
40    sigaction(SIGUSR1, &act, NULL);
```

36번째 줄에서 act.sa_handler에 sig_handler() 시그널 핸들러 함수를 등록합니다. 다음 38~40번째 줄에서 sigaction() 함수를 호출해서 SIGALRM, SIGINT, SIGUSR1 시그널을 등록합니다. 이 프로세스가 SIGALRM, SIGINT, SIGUSR1 시그널을 받으면 어떻게 동작할까요? **SIGALRM, SIGINT, SIGUSR1 시그널 중 하나를 받으면 시그널 핸들러인 sig_handler() 함수가 호출됩니다.**

다음으로 42~43번째 줄을 보겠습니다.

```
42    for (;;)
43        pause();
```

pause() 함수를 호출하면 프로세스는 시스템 콜을 통해 유저 공간에서 커널 공간으로 진입한 후 휴면 상태로 시그널을 받을 때까지 기다립니다.

시그널을 받으면 실행되는 시그널 핸들러 함수 분석

이어서 SIGALRM, SIGINT, SIGUSR1 시그널이 발생했을 때 호출되는 시그널 핸들러인 sig_handler() 함수를 분석하겠습니다.

```
06 void sig_handler(int signum) {
07    switch(signum) {
08      case SIGINT:
09        printf("sig num [%d] \n", signum);
10        break;
11
12      case SIGALRM:
13        printf("sig num [%d] \n", signum);
14        break;
15
16      case SIGUSR1:
17        printf("sig num [%d] \n", signum);
18        break;
19
20      default:
21        printf(" default sig num [%d] \n", signum);
22    }
23 }
```

sig_handler() 함수와 같은 시그널 핸들러는 누가 언제 호출할까요? 주인공은 리눅스 커널입니다. 시그널을 받은 프로세스가 시그널 핸들러를 실행하도록 리눅스 커널이 지원합니다. 세부적인 소스코드 분석은 12.6.3절에서 이어집니다.

sig_handler() 함수는 SIGINT, SIGALRM, SIGUSR1 시그널 중 하나가 전달되면 실행되는 시그널 핸들러 함수입니다. 시그널 번호를 signum 인자로 받아서 출력하는 기능을 합니다.

그런데 이 함수를 보니 한 가지 의문이 생깁니다. **함수의 인자인 signum을 누가 지정해 줄까요?** 독자분들도 눈치채셨겠지만 커널에서 signum에 전달되는 시그널 정보를 지정해줍니다.

시그널은 어떻게 생성할까?

그럼 시그널은 어떻게 생성할 수 있을까요? 방법은 간단합니다.

- 키보드로 Ctrl+C를 누른다.
- alarm( ), kill( ) 같은 리눅스 표준 함수를 호출한다.

이 과정에서 커널은 SIGINT와 SIGALRM 시그널을 생성한 다음 시그널 핸들러로 등록한 sig_handler( ) 함수를 호출합니다.

유저 프로세스 입장에서 시그널을 설정하는 기본 코드를 알아봤습니다. 이어서 다음 절에서는 커널 내부에서 시그널을 설정할 때의 코드 흐름을 알아보겠습니다.

12.2.2 커널 공간에서의 시그널 설정

유저 공간에서 시그널을 설정하는 함수를 호출하면 해당 시그널을 어딘가에서 잘 설정할 것입니다. 이때 커널 내부에서 시그널을 설정하는 함수가 처리됩니다. 즉, 시그널을 설정하는 실체는 커널입니다.

이번에는 커널 내부에서 시그널을 설정할 때의 세부 동작을 살펴보겠습니다. 유저와 커널 공간을 아우르는 전체 시그널 생성 흐름은 다음과 같습니다.

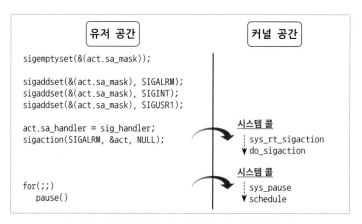

그림 12.2 시그널 설정 함수를 호출했을 때의 전체 실행 흐름

유저 프로세스가 시그널을 설정하기 위해 리눅스 표준 함수를 호출하면 시스템 콜을 발생시켜 해당 시스템 콜 핸들러를 실행합니다.

sigaction() 함수를 유저 공간에서 호출했을 때의 처리 과정은 다음과 같습니다.

1. 유저 공간에서 시스템 콜이 발생

2. 커널 공간에서 커널 시스템 콜 핸들러인 sys_rt_sigaction() 함수를 호출

3. 세부적인 시그널 설정을 수행하는 do_sigaction() 함수를 호출

pause() 함수도 비슷한 처리 과정을 거칩니다.

1. 유저 공간에서 시스템 콜이 발생

2. 커널 공간에서 커널 시스템 콜 핸들러인 sys_pause() 함수를 호출

3. schedule() 함수를 호출해 휴면 상태로 진입한 후 시그널이 전송될 때 까지 기다림

여기서 한 가지 의문이 생깁니다. **sigemptyset() 함수나 sigaddset() 함수를 호출할 때는 시스템 콜이 발생하지 않는 이유는 무엇일까요?**

sigaddset() 함수와 같이 시그널 자료구조만 변경하는 함수는 시스템 콜을 발생시키지 않습니다. 대신 커널에 시그널 설정을 요청하는 sigaction() 함수나 시그널을 기다리는 pause() 같은 함수를 호출할 때 시스템 콜이 발생합니다.

다음 절에서는 커널에서 지원하는 시스템 콜 핸들러를 소개합니다.

12.2.3 시그널 관련 시스템 호출 함수는 무엇일까?

시그널을 등록하고 처리하는 동작은 유저 애플리케이션 내에서 실행하는 듯합니다. 하지만 시그널을 설정하는 주인공은 커널입니다. 즉, 유저 공간에서 시그널 관련 시스템 콜이 발생하면 이를 커널에서 받아 시그널을 설정합니다. 커널은 시그널 처리를 위한 다양한 시스템 콜을 지원하며, 시그널 관련 시스템 콜 핸들러 함수는 다음과 같습니다.

표 12.2 시그널 관련 시스템 콜과 시스템 콜 핸들러 함수

시스템 콜	시스템 콜 핸들러	동작
kill	sys_kill	프로세스에게 시그널을 보냄
tkill	sys_tkill	스레드 그룹에 속한 스레드에게 시그널을 보냄
tgkill	sys_tgkill	특정 스레드 그룹에 있는 프로세스에게 시그널을 보냄
sigaction	sys_rt_sigaction	시그널 속성 설정
sigpending	sys_rt_sigpending	펜딩된 시그널이 있는지 점검
sigprocmask	sys_rt_sigprocmask	블록돼 있는 시그널 집합을 수정
sigsuspend	sys_rt_suspend	시그널을 기다림
pause	sys_pause	시그널을 수신할 때까지 기다림

맨 왼쪽 행에 보이는 kill, tgkill은 유저 공간에서 호출하는 리눅스 저수준 표준 함수입니다. 이 함수를 호출하면 시스템 콜을 발생시켜 커널 공간에서 sys_kill(), sys_tgkill() 함수와 같은 시스템 콜 핸들러를 호출합니다.

이번 장에서는 kill, tgkill 같은 리눅스 표준 함수를 호출했을 때 커널에서 어떤 흐름으로 시스템 콜 핸들러를 실행하는지 살펴봅니다. 또한 시그널과 관련된 시스템 콜과 시스템 콜 핸들러가 처리되는 과정에 대해 살펴보겠습니다.

12.3 커널 공간의 시그널 설정 함수 분석

유저 공간에서 시그널을 처리하는 함수를 호출하면 시그널 관련 시스템 콜이 발생합니다. 유저 공간에서 다음 리눅스 표준 함수를 호출하면 리눅스 커널에서 어떤 함수가 실행되는지 배워봅시다.

- sigaction()
- pause()

12.3.1 유저 공간에서 sigaction() 함수를 호출했을 때의 커널 실행 흐름

시그널과 연관된 속성 정보를 변경하려면 유저 공간에서 sigaction() 함수를 호출하면 됩니다. 이 함수를 호출하면 커널에서 어떤 함수가 호출될까요? **시스템 콜 핸들러인 sys_rt_sigaction() 함수가 실행돼 커널 내부에서 시그널을 설정하는 함수를 호출합니다.**

시스템 콜 발생으로 sys_rt_sigaction() 함수를 호출하는 과정

다음 그림에서 ①로 표시된 시스템 콜이 발생하는 과정을 살펴보겠습니다.

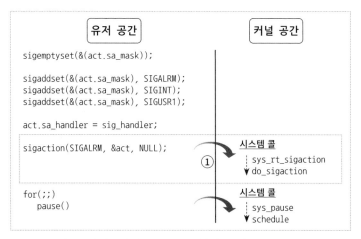

그림 12.3 유저 공간에서 sigaction() 함수 호출 시의 실행 흐름

보다시피 유저 공간에서 sigaction() 함수를 호출하면 커널 공간에서 sys_rt_sigaction() 함수가 실행됩니다. 이 과정을 유저 공간과 커널 공간별로 알아보겠습니다.

유저 공간

유저 애플리케이션에서 sigaction() 함수를 호출하면 GNU C 라이브러리(glibc)의 도움을 받아 다음과 같은 동작을 수행합니다.

1. r7 레지스터에 sys_rt_sigaction() 함수에 해당하는 시스템 콜 번호인 174를 지정

2. "svc 0" ARM 어셈블리 명령어로 시스템 콜 처리를 위해 소프트웨어 인터럽트를 발생시켜 커널 공간으로 스위칭

커널 공간

커널 공간에서는 다음과 같은 동작을 처리합니다.

3. vector_swi 레이블 실행

4. 유저 공간에서 저장한 시스템 콜 번호인 174를 r7 레지스터에서 읽음

5. 시스템 콜 테이블인 sys_call_table 심벌에 접근해 시스템 콜 핸들러인 sys_rq_sigaction() 함수로 분기

유저 공간에서 시스템 콜을 실행하고 커널 공간으로 스위칭하면 시스템 콜 벡터인 vector_swi 레이블을 실행합니다. vector_swi 레이블에서 시스템 콜 테이블인 sys_call_table에 접근해 시스템 콜 핸들러인 sys_rt_sigaction 시스템 콜 핸들러로 분기합니다.

 TRACE32로 sys_rt_sigaction 함수가 시스템 콜 테이블의 어느 공간에 있는지 확인해 보겠습니다.

```
data.view %symbol.long sys_call_table
_____address|_data_____|value_____|symbol
0      NSD:80107FC4| 0x8012D4E0    \\vmlinux\kernel\signal\sys_restart_syscall
1      NSD:80107FC8| 0x80121E08    \\vmlinux\exit\sys_exit
2      NSD:80107FCC| 0x8011C6D0    \\vmlinux\fork\sys_fork
3      NSD:80107FD0| 0x802844FC    \\vmlinux\read_write\sys_read
...
173    NSD:80108278| 0x80108638    \\vmlinux\Global\sys_rt_sigreturn_wrapper
174    NSD:8010827C| 0x8012EB24    \\vmlinux\kernel\signal\sys_rt_sigaction
175    NSD:80108280| 0x8012D89C    \\vmlinux\kernel\signal\sys_rt_sigprocmask
176    NSD:80108284| 0x8012D9D4    \\vmlinux\kernel\signal\sys_rt_sigpending
177    NSD:80108288| 0x8012DDD0    \\vmlinux\kernel\signal\sys_rt_sigtimedwait
178    NSD:8010828C| 0x8012E3A8    \\vmlinux\kernel\signal\sys_rt_sigqueueinfo
179    NSD:80108290| 0x8012EDF8    \\vmlinux\kernel\signal\sys_rt_sigsuspend
```

가장 왼쪽 열에 보이는 174가 시스템 콜 번호이고 바로 오른쪽에 보이는 8010827C 메모리 주소에 있는 0x8012EB24라는 주소가 sys_rt_sigaction() 함수의 주소입니다.

173~1790에 해당하는 시스템 콜은 시그널 처리와 연관된 동작입니다. 시스템 콜 번호별 시스템 콜 핸들러는 다음 표에서 확인할 수 있습니다.

표 12.3 173~179 시스템 콜 번호에 해당하는 시스템 콜 핸들러 함수

시스템 콜 번호	시스템 콜 핸들러 함수
173	sys_rt_sigreturn_wrapper
174	sys_rt_sigaction
175	sys_rt_sigprocmask
176	sys_rt_sigpending
177	sys_rt_sigtimedwait
178	sys_rt_sigqueueinfo
179	sys_rt_sigsuspend

그러면 소스코드에서 시스템 콜 번호는 어떻게 확인할까요? 라즈베리 파이에서 다음 헤더 파일을 열어보면 시스템 콜 번호를 확인할 수 있습니다.

/usr/include/arm-linux-gnueabihf/asm/unistd-common.h

```
#define __NR_rt_sigreturn     (__NR_SYSCALL_BASE+173)
#define __NR_rt_sigaction     (__NR_SYSCALL_BASE+174)
#define __NR_rt_sigprocmask   (__NR_SYSCALL_BASE+175)
#define __NR_rt_sigpending    (__NR_SYSCALL_BASE+176)
#define __NR_rt_sigtimedwait  (__NR_SYSCALL_BASE+177)
#define __NR_rt_sigqueueinfo  (__NR_SYSCALL_BASE+178)
#define __NR_rt_sigsuspend    (__NR_SYSCALL_BASE+179)
```

sys_rt_sigaction() 함수 분석

이어서 유저 공간에서 sigaction() 함수를 호출하면 커널에서 어떤 시스템 콜 핸들러 함수를 호출하는지 살펴보겠습니다.

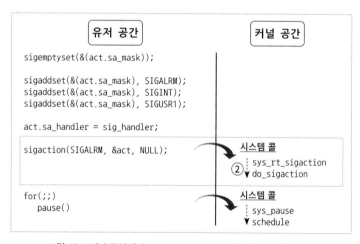

그림 12.4 커널 공간에서 sys_rt_sigaction() 함수의 실행 흐름

위 그림에서 ②로 표시된 부분을 눈여겨봅시다. 유저 공간에서 sigaction() 함수를 호출하면 시스템 콜 핸들러인 sys_rt_sigaction() 함수가 호출됩니다.

먼저 sys_rt_sigaction() 함수를 보기 전에 함수 선언부를 확인해 봅시다.

https://github.com/raspberrypi/linux/blob/rpi-4.19.y/include/linux/syscalls.h

```
asmlinkage long sys_rt_sigaction(int,
                const struct sigaction __user *,
                struct sigaction __user *,
                size_t);
```

 함수 선언부의 가장 왼쪽에 있는 asmlinkage 지시자는 어셈블리 코드에서 이 함수를 호출한다는 의미입니다. sys_rt_sigaction() 함수는 vector_swi 레이블에서 시스템 콜 테이블을 통해 호출됩니다.

sys_rt_sigaction() 함수에 전달되는 인자는 다음과 같습니다.

표 12.4 sys_rt_sigaction() 함수에 전달하는 인자

인자	설명
int sig	시그널 번호
struct k_sigaction *act	새롭게 설정하는 시그널 속성
struct k_sigaction *oact	이전에 설정했던 시그널 속성

sys_rt_sigaction() 함수의 인자를 알아봤으니 코드를 분석할 차례입니다

https://github.com/raspberrypi/linux/blob/rpi-4.19.y/kernel/signal.c

```
01 SYSCALL_DEFINE4(rt_sigaction, int, sig,
02      const struct sigaction __user *, act,
03      struct sigaction __user *, oact,
04      size_t, sigsetsize)
05 {
06   struct k_sigaction new_sa, old_sa;
07   int ret;
08
09   /* XXX: Don't preclude handling different sized sigset_t's.  */
10   if (sigsetsize != sizeof(sigset_t))
11       return -EINVAL;
12
13   if (act && copy_from_user(&new_sa.sa, act, sizeof(new_sa.sa)))
14       return -EFAULT;
15
```

```
16    ret = do_sigaction(sig, act ? &new_sa : NULL, oact ? &old_sa : NULL);
17    if (ret)
18       return ret;
19
20    if (oact && copy_to_user(oact, &old_sa.sa, sizeof(old_sa.sa)))
21       return -EFAULT;
22
23    return 0;
24 }
```

먼저 13번째 줄을 보겠습니다.

```
13    if (act && copy_from_user(&new_sa.sa, act, sizeof(new_sa.sa)))
14       return -EFAULT;
```

새롭게 설정하는 시그널 속성을 &new_sa.sa라는 지역변수에 저장합니다. 유저 공간에서 sigaction() 함수로 전달된 act 인자를 &new_sa.sa 지역변수에 저장하는 동작입니다.

 유저 공간에서 전달된 메모리 버퍼는 copy_from_user() 함수로 복사할 수 있습니다.

16번째 줄을 보겠습니다.

```
16    ret = do_sigaction(sig, act ? &new_sa : NULL, oact ? &old_sa : NULL);
```

do_sigaction() 함수를 호출해 **시그널 속성 정보를 태스크 디스크립터의 sighand 필드에 저장합니다**(do_sigaction() 함수는 조금 후에 분석할 예정입니다).

다음으로 20~21번째 줄을 보겠습니다.

```
20    if (oact && copy_to_user(oact, &old_sa.sa, sizeof(old_sa.sa)))
21       return -EFAULT;
```

이전에 설정했던 시그널의 속성 정보를 담고 있는 &old_sa.sa의 내용을 유저 공간 메모리 공간에 있는 oact에 복사합니다.

copy_to_user() 함수의 선언부와 copy_to_user() 함수에 전달되는 인자의 내용을 설명한 선언부는 다음과 같습니다.

```
unsigned long copy_to_user (void __user *to,
                const void *from, unsigned long n);
unsigned long copy_to_user (복사될 유저 공간의 메모리 주소,
                복사할 커널 공간의 메모리 주소, 복사할 바이트 수);
```

copy_to_user() 함수는 세부 동작보다 다음과 같이 함수에 전달하는 인자의 유형을 파악하는 것이 중요합니다.

- void __user *to: 유저 공간의 메모리 주소
- const void *from: 복사할 커널 공간의 메모리 주소
- unsigned long n: 복사할 바이트 수

copy_to_user() 함수 선언부의 정의에 따라 oact와 &old_sa.sa 인자를 해석하면 다음과 같습니다.

- oact: 데이터가 복사될 유저 공간의 메모리 주소
- &old_sa.sa: 복사할 데이터가 있는 커널 공간의 메모리 주소

copy_to_user() 함수가 실행되면 &old_sa.sa 주소에 있는 값을 유저 공간의 메모리 공간에 있는 oact로 써줍니다. 이 동작을 그림으로 나타내면 다음과 같습니다.

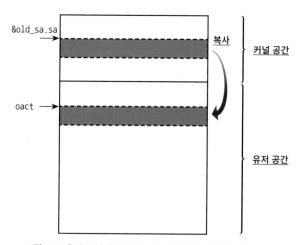

그림 12.5 유저 공간에 이전 시그널 속성 정보를 반환하는 과정

보다시피 oact 포인터가 가리키는 유저 공간의 메모리 주소에 &old_sa.sa 주소의 데이터를 복사합니다.

do_sigaction() 함수 분석

이어서 시그널의 속성 정보를 저장하는 do_sigaction() 함수를 분석하겠습니다.

먼저 do_sigaction() 함수의 선언부를 봅시다.

```
int do_sigaction(int sig, struct k_sigaction *act, struct k_sigaction *oact);
```

do_sigaction() 함수에 전달된 인자는 sys_rt_sigaction() 함수에 전달되는 인자 유형과 같습니다.

표 12.5 do_sigaction() 함수에 전달하는 인자

인자	설명
int sig	설정한 시그널 번호
struct k_sigaction *act	새롭게 설정하는 시그널 속성
struct k_sigaction *oact	이전에 설정했던 시그널 속성

시그널을 제대로 설정했으면 0, 시그널을 설정하는 동작 중 오류가 발생하면 -EINVAL이라는 정수형 플래그를 반환합니다.

do_sigaction() 함수의 인자를 알아봤으니 코드를 분석해봅시다.

https://github.com/raspberrypi/linux/blob/rpi-4.19.y/kernel/signal.c

```
01 int do_sigaction(int sig, struct k_sigaction *act, struct k_sigaction *oact)
02 {
03    struct task_struct *p = current, *t;
04    struct k_sigaction *k;
05    sigset_t mask;
06
07    if (!valid_signal(sig) || sig < 1 || (act && sig_kernel_only(sig)))
08        return -EINVAL;
09
10    k = &p->sighand->action[sig-1];
11
12    spin_lock_irq(&p->sighand->siglock);
13    if (oact)
```

```
14        *oact = *k;

15

16    sigaction_compat_abi(act, oact);

17

18    if (act) {

19        sigdelsetmask(&act->sa.sa_mask,

20                sigmask(SIGKILL) | sigmask(SIGSTOP));

21        *k = *act;

22

23        if (sig_handler_ignored(sig_handler(p, sig), sig)) {

24            sigemptyset(&mask);

25            sigaddset(&mask, sig);

26            flush_sigqueue_mask(&mask, &p->signal->shared_pending);

27            for_each_thread(p, t)

28                flush_sigqueue_mask(&mask, &t->pending);

29        }

30    }

31

32    spin_unlock_irq(&p->sighand->siglock);

33    return 0;

34 }
```

7번째 줄을 보겠습니다.

```
07    if (!valid_signal(sig) || sig < 1 || (act && sig_kernel_only(sig)))

08        return -EINVAL;
```

유저 공간에서 정의돼 있지 않은 시그널 번호가 함수 인자로 전달되면 함수 실행을 종료하는 동작입니다. 함수 인자로 전달된 정수형 시그널 번호인 sig가 유효하지 않는 시그널 번호이면 8번째 줄을 실행합니다. 즉, -EINVAL을 반환하면서 함수 실행을 종료합니다. 물론 시그널 설정을 더 이상 진행하지 않습니다.

다음으로 10번째 줄을 보겠습니다.

```
03    struct task_struct *p = current, *t;

04    struct k_sigaction *k;

...

10    k = &p->sighand->action[sig-1];
```

3번째 줄을 보면 current 매크로를 p라는 포인터에 저장합니다. **여기서 current 매크로는 어떤 의미일까요?**

current 매크로는 현재 실행 중인 프로세스의 태스크 디스크립터 주소를 알려줍니다. 따라서 task_struct 구조체 타입인 p 지역변수는 현재 실행 중인 태스크 디스크립터의 주소를 저장합니다.

다음으로 10번째 줄을 보면 현재 프로세스의 정수형 시그널 번호인 sig에 해당하는 action 필드의 배열 인덱스 주소를 k라는 k_sigaction 구조체 지역변수에 저장합니다.

task_struct 구조체의 sighand->action 필드에는 시그널 종류별 세부 동작 정보가 저장돼 있습니다.

 이처럼 리눅스 커널 소스코드에서 자료구조를 변경하는 부분을 분석하면 어떤 필드가 바뀌는지 감이 잘 오지 않습니다. 이럴 때 TRACE32로 구조체의 필드를 확인하면 빨리 이해할 수 있습니다. &p->sighand->action 필드를 함께 봅시다.

```
01  (static struct task_struct) \Global\init_task = (
02    (long int) state = 0 = 0x0,
03    (void *) stack = 0x80C00000,
...
04    (struct sighand_struct *) sighand = 0x80C07B80 -> (
05      (atomic_t) count = ((int) counter = 3 = 0x3),
06      (struct k_sigaction [64]) action = (
07        [0] = ((struct sigaction) sa = ((__sighandler_t)sa_handler = 0x0, (long
unsigned int) sa_flags = 0
08        [1] = ((struct sigaction) sa = ((__sighandler_t) sa_handler = 0x0, (long
unsigned int) sa_flags = 0
09        [2] = ((struct sigaction) sa = ((__sighandler_t) sa_handler = 0x7AAE00B4,
(long unsigned int) sa_flags = 0
10        [3] = ((struct sigaction) sa = ((__sighandler_t) sa_handler = 0x7AAE00B4, (long
unsigned int) sa_flags = 0
11        [4] = ((struct sigaction) sa = ((__sighandler_t) sa_handler = 0x0, (long
unsigned int) sa_flags = 0

...
12        [13] = ((struct sigaction) sa = ((__sighandler_t) sa_handler = 0x0, (long
unsigned int) sa_flags = 0
13        [63] = ((struct sigaction) sa = ((__sighandler_t) sa_handler = 0x0, (long
unsigned int) sa_flags = 0
```

4번째 줄에 보이는 sighand 필드는 task_struct 구조체의 필드 중 하나입니다. 이어서 6번째 줄에 보이는 action 필드는 sighand_struct 구조체의 필드 중 하나입니다. 6번째 줄 정보로 action 배열의 크기는 64이란 정보를 확인할 수 있습니다.

다음과 같이 2~3번째 배열을 보면 sa_handler 필드에서 주소가 보입니다.

```
09          [2] = ((struct sigaction) sa = ((__sighandler_t) sa_handler = 0x7AAE00B4,
(long unsigned int) sa_flags = 0
10          [3] = ((struct sigaction) sa = ((__sighandler_t) sa_handler = 0x7AAE00B4, (long
unsigned int) sa_flags = 0
```

2번째 인덱스는 SIGINT, 3번째 인덱스는 SIGQUIT 시그널을 의미하며, 유저 공간에서 설정된 시그널 핸들러의 주소는 0x7AAE00B4임을 알 수 있습니다.

참고로 다음 코드는 SIGINT와 SIGQUIT 시그널 번호의 선언부입니다.

https://github.com/raspberrypi/linux/blob/rpi-4.19.y/arch/arm/include/uapi/asm/signal.h

```
#define SIGINT      2
#define SIGQUIT     3
```

그렇다면 프로세스 태스크 디스크립터의 sighand->action 필드 속성은 어떻게 바꿀 수 있을까요?

현재 분석 중인 do_sigaction() 함수가 실행되면 sighand->action 필드의 내용이 바뀔 수 있습니다.

다음 13~14번째 줄을 보겠습니다.

```
13    if (oact)
14        *oact = *k;
```

현재 실행 중인 프로세스에서 읽어온 k가 가리키는 k_sigaction 구조체의 전체 내용을 oact가 가리키는 주소에 저장합니다. k는 시그널 번호에 해당하는 k_sigaction 구조체입니다. 이는 기존에 설정된 시그널 속성을 oact 포인터에 저장하는 동작입니다.

다음 18~21번째 줄을 보겠습니다. 이 함수에서 가장 중요한 동작이니 눈여겨봅시다.

```
18    if (act) {
19        sigdelsetmask(&act->sa.sa_mask,
20                sigmask(SIGKILL) | sigmask(SIGSTOP));
21        *k = *act;
```

do_sigaction() 함수로 전달된 act 인자는 유저 공간에서 새롭게 설정한 시그널 속성을 저장하고 있습니다. 18번째 줄에서 action 포인터가 유효한지 체크하고 21번째 줄에서 act가 가리키는 k_sigaction 구조체의 전체 내용을 k가 가리키는 주소에 저장합니다. 이 코드는 다음과 같이 해석할 수 있습니다.

새롭게 설정한 k_action 구조체를 프로세스의 태스크 디스크립터인 task_struct 구조체 내의 sighand->action 배열에 저장한다.

여기서 코드 이해를 돕기 위해 k라는 지역변수의 출처를 다시 확인해보겠습니다.

```
03    struct task_struct *p = current, *t;
..
10    k = &p->sighand->action[sig-1];
```

10번째 줄을 보면 프로세스의 태스크 디스크립터의 sighand->action[sig-1]의 내용을 k에 저장합니다. 여기서 시그널 번호에 해당하는 action 값을 k에 저장합니다. 10번째 줄에서 p는 현재 실행 중인 프로세스의 태스크 디스크립터입니다. 그 이유는 3번째 줄을 보면 알 수 있습니다. 현재 실행 중인 프로세스의 태스크 디스크립터 주소를 알 수 있는 current를 p에 저장하기 때문입니다.

sys_rt_sigaction() 함수가 실행된 다음 변경되는 시그널 관련 자료구조를 TRACE32로 살펴봅시다.

```
01  (static struct task_struct) \Global\init_task = (
02    (long int) state = 0 = 0x0,
03    (void *) stack = 0x80C00000,
...
04    (struct sighand_struct *) sighand = 0x80C07B80 -> (
05      (atomic_t) count = ((int) counter = 3 = 0x3),
06      (struct k_sigaction [64]) action = (
07          [0] = ((struct sigaction) sa = ((__sighandler_t) sa_handler = 0x0, (long unsigned int) sa_flags = 0
08          [1] = ((struct sigaction) sa = ((__sighandler_t) sa_handler = 0x0, (long unsigned int) sa_flags = 0
09          [2] = ((struct sigaction) sa = ((__sighandler_t) sa_handler = 0x7AAE11AC, (long unsigned int) sa_flags = 0
10          [3] = ((struct sigaction) sa = ((__sighandler_t) sa_handler = 0x7AAE00B4, (long unsigned int) sa_fla
```

시그널을 설정하면 시그널을 처리할 프로세스의 태스크 디스크립터 task_struct 구조체의 sighand->action[] 배열이 업데이트됩니다. 즉, 프로세스의 태스크 디스크립터 sighand->action[64] 배열 중 시그널 번호에 해당하는 인덱스의 필드값이 바뀝니다.

9번째 줄 정보를 보면 배열 인덱스는 2입니다.

```
09          [2] = ((struct sigaction) sa = ((__sighandler_t) sa_handler = 0x7AAE11AC, (long unsigned
int) sa_flags = 0
```

위 정보로 2번 SIGINT 시그널을 시그널 핸들러를 지정해 설정했다는 사실을 알 수 있습니다. 시그널 핸들러 함수의 주소는 0x7AAE11AC입니다. **이렇게 시그널을 설정하고 난 후 SIGINT 시그널이 발생하면 어떻게 동작할까요?**

프로세스는 시그널을 전달받아 task_struct 구조체의 sighand->action 배열에 저장된 속성에 따라 시그널을 처리합니다.

이번 절에서는 do_sigaction() 함수 분석으로 시그널 속성을 설정할 때 커널의 내부 동작 방식을 배웠습니다. 처리 과정은 다음과 같습니다.

- 현재 실행 중인 프로세스의 태스크 디스크립터(task_struct 구조체) 주소에 접근
- 태스크 디스크립터 필드 중 struct sighand_struct 타입인 sighand 필드에 접근
- sighand 필드 중 action 배열에 접근해 시그널 번호에 해당하는 인덱스에 시그널 정보를 저상

이번 절에서는 유저 공간에서 시그널을 설정하면 어떤 흐름으로 커널 코드가 실행되는지 살펴봤습니다. 이어서 다음 절에서는 시그널을 기다릴 때 쓰는 pause() 함수를 호출했을 때 커널의 세부 동작 방식을 살펴보겠습니다.

12.3.2 유저 공간에서 pause() 함수 호출 시의 커널 실행 흐름 파악

반복해서 설명하지만 시그널을 설정하고 처리하는 주인공은 커널입니다. 이번 절에서는 유저 공간에서 pause() 함수를 호출하면 커널 공간에서 어떤 함수가 호출되는지 살펴보겠습니다.

다음 시그널을 설정하는 전체 흐름에서 가장 하단에 표시된 점선 박스를 봅시다.

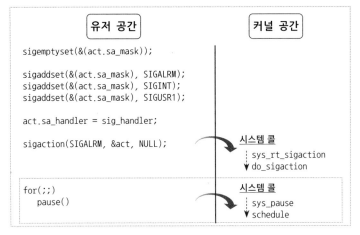

그림 12.6 유저 공간에서 pause( ) 함수 호출 시의 실행 흐름

pause( ) 함수는 시그널을 기다릴 때 호출합니다.

 라즈베리 파이에서 터미널을 열고 다음 명령어를 입력해 pause 명령어에 대한 매뉴얼을 확인합시다.

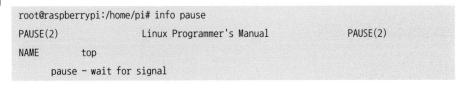

```
root@raspberrypi:/home/pi# info pause
PAUSE(2)                    Linux Programmer's Manual                    PAUSE(2)
NAME        top
      pause - wait for signal
```

매뉴얼에서 출력하는 결과와 같이 시그널을 기다리는 역할을 수행합니다.

시스템 콜 발생으로 sys_pause() 함수가 호출되는 과정

이번에는 pause( ) 함수를 유저 공간에서 실행했을 때 커널에서 실행 흐름을 다른 각도로 살펴봅시다.

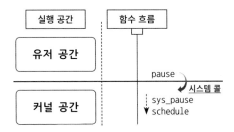

그림 12.7 유저 공간에서 pause( ) 함수 호출 시 시스템 콜 발생 흐름

위 그림과 같이 유저 공간에서 pause() 함수를 호출하면 해당 시스템 콜 핸들러인 sys_pause() 함수가 실행됩니다. 유저 공간과 커널 공간별 처리 과정은 다음과 같습니다.

유저 공간

1. r7 레지스터에 sys_pause() 함수에 해당하는 시스템 콜 번호인 29를 지정

2. "svc 0" ARM 어셈블리 명령어로 시스템 콜 처리를 위해 소프트웨어 인터럽트를 발생시켜 커널 공간으로 스위칭

커널 공간

3. vector_swi 레이블을 실행

4. 유저 공간에서 저장한 시스템 콜 번호인 29를 r7 레지스터에서 읽음

5. 시스템 콜 테이블인 sys_call_table 심벌에 접근해서 시스템 콜 핸들러인 sys_pause() 함수로 분기

각 단계별로 처리 과정을 살펴봤으니 이어서 소스코드를 분석하겠습니다.

sys_pause() 함수 분석

pause() 함수에 대한 시스템 콜 핸들러는 sys_pause() 함수입니다.

먼저 sys_pause() 함수의 선언부를 살펴보겠습니다.

https://github.com/raspberrypi/linux/blob/rpi-4.19.y/include/linux/syscalls.h

```
asmlinkage long sys_pause(void);
```

sys_pause() 함수의 선언부를 확인하니 void 타입으로 인자를 받지 않는다는 사실을 알 수 있습니다.

이어서 sys_pause() 함수를 보겠습니다.

https://github.com/raspberrypi/linux/blob/rpi-4.19.y/kernel/signal.c

```
01 SYSCALL_DEFINE0(pause)
02 {
03     while (!signal_pending(current)) {
04         __set_current_state(TASK_INTERRUPTIBLE);
05         schedule();
06     }
```

```
07    return -ERESTARTNOHAND;
08 }
```

3번째 줄에서 while 문 조건을 먼저 점검합니다. signal_pending() 함수를 호출해서 false를 반환하면 4~5번째 줄을 실행합니다. 그러면 signal_pending() 함수는 어떤 기능을 할까요? **프로세스에 시그널이 전달됐으면 true, 아니면 false를 반환합니다.**

signal_pending() 함수의 의미를 알았으니 3~6번째 줄은 다음과 같이 분석할 수 있습니다.

프로세스에 전달된 시그널이 없으면 프로세스를 TASK_INTERRUPTIBLE 상태로 바꾸고 schedule() 함수를 호출해서 휴면 상태에 진입한다.

 펜딩 시그널이란 프로세스에게 시그널이 전달되어 처리해야 할 시그널이 있는 상태를 의미합니다.

여기서 한 가지 의문이 생깁니다. **프로세스가 시그널을 받아서 다시 깨어나면 어떤 코드를 실행할까요?**

3번째 줄을 실행합니다. 프로세스에게 시그널이 전달되면 signal_pending() 함수는 true를 반환하니 while 문을 종료한 후 7번 코드를 실행해서 -ERESTARTNOHAND를 반환합니다. 바로 sys_pause() 함수의 실행을 종료한 후 ret_fast_syscall 레이블로 이동해 시그널을 받아 처리를 합니다.

이번 절에서는 유저 공간에서 두 함수의 분석으로 다음과 같은 내용을 알게 됐습니다.

1. 유저 공간에서 sigaction() 함수 호출
- 커널 공간에서 sys_rt_sigaction() 함수 호출
- do_sigaction() 함수를 실행해 시그널 설정 정보를 저장: 프로세스의 태스크 디스크립터 task_struct sighand->action 배열에 접근한 후 시그널을 설정

2. 유저 공간에서 pause() 함수 호출
- 커널 공간에서 sys_pause() 함수를 호출해 시그널을 받을 때까지 휴면 상태에 진입

유저 공간에서 시그널을 설정하는 함수를 호출하면 리눅스 커널은 위와 같은 동작을 한다는 사실을 확인할 수 있습니다.

12.4 시그널 생성 과정의 함수 분석

시그널 처리 동작은 다음과 같이 2단계로 분류할 수 있습니다.

- 1단계: 시그널 생성
- 2단계: 시그널 처리

이번 절에서는 1단계인 시그널 생성 동작에 대해 알아봅시다. 시그널을 생성하는 과정을 살펴보기에 앞서 다음 질문에 대답해 봅시다.

리눅스에서는 어떻게 시그널을 생성할까?

리눅스에서 시그널을 생성하는 방법은 크게 세 가지로 분류할 수 있습니다.

1. 라즈베리 파이의 터미널로 kill 명령어를 입력
2. 유저 애플리케이션에서 kill/tgkill()과 같이 시그널을 생성하는 함수를 호출
3. 커널이 스스로 시그널을 전달해야 한다고 판단하면 시그널을 생성

위와 같이 세 가지 방법으로 시그널을 생성하면 리눅스 커널 내부에서 시그널을 처리하는 함수가 호출됩니다. 세부 동작은 크게 2단계로 분류할 수 있습니다.

1. 시그널을 받을 프로세스의 태스크 디스크립터에 접근한 후 생성된 시그널 정보를 써줌
2. 시그널을 받을 프로세스를 깨움

먼저 유저 공간에서 다음 리눅스 표준 함수를 호출하면 커널 내부에서 어떤 동작을 수행하는지 알아봅시다.

- kill()
- tgkill()

12.4.1 유저 프로세스의 kill() 함수 실행

터미널을 열고 kill 명령어를 입력하거나 유저 애플리케이션에서 kill() 함수를 실행하면 시스템 콜 핸들러인 sys_kill() 함수가 호출됩니다. **그렇다면 sys_kill() 함수를 실행한 후 어떤 과정으로 시그널을 생성할까요?** 다음 그림을 보면서 세부 동작을 배워봅시다.

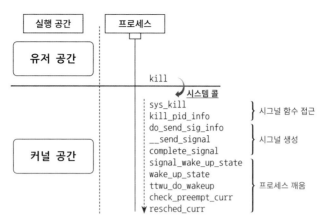

그림 12.8 유저 공간에서 kill() 함수 호출 시 시그널 생성 흐름

각 단계별 실행 과정을 소개합니다.

- 1단계: 시그널 함수 접근

  리눅스 커널의 핵심 시그널 함수를 호출하기 전 시그널에 대한 전처리를 수행합니다. 시그널을 생성하기 위한 인터페이스 함수를 호출하며 시그널 번호가 유효한지 점검합니다.

- 2단계: 시그널 생성

  시그널을 받을 프로세스의 태스크 디스크립터에 펜딩 시그널 정보를 씁니다.

- 3단계: 프로세스 깨움

  시그널을 받을 프로세스를 깨웁니다.

3단계로 분류한 동작 중 이번 절에서는 1단계 '시그널 함수 접근'의 실행 흐름과 코드를 살펴보겠습니다. 분석할 함수 목록은 다음과 같습니다.

- sys_kill()
- kill_something_info()
- kill_pid_info()
- group_send_sig_info()
- do_send_sig_info()
- send_signal()

sys_kill() 함수 분석

그림 12.8을 보면 알 수 있듯이 유저 공간에서 kill() 함수를 호출하면 커널 공간에서 sys_kill() 함수가 호출됩니다. kill 시스템 콜에 대한 시스템 콜 핸들러는 sys_kill() 함수인 것입니다.

먼저 sys_kill() 함수의 선언부를 봅시다.

https://github.com/raspberrypi/linux/blob/rpi-4.19.y/include/linux/syscalls.h

```
asmlinkage long sys_kill(pid_t pid, int sig);
```

asmlinkage 키워드로 함수를 선언했으니 어셈블리 코드에서 이 함수를 호출한다는 사실을 알 수 있습니다.

sys_kill() 함수에 전달되는 인자는 다음과 같습니다.

표 12.6 sys_kill() 함수에 전달하는 인자

인자	속성
pid_t pid	시그널을 전달받을 프로세스 PID
int sig	정수형 시그널 번호

만약 종료시키려는 프로세스의 PID가 895이면 "kill - SIGKILL 895" 명령어를 입력하면 됩니다. 이 명령어를 실행하면 sys_kill() 함수가 실행되며, 두 번째 sig 인자로 SIGKILL 시그널에 해당하는 정수형 시그널 번호인 9가 전달됩니다.

반복해서 설명하지만 그림 12.8은 다음과 같은 사실을 말해줍니다.

유저 공간에서 kill() 함수로 시스템 콜을 발생시키면 시스템 콜 핸들러인 sys_kill() 함수가 호출된다.

그렇다면 라즈베리 파이와 같은 리눅스 시스템에서 다음 정보를 어떻게 확인할 수 있을까요?

리눅스 커널에서 kill() 함수에 대한 시스템 콜 번호와 시스템 콜로 전달되는 인자

물론 가능합니다. 리눅스 커널에서 제공하는 ftrace 기능을 활용하면 세부 정보를 알 수 있습니다.

라즈베리 파이에서 터미널을 열고 다음 명령어를 입력해 PID가 895인 프로세스에게 SIGKILL 시그널을 전달해보겠습니다.

```
root@raspberrypi:/home/pi# kill - SIGKILL 895
```

이 명령어를 입력한 후 받은 ftrace 메시지는 다음과 같습니다.

```
01 strace-894   [001] ....   328.965123: sys_enter: NR 37 (37f, 9, 0, 0, 881c0, 37f)
02 strace-894   [001] ....   328.965141: sys_exit: NR 37 = 0
```

ftrace 로그의 1번째 줄에 있는 "NR 37" 메시지는 어떤 의미일까요? **37번 시스템 콜 번호를 나타냅니다.**

37번 시스템 콜 번호는 어떻게 확인할 수 있을까요? 라즈베리 파이에서는 다음 헤더 파일에서 확인할 수 있습니다.

root@raspberrypi:/usr/include/arm-linux-gnueabihf/asm/unistd-common.h

```
#define __NR_kill              (__NR_SYSCALL_BASE+ 37)
```

ftrace 메시지와 코드 분석으로 다음과 같은 사실을 알 수 있습니다.

   kill() 함수의 시스템 콜 번호는 37이다.

이번에는 ftrace 메시지에서 sys_kill() 함수에 전달된 인자를 확인해 봅시다. 다시 1번째 줄을 보겠습니다.

```
01 strace-894   [001] ....   328.965123: sys_enter: NR 37 (37f, 9, 0, 0, 881c0, 37f)
```

위 ftrace 메시지에서 시스템 콜 핸들러로 전달된 인자 정보는 다음과 같습니다.

```
(37f, 9, 0, 0, 881c0, 37f)
```

조금 어려운 내용인데 위 로그는 다음과 같이 분석할 수 있습니다.

   - 첫 번째 인자: 37f는 16진수 정수(십진수: 895)로서 종료시키려는 프로세스의 PID다.
   - 두 번째 인자: 9는 시그널 종류를 의미합니다. 보통 9는 프로세스를 강제 종료하는 시그널입니다.

그러면 9가 프로세스를 강제 종료하는 시그널인지는 어떻게 알 수 있을까요? 다음 리눅스 커널 코드를 보면 9라는 정수가 어떤 의미인지 알 수 있습니다.

https://github.com/raspberrypi/linux/blob/rpi-4.19.y/arch/arm/include/uapi/asm/signal.h

```
#define SIGKILL        9
```

SIGKILL는 프로세스를 강제로 종료할 때 쓰는 매크로로 정수형인 9로 나타냅니다.

이번에는 sys_kill() 함수가 실행을 마무리한 후 어떤 값을 반환하는지 확인해 봅시다.

```
02 strace-894   [001] ....   328.965141: sys_exit: NR 37 = 0
```

2번째 줄의 로그로 sys_kill() 함수는 0을 반환한다는 사실을 알 수 있습니다.

이처럼 ftrace 기능을 활용해 sys_kill() 함수와 같은 시스템 콜 핸들러로 어떤 인자가 전달되는지 확인할 수 있습니다.

함수의 인자와 반환값을 점검했으니 sys_kill() 함수를 분석하겠습니다.

https://github.com/raspberrypi/linux/blob/rpi-4.19.y/kernel/signal.c

```
01 SYSCALL_DEFINE2(kill, pid_t, pid, int, sig)
02 {
03     struct siginfo info;
04
05     info.si_signo = sig;
06     info.si_errno = 0;
07     info.si_code = SI_USER;
08     info.si_pid = task_tgid_vnr(current);
09     info.si_uid = from_kuid_munged(current_user_ns(), current_uid());
10
11     return kill_something_info(sig, &info, pid);
12 }
```

5~9번째 줄은 시그널 속성을 siginfo 구조체 타입인 info 변수에 저장합니다. 각 속성의 의미는 아래 주석을 참고합시다.

```
05     info.si_signo = sig;  /* 시그널 번호 */
06     info.si_errno = 0;
07     info.si_code = SI_USER;  /* 시그널 유저 코드 */
08     info.si_pid = task_tgid_vnr(current); /* 프로세스 PID */
09     info.si_uid = from_kuid_munged(current_user_ns(), current_uid()); /* 프로세스 UID */
```

11번째 줄을 보겠습니다.

```
11     return kill_something_info(sig, &info, pid);
```

kill_something_info() 함수를 호출합니다. 시그널 정보가 저장된 info 지역변수의 주소를 두 번째 인자로 전달하는 것입니다. 코드를 분석한 바와 같이 sys_kill() 함수는 특별한 처리를 하지 않습니다. 시그널 정보를 채워 `kill_something_info()` 함수를 호출할 뿐입니다. 그래서 시그널 생성 인터페이스 함수로 분류한 것입니다.

kill_something_info() 함수 분석

이어서 `kill_something_info()` 함수를 분석하겠습니다.

https://github.com/raspberrypi/linux/blob/rpi-4.19.y/kernel/signal.c

```
01 static int kill_something_info(int sig, struct siginfo *info, pid_t pid)
02 {
03     int ret;
04
05     if (pid > 0) {
06         rcu_read_lock();
07         ret = kill_pid_info(sig, info, find_vpid(pid));
08         rcu_read_unlock();
09         return ret;
10     }
11
12     /* -INT_MIN is undefined.  Exclude this case to avoid a UBSAN warning */
13     if (pid == INT_MIN)
14         return -ESRCH;
15
16     read_lock(&tasklist_lock);
17     if (pid != -1) {
18         ret = __kill_pgrp_info(sig, info,
19                 pid ? find_vpid(-pid) : task_pgrp(current));
20     } else {
21         int retval = 0, count = 0;
22         struct task_struct * p;
23
24         for_each_process(p) {
25             if (task_pid_vnr(p) > 1 &&
26                     !same_thread_group(p, current)) {
27                 int err = group_send_sig_info(sig, info, p, PIDTYPE_MAX);
28                 ++count;
29                 if (err != -EPERM)
30                     retval = err;
31             }
```

```
32            }
33        ret = count ? retval : -ESRCH;
34    }
35    read_unlock(&tasklist_lock);
36
37    return ret;
38 }
```

kill_something_info() 함수의 세부 동작은 pid에 따라 다음과 같이 분류할 수 있습니다.

- pid가 0보다 큰 경우: kill_pid_info() 함수를 호출(일반적인 상황)
- pid가 –1인 경우: 해당 프로세스 외의 모든 프로세스에 대해 종료 요청
- pid가 나머지 음수인 경우: 해당 프로세스가 속한 프로세스 그룹 내 모든 프로세스를 종료

함수 세 번째 인자로 전달된 pid가 0보다 크면 6~9번째 줄을 실행한 후 바로 함수 실행을 종료합니다. 대부분 kill_something_info() 함수가 호출되면 처리되는 코드 블록이며 07번째 줄과 같이 kill_pid_info() 함수를 호출합니다.

다음 13~14번째 줄을 보겠습니다.

```
13    if (pid == INT_MIN)
14        return -ESRCH;
```

프로세스 pid가 INT_MIN이면 14번째 줄을 실행합니다. -ESRCH를 반환하면서 함수 실행을 종료합니다.

다음으로 17~34번째 줄을 보겠습니다.

```
17    if (pid != -1) {
18        ret = __kill_pgrp_info(sig, info,
19                pid ? find_vpid(-pid) : task_pgrp(current));
20    } else {
21        int retval = 0, count = 0;
22        struct task_struct * p;
23
24        for_each_process(p) {
25            if (task_pid_vnr(p) > 1 &&
26                    !same_thread_group(p, current)) {
27                int err = group_send_sig_info(sig, info, p, PIDTYPE_MAX);
```

```
28            ++count;
29            if (err != -EPERM)
30                retval = err;
31        }
32    }
33    ret = count ? retval : -ESRCH;
34 }
```

먼저 17~34번째 줄이 실행하는 조건을 점검해 봅시다.

`kill_something_info()` 함수의 5번째 줄에서 이미 pid가 0보다 큰지 점검했습니다.

```
05    if (pid > 0) {
06        rcu_read_lock();
07        ret = kill_pid_info(sig, info, find_vpid(pid));
08        rcu_read_unlock();
09        return ret;
10    }
```

만약 pid가 0보다 크면 6~9번째 줄을 실행하고 이미 함수 실행을 종료했을 것입니다. 따라서 17~34
번째 줄이 실행될 때의 조건으로 pid가 음수임을 유추할 수 있습니다.

17~19번째 줄은 pid가 음수, 나머지 20~34번째 줄은 pid가 −1일 때 실행됩니다. 17~19번째 줄과 같
이 pid가 −1보다 작으면 실행 중인 프로세스 그룹에 속한 스레드에게 시그널을 보냅니다. pid를 −1로
지정하면 21~33번째 줄을 실행해 현재 실행 중인 프로세스를 제외한 모든 프로세스에 시그널을 보냅
니다.

이렇게 kill 명령어로 pid 값에 따른 동작을 정리하면 다음과 같습니다.

표 12.7 kill 명령어를 사용할 때의 옵션과 동작

명령어	설명
kill -9 [pid]	pid에 해당하는 프로세스를 종료
kill -9 -2	PID가 2인 프로세스가 속한 프로세스 그룹 내 모든 프로세스를 종료
kill -9 -1	해당 프로세스 외의 모든 프로세스에 대해 종료 요청

kill_pid_info() 함수 분석

다음으로 kill_pid_info() 함수를 분석하겠습니다.

https://github.com/raspberrypi/linux/blob/rpi-4.19.y/kernel/signal.c

```
01 int kill_pid_info(int sig, struct siginfo *info, struct pid *pid)
02 {
03    int error = -ESRCH;
04    struct task_struct *p;
05
06    for (;;) {
07        rcu_read_lock();
08        p = pid_task(pid, PIDTYPE_PID);
09        if (p)
10            error = group_send_sig_info(sig, info, p, PIDTYPE_TGID);
11        rcu_read_unlock();
12        if (likely(!p || error != -ESRCH))
13            return error;
14
15    }
16 }
```

8번째 줄을 보면 pid_task() 함수를 호출해서 pid에 대응하는 태스크 디스크립터의 주소를 p에 저장합니다. 여기서 p 지역변수의 타입은 struct task_struct로서 태스크 디스크립터를 나타냅니다.

프로세스를 나타내는 태스크 디스크립터의 주소를 읽었으면 10번째 줄과 같이 group_send_sig_info() 함수를 호출합니다.

12~13번째 줄은 group_send_sig_info() 함수를 호출한 다음 실행됩니다. kill_pid_info() 함수가 종료하는 조건을 점검하는데 group_send_sig_info() 함수가 -ESRCH를 반환하지 않으면 error를 반환하면서 함수 실행을 종료합니다.

> pid에 대응하는 프로세스의 태스크 디스크립터 주소를 읽는 코드를 조금 더 짚어 보겠습니다. "kill
> - SIGKILL [pid: 정숫값]" 명령어를 입력하면 pid에 해당하는 프로세스를 종료시킬 수 있습니다.
>
> 그렇다면 커널 내부에서는 어떻게 동작할까요? 다음 순서로 pid에 해당하는 프로세스에게 종료 시그널을
> 전달합니다.

- 정수형 PID 값을 읽어서 태스크 디스크립터 주소로 변환

- 변환한 태스크 디스크립터로 시그널 전달

- 종료 시그널을 전달받은 프로세스는 종료됨

pid를 처리하는 코드를 정리하면 다음과 같습니다.

```
01 static int kill_something_info(int sig, struct siginfo *info, pid_t pid)
02    ret = kill_pid_info(sig, info, find_vpid(pid));
03
04 int kill_pid_info(int sig, struct siginfo *info, struct pid *pid)
05    struct task_struct *p;
06    p = pid_task(pid, PIDTYPE_PID);
```

2번째 줄을 보면 kill_pid_info() 함수의 세 번째 인자로 find_vpid(pid) 함수의 반환값을 전달합니다. find_vpid() 함수는 **정수형 pid를 pid 구조체로 변환하는 역할을 합니다.** 여기서 pid 구조체는 프로세스 PID를 관리하는 PID 객체 자료구조입니다.

위 코드의 6번째 줄을 보면 kill_pid_info() 함수로 전달된 3번째 인자인 pid를 pid_task() 함수에 전달해서 태스크 디스크립터의 주소를 읽습니다. 여기서 pid 구조체 타입인 pid는 정수형 PID가 아니라 kill_pid_info() 함수의 세 번째 인자로 전달된 것입니다. 이 인자의 출처는 다음과 같습니다.

find_vpid(pid) 함수가 반환한 pid 구조체

이 방식으로 정수형 PID 값을 태스크 디스크립터 주소로 변환할 수 있습니다.

분석한 내용을 다음과 같이 정리해 봅시다.

- find_vpid(): 정수형 PID를 pid 구조체로 변환
- pid_task(): pid 구조체 주소를 입력으로 해당 프로세스의 태스크 디스크립터인 task_struct 구조체를 반환

이번에는 위 코드를 모아서 유용한 함수를 작성해 보겠습니다. get_task_struct_with_pid() 함수는 정수형 PID 값을 입력받아 프로세스 이름을 출력하고 태스크 디스크립터의 주소를 반환합니다.

```
01 struct task_struct * get_task_struct_with_pid(pid_t pid) {
02    struct task_struct *p;
03    p = pid_task(find_vpid(pid), PIDTYPE_PID);
04
05    if(p) {
06        printk("[+]task->comm: %s \n", p->comm);
07    }
```

```
08      return p;
09  }
```

group_send_sig_info() 함수 분석

이어서 group_send_sig_info() 함수를 분석하겠습니다.

https://github.com/raspberrypi/linux/blob/rpi-4.19.y/kernel/signal.c

```
01 int group_send_sig_info(int sig, struct siginfo *info, struct task_struct *p, enum pid_type
type)
02 {
03    int ret;
04
05    rcu_read_lock();
06    ret = check_kill_permission(sig, info, p);
07    rcu_read_unlock();
08
09    if (!ret && sig)
10        ret = do_send_sig_info(sig, info, p, type);
11
12    return ret;
13 }
```

6번째 줄에서 check_kill_permission() 함수를 호출해서 시그널을 전달할 수 있는 권한을 점검합니다.
이렇게 권한을 점검한 후 시그널을 생성할 수 있는 조건이면 do_send_sig_info() 함수를 호출합니다.

do_send_sig_info() 함수 분석

다음으로 do_send_sig_info() 함수를 보겠습니다.

https://github.com/raspberrypi/linux/blob/rpi-4.19.y/kernel/signal.c

```
01 int do_send_sig_info(int sig, struct siginfo *info, struct task_struct *p,
02              enum pid_type type)
03 {
04    unsigned long flags;
05    int ret = -ESRCH;
06
```

```
07    if (lock_task_sighand(p, &flags)) {
08        ret = send_signal(sig, info, p, type);
09        unlock_task_sighand(p, &flags);
10    }
11
12    return ret;
13 }
```

함수를 보면 특별한 처리를 하지 않습니다. 8번째 줄과 같이 send_signal() 함수를 호출합니다.

send_signal() 함수 분석

이어서 send_signal() 함수를 보겠습니다.

https://github.com/raspberrypi/linux/blob/rpi-4.19.y/kernel/signal.c

```
01 static int send_signal(int sig, struct siginfo *info, struct task_struct *t,
02            enum pid_type type)
03 {
04    int from_ancestor_ns = 0;
05
06 #ifdef CONFIG_PID_NS
07    from_ancestor_ns = si_fromuser(info) &&
08            !task_pid_nr_ns(current, task_active_pid_ns(t));
09 #endif
10
11    return __send_signal(sig, info, t, type, from_ancestor_ns);
12 }
```

특별한 동작을 하는 함수는 아닙니다. 11번째 줄과 같이 __send_signal() 함수를 호출할 뿐입니다.

 시그널을 생성하는 핵심 동작인 __send_signal() 함수는 12.4.4절에서 상세히 분석합니다.

이번 절에서는 유저 공간에서 kill() 함수를 호출하면 커널 공간에서 실행하는 시그널 인터페이스 함수를 분석했습니다.

- sys_kill()
- kill_pid_info()

- do_send_sig_info()

- __send_signal()

위 함수 분석으로 다음과 같은 내용을 알게 됐습니다.

1. 정수형 시그널 번호가 유효한지 점검

2. pid가 −1이면 시그널을 받을 수 있는 모든 프로세스에게 시그널 생성

3. 정수형 pid 값을 태스크 디스크립터 주소로 변환

4. 시그널을 생성하려는 프로세스가 시그널 생성 권한을 점검

다음 절에서는 tgkill() 함수를 유저 공간에서 실행하면 어떤 흐름으로 시그널 인터페이스 함수를 실행하는지 알아보겠습니다.

12.4.2 유저 프로세스의 tgkill() 함수 실행

유저 공간에서 tgkill 명령어를 실행하면 시스템 콜 핸들러인 sys_tgkill() 함수를 호출합니다. 이후 어떤 흐름으로 동작하는지 sys_tgkill() 함수를 살펴보겠습니다.

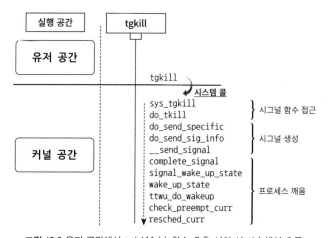

그림 12.9 유저 공간에서 tgkill() 함수 호출 시의 시그널 생성 흐름

이전 절에서 소개했던 kill 함수를 호출했을 때와 실행 흐름이 비슷합니다. 시그널이 생성되는 흐름은 3단계로 나눌 수 있는데 위 그림의 '시그널 함수 접근' 단계에 실행되는 함수를 분석합니다.

- sys_tgkill()

- do_tkill()

- do_send_specific()

- do_send_sig_info()

sys_tgkill() 함수 분석

먼저 sys_tgkill() 함수의 선언부와 인자를 보겠습니다.

https://github.com/raspberrypi/linux/blob/rpi-4.19.y/include/linux/syscalls.h

```
asmlinkage long sys_tgkill(pid_t tgid, pid_t pid, int sig);
```

인자	설명
pid_t tgid	시그널을 전달받을 스레드 그룹 프로세스의 PID
pid_t pid	시그널을 전달받을 프로세스 PID
int sig	정수형 시그널 번호

다음으로 sys_tgkill() 함수를 보겠습니다.

https://github.com/raspberrypi/linux/blob/rpi-4.19.y/kernel/signal.c

```
01 SYSCALL_DEFINE3(tgkill, pid_t, tgid, pid_t, pid, int, sig)
02 {
03    /* This is only valid for single tasks */
04    if (pid <= 0 || tgid <= 0)
05        return -EINVAL;
06
07    return do_tkill(tgid, pid, sig);
08 }
```

먼저 예외 처리를 수행하는 4~5번째 줄을 보겠습니다.

```
04    if (pid <= 0 || tgid <= 0)
05        return -EINVAL;
```

pid나 tgid가 0보다 같거나 작으면 5번째 코드를 실행합니다. -EINVAL이라는 정수형 플래그를 반환하면서 함수 실행을 종료합니다.

4~5번째 줄과 같이 pid와 tgid 인자의 예외 조건을 점검한 다음 do_tkill() 함수를 호출합니다.

do_tkill() 함수 분석

이어서 do_tkill() 함수를 보겠습니다.

https://github.com/raspberrypi/linux/blob/rpi-4.19.y/kernel/signal.c

```
01 static int do_tkill(pid_t tgid, pid_t pid, int sig)
02 {
03    struct siginfo info;
04
05    clear_siginfo(&info);
06    info.si_signo = sig;
07    info.si_errno = 0;
08    info.si_code = SI_TKILL;
09    info.si_pid = task_tgid_vnr(current);
10    info.si_uid = from_kuid_munged(current_user_ns(), current_uid());
11
12    return do_send_specific(tgid, pid, sig, &info);
13 }
```

6~10번째 줄은 시그널의 속성을 siginfo 구조체에 저장합니다. 각각 시그널의 어떤 속성을 설정하는지는 다음 코드의 주석을 참고하기 바랍니다.

```
06    info.si_signo = sig;  /* 시그널 번호 */
07    info.si_errno = 0;
08    info.si_code = SI_TKILL;  /* 시그널 유저 코드 */
09    info.si_pid = task_tgid_vnr(current); /* 프로세스 PID */
10    info.si_uid = from_kuid_munged(current_user_ns(), current_uid()); /* 프로세스 UID */
```

info에 시그널의 정보를 저장한 후 12번째 줄에서 do_send_specific() 함수를 호출합니다.

do_send_specific() 함수 분석

이번에는 do_send_specific() 함수를 볼 차례입니다.

https://github.com/raspberrypi/linux/blob/rpi-4.19.y/kernel/signal.c

```
01 static int
02 do_send_specific(pid_t tgid, pid_t pid, int sig, struct siginfo *info)
03 {
04     struct task_struct *p;
05     int error = -ESRCH;
06
07     rcu_read_lock();
08     p = find_task_by_vpid(pid);
09     if (p && (tgid <= 0 || task_tgid_vnr(p) == tgid)) {
10         error = check_kill_permission(sig, info, p);
11
12         if (!error && sig) {
13             error = do_send_sig_info(sig, info, p, PIDTYPE_PID);
14
15             if (unlikely(error == -ESRCH))
16                 error = 0;
17         }
18     }
19     rcu_read_unlock();
20
21     return error;
22 }
```

먼저 8번째 줄을 보겠습니다.

```
08     p = find_task_by_vpid(pid);
```

find_task_by_vpid() 함수를 호출해서 정수형 pid 인자를 태스크 디스크립터의 주소로 변환해 *p에 저장합니다.

 find_task_by_vpid() 함수는 정수형 PID를 태스크 디스크립터로 변환하는 유용한 함수이니 잘 알아둡시다.

다음으로 9~10번째 줄을 보겠습니다.

```
09    if (p && (tgid <= 0 || task_tgid_vnr(p) == tgid)) {
10        error = check_kill_permission(sig, info, p);
```

9번째 줄은 두번째 인자인 pid가 실제로 첫번째 인자인 tgid 스레드 그룹에 속해 있는지 점검합니다. 이 조건을 만족하면 10번째 줄을 실행합니다.

다음 10번째 줄에서는 check_kill_permission() 함수를 호출해 시그널을 전달할 권한이 있는지 점검합니다. 이처럼 시그널 생성 요청을 하기 전에 check_kill_permission() 함수를 호출해서 시그널을 생성할 권한이 있는지 체크합니다.

다음은 12~13번째 줄입니다.

```
12    if (!error && sig) {
13        error = do_send_sig_info(sig, info, p, PIDTYPE_PID);
```

시그널을 생성할 권한과 시그널이 유효한지 점검한 후 do_send_sig_info() 함수를 호출합니다.

do_send_sig_info() 함수 분석

다음으로 do_send_sig_info() 함수를 보겠습니다.

https://github.com/raspberrypi/linux/blob/rpi-4.19.y/kernel/signal.c

```
01 int do_send_sig_info(int sig, struct siginfo *info, struct task_struct *p,
02        enum pid_type type)
03 {
04    unsigned long flags;
05    int ret = -ESRCH;
06
07    if (lock_task_sighand(p, &flags)) {
08        ret = send_signal(sig, info, p, type);
09        unlock_task_sighand(p, &flags);
10    }
11
12    return ret;
13 }
```

8번째 줄과 같이 send_signal() 함수를 호출해서 시그널 생성을 요청합니다.

앞에서 분석한 코드를 TRACE32로 확인하면 다음과 같은 콜 스택을 확인할 수 있습니다.

```
01 -000|__send_signal (sig = 6, info = 0xAF2D3E40)
02 -001|do_send_sig_info(sig = 6, info = 0xAF2D3E40, p = 0x8F2C8000, ?)
03 -002|do_send_specific(tgid = 748, ?, sig = 6, info = 0xAF2D3E40)
04 -003|do_tkill(tgid = 748, pid = 748, sig = 6)
05 -004|sys_tgkill(?, ?, ?)
06 -005|ret_fast_syscall(asm)
07 -->|exception
08 -006|tgkill(asm)
09 -007|pthread_kill(?, sig = 6)
10 -008|raise(sig = 748)
11 -009|abort()
```

위 콜 스택은 __send_signal() 함수에 브레이크 포인트를 걸고 잡은 것입니다. 콜 스택 흐름과 인자는 다음 정보를 말해줍니다.

- 8~11번째 줄: 유저 공간에서 abort() 함수가 실행된 다음 tgkill() 함수를 호출한다.
- 5~6번째 줄: 커널 공간으로 스위칭해서 sys_tgkill() 함수를 호출한다.
- 4번째 줄: pid는 748이고 전달하려는 시그널 번호는 6이므로 SIGIOT 시그널을 전달한다.

6번 시그널 번호의 의미는 다음 코드에서 확인할 수 있습니다.

https://github.com/raspberrypi/linux/blob/rpi-4.19.y/arch/arm/include/uapi/asm/signal.h

```
#define SIGIOT       6
```

이번 절에서는 유저 공간에서 kill()/tgkill() 함수를 호출할 때 어떤 흐름으로 시그널 인터페이스 함수에 접근하는지 알아봤습니다. 시그널 인터페이스 함수에서는 다음과 같이 공통으로 시그널 생성을 위한 전처리 동작을 수행합니다.

- 시그널을 생성할 권한 점검
- pid나 tgid가 유효한 값인지 점검

여기까지 유저 공간에서 시그널을 생성하는 함수 흐름을 알아봤습니다. 그런데 여기서 한 가지 의문이 생깁니다. **시그널은 유저 공간에서만 생성할 수 있을까요?**

그렇지 않습니다. 커널 내부에서 시그널을 생성할 상황이라 판단하면 스스로 시그널을 생성합니다. 이 동작은 다음 절에서 알아보겠습니다.

12.4.3 커널은 언제 시그널을 생성할까?

우리는 보통 유저 공간에서 kill() 함수를 호출하거나 터미널에서 다음과 같은 형식으로 kill 명령어를 입력하면 시그널을 생성할 수 있다고 알고 있습니다.

```
kill -[시그널 번호] pid
```

그런데 리눅스 커널도 스스로 시그널을 생성해 전달할 수 있습니다. 이번 절에서는 아래의 세 가지 상황에서 커널이 시그널을 생성하는 과정을 살펴보겠습니다.

- 키보드로 Ctrl+C를 입력했을 때
- 커널 메모리 모듈의 OOM Killer가 실행될 때
- 안드로이드 시스템에서 Lowmemory killer 모듈이 실행될 때

키보드로 Ctrl+C를 입력해 시그널을 전달

리눅스 터미널에서 프로그램을 빌드하거나 셸 스크립트를 실행한 후 도중에 멈추고 싶을 때가 있습니다. **이럴 때 Ctrl+C 키를 키보드로 입력하면 됩니다.**

필자도 리눅스에서 셸 스크립트를 실행하다가 시간이 오래 걸리면 Ctrl+C 키를 종종 입력해서 중단하곤 합니다. 그러면 Ctrl+C를 키보드로 입력하면 실행 중인 터미널 명령어가 멈추는 이유는 무엇일까요? **Ctrl+C 키를 누르면 종료 시그널을 생성하기 때문입니다.**

그렇다면 리눅스 커널 어딘가에서 Ctrl+C 입력을 감지하고 시그널을 생성할 것이라 예상할 수 있습니다. 그래서 이번에는 키보드로 Ctrl+C를 입력했을 때 커널이 시그널을 생성하는 흐름을 살펴보겠습니다. 이때의 동작은 다음 그림과 같이 4단계로 분류할 수 있습니다.

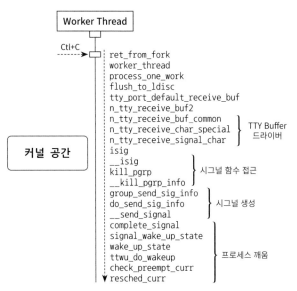

그림 12.10 터미널에서 Ctrl+C를 키보드로 입력했을 때의 시그널 생성 흐름

 위 그림에서 함수 호출은 화살표와 같이 `ret_from_fork()` 함수에서 `resched_curr()` 함수 방향으로 수행됩니다.

위 그림에서 볼 수 있듯이 터미널을 열고 Ctrl+C를 키보드로 입력했을 경우 실행 흐름은 4단계로 분류할 수 있습니다.

- 1단계: TTY 버퍼 드라이버

    TTY Receiver 버퍼에서 스페셜 키인 Ctrl+C 키 입력을 감지합니다.

- 2단계: 시그널 함수 접근

    시그널 인터페이스 함수에 접근한 후 시그널 전처리 과정을 수행합니다.

- 3단계: 시그널 생성

    시그널을 생성해서 시그널을 받을 프로세스의 태스크 디스크립터에 시그널 정보를 씁니다.

- 4단계: 프로세스 깨움

    시그널을 받을 프로세스를 깨웁니다.

이번 절에서는 group_send_sig_info() 함수까지 시그널 함수에 접근하는 과정에 초점을 맞춰 코드를 분석합니다.

 위에서 그린 그림은 사실 ftrace 로그로 받은 함수의 흐름을 표현한 것입니다.

```
01 kworker/u8:2-1208  [003] d...  3558.051181: complete_signal+0x14/0x248
<-__send_signal+0x160/0x420
02      kworker/u8:2-1208  [003] d...  3558.051242: <stack trace>
03 => do_send_sig_info+0x50/0x7c
04 => group_send_sig_info+0x50/0x54
05 => __kill_pgrp_info+0x4c/0x7c
06 => kill_pgrp+0x44/0x74
07 => __isig+0x34/0x40
08 => isig+0x54/0x104
09 => n_tty_receive_signal_char+0x28/0x70
10 => n_tty_receive_char_special+0xa10/0xb78
11 => n_tty_receive_buf_common+0x610/0xc04
12 => n_tty_receive_buf2+0x24/0x2c
13 => tty_ldisc_receive_buf+0x30/0x6c
14 => tty_port_default_receive_buf+0x48/0x68
15 => flush_to_ldisc+0xb4/0xcc
16 => process_one_work+0x224/0x518
17 => worker_thread+0x60/0x5f0
18 => kthread+0x144/0x174
19 => ret_from_fork+0x14/0x28
20 kworker/u8:2-1208  [003] d...  3558.051261: signal_generate: sig=2 errno=0 code=128
comm=RPi_signal pid=1218 grp=1 res=0
```

kworker/u8:2(pid: 1208) 워커 스레드에서 TTY 리시버 버퍼 키 입력을 감지해서 시그널을 생성하는 흐름입니다.

20번째 줄은 시그널을 생성하는 동작을 표현합니다. RPi_signal이라는 프로세스에게 SIGINT 시그널을 생성하는 동작입니다.

키보드로 Ctrl+C 키를 입력했을 때 호출되는 함수 목록 중 __isig() 함수를 보겠습니다.

https://github.com/raspberrypi/linux/blob/rpi-4.19.y/drivers/tty/n_tty.c

```
01 static void __isig(int sig, struct tty_struct *tty)
02 {
03    struct pid *tty_pgrp = tty_get_pgrp(tty);
04    if (tty_pgrp) {
05        kill_pgrp(tty_pgrp, sig, 1);
06        put_pid(tty_pgrp);
07    }
08 }
```

TTY 터미널 버퍼에서 Ctrl+C 키 입력을 인지하면 __isig() 함수가 실행됩니다. __isig() 함수가 호출되면 4번째 줄과 같이 tty 터미널의 프로세스 그룹 정보를 점검합니다. 다음 5번째 줄과 같이 프로세스 그룹에 시그널을 전달하기 위해 kill_pgrp() 함수를 호출합니다.

TTY 터미널 버퍼에서 Ctrl+C를 처리하는 세부 동작 방식은 이 책의 범위를 벗어나는 내용이므로 여기서는 'Ctrl+C 키를 키보드로 입력하면 __isig() 함수가 실행된다' 라는 정도로 짚고 넘어가겠습니다.

kill_pgrp()/__kill_pgrp_info() 함수 분석

다음으로 kill_pgrp() 함수를 분석하겠습니다.

https://github.com/raspberrypi/linux/blob/rpi-4.19.y/kernel/signal.c

```
01 int kill_pgrp(struct pid *pid, int sig, int priv)
02 {
03    int ret;
04
05    read_lock(&tasklist_lock);
06    ret = __kill_pgrp_info(sig, __si_special(priv), pid);
07    read_unlock(&tasklist_lock);
08
09    return ret;
10 }
```

kill_pgrp() 함수는 특별한 동작을 수행하진 않습니다. __kill_pgrp_info() 함수를 감싸는 인터페이스의 역할입니다.

다음으로 __kill_pgrp_info() 함수를 보겠습니다.

https://github.com/raspberrypi/linux/blob/rpi-4.19.y/kernel/signal.c

```
01 int __kill_pgrp_info(int sig, struct siginfo *info, struct pid *pgrp)
02 {
03    struct task_struct *p = NULL;
04    int retval, success;
05
06    success = 0;
07    retval = -ESRCH;
08    do_each_pid_task(pgrp, PIDTYPE_PGID, p) {
09        int err = group_send_sig_info(sig, info, p, PIDTYPE_PGID);
10        success |= !err;
11        retval = err;
12    } while_each_pid_task(pgrp, PIDTYPE_PGID, p);
13    return success ? 0 : retval;
14 }
```

9번째 줄에서는 group_send_sig_info() 함수를 호출해 프로세스 그룹에 시그널을 전달합니다.

앞에서 kill 명령어를 입력하거나 리눅스 저수준 표준 함수인 kill() 함수를 호출하면 시그널이 생성된
다고 배웠습니다. 시그널은 유저 프로세스나 사용자 입력으로 생성되지만 이처럼 커널 내부에서 시그
널을 생성할 수도 있습니다.

 터미널에서 키보드로 Ctrl+C 키를 입력하면 어떤 코드가 실행될까요? TTY 터미널 디바이스로 키를
입력하면 n_tty_receive_char_special() 함수가 호출됩니다.

https://github.com/raspberrypi/linux/blob/rpi-4.19.y/drivers/tty/n_tty.c

```
01 static int
02 n_tty_receive_char_special(struct tty_struct *tty, unsigned char c)
03 {
04    struct n_tty_data *ldata = tty->disc_data;
..
05    if (L_ISIG(tty)) {
06        if (c == INTR_CHAR(tty)) {
07            n_tty_receive_signal_char(tty, SIGINT, c);
08            return 0;
09        } else if (c == QUIT_CHAR(tty)) {
10            n_tty_receive_signal_char(tty, SIGQUIT, c);
11            return 0;
```

```
12          } else if (c == SUSP_CHAR(tty)) {
13              n_tty_receive_signal_char(tty, SIGTSTP, c);
14              return 0;
15          }
16      }
```

5~15번째 줄을 보면 TTY 리시버 버퍼로 어떤 키를 입력했는지 점검합니다. Ctrl+C를 입력한 경우 6~7번째 줄과 같이 정수형 시그널 번호인 SIGINT를 인자로 삼아 n_tty_receive_signal_char() 함수를 호출합니다.

이 함수의 후속 루틴에서 __isig() 함수가 호출되어 터미널 디바이스에 시그널을 전달하는 것입니다.

지금까지 터미널에서 키보드로 Ctrl+C를 눌렀을 때 커널 내부에서 종료 시그널을 생성하는 코드를 분석했습니다. 이어서 커널 드라이버에서도 시그널을 생성하는 과정을 소개합니다.

OOM Killer 시그널 전달

리눅스 커널에서 메모리가 부족하면 실행되는 OOM Killer에서도 종료 시그널을 생성해 프로세스를 종료합니다. OOM Killer의 동작 원리는 간단한데, **프로세스를 종료해서 프로세스가 사용하고 있는 메모리를 회수해서 잔여 메모리를 확보합니다.**

다음 그림은 OOM Killer의 동작 원리를 나타냅니다.

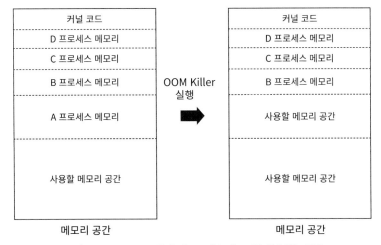

그림 12.11 OOM Killer 동작 시 프로세스 메모리를 회수하는 동작

위 그림의 왼쪽 부분을 보면 메모리 공간에서 A ~ D 프로세스가 실행 중입니다. 이 중에서 A 프로세스가 가장 많은 메모리를 쓰고 있습니다. OOM Killer를 실행하면 가장 많은 메모리를 쓰고 있는 A 프로세스를 종료시킵니다. 오른쪽 그림을 보면 A 프로세스가 쓰던 메모리 공간이 사용할 메모리 공간으로 바뀌었습니다. 그 원리는 다음과 같습니다.

A 프로세스를 종료시키면 자연히 A 프로세스가 쓰고 있던 메모리가 회수된다.

시스템 메모리가 부족한 상황에서 OOM Killer를 실행해 가장 많은 메모리를 쓰고 있는 프로세스를 종료시킵니다. 그렇다면 이 과정에서 언제 시그널을 생성할까요?

OOM Killer는 종료 시그널을 생성해 가장 많이 메모리를 쓰고 있는 프로세스에게 시그널을 전달해 프로세스를 종료시킨다.

리눅스 커널의 메모리 관리 기법 중 하나인 OOM Killer에 대해 조금 더 이야기해보겠습니다. 리눅스 커널은 주기적으로 잔여 메모리 양을 점검하고 메모리를 확보하기 위한 여러 모듈을 실행합니다. Page Reclaim, Page Compaction이 가장 대표적인 예입니다. 이 같은 리눅스 커널에서 잔여 메모리의 양을 점검하는 메모리 서브시스템에서 잔여 메모리(페이지) 확보를 시도해도 잔여 메모리가 부족하면 OOM Killer 모듈을 실행합니다.

사실 OOM Killer가 실행될 상황이면 리눅스 커널 내부에서 사용할 메모리가 심각하게 부족한 상태인 경우가 많습니다. 대부분 리눅스 시스템 개발자는 OOM Killer가 발생하면 커널 패닉을 유발하는 코드를 추가해서 OOM Killer가 발생한 원인을 분석하는 경우가 많습니다.

이어서 OOM Killer가 실행돼 프로세스에게 종료 시그널을 전달하는 코드를 보겠습니다.

https://github.com/raspberrypi/linux/blob/rpi-4.19.y/mm/oom_kill.c

```
01 static void __oom_kill_process(struct task_struct *victim)
02 {
03    struct task_struct *p;
04    struct mm_struct *mm;
05    bool can_oom_reap = true;
06
07    p = find_lock_task_mm(victim);
...
08    /* Get a reference to safely compare mm after task_unlock(victim) */
```

```
09    mm = victim->mm;
10    mmgrab(mm);
...
11    do_send_sig_info(SIGKILL, SEND_SIG_FORCED, victim, PIDTYPE_TGID);
12    mark_oom_victim(victim);
13    pr_err("Killed process %d (%s) total-vm:%lukB, anon-rss:%lukB, file-rss:%lukB, shmem-
rss:%lukB\n",
14        task_pid_nr(victim), victim->comm, K(victim->mm->total_vm),
15        K(get_mm_counter(victim->mm, MM_ANONPAGES)),
16        K(get_mm_counter(victim->mm, MM_FILEPAGES)),
17        K(get_mm_counter(victim->mm, MM_SHMEMPAGES)));
```

11번째 줄을 보면 강제 종료할 victim이라는 task_struct 구조체 필드를 3번째 인자로 삼아 do_send_sig_info() 함수를 호출합니다.

```
11    do_send_sig_info(SIGKILL, SEND_SIG_FORCED, victim, PIDTYPE_TGID);
```

다음 로그는 OOM Killer가 동작했을 때의 패턴입니다.

https://serverfault.com/questions/652362/understanding-oom-killer-logs

```
01 beam.smp invoked oom-killer: gfp_mask=0xd0, order=0, oom_score_adj=0
02 beam.smp cpuset=/ mems_allowed=0
03 CPU: 0 PID: 20908 Comm: beam.smp Not tainted 3.13.0-36-generic #63~precise1-Ubuntu
04 Hardware name: Xen HVM domU, BIOS 4.2.amazon 05/23/2014
05 ffff880192ca6c00 ffff880117ebfbe8 ffffffff817557fe 0000000000000007
...
06 [ pid ]   uid  tgid total_vm      rss nr_ptes swapents oom_score_adj name
07 [ 9537]     0  9537     8740      712      21     1041            0 my_init
08 [13097]     0 13097       48        3       3       16            0 runsvdir
09 [13098]     0 13098       42        4       3       19            0 runsv
10 [13100]     0 13100       42        4       3       38            0 runsv
11 [13101]     0 13101       42        4       3       17            0 runsv
12 [13102]     0 13102       42        4       3        4            0 runsv
13 [13103]     0 13103       42        4       3       39            0 runsv
14 [13104]     0 13104     4779      243      15       60            0 cron
15 [13105]     0 13105     8591      601      22     1129            0 ruby
16 [13107]     0 13107    20478      756      43      560            0 syslog-ng
17 [13108]     0 13108    11991      642      28     1422            0 ruby
```

```
18 [20826]     0   20826    4467    249      14     63       0  run
19 [20827]     0   20827    1101    144       8     29       0  huobi
20 [20878]     0   20878    3708    172      13     48       0  run_erl
21 [20879]     0   20879  249481  57945     321  72955       0  beam.smp
22 [20969]     0   20969    1846     83       9     27       0  inet_gethost
23 [20970]     0   20970    3431    173      12     33       0  inet_gethost
...
24 [10901]     0   10901    1101    127       8     25       0  sh
25 [10902]     0   10902    1078     68       7     22       0  sleep
26 [10903]     0   10903    1078     68       8     22       0  sleep
27 Memory cgroup out of memory: Kill process 20911 (beam.smp) score 1001 or sacrifice child
28 Killed process 20977 (sh) total-vm:4404kB, anon-rss:0kB, file-rss:508kB
```

pid가 20911인 beam.smp 프로세스와 자식 프로세스인 sh(pid: 20977)를 종료해서 종료해서 잔여 메모리를 확보하는 동작입니다.

필자도 프로젝트를 진행하는 도중에 위와 같은 OOM Killer 로그를 가끔 봅니다. 이런 문제를 만나면 머리가 약간 멍해집니다. "이 문제를 어떻게 해결할까?"라는 생각을 하면서 이런저런 궁리를 합니다.

OOM Killer는 메모리가 부족했을 때 실행됩니다. 메모리 부족의 원인은 매우 다양하므로 이런 메모리 고갈 문제를 해결하는 데 많은 시간이 걸리곤 합니다. 그런데 대부분 메모리 부족의 가장 큰 원인은 **메모리 누수(Memory Leak)이며, 동적 메모리를 지속적으로 할당하고 해제하지 않을 때 발생합니다.**

그러면 실전 개발에서 메모리 부속 현상을 해결하기 위해 어떤 정보를 모으고 분석할까요? 1분 간격으로 프로세스별 메모리 사용량을 커널 로그나 시스템 로그로 출력해서 프로세스들의 메모리 사용량을 모니터링하는 경우가 많습니다. 만약 특정 프로세스가 동적 메모리를 해제하지 않고 계속 동적 메모리를 할당하면 해당 프로세스가 어떤 흐름으로 메모리를 할당하는지 추적하는 방식입니다.

하지만 이 방법으로 메모리 부족 현상의 원인을 찾기 어려울 때가 많습니다. 결국 철야 근무나 주말 근무로 이어집니다. 리눅스 시스템 전반의 동작을 책임지는 시스템 개발자나 데브옵스 개발자 입장에서 메모리 부족 현상은 골칫거리 중 하나입니다.

하지만 고생하긴 해도 메모리 부족 현상을 해결하는 과정에서 많을 것을 배울 수 있습니다. 또한 메모리 부족을 개선하는 코드나 디버깅 패치를 분석하면서 다음과 같은 메모리 시스템의 세부 동작 방식을 알 수도 있습니다.

- 리눅스 메모리 시스템에서 페이지를 회수하는 알고리즘
- 페이지 종류(캐시 페이지)

Lowmemory Killer에서 시그널 전달

이번에는 안드로이드 플랫폼에서 시그널을 전달하는 방식을 소개합니다. 안드로이드 커널 드라이버 모듈인 lowmemory killer도 시그널을 통해 프로세스를 종료합니다.

Lowmemory killer의 동작 원리는 무엇일까요? 간단히 설명하면 다음과 같습니다.

1. **안드로이드 시스템에서 메모리가 부족하면 Lowmemory killer를 실행한다.**
2. **Lowmemory killer에서 프로세스를 종료시켜 잔여 메모리를 확보한다.**

이 과정에서 종료시킬 프로세스에게 시그널을 전달합니다. 리눅스 커널에서 페이지가 일정 개수 이하로 떨어지면 안드로이드에서 정의한 adj 값(프로세스별로 설정)에 따라 프로세스를 종료시킵니다.

```
/proc/<pid>/lowmem_adj
```

OOM Killer와 마찬가지로 프로세스를 종료시켜서 메모리를 확보하는 동작입니다.

다음 코드는 안드로이드 드라이버에서 프로세스를 종료해서 사용할 수 있는 메모리를 확보하는 lowmem_scan() 함수입니다.

https://elixir.bootlin.com/linux/v4.4.160/source/drivers/staging/android/lowmemoryiller.c

```
01 static unsigned long lowmem_scan(struct shrinker *s, struct shrink_control *sc)
02 {
03     struct task_struct *tsk;
04     struct task_struct *selected = NULL;
...
05     if (selected) {
06         task_lock(selected);
07         send_sig(SIGKILL, selected, 0);
08
09         if (selected->mm)
10             mark_oom_victim(selected);
11         task_unlock(selected);
12         lowmem_print(1, "send sigkill to %d (%s), adj %hd, size %d\n",
13                 selected->pid, selected->comm,
14                 selected_oom_score_adj, selected_tasksize);
15         lowmem_deathpending_timeout = jiffies + HZ;
16         rem += selected_tasksize;
17     }
```

핵심 코드는 7번째 줄과 같이 send_sig() 함수를 호출해 지정한 프로세스에게 SIGKILL 시그널을 전달하는 것입니다.

5번째 줄을 분석하기에 앞서 selected 지역변수가 무엇인지 알아봅시다. 5번째 줄이 실행되기 전 안드로이드 시스템에서 정한 규칙에 따라 종료할 프로세스의 태스크 디스크립터 주소를 selected 지역변수에 저장합니다.

다음 7번째 줄을 보면 task_struct 구조체 타입인 selected 인자로 해당 프로세스에게 SIGKILL 시그널을 전달합니다.

```
07        send_sig(SIGKILL, selected, 0);
```

위와 같은 코드를 실행하면 어떤 로그 패턴을 확인할 수 있을까요? 다음 커널 로그를 봅시다.

https://android.stackexchange.com/questions/89544/lowmemorykiller-is-killing-loads-of-system-apps-and-forcing-user-space-death-bu

```
01 <6>[002033.125104,1] lowmemorykiller: Killing 'system:ui' (8151), adj 1000
02 <6>[002035.895963,0] : Report pwrkey press event
03 <6>[002035.307927,1] lowmemorykiller: Killing 'droid.deskclock' (28714), adj 1000
04 <6>[002036.387002,0] : Report pwrkey release event
05 <6>[002036.478425,0] lowmemorykiller: Killing 'com.ebay.mobile' (26933), adj 1000
```

위에서 소개한 메시지는 lowmemorykiller 모듈이 동작할 때의 커널 로그입니다.

lowmemorykiller 모듈에서 'system:ui'(pid: 8151), 'droid.deskclock'(pid: 28714), 'com.ebay.mobile'(pid: 26933) 프로세스를 종료하는 로그입니다.

많은 분들이 리눅스 터미널에서 kill 명령어를 입력하거나 유저 애플리케이션에서 kill()/tgkill() 함수를 호출할 때 유저 프로세스에서 시그널을 생성한다고 알고 있습니다. 하지만 리눅스 커널 스스로 판단해서 시그널을 생성할 수 있습니다.

다음 절에서는 시그널을 생성하는 핵심 함수인 __send_signal() 함수를 분석하겠습니다.

12.4.4 __send_signal() 함수 분석

누군가 '시그널을 생성하는 핵심 함수는 무엇인가?'라고 질문한다면 __send_signal() 함수라고 대답할 수 있습니다.

지금부터 __send_signal() 함수를 분석하겠습니다.

https://github.com/raspberrypi/linux/blob/rpi-4.19.y/kernel/signal.c

```
01 static int __send_signal(int sig, struct siginfo *info, struct task_struct *t,
02        enum pid_type type, int from_ancestor_ns)
03 {
04   struct sigpending *pending;
05   struct sigqueue *q;
06   int override_rlimit;
07   int ret = 0, result;
08
09   assert_spin_locked(&t->sighand->siglock);
10
11   result = TRACE_SIGNAL_IGNORED;
12   if (!prepare_signal(sig, t,
13         from_ancestor_ns || (info == SEND_SIG_FORCED)))
14     goto ret;
15
16   pending = (type != PIDTYPE_PID) ? &t->signal->shared_pending : &t->pending;
17
18   result = TRACE_SIGNAL_ALREADY_PENDING;
19   if (legacy_queue(pending, sig))
20     goto ret;
...
21
22   q = __sigqueue_alloc(sig, t, GFP_ATOMIC, override_rlimit);
23   if (q) {
24     list_add_tail(&q->list, &pending->list);
25     switch ((unsigned long) info) {
26     case (unsigned long) SEND_SIG_NOINFO:
27       q->info.si_signo = sig;
28       q->info.si_errno = 0;
29       q->info.si_code = SI_USER;
30       q->info.si_pid = task_tgid_nr_ns(current,
31                     task_active_pid_ns(t));
32       q->info.si_uid = from_kuid_munged(current_user_ns(), current_uid());
33       break;
34     case (unsigned long) SEND_SIG_PRIV:
```

```
35        q->info.si_signo = sig;
36        q->info.si_errno = 0;
37        q->info.si_code = SI_KERNEL;
38        q->info.si_pid = 0;
39        q->info.si_uid = 0;
40         break;
41     default:
42        copy_siginfo(&q->info, info);
43        if (from_ancestor_ns)
44          q->info.si_pid = 0;
45        break;
46      }
47
48      userns_fixup_signal_uid(&q->info, t);
49
50    } else if (!is_si_special(info)) {
51       if (sig >= SIGRTMIN && info->si_code != SI_USER) {
52           result = TRACE_SIGNAL_OVERFLOW_FAIL;
53           ret = -EAGAIN;
54           goto ret;
55       } else {
56           result = TRACE_SIGNAL_LOSE_INFO;
57       }
58    }
59
60 out_set:
61    signalfd_notify(t, sig);
62    sigaddset(&pending->signal, sig);
...
63    complete_signal(sig, t, type);
64 ret:
65    trace_signal_generate(sig, info, t, type != PIDTYPE_PID, result);
66    return ret;
67 }
```

__send_signal() 함수의 세부 처리 과정은 5단계로 분류할 수 있습니다.

- 1단계: 시그널 예외 처리

- 2단계: 시그널 펜딩 리스트에 시그널 정보를 저장한 후 시그널을 받을 프로세스의 태스크 디스크립터에 씀

- 3단계: 시그널을 받을 프로세스 스택의 최상단 주소에 있는 thread_info 구조체의 flags에 _TIF_SIGPENDING 플래그를 씀
- 4단계: 시그널을 받을 프로세스를 깨움
- 5단계: 시그널에 대한 ftrace 로그를 출력

이어서 각 단계별로 세부 소스코드를 분석해보겠습니다.

1단계: 시그널 예외 처리 코드

12번째 줄을 보겠습니다.

```
12    if (!prepare_signal(sig, t,
13            from_ancestor_ns || (info == SEND_SIG_FORCED)))
14        goto ret;
```

prepare_signal() 함수는 시그널을 생성하기 전 전처리 동작을 수행합니다. 시그널을 생성하기 위한 조건을 점검하는 것입니다. 시그널을 생성할 수 있는 조건을 만족하지 않으면 ret 레이블을 실행해 send_signal() 함수를 종료합니다.

prepare_signal() 함수는 시그널 종류에 따라 시그널 큐를 갱신하고 시그널을 처리 중인지 점검합니다. 또한 sig_ignored() 함수를 호출해서 시그널을 생성할 조건인지 확인합니다.

2단계: 시그널 펜딩 리스트를 태스크 디스크립터의 시그널 필드에 써줌

16~25번째 줄을 보겠습니다.

```
16    pending = (type != PIDTYPE_PID) ? &t->signal->shared_pending : &t->pending;
...
22    q = __sigqueue_alloc(sig, t, GFP_ATOMIC, override_rlimit);
23    if (q) {
24        list_add_tail(&q->list, &pending->list);
25        switch ((unsigned long) info) {
```

먼저 16번째 줄을 보겠습니다. 다음과 같이 시그널을 받을 대상에 따라 다른 조건으로 실행합니다.

- 특정 프로세스인 경우

  ```
  pending = &t->pending;
  ```

- 스레드 그룹인 경우

```
pending = &t->signal->shared_pending;
```

시그널이 전달되는 대상이 특정 프로세스인 경우 &t->pending 필드, 혹은 시그널이 전달되는 대상이 스레드 그룹이면 &t->signal->shared_pending 필드에 펜딩 시그널을 저장하는 것입니다. 여기서 한 가지 의문이 생깁니다. **펜딩 시그널이란 무엇일까요?**

커널에서 시그널을 생성하는 과정에서 시그널 정보를 시그널을 받을 프로세스의 태스크 디스크립터에 써줍니다. 이후 시그널을 받을 프로세스를 깨웁니다. 그런데 시그널을 받아서 처리할 프로세스 입장에서는 자신의 태스크 디스크립터에 처리해야 할 시그널 정보가 있을 것입니다. 이를 펜딩 시그널이라고 합니다.

다음으로 24번째 줄을 보겠습니다. sigqueue 구조체를 동적 할당받은 다음 &pending->list 구조체에 추가합니다. 24번째 줄을 실행하면 다음 그림과 같이 시그널 관련 구조체가 업데이트됩니다.

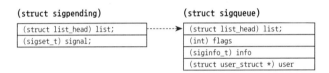

그림 12.12 시그널 펜딩 정보를 써주는 동작

이어서 26~33번째 줄을 보겠습니다. 유저 프로세스가 시그널을 생성했을 때 시그널 정보를 저장하는 루틴입니다. sigqueue 구조체의 info 필드에 시그널 정보를 저장합니다.

```
26    case (unsigned long) SEND_SIG_NOINFO:
27        q->info.si_signo = sig;
28        q->info.si_errno = 0;
29        q->info.si_code = SI_USER;
30        q->info.si_pid = task_tgid_nr_ns(current,
31                        task_active_pid_ns(t));
32        q->info.si_uid = from_kuid_munged(current_user_ns(), current_uid());
33        break;
```

만약 유저 애플리케이션에서 kill() 함수를 호출했거나 리눅스 터미널에서 "kill -9 [pid]" 형식으로 명령어를 입력했을 경우 26~33번째 줄이 실행됩니다.

sig는 시그널 번호를 의미하는 정숫값이고, SI_USER는 시그널을 발생한 소스가 유저 레벨 프로세스라는 의미입니다.

다음은 커널에서 시그널을 설정할 때 실행하는 루틴입니다.

```
34     case (unsigned long) SEND_SIG_PRIV:
35         q->info.si_signo = sig;
36         q->info.si_errno = 0;
37         q->info.si_code = SI_KERNEL;
38         q->info.si_pid = 0;
39         q->info.si_uid = 0;
40         break;
```

이번에도 마찬가지로 sig는 시그널 정숫값을 의미하고 si_code 필드에 SI_KERNEL 플래그를 저장합니다. 커널 프로세스가 시그널을 생성했다는 정보입니다.

다음으로 60~63번째 줄을 보겠습니다.

```
60 out_set:
61     signalfd_notify(t, sig);
62     sigaddset(&pending->signal, sig);
...
63     complete_signal(sig, t, type);
```

complete_signal() 함수를 호출해서 시그널을 받을 프로세스를 깨웁니다.

3단계: ftrace로 시그널 생성 완료를 출력

이어서 65번째 줄을 보겠습니다.

```
64 ret:
65     trace_signal_generate(sig, info, t, type != PIDTYPE_PID, result);
66     return ret;
```

65번째 줄을 실행하면 ftrace 로그를 출력합니다. 즉, signal_generate 이벤트를 활성화했을 때 signal_generate에 대한 ftrace 메시지를 출력합니다.

signal_generate라는 ftrace 이벤트는 다음 명령어로 활성화할 수 있습니다.

```
"echo 1 > /sys/kernel/debug/tracing/events/signal/signal_generate/enable"
```

다음 로그는 시그널을 생성하는 정보를 출력하는 ftrace 메시지입니다.

```
kworker/u8:2-1208  [003] d...  3558.051261: signal_generate: sig=2 errno=0 code=128
comm=RPi_signal pid=1218 grp=1 res=0
```

이 메시지에서 보이는 'signal_generate'는 ftrace 용어로 'signal_generate' 이벤트라고 부르며 시그널을 생성하는 세부 동작을 표시합니다. 'signal_generate' 오른쪽에 보이는 메시지는 다음과 같이 해석할 수 있습니다.

- 시그널 번호가 2인 SIGIN 시그널을 생성했다.
- 시그널을 받을 프로세스는 RPi_signal이다.

이번 절에서는 소스코드 분석으로 다음과 같은 내용을 알게 됐습니다.

- 시그널을 받을 프로세스의 정보를 저장하는 task_struct 구조체의 다음 필드에 펜딩 시그널을 저장합니다.
  - 특정 프로세스에게 시그널을 전달: pending 필드
  - 스레드 그룹에 시그널을 전달: signal->shared_pending 필드

이 동작이 시그널을 생성하는 핵심입니다. 이처럼 시그널을 받을 프로세스의 태스크 디스크립터에 펜딩 시그널 정보를 써 주고 난 다음 시그널을 받을 프로세스를 깨워야 합니다.

이 내용은 다음 절에서 다룰 예정입니다.

12.4.5 complete_signal() 함수 분석

다음으로 시그널 생성 3단계인 시그널을 받을 프로세스를 깨울 때 호출되는 함수를 분석합니다. 먼저 complete_signal() 함수를 봅시다.

https://github.com/raspberrypi/linux/blob/rpi-4.19.y/kernel/signal.c

```
01 static void complete_signal(int sig, struct task_struct *p, enum pid_type type)
02 {
03     struct signal_struct *signal = p->signal;
...
```

```
04    if (sig_fatal(p, sig) &&
05        !(signal->flags & SIGNAL_GROUP_EXIT) &&
06        !sigismember(&t->real_blocked, sig) &&
07        (sig == SIGKILL || !p->ptrace)) {
08
09        if (!sig_kernel_coredump(sig)) {
10            signal->flags = SIGNAL_GROUP_EXIT;
11            signal->group_exit_code = sig;
12            signal->group_stop_count = 0;
13            t = p;
14            do {
15                task_clear_jobctl_pending(t, JOBCTL_PENDING_MASK);
16                sigaddset(&t->pending.signal, SIGKILL);
17                signal_wake_up(t, 1);
18            } while_each_thread(p, t);
19            return;
20        }
21    }
22
23    signal_wake_up(t, sig == SIGKILL);
24    return;
25 }
```

complete_signal() 함수 주요 동작은 2단계로 분류할 수 있습니다.

   1. 시그널을 받을 프로세스의 thread_info 구조체의 flags 필드에 _TIF_SIGPENDING 플래그를 지정

   2. 시그널을 받을 프로세스를 깨움

위 함수는 프로세스의 형태에 따라 다르게 실행됩니다.

   - **프로세스가 스레드 그룹에 속했는가?**

   - **프로세스가 단일 프로세스인가?**

4~21번째 줄은 예외 처리 루틴으로 시그널 타입이 FATAL일 때 해당 스레드 그룹의 모든 스레드를 깨웁니다. 프로세스가 단일 프로세스인 경우 23번째 줄과 같이 signal_wake_up() 함수를 호출합니다.

그렇다면 시그널을 받을 프로세스의 태스크 디스크립터에 펜딩 시그널을 써주면 시그널이 생성됐다고 봐야 할까요? 시그널은 생성됐다고 볼 수 있습니다. 하지만 시그널을 생성만 하면 프로세스에게 시그

널이 전달되지는 않습니다. 시그널을 받을 프로세스를 깨워줘야 시그널을 받을 프로세스가 깨어나 시그널을 받아 처리합니다.

시그널을 받을 프로세스의 thread_info 구조체의 flags 필드에 _TIF_SIGPENDING 플래그를 지정

이어서 signal_wake_up() 함수를 분석하겠습니다.

https://github.com/raspberrypi/linux/blob/rpi-4.19.y/include/linux/sched/signal.h

```
01 static inline void signal_wake_up(struct task_struct *t, bool resume)
02 {
03    signal_wake_up_state(t, resume ? TASK_WAKEKILL : 0);
04 }
```

두 번째 인자에 따라 다른 인자로 signal_wake_up_state() 함수를 호출합니다.

다음으로 signal_wake_up_state() 함수를 보겠습니다.

https://github.com/raspberrypi/linux/blob/rpi-4.19.y/kernel/signal.c

```
01 void signal_wake_up_state(struct task_struct *t, unsigned int state)
02 {
03    set_tsk_thread_flag(t, IIF_SIGPENDING);
04
05    if (!wake_up_state(t, state | TASK_INTERRUPTIBLE))
06        kick_process(t);
07 }
```

3번째 줄에서는 set_tsk_thread_flag() 함수를 호출합니다. set_tsk_thread_flag() 함수를 봅시다.

https://github.com/raspberrypi/linux/blob/rpi-4.19.y/include/linux/sched.h

```
static inline void set_tsk_thread_flag(struct task_struct *tsk, int flag)
{
    set_ti_thread_flag(task_thread_info(tsk), flag);
}
```

set_ti_thread_flag() 함수를 호출해 다음 동작을 수행합니다.

> 프로세스 스택의 최상단 주소에 있는 thread_info 구조체의 flags 필드가 _TIF_SIGPENDING 플래
> 그를 포함하도록 설정한다.

이는 시그널을 받을 프로세스에게 시그널이 전달됐다는 정보를 써준다는 의미가 있습니다. 시그널 처리 과정에서 기억해둘 만한 중요한 내용입니다.

다음으로 signal_wake_up_state() 함수의 5번째 줄에서 wake_up_state() 함수를 호출합니다.

시그널을 받을 프로세스를 깨우기

마지막으로 wake_up_state() 함수를 보겠습니다.

https://github.com/raspberrypi/linux/blob/rpi-4.19.y/kernel/sched/core.c

```
01 int wake_up_state(struct task_struct *p, unsigned int state)
02 {
03    return try_to_wake_up(p, state, 0);
04 }
```

try_to_wake_up() 함수를 호출해서 시그널을 받을 프로세스를 깨웁니다.

이번 절에서는 시그널을 생성하는 역할인 __send_signal() 함수를 분석했습니다. 코드 분석으로 알게 된 내용을 정리해 봅시다.

- 1단계: 시그널을 받을 프로세스에게 시그널 정보를 써줌

  struct task_struct: pending 혹은 signal->shared_pending 필드에 시그널 정보를 저장

  struct thread_info: flags 필드에 _TIF_SIGPENDING 플래그를 저장

- 2단계: 시그널을 받을 프로세스를 깨워줌

  signal_wake_up() 함수를 호출해 시그널을 받을 프로세스를 깨움

여기까지 시그널을 생성하는 세부 동작을 알아봤습니다.

이어서 다음 절에서는 시그널을 프로세스가 받아 처리하는 과정을 살펴보겠습니다.

12.5 프로세스는 언제 시그널을 받을까?

이전 절까지 커널에서 시그널을 생성하는 과정을 분석했습니다. 처리 과정은 다음과 같이 요약할 수 있습니다.

- 시그널을 받을 프로세스의 태스크 디스크립터에 시그널 펜딩 정보 쓰기
- 시그널을 받을 프로세스를 깨우기

눈치가 빠른 독자분들은 시그널을 생성했으니 시그널을 받은 프로세스가 깨어나 시그널에 대한 후속 처리를 할 것이라 예상할 것입니다. 이번 절에서는 프로세스가 시그널을 받는 출발점에 대해 다루겠습니다.

시그널을 받는 출발점은 두 가지 중 하나입니다.

- 시스템 콜 핸들러 실행을 마무리한 후의 ret_fast_syscall 레이블
- 인터럽트 핸들링 후의 __irq_usr 레이블

프로세스가 시그널을 받기 시작하는 세부 동작은 모두 어셈블리 코드로 구현돼 있습니다. 리눅스 커널보다 ARM 아키텍처와 연관된 동작이 많기 때문입니다. 어셈블리 코드를 보고 겁먹지는 맙시다. 어셈블리 코드는 낯설긴 하지만 코드를 천천히 읽으면서 따라가면 C 언어보다 어렵지 않다고 느낄 것입니다.

12.5.1 ret_fast_syscall 레이블 분석

프로세스가 시그널을 받는 진입점 중 하나는 ret_fast_syscall 레이블입니다. 이번 절에서는 ret_fast_syscall 레이블에서 시그널을 받기 시작하는 과정을 살펴보겠습니다.

ret_fast_syscall 레이블은 언제 실행해 시그널이 왔는지 점검할까?

ret_fast_syscall 레이블을 분석하기 전 다음과 같은 의문이 생깁니다. **ret_fast_syscall 레이블은 언제 실행할까요?**

유저 프로세스가 시스템 콜 핸들러의 실행을 마치고 유저 공간으로 복귀하기 전에 ret_fast_syscall 레이블을 실행합니다. 우리가 휴대폰을 잠깐 볼 때 문자나 못 받은 전화가 있는지 체크하듯이 유저 프로세스도 ret_fast_syscall 레이블에서 자신에게 시그널이 전달됐는지 점검하는 것입니다. 만약 프로세스가 자신에게 시그널이 도착했다고 인지하면 다음 레이블과 함수를 실행해 시그널을 처리합니다.

- slow_work_pending 레이블
- do_work_pending() 함수
- get_signal() 함수

이어서 ret_fast_syscall과 slow_work_pending 레이블의 코드를 분석하겠습니다.

ret_fast_syscall/slow_work_pending 레이블의 소스코드 분석

ret_fast_syscall 레이블에서 프로세스가 자신에게 시그널이 전달됐는지 확인하는 핵심 동작은 무엇일까요? 바로 프로세스 thread_info 구조체의 flags에 _TIF_SIGPENDING 플래그가 포함됐는지 체크하는 것입니다.

ret_fast_syscall/slow_work_pending 레이블의 처리 과정은 다음과 같습니다.

- 1단계: 프로세스 thread_info 구조체의 flags가 _TIF_SIGPENDING을 포함하는지 체크
- 2단계: do_work_pending() 함수 호출

각 단계별 동작을 알아봤으니 소스코드 분석을 시작하겠습니다.

https://github.com/raspberrypi/linux/blob/rpi-4.19.y/arch/arm/kernel/entry-common.S

```
01 ret_fast_syscall:
02    str    r0, [sp, #S_R0 + S_OFF]!   @ save returned r0
03    disable_irq_notrace              @ disable interrupts
04    ldr    r2, [tsk, #TI_ADDR_LIMIT]
05    cmp    r2, #TASK_SIZE
06    blne   addr_limit_check_failed
07    ldr    r1, [tsk, #TI_FLAGS]       @ re-check for syscall tracing
08    tst    r1, #_TIF_SYSCALL_WORK | _TIF_WORK_MASK
09    beq    no_work_pending
10 ENDPROC(ret_fast_syscall)
11
12    tst    r1, #_TIF_SYSCALL_WORK
13    bne    __sys_trace_return_nosave
14 slow_work_pending:
15    mov    r0, sp                @ 'regs'
16    mov    r2, why               @ 'syscall'
17    bl     do_work_pending
```

이제 1단계 코드 분석을 시작해 봅시다.

1단계: 프로세스 thread_info 구조체의 flags가 _TIF_SIGPENDING인지 체크

먼저 7~8번째 줄을 보겠습니다.

```
07    ldr    r1, [tsk, #TI_FLAGS]        @ re-check for syscall tracing
08    tst    r1, #_TIF_SYSCALL_WORK | _TIF_WORK_MASK
```

 08번째 줄은 thread_info 구조체의 flags가 (_TIF_SYSCALL_WORK | _TIF_WORK_MASK) 매크로로
선언된 비트를 포함하는지 체크하는 동작입니다. 이번 절은 시그널을 받아 처리하는 부분에 초점을 맞추니
_TIF_SYSCALL_WORK 매크로에 대한 부분은 언급하지 않고 넘어가겠습니다.

프로세스 스택의 최상단 주소에 있는 thread_info 구조체의 flags 필드를 읽어서 _TIF_WORK_MASK 플래
그가 설정됐는지 점검합니다. _TIF_WORK_MASK 플래그는 다음과 같이 정의돼 있는데 아래 4개 플래그를
OR 연산한 결과입니다.

https://github.com/raspberrypi/linux/blob/rpi-4.19.y/arch/arm/include/asm/thread_info.h

```
#define _TIF_WORK_MASK        (_TIF_NEED_RESCHED | _TIF_SIGPENDING | \
                _TIF_NOTIFY_RESUME | _TIF_UPROBE)
```

이 중에서 _TIF_SIGPENDING 플래그가 thread_info 구조체의 flags 필드에 포함돼 있는지 체크하는 동작
입니다.

_TIF_SIGPENDING 플래그는 thread_info 구조체의 flags 필드에 언제 저장할까요?
시그널을 생성하는 과정에서 다음과 같은 함수가 호출됩니다.

- complete_signal()
- signal_wake_up()
- signal_wake_up_state()

signal_wake_up_state() 함수에서 시그널을 받을 프로세스 thread_info 구조체의 flags 필드에
_TIF_SIGPENDING 플래그를 포함하도록 설정합니다. 관련 소스코드는 다음과 같습니다.

https://github.com/raspberrypi/linux/blob/rpi-4.19.y/kernel/signal.c

```
01 void signal_wake_up_state(struct task_struct *t, unsigned int state)
02 {
03    set_tsk_thread_flag(t, TIF_SIGPENDING);
```

위 함수의 3번째 줄에서 set_tsk_thread_flag() 함수를 호출해 시그널을 설정하는 것입니다.

set_tsk_thread_flag() 함수는 프로세스 thread_info 구조체의 flags에 지정한 값을 쓰는 기능입니다.

https://github.com/raspberrypi/linux/blob/rpi-4.19.y/include/linux/sched.h

```
static inline void set_tsk_thread_flag(struct task_struct *tsk, int flag)
{
    set_ti_thread_flag(task_thread_info(tsk), flag);
}
```

코드를 많이 분석하지 않았지만 한 가지만 정리해 보겠습니다. 프로세스 thread_info 구조체의 flags 필드가 _TIF_SIGPENDING을 포함하고 있다는 것은 무엇을 의미할까요? 바로 프로세스에게 시그널이 전달됐다는 뜻입니다.

유저 프로세스는 시스템 콜을 처리하고 유저 공간으로 복귀하기 직전 자신에게 시그널이 도착했는지 확인합니다. 만약 thread_info 구조체의 flags 필드에 _TIF_SIGPENDING 플래그가 포함돼 있지 않으면 프로세스는 어떻게 판단할까요? **자신에게 시그널이 전달되지 않았다고 판단합니다.** 이렇게 판단한 후 no_work_pending 레이블을 실행해 바로 유저 공간으로 복귀합니다.

2단계: do_work_pending() 함수 호출

만약 thread_info 구조체의 flags 필드에 _TIF_SIGPENDING 플래그가 포함됐으면 어떤 코드를 실행할까요? **slow_work_pending 레이블을 실행한 다음 do_work_pending() 함수로 브랜치합니다.**

이제부터 slow_work_pending 레이블의 코드를 분석하겠습니다.

```
14 slow_work_pending:
15    mov    r0, sp              @ 'regs'
16    mov    r2, why             @ 'syscall'
17    bl     do_work_pending
```

시스템 콜 핸들러의 실행을 마무리 후 ret_fast_syscall 레이블을 실행하는 동작은 시스템 콜을 다룬 11.5절을 참고하세요.

이어서 do_work_pending() 함수를 보겠습니다.

https://github.com/raspberrypi/linux/blob/rpi-4.19.y/arch/arm/kernel/signal.c

```
01 asmlinkage int
02 do_work_pending(struct pt_regs *regs, unsigned int thread_flags, int syscall)
03 {
04    trace_hardirqs_off();
05    do {
06        if (likely(thread_flags & _TIF_NEED_RESCHED)) {
07            schedule();
08        } else {
09            if (unlikely(!user_mode(regs)))
10                return 0;
11            local_irq_enable();
12            if (thread_flags & _TIF_SIGPENDING) {
13                int restart = do_signal(regs, syscall);
```

12번째 줄과 같이 thread_info 구조체의 flags에 _TIF_SIGPENDING 플래그가 포함됐는지 확인합니다. 이 조건을 만족하면 13번째 줄과 같이 do_signal() 함수를 호출해 시그널을 처리합니다. do_signal() 함수 내부에서 get_signal() 함수를 호출한 후 시그널에 대한 상세한 처리를 시작합니다.

이번 절에서는 시그널을 전달하는 첫 번째 지점인 ret_fast_syscall 레이블의 코드를 분석했습니다. 코드를 살펴봤으니 다음 질문에 대답할 수 있을 것 같습니다. **ret_fast_syscall 레이블에서 프로세스에게 시그널이 전달됐는지 어떻게 확인할까요?**

thread_info 구조체의 필드가 _TIF_SIGPENDING을 포함하는지 확인합니다. 이는 시그널을 생성할 때 써 준 플래그입니다. **그렇다면 ret_fast_syscall 레이블에서 프로세스에게 시그널이 전달됐는지 체크하는 이유는 무엇일까요?**

우리는 **'시그널을 생성할 때 시그널을 받을 프로세스를 깨웁니다'**라는 사실을 알고 있습니다. 유저 프로세스가 깨어나거나 실행 중일 때 가장 먼저 실행할 수 있는 레이블 중 하나가 ret_fast_syscall입니다.

이 정도로 이해하고 다음 절에서는 인터럽트가 발생했을 때 프로세스가 시그널을 받는 동작을 배워 보겠습니다.

12.5.2 인터럽트 핸들링 후 __irq_usr 레이블 코드 분석

프로세스가 자신에게 시그널이 전달됐는지 확인하는 다른 지점은 __irq_usr 레이블입니다. 유저 공간에서 코드를 실행하는 도중 인터럽트가 발생하면 __irq_usr 레이블이 실행됩니다.

이번 절에서는 __irq_usr 레이블의 코드 분석을 통해 프로세스가 시그널을 받는 과정을 살펴보겠습니다.

 유저 공간에서 코드 실행 중 인터럽트가 발생했을 때 인터럽트 벡터 주소에 위치한 vector_irq 레이블을 통해 __irq_usr 레이블이 실행됩니다.

이 동작은 다음과 같은 ftrace 로그로 확인할 수 있습니다.

```
01 chromium-browse-1322 [000] d.h. 1519.742814: irq_handler_entry: irq=86 name=mmc1
02 chromium-browse-1322 [000] d.h. 519.742815: bcm2835_mmc_irq+0x14/0x754
<-__handle_irq_event_percpu+0xbc/0x224
03 chromium-browse-1322  [000] d.h.  1519.742826: <stack trace>
04 => bcm2835_mmc_irq+0x18/0x754
05 => __handle_irq_event_percpu+0xbc/0x224
06 => handle_irq_event_percpu+0x3c/0x8c
07 => handle_irq_event+0x54/0x78
08 => handle_level_irq+0xc0/0x16c
09 => generic_handle_irq+0x34/0x44
10 => bcm2836_chained_handle_irq+0x38/0x50
11 => generic_handle_irq+0x34/0x44
12 => __handle_domain_irq+0x6c/0xc4
13 => bcm2836_arm_irqchip_handle_irq+0x60/0xa8
14 => __irq_usr+0x4c/0x60
15 => 0x9fe19e
```

위 ftrace 로그를 한 문장으로 요약해 해석하면 다음과 같습니다.

chromium-browse(pid: 1322) 프로세스 실행 도중 86번 mmc1 인터럽트가 발생했다.

여기서 14번째 줄을 보면 __irq_usr 레이블을 시작으로 인터럽트에 대한 처리를 시작하며, 인터럽트 핸들러 함수인 bcm2835_mmc_irq() 함수는 2번째 줄의 로그에서 볼 수 있습니다.

그런데 __irq_usr 레이블에서 프로세스가 자신에게 시그널이 전달됐는지 체크하는 과정은 ret_fast_syscall 레이블의 로직과 거의 유사합니다.

- 1단계: 프로세스 thread_info 구조체의 flags가 _TIF_SIGPENDING을 포함하는지 체크

- 2단계: do_work_pending() 함수 호출

이제부터 __irq_usr 레이블의 코드를 분석해 봅시다.

https://github.com/raspberrypi/linux/blob/rpi-4.19.y/arch/arm/kernel/entry-armv.S

```
01 __irq_usr:
02    usr_entry
03    kuser_cmpxchg_check
04    irq_handler
05    get_thread_info tsk
06    mov    why, #0
07    b    ret_to_user_from_irq
08 UNWIND(.fnend        )
09 ENDPROC(__irq_usr)
10
11 ENTRY(ret_to_user_from_irq)
12    ldr    r2, [tsk, #TI_ADDR_LIMIT]
13    cmp    r2, #TASK_SIZE
14    blne    addr_limit_check_failed
15    ldr    r1, [tsk, #TI_FLAGS]
16    tst    r1, #_TIF_WORK_MASK
17    bne    slow_work_pending
18 slow_work_pending:
19    mov    r0, sp            @ 'regs'
20    mov    r2, why           @ 'syscall'
21    bl    do_work_pending
```

1단계: 프로세스 thread_info 구조체의 flags가 _TIF_SIGPENDING을 포함하는지 체크

__irq_usr 레이블 코드에 대한 전반적인 이해를 돕기 위해 1번째 줄부터 분석하겠습니다.

```
01 __irq_usr:
02    usr_entry
03    kuser_cmpxchg_check
04    irq_handler
05    get_thread_info tsk
```

```
06    mov    why, #0
07    b      ret_to_user_from_irq
```

인터럽트가 발생하면 1~4번째 줄이 실행이 돼서 인터럽트 핸들러를 호출해 인터럽트에 대한 처리를 수행합니다.

이 과정을 마무리한 후 5번째 줄을 실행하고 이어서 7번째 줄과 같이 ret_to_user_from_irq 레이블로 브랜치합니다. 처리 과정을 요약하면 다음과 같습니다.

유저 모드에서 인터럽트가 발생하면 인터럽트 핸들러를 호출해 인터럽트를 처리한 후 ret_to_ user_from_irq 레이블을 실행한다.

다음으로 ret_to_user_from_irq 레이블의 코드를 보겠습니다.

https://github.com/raspberrypi/linux/blob/rpi-4.19.y/arch/arm/kernel/entry-common.S

```
11 ENTRY(ret_to_user_from_irq)
12    ldr    r2, [tsk, #TI_ADDR_LIMIT]
13    cmp    r2, #TASK_SIZE
14    blne   addr_limit_check_failed
15    ldr    r1, [tsk, #TI_FLAGS]
16    tst    r1, #_TIF_WORK_MASK
17    bne    slow_work_pending
```

프로세스의 최상단 주소를 갖고 있는 tsk(r9) 레지스터에 접근해서 thread_info 구조체의 flags 필드에 저장된 값을 r1 레지스터에 저장합니다. 다음 r1 레지스터와 _TIF_WORK_MASK 플래그 간 AND 비트 연산을 수행해 결과가 true이면 slow_work_pending 레이블로 브랜치합니다. 이는 thread_info 구조체의 flags가 _TIF_WORK_MASK 플래그로 설정됐는지 점검하는 동작입니다.

이번에도 ret_fast_syscall 레이블에서와 같이 flags 필드에 _TIF_WORK_MASK 플래그가 설정됐는지 확인합니다.

https://github.com/raspberrypi/linux/blob/rpi-4.19.y/arch/arm/include/asm/thread_info.h

```
#define _TIF_WORK_MASK       (_TIF_NEED_RESCHED | _TIF_SIGPENDING | \
               _TIF_NOTIFY_RESUME | _TIF_UPROBE)
```

thread_info 구조체의 flags 필드가 _TIF_WORK_MASK 플래그에 선언된 플래그 중 하나이면 slow_work_ pending 레이블로 브랜치합니다. 이 코드를 시그널 처리 관점에서 해석하면 다음과 같습니다.

thread_info 구조체의 flags 필드가 _TIF_SIGPENDING을 포함하면 slow_work_pending 레이블로 브랜치한다.

만약 thread_info 구조체의 flags 필드가 _TIF_SIGPENDING이 아니면 다른 처리를 하지 않고 유저 공간으로 복귀합니다.

2단계: do_work_pending() 함수 호출

slow_work_pending 레이블 코드를 봅시다.

```
18 slow_work_pending:
19   mov   r0, sp              @ 'regs'
20   mov   r2, why             @ 'syscall'
21   bl    do_work_pending
```

r0 레지스터에 스택 주소를, r2 레지스터에는 시스템 콜 번호를 저장한 후 do_work_pending() 함수로 브랜치합니다.

여기까지 프로세스가 자신에게 시그널이 전달됐는지를 어떤 방식으로 확인하는지 알아봤습니다. 지금까지 소스 분석을 통해 다음과 같은 내용을 알게 됐습니다.

1. 시스템 콜의 핸들링을 마무리한 후 유저 공간으로 복귀하기 전에 시그널 전달을 확인
2. 유저 프로세스가 인터럽트를 핸들링한 후 유저 공간으로 복귀하기 전 시그널 전달을 확인

12.6 시그널 전달과 처리는 어떻게 할까?

지금까지 커널이 시그널을 생성하고 난 후 프로세스가 시그널을 받기 시작하는 코드를 알아봤습니다. 복습 차원에서 말씀드리면 프로세스가 시그널을 받는 지점은 다음 레이블입니다.

- ret_fast_syscall
- __irq_usr

위 레이블에서 커널은 프로세스에게 시그널이 왔다고 알아차립니다. slow_work_pending 레이블에서 do_work_pending() 함수로 브랜치합니다. 이어서 커널이 유저 프로세스에게 시그널을 전달하는 핵심 동작은 다음 함수에서 확인할 수 있습니다.

- do_work_pending()
- do_signal()
- get_signal()
- handle_signal()

이번 절에서 소개한 소스코드를 분석하면 커널이 배경 작업으로 시그널 처리를 위해 얼마나 정교하게 실행하는지 알 수 있습니다.

12.6.1 do_work_pending()/do_signal() 함수 분석

이번 절에서는 다음 함수 분석으로 프로세스가 자신에게 전달된 시그널을 처리하는 과정을 살펴보겠습니다.

- do_work_pending()
- do_signal()

do_work_pending() 함수 분석

do_work_pending() 함수의 코드는 다음과 같습니다.

https://github.com/raspberrypi/linux/blob/rpi-4.19.y/arch/arm/kernel/signal.c

```
01 asmlinkage int
02 do_work_pending(struct pt_regs *regs, unsigned int thread_flags, int syscall)
03 {
04    trace_hardirqs_off();
05    do {
06        if (likely(thread_flags & _TIF_NEED_RESCHED)) {
07            schedule();
08        } else {
09            if (unlikely(!user_mode(regs)))
10                return 0;
11            local_irq_enable();
12            if (thread_flags & _TIF_SIGPENDING) {
13                int restart = do_signal(regs, syscall);
```

12번째 줄을 보겠습니다. 다시 한번 thread_flags 인자와 _TIF_SIGPENDING 플래그를 AND 연산을 수행합니다. 결과가 true면 do_signal() 함수를 호출합니다. 이렇게 프로세스가 시그널을 받을 때 가장 먼저 실행하는 함수는 do_signal()입니다.

do_signal() 함수 분석

do_signal() 함수를 분석하기 전에 이 함수에 전달하는 인자를 점검합시다.

- struct pt_regs *regs: 프로세스 최하단 스택 공간에 푸시한 유저 프로세스의 레지스터 세트
- int syscall: 시스템 콜 테이블의 주소

시스템 콜 핸들러는 실행된 후 ret_fast_syscall 레이블로 복귀해 do_signal() 함수를 실행합니다. 이때 syscall 인자는 시스템 콜 테이블의 주소를 저장하고 있습니다.

다음은 do_signal() 함수의 구현부입니다.

https://github.com/raspberrypi/linux/blob/rpi-4.19.y/arch/arm/kernel/signal.c

```
01 static int do_signal(struct pt_regs *regs, int syscall)
02 {
03    unsigned int retval = 0, continue_addr = 0, restart_addr = 0;
04    struct ksignal ksig;
05    int restart = 0;
06
07    if (syscall) {
08        continue_addr = regs->ARM_pc;
09        restart_addr = continue_addr - (thumb_mode(regs) ? 2 : 4);
10        retval = regs->ARM_r0;
11
12        switch (retval) {
13        case -ERESTART_RESTARTBLOCK:
14            restart -= 2;
15        case -ERESTARTNOHAND:
16        case -ERESTARTSYS:
17        case -ERESTARTNOINTR:
18            restart++;
19            regs->ARM_r0 = regs->ARM_ORIG_r0;
20            regs->ARM_pc = restart_addr;
21            break;
```

```
22        }
23    }
24
25    if (get_signal(&ksig)) {
26        /* handler */
27        if (unlikely(restart) && regs->ARM_pc == restart_addr) {
28            if (retval == -ERESTARTNOHAND ||
29                retval == -ERESTART_RESTARTBLOCK
30                || (retval == -ERESTARTSYS
31                && !(ksig.ka.sa.sa_flags & SA_RESTART))) {
32                regs->ARM_r0 = -EINTR;
33                regs->ARM_pc = continue_addr;
34            }
35        }
36        handle_signal(&ksig, regs);
37    } else {
38        /* no handler */
39        restore_saved_sigmask();
40        if (unlikely(restart) && regs->ARM_pc == restart_addr) {
41            regs->ARM_pc = continue_addr;
42            return restart;
43        }
44    }
45    return 0;
46 }
```

먼저 7번째 줄을 보겠습니다.

```
07    if (syscall) {
08        continue_addr = regs->ARM_pc;
09        restart_addr = continue_addr - (thumb_mode(regs) ? 2 : 4);
10        retval = regs->ARM_r0;
11
12        switch (retval) {
13        case -ERESTART_RESTARTBLOCK:
14            restart -= 2;
15        case -ERESTARTNOHAND:
16        case -ERESTARTSYS:
17        case -ERESTARTNOINTR:
```

```
18              restart++;
19              regs->ARM_r0 = regs->ARM_ORIG_r0;
20              regs->ARM_pc = restart_addr;
21              break;
22          }
23      }
```

유저 공간에서 실행 중인 레지스터 중 `ARM_pc` 레지스터를 로딩해서 `continue_addr` 변수에 저장한 후, `restart_addr` 지역변수에 다시 저장합니다.

유저 공간에서 실행 중인 프로그램 카운터의 주소 정보는 `ARM_pc` 필드에 저장돼 있습니다. 이 주소에서 ARM 모드에 따라 2 혹은 4를 빼서 유저 공간에서 다시 실행할 프로그램 카운터 주소를 보정합니다.

이는 시스템 콜 재실행과 연관된 루틴인데 시그널 관점으로 한 가지 예를 들겠습니다.

커널 내부에서 프로세스가 실행되는 도중 `signal_pending()` 함수를 사용해 프로세스에게 시그널이 전송됐는지 점검합니다. 만약 시그널이 전달됐다면 '`-ERESTARTSYS`' 매크로를 반환해 함수의 실행을 종료하게 되며 결국 `do_signal()` 함수가 호출됩니다. 그런데 `do_signal()` 함수 내부에서 시그널을 받는 동작을 처리한 후 프로세스는 시그널이 자신에 전송이 됐는지 체크하는 루틴으로 다시 복귀해야 합니다. 이를 위해 시스템 콜을 재실행(Restart)하는 동작을 수행하는 것입니다.

원래 리눅스 커널의 오리지널 소스에는 7번째 줄 윗 부분에 다음과 같은 주석이 있었습니다.

```
 * If we were from a system call, check for system call restarting...
```

더 자세한 내용은 이 책의 범위를 벗어나니 더 많은 내용을 알고 싶으신 분은 아래 링크(리눅스 커널 뉴스레터, 저자의 블로그)를 참고하세요.

- https://lwn.net/Articles/17744/
- http://rousalome.egloos.com/10009481

25~46번째 줄을 보겠습니다.

```
25      if (get_signal(&ksig)) {
26          /* handler */
27          if (unlikely(restart) && regs->ARM_pc == restart_addr) {
28              if (retval == -ERESTARTNOHAND ||
29                  retval == -ERESTART_RESTARTBLOCK
```

```
30              || (retval == -ERESTARTSYS
31                  && !(ksig.ka.sa.sa_flags & SA_RESTART))) {
32                  regs->ARM_r0 = -EINTR;
33                  regs->ARM_pc = continue_addr;
34              }
35          }
36      handle_signal(&ksig, regs);
37  } else {
38      /* no handler */
39      restore_saved_sigmask();
40      if (unlikely(restart) && regs->ARM_pc == restart_addr) {
41          regs->ARM_pc = continue_addr;
42          return restart;
43      }
44  }
45  return 0;
46 }
```

이 코드의 실행 흐름은 다음 두 가지로 나눌 수 있습니다. 25번째 줄에서 호출되는 get_signal() 함수의 반환값에 따라 실행 흐름이 나뉩니다.

- 27~36번째 줄: 유저 애플리케이션에서 시그널 핸들러를 지정했을 경우
- 37~44번째 줄: 유저 애플리케이션에서 시그널 핸들러를 지정하지 않았을 경우

따라서 시그널 처리 흐름을 나누는 get_signal() 함수를 분석하는 것이 중요합니다.

12.6.2 get_signal() 함수 분석

get_signal() 함수는 시그널 처리 과정의 핵심 역할이며 다음과 같은 처리를 합니다.

- 펜딩된 시그널 정보 가져오기
- ftrace 메시지 출력
- 시그널 핸들러 설정 여부 파악
- 스레드 그룹 종료

이어서 get_signal() 함수를 분석합시다.

```
01 int get_signal(struct ksignal *ksig)
02 {
03     struct sighand_struct *sighand = current->sighand;
04     struct signal_struct *signal = current->signal;
05     int signr;
...
06     for (;;) {
07         struct k_sigaction *ka;
...
08         signr = dequeue_synchronous_signal(&ksig->info);
09
10         if (!signr)
11             signr = dequeue_signal(current, &current->blocked, &ksig->info);
...
12         ka = &sighand->action[signr-1];
13
14         /* Trace actually delivered signals. */
15         trace_signal_deliver(signr, &ksig->info, ka);
16
17         if (ka->sa.sa_handler == SIG_IGN) /* Do nothing.  */
18             continue;
19         if (ka->sa.sa_handler != SIG_DFL) {
20             /* Run the handler.  */
21             ksig->ka = *ka;
22
23             if (ka->sa.sa_flags & SA_ONESHOT)
24                 ka->sa.sa_handler = SIG_DFL;
25
26             break; /* will return non-zero "signr" value */
27         }
28
29         if (sig_kernel_ignore(signr)) /* Default is nothing. */
30             continue;
...
31         current->flags |= PF_SIGNALED;
...
32         do_group_exit(ksig->info.si_signo);
```

```
33      /* NOTREACHED */
34   }
35   spin_unlock_irq(&sighand->siglock);
36
37   ksig->sig = signr;
38   return ksig->sig > 0;
39 }
```

각 단계별로 소스코드를 분석하겠습니다.

펜딩된 시그널 정보 가져오기

먼저 8~11번째 줄을 보겠습니다.

```
08      signr = dequeue_synchronous_signal(&ksig->info);
09
10      if (!signr)
11          signr = dequeue_signal(current, &current->blocked, &ksig->info);
```

dequeue_synchronous_signal()/dequeue_signal() 함수를 실행해 다음과 같은 처리를 합니다.

> 프로세스의 태스크 디스크립터를 나타내는 task_struct 구조체의 필드 중 pending 혹은 signal->shared_pending으로 펜딩된 시그널 정보를 &ksig->info로 저장한다.

12번째 줄을 보겠습니다.

```
12      ka = &sighand->action[signr-1];
```

시그널 타입별로 시그널의 속성 정보가 있는 &sighand->action 배열에 접근해서 ka 지역변수에 저장합니다.

누군가 여러분에게 다음과 같이 질문을 할 수 있습니다.

> 프로세스가 시그널 정보를 받아서 처리를 시작하는 코드의 위치는 어디인가요?

이 질문에 다음과 같이 대답을 하면 좋겠습니다.

> get_signal() 함수에서 dequeue_signal() 함수를 호출한 후 시그널 정보를 읽는 코드입니다.

이 질문에 필자가 자신 있게 대답할 수 있는 이유는 15번째 줄에 trace_signal_deliver() 함수가 있기 때문입니다.

ftrace 메시지 출력

다음 15번째 줄은 ftrace 로그를 출력하는 코드입니다.

```
15          trace_signal_deliver(signr, &ksig->info, ka);
```

ftrace의 signal_deliver 이벤트를 활성화했을 때 실행되는 코드입니다.

signal_deliver 이벤트를 활성화하면 다음과 같은 ftrace 로그를 확인할 수 있습니다.

```
signal_handle-12151 [001] d..1  6207.473891: signal_deliver: sig=2 errno=0 code=128
sa_handler=400398 sa_flags=10000000
```

위 ftrace 메시지는 시그널 핸들러 함수의 주소와 전달하는 시그널의 종류를 출력합니다.

 ftrace로 시그널을 디버깅하는 방법은 12.8절에서 자세히 다룹니다.

시그널 핸들러 설정 여부 파악

19~27번째 줄은 시그널 핸들러를 지정했으면 실행되는 코드입니다.

```
19          if (ka->sa.sa_handler != SIG_DFL) {
20              /* Run the handler.  */
21              ksig->ka = *ka;
22
23              if (ka->sa.sa_flags & SA_ONESHOT)
24                  ka->sa.sa_handler = SIG_DFL;
25
26              break; /* will return non-zero "signr" value */
27          }
...
35      spin_unlock_irq(&sighand->siglock);
36
37      ksig->sig = signr;
38      return ksig->sig > 0;
```

21번째 줄을 보면 시그널 정보를 'ksig->ka'에 저장합니다. 다음 26번째 줄을 실행해서 무한 for 루프에서 빠져나와 37~38번째 줄을 실행해서 true를 반환합니다. 일반적으로 시그널 번호는 0보다 크니 true를 반환하게 됩니다.

 그렇다면 유저 프로세스에서 시그널 핸들러를 등록했다면 이를 어느 함수에서 처리할까요? get_signal() 함수 다음에 실행하는 handle_signal() 함수입니다. 유저 애플리케이션에서 시그널별로 설정한 시그널 핸들러를 실행하기 위한 동작은 handle_signal() 함수에서 살펴보겠습니다.

이번에는 시그널 핸들러를 지정하지 않았을 경우 실행하는 31번째 줄을 보겠습니다.

```
31      current->flags |= PF_SIGNALED;
...
32      do_group_exit(ksig->info.si_signo);
33      /* NOTREACHED */
```

실행 중인 프로세스 태스크 디스크립터의 flags 필드에 PF_SIGNALED 플래그를 포함시킵니다. '|=' 연산자를 썼으니 이미 저장된 flags 필드 값은 그대로 유지됩니다.

스레드 그룹 종료

32번째 줄을 보면 do_group_exit() 함수를 호출해 **실행 중인 프로세스와 프로세스가 속한 스레드 그룹 내 다른 프로세스들을 종료시킵니다.**

코드 분석으로 대부분의 시그널 처리 결과는 프로세스 종료라는 사실을 알 수 있습니다.

 리눅스 커널에서는 유저 프로세스 관점으로 생성된 스레드도 프로세스로 간주합니다. 그래서 커널 입장에서 위와 같이 표현한 것입니다. 유저 프로세스 관점에서는 해당 스레드와 스레드 그룹에 속한 스레드들을 종료한다라고 보면 됩니다.

33번째 줄을 보면 "NOTREACHED"라는 주석을 볼 수 있습니다. do_group_exit() 함수는 해당 프로세스와 스레드 그룹에 속한 다른 프로세스도 종료했으니 33번째 줄은 다시 실행될 수 없습니다.

12.6.3 handle_signal() 함수와 시그널 핸들러 호출 코드 분석

앞에서 유저 공간에서 시그널 핸들러를 설정하면 해당 시그널이 발생했을 때 지정한 시그널 핸들러가 실행된다고 설명한 바 있습니다. 이처럼 시그널이 발생했을 때 해당 시그널 핸들러를 호출하는 동작을 수행하는 실체는 handle_signal() 함수입니다.

handle_signal() 함수를 분석하기에 앞서 어떤 조건에서 handle_signal() 함수를 호출하는지 알아보겠습니다. 먼저 get_signal() 함수를 호출하는 do_signal() 함수를 보면서 확인해봅시다.

https://github.com/raspberrypi/linux/blob/rpi-4.19.y/arch/arm/kernel/signal.c

```
01 static int do_signal(struct pt_regs *regs, int syscall)
02 {
03    unsigned int retval = 0, continue_addr = 0, restart_addr = 0;
04    struct ksignal ksig;
...
05    if (get_signal(&ksig)) {
06        /* handler */
07        if (unlikely(restart) && regs->ARM_pc == restart_addr) {
08            if (retval == -ERESTARTNOHAND ||
09                retval == -ERESTART_RESTARTBLOCK
10                || (retval == -ERESTARTSYS
11                && !(ksig.ka.sa.sa_flags & SA_RESTART))) {
12                regs->ARM_r0 = -EINTR;
13                regs->ARM_pc = continue_addr;
14            }
15        }
16        handle_signal(&ksig, regs);
```

get_signal() 함수에서는 시그널의 속성 정보에서 시그널 핸들러가 등록됐다는 정보를 확인하면 true 를 반환합니다. 이후 16번째 줄을 실행해서 handle_signal() 함수를 실행합니다.

시그널 핸들러의 처리 전체 흐름 파악

handle_signal() 함수를 시작으로 유저 프로세스가 유저 애플리케이션에서 등록한 시그널 핸들러를 실행하는 함수 흐름은 다음과 같습니다.

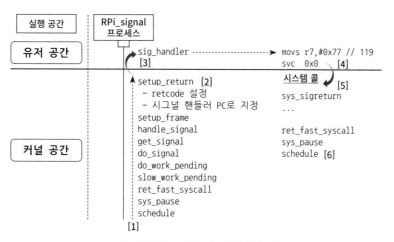

그림 12.13 시그널 핸들러의 전체 실행 흐름

위 전체 흐름의 전제 조건은 RPi_signal 프로세스가 pause() 함수에서 시그널을 기다리며 휴면 상태 상태에 있었다는 것입니다.

1단계: 프로세스가 깨어나는 동작

시그널을 처리하기 전에 해당 프로세스는 sys_pause() 함수에서 schedule() 함수를 호출해서 휴면 상태였습니다. 시그널을 생성하면 시그널을 받을 프로세스를 깨우니 schedule() 함수에서 ret_fast_syscall 레이블로 브랜치합니다.

2단계: 유저 프로세스가 등록한 시그널 핸들러 실행

프로세스는 시그널이 자신에게 전달됐다는 사실을 알아채고 시그널에 대한 처리를 수행합니다. get_signal() 함수에서 시그널 핸들러가 등록됐다는 사실을 파악한 후 handle_signal() 함수를 호출합니다.

setup_return() 함수는 다음 기능을 수행합니다.

- 시그널 정보를 나타내는 구조체에서 시그널 핸들러 함수의 주소를 읽음
- 유저 공간에서 복귀하면 바로 시그널 핸들러를 실행하도록 pt_regs 구조체의 ARM_pc 필드에 시그널 핸들러의 함수 주소를 씀. 여기서 pt_regs 구조체는 유저 공간에서 실행되는 레지스터 세트 정보를 의미함

또한 시그널 핸들러 함수를 실행한 후 다시 커널 공간으로 복귀해야 하니 R14 레지스터에 시스템 콜을 바로 실행하는 코드의 주소를 지정합니다.

3단계: 시그널 핸들러 실행

유저 모드로 복귀한 다음에 시그널 핸들러가 실행됩니다. 시그널 핸들러의 실행을 마치면 링크 레지스터(R14)를 PC로 로딩하게 됩니다.

4단계: POSIX의 sigreturn 시스템 콜 실행으로 커널 공간으로 복귀

시그널 핸들러를 호출한 후 R14 레지스터에 저장된 주소의 코드를 실행합니다. 시스템 콜 번호 119를 r7 레지스터에 저장하고 시스템 콜을 발생시켜 다시 커널 공간으로 이동합니다.

5단계: 커널 공간으로 이동 후 sys_sigreturn() 함수 호출

커널 공간으로 다시 진입한 후 sys_sigreturn() 함수를 실행해서 프로세스의 스택 프레임 정보를 복원합니다.

6단계: 시그널을 받기 전 상태로 복귀

시그널을 받기 전 콜 스택으로 되돌아가 다시 시그널을 기다립니다.

우리는 유저 애플리케이션에서 시그널 핸들러를 등록하면 당연히 시그널 핸들러가 제대로 실행된다고 가정하고 프로그램을 작성합니다. 하지만 커널이 유저 애플리케이션에 지정한 시그널 핸들러를 호출하는 과정은 상당히 복잡합니다. 또한 다음과 같이 ARM 아키텍처와 관련된 동작이 상당히 많습니다.

1. 커널 스택 공간에 저장된 프레임 정보를 유저 공간에 백업한 후 다시 커널 공간으로 이동 후 복사

2. 프로그램 카운터를 나타내는 자료구조에 시그널 핸들러 주소를 복사

3. 시그널 핸들러 호출 후 시스템 콜을 발생시켜 다시 커널 공간으로 복귀

이렇게 실행 흐름이 복잡하니 코드를 자세히 분석하기 전에 전체 흐름을 먼저 파악할 필요가 있습니다.

유저 프로세스는 유저 공간과 커널 공간별로 따로 스택이 존재합니다.

 유저 애플리케이션은 유저 공간의 스택 공간에서 실행되는데 시스템 콜을 통해 커널 공간으로 진입하면 커널 공간의 스택 공간에서 실행하게 됩니다. 즉, 유저 프로세스별로 유저 공간의 스택 공간과 커널 공간의 스택 공간이 따로 있는 것입니다. 그런데 커널 공간에 진입을 한 후 유저 공간으로 복귀하려면 유저 공간의 스택에서 실행했던 '실행 정보'를 어딘가에 저장해놔야 합니다. 이 정보를 커널 공간의 프로세스의 스택 최하단 주소 근처에 저장하게 됩니다. 이 '실행 정보'는 레지스터 세트이며 커널에서는 pt_regs 구조체로 관리합니다.

handle_signal() 함수 분석

다음은 handle_signal() 함수입니다.

https://github.com/raspberrypi/linux/blob/rpi-4.19.y/arch/arm/kernel/signal.c

```
01 static void handle_signal(struct ksignal *ksig, struct pt_regs *regs)
02 {
03     sigset_t *oldset = sigmask_to_save();
04     int ret;
05
06     /*
07      * Set up the stack frame
08      */
09     if (ksig->ka.sa.sa_flags & SA_SIGINFO)
10         ret = setup_rt_frame(ksig, oldset, regs);
11     else
12         ret = setup_frame(ksig, oldset, regs);
13
14     /*
15      * Check that the resulting registers are actually sane.
16      */
17     ret |= !valid_user_regs(regs);
18
19     signal_setup_done(ret, ksig, 0);
20 }
```

9~12번째 줄을 보면 시그널 설정 상태에 따라 두 개의 함수로 호출 흐름이 나뉩니다.

```
09     if (ksig->ka.sa.sa_flags & SA_SIGINFO)
10         ret = setup_rt_frame(ksig, oldset, regs);
11     else
12         ret = setup_frame(ksig, oldset, regs);
```

시그널 설정 플래그가 SA_SIGINFO를 포함하면 setup_rt_frame() 함수를 호출하고 그 외의 조건에서 setup_frame() 함수를 호출합니다. 일반적인 상황에서 setup_frame() 함수가 호출되므로 setup_frame() 함수를 분석하겠습니다.

유저 프로세스의 스택 레지스터 세트 백업

이어서 setup_frame() 함수를 분석하겠습니다.

https://github.com/raspberrypi/linux/blob/rpi-4.19.y/arch/arm/kernel/signal.c

```
01 static int
02 setup_frame(struct ksignal *ksig, sigset_t *set, struct pt_regs *regs)
03 {
04     struct sigframe __user *frame = get_sigframe(ksig, regs, sizeof(*frame));
05     int err = 0;
06
07     if (!frame)
08         return 1;
09
10     err = __put_user(0x5ac3c35a, &frame->uc.uc_flags);
11
12     err |= setup_sigframe(frame, regs, set);
13     if (err == 0)
14         err = setup_return(regs, ksig, frame->retcode, frame);
15
16     return err;
17 }
```

먼저 4~12번째 줄을 분석하겠습니다.

```
04     struct sigframe __user *frame = get_sigframe(ksig, regs, sizeof(*frame));
05     int err = 0;
06
07     if (!frame)
08         return 1;
09
10     err = __put_user(0x5ac3c35a, &frame->uc.uc_flags);
11
12     err |= setup_sigframe(frame, regs, set);
```

4번째 줄에서는 유저 공간 스택에 접근해서 프레임 정보를 읽습니다.

이후 12번째 줄과 같이 setup_sigframe() 함수를 호출해서 프로세스의 스택 최하단 주소 근처에 저장된 유저 모드 레지스터 세트를 표현하는 pt_regs 구조체 크기만큼 유저모드의 스택에 추가 공간을 할당합니다. **그런데 이렇게 처리하는 이유는 무엇일까요?**

이 질문에 대답하기에 앞서 먼저 시스템 콜이 발생하면 유저 프로세스의 레지스터 세트를 저장하는 과정을 살펴보겠습니다. 시스템 콜로 유저 공간에서 커널 공간으로 이동하면 커널 공간 프로세스 스택의 최하단 주소에 유저 프로세스의 실행 정보가 담긴 레지스터 세트를 저장합니다. 시스템 콜 핸들러 처리를 마무리한 후 커널 공간에서 다시 유저 공간으로 복귀할 때 커널 프로세스 스택의 최하단 주소에 저장된 백업한 레지스터 세트를 로딩합니다. 그런데 이 레지스터 세트를 유저 공간 스택 공간을 잡아서 다시 백업하겠다는 것입니다.

이렇게 처리하는 이유는 **시그널 핸들러를 호출한 다음에 이전에 실행했던 유저 프로세스 레지스터 세트 정보를 다시 커널 공간의 프로세스 스택의 최하단 주소 공간으로 백업하기 위해서입니다.**

이 동작을 마무리한 후 14번째 줄과 같이 setup_return() 함수를 호출해서 시그널 핸들러 함수를 설정합니다.

프로그램 카운터를 나타내는 자료구조에 시그널 핸들러 함수의 주소를 저장

다음으로 setup_return() 함수를 분석합시다.

https://github.com/raspberrypi/linux/blob/rpi-4.19.y/arch/arm/kernel/signal.c

```
01 static int
02 setup_return(struct pt_regs *regs, struct ksignal *ksig,
03         unsigned long __user *rc, void __user *frame)
04 {
...
05     regs->ARM_r0 = ksig->sig;
06     regs->ARM_sp = (unsigned long)frame;
07     regs->ARM_lr = retcode;
08     regs->ARM_pc = handler;
09     regs->ARM_cpsr = cpsr;
10
11     return 0;
12 }
```

여기서 pt_regs 구조체의 regs는 유저 공간에서 실행할 프로세스의 레지스터 세트를 나타냅니다.

먼저 5번째 줄을 보겠습니다.

```
05   regs->ARM_r0 = ksig->sig;
```

regs의 ARM_r0 필드에 시그널 번호를 저장합니다. 이 코드가 실행돼 유저 공간에서 호출될 시그널 핸들러 함수의 첫 번째 인자로 시그널 번호가 전달되는 것입니다.

다음 7~8번째 줄을 봅시다.

```
07   regs->ARM_lr = retcode;
08   regs->ARM_pc = handler;
```

regs의 ARM_lr 필드에는 시그널 핸들러를 실행하고 다시 커널 공간으로 복귀할 코드 주소를 저장하고 regs의 ARM_pc 필드에 유저 애플리케이션에서 실행될 시그널 핸들러 함수의 주소를 저장합니다. 유저 프로세스가 실행 도중 시그널 핸들러를 호출되는 과정 중 핵심 코드입니다.

시그널 핸들러 호출 후 복귀하는 sys_sigreturn() 함수의 처리 흐름

시그널 핸들러를 실행한 후 유저 모드로 복귀할 코드는 sigreturn_codes 배열로 관리합니다. sigreturn_codes 배열에 ARM 프로세서의 설정 타입에 따라 시스템 콜을 실행하는 어셈블리 명령어를 저장합니다.

https://github.com/raspberrypi/linux/blob/rpi-4.19.y/arch/arm/kernel/sigreturn_codes.S

```
extern const unsigned long sigreturn_codes[17];

01 80800414 <sigreturn_codes>:
02 80800414:    e3a07077    mov     r7, #119    ; 0x77
03 80800418:    ef900077    svc     0x00900077
04 8080041c:    2777        movs    r7, #119    ; 0x77
05 8080041e:    df00        svc     0
06 80800420:    e3a070ad    mov     r7, #173    ; 0xad
07 80800424:    ef9000ad    svc     0x009000ad
08 80800428:    27ad        movs    r7, #173    ; 0xad
09 8080042a:    df00        svc     0
   ...
10 80800454:    00000000    andeq   r0, r0, r0
```

일반적인 상황에서는 4~5번째 줄을 실행해서 r7 레지스터에 119번 시스템 콜 번호를 저장하고 "svc 0x0" 명령어를 실행해 다시 커널 모드로 진입합니다.

119번에 해당하는 POSIX 시스템 콜은 sigreturn인데, sigreturn 시스템 콜이 실행되면 커널 공간에서 sys_sigreturn() 함수가 호출됩니다. 이어서 sys_sigreturn() 함수의 구현부를 봅시다.

https://github.com/raspberrypi/linux/blob/rpi-4.19.y/arch/arm/kernel/signal.c

```
01 asmlinkage int sys_sigreturn(struct pt_regs *regs)
02 {
03    struct sigframe __user *frame;
...
04
05    frame = (struct sigframe __user *)regs->ARM_sp;
06
07    if (!access_ok(VERIFY_READ, frame, sizeof (*frame)))
08        goto badframe;
09
10    if (restore_sigframe(regs, frame))
```

10번째 줄과 같이 restore_sigframe() 함수를 실행해 다음과 같은 처리를 합니다.

> 이전에 유저 모드 스택에 저장해 놓은 원래 프로세스 스택의 최하단 주소에 저장했던 유저 모드 레지스터 세트를 다시 프로세스 스택의 최하단 주소에 다시 복구한다.

여기까지 프로세스가 시그널을 받아서 처리하는 과정을 살펴봤습니다. 유저 애플리케이션 입장에서 시그널은 간단히 설정만 하면 동작하는 기능이지만 커널은 유저 프로세스에게 시그널을 제대로 전달하기 위해 복잡한 처리 과정을 거친다는 사실을 알 수 있습니다. Q/A 형식으로 이번 절에서 배운 내용을 정리해보겠습니다.

Q) 프로세스는 시그널을 어떻게 처리하는가?

A) 시그널의 유형과 속성 정보에 따라 프로세스가 시그널을 처리하는 방식이 다릅니다. 시그널 속성으로 시그널 핸들러를 지정하지 않았을 경우 get_signal() 함수만 실행되고 대부분의 경우 시그널을 받은 프로세스는 종료됩니다. 만약 시그널 속성으로 시그널 핸들러를 설정했을 때는 get_signal()/handle_signal() 함수가 순차적으로 실행됩니다.

Q) 유저 애플리케이션에서 설정한 시그널 핸들러는 어떻게 호출되는가?

A) 시그널의 속성 정보에 접근해 유저 애플리케이션에서 지정한 시그널 핸들러 함수의 주소를 읽어서 유저 프로세스의 실행 정보를 나타내는 레지스터 정보 중 프로그램 카운터에 씁니다. 이후 유저 공간에 복귀하면 프로그램 카운터에 지정된 시그널 핸들러가 호출됩니다.

Q) 유저 애플리케이션에서 지정한 시그널 핸들러 함수가 호출된 이후에 어떤 동작을 하는가?

A) 시그널을 받아 처리하는 프로세스는 setup_return() 함수에서 유저 공간에서 시그널 핸들러가 호출된 후 다시 sigreturn 시스템 콜을 실행하도록 설정합니다.

12.7 시그널 제어를 위한 suspend() 함수 분석

리눅스 커널에서는 시그널을 설정하는 함수 외에 시그널을 제어하는 함수를 지원합니다. 이 중에서 suspend() 함수를 분석하면서 커널에서 시그널을 어떤 방식으로 설정하는지 알아보겠습니다.

12.7.1 유저 공간의 suspend() 함수

sigsuspend() 함수는 다음 동작을 한 번에 수행합니다.

1. 시그널 블록을 설정

2. 시그널이 도착할 때까지 기다림

sigsuspend() 함수의 동작을 다른 코드로 표현하면 다음과 같습니다.

```
sigprocmask( SIG_SETMASK, &sert, NULL);
pause();
```

그런데 위 코드와 같이 구현했다면 문제가 발생할 수 있습니다. 그 이유는 **sigprocmask() 함수를 호출한 후 pause() 함수를 호출하기 직전에 시그널이 발생할 수 있기 때문입니다.**

sigprocmask() 함수를 처리하는 도중에 발생한 시그널은 처리되지 않는 것입니다. 한 가지 예를 들자면 여러분이 Ctrl+C 키를 한 번만 누르면 터미널 프로그램이 종료돼야 하는데 가끔 여러 번 눌러야 프로그램이 종료될 때가 있습니다.

그렇다면 어떻게 해야 시그널을 놓치는 일을 방지할 수 있을까요? 블록 설정과 동시에 시그널 도착을 바로 확인해야 시그널을 잃어버리는 일이 없을 것입니다. 이처럼 블록 설정과 함께 시그널을 대기하는 기능은 sigsuspend() 함수가 수행합니다.

이제 함수 선언부와 인자를 점검해 봅시다.

```
int sigsuspend(const sigset_t *mask);
```

인자는 'sigset_t *mask'로 설정될 시그널 블록의 집합입니다.

sigset_t로 설정한 시그널의 블록을 설정하고 시그널 전달을 기다립니다. 이 점이 pause() 함수와 다른 점입니다.

12.7.2 커널 공간의 sys_rt_sigsuspend() 함수 분석

유저 공간에서 sigsuspend() 함수를 호출하면 커널에서 어떤 동작을 하는지 다음 그림을 보면서 알아봅시다.

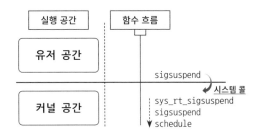

그림 12.14 유저 공간에서 sigsuspend() 함수 호출 시의 실행 흐름

보다시피 유저 공간에서 sigsuspend() 함수를 호출하면 해당 시스템 콜 핸들러인 sys_rt_sigsuspend() 함수가 호출됩니다. sys_rt_sigsuspend() 함수의 선언부는 다음과 같습니다.

https://github.com/raspberrypi/linux/blob/rpi-4.19.y/include/linux/syscalls.h

```
asmlinkage long sys_rt_sigsuspend(sigset_t __user *unewset, size_t sigsetsize);
```

함수의 인자는 다음과 같습니다.

- sigset_t __user *unewset: 블로킹하려는 시그널의 속성
- size_t sigsetsize: 시그널 설정 크기

sys_rt_sigsuspend( ) 함수의 선언부를 확인했으니 구현부를 확인합시다.

https://github.com/raspberrypi/linux/blob/rpi-4.19.y/kernel/signal.c

```
01 SYSCALL_DEFINE2(rt_sigsuspend, sigset_t __user *, unewset, size_t, sigsetsize)
02 {
03    sigset_t newset;
04
05    /* XXX: Don't preclude handling different sized sigset_t's.  */
06    if (sigsetsize != sizeof(sigset_t))
07       return -EINVAL;
08
09    if (copy_from_user(&newset, unewset, sizeof(newset)))
10       return -EFAULT;
11    return sigsuspend(&newset);
12 }
```

9번째 줄을 보겠습니다. 유저 공간에서 전달된 시그널 정보인 unewset 인자의 포인터를 newset 지역변수에 저장합니다.

다음으로 11번째 줄에서는 sigsuspend( ) 함수를 호출합니다. sys_rt_sigsuspend( ) 함수는 유저 공간에서 설정된 시그널 정보를 newest 블록 지역변수에 저장하고 sigsuspend( ) 함수를 호출합니다.

다음으로 분석할 함수는 sigsuspend( ) 함수입니다.

https://github.com/raspberrypi/linux/blob/rpi-4.19.y/kernel/signal.c

```
01 static int sigsuspend(sigset_t *set)
02 {
03    current->saved_sigmask = current->blocked;
04    set_current_blocked(set);
05
06    while (!signal_pending(current)) {
07       __set_current_state(TASK_INTERRUPTIBLE);
08       schedule();
09    }
10    set_restore_sigmask();
11    return -ERESTARTNOHAND;
12 }
```

4번째 줄을 봅시다.

```
04    set_current_blocked(set);
```

함수 인자로 전달된 sigset_t *set 인자에 시그널 블록을 설정합니다. 이 코드가 sys_pause() 함수와 다른 점입니다.

다음으로 6~9번째 줄을 보겠습니다. 현재 프로세스에서 펜딩된(처리할) 시그널이 없을 때까지 while 문을 구동합니다. 7번째 줄에서는 현재 프로세스의 상태를 TASK_INTERRUPTIBLE로 바꾼 다음 휴면 상태에 진입합니다.

이번 절에서 분석한 함수의 콜 스택을 TRACE32로 확인하면 다음과 같습니다.

```
-000|context_switch(inline)
-000|__schedule()
-001|set_ti_thread_flag(inline)
-001|set_restore_sigmask(inline)
-001|sigsuspend(?)
-002|SYSC_rt_sigsuspend(inline)
-002|sys_rt_sigsuspend(?, ?)
-003|ret_fast_syscall(asm)
```

이제 이번 절에서 배운 내용을 정리해 봅시다.

- 유저 공간에서 시그널을 설정하는 함수를 호출하면 커널 공간에서 시그널을 설정하는 함수가 실행됨
- 유저 공간에서 sigsuspend() 함수를 호출하면 커널 공간에서 sigset_t로 설정한 시그널을 블록하고 시그널 전달을 기다리며 휴면 상태에 진입

12.8 시그널에 대한 ftrace 디버깅

이번 절에는 시그널을 디버깅하는 방법을 소개합니다.

- ftrace를 이용한 시그널 이벤트 분석
- ftrace를 이용한 시그널 핸들러의 동작 과정 디버깅

12.8.1 ftrace의 시그널 이벤트 소개

이번 절에서는 시그널 실행 흐름을 추적하는 ftrace 이벤트를 소개합니다.

ftrace는 시그널 동작에 대해 다음 이벤트를 지원합니다.

- signal_generate: 시그널 생성
- signal_deliver: 시그널 전달 후 실행

먼저 시그널 관련 ftrace 이벤트를 활성화하는 방법을 소개하겠습니다.

시그널 관련 ftrace 이벤트 활성화

시그널 관련 이벤트는 다음 명령어로 활성화할 수 있습니다.

```
"echo 1 > /sys/kernel/debug/tracing/events/signal/signal_generate/enable"
"echo 1 > /sys/kernel/debug/tracing/events/signal/signal_deliver/enable"
```

시그널 관련 ftrace 이벤트 로그 패턴과 실행 코드 확인

시그널 관련 ftrace 이벤트 메시지는 다음 형식으로 출력합니다.

```
signal_generate: sig=9 errno=0 code=0 comm=bash pid=1240 grp=1 res=0
signal_deliver: sig=9 errno=0 code=0 sa_handler=0 sa_flags=0
```

각 메시지의 의미와 메시지를 출력하는 함수의 이름은 다음 표와 같습니다.

표 12.8 시그널 관련 ftrace 이벤트

이벤트	역할	시그널 ftrace 실행 함수
signal_generate	시그널 생성	__send_signal()/send_sigqueue()
signal_deliver	시그널을 받아 처리	get_signal()

이번에는 각 이벤트를 실행하는 커널 코드를 소개합니다.

다음 signal_generate와 signal_deliver 이벤트를 출력하는 코드를 소개합니다. 먼저 signal_generate 이벤트를 출력하는 코드를 보겠습니다.

```
01 static int __send_signal(int sig, struct siginfo *info, struct task_struct *t,
02            enum pid_type type, int from_ancestor_ns)
03 {
04     struct sigpending *pending;
05     struct sigqueue *q;
...
06 out_set:
07     signalfd_notify(t, sig);
08     sigaddset(&pending->signal, sig);
...
09     complete_signal(sig, t, type);
10 ret:
11     trace_signal_generate(sig, info, t, type != PIDTYPE_PID, result);
12     return ret;
13 }
```

11번째 줄에서 trace_signal_generate() 함수를 실행할 때 signal_generate 이벤트의 메시지를 출력합니다.

이어서 signal_deliver 이벤트를 출력하는 코드를 보겠습니다.

```
01 bool get_signal(struct ksignal *ksig
02 {
03     struct sighand_struct *sighand = current->sighand;
04     struct signal_struct *signal = current->signal;
05     int signr;
...
06         ka = &sighand->action[signr-1];
07
08         /* Trace actually delivered signals. */
09         trace_signal_deliver(signr, &ksig->info, ka);
10
11         if (ka->sa.sa_handler == SIG_IGN) /* Do nothing. */
```

09번째 줄에서는 trace_signal_deliver() 함수를 실행할 때 signal_deliver 이벤트 메시지를 출력합니다.

시그널 관련 ftrace 이벤트 로그 분석

이어서 ftrace 로그로 시그널 이벤트를 분석하는 방법을 소개합니다. 분석할 로그는 다음과 같습니다.

```
01 bash-833 [003] d... 3742.555155: sched_wakeup: comm=bash pid=1240 prio=120 target_cpu=003
02 bash-833 [003] d... 3742.555159: signal_generate: sig=9 errno=0 code=0 comm=bash pid=1240 grp=1
res=0
03 bash-833 [003] .... 3742.555161: sys_exit: NR 37 = 0
...
04 bash-833 [003] d... 3742.557372: sched_switch: prev_comm=bash prev_pid=833 prev_prio=120
prev_state=D ==> next_comm=bash next_pid=1240 next_prio=120
05 bash-1240 [003] .... 3742.557387: sys_exit: NR 335 = -514
06 bash-1240 [003] d... 3742.557411: signal_deliver: sig=9 errno=0 code=0 sa_handler=0 sa_flags=0
```

이 로그는 복잡해 보이지만 2단계로 분류할 수 있습니다.

- 1단계: 시그널 생성
- 2단계: 시그널을 전달받아 처리

1단계: 시그널 생성 과정

01번째 줄을 보겠습니다.

```
01 bash-833 [003] d... 3742.555155: sched_wakeup: comm=bash pid=1240 prio=120 target_cpu=003
```

시그널을 생성하는 과정에서 PID가 1240인 bash 프로세스를 깨우는 동작입니다.

다음은 02번째 줄의 로그입니다.

```
02 bash-833 [003] d... 3742.555159: signal_generate: sig=9 errno=0 code=0 comm=bash pid=1240 grp=1
res=0
```

다음과 같은 시그널이 생성됐다는 메시지입니다.

- 전달된 시그널을 받을 프로세스: pid가 1240인 bash 프로세스
- 시그널 종류: 9(SIGKILL)
- 시그널 그룹 유무: 1

2단계: 시그널을 전달받아 처리

이어서 2단계 로그 분석을 하겠습니다. 먼저 04번째 줄을 보겠습니다.

```
04 bash-833 [003] d... 3742.557372: sched_switch: prev_comm=bash prev_pid=833 prev_prio=120
prev_state=D ==> next_comm=bash next_pid=1240 next_prio=120
```

1단계에서 pid가 1240인 bash 프로세스에게 시그널을 생성한 후 해당 프로세스를 깨웠습니다. 04번째 줄은 pid가 1240인 bash 프로세스로 스케줄링되는 동작입니다.

다음으로 05~06번째 줄을 보겠습니다.

```
05 bash-1240 [003] .... 3742.557387: sys_exit: NR 335 = -514
06 bash-1240 [003] d... 3742.557411: signal_deliver: sig=9 errno=0 code=0 sa_handler=0 sa_flags=0
```

05번째 줄 로그로 335번 시스템 콜 핸들링을 마무리했다는 정보를 알 수 있습니다. "pid가 1240인 bash 프로세스가 ret_fast_syscall 레이블을 실행했다"라는 사실을 추측할 수 있습니다.

06번째 줄 로그는 다음과 같이 해석할 수 있습니다.

pid가 1240인 bash 프로세스가 SIGKILL(9) 시그널을 전달받았다.

이번 절에서는 ftrace에서 지원하는 시그널 이벤트를 해석하는 방법을 소개했습니다.

- signal_generate
- signal_deliver

이번 절에 소개한 ftrace 시그널 이벤트는 실전 개발에서 유용하게 사용할 수 있으니 잘 기억한 후 활용하기 바랍니다. 다음 상황에서 ftrace의 signal 이벤트를 활용하면 효율적으로 시그널 동작을 디버깅할 수 있습니다.

- 유저 공간에서 시그널 핸들러가 호출되지 않을 때
- 시그널이 발생한 후 후속 처리에 문제가 있을 때

12.8.2 ftrace를 이용한 시그널의 기본 동작 로그 분석

이번 절에서는 라즈베리 파이에서 ftrace를 설정하고 로그를 받아 분석하는 실습을 해 보겠습니다.

ftrace 설정

먼저 ftrace를 설정하는 방법을 소개합니다.

```bash
#!/bin/bash

echo 0 > /sys/kernel/debug/tracing/tracing_on
sleep 1
echo "tracing_off"

echo 0 > /sys/kernel/debug/tracing/events/enable
sleep 1
echo "events disabled"

echo  secondary_start_kernel  > /sys/kernel/debug/tracing/set_ftrace_filter
sleep 1
echo "set_ftrace_filter init"

echo function > /sys/kernel/debug/tracing/current_tracer
sleep 1
echo "function tracer enabled"

echo  do_exit dequeue_signal ttwu_do_wakeup > /sys/kernel/debug/tracing/set_ftrace_filter

sleep 1
echo "set_ftrace_filter enabled"

echo 1 > /sys/kernel/debug/tracing/events/sched/sched_switch/enable
echo 1 > /sys/kernel/debug/tracing/events/sched/sched_process_exit/enable
echo 1 > /sys/kernel/debug/tracing/events/sched/sched_wakeup/enable

echo 1 > /sys/kernel/debug/tracing/events/signal/signal_generate/enable
echo 1 > /sys/kernel/debug/tracing/events/signal/signal_deliver/enable

echo 1 > /sys/kernel/debug/tracing/events/raw_syscalls/sys_enter/enable
echo 1 > /sys/kernel/debug/tracing/events/raw_syscalls/sys_exit/enable
sleep 1
echo "event enabled"

echo 1 > /sys/kernel/debug/tracing/options/func_stack_trace
```

```
echo 1 > /sys/kernel/debug/tracing/options/sym-offset
echo "function stack trace enabled"

echo 1 > /sys/kernel/debug/tracing/tracing_on
echo "tracing_on"
```

앞에서 소개한 ftrace 명령어를 signal_debug.sh 셸 스크립트로 저장한 다음 실행하면 효율적으로 ftrace를 설정할 수 있습니다.

ftrace 설정 명령어의 주요 내용은 다음과 같습니다.

- 활성화하는 ftrace 이벤트 목록

  signal_generate

  signal_deliver

  sched_switch

  sched_process_exit, sched_wakeup

  sys_enter

  sys_exit

- set_ftrace_filter 필터로 지정하는 함수 목록

  ttwu_do_wakeup()

  dequeue_signal()

  do_exit()

프로세스에 SIGKILL 시그널을 전달하기 위한 과정

라즈베리 파이에서 터미널을 하나 실행합시다. 처음 실행한 터미널을 첫 번째 터미널이라고 부르겠습니다. 이어서 터미널을 하나 더 실행합시다. 이를 두 번째 터미널로 부르겠습니다.

첫 번째 터미널에서 다음 명령어를 입력합시다.

```
01 root@raspberrypi:/usr/include # ps -ely | grep bash
02 S    1000    500     432   0 80 0    4096    1645  poll_s tty1       00:00:00 bash
03 S    1000    750    1146   0 80 0    4192    1628  wait   pts / 0    00:00:00 bash
04 S    0       833    1350   0 80 0    3376    1433  wait   pts / 0    00:00:00 bash
05 S    1000   1240    1146   0 80 0    3964    1628  poll_s pts / 1    00:00:00 bash
```

05번째 줄에서 보이는 프로세스가 2번째 터미널에서 실행하는 bash 셸입니다. PID가 1240인 bash 프로세스입니다.

그러면 첫 번째 터미널에서 다음 명령어를 입력해 2번째 터미널에서 실행하는 bash 셸을 종료시킵시다.

```
root@raspberrypi:# kill -SIGKILL 1240
```

이어서 3.4.4절에서 소개한 get_ftrace.sh 셸 스크립트를 실행해 ftrace 로그를 받습니다.

```
root@raspberrypi:/home/pi# ./get_ftrace.sh
ftrace off
```

이 셸 스크립트를 실행하면 ftrace_log.c라는 파일이 생성됩니다. 이 파일에서 ftrace 로그를 확인할 수 있습니다.

ftrace 로그 분석

분석할 ftrace 로그는 다음과 같습니다.

```
01 bash-833 [003] .... 3742.555094: sys_enter: NR 37 (4d8, 9, 0, 5a7cf300, 4d8, f9ef8)
02 bash-833 [003] d... 3742.555125: ttwu_do_wakeup+0x10/0x1a4 <-ttwu_do_activate+0x80/0x84
03 bash-833 [003] d... 3742.555151: <stack trace>
04 => wake_up_state+0x1c/0x20
05 => signal_wake_up_state+0x34/0x48
06 => complete_signal+0x204/0x248
07 => __send_signal+0x160/0x420
08 => send_signal+0x48/0x98
09 => do_send_sig_info+0x50/0x7c
10 => group_send_sig_info+0x50/0x54
11 => kill_pid_info+0x40/0x54
12 => sys_kill+0x11c/0x1c4
13 => __sys_trace_return+0x0/0x10
14 bash-833 [003] d... 3742.555155: sched_wakeup: comm=bash pid=1240 prio=120 target_cpu=003
15 bash-833 [003] d... 3742.555159: signal_generate: sig=9 errno=0 code=0 comm=bash pid=1240 grp=1
res=0
16 bash-833 [003] .... 3742.555161: sys_exit: NR 37 = 0
...
17 bash-833 [003] d... 3742.557372: sched_switch: prev_comm=bash prev_pid=833 prev_prio=120
prev_state=D ==> next_comm=bash next_pid=1240 next_prio=120
```

```
18 bash-1240 [003] ....  3742.557387: sys_exit: NR 335 = -514
19 bash-1240 [003] d...  3742.557391: dequeue_signal+0x14/0x19c <-get_signal+0x104/0x72c
20 bash-1240 [003] d...  3742.557406: <stack trace>
21 => do_work_pending+0xb4/0xcc
22 => slow_work_pending+0xc/0x20
23 bash-1240 [003] d...  3742.557411: signal_deliver: sig=9 errno=0 code=0 sa_handler=0 sa_flags=0
24 bash-1240 [003] ....  3742.557425: do_exit+0x14/0xb60 <-do_group_exit+0x50/0xe4
25 bash-1240 [003] ....  3742.557440: <stack trace>
26 => do_signal+0x78/0x4dc
27 => do_work_pending+0xb4/0xcc
28 => slow_work_pending+0xc/0x20
29 bash-1240 [003] ....  3742.558690: sched_process_exit: comm=bash pid=1240 prio=120
```

복잡해 보이는 위 ftrace 로그는 실행 흐름에 따라 2단계로 분류할 수 있습니다.

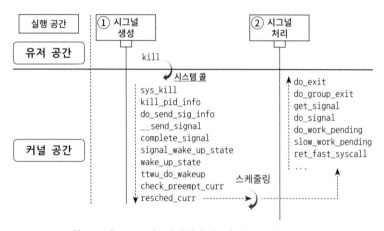

그림 12.15 ftrace: 시그널 생성과 시그널 처리 단계의 실행 흐름

위 그림에서 왼쪽의 ① '시그널 생성'과 오른쪽의 ② '시그널 처리'를 눈으로 따라가 봅시다. 각 단계별로 호출되는 주요 커널 함수는 다음과 같습니다.

①단계: 시그널 생성

- __send_signal(): 펜딩 시그널 정보를 씀
- ttwu_do_wakeup(): 시그널을 받을 프로세스를 깨움

②단계: 시그널 처리

- do_signal(): 펜딩 시그널을 받음
- do_exit(): 프로세스 종료

이어서 단계별로 ftrace 로그를 분석합니다.

①단계: 시그널 생성 로그 분석

먼저 시그널을 생성하는 단계의 로그를 분석하겠습니다. 다음은 "kill -9 [pid]" 명령어를 입력했을 때 출력되는 로그입니다.

```
01  bash-833 [003] .... 3742.555094: sys_enter: NR 37 (4d8, 9, 0, 5a7cf300, 4d8, f9ef8)
02  bash-833 [003] d... 3742.555125: ttwu_do_wakeup+0x10/0x1a4 <-ttwu_do_activate+0x80/0x84
03  bash-833 [003] d... 3742.555151: <stack trace>
04 => wake_up_state+0x1c/0x20
05 => signal_wake_up_state+0x34/0x48
06 => complete_signal+0x204/0x248
07 => __send_signal+0x160/0x420
08 => send_signal+0x48/0x98
09 => do_send_sig_info+0x50/0x7c
10 => group_send_sig_info+0x50/0x54
11 => kill_pid_info+0x40/0x54
12 => sys_kill+0x11c/0x1c4
13 => __sys_trace_return+0x0/0x10
14 bash-833 [003] d... 3742.555155: sched_wakeup: comm=bash pid=1240 prio=120 target_cpu=003
15 bash-833 [003] d... 3742.555159: signal_generate: sig=9 errno=0 code=0 comm=bash pid=1240 grp=1
res=0
```

7~13번째 줄을 보면 다음과 같은 사실을 알 수 있습니다.

- 유저 공간에서 kill() 함수를 호출하면 해당 시스템 콜 핸들러인 sys_kill() 함수가 호출된다.
- 커널 내부의 __send_signal() 함수가 호출된다.

요약하면 시그널을 받을 프로세스의 태스크 디스크립터에 접근해서 펜딩 시그널(처리돼야 할)의 시그널 정보를 쓰는 동작입니다.

다음으로 2~6번째 줄을 보면 시그널을 받을 bash 프로세스(pid: 1240)를 깨워 스케줄링 요청을 하는 함수 목록을 볼 수 있습니다.

 프로세스를 깨우면 resched_curr() 함수를 호출하며, 스케줄러에게 깨우려는 프로세스를 실행시켜 달라고 요청합니다. 스케줄러는 이 요청을 받은 후 런큐에 대기 중인 프로세스와 우선순위를 비교한 후 요청한 프로세스를 실행합니다.

런큐에 실행을 기다리는 프로세스가 없으면 resched_curr() 함수를 호출한 이후 대부분의 프로세스는 스케줄링으로 실행을 시작합니다.

다음으로 14번째 줄의 로그를 보겠습니다.

```
14 bash-833 [003] d... 3742.555155: sched_wakeup: comm=bash pid=1240 prio=120 target_cpu=003
```

bash 프로세스를 깨우는 동작입니다. sched_wakeup은 프로세스를 깨우는 동작을 표현하는 ftrace 이벤트입니다.

이어서 15번째 줄을 분석하겠습니다.

```
15 bash-833 [003] d... 3742.555159: signal_generate: sig=9 errno=0 code=0 comm=bash pid=1240 grp=1
res=0
```

위 메시지는 다음과 같은 사실을 말해줍니다.

SIGKILL 시그널을 생성했으며 해당 시그널을 받을 프로세스는 PID가 1240인 bash 프로세스다.

②단계: 시그널 처리 로그 분석

2단계로 시그널을 받아서 처리하는 로그를 분석합니다. 시그널을 받아 후속 처리를 하는 실행 흐름입니다.

```
17 bash-833 [003] d... 3742.557372: sched_switch: prev_comm=bash prev_pid=833 prev_prio=120
prev_state=D ==> next_comm=bash next_pid=1240 next_prio=120
18 bash-1240 [003] .... 3742.557387: sys_exit: NR 3 = -514
19 bash-1240 [003] d... 3742.557391: dequeue_signal+0x14/0x19c <-get_signal+0x104/0x72c
20 bash-1240 [003] d... 3742.557406: <stack trace>
21 => do_work_pending+0xb4/0xcc
22 => slow_work_pending+0xc/0x20
23 bash-1240 [003] d... 3742.557411: signal_deliver: sig=9 errno=0 code=0 sa_handler=0 sa_flags=0
24 bash-1240 [003] .... 3742.557425: do_exit+0x14/0xb60 <-do_group_exit+0x50/0xe4
25 bash-1240 [003] .... 3742.557440: <stack trace>
26 => do_signal+0x78/0x4dc
27 => do_work_pending+0xb4/0xcc
28 => slow_work_pending+0xc/0x20
29 bash-1240 [003] .... 3742.558690: sched_process_exit: comm=bash pid=1240 prio=120
```

17번째 줄의 ftrace 로그가 출력되기 이전에 PID가 1240인 bash 프로세스는 어떤 상태였을까요? 다음과 같은 콜 스택으로 잠들어 있었습니다.

```
-000|context_switch(inline)
-000|__schedule()
-001|schedule()
-002|schedule_timeout()
-003|n_tty_read()
-004|tty_read()
-005|vfs_read()
-006|SYSC_read(inline)
-006|sys_read()
-007|ret_fast_syscall(asm)
```

잠들어 있던 PID가 1240인 bash 프로세스는 깨어나 실행을 재개합니다. **그렇다면 PID가 1240인 bash 프로세스는 어떻게 깨어날까요?**

이전 2단계 동작에서 resched_curr() 함수를 호출해서 bash(pid:1240) 프로세스의 실행을 요청했습니다. 그렇다면 스케줄러가 bash(pid:1240) 프로세스를 실행시키면 어떻게 동작할까요?

**콜 스택 정보와 같이 context_switch() 함수부터 vfs_read() 함수로 다시 돌아와 ret_fast_
syscall 레이블을 실행합니다.**

그렇다면 이 같은 동작을 했다는 흔적을 ftrace 로그에서 확인할 수 있을까요? **18번째 줄의 로그로 이 정보를 알 수 있습니다.** 다음은 3번 read 시스템 콜 처리가 끝났다는 내용입니다.

```
18 bash-1240 [003] ....  3742.557387: sys_exit: NR 3 = -514
```

다음으로 19번째 줄을 보겠습니다.

```
19 bash-1240 [003] d...  3742.557391: dequeue_signal+0x14/0x19c <-get_signal+0x104/0x72c
```

dequeue_signal() 함수를 호출해서 시그널을 처리할 프로세스의 태스크 디스크립터에 접근해서 펜딩된 시그널의 정보를 읽습니다.

이어서 23번째 줄의 로그를 보겠습니다.

```
23 bash-1240 [003] d... 3742.557411: signal_deliver: sig=9 errno=0 code=0 sa_handler=0 sa_flags=0
```

위 로그는 다음과 같이 해석할 수 있습니다.

> 9번 SIGKILL 시그널이 PID가 1240인 bash 프로세스로 전달돼 프로세스가 이를 처리했다.

마지막으로 24~28번째 줄의 로그를 보겠습니다.

```
24 bash-1240 [003] .... 3742.557425: do_exit+0x14/0xb60 <-do_group_exit+0x50/0xe4
25 bash-1240 [003] .... 3742.557440: <stack trace>
26 => do_signal+0x78/0x4dc
27 => do_work_pending+0xb4/0xcc
28 => slow_work_pending+0xc/0x20
```

do_group_exit() 함수를 호출해서 PID가 1240인 bash 프로세스를 종료합니다.

12.8.3 ftrace의 시그널 핸들러 동작 로그 분석

이번 절에서는 유저 애플리케이션 코드를 작성하면서 시그널 핸들러를 커널에서 어떤 방식으로 호출하는지 살펴보겠습니다. 이번 장에서 배운 내용을 총정리하는 실습이니 꼭 따라서 해보시길 바랍니다.

유저 애플리케이션의 시그널 핸들러 설정 코드

다음은 유저 애플리케이션에서 시그널 핸들러를 지정하는 실습 코드입니다.

```
01 #include <unistd.h>
02 #include <signal.h>
03 #include <stdio.h>
04 #include <stdlib.h>
05
06 void sig_handler(int signum) {
07     switch(signum) {
08         case SIGINT:
09             printf("sig num [%d] \n", signum);
10             break;
11
12         case SIGALRM:
13             printf("sig num [%d] \n", signum);
```

```
14              break;
15
16          case SIGKILL:
17              printf("sig num [%d] \n", signum);
18              break;
19
20          default:
21              printf(" default sig num [%d] \n", signum);
22      }
23  }
24
25  int main()
26  {
27      struct sigaction act;
28      sigset_t set;
29
30      void *func_ptr;
31
32      func_ptr = sig_handler;
33      printf(" signal_handler = 0x%x \n", (unsigned int)func_ptr);
34
35      sigemptyset(&(act.sa_mask));
36
37      sigaddset(&(act.sa_mask), SIGALRM);
38      sigaddset(&(act.sa_mask), SIGINT);
39      sigaddset(&(act.sa_mask), SIGKILL);
40
41      act.sa_handler = sig_handler;
42
43      sigaction(SIGALRM, &act, NULL);
44      sigaction(SIGINT, &act, NULL);
45      sigaction(SIGUSR1, &act, NULL);
46
47      for(;;)
48          pause();
49  }
```

위 코드의 핵심은 SIGALRM, SIGINT, SIGUSR1 시그널이 발생했을 때 sig_handler() 함수가 호출되는 동작입니다.

대부분의 코드는 이번 장에서 다룬 내용이니 넘어가고 가장 중요한 30~33번째 줄을 보겠습니다.

```
30    void *func_ptr;
31
32    func_ptr = sig_handler;
33    printf(" signal_handler = 0x%x \n", (unsigned int)func_ptr);
```

32번째 줄에서 시그널 핸들러 함수인 sig_handler를 void 타입의 func_ptr 포인터에 저장합니다. 다음 33번째 줄에서 시그널 핸들러 함수인 sig_handler()의 주소를 출력합니다.

위와 같이 코드를 작성한 후 RPi_signal.c 파일로 저장합시다. Makefile을 다음과 같이 작성한 다음 라즈베리 파이에서 컴파일합니다.

```
RPi_signal: RPi_signal.c
    gcc -o RPi_signal RPi_signal.c
```

컴파일이 제대로 완료되면 RPi_signal 파일이 생성됩니다.

시그널 디버깅을 위한 커널 소스코드 수정

이번에는 시그널 관련 커널 소스코드를 수정해 보겠습니다.

패치 코드를 입력하는 방법을 소개하기 위해 커널의 원본 setup_return() 함수를 소개합니다.

https://github.com/raspberrypi/linux/blob/rpi-4.19.y/arch/arm/kernel/signal.c

```
static int
setup_return(struct pt_regs *regs, struct ksignal *ksig,
        unsigned long __user *rc, void __user *frame)
{
    unsigned long handler = (unsigned long)ksig->ka.sa.sa_handler;
    unsigned long handler_fdpic_GOT = 0;
...
        {
            /*
             * Ensure that the instruction cache sees
```

```
        * the return code written onto the stack.
        */
        flush_icache_range((unsigned long)rc,
                (unsigned long)(rc + 3));

        retcode = ((unsigned long)rc) + thumb;
    }
}

/* 패치 코드를 입력하세요 */

regs->ARM_r0 = ksig->sig;
regs->ARM_sp = (unsigned long)frame;
regs->ARM_lr = retcode;
regs->ARM_pc = handler;
```

위 소스코드에서 "/* 패치 코드를 입력하세요 */"라고 표시된 부분에 다음 코드를 작성합시다.

```
trace_printk("[+] handler:0x%lx, sig:%d \n",
            (unsigned long)handler, ksig->sig);
```

유저 공간에서 지정한 시그널 핸들러 함수의 주소와 시그널의 종류를 ftrace로 출력하는 패치 코드입니다.

위와 같이 소스코드를 입력하고 커널을 빌드합니다. 에러 없이 커널 빌드가 끝나면 커널 이미지를 라즈베리 파이에 설치한 후 리부팅합니다.

ftrace 설정

이어서 ftrace를 설정하는 방법을 소개합니다. 다음은 ftrace를 설정하는 코드입니다

```
01 #!/bin/bash
02
03 echo 0 > /sys/kernel/debug/tracing/tracing_on
04 sleep 1
05 echo "tracing_off"
06
07 echo 0 > /sys/kernel/debug/tracing/events/enable
```

```
08 sleep 1
09 echo "events disabled"
10
11 echo  secondary_start_kernel  > /sys/kernel/debug/tracing/set_ftrace_filter
12 sleep 1
13 echo "set_ftrace_filter init"
14
15 echo function > /sys/kernel/debug/tracing/current_tracer
16 sleep 1
17 echo "function tracer enabled"
18
19 echo  do_exit __set_current_blocked > /sys/kernel/debug/tracing/set_ftrace_filter
20 echo  sys_pause dequeue_signal signal_setup_done sys_sigreturn >> /sys/kernel/debug/tracing/
set_ftrace_filter
21
22 sleep 1
23 echo "set_ftrace_filter enabled"
24
25 echo 1 > /sys/kernel/debug/tracing/events/sched/sched_wait_task/enable
26 echo 1 > /sys/kernel/debug/tracing/events/sched/sched_switch/enable
27
28 echo 1 > /sys/kernel/debug/tracing/events/signal/signal_generate/enable
29 echo 1 > /sys/kernel/debug/tracing/events/signal/signal_deliver/enable
30
31 echo 1 > /sys/kernel/debug/tracing/events/raw_syscalls/enable
32 sleep 1
33 echo "event enabled"
34
35 echo 1 > /sys/kernel/debug/tracing/options/func_stack_trace
36 echo 1 > /sys/kernel/debug/tracing/options/sym-offset
37 echo "function stack trace enabled"
38
39 echo 1 > /sys/kernel/debug/tracing/tracing_on
40 echo "tracing_on"
```

위 코드에서 눈여겨볼 부분은 28~29번째 줄과 같이 signal_generate와 signal_deliver 이벤트를 설정하는 코드입니다.

```
28 echo 1 > /sys/kernel/debug/tracing/events/signal/signal_generate/enable
29 echo 1 > /sys/kernel/debug/tracing/events/signal/signal_deliver/enable
```

또한 다음 이벤트를 설정해서 시스템 콜 이벤트도 활성화합니다.

```
31 echo 1 > /sys/kernel/debug/tracing/events/raw_syscalls/enable
```

위 코드를 셸 스크립트 파일(RPi_signal_trace.sh)로 저장한 후 실행하면 손쉽게 ftrace 설정을 할 수 있습니다.

이제 유저 애플리케이션을 실행하는 코드와 ftrace를 설정할 준비가 끝났으니 ftrace 로그를 받는 과정을 설명하겠습니다.

시그널을 발생시킨 후 ftrace 로그를 받는 과정

1. RPi_signal_trace.sh 파일을 실행해 ftrace를 설정합니다.

```
root@raspberrypi:/home/pi # ./RPi_signal_trace.sh
```

2. 다음 명령어로 RPi_signal 애플리케이션을 실행한 다음 Ctrl+C 키를 터미널에서 입력합시다.

```
root@raspberrypi:/home/pi # ./RPi_signal
 signal_handler = 0x10510
^Csig num [2]
^Csig num [2]
^Csig num [2]
^Csig num [2]
```

터미널을 통해 sig_handler() 함수의 주소가 0x10510임을 알 수 있습니다.

3. 다음으로 ftrace 로그를 받습니다.

```
#!/bin/bash

echo 0 > /sys/kernel/debug/tracing/tracing_on
echo "ftrace off"

sleep 3

cp /sys/kernel/debug/tracing/trace .
mv trace ftrace_log.c
```

위와 같은 코드를 작성한 후 get_trace.sh 셸 스크립트 파일로 저장해서 실행하면 바로 ftrace 로그를 ftrace_log.c 파일로 추출할 수 있습니다.

ftrace 로그 분석

이제 ftrace 로그를 분석할 차례입니다. 전체 로그는 다음과 같습니다.

```
01 kworker/u8:0-1119  [001] d...  2772.154341: ttwu_do_wakeup+0x10/0x1a4 <-ttwu_do_activate+0x80/0x84
02 kworker/u8:0-1119  [001] d...  2772.154378: <stack trace>
03 => wake_up_state+0x1c/0x20
04 => signal_wake_up_state+0x34/0x48
05 => complete_signal+0x114/0x248
06 => __send_signal+0x160/0x420
07 => send_signal+0x48/0x98
08 => do_send_sig_info+0x50/0x7c
09 => group_send_sig_info+0x50/0x54
10 => __kill_pgrp_info+0x4c/0x7c
11 => kill_pgrp+0x44/0x74
12 => __isig+0x34/0x40
13 => isig+0x54/0x104
14 => n_tty_receive_signal_char+0x28/0x70
15 => n_tty_receive_char_special+0xa10/0xb78
16 => n_tty_receive_buf_common+0x610/0xc04
17 => n_tty_receive_buf2+0x24/0x2c
18 => tty_ldisc_receive_buf+0x30/0x6c
19 => tty_port_default_receive_buf+0x48/0x68
20 => flush_to_ldisc+0xb4/0xcc
21 => process_one_work+0x224/0x518
22 => worker_thread+0x60/0x5f0
23 => kthread+0x144/0x174
24 => ret_from_fork+0x14/0x28
25     kworker/u8:0-1119  [001] d...  2772.154381: sched_wakeup: comm=RPi_signal pid=1127 prio=120
target_cpu=001
26     kworker/u8:0-1119  [001] d...  2772.154384: signal_generate: sig=2 errno=0 code=128
comm=RPi_signal pid=1127 grp=1 res=0
...
27 kworker/u8:0-1119  [001] d...  2772.154422: sched_switch: prev_comm=kworker/u8:0 prev_pid=1119
prev_prio=120 prev_state=R+ ==> next_comm=RPi_signal next_pid=1127 next_prio=120
28 RPi_signal-1127  [001] ....  2772.154427: sys_exit: NR 29 = -514
```

```
29 RPi_signal-1127  [001] d...  2772.154432: dequeue_signal+0x14/0x19c <-get_signal+0x104/0x72c
30 RPi_signal-1127  [001] d...  2772.154447: <stack trace>
31 => do_work_pending+0xb4/0xcc
32 => slow_work_pending+0xc/0x20
33 RPi_signal-1127  [001] d...  2772.154457: signal_deliver: sig=2 errno=0 code=128 sa_handler=10510
sa_flags=4000000
34 RPi_signal-1127  [001] ....  2772.154500: setup_return+0x160/0x264: [+] handler:0x10510 , sig:2
...
35 RPi_signal-1127  [001] ....  2772.154684: sys_enter: NR 119 (d, 0, 1, 0, 10714, 0)
36 RPi_signal-1127  [001] ....  2772.154688: sys_sigreturn+0x14/0xdc <-__sys_trace_return+0x0/0x10
```

ftrace 로그를 시그널 처리 단계별로 정리하면 다음과 같습니다.

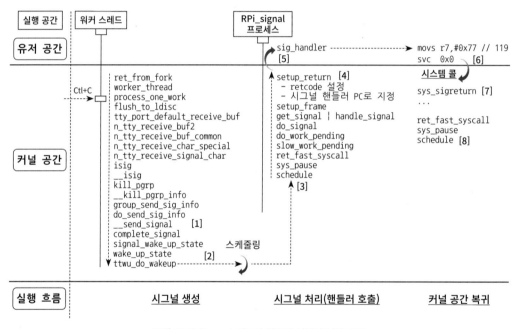

그림 12.16 ftrace: 시그널 핸들러 실행의 전체 흐름

각 단계별 동작을 확인합시다.

1단계

시그널을 생성하는 과정에서 시그널의 정보를 해당 시그널을 받을 프로세스의 태스크 디스크립터에 씁니다.

2단계

시그널을 받을 프로세스를 깨웁니다.

3단계

sys_pause() 시스템 콜 핸들러 함수에서 schedule() 함수를 호출해 휴면 상태에 있던 RPi_handle 프로세스는 다시 깨어나 실행을 시작합니다. ret_fast_syscall 레이블로 복귀해서 시그널 처리를 시작합니다.

4단계

시그널 핸들러를 유저 프로세스의 프로그램 카운터를 나타내는 자료구조에 저장하고 시그널 핸들러 실행 후 커널로 복귀할 명령어가 위치한 주소를 r14 레지스터에 저장합니다.

5단계

시그널 핸들러인 sig_handler() 함수가 실행됩니다. printf() 함수를 호출해서 로그를 출력합니다.

6단계

시그널 핸들러의 실행이 끝나면 POSIX의 119번 sigreturn 시스템 콜을 발생시킵니다.

7단계

커널 공간에서 sigreturn 시스템 콜 핸들러인 sys_sigreturn() 함수가 실행됩니다. 이 함수에서 유저 스택 공간에 저장한 유저 프로세스의 레지스터 세트를 다시 커널 공간에 있는 프로세스의 스택에 백업합니다.

8단계

시그널 발생 전 sys_pause() 함수와 schedule() 함수의 콜 스택으로 다시 복귀한 후 시그널이 전달되기를 기다립니다.

시그널의 전체 실행 흐름을 살펴봤으니 이어서 각 단계별로 ftrace 로그를 분석하겠습니다.

ftrace 로그 분석: 시그널 생성 단계

1번째 줄 로그부터 분석을 시작하겠습니다.

```
01 kworker/u8:0-1119  [001] d...  2772.154341: ttwu_do_wakeup+0x10/0x1a4 <-ttwu_do_activate+0x80/0x84
02 kworker/u8:0-1119  [001] d...  2772.154378: <stack trace>
03 => wake_up_state+0x1c/0x20
04 => signal_wake_up_state+0x34/0x48
05 => complete_signal+0x114/0x248
06 => __send_signal+0x160/0x420
07 => send_signal+0x48/0x98
08 => do_send_sig_info+0x50/0x7c
09 => group_send_sig_info+0x50/0x54
10 => __kill_pgrp_info+0x4c/0x7c
11 => kill_pgrp+0x44/0x74
12 => __isig+0x34/0x40
13 => isig+0x54/0x104
14 => n_tty_receive_signal_char+0x28/0x70
15 => n_tty_receive_char_special+0xa10/0xb78
16 => n_tty_receive_buf_common+0x610/0xc04
17 => n_tty_receive_buf2+0x24/0x2c
18 => tty_ldisc_receive_buf+0x30/0x6c
19 => tty_port_default_receive_buf+0x48/0x68
20 => flush_to_ldisc+0xb4/0xcc
21 => process_one_work+0x224/0x518
22 => worker_thread+0x60/0x5f0
23 => kthread+0x144/0x174
24 => ret_from_fork+0x14/0x28
```

함수 호출 흐름이 24번째 줄 → 1번째 줄이라는 점에 주의합시다.

17~12번째 줄은 TTY 리시버 버퍼에서 Ctrl+C 키의 입력을 인지하는 함수 흐름입니다.

```
12 => __isig+0x34/0x40
13 => isig+0x54/0x104
14 => n_tty_receive_signal_char+0x28/0x70
15 => n_tty_receive_char_special+0xa10/0xb78
16 => n_tty_receive_buf_common+0x610/0xc04
17 => n_tty_receive_buf2+0x24/0x2c
```

n_tty_receive_char_special() 함수에서 Ctrl+C 키 입력을 감지하고 시그널을 전달하는 인터페이스 함수로 접근합니다.

11~7번째 줄에서는 시그널 인터페이스 함수에 접근해서 시그널에 대한 전처리를 수행합니다.

```
07 => send_signal+0x48/0x98
08 => do_send_sig_info+0x50/0x7c
09 => group_send_sig_info+0x50/0x54
10 => __kill_pgrp_info+0x4c/0x7c
11 => kill_pgrp+0x44/0x74
```

다음으로 5~1번째 줄은 시그널을 받을 프로세스를 깨우는 함수 흐름입니다.

```
01 kworker/u8:0-1119  [001] d...  2772.154341: ttwu_do_wakeup+0x10/0x1a4 <-ttwu_do_activate+0x80/0x84
02 kworker/u8:0-1119  [001] d...  2772.154378: <stack trace>
03 => wake_up_state+0x1c/0x20
04 => signal_wake_up_state+0x34/0x48
05 => complete_signal+0x114/0x248
```

다음으로 25번째 줄을 보겠습니다.

```
25    kworker/u8:0-1119  [001] d...  2772.154381: sched_wakeup: comm=RPi_signal pid=1127 prio=120
target_cpu=001
```

25번째 줄은 ftrace에서 sched_wakeup이라는 이벤트를 활성화했을 때 출력되는 메시지입니다. PID가 1127인 RPi_signal 프로세스를 깨우는 동작입니다.

스케줄러에게 PID가 1127인 RPi_signal 프로세스의 실행을 요청하는데, 스케줄러는 런큐에 대기 중인 다른 프로세스들과 우선순위를 고려한 후 PID가 1127인 RPi_signal 프로세스를 실행합니다.

다음 26번째 줄 로그는 시그널을 생성했다는 ftrace 메시지입니다.

```
26    kworker/u8:0-1119  [001] d...  2772.154384: signal_generate: sig=2 errno=0 code=128
comm=RPi_signal pid=1127 grp=1 res=0
```

signal_generate 이벤트 메시지로 다음 내용을 알 수 있습니다.

- 시그널 번호가 2인 SIGINT 시그널을 생성했다.
- 시그널을 받을 프로세스는 RPi_signal(pid: 1127)이다.

여기까지 시그널 생성 과정을 ftrace 로그로 확인했습니다.

1. 시그널을 받을 프로세스의 태스크 디스크립터에 접근해서 시그널 정보를 써줌

2. 시그널을 받을 프로세스를 깨워줌

이어서 시그널을 받아 처리하는 ftrace 로그를 분석해봅시다.

ftrace 로그 분석: 시그널을 받아 처리하는 단계

다음에 분석할 로그는 시그널을 받아 처리하는 3단계 동작입니다.

```
27 kworker/u8:0-1119  [001] d...  2772.154422: sched_switch: prev_comm=kworker/u8:0 prev_pid=1119
prev_prio=120 prev_state=R+ ==> next_comm=RPi_signal next_pid=1127 next_prio=120
28 RPi_signal-1127  [001] ....  2772.154427: sys_exit: NR 29 = -514
29 RPi_signal-1127  [001] d...  2772.154432: dequeue_signal+0x14/0x19c <-get_signal+0x104/0x72c
30 RPi_signal-1127  [001] d...  2772.154447: <stack trace>
31 => do_work_pending+0xb4/0xcc
32 => slow_work_pending+0xc/0x20
```

27번째 줄 로그는 kworker/u8:0(pid: 1119) 프로세스에서 RPi_signal(pid: 1127) 프로세스로 스케줄링
되는 동작을 나타냅니다.

```
27 kworker/u8:0-1119  [001] d...  2772.154422: sched_switch: prev_comm=kworker/u8:0 prev_pid=1119
prev_prio=120 prev_state=R+ ==> next_comm=RPi_signal next_pid=1127 next_prio=120
```

다음으로 28번째 줄을 보겠습니다.

```
28 RPi_signal-1127  [001] ....  2772.154427: sys_exit: NR 29 = -514
29 RPi_signal-1127  [001] d...  2772.154432: dequeue_signal+0x14/0x19c <-get_signal+0x104/0x72c
30 RPi_signal-1127  [001] d...  2772.154447: <stack trace>
31 => do_work_pending+0xb4/0xcc
32 => slow_work_pending+0xc/0x20
```

스케줄러에 의해 다시 실행을 시작한 RPi_signal 프로세스는 29번 시스템 콜 핸들러 서브 루틴에서
ret_fast_syscall 레이블로 복귀합니다. 이어서 slow_work_pending 레이블을 실행합니다. 이후 시그널
을 처리하는 get_signal() 함수와 dequeue_signal() 함수를 실행해 자신에게 전달된 시그널 정보를 읽습
니다.

다음으로 33번째 줄을 보겠습니다.

```
33 RPi_signal-1127  [001] d...  2772.154457: signal_deliver: sig=2 errno=0 code=128 sa_handler=10510
sa_flags=4000000
```

signal_deliver 이벤트 메시지로서 다음과 같은 내용을 알 수 있습니다.

- 2번 SIGINT 시그널을 제대로 받았다.
- 시그널 핸들러 함수의 주소가 0x10510이다.

이번 절에서 소개한 유저 애플리케이션에서 SIGINT, SIGALAM, SIGUSR1 시그널에 대한 시그널 핸들러를 sig_handler() 함수로 지정했습니다. 위 ftrace 메시지는 이 정보를 출력합니다.

ftrace 로그 분석: 시그널 핸들러를 호출하는 단계

다음으로 34번째 줄을 보겠습니다.

```
34 RPi_signal-1127  [001] ....  2772.154500: setup_return+0x160/0x264: [+] handler:0x10510 , sig:2
```

조금 더 상세한 코드 실행 흐름을 점검하기 위해 추가한 ftrace 관련 코드가 실행될 때 출력하는 메시지입니다.

34번째 줄을 보면 setup_return() 함수에서 유저 공간에서 실행할 프로그램 카운터를 나타내는 자료구조에 시그널 핸들러인 0x10510 주소를 저장한다는 사실을 알 수 있습니다.

앞에서 시그널 핸들러를 시그널의 종류에 맞게 등록하면 시그널 핸들러가 실행된다고 설명한 바 있습니다. 이처럼 리눅스 커널은 시그널 처리를 위해 프로그램 카운터를 나타내는 자료구조에 시그널 핸들러의 주소를 저장합니다.

ftrace 로그 분석: 시그널 핸들러를 호출하고 커널 공간으로 복귀하는 단계

34번째 줄에서 보이는 2772.154500초 이후 다음 동작을 처리합니다.

- 유저 공간으로 실행 흐름을 복귀한 후 지정한 시그널 핸들러를 실행한다
- 다시 커널 공간으로 진입한다.

35~36번째 줄을 보면서 이 내용을 확인해 봅시다.

```
35 RPi_signal-1127  [001] ....  2772.154684: sys_enter: NR 119 (d, 0, 1, 0, 10714, 0)
36 RPi_signal-1127  [001] ....  2772.154688: sys_sigreturn+0x14/0xdc <-__sys_trace_return+0x0/0x10
```

119번 시스템 콜이 발생해서 해당 시스템 콜 핸들러인 sys_sigreturn() 함수를 실행합니다.

12.9 정리

1. 시그널이란 프로세스에게 전달하는 간단한 형태의 메시지이며, POSIX 규약으로 정해진 표준입니다. 시그널을 전달받은 프로세스는 대부분 종료됩니다.

2. 프로세스는 시그널을 받으면 시그널을 무시하거나 지정된 동작을 수행합니다. 시그널별로 시그널 핸들러를 등록해 명시된 동작을 실행할 수 있습니다.

3. 유저 프로세스에서 kill(), tgkill() 함수를 호출하면 시그널을 생성할 수 있고 커널에서도 send_signal() 함수를 호출해서 시그널을 생성할 수 있습니다.

4. 시그널이 생성되면 시그널을 받을 프로세스에게 시그널 정보를 쓰고 해당 프로세스를 깨웁니다.

5. 시그널 처리의 시작점은 시스템 콜 처리가 끝나거나 인터럽트 처리가 끝나는 시점입니다.

6. 시그널의 종류별로 시그널 핸들러가 등록된 상태이면 커널은 유저 공간에 진입한 후 다시 커널 공간으로 복귀하도록 유저 프로세스 스택 공간에 시그널 핸들러를 실행한 후 R14 레지스터에 119번 시스템 콜이 발생하는 코드의 주소를 저장합니다.

7. ftrace는 시그널 동작을 트레이싱하기 위한 signal_generate, signal_deliver 이벤트를 지원합니다. 이 이벤트로 시그널이 어떤 동작을 하는지 상세히 디버깅할 수 있습니다.

13

가상 파일 시스템

이번 장에서 다룰 내용

- 가상 파일 시스템이란?
- 가상 파일 시스템의 공통 모델
- 파일 객체/슈퍼블록 객체/아이노드 객체/덴트리 객체
- 가상 파일 시스템 디버깅

리눅스 커널은 가상 파일 시스템을 통해 다양한 파일 시스템을 실행할 수 있고 리눅스 운영체제에서 다양한 애플리케이션을 탑재할 수 있게 됐습니다.

이번 장은 가상 파일 시스템에 대한 소개와 함께 가상 파일 시스템을 쉽게 이해할 수 있는 다양한 실습 코드로 구성돼 있습니다. 먼저 가상 파일 시스템이 무엇인지 함께 알아봅시다.

13.1 가상 파일 시스템 소개

이번 절에서는 가상 파일 시스템을 소개하고 가상 파일 시스템을 구성하는 다음 객체를 소개합니다.

- 슈퍼블록 객체
- 아이노드 객체
- 파일 객체
- 덴트리 객체

먼저 가상 파일 시스템의 의미를 알아보고 소프트웨어의 전체 구조 관점에서 가상 파일 시스템이 무엇인지 살펴보겠습니다.

13.1.1 가상 파일 시스템이란?

가상 파일 시스템이란 무엇일까요? ext4나 proc과 같은 파일 시스템의 종류 중 하나일까요? 그렇지 않습니다. 가상 파일 시스템은 ext4나 proc과 같은 파일 시스템은 아닙니다.

그러면 '가상 현실'의 '가상'이란 단어가 보이니 파일 시스템을 시뮬레이션하는 파일 시스템일까요? 틀린 답은 아닌 것 같지만 조금 더 설명이 필요한 것 같습니다. 가상 파일 시스템은 다음과 같이 정의할 수 있습니다.

> 커널에서 다양한 파일 시스템이 공존하며 동적으로 실행할 수 있는 가상 소프트웨어 계층입니다.

이제부터 '가상 파일 시스템'이란 무엇인지 조금 더 알아보겠습니다.

 ext4는 Extended File System 4의 약자로서 리눅스 저널링 파일 시스템을 의미합니다. 라즈베리 파이에서는 특정 파일을 생성해서 읽고 쓴 후 저장할 때 ext4 파일 시스템에서 해당 파일을 관리합니다.

가상 파일 시스템 관련 용어

먼저 가상 파일 시스템이라는 용어에 대해 알아봅시다. '가상'이란 용어는 객체지향에서 말하는 추상화와 유사한 개념입니다. 또한 추상화 계층(Abstraction Layer)은 소프트웨어의 전체 구조를 설계할 때 쓰는 기법입니다. 특정 모듈의 상세한 기능을 숨기고 인터페이스용으로 선언된 특정 함수로만 다른 계층과 인터페이싱하는 방법을 말합니다. **따라서 가상 파일 시스템은 추상화된 파일 시스템이라고 볼 수 있습니다.**

이번에는 소프트웨어 구조 관점에서 가상 파일 시스템이 무엇인지 생각해 봅시다. 가상 파일 시스템은 리눅스에서 파일 시스템 위에 있는 추상화 계층입니다. 그래서 애플리케이션에서는 리눅스 표준 저수준 함수를 호출하면 가상 파일 시스템에서 파일 시스템별로 지정한 함수를 호출합니다. 가상 파일 시스템은 다음과 같은 특징을 지닙니다.

1. 가상 파일 시스템을 통해서만 모든 파일 시스템에 접근할 수 있습니다. 파일 시스템의 상위 계층입니다.
2. 여러 파일 시스템에서 공통으로 파일과 디렉터리를 관리할 수 있는 자료구조로 구성돼 있습니다.
3. 대부분의 디바이스 드라이버는 가상 파일 시스템과 연동돼서 동작합니다.
4. 파일 시스템을 관리할 수 있는 공통 자료구조(슈퍼블록 객체, 아이노드 객체, 파일 객체, 덴트리 객체)로 파일 시스템의 속성을 관리하며, 함수 오퍼레이션을 써서 파일 시스템별 세부 함수를 호출합니다.

이어서 가상 파일 시스템의 전체 구조를 살펴보겠습니다.

가상 파일 시스템의 전체 계층 구조 파악

다음 그림을 보면서 가상 파일 시스템의 계층 구조를 살펴보겠습니다.

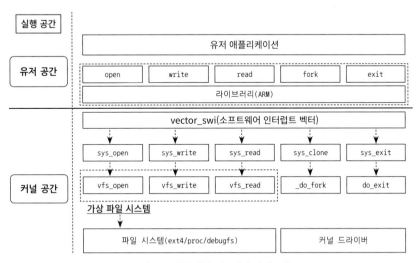

그림 13.1 가상 파일 시스템의 전체 흐름

위 그림에서 유저 공간과 커널 공간에서 가상 파일 시스템 계층을 볼 수 있습니다. 맨 왼쪽의 커널 공간을 눈으로 따라가 보면 왼쪽 박스에 가상 파일 시스템으로 지정한 부분이 있습니다.

이처럼 가상 파일 시스템은 유저 애플리케이션에서 open(), write(), read() 같은 시스템 콜을 호출하면 다양한 파일 시스템으로 연결해주는 소프트웨어 계층입니다.

유저 공간에서 open(), read(), write() 함수를 호출하면 가상 파일 시스템에서 각각 파일 시스템별로 구현된 함수를 호출해주는 것입니다. 그래서 모든 파일 시스템은 가상 파일 시스템을 통해서만 접근 가능합니다. 조금 더 전문적인 용어로 설명하면 가상 파일 시스템은 파일 시스템 인터페이스를 사용자 애플리케이션에 제공하는 것입니다.

유저 공간에서는 어떤 파일에 액세스하든 open(), write(), read() 함수와 같이 리눅스 표준 저수준 함수를 사용하기만 하면 됩니다. 그런데 open(), write(), read() 함수를 사용할 때는 파일 시스템의 종류나 속성을 지정할 필요도 없습니다. 따라서 유저 애플리케이션 입장에서는 **리눅스 시스템에서는 파일 시스템이 하나인 것처럼 느껴질 수 있습니다.**

리눅스 시스템 구조 관점에서 가상 파일 시스템의 역할은 다음과 같습니다.

첫째, 가상 파일 시스템은 추상화 인터페이스를 지원합니다. 새로운 파일 시스템을 적용해도 유저 애플리케이션이나 디바이스 드라이버 코드는 호환성을 유지하며 개발할 수 있습니다.

둘째, 유저 애플리케이션에서 open(), write() 함수를 호출하면 시스템 콜이 실행되고 가상 파일 시스템 계층에 접근합니다. 대부분 가상 파일 시스템 계층에서 제공하는 함수는 vfs_xxx() 형태입니다.

이번 절에서는 가상 파일 시스템을 소프트웨어 계층 구조 관점으로 살펴봤습니다.

그런데 가상 파일 시스템을 어떤 방식으로 구현했는지를 확인하려면 먼저 자료구조를 알아야 합니다. 다음 절에서 가상 파일 시스템을 구성하는 자료구조인 공통 파일 모델에 대해 알아보겠습니다.

13.1.2 가상 파일 시스템의 공통 모델

가상 파일 시스템의 구조와 동작 방식을 이해하려면 가상 파일 시스템에서 쓰는 자료구조를 먼저 알아야 합니다. 가상 파일 시스템 자료구조를 소개하기에 앞서 자료구조를 왜 생성했는지 생각해 봅시다.

우리는 리눅스 시스템에서 파일을 열고 디렉터리를 검색하는 동작을 반복합니다. 이 과정에서 파일을 실행할 수 있는 권한이 있는지, 해당 파일이 어떤 파일 시스템에서 관리하는지 특별히 신경 쓰지 않습니다. **이는 리눅스의 가상 파일 시스템에서 백그라운드 작업으로 이 같은 동작을 수행하기 때문입니다.**

어떤 파일 시스템에서도 파일이나 디렉터리를 찾거나 유효성을 점검하는 공통 패턴이 있습니다. 파일에 대한 공통 속성인 메타데이터에 대해 생각해 봅시다. 메타데이터 속성으로 파일에 접근한 시간, 수정 시각, 실행 권한을 알 수 있습니다. 물론 파일명과 파일의 절대 경로, 상대 경로도 다른 속성 중 하나입니다. 또한 파일 시스템에서 파일을 관리하기 위한 속성이 있습니다.

 메타데이터는 파일 속성 정보를 의미합니다. 파일이 생성된 시간, 실행 권한 등과 같은 정보를 포함합니다.

가상 파일 시스템의 공통 모델

이처럼 파일 시스템별로 공통으로 저장하고 관리하는 파일 시스템별 파일 속성과 디렉터리, 파일 시스템별 메타데이터를 관리하는 구조체를 '가상 파일 시스템 공통 파일 모델'이라고 합니다. 그래서 리눅스 커널의 가상 파일 시스템에서는 다양한 파일 시스템을 지원하기 위해 공통으로 파일을 관리할 수 있는 객체를 제공하며, 이러한 객체로 **슈퍼블록 객체, 아이노드 객체, 덴트리 객체, 파일 객체가 있습니다.**

각 객체별 구조체는 다음 테이블과 같습니다.

표 13.1 가상 파일 시스템을 구성하는 객체별 구조체 타입

객체 종류	구조체
슈퍼블록 객체	struct super_block
아이노드 객체	struct inode
덴트리 객체	struct dentry
파일 객체	struct file

리눅스 커널의 가상 파일 시스템은 앞에서 소개한 구조체의 세부 필드를 이용해 구현돼 있습니다.

가상 파일 시스템 객체는 어떻게 동작할까?

가상 파일 시스템에서 쓰는 4개의 객체는 언제 어떻게 활용될까요?

/home/pi/sample_text.txt라는 파일을 여는 과정을 예로 들겠습니다. 파일을 열 때 리눅스 내부의 처리 과정을 다음과 같이 분류해 보겠습니다.

1. 우선 파일이 위치한 디렉터리를 검색합니다. 파일이 위치한 디렉터리를 먼저 검색해야 해당 파일이 있는지 알 수 있습니다.

2. /home/pi/ 디렉터리로 이동한 다음 sample_text.txt 파일을 찾았다고 가정합시다. 이 파일을 열기 전에 파일 형태와 권한, 파일을 어떤 프로그램으로 실행할 수 있는지 점검할 것입니다.

3. sample_text.txt 파일에 대해 읽기와 쓰기 권한이 있다면 vi 에디터 같은 텍스트 편집 프로그램을 열어서 텍스트를 입력하거나 저장할 것입니다.

위와 같은 동작은 리눅스 시스템에서 파일을 읽을 때 흔히 볼 수 있는 과정입니다.

여기서는 파일을 검색하고 여는 과정을 1~3단계로 나눠서 살펴봤습니다. 리눅스 커널의 가상 파일 시스템 입장에서는 위 동작을 어떻게 수행할까요? 이번에는 가상 파일 시스템 관점에서 백그라운드에서 어떤 동작을 수행하는지 정리해 보겠습니다.

1. 우선 파일이 위치한 디렉터리를 검색할 때 덴트리 객체로 디렉터리의 정보를 얻습니다. 디렉터리의 위치와 디렉터리 관계를 관리하는 객체를 덴트리 객체라고 하며, 모든 디렉터리는 덴트리에서 관리합니다. 즉, **덴트리 객체는 어떤 파일에 대한 디렉터리를 관리하는 속성 정보를 표현합니다.**

2. 파일을 찾으면 파일에 대한 상세 정보가 저장돼 있는 아이노드 정보를 읽습니다. 아이노드에는 파일이 수정된 시간과 접근한 시간이 모두 저장돼 있습니다. 또한 파일을 읽고 쓸 수 있는지에 대한 권한 정보도 포함돼 있습니다. **아이노드 객체는 각 파일 그 자체를 관리하고 표현하는 모든 속성과 동작 정보를 저장하고 있습니다.**

3. 파일을 열어서 어떤 텍스트를 입력하고 쓸 때의 동작은 파일 객체에 정의돼 있습니다. 파일의 속성과 위치에 따라 파일을 쓰거나 읽을 때 가상 파일 시스템에서 해당 파일 시스템에서 지원하는 쓰기 읽기 함수로 연결해 줍니다. **파일 객체는 프로세스가 오픈한 파일을 어떻게 다루고 상호 동작하는지에 대한 정보를 표현합니다.**

이 정보는 프로세스가 파일을 오픈한 후 파일을 닫을 때까지 커널 메모리 공간에 상주합니다.

가장 중요한 파일 시스템에 대한 상세 정보는 슈퍼블록 객체에서 확인할 수 있습니다. **슈퍼블록 객체는 파일 시스템별로 등록된 슈퍼 블록 함수 오퍼레이션으로 아이노드를 생성하고 해제하는 동작을 수행합니다.**

여기까지 가상 파일 시스템의 동작을 살펴보면서 슈퍼블록, 아이노드, 파일, 덴트리 객체를 소개했습니다. 조금 더 구체적으로 각 객체가 어떻게 동작하는지 파악하려면 각 객체별로 등록한 함수 오퍼레이션을 이해할 필요가 있습니다.

다음 절에서는 각 객체별로 등록한 함수 오퍼레이션을 소개합니다.

13.1.3 함수 오퍼레이션

앞에서 소개했듯이 가상 파일 시스템을 통해서만 각 파일 시스템에 접근할 수 있습니다. 이때 가상 파일 시스템에서 지원하는 4가지 객체에서 지정한 함수 포인터를 통해 파일 시스템별 세부 함수에 접근합니다. **4개의 객체별로 지원하는 함수 포인터 연산을 함수 오퍼레이션이라고 합니다.** 즉, 이전 절에서 소개한 슈퍼블록, 아이노드, 파일, 덴트리 객체들은 모두 함수 오퍼레이션(연산)을 지원합니다.

슈퍼블록의 함수 오퍼레이션과 동작

먼저 슈퍼블록의 함수 오퍼레이션 코드를 분석하면서 함수 오퍼레이션의 동작 방식을 소개합니다. 다음 코드를 함께 분석해봅시다.

https://github.com/raspberrypi/linux/blob/rpi-4.19.y/fs/inode.c

```
01 static struct inode *alloc_inode(struct super_block *sb)
02 {
03    struct inode *inode;
```

```
04
05    if (sb->s_op->alloc_inode)
06        inode = sb->s_op->alloc_inode(sb);
```

5번째 줄을 보면 if 문으로 sb->s_op->alloc_inode 필드가 NULL이 아닌지 점검합니다. 왼쪽에 보이는 변수부터 그 의미를 살펴보겠습니다.

*sb는 포인터 형 변수이고 타입은 struct super_block입니다. super_block 구조체의 필드인 s_op 필드에 접근합니다.

super_block 구조체의 선언부를 함께 보면서 s_op 필드의 의미를 살펴봅시다.

https://github.com/raspberrypi/linux/blob/rpi-4.19.y/include/linux/fs.h

```
01 struct super_block {
02    struct list_head s_list;
...
03    const struct super_operations *s_op;
```

3번째 줄을 보면 super_operations 구조체로 정의된 *s_op라는 필드가 보입니다. **이를 파일 시스템별 함수 오퍼레이션이라고 말합니다.**

super_operations 구조체를 보면서 함수 오퍼레이션의 의미를 확인해 보겠습니다.

https://github.com/raspberrypi/linux/blob/rpi-4.19.y/include/linux/fs.h

```
01 struct super_operations {
02    struct inode *(*alloc_inode)(struct super_block *sb);
03    void (*destroy_inode)(struct inode *);
04
05    void (*dirty_inode) (struct inode *, int flags);
06    int (*write_inode) (struct inode *, struct writeback_control *wbc);
...
```

super_operations 구조체의 필드들은 모두 함수 포인터 연산을 위해 함수 주소를 저장하고 있습니다. super_block 구조체에서 super_operations 구조체 필드까지 알아봤으니 alloc_inode() 함수의 6번째 줄의 의미를 알아볼 차례입니다. 다시 가상 파일 시스템의 함수 오퍼레이션 코드 분석으로 되돌아가겠습니다.

```
05    if (sb->s_op->alloc_inode)
06        inode = sb->s_op->alloc_inode(sb);
```

6번째 줄을 실행하면 super_operations 구조체의 필드인 alloc_inode에 저장된 함수 주소를 호출합니다. ext4 파일 시스템인 경우 ext4_alloc_inode() 함수를 실행하고 proc 파일 시스템은 proc_alloc_inode() 함수를 호출합니다.

그 이유는 무엇일까요? 각 파일 시스템별로 alloc_inode 필드에 서로 다른 함수, 즉 ext4_alloc_inode() 함수와 proc_alloc_inode() 함수를 지정했기 때문입니다.

 alloc_inode() 함수는 어떤 동작을 수행할까요? **이 함수는 파일을 생성할 때 파일에 해당하는 아이노드를 생성합니다.**

그런데 파일 시스템 종류별로 아이노드를 생성하는 방식이 다릅니다. 그래서 함수 포인터를 이용해 각 파일 시스템별로 설정된 아이노드를 생성하는 함수를 호출하는 것입니다.

이처럼 가상 파일 시스템은 파일 시스템 계층 위에서 파일 시스템별로 등록된 함수를 실행하는 역할을 수행합니다. 그래서 가상 파일 시스템을 구성하는 함수를 분석하면 함수 포인터를 사용한 코드를 많이 볼 수 있습니다.

여기까지 슈퍼블록 객체의 함수 오퍼레이션을 예를 들어 설명했습니다.

가상 파일 시스템 객체별 함수 오퍼레이션

이처럼 각 객체별로 다음 구조체를 활용해 함수 오퍼레이션을 처리하는데, 각 객체별 함수 오퍼레이션 구조체는 다음과 같습니다.

표 13.2 가상 파일 시스템을 구성하는 객체별 함수 오퍼레이션

종류	속성
struct super_operations	특정 파일 시스템별로 호출하는 함수
struct inode_operations	특정 파일에 대해 커널이 호출하는 함수
struct file_operations	오픈한 파일에 대해 프로세스가 호출하는 함수
struct dentry_operations	특정 디렉터리 항목에 대해 호출하는 함수

이처럼 가상 파일 시스템을 구성하는 객체별 함수 오퍼레이션은 가상 파일 시스템을 구성하는 핵심 자료 구조입니다. 따라서 객체별 함수 오퍼레이션이 어떤 방식으로 처리되는지 잘 알아둘 필요가 있습니다.

13.1.4 유저 프로세스 입장에서 파일 처리

유저 프로세스가 파일을 관리하려면 open()/read()/write() 함수와 같은 저수준 파일 입출력 함수를 호출해야 합니다. 이러한 함수를 사용할 때는 파일명과 파일 속성만 지정해주면 커널에서 '알아서' 정수형인 파일 디스크립터를 반환합니다. 함수 인자로 파일 시스템의 세부 속성을 지정해줄 필요가 없습니다. **따라서 유저 프로세스 입장에서 커널에는 마치 한 개의 파일 시스템이 있다고 느낄 수 있습니다.** 이는 가상 파일 시스템에서 파일 종류별로 파일 시스템을 연결해주고 관리하기 때문입니다.

이번 절에서는 유저 애플리케이션 입장에서 바라보는 가상 파일 시스템의 동작 방식을 살펴보겠습니다.

유저 프로세스에서의 파일 입출력

먼저 유저 공간에서 실행되는 다음 코드를 소개합니다.

```
01 #include <stdio.h>
02 #include <stdlib.h>
03 #include <unistd.h>
04 #include <sys/types.h>
05 #include <signal.h>
06 #include <string.h>
07 #include <fcntl.h>
08
09 #define FILENAME_NAME "/home/pi/sample_text.txt"
10
11 int main()
12 {
13     int fd = 0;
14     ssize_t read_buf_size;
15     off_t new_file_pos;
16
17     char buf[256];
18     char string[] = "Raspbian Linux!\n";
19
20     fd = open(FILENAME_NAME, O_RDWR);
21
22     read_buf_size = read(fd, buf, 256);
23     printf("%s", buf);
```

```
24
25    memset(buf, 0x0, sizeof(buf));
26
27    write(fd, string, strlen(string));
28
29    new_file_pos = lseek(fd, (off_t)0, SEEK_SET);
30
31    read_buf_size = read(fd, buf, 256);
32    printf("read again \n");
33    printf("[+]read buffer: %s \n", buf);
34
35    close(fd);
36
37    return 0;
38 }
```

위 코드의 내용을 요약하면 다음과 같습니다.

- /home/pi/sample_text.txt 파일을 오픈
- "Raspbian Linux!\n" 문자열을 파일에 쓴 다음에 저장

이제 코드를 함께 분석해 봅시다.

유저 공간에서 open() 함수 호출 시 커널의 가상 파일 시스템의 실행 흐름

먼저 유저 공간에서 open() 함수를 호출하면 가상 파일 시스템 계층에서 어떤 흐름으로 처리되는지 살펴봅시다.

20번째 줄을 보겠습니다.

```
09 #define FILENAME_NAME "/home/pi/sample_text.txt"
...
20    fd = open(FILENAME_NAME, O_RDWR);
```

'/home/pi/sample_text.txt' 파일 이름과 'O_RDWR'를 인자로 삼아 open() 함수를 호출해 '/home/pi/sample_text.txt' 파일을 오픈합니다. 그런데 유저 애플리케이션 입장에서 /home/pi/sample_text.txt 파일을 커널에서 어떤 파일 시스템에서 관리하는지 알 필요가 없습니다. 단지 open() 함수만 호출하면 리눅스 커널에서 지정한 파일을 관리하는 파일 시스템을 찾아서 지정된 파일을 열어 주기 때문입니다.

open() 함수를 호출하면 fd라는 정수형 값을 반환합니다. fd는 파일 디스크립터라고 하며, 파일에 대한 식별자를 나타냅니다. 파일을 정수로 식별할 수 있으니 유저 애플리케이션은 쉽게 파일을 처리할 수 있습니다.

fd는 누가 반환할까요? 주인공은 리눅스 커널의 가상 파일 시스템입니다.

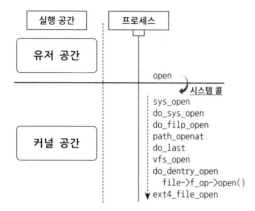

그림 13.2 유저 공간에서 open() 함수 호출 시의 함수 오퍼레이션

위 그림에서 vfs_open() 함수에서 호출하는 do_dentry_open() 함수가 보입니다. 가상 파일 시스템은 해당 파일을 관리하는 파일 시스템을 찾아서 '파일 열기'를 수행하는 함수를 호출합니다. 가상 파일 시스템 계층에서 sample_text.txt 파일이 /home/pi 디렉터리에 위치했으니 ext4 파일 시스템에서 이 파일을 처리하도록 분기하는 것입니다.

 /home/pi 디렉터리에 위치한 데이터는 하드디스크 같은 저장매체에 저장됩니다. 라즈베리 파이에서는 ext4 파일 시스템이 이러한 유형의 파일을 관리합니다.

유저 공간에서 read()/write() 함수 호출 시 커널 가상 파일 시스템의 실행 흐름

이어서 유저 공간에서 read()/write() 함수를 호출하면 가상 파일 시스템 계층에서 어떤 흐름으로 처리되는지 살펴봅시다.

다음 22번째와 27번째 줄을 보겠습니다.

```
22    read_buf_size = read(fd, buf, 256);
23    printf("%s", buf);
24
```

```
25    memset(buf, 0x0, sizeof(buf));
26
27    write(fd, string, strlen(string));
```

파일을 식별하는 정숫값인 fd라는 파일 디스크립터로 파일을 읽고 쓰는 동작을 수행합니다. 이 read()와 write() 함수를 호출할 때도 마찬가지입니다. 역시 유저 애플리케이션 입장에서 어떤 파일 시스템에 접근해서 지정한 파일을 읽고 쓰는지 알 필요가 없습니다.

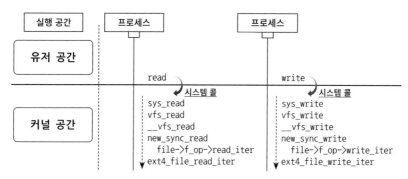

그림 13.3 read/write 함수 오퍼레이션의 실행 흐름

위 그림을 보면 open() 함수와 마찬가지로 ext4 파일 시스템의 함수 오퍼레이션으로 등록된 ext4_file_read_iter() 함수와 ext4_file_write_iter() 함수가 호출됩니다.

이처럼 유저 애플리케이션에서 파일에 대한 핸들로 간단히 관리할 수 있는 이유는 무엇일까요? 리눅스 커널의 가상 파일 시스템에서 해당 파일에 대한 파일 시스템을 찾아서 세부 처리를 대신해주기 때문입니다.

13.1.5 파일 시스템별 파일 함수 오퍼레이션의 처리 과정

지금까지 ext4 파일 시스템에서 파일을 오픈할 때의 함수 실행 흐름을 살펴봤습니다. 이번에는 proc과 sysfs 파일 시스템에서 관리하는 파일을 오픈할 때 어떤 함수가 호출되는지 살펴보겠습니다.

proc 파일 시스템의 함수 오퍼레이션 동작 확인

먼저 리눅스 시스템의 상태 정보를 출력하는 proc 파일 시스템의 함수 오퍼레이션이 동작하는 방식을 알아봅시다.

그럼 proc 파일 시스템의 함수 오퍼레이션 동작을 확인하려면 어떻게 해야 할까요? 방법은 간단합니다. 다음 파일을 열면 됩니다.

```
root@raspberrypi:/proc # cat /proc/kmsg
```

위 파일을 읽을 때 가상 파일 시스템 관점에서는 어떻게 동작할까요?

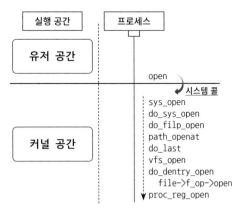

그림 13.4 proc 파일 시스템에서 open 함수 오퍼레이션의 실행 흐름

보시다시피 do_dentry_open() 함수에서 이번에는 proc_reg_open() 함수를 호출합니다.

이전 절에서 배운 바와 같이 /home/pi/sample_text.txt 파일을 열 때는 do_dentry_open() 함수에서 ext4_file_open() 함수를 호출했습니다. 이는 가상 파일 시스템에서 sample_text.txt 파일은 ext4 파일 시스템에서 관리한다는 사실을 알고 있기 때문입니다.

do_dentry_open() 함수를 보면서 처리 과정을 살펴봅시다.

https://github.c9om/raspberrypi/linux/blob/rpi-4.19.y/fs/open.c

```
01 static int do_dentry_open(struct file *f,
02          struct inode *inode,
03          int (*open)(struct inode *, struct file *),
04          const struct cred *cred)
05 {
...
06     if (!open)
07         open = f->f_op->open;
08     if (open) {
09         error = open(inode, f);
```

9번째 줄에서는 proc_reg_open() 함수를 호출합니다. 그 이유는 무엇일까요?

가상 파일 시스템에서 파일 위치에 따라 파일 시스템 종류를 식별해서 파일 시스템별 함수 테이블을 로딩하기 때문입니다. proc 파일 시스템의 경우 파일을 열 때 proc_reg_open() 함수를 실행해서 파일 오픈을 수행합니다.

이번에는 /proc/kmsg 파일을 열고 읽을 때의 동작을 확인하겠습니다.

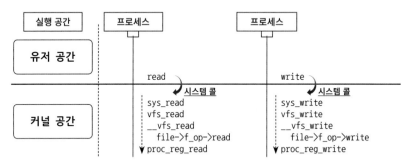

그림 13.5 proc 파일 시스템의 파일 읽기와 쓰기 함수 오퍼레이션 흐름

이처럼 /proc/kmsg 파일은 proc 파일 시스템에서 관리하는 특수 파일입니다. 가상 파일 시스템에서 /proc/kmsg 파일을 proc 파일 시스템에서 관리한다는 사실을 파악한 후 proc 파일 시스템에서 등록한 파일 오퍼레이션 함수 테이블에 따라 함수를 분기합니다.

sysfs 파일 시스템의 함수 오퍼레이션 동작

이어서 리눅스 시스템에 탑재된 하드웨어의 장치 정보를 출력하는 sysfs 파일 시스템의 함수 오퍼레이션 동작을 알아봅시다. 다음과 같이 리눅스 커널에서 sysfs 파일 시스템에서 관리하는 파일을 하나 열어보겠습니다.

```
root@raspberrypi:/sys/devices/system/cpu/cpu0/cpufreq# cat cpuinfo_cur_freq
 1200000
```

위 파일은 CPU의 주파수 정보를 출력합니다.

 sysfs는 리눅스 커널이 지원하는 장치 드라이버에 대한 정보를 출력하는 가상 파일 시스템 중 하나입니다. 디바이스와 하드웨어 장치를 디렉터리 계층 구조로 표현합니다.

위 파일을 읽을 때 가상 파일 시스템 관점에서는 어떻게 동작할까요?

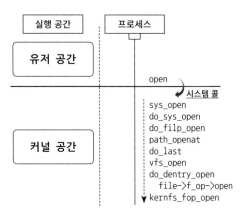

그림 13.6 sysfs 파일 시스템의 함수 오픈 오퍼레이션 흐름

sysfs 파일 시스템에서 관리하는 파일을 열 때는 kernfs_fop_open() 함수를 호출해서 파일 오픈을 수행합니다.

다음 그림은 sysfs 파일 시스템에서 파일을 읽고 쓸 때의 처리 과정입니다.

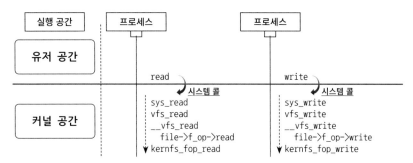

그림 13.7 sysfs 파일 시스템의 read/write 함수 오퍼레이션 흐름

파일을 읽을 때는 kernfs_fop_read() 함수, 파일을 쓸 때는 kernfs_fop_write() 함수를 호출합니다.

여기까지 각 파일 시스템별로 파일을 오픈하고 읽고 쓸 때의 함수의 실행 흐름을 살펴봤습니다.

파일 시스템별 파일 오픈 함수 오퍼레이션의 실행 흐름

이제 가상 파일 시스템 관점에서 지금까지 다룬 내용을 정리합시다. 파일을 오픈해서 열고 쓰고 닫을 때 가상 파일 시스템 계층에서 각 파일 시스템별 함수 테이블로 분기를 시킵니다. 이런 동작이 가능한 이유는 가상 파일 시스템에서 파일 객체를 나타내는 struct file 자료구조가 파일 시스템별 파일 오픈 및 쓰고 읽기 동작을 관리해주기 때문입니다.

다음 그림에서 파일 시스템별로 파일을 오픈할 때의 함수 흐름을 볼 수 있습니다.

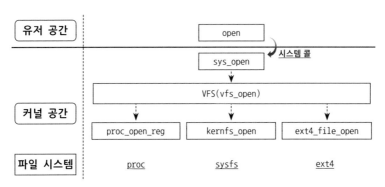

그림 13.8 각 파일 시스템별 함수 오픈 오퍼레이션의 동작 흐름

어떤 파일을 읽을 때 가상 파일 시스템 계층에서는 다음과 같은 동작을 수행합니다.

1. 덴트리 객체로 현재 실행 중인 디렉터리를 관리하는 파일 시스템 점검

2. 파일 종류별 파일 오퍼레이션 로딩

3. 파일을 읽고 쓰는 동작을 수행할 때 파일 시스템 함수 테이블로 분기

소프트웨어 계층 구조 관점에서 가상 파일 시스템은 파일 시스템 상위에서 파일 시스템을 분기하고 인터페이싱하는 역할을 수행합니다. 이 구조로 소프트웨어 구조를 설계하면 다양한 파일 시스템을 공존하면서 실행시킬 수 있습니다.

라즈베리 파이에서는 위에서 언급한 ext4, proc, sysfs 파일 시스템 외에 다른 파일 시스템도 지원합니다. 이 파일 시스템에 접근하기 위해서는 먼저 가상 파일 시스템 계층을 거쳐야 하는 것입니다.

 라즈베리 파이에서 지원하는 파일 시스템의 종류는 어떻게 파악할 수 있을까요? 다음 경로에 있는 파일을 열면 확인할 수 있습니다.

```
root@raspberrypi:/proc # cat filesystems
nodev   sysfs
nodev   rootfs
nodev   ramfs
nodev   bdev
```

```
nodev    proc
nodev    cpuset
nodev    cgroup
nodev    cgroup2
nodev    tmpfs
nodev    devtmpfs
nodev    configfs
nodev    debugfs
nodev    tracefs
nodev    sockfs
nodev    pipefs
nodev    rpc_pipefs
nodev    devpts
         ext3
         ext2
         ext4
         vfat
         msdos
nodev    nfs

nodev    nfs4
nodev    autofs
         f2fs
nodev    mqueue
         fuseblk
nodev    fuse
nodev    fusectl
```

이처럼 가상 파일 시스템은 파일 시스템별 함수 테이블을 로딩해서 동적으로 파일 시스템이 관리하는 함수를 호출하는 역할을 수행합니다. 그래서 가상 파일 시스템에서는 함수 포인터로 각 파일 시스템별로 등록된 함수를 호출하는 패턴이 많습니다. 앞에서 알아본 open(), write(), read() 함수는 함수 포인터로 각 파일에 대해 열고 닫기 동작을 수행합니다.

다음 절에서는 파일 객체를 실행할 때 호출하는 open(), read(), write() 함수에 대해 알아보겠습니다.

13.2 파일 객체

파일 객체는 파일을 오픈하고 읽고 쓰고 닫는 동작을 추상화하는 자료구조입니다. 파일 동작에 대한 상세 규칙과 속성은 파일 객체에서 확인할 수 있습니다.

이해를 돕기 위해 한 가지 예를 들겠습니다. 라즈베리 파이에서 2개의 기니 프로그램에서 1개의 파일을 오픈한다고 가정하겠습니다. 이때 몇 개의 파일 객체가 생성될까요? 2개의 파일 객체가 생성되며 두 파일 객체는 각각 프로세스별로 생성됩니다. 이처럼 파일 객체는 파일을 오픈하고 읽고 쓰는 상황에서 프로세스가 파일을 관리하기 위해 생성합니다.

파일 객체에 대한 상세 내용은 file 구조체에서 확인할 수 있습니다.

13.2.1 file 구조체 분석

파일 객체를 제대로 이해하려면 file 구조체를 알아야 합니다. 다음은 file 구조체의 선언부입니다.

https://github.com/raspberrypi/linux/blob/rpi-4.19.y/include/linux/fs.h

```
struct file {
    union {
        struct llist_node        fu_llist;
        struct rcu_head          fu_rcuhead;
    } f_u;
    struct path                  f_path;
    struct inode                 *f_inode;       /* cached value */
    const struct file_operations *f_op;
    spinlock_t                   f_lock;
    enum rw_hint                 f_write_hint;
    atomic_long_t                f_count;
    unsigned int                 f_flags;
    fmode_t                      f_mode;
    struct mutex                 f_pos_lock;
    loff_t                       f_pos;
    struct fown_struct           f_owner;
    const struct cred            *f_cred;
    struct file_ra_state         f_ra;

    u64                          f_version;
```

```
#ifdef CONFIG_SECURITY
    void                        *f_security;
#endif
    /* needed for tty driver, and maybe others */
    void                        *private_data;
```

file 구조체의 필드 중 중요한 항목을 살펴봅시다.

표 13.3 file 구조체의 주요 필드

타입	필드	설명
struct path	f_path	가상 파일 시스템의 마운트 정보와 덴트리
struct inode	*f_inode	아이노드
const struct file_operations	*f_op	파일 오퍼레이션
spinlock_t	f_lock	파일 객체 구조체에서 쓰는 락
atomic_long_t	f_count	파일 객체가 참조된 횟수
unsigned int	f_flags	파일을 오픈할 때 설정한 플래그
fmode_t	f_mode	파일 접근 시의 모드
loff_t	f_pos	파일을 처리할 때의 오프셋
void	*private_data	디바이스 드라이버에서 쓰는 핸들

파일 객체의 필드 중 많이 쓰이는 f_flags와 f_mode에 대해 살펴보겠습니다.

f_flags

f_flags 필드는 유저 공간에서 파일을 열거나 생성할 때 지정한 옵션 정보를 저장합니다. f_flags 필드에 저장하는 옵션은 다음 헤더 파일에 정의돼 있습니다.

https://github.com/raspberrypi/linux/blob/rpi-4.19.y/include/uapi/asm-generic/fcntl.h

```
#define O_ACCMODE   00000003
#define O_RDONLY    00000000
#define O_WRONLY    00000001
#define O_RDWR      00000002
#ifndef O_CREAT
#define O_CREAT     00000100    /* not fcntl */
#endif
```

```
#ifndef O_EXCL
#define O_EXCL    00000200   /* not fcntl */
#endif
#ifndef O_NOCTTY
#define O_NOCTTY  00000400   /* not fcntl */
#endif
#ifndef O_TRUNC
#define O_TRUNC   00001000   /* not fcntl */
#endif
#ifndef O_APPEND
#define O_APPEND  00002000
```

다음 표에서 각 파일을 오픈할 때 적용되는 옵션 플래그를 확인할 수 있습니다.

옵션	특징
O_RDONLY	읽기 전용
O_WRONLY	쓰기 전용
O_RDWR	읽기와 쓰기 모두 가능
O_CREAT	지정한 파일이 없으면 파일을 생성
O_EXCL	O_CREAT와 함께 설정하면 생성할 파일이 이미 있을 때 open( ) 함수가 실행되지 않아 이전 파일을 보존할 수 있음
O_TRUNC	기존 파일 내용을 모두 삭제
O_APPEND	파일에 추가해서 쓰기 동작이 수행되도록 open 후에 쓰기 포인터가 파일의 끝에 위치함
O_NOCITTY	열기 대상이 터미널일 경우. 이 터미널이 프로그램의 제어 터미널로 할당하지 않음
O_NONBLOCK	읽을 내용이 없을 때 읽을 내용이 있을 때까지 기다리지 않고 바로 복귀
O_SYNC	쓰기 요청을 한 후 쓴 내용이 디스크에 기록될 때까지 기다림

가상 파일 시스템과 개별 파일 시스템에서 f_flags 플래그에 지정된 옵션에 따라 파일을 제어합니다. 또한 f_mode 플래그는 파일을 오픈한 이력과 파일에 대한 세부 동작 상태를 저장하는 플래그입니다.

f_mode

이 플래그는 가상 파일 시스템이나 각 파일 시스템에서 파일의 처리 상태를 식별해 제어하기 위한 목적으로 사용됩니다. 다음 표에서 f_mode 필드에 저장하는 파일을 처리할 때의 세부 옵션을 확인할 수 있습니다.

표 13.4 f_mode 필드에 저장하는 세부 파일 처리 옵션

옵션	설명
FMODE_READ	읽기를 위해 파일을 오픈한 상태
FMODE_WRITE	쓰기를 위해 파일을 오픈한 상태
FMODE_LSEEK	파일 포인터 위치를 바꾸는 동작
FMODE_PREAD	pread를 통해 파일에 접근
FMODE_PWRITE	pwrite 시스템 콜로 파일에 접근
FMODE_EXEC	파일 실행을 위해 오픈됨
FMODE_NDELAY	O_NDELAY 옵션으로 파일을 오픈한 상태
FMODE_EXCL	O_EXCL 옵션으로 파일을 오픈한 상태
FMODE_WRITE_IOCTL	ioctl 시스템 콜로 파일이 오픈된 상태

위 표에 소개된 플래그는 가상 파일 시스템을 구성하는 여러 커널 함수에서 많이 볼 수 있으니 옵션의 의미를 잘 익혀둘 필요가 있습니다.

다음 절에서는 파일 객체의 함수 오퍼레이션에 대해 살펴보겠습니다.

13.2.2 파일 객체의 함수 오퍼레이션

가상 파일 시스템에서 파일 시스템별로 파일을 열고 쓰고 읽는 함수 포인터 테이블을 지원합니다. 이 정보를 파일 객체의 함수 오퍼레이션이라고 하며 다음 헤더 파일에 정의돼 있습니다.

https://github.com/raspberrypi/linux/blob/rpi-4.19.y/include/linux/fs.h

```
struct file_operations {
    struct module *owner;
    loff_t (*llseek) (struct file *, loff_t, int);
    ssize_t (*read) (struct file *, char __user *, size_t, loff_t *);
    ssize_t (*write) (struct file *, const char __user *, size_t, loff_t *);
    ssize_t (*read_iter) (struct kiocb *, struct iov_iter *);
    ssize_t (*write_iter) (struct kiocb *, struct iov_iter *);
    int (*iterate) (struct file *, struct dir_context *);
    int (*iterate_shared) (struct file *, struct dir_context *);
    unsigned int (*poll) (struct file *, struct poll_table_struct *);
    long (*unlocked_ioctl) (struct file *, unsigned int, unsigned long);
    long (*compat_ioctl) (struct file *, unsigned int, unsigned long);
```

```
    int (*mmap) (struct file *, struct vm_area_struct *);
    int (*open) (struct inode *, struct file *);
    int (*flush) (struct file *, fl_owner_t id);
    int (*release) (struct inode *, struct file *);
    int (*fsync) (struct file *, loff_t, loff_t, int datasync);
    int (*fasync) (int, struct file *, int);
...
    ssize_t (*dedupe_file_range)(struct file *, u64, u64, struct file *,
          u64);
} __randomize_layout;
```

위 함수 오퍼레이션 중 가장 많이 쓰는 필드를 알아봅시다.

llseek

```
loff_t (*llseek) (struct file *file, loff_t offset, int whence)
```

파일 포인터를 offset 값으로 갱신합니다.

read

```
ssize_t (*read) (struct file *file, char __user *buf,
            size_t count, loff_t *offset);
```

파일 오프셋(offset) 위치에서 count 바이트만큼 읽습니다. 이 동작을 수행하면 파일 오프셋인 *offset 이 업데이트됩니다.

write

```
ssize_t (*write) (struct file *file, const char __user buf*,
            size_t count, loff_t offset*);
```

파일의 오프셋(*offset) 위치에 count 바이트만큼 buf에 있는 데이터를 씁니다.

poll

```
unsigned int (*poll) (struct file *, struct poll_table_struct *);
```

파일 동작을 점검하고 파일에 대한 동작이 발생하기 전까지 휴면 상태에 진입합니다.

ioctl

```
long (*unlocked_ioctl) (struct file *, unsigned int, unsigned long);
```

유저 공간에서 디바이스 파일을 지정해 ioctl() 함수를 호출하면 디바이스 드라이버에서 지정한 함수를 호출해 줍니다.

각 필드는 포인터로 정의돼 있으며, 함수 포인터를 통해 파일 시스템마다 지정된 함수들이 호출됩니다.

13.3 파일 객체의 함수 오퍼레이션 동작 방식

이번 절에서는 파일 객체의 함수 오퍼레이션 중 open, write, read, lseek, close 동작에 대해 살펴봅니다. 유저 공간에서 open(), write(), read(), lseek(), close() 함수를 호출했을 때 커널 공간의 가상 파일 시스템 계층에서 처리되는 과정을 코드 분석을 통해 설명하겠습니다.

13.3.1 파일을 오픈할 때의 open 함수 오퍼레이션

이번에는 파일을 오픈할 때 함수 오퍼레이션의 실행 흐름을 살펴보겠습니다.

파일을 오픈할 때의 전체 시스템 동작 흐름 파악

다음 그림을 보면서 파일을 오픈하면 가상 파일 시스템에서 어떤 동작을 하는지 알아보겠습니다. 유저 공간에서 open() 함수를 호출한 후 커널 공간에서 파일 오픈 오퍼레이션 동작까지 실행되는 흐름입니다.

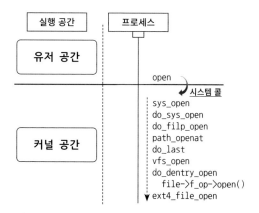

그림 13.9 ext4 파일 시스템에서 파일 오픈 오퍼레이션의 흐름

위 그림을 보면 유저 공간에서 open() 함수를 호출한 후 커널 공간에서 파일 오픈 오퍼레이션으로 실행하는 함수 흐름을 알 수 있습니다.

처리 과정을 자세히 설명하겠습니다. 유저 공간에서 open() 함수를 호출하면 시스템 콜을 발생시켜 실행 흐름이 커널 공간으로 바뀝니다. 이후 open() 함수에 해당하는 시스템 콜 핸들러 함수인 sys_open() 함수가 실행됩니다. 이후 ext4 파일 시스템에서 관리하는 파일 오픈 함수인 ext4_file_open() 함수를 호출합니다.

이전 절에서 유저 공간에서 read() 혹은 write() 함수를 실행할 때도 위와 비슷한 함수 실행 흐름을 확인했습니다. 파일을 오픈할 때는 read()나 write() 시스템 콜 핸들러 함수를 호출할 때에 비해 더 많은 동작을 수행합니다. 파일 객체를 생성하고 생성된 파일 객체를 프로세스의 태스크 디스크립터에 저장하는 것입니다.

파일을 열 때 실행되는 흐름은 다음 그림과 같이 3단계로 분류할 수 있습니다.

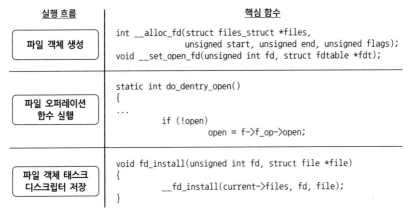

그림 13.10 파일을 오픈할 때의 실행 흐름

각 단계별 세부 동작을 알아봅시다.

1단계: 파일 객체 생성

파일을 오픈할 때 맨 먼저 파일 객체를 생성합니다. __alloc_fd() 함수에서 이 동작을 수행합니다.

2단계: 파일 오픈 함수 오퍼레이션 실행

각 파일 시스템에서 관리하는 파일 종류별로 등록된 open() 함수를 호출합니다. 만약 /home/pi/sample_text.txt 파일을 오픈할 경우 ext4_file_open() 함수를 실행합니다.

3단계: 파일 객체의 태스크 디스크립터 등록

파일 오픈에 대한 함수 오퍼레이션을 마무리하면 프로세스의 태스크 디스크립터에 접근해 파일 디스크립터 테이블에 파일 객체를 등록합니다.

 파일을 오픈해서 읽고 쓸 때 프로세스가 파일 객체와 파일 디스크립터를 관리합니다. 이 세부 동작은 다음 절에서 살펴볼 예정입니다.

open 시스템 콜 핸들러 분석: sys_open()/do_sys_open() 함수 분석

유저 공간에서 open( ) 함수를 호출하면 시스템 콜을 발생시킵니다. 이후 실행 흐름이 커널 공간으로 바뀐 후 다음 함수를 호출합니다.

- sys_open( )
- do_sys_open( )

sys_open( ) 함수를 분석하기 전에 함수 선언부를 보겠습니다.

https://github.com/raspberrypi/linux/blob/rpi-4.19.y/include/linux/syscalls.h

```
asmlinkage long sys_open(const char __user *filename,
            int flags, umode_t mode);
```

sys_open( ) 함수에 전달되는 인자는 다음과 같습니다.

인자	설명
const char __user *filename	파일명
int flags	플래그
umode_t mode	모드

sys_open( ) 함수는 정수형인 파일 디스크립터를 반환합니다. sys_open( ) 함수의 구현부를 보겠습니다.

https://github.com/raspberrypi/linux/blob/rpi-4.19.y/fs/open.c

```
01 SYSCALL_DEFINE3(open, const char __user *, filename, int, flags, umode_t, mode)
02 {
03     if (force_o_largefile())
```

```
04              flags |= O_LARGEFILE;
05
06      return do_sys_open(AT_FDCWD, filename, flags, mode);
07 }
```

코드를 보면 특별한 동작을 수행하지 않고 6번째 줄과 같이 do_sys_open() 함수를 호출할 뿐입니다.

이어서 do_sys_open() 함수를 보겠습니다.

https://github.com/raspberrypi/linux/blob/rpi-4.19.y/fs/open.c

```
01 long do_sys_open(int dfd, const char __user *filename, int flags, umode_t mode)
02 {
03      struct open_flags op;
04      int fd = build_open_flags(flags, mode, &op);
05      struct filename *tmp;
...
06      fd = get_unused_fd_flags(flags);
07      if (fd >= 0) {
08              struct file *f = do_filp_open(dfd, tmp, &op);
09              if (IS_ERR(f)) {
10                      put_unused_fd(fd);
11                      fd = PTR_ERR(f);
12              } else {
13                      fsnotify_open(f);
14                      fd_install(fd, f);
15              }
16      }
17      putname(tmp);
18      return fd;
19 }
```

이번 절을 시작할 때 파일을 오픈할 때의 전체 시스템 흐름을 소개하면서 3단계로 동작을 분류했습니다. 이 구현부의 출발점이 do_sys_open() 함수이며 다음 동작을 수행합니다.

1. 파일 디스크립터를 커널에 요청해서 할당받음

2. 가상 파일 시스템에 접근해서 파일을 오픈함

3. 파일 디스크립터를 프로세스의 태스크 디스크립터에 저장함

do_sys_open() 함수를 중심으로 각 단계별 동작과 세부 코드를 분석하겠습니다.

1단계: 파일 디스크립터를 커널에 요청해서 할당받음

1단계 코드 분석의 출발점은 get_unused_fd_flags() 함수입니다.

https://github.com/raspberrypi/linux/blob/rpi-4.19.y/fs/file.c

```
int get_unused_fd_flags(unsigned flags)
{
    return __alloc_fd(current->files, 0, rlimit(RLIMIT_NOFILE), flags);
}
```

 get_unused_fd_flags() 함수는 do_sys_open() 함수의 6번째 줄에서 호출됩니다.

```
06    fd = get_unused_fd_flags(flags);
```

프로세스의 태스크 디스크립터인 task_struct 구조체의 files 필드를 첫 번째 인자로 삼아 __alloc_fd() 함수를 호출합니다. current는 현재 코드를 실행 중인 프로세스의 태스크 디스크립터에 접근하는 매크로입니다.

2단계: 가상 파일 시스템에 접근해서 파일을 오픈

이어서 가상 파일 시스템에 계층에서 파일을 오픈하는 동작을 살펴보겠습니다. 파일 오퍼레이션에 지정된 정보로 파일 오픈 함수를 호출합니다.

```
08  if (fd >= 0) {
09      struct file *f = do_filp_open(dfd, tmp, &op);
```

do_filp_open() 함수 내부에서 다음 함수를 실행해 덴트리 정보를 갱신합니다.

- path_openat()
- do_last()
- vfs_open()
- do_dentry_open()

이후 do_dentry_open() 함수가 호출돼 파일 객체별로 지정한 함수를 호출합니다.

do_dentry_open() 함수를 보면서 처리 과정을 살펴봅시다.

https://github.com/raspberrypi/linux/blob/rpi-4.19.y/fs/open.c

```
01 static int do_dentry_open(struct file *f,
02                     struct inode *inode,
03                     int (*open)(struct inode *, struct file *),
04                     const struct cred *cred)
05 {
...
06     if (!open)
07             open = f->f_op->open;
08     if (open) {
09             error = open(inode, f);
```

7번째 줄에서는 파일 객체의 open 함수 필드를 open 함수 포인터에 저장합니다.

이어서 9번째 줄에서 open에 지정된 함수 포인터를 호출합니다. 만약 오픈하는 파일이 ext4 파일 시스템에서 관리하는 파일 객체면 ext4_file_open() 함수를 호출하고, proc 파일 시스템에서 관리하는 파일 객체인 경우 proc_reg_open() 함수를 호출합니다.

3단계: 파일 디스크립터를 프로세스의 태스크 디스크립터에 저장

파일 오픈을 마치면 파일 디스크립터를 프로세스의 태스크 디스크립터에 저장합니다.

일반적인 상황에서는 15번째 줄에 있는 fd_install() 함수를 호출해서 파일 디스크립터를 프로세스의 태스크 디스크립터에 저장합니다.

```
10             if (IS_ERR(f)) {
11                     put_unused_fd(fd);
12                     fd = PTR_ERR(f);
13             } else {
14                     fsnotify_open(f);
15                     fd_install(fd, f);
16             }
```

파일 디스크립터 테이블을 로딩한 다음에 파일 디스크립터를 저장합니다. 위의 fd는 정수형 타입으로, 유저 애플리케이션에서 open() 함수를 호출할 때 반환됩니다.

13.3.2 파일을 쓸 때의 write 함수 오퍼레이션

유저 공간에서 write() 함수를 호출할 때 가상 파일 시스템에서 어떤 흐름으로 파일별 write 오퍼레이션을 수행하는지 살펴보겠습니다.

파일을 write할 때의 전체 시스템 동작 흐름

다음 그림을 보면서 파일을 쓸 때 가상 파일 시스템에서 어떤 동작을 하는지 알아보겠습니다.

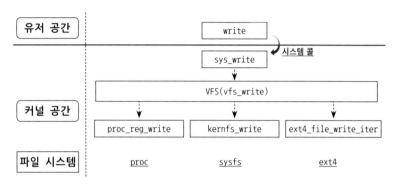

그림 13.11 각 파일 시스템별 write 함수 오퍼레이션의 동작 흐름

유저 공간에서 리눅스 저수준 함수로 write() 함수를 호출하면 시스템 콜을 발생시켜 커널 공간으로 실행 흐름을 스위칭합니다. 이후 write에 해당하는 시스템 콜 핸들러인 sys_write() 함수를 호출합니다.

먼저 sys_write() 함수 선언부와 인자와 반환값을 확인하겠습니다.

https://github.com/raspberrypi/linux/blob/rpi-4.19.y/include/linux/syscalls.h

```
asmlinkage long sys_write(unsigned int fd, const char __user *buf,
            size_t count);
```

먼저 함수에 전달하는 인자를 알아보겠습니다.

인자	속성
unsigned int fd	파일을 생성하거나 오픈했을 때 획득한 파일 디스크립터(정수형)
const char __user *buf	파일에 쓰려고 하는 내용이 저장된 버퍼 주소
size_t count	buf에 있는 데이터 가운데 실제 파일로 저장하려는 버퍼 크기

다음으로 sys_write() 함수를 보겠습니다.

https://github.com/raspberrypi/linux/blob/rpi-4.19.y/fs/read_write.c

```
01 SYSCALL_DEFINE3(write, unsigned int, fd, const char __user *, buf,
02          size_t, count)
03 {
04     return ksys_write(fd, buf, count);
05 }
```

이 함수에서 특별한 기능 없이 04번째 줄과 같이 ksys_write() 함수를 호출합니다.

이어서 ksys_write() 함수를 분석합시다.

https://github.com/raspberrypi/linux/blob/rpi-4.19.y/fs/read_write.c

```
01 ssize_t ksys_write(unsigned int fd, const char __user *buf, size_t count)
02 {
03     struct fd f = fdget_pos(fd);
04     ssize_t ret = -EBADF;
05
06     if (f.file) {
07         loff_t pos = file_pos_read(f.file);
08         ret = vfs_write(f.file, buf, count, &pos);
09         if (ret >= 0)
10             file_pos_write(f.file, pos);
11         fdput_pos(f);
12     }
13
14     return ret;
15 }
```

ksys_write() 함수의 실행 흐름은 다음 3단계로 분류할 수 있습니다.

- 1단계: 파일 객체 읽기 프로세스의 파일 디스크립터 테이블에서 파일 디스크립터에 해당하는 파일 객체를 읽습니다.

- 2단계: 파일별로 지정한 write 포인터에 등록된 함수를 호출해 파일 오퍼레이션을 실행합니다.

- 3단계: 파일 포인터의 위치 정보를 갱신합니다.

  버퍼에 설정한 버퍼 크기만큼 쓰기 동작을 수행했으니 파일 포인터의 위치를 이동합니다.

각 단계별로 코드 분석을 시작해 봅시다.

1단계: 프로세스의 파일 디스크립터 테이블에서 파일 객체 읽기

1단계인 파일 객체를 읽는 함수부터 점검합시다.

ksys_write() 함수의 3번째 줄을 먼저 보겠습니다.

https://github.com/raspberrypi/linux/blob/rpi-4.19.y/fs/read_write.c

```
01 ssize_t ksys_write(unsigned int fd, const char __user *buf, size_t count)
02 {
03     struct fd f = fdget_pos(fd);
```

fdget_pos() 함수를 호출해서 정수형 파일 디스크립터인 fd에 해당하는 파일 객체(struct file)를 포함한 fd 구조체를 읽습니다.

 fd 구조체의 선언부는 다음과 같습니다.

https://github.com/raspberrypi/linux/blob/rpi-4.19.y/include/linux/file.h

```
01 struct fd {
02     struct file *file;
03     unsigned int flags;
04 };
```

첫 번째 필드인 file에 파일 객체를 저장합니다.

fdget_pos() 함수를 호출해서 프로세스의 파일 디스크립터 테이블에 접근하는 실행 흐름은 다음과 같습니다.

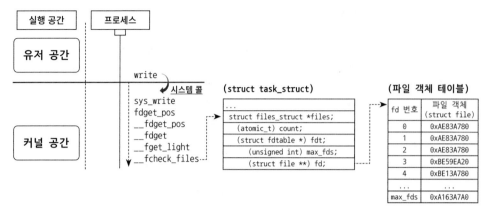

그림 13.12 fdget_pos( ) 함수로 프로세스의 파일 디스크립터 테이블에 접근하는 실행 흐름

위 그림을 보면 __fcheck_files() 함수에서 파일을 오픈하는 프로세스의 태스크 디스크립터인 task_struct 구조체의 files 필드에 접근합니다. 이후 파일 객체 테이블에 접근해 파일 객체를 읽습니다.

그런데 프로세스의 태스크 디스크립터에서 파일 디스크립터 테이블은 어느 함수에서 접근할까요? 이 궁금증을 해소하려면 __fget_light() 함수를 볼 필요가 있습니다.

https://github.com/raspberrypi/linux/blob/rpi-4.19.y/fs/file.c

```
01 static unsigned long __fget_light(unsigned int fd, fmode_t mask)
02 {
03     struct files_struct *files = current->files;
04     struct file *file;
05
06     if (atomic_read(&files->count) == 1) {
07         file = __fcheck_files(files, fd);
```

__fget_light() 함수의 3번째 줄을 보면 current->files 포인터를 files_struct 구조체인 files 포인터에 저장합니다. 여기서 current 매크로는 프로세스의 태스크 디스크립터 주소를 의미합니다. 이어서 07번째 줄을 실행해 __fcheck_files() 함수를 호출합니다.

이어서 파일 객체 테이블에 접근하는 __fcheck_files() 함수를 분석하겠습니다.

https://github.com/raspberrypi/linux/blob/rpi-4.19.y/include/linux/fdtable.h

```
01 static inline struct file *__fcheck_files(struct files_struct *files, unsigned int fd)
02 {
```

```
03     struct fdtable *fdt = rcu_dereference_raw(files->fdt);
04
05     if (fd < fdt->max_fds) {
06             fd = array_index_nospec(fd, fdt->max_fds);
07             return rcu_dereference_raw(fdt->fd[fd]);
08     }
09     return NULL;
10 }
```

7번째 줄을 보면 current->files->fdt->fd[fd]에 접근해서 file 구조체인 파일 객체를 반환합니다. 이 file 구조체를 참고해 이후 write 함수 오퍼레이션을 실행합니다.

2단계: write 함수 오퍼레이션 실행

2단계인 파일 객체로 파일별로 지정한 write 함수 오퍼레이션을 실행하는 코드를 보겠습니다.

https://github.com/raspberrypi/linux/blob/rpi-4.19.y/fs/read_write.c

```
01 ssize_t ksys_write(unsigned int fd, const char __user *buf, size_t count)
02 {
...
06     if (f.file) {
07             loff_t pos = file_pos_read(f.file);
08             ret = vfs_write(f.file, buf, count, &pos);
```

07번째 줄을 보겠습니다. file_pos_read() 함수를 호출해서 파일 포인터의 위치를 읽습니다.

다음으로 08번째 줄을 분석하겠습니다. vfs_write() 함수를 실행해 파일 객체별로 지정한 write 함수 오퍼레이션을 실행합니다.

이어서 vfs_write() 함수 코드를 분석하겠습니다.

https://github.com/raspberrypi/linux/blob/rpi-4.19.y/fs/read_write.c

```
01 ssize_t vfs_write(struct file *file, const char __user *buf, size_t count, loff_t *pos)
02 {
03     ssize_t ret;
04
05     if (!(file->f_mode & FMODE_WRITE))
06             return -EBADF;
```

```
07        if (!(file->f_mode & FMODE_CAN_WRITE))
08                return -EINVAL;
..
09    ret = rw_verify_area(WRITE, file, pos, count);
10    if (!ret) {
11            if (count > MAX_RW_COUNT)
12                    count = MAX_RW_COUNT;
13            file_start_write(file);
14            ret = __vfs_write(file, buf, count, pos);
15            if (ret > 0) {
16                    fsnotify_modify(file);
17                    add_wchar(current, ret);
18            }
19            inc_syscw(current);
20            file_end_write(file);
21    }
22
23    return ret;
24 }
```

먼저 05~08번째 줄을 보겠습니다.

```
05    if (!(file->f_mode & FMODE_WRITE))
06            return -EBADF;
07    if (!(file->f_mode & FMODE_CAN_WRITE))
08            return -EINVAL;
```

파일 객체인 file 구조체 필드인 f_mode가 FMODE_WRITE 혹은 FMODE_CAN_WRITE가 아닐 경우 예외 처리를 수행하는 코드입니다.

다음 14번째 줄에서 __vfs_write() 함수를 호출합니다.

```
10    if (!ret) {
11            if (count > MAX_RW_COUNT)
12                    count = MAX_RW_COUNT;
13            file_start_write(file);
14            ret = __vfs_write(file, buf, count, pos);
```

이어서 __vfs_write() 함수를 보겠습니다.

https://github.com/raspberrypi/linux/blob/rpi-4.19.y/fs/read_write.c

```
01 ssize_t __vfs_write(struct file *file, const char __user *p, size_t count,
02        loff_t *pos)
03 {
04     if (file->f_op->write)
05            return file->f_op->write(file, p, count, pos);
06     else if (file->f_op->write_iter)
07            return new_sync_write(file, p, count, pos);
08     else
09            return -EINVAL;
10 }
```

위 코드는 파일 객체의 핵심 함수 흐름 중 하나로서 file->f_op->write 필드가 유효한 함수 주소를 가리
킬 경우 실행됩니다. 즉, **file** 구조체의 필드 중 하나인 **f_op**에 접근해서 **write**라는 포인터가 가리키는
주소를 호출합니다.

 이를 함수 포인터라고 하며, 가상 파일 시스템의 핵심인 함수 포인터를 통해 함수를 호출하는 패턴입니다.

3단계: 파일 포인터의 위치 정보를 갱신

파일 쓰기 연산을 수행하고 난 후 파일 포인터의 위치 정보를 업데이트합니다.

다시 ksys_write() 함수를 보면서 관련 동작을 살펴봅시다.

https://github.com/raspberrypi/linux/blob/rpi-4.19.y/fs/read_write.c

```
01 ssize_t ksys_write(unsigned int fd, const char __user *buf, size_t count)
02 {
03     struct fd f = fdget_pos(fd);
04     ssize_t ret = -EBADF;
05
06     if (f.file) {
07            loff_t pos = file_pos_read(f.file);
08            ret = vfs_write(f.file, buf, count, &pos);
09            if (ret >= 0)
10                   file_pos_write(f.file, pos);
```

```
11              fdput_pos(f);
12      }
13
14      return ret;
15 }
```

09번째 줄을 보겠습니다. 파일 쓰기 실행이 제대로 완료되면 ret는 0보다 크므로 10번째 줄을 실행합니다. file_pos_write() 함수를 실행해 파일 포인터의 위치를 갱신합니다.

다음으로 11번째 줄을 봅시다. fdput_pos() 함수를 호출해서 파일 객체인 f를 저장합니다.

3단계로 파일 포인터의 위치를 저장하는 코드를 보겠습니다.

https://github.com/raspberrypi/linux/blob/rpi-4.19.y/fs/read_write.c

```
01 static inline void file_pos_write(struct file *file, loff_t pos)
02 {
03      file->f_pos = pos;
04 }
```

파일 객체인 file 구조체에서 파일 포인터의 정보는 f_pos 필드가 관리합니다. 이 필드에 파일 포인터의 주소를 저장합니다.

 파일 포인터의 위치를 제어하는 동작은 lseek() 함수 분석에서 더 자세히 다룹니다.

이번 절에서는 파일을 쓸 때 가상 파일 시스템 계층에서 어떤 흐름으로 파일 쓰기 관련 함수를 호출하는지 알아봤습니다. 다음 절에서는 read() 파일 함수 오퍼레이션의 동작에 대해 알아봅시다.

13.3.3 파일을 읽을 때의 read 함수 오퍼레이션

유저 공간에서 read() 함수를 호출할 때 가상 파일 시스템에서 어떤 흐름으로 파일별 read 오퍼레이션을 수행하는지 살펴보겠습니다.

파일을 read할 때의 전체 시스템 동작 흐름

다음 그림을 보면서 파일을 읽을 때 가상 파일 시스템에서 어떤 동작을 하는지 알아봅시다.

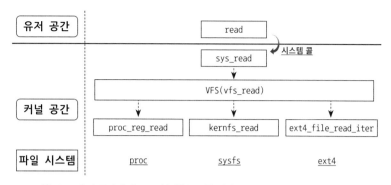

그림 13.13 유저 공간에서 read( ) 함수 호출 시의 파일 시스템별 함수 오퍼레이션

위 그림을 보면 유저 공간에서 read( ) 함수를 호출하면 각 파일 시스템별 파일 오퍼레이션에 따라 다른 함수를 실행한다는 사실을 알 수 있습니다. 유저 공간에서 read( ) 함수를 호출하면 시스템 콜을 발생시키고 커널 공간에서 read( ) 함수에 해당하는 시스템 콜 핸들러인 sys_read( ) 함수를 실행합니다.

이제부터 sys_read( ) 함수부터 각 파일 시스템 내의 파일 종류별로 설정한 read 함수 오퍼레이션을 수행하는 vfs_read( ) 함수까지 실행 흐름을 알아보겠습니다.

먼저 sys_read( ) 함수를 분석하겠습니다. sys_read( ) 함수를 살펴보기에 앞서 함수 선언부를 소개합니다.

https://github.com/raspberrypi/linux/blob/rpi-4.19.y/include/linux/syscalls.h

```
asmlinkage long sys_read(unsigned int fd, char __user *buf, size_t count);
```

sys_read( ) 함수로 전달되는 인자의 의미는 다음 표에서 확인할 수 있습니다.

표 13.5 sys_read( ) 함수로 전달되는 인자와 속성

인자	속성
unsigned int fd	파일을 생성하거나 오픈했을 때 획득한 파일 디스크립터(정수형)
const char __user *buf	파일에서 읽어들일 내용을 저장하기 위한 버퍼 주소
size_t count	읽어들일 파일 내용 크기

sys_read( ) 함수를 호출해서 지정한 버퍼로 파일 내용을 제대로 읽으면 읽은 파일 내용의 크기를 반환합니다. 그 밖의 경우에는 에러 종류별로 지정된 정수형 플래그의 마이너스 값을 반환합니다.

다음으로 sys_read( ) 함수를 보겠습니다.

https://github.com/raspberrypi/linux/blob/rpi-4.19.y/fs/read_write.c

```
01 SYSCALL_DEFINE3(read, unsigned int, fd, char __user *, buf, size_t, count)
02 {
03      return ksys_read(fd, buf, count);
04 }
```

이 함수에서 03번째 줄과 같이 자신에게 전달된 인자를 그대로 전달하면서 ksys_read( ) 함수를 호출합니다.

이어서 ksys_read( ) 함수를 분석하겠습니다.

https://github.com/raspberrypi/linux/blob/rpi-4.19.y/fs/read_write.c

```
01 ssize_t ksys_read(unsigned int fd, char __user *buf, size_t count)
02 {
03      struct fd f = fdget_pos(fd);
04      ssize_t ret = -EBADF;
05
06      if (f.file) {
07              loff_t pos = file_pos_read(f.file);
08              ret = vfs_read(f.file, buf, count, &pos);
09              if (ret >= 0)
10                      file_pos_write(f.file, pos);
11              fdput_pos(f);
12      }
13      return ret;
14 }
```

ksys_read( ) 함수의 동작은 3단계로 분류할 수 있습니다.

- 1단계: 파일 객체 읽기

  프로세스의 파일 디스크립터 테이블에서 파일 디스크립터에 해당하는 파일 객체를 읽습니다.

- 2단계: 파일 오퍼레이션 실행

  파일별로 지정한 read 함수 오퍼레이션을 실행합니다.

- 3단계: 파일 포인터 위치 정보를 갱신합니다.

  버퍼에 설정한 버퍼 크기만큼 읽기 동작을 수행했으니 파일 포인터의 위치를 이동합니다.

반복하자면 유저 공간에서 리눅스 저수준 함수로 read() 함수를 호출하면 커널 공간으로 실행 흐름을 이동한 후 read()에 해당하는 시스템 콜 핸들러인 sys_read() 함수를 호출합니다.

1단계: 프로세스의 파일 디스크립터 테이블에서 파일 객체 읽기

1단계로 파일 객체를 읽는 함수를 살펴보겠습니다. 구체적으로 프로세스의 태스크 디스크립터에 저장된 파일 객체를 읽는 동작입니다.

https://github.com/raspberrypi/linux/blob/rpi-4.19.y/fs/read_write.c

```
01 ssize_t ksys_read(unsigned int fd, char __user *buf, size_t count)
02 {
03     struct fd f = fdget_pos(fd);
```

ksys_read() 함수의 03번째 줄을 보면 fdget_pos() 함수를 호출합니다. 정수형 파일 디스크립터인 fd에 해당하는 파일 객체(struct file)가 포함된 fd 구조체를 읽습니다.

6~8번째 줄을 볼 차례입니다.

https://github.com/raspberrypi/linux/blob/rpi-4.19.y/fs/read_write.c

```
01 ssize_t ksys_read(unsigned int fd, char __user *buf, size_t count)
02 {
03     struct fd f = fdget_pos(fd);
04     ssize_t ret = -EBADF;
05
06     if (f.file) {
07         loff_t pos = file_pos_read(f.file);
08         ret = vfs_read(f.file, buf, count, &pos);
```

6번째 줄에서는 파일 객체를 저장한 f.file 필드가 유효한지 점검합니다. 파일 객체를 제대로 읽지 못하면 파일 읽기 연산을 수행할 수 없기 때문입니다.

 fd 구조체의 선언부를 보면 다음과 같습니다.

https://github.com/raspberrypi/linux/blob/rpi-4.19.y/include/linux/file.h

```
01 struct fd {
02     struct file *file;
```

```
03      unsigned int flags;
04 };
```

첫 번째 필드인 file로 파일 객체를 저장합니다.

7번째 줄은 f.file이라는 파일 객체 인자로 파일 포인터의 위치를 pos 변수로 읽습니다. 8번째 줄에서는 vfs_read() 함수를 호출합니다.

2단계: read 함수 오퍼레이션 실행

2단계 실행 흐름으로 파일 객체로 파일별로 지정한 read 함수 오퍼레이션을 실행하는 코드를 보겠습니다.

이어서 vfs_read() 함수를 분석하겠습니다.

https://github.com/raspberrypi/linux/blob/rpi-4.19.y/fs/read_write.c

```
01 ssize_t vfs_read(struct file *file, char __user *buf, size_t count, loff_t *pos)
02 {
03      ssize_t ret;
04
05      if (!(file->f_mode & FMODE_READ))
06              return -EBADF;
07      if (!(file->f_mode & FMODE_CAN_READ))
08              return -EINVAL;
09      if (unlikely(!access_ok(VERIFY_WRITE, buf, count)))
10              return -EFAULT;
11
12      ret = rw_verify_area(READ, file, pos, count);
13      if (!ret) {
14              if (count > MAX_RW_COUNT)
15                      count = MAX_RW_COUNT;
16              ret = __vfs_read(file, buf, count, pos);
...
17      }
18
19      return ret;
20 }
```

먼저 5~8번째 줄을 보겠습니다.

```
05      if (!(file->f_mode & FMODE_READ))
06              return -EBADF;
07      if (!(file->f_mode & FMODE_CAN_READ))
08              return -EINVAL;
```

파일 객체의 필드인 f_mode로 파일 속성 모드를 점검해서 파일 읽기를 실행할 조건을 점검하는 예외 처리 루틴입니다.

파일 객체인 file 구조체의 f_mode 필드가 FMODE_READ 혹은 FMODE_CAN_READ가 아닐 경우 -EBADF 혹은 -EINVAL 매크로를 반환하면서 함수 실행을 종료합니다.

다음으로 13~16번째 줄을 보겠습니다.

```
13      if (!ret) {
14              if (count > MAX_RW_COUNT)
15                      count = MAX_RW_COUNT;
16              ret = __vfs_read(file, buf, count, pos);
```

다음 16번째 줄에서 __vfs_read() 함수를 호출합니다.

다음으로 __vfs_read() 함수를 보겠습니다.

https://github.com/raspberrypi/linux/blob/rpi-4.19.y/fs/read_write.c

```
01 ssize_t __vfs_read(struct file *file, char __user *buf, size_t count,
02                loff_t *pos)
03 {
04      if (file->f_op->read)
05              return file->f_op->read(file, buf, count, pos);
06      else if (file->f_op->read_iter)
07              return new_sync_read(file, buf, count, pos);
08      else
09              return -EINVAL;
10 }
```

파일 객체의 핵심 함수 흐름 중 하나입니다. 5번째 줄은 file->f_op->read 필드가 유효한 함수 주소를 가리킬 경우 실행됩니다. **file 구조체의 필드 중 하나인 f_op에 접근해서 read라는 포인터가 가리키는 주소의 함수를 호출합니다.**

3단계: 파일 포인터의 위치 정보를 갱신

파일 읽기 연산을 수행하고 난 후 파일 포인터의 위치 정보를 업데이트합니다.

다시 ksys_read() 함수를 보면서 관련 동작을 살펴봅시다.

https://github.com/raspberrypi/linux/blob/rpi-4.19.y/fs/read_write.c

```
01 ssize_t ksys_read(unsigned int fd, char __user *buf, size_t count)
02 {
03     struct fd f = fdget_pos(fd);
04     ssize_t ret = -EBADF;
05
06     if (f.file) {
07         loff_t pos = file_pos_read(f.file);
08         ret = vfs_read(f.file, buf, count, &pos);
09         if (ret >= 0)
10             file_pos_write(f.file, pos);
11         fdput_pos(f);
12     }
13     return ret;
14 }
```

09번째 줄을 보겠습니다. 파일 읽기 연산이 제대로 완료되면 ret는 0보다 크므로 10번째 줄을 실행합니다. 이 조건에서 file_pos_write() 함수를 실행해 파일 포인터의 위치를 갱신합니다.

다음으로 11번째 줄을 봅시다. 역시 fdput_pos() 함수를 호출해서 파일 객체인 f를 저장합니다.

여기까지 read 함수 오퍼레이션까지 살펴봤습니다. 다음 절에서는 파일 포인터의 위치를 변경하는 lseek() 함수의 동작을 가상 파일 시스템에서 어떻게 수행하는지 알아봅시다.

13.3.4 파일 포인터의 위치를 갱신할 때의 lseek 함수 오퍼레이션

유저 공간에서 lseek() 함수를 호출하면 가상 파일 시스템에서 어떤 흐름으로 파일별 lseek 함수 오퍼레이션을 수행하는지 살펴보겠습니다.

유저 애플리케이션의 lseek 코드 알아보기

다음 예제 코드를 보면서 lseek() 함수의 동작을 살펴보겠습니다.

```
01 #include <unistd.h>
02 #include <sys/types.h>
03 #include <fcntl.h>
04
05 #define FILENAME_NAME "/home/pi/sample_text.txt"
06
07 int main()
08 {
09     int fd = 0;
10     ssize_t read_buf_size;
11     off_t new_file_pos;
12
13     fd = open(FILENAME_NAME, O_RDWR);
14     new_file_pos = lseek(fd, (off_t)0, SEEK_END);
15
16     printf("[+]file size: %s \n", new_file_pos);
17
18     close(fd);
19
20     return 0;
21 }
```

13번째 줄을 보겠습니다.

```
13     fd = open(FILENAME_NAME, O_RDWR);
```

open() 함수를 호출하면 /home/pi/sample_text.txt 파일을 읽은 후 해당 파일에 대응하는 정수형 파일 디스크립터를 fd에 저장합니다.

다음으로 14번째 줄을 보겠습니다.

```
14     new_file_pos = lseek(fd, (off_t)0, SEEK_END);
```

lseek() 함수를 호출할 때 세 번째 인자로 SEEK_END를 지정합니다. 파일 포인터의 위치를 파일의 가장 끝인 EOF로 옮기는 동작입니다. 파일의 끝인 EOF의 위치는 어떤 의미일까요? 바로 바이트 단위의 파일 크기를 의미합니다.

파일 포인터의 위치를 설정하기 위해서는 기준점이 필요합니다. 리눅스에서는 다음과 같이 3가지 파일 포인터의 위치를 나타내는 플래그를 정의합니다.

표 13.6 파일 포인터의 위치를 설정하는 플래그의 종류

플래그	특징
SEEK_SET	파일의 처음 위치로 이동
SEEK_CUR	읽기/쓰기를 수행할 때 현재 파일 위치로 이동
SEEK_END	파일이 끝나는 위치로 이동

파일 포인터를 지정하기 위한 기준 매크로는 다음 헤더 파일에서 확인할 수 있습니다.

https://github.com/raspberrypi/linux/blob/rpi-4.19.y/include/uapi/linux/fs.h

```
#define SEEK_SET  0   /* seek relative to beginning of file */
#define SEEK_CUR  1   /* seek relative to current file position */
#define SEEK_END  2   /* seek relative to end of file */
```

이어서 이 함수를 실행하면 가상 파일 시스템에서 어떤 흐름으로 파일 포인터를 처리하는지 살펴보겠습니다.

lseek의 전체 시스템 동작 흐름

먼저 sys_lseek() 함수의 선언부를 보겠습니다.

https://github.com/raspberrypi/linux/blob/rpi-4.19.y/include/linux/syscalls.h

```
asmlinkage long sys_lseek(unsigned int fd, off_t offset,
         unsigned int whence);
```

다음으로 sys_lseek() 함수에 전달되는 인자를 살펴봅시다.

표 13.7 sys_lseek() 함수에 전달하는 인자와 속성

인자	설명
unsigned int fd	파일 디스크립터를 나타내는 정수형 인자
off_t offset	설정하려는 파일 포인터의 위치
unsigned int whence	파일 포인터의 기준 위치 SEEK_SET, SEEK_CUR, SEEK_END 중 하나

sys_lseek() 함수는 전달된 인자에 따라 파일 포인터의 위치를 반환합니다.

함수의 선언부와 인자를 소개했으니 이어서 sys_lseek() 함수를 분석하겠습니다.

https://github.com/raspberrypi/linux/blob/rpi-4.19.y/fs/read_write.c

```
01 SYSCALL_DEFINE3(lseek, unsigned int, fd, off_t, offset, unsigned int, whence)
02 {
03     return ksys_lseek(fd, buf, count);
04 }
```

sys_lseek() 함수는 특별한 기능이 없습니다. 03번째 줄과 같이 자신에게 전달된 인자를 그대로 전달하면서 ksys_lseek() 함수를 호출합니다.

이어서 ksys_lseek() 함수를 분석합시다.

https://github.com/raspberrypi/linux/blob/rpi-4.19.y/fs/read_write.c

```
01 off_t ksys_lseek(unsigned int fd, off_t offset, unsigned int whence)
02 {
03     off_t retval;
04     struct fd f = fdget_pos(fd);
05     if (!f.file)
06             return -EBADF;
07
08     retval = -EINVAL;
09     if (whence <= SEEK_MAX) {
10             loff_t res = vfs_llseek(f.file, offset, whence);
11             retval = res;
12             if (res != (loff_t)retval)
13                     retval = -EOVERFLOW;  /* LFS: should only happen on 32 bit platforms */
14     }
15     fdput_pos(f);
16     return retval;
17 }
```

ksys_lseek() 함수의 실행 흐름은 크게 2단계로 나눌 수 있습니다.

- 1단계: 파일 객체 읽기

  프로세스의 파일 디스크립터 테이블에서 파일 디스크립터에 해당하는 파일 객체를 읽습니다.

- 2단계: 파일 오퍼레이션 실행

  파일별로 지정한 llseek 함수 오퍼레이션을 실행합니다.

1단계: 프로세스의 파일 디스크립터 테이블에서 파일 객체 읽기

1단계 동작인 4~6번째 줄을 보겠습니다.

https://github.com/raspberrypi/linux/blob/rpi-4.19.y/fs/read_write.c

```
01 off_t ksys_lseek(unsigned int fd, off_t offset, unsigned int whence)
02 {
03     off_t retval;
04     struct fd f = fdget_pos(fd);
05     if (!f.file)
06             return -EBADF;
```

4번째 줄과 같이 fdget_pos() 함수를 호출해서 프로세스에 저장된 파일 객체를 읽습니다. 5번째 줄에서 f.file에 파일 객체가 없으면 6번 줄을 실행해서 -EBADF 정숫값을 반환하며 함수의 실행을 마칩니다.

> EBADF 매크로는 유효하지 않은 파일 디스크립터라는 의미입니다. 유저 공간에서 open() 함수를 호출해서 얻은 fd 정숫값이 아닌 다른 fd 정수나 유효하지 않은 인자로 read() 함수를 호출했을 경우 6번째 줄을 실행합니다. 앞에서 살펴본 ksys_lseek() 함수의 06번째 줄이 실행되면 -EBADF 매크로를 반환하며 함수 실행이 중단됩니다.

2단계: lseek 함수 오퍼레이션 실행

다음은 lseek 함수 오퍼레이션을 실행하는 2단계 동작입니다. 이어서 ksys_lseek() 함수를 분석하겠습니다.

https://github.com/raspberrypi/linux/blob/rpi-4.19.y/fs/read_write.c

```
01 off_t ksys_lseek(unsigned int fd, off_t offset, unsigned int whence)
02 {
03     off_t retval;
04     struct fd f = fdget_pos(fd);
05     if (!f.file)
06             return -EBADF;
07
08     retval = -EINVAL;
09     if (whence <= SEEK_MAX) {
10             loff_t res = vfs_llseek(f.file, offset, whence);
11             retval = res;
```

9번째 줄과 같이 파일 포인터의 위치가 SEEK_MAX보다 작으면 10~11번째 줄을 실행합니다. vfs_llseek() 함수를 호출해 파일별 파일 포인터 위치를 변경합니다.

가상 파일 시스템에서 lseek 함수 오퍼레이션을 수행하는 vfs_llseek() 함수를 볼 차례입니다.

https://github.com/raspberrypi/linux/blob/rpi-4.19.y/fs/read_write.c

```
01 loff_t vfs_llseek(struct file *file, loff_t offset, int whence)
02 {
03     loff_t (*fn)(struct file *, loff_t, int);
04
05     fn = no_llseek;
06     if (file->f_mode & FMODE_LSEEK) {
07             if (file->f_op->llseek)
08                     fn = file->f_op->llseek;
09     }
10     return fn(file, offset, whence);
11 }
```

5번째 줄과 같이 fn이란 함수 포인터를 no_llseek() 함수로 지정합니다.

다음 6~9번째 줄을 분석하겠습니다.

```
06     if (file->f_mode & FMODE_LSEEK) {
07         if (file->f_op->llseek)
08             fn = file->f_op->llseek;
09     }
```

파일 객체의 필드 중 하나인 f_mode가 FMODE_LSEEK일 때 7~8번째 줄을 실행합니다.

7~8번째 줄을 보면 file->f_op->llseek 필드에 함수 포인터가 지정돼 있으면 file->f_op->llseek 함수 포인터를 fn 포인터 변수에 저장합니다.

 file->f_mode 필드에 FMODE_LSEEK 매크로는 언제 설정할까요? 다음 do_dentry_open() 함수의 08번째 줄과 같이 파일을 오픈하기 전에 저장합니다.

https://github.com/raspberrypi/linux/blob/rpi-4.19.y/fs/open.c

```
01 static int do_dentry_open(struct file *f,
02                 struct inode *inode,
03                 int (*open)(struct inode *, struct file *))
```

```
04 {
05      static const struct file_operations empty_fops = {};
06      int error;
...
07      /* normally all 3 are set; ->open() can clear them if needed */
08      f->f_mode |= FMODE_LSEEK | FMODE_PREAD | FMODE_PWRITE;
09      if (!open)
10              open = f->f_op->open;
11      if (open) {
12              error = open(inode, f);
```

마지막으로 10번째 줄을 볼 차례입니다.

```
10      return fn(file, offset, whence);
```

fn 포인터를 실행하면서 다음 동작을 수행합니다.

파일 객체의 함수 오퍼레이션으로 llseek()이 지정돼 있으면 해당 함수로 분기합니다.

만약 파일 객체의 함수 오퍼레이션으로 llseek()을 지정하지 않았으면 no_llseek() 함수를 실행합니다.

ext4와 proc 파일 시스템에서 파일 객체의 함수 오퍼레이션을 점검합시다. ext4 혹은 proc 파일 시스템에서 관리하는 파일을 열어서 lseek() 함수를 실행하면 어떤 함수를 실행할까요?

ext4 파일 시스템인 경우 파일 객체의 함수 오퍼레이션을 관리하는 file_operations 구조체의 llseek 필드는 ext4_llseek() 함수로 지정돼 있습니다.

https://github.com/raspberrypi/linux/blob/rpi-4.19.y/fs/ext4/file.c

```
const struct file_operations ext4_file_operations = {
    .llseek= ext4_llseek,
    .read_iter = ext4_file_read_iter,
    .write_iter    = ext4_file_write_iter,
    .unlocked_ioctl = ext4_ioctl,
```

마찬가지로 proc 파일 시스템에서는 file_operations 구조체의 llseek 필드는 proc_reg_llseek() 함수로 지정돼 있습니다.

https://github.com/raspberrypi/linux/blob/rpi-4.19.y/fs/proc/inode.c

```
static const struct file_operations proc_reg_file_ops = {
    .llseek   = proc_reg_llseek,
    .read     = proc_reg_read,
    .write    = proc_reg_write,
```

ext4 파일 시스템과 같이 데이터를 하드디스크와 같은 저장매체에 저장하는 파일 시스템과 시스템 정보를 출력만 해주는 proc 파일 시스템에서 파일 포인터 위치를 처리하는 함수를 따로 지정합니다.

llseek 필드에 함수를 지정하지 않는 경우를 살펴봅시다.

```
01  (static struct file_operations) debugfs_full_proxy_file_operations = (
02    (struct module *) owner = 0x0
03    (loff_t (*)()) llseek = 0x0
```

debugfs에서 관리하는 debugfs_full_proxy_file_operations 함수 오퍼레이션의 경우 llseek 필드가 0x0으로 지정돼 있습니다. 이 경우 vfs_llseek() 함수에서 fn 함수 포인터에 기본으로 지정한 no_llseek() 함수를 호출합니다.

다음 절에서는 파일을 닫을 때 호출하는 close() 함수 오퍼레이션의 동작 방식을 알아봅시다.

13.3.5 파일을 닫을 때의 close 함수 오퍼레이션

이번 절에서는 파일을 닫을 때 호출하는 sys_close() 함수를 볼 차례입니다.

https://github.com/raspberrypi/linux/blob/rpi-4.19.y/fs/open.c

```
01 SYSCALL_DEFINE1(close, unsigned int, fd)
02 {
03     int retval = __close_fd(current->files, fd);
04
05     /* can't restart close syscall because file table entry was cleared */
06     if (unlikely(retval == -ERESTARTSYS ||
07             retval == -ERESTARTNOINTR ||
08             retval == -ERESTARTNOHAND ||
09             retval == -ERESTART_RESTARTBLOCK))
10         retval = -EINTR;
11
```

```
12      return retval;
13 }
14 EXPORT_SYMBOL(sys_close);
```

3번째 줄을 보겠습니다.

```
03      int retval = __close_fd(current->files, fd);
```

첫 번째 인자로 프로세스 태스크 디스크립터의 files 필드와 두 번째 인자로 정수형 파일 디스크립터 번호를 지정해 __close_fd() 함수를 호출합니다.

이어서 __close_fd() 함수를 보겠습니다.

https://github.com/raspberrypi/linux/blob/rpi-4.19.y/fs/file.c

```
01 int __close_fd(struct files_struct *files, unsigned fd)
02 {
03      struct file *file;
04      struct fdtable *fdt;
05
06      spin_lock(&files->file_lock);
07      fdt = files_fdtable(files);
08      if (fd >= fdt->max_fds)
09              goto out_unlock;
10      file = fdt->fd[fd];
11      if (!file)
12              goto out_unlock;
13      rcu_assign_pointer(fdt->fd[fd], NULL);
```

7번째 줄에서 파일 객체로 파일 디스크립터 테이블을 로딩합니다.

```
07      fdt = files_fdtable(files);
```

이번에는 13번째 줄을 봅시다.

```
13      rcu_assign_pointer(fdt->fd[fd], NULL);
```

fd 배열에 해당하는 파일 디스크립디 테이블 필드를 NULL로 초기화합니다.

이처럼 close() 함수를 호출하면 파일 객체를 관리하는 프로세스의 태스크 디스크립터 자료구조에 접근한 후 파일 디스크립터에 해당하는 파일 객체를 해제합니다.

6~10번째 줄은 예외 처리를 위한 코드 블록입니다.

```
06      if (unlikely(retval == -ERESTARTSYS ||
07              retval == -ERESTARTNOINTR ||
08              retval == -ERESTARTNOHAND ||
09              retval == -ERESTART_RESTARTBLOCK))
10          retval = -EINTR;
```

sys_close 시스템 콜이 실행돼 해당 파일 디스크립터를 초기화한 후 다시 close 시스템 콜이 발생할 수 있습니다. 이 조건에서 __close_fd() 함수는 ERESTARTSYS와 ERESTARTNOHAND 매크로를 반환합니다. 그런데 3번째 줄에서 파일 디스크립터를 해제했으므로 시그널 핸들러를 실행한 다음에 sys_close() 함수로 복귀할 수 없다는 의미입니다.

13.4 프로세스는 파일 객체 자료구조를 어떻게 관리할까?

이전 절에서 파일을 오픈하면 프로세스가 파일 디스크립터와 파일 객체를 관리한다고 언급했습니다. 이번 절에서는 프로세스 입장에서 파일 디스크립터와 파일 객체를 어떤 방식으로 관리하는지 살펴보겠습니다

이해를 돕기 위해 다음 애플리케이션 코드를 소개합니다.

```
01 #include <stdio.h>
02 #include <stdlib.h>
03 #include <unistd.h>
04 #include <sys/types.h>
05 #include <signal.h>
06 #include <string.h>
07 #include <fcntl.h>
08
09 #define FILENAME_NAME "/home/pi/sample_text.txt"
10
11 int main()
12 {
```

```
13    int fd = 0;
14    ssize_t read_buf_size;
15    off_t new_file_pos;
16
17    char buf[256];
18    char string[] = "Raspbian Linux!\n";
19
20    fd = open(FILENAME_NAME, O_RDWR);
21
22    read_buf_size = read(fd, buf, 256);
23    printf("%s", buf);
24
25    memset(buf, 0x0, sizeof(buf));
26
27    write(fd, string, strlen(string));
28
29    new_file_pos = lseek(fd, (off_t)0, SEEK_SET);
30
31    read_buf_size = read(fd, buf, 256);
32    printf("read again \n");
33    printf("[+]read buffer: %s \n", buf);
34
35    close(fd);
36
37  return 0;
38 }
```

먼저 20번째 줄을 봅시다.

```
20    fd = open(FILENAME_NAME, O_RDWR);
```

open() 함수를 호출하면 /home/pi/sample_text.txt 파일을 나타내는 정보인 파일 디스크립터를 반환합니다. 여기서 파일 디스크립터는 정수형 타입인 fd입니다.

이후 다음 코드와 같이 write(), read(), lseek() 함수를 호출할 때 파일 디스크립터가 인자로 전달됩니다.

```
22    read_buf_size = read(fd, buf, 256);
23    printf("%s", buf);
24
25    memset(buf, 0x0, sizeof(buf));
26
27    write(fd, string, strlen(string));
```

여기서 한 가지 의문이 생깁니다. 유저 애플리케이션은 fd라는 정수형 인자로 손쉽게 파일을 관리합니다. 파일의 상세 내용은 모르는 대신 정수형 인자 하나로 파일을 핸들링하는 것입니다. 누가 이 정수형 파일 디스크립터를 관리할까요? 그 주인공은 프로세스입니다.

파일을 오픈하고 난 다음 읽고 쓰고 닫을 때 프로세스가 파일 디스크립터를 관리하는 동작은 3단계로 세분화할 수 있습니다.

- 1단계: 파일 객체 및 파일 디스크립터를 생성한 후 프로세스 파일 디스크립터 테이블에 등록
- 2단계: 프로세스 파일 디스크립터 테이블에서 파일 디스크립터와 파일 객체를 로딩
- 3단계: 프로세스 파일 디스크립터 테이블에서 파일 디스크립터와 파일 객체를 삭제

이어서 파일 디스크립터와 파일 객체를 프로세스가 어떻게 관리하는지 상세히 살펴보겠습니다.

13.4.1 파일 객체의 파일 디스크립터 테이블 등록

다음 그림을 보면서 1단계 처리 과정을 살펴봅시다.

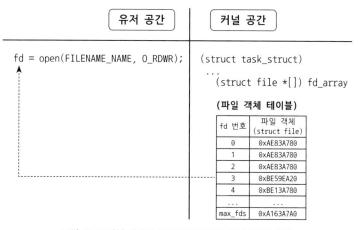

그림 13.14 파일 객체의 파일 디스크립터 테이블 등록 흐름

위 그림은 복잡한 자료구조를 쉽게 이해할 수 있게 재구성한 것입니다.

위 그림에서 유저 공간에서 open() 함수를 호출해서 획득한 정수형 파일 디스크립터의 값은 3인데 이는 커널 공간의 파일 디스크립터 테이블 배열의 인덱스를 의미합니다. 각 프로세스마다 파일 객체를 관리하는 파일 디스크립터 테이블이 있는 것입니다. 즉, 유저 공간에서 파일의 입출력은 정수형 값인 3으로 관리되는데, 커널 공간에서는 배열의 3번 항목에 해당하는 파일 객체로 파일을 관리하는 것입니다. 이어서 2단계 처리 과정을 알아봅시다.

13.4.2 파일 디스크립터로 파일 객체를 로딩

다음 그림을 보면서 2단계 동작을 살펴보겠습니다.

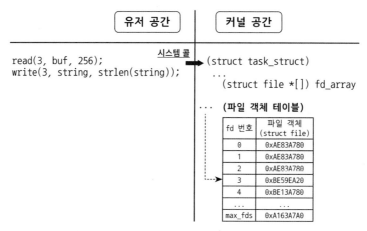

그림 13.15 파일 디스크립터를 이용한 파일 객체의 로딩 흐름

유저 공간에서는 3번 파일 디스크립터로 파일을 읽고 쓰면서 파일 포인터를 설정합니다. 이때 커널 공간에서는 파일 디스크립터 테이블에서 3번 배열 요소에 해당하는 파일 객체(0xBE59EA20)로 파일을 읽고 쓰고 파일 포인터를 설정하는 동작을 관리합니다. 여기서 파일 객체에 해당하는 자료구조는 struct file 구조체입니다.

13.4.3 파일 디스크립터 해제

이번에는 다음 그림을 보면서 마지막 3단계 동작을 확인합시다.

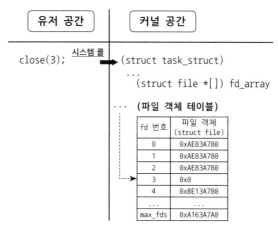

그림 13.16 파일 디스크립터 해제의 동작 흐름

파일을 닫을 때 유저 공간에서 close() 함수를 호출하는데 이때 정수형 파일 디스크립터를 인자로 전달합니다. 이때 그림 13.16과 같이 커널 공간에서 파일 디스크립터 테이블에 접근해서 3번 파일 디스크립터 테이블에 있는 파일 객체를 0x0으로 초기화합니다.

정리하면 유저 공간에서 파일을 관리하는 파일 디스크립터(정수형)는 커널 프로세스에서 파일 디스크립터 테이블 배열의 인덱스에 대응됩니다.

 만약 close() 함수를 호출해서 파일 디스크립터를 해제한 후 다시 해당 파일 디스크립터로 write(), read(), lseek() 함수를 호출하면 어떻게 동작할까요? 가상 파일 시스템에서 등록된 파일 디스크립터가 아니므로 에러 매크로를 반환하며 함수 실행을 종료합니다.

이번에는 다른 관점에서 프로세스가 관리하는 파일 객체에 대해 생각해 봅시다. 같은 파일을 두 개의 프로세스가 비슷한 시간에 오픈하고 읽고 쓰고 있다고 가정합시다. 이때 프로세스는 어떻게 파일 디스크립터를 관리할까요? 프로세스별로 파일 디스크립터를 생성합니다. 즉, 2개의 파일 객체와 파일 디스크립터가 존재하는 것입니다.

만약 3개의 프로세스가 한 개의 파일을 열고 쓰고 있으면 파일 객체는 몇 개일까요? 3개의 파일 객체와 파일 디스크립터가 있을 것입니다.

다음 절에서는 가상 파일 시스템을 이루는 객체 중 하나인 슈퍼블록 객체에 대해 살펴보겠습니다.

13.5 슈퍼블록 객체

이번 절에서는 가상 파일 시스템을 구성하는 슈퍼블록 객체에 대해 다음 내용을 살펴보겠습니다.

- 슈퍼블록 자료구조
- 슈퍼블록 함수 오퍼레이션

먼저 슈퍼블록 객체가 무엇인지 알아봅시다.

13.5.1 슈퍼블록 객체

슈퍼블록 객체는 가상 파일 시스템을 구성하는 객체 중 핵심이며 다음과 같은 정보를 저장합니다.

- 파일 시스템에 대한 기본 동작을 설정하는 메타 정보
- 각 파일 시스템별 슈퍼블록 함수 오퍼레이션
- 파일 시스템 마운트 정보와 실행 속성

이 내용을 읽으니 다음과 같은 의문이 생깁니다. **파일 시스템별 기본 정보를 슈퍼블록이 저장한다고 했는데, 파일 시스템별로 슈퍼블록이 있을까?**

파일 시스템별로 슈퍼블록 객체가 있습니다. ext4 파일 시스템과 proc 파일 시스템은 서로 다른 속성의 슈퍼블록을 갖게 됩니다.

ext4 파일 시스템은 저널링을 지원하는 디스크 저장 기반 파일 시스템이고 proc 파일 시스템은 시스템 정보를 램에서 출력하는 기능입니다. ext4 파일 시스템과 proc 파일 시스템은 각각 서로 다른 슈퍼블록 마운트와 실행 플래그 정보를 저장하고 있습니다.

슈퍼블록에 대한 이해를 돕기 위해 간단한 테스트를 해보겠습니다. 다음 경로에 가서 touch 명령어로 파일을 하나 생성해보겠습니다.

```
root@raspberrypi:/home/pi# cd /proc
root@raspberrypi:/proc# touch RPi_VFS.c
touch: cannot touch 'RPi_VFS.c': No such file or directory
```

문제가 생겼습니다. 마지막 메시지를 보니 '파일을 생성할 수 없다'라는 내용입니다. 이렇게 파일을 생성할 수 없는 이유는 무엇일까요? **proc 파일 시스템에서 파일이나 디렉터리를 유저가 임의로 생성할 수 없도록 설정했기 때문입니다.**

proc 파일 시스템은 시스템에 대한 모니터링 용도로 /proc 경로에 마운트된 파일 시스템이라서 유저가 임의로 파일을 생성할 수 없습니다.

슈퍼블록 객체는 어떤 자료구조로 구현돼 있을까요? **super_block 구조체로 구현돼 있습니다.** 즉, 슈퍼블록 객체는 super_block 구조체로 파일 시스템의 속성 정보를 설정하고 관리합니다. 예를 들면 ext4, proc, sysfs 파일 시스템별로 각각 슈퍼블록 객체가 있으며, 서로 다른 정보를 저장합니다.

super_block 구조체를 통해 어떤 정보를 확인할 수 있을까요? 슈퍼블록 객체별로 해당 파일 시스템의 마운트 옵션과 저장할 수 있는 최대 파일의 크기와 같은 파일 시스템의 기본 속성 정보를 확인할 수 있습니다.

여기까지 슈퍼블록을 소개했으니 이어지는 절에서는 super_block 구조체를 알아보고 슈퍼블록에서 처리하는 함수 연산 테이블을 소개합니다.

13.5.2 super_block 구조체 분석

이번에는 super_block 구조체를 분석하면서 슈퍼블록 객체가 저장하는 파일 시스템의 정보를 살펴보겠습니다. 먼저 super_block 구조체의 선언부를 보겠습니다.

https://github.com/raspberrypi/linux/blob/rpi-4.19.y/include/linux/fs.h

```
struct super_block {
    struct list_head            s_list;             /* Keep this first */
    dev_t                       s_dev;              /* search index; _not_ kdev_t */
    unsigned char               s_blocksize_bits;
    unsigned long               s_blocksize;
    loff_t                      s_maxbytes;         /* Max file size */
    struct file_system_type     *s_type;
    const struct super_operations *s_op;
    const struct dquot_operations *dq_op;
    const struct quotactl_ops   *s_qcop;
    const struct export_operations *s_export_op;
    unsigned long               s_flags;
    unsigned long               s_iflags;           /* internal SB_I_* flags */
    unsigned long               s_magic;
    struct dentry               *s_root;
    struct rw_semaphore         s_umount;
    int                         s_count;
    atomic_t                    s_active;
```

super_block 구조체의 필드 중에서 중요한 속성을 알아보겠습니다. 다음 표에서 super_block 구조체의 주요 필드를 확인할 수 있습니다.

표 13.8 super_block 구조체의 주요 필드

타입	필드	설명
struct list_head	s_list	슈퍼블록을 연결하는 연결 리스트 포인터
dev_t	s_dev	디바이스 식별자
unsigned char	s_blocksize_bits	비트 단위의 블록 크기
unsigned long	s_blocksize	바이트 단위의 블록 크기
loff_t	s_maxbytes	파일의 최대 크기
struct file_system_type *	s_type	파일 시스템 유형
const struct super_operations *	s_op	슈퍼블록 함수 오퍼레이션
const struct dquot_operations *	dq_op	사용량을 제한하는 함수 오퍼레이션
const struct quotactl_ops *	s_qcop	사용량을 제어하는 함수 오퍼레이션
const struct export_operations *	s_export_op	파일 시스템 외부의 함수 오퍼레이션
unsigned long	s_flags	마운트 플래그
unsigned long	s_magic	파일 시스템의 고유 번호(매직넘버)
struct dentry *	s_root	파일 시스템의 루트 디렉터리에 대한 dentry 객체
struct rw_semaphore	s_umount	마운트를 해제할 때 쓰는 세마포어
int	s_count	슈퍼블록 참조 카운터
atomic_t	s_active	보조 참조 카운터
const struct xattr_handler **	s_xattr	슈퍼블록의 확장 속성 구조체를 가리키는 포인터
struct hlist_bl_head	s_anon	익명 dentry들의 리스트 항목
struct block_device *	s_bdev	관련 블록 드라이버 장치를 가리키는 포인터
struct hlist_node	s_instances	특정 파일 시스템 유형의 슈퍼블록 객체들이 모여 있는 리스트를 가리키는 포인터
struct quota_info	s_dquot	사용량 제한 관련 옵션
char	s_id[32]	슈퍼블록에서 처리하는 장치의 이름

위 속성 중에서 눈여겨볼 필요가 있는 필드를 살펴보겠습니다.

- **s_flags**

  아래 플래그와 같이 실행 옵션을 저장하는 필드입니다.

https://github.com/raspberrypi/linux/blob/rpi-4.19.y/include/linux/fs.h

```
#define SB_RDONLY              1        /* Mount read-only */
#define SB_NOSUID              2        /* Ignore suid and sgid bits */
#define SB_NODEV               4        /* Disallow access to device special files */
#define SB_NOEXEC              8        /* Disallow program execution */
#define SB_SYNCHRONOUS         16       /* Writes are synced at once */
#define SB_MANDLOCK            64       /* Allow mandatory locks on an FS */
#define SB_DIRSYNC             128      /* Directory modifications are synchronous */
#define SB_NOATIME             1024     /* Do not update access times. */
#define SB_NODIRATIME          2048     /* Do not update directory access times */
#define SB_SILENT              32768
#define SB_POSIXACL            (1<<16)  /* VFS does not apply the umask */
#define SB_KERNMOUNT           (1<<22)  /* this is a kern_mount call */
#define SB_I_VERSION           (1<<23)  /* Update inode I_version field */
#define SB_LAZYTIME            (1<<25)  /* Update the on-disk [acm]times lazily */
```

위에서 선언된 매크로들이 s_flags 필드에 저장됩니다.

참고로 proc 파일 시스템의 경우 s_flags는 다음과 같은 매크로의 OR 연산 결괏값을 저장합니다.

```
SB_NODIRATIME | SB_NOSUID | SB_NOEXEC
```

proc 파일 시스템은 램에서만 시스템 정보를 출력하는 역할을 수행합니다. 커널에서 정의한 함수로만 파일이나 디렉터리를 생성할 수 있으며 유저가 임의로 파일을 생성하거나 지울 수 없습니다. 따라서 s_flags는 'SB_NODIRATIME | SB_NOSUID | SB_NOEXEC' 실행 옵션으로 구성됩니다.

▪ **s_iflags**

다음 플래그와 같이 커널 내부 슈퍼블록의 동작을 저장합니다.

https://github.com/raspberrypi/linux/blob/rpi-4.19.y/include/linux/fs.h

```
#define SB_I_CGROUPWB      0x00000001  /* cgroup-aware writeback enabled */
#define SB_I_NOEXEC        0x00000002  /* Ignore executables on this fs */
#define SB_I_NODEV         0x00000004  /* Ignore devices on this fs */
#define SB_I_MULTIROOT     0x00000008  /* Multiple roots to the dentry tree */
```

이번 절에서는 슈퍼블록 객체의 구조체를 알아봤으니 이어지는 절에서는 슈퍼블록 객체의 함수 오퍼레이션을 살펴보겠습니다.

13.5.3 슈퍼블록 함수 오퍼레이션

슈퍼블록 객체와 연관된 함수를 호출하는 동작을 슈퍼블록 함수 오퍼레이션이라고 부릅니다. 그렇다면 해당 구조체는 어디서 확인할 수 있을까요? **바로 슈퍼블록 객체인 super_block 구조체의 s_op 필드에서 확인할 수 있습니다.** 참고로 함수 오퍼레이션 정보를 저장하는 s_op 필드는 super_operations 구조체 타입입니다.

슈퍼블록 객체에서는 슈퍼블록 함수 오퍼레이션의 동작이 중요합니다. 파일 시스템별 세부 동작이 슈퍼블록 함수 오퍼레이션에 정의돼 있기 때문입니다.

슈퍼블록의 super_operations 구조체 분석

슈퍼블록 함수 오퍼레이션은 다음 구조체로 선언돼 있습니다.

https://github.com/raspberrypi/linux/blob/rpi-4.19.y/include/linux/fs.h

```
struct super_operations {
    struct inode *(*alloc_inode)(struct super_block *sb);
    void (*destroy_inode)(struct inode *);

    void (*dirty_inode) (struct inode *, int flags);
    int (*write_inode) (struct inode *, struct writeback_control *wbc);
    int (*drop_inode) (struct inode *);
    void (*evict_inode) (struct inode *);
    void (*put_super) (struct super_block *);
    int (*sync_fs)(struct super_block *sb, int wait);
    int (*freeze_super) (struct super_block *);
    int (*freeze_fs) (struct super_block *);
    int (*thaw_super) (struct super_block *);
    int (*unfreeze_fs) (struct super_block *);
    int (*statfs) (struct dentry *, struct kstatfs *);
    int (*remount_fs) (struct super_block *, int *, char *);
    void (*umount_begin) (struct super_block *);

    int (*show_options)(struct seq_file *, struct dentry *);
...
    long (*free_cached_objects)(struct super_block *,
                    struct shrink_control *);
};
```

각 구조체의 필드를 점검하기에 앞서 슈퍼블록 함수 오퍼레이션의 필드들이 리눅스 커널 코드에서 어떻게 동작하는지 알아봅시다.

한 가지 예를 들겠습니다. 파일을 생성하면 이에 해당하는 아이노드를 파일 시스템에서 생성합니다. 아이노드를 누가 언제 생성하고 삭제할까요? **각 파일 시스템별로 지정한 슈퍼블록 함수 오퍼레이션에서 실행합니다.**

다음 코드를 보면서 관련 동작을 확인해 봅시다.

https://github.com/raspberrypi/linux/blob/rpi-4.19.y/fs/inode.c

```
01 static struct inode *alloc_inode(struct super_block *sb)
02 {
03     struct inode *inode;
04
05     if (sb->s_op->alloc_inode)
06             inode = sb->s_op->alloc_inode(sb);
```

5~6번째 줄을 보겠습니다. sb->s_op->alloc_inode 포인터가 지정돼 있는지 점검하고 alloc_inode 필드에 저장된 함수를 호출합니다.

여기서 한 가지 의문이 생깁니다. **그렇다면 각 파일 시스템마다 슈퍼블록 함수 오퍼레이션이 다를까요?** 파일 시스템마다 서로 다른 슈퍼블록 함수 오퍼레이션이 정의돼 있습니다.

다음은 TRACE32로 본 ext4 파일 시스템의 슈퍼블록 함수 오퍼레이션에 대한 정보입니다.

```
01 (static struct super_operations) ext4_sops = (
02    (struct inode * (*)()) alloc_inode = 0x8035D900 = ext4_alloc_inode,
03    (void (*)()) destroy_inode = 0x8035F5D8 = ext4_destroy_inode,
04    (void (*)()) dirty_inode = 0x8033543C = ext4_dirty_inode,
05    (int (*)()) write_inode = 0x8032F79C = ext4_write_inode,
```

위 정보에서 02번째 줄을 보면 alloc_inode 필드는 ext4_alloc_inode() 함수의 주소를 저장합니다. 그렇다면 ext4 파일 시스템에서 아이노드를 생성할 때 다음 함수 포인터를 실행하면 어떤 함수를 호출할까요?

```
sb->s_op->alloc_inode 포인터
```

alloc_inode() 함수의 6번째 줄을 실행하면 ext4_alloc_inode() 함수를 호출합니다. 그 이유는 **ext4 파일 시스템의 슈퍼블록 함수 오퍼레이션에서 alloc_inode 필드는 ext4_alloc_inode() 함수로 등록돼 있기 때문입니다.**

이 밖에 각 파일 시스템별로 어떻게 아이노드를 생성하고 해제하고 파일이 변경(dirty)됐을 때 어떤 흐름으로 아이노드를 처리하는지도 알 수 있습니다. 이처럼 슈퍼블록 객체에서 슈퍼블록 함수 오퍼레이션의 동작이 중요합니다.

슈퍼블록 함수 오퍼레이션의 필드

슈퍼블록 함수 오퍼레이션 자료구조인 super_operations 구조체의 필드를 소개하고 리눅스 커널의 어떤 코드에서 실행하는지 살펴보겠습니다.

alloc_inode

파일 시스템별로 inode 객체를 생성할 때 호출됩니다. 파일 시스템 기능별로 파일을 관리하는 메타 정보를 업데이트합니다.

alloc_inode 필드의 선언부는 다음과 같습니다.

```
struct inode *(*alloc_inode)(struct super_block *sb);
```

슈퍼블록 함수 오퍼레이션으로 alloc_inode 함수 포인터는 다음 alloc_inode() 함수의 6번째 줄에서 실행합니다.

https://github.com/raspberrypi/linux/blob/rpi-4.19.y/fs/inode.c

```
01 static struct inode *alloc_inode(struct super_block *sb)
02 {
03     struct inode *inode;
04
05     if (sb->s_op->alloc_inode)
06         inode = sb->s_op->alloc_inode(sb);
```

슈퍼블록 함수 오퍼레이션 필드와 함수 이름이 같습니다.

alloc_inode() 함수는 언제 호출될까요? 보통 파일을 생성하는 과정에서 sys_open() 시스템 콜 핸들러의 서브 루틴으로 alloc_inode() 함수가 실행됩니다.

destroy_inode

아이노드 객체와 각 파일 시스템별로 지정한 세부 데이터를 삭제합니다. destroy_inode 필드의 선언부
는 다음과 같습니다.

```
void (*destroy_inode)(struct inode *);
```

슈퍼블록 함수 오퍼레이션 필드인 destroy_inode 함수 포인터는 언제 실행할까요? 다음 destory_
inode() 함수의 6번째 줄에서 실행합니다.

https://github.com/raspberrypi/linux/blob/rpi-4.19.y/fs/inode.c

```
01 static void destroy_inode(struct inode *inode)
02 {
03     BUG_ON(!list_empty(&inode->i_lru));
04     __destroy_inode(inode);
05     if (inode->i_sb->s_op->destroy_inode)
06         inode->i_sb->s_op->destroy_inode(inode);
```

destroy_inode() 함수는 보통 파일을 삭제할 때 호출됩니다.

dirty_inode

일반적으로 파일 내용이 변경됐을 때 아이노드에 수정 표시를 하는데 이 과정에서 호출됩니다. 주로
ext4와 같이 디스크에 저장된 저널을 업데이트하는 파일 시스템에서 사용합니다.

dirty_inode 필드의 선언부는 다음과 같습니다.

```
void (*dirty_inode) (struct inode *, int flags);
```

dirty_inode 슈퍼블록 함수 오퍼레이션은 __mark_inode_dirty() 함수에서 실행됩니다.

https://github.com/raspberrypi/linux/blob/rpi-4.19.y/fs/fs-writeback.c

```
01 void __mark_inode_dirty(struct inode *inode, int flags)
02 {
03     struct super_block *sb = inode->i_sb;
04     int dirtytime;
05
06     trace_writeback_mark_inode_dirty(inode, flags);
```

```
07
08      if (flags & (I_DIRTY_INODE | I_DIRTY_TIME)) {
09              trace_writeback_dirty_inode_start(inode, flags);
10
11              if (sb->s_op->dirty_inode)
12                      sb->s_op->dirty_inode(inode, flags);
13
14              trace_writeback_dirty_inode(inode, flags);
15      }
...
}
```

12번째 줄을 보면 슈퍼블록 함수 오퍼레이션 정보인 s_op 필드를 통해 dirty_inode 함수 포인터를 실행합니다.

write_inode

첫 번째 인자로 전달되는 아이노드 객체의 내용으로 세부 파일 시스템의 정보를 업데이트합니다. 여기서 inode 객체의 i_ino 필드는 디스크에 있는 파일 시스템의 inode를 가리킵니다.

write_inode 필드의 선언부는 다음과 같습니다.

```
int (*write_inode) (struct inode *, struct writeback_control *wbc);
```

슈퍼블록 write_inode 함수 오퍼레이션은 write_inode() 함수에서 실행됩니다.

https://github.com/raspberrypi/linux/blob/rpi-4.19.y/fs/fs-writeback.c

```
01 static int write_inode(struct inode *inode, struct writeback_control *wbc)
02 {
03      int ret;
04
05      if (inode->i_sb->s_op->write_inode && !is_bad_inode(inode)) {
06              trace_writeback_write_inode_start(inode, wbc);
07              ret = inode->i_sb->s_op->write_inode(inode, wbc);
08              trace_writeback_write_inode(inode, wbc);
09              return ret;
10      }
11      return 0;
12 }
```

write_inode() 함수의 7번째 줄을 보면 슈퍼블록 함수 오퍼레이션 필드인 s_op를 통해 write_inode 포인 터를 실행해 write_inode 함수 오퍼레이션을 실행합니다.

drop_inode

가상 파일 시스템에서 해당 아이노드를 참조하지 않을 때 호출됩니다. 대부분 파일 시스템에서 geteric_drop_inode() 함수를 호출해 아이노드를 삭제합니다. drop_inode의 선언부는 다음과 같습니다.

```
int (*drop_inode) (struct inode *);
```

put_super

파일 시스템이 언마운트한 후 슈퍼블록 객체를 제거할 때 호출됩니다. put_super의 선언부는 다음과 같 습니다.

```
void (*put_super) (struct super_block *);
```

슈퍼블록의 put_super 함수 오퍼레이션은 다음 코드와 같이 generic_shutdown_super() 함수에서 실행됩 니다.

https://github.com/raspberrypi/linux/blob/rpi-4.19.y/fs/super.c

```
01 void generic_shutdown_super(struct super_block *sb)
02 {
03     const struct super_operations *sop = sb->s_op;
04
05     if (sb->s_root) {
...
06             if (sop->put_super)
07                 sop->put_super(sb);
```

6번째 줄에서 슈퍼블록의 함수 오퍼레이션 필드 중 put_super에 함수 포인터가 지정됐는지 점검합니다. put_super에 함수 포인터가 지정됐으면 7번째 줄과 같이 put_super 함수 포인터를 실행해 put_super 함 수 오퍼레이션을 실행합니다.

sync_fs

파일 시스템의 상세 정보인 메타데이터를 디스크에 저장된 자료구조와 동기화할 때 실행합니다. 보통 ext4 같은 저널링 파일 시스템에서 사용됩니다. sync_fs의 선언부는 다음과 같습니다.

```
int (*sync_fs)(struct super_block *sb, int wait);
```

슈퍼블록 sync_fs 함수 오퍼레이션은 sync_fs_one_sb() 혹은 __sync_filesystem() 함수에서 실행합니다. sync_fs_one_sb()/__sync_filesystem() 함수의 구현부를 보겠습니다.

https://github.com/raspberrypi/linux/blob/rpi-4.19.y/fs/sync.c

```
01 static void sync_fs_one_sb(struct super_block *sb, void *arg)
02 {
03     if (!sb_rdonly(sb) && sb->s_op->sync_fs)
04         sb->s_op->sync_fs(sb, *(int *)arg);
05 }
06
07 static int __sync_filesystem(struct super_block *sb, int wait)
08 {
09     if (wait)
10         sync_inodes_sb(sb);
11     else
12         writeback_inodes_sb(sb, WB_REASON_SYNC);
13
14     if (sb->s_op->sync_fs)
15         sb->s_op->sync_fs(sb, wait);
16     return __sync_blockdev(sb->s_bdev, wait);
17 }
```

sync_fs_one_sb() 함수와 __sync_filesystem() 함수의 4번째와 15번째 줄을 각각 눈여겨봅시다. 둘 다 sync_fs 필드에 함수 포인터가 지정됐는지 점검한 후 함수 포인터에 지정된 함수를 호출해 sync_fs 함수 오퍼레이션을 실행합니다.

statfs

파일 시스템의 통계 정보를 읽으려고 할 때 호출됩니다. 지정한 파일 시스템의 통계 정보는 kstatfs 구조체에 저장됩니다. statfs의 선언부는 다음과 같습니다.

```
int (*statfs) (struct dentry *, struct kstatfs *);
```

슈퍼블록의 statfs 함수 오퍼레이션은 유저 공간에서 statfs 함수를 호출하면 시스템 콜을 실행한 다음에 vfs_statfs() 함수를 호출합니다. 이어서 vfs_statfs() 함수에서 statfs_by_dentry() 함수를 호출합니다.

슈퍼블록 statfs 함수 오퍼레이션은 statfs_by_dentry() 함수에서 수행됩니다.

https://github.com/raspberrypi/linux/blob/rpi-4.19.y/fs/statfs.c

```
01 static int statfs_by_dentry(struct dentry *dentry, struct kstatfs *buf)
02 {
...
03     memset(buf, 0, sizeof(*buf));
04     retval = security_sb_statfs(dentry);
05     if (retval)
06             return retval;
07     retval = dentry->d_sb->s_op->statfs(dentry, buf);
08     if (retval == 0 && buf->f_frsize == 0)
09             buf->f_frsize = buf->f_bsize;
10     return retval;
11 }
```

statfs_by_dentry() 함수의 07번째 줄에서 statfs 함수 포인터를 실행해 statfs 함수 오퍼레이션을 실행합니다.

remount_fs

가상 파일 시스템이 파일 시스템을 새로운 마운트 옵션을 적용해 다시 마운트할 때 호출됩니다. remount_fs의 선언부는 다음과 같습니다.

```
int (*remount_fs) (struct super_block *, int *, char *);
```

해당 동작은 do_remount_sb() 함수의 6번째 줄에서 수행합니다.

https://github.com/raspberrypi/linux/blob/rpi-4.19.y/fs/super.c

```
01 int do_remount_sb(struct super_block *sb, int sb_flags, void *data, int force)
02 {
```

```
03    int retval;
04    int remount_ro;
...
05    if (sb->s_op->remount_fs) {
06            retval = sb->s_op->remount_fs(sb, &sb_flags, data);
...
07    }
```

슈퍼블록의 함수 오퍼레이션 필드인 s_op를 통해 remount_fs 함수 포인터를 실행해 remount_fs 함수 오퍼레이션을 실행합니다.

umount_begin

가상 파일 시스템이 마운트 동작을 중단할 때 호출됩니다. umount_begin의 선언부는 다음과 같습니다.

```
void (*umount_begin) (struct super_block *);
```

umount_begin 함수 오퍼레이션은 do_umount() 함수에서 실행합니다.

https://github.com/raspberrypi/linux/blob/rpi-4.19.y/fs/namespace.c

```
01 static int do_umount(struct mount *mnt, int flags)
02 {
03    struct super_block *sb = mnt->mnt.mnt_sb;
04    int retval;
...
05
06    if (flags & MNT_FORCE && sb->s_op->umount_begin) {
07        sb->s_op->umount_begin(sb);
08    }
```

7번째 줄과 같이 슈퍼블록 함수 오퍼레이션 필드인 s_op를 통해 umount_begin 함수 포인터를 실행해 umount_begin 함수 오퍼레이션을 실행합니다.

여기까지 슈퍼블록 함수 오퍼레이션 필드의 특징과 해당 함수 오퍼레이션이 실행되는 코드를 살펴봤습니다. 각 파일 시스템별로 아이노드를 생성 및 제거하는 동작부터 파일 시스템을 재마운트하는 동작까지 슈퍼블록 함수 오퍼레이션으로 지원합니다.

실제 슈퍼블록 함수 오퍼레이션이 제대로 실행되는지 알려면 라즈베리 파이와 같은 리눅스 디바이스에서 실제 함수 호출 흐름을 눈으로 확인할 필요가 있습니다. 하지만 슈퍼블록 함수 오퍼레이션의 세부 동작은 이 책의 범위를 넘어섭니다. 각 파일 시스템별로 관리하는 슈퍼블록 함수 오퍼레이션으로 세부 동작을 처리한다는 정도로만 알아둡시다.

다음 절에서는 슈퍼블록 함수 오퍼레이션 중 시스템 콜과 연동돼서 동작하는 아이노드 관련 동작을 살펴보겠습니다.

13.5.4 슈퍼블록의 함수 오퍼레이션 관련 시스템 콜

지금까지 알아봤듯이 슈퍼블록은 슈퍼블록 함수 오퍼레이션을 통해 슈퍼블록의 세부 동작을 '추상화'합니다. 이 '추상화'를 통해 가상 파일 시스템에서 다양한 파일 시스템이 유연하게 실행될 수 있습니다.

이번 절에서는 슈퍼블록 함수 오퍼레이션 중 아이노드를 생성하고 삭제할 때 사용되는 함수들이 어떤 흐름으로 실행되는지 살펴보겠습니다.

아이노드 생성 과정

파일을 생성할 때 여러 가지 처리 과정을 거치는데 그 핵심은 파일에 대한 아이노드를 생성하는 동작입니다. 그렇다면 아이노드는 언제 생성될까요? **대부분 파일을 새롭게 생성할 때 파일에 대응하는 아이노드를 생성합니다.** 참고로 파일은 아이노드에 일대일로 대응된다는 사실을 기억합시다.

그런데 파일 시스템별로 아이노드를 생성하는 방식에 약간 차이가 있습니다. 그래서 슈퍼블록 함수 오퍼레이션 중 alloc_inode는 각 파일 시스템별로 아이노드를 생성하는 동작을 추상화합니다. 조금 어려운가요? 위 내용을 쉽게 표현하면 다음과 같습니다.

> alloc_inode 함수 포인터로 각 파일 시스템별로 지정한 함수를 호출한다.

위 내용을 읽은 독자분들은 다음과 같은 질문을 하실 가능성이 높습니다.

> alloc_inode 함수 포인터로 ext4 파일 시스템과 proc 파일 시스템별로 서로 다른 함수가 호출될까요?

맞습니다. 파일 시스템별로 지정된 서로 다른 함수를 호출합니다. 커널의 가상 파일 시스템은 이 방식으로 파일 시스템의 가상화를 구현합니다.

다음과 같이 파일을 생성할 때 실행되는 sys_openat() 시스템 콜 핸들러 함수를 통해 ext4 파일 시스템에서 아이노드를 생성합니다. 이 과정에서 아이노드 함수 오퍼레이션을 통해 파일 시스템별로 아이노드가 생성됩니다. 보통 아이노드는 언제 생성할까요? 파일을 새롭게 생성할 때 생성합니다.

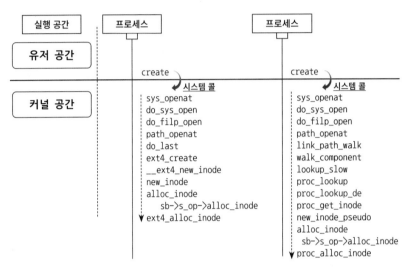

그림 13.17 ext4와 proc 파일 시스템별 아이노드 생성 흐름

파일을 생성할 때는 유저 공간에서 create() 함수를 호출하면 파일을 생성할 수 있습니다. 이때 create()에 대한 시스템 콜 핸들러로 sys_open() 함수가 호출됩니다.

파일 시스템의 종류에 따라 아이노드를 달리 관리하므로 파일 시스템별로 지정된 아이노드를 생성하는 함수를 호출하는 것입니다. 그림 13.17을 보면 왼쪽 부분의 ext4 파일 시스템에서는 ext4_alloc_inode() 함수가 호출되고 오른쪽의 proc 파일 시스템에서는 proc_alloc_inode() 함수가 호출되는 것입니다.

다음 alloc_inode() 함수의 구현부를 보면서 설명드린 내용을 확인해보겠습니다.

https://github.com/raspberrypi/linux/blob/rpi-4.19.y/fs/inode.c

```
01 static struct inode *alloc_inode(struct super_block *sb)
02 {
03     struct inode *inode;
04
05     if (sb->s_op->alloc_inode)
06         inode = sb->s_op->alloc_inode(sb);
```

6번째 줄에서 s_op라는 필드가 슈퍼블록 함수 오퍼레이션을 담당하며, alloc_inode() 함수 포인터를 실행합니다. ext4 파일 시스템인 경우 ext4_alloc_inode() 함수를 호출하고, proc 파일 시스템인 경우 6번째 줄에서 proc_alloc_inode() 함수를 실행합니다. 이처럼 가상 파일 시스템 계층에서 슈퍼블록 함수 오퍼레이션으로 아이노드를 할당하는 역할을 alloc_inode() 함수에서 수행합니다.

아이노드 삭제 과정

리눅스 시스템에서 파일을 삭제할 때가 있는데, 파일을 삭제하면 파일에 대응되는 아이노드는 어떻게 처리될까요? **파일을 삭제할 때 아이노드도 삭제됩니다.** 이 과정에서 슈퍼블록 함수 오퍼레이션 중 delete_inode가 실행됩니다.

이번에는 delete_inode 함수 오퍼레이션이 수행되는 ftrace 로그를 소개합니다.

```
<...>-6630 [000] 10423.576873: ext4_destroy_inode+0x14/0x9c <-destroy_inode+0x4c/0x64
<...>-6630 [000] ...1 10423.576882: <stack trace>
 => ext4_destroy_inode+0x18/0x9c
 => destroy_inode+0x4c/0x64
 => evict+0x14c/0x154
 => iput+0x260/0x278
 => do_unlinkat+0x118/0x1c4
 => sys_unlinkat+0x30/0x3c
 => __sys_trace_return+0x0/0x14
```

위 함수 흐름은 unlink 시스템 콜을 실행했을 때 아이노드를 삭제하는 동작입니다.

이어서 각 파일 시스템별로 아이노드 삭제를 처리하는 destroy_inode() 함수를 분석하겠습니다.

https://github.com/raspberrypi/linux/blob/rpi-4.19.y/fs/inode.c

```
01 static void destroy_inode(struct inode *inode)
02 {
03     BUG_ON(!list_empty(&inode->i_lru));
04     __destroy_inode(inode);
05     if (inode->i_sb->s_op->destroy_inode)
06         inode->i_sb->s_op->destroy_inode(inode);
```

4번째 줄과 같이 __destroy_inode() 함수를 호출해서 가상 파일 시스템에서 관리하는 아이노드를 삭제합니다.

이어서 6번째 줄에서는 destroy_inode라는 함수 포인터를 호출해서 각 파일 시스템별 데이터를 삭제합니다.

아이노드가 변경됐을 때의 처리 과정

파일을 수정하면 이에 해당하는 아이노드의 상태를 변경합니다.

이해를 돕기 위해 한 가지 예를 들겠습니다. 여러분이 기니 프로그램을 열고 텍스트의 내용을 바꾼 다음 파일로 저장한다고 가정하겠습니다. 이 경우 시스템 내부에서는 어떻게 동작할까요? **아이노드의 상태를 더티(Synchronizing)로 변경합니다.**

어떤 파일을 유저가 변경한 다음 저장할 때는 저장매체에 데이터를 저장하는 파일 시스템이 작동합니다. 이를 위해 먼저 저장매체에 접근하면 처리 시간이 오래 걸려 실시간으로 변경된 데이터를 디스크에 바로 저장하지 못합니다. **그 이유는 디스크 저장매체에 접근하는 속도가 CPU와 메모리 간 처리 속도에 비해 느리기 때문입니다.** 따라서 변경된 파일을 저장매체에 저장하기에 앞서 파일에 '바뀐 데이터와 저장 장치' 정보를 먼저 마킹해둡니다.

리눅스에서는 이를 'dirty'라는 용어로 표현합니다. 'dirty'보다는 'synchronizing'이라는 용어가 더 이해하기 편한 것 같습니다만 리눅스 커널에서 기존에 dirty라는 단어로 수많은 함수와 파일을 생성했기 때문에 dirty라는 단어를 그대로 씁니다. 따라서 dirty라는 용어를 만나면 어떤 데이터가 수정됐는데 이를 디스크와 동기화해야 하는 상태라고 이해하면 됩니다.

이번에는 아이노드 상태를 더티(Synchronizing)로 변경할 때 출력되는 ftrace 로그를 소개합니다.

```
 RPi_VFS-1669 [002] ...1 10383.293683: ext4_dirty_inode+0x14/0x70 <-__mark_inode_dirty+0x1ec/0x554
 RPi_VFS-1669 [002] ...1 10383.293696: <stack trace>
 => ext4_dirty_inode+0x18/0x70
 => __mark_inode_dirty+0x1ec/0x554
 => ext4_da_update_reserve_space+0x1c0/0x220
 => ext4_ext_map_blocks+0x1d88/0x1f1c
 => ext4_map_blocks+0x2b4/0x52c
 => mpage_map_and_submit_extent+0x1e4/0x724
 => ext4_writepages+0x63c/0x850
 => do_writepages+0x34/0x48
 => __filemap_fdatawrite_range+0x70/0x78
 => filemap_write_and_wait_range+0x44/0x84
 => ext4_sync_file+0x24c/0x424
 => vfs_fsync_range+0xa8/0xb0
```

```
=> vfs_fsync+0x34/0x3c
=> do_fsync+0x38/0x78
=> sys_fsync+0x1c/0x20
=> __sys_trace_return+0x0/0x14
```

fsync 시스템 콜을 실행하면 커널 공간에서 호출되는 함수 흐름입니다. 참고로 fsync라는 시스템 콜을
실행하면 파일을 디스크에 저장해 동기화하는 역할을 수행합니다.

이번에는 dirty_inode 함수 오퍼레이션이 실행되는 코드를 봅시다.

https://github.com/raspberrypi/linux/blob/rpi-4.19.y/fs/fs-writeback.c

```c
01 void __mark_inode_dirty(struct inode *inode, int flags)
02 {
03    struct super_block *sb = inode->i_sb;
04    int dirtytime;
05
06    trace_writeback_mark_inode_dirty(inode, flags);
07
08    if (flags & (I_DIRTY_INODE | I_DIRTY_TIME)) {
09        trace_writeback_dirty_inode_start(inode, flags);
10
11        if (sb->s_op->dirty_inode)
12            sb->s_op->dirty_inode(inode, flags);
13
14        trace_writeback_dirty_inode(inode, flags);
15    }
...
16 }
```

11번째 줄에서는 해당 파일 시스템의 슈퍼블록 함수 테이블에서 dirty_inode가 등록됐는지 점검하고,
12번째 줄에서 함수 오퍼레이션을 통해 파일 시스템별로 등록된 함수를 호출합니다.

13.5.5 슈퍼블록 정보를 statfs 시스템 콜로 읽는 과정

가상 파일 시스템은 모든 파일 시스템을 가상화하면서 관리하므로 많은 시스템 콜은 가상 파일 시스템
과 연동돼서 처리됩니다. 이번 절에서는 유저 공간에서 statfs() 함수를 호출했을 때 커널 가상 파일 시
스템의 슈퍼블록 객체를 통해 유저 공간에 파일 시스템의 정보를 전달하는 과정을 소개합니다.

statfs 시스템 콜의 처리 과정

유저 공간에서 statfs() 함수를 호출하면 파일 시스템의 세부 속성 정보를 알 수 있습니다. 그러면 이 정보는 누가 알려줄까요? 가상 파일 시스템의 객체 중 하나인 슈퍼블록입니다. 슈퍼블록 구조체인 super_block의 각 필드는 파일 시스템에 대한 메타 정보를 저장합니다. 이 정보를 유저 공간에 복사해 전달하는 것입니다.

먼저 유저 애플리케이션 코드를 보면서 처리 과정을 분석해 봅시다. 이번에 볼 예제 코드는 다음과 같습니다.

```
01 #include <stdio.h>
02 #include <stdlib.h>
03 #include <unistd.h>
04 #include <sys/types.h>
05 #include <sys/vfs.h>
06 #include <string.h>
07 #include <fcntl.h>
08
09 #define FILENAME_NAME "/home/pi"
10 #define BUFF_SIZE 256
11 int main()
12 {
13     struct statfs file_sys_info;
14     char fname[BUFF_SIZE] = {0,};
15
16     strcpy(fname, FILENAME_NAME);
17
18     if(statfs(fname, &file_sys_info)) {
19         printf("Unable to statfs %s \n", fname);
20         exit(1);
21     }
22
23     return 0;
24 }
```

18번째 줄과 같이 statfs() 함수의 첫 번째 인자로 디렉터리 경로와 statfs 구조체인 file_sys_info 변수를 지정하면 파일 시스템의 속성 정보를 읽을 수 있습니다.

```
18      if(statfs(fname, &file_sys_info)) {
19              printf("Unable to statfs %s \n", fname);
20              exit(1);
21      }
```

그러면 유저 공간에서 statfs() 함수를 호출하면 커널 공간에서 어떤 함수가 호출될까요? 해당 시스템 콜 핸들러 함수인 sys_statfs() 함수가 호출됩니다.

이번에는 sys_statfs() 함수의 선언부를 보겠습니다.

https://github.com/raspberrypi/linux/blob/rpi-4.19.y/include/linux/syscalls.h

```
asmlinkage long sys_statfs(const char __user * path,
            struct statfs __user *buf);
```

다음으로 각 함수에 전달하는 인자를 확인합시다.

- const char __user * path

  디렉터리나 파일의 경로를 저장합니다. path는 /home/pi 혹은 /home/pi/sample_text.txt가 될 수 있습니다.

- struct statfs __user *buf

  유저 공간에 저장할 파일 시스템의 속성 정보 구조체가 있는 메모리 버퍼 주소입니다.

sys_statfs() 함수의 세부 코드 분석

이어서 sys_statfs() 함수를 보겠습니다.

https://github.com/raspberrypi/linux/blob/rpi-4.19.y/fs/statfs.c

```
01 SYSCALL_DEFINE2(statfs, const char __user *, pathname, struct statfs __user *, buf)
02 {
03    struct kstatfs st;
04    int error = user_statfs(pathname, &st);
05    if (!error)
06        error = do_statfs_native(&st, buf);
07    return error;
08 }
```

sys_statfs() 함수의 동작은 크게 2단계로 나눌 수 있습니다.

1단계: statfs 슈퍼블록 함수 오퍼레이션을 실행

파일 시스템에서 슈퍼블록 함수 오퍼레이션으로 statfs 필드로 지정한 함수를 호출합니다. 이 과정에서 다음 함수들이 호출됩니다.

- user_statfs()

- vfs_statfs()

- statfs_by_dentry()

- ext4_statfs()

2단계: 유저 공간에 파일 시스템의 정보 저장

do_statfs_native() 함수를 호출해서 슈퍼블록 객체에서 관리하는 속성 정보를 유저 공간에서 지정한 버퍼에 저장합니다.

각 단계별로 소개한 함수의 동작을 코드 분석을 통해 알아보겠습니다.

1단계: statfs 슈퍼블록 오퍼레이션 함수를 호출하는 과정

먼저 user_statfs() 함수를 보겠습니다.

https://github.com/raspberrypi/linux/blob/rpi-4.19.y/fs/statfs.c

```
01 int user_statfs(const char __user *pathname, struct kstatfs *st)
02 {
03     struct path path;
04     int error;
05     unsigned int lookup_flags = LOOKUP_FOLLOW|LOOKUP_AUTOMOUNT;
06 retry:
07     error = user_path_at(AT_FDCWD, pathname, lookup_flags, &path);
08     if (!error) {
09         error = vfs_statfs(&path, st);
```

코드를 분석하기 전에 kstatfs 구조체는 커널 공간에서 파일 시스템의 메타 정보를 관리하는 구조체이고, statfs 구조체는 유저 공간에서 파일 시스템의 정보 읽는 구조체라는 점을 기억합시다.

7번째 줄을 보겠습니다.

```
07     error = user_path_at(AT_FDCWD, pathname, lookup_flags, &path);
```

파일 경로에 대한 예외 처리를 수행한 후 파일 경로에 맞는 덴트리 정보가 포함된 정보를 struct path 타입의 path 지역변수로 읽습니다. 이후 9번째 줄과 같이 vfs_statfs() 함수를 호출합니다. 유저 공간에서 지정한 파일 경로가 유효한지 점검한 후, vfs_statfs() 함수를 호출하는 것입니다.

다음으로 vfs_statfs() 함수를 보겠습니다.

https://github.com/raspberrypi/linux/blob/rpi-4.19.y/fs/statfs.c

```
01 int vfs_statfs(const struct path *path, struct kstatfs *buf)
02 {
03     int error;
04
05     error = statfs_by_dentry(path->dentry, buf);
...
06 }
```

vfs_statfs() 함수의 5번째 줄에서 statfs_by_dentry() 함수를 호출합니다.

이어서 statfs_by_dentry() 함수를 분석하겠습니다.

https://github.com/raspberrypi/linux/blob/rpi-4.19.y/fs/statfs.c

```
01 static int statfs_by_dentry(struct dentry *dentry, struct kstatfs *buf)
02 {
03     int retval;
04
05     if (!dentry->d_sb->s_op->statfs)
06             return -ENOSYS;
07
08     memset(buf, 0, sizeof(*buf));
09     retval = security_sb_statfs(dentry);
10     if (retval)
11             return retval;
12     retval = dentry->d_sb->s_op->statfs(dentry, buf);
```

5~6번째 줄을 봅시다.

```
05     if (!dentry->d_sb->s_op->statfs)
06             return -ENOSYS;
```

덴트리 객체로 얻어온 슈퍼블록 객체의 함수 오퍼레이션으로 statfs 필드가 지정돼 있지 않으면 -ENOSYS를 반환하고 함수 실행을 종료합니다.

다음으로 12번째 줄을 분석하겠습니다.

```
12      retval = dentry->d_sb->s_op->statfs(dentry, buf);
```

슈퍼블록 함수 오퍼레이션으로 지정한 statfs 함수를 호출하며 이 구문에서 파일 시스템별로 지정된 함수들이 호출됩니다.

이어서 ext4 파일 시스템의 경우 statfs 함수 오퍼레이션으로 호출되는 ext4_statfs() 함수의 코드를 보겠습니다.

https://github.com/raspberrypi/linux/blob/rpi-4.19.y/fs/ext4/super.c

```
static int ext4_statfs(struct dentry *dentry, struct kstatfs *buf)
{
    struct super_block *sb = dentry->d_sb;
    struct ext4_sb_info *sbi = EXT4_SB(sb);
    struct ext4_super_block *es = sbi->s_es;
    ext4_fsblk_t overhead = 0, resv_blocks;
...
    buf->f_bsize = sb->s_blocksize;
    buf->f_blocks = ext4_blocks_count(es) - EXT4_C2B(sbi, overhead);
...
    buf->f_bfree = EXT4_C2B(sbi, max_t(s64, bfree, 0));
    buf->f_bavail = buf->f_bfree -
                    (ext4_r_blocks_count(es) + resv_blocks);
```

코드가 복잡해 보이지만 kstatfs 구조체인 buf라는 포인터에 파일 시스템의 메타 정보를 저장하는 동작입니다.

ext4 파일 시스템에 대한 세부 동작 방식은 이 책의 범위를 넘어섭니다. 각 파일 시스템별로 슈퍼블록 함수 오퍼레이션으로 statfs 필드를 지정했으면 각 파일 시스템별로 지정된 함수가 호출된다는 사실을 기억합시다.

2단계: 유저 공간에 파일 시스템 정보를 저장하는 과정

파일 시스템의 정보 유저 공간에 전달하는 단계의 소스코드를 분석할 차례입니다. 코드 분석을 위해 sys_statfs() 함수를 보겠습니다.

https://github.com/raspberrypi/linux/blob/rpi-4.19.y/fs/statfs.c

```
01 SYSCALL_DEFINE2(statfs, const char __user *, pathname, struct statfs __user *, buf)
02 {
03    struct kstatfs st;
04    int error = user_statfs(pathname, &st);
05    if (!error)
06        error = do_statfs_native(&st, buf);
07    return error;
08 }
```

04번째 줄과 같이 user_statfs() 함수를 호출해 파일 시스템의 정보 읽고 난 다음 06번째 줄과 같이 do_statfs_native() 함수를 호출합니다.

다음으로 do_statfs_native() 함수를 보겠습니다.

https://github.com/raspberrypi/linux/blob/rpi-4.19.y/fs/statfs.c

```
01 static int do_statfs_native(struct kstatfs *st, struct statfs __user *p)
02 {
03    struct statfs buf;
...
04        buf.f_type = st->f_type;
05        buf.f_bsize = st->f_bsize;
06        buf.f_blocks = st->f_blocks;
07        buf.f_bfree = st->f_bfree;
08        buf.f_bavail = st->f_bavail;
09        buf.f_files = st->f_files;
10        buf.f_ffree = st->f_ffree;
11        buf.f_fsid = st->f_fsid;
12        buf.f_namelen = st->f_namelen;
13        buf.f_frsize = st->f_frsize;
14        buf.f_flags = st->f_flags;
15        memset(buf.f_spare, 0, sizeof(buf.f_spare));
16    }
```

```
17    if (copy_to_user(p, &buf, sizeof(buf)))
18        return -EFAULT;
19    return 0;
20 }
```

4~14번째 줄을 보겠습니다. kstatfs 구조체인 st 포인터에 저장된 각 필드를 statfs 구조체인 buf 인자의 각 필드에 복사합니다.

다음으로 17번째 줄을 분석하겠습니다.

```
17    if (copy_to_user(p, &buf, sizeof(buf)))
18        return -EFAULT;
```

statfs 구조체가 있는 유저 공간의 메모리 버퍼의 주소인 p에 buf 인자를 복사합니다.

코드 분석을 통해 다음과 같은 내용을 알게 됐습니다.

> 유저 공간에서 리눅스 저수준 함수인 **statfs()** 함수를 호출하면 커널 공간에 있는 슈퍼블록 객체에 접근해서 파일 시스템 세부 정보를 로딩한다.

다음 절에서는 가상 파일 시스템의 객체 중 하나인 아이노드 객체를 배워보겠습니다.

13.6 아이노드 객체

이번 절에서는 가상 파일 시스템을 구성하는 주요 객체 중 아이노드 객체에 대해 살펴봅니다. 아이노드 객체는 파일의 속성과 세부 동작에 필요한 정보를 저장하고 관리합니다.

아이노드 객체의 기본 속성은 inode 구조체로 표현하며, 아이노드 세부 동작은 아이노드 함수 오퍼레이션으로 관리됩니다. 먼저 inode 구조체를 보면서 아이노드 객체에 대해 배워봅시다.

13.6.1 inode 구조체 분석

아이노드의 세부 속성은 inode 구조체에서 확인할 수 있습니다. 먼저 inode 구조체의 선언부를 봅시다.

https://github.com/raspberrypi/linux/blob/rpi-4.19.y/include/linux/fs.h

```
struct inode {
    umode_t                     i_mode;
    unsigned short              i_opflags;
    kuid_t                      i_uid;
    kgid_t                      i_gid;
    unsigned int                i_flags;
...
    const struct inode_operations   *i_op;
    struct super_block          *i_sb;
    struct address_space        *i_mapping;

...
}
```

inode 구조체의 각 필드에 대한 설명은 다음 표에서 확인할 수 있습니다.

표 13.9 inode 구조체의 주요 필드와 속성

타입	필드	설명
const struct inode_operations *	i_op	inode 연산
struct super_block *	i_sb	슈퍼블록 객체를 가리키는 포인터
struct address_space *	i_mapping	address_space를 가리키는 포인터
unsigned long	i_ino	inode 번호
const unsigned int	i_nlink	하드 링크의 개수
dev_t	i_rdev	실제 장치 식별자
loff_t	i_size	바이트 단위의 파일 크기
	i_atime	마지막으로 파일에 접근한 시간
struct timespec	i_mtime	마지막으로 파일에 쓴 시간
	i_ctime	마지막으로 inode를 변경한 시간
unsigned short	i_bytes	파일의 마지막 블록에 있는 바이트 개수
unsigned int	i_blkbits	비트 단위의 블록 사이즈
blkcnt_t	i_blocks	파일의 블록 개수
unsigned long	i_state	inode 상태 플래그
unsigned long	dirtied_when	inode가 dirty 상태가 된 시간
unsigned long	dirtied_time_when	inode가 dirty 상태에서 변경된 시간

타입	필드	설명
struct hlist_node	i_hash	해시 리스트를 가리키는 포인터
struct list_head	i_sb_list	슈퍼블록의 inode 리스트를 가리키는 포인터
atomic_t	i_count	사용 카운터
atomic_t	i_writecount	쓰기 프로세스를 위한 사용 카운터

inode 구조체의 필드 가운데 중요한 필드를 차례로 살펴보겠습니다.

i_mode

파일 종류나 동작 권한과 같은 아이노드의 상태 정보를 저장합니다. 아래 정의한 플래그를 OR 연산한 결과를 저장합니다.

https://github.com/raspberrypi/linux/blob/rpi-4.19.y/include/uapi/linux/stat.h

```
#define S_IFMT  00170000
#define S_IFSOCK 0140000
#define S_IFLNK 0120000
#define S_IFREG 0100000
#define S_IFBLK 0060000
#define S_IFDIR 0040000
#define S_IFCHR 0020000
#define S_IFIFO 0010000
#define S_ISUID 0004000
#define S_ISGID 0002000
#define S_ISVTX 0001000
```

각 매크로에 대한 설명은 다음 표를 참고합시다.

표 13.10 아이노드 객체에서 파일의 타입을 표시하는 매크로

매크로	설명
S_IFMT	파일 종류를 식별하기 위한 마스크 비트
S_IFLNK	링크 파일
S_IFREG	일반 파일
S_IFCHR	캐릭터 디바이스용 파일
S_IFBLK	블록 디바이스용 파일

매크로	설명
S_IFDIR	디렉터리 파일
S_IFLNK	심볼릭 파일
S_IFIFO	FIFO용 파일

i_mode 필드를 사용하는 코드는 어디일까요? 파일을 오픈할 때 호출하는 may_open() 함수를 살펴봅시다.

https://github.com/raspberrypi/linux/blob/rpi-4.19.y/fs/namei.c

```
01 static int may_open(const struct path *path, int acc_mode, int flag)
02 {
03     struct dentry *dentry = path->dentry;
04     struct inode *inode = dentry->d_inode;
05     int error;
06
07     if (!inode)
08         return -ENOENT;
09
10     switch (inode->i_mode & S_IFMT) {
11     case S_IFLNK:
12         return -ELOOP;
13     case S_IFDIR:
14         if (acc_mode & MAY_WRITE)
15             return -EISDIR;
16         break;
17     case S_IFBLK:
18     case S_IFCHR:
19         if (!may_open_dev(path))
20             return -EACCES;
21         /*FALLTHRU*/
22     case S_IFIFO:
23     case S_IFSOCK:
24         flag &= ~O_TRUNC;
25         break;
26     }
```

may_open() 함수는 함수 이름과 같이 파일의 오픈 조건을 점검하는 역할을 수행합니다.

위 코드는 2단계 동작으로 분류할 수 있습니다. 7~8번째 줄과 같이 아이노드가 유효한지 체크하는 코드와 아이노드의 모드에 따라 파일을 제어하는 10~26번째 줄입니다.

10번째 줄을 봅시다.

```
10   switch (inode->i_mode & S_IFMT) {
```

아이노드 객체의 i_mode라는 필드와 S_IFMT 플래그를 대상으로 AND 연산을 수행합니다. 앞에서 설명했듯이 S_IFMT 플래그는 i_mode 필드에서 파일의 종류를 나타내는 비트를 추출하는 용도의 마스크입니다.

11~16번째 줄과 22~25번째 줄과 같이 파일 종류가 심볼릭 링크, 디렉터리, 소켓이나 FIFO이면 에러 코드를 반환합니다. 파일 종류가 캐릭터 디바이스나 블록 디바이스인 경우 19번째 줄과 같이 may_open_dev() 함수를 호출합니다.

i_mode 필드는 아래에 정의된 매크로를 써서 파일 형태를 점검합니다.

https://github.com/raspberrypi/linux/blob/rpi-4.19.y/include/uapi/linux/stat.h

```
#define S_ISLNK(m)    (((m) & S_IFMT) == S_IFLNK)
#define S_ISREG(m)    (((m) & S_IFMT) == S_IFREG)
#define S_ISDIR(m)    (((m) & S_IFMT) == S_IFDIR)
#define S_ISCHR(m)    (((m) & S_IFMT) == S_IFCHR)
#define S_ISBLK(m)    (((m) & S_IFMT) == S_IFBLK)
#define S_ISFIFO(m)   (((m) & S_IFMT) == S_IFIFO)
#define S_ISSOCK(m)   (((m) & S_IFMT) == S_IFSOCK)
```

m은 i_mode 필드이며, 각 매크로 함수는 S_IFMT 비트 마스크와 AND 연산한 결과를 반환합니다.

 파일의 종류를 점검하는 매크로 중 S_ISDIR()과 S_ISREG() 매크로 함수를 사용하는 예를 소개합니다. 다음은 vfs_truncate() 함수인데 파일을 지정된 크기로 자를 때 사용합니다.

https://github.com/raspberrypi/linux/blob/rpi-4.19.y/fs/open.c

```
01 long vfs_truncate(const struct path *path, loff_t length)
02 {
03     struct inode *inode;
...
04     inode = path->dentry->d_inode;
05     mnt = path->mnt;
06
```

```
07    /* For directories it's -EISDIR, for other non-regulars - -EINVAL */
08    if (S_ISDIR(inode->i_mode))
09        return -EISDIR;
10    if (!S_ISREG(inode->i_mode))
11        return -EINVAL;
```

여기서 8~9번째 줄을 봅시다.

```
08    if (S_ISDIR(inode->i_mode))
09        return -EISDIR;
```

아이노드 객체의 i_mode 필드를 S_ISDIR() 매크로에 전달해서 파일이 디렉터리 타입인지 점검합니다.
만약 파일의 종류가 디렉터리면 9번째 줄과 같이 EISDIR 매크로 정수를 마이너스로 반환하며 함수의
실행을 종료합니다.

이번에 볼 코드는 10~11번째 줄입니다.

```
10    if (!S_ISREG(inode->i_mode))
11        return -EINVAL;
```

아이노드 객체의 i_mode 필드를 S_ISREG() 매크로에 전달해서 파일이 일반 파일 타입인지 점검합니다.
만약 파일 종류가 일반 파일이 아니면 11번째 줄과 같이 EINVAL 매크로 정수를 마이너스로 반환하며 함수의
실행을 종료합니다.

i_state

아이노드 객체의 세부 동작 상태를 저장하는 필드이며, 다음 매크로를 OR 연산한 결과를 저장합니다.

https://github.com/raspberrypi/linux/blob/rpi-4.19.y/include/linux/fs.h

```
#define I_DIRTY_SYNC          (1 << 0)
#define I_DIRTY_DATASYNC      (1 << 1)
#define I_DIRTY_PAGES         (1 << 2)
#define __I_NEW               3
#define I_NEW                 (1 << __I_NEW)
#define I_WILL_FREE           (1 << 4)
#define I_FREEING             (1 << 5)
#define I_CLEAR               (1 << 6)
#define __I_SYNC              7
#define I_SYNC                (1 << __I_SYNC)
```

```
#define I_REFERENCED          (1 ≪ 8)
#define __I_DIO_WAKEUP        9
#define I_DIO_WAKEUP          (1 ≪ __I_DIO_WAKEUP)
#define I_LINKABLE            (1 ≪ 10)
#define I_DIRTY_TIME          (1 ≪ 11)
#define __I_DIRTY_TIME_EXPIRED 12
#define I_DIRTY_TIME_EXPIRED  (1 ≪ __I_DIRTY_TIME_EXPIRED)
#define I_WB_SWITCH           (1 ≪ 13)
#define I_OVL_INUSE           (1 ≪ 14)
```

이번 절에서는 아이노드 객체의 자료구조인 inode 구조체를 알아봤습니다. 다음 절에서는 아이노드 객체의 함수 오퍼레이션에 대해 살펴보겠습니다.

13.6.2 아이노드 함수 오퍼레이션

아이노드와 관련된 함수를 호출하는 동작을 아이노드 함수 오퍼레이션이라고 합니다. 함수 오퍼레이션은 inode_operations 구조체 타입인데 아이노드 객체인 inode 구조체의 i_op 필드로 아이노드 함수 오퍼레이션의 주소에 접근할 수 있습니다.

아이노드의 inode_operations 구조체 분석

아이노드 함수 오퍼레이션은 다음과 같은 구조체로 선언돼 있습니다.

https://github.com/raspberrypi/linux/blob/rpi-4.19.y/include/linux/fs.h

```
struct inode_operations {
    struct dentry *(*lookup) (struct inode *,struct dentry *, unsigned int);
    char *(*get_link)(struct dentry *, struct inode *, struct delayed_call *);
    int (*permission) (struct inode *, int);
    struct posix_acl * (*get_acl)(struct inode *, int);

    int (*readlink) (struct dentry *, char __user *,int);

    int (*create) (struct inode *,struct dentry *, umode_t, bool);
    int (*link) (struct dentry *,struct inode *,struct dentry *);
    int (*unlink) (struct inode *,struct dentry *);
    int (*symlink) (struct inode *,struct dentry *,const char *);
    int (*mkdir) (struct inode *,struct dentry *,umode_t);
```

```
    int (*rmdir) (struct inode *,struct dentry *);
    int (*mknod) (struct inode *,struct dentry *,umode_t,dev_t);
    int (*rename) (struct inode *, struct dentry *,
        struct inode *, struct dentry *, unsigned int);
    int (*setattr) (struct dentry *, struct iattr *);
    int (*getattr) (const struct path *, struct kstat *, u32, unsigned int);
    ssize_t (*listxattr) (struct dentry *, char *, size_t);
    int (*fiemap)(struct inode *, struct fiemap_extent_info *, u64 start,
        u64 len);
    int (*update_time)(struct inode *, struct timespec *, int);
    int (*atomic_open)(struct inode *, struct dentry *,
        struct file *, unsigned open_flag,
        umode_t create_mode, int *opened);
    int (*tmpfile) (struct inode *, struct dentry *, umode_t);
    int (*set_acl)(struct inode *, struct posix_acl *, int);
} ____cacheline_aligned;
```

구조체 필드를 보면 모두 함수 포인터로 구성돼 있습니다. 함수 포인터를 통해 각 파일 시스템별로 설정된 아이노드를 처리하는 함수를 호출하는 역할을 수행합니다.

지금부터 아이노드 객체의 함수 오퍼레이션 자료구조인 inode_operations 구조체를 구성하는 필드를 소개하고, 리눅스 커널의 어떤 코드에서 사용되는지 살펴보겠습니다.

lookup

덴트리 객체의 파일명에 해당하는 아이노드를 관리하는 디렉터리를 찾습니다. lookup 함수 오퍼레이션의 선언부는 다음과 같습니다.

```
struct dentry *(*lookup) (struct inode *,struct dentry *, unsigned int);
```

lookup 함수 오퍼레이션은 다양한 조건에서 lookup_open(), lookup_real(), lookup_slow() 함수에서 수행됩니다. __lookup_hash() 함수를 보면서 lookup 함수 오퍼레이션의 동작을 확인해 봅시다.

https://github.com/raspberrypi/linux/blob/rpi-4.19.y/fs/namei.c

```
01 static struct dentry *__lookup_hash(const struct qstr *name,
02      struct dentry *base, unsigned int flags)
03 {
```

```
04    struct dentry *dentry = lookup_dcache(name, base, flags);
05    struct dentry *old;
06    struct inode *dir = base->d_inode;
...
07    if (unlikely(!dentry))
08        return ERR_PTR(-ENOMEM);
09
10    old = dir->i_op->lookup(dir, dentry, flags);
```

위 함수의 10번째 줄에서 lookup 함수 오퍼레이션을 실행합니다.

permission

아이노드로 관리되는 파일에 지정된 접근 모드가 허용되는지 체크합니다. 접근 권한이 있는 경우 0을 반환하고, 반대인 경우 음수 오류 매크로를 반환합니다. permission 함수 오퍼레이션의 선언부는 다음과 같습니다.

```
int (*permission) (struct inode *, int);
```

permission 함수 오퍼레이션은 do_inode_permission() 함수에서 실행됩니다.

https://github.com/raspberrypi/linux/blob/rpi-4.19.y/fs/namei.c

```
01 static inline int do_inode_permission(struct inode *inode, int mask)
02 {
03    if (unlikely(!(inode->i_opflags & IOP_FASTPERM))) {
04        if (likely(inode->i_op->permission))
05            return inode->i_op->permission(inode, mask);
```

5번째 줄에서 permission 오퍼레이션 함수를 실행합니다.

readlink

dentry가 가리키는 심볼릭 링크의 전체 디렉터리 경로를 지정한 버퍼 크기만큼 복사합니다. 선언부는 다음과 같습니다.

```
int (*readlink) (struct dentry *, char __user *,int);
```

readlink 함수 오퍼레이션을 실행하는 코드를 봅시다.

```
01 int vfs_readlink(struct dentry *dentry, char __user *buffer, int buflen)
02 {
03    struct inode *inode = d_inode(dentry);
...
04    if (unlikely(!(inode->i_opflags & IOP_DEFAULT_READLINK))) {
05        if (unlikely(inode->i_op->readlink))
06            return inode->i_op->readlink(dentry, buffer, buflen);
```

vfs_readlink() 함수의 06번째 줄에서 readlink 함수 오퍼레이션을 수행합니다.

create

지정한 덴트리 객체에 해당하는 아이노드를 새로 생성합니다. 주로 create 시스템 콜을 호출할 때 실행됩니다. 선언부는 다음과 같습니다.

```
int (*create) (struct inode *,struct dentry *, umode_t, bool);
```

create 함수 오퍼레이션이 어느 함수에서 수행되는지 확인해 봅시다. 다음은 vfs_create() 함수의 구현부입니다.

```
01 int vfs_create(struct inode *dir, struct dentry *dentry, umode_t mode,
02    bool want_excl)
03 {
...
04    error = security_inode_create(dir, dentry, mode);
05    if (error)
06        return error;
07    error = dir->i_op->create(dir, dentry, mode, want_excl);
```

보다시피 vfs_create() 함수의 07번째 줄에서 create 함수 오퍼레이션을 수행합니다.

link

하드 링크를 새로 생성합니다. 실행 결과 dir 디렉터리 안에 old_dentry가 가리키는 파일을 참조합니다. 새로운 하드 링크는 new_dentry가 지정한 이름으로 저장됩니다. 선언부는 다음과 같습니다.

```
int vfs_link(struct dentry *old_dentry, struct inode *dir,
        struct dentry *new_dentry, struct inode **delegated_inode)
```

vfs_link() 함수를 보면서 link 함수 오퍼레이션을 수행하는 코드를 확인해 봅시다.

https://github.com/raspberrypi/linux/blob/rpi-4.19.y/fs/namei.c

```
01 int vfs_link(struct dentry *old_dentry, struct inode *dir, struct dentry *new_dentry,
02      struct inode **delegated_inode)
03 {
...
04    if (inode->i_nlink == 0 && !(inode->i_state & I_LINKABLE))
05        error = -ENOENT;
06    else if (max_links && inode->i_nlink >= max_links)
07        error = -EMLINK;
08    else {
09        error = try_break_deleg(inode, delegated_inode);
10        if (!error)
11            error = dir->i_op->link(old_dentry, dir, new_dentry);
12    }
```

보다시피 vfs_link() 함수의 11번째 줄에서 link 함수 오퍼레이션을 수행합니다.

unlink

덴트리 객체와 아이노드가 저장한 하드 링크를 제거합니다. 선언부는 다음과 같습니다.

```
int (*unlink) (struct inode *,struct dentry *);
```

unlink 함수 오퍼레이션이 어느 함수에서 수행되는지 알아보겠습니다. 다음은 vfs_unlink() 함수의 구현부입니다.

https://github.com/raspberrypi/linux/blob/rpi-4.19.y/fs/namei.c

```
01 int vfs_unlink(struct inode *dir, struct dentry *dentry, struct inode **delegated_inode)
02 {
...
03        if (!error) {
04            error = try_break_deleg(target, delegated_inode);
05            if (error)
```

```
06                goto out;
07                error = dir->i_op->unlink(dir, dentry);
```

보다시피 vfs_unlink() 함수의 07번째 줄에서 unlink 함수 포인터를 실행해 unlink 함수 오퍼레이션을 수행합니다.

symlink

특정 파일을 심볼릭 링크로 지정할 때 실행됩니다. 덴트리 객체가 지정한 파일에 대한 심볼릭 링크를 위한 아이노드를 생성합니다. 선언부는 다음과 같습니다.

```
int (*symlink) (struct inode *,struct dentry *,const char *);
```

symlink 함수 오퍼레이션을 실행하는 코드를 봅시다. 다음은 vfs_symlink() 함수의 구현부입니다.

https://github.com/raspberrypi/linux/blob/rpi-4.19.y/fs/namei.c
```
01 int vfs_symlink(struct inode *dir, struct dentry *dentry, const char *oldname)
02 {
...
03    error = security_inode_symlink(dir, dentry, oldname);
04    if (error)
05        return error;
06
07    error = dir->i_op->symlink(dir, dentry, oldname);
```

보다시피 vfs_symlink()의 7번째 줄에서 해당 symlink 함수 포인터를 실행해 symlink 함수 오퍼레이션을 수행합니다.

mkdir

터미널이나 셸 스크립트에서 새로운 폴더를 생성할 때 실행됩니다. 인자로 전달되는 dentry 객체와 연관된 디렉터리용 inode를 생성합니다. 선언부는 다음과 같습니다.

```
int (*mkdir) (struct inode *,struct dentry *,umode_t);
```

vfs_mkdir() 함수를 보면서 mkdir 함수 오퍼레이션을 수행하는 코드를 확인해 봅시다.

https://github.com/raspberrypi/linux/blob/rpi-4.19.y/fs/namei.c

```
01 int vfs_mkdir(struct inode *dir, struct dentry *dentry, umode_t mode)
02 {
...
03    error = dir->i_op->mkdir(dir, dentry, mode);
```

vfs_mkdir() 함수의 3번째 줄에서 mkdir 필드에 저장된 함수를 호출해 mkdir 함수 오퍼레이션을 수행합니다.

rmdir

덴트리 객체의 하위 디렉터리를 제거할 때 호출합니다. rmdir이란 시스템 콜과 연동해서 실행됩니다. 선언부는 다음과 같습니다.

```
int (*rmdir) (struct inode *,struct dentry *);
```

rmdir 함수 오퍼레이션이 어느 함수에서 수행되는지 알아보겠습니다.

https://github.com/raspberrypi/linux/blob/rpi-4.19.y/fs/namei.c

```
01 int vfs_rmdir(struct inode *dir, struct dentry *dentry)
02 {
...
03    error = security_inode_rmdir(dir, dentry);
04    if (error)
05        goto out;
06
07    shrink_dcache_parent(dentry);
08    error = dir->i_op->rmdir(dir, dentry);
```

vfs_rmdir() 함수의 8번째 줄에서 rmdir 함수 오퍼레이션을 실행합니다.

mknod

덴트리 객체와 연관된 장치 파일과 같은 특수 파일용 아이노드를 생성합니다. mknodat 시스템 콜과 연동해서 동작합니다. 선언부는 다음과 같습니다.

```
int (*mknod) (struct inode *,struct dentry *,umode_t mode, dev_t rdev);
```

vfs_mknod() 함수를 보면서 mknod 함수 오퍼레이션을 수행하는 코드를 확인해 봅시다.

https://github.com/raspberrypi/linux/blob/rpi-4.19.y/fs/namei.c

```
01 int vfs_mknod(struct inode *dir, struct dentry *dentry, umode_t mode, dev_t dev)
02 {
...
03    error = security_inode_mknod(dir, dentry, mode, dev);
04    if (error)
05       return error;
06
07    error = dir->i_op->mknod(dir, dentry, mode, dev);
```

보다시피 vfs_mknod() 함수의 7번째 줄에서 mknod 함수 포인터를 실행해 mknod 함수 오퍼레이션을 수행합니다.

rename

다음 선언부와 같이 old_dentry가 가리키는 파일을 old_dir 디렉터리에서 new_dir 디렉터리로 이동합니다. 새로운 파일 이름은 new_dentry가 가리키는 dentry 객체에 저장됩니다. 선언부는 다음과 같습니다.

```
int (*rename) (struct inode *old_dir, struct dentry *old_dentry,
          struct inode *new_dir, struct dentry *new_dentry, unsigned int);
```

vfs_rename() 함수를 보면서 rename 함수 오퍼레이션을 수행하는 코드를 확인해 봅시다.

https://github.com/raspberrypi/linux/blob/rpi-4.19.y/fs/namei.c

```
01 int vfs_rename(struct inode *old_dir, struct dentry *old_dentry,
02        struct inode *new_dir, struct dentry *new_dentry,
03        struct inode **delegated_inode, unsigned int flags)
04 {
...
05    error = old_dir->i_op->rename(old_dir, old_dentry,
06                   new_dir, new_dentry, flags);
```

vfs_rename() 함수의 5번째 줄에서 rename 함수 포인터를 실행해 rename 오퍼레이션을 수행합니다.

아이노드 함수 오퍼레이션에서의 디렉터리 파일 처리 방식

/home/pi/sample_text.txt라는 파일이 있다고 가정합시다. 여기서 home과 pi는 디렉터리이고 sample_text.txt는 파일입니다.

리눅스 커널에서는 디렉터리와 파일을 어떻게 해석할까요? sample_text.txt와 "/home/pi"를 모두 파일로 간주합니다. 대신 home, pi를 파일 타입 중 디렉터리로 보는 것입니다.

만약 /home/pi 디렉터리에서 RPi라는 디렉터리를 생성한다고 가정합시다. 리눅스 커널에서는 디렉터리도 파일로 간주하니 디렉터리를 생성하는 규칙도 아이노드 객체의 함수 오퍼레이션에서 확인할 수 있습니다.

아이노드 객체 함수 오퍼레이션의 동작 중 다음 필드는 디렉터리 타입의 파일을 생성하는 함수의 주소를 저장합니다.

- int (*mkdir) (struct inode *,struct dentry *,umode_t);
- int (*rmdir) (struct inode *,struct dentry *);

다음은 TRACE32로 본 ext4 파일 시스템에서 디렉터리 파일을 관리하는 아이노드 객체 함수 오퍼레이션의 정보입니다.

```
(static struct inode_operations) ext4_dir_inode_operations = (
    (struct dentry * (*)()) lookup = 0x80347A70 = ext4_lookup,
    (char * (*)()) get_link = 0x0 = ,
    (int (*)()) permission = 0x0 = ,
    (struct posix_acl * (*)()) get_acl = 0x8036B9E4 = ext4_get_acl,
    (int (*)()) readlink = 0x0 = ,
    (int (*)()) create = 0x803491A4 = ext4_create,
    (int (*)()) link = 0x8034BA18 = ext4_link,
    (int (*)()) unlink = 0x8034B0E4 = ext4_unlink,
    (int (*)()) symlink = 0x8034B670 = ext4_symlink,
    (int (*)()) mkdir = 0x80349700 = ext4_mkdir,
    (int (*)()) rmdir = 0x8034AE44 = ext4_rmdir,
    (int (*)()) mknod = 0x80349020 = ext4_mknod,
    (int (*)()) rename = 0x8034A10C = ext4_rename2,
    (int (*)()) setattr = 0x80334BB4 = ext4_setattr,
    (int (*)()) getattr = 0x8032F904 = ext4_getattr,
    (ssize_t (*)()) listxattr = 0x80368D54 = ext4_listxattr,
```

```
(int (*)()) fiemap = 0x8031A6E0 = ext4_fiemap,
(int (*)()) update_time = 0x0 = ,
(int (*)()) atomic_open = 0x0 = ,
(int (*)()) tmpfile = 0x80349F88 = ext4_tmpfile,
(int (*)()) set_acl = 0x8036BC44 = ext4_set_acl)
```

inode_operation 구조체의 각각 필드에 설정된 함수 이름이 보입니다. 대부분 아이노드 객체의 함수 오퍼레이션으로 함수가 지정돼 있습니다.

다음은 TRACE32로 본 ext4 파일 시스템에서 저장 매체에 저장되는 sample_text.txt와 같은 파일을 관리하는 아이노드 객체의 함수 오퍼레이션 정보입니다.

```
(static struct inode_operations) ext4_file_inode_operations = (
    (struct dentry * (*)()) lookup = 0x0 = ,
    (char * (*)()) get_link = 0x0 = ,
    (int (*)()) permission = 0x0 = ,
    (struct posix_acl * (*)()) get_acl = 0x8036B9E4 = ext4_get_acl,
    (int (*)()) readlink = 0x0 = ,
    (int (*)()) create = 0x0 = ,
    (int (*)()) link = 0x0 = ,
    (int (*)()) unlink = 0x0 = ,
    (int (*)()) symlink = 0x0 = ,
    (int (*)()) mkdir = 0x0 = ,
    (int (*)()) rmdir = 0x0 = ,
    (int (*)()) mknod = 0x0 = ,
    (int (*)()) rename = 0x0 = ,
    (int (*)()) setattr = 0x80334BB4 = ext4_setattr,
    (int (*)()) getattr = 0x8032F9C8 = ext4_file_getattr,
    (ssize_t (*)()) listxattr = 0x80368D54 = ext4_listxattr,
    (int (*)()) fiemap = 0x8031A6E0 = ext4_fiemap,
    (int (*)()) update_time = 0x0 = ,
    (int (*)()) atomic_open = 0x0 = ,
    (int (*)()) tmpfile = 0x0 = ,
    (int (*)()) set_acl = 0x8036BC44 = ext4_set_acl)
```

아이노드 객체의 함수 오퍼레이션 필드의 대부분이 0x0으로 함수 포인터를 지정하지 않습니다. 이처럼 파일 시스템 내에서 파일 타입에 따라 아이노드 함수 오퍼레이션의 동작이 다릅니다.

13.6.3 파일 속성을 읽는 stat 시스템 콜의 처리 과정

유저 공간에서 세부 파일 속성을 파악하려면 어떤 함수를 호출해야 할까요? stat() 함수를 호출하면 가상 파일 시스템에서 아이노드 객체에 접근해 파일의 상세 속성 정보를 읽을 수 있습니다.

이번 절에서는 유저 공간에서 stat() 함수를 호출했을 때 커널 공간의 가상 파일 시스템에서 어떤 흐름으로 아이노드 객체에 접근하는지 살펴보겠습니다.

stat 시스템 콜의 처리 과정

먼저 stat() 함수를 호출하는 유저 애플리케이션 코드를 소개합니다.

```
01 #include <stdio.h>
02 #include <stdlib.h>
03 #include <unistd.h>
04 #include <sys/types.h>
05 #include <sys/stat.h>
06 #include <signal.h>
07 #include <string.h>
08 #include <fcntl.h>
09 int main()
10 {
11    struct stat fileinfo;
12    char fname[BUFF_SIZE] = {0,};
13
14    strcpy(fname, "/home/pi/sample_text.txt");
15
16    printf("fname[%s] \n", fname);
17
18    if(stat(fname, &fileinfo)) {
19       printf("Unable to stat %s \n", fname);
20       exit(1);
21    }
22
23    return 0;
24 }
```

먼저 18번째 줄을 보면 stat() 함수를 호출합니다. 첫 번째 인자로 파일 경로가 포함된 파일명인 "/home/pi/sample_text.txt"를 지정하고 두 번째 인자로 파일 속성 정보를 표현하는 stat 구조체 변수인 fileinfo를 전달합니다. stat() 함수가 실행되면 fileinfo에 파일 속성 정보가 업데이트됩니다.

sys_fstat64() 함수 분석

유저 공간에서 stat() 함수를 호출하면 호출되는 시스템 콜 핸들러 함수는 무엇일까요? 다음 코드와 같이 sys_fstat64() 함수입니다.

https://github.com/raspberrypi/linux/blob/rpi-4.19.y/fs/stat.c

```
01 SYSCALL_DEFINE2(fstat64, unsigned long, fd, struct stat64 __user *, statbuf)
02 {
03     struct kstat stat;
04     int error = vfs_fstat(fd, &stat);
05
06     if (!error)
07         error = cp_new_stat64(&stat, statbuf);
08
09     return error;
10 }
```

sys_fstat64() 함수의 동작은 크게 2단계로 분류할 수 있습니다.

1단계: 아이노드의 속성 정보 읽기

vfs_fstat() 함수를 호출해서 아이노드에 저장된 파일의 속성 정보를 읽습니다. 이 과정에서 다음 함수가 호출됩니다.

- vfs_fstat()

- vfs_statx_fd()

- vfs_getattr()

- vfs_getattr_nosec()

- generic_fillattr()

2단계: 유저 공간에 파일 정보 복사

cp_new_stat() 함수를 실행해 파일의 속성 정보를 유저 공간의 메모리 공간에 위치한 stat 구조체에 써줍니다.

이어서 각 단계별로 실행되는 함수의 소스코드를 분석해 봅시다.

1단계: 아이노드 속성 정보를 읽는 과정 분석

먼저 vfs_fstat() 함수를 보겠습니다.

https://github.com/raspberrypi/linux/blob/rpi-4.19.y/include/linux/fs.h

```
static inline int vfs_fstat(int fd, struct kstat *stat)
{
    return vfs_statx_fd(fd, stat, STATX_BASIC_STATS, 0);
}
```

vfs_fstat() 함수는 인라인 함수인데 단지 인자를 추가해서 vfs_statx_fd() 함수를 호출합니다. 3번째 인자로 STATX_BASIC_STATS 플래그를 지정합니다.

다음으로 vfs_statx_fd() 함수를 보겠습니다.

https://github.com/raspberrypi/linux/blob/rpi-4.19.y/fs/stat.c

```
01 int vfs_statx_fd(unsigned int fd, struct kstat *stat,
02     u32 request_mask, unsigned int query_flags)
03 {
04    struct fd f;
05    int error = -EBADF;
06
07    if (query_flags & ~KSTAT_QUERY_FLAGS)
08        return -EINVAL;
09
10    f = fdget_raw(fd);
11    if (f.file) {
12        error = vfs_getattr(&f.file->f_path, stat,
13                request_mask, query_flags);
14        fdput(f);
15    }
16    return error;
17 }
EXPORT_SYMBOL(vfs_statx_fd);
```

10번째 줄을 보겠습니다.

```
10   f = fdget_raw(fd);
```

정수형 파일 디스크립터인 fd 인자로 파일 객체를 읽는 동작입니다.

다음으로 11~13번째 줄을 분석합니다.

```
11     if (f.file) {
12         error = vfs_getattr(&f.file->f_path, stat,
13                 request_mask, query_flags);
```

11번째 줄에서 파일 객체를 제대로 읽었는지 확인합니다. 파일 객체의 주소가 유효한 경우 12번째 줄과 같이 vfs_getattr() 함수를 호출합니다.

이어서 vfs_getattr() 함수를 분석하겠습니다.

https://github.com/raspberrypi/linux/blob/rpi-4.19.y/fs/stat.c

```
01 int vfs_getattr(const struct path *path, struct kstat *stat,
02        u32 request_mask, unsigned int query_flags)
03 {
04    int retval;
05
06    retval = security_inode_getattr(path);
07    if (retval)
08        return retval;
09    return vfs_getattr_nosec(path, stat, request_mask, query_flags);
10 }
```

09번째 줄과 같이 vfs_getattr_nosec() 함수를 호출합니다.

다음으로 vfs_getattr_nosec() 함수를 봅시다.

https://github.com/raspberrypi/linux/blob/rpi-4.19.y/fs/stat.c

```
01 int vfs_getattr_nosec(const struct path *path, struct kstat *stat,
02          u32 request_mask, unsigned int query_flags)
03 {
04    struct inode *inode = d_backing_inode(path->dentry);
05
06    memset(stat, 0, sizeof(*stat));
```

```
07    stat->result_mask |= STATX_BASIC_STATS;
08    request_mask &= STATX_ALL;
09    query_flags &= KSTAT_QUERY_FLAGS;
10    if (inode->i_op->getattr)
11        return inode->i_op->getattr(path, stat, request_mask,
12                    query_flags);
13
14    generic_fillattr(inode, stat);
15    return 0;
16 }
```

4번째 줄에서 덴트리 객체에 저장된 아이노드 객체의 정보를 로딩합니다.

```
04    struct inode *inode = d_backing_inode(path->dentry);
```

이후 6번째 줄과 같이 stat 포인터가 가리키는 kstat 구조체의 내용을 0으로 초기화합니다.

10번째 줄에서는 아이노드 함수 오퍼레이션으로 getattr 필드에 함수가 지정돼 있으면 지정된 함수를
호출합니다.

```
10    if (inode->i_op->getattr)
11        return inode->i_op->getattr(path, stat, request_mask,
12                    query_flags);
```

이번 절에서 stat 함수를 호출할 때 지정한 파일명은 "/home/pi/sample_text.txt"입니다. 이 파일은 저
장매체에 저장되므로 ext4 파일 시스템에서 관리합니다. 이 기준으로 보면 11번째 줄에서는 ext4_file_
getattr() 함수를 호출합니다.

참고로 라즈비안 리눅스 커널에서 ext4와 proc 파일 시스템에서 파일을 관리하는 아이노드 객체의 함수
오퍼레이션은 다음과 같습니다.

```
(static struct inode_operations) ext4_file_inode_operations = (
(struct dentry * (*)()) lookup = 0x0 = ,
(char * (*)()) get_link = 0x0 = ,
(int (*)()) permission = 0x0 = ,
(struct posix_acl * (*)()) get_acl = 0x8036B9E4 = ext4_get_acl,
(int (*)()) readlink = 0x0 = ,
(int (*)()) create = 0x0 = ,
```

```
(int (*)()) link = 0x0 = ,
(int (*)()) unlink = 0x0 = ,
(int (*)()) symlink = 0x0 = ,
(int (*)()) mkdir = 0x0 = ,
(int (*)()) rmdir = 0x0 = ,
(int (*)()) mknod = 0x0 = ,
(int (*)()) rename = 0x0 = ,
(int (*)()) setattr = 0x80334BB4 = ext4_setattr,
(int (*)()) getattr = 0x8032F9C8 = ext4_file_getattr,
(ssize_t (*)()) listxattr = 0x80368D54 = ext4_listxattr,
(int (*)()) fiemap = 0x8031A6E0 = ext4_fiemap,
(int (*)()) update_time = 0x0 = ,
(int (*)()) atomic_open = 0x0 = ,
(int (*)()) tmpfile = 0x0 = ,
(int (*)()) set_acl = 0x8036BC44 = ext4_set_acl)
```

다음은 proc 파일 시스템에서의 아이노드 객체의 함수 오퍼레이션 선언부입니다.

```
(static struct inode_operations) proc_file_inode_operations = (
(struct dentry * (*)()) lookup = 0x0 = ,
(char * (*)()) get_link = 0x0 = ,
(int (*)()) permission = 0x0 = ,
(struct posix_acl * (*)()) get_acl = 0x0 = ,
(int (*)()) readlink = 0x0 = ,
(int (*)()) create = 0x0 = ,
(int (*)()) link = 0x0 = ,
(int (*)()) unlink = 0x0 = ,
(int (*)()) symlink = 0x0 = ,
(int (*)()) mkdir = 0x0 = ,
(int (*)()) rmdir = 0x0 = ,
(int (*)()) mknod = 0x0 = ,
(int (*)()) rename = 0x0 = ,
(int (*)()) setattr = 0x802F3CA0 = proc_notify_change,
(int (*)()) getattr = 0x0 = ,
(ssize_t (*)()) listxattr = 0x0 = ,
(int (*)()) fiemap = 0x0 = ,
(int (*)()) update_time = 0x0 = ,
(int (*)()) atomic_open = 0x0 = ,
(int (*)()) tmpfile = 0x0 = ,
(int (*)()) set_acl = 0x0 = )
```

ext4 파일 시스템에서 처리되는 아이노드 객체의 함수 오퍼레이션인 경우 getattr 필드에 지정된 ext4_file_getattr() 함수를 호출해 파일 속성 정보를 추가로 읽습니다. 대신 proc 파일 시스템에서 처리되는 아이노드 오퍼레이션에 대한 getattr 필드는 0x0으로 설정돼 있습니다. 이 경우 다음 vfs_getattr_nosec() 함수의 10~12번째 줄은 실행되지 않습니다.

```
10   if (inode->i_op->getattr)
11     return inode->i_op->getattr(path, stat, request_mask,
12                     query_flags);
13
14   generic_fillattr(inode, stat);
```

이후 ext4_file_getattr() 함수에서 ext4_getattr() 함수를 호출해 파일 속성 정보를 읽습니다. 이후 ext4_getattr() 함수에서 generic_fillattr() 함수를 호출합니다.

다음으로 generic_fillattr() 함수를 보겠습니다.

https://github.com/raspberrypi/linux/blob/rpi-4.19.y/fs/stat.c

```
01 void generic_fillattr(struct inode *inode, struct kstat *stat)
02 {
03     stat->dev = inode->i_sb->s_dev;
04     stat->ino = inode->i_ino;
05     stat->mode = inode->i_mode;
06     stat->nlink = inode->i_nlink;
07     stat->uid = inode->i_uid;
08     stat->gid = inode->i_gid;
09     stat->rdev = inode->i_rdev;
10     stat->size = i_size_read(inode);
11     stat->atime = inode->i_atime;
12     stat->mtime = inode->i_mtime;
13     stat->ctime = inode->i_ctime;
14     stat->blksize = i_blocksize(inode);
15     stat->blocks = inode->i_blocks;
16
17     if (IS_NOATIME(inode))
18         stat->result_mask &= ~STATX_ATIME;
19     if (IS_AUTOMOUNT(inode))
20         stat->attributes |= STATX_ATTR_AUTOMOUNT;
21 }
22 EXPORT_SYMBOL(generic_fillattr);
```

파일의 속성 정보를 채우는 핵심 루틴입니다. 각 아이노드 객체의 필드들을 stat 구조체의 필드에 저장합니다.

2단계: 유저 공간에 파일 정보를 복사하는 과정

파일의 속성 정보를 유저 공간에 전달하는 단계의 소스코드를 분석할 차례입니다. 이번에는 sys_fstat64() 함수 분석으로 되돌아가서 2단계 코드를 보겠습니다.

https://github.com/raspberrypi/linux/blob/rpi-4.19.y/fs/stat.c

```
01 SYSCALL_DEFINE2(fstat64, unsigned long, fd, struct stat64 __user *, statbuf)
02 {
03     struct kstat stat;
04     int error = vfs_fstat(fd, &stat);
05
06     if (!error)
07         error = cp_new_stat64(&stat, statbuf);
08
09     return error;
10 }
```

04번째 줄과 같이 vfs_fstat() 함수를 호출해 파일의 속성 정보를 읽고 난 다음, 07번째 줄과 같이 cp_new_stat64() 함수를 호출합니다. 이어서 cp_new_stat64() 함수의 구현부를 보겠습니다.

https://github.com/raspberrypi/linux/blob/rpi-4.19.y/fs/stat.c

```
01 static long cp_new_stat64(struct kstat *stat, struct stat64 __user *statbuf)
02 {
03     struct stat64 tmp;
...
04     tmp.st_atime = stat->atime.tv_sec;
05     tmp.st_atime_nsec = stat->atime.tv_nsec;
06     tmp.st_mtime = stat->mtime.tv_sec;
07     tmp.st_mtime_nsec = stat->mtime.tv_nsec;
08     tmp.st_ctime = stat->ctime.tv_sec;
09     tmp.st_ctime_nsec = stat->ctime.tv_nsec;
10     tmp.st_size = stat->size;
11     tmp.st_blocks = stat->blocks;
12     tmp.st_blksize = stat->blksize;
```

```
13    return copy_to_user(statbuf,&tmp,sizeof(tmp)) ? -EFAULT : 0;
14  }
```

cp_new_stat64() 함수 분석에 앞서 함수의 인자를 살펴보겠습니다. kstat 구조체에는 가상 파일 시스템을 통해 업데이트된 파일 속성 정보가 저장돼 있습니다. stat64 구조체는 유저 공간에서 파일 속성을 표현합니다.

이어서 코드를 분석해 봅시다. 04~12번째 줄은 kstat 구조체에 저장된 파일의 속성 정보를 stat64 구조체로 복사합니다.

다음으로 13번째 줄을 보면 copy_to_user() 함수를 호출해서 tmp 구조체에 저장된 데이터를 유저 공간의 메모리 주소인 statbuf에 복사합니다.

여기까지 유저 공간에서 stat() 함수를 호출했을 때 커널의 가상 파일 시스템 계층을 통해 파일 속성 정보를 읽는 과정을 살펴봤습니다. 코드 분석으로 다음 내용을 알게 됐습니다.

> 유저 공간에서 파일 속성 정보를 읽는 stat 함수를 호출하면 아이노드 객체에 있는 필드를 읽어 저장한다.

이어지는 절에서는 덴트리 객체를 살펴보겠습니다.

13.7 덴트리 객체

이번 절에서는 가상 파일 시스템을 이루는 객체 중 하나인 덴트리 객체를 소개합니다.

13.7.1 덴트리 객체 소개

유저 공간에서는 다양한 디렉터리 경로 정보가 포함된 파일 정보를 인자로 시스템 콜을 호출합니다. 만약 유저 공간에서 다음 코드의 06번째 줄과 같이 파일 오픈 요청을 한다고 가정해 봅시다.

```
01 int main()
02 {
03    int fd = 0;
04    ssize_t read_buf_size;
05
```

```
06    fd = open("/home/pi/sample_text.txt", O_RDWR);
...
07  }
```

물론 유저 공간에서 open() 함수를 호출하면 커널 공간에서 시스템 콜 핸들러인 sys_open() 함수를 호출할 것입니다. 이 과정에서 덴트리 객체는 다음과 같은 동작을 수행합니다.

- "/home" 디렉터리에서 pi 디렉터리를 검색

- pi 디렉터리가 유효하고 접근 가능한지 점검

- pi 디렉터리 내 sample_text.txt 파일이 있는지 체크

- 디렉터리의 상관 관계도 정확히 점검해 덴트리 구조를 생성: "/home" 하위 디렉터리에 pi가 있고 pi 하부 디렉터리에 sample_text.txt가 위치함

이처럼 디렉터리 경로를 해석하고 디렉터리 간 관계를 점검하는 동작을 덴트리 객체를 이용해 수행합니다.

덴트리 객체를 소개했으니 이어지는 절에서 덴트리 객체와 관련된 자료구조를 알아보겠습니다.

13.7.2 dentry 구조체 분석

덴트리에 대한 세부 속성은 dentry 구조체에서 확인할 수 있습니다. 먼저 dentry 구조체의 선언부를 봅시다.

https://github.com/raspberrypi/linux/blob/rpi-4.19.y/include/linux/dcache.h

```
struct dentry {
        /* RCU lookup touched fields */
        unsigned int d_flags;       /* protected by d_lock */
        seqcount_t d_seq;           /* per dentry seqlock */
        struct hlist_bl_node d_hash; /* lookup hash list */
        struct dentry *d_parent;    /* parent directory */
        struct qstr d_name;
        struct inode *d_inode;      /* Where the name belongs to - NULL is
                                     * negative */
        unsigned char d_iname[DNAME_INLINE_LEN];   /* small names */


        /* Ref lookup also touches following */
```

```
        struct lockref d_lockref;              /* per-dentry lock and refcount */
        const struct dentry_operations *d_op;
        struct super_block *d_sb;              /* The root of the dentry tree */
        unsigned long d_time;                  /* used by d_revalidate */
        void *d_fsdata;                        /* fs-specific data */

        union {
                struct list_head d_lru;        /* LRU list */
                wait_queue_head_t *d_wait;     /* in-lookup ones only */
        };
        struct list_head d_child;              /* child of parent list */
        struct list_head d_subdirs;            /* our children */
        /*
         * d_alias and d_rcu can share memory
         */
        union {
                struct hlist_node d_alias;     /* inode alias list */
                struct hlist_bl_node d_in_lookup_hash;     /* only for in-lookup ones */
                struct rcu_head d_rcu;
        } d_u;
} __randomize_layout;
```

dentry 구조체의 필드 중에서 중요한 속성을 알아보겠습니다. 다음 표에서 dentry 구조체의 중요 필드
를 볼 수 있습니다.

표 13.11 dentry 구조체의 주요 필드와 속성

타입	필드명	설명
unsigned int	d_flags	덴트리 상태 플래그
struct dentry *	d_parent	부모 디렉터리의 dentry 객체
struct qstr	d_name	덴트리 이름
struct inode *	d_inode	덴트리에 해당하는 아이노드
unsigned char	d_iname[36]	덴트리 약칭
const struct dentry_operations *	d_op	덴트리 오퍼레이션 함수 테이블
struct super_block *	d_sb	파일의 슈퍼블록 객체
void *	d_fsdata	파일 시스템에 따른 포인터 매개변수

타입	필드명	설명
struct list_head	d_child	디렉터리에 대해 동일한 부모 디렉터리 내 디렉터리의 dentry 리스트를 가리키는 포인터
struct list_head	d_subdirs	디렉터리에 대해 하위 디렉터리의 dentry들의 리스트 헤드

덴트리도 다른 객체와 마찬가지로 const struct dentry_operations 타입인 d_op 필드로 덴트리 함수 오퍼레이션을 지원합니다. 덴트리 함수 오퍼레이션의 세부 동작 방식은 난이도가 너무 높아 이 책에서 다루지 않겠습니다.

13.8 가상 파일 시스템 디버깅

가상 파일 시스템의 코드를 분석하면서 실제 리눅스 커널에서 어떤 흐름으로 관련 함수들이 호출되는지 궁금할 것입니다. 이번 절에서 소개하는 실습을 따라하면 이 같은 궁금증을 해소할 수 있습니다.

13.8.1 파일 객체의 함수 오퍼레이션 확인

이번 절에서는 유저 애플리케이션에서 다음 함수를 호출했을 때 커널의 가상 파일 시스템에서 어떤 함수가 호출되는지 알아보겠습니다.

- open() / write() / read() / lseek() / fsync() / close()

실습 패치 코드 작성

소스코드는 다음과 같으니 함께 입력해 봅시다.

```
01 #include <stdio.h>
02 #include <stdlib.h>
03 #include <unistd.h>
04 #include <sys/types.h>
05 #include <signal.h>
06 #include <string.h>
07 #include <fcntl.h>
08
```

```
09 #define FILENAME_NAME "/home/pi/sample_text.txt"
10
11 int main()
12 {
13    int fd = 0;
14    ssize_t read_buf_size;
15    off_t new_file_pos;
16
17    char buf[256];
18    char string[] = "Raspbian Linux!\n";
19
20    memset(buf, 0x0, sizeof(buf));
21
22    fd = open(FILENAME_NAME, O_RDWR);
23
24    read_buf_size = read(fd, buf, 256);
25    printf("%s", buf);
26
27    write(fd, string, strlen(string));
28
29    new_file_pos = lseek(fd, (off_t)0, SEEK_SET);
30
31    read_buf_size = read(fd, buf, 256);
32    printf("read again \n");
33    printf("[+]read buffer: %s \n", buf);
34
35    write(fd, string, strlen(string));
36    if ( -1 == fsync(fd)) {
37       printf( "fsync() fails");
38       exit(0);
39    }
40
41    close(fd);
42
43    return 0;
44 }
```

위 프로그램은 /home/pi/sample_text.txt 파일을 읽고 쓰는 동작을 수행합니다. 따라서 다음과 같이 /home/pi 디렉터리로 이동한 후 "touch sample_text.txt" 명령어를 입력해 파일을 먼저 만들어야 합니다.

```
root@raspberrypi:/home/pi# touch sample_text.txt
```

코드의 내용은 어렵지 않으니 간단히 리뷰하는 수준으로 설명하겠습니다. 먼저 22~25번째 줄을 보겠습니다.

```
22    fd = open(FILENAME_NAME, O_RDWR);
23
24    read_buf_size = read(fd, buf, 256);
25    printf("%s", buf);
```

22번째 줄에서 "/home/pi/sample_text.txt" 파일을 오픈한 후 파일 디스크립터를 fd로 얻어옵니다. 이후 24번째 줄을 실행해 버퍼인 buf 변수를 통해 "/home/pi/sample_text.txt"의 내용을 읽어서 25번째 줄과 같이 printf() 함수를 호출해 터미널에 출력합니다.

다음은 27~29번째 줄입니다.

```
27    write(fd, string, strlen(string));
28
29    new_file_pos = lseek(fd, (off_t)0, SEEK_SET);
```

write() 함수를 호출해 "Raspbian Linux!\n"이라는 문자열을 sample_text.txt 파일의 쓰기 버퍼에 씁니다. 이후 lseek() 함수를 호출해 파일 포인터의 위치를 맨 앞부분으로 설정합니다.

이어서 31~33번째 줄을 보겠습니다.

```
31    read_buf_size = read(fd, buf, 256);
32    printf("read again \n");
33    printf("[+]read buffer: %s \n", buf);
```

read() 함수를 호출해 sample_text.txt 파일의 버퍼를 읽은 다음에 이를 printf() 함수를 호출해 터미널에 출력합니다.

다음으로 35~39번째 줄을 보겠습니다.

```
35    write(fd, string, strlen(string));
36    if ( -1 == fsync(fd)) {
37      printf( "fsync() fails");
38      exit(0);
39    }
```

write() 함수를 호출해 "Raspbian Linux!\n" 문자열을 sample_text.txt 파일의 쓰기 버퍼에 씁니다. 그런 다음 36번째 줄과 같이 fsync() 함수를 호출해 저장매체와 동기화를 수행합니다.

마지막으로 41번째 줄을 보겠습니다.

```
41    close(fd);
```

close() 함수를 호출해 파일 디스크립터를 닫는 동작을 수행합니다.

지금까지 설명한 내용은 리눅스 시스템 프로그래밍을 한 번이라도 해봤으면 이해할 수 있는 수준입니다.

앞에서 소개한 코드를 rpi_vfs_file_operation.c라는 이름으로 저장합니다. 이어서 손쉽게 컴파일하기 위해 다음과 같이 코드를 작성하고 Makefile로 저장합시다.

```
vfs_file_proc: rpi_vfs_file_operation.c
    gcc -o vfs_file_proc rpi_vfs_file_operation.c
```

이후 다음과 같이 make 명령어를 입력해 rpi_vfs_file_operation.c 소스 파일을 컴파일합시다.

```
root@raspberrypi:/home/pi# make
gcc -o vfs_file_proc rpi_vfs_file_operation.c
```

오타 없이 코드를 입력하면 위와 같은 메시지가 출력되면서 vfs_file_proc 파일이 생성될 것입니다. rpi_vfs_file_operation.c 소스 파일의 실행 파일명은 vfs_file_proc입니다.

ftrace 설정

이번에는 ftrace를 설정하는 방법을 소개합니다.

```
01 #!/bin/bash
02
03 echo 0 > /sys/kernel/debug/tracing/tracing_on
04 sleep 1
05 echo "tracing_off"
06
07 echo 0 > /sys/kernel/debug/tracing/events/enable
08 sleep 1
09 echo "events disabled"
10
11 echo  secondary_start_kernel  > /sys/kernel/debug/tracing/set_ftrace_filter
12 sleep 1
13 echo "set_ftrace_filter init"
14
15 echo 1 > /sys/kernel/debug/tracing/events/sched/sched_switch/enable
16 echo 1 > /sys/kernel/debug/tracing/events/raw_syscalls/sys_enter/enable
17 echo 1 > /sys/kernel/debug/tracing/events/raw_syscalls/sys_exit/enable
18 sleep 1
19 echo "event enabled"
20
21 echo ext4_file_open ext4_file_write_iter > /sys/kernel/debug/tracing/set_ftrace_filter
22 echo ext4_file_read_iter ext4_llseek >> /sys/kernel/debug/tracing/set_ftrace_filter
23 echo ext4_sync_file __close_fd >> /sys/kernel/debug/tracing/set_ftrace_filter
24 sleep 1
25 echo "set_ftrace_filter enabled"
26
27 sleep 1
28 echo "set_ftrace_filter enabled"
29
30 echo 1 > /sys/kernel/debug/tracing/options/func_stack_trace
31 echo 1 > /sys/kernel/debug/tracing/options/sym-offset
32 echo "function stack trace enabled"
33
34 echo 1 > /sys/kernel/debug/tracing/tracing_on
35 echo "tracing_on"
```

이전 장에서 소개한 ftrace 설정 명령어와 다른 부분 위주로 살펴보겠습니다. 먼저 다음 명령어를 봅시다.

```
15 echo 1 > /sys/kernel/debug/tracing/events/sched/sched_switch/enable
16 echo 1 > /sys/kernel/debug/tracing/events/raw_syscalls/sys_enter/enable
17 echo 1 > /sys/kernel/debug/tracing/events/raw_syscalls/sys_exit/enable
```

open, read, write, lseek, fsync, close 시스템 콜의 동작 방식을 확인하기 위해 프로세스 스케줄링과 시스템 콜에 대한 ftrace 이벤트를 활성화하는 명령어입니다.

이어서 함수 필터를 설정하는 21~23번째 줄의 명령어를 보겠습니다.

```
21 echo ext4_file_open ext4_file_write_iter > /sys/kernel/debug/tracing/set_ftrace_filter
22 echo ext4_file_read_iter ext4_llseek >> /sys/kernel/debug/tracing/set_ftrace_filter
23 echo ext4_sync_file __close_fd >> /sys/kernel/debug/tracing/set_ftrace_filter
```

> 위 명령어에서 21~23번째 줄에 볼드체로 표시된 부분과 같이 >> 기호를 입력합시다. 만약 >> 대신 > 기호를 입력하면 윗줄에 있는 명령어로 설정한 함수 필터 정보가 지워집니다.

위 명령어는 set_ftrace_filter에 다음 함수를 설정합니다.

- ext4_file_open()
- ext4_file_write_iter()
- ext4_file_read_iter()
- ext4_llseek()
- ext4_sync_file()
- __close_fd()

함수 이름이 조금 친숙해 보이지 않나요? 모두 13.3절에서 분석한 ext4 파일 시스템의 파일 오퍼레이션 함수입니다.

앞에서 소개한 ftrace 설정 명령어를 rpi_vfs_file_trace.sh라는 이름으로 저장합시다.

ftrace 로그를 추출하는 방법

실습 코드의 실행 파일(vfs_file_proc)이 준비됐고 ftrace를 설정하는 방법을 확인했습니다. 이어서 ftrace를 설정하고 vfs_file_proc 파일을 실행할 차례입니다.

먼저 rpi_vfs_file_trace.sh 셸 스크립트를 실행해 ftrace를 설정합시다.

```
root@raspberrypi:/home/pi # ./rpi_vfs_file_trace.sh
```

다음으로 "./vfs_file_proc" 명령어를 입력해 vfs_file_proc 파일을 실행합니다.

```
root@raspberrypi:/home/pi # ./vfs_file_proc
read again
[+]read buffer: Raspbian Linux!
```

다음으로 3.4.4절에서 소개한 get_ftrace.sh 셸 스크립트를 실행해 ftrace 로그를 받습니다.

```
root@raspberrypi:/home/pi # ./get_ftrace.sh
```

ftrace 로그 분석

분석할 ftrace 로그는 다음과 같습니다.

```
#open
01 vfs_file_proc-2102 [001] .... 3993.231746: sys_enter: NR 5 (76fe7ed8, 80000, 3, 76ffac90, 76fe7ed8,
7edfa524)
02 vfs_file_proc-2102 [001] .... 3993.231764: ext4_file_open+0x14/0x1dc <-do_dentry_open+0x240/0x3c4
03 vfs_file_proc-2102 [001] .... 3993.231798: <stack trace>
04 => ext4_file_open+0x18/0x1dc
05 => do_dentry_open+0x240/0x3c4
06 => vfs_open+0x3c/0x40
07 => path_openat+0x3a8/0x1000
08 => do_filp_open+0x84/0xf0
09 => do_sys_open+0x144/0x1f4
10 => sys_open+0x28/0x2c
11 => __sys_trace_return+0x0/0x10
12 => 0x7edfa434
13 vfs_file_proc-2102 [001] .... 3993.231809: sys_exit: NR 5 = 3
...
```

```
#read
14 vfs_file_proc-2102 [001] .... 3993.231946: sys_enter: NR 3 (3, 7edfa080, 200, 0, 76ff7000, 0)
15 vfs_file_proc-2102 [001] .... 3993.231952: ext4_file_read_iter+0x10/0x54 <-__vfs_read+0x108/0x168
16 vfs_file_proc-2102 [001] .... 3993.231969: <stack trace>
17 => ext4_file_read_iter+0x14/0x54
18 => __vfs_read+0x108/0x168
19 => vfs_read+0x9c/0x164
20 => ksys_read+0x5c/0xbc
21 => sys_read+0x18/0x1c
22 => __sys_trace_return+0x0/0x10
23 => 0x7edf9fdc
24 vfs_file_proc-2102 [001] .... 3993.231977: sys_exit: NR 3 = 512
...
#write(x1)
25 vfs_file_proc-2102 [001] .... 3993.234630: sys_enter: NR 4 (3, 7edfa4a8, 10, 7edfa4a8, 1077c, 0)
26 vfs_file_proc-2102 [001] .... 3993.234636: ext4_file_write_iter+0x14/0x4c0
<-__vfs_write+0x10c/0x170
27 vfs_file_proc-2102 [001] .... 3993.234654: <stack trace>
28 => ext4_file_write_iter+0x18/0x4c0
29 => __vfs_write+0x10c/0x170
30 => vfs_write+0xb4/0x1c0
31 => ksys_write+0x5c/0xbc
32 => sys_write+0x18/0x1c
33 => __sys_trace_return+0x0/0x10
34 => 0x7edfa4a4
35 vfs_file_proc-2102 [001] .... 3993.234796: sys_exit: NR 4 = 16
...
#lseek
36 vfs_file_proc-2102 [001] .... 3993.234803: sys_enter: NR 19 (3, 0, 0, 7edfa4a8, 1077c, 0)
37 vfs_file_proc-2102 [001] .... 3993.234807: ext4_llseek+0x14/0x15c <-ksys_lseek+0xa8/0xd8
38 vfs_file_proc-2102 [001] .... 3993.234821: <stack trace>
39 => ext4_llseek+0x18/0x15c
40 => ksys_lseek+0xa8/0xd8
41 => sys_lseek+0x18/0x1c
42 => __sys_trace_return+0x0/0x10
43 => 0x7edfa4a4
44 vfs_file_proc-2102 [001] .... 3993.234825: sys_exit: NR 19 = 0
...
#write(x2)
```

```
45 vfs_file_proc-2102 [001] .... 3993.235673: sys_enter: NR 4 (3, 7edfa4a8, 10, 7edfa4a8, 1077c, 0)
46 vfs_file_proc-2102 [001] .... 3993.235677: ext4_file_write_iter+0x14/0x4c0
<-__vfs_write+0x10c/0x170
47 vfs_file_proc-2102 [001] .... 3993.235702: <stack trace>
48 => ext4_file_write_iter+0x18/0x4c0
49 => __vfs_write+0x10c/0x170
50 => vfs_write+0xb4/0x1c0
51 => ksys_write+0x5c/0xbc
52 => sys_write+0x18/0x1c
53 => __sys_trace_return+0x0/0x10
54 => 0x7edfa4a4
55 vfs_file_proc-2102 [001] .... 3993.235757: sys_exit: NR 4 = 16
...
#fsync
56 vfs_file_proc-2102 [001] .... 3993.235767: sys_enter: NR 118 (3, 7edfa4a8, 10, 7edfa4a8, 1077c, 0)
57 vfs_file_proc-2102 [001] .... 3993.235770: ext4_sync_file+0x14/0x464 <-vfs_fsync_range+0x4c/0x8c
58 vfs_file_proc-2102 [001] .... 3993.235796: <stack trace>
59 => ext4_sync_file+0x18/0x464
60 => vfs_fsync_range+0x4c/0x8c
61 => do_fsync+0x4c/0x74
62 => sys_fsync+0x1c/0x20
63 => __sys_trace_return+0x0/0x10
64 => 0x7edfa4a4
...
65 vfs_file_proc-2102 [001] .... 3993.247132: sys_exit: NR 118 = 0
...
#close
66 vfs_file_proc-2102 [001] .... 3993.247156: sys_enter: NR 6 (3, 7edfa4a8, 10, 0, 1077c, 0)
67 vfs_file_proc-2102 [001] .... 3993.247162: __close_fd+0x10/0xa0 <-sys_close+0x30/0x58
68 vfs_file_proc-2102 [001] .... 3993.247197: <stack trace>
69 => __close_fd+0x14/0xa0
70 => sys_close+0x30/0x58
71 => __sys_trace_return+0x0/0x10
72 => 0x7edfa4a4
73 vfs_file_proc-2102  [001] ....  3993.247203: sys_exit: NR 6 = 0
```

ftrace 로그가 길고 복잡해 보이지만 ftrace의 실행 흐름은 다음 그림과 같이 분류할 수 있습니다.

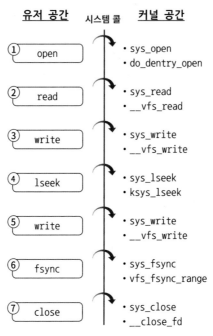

그림 13.18 ftrace에서의 시스템 콜 실행 순서

먼저 그림의 왼쪽 부분을 눈으로 따라가봅시다. 왼쪽 부분은 유저 공간 애플리케이션에서 실행한 함수의 이름입니다. 이번 절에서 소개한 애플리케이션 예제 코드에서 호출된 함수입니다. 다음으로 가운데 부분을 보면 시스템 콜이 발생하는 동작을 나타내는 화살표가 보입니다. 유지 공간에서 커널 공간으로 진입하려면 이처럼 시스템 콜을 발생시켜야 합니다.

그림 오른쪽의 함수 목록에서 첫 번째 함수는 시스템 콜 핸들러 함수입니다. 다음 그 아래에 있는 함수는 파일 시스템별 함수 오퍼레이션을 수행합니다. 예를 들어, 유저 공간에서 open 시스템 콜을 발생시키면 시스템 콜 핸들러는 sys_open() 함수이고 open() 함수에 대한 파일 객체의 함수 오퍼레이션은 do_dentry_open() 함수에서 실행됩니다.

이번 절에서 읽고 쓰는 파일은 /home/pi/sample_text.txt입니다. 라즈비안에서 저장매체에 저장되는 파일은 ext4 파일 시스템에서 관리합니다. 따라서 ext4_xxx와 ext4로 시작하는 함수들이 호출됩니다. 반면 proc 파일 시스템에서 관리하는 파일에 대해 읽기 쓰기 연산을 수행하면 proc_xxx로 시작하는 함수들이 호출될 것입니다.

open 함수 오퍼레이션의 동작 흐름 확인

파일을 읽거나 쓰기 위해서는 먼저 파일을 먼저 열어야 합니다. 이를 위해 유저 공간에서 open() 함수를 호출해야 합니다. 유저 공간에서 open() 함수를 호출하면 커널 공간에서 시스템 콜 핸들러인 sys_open() 함수가 호출됩니다. 이 점을 염두에 두고 다음 ftrace 로그를 분석합시다.

분석할 ftrace 메시지는 다음과 같습니다.

```
#open
01 vfs_file_proc-2102 [001] .... 3993.231746: sys_enter: NR 5 (76fe7ed8, 80000, 3, 76ffac90, 76fe7ed8,
7edfa524)
02 vfs_file_proc-2102 [001] .... 3993.231764: ext4_file_open+0x14/0x1dc <-do_dentry_open+0x240/0x3c4
03 vfs_file_proc-2102 [001] .... 3993.231798: <stack trace>
04 => ext4_file_open+0x18/0x1dc
05 => do_dentry_open+0x240/0x3c4
06 => vfs_open+0x3c/0x40
07 => path_openat+0x3a8/0x1000
08 => do_filp_open+0x84/0xf0
09 => do_sys_open+0x144/0x1f4
10 => sys_open+0x28/0x2c
11 => __sys_trace_return+0x0/0x10
12 => 0x7edfa434
13 vfs_file_proc-2102  [001] ....  3993.231809: sys_exit: NR 5 = 3
```

복잡해 보이는 ftrace 로그에서 함수 실행 흐름은 다음 그림과 같이 정리할 수 있습니다.

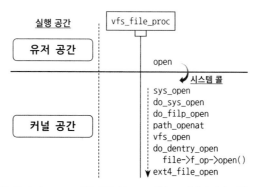

그림 13.19 ftrace: 파일 오픈 시 open 함수 오퍼레이션의 실행 흐름

유저 공간에서 open() 함수를 호출하면 커널 공간에서 시스템 콜 핸들러인 sys_open() 함수가 호출되는 실행 흐름입니다. 이후 do_dentry_open() 함수가 호출되어 파일 객체의 함수 오퍼레이션을 수행합니다.

01번째 줄 로그를 보겠습니다.

```
01 vfs_file_proc-2102 [001] .... 3993.231746: sys_enter: NR 5 (76fe7ed8, 80000, 3, 76ffac90, 76fe7ed8,
7edfa524)
```

5번에 해당하는 open 시스템 콜이 발생했다는 정보입니다. 5번 시스템 콜 번호는 다음 코드에서 확인할 수 있습니다.

https://elixir.bootlin.com/linux/v4.4.180/source/arch/arm/include/uapi/asm/unistd.h

```
#define __NR_open          (__NR_SYSCALL_BASE+ 5)
```

2~11번째 줄에서 open 시스템 콜이 발생한 다음, ext4_file_open() 함수의 콜 스택을 볼 수 있습니다.

이어서 ext4_file_open() 함수를 호출하는 코드를 함께 봅시다.

https://github.com/raspberrypi/linux/blob/rpi-4.19.y/fs/open.c

```
01 static int do_dentry_open(struct file *f,
02            struct inode *inode,
03            int (*open)(struct inode *, struct file *))
04 {
05    static const struct file_operations empty_fops = {};
06    int error;
...
07    f->f_mode |= FMODE_LSEEK | FMODE_PREAD | FMODE_PWRITE;
08    if (!open)
09        open = f->f_op->open;
10    if (open) {
11        error = open(inode, f);
12        if (error)
13            goto cleanup_all;
14 }
```

do_dentry_open() 함수의 09번째 줄에서 파일 오퍼레이션 중 open 함수 포인터가 가리키는 함수의 주소를 open에 저장합니다. 이후 11번째 줄에서 open 함수 포인터에 저장된 ext4_file_open() 함수를 호출합니다.

read 함수 오퍼레이션의 동작 흐름 확인

이어서 유저 공간에서 read() 함수를 호출했을 때 커널 내부의 함수 실행 흐름을 살펴보겠습니다. 분석할 ftrace 메시지는 다음과 같습니다.

```
#read
14 vfs_file_proc-2102 [001] .... 3993.231946: sys_enter: NR 3 (3, 7edfa080, 200, 0, 76ff7000, 0)
15 vfs_file_proc-2102 [001] .... 3993.231952: ext4_file_read_iter+0x10/0x54 <-__vfs_read+0x108/0x168
16 vfs_file_proc-2102 [001] .... 3993.231969: <stack trace>
17 => ext4_file_read_iter+0x14/0x54
18 => __vfs_read+0x108/0x168
19 => vfs_read+0x9c/0x164
20 => ksys_read+0x5c/0xbc
21 => sys_read+0x18/0x1c
22 => __sys_trace_return+0x0/0x10
23 => 0x7edf9fdc
24 vfs_file_proc-2102  [001] ....  3993.231977: sys_exit: NR 3 = 512
```

다음 그림은 ftrace 로그에서 read 함수 오퍼레이션의 실행 흐름을 나타냅니다.

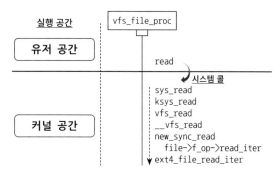

그림 13.20 ftrace: 파일을 읽을 때 read 함수 오퍼레이션의 실행 흐름

유저 공간에서 read() 함수를 호출하면 커널 공간에서 시스템 콜 핸들러인 sys_read() 함수가 호출되는 실행 흐름입니다. 이후 __vfs_read() 함수가 호출되어 파일 객체의 read 함수 오퍼레이션을 수행합니다.

14번째 줄의 로그를 보겠습니다.

```
14 vfs_file_proc-2102 [001] .... 3993.231946: sys_enter: NR 3 (3, 7edfa080, 200, 0, 76ff7000, 0)
```

3번 read 시스템 콜이 발생했다는 정보입니다. 3번 시스템 콜 번호는 다음 코드에서 확인할 수 있습니다.

https://elixir.bootlin.com/linux/v4.4.180/source/arch/arm/include/uapi/asm/unistd.h

```
#define __NR_read          (__NR_SYSCALL_BASE+  3)
```

15~23번째 줄에서 read 시스템 콜이 발생한 다음에 호출되는 ext4_file_read_iter() 함수의 콜 스택을 볼 수 있습니다.

이어서 ext4_file_read_iter() 함수를 호출하는 코드를 함께 봅시다.

https://github.com/raspberrypi/linux/blob/rpi-4.19.y/fs/open.c

```
01 static ssize_t new_sync_read(struct file *filp, char __user *buf, size_t len, loff_t *ppos)
02 {
03     struct iovec iov = { .iov_base = buf, .iov_len = len };
04     struct kiocb kiocb;
05     struct iov_iter iter;
06     ssize_t ret;
07
08     init_sync_kiocb(&kiocb, filp);
09     kiocb.ki_pos = *ppos;
10     iov_iter_init(&iter, READ, &iov, 1, len);
11
12     ret = call_read_iter(filp, &kiocb, &iter);
...
```

new_sync_read() 함수의 12번째 줄과 같이 call_read_iter() 함수를 통해 ext4_file_read_iter() 함수를 호출합니다.

다음 call_read_iter() 함수의 구현부를 보면 파일 객체의 read_iter 함수 오퍼레이션을 수행합니다.

https://github.com/raspberrypi/linux/blob/rpi-4.19.y/include/linux/fs.h

```
01 static inline ssize_t call_read_iter(struct file *file, struct kiocb *kio,
02                 struct iov_iter *iter)
03 {
04     return file->f_op->read_iter(kio, iter);
05 }
```

04번째 줄과 같이 read_iter 함수 포인터에 지정된 함수를 호출하는데, 다음 03줄과 같이 'ext4 파일 시스템'의 파일 오퍼레이션으로 read_iter 필드는 ext4_file_read_iter() 함수로 지정돼 있습니다.

https://github.com/raspberrypi/linux/blob/rpi-4.19.y/fs/ext4/file.c

```
01 const struct file_operations ext4_file_operations = {
02   .llseek      = ext4_llseek,
03   .read_iter   = ext4_file_read_iter,
04   .write_iter  = ext4_file_write_iter,
```

따라서 'file->f_op->read_iter(kio, iter);' 구문을 통해 ext4_file_read_iter() 함수가 호출되는 것입니다.

write 함수 오퍼레이션의 동작 흐름 확인

이어서 유저 공간에서 write() 함수를 호출했을 때 커널 내부의 함수 실행 흐름을 살펴보겠습니다. 분석할 ftrace 메시지는 다음과 같습니다.

```
#write(x1)
25 vfs_file_proc-2102 [001] .... 3993.234630: sys_enter: NR 4 (3, 7edfa4a8, 10, 7edfa4a8, 1077c, 0)
26 vfs_file_proc-2102 [001] .... 3993.234636: ext4_file_write_iter+0x14/0x4c0
<-__vfs_write+0x10c/0x170
27 vfs_file_proc-2102 [001] .... 3993.234654: <stack trace>
28 => ext4_file_write_iter+0x18/0x4c0
29 => __vfs_write+0x10c/0x170
30 => vfs_write+0xb4/0x1c0
31 => ksys_write+0x5c/0xbc
32 => sys_write+0x18/0x1c
33 => __sys_trace_return+0x0/0x10
34 => 0x7edfa4a4
35 vfs_file_proc-2102 [001] .... 3993.234796: sys_exit: NR 4 = 16
```

ftrace 로그에서 보이는 write 함수 오퍼레이션의 실행 흐름은 다음 그림과 같이 분류할 수 있습니다.

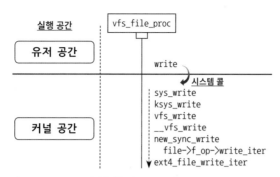

그림 13.21 ftrace: 파일을 쓸 때 write 함수 오퍼레이션의 실행 흐름

유저 공간에서 write() 함수를 호출하면 커널 공간에서 시스템 콜 핸들러인 sys_write() 함수가 호출되는 실행 흐름입니다. 이후 __vfs_write() 함수가 호출되어 파일 객체의 write 함수 오퍼레이션을 수행합니다.

25번째 줄을 보겠습니다.

```
25 vfs_file_proc-2102 [001] .... 3993.234630: sys_enter: NR 4 (3, 7edfa4a8, 10, 7edfa4a8, 1077c, 0)
```

4번 write 시스템 콜이 발생했다는 정보입니다. 4번 시스템 콜 번호는 다음 코드에서 확인할 수 있습니다.

https://elixir.bootlin.com/linux/v4.4.180/source/arch/arm/include/uapi/asm/unistd.h

```
#define __NR_write          (__NR_SYSCALL_BASE+  4)
```

26~33번째 줄에서 write 시스템 콜이 발생한 다음에 ext4_file_write_iter() 함수의 콜 스택을 볼 수 있습니다.

이어서 ext4_file_write_iter() 함수를 호출하는 코드를 함께 봅시다.

https://github.com/raspberrypi/linux/blob/rpi-4.19.y/fs/read_write.c

```
01 static ssize_t new_sync_write(struct file *filp, const char __user *buf, size_t len, loff_t *ppos)
02 {
03     struct iovec iov = { .iov_base = (void __user *)buf, .iov_len = len };
04     struct kiocb kiocb;
05     struct iov_iter iter;
```

```
06    ssize_t ret;
07
08    init_sync_kiocb(&kiocb, filp);
09    kiocb.ki_pos = *ppos;
10    iov_iter_init(&iter, WRITE, &iov, 1, len);
11
12    ret = call_write_iter(filp, &kiocb, &iter);
13    BUG_ON(ret == -EIOCBQUEUED);
14    if (ret > 0)
15        *ppos = kiocb.ki_pos;
16    return ret;
17 }
```

new_sync_write() 함수의 12번째 줄과 같이 call_write_iter() 함수를 통해 ext4_file_write_iter() 함수를 호출합니다. 다음 call_write_iter() 함수의 구현부를 보면 파일 객체의 read_iter 함수 오퍼레이션을 수행합니다.

https://github.com/raspberrypi/linux/blob/rpi-4.19.y/include/linux/fs.h

```
01 static inline ssize_t call_write_iter(struct file *file, struct kiocb *kio,
02                 struct iov_iter *iter)
03 {
04    return file->f_op->write_iter(kio, iter);
05 }
```

04번째 줄과 같이 write_iter 함수 포인터에 지정된 함수를 호출하는데, 다음 04줄과 같이 'ext4 파일 시스템'의 파일 오퍼레이션으로 write_iter 필드는 ext4_file_write_iter() 함수로 지정돼 있습니다.

https://github.com/raspberrypi/linux/blob/rpi-4.19.y/fs/ext4/file.c

```
01 const struct file_operations ext4_file_operations = {
02    .llseek     = ext4_llseek,
03    .read_iter  = ext4_file_read_iter,
04    .write_iter = ext4_file_write_iter,
```

따라서 'file->f_op->write_iter(kio, iter);' 구문을 통해 ext4_file_write_iter() 함수가 호출되는 것입니다.

lseek 함수 오퍼레이션의 동작 흐름 확인

유저 공간에서 파일을 읽고 쓸 때 파일 포인터의 위치를 바꿔야 할 때가 있습니다. 이럴 때 lseek() 함수를 호출하면 함수에 지정된 옵션에 따라 파일 포인터의 위치를 반환합니다.

이번에는 파일 포인터의 위치를 설정하기 위해 유저 공간에서 lseek() 함수를 호출할 때 커널 공간에서의 함수 실행 흐름을 확인하겠습니다. 분석할 ftrace 메시지는 다음과 같습니다.

```
#lseek
36 vfs_file_proc-2102 [001] .... 3993.234803: sys_enter: NR 19 (3, 0, 0, 7edfa4a8, 1077c, 0)
37 vfs_file_proc-2102 [001] .... 3993.234807: ext4_llseek+0x14/0x15c <-ksys_lseek+0xa8/0xd8
38 vfs_file_proc-2102 [001] .... 3993.234821: <stack trace>
39 => ext4_llseek+0x18/0x15c
40 => ksys_lseek+0xa8/0xd8
41 => sys_lseek+0x18/0x1c
42 => __sys_trace_return+0x0/0x10
43 => 0x7edfa4a4
44 vfs_file_proc-2102  [001] .... 3993.234825: sys_exit: NR 19 = 0
```

다음 그림은 ftrace 로그에서 lseek 함수 오퍼레이션의 실행 흐름을 나타냅니다.

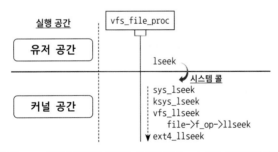

그림 13.22 ftrace: 파일 포인터의 위치를 설정할 때 lseek 함수 오퍼레이션의 실행 흐름

유저 공간에서 lseek() 함수를 호출하면 커널 공간에서 시스템 콜 핸들러인 sys_lseek() 함수가 호출되는 실행 흐름입니다. 이후 vfs_llseek() 함수가 호출되어 파일 객체의 lseek 함수 오퍼레이션을 수행합니다.

36번째 줄 로그를 보겠습니다.

```
36 vfs_file_proc-2102 [001] .... 3993.234803: sys_enter: NR 19 (3, 0, 0, 7edfa4a8, 1077c, 0)
```

19번 lseek 시스템 콜이 발생했다는 정보입니다. 19번 시스템 콜 번호는 다음 코드에서 확인할 수 있습니다.

https://github.com/raspberrypi/linux/blob/rpi-4.19.y/fs/read_write.c

```
#define __NR_lseek              (__NR_SYSCALL_BASE+ 19)
```

37~44번째 줄에서 lseek 시스템 콜이 발생한 다음 ext4_llseek() 함수의 콜 스택을 볼 수 있습니다.

이어서 ext4_llseek() 함수를 호출하는 코드를 함께 봅시다.

https://github.com/raspberrypi/linux/blob/rpi-4.19.y/fs/read_write.c

```
01 loff_t vfs_llseek(struct file *file, loff_t offset, int whence)
02 {
03    loff_t (*fn)(struct file *, loff_t, int);
04
05    fn = no_llseek;
06    if (file->f_mode & FMODE_LSEEK) {
07        if (file->f_op->llseek)
08            fn = file->f_op->llseek;
09    }
10    return fn(file, offset, whence);
11 }
...
```

vfs_llseek() 함수의 08번째 줄에서 ext4_llseek() 함수를 호출합니다.

fsync 함수 오퍼레이션의 동작 흐름 확인

애플리케이션에서는 read()/write() 함수를 써서 파일을 변경하거나 저장합니다. 이 과정에서 커널 내부에서 버퍼를 잡아 변경된 파일을 처리합니다. 즉, 파일을 변경하면 그 내용이 바로 저장매체에 저장되는 것이 아닙니다. 그래서 읽기와 쓰기 동작 후 변경한 내용을 저장매체에 저장하려면 fsync() 함수를 호출해야 합니다. 이을 염두에 두고 다음 ftrace 로그를 분석합시다.

```
#fsync
56 vfs_file_proc-2102 [001] .... 3993.235767: sys_enter: NR 118 (3, 7edfa4a8, 10, 7edfa4a8, 1077c, 0)
57 vfs_file_proc-2102 [001] .... 3993.235770: ext4_sync_file+0x14/0x464 <-vfs_fsync_range+0x4c/0x8c
58 vfs_file_proc-2102 [001] .... 3993.235796: <stack trace>
```

```
59 => ext4_sync_file+0x18/0x464
60 => vfs_fsync_range+0x4c/0x8c
61 => do_fsync+0x4c/0x74
62 => sys_fsync+0x1c/0x20
63 => __sys_trace_return+0x0/0x10
64 => 0x7edfa4a4
...
65 vfs_file_proc-2102 [001] .... 3993.247132: sys_exit: NR 118 = 0
```

ftrace 로그에서 보이는 fsync 함수 오퍼레이션의 실행 흐름은 다음 그림과 같이 분류할 수 있습니다.

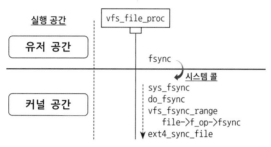

그림 13.23 ftrace: fsync 함수 오퍼레이션의 실행 흐름

유저 공간에서 fsync() 함수를 호출하면 커널 공간에서 시스템 콜 핸들러인 sys_fsync() 함수가 호출되는 실행 흐름입니다. 이후 vfs_fsync_range() 함수가 호출되어 파일 객체의 fsync 함수 오퍼레이션을 수행합니다.

56번째 줄 로그를 보겠습니다.

```
56 vfs_file_proc-2102 [001] .... 3993.235767: sys_enter: NR 118 (3, 7edfa4a8, 10, 7edfa4a8, 1077c, 0)
```

118번 fsync 시스템 콜이 발생했다는 정보입니다. 118번 시스템 콜 번호는 다음 코드에서 확인할 수 있습니다.

https://elixir.bootlin.com/linux/v4.4.180/source/arch/arm/include/uapi/asm/unistd.h

```
#define __NR_fsync              (__NR_SYSCALL_BASE+118)
```

57~64번째 줄에서 fsync 시스템 콜이 발생한 다음 ext4_sync_file() 함수의 콜 스택을 볼 수 있습니다.

이어서 ext4_sync_file() 함수를 호출하는 코드를 함께 봅시다.

https://github.com/raspberrypi/linux/blob/rpi-4.19.y/fs/sync.c

```
01 int vfs_fsync_range(struct file *file, loff_t start, loff_t end, int datasync)
02 {
03    struct inode *inode = file->f_mapping->host;
04
05    if (!file->f_op->fsync)
06        return -EINVAL;
07    if (!datasync && (inode->i_state & I_DIRTY_TIME))
08        mark_inode_dirty_sync(inode);
09    return file->f_op->fsync(file, start, end, datasync);
10 }
```

vfs_fsync_range() 함수의 09번째 줄에서 ext4_sync_file() 함수를 호출합니다.

close 함수 오퍼레이션의 동작 흐름 확인

마지막으로 유저 공간에서 파일을 닫을 때 close() 함수를 호출하면 커널 공간에서 어떤 함수가 실행되는지 살펴보겠습니다.

```
#close
66 vfs_file_proc-2102 [001] .... 3993.247156: sys_enter: NR 6 (3, 7edfa4a8, 10, 0, 1077c, 0)
67 vfs_file_proc-2102 [001] .... 3993.247162: __close_fd+0x10/0xa0 <-sys_close+0x30/0x58
68 vfs_file_proc-2102 [001] .... 3993.247197: <stack trace>
69 => __close_fd+0x14/0xa0
70 => sys_close+0x30/0x58
71 => __sys_trace_return+0x0/0x10
72 => 0x7edfa4a4
73 vfs_file_proc-2102 [001] .... 3993.247203: sys_exit: NR 6 = 0
```

다음 그림은 ftrace 로그에서 close 함수 오퍼레이션의 실행 흐름을 나타냅니다.

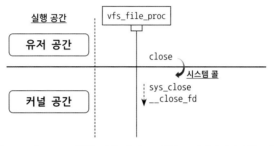

그림 13.24 ftrace: 파일을 닫을 때 close 함수 오퍼레이션의 실행 흐름도

유저 공간에서 close() 함수를 호출하면 커널 공간에서 시스템 콜 핸들러인 sys_close() 함수가 호출되는 실행 흐름입니다. sys_close() 함수가 호출되면 커널 내부에서 파일 시스템별 함수 오퍼레이션을 실행하지 않습니다. 단지 프로세스의 태스크 디스크립터 내 파일 디스크립터 테이블에 저장된 파일 디스크립터를 초기화합니다.

66번째 줄을 보겠습니다.

```
66 vfs_file_proc-2102 [001] .... 3993.247156: sys_enter: NR 6 (3, 7edfa4a8, 10, 0, 1077c, 0)
```

6번 close 시스템 콜이 발생했다는 정보입니다. 6번 시스템 콜 번호는 다음 코드에서 확인할 수 있습니다.

https://elixir.bootlin.com/linux/v4.4.180/source/arch/arm/include/uapi/asm/unistd.h

```
#define __NR_close          (__NR_SYSCALL_BASE+ 6)
```

67~72번째 줄에서 close 시스템 콜이 발생한 다음에 호출되는 __close_fd() 함수의 콜 스택을 볼 수 있습니다.

이어서 __close_fd() 함수를 함께 봅시다.

https://github.com/raspberrypi/linux/blob/rpi-4.19.y/fs/file.c

```
01 int __close_fd(struct files_struct *files, unsigned fd)
02 {
03    struct file *file;
04    struct fdtable *fdt;
05
06    spin_lock(&files->file_lock);
07    fdt = files_fdtable(files);
08    if (fd >= fdt->max_fds)
09       goto out_unlock;
10    file = fdt->fd[fd];
11    if (!file)
12       goto out_unlock;
13    rcu_assign_pointer(fdt->fd[fd], NULL);
```

__close_fd() 함수의 13번째 줄과 같이 파일 디스크립터 테이블에서 해당 파일 니스크립터를 NULL로 초기화합니다.

여기까지 실습을 통해 커널 내부 함수 흐름을 ftrace로 살펴봤습니다. 이번 실습으로 다음과 같은 내용을 알게 됐습니다.

- 유저 공간에서 파일을 처리하는 함수를 호출해 시스템 콜을 발생시키면 가상 파일 시스템에서 관리하는 파일 객체의 함수 오퍼레이션을 수행
- 함수 오퍼레이션은 함수 포인터를 써서 수행

다른 관점에서 보면 리눅스 디바이스 드라이버에서 지정한 함수 오퍼레이션(연산)도 이번 장에서 배운 파일 객체의 함수 오퍼레이션을 통해 실행됩니다. 이번 절에서 실습한 내용을 응용해서 여러분이 작성한 디바이스 드라이버의 함수 오퍼레이션 동작도 ftrace로 확인해 보시길 바랍니다.

13.8.2 슈퍼블록 객체의 함수 오퍼레이션 확인

이번 절에서는 유저 애플리케이션에서 statfs() 함수를 호출했을때 커널 내부 슈퍼블록 객체의 함수 오퍼레이션 동작을 살펴보겠습니다. 먼저 실습 패치 코드를 작성해 봅시다.

실습 패치 코드 작성

소스코드는 다음과 같습니다.

```
01 #include <stdio.h>
02 #include <stdlib.h>
03 #include <unistd.h>
04 #include <sys/types.h>
05 #include <sys/vfs.h>
06 #include <string.h>
07 #include <fcntl.h>
08
09 #define GENERAL_DIR "/home/pi"
10 #define PROC_DIR "/proc"
11 #define BUFF_SIZE 128
12
13 int main()
14 {
15     struct statfs file_sys_info;
16     char fname[BUFF_SIZE] = {0,};
17
```

```
18    strcpy(fname, GENERAL_DIR);
19
20    printf("statfs under %s \n", GENERAL_DIR);
21    if(statfs(fname, &file_sys_info)) {
22        printf("Unable to statfs %s \n", fname);
23        exit(1);
24    }
25
26    strcpy(fname, PROC_DIR);
27    printf("statfs under %s \n", PROC_DIR);
28    if(statfs(fname, &file_sys_info)) {
29        printf("Unable to statfs %s \n", fname);
30        exit(1);
31    }
32
33    return 0;
34 }
```

코드의 내용은 어렵지 않으니 간단히 리뷰하는 수준으로 설명하겠습니다. 먼저 18~24번째 줄을 봅시다.

```
18    strcpy(fname, GENERAL_DIR);
19
20    printf("statfs under %s \n", GENERAL_DIR);
21    if(statfs(fname, &file_sys_info)) {
22        printf("Unable to statfs %s \n", fname);
23        exit(1);
24    }
```

fname 버퍼에 GENERAL_DIR("/home/pi") 경로를 복사한 다음 statfs() 함수를 호출합니다. statfs() 함수를 호출하면 지정된 디렉터리를 관리하는 파일 시스템의 속성을 알 수 있습니다.

이어서 26~31번째 줄을 보겠습니다.

```
26    strcpy(fname, PROC_DIR);
27    printf("statfs under %s \n", PROC_DIR);
28    if(statfs(fname, &file_sys_info)) {
29        printf("Unable to statfs %s \n", fname);
```

```
30        exit(1);
31    }
```

fname 버퍼에 PROC_DIR("/proc") 경로를 복사한 다음 statfs() 함수를 호출합니다. statfs() 함수를 호출하면 /proc 디렉터리를 관리하는 파일 시스템 속성을 알 수 있습니다.

리눅스 시스템 프로그래밍을 한 번이라도 해본 분이면 이해할 수 있는 수준의 코드입니다.

앞에서 소개한 코드를 rpi_vfs_statfs_operation.c라는 파일로 저장합니다. 이제 코드를 입력했으니 컴파일해볼 차례입니다. 컴파일을 쉽게 할 수 있도록 다음과 같이 코드를 작성하고 파일명을 Makefile로 지정해서 저장합니다.

```
statfs_proc: rpi_vfs_statfs_operation.c
    gcc -o statfs_proc rpi_vfs_statfs_operation.c
```

이후 다음과 같이 make 명령어를 입력해 rpi_vfs_statfs_operation.c 소스 파일을 컴파일합시다.

```
root@raspberrypi:/home/pi# make
gcc -o statfs_proc rpi_vfs_statfs_operation.c
```

오타 없이 코드를 입력하면 위와 같은 메시지가 출력되면서 statfs_proc 파일이 생성될 것입니다. rpi_vfs_statfs_operation.c 소스 파일의 실행 파일명은 statfs_proc입니다.

ftrace 설정

이번에는 ftrace를 설정하는 방법을 소개합니다.

```
01 #!/bin/bash
02
03 echo 0 > /sys/kernel/debug/tracing/tracing_on
04 sleep 1
05 echo "tracing_off"
06
07 echo 0 > /sys/kernel/debug/tracing/events/enable
08 sleep 1
09 echo "events disabled"
10
11 echo  secondary_start_kernel  > /sys/kernel/debug/tracing/set_ftrace_filter
```

```
12 sleep 1
13 echo "set_ftrace_filter init"
14
15 echo function > /sys/kernel/debug/tracing/current_tracer
16 sleep 1
17 echo "function tracer enabled"
18
19 echo 1 > /sys/kernel/debug/tracing/events/sched/sched_switch/enable
20 echo 1 > /sys/kernel/debug/tracing/events/raw_syscalls/sys_enter/enable
21 echo 1 > /sys/kernel/debug/tracing/events/raw_syscalls/sys_exit/enable
22 sleep 1
23 echo "event enabled"
24
25 echo ext4_statfs simple_statfs > /sys/kernel/debug/tracing/set_ftrace_filter
26 sleep 1
27 echo "set_ftrace_filter enabled"
28
29 sleep 1
30 echo "set_ftrace_filter enabled"
31
32 echo 1 > /sys/kernel/debug/tracing/options/func_stack_trace
33 echo 1 > /sys/kernel/debug/tracing/options/sym-offset
34 echo "function stack trace enabled"
35
36 echo 1 > /sys/kernel/debug/tracing/tracing_on
37 echo "tracing_on"
```

이전 장에서 소개한 ftrace 설정 명령어와의 차이점을 위주로 살펴보겠습니다. 먼저 다음 명령어를 소개합니다.

```
19 echo 1 > /sys/kernel/debug/tracing/events/sched/sched_switch/enable
20 echo 1 > /sys/kernel/debug/tracing/events/raw_syscalls/sys_enter/enable
21 echo 1 > /sys/kernel/debug/tracing/events/raw_syscalls/sys_exit/enable
```

시스템 콜의 동작을 확인하기 위해 프로세스 스케줄링과 시스템 콜 이벤트를 활성화하는 명령어입니다.

이어서 함수 필터를 설정하는 25번째 줄의 명령어를 보겠습니다.

```
25 echo ext4_statfs simple_statfs > /sys/kernel/debug/tracing/set_ftrace_filter
```

위 명령어는 set_ftrace_filter에 다음 함수를 설정합니다.

- ext4_statfs()
- simple_statfs()

함수 이름이 조금 친숙해 보이지 않나요? 모두 13.3절에서 살펴본 바와 같이 슈퍼블록의 함수 오퍼레이션을 통해 호출되는 함수 목록입니다. 앞에서 소개한 ftrace 설정 명령어를 입력한 후 rpi_vfs_statfs.sh라는 이름으로 저장합시다.

ftrace 로그를 추출하는 방법

실습 코드의 실행 파일(statfs_proc)이 준비됐고 ftrace를 설정하는 방법을 확인했습니다. 이어서 ftrace를 설정하고 statfs_proc 파일을 실행할 차례입니다.

먼저 rpi_vfs_statfs.sh 셸 스크립트를 실행해 ftrace를 설정합시다.

```
root@raspberrypi:/home/pi # ./rpi_vfs_statfs.sh
```

다음으로 ./statfs_proc 명령어를 입력해 statfs_proc 파일을 실행합시다.

```
root@raspberrypi:/home/pi # ./statfs_proc
statfs under /home/pi
statfs under /proc
```

다음으로 3.4.4절에서 소개한 get_ftrace.sh 셸 스크립트를 실행해 ftrace 로그를 받습니다.

```
root@raspberrypi:/home/pi # ./get_ftrace.sh
```

ftrace 로그 분석

지금부터 분석할 ftrace 로그는 다음과 같습니다.

```
01 statfs_proc-2571 [002] .... 8294.737296: sys_enter: NR 99 (7e8ac508, 7e8ac588, 7e8ac588, 7e8ac508,
105c8, 0)
02 statfs_proc-2571 [002] .... 8294.737310: ext4_statfs+0x14/0x398 <-statfs_by_dentry+0x58/0x7c
03 statfs_proc-2571 [002] .... 8294.737345: <stack trace>
```

```
04  => ext4_statfs+0x18/0x398

05  => statfs_by_dentry+0x58/0x7c

06  => vfs_statfs+0x24/0x94

07  => user_statfs+0x64/0xac

08  => sys_statfs+0x34/0x64

09  => __sys_trace_return+0x0/0x10

10  => 0x7e8ac504

11  statfs_proc-2571 [002] .... 8294.737358: sys_exit: NR 99 = 0

...

12  statfs_proc-2571 [002] .... 8294.737395: simple_statfs+0x10/0x38 <-statfs_by_dentry+0x58/0x7c

13  statfs_proc-2571 [002] .... 8294.737412: <stack trace>

14  => simple_statfs+0x14/0x38

15  => statfs_by_dentry+0x58/0x7c

16  => vfs_statfs+0x24/0x94

17  => user_statfs+0x64/0xac

18  => sys_statfs+0x34/0x64

19  => __sys_trace_return+0x0/0x10

20  => 0x7e8ac504

21  statfs_proc-2571 [002] ....  8294.737417: sys_exit: NR 99 = 0
```

ftrace 로그에서 함수 실행 흐름은 다음과 같은 그림으로 정리할 수 있습니다.

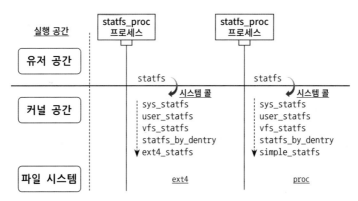

그림 13.25 ftrace: 슈퍼블록 statfs 함수 오퍼레이션의 실행 흐름

그림 13.25는 유저 공간에서 statfs() 함수를 호출했을 때 커널 공간에서 시스템 콜 핸들러인 sys_statfs() 함수가 호출되는 실행 흐름을 나타냅니다. 이후 statfs_by_dentry() 함수가 호출되어 슈퍼블록 객체의 함수 오퍼레이션을 수행합니다.

그림에서 ext4로 표시된 부분은 유저 공간에서 다음 21번째 줄과 같이 statfs() 함수가 실행되면 호출됩니다.

```
18    strcpy(fname, GENERAL_DIR);
19
20    printf("statfs under %s \n", GENERAL_DIR);
21    if(statfs(fname, &file_sys_info)) {
22        printf("Unable to statfs %s \n", fname);
23        exit(1);
24    }
```

21번째 줄과 같이 statfs() 함수를 호출하면 가상 파일 시스템 내부에서 /home/pi 디렉터리를 관리하는 슈퍼블록 객체에 접근해 지정한 디렉터리를 관리하는 ext4 파일 시스템의 정보를 읽습니다.

'proc'으로 표시된 부분은 유저 공간에서 다음 28번째 줄과 같이 statfs() 함수가 실행되면 호출됩니다.

```
26    strcpy(fname, PROC_DIR);
27    printf("statfs under %s \n", PROC_DIR);
28    if(statfs(fname, &file_sys_info)) {
29        printf("Unable to statfs %s \n", fname);
30        exit(1);
31    }
```

28번째 줄과 같이 statfs() 함수를 호출하면 가상 파일 시스템 내부에서 /proc 디렉터리를 관리하는 슈퍼블록 객체에 접근해 지정한 디렉터리를 관리하는 proc 파일 시스템의 정보를 읽습니다.

먼저 로그의 01번째 줄을 보겠습니다.

```
01 statfs_proc-2571 [002] .... 8294.737296: sys_enter: NR 99 (7e8ac508, 7e8ac588, 7e8ac588, 7e8ac508,
105c8, 0)
```

99번 statfs 시스템 콜이 발생했다는 정보입니다. 99번 시스템 콜 번호는 다음 코드에서 확인할 수 있습니다.

https://elixir.bootlin.com/linux/v4.4.180/source/arch/arm/include/uapi/asm/unistd.h

```
#define __NR_statfs         (__NR_SYSCALL_BASE+ 99)
```

다음 02~10번째 줄에서 statfs 시스템 콜이 발생한 다음 ext4_statfs() 함수의 콜 스택을 볼 수 있습니다.

```
02 statfs_proc-2571 [002] .... 8294.737310: ext4_statfs+0x14/0x398 <-statfs_by_dentry+0x58/0x7c
03 statfs_proc-2571 [002] .... 8294.737345: <stack trace>
04 => ext4_statfs+0x18/0x398
05 => statfs_by_dentry+0x58/0x7c
06 => vfs_statfs+0x24/0x94
07 => user_statfs+0x64/0xac
08 => sys_statfs+0x34/0x64
09 => __sys_trace_return+0x0/0x10
10 => 0x7e8ac504
11 statfs_proc-2571 [002] .... 8294.737358: sys_exit: NR 99 = 0
```

이어서 ext4_statfs() 함수를 호출하는 statfs_by_dentry() 함수를 함께 봅시다.

https://github.com/raspberrypi/linux/blob/rpi-4.19.y/fs/statfs.c

```
01 static int statfs_by_dentry(struct dentry *dentry, struct kstatfs *buf)
02 {
03    int retval;
04
05    if (!dentry->d_sb->s_op->statfs)
06       return -ENOSYS;
07
08    memset(buf, 0, sizeof(*buf));
09    retval = security_sb_statfs(dentry);
10    if (retval)
11       return retval;
12    retval = dentry->d_sb->s_op->statfs(dentry, buf);
```

다음으로 12번째 줄을 분석하겠습니다.

```
12  retval = dentry->d_sb->s_op->statfs(dentry, buf);
```

슈퍼블록 함수 오퍼레이션으로 지정한 statfs 함수를 호출합니다.

ext4 파일 시스템의 슈퍼블록 함수 오퍼레이션에서 statfs 함수 포인터는 ext4_statfs() 함수의 주소를 저장하고 있습니다. **따라서 다음 04~05번째 줄과 같이 ext4_statfs() 함수가 호출됩니다.**

```
04 => ext4_statfs+0x18/0x398
05 => statfs_by_dentry+0x58/0x7c
```

proc 파일 시스템의 경우 statfs 함수 포인터는 simple_statfs() 함수의 주소를 저장하므로 14~15번째 줄 로그와 같이 simple_statfs() 함수를 호출합니다.

```
14 => simple_statfs+0x14/0x38
15 => statfs_by_dentry+0x58/0x7c
```

여기까지 실습을 통해 배운 정리해 봅시다.

- 유저 공간에서 파일 디렉토리를 인자로 삼아 statfs() 함수를 호출하면 가상 파일 시스템에서 관리하는 슈퍼 블록 객체의 statfs 함수 오퍼레이션을 수행함
- statfs 함수 오퍼레이션을 통해 각각 파일 시스템에서 관리하는 파일 시스템의 정보를 읽어옴

이처럼 ftrace를 잘 활용하면 슈퍼 블록 객체의 함수 오퍼레이션 실행 흐름까지 잘 파악할 수 있습니다.

13.8.3 아이노드 객체의 함수 오퍼레이션 확인

이전 절에서 실습했듯이 슈퍼블록 객체의 statfs 함수 오퍼레이션으로 파일 시스템의 속성 정보를 읽거나 저장합니다. 이와 마찬가지로 파일의 속성 정보를 읽거나 저장하는 과정에서 아이노드 객체의 함수 오퍼레이션이 실행됩니다.

이번 절에서는 유저 애플리케이션에서 stat() 함수를 호출하면 아이노드 객체의 함수 오퍼레이션으로 어떤 함수가 호출되는지 확인하겠습니다.

실습 패치 코드 작성

이어서 stat() 함수를 호출해 파일의 속성을 읽는 유저 애플리케이션 코드를 작성해보겠습니다. 다음 소스코드를 함께 입력해 봅시다.

```
01 #include <stdio.h>
02 #include <stdlib.h>
03 #include <unistd.h>
04 #include <sys/types.h>
05 #include <sys/stat.h>
06 #include <signal.h>
```

```
07 #include <string.h>
08 #include <fcntl.h>
09
10 #define GENERAL_FILE "/home/pi/sample_text.txt"
11 #define PROC_FILE "/proc/cmdline"
12
13 #define BUFF_SIZE 128
14
15 int main()
16 {
17     struct stat fileinfo;
18     char fname[BUFF_SIZE] = {0,};
19
20     strcpy(fname, GENERAL_FILE);
21
22     printf("fname[%s] \n", fname);
23     if(stat(fname, &fileinfo)) {
24         printf("Unable to stat %s \n", fname);
25         exit(1);
26     }
27
28     strcpy(fname, PROC_FILE);
29
30     printf("fname[%s] \n", fname);
31     if(stat(fname, &fileinfo)) {
32         printf("Unable to stat %s \n", fname);
33         exit(1);
34     }
35
36     return 0;
37 }
```

위 코드의 핵심 내용은 다음 파일의 세부 속성을 stat() 함수를 통해 읽는 것입니다.

- /home/pi/sample_text.txt

- /proc/cmdline

소스코드를 설명하기에 앞서 stat() 함수가 어떤 기능인지 알아봅시다. 이를 위해 라즈베리 파이에서 다음과 같이 'info stat' 명령어를 입력할 필요가 있습니다.

```
root@raspberrypi:/home/pi# info stat
Next: sync invocation,  Prev: du invocation,  Up: Disk usage


14.3 'stat': Report file or file system status
==========================================


'stat' displays information about the specified file(s).  Synopsis:
```

출력 결과는 "**stat은 지정한 파일의 속성 정보를 알려준다**"라는 내용을 알려줍니다.

이어서 위에서 소개한 소스코드를 분석해 봅시다.

먼저 20~26번째 줄을 보겠습니다.

```
20    strcpy(fname, GENERAL_FILE);
21
22    printf("fname[%s] \n", fname);
23    if(stat(fname, &fileinfo)) {
24        printf("Unable to stat %s \n", fname);
25        exit(1);
26    }
```

20~22번째 줄은 fname 변수에 GENERAL_FILE 매크로에서 지정한 '/home/pi/sample_text.txt' 문자열을 복사하고 터미널에 출력하는 동작입니다.

23번째 줄에서는 stat() 함수를 호출해 파일의 속성을 읽습니다. 24~25번째 줄은 stat() 함수가 파일 속성을 읽지 못해 true를 반환했을 때 실행되는 예외 처리 코드입니다.

이어서 28~34번째 줄을 보겠습니다.

```
28    strcpy(fname, PROC_FILE);
29
30    printf("fname[%s] \n", fname);
31    if(stat(fname, &fileinfo)) {
32        printf("Unable to stat %s \n", fname);
33        exit(1);
34    }
```

28~34번째 줄은 stat() 함수를 호출해 /proc/cmdline 파일의 속성을 읽는 동작을 제외하고 20~26번째 줄과 기능이 같습니다.

코드의 내용을 알아봤으니 소스코드를 컴파일하는 방법을 알아봅시다. 그런데 여기서 한 가지 의문이 생깁니다. **컴파일을 할 때 어느 프로그램을 써야 할까요?**

프로그램의 이름은 터미널입니다. 기존에 소개한 방식과 같이 라즈베리 파이에서 터미널을 열어서 컴파일하는 것입니다.

먼저 앞에서 소개한 코드를 rpi_vfs_stat_operation.c라는 이름으로 저장합니다. 컴파일을 쉽게 할 수 있도록 다음과 같이 코드를 작성하고 파일명을 Makefile로 지정합시다.

```
stat_file_proc: rpi_vfs_stat_operation.c
    gcc -o stat_file_proc rpi_vfs_stat_operation.c
```

이후 다음과 같이 make 명령어를 입력해 rpi_vfs_stat_operation.c 소스 파일을 컴파일합시다.

```
root@raspberrypi:/home/pi# make
gcc -o stat_file_proc rpi_vfs_stat_operation.c
```

오타 없이 코드를 입력하면 위와 같은 메시지가 출력되면서 stat_file_proc 파일이 생성될 것입니다. rpi_vfs_stat_operation.c 소스 파일의 실행 파일명은 stat_file_proc입니다.

ftrace 설정

이어서 ftrace를 설정하는 방법을 알아봅시다. 명령어는 다음과 같습니다.

```
01 #!/bin/bash
02
03 echo 0 > /sys/kernel/debug/tracing/tracing_on
04 sleep 1
05 echo "tracing_off"
06
07 echo 0 > /sys/kernel/debug/tracing/events/enable
08 sleep 1
09 echo "events disabled"
10
```

```
11 echo  secondary_start_kernel  > /sys/kernel/debug/tracing/set_ftrace_filter
12 sleep 1
13 echo "set_ftrace_filter init"
14
15 echo function > /sys/kernel/debug/tracing/current_tracer
16 sleep 1
17 echo "function tracer enabled"
18
19 echo 1 > /sys/kernel/debug/tracing/events/sched/sched_switch/enable
20 echo 1 > /sys/kernel/debug/tracing/events/raw_syscalls/sys_enter/enable
21 echo 1 > /sys/kernel/debug/tracing/events/raw_syscalls/sys_exit/enable
22 sleep 1
23 echo "event enabled"
24 echo ext4_file_getattr generic_fillattr > /sys/kernel/debug/tracing/set_ftrace_filter
28 sleep 1
29 echo "set_ftrace_filter enabled"
30
31 echo 1 > /sys/kernel/debug/tracing/options/func_stack_trace
32 echo 1 > /sys/kernel/debug/tracing/options/sym-offset
33 echo "function stack trace enabled"
34
35 echo 1 > /sys/kernel/debug/tracing/tracing_on
36 echo "tracing_on"
```

앞에서 소개한 ftrace 설정 명령어를 입력한 후 rpi_vfs_stat.sh라는 이름으로 저장합시다. 참고로 이전 절에서 본 ftrace 설정 명령어와 거의 비슷한 것 같습니다. 그래서 이전 절에서 소개한 ftrace 설정 명령어와 차이점을 위주로 살펴보겠습니다.

```
echo ext4_file_getattr generic_fillattr > /sys/kernel/debug/tracing/set_ftrace_filter
```

위 명령어는 set_ftrace_filter에 다음 함수를 설정합니다.

- ext4_file_getattr()
- generic_fillattr()

위에서 보이는 함수의 콜 스택을 ftrace로 보기 위해 set_ftrace_filter 파일에 함수를 지정하는 것입니다.

함수 이름이 조금 친숙해 보이지 않나요? 모두 13.6.2절에서 분석한 바와 같이 아이노드 객체 함수 오퍼레이션을 통해 호출되는 함수 목록입니다.

ftrace 로그를 추출하는 방법

실습 코드의 실행 파일인 stat_file_proc이 준비됐고 ftrace를 설정하는 방법도 알게 됐습니다. 이어서 ftrace를 설정하고 stat_file_proc 파일을 실행할 차례입니다.

먼저 rpi_vfs_stat.sh 셸 스크립트를 실행해 ftrace를 설정합시다.

```
root@raspberrypi:/home/pi # ./rpi_vfs_stat.sh
```

다음으로 './stat_file_proc' 명령어를 입력해 stat_file_proc 파일을 실행합니다.

```
root@raspberrypi:/home/pi # ./stat_file_proc
fname[/home/pi/sample_text.txt]
fname[/proc/cmdline]
```

이어서 3.4.4절에서 소개한 get_ftrace.sh 셸 스크립트를 실행해 ftrace 로그를 받습니다.

```
root@raspberrypi:/home/pi # ./get_ftrace.sh
```

여기까지 소개한 실습 과정을 정리해 봅시다.

1. 유저 애플리케이션인 rpi_vfs_stat_operation.c 코드를 입력한 다음 컴파일한다. 실행 파일은 stat_file_proc이다.

2. rpi_vfs_stat.sh 셸 스크립트를 실행해 ftrace를 설정한다.

3. stat_file_proc 파일을 실행한다.

4. get_ftrace.sh 셸 스크립트를 실행해 ftrace 로그를 받는다.

이제 이번 절의 하이라이트인 ftrace 로그의 분석을 시작하겠습니다.

ftrace 로그 분석

다음은 이번 절에서 분석할 ftrace 로그입니다.

```
01 stat_file_proc-2848 [002] ....  9731.927338: sys_enter: NR 197 (3, 7ed91450, 7ed91450, 76f19c90, 3,
7ed91534)
02 stat_file_proc-2848 [002] ....  9731.927346: ext4_file_getattr+0x10/0xbc
<-vfs_getattr_nosec+0x68/0x7c
03 stat_file_proc-2848 [002] ....  9731.927382: <stack trace>
04 => ext4_file_getattr+0x14/0xbc
05 => vfs_getattr_nosec+0x68/0x7c
06 => vfs_statx_fd+0x4c/0x78
07 => sys_fstat64+0x3c/0x6c
08 => __sys_trace_return+0x0/0x10
09 => 0x7ed91444
10 stat_file_proc-2848 [002] ....  9731.927385: generic_fillattr+0x10/0x108 <-ext4_getattr+0xc8/0xd0
11 stat_file_proc-2848 [002] ....  9731.927402: <stack trace>
12 => generic_fillattr+0x14/0x108
13 => ext4_getattr+0xc8/0xd0
14 => ext4_file_getattr+0x24/0xbc
15 => vfs_getattr_nosec+0x68/0x7c
16 => vfs_statx_fd+0x4c/0x78
17 => sys_fstat64+0x3c/0x6c
18 => __sys_trace_return+0x0/0x10
19 => 0x7ed91444
20 stat_file_proc-2848 [002] ....  9731.927409: sys_exit: NR 197 = 0
...
21 stat_file_proc-2848 [002] ....  9731.929170: sys_enter: NR 197 (1, 7ed90f18, 7ed90f18, 76de5f18,
76eb9d50, 76eb7bec)
22 stat_file_proc-2848 [002] ....  9731.929174: generic_fillattr+0x10/0x108
<-vfs_getattr_nosec+0x74/0x7c
23 stat_file_proc-2848 [002] ....  9731.929190: <stack trace>
24 => generic_fillattr+0x14/0x108
25 => vfs_getattr_nosec+0x74/0x7c
26 => vfs_statx_fd+0x4c/0x78
27 => sys_fstat64+0x3c/0x6c
28 => __sys_trace_return+0x0/0x10
29 => 0x7ed90f10
30 stat_file_proc-2848 [002] ....  9731.929195: sys_exit: NR 197 = 0
```

이번 실습은 유저 공간에서 stat() 함수로 파일 속성을 읽을 때 커널 공간의 아이노드 stat 함수 오퍼레이션으로 호출되는 함수의 실행 흐름을 알아보기 위한 것입니다. 복잡해 보이는 ftrace 로그의 실행 흐름은 2단계로 분류할 수 있습니다.

- 1단계: /home/pi/sample_text.txt 파일의 속성을 읽을 때 커널 공간의 아이노드 stat 함수 오퍼레이션으로 호출되는 함수의 실행 흐름
- 2단계: /proc/cmdline 파일의 속성을 읽을 때 커널 공간의 아이노드 stat 함수 오퍼레이션으로 호출되는 함수의 실행 흐름

1단계: /home/pi/sample_text.txt 파일의 속성을 읽을 때의 함수 실행 흐름

/home/pi/sample_text.txt 파일의 속성을 읽을 때의 함수의 실행 흐름을 분석해 봅시다.

```
01  stat_file_proc-2848  [002] ....  9731.927338: sys_enter: NR 197 (3, 7ed91450, 7ed91450, 76f19c90, 3,
7ed91534)
02  stat_file_proc-2848  [002] ....  9731.927346: ext4_file_getattr+0x10/0xbc
<-vfs_getattr_nosec+0x68/0x7c
03  stat_file_proc-2848  [002] ....  9731.927382: <stack trace>
04 => ext4_file_getattr+0x14/0xbc
05 => vfs_getattr_nosec+0x68/0x7c
06 => vfs_statx_fd+0x4c/0x78
07 => sys_fstat64+0x3c/0x6c
08 => __sys_trace_return+0x0/0x10
09 => 0x7ed91444
```

먼저 01번째 줄을 보겠습니다.

```
01  stat_file_proc-2848  [002] ....  9731.927338: sys_enter: NR 197 (3, 7ed91450, 7ed91450, 76f19c90, 3,
7ed91534)
```

01번째 줄의 'sys_enter: NR 197'은 **197번 시스템 콜 실행을 시작한다**는 동작을 나타냅니다. 그러면 197번 시스템 콜의 정체는 무엇일까요? 다음 코드를 보면 알 수 있습니다.

https://elixir.bootlin.com/linux/v4.4.180/source/arch/arm/include/uapi/asm/unistd.h

```
#define __NR_fstat64            (__NR_SYSCALL_BASE+197)
```

이어서 02~05번째 줄을 보겠습니다.

```
02  stat_file_proc-2848  [002] ....  9731.927346: ext4_file_getattr+0x10/0xbc
<-vfs_getattr_nosec+0x68/0x7c
03  stat_file_proc-2848  [002] ....  9731.927382: <stack trace>
04 => ext4_file_getattr+0x14/0xbc
05 => vfs_getattr_nosec+0x68/0x7c
```

vfs_getattr_nosec() 함수에서 ext4_file_getattr() 함수가 호출되는 동작을 확인할 수 있습니다.

vfs_getattr_nosec() 함수의 어느 부분에서 ext4_file_getattr() 함수가 호출하는지 알아보겠습니다.

https://github.com/raspberrypi/linux/blob/rpi-4.19.y/fs/statfs.c

```
01 int vfs_getattr_nosec(const struct path *path, struct kstat *stat,
02          u32 request_mask, unsigned int query_flags)
03 {
...
04    if (inode->i_op->getattr)
05       return inode->i_op->getattr(path, stat, request_mask,
06                 query_flags);
```

05번째 줄과 같이 아이노드의 getattr 함수 오퍼레이션을 통해 ext4_file_getattr() 함수가 호출됩니다.

2단계: '/proc/cmdline' 파일 속성을 읽을 때 아이노드 stat 함수 오퍼레이션의 함수 실행 흐름

이어서 "/proc/cmdline" 파일의 속성을 읽을 때의 함수 실행 흐름을 분석해 봅시다.

```
21  stat_file_proc-2848  [002] ....  9731.929170: sys_enter: NR 197 (1, 7ed90f18, 7ed90f18, 76de5f18,
76eb9d50, 76eb7bec)
22  stat_file_proc-2848  [002] ....  9731.929174: generic_fillattr+0x10/0x108
<-vfs_getattr_nosec+0x74/0x7c
23  stat_file_proc-2848  [002] ....  9731.929190: <stack trace>
24 => generic_fillattr+0x14/0x108
25 => vfs_getattr_nosec+0x74/0x7c
26 => vfs_statx_fd+0x4c/0x78
27 => sys_fstat64+0x3c/0x6c
28 => __sys_trace_return+0x0/0x10
```

```
29 => 0x7ed90f10
30  stat_file_proc-2848 [002] .... 9731.929195: sys_exit: NR 197 = 0
```

21번째 줄의 'NR 197' 메시지로 197번 시스템 콜이 발생했음을 알 수 있습니다.

이어서 22~25번째 줄을 보겠습니다.

```
22  stat_file_proc-2848  [002] ....  9731.929174: generic_fillattr+0x10/0x108
<-vfs_getattr_nosec+0x74/0x7c
23  stat_file_proc-2848  [002] ....  9731.929190: <stack trace>
24 => generic_fillattr+0x14/0x108
25 => vfs_getattr_nosec+0x74/0x7c
```

vfs_getattr_nosec() 함수에서 generic_fillattr() 함수가 호출되는 흐름입니다.

이번에는 vfs_getattr_nosec() 함수를 분석하겠습니다.

https://github.com/raspberrypi/linux/blob/rpi-4.19.y/fs/statfs.c

```
01 int vfs_getattr_nosec(const struct path *path, struct kstat *stat,
02          u32 request_mask, unsigned int query_flags)
03 {
...
04    if (inode->i_op->getattr)
05       return inode->i_op->getattr(path, stat, request_mask,
06                   query_flags);
07
08    generic_fillattr(inode, stat);
09    return 0;
10 }
```

'/proc/cmdline' 파일의 경우 이를 처리하는 아이노드 객체의 getattr 함수 오퍼레이션이 지정돼 있지
않습니다. 그래서 08번째 줄과 같이 generic_fillattr() 함수를 통해 '/proc/cmdline' 파일의 속성 정보
를 읽습니다.

이번 절에서 배운 내용을 정리해봅시다.

- 유저 공간에서 stat() 함수를 호출하면 커널 내부에서 vfs_getattr_nosec() 함수를 통해 파일의 속성을 반환한다.
- 파일의 종류에 따라 아이노드 함수 오퍼레이션으로 호출되는 함수가 다르다.

가상 파일 시스템의 많은 코드는 함수 오퍼레이션으로 구성돼 있고 함수 포인터를 호출하는 방식으로 구현돼 있습니다.

이번 실습을 통해 알아본 바와 같이 ftrace의 함수의 콜 스택을 출력하는 기능을 잘 활용하면 함수의 호출 흐름을 효율적으로 파악할 수 있으니 잘 활용합시다.

13.9 정리

1. 가상 파일 시스템은 다양한 파일 시스템을 공존해서 실행시키는 역할을 수행합니다.
2. 가상 파일 시스템에서는 여러 파일 시스템의 동작을 지원하기 위해 슈퍼블록, 아이노드, 덴트리, 파일 객체를 정의합니다.
3. 슈퍼블록은 파일 시스템의 세부 정보와 동작을 표현하는 구조체이며 함수 오퍼레이션으로 구성돼 있습니다.
4. 아이노드는 파일에 일대일로 대응되며, 파일에 대한 세부 속성을 저장하고 있습니다.
5. 파일 객체는 오픈한 파일을 표현하는 구조체이며 함수 오퍼레이션으로 구성돼 있습니다. 파일 객체는 파일을 오픈하고 닫을 때까지 커널 메모리에서만 상주합니다.
6. 유저 공간에서 관리하는 정수형 파일 디스크립터는 프로세스를 관리하는 task_struct 구조체 내 '파일 디스크립터 테이블'의 배열 인덱스에 해당합니다.
7. 덴트리 객체는 디렉터리의 계층 구조를 표현합니다.

14

메모리 관리

이번 장에서 다룰 내용

- 가상 메모리 관리
- 페이징 기법
- 슬랩 메모리 관리자
- 메모리 디버깅

리눅스 커널의 메모리 관리 기법은 매우 어려워서 개념을 익히기 어렵습니다. 그 내용은 바다와 같이 깊고 넓습니다. 이번 장에서는 수많은 메모리 관리 기법 중에서 신입 임베디드 리눅스 개발자가 꼭 알아야 할 내용을 중심으로 메모리 관리 기법을 소개합니다.

참고로 리눅스 커널 메모리의 세부 동작은 CPU 아키텍처에 의존적인 부분이 많습니다. 라즈베리 파이를 빌드하면 32비트 기반 ARMv7 아키텍처에서 동작하므로 이 책에서는 이를 기준으로 설명합니다.

14.1 가상 메모리 기법의 주요 개념

이번 절에서는 가상 메모리 기법의 주요 개념을 소개합니다.

- 가상주소
- 페이지 테이블이란?
- 페이지란?
- 페이지 프레임 번호와 페이지 디스크립터란?

리눅스 커널은 기본으로 가상 메모리 환경에서 동작합니다. 우리가 분석한 모든 커널 함수들은 가상주소 기반에서 실행됩니다. 가상 메모리의 개념과 가상주소를 어떤 방식으로 커널 내부에서 처리하는지 아는 것이 커널 메모리 기법을 배우는 첫걸음입니다.

먼저 가상 메모리 시스템의 전체 흐름을 살펴보겠습니다.

14.1.1 가상 메모리의 주요 개념

가상 메모리의 주요 개념을 다음 그림을 보면서 배워 보겠습니다.

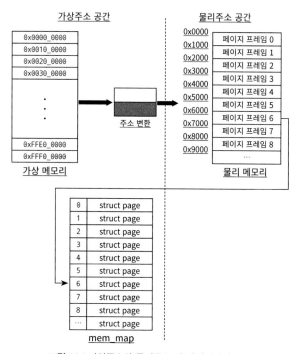

그림 14.1 가상주소와 물리주소 및 페이지와의 관계

위 그림을 보면서 가상주소를 물리주소로 변환하는 실행 흐름을 배워봅시다.

맨 왼쪽에 보이는 주소 맵이 가상 메모리입니다. 가장 윗부분에 0x0000_0000 주소가 있는데 아래 방향으로 주소가 커집니다. 가장 아래 부분의 주소는 0xFFF0_0000입니다. 즉, 가상주소의 범위는 0x0~0xFFFF_FFFF이며, 전체 크기는 4GB입니다.

여기서 주목해야 할 사실이 있습니다. **바로 CPU에서 구동 중인 프로세스가 바라보는 주소는 가상주소라는 점입니다.** 즉, 우리가 분석한 모든 커널 함수는 이 가상 메모리 공간에서 실행되는 것입니다.

가상 메모리 박스의 오른쪽 화살표를 눈으로 따라가면 주소 변환이란 박스가 보입니다. 가상주소를 물리주소로 변환하는 기능입니다. 이 주소 변환 박스에는 페이지 테이블이 있습니다. 페이지 테이블은 **가상주소를 물리주소로 변환할 수 있는 세부 정보**를 갖고 있습니다.

이처럼 페이지 테이블 정보를 참고해 가상주소를 물리주소로 변환하는 것입니다. 이 과정으로 물리적으로 연속적이지 않은 주소도 페이지 테이블을 통해 연속적으로 처리할 수 있습니다.

앞의 그림에서는 이해를 돕기 위해 페이지 테이블을 통해 가상주소를 물리주소로 변환한다고 설명했습니다. 그런데 사실 MMU(Memory Management Unit)라는 하드웨어가 주소 변환을 수행합니다. MMU 내의 TLB(Translation Lookaside Buffer) 버퍼는 최근에 변환한 페이지 테이블 엔트리 정보를 갖고 있습니다. TLB는 페이지 테이블의 캐시와 같은 개념으로 보면 됩니다. 자주 쓰는 페이지 테이블 엔트리의 정보를 TLB가 저장해 두는 것입니다.

가상 메모리 박스에서 시작한 화살표는 주소 변환 박스에서 물리 메모리 맵 방향으로 이어집니다. 가상주소는 주소 변환을 거쳐 물리 메모리 주소에 접근합니다. 만약 가상주소에 어떤 값을 쓰면 주소 변환을 거쳐 실제로는 물리주소에 저장됩니다.

그림의 맨 오른쪽에 있는 박스는 물리 메모리 맵인데, 말 그대로 실제 시스템에 탑재된 메모리(RAM)입니다. 가장 윗부분에 0x0000 주소로 시작해서 아래 방향으로 0x1000만큼 주소가 증가합니다. 이렇게 리눅스 커널은 물리 메모리를 0x1000(16진수)바이트, 즉 4K 단위로 잘라서 관리합니다.

이때 0x1000바이트 단위로 물리 메모리를 잘라 번호를 매긴 것을 페이지 프레임 번호라고 합니다. 0x0~0x1000 범위의 물리주소는 0번째 프레임, 0x1000~0x2000 범위의 주소는 1번째 프레임입니다. 커널 메모리 내부 시스템에서는 프레임 번호로 물리주소를 변환하는 연산을 자주 수행합니다.

 처음 리눅스 메모리 시스템을 공부하는 분들은 위 그림을 보면서 다음과 같은 의문이 들 것입니다.

왜 물리주소를 0x1000(4K) 단위로 잘라서 번호를 매길까?

그 이유는 물리주소를 4K 단위로 관리하는 페이지 디스크립터로 관리하기 위해서입니다.

물리주소를 페이지 프레임 번호로 변환하는 방법은 다음과 같이 간단합니다.

```
페이지 프레임 번호 = 물리주소 >> 12
```

물리주소를 오른쪽으로 12만큼 비트 시프트한 결과가 페이지 프레임 번호입니다. 그런데 여기서 다시 의문이 생깁니다.

물리주소를 0x1000 단위로 페이지 프레임 번호를 매겨서 관리하는 이유는 무엇일까?

가장 큰 이유는 페이지 프레임 번호로 페이지 디스크립터인 struct page의 주소를 알 수 있기 때문입니다. 다음 그림을 보면서 페이지 디스크립터에 대해 배워봅시다.

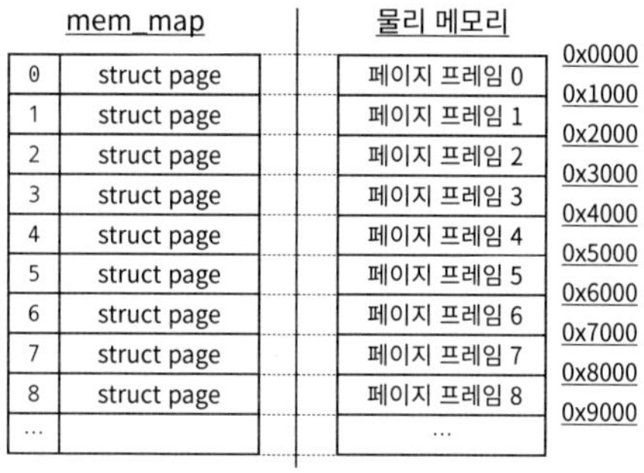

그림 14.2 페이지 프레임과 물리주소와의 관계

페이지 디스크립터는 페이지 프레임을 관리하는 자료구조이며, page 구조체 타입입니다. 페이지 프레임 번호를 알면 페이지 디스크립터를 쉽게 계산할 수 있습니다.

페이지 디스크립터는 mem_map이라는 포인터 형 배열에서 관리합니다. 페이지 프레임 번호를 PFN(Page Frame Number)라고 한다면 mem_map[PFN]에 페이지 프레임을 관리하는 페이지 디스크립터가 있습니다.

그림 14.2를 보면 6번째 페이지 프레임은 mem_map[6]에서 확인할 수 있습니다. 만약 페이지 프레임 번호가 7이면 mem_map[7]에 해당 페이지 디스크립터가 있는 것입니다. **그렇다면 페이지 디스크립터는 메모리의 어떤 정보를 저장하고 관리할까요?** 페이지 디스크립터는 page 구조체로 물리 메모리에 대한 속성 정보를 담고 있습니다.

우리는 리눅스가 메모리를 페이지 단위로 관리한다는 말을 많이 듣습니다. 이를 달리 표현하면 4K(0x1000) 단위 페이지를 page 구조체라는 자료구조로 관리한다는 말과 같습니다. 프로세스에 대한 자료구조가 task_struct 구조체이듯 페이지를 표현하는 자료구조는 page 구조체인 것입니다.

리눅스 메모리 시스템에서는 다음과 같이 가상주소를 페이지 디스크립터로 변환하는 연산을 매우 자주 수행합니다.

> 가상주소 → 물리주소 → 페이지 디스크립터
>
> 페이지 디스크립터 → 페이지 프레임 번호 → 물리주소 → 가상주소

위 공식에 따르면 가상주소를 알면 페이지 디스크립터의 주소를 계산할 수 있습니다. 반대로 페이지 디스크립터의 주소로 가상주소를 알 수 있습니다. 이 과정에서 몇 번의 비트 시프트 연산을 통해 주소를 변환할 수 있습니다.

여기까지 가상 메모리 시스템의 기본 개념을 소개했습니다. 가상 메모리 시스템을 처음 접하는 분에겐 다소 낯설고 어려울 수 있습니다. 하지만 다음 절을 천천히 읽으면 서서히 이해될 것이라 믿습니다.

다음 절에서는 각 세부 개념을 조금 더 자세히 살펴보겠습니다.

14.1.2 가상 메모리와 가상주소

우리가 분석한 모든 커널 함수는 가상주소 공간에서 실행됩니다. 다음과 같은 가상 메모리 맵을 보면서 가상주소에 대해 알아보겠습니다.

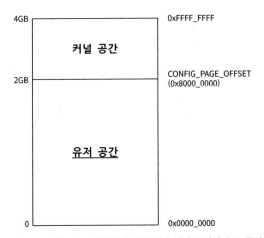

그림 14.3 가상 메모리에서의 유저 공간과 커널 공간의 주소 공간

 커널 공간을 결정짓는 컨피그는 CONFIG_PAGE_OFFSET입니다. 대부분의 리눅스 커널 시스템에서 CONFIG_PAGE_OFFSET은 0xC000_0000으로 지정됩니다. 그런데 라즈비안은 0x8000_0000으로 지정돼 있습니다. CONFIG_PAGE_OFFSET은 커널 컴파일 시 결정됩니다.

위 그림에서 0x0000_0000 번지부터 0x8000_0000 번지 구간은 유저영역 메모리 공간입니다. 이어서 0x8000_0000 ~ 0xFFFF_FFFF 구간은 커널 영역의 메모리 공간입니다. 여기서 유저 프로세스는 0x0000_0000 ~ 0x8000_0000 주소 구간에서 실행되고, 커널 프로세스는 커널 주소 공간인 0x8000_0000 ~ 0xFFFF_FFFF 주소 구간에서 실행됩니다.

그런데 커널 공간과 유저 공간별 메모리 접근 권한은 다릅니다. 커널 코드를 실행 중인 커널 모드에서는 0x0000_0000 ~ 0xFFFF_FFFF에 걸친 전체 주소 구간에 직접 접근할 수 있습니다. 하지만 유저 프로세스는 커널 주소 공간인 0x8000_0000 ~ 0xFFFF_FFFF 구간에 직접 접근할 수 없습니다. 가상주소 공간을 유저와 커널 공간으로 나눈 다음 유저 프로세스는 커널 주소 공간에 직접 접근할 수 없도록 제약을 둡니다.

여기서 의문이 생깁니다. **가상 메모리 맵에서 유저 공간 메모리와 커널 공간 메모리를 구간을 나눠서 관리하는 이유가 무엇일까요?**

그 이유는 커널 메모리 공간을 보호하기 위해서입니다. 만약 어떤 시스템의 메모리 공간을 유저 공간과 커널 공간의 구분 없이 0 ~ 4GB(0x0000_0000 ~ 0xFFFF_FFFF)라는 가상주소 공간을 연속으로 쓰고 있다고 가정해 봅시다.

만약 메모리 관리 기법을 잘 알고 있는 리눅스 시스템 개발자가 라즈베리 파이에서 볼 수 있는 기니 같은 애플리케이션을 구현하면 별 문제가 발생하지 않을 것입니다. 유저 모드와 커널 모드로 실행 흐름을 두 개로 나눠서 설계할 필요가 없습니다.

그런데 리눅스 시스템 개발자가 아닌 리눅스 커널의 메모리 관리 기법을 잘 모르는 개발자가 애플리케이션을 구현한다고 가정합시다. 물론 유저 모드와 커널 모드가 없는 환경입니다. 이때 **애플리케이션에서 커널 자료구조나 함수가 위치한 메모리 공간을 오염시키면 어떤 문제가 발생할까요?** 커널 패닉으로 리눅스 시스템이 리부팅하거나 다양한 시스템 오류가 유발될 것입니다.

그래서 애플리케이션을 개발하고 설치할 수 있는 라즈베리 파이 같은 범용 운영체제에서는 0 ~ 2GB 범위의 가상 메모리 공간까지는 유저 모드만 접근할 수 있고 커널 모드에서는 0 ~ 4GB까지 접근할 수 있도록 제한을 걸어 둡니다.

그런데 유저 공간에서 커널 공간 메모리를 접근할 수 없으면 여러 가지로 불편할 것입니다. 하지만 여러 플랫폼에서 유저 공간에서 하드웨어 디바이스 드라이버를 제어할 수 있는 HAL(Hardware Adaptation Layer)이라는 소프트웨어 계층을 볼 수 있습니다. 만약 유저 공간에서 커널 공간의 메모리를 제어하려면 저수준 함수를 호출해 시스템 콜을 통해 커널에 서비스를 요청해야 합니다.

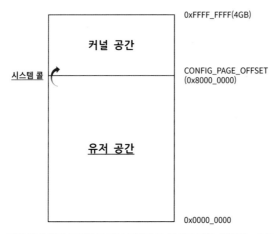

커널 공간

0xFFFF_FFFF(4GB)

시스템 콜

CONFIG_PAGE_OFFSET
(0x8000_0000)

유저 공간

0x0000_0000

그림 14.4 유저 공간에서 커널 공간으로 시스템 콜을 실행하는 흐름

시스템 콜을 실행하면 유저 모드에서 커널 모드로 스위칭한 다음 유저 공간에서 요청한 서비스를 커널 공간에서 실행합니다.

정리하면 유저 공간에서 커널 공간 메모리에 직접 접근해 메모리를 오염시키는 것을 방지하기 위해 가상 메모리 구간을 나누고 따로 권한을 부여하는 것입니다. 또한 시스템 콜을 통해서만 커널 메모리 공간에 접근하도록 구조를 설계한 것입니다.

14.1.3 페이징에서 메모리 주소를 계산하는 방법

페이징은 페이지 테이블을 통해 가상 메모리를 물리주소로 변환하는 과정이자 기법입니다. 페이징 (Paging)은 페이지를 뜻하는 명사와 행위를 의미하는 –ing를 붙여 만든 단어입니다. 즉, **페이지에 접근해서 메모리를 변환해 메모리를 관리하는 전반적인 동작을 의미합니다.**

리눅스 커널에서 메모리를 관리하는 단위는 4K입니다. 여기서 4K는 16진수로 0x1000입니다.

그런데 리눅스 메모리 관리에 대한 내용을 읽으면 페이지란 '함정'에 빠져서 더 이상 진행이 되지 않습니다. **이는 페이징 과정이 어렵기도 하지만 페이징 과정에서 주소를 변환하고 계산하는 방식이 낯설기 때문입니다.**

이번에는 페이지 단위로 주소를 변환하는 방식을 소개하겠습니다. 이해를 돕기 위해 한 가지 예를 들어 보겠습니다. 0x900000쪽으로 구성된 책이 있다고 가정해 봅시다. 그러면 0x403012쪽을 어떻게 찾아갈까요? 0x403012쪽이 있는 위치를 찾기 위해 많은 시간을 허비할 것입니다. 갑자기 바이너리 트리나 검색 알고리즘이 떠오릅니다. 그런데 다음 규칙으로 페이지를 검색하면 어떨까요?

0x1000 쪽이 하나의 장(chapter)으로 구성돼 있고 장을 기준으로 페이지를 찾아가자.

즉, 책이 다음과 같이 여러 개의 장으로 구성돼 있다고 미리 알고 있는 상황입니다.

```
1 0x0000~0x1000: 0장
2 0x1000~0x1fff: 1장
3 0x2000~0x2fff: 2장
4 0x3000~0x3fff: 3장
```

그러면 특정 장을 먼저 찾아간 다음, 해당 장 내의 페이지를 검색하는 편이 더 빠르지 않을까요? 만약 0x3012쪽이 있다고 가정하겠습니다. 먼저 장을 찾아가 보겠습니다.

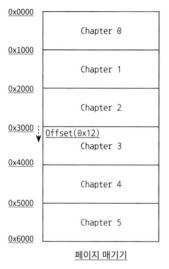

그림 14.5 책에서 페이지를 매기는 방법

이미 우리는 한 장이 0x1000 크기라는 사실을 이미 알고 있습니다. 그러면 0x3012쪽은 몇 장일까요?

3장은 0x3000~0x3fff 범위이므로 0x3012쪽은 3장임을 알 수 있습니다. 그러면 이를 수식으로 표현해 봅시다. 먼저 0x3012를 2진수로 나열합니다.

```
11000000010010 >> 12
-----------------------
00000000000011
```

페이지를 12만큼 오른쪽 비트 시프트 연산을 한 결과는 이진수로 11입니다. 이진수 11은 10진수로는 3입니다. 이 수식으로 어느 장인지 바로 계산할 수 있습니다.

0x3012쪽은 3장인데 0x3012에서 0x3000으로 해당 장의 위치를 확인할 수 있습니다. 0x3012를 다음 수식으로 분리해 볼까요?

- 0x3012 = 0x3000(장 위치) + 0x12(장 내에서의 쪽)

그러면 0x3012는 다음과 같이 표현할 수 있습니다.

- 3장 내 0x12번째 쪽

이번에는 0x403014쪽을 앞에서 설명한 기준에 따라 어떻게 찾을까요?

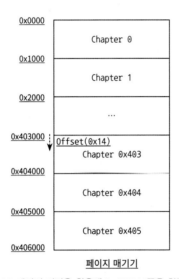

그림 14.6 페이징 기법을 활용해 0x403014쪽을 찾는 과정

이번에도 0x403012쪽을 12만큼 오른쪽 비트 시프트 연산을 하면 특정 장의 위치를 알 수 있습니다.

```
0x403012(16진수)

10000000011000000010010 >> 12
------------------------------------
00000000000010000000011(0x403)

0x403014: 0x403장 내 + 0x14번째 쪽
```

어떤 책의 특정 쪽을 펼치려면 먼저 어느 장인지 찾은 다음 해당 장 내의 쪽 번호를 찾습니다. 이 방식으로 책의 장을 0x1000쪽 단위로 분류하면 특정 장을 빠르게 찾을 수 있습니다.

리눅스에서 메모리를 관리할 때 이 방식으로 페이지 프레임 번호를 찾습니다. 물리주소를 입력으로 받아 페이지 프레임 번호를 계산하는 것입니다.

이처럼 리눅스 커널은 페이징 과정에서 다음과 같은 처리 과정을 거칩니다.

- 페이지 번호를 검색
- 페이지 번호 내 오프셋을 찾는 연산

이 방식으로 더 빨리 주소의 위치를 검색할 수 있습니다.

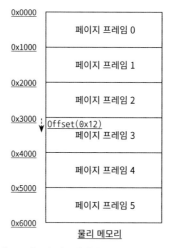

그림 14.7 리눅스 메모리 시스템에서 페이지 프레임을 찾는 방법

위 그림은 그림 14.6의 'Chapter'를 '페이지 프레임'으로 변경한 것입니다. 리눅스에서는 물리 메모리를 0x1000 단위로 잘라 번호를 붙입니다. 0x1000 ~ 0x2000 범위의 메모리 주소를 1번째 페이지 프레임, 0x2000 ~ 0x3000 구간은 2번째 페이지 프레임이라고 합니다.

물리 메모리 주소를 입력으로 받아 책의 쪽 정보에서 특정 장을 찾듯이 페이지 프레임 번호를 찾는 계산을 매우 자주 수행합니다.

만약 물리 메모리 주소가 0x82012이면 몇 번째 페이지 프레임 번호일까요? 물리 메모리 주소를 오른쪽으로 12만큼 오른쪽으로 시프트하면 알 수 있습니다.

```
0x82012 >> 12
--------------
0x00082
```

그 결과, 0x82번째 페이지 프레임 번호라는 사실을 알 수 있습니다.

그러면 페이지 프레임 번호는 왜 계산할까요? 여러 이유 중 하나는 **페이지 프레임 번호를 알면 자연히 페이지 디스크립터의 주소를 알 수 있기 때문입니다.**

이어지는 절에서 페이지 프레임과 페이지 디스크립터에 대해 살펴보겠습니다.

14.1.4 페이지 프레임 번호와 페이지 디스크립터

리눅스에서는 물리 메모리를 0x1000(4KB)바이트 단위로 잘라 관리한다고 앞에서 설명한 바 있습니다. 다음 그림을 보면서 페이지 프레임 번호와 페이지 디스크립터에 대해 살펴보겠습니다.

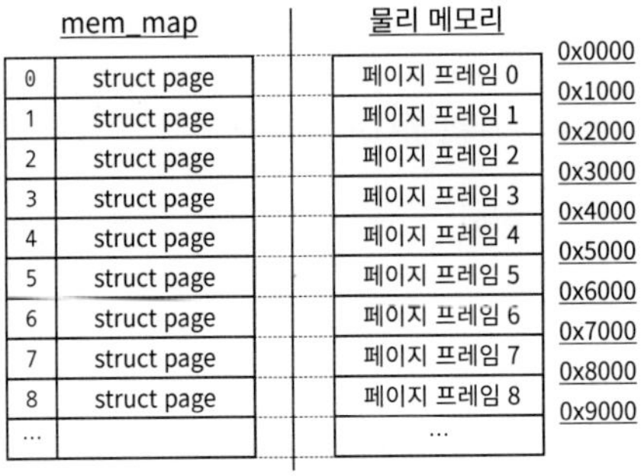

그림 14.8 페이지 프레임 번호와 mem_map과의 관계

위 그림의 오른쪽 물리 메모리 맵을 보면 각 주소 구간별 페이지 프레임 번호를 확인할 수 있습니다.

왼쪽 박스는 struct page 타입의 mem_map 배열이며, 각 인덱스는 오른쪽 물리 메모리의 페이지 프레임 번호에 매핑됩니다. 그런데 각 인덱스마다 page 구조체가 보입니다. mem_map은 모든 물리 메모리의 페이지 프레임에 대한 정보를 담아둔 page 구조체 배열입니다. 페이지 프레임을 관리하는 자료구조를 페이지 디스크립터라고 하며, page 구조체로 표현됩니다.

TRACE32로 본 page 구조체는 다음과 같은 필드로 구성돼 있습니다.

```
(struct page *) (struct page*)0xEC778540
  (long unsigned int) flags = 128 = 0x80,
  (struct address_space *) mapping = 0x0,
  (void *) s_mem = 0x0,
  (long unsigned int) index = 0xC518EC00,
  (void *) freelist = 0xC518EC00,
  (bool) pfmemalloc = FALSE,
  (unsigned int) counters = 2149580809 = 0x80200009,
  (atomic_t) _mapcount = ((int) counter = -2145386487 = 0x80200009),
  (unsigned int:16) inuse = 9 = 0x9,
  (unsigned int:15) objects = 32 = 0x20,
  (unsigned int:1) frozen = 1 = 0x1,
  (int) units = -2145386487 = 0x80200009,
```

page 구조체의 flags 필드가 0x80이니 위 페이지 디스크립터는 슬럽 페이지를 표현한 것입니다.

14.1.5 페이지 테이블이란?

페이지 테이블은 가상주소를 물리주소로 변환할 수 있는 매핑 정보를 갖고 있습니다. 다음 그림을 보면서 페이지 테이블을 알아봅시다.

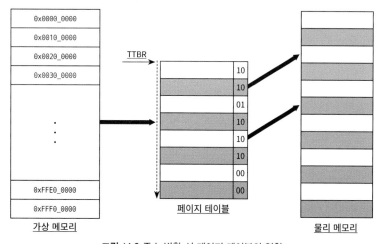

그림 14.9 주소 변환 시 페이지 테이블의 역할

그림의 맨 왼쪽 부분은 가상 메모리 주소 공간인데, 가운데에 있는 페이지 테이블 정보를 참고해 가장 오른쪽에 보이는 물리주소에 접근합니다. 이처럼 가상 메모리 범위 내에 있는 가상주소는 페이지 테이블을 통해 물리 메모리 내 물리주소에 접근합니다. 페이지 테이블을 통해 물리적으로 연속적이지 않은 주소 공간도 연속적으로 쓸 수 있습니다.

페이지 테이블별 데이터나 레코드를 페이지 테이블 엔트리라고 하며, 이를 Page Table Entry(PTE)라고 합니다. 페이지 테이블 엔트리는 하단의 [1:0] 비트 값에 따라 다음과 같이 분류할 수 있습니다.

- 섹션 엔트리
- 라지 페이지 테이블 엔트리
- 스몰 페이지 테이블 엔트리

대부분 커널 공간에 있는 가상주소는 섹션 엔트리를 통해 물리주소로 접근합니다. 즉, 페이지 테이블 변환을 한 번만 수행하면 되는 것입니다.

이번에는 그림 14.9에 있는 '페이지 테이블' 박스의 왼쪽 윗부분을 눈으로 따라가 봅시다. 화살표와 함께 TTBR로 표시돼 있습니다. TTBR은 Translation Table Base Register의 약자로 페이지 테이블의 시작 주소를 의미합니다. 참고로 페이지 테이블의 베이스 주소는 리눅스 커널 내부에 있는 swapper_pg_dir 전역변수에서 확인할 수 있습니다.

지금까지 가상 메모리 시스템의 기본 개념을 소개했습니다. 이어서 가상 메모리 시스템에서 가상주소를 물리주소로 변환하는 과정을 알아봅시다.

 리눅스를 비롯한 대부분의 운영체제에서는 가상 메모리를 기본 메모리 관리 기법으로 활용합니다. 이번에는 가상 메모리 시스템을 운영체제에 적용한 이유를 알아봅시다.

대부분의 운영체제는 다양한 메모리(RAM) 상에서 실행됩니다. 다음 그림은 가상 메모리 기법을 적용하기 전의 상황입니다.

그림 14.10 물리 메모리의 종류와 메모리 시스템의 관계

물리 메모리가 A부터 D까지 있습니다. 만약 물리 메모리 타입에 따라 주소 오프셋을 변경하거나 추가적인 제어를 해야 한다면 시스템 복잡도가 늘어날 수 있습니다. 또한 개발자 입장에서도 물리 메모리에 대한 예외 상황을 점검해야 한다면 골치가 아플 것입니다.

하드웨어 관점에서는 다양한 메모리 공급사가 있으며, 삼성, 하이닉스, 도시바를 예를 들 수 있습니다. 또한 SoC 벤더 업체(브로드컴/인텔/퀄컴)별로 리눅스 커널이 실행되는 물리 메모리의 시작 주소는 다릅니다. 다음 그림에서 Soc A는 0x8000_0000 주소에 커널 이미지를 실행하고 SoC B는 0x4000_0000 물리주소에서 커널 이미지를 실행합니다.

그림 14.11 SoC 벤더별 메모리 맵

즉, 커널 입장에서 물리 메모리별로 서로 다른 주소에 접근하면 시스템 복잡도가 높아질 것입니다.

반대로 가상 메모리 기법을 적용한 시스템의 전체 구조는 다음과 같습니다.

그림 14.12 가상 메모리 기법을 적용한 메모리 시스템의 전체 구조

커널 메모리 시스템 개발자 입장에서는 가상 메모리 범위 내의 가상주소 처리에만 신경 쓰면 됩니다. 시스템에 어떤 물리 메모리를 탑재했는지 걱정할 필요가 없습니다.

이 구조를 어디서 많이 본 것 같지 않나요? 바로 가상 파일 시스템과 비슷합니다. 리눅스에 가상 파일 시스템을 탑재하면 유저 애플리케이션 입장에서는 시스템에 하나의 파일 시스템이 있는 것처럼 느낄 수 있습니다.

커널의 메모리 관리 기법도 마찬가지입니다. 커널의 가상 메모리 기법은 앞에서 언급한 가상 파일 시스템과 비슷한 기능을 제공합니다. 커널 개발자는 리눅스 운영체제를 사용해 제품을 개발하는 제조사가 어떤 램을 탑재했는지 신경 쓸 필요가 없습니다. 즉, 리눅스에 한 개의 메모리만 탑재됐다고 생각하고 개발할 수 있습니다.

14.2 가상주소를 물리주소로 어떻게 변환할까?

이번 절에서는 가상주소를 물리주소로 바꾸는 전반적인 흐름과 세부 개념을 상세히 알아봅니다. 가상주소를 물리주소로 변환하는 과정은 리눅스 커널에서 CPU 아키텍처에 의존적입니다.

다음은 라즈베리 파이에서 /proc/cpuinfo 파일로 확인한 CPU 정보입니다.

https://www.raspberrypi.org/forums/viewtopic.php?t=155181

```
pi@raspberrypi:~ $ less /proc/cpuinfo
processor       : 0
model name      : ARMv7 Processor rev 4 (v7l)
BogoMIPS        : 38.40
Features        : half thumb fastmult vfp edsp neon vfpv3 tls vfpv4 idiva idivt vfpd32 lpae
evtstrm crc32
CPU implementer : 0x41
CPU architecture: 7
CPU variant     : 0x0
CPU part        : 0xd03
CPU revision    : 4
```

위 출력 결과를 토대로 라즈베리 파이에 탑재된 CPU는 ARMv7이며, 32비트 커널로 구동된다는 사실을 알 수 있습니다.

앞에서 가상주소를 물리주소로 변환하는 과정은 리눅스 커널에서 CPU 아키텍처에 의존적이라고 언급한 바 있습니다. 따라서 이번 절에서 다룰 가상주소의 형식과 주소 변환 과정은 ARMv7 아키텍처에 대한 세부 설명을 담은 다음 문서를 참고했습니다.

- ARM® Architecture Reference Manual[1]

위 문서는 다음 ARM Infocenter 홈페이지에 접근해 계정 등록을 해서 내려받을 수도 있습니다.

- http://infocenter.arm.com/

---

1 https://static.docs.arm.com/ddi0406/c/DDI0406C_C_arm_architecture_reference_manual.pdf

14.2.1 가상주소 변환 과정의 전체 구조

다음 그림을 보면서 가상주소가 물리주소로 변경되는 전체 흐름을 배워봅시다.

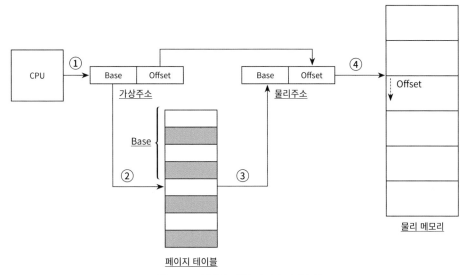

그림 14.13 가상주소 변환 과정의 전체 흐름

위 그림에서 ①로 표시된 부분은 CPU가 가상주소를 실행하는 동작입니다. CPU 입장에서는 가상주소(논리 주소)만 보면서 실행을 합니다. CPU가 가상주소를 해석하고 실행하지만 백그라운드에서 가상주소를 물리주소로 변환하는 동작을 수행합니다.

이번에는 화살표와 함께 ②로 표시된 부분을 보겠습니다. 가상주소의 베이스 주소를 바탕으로 페이지 테이블에 접근하는 동작입니다. 페이지 테이블의 시작 주소를 나타내는 베이스 주소에 먼저 접근해 주소 변환 정보가 담긴 페이지 테이블 엔트리의 주소를 찾습니다.

그림에 ③으로 표시된 부분은 페이지 테이블 엔트리 레코드를 읽어서 물리주소로 변환하는 동작입니다. 물리주소에서 보이는 베이스는 페이지 테이블 엔트리에 있는 주소 정보입니다.

맨 오른쪽에 ④로 표시된 부분은 이 정보를 참고해 물리주소에 접근하는 동작입니다.

여기까지 전체 시스템 관점에서 가상주소를 물리주소로 변환하는 과정을 살펴봤습니다. 그런데 사실 위 그림과 같이 시스템은 동작하지 않습니다. 가상주소를 물리주소로 변환하는 일을 하는 주인공은 바로 MMU(Memory Management Unit)이며 하드웨어적으로 위와 같은 동작을 처리합니다.

그렇다면 MMU는 가상주소를 물리주소로 어떻게 바꿀까요? MMU 내에는 TLB(Translation Lookaside Buffer)가 있는데 이 버퍼에는 페이지 테이블 레코드 정보를 담고 있습니다. 최근에 변환된 가상주소에 대한 페이지 테이블 정보가 들어있는데, 이 정보를 참고해 가상주소를 물리주소로 변환합니다.

이번에는 TLB 동작이 추가된 그림을 보겠습니다.

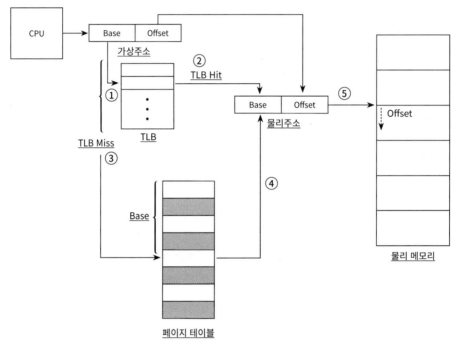

그림 14.14 가상주소 변환의 전체 흐름에서 TLB의 역할

MMU가 가상주소를 물리주소로 변환하는 도중 TLB에 관련 페이지 테이블 엔트리 정보가 있는 경우 이를 TLB Hit라고 부르며 바로 가상주소를 물리주소로 변환합니다.

위 그림에서 ①은 TLB에 접근해 페이지 변환 정보를 점검하는데, 만약 TLB에 가상주소를 변환할 수 있는 페이지 테이블 매핑 정보가 없으면 ③과 같이 페이지 테이블의 주소에 접근해 페이지 테이블 매핑 정보를 업데이트합니다. 이 과정을 그림에서 표시된 것과 같이 보통 TLB Miss라고도 부릅니다.

 이처럼 가상주소를 물리주소로 변환하는 과정은 리눅스 커널보다 CPU 아키텍처 구조에 의존적입니다. 라즈베리 파이는 ARMv7 아키텍처를 채용하고 있으므로 관련 내용을 숙지할 필요가 있습니다.

이번 절에서는 전체 시스템 관점에서 가상주소를 물리주소로 변환하는 과정을 살펴봤습니다. 이어지는 절에서는 가상주소와 물리주소로 시야를 좁혀서 세부적인 주소 변환 과정을 살펴보겠습니다.

14.2.2 가상주소를 물리주소로 변환하는 단계

가상주소를 물리주소로 변환하는 과정은 다음과 같이 3단계로 나눌 수 있습니다.

1단계: 페이지 테이블 엔트리 주소를 검색

먼저 페이지 테이블이 있는 주소를 검색합니다. 그래야 페이지 테이블에 담긴 정보를 참고해서 주소를 변환합니다.

2단계: 레벨1 페이지 테이블 엔트리 분석

페이지 테이블 엔트리에 있는 값을 해석합니다. 페이지 테이블 엔트리의 [1:0] 비트 패턴에 따라 페이지 테이블 유형이 나뉩니다.

- [1:0]이 10이면

  섹션 엔트리 페이지 테이블이며, 물리주소 변환 정보를 포함하고 있습니다. 곧바로 가상주소를 물리주소로 변환할 수 있습니다.

- [1:0]이 01이면

  페이지 테이블 엔트리에 라지 페이지와 스몰 페이지 테이블의 주소가 저장돼 있습니다.

3단계: 레벨2 페이지 테이블 엔트리 분석

라지와 스몰 페이지 테이블에 따라 물리주소 변환 방식이 다릅니다. 물리주소 정보가 포함된 비트를 참고해 가상주소를 물리주소로 변환할 수 있습니다.

14.2.3 페이지 테이블 관련 용어

페이지 테이블로 가상주소를 물리주소로 변환하는 흐름을 살펴봤습니다. 이 과정에서 알아야 할 주요 개념을 소개합니다.

- 페이지 테이블 엔트리
- 페이지 테이블 엔트리 주소

페이지 테이블 엔트리

페이지 테이블 엔트리(Page Table Entry, PTE)는 페이지 테이블의 정보이며, 레코드라고도 합니다.

페이지 테이블 엔트리 주소

말 그대로 페이지 테이블 엔트리가 있는 주소를 의미합니다. 이해를 돕기 위해 다음 주소 테이블을 보겠습니다.

```
     주소       |     값
01 NSD:80004000 | 0x00000000
02 NSD:80004004 | 0x00000000
03 NSD:80004008 | 0x00000000
04 NSD:8000400C | 0x00000000
...
05 NSD:80006018 | 0x0061941E
06 NSD:8000601C | 0x0071941E
07 NSD:80006020 | 0x0081941E
```

위 정보는 페이지 테이블 엔트리 주소와 페이지 테이블 엔트리입니다.

1번째 줄의 맨 왼쪽에 있는 0x80004000가 페이지 테이블 베이스 주소입니다. 5번째 줄을 보면 0x80006018 주소에 0x0061941E가 있습니다.

0x0061941E는 페이지 테이블 엔트리이며 80006018은 페이지 테이블 엔트리 주소입니다. 커널에서는 swapper_pg_dir 전역변수가 페이지 테이블의 시작 주소를 저장합니다.

14.2.4 페이지 테이블의 종류

이번에는 페이지 테이블의 종류를 알아봅시다. 페이지 테이블은 레벨1 페이지 테이블과 레벨2 페이지 테이블로 분류할 수 있습니다.

레벨1 페이지 테이블은 마스터 페이지 테이블이라고 하며, 크게 세 가지 유형의 엔트리가 있습니다. 다음 그림을 보면서 레벨1 페이지 테이블 엔트리 타입을 살펴봅시다.

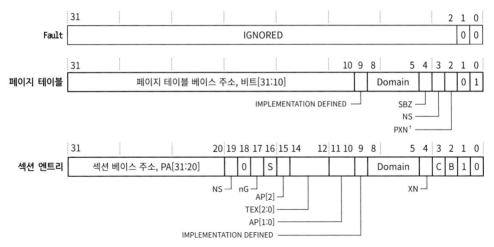

그림 14.15 레벨1 페이지 테이블 엔트리 타입

가장 위쪽은 Fault 타입으로 하위 비트 [1:0]이 00입니다. 유효하지 않은 페이지 테이블 엔트리이며, 이 경우 페이지 폴트로 익셉션이 발생합니다.

그림의 맨 아랫부분에 보이는 것이 '섹션 엔트리' 페이지 테이블입니다. 하위 비트 [1:0]이 10입니다. 섹션 엔트리의 [31:20] 비트에는 물리주소로 변환할 수 있는 주소가 있습니다. 이 페이지 테이블 엔트리 정보로 바로 물리주소를 변환할 수 있습니다.

레벨2 페이지 테이블로 접근해 물리주소를 변환하는 과정은 조금 복잡합니다. 이어서 다음 그림을 보면서 레벨2 페이지 테이블의 타입에 대해 살펴봅시다.

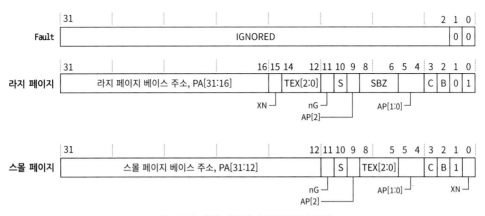

그림 14.16 레벨2 페이지 테이블 엔트리 타입

위 그림의 맨 윗부분은 Fault 타입으로 하위 비트 [1:0]이 00이므로 이 경우 페이지 폴트로 익셉션이 발생합니다.

가운데는 라지 페이지 테이블로서 하위 비트 [1:0]이 01입니다. 메모리를 64KB 크기의 블록으로 나눠서 관리합니다. PA[31:16] 비트에는 물리주소로 매핑되는 변환 주소가 있습니다.

다음으로 그림의 아랫부분이 스몰 페이지 테이블이며, 하위 비트 [1:0]이 1x입니다. 메모리를 4KB 크기의 블록으로 나눠서 관리합니다. PA[31:12] 비트에 물리주소로 매핑되는 변환 주소가 있습니다.

각 페이지 테이블 엔트리에 따른 페이지 테이블의 종류를 다음 표로 정리하겠습니다.

표 14.1 페이지 테이블 엔트리에 따른 페이지 테이블 종류

페이지 테이블 변환	페이지 테이블 종류	설명
레벨1	섹션 엔트리	▪ 하위 [1:0] 비트: 10 ▪ PA[31:20] 비트: 베이스 물리주소
레벨2	라지 페이지 엔트리	▪ 하위 [1:0] 비트: 01 ▪ PA[31:16] 비트: 베이스 물리주소
	스몰 페이지 엔트리	▪ 하위 [1:0] 비트: 1x ▪ PA[31:12] 비트: 베이스 물리주소

위 표에서 PA로 명시된 비트는 베이스 물리주소를 의미합니다. 베이스 물리주소로 명시한 이유는 변환된 물리주소는 다음 형식으로 구성되기 때문입니다.

- 베이스 물리주소 | 가상주소 오프셋 주소

예를 들어, 스몰 페이지 엔트리의 경우 PA[31:12] 비트까지가 변환되는 물리주소이고 [11:0] 비트는 가상주소 오프셋 주소 비트를 의미하기 때문입니다.

이 내용은 레벨 페이지 테이블의 변환 과정을 통해 더 자세히 살펴보겠습니다.

14.2.5 가상주소를 물리주소로 변환하는 세부 원리

이번에는 가상주소를 물리주소로 변환하는 과정을 살펴보겠습니다. 다음 그림을 함께 보겠습니다.

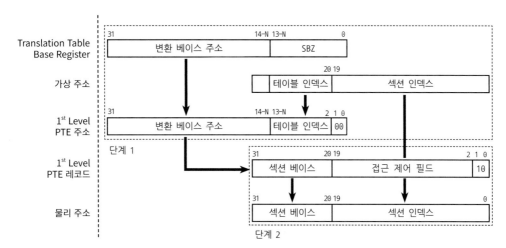

그림 14.17 가상주소를 물리주소로 변환하는 전체 과정

가상주소를 물리주소로 변환하는 과정은 크게 2단계로 나눌 수 있습니다.

표 14.2 가상주소를 물리주소로 변환하는 단계

실행 단계	내용
페이지 테이블 엔트리 주소 검색	• TTBR(Translation Table Base Register) 기준 • (가상주소 >> 20) * 4 + 페이지 테이블 시작 주소
페이지 테이블 엔트리 레코드 분석	• [1:0] 비트가 10 • 베이스 주소 전환 정보를 참고해 물리주소로 변환

1단계

그림 14.17의 맨 위쪽에 있는 주소는 TTBR(Translation Table Base Register)에 저장된 변환 테이블 시작 주소입니다. 즉, 페이지 테이블의 베이스 주소입니다. 변환 베이스 주소와 SBZ로 구분할 수 있는데 SBZ는 Should-Be-Zero의 약자로 ARM 아키텍처에서 쓰는 용어입니다. 하드웨어에서 SBZ로 지정된 비트 필드 이외에 '읽기'나 '쓰기' 동작을 수행합니다. 참고로 커널에서는 swapper_pg_dir 전역변수에 이 주소가 저장됩니다.

다음으로 '가상주소' 열에 보이는 주소는 변환하려는 가상주소를 의미합니다. 가상주소의 [31:20] 비트에 페이지 테이블의 인덱스가 저장됩니다.

다음으로 '1st Level PTE 주소 열'은 레벨1 페이지 테이블 엔트리 주소를 계산하는 방식을 보여줍니다.

가상주소의 [31:20] 비트를 왼쪽으로 2비트만큼 비트 시프트해서 [13:2] 비트에 저장합니다. 이해하기 어려운 내용인데 쉽게 공식으로 풀면 다음과 같습니다.

```
(가상주소 >> 20) << 2
(가상주소 >> 20) * 4
```

어떤 값을 2비트만큼 왼쪽으로 시프트하는 연산은 2^2인 4를 곱하는 연산 결과와 같습니다.

만약 페이지 테이블 베이스 시작 주소가 0x8000_4000이고 가상주소가 0x807A_0A83이면 가상주소에 해당하는 페이지 테이블 엔트리는 다음과 같이 계산할 수 있습니다.

```
0x8000_4000 + ((0x807A_0A83 >> 20) << 2)
0x8000_4000 + ((0x807) << 2)
0x8000_4000 + (0x201C)
0x8000601C
```

정리하면 0x8000601C 주소에 0x807A_0A83 가상주소에 대한 페이지 테이블 엔트리가 있습니다.

2단계

다음은 페이지 테이블 엔트리 레코드를 분석하는 단계입니다. 하위 비트 [1:0]이 10이므로 섹션 엔트리임을 알 수 있습니다. 바로 물리주소로 변환 가능한 페이지 엔트리입니다.

이어서 페이지 테이블 엔트리 레코드를 분석하겠습니다. **이때 마지막 하위 2개의 [1:0] 비트를 확인합니다.** [1:0] 비트가 10이면 섹션 엔트리이며, 페이지 테이블 엔트리의 [31:20] 비트에 있는 값이 변환할 수 있는 물리주소의 정보입니다.

이 주소를 [31:20]에 저장하고 기존 섹션 인덱스를 더하면 물리주소로 변환할 수 있습니다.

이번에는 다음 그림을 보면서 가상주소를 물리주소로 변환하는 과정을 살펴보겠습니다.

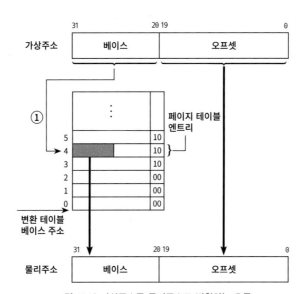

그림 14.18 가상주소를 물리주소로 변환하는 흐름

가상주소의 베이스 부분에서 시작된 화살표는 해당 주소에 대한 페이지 테이블 엔트리 주소를 가리킵니다. ①로 표시된 부분이 이전 그림에서 본 1단계입니다. **먼저 페이지 테이블 엔트리 주소를 찾는 과정입니다.**

다음 2단계로 페이지 테이블 엔트리 타입을 식별합니다. 하위 [1:0] 비트가 10이니 섹션 엔트리입니다. 섹션 엔트리이니 바로 물리주소로 변환할 수 있습니다.

위 그림에서 페이지 테이블 베이스 주소를 기준으로 4번 인덱스에 회색으로 표시된 부분이 있습니다. 여기에 변환될 물리주소의 베이스 주소가 있는 것입니다. **이 물리 베이스 주소에 가상주소의 오프셋 주소를 더해 물리주소로 변환할 수 있습니다.**

이번 절에서는 가상주소를 물리주소로 변환하는 원리를 알아봤습니다. 다음 절에서는 실제 가상주소를 물리주소로 변환해 보겠습니다.

14.2.6 가상주소를 물리주소로 직접 변환

지금까지 가상주소를 물리주소로 변환하는 원리를 배웠습니다. 이번에는 실제 가상주소를 물리주소로 변환하는 과정을 살펴보겠습니다. 다음 그림을 봅시다.

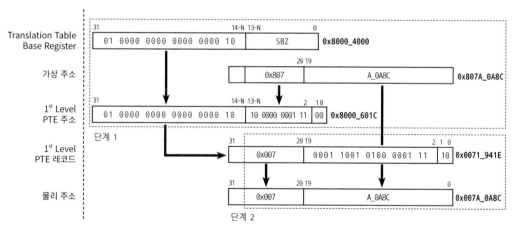

그림 14.19 가상주소를 물리주소로 변환하는 예

위 그림에서 페이지 테이블 관련 시스템 정보는 다음과 같습니다.

- 페이지 테이블 베이스의 시작 주소: 0x8000_4000
- 가상주소: 0x807A_0A8C

먼저 페이지 테이블 베이스 시작 주소는 0x8000_4000입니다. 그리고 변환하려는 가상주소의 [31:20]은 16진수로 807입니다. 다음 계산식으로 레벨1 페이지 테이블 엔트리 주소를 계산할 수 있습니다.

```
0x8000_4000 + ((0x807A_0A83 >> 20) << 2)
0x8000_4000 + ((0x807) << 2)
0x8000_4000 + (0x201C)
0x8000601C
```

위 연산 결과를 토대로 **0x8000601C 주소**에 **0x807A_0A8C 가상주소**에 대한 **페이지 테이블 레코드 정보가 있다**는 사실을 알 수 있습니다.

다음 메모리 덤프를 보면서 가상 주소를 물리 주소로 변환하는 과정을 살펴보겠습니다.

```
      주소       ┆ 값
01 NSD:80004000 ┆ 0x0
02 NSD:80004004 ┆ 0x0
03 NSD:80004008 ┆ 0x0
04 NSD:8000400C ┆ 0x0
...
05 NSD:80006018 ┆ 0x0061941E
06 NSD:8000601C ┆ 0x0071941E
07 NSD:80006020 ┆ 0x0081941E
```

6번째 줄을 보겠습니다. 0x8000601C 주소에 0x0071941E 같은 페이지 엔트리 레코드가 저장돼 있습니다. 이 값을 2진수 형식으로 펼쳐보면 하위 [1:0] 비트가 10임을 알 수 있습니다.

11100011001010000011110

다음 계산식으로 물리주소는 0x007A_0A8C로 변환할 수 있습니다.

```
0x00700000   // [31:20] 페이지 테이블 엔트리
0x000A0A8C   // [19:0] 가상주소
---------------------------------
0x007A0A8C
```

 위와 같이 가상주소를 물리주소로 변환한 결과는 사실 라즈베리 파이에서 실습 코드를 입력해 확인할 수 있습니다. 마지막 메모리 디버깅 절에 이 내용을 소개했으니 참고하시기 바랍니다.

가상주소를 물리주소로 변환하는 과정을 제대로 이해하려면 실제 가상주소를 물리주소로 몇 번만 계산해 볼 필요가 있습니다.

14.3 메모리 존

리눅스 메모리 시스템에서 존(Zone)은 유사한 속성을 갖는 페이지들의 집합입니다. 커널에서 페이지들을 다음과 같은 존으로 나눠서 관리합니다.

- ZONE_NORMAL

- ZONE_HIGHMEM

- ZONE_MOVABLE

다음 그림은 존과 페이지와의 관계를 나타낸 것입니다.

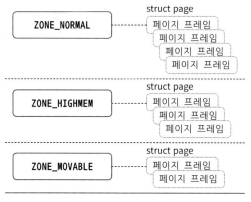

그림 14.20 존과 페이지와의 관계

보다시피 하나의 존 내부에 여러 개의 페이지들이 속해 있습니다. 이처럼 존은 비슷한 속성의 여러 페이지들을 관리하기 위한 자료구조이자 메모리 계층입니다. 리눅스 커널에서 존은 시스템 관점에서 메모리 사용량을 볼 수 있는 미니맵으로 볼 수 있습니다.

이번 절에서는 존의 개념과 자료구조와 관련 소스코드를 분석하겠습니다.

14.3.1 메모리 존의 종류와 개념

리눅스 시스템에서는 비슷한 속성의 페이지들을 묶어서 존으로 관리하며, 존의 종류는 다음과 같습니다.

- ZONE_NORMAL
- ZONE_HIGHMEM
- ZONE_MOVABLE

먼저 ZONE_NORMAL부터 살펴보겠습니다.

ZONE_NORMAL 존

물리주소와 1:1로 매핑돼 있는 구간의 페이지입니다. 보통 커널 코드에서 메모리를 할당하면 접근하는 구역입니다. 커널에서 메모리를 할당할 때 가장 빨리 할당해 줄 수 있는 존입니다.

ZONE_HIGHMEM 존

ZONE_NORMAL이 처리하지 못하는 나머지 메모리 영역은 ZONE_HIGHMEM으로 구성됩니다. 라즈베리 파이와 같은 32비트 커널 시스템에서는 모든 커널 가상주소를 1:1로 매핑할 수 없습니다. ZONE_NORMAL을 초과하는 메모리가 이 영역을 사용합니다.

ZONE_MOVABLE 존

버디 시스템으로 구현된 페이지 할당자가 메모리 파편화를 막기 위해 이 영역을 전용으로 사용합니다.

유저 프로세스가 메모리를 할당하려 할 때 먼저 ZONE_HIGHMEN 영역의 메모리를 먼저 소모합니다. 만약 ZONE_HIGHMEN 존에 있는 메모리를 모두 쓰면 ZONE_NORMAL 영역의 메모리를 사용하게 됩니다.

 64비트 아키텍처에서는 모든 물리주소는 1:1로 가상주소에 매핑됩니다. 따라서 ZONE_HIGHMEM을 쓰지 않습니다.

14.3.2 메모리 존 자료구조 분석

이전 절에서는 메모리 존의 기본 개념을 소개했습니다. 존은 비슷한 속성의 페이지를 묶어서 관리하려고 만든 것입니다. 이어서 각 존의 속성과 세부 동작을 표현하는 자료구조인 zone 구조체에 대해 살펴보겠습니다. 그런데 커널에서 메모리 존별 세부 정보는 어디서 확인할 수 있을까요? **contig_page_data 전역변수 내의 node_zones 필드에서 확인할 수 있습니다.**

contig_page_data의 node_zones 배열은 다음과 같은 각 존별 속성 정보를 저장합니다.

- 오더별 잔여 페이지 개수
- 워터마크 정보
- 페이지 종류별 페이지 디스크립터

다음은 zone 구조체의 선언부입니다.

https://github.com/raspberrypi/linux/blob/rpi-4.19.y/include/linux/mmzone.h

```
01 struct zone {
02    unsigned long watermark[NR_WMARK];
03    unsigned long nr_reserved_highatomic;
04    long lowmem_reserve[MAX_NR_ZONES];
...
05    const char        *name;
06
07    /* free areas of different sizes */
08    struct free_area    free_area[MAX_ORDER];
09
10    /* zone flags, see below */
11    unsigned long        flags;
...
12    /* Zone statistics */
13    atomic_long_t        vm_stat[NR_VM_ZONE_STAT_ITEMS];
14    atomic_long_t        vm_numa_stat[NR_VM_NUMA_STAT_ITEMS];
15 } ____cacheline_internodealigned_in_smp;
```

zone 구조체의 필드 중 중요한 부분만 추려서 살펴보겠습니다.

watermark

워터마크는 시스템에 할당할 메모리가 얼마나 남아 있는지를 알려주는 지표이며, 배열 인덱스는 enum 형식으로 구성돼 있습니다.

https://github.com/raspberrypi/linux/blob/rpi-4.19.y/include/linux/mmzone.h

```
enum zone_watermarks {
    WMARK_MIN,
    WMARK_LOW,
    WMARK_HIGH,
    NR_WMARK
};
```

각 enum 값의 의미를 쉽게 설명하면 다음과 같습니다.

- WMARK_HIGH: 잔여 메모리의 양이 충분하다.
- WMARK_LOW: 잔여 메모리의 양이 적다.
- WMARK_MIN: 잔여 메모리의 양이 너무 부족해 시스템을 구동하지 못할 정도다.

WMARK_LOW는 kswapd 스레드를 깨워 페이지 회수를 시작하는 기준점입니다. 잔여 페이지 양이 WMARK_HIGH를 넘어서면 페이지를 확보하는 kswapd 스레드는 휴면 상태에 진입합니다. WMARK_HIGH는 WMARK_LOW에서 kswapd 스레드에 의해 시작된 페이지 회수 동작을 중지하는 기준점입니다. WMARK_MIN은 시스템에서 페이지(메모리)가 가장 부족한 상태를 나타내는 기준점입니다. 잔여 페이지 개수가 WMARK_MIN 이하로 떨어지면 페이지 직접 회수(Direct Reclaim)를 실행해 페이지를 강하게 회수합니다.

name

존의 이름입니다. name 필드를 확인하면 다음과 같습니다.

- contig_page_data.node_zones[0].name -> "Normal"
- contig_page_data.node_zones[1].name -> "HighMem"

"Normal"은 ZONE_NORMAL이고 "HighMem"은 ZONE_HIGHMEM을 뜻합니다.

free_area

다음 선언부와 같이 원소의 개수가 11인 배열로 구성된 zone 구조체의 필드 중 가장 중요한 정보를 저장합니다.

https://github.com/raspberrypi/linux/blob/rpi-4.19.y/include/linux/mmzone.h

```
#define MAX_ORDER 11
```

free_area 필드를 보면 페이지 Order별 잔여 페이지 개수를 확인할 수 있습니다.

먼저 free_area 구조체의 선언부를 보겠습니다.

```
struct free_area {
    struct list_head    free_list[MIGRATE_TYPES];
    unsigned long       nr_free;
};
```

free_list 필드는 migratetype 타입별로 관리하는 페이지의 연결 리스트를 의미합니다. nr_free 필드는 잔여 페이지 개수입니다.

free_area 필드는 선언부와 같이 원소의 개수가 11인 배열입니다. 각 배열별로 오더별 잔여 페이지 수를 관리합니다.

free_area 필드의 구조는 다음 그림에서 확인할 수 있습니다.

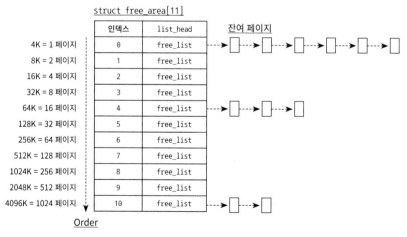

그림 14.21 zone 구조체 중 free_area 필드의 자료구조

인덱스는 free_area의 배열을 의미합니다. 2^0은 1이므로 '1 * 4K' 연산으로 4K 단위로 할당될 수 있는 잔여 페이지가 연결 리스트에 등록됐습니다. 2^4는 16이므로 '4 * 4K' 연산으로 16K 단위로 할당될 수 있는 잔여 페이지 연결 리스트를 볼 수 있습니다. 이처럼 2^(배열 인덱스)를 연산한 결과가 페이지 크기인 것입니다.

조금 더 이해를 돕기 위해 리눅스 시스템에서 TRACE32로 확인한 free_area 필드의 값을 소개합니다.

```
01 (struct free_area [11]) free_area = (
02  [0] = (
03    (struct list_head [6]) free_list = ...,
04    (long unsigned int) nr_free = 3),
05  [1] = (
06    (struct list_head [6]) free_list = ...,
07    (long unsigned int) nr_free = 6),
08  [2] = (
09    (struct list_head [6]) free_list = ...,
10    (long unsigned int) nr_free = 7),
11  [3] = (
12    (struct list_head [6]) free_list = ...,
13    (long unsigned int) nr_free = 2),
14  [4] = (
15    (struct list_head [6]) free_list = ...,
16    (long unsigned int) nr_free = 6),
17  [5] = (
18    (struct list_head [6]) free_list = ...,
19    (long unsigned int) nr_free = 12),
20  [6] = (
21    (struct list_head [6]) free_list = ...,
22    (long unsigned int) nr_free = 4),
23  [7] = (
24    (struct list_head [6]) free_list = ...,
25    (long unsigned int) nr_free = 6),
26  [8] = (
27    (struct list_head [6]) free_list = ...,
28    (long unsigned int) nr_free = 6),
29  [9] = (
30    (struct list_head [6]) free_list = ...,
31    (long unsigned int) nr_free = 3),
```

```
32    [10] = (
33      (struct list_head [6]) free_list = ...,
34      (long unsigned int) nr_free = 544)),
```

02~04번째 줄을 보겠습니다.

```
02    [0] = (
03      (struct list_head [6]) free_list = ...,
04      (long unsigned int) nr_free = 3),
```

0번째 Order이니 2^0 크기(4K)만큼 연속된 페이지가 3개(nr_free = 3) 있습니다. 0번째 Order 페이지의 크기를 계산하는 식은 다음과 같습니다.

```
4K x (2 ^ 0)
4K x 1
4K
```

결과적으로 12K(4K * 3) 크기만큼 연속된 페이지가 있습니다.

이번에는 29~31번째 줄을 보겠습니다.

```
29    [9] = (
30      (struct list_head [6]) free_list = ...,
31      (long unsigned int) nr_free = 3),
```

9번째 Order이니 2^9 크기의 연속된 페이지입니다.

```
4K x (2 ^ 9)
4K x 512
2048K
```

결과적으로 2048K 크기의 연속된 페이지가 3개 있습니다.

free_area의 전체 배열을 정리한 표는 다음과 같습니다.

표 14.3 free_area의 전체 배열 정보

인덱스	크기	nr_free
0	4K	3
1	8K	6
2	16K	7
3	32K	2
4	64K	6
5	128K	12
6	256K	4
7	512K	6
8	1024K	6
9	2048K	3
10	4096K	544

 임베디드 리눅스 개발 도중 커널 로그에서 OOM-Killer가 실행된 것을 본 적이 있나요? 다음은 개발자 포럼에서 논의된 커널 메시지입니다.

https://github.com/elastic/elasticsearch/issues/23842

```
1 [70429.840649] Node 0 DMA32: 11402*4kB (UME) 1570*8kB (UME) 36*16kB (UM) 1*32kB (U) 0*64kB
0*128kB 0*256kB 0*512kB 0*1024kB 0*2048kB 0*4096kB = 58776kB
2 [70429.840655] Node 0 Normal: 4142*4kB (UMH) 8*8kB (H) 8*16kB (H) 6*32kB (H) 9*64kB (H)
4*128kB (H) 1*256kB (H) 0*512kB 0*1024kB 0*2048kB 0*4096kB = 18296kB
```

위 메시지는 대부분의 리눅스 시스템 개발자라면 한번쯤 볼 법한 로그입니다. 이 로그에서 보이는 메시지는 contig_page_data 전역변수를 통해 각 존별로 잔여 페이지 개수를 출력합니다.

만약 조직 책임자가 위 로그를 보고 메모리 고갈의 원인을 해결하라고 하면 "알겠습니다"라고 대답해서는 안 됩니다. 위 메시지는 메모리가 고갈된 시점의 메모리의 정보를 출력하는 것이지 메모리 고갈의 원인을 보여주는 것이 아닙니다.

이런 문제를 할당받으면 며칠 동안 고생할 각오를 해야 합니다. 물론 메모리 고갈 현상을 빨리 재현할 수 있으면 운이 좋다고 볼 수 있습니다. 하지만 메모리 누수가 매우 서서히 진행되는 경우 1주일에 한 번 메모리 고갈 현상을 재현할 수 있습니다.

가장 대표적인 메모리 누수 현상을 잡는 방법은 top 명령어를 쓰는 것입니다. top 명령어의 결과를 꾸준히 저장하면 프로세스가 메모리를 얼마만큼 쓰는지 확인할 수 있습니다.

14.3.3 /proc/zoneinfo로 존 자료구조 확인하기

이전 절에서는 존의 개념과 존을 구성하는 자료구조에 대해 배웠습니다. 그렇다면 리눅스 시스템에서 존을 어떻게 확인할 수 있을까요? proc 파일 시스템에서 zoneinfo 노드로 Zone별 통계 데이터를 확인할 수 있습니다.

먼저 다음과 같이 라즈베리 파이에서 '/proc' 디렉터리로 이동한 후 'cat zoneinfo' 명령어를 입력해 봅시다.

```
root@raspberrypi:/proc# cat zoneinfo
Node 0, zone    Normal
  per-node stats
      nr_inactive_anon 12174
      nr_active_anon 55928
...
  pages free     70738
        min      4096
        low      5120
        high     6144
        spanned  242688
        present  242688
        managed  237361
        protection: (0, 0)
      nr_free_pages 70738
      nr_zone_inactive_anon 12174
      nr_zone_active_anon 55928
      nr_zone_inactive_file 55008
      nr_zone_active_file 31184
      nr_zone_unevictable 0
      nr_zone_write_pending 108
      nr_mlock      0
      nr_page_table_pages 1453
      nr_kernel_stack 2080
      nr_bounce     0
      nr_zspages    0
      nr_free_cma   1698
  pagesets
    cpu: 0
```

```
              count: 48
              high:  186
              batch: 31
  vm stats threshold: 24
    cpu: 1
              count: 113
              high:  186
              batch: 31
  vm stats threshold: 24
    cpu: 2
              count: 19
              high:  186
              batch: 31
  vm stats threshold: 24
    cpu: 3
              count: 181
              high:  186
              batch: 31
  vm stats threshold: 24
  node_unreclaimable:  0
  start_pfn:           0
  node_inactive_ratio: 0
Node 0, zone  Movable
  pages free     0
        min      0
        low      0
        high     0
        spanned  0
        present  0
        managed  0
        protection: (0, 0)
```

위와 같이 /proc/zoneinfo 노드에서 출력하는 존 정보는 커널의 어느 코드에서 출력할까요? 코드 분석을 통해 커널 메모리의 세부 자료구조를 확인해보겠습니다.

https://github.com/raspberrypi/linux/blob/rpi-4.19.y/mm/vmstat.c

```
01 void __init init_mm_internals(void)
02 {
```

```
03    int ret __maybe_unused;
...
04 #ifdef CONFIG_PROC_FS
05    proc_create_seq("buddyinfo", 0444, NULL, &fragmentation_op);
06    proc_create_seq("pagetypeinfo", 0444, NULL, &pagetypeinfo_op);
07    proc_create_seq("vmstat", 0444, NULL, &vmstat_op);
08    proc_create_seq("zoneinfo", 0444, NULL, &zoneinfo_op);
09 #endif
```

proc 파일 시스템의 파일 노드를 등록하려면 8번째 줄과 같이 proc_create_seq() 함수를 호출해야 합니다. 8번째 줄을 실행하면 /proc/zoneinfo 파일 노드를 등록합니다.

맨 마지막 인자인 zoneinfo_op는 /proc/zoneinfo 노드에 대한 파일 함수 오퍼레이션(연산) 정보입니다.

https://github.com/raspberrypi/linux/blob/rpi-4.19.y/mm/vmstat.c

```
01 static const struct seq_operations zoneinfo_op = {
02    .start    = frag_start, /* iterate over all zones. The same as in
03                     * fragmentation. */
04    .next    = frag_next,
05    .stop    = frag_stop,
06    .show    = zoneinfo_show,
07 };
```

proc 파일 시스템의 각 노드 파일을 통해 시스템의 정보를 읽기만 하므로 zoneinfo_op 함수 오퍼레이션으로 설정된 zoneinfo_show() 함수를 보겠습니다.

https://github.com/raspberrypi/linux/blob/rpi-4.19.y/mm/vmstat.c

```
01 static int zoneinfo_show(struct seq_file *m, void *arg)
02 {
03    pg_data_t *pgdat = (pg_data_t *)arg;
04    walk_zones_in_node(m, pgdat, false, false, zoneinfo_show_print);
05    return 0;
06 }
```

4번째 줄의 코드가 실행될 때 /proc/zoneinfo 파일 노드를 읽어 존 정보를 출력합니다.

- walk_zones_in_node() 함수: 존 정보를 읽음
- zoneinfo_show_print() 함수: 존의 세부 정보를 읽고 출력

이어서 zoneinfo_show_print() 함수의 구현부를 보겠습니다.

https://github.com/raspberrypi/linux/blob/rpi-4.19.y/mm/vmstat.c

```
01 static void zoneinfo_show_print(struct seq_file *m, pg_data_t *pgdat,
02                     struct zone *zone)
03 {
04    int i;
05    seq_printf(m, "Node %d, zone %8s", pgdat->node_id, zone->name);
...
06    seq_printf(m,
07          "\n  pages free     %lu"
08          "\n        min      %lu"
09          "\n        low      %lu"
10          "\n        high     %lu"
11          "\n        spanned  %lu"
12          "\n        present  %lu"
13          "\n        managed  %lu",
14          zone_page_state(zone, NR_FREE_PAGES),
15          min_wmark_pages(zone),
16          low_wmark_pages(zone),
17          high_wmark_pages(zone),
18          zone->spanned_pages,
19          zone->present_pages,
20          zone->managed_pages);
```

5번째 줄을 보겠습니다.

```
05    seq_printf(m, "Node %d, zone %8s", pgdat->node_id, zone->name);
```

zone 구조체의 name 필드에 저장된 존 이름("Normal")을 출력합니다.

pg_data_t *pgdat 구조체는 노드 정보로 연속된 메모리 속성을 갖는 메모리 그룹을 의미합니다. 이 구조체의 node_id 필드는 노드 아이디를 저장하며, "Normal" 존인 경우 0입니다.

이어서 14번째 줄을 보겠습니다.

```
14          zone_page_state(zone, NR_FREE_PAGES),
```

Free 페이지 개수를 출력합니다.

zone_page_state() 함수를 보면 zone 구조체의 vm_stat 배열의 NR_FREE_PAGES 인덱스에 저장된 상수를 반환합니다.

https://github.com/raspberrypi/linux/blob/rpi-4.19.y/include/linux/vmstat.h

```
static inline unsigned long zone_page_state(struct zone *zone,
                 enum zone_stat_item item)
{
    long x = atomic_long_read(&zone->vm_stat[item]);
#ifdef CONFIG_SMP
    if (x < 0)
        x = 0;
#endif
    return x;
}
```

15~17번째 줄에서는 존의 워터마크 정보를 출력합니다.

```
15          min_wmark_pages(zone),
16          low_wmark_pages(zone),
17          high_wmark_pages(zone),
```

각 함수의 구현부는 다음과 같습니다.

https://github.com/raspberrypi/linux/blob/rpi-4.19.y/include/linux/mmzone.h

```
#define min_wmark_pages(z) (z->watermark[WMARK_MIN])
#define low_wmark_pages(z) (z->watermark[WMARK_LOW])
#define high_wmark_pages(z) (z->watermark[WMARK_HIGH])
```

zone 구조체의 watermark 배열에 접근해 인덱스에 해당하는 값을 반환합니다.

여기까지 'cat /proc/zoneinfo' 명령어를 입력하면 커널 내부에서 어떤 자료구조를 통해 존에 대한 정보를 출력하는지 분석했습니다. 소스 분석을 통해 이번 절에 소개한 존을 어떤 함수와 자료구조로 관리하는지 알게 됐습니다.

이어서 'cat /proc/zoneinfo' 명령어를 입력하면 커널 내부에서 어떤 함수를 통해 zoneinfo_show_print() 함수가 호출되는지 알아봅시다.

zoneinfo_show_print() 함수에 필터를 걸고 ftrace로 콜 스택을 확인하면 다음과 같습니다.

```
cat-25873 [004] d..2 24037.401069: zoneinfo_show_print+0x14/0x1d8 <-walk_zones_in_node+0x5c/0x74
cat-25873 [004] d..2 24037.401090: <stack trace>
 => zoneinfo_show_print+0x18/0x1d8
 => walk_zones_in_node+0x5c/0x74
 => zoneinfo_show+0x1c/0x28
 => seq_read+0x204/0x4a8
 => proc_reg_read+0x80/0x94
 => vfs_read+0xa8/0x184
 => sys_read+0x58/0x98
 => ret_fast_syscall+0x0/0x5c
```

위 콜 스택에서 볼 수 있듯이 proc_reg_read() 함수를 통해 zoneinfo_show_print() 함수가 호출되는 정보를 확인할 수 있습니다. 이렇게 ftrace 메시지 분석을 통해 이번 절에서 분석한 함수가 실제로 호출된다는 사실을 알 수 있습니다.

14.4 커널 동적 메모리 할당

커널 코드는 함수와 자료구조로 구성돼 있습니다. 함수(function)는 단어의 뜻 그대로 특정 기능을 수행하기 위해 존재합니다. 그런데 함수의 코드를 확인하면 수많은 연산을 수행한다는 사실을 확인할 수 있습니다. 연산을 위해서는 연산의 입력과 출력을 저장할 수 있는 공간이 있어야 합니다. 이를 위해 커널에서는 메모리를 할당할 수 있는 환경을 제공합니다.

이번 절에서는 커널의 메모리 할당 방식을 소개하고 동적 메모리 할당 동작에 대해 자세히 살펴보겠습니다.

14.4.1 동적 메모리와 정적 메모리 할당

프로그래밍에서 흔히 말하는 메모리 할당 방식은 크게 정적 메모리와 동적 메모리 할당으로 분류할 수 있습니다.

먼저 정적 메모리 할당 방식이 지니는 특징을 알아봅시다.

- 함수가 호출되면 지역변수에 대한 정적 메모리 공간을 할당
- 컴파일 타임에 얼마만큼 프로세스의 스택 공간을 쓸지 결정
- 함수 호출이 끝나고 자신을 호출한 함수로 되돌아갈 때 정적 메모리는 자동으로 해제됨

우리가 지역변수를 쓰면 우리도 모르는 사이 정적 메모리를 사용하게 되는 것입니다.

이번에는 동적 메모리 할당 방식의 특징을 살펴보겠습니다.

- kmalloc() 함수를 호출해 필요한 만큼 메모리 할당을 요청해야 함
- 함수 실행 시 프로그래머가 할당받고 싶은 메모리 할당 크기를 결정해 알려줘야 함
- 동적 메모리는 할당한 후 해제해야 함

정적 메모리 할당(프로세스 스택 사용) 방식

먼저 다음 예제 코드를 보면서 지역 변수를 선언했을 때 어떤 방식으로 프로세스의 스택 공간을 사용하는지 알아봅시다.

https://github.com/raspberrypi/linux/blob/rpi-4.19.y/kernel/sched/core.c

```
01 void rt_mutex_setprio(struct task_struct *p, struct task_struct *pi_task)
02 {
03    int prio, oldprio, queued, running, queue_flag =
04       DEQUEUE_SAVE | DEQUEUE_MOVE | DEQUEUE_NOCLOCK;
05    const struct sched_class *prev_class;
06    struct rq_flags rf;
07    struct rq *rq;
08
09    prio = __rt_effective_prio(pi_task, p->normal_prio);
```

3~7번째 줄을 보면 prio부터 rq까지 8개의 지역변수가 보입니다. 이렇게 지역변수를 선언하고 rt_mutex_setprio() 함수가 호출되면 지역변수 크기만큼 프로세스의 스택 공간을 할당하는 동작을 수행합니다.

그런데 이 내용을 읽고 나니 뭔가 궁금한 점이 또 생깁니다. 지역변수의 크기만큼 스택 공간을 할당하는 코드를 볼 수 없다는 것입니다.

함수가 호출된 후 스택 공간을 확보하는 동작은 어셈블리 코드에서 확인할 수 있습니다. rt_mutex_setprio() 함수를 어셈블리 코드로 보면서 이 내용을 좀 더 확인해 봅시다.

```
01 80148308 <rt_mutex_setprio>:
02 80148308:    e1a0c00d    mov    ip, sp
03 8014830c:    e92ddff0    push   {r4, r5, r6, r7, r8, r9, sl, fp, ip, lr, pc}
04 80148310:    e24cb004    sub    fp, ip, #4
05 80148314:    e24dd014    sub    sp, sp, #20
```

위 코드는 rt_mutex_setprio() 함수의 앞부분입니다. 2~4번째 줄은 프로세스의 스택 공간에 {r4, r5, r6, r7, r8, r9, sl, fp, ip, lr, pc} 레지스터 세트를 푸시하는 명령어입니다.

다음으로 5번째 줄을 실행하면 **스택 공간을 20바이트만큼 확보하는** 동작을 수행합니다.

스택은 높은 주소에서 낮은 주소 방향으로 자라므로 스택 주소를 특정 바이트만큼 **빼는** 연산은 스택 공간을 확보한다고 볼 수 있습니다. 이처럼 함수가 호출되면 프로세스의 스택 공간을 사용하므로 프로그래머는 메모리 할당에 신경 쓸 필요가 없습니다.

지역 변수를 선언하면 프로세스의 스택 공간을 사용하는 방식은 유저 애플리케이션과 다르지 않습니다. 유저 애플리케이션에서도 지역변수를 선언하면 함수가 호출될 때 유저 프로세스의 스택 공간을 사용합니다.

동적 메모리 할당 방식

이번에는 커널에서 동적 메모리를 할당하는 방식에 대해 알아보겠습니다. 유저 공간에서 시스템 프로그래밍을 할 때 malloc() 함수를 호출하면 동적 메모리를 할당받을 수 있습니다. 마찬가지로 커널에서 kmalloc() 함수를 이용해 커널로부터 동적 메모리를 할당받을 수 있습니다. 그럼 kmalloc() 함수를 써서 동적 메모리를 할당받는 코드를 봅시다.

https://github.com/raspberrypi/linux/blob/rpi-4.19.y/drivers/base/regmap/regmap-debugfs.c

```
01 static ssize_t regmap_read_debugfs(struct regmap *map, unsigned int from,
02                unsigned int to, char __user *user_buf,
03                size_t count, loff_t *ppos)
04 {
...
05    if (*ppos < 0 || !count)
06        return -EINVAL;
07
08    buf = kmalloc(count, GFP_KERNEL);
09    if (!buf)
10        return -ENOMEM;
```

08번째 줄을 보면 다음 인자와 함께 kmalloc() 함수를 호출합니다.

- count: 할당받으려는 동적 메모리의 사이즈(바이트 단위)

- GFP_KERNEL: 동적 메모리 할당 옵션

위 정보를 종합해 08번째 줄의 코드를 해석하면 다음과 같습니다.

GFP_KERNEL 옵션으로 count 바이트만큼 동적 메모리를 할당해달라.

이처럼 디바이스 드라이버에서 kmalloc() 함수를 써서 동적 메모리 할당을 요청하면 커널 내부의 메모리 시스템은 요청한 만큼 최대한 메모리를 할당해주려고 합니다.

혹시 네트워크 용어로 Best-Effort를 들어본 적이 있나요? Best-Effort는 대역폭이 충분하다면 그 범위 내에서 최대한 네트워크 패킷을 보내겠다는 것입니다. 마찬가지로 커널도 동적 메모리가 충분하면 최대한 동적 메모리를 할당해줍니다.

이번 절에서는 커널에서 정적 메모리(지역 변수를 선언했을 때 프로세스의 스택 공간을 사용하는)와 동적 메모리 할당 방식을 소개했습니다. 다음 절에서는 커널에서 동적 메모리 할당 방식에 대해 조금 더 짚어 보겠습니다.

14.4.2 kmalloc() 함수를 쓰는 이유

앞에서 페이지는 리눅스 커널 메모리 관리의 단위라고 설명한 바 있습니다. 또한 페이지의 크기는 4K(0x1000)입니다. 그런데 페이지를 할당 요청하는 함수의 이름을 들어 본 적이 있나요? 대부분 alloc_pages() 함수를 호출하면 페이지를 할당할 수 있습니다. 페이지를 할당하는 것과 가상 메모리를 할당받는 것은 어떤 차이가 있을까요? 이 부분은 많이 헷갈릴 수 있습니다.

"페이지 단위로 물리 메모리를 관리한다"라는 말도 쓰고 "페이지를 할당한다"라는 말도 있는 것처럼 페이지라는 용어를 혼용하는 경우가 많습니다. 페이지를 할당받을 때는 2^order만큼 할당합니다. 그러면 우리가 페이지를 할당받으면 무엇을 할 수 있을까요? 정답은 바로 할 것은 없다는 것입니다.

그러면 페이지를 할당받았다는 것은 가상 메모리 공간을 할당받았다는 의미일까요? 그렇지 않습니다. 페이지를 할당받았다고 가상 메모리를 할당받았다고 할 수는 없습니다. 페이지에 대응되는 page 구조체인 페이지 디스크립터로 특별히 할 일이 없습니다.

페이지 디스크립터는 할당받은 페이지의 첫 번째 페이지 디스크립터의 주소입니다. 페이지 디스크립터는 말 그대로 페이지 프레임의 속성을 표현하는 자료구조입니다. 따라서 다음과 같은 코드를 작성해서는 안 됩니다.

```
void *mem_ptr;

struct page *page_ptr = alloc_pages(gfp_mask, order);
```

```
    mem_ptr = (void*)page_ptr;

    memset(mem_ptr, 0x0, sizeof(order));
```

페이지 디스크립터는 커피 전문점의 쿠폰과 비슷합니다. 쿠폰은 커피나 차를 마실 수 있는 속성을 표시할 수 있습니다. 쿠폰 그 자체는 마시려고 하는 커피가 아닙니다. 마찬가지로 페이지 디스크립터는 할당받은 가상 메모리 공간이 아닙니다. 페이지 디스크립터는 물리 메모리 속성을 표현하는 자료구조입니다.

페이지를 할당받으면 page_address() 함수를 호출해 프로세스가 이해할 수 있는 가상주소로 변환해야 합니다.

```
    void *mem_ptr;

    struct page *page_ptr = alloc_pages(gfp_mask, order);
    mem_ptr = (void*)page_address(struct page *page);
```

그러면 페이지를 할당받은 다음 실제 디바이스 드라이버에서 사용할 가상주소로 변환하려면 어떻게 해야 할까요? __get_free_pages() 함수를 호출하면 됩니다.

https://github.com/raspberrypi/linux/blob/rpi-4.19.y/mm/page_alloc.c

```
01 unsigned long __get_free_pages(gfp_t gfp_mask, unsigned int order)
02 {
03    struct page *page;
04
05    VM_BUG_ON((gfp_mask & __GFP_HIGHMEM) != 0);
06
07    page = alloc_pages(gfp_mask, order);
08    if (!page)
09        return 0;
10    return (unsigned long) page_address(page);
11 }
```

__get_free_pages() 함수의 구현부를 보면 07번째 줄에서 alloc_pages() 함수를 호출해 페이지를 할당받습니다. 이후 10번째 줄과 같이 page_address() 함수를 통해 페이지를 가상주소(논리주소)로 변환해 반환합니다.

alloc_pages() 함수를 호출하면 2^order 개수만큼 페이지를 할당합니다. 페이지 크기가 4K(0x1000)이니 다음 크기의 메모리를 할당받습니다.

```
0: 0x1000(4096)
1: 0x2000(8192)
2: 0x4000(16384)
```

대용량의 버퍼로 하드웨어를 직접 제어하거나 메모리 풀을 관리할 때는 alloc_pages() 함수나 __get_free_pages() 함수를 호출해 메모리를 할당합니다.

그 밖에 대부분의 경우에는 kmalloc() 함수를 쓰면 됩니다. 다음 절에서는 kmalloc() 함수에 대해 살펴보겠습니다.

14.4.3 kmalloc() 함수

리눅스 시스템 프로그래밍으로 유저 공간에서 동적 메모리를 할당받으려면 malloc() 함수를 호출해야 하듯이 커널에서 동적 메모리를 할당하려면 kmalloc() 함수를 호출해야 합니다.

먼저 kmalloc() 함수의 선언부를 봅시다.

```
void *kmalloc(size_t size, gfp_t flags);
```

함수에 전달되는 인자를 살펴보겠습니다.

- size_t size

  정수형 타입으로 할당하고 싶은 메모리 크기를 지정합니다. 단위는 바이트입니다.

- gfp_t flags

  메모리 할당에 대한 세부 옵션 플래그입니다. 커널에서는 이 플래그를 보고 세부적인 메모리 할당 방식을 결정합니다.

flags는 다음 헤더 파일에 선언된 매크로 플래그를 저장하는데, 보통 커널 드라이버에서는 GFP_KERNEL 플래그를 지정합니다(GFP_* 플래그의 종류와 의미는 다음 절에서 살펴볼 예정입니다).

https://github.com/raspberrypi/linux/blob/rpi-4.19.y/include/linux/gfp.h

```
#define GFP_ATOMIC    (__GFP_HIGH|__GFP_ATOMIC|__GFP_KSWAPD_RECLAIM)
#define GFP_KERNEL    (__GFP_RECLAIM | __GFP_IO | __GFP_FS)
```

```
#define GFP_KERNEL_ACCOUNT (GFP_KERNEL | __GFP_ACCOUNT)
#define GFP_NOWAIT    (__GFP_KSWAPD_RECLAIM)
```

이번에는 kmalloc() 함수를 써서 메모리를 할당하는 예제 코드를 소개합니다.

https://github.com/raspberrypi/linux/blob/rpi-4.19.y/drivers/mmc/core/block.c

```
01 static struct mmc_blk_ioc_data *mmc_blk_ioctl_copy_from_user(
02    struct mmc_ioc_cmd __user *user)
03 {
04    struct mmc_blk_ioc_data *idata;
05    int err;
06
07    idata = kmalloc(sizeof(*idata), GFP_KERNEL);
08    if (!idata) {
09       err = -ENOMEM;
10       goto out;
11    }
12
13    if (copy_from_user(&idata->ic, user, sizeof(idata->ic))) {
14       err = -EFAULT;
15       goto idata_err;
16    }
```

mmc는 '마이크로 SD'의 약자로, 플래시 메모리나 SD카드를 제어하는 커널 세부 드라이버입니다. 07번째 줄을 보면 mmc_blk_ioc_data 구조체의 크기만큼 메모리 할당을 요청합니다. mmc_blk_ioc_data 구조체의 크기는 컴파일 과정에서 정해지며 어셈블리 코드로 확인할 수 있습니다.

07번째 줄에서 할당받으려는 바이트 크기는 얼마나 될까요? C 코드에서는 sizeof(*idata) 구문의 결과를 1번째 인자로 전달하므로 mmc_blk_ioc_data 구조체의 크기를 확인하기 어렵습니다. 이럴 때 어셈블리 코드를 열어보면 mmc_blk_ioc_data 구조체의 크기를 알 수 있습니다.

```
01 805b6e1c <mmc_blk_ioctl_copy_from_user>:
02 805b6e1c:    e1a0c00d    mov    ip, sp
03 805b6e20:    e92dd878    push   {r3, r4, r5, r6, fp, ip, lr, pc}
04 805b6e24:    e24cb004    sub    fp, ip, #4
05 805b6e28:    e52de004    push   {lr}         ; (str lr, [sp, #-4]!)
...
```

```
06 805b6e3c:    e593001c    ldr    r0, [r3, #28]
07 805b6e40:    e3a02058    mov    r2, #88    ; 0x58
08 805b6e44:    ebf27e1a    bl     802566b4 <kmem_cache_alloc_trace>
```

kmalloc() 함수는 인라인 형태인데, 내부에서 kmem_cache_alloc_trace() 함수를 호출합니다. 그래서 어셈블리 코드의 08번째 줄에서 kmem_cache_alloc_trace() 함수가 보입니다.

위 어셈블리 코드의 07번째 줄에서는 r2 레지스터에 88을 저장합니다. 88이 mmc_blk_ioc_data 구조체의 크기이니 88바이트만큼 메모리 할당을 요청합니다.

kmalloc() 함수를 호출해 메모리를 할당하는 코드에서 눈여겨볼 부분이 있습니다.

```
07    idata = kmalloc(sizeof(*idata), GFP_KERNEL);
08    if (!idata) {
09        err = -ENOMEM;
10        goto out;
11    }
```

kmalloc() 함수를 호출하면 메모리 할당자가 동적 메모리를 할당한 후 메모리의 시작 주소를 idata 변수로 반환합니다. 그런데 08~11번째 줄은 idata가 NULL인 경우 예외 처리를 수행하는 코드입니다.

09번째 줄 코드와 같이 err에 메모리가 부족하다는 플래그인 ENOMEM를 마이너스 값으로 저장한 후 10번째 줄과 같이 out 레이블로 이동해 함수 실행을 종료합니다.

kmalloc() 함수를 호출하면 커널은 일반적인 상황에서 메모리 할당을 해줍니다. 여기서 한 가지 기억해야 할 사실이 있습니다. **kmalloc() 함수를 호출하더라도 100% 동적으로 메모리를 할당받을 수는 없다는 점입니다.**

물론 일반적인 상황에서 kmalloc() 함수를 호출하면 동적 메모리를 할당받을 수 있습니다. 하지만 메모리가 부족할 때는 kmalloc() 함수를 호출해도 커널이 동적 메모리를 할당해주지 못할 수 있습니다.

여기서 한 가지 의문이 생깁니다. **커널에서 동적 메모리를 할당해주지 못하면 뭔가 예외 처리를 해줘야 하지 않을까요?**

kmalloc() 함수를 호출했는데 커널 내부의 동적 메모리 할당자가 메모리를 할당해주지 못하면 할당할 메모리 주소 대신 NULL을 반환합니다. 이 조건에서 07번째 줄에 있는 포인터 타입인 idata 지역변수에는 NULL을 저장하게 됩니다.

08~10번째 줄의 코드는 동적 메모리를 할당받지 못할 경우 idata가 NULL이므로 예외 처리를 하는 역할을 합니다. 이 코드에서 한 가지 흥미로운 상상을 해 보겠습니다.

만약 08~10번째 줄과 같은 예외 처리 코드가 없는데 동적 메모리를 할당받지 못하면 어떻게 동작할까요?

결과로 커널 패닉이 발생합니다. 동적 메모리 할당을 받지 못하면 idata는 NULL입니다. 이 조건에서 13번째 줄을 실행하면 'idata->ic'에 접근할 때 데이터 어보트(Data Abort)가 발생해 커널 패닉으로 시스템이 리셋됩니다.

```
13    if (copy_from_user(&idata->ic, user, sizeof(idata->ic))) {
```

그래서 커널 코드에서 kmalloc() 함수를 검색하면 08~10번째 줄과 같은 방식의 예외 처리 코드를 볼수 있습니다. 여러분도 kmalloc() 함수를 호출해 동적 메모리를 할당할 때 예외 처리 코드를 추가하면 더 안정적인 드라이버 코드를 작성할 수 있습니다.

14.4.4 GFP 플래그

우리는 보통 식당에 가서 음식을 주문할 때 메뉴 이름을 이야기합니다. 그런데 메뉴 이름과 함께 가끔 메뉴를 빨리 준비해달라고 요청합니다. 마찬가지로 kmalloc() 함수를 호출해 동적 메모리를 할당할 때 옵션을 줄 수 있는데, 이를 GFP(Get Free Page) 플래그라고 부릅니다.

GFP 플래그는 kmalloc() 함수를 호출할 때 두 번째 인자로 전달합니다.

```
void *kmalloc(size_t size, gfp_t flags);
```

kmalloc() 함수를 사용할 때 지정하는 플래그는 다음 헤더 파일에서 확인할 수 있습니다.

https://github.com/raspberrypi/linux/blob/rpi-4.19.y/include/linux/gfp.h

```
01 #define GFP_ATOMIC      (__GFP_HIGH|__GFP_ATOMIC|__GFP_KSWAPD_RECLAIM)
02 #define GFP_KERNEL      (__GFP_RECLAIM | __GFP_IO | __GFP_FS)
03 #define GFP_KERNEL_ACCOUNT (GFP_KERNEL | __GFP_ACCOUNT)
04 #define GFP_NOWAIT      (__GFP_KSWAPD_RECLAIM)
05 #define GFP_NOIO        (__GFP_RECLAIM)
06 #define GFP_NOFS        (__GFP_RECLAIM | __GFP_IO)
07 #define GFP_USER        (__GFP_RECLAIM | __GFP_IO | __GFP_FS | __GFP_HARDWALL)
08 #define GFP_DMA         __GFP_DMA
```

위에서 선언한 매크로를 GFP_* 플래그로 지정해 kmalloc() 함수를 호출하면 커널은 GFP 옵션에 맞게 동작하면서 동적 메모리 할당을 수행합니다.

암묵적인 리눅스 커널 함수나 매크로의 코딩 규칙에서는 커널 내부의 코어 루틴에서 함수나 플래그 앞에 "__" 같은 접두사를 붙입니다. kmalloc() 함수를 호출할 때는 01번째 줄의 GFP_ATOMIC과 02번째 줄의 GFP_KERNEL 플래그를 지정하면 되며, __GFP_HIGH 같은 플래그는 지정하면 안 됩니다.

kmalloc() 함수를 호출할 때 지정한 GFP_* 플래그에 따라 커널 메모리 시스템에서는 다음과 같은 동작을 수행합니다.

- 할당할 페이지 메모리 타입을 지정
- 메모리를 할당할 때의 세부 동작 지정

커널 내부의 메모리 시스템에서는 GFP_* 플래그에 따라 해당하는 속성의 메모리(ZONE_NORMAL/ZONE_HIGH)를 할당하고 세부 동작을 제어합니다.

이제 각 GFP_* 플래그의 의미를 살펴보겠습니다.

GFP_ATOMIC

인터럽트 컨텍스트나 Soft IRQ 컨텍스트에서 주로 지정합니다. 메모리 시스템에서는 페이지를 할당하다가 휴면 상태로 진입할 수 있습니다. 그런데 인터럽트 컨텍스트나 Soft IRQ 컨텍스트에서 휴면 상태에 진입하면 시스템이 오동작할 수 있으니 GFP_ATOMIC 플래그를 설정해 메모리 할당을 요청해야 합니다.

GFP_KERNEL

커널 드라이버나 커널 내부 함수에서 주로 쓰는 플래그이며, 물리 메모리와 1:1로 매핑되는 ZONE_NORMAL을 사용하도록 요청합니다. 이 플래그를 설정하면 메모리를 할당하는 도중 휴면 상태에 진입할 수 있으며, 메모리가 부족할 경우 페이지 회수 기능을 실행해 메모리 확보를 시도합니다.

GFP_KERNEL_ACCOUNT

거의 안 쓰는 플래그이며 GFP_KERNEL과 유사한 동작을 수행합니다.

GFP_NOWAIT

메모리 할당을 시도하다가 메모리가 부족하면 kswapd(Kernel Swapout Daemon) 스레드를 깨우거나 페이지 회수와 같은 모듈을 실행해 메모리를 확보합니다.

GFP_NOIO

메모리 할당을 시도하다가 메모리가 부족하면 페이지 회수(Direct Reclaim) 기능이 동작합니다. 이 과정에서 슬랩 페이지를 반환하지 않게 설정하는 플래그입니다.

GFP_NOFS

GFP_NOIO 플래그와 비슷하게 메모리가 부족해 페이지 회수를 실행할 때 입출력(I/O) 처리는 할 수 있으나 파일 시스템 인터페이스에 액세스하지 못합니다.

GFP_HIGHUSER

ZONE_HIGHMEM 영역의 메모리를 할당하려면 GFP_HIGHUSER 플래그를 지정합니다. 일반적인 32비트 시스템에서 물리 메모리의 896M까지만 1:1로 가상 메모리에 매핑되며, 그 이상에 해당하는 구간은 하이 메모리(High Memory)로 관리됩니다. 이는 32비트 시스템에서 표현할 수 있는 주소는 전체 4GB이지만 4GB 중 3GB 이상 영역부터 시작해서 1GB만이 커널에 할당된 영역이기 때문입니다.

14.4.5 kmalloc() 함수를 호출할 때의 주의 사항

kmalloc() 함수를 호출해 동적 메모리를 할당할 때 다음과 같이 주의해야 할 점이 두 가지 있습니다.

- GFP 옵션
- 동적 메모리 할당 후 해제

GFP 옵션

대부분 kmalloc() 함수를 호출할 때 GFP 옵션으로 GFP_KERNEL을 지정하면 별다른 문제가 발생하지 않습니다. 하지만 동적 메모리를 할당하는 함수가 인터럽트 컨텍스트일 때는 GFP_ATOMIC 플래그를 지정해야 합니다. 이전 절에서 소개한 패치 코드를 보면서 이 내용을 살펴보겠습니다.

```
diff --git a/drivers/mmc/core/block.c b/drivers/mmc/core/block.c
index df9320c..0eb54dc 100644
--- a/drivers/mmc/core/block.c
+++ b/drivers/mmc/core/block.c
@@ -361,7 +361,7 @@ static struct mmc_blk_ioc_data *mmc_blk_ioctl_copy_from_user(
        struct mmc_blk_ioc_data *idata;
        int err;
```

```
-        idata = kmalloc(sizeof(*idata), GFP_KERNEL);
+        idata = kmalloc(sizeof(*idata), in_interrupt() ? GFP_ATOMIC : GFP_KERNEL);
         if (!idata) {
                 err = -ENOMEM;
                 goto out;
```

여러분이 분석 중이거나 수정한 드라이버 함수의 코드가 인터럽트 컨텍스트에서 실행될지 판단이 서지 않는 경우가 있습니다. 이때 위와 같은 코드를 작성하면 됩니다.

현재 실행 중인 코드가 인터럽트 컨텍스트이면 in_interrupt() 함수가 true를 반환할 것입니다. 이 조건에서는 kmalloc() 함수의 두 번째 플래그가 GFP_ATOMIC으로 설정될 것입니다. 반대로 프로세스 컨텍스트인 경우에는 GFP_KERNEL 플래그로 지정됩니다.

이번 절에서 배운 핵심 내용을 정리하면 다음과 같습니다.

> 인터럽트 컨텍스트에서는 GFP_ATOMIC 옵션으로 메모리를 할당하자.

동적 메모리 할당 후 해제

kmalloc() 함수를 써서 동적 메모리를 할당한 다음, 해당 메모리에 액세스하지 않으면 동적 메모리를 해제해야 합니다. 주기적으로 동적 메모리를 할당하면서 해당 메모리를 해제하지 않으면 커널 메모리 시스템에서 할당해 줄 수 있는 동적 메모리 잔여량이 줄어들게 됩니다.

실전 개발을 하다 보면 **메모리 릭 또는 메모리 누수 현상**이라는 용어를 들어본 적이 있을 것입니다. 커널뿐만 아니라 여러 드라이버에서 동적 메모리 할당을 요청하는데 할당할 메모리가 부족하면 커널은 동적 메모리를 확보하기 위해 다양한 알고리즘을 실행합니다. 이 과정에서 커널은 백그라운드에서 페이지 속성을 스캔하면서 페이지를 확보하려는 동작을 수행하므로 시스템의 실행 속도가 느려지게 됩니다. 다음은 잔여 메모리가 부족할 때 커널이 페이지 메모리를 확보하기 위해 실행하는 기능 혹은 알고리즘입니다.

- 페이지 회수(Page Reclaim)
- 페이지 간결화(Page Compaction)

커널이 이 같은 알고리즘을 구동하면서 동적 메모리를 확보하려다가 더 이상 메모리를 회수할 수 없는 상황이 되면 결국 OOM Killer를 구동하게 됩니다. OOM Killer는 이처럼 커널 메모리가 매우 부족해서 시스템을 구동할 수 없는 조건에서 실행을 시작하며, 가장 메모리를 많이 쓰고 있는 프로세스를 종료시켜 메모리를 확보합니다.

대부분의 SoC나 리눅스 배포판에서는 OOM Killer가 실행되면 커널 패닉으로 시스템이 리셋되도록 구현하는 경우가 많습니다.

14.5 슬랩 메모리 할당자와 kmalloc 슬랩 캐시 분석

지금까지 커널에서 지원하는 동적 메모리 할당 방식을 알아봤습니다. 여기서 배운 내용을 한 문장으로 정리하면 다음과 같습니다.

> kmalloc() 함수를 호출해 동적 메모리를 할당받는다.

물론 맞는 이야기입니다만 커널 메모리 관점에서 보면 '추상적'인 내용을 담고 있습니다. 누군가 아래와 같이 질문할 수 있습니다.

> kmalloc() 함수를 호출하면 커널 내부에서는 어떻게 동작할까요?

이에 대한 내용을 이번 절에서 다루고자 합니다. 그러면 커널 내부에서 kmalloc() 함수가 작동하는 세부 원리를 이해하려면 무엇을 배워야 할까요? 다음 개념을 알 필요가 있습니다.

- 슬랩
- 슬럽 오브젝트의 의미
- kmalloc 슬랩 캐시

처음 임베디드 리눅스 개발을 시작한 분들에게는 분명 어려운 내용일 것입니다. 그 이유는 **슬랩 캐시와 슬럽 오브젝트는 리눅스 커널 메모리 시스템에서 가장 이해하기 어려운 개념 중 하나이기 때문입니다.** 그래서 이번 절에서 다룬 내용을 읽다가 혹시 이해되지 않으면 일단 넘어가고 나중에 다시 읽으셔도 좋습니다.

14.5.1 슬랩의 주요 개념

리눅스 커널의 메모리 서브시스템 개발자들은 다음과 같은 목표로 메모리 성능을 개선해왔습니다.

- 메모리 할당 속도
- 메모리 파편화 최소화

물론 메모리를 빨리 할당하고 되도록 잔여 메모리를 많이 확보하는 것이 목표입니다. 이런 목표를 달성하기 위해 수많은 아이디어가 제안됐는데 그중 하나가 이번 절에서 다룰 슬랩과 슬럽 메모리 할당자입니다.

동적 메모리 할당에서 슬랩이란?

누군가 여러분에게 '리눅스 커널은 메모리를 어떤 단위로 관리하는가?'라고 묻는다면 어떻게 대답하실 건가요? 아마 다음과 같이 대답할 것입니다.

> 리눅스 커널의 물리 메모리는 페이지 단위로 관리합니다. 페이지의 크기는 4K(0x1000)바이트입니다.

그럼 이어서 다음과 같은 질문을 드리겠습니다.

> 제가 디바이스 드라이버에서 할당받으려는 메모리 크기가 54바이트입니다. 만약 54바이트만큼 메모리 할당을 요청하면 커널 내부에서는 4K(0x1000)바이트만큼 메모리를 할당할까요?

이 질문에는 어떻게 답하실 건가요? 필자는 예전에 다음과 같이 **틀린** 대답을 했습니다.

> 맞습니다. 커널에서 4K(0x1000)만큼 물리 메모리를 관리하니 4K(0x1000)바이트만큼 메모리를 할당해줍니다.

그런데 이런 대답을 들을수록 궁금한 점이 더 생깁니다.

> 앗, 저는 54바이트만큼 메모리만 쓰면 되는데, 4K바이트(0x1000)만큼 메모리를 할당해주면 낭비가 아닐까요? 커널이 이 방식으로 '메모리를 퍼주듯 할당'해주면 메모리가 빨리 고갈되지 않을까요?

반복하지만 다음은 틀린 대답이었습니다.

> 54바이트만큼 메모리 할당을 요청하면 커널 내부에서는 4K(0x1000)바이트만큼 메모리를 할당해준다.

그런데 메모리 관련 세미나를 진행하면 예전에 '필자가 잘못 생각했던' 대답을 들을 때가 종종 있습니다. 이번에는 오류가 없는 대답을 하겠습니다.

만약 54바이트만큼 메모리 할당을 요청하면 커널 내부의 슬럽 메모리 할당자가 64바이트만큼 메모리를 할당해줍니다. 이때 `kmalloc-64` 슬랩 캐시가 동작하게 됩니다.

이처럼 리눅스 커널의 동적 메모리 할당자를 "슬랩 할당자"라고 부르고, 이미 할당해 놓은 메모리를 주소를 알려주는 방식으로 작동합니다.

슬랩의 개념

슬랩(Slab)의 개념은 매우 어려우므로 이해를 돕기 위해 50년 전 구내 식당을 예로 들면서 슬랩을 설명하겠습니다.

예전에 개발자들을 대상으로 운영하는 구내 식당이 있었습니다. 점심 시간이 되면 개발자들이 구내 식당에 와서 일일이 먹고 싶은 반찬과 밥의 양을 정해서 주문했습니다. 이 방식으로 주문을 하면 주방장이 음식을 조리하기 시작했습니다.

그런데 문제가 생겼습니다. 점심 시간에 많은 개발자들이 몰려와 '일일이 먹고 싶은 반찬과 밥의 양을 정해서' 주문을 한 것입니다. 주문을 하면 '반찬 종류별로' 음식의 조리를 시작하는 방식이었기 때문에 주문이 많아지면 음식을 만드는 시간이 이에 비례해서 늘어났습니다. 그래서 식당 관리자들은 다음과 같은 고민을 했습니다.

> **점심 식사 시간에 어떻게 하면 빨리 배식할 수 있을까?**

먼저 관리자들은 개발자들의 식사와 주문 패턴을 조사했습니다. 데이터를 수집한 결과 다음과 같은 사실을 파악했습니다.

> **음식을 먹는 반찬의 패턴이 어느 정도 정해져 있다.**

그래서 다음과 같은 아이디어를 냈습니다.

> **미리 식판에 음식을 담아 놓고 있다가 사람들이 점심을 먹으러 오면 바로 식판을 주면 된다.**

구내 식당에서는 다음과 같은 점심 식사 메뉴를 개발했고 종류별로 수백 개의 식판에 음식을 미리 담아 놨습니다.

- 첫 번째 메뉴: 밥 + 국 + 고기 반찬 + 김치
- 두 번째 메뉴: 라면 + 김치 + 공기밥
- 세 번째 메뉴: 돈가스 + 샐러드

점심 시간이 되기 전 구내 식당에서는 각 메뉴별로 식판에 음식을 준비합니다. 드디어 개발자들이 점심을 먹으러 왔습니다. 개발자들은 먹고 싶은 메뉴로 가서 식판을 들고 바로 자리에 가서 점심을 먹습니다.

이 방식으로 식당을 운영하니 메뉴를 기다리며 줄을 서서 기다리는 사람의 숫자가 현저히 줄어들었습니다. 지금 생각하면 너무나 당연한 이야기지만 슬랩의 개념을 쉽게 설명드리기 위해 길게 말씀드린 것입니다.

이번에는 원래 주제로 돌아가 커널의 동적 메모리 할당 방식에 대한 이야기를 하겠습니다. 마찬가지로 커널 메모리 개발자들도 구내 식당 관리자와 비슷한 고민을 했습니다.

어떻게 해야 메모리를 빨리 할당해줄 수 있을까?

여러 아이디어를 내던 도중 다음과 같은 기준으로 데이터를 수집했습니다.

커널 내부에서 실제로 어떤 패턴으로 메모리를 할당할까?

그 결과, 80% 이상은 특정 패턴에 따라 메모리를 할당/해제하는 과정을 반복한다는 사실을 확인했습니다. 그래서 다음과 같은 아이디어를 생각해 냈습니다.

- 자주 쓰는 메모리 패턴을 정의한 후 미리 할당해 놓자.
- 해당 패턴에 대한 메모리 할당 요청이 있으면 바로 메모리를 할당해주자.
- 해당 패턴으로 메모리를 해제하면 우선 그대로 유지하자. 또 다시 해당 패턴으로 메모리 할당 요청을 할 가능성이 높기 때문이다.

이처럼 음식을 미리 식판에 준비해 놓듯 동적 메모리도 미리 할당해 놓으면 빨리 할당해 줄 수 있습니다. 이렇게 하면 이전 방식에 비해 당연히 속도가 빨라질 것입니다. 이 같은 메모리 관리 방식을 '슬랩 메모리' 혹은 '슬랩 메모리 할당'이라고 부릅니다.

이번에는 슬랩 혹은 슬랩 할당자를 구성하는 주요 개념을 소개하겠습니다.

- 슬랩 캐시
- 슬랩 오브젝트(객체)

위 두 가지 개념을 제대로 이해하면 '슬랩 메모리' 할당 방식을 쉽게 이해할 수 있습니다.

슬랩 캐시와 슬랩 오브젝트란?

먼저 '슬랩 캐시'라는 용어의 의미를 알아보겠습니다. 슬랩 캐시는 슬랩과 캐시의 합성어입니다. 슬랩은 이미 설명했듯이 커널에서 자주 쓰는 구조체의 패턴에 따라 미리 할당한 후 이미 할당한 메모리의 주소를 알려주는 기법입니다. 캐시는 컴퓨터 용어로 데이터나 값을 미리 복사해 놓는 임시 장소를 가리킵니다. 이 두 용어를 결합한 슬랩 캐시는 다음과 같이 정의할 수 있습니다.

커널에서 자주 사용하는 구조체에 대한 동적 메모리를 미리 확보하고 관리하는 주체

이제 슬랩 오브젝트에 대해 설명할 차례입니다.

슬랩 오브젝트는 슬랩 캐시가 할당해 놓은 메모리다.

슬랩 캐시와 슬랩 오브젝트에 대해 설명했는데 조금 이해하기 어려운 개념인 것이 사실입니다. 다시 앞의 구내 식당 예제를 이야기하면서 슬랩 캐시와 슬랩 오브젝트를 설명하겠습니다.

앞에서 설명했듯이 구내 식당에서는 점심 시간에 빨리 배식하기 위해 3가지 메뉴의 음식을 식판에 미리 담아 놨습니다.

- 첫 번째 메뉴: 밥 + 국 + 고기 반찬 + 김치
- 두 번째 메뉴: 라면 + 김치 + 공기밥
- 세 번째 메뉴: 돈가스 + 샐러드

식판의 개수는 수백 개 이상이 될 것입니다. 그럼 메뉴별로 미리 식판에 음식을 담아 놓고 식판의 개수를 관리하는 누군가가 있어야 할 것입니다. 이와 마찬가지로 커널에서 자주 사용하는 구조체에 대한 동적 메모리를 미리 확보하고 관리하는 주체를 슬랩 캐시라고 합니다.

슬랩 캐시의 이해를 돕기 위해 한 가지 예를 들어보겠습니다. 프로세스의 속성 정보를 표현하는 자료구조는 태스크 디스크립터로서 task_struct 구조체로 표현되며, **프로세스를 생성할 때마다 task_struct 구조체의 크기만큼 메모리 할당 요청을 합니다.**

커널은 프로세스를 생성할 때 task_struct 구조체 크기만큼 메모리를 할당하고 프로세스가 종료하면 앞서 할당한 메모리를 해제합니다. 평소 시스템에 부하가 적을 때는 task_struct 구조체로 동적 메모리를 할당하면 성능에 문제가 없을 것입니다. 하지만 특정 상황에서 프로세스를 생성하는 빈도가 높을 수 있습니다.

하지만 task_struct 구조체 크기만큼 동적 메모리를 할당한 task_struct 슬랩 캐시가 있다면 동적 메모리를 할당하는 속도는 별로 저하되지 않을 것입니다. 이는 다음과 같은 슬랩 메모리 할당자의 중요한 원칙 때문입니다.

- 메모리 할당을 자주 요청하는 구조체 크기만큼 미리 동적 메모리를 확보해 놓는다.
- 특정 패턴으로 동적 메모리 할당을 요청하면 미리 생성한 동적 메모리의 시작 주소만 알려준다.

그런데 특정 조건에서 프로세스 생성 빈도가 높으면 생성하는 프로세스의 개수만큼 task_struct 구조체의 크기에 해당하는 메모리를 할당해 달라는 요청이 늘어날 것입니다. 이 경우 이미 task_struct 구조체의 크기만큼 메모리를 확보해놨으니 바로 메모리를 할당해줄 수 있습니다. 그래서 특정 조건에서 프로세스를 생성하는 빈도가 높아도 메모리를 할당하는 동작으로 인한 부하로 시스템의 성능 저하가 일어나지 않습니다. 또한 슬랩 캐시는 프로세스가 소멸된 다음 task_struct 구조체를 해제해도 다시 할당할 수 있게 미리 확보해 놓습니다.

이번에는 task_struct 슬랩 캐시가 하는 일을 정리해보겠습니다.

- 자주 쓰는 task_struct 구조체(메모리 패턴)를 정의한 후 미리 할당해 놓자.
- task_struct 구조체(메모리 패턴)에 대한 메모리 할당 요청이 있으면 이미 할당한 메모리의 시작 주소를 알려주자.
- task_struct 구조체(메모리 패턴)로 메모리를 해제하면 우선 그대로 유지하자. 또 다시 task_struct 구조체(메모리 패턴)에 대한 메모리 할당 요청을 할 가능성이 높기 때문이다.

그런데 조금 더 조사해보니 파일을 생성할 때 inode 구조체 및 가상 메모리 공간을 관리하는 mm_struct 구조체도 자주 할당한다는 사실을 확인했습니다. 그래서 다음 구조체에 대한 메모리를 미리 확보해 놓기로 했습니다.

- struct task_struct
- struct inode
- struct mm_struct

이처럼 자주 쓰는 구조체의 패턴에 따라 슬랩 캐시를 정의해 뒀습니다. 자연히 슬랩 캐시의 개수가 늘어나게 됐으며, 라즈비안 리눅스 커널에서는 80여 개의 슬랩 캐시를 확인할 수 있습니다.

그럼 슬랩 캐시에 해당하는 코드를 분석해 볼까요? 다음 코드를 봅시다.

https://github.com/raspberrypi/linux/blob/rpi-4.19.y/kernel/fork.c

```
01 static struct kmem_cache *task_struct_cachep;
02
03 static inline struct task_struct *alloc_task_struct_node(int node)
04 {
05     return kmem_cache_alloc_node(task_struct_cachep, GFP_KERNEL, node);
06 }
```

먼저 01번째 줄을 보겠습니다. kmem_cache 구조체로 선언된 포인터 형 전역 변수인 task_struct_cachep
가 보입니다. 이 전역 변수가 task_struct 슬랩 캐시입니다.

이어서 03~06번째 줄을 보겠습니다. task_struct 슬랩 캐시를 관리하는 task_struct_cachep 변수로 해
당 슬랩 오브젝트의 할당을 요청하는 동작을 확인할 수 있습니다.

위 코드에서 봤듯이 슬랩 캐시는 kmem_cache 구조체로 표현할 수 있습니다. 이어서 kmem_cache 구조체를
소개하겠습니다.

https://github.com/raspberrypi/linux/blob/rpi-4.19.y/include/linux/slub_def.h

```
struct kmem_cache {
    struct kmem_cache_cpu __percpu *cpu_slab;
    /* Used for retriving partial slabs etc */
    slab_flags_t flags;
    unsigned long min_partial;
...
    unsigned int inuse;       /* Offset to metadata */
    unsigned int align;       /* Alignment */
    unsigned int red_left_pad;    /* Left redzone padding size */
    const char *name;     /* Name (only for display!) */
};
```

리눅스 커널에서 슬랩 캐시라고 하면 위 구조체를 떠올리면 됩니다.

앞에서 자주 쓰는 구조체의 패턴을 3가지만 소개했습니다. 그러면 실제 리눅스 커널에서 관리하는 슬
랩 캐시는 몇 개나 될까요? 라즈베리 파이에서 터미널을 열고 'cat /proc/slabinfo' 명령어를 입력하면
다음과 같은 정보를 확인할 수 있습니다.

```
root@raspberrypi:/proc# cat /proc/slabinfo
slabinfo - version: 2.1
# name            <active_objs> <num_objs> <objsize> <objperslab> <pagesperslab> : tunables <limit>
<batchcount> <sharedfactor> : slabdata <active_slabs> <num_slabs> <sharedavail>
fuse_request         56     56    288   28    2 : tunables    0    0    0 : slabdata      2      2      0
fuse_inode           16     16    512   16    2 : tunables    0    0    0 : slabdata      1      1      0
ip6-frags             0      0    136   30    1 : tunables    0    0    0 : slabdata      0      0      0
UDPv6                68     68    960   17    4 : tunables    0    0    0 : slabdata      4      4      0
kmalloc-512        1408   1408    512   16    2 : tunables    0    0    0 : slabdata     88     88      0
kmalloc-256         973   1136    256   16    1 : tunables    0    0    0 : slabdata     71     71      0
kmalloc-192        4633   4851    192   21    1 : tunables    0    0    0 : slabdata    231    231      0
kmalloc-128        3616   3616    128   32    1 : tunables    0    0    0 : slabdata    113    113      0
kmalloc-64        13965  14336     64   64    1 : tunables    0    0    0 : slabdata    224    224      0
kmem_cache_node     192    192     64   64    1 : tunables    0    0    0 : slabdata      3      3      0
kmem_cache          105    105    192   21    1 : tunables    0    0    0 : slabdata      5      5      0
```

확인 결과, 80개 정도 됩니다. 리눅스 커널을 구성하는 서브시스템별로 자주 쓰는 구조체 패턴을 모았으니 이 정도 개수가 되는 듯합니다.

슬랩 캐시는 이미 다음 구조체에 대한 동적 메모리를 미리 확보해 놨습니다.

- struct task_struct
- struct inode
- struct mm_struct

리눅스 커널의 드라이버나 함수에서는 위 구조체로 메모리 할당 요청을 할 때가 있을 것입니다. 자주 할당하고 해제하는 구조체 타입별로 정의된 슬랩 캐시는 이미 할당해 놓은 구조체들의 메모리 시작 주소를 알려줍니다. 이를 조금 더 전문적인 문장으로 표현하면 다음과 같습니다.

슬랩 캐시는 슬랩 오브젝트의 시작 주소를 반환한다.

이해를 돕기 위해 앞에서 소개한 구내 식당 이야기를 떠올려 봅시다. 알다시피 구내 식당에서 개발한 메뉴를 미리 식판을 사용해서 음식을 준비해 두고, 개발자가 점심을 먹으러 오면 각 메뉴별로 준비한 식판을 바로 내어줄 것입니다. **이렇게 구내 식당에서 내어주는 식판을 슬랩 오브젝트라고 볼 수 있습니다.**

이제 다음 그림을 보면서 슬랩 오브젝트를 정리해 봅시다.

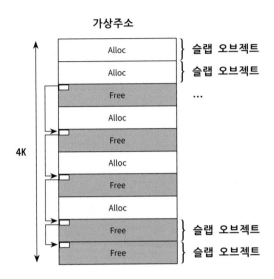

그림 14.22 4K 메모리 구간 내의 슬랩 오브젝트

보다시피 4K 크기(0x1000)인 물리 메모리 범위 내에 10개의 슬랩 오브젝트가 있습니다. 이 가운데 슬랩 캐시에 의해 동적으로 메모리가 할당된 슬랩 오브젝트는 Alloc으로 표시된 메모리 공간입니다. 즉, 이미 사용 중인 슬랩 오브젝트입니다. 반대로 Free로 표시된 부분은 아직 할당되지 않은 메모리 공간입니다. 즉, 아직 사용하지 않는 슬랩 오브젝트입니다.

그런데 이 같은 슬랩 오브젝트를 관리하는 자료구조가 필요해 보입니다. 슬랩 캐시는 다음과 같은 세 가지 자료구조로 슬랩 오브젝트를 관리했습니다.

- slab_full: 슬랩 내 전부 사용 중인 오브젝트
- slab_partial: 사용 중이거나 미사용 중인 슬랩 오브젝트가 같이 있음
- slabs_empy: 슬랩 내 전부 미사용 중인 오브젝트

그런데 슬랩은 위와 같은 자료구조를 사용해 슬랩을 관리하므로 많은 양의 메타데이터 용량을 허비한다는 단점이 있었습니다.

슬럽 할당자란?

한동안 커널은 슬랩 할당자로 동적 메모리 할당을 처리했습니다. 처음 슬랩 할당지를 커널에서 사용할 때는 별문제가 되지 않았습니다. 하지만 슬랩 할당자는 슬랩을 관리하기 위해 많은 양의 메타데이터를

사용해 메모리를 허비하는 단점이 있었습니다. 그래서 커널 2.6 버전부터는 슬랩 할당자가 슬럽 할당자로 대체됐습니다. 그렇다면 슬랩 할당자과 슬럽 할당자의 차이점은 무엇일까요?

슬랩 오브젝트 관리를 위한 메타 정보를 최적화한 구조가 슬럽입니다.

커널 소스를 보면 슬랩과 슬럽이라는 용어가 많이 보입니다. 어떤 분들은 슬럽 오브젝트라고 말하고 어떤 분들은 슬랩 오브젝트라는 용어를 쓰기도 합니다. 일반적으로 슬럽 캐시는 슬랩 캐시, 슬럽 오브젝트는 슬랩 오브젝트와 거의 같은 개념이라고 보면 됩니다.

가령 다음 리눅스 커널 소스 검색 사이트에 접속해 kmem_cache 구조체를 검색해 봅시다.

- https://elixir.bootlin.com/linux/v4.19.30/ident/kmem_cache

검색 결과, kmem_cache 구조체는 두 헤더 파일에 선언돼 있습니다.

1. include/linux/slab_def.h, line 11 (as a struct)

2. include/linux/slub_def.h, line 82 (as a struct)

여기서 한 가지 의문이 더 생깁니다. **둘 중 어느 헤더 파일에 선언된 구조체가 실제로 사용되는 kmem_cache일까요?**

두 번째 줄의 헤더 파일에 선언된 구조체를 라즈비안에서 쓰고 있습니다. 참고로 라즈비안을 포함한 대부분의 리눅스 배포판에서는 '슬럽 할당자'를 동적 메모리 할당자로 사용하고 있습니다.

다음은 슬랩/슬럽/슬롭 할당자 코드를 지정한 컨피그에 따라 컴파일하는 규칙이 담긴 Makefile입니다.

https://github.com/raspberrypi/linux/blob/rpi-4.19.y/mm/Makefile

```
...
01 obj-$(CONFIG_SLOB) += slob.o
02 obj-$(CONFIG_MMU_NOTIFIER) += mmu_notifier.o
03 obj-$(CONFIG_KSM) += ksm.o
04 obj-$(CONFIG_PAGE_POISONING) += page_poison.o
05 obj-$(CONFIG_SLAB) += slab.o
06 obj-$(CONFIG_SLUB) += slub.o
```

라즈비안에서는 CONFIG_SLUB 컨피그가 활성화돼 있으므로 커널 소스 트리를 기준으로 linux/mm/slub.c 파일이 컴파일됩니다.

그럼 다음 그림을 보면서 슬랩과 슬럽 할당자의 개념을 정리해 봅시다.

그림 14.23 커널 메모리 할당자의 종류

슬랩(Slab)이란 2008년까지 커널 메모리 시스템에서 기본 할당자로 사용했던 할당자입니다. 하지만 슬랩 오브젝트를 관리하기 위한 메타데이터의 크기가 커서 많은 양의 메모리를 허비하는 단점이 있습니다.

슬럽(Slub)은 2009년부터 컴퓨터나 모바일과 같은 시스템에서 기본으로 사용하고 있는 할당자입니다. 슬럽 할당자는 슬랩의 메타데이터로 인한 메모리 낭비를 개선하기 위해 고안됐습니다. 그렇다면 슬럽 할당자는 메타데이터를 어떻게 관리할까요? **페이지 디스크립터인 page 구조체 필드를 활용해 슬랩 오브젝트를 관리합니다.** 참고로 라즈비안도 슬럽 할당자를 사용해 커널의 동적 메모리를 관리합니다.

슬롭(Slob)은 지정한 크기 내 객체의 메모리 할당을 모두 처리하는 메모리 할당자입니다. 메모리를 할당할 때 속도는 가장 느리지만 메타데이터 정보를 거의 사용하지 않으므로 메모리 소모가 제일 적습니다.

다음 절부터는 슬럽을 기준으로 커널이 동적 메모리를 할당하는 방식에 대해 설명하겠습니다.

14.5.2 kmalloc 슬랩 캐시

앞에서 슬랩 캐시에 대해 알아봤는데 대부분의 디바이스 드라이버에서는 kmalloc 슬랩 캐시를 사용해 동적 메모리를 할당합니다. 그럼 kmalloc 슬랩 캐시는 무엇일까요?

디바이스 드라이버에서는 kmalloc() 함수를 써서 동적 메모리를 할당합니다. kmalloc() 함수를 호출하면 커널 내부에서는 kmalloc 슬랩 캐시를 사용합니다.

kmalloc 슬랩 캐시

지금까지 슬랩과 슬럽 할당자에 대해 설명했는데 사실 리눅스 디바이스 드라이버에서 사용하는 슬랩 캐시는 어느 정도 정해져 있습니다. **바로 kmalloc 슬랩 캐시입니다.**

kmalloc 슬랩 캐시를 설명하기에 앞서 먼저 리눅스 세미나 시간에 논의됐던 질문을 대화 형식으로 소개하겠습니다.

Q) 임베디드 리눅스 개발을 4년 정도 했는데, kmalloc() 함수로만 동적 메모리를 할당했습니다. 할당받으려는 메모리 크기는 적게는 30바이트에서 크게는 200바이트 범위였습니다.

A) 동적 메모리를 할당하려면 kmalloc() 함수로 충분합니다. 또한 리눅스 커널 내부의 코어 함수에서도 kmalloc() 함수를 사용해 동적 메모리 할당을 수행합니다.

Q) 전 한번도 슬랩 캐시를 사용한 적이 없습니다. 그런데 슬랩 캐시를 왜 배워야 할까요?

A) kmalloc() 함수로 동적 메모리 할당을 받았다면 슬랩 캐시를 사용하고 계신 것 같은데요, 디바이스 드라이버에서 kmalloc() 함수로 동적 메모리를 할당한다면 이에 대한 슬랩 캐시도 필요합니다.

이미 커널에서는 kmalloc() 함수에 대한 슬랩 캐시를 다음과 같이 제공합니다.

- "kmalloc-64"

- "kmalloc-128"

- "kmalloc-192"

- "kmalloc-256"

- "kmalloc-512"

- "kmalloc-1024"

- "kmalloc-2048"

- "kmalloc-4096"

- "kmalloc-8192"

각 슬랩 캐시의 이름과 같이 메모리 크기만큼 동적 메모리를 미리 할당해 놨습니다. 예를 들어, "kmalloc-64" 슬랩 캐시는 64바이트 크기의 슬럽 오브젝트로 구성돼 있습니다. 이미 할당받은 64바이트 단위의 메모리 블록이 "kmalloc-64" 슬럽 오브젝트인 것입니다.

Q) 그런데 전 kmalloc() 함수만 호출하지 kmalloc() 함수에 대한 슬랩 캐시를 지정하지 않습니다.

A) kmalloc() 함수 내부에서 할당받으려는 메모리 크기별로 kmalloc 슬랩 캐시를 지정합니다.

Q) 그렇다면 제가 동적 메모리를 kmalloc() 함수로 54바이트 크기를 할당받으려고 한다면 이때 커널은 어떤 kmalloc 슬랩 캐시를 지정할까요?

A) 만약 kmalloc() 함수로 54바이트 크기의 동적 메모리 할당 요청을 하면 커널은 kmalloc-64 슬랩 캐시를 지정합니다. kmalloc-64 슬랩 캐시가 미리 할당해 놓은 64바이트 크기의 슬럽 오브젝트를 할당해줍니다.

Q) 그렇다면 전 54바이트만큼 메모리 할당을 요청했는데 커널은 64바이트 크기의 메모리를 할당해 준다는 이야기네요?

A) 맞습니다. 54바이트 크기로 메모리 할당을 요청했으니 10바이트는 버리게 됩니다. 동적 메모리 할당 속도를 위해 어느 정도 메모리 파편화가 생기는 것입니다.

Q) 만약 kmalloc() 함수로 100바이트만큼 메모리 할당을 요청하면 커널은 얼마만큼 메모리를 할당해줄까요?

A) 메모리 할당을 요청한 크기보다 큰 kmalloc-128 슬랩 캐시에서 128바이트만큼의 슬럽 오브젝트를 할당해줍니다. 이번에도 28바이트는 못 쓰게 됩니다.

여기까지 대화를 통해 kmalloc 슬랩 캐시에 대해 알아봤습니다. 참고로 이 대화에서 질문을 던진 주인공은 8년 전의 필자였습니다.

이번에는 kmalloc() 함수를 사용해 동적 메모리를 할당하는 예제 코드를 보겠습니다.

https://github.com/raspberrypi/linux/blob/rpi-4.19.y/kernel/async.c

```
01 static async_cookie_t __async_schedule(async_func_t func, void *data, struct async_domain
*domain)
02 {
03     struct async_entry *entry;
04     unsigned long flags;
05     async_cookie_t newcookie;
06
07     /* allow irq-off callers */
08     entry = kzalloc(sizeof(struct async_entry), GFP_ATOMIC);
```

kzalloc() 함수는 kmalloc() 함수와 같은 기능을 수행하지만 할당받는 메모리 공간을 0x0으로 초기화한다는 점만 다릅니다.

https://github.com/raspberrypi/linux/blob/rpi-4.19.y/include/linux/slab.h

```
static inline void *kzalloc(size_t size, gfp_t flags)
{
    return kmalloc(size, flags | __GFP_ZERO);
}
```

kzalloc() 함수로 전달되는 첫 번째 인자는 할당받으려는 메모리의 크기입니다. 그런데 sizeof(struct async_entry)의 결괏값이 56이므로 56바이트만큼 메모리 할당을 요청합니다.

이 조건에서는 커널 내부에서 어떤 방식으로 메모리를 할당해줄까요? **kmalloc-64 슬랩 캐시가 64바이트 크기의 슬랩 오브젝트를 할당해줍니다.**

그러면 sizeof(struct async_entry)의 크기가 56이라는 사실을 어떻게 알았을까요?

```
01 801430fc <__async_schedule>:
02 801430fc:   e1a0c00d    mov ip, sp
03 80143100:   e92ddff0    push    {r4, r5, r6, r7, r8, r9, sl, fp, ip, lr, pc}
04 80143104:   e24cb004    sub fp, ip, #4
05 80143108:   e24dd00c    sub sp, sp, #12
...
06 80143124:   e5930018    ldr r0, [r3, #24]
07 80143128:   e59f1168    ldr r1, [pc, #360]  ; 80143298 <__async_schedule+0x19c>
08 8014312c:   e3a02038    mov r2, #56 ; 0x38
09 80143130:   eb04f886    bl  80281350 <kmem_cache_alloc_trace>
```

__async_schedule() 함수를 objdump 바이너리 유틸리티를 사용해 어셈블리 코드를 확인해 보면 위 코드의 08번째 줄과 같이 r2 레지스터에 56을 지정하므로 sizeof(struct async_entry) 연산의 결과가 56인 것을 알 수 있습니다.

14.5.3 kmalloc 슬랩 캐시 자료구조

이번 절에는 kmalloc 슬랩 캐시를 구성하는 주요 자료구조를 살펴보겠습니다.

kmalloc_caches 배열

kmalloc 슬랩 캐시를 관리하는 자료구조는 kmalloc_caches 배열 타입의 전역변수이며, 다음 코드에 정의돼 있습니다.

https://github.com/raspberrypi/linux/blob/rpi-4.19.y/mm/slab_common.c

```
struct kmem_cache *kmalloc_caches[KMALLOC_SHIFT_HIGH + 1] __ro_after_init;
EXPORT_SYMBOL(kmalloc_caches);
```

TRACE32로 확인한 kmalloc_caches 전역변수의 세부 필드는 다음과 같습니다.

```
  (static struct kmem_cache * [14]) kmalloc_caches = (
    [0] = 0x0,
```

```
[1] = 0x0,
[2] = 0xF1401E00, // "kmalloc-192"
[3] = 0x0,
[4] = 0x0,
[5] = 0x0,
[6] = 0xF1401F00 -> (
    (struct kmem_cache_cpu *) cpu_slab = 0xC19D82E0,
    (long unsigned int) flags = 0,
    (long unsigned int) min_partial = 5,
    (int) size = 64,
    (int) object_size = 64,
    (int) offset = 0,
    (int) cpu_partial = 30,
    (struct kmem_cache_order_objects) oo = ((long unsigned int) x = 64),
    (struct kmem_cache_order_objects) max = ((long unsigned int) x = 64),
    (struct kmem_cache_order_objects) min = ((long unsigned int) x = 64),
    (gfp_t) allocflags = 0,
    (int) refcount = 10,
    (void (*)()) ctor = 0x0,
    (int) inuse = 64,
    (int) align = 64,
    (int) reserved = 0,
    (char *) name = 0xF1402040 -> "kmalloc-64",
    (struct list_head) list = ((struct list_head *) next = 0xF1401FC4, (struct lis
    (int) red_left_pad = 0,
    (struct kobject) kobj = ((char *) name = 0xEC1E1FC0 -> ":t-0000064", (struct l
    (struct kmem_cache_node * [1]) node = ([0] = 0xF1400FC0)),
[7] = 0xF1401E80,  // "kmalloc-128"
[8] = 0xF1401D80,  // "kmalloc-256"
[9] = 0xF1401D00,  // "kmalloc-512"
[10] = 0xF1401C80, // "kmalloc-1024"
[11] = 0xF1401C00, // "kmalloc-2048"
[12] = 0xF1401B80, // "kmalloc-4096"
[13] = 0xF1401B00) // "kmalloc-8192"
```

kmalloc() 함수를 호출하면 kmalloc-size(kmalloc-메모리 크기) 슬랩 캐시를 관리하는 kmalloc_caches 전역변수에 접근한 후 할당하려는 메모리의 크기(바이트 단위)별로 kmalloc 슬랩 캐시를 지정합니다.

그런데 kmalloc_cache 배열의 타입은 kmem_cache 구조체입니다. 이 구조체는 슬랩 캐시를 표현하는 자료구조입니다.

struct kmem_cache

kmalloc 슬랩 캐시의 처리 과정을 이해하기 위해 알아야 할 두 가지 자료구조가 있습니다.

- struct kmem_cache
- struct kmem_cache_cpu

슬랩 캐시를 표현하는 자료구조는 struct kmem_cache입니다. 자료구조의 선언부를 보기 전에 다음 그림을 먼저 봅시다.

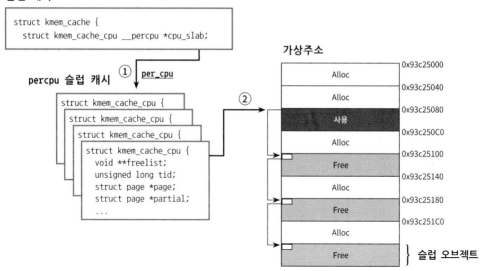

그림 14.24 슬랩 캐시 자료구조 간의 관계

커널에서 슬랩 오브젝트를 할당하기 전에 먼저 슬랩 캐시에 접근해야 합니다. 마찬가지로 kmalloc 슬랩 오브젝트를 할당하려면 먼저 kmalloc 슬랩 캐시에 접근해야 합니다.

이때 위 그림의 ①에 표시된 것처럼 kmem_cache 구조체의 cpu_info 필드에 엑세스해 percpu 슬랩 캐시에 접근합니다. 여기서부터 조금 어렵습니다. 여기서 percpu 슬랩 캐시란 무엇일까요? **슬럽 오브젝트의 할당 속도를 빠르게 하기 위해 percpu 타입으로 슬럽 오브젝트를 관리하는 구조체입니다.**

percpu는 CPU 코어의 개수만큼 주소 공간을 커널로부터 할당받는데 라즈비안은 CPU 코어의 개수가 4개이므로 percpu 개수는 4개입니다. 그림 14.24에서는 4번째 CPU에 위치한 struct kmem_cache_cpu 타입의 percpu 슬럽 캐시에 접근합니다.

이번에는 그림 14.24에서 ②에 표시된 부분을 보겠습니다. percpu 슬럽 캐시의 freelist 필드가 가리키는 빈(Free) 슬럽 오브젝트를 할당해줍니다. percpu 슬럽 캐시가 슬럽 오브젝트를 할당한 다음, freelist 필드에는 다음에 할당할 수 있는 빈 슬럽 오브젝트를 다시 채워 줍니다.

자료구조의 선언부를 분석하기에 앞서 그림 14.24에서 소개한 자료구조의 전체 구조를 한번 그려봅시다. 이어서 슬럽 캐시를 관리하는 자료구조인 kmem_cache 구조체의 선언부를 함께 봅시다.

https://github.com/raspberrypi/linux/blob/rpi-4.19.y/include/linux/slub_def.h

```
01 struct kmem_cache {
02     struct kmem_cache_cpu __percpu *cpu_slab;
03
04     slab_flags_t flags;
05     unsigned long min_partial;
06     unsigned int size;
07     unsigned int object_size;
08     unsigned int offset;
...
09     const char *name;
10     struct list_head list;
```

이제부터 kmem_cache 구조체의 세부 필드를 분석하겠습니다.

- cpu_slab

  슬럽 오브젝트의 정보를 표현하는 핵심 구조체로서 필드의 타입은 __percpu입니다. __percpu 지정자가 있으면 CPU 코어의 개수만큼 메모리 공간에 자료구조가 존재합니다.

- flags

  슬럽 캐시에 적용된 플래그입니다. 이 flags 필드는 다음 헤더 파일에 선언된 플래그를 저장합니다.

  https://github.com/raspberrypi/linux/blob/rpi-4.19.y/include/linux/slab.h

  ```
  #define SLAB_CONSISTENCY_CHECKS ((slab_flags_t __force)0x00000100U)
  /* DEBUG: Red zone objs in a cache */
  #define SLAB_RED_ZONE           ((slab_flags_t __force)0x00000400U)
  ```

```
/* DEBUG: Poison objects */
#define SLAB_POISON              ((slab_flags_t __force)0x00000800U)
/* Align objs on cache lines */
#define SLAB_HWCACHE_ALIGN       ((slab_flags_t __force)0x00002000U)
/* Use GFP_DMA memory */
#define SLAB_CACHE_DMA           ((slab_flags_t __force)0x00004000U)
/* Use GFP_DMA32 memory */
#define SLAB_CACHE_DMA32         ((slab_flags_t __force)0x00008000U)
/* DEBUG: Store the last owner for bug hunting */
#define SLAB_STORE_USER          ((slab_flags_t __force)0x00010000U)
/* Panic if kmem_cache_create() fails */
#define SLAB_PANIC               ((slab_flags_t __force)0x00040000U)
```

위에 선언된 매크로의 의미는 다음과 같습니다.

- SLAB_CONSISTENCY_CHECKS: 슬랩(슬럽) 오브젝트 할당과 해제 시 추가 디버깅 동작 가능

- SLAB_RED_ZONE: 슬랩(슬럽) 오브젝트 디버깅을 위해 슬랩(슬럽) 오브젝트 내 특정 헥사 값인 레드 존을 저장하는 기능의 동작 여부

- SLAB_POISON: 슬랩(슬럽) 오브젝트 할당과 해제 여부를 식별하는 헥사값 동작 확인

- SLAB_HWCACHE_ALIGN: 슬랩(슬럽) 오브젝트를 하드웨어 캐시 라인에 정렬하도록 요청

- SLAB_CACHE_DMA: GFP_DMA 플래그를 지정해 DMA 메모리에 할당함

- SLAB_STORE_USER: 슬랩(슬럽) 오브젝트 오너를 트래킹하는 동작

- SLAB_PANIC: 슬랩(슬럽) 오브젝트를 할당하는 과정에서 오류가 확인되면 커널 크래시를 유발

- size

  슬랩(슬럽) 오브젝트의 메타데이터 크기를 포함한 오브젝트 크기입니다. 단위는 바이트이며, 슬랩(슬럽) 디버그 기능을 활성화하지 않는 조건에서 size 필드의 크기는 object_size와 같습니다.

- object_size

  메타데이터 크기를 제외한 오브젝트 크기입니다.

- offset

  다음 빈 슬랩 오브젝트를 찾기 위한 오프셋 정보입니다. 보통 슬랩 오브젝트의 첫 주소에는 다음 빈 슬랩 오브젝트의 주소가 있습니다.

- name

  슬랩 캐시의 이름입니다.

여기까지 kmalloc 슬랩 캐시를 구성하는 주요 자료구조를 살펴봤습니다. 이 자료구조를 읽고 제어하는 함수에 대한 분석은 다음 절에서 이어집니다.

14.5.4 kmalloc 캐시 슬럽 오브젝트를 할당하는 커널 함수 분석

앞에서 kmalloc() 함수를 호출하면 동적 메모리를 할당할 수 있다고 설명한 바 있습니다. 하지만 kmalloc() 함수에서 호출하는 커널 내부 함수는 거의 분석하지 않았습니다. 그래서 이번 절에서는 kmalloc() 함수와 이 함수에서 호출하는 다음과 같은 함수를 분석하겠습니다.

- kmalloc_index()
- kmem_cache_alloc_trace()
- slab_alloc()
- slab_alloc_node()

kmalloc() 함수 분석

드라이버 드라이버에서 동적 메모리를 할당할 때 주로 사용하는 함수는 kmalloc()입니다. 그런데 kmalloc() 함수는 생각보다 분석하기가 어렵습니다. **그 이유는 슬랩 캐시와 슬럽 오브젝트의 개념을 알고 있어야 분석이 가능하기 때문입니다.**

이어서 kmalloc() 함수의 구현부를 보겠습니다.

https://github.com/raspberrypi/linux/blob/rpi-4.19.y/include/linux/slab.h

```
01 static __always_inline void *kmalloc(size_t size, gfp_t flags)
02 {
03     if (__builtin_constant_p(size)) {
04         if (size > KMALLOC_MAX_CACHE_SIZE)
05             return kmalloc_large(size, flags);
06 #ifndef CONFIG_SLOB
07         if (!(flags & GFP_DMA)) {
08             unsigned int index = kmalloc_index(size);
09
10             if (!index)
11                 return ZERO_SIZE_PTR;
12
13             return kmem_cache_alloc_trace(kmalloc_caches[index],
```

```
14                    flags, size);
15        }
16 #endif
17    }
18    return __kmalloc(size, flags);
19 }
```

먼저 kmalloc() 함수의 선언부를 보면 __always_inline 키워드가 보입니다. GCC 컴파일러는 함수에 이 키워드가 선언돼 있으면 함수 내 코드를 이 함수를 호출한 함수 내부에 붙여줍니다. 그래서 어셈블리 코드에서 kmalloc() 함수를 호출한 부분을 보면 kmalloc() 함수 대신 kmem_cache_alloc_trace() 함수의 심벌을 볼 수 있습니다.

kmalloc() 함수의 동작은 다음과 같이 분류할 수 있습니다.

- kmalloc_index() 함수를 호출해 요청한 메모리 할당 크기에 맞는 kmalloc 슬랩 캐시 인덱스를 선택
- 슬랩 캐시 주소와 함께 kmem_cache_alloc_trace() 함수를 호출

이제 kmalloc() 함수의 코드를 분석하겠습니다. 먼저 04번째 줄을 보겠습니다.

```
04        if (size > KMALLOC_MAX_CACHE_SIZE)
05            return kmalloc_large(size, flags);
```

동적 메모리 할당 크기인 size가 8192보다 크면 kmalloc_large() 함수를 호출합니다. 참고로 KMALLOC_MAX_CACHE_SIZE는 다음 계산식으로 8192가 됩니다.

https://github.com/raspberrypi/linux/blob/rpi-4.19.y/include/linux/slab.h

```
#define KMALLOC_MAX_CACHE_SIZE    (1UL << KMALLOC_SHIFT_HIGH)
```

```
  KMALLOC_MAX_CACHE_SIZE = 8192 = (1UL << (12 + 1))
```

이어서 06~16번째 구간의 코드를 분석하기 전에 코드 실행 조건을 점검해보겠습니다. 06번째 줄을 보면 CONFIG_SLOB 컨피그가 선언돼 있지 않을 때 컴파일된다는 사실을 알 수 있습니다. 라즈비안을 비롯한 대부분의 리눅스 시스템에서는 기본적으로 CONFIG_SLUB 컨피그를 적용해 커널을 빌드하므로 06~16번째 줄의 코드는 컴파일됩니다.

다음으로 07번째 줄을 보겠습니다.

```
07            if (!(flags & GFP_DMA)) {
08                unsigned int index = kmalloc_index(size);
```

kmalloc() 함수를 호출할 때 GFP_DMA 플래그를 설정했는지 체크하는 동작입니다. 대부분의 디바이스 드라이버에서 kmalloc() 함수를 호출할 때 GFP_KERNEL을 호출하므로 일반적으로 08~14번째 줄의 코드가 실행됩니다.

이어서 08번째 줄을 보겠습니다.

```
08                unsigned int index = kmalloc_index(size);
```

kmalloc_index() 함수를 호출해 kmalloc 슬랩 캐시의 인덱스를 읽습니다. kmalloc_index() 함수는 조금 후에 분석하겠습니다.

이어서 13~14번째 줄을 보겠습니다.

```
13            return kmem_cache_alloc_trace(kmalloc_caches[index],
14                flags, size);
```

다음 인자와 함께 kmem_cache_alloc_trace() 함수를 호출합니다.

- kmalloc_caches[index]: kmalloc 슬랩 캐시 인덱스인 index로 kmalloc_caches 배열에서 인덱스에 해당하는 값을 전달함. 타입은 kmem_cache 구조체
- flags: kmalloc() 함수 호출 시 전달되는 플래그
- size: 메모리 할당 크기

kmalloc_index() 함수

kmalloc_index() 함수는 kmalloc() 함수로 요청한 메모리 크기에 맞게 kmalloc 슬랩 캐시 인덱스를 계산하는 역할을 합니다. kmalloc_index() 함수의 코드를 보겠습니다.

https://github.com/raspberrypi/linux/blob/rpi-4.19.y/include/linux/slab.h

```
01 static __always_inline unsigned int kmalloc_index(size_t size)
02 {
03    if (!size)
04        return 0;
05
```

```
06      if (size <= KMALLOC_MIN_SIZE)
07          return KMALLOC_SHIFT_LOW;
08
09      if (KMALLOC_MIN_SIZE <= 32 && size > 64 && size <= 96)
10          return 1;
11      if (KMALLOC_MIN_SIZE <= 64 && size > 128 && size <= 192)
12          return 2;
13      if (size <=          8) return 3;
14      if (size <=         16) return 4;
15      if (size <=         32) return 5;
16      if (size <=         64) return 6;
17      if (size <=        128) return 7;
18      if (size <=        256) return 8;
19      if (size <=        512) return 9;
20      if (size <=       1024) return 10;
21      if (size <=   2 * 1024) return 11;
...
22      if (size <=  64 * 1024 * 1024) return 26;
23      BUG();
24
25      /* Will never be reached. Needed because the compiler may complain */
26      return -1;
27 }
```

할당하려는 메모리 크기에 따라 인덱스를 반환하는 코드입니다. 0~64MB 구간별로 kmalloc 슬랩 캐시 인덱스를 반환합니다. 인덱스의 범위는 0~26입니다.

kmalloc() 함수로 요청한 메모리 크기에 따른 인덱스는 다음과 같습니다.

- 2 = 128~192

- 6 = 33~64

- 7 = 65~127

- 8 = 193~256

- …

- 26 = 32MB-1 .. 64MB

예를 들어, size가 54이면 다음 코드와 같이 6을 반환합니다.

```
16    if (size <=          64) return 6;
```

kmalloc 슬랩 캐시를 관리하는 자료구조는 kmalloc_caches 배열 타입의 전역변수이며, 다음 코드에 정의돼 있습니다.

https://github.com/raspberrypi/linux/blob/rpi-4.19.y/mm/slab_common.c

```
struct kmem_cache *kmalloc_caches[KMALLOC_SHIFT_HIGH + 1] __ro_after_init;
EXPORT_SYMBOL(kmalloc_caches);
```

이제부터 슬랩 오브젝트를 할당하는 커널 내부 함수를 분석하겠습니다.

kmem_cache_alloc_trace() 함수 분석

kmem_cache_alloc_trace() 함수는 slab_alloc() 함수를 호출해 슬랩 오브젝트를 할당하는 역할을 합니다.

다음은 kmem_cache_alloc_trace() 함수의 구현부입니다.

https://github.com/raspberrypi/linux/blob/rpi-4.19.y/mm/slub.c

```
01 void *kmem_cache_alloc_trace(struct kmem_cache *s, gfp_t gfpflags, size_t size)
02 {
03    void *ret = slab_alloc(s, gfpflags, _RET_IP_);
04    trace_kmalloc(_RET_IP_, ret, size, s->size, gfpflags);
05    kasan_kmalloc(s, ret, size, gfpflags);
06    return ret;
07 }
```

3번째 줄에서는 slab_alloc() 함수를 호출한 후, 반환되는 포인터 형 반환값을 ret에 저장합니다.

다음으로 4번째 줄에서는 ftrace의 kmalloc 이벤트를 활성화했을 때 kmalloc() 함수의 동작을 ftrace로 출력합니다. kmalloc 이벤트를 활성화하고 ftrace 로그를 받으면 다음 패턴과 같은 메시지를 볼 수 있습니다.

```
<...>-10672 [001] ....  2122.398293: kmalloc: call_site=80294218 ptr=b546bd00 bytes_req=200
bytes_alloc=256 gfp_flags=GFP_KERNEL|__GFP_ZERO
```

slab_alloc() 함수의 코드를 보겠습니다.

https://github.com/raspberrypi/linux/blob/rpi-4.19.y/mm/slub.c

```
01 static __always_inline void *slab_alloc(struct kmem_cache *s,
02     gfp_t gfpflags, unsigned long addr)
03 {
04    return slab_alloc_node(s, gfpflags, NUMA_NO_NODE, addr);
05 }
```

slab_alloc() 함수는 특별한 동작을 하지 않습니다. slab_alloc_node() 함수를 호출한 후 결과를 반환합니다.

slab_alloc_node() 함수 분석

slab_alloc_node() 함수는 슬럽 오브젝트를 할당하는 핵심 역할을 수행합니다. 코드를 분석하면서 세부 동작 원리를 배워봅시다.

https://github.com/raspberrypi/linux/blob/rpi-4.19.y/mm/slub.c

```
01 static __always_inline void *slab_alloc_node(struct kmem_cache *s,
02     gfp_t gfpflags, int node, unsigned long addr)
03 {
04    void *object;
05    struct kmem_cache_cpu *c;
06    struct page *page;
07    unsigned long tid;
...
08 redo:
...
09    do {
10
11        tid = this_cpu_read(s->cpu_slab->tid);
12        c = raw_cpu_ptr(s->cpu_slab);
13    } while (IS_ENABLED(CONFIG_PREEMPT) &&
14        unlikely(tid != READ_ONCE(c->tid)));
...
15    object = c->freelist;
16    page = c->page;
```

```
17    if (unlikely(!object || !node_match(page, node))) {
18        object = __slab_alloc(s, gfpflags, node, addr, c);
19        stat(s, ALLOC_SLOWPATH);
20    } else {
21        void *next_object = get_freepointer_safe(s, object);
22
23        if (unlikely(!this_cpu_cmpxchg_double(
24                s->cpu_slab->freelist, s->cpu_slab->tid,
25                object, tid,
26                next_object, next_tid(tid)))) {
27
28            note_cmpxchg_failure("slab_alloc", s, tid);
29            goto redo;
30        }
31        prefetch_freepointer(s, next_object);
32        stat(s, ALLOC_FASTPATH);
33    }
34
35    if (unlikely(gfpflags & __GFP_ZERO) && object)
36        memset(object, 0, s->object_size);
37
38    slab_post_alloc_hook(s, gfpflags, 1, &object);
39
40    return object;
41 }
```

slab_alloc_node() 함수의 실행 흐름은 다음과 같이 정리할 수 있습니다.

1. 슬랩 캐시를 나타내는 cpu_slab을 통해 percpu 슬럽 캐시를 로딩

2. percpu 슬랩 캐시 필드 중 struct page 타입인 page에 접근

3. 슬럽 오브젝트 할당

   3.1 page->freelist가 빈 슬럽 오브젝트를 가리키고 있으면 해당 슬럽 오브젝트를 반환

   3.2 page->freelist가 NULL이면 __slab_alloc() 함수를 호출해 슬럽 페이지를 할당받고 슬럽 오브젝트를 반환

slab_alloc_node() 함수의 전체 동작 흐름을 살펴봤으니 이제부터 소스코드 분석을 시작하겠습니다. 먼저 12번째 줄을 먼저 보겠습니다.

```
09    do {
10
11        tid = this_cpu_read(s->cpu_slab->tid);
12        c = raw_cpu_ptr(s->cpu_slab);
```

kmem_cache 구조체인 s의 필드인 cpu_slab 주소가 저장한 percpu 슬럽 캐시를 로딩해 struct kmem_cache_cpu 타입인 c 지역변수에 로딩합니다.

다음으로 15번째 줄을 보겠습니다.

```
15    object = c->freelist;
16    page = c->page;
```

struct kmem_cache_cpu 타입인 포인터 형 c 지역변수의 freelist를 object에 저장합니다. c->freelist가 할당할 슬럽 오브젝트의 주소를 저장합니다.

16번째 줄에서는 c 지역변수의 page 필드를 page 지역변수에 저장합니다. 이어서 17~19번째 줄을 보겠습니다.

```
17    if (unlikely(!object || !node_match(page, node))) {
18        object = __slab_alloc(s, gpfflags, node, addr, c);
19        stat(s, ALLOC_SLOWPATH);
```

17번째 줄에서는 if 문이 있으므로 조건문입니다. unlikely라는 지시자를 지정하면 낮은 확률로 조건문이 실행될 것이라고 GCC 컴파일러에게 알려줍니다.

슬럽 오브젝트가 없거나 percpu 슬럽 캐시에서 로딩한 페이지가 노드와 다른 경우 18번째 줄을 실행합니다. 18번째 줄에서는 __slab_alloc() 함수를 호출해 슬럽 오브젝트를 할당받습니다.

21~32번째 줄은 일반적인 상황에서 호출됩니다. 먼저 21번째 줄을 보겠습니다.

```
21        void *next_object = get_freepointer_safe(s, object);
```

슬럽 오브젝트와 슬럽 캐시를 인자로 받아 다음 빈 슬럽 오브젝트의 주소를 구합니다.

이번에는 이전 절에서 소개한 그림을 보면서 슬럽 오브젝트를 할당하는 과정을 살펴봅시다.

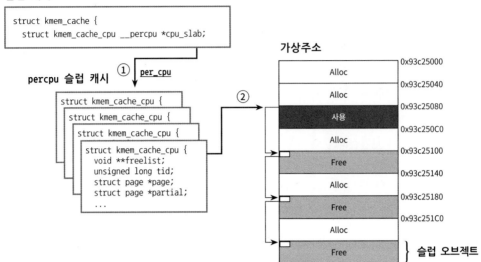

그림 14.25 slab_alloc_node( ) 함수에서 할당하는 슬랩 캐시 관련 자료구조

위 그림에서 ①로 표시된 부분을 보겠습니다. **이 부분은 슬랩 캐시 구조체의 `cpu_slab` 필드에 액세스해 `kmem_cache_cpu` 구조체의 percpu 슬럽 캐시 주소를 로딩하는 동작입니다.**

이 동작은 다음 코드에서 이뤄집니다.

```
05      struct kmem_cache_cpu *c;
...
12      c = raw_cpu_ptr(s->cpu_slab);
```

12번째 줄에 보이는 raw_cpu_ptr( ) 함수는 percpu 오프셋을 계산한 주소를 반환하는 기능입니다.

이번에는 위 그림에서 ② 부분을 봅시다. kmem_cpu_cache 구조체의 freelist 필드는 slab_alloc_node( ) 함수가 호출되기 전에는 0x93c25080 주소를 가리키고 있었으며 0x93c25080~0x93c250c0 주소 구간은 Free 상태였습니다. 이 슬럽 오브젝트를 할당한 후 '사용' 상태로 바뀌게 됩니다. 여기서 0x93c25080이 할당할 슬럽 오브젝트의 시작 주소입니다.

슬럽 오브젝트를 지정한 후 이를 반환하는 동작은 다음 코드에서 처리됩니다.

```
15      object = c->freelist;
...
40      return object;
```

코드 분석을 통해 kmalloc() 함수를 호출하면 커널이 반환하는 포인터의 실체는 슬럽 오브젝트라는 사실을 알 수 있습니다.

14.5.5 슬럽 오브젝트를 해제하는 kfree() 함수 분석

kmalloc() 함수로 동적 메모리를 할당하고 난 후 사용하지 않으면 메모리를 반환해야 합니다. 이때 kfree() 함수를 사용하면 됩니다.

이번 절에서는 kfree() 함수를 분석하면서 커널 내부에서 반환하는 동적 메모리를 어떤 방식으로 처리하는지 살펴보겠습니다.

https://github.com/raspberrypi/linux/blob/rpi-4.19.y/mm/slub.c

```
01 void kfree(const void *x)
02 {
03    struct page *page;
04    void *object = (void *)x;
05
06    trace_kfree(_RET_IP_, x);
07
08    if (unlikely(ZERO_OR_NULL_PTR(x)))
09       return;
10
11    page = virt_to_head_page(x);
12    if (unlikely(!PageSlab(page))) {
13       BUG_ON(!PageCompound(page));
14       kfree_hook(object);
15       __free_pages(page, compound_order(page));
16       return;
17    }
18    slab_free(page->slab_cache, page, object, NULL, 1, _RET_IP_);
19 }
20 EXPORT_SYMBOL(kfree);
```

먼저 kfree() 함수로 전달되는 인자를 확인해 봅시다. 인자의 이름은 x이며 void* 타입입니다. x 인자는 4번째 줄과 같이 포인터 형인 object 지역변수로 캐스팅됩니다.

```
04    void *object = (void *)x;
```

이 코드로 다음과 같은 사실을 확인할 수 있습니다.

kfree() 함수로 해제하는 동적 메모리는 슬럽 오브젝트다.

함수의 인자를 살펴봤으니 이어서 코드를 분석하겠습니다.

```
06    trace_kfree(_RET_IP_, x);
```

06번째 줄에서는 kfree라는 ftrace 이벤트 메시지를 출력합니다.

다음으로 11번째 줄을 보겠습니다.

```
11    page = virt_to_head_page(x);
```

virt_to_head_page() 함수를 사용해 슬럽 오브젝트에 대응하는 슬럽 페이지를 page에 저장합니다.

12~17번째 줄은 슬럽 페이지가 아닐 때 예외를 처리하는 코드입니다. 13번째 줄은 kfree() 함수로 해제하는 메모리 타입이 슬럽이 아니면 커널 패닉을 유발하는 코드입니다.

18번째 줄에서는 slab_free() 함수를 호출해 슬럽 오브젝트를 kmalloc 슬럽 캐시에 반환합니다.

slab_free() 함수 내부에서는 다음 함수를 실행해 슬럽 오브젝트를 슬럽 캐시의 percpu 캐시에 반환합니다.

- slab_free_freelist_hook()
- do_slab_free()

이번 절에서는 디바이스 드라이버에서 자주 쓰는 kmalloc() 함수를 호출했을 때 커널의 세부 동작 방식을 알아봤습니다. 코드 분석으로 배운 내용을 정리하면 다음과 같습니다.

- kmalloc() 함수를 호출하면 할당 요청한 메모리 크기별로 kmalloc 슬럽 캐시의 종류를 체크한다.
- kmalloc() 함수로 반환되는 메모리는 kmalloc 슬럽 오브젝트다.

슬럽 오브젝트는 커널 디버깅을 잘 하기 위한 핵심 개념 중 하나입니다. 그래서 다뤄야 할 내용이 많지만 이번 절에서 슬럽 캐시와 슬럽 오브젝트의 개념을 최대한 쉽게 설명하는 데 초점을 맞췄습니다. 신입 개발자가 이해하기에는 슬럽 캐시와 슬럽 오브젝트는 너무 어렵기 때문입니다. 이번 절에서 배운 내용을 이해한 다음 슬럽 관련 커널 함수를 분석하는 데 한번 도전해 보셨으면 좋겠습니다.

14.6 디버깅으로 슬럽 오브젝트 할당과 가상주소 변환 방식 익히기

이번 절에서는 지금까지 배운 내용을 토대로 다음과 같은 내용을 실습해 보겠습니다.

- ftrace의 kmalloc 이벤트를 이용한 메모리 할당과 해제 동작 확인

- 가상주소를 물리주소로 변환하는 과정

- kmalloc() 함수로 메모리를 할당한 후 슬럽 캐시의 종류 확인

14.6.1 ftrace를 이용한 메모리 할당 해제 확인

ftrace에서 지원하는 아래의 kmalloc과 kfree 이벤트를 사용하면 kmalloc()와 kfree() 함수를 호출할 때의 세부 정보를 알 수 있습니다.

- kmalloc 이벤트: kmalloc() 함수로 메모리 할당을 요청했을 때의 동작

- kfree 이벤트: kfree() 함수를 호출해 할당한 메모리를 해제하는 동작

kmalloc와 kfree 이벤트 소개

kmalloc과 kfree 이벤트를 활성화해서 ftrace를 받으면 어떤 패턴의 메시지를 볼 수 있을까요? 다음 로그를 함께 보겠습니다.

https://elinux.org/Kernel_dynamic_memory_analysis

```
01 init-1[000] .N..0.170000: kmalloc: call_site=c104deff ptr=c147dd20 bytes_req=29 bytes_alloc=32
gfp_flags=GFP_KERNEL
02 init-1[000] .N..0.170000: kmalloc: call_site=c104e2ac ptr=c147dd00 bytes_req=24 bytes_alloc=32
gfp_flags=GFP_KERNEL
03 init-1[000] .N..0.170000: kmalloc: call_site=c104deff ptr=c147dce0 bytes_req=22 bytes_alloc=32
gfp_flags=GFP_KERNEL
04 init-1[000] .N..0.170000: kfree: call_site=c10bfa4a ptr=  (null)
```

1번째 kmalloc 이벤트에 대한 ftrace 메시지를 분석하겠습니다.

```
01 init-1[000] .N..0.170000: kmalloc: call_site=c104deff ptr=c147dd20 bytes_req=29 bytes_alloc=32
gfp_flags=GFP_KERNEL
```

1번째 줄에서 볼 수 있는 세부적인 디버깅 정보는 다음과 같습니다.

- kmalloc: 커널 메모리를 할당하는 동작

- call_site=c104deff: kmalloc() 함수를 호출한 함수의 주소

- ptr=c147dd20: 할당받은 메모리 주소

- bytes_req=29: 메모리 할당을 요청한 바이트(29바이트 메모리 요청)

- bytes_alloc=32: 실제로 할당한 메모리 크기(32바이트 메모리 할당)

- gfp_flags=GFP_KERNEL: gfp 플래그

다음으로 4번째 줄의 kfree 이벤트 메시지를 분석하겠습니다.

```
04 init-1[000] .N..0.170000: kfree: call_site=c10bfa4a ptr= (null)
```

4번째 줄에서 보이는 세부 디버깅 정보는 다음과 같습니다.

- kfree: 커널 메모리 해제

- call_site=c10bfa4a: kfree() 함수를 호출한 함수의 주소

- ptr= (null): 해제하는 메모리의 주소

ftrace에서 제공하는 kmalloc/kfree 이벤트를 활용하면 어느 주소에서 kmalloc()/kfree() 함수를 호출해서 메모리를 할당하고 해제하는지 알 수 있습니다.

kmalloc와 kfree 이벤트에 대한 커널 코드 수정

앞에서 소개한 ftrace 메시지를 보면 한 가지 아쉬운 점이 있습니다.

```
01 init-1[000] .N..0.170000: kmalloc: call_site=c104deff ptr=c147dd20 bytes_req=29 bytes_alloc=32
gfp_flags=GFP_KERNEL
```

메모리 관련 디버깅을 할 때 어느 함수에서 메모리를 할당하고 해제했는지 체크할 때가 많습니다. "call_site=c104deff"가 kmalloc() 함수를 호출한 함수 주소 위치를 표현하는데, 16진수 주소로 돼 있습니다. **그런데 이 정보로는 어느 함수에서 kmalloc() 함수를 호출하는지 알기 어렵습니다.**

kmalloc() 함수를 호출한 함수의 이름을 ftrace에서 출력하면 더 효율적이지 않을까요? 어느 함수에서 메모리를 할당하고 해제했는지 알면 메모리 디버깅을 할 때 참고할 수 있습니다. 이를 위한 패치 코드를 소개합니다.

```
diff --git a/include/trace/events/kmem.h b/include/trace/events/kmem.h
index 285feeadac39..1a996d91a519
--- a/include/trace/events/kmem.h
+++ b/include/trace/events/kmem.h
@@ -35,8 +35,9 @@ DECLARE_EVENT_CLASS(kmem_alloc,
        __entry->gfp_flags    = gfp_flags;
    ),

-   TP_printk("call_site=%lx ptr=%p bytes_req=%zu bytes_alloc=%zu gfp_flags=%s",
+   TP_printk("call_site=%lx caller(%pS) ptr=%p bytes_req=%zu bytes_alloc=%zu gfp_flags=%s",
        __entry->call_site,
+       (void*)__entry->call_site,
        __entry->ptr,
        __entry->bytes_req,
        __entry->bytes_alloc,
@@ -88,8 +89,9 @@ DECLARE_EVENT_CLASS(kmem_alloc_node,
        __entry->node       = node;
    ),

-   TP_printk("call_site=%lx ptr=%p bytes_req=%zu bytes_alloc=%zu gfp_flags=%s node=%d",
+   TP_printk("call_site=%lx caller(%pS) ptr=%p bytes_req=%zu bytes_alloc=%zu gfp_flags=%s
node=%d",
        __entry->call_site,
+       (void*)__entry->call_site,
        __entry->ptr,
        __entry->bytes_req,
        __entry->bytes_alloc,
@@ -131,7 +133,7 @@ DECLARE_EVENT_CLASS(kmem_free,
        __entry->ptr        = ptr;
    ),

-   TP_printk("call_site=%lx ptr=%p", __entry->call_site, __entry->ptr)
+   TP_printk("call_site=%lx caller(%pS) ptr=%p", __entry->call_site, (void*)__entry->call_site,
__entry->ptr)
 );

 DEFINE_EVENT(kmem_free, kfree,
```

패치 코드를 설명하기에 앞서 패치 코드를 입력하는 방법을 설명하겠습니다. 패치 코드를 보는 방법에 익숙하지 않은 분들에게는 패치 코드를 이해하기 어려울 수 있습니다. 패치 코드를 입력하는 방법의 이해를 돕기 위해 다음 그림을 봅시다.

- https://github.com/raspberrypi/linux/blob/rpi-4.19.y/include/trace/events/kmem.h

```
12 DECLARE_EVENT_CLASS(kmem_alloc,
13
14     TP_PROTO(unsigned long call_site,
15         const void *ptr,
16         size_t bytes_req,
17         size_t bytes_alloc,
18         gfp_t gfp_flags),
...
30     TP_fast_assign(
31         __entry->call_site = call_site;
32         __entry->ptr  = ptr;
33         __entry->bytes_req = bytes_req;
34         __entry->bytes_alloc    = bytes_alloc;
35         __entry->gfp_flags = gfp_flags;
36     ),
37
38     TP_printk("call_site=%lx ptr=%p bytes_req=%zu bytes_alloc=%zu gfp_flags=%s",
39         __entry->call_site,
40         __entry->ptr,
41         __entry->bytes_req,
42         __entry->bytes_alloc,
43         show_gfp_flags(__entry->gfp_flags))44 );
```

↓ 코드 수정

```
TP_printk("call_site=%lx caller(%pS) ptr=%p bytes_req=%zu bytes_alloc=%zu gfp_flags=%s",
    __entry->call_site,                      ── ①
    (void*)__entry->call_site,               ── ②
    __entry->ptr,
    __entry->bytes_req,
    __entry->bytes_alloc,
    show_gfp_flags(__entry->gfp_flags))
```

그림 14.26 ftrace의 kmalloc 이벤트에 대한 첫 번째 디버깅 패치 입력 위치

맨 왼쪽에 보이는 코드 라인은 다음 헤더 파일에서 확인할 수 있습니다.

- https://github.com/raspberrypi/linux/blob/rpi-4.19.y/include/trace/events/kmem.h

먼저 위 그림에서 ①로 표시된 코드를 눈으로 따라가 봅시다. "caller(%pS)" 코드가 박스 안에 있는데 이 코드를 왼쪽의 "call_site=%lx"와 오른쪽의 "ptr=%p" 코드 사이에 추가합니다.

다음으로 ②의 코드를 입력하겠습니다. "__entry->call_site," 코드의 아래 칸에 "(void*)__entry->call_site" 코드를 입력합시다. 이어서 다음 그림을 보겠습니다.

```
62 DECLARE_EVENT_CLASS(kmem_alloc_node,
63
...
81
82     TP_fast_assign(
83         __entry->call_site  = call_site;
84         __entry->ptr        = ptr;
85         __entry->bytes_req  = bytes_req;
86         __entry->bytes_alloc = bytes_alloc;
87         __entry->gfp_flags  = gfp_flags;
88         __entry->node       = node;
89     ),
90
91     TP_printk("call_site=%lx ptr=%p bytes_req=%zu bytes_alloc=%zu gfp_flags=%s node=%d",
92         __entry->call_site,
93         __entry->ptr,
94         __entry->bytes_req,
95         __entry->bytes_alloc,
96         show_gfp_flags(__entry->gfp_flags),
97         __entry->node)
98 );
```

↓ 코드 수정

```
TP_printk("call_site=%lx caller(%pS) ptr=%p bytes_req=%zu bytes_alloc=%zu gfp_flags=%s node=%d",
    __entry->call_site,                                  ──③
    (void*)__entry->call_site,
    __entry->ptr,                                        ──④
    __entry->bytes_req,
    __entry->bytes_alloc,
    show_gfp_flags(__entry->gfp_flags),
    __entry->node)
```

그림 14.27 ftrace의 kmalloc 이벤트에 대한 2번째 디버깅 패치 입력 위치

패치 코드를 입력하는 위치를 잘 보면서 코드를 입력합시다.

위 그림에서 ③으로 표시된 코드를 눈으로 따라가 봅시다. "caller(%pS)" 코드가 박스 안에 있는데, 이 코드를 왼쪽의 "call_site=%lx"와 오른쪽의 "ptr=%p" 코드 사이에 추가합니다.

다음으로 ④로 표시된 코드를 입력하겠습니다. "__entry->call_site," 코드 아랫부분에 "(void*)__entry->call_site" 코드를 입력합시다.

이제 마지막 코드를 입력해보겠습니다.

```
118 DECLARE_EVENT_CLASS(kmem_free,
119
120     TP_PROTO(unsigned long call_site, const void *ptr),
121
122     TP_ARGS(call_site, ptr),
123
124     TP_STRUCT__entry(
125         __field( unsigned long, call_site )
126         __field( const void *, ptr        )
127     ),
128
129     TP_fast_assign(
130         __entry->call_site = call_site;
131         __entry->ptr      = ptr;
132     ),
133
134     TP_printk("call_site=%lx ptr=%p", __entry->call_site, __entry->ptr)
135 );
```

↓ 코드 수정

```
TP_printk("call_site=%lx caller(%pS) ptr=%p", __entry->call_site, (void*)__entry->call_site, __entry->ptr)
```
                            ⑤   ⑥

그림 14.28 ftrace의 kfree 이벤트에 대한 디버깅 패치 입력 위치

위 그림에서 ⑤로 표시된 코드를 눈으로 따라가 봅시다. 이번에도 "caller(%pS)" 코드가 박스 안에 있는 데 이 코드를 왼쪽의 "call_site=%lx"와 오른쪽의 "ptr=%p" 사이에 추가합니다.

⑥으로 표시된 코드는 "__entry->call_site," 오른쪽에 입력하면 됩니다.

패치 코드를 입력하는 방법을 설명했으니 패치 코드의 내용을 소개합니다. 다음 코드를 봅시다.

```
diff --git a/include/trace/events/kmem.h b/include/trace/events/kmem.h
index 285feeadac39..1a996d91a519
--- a/include/trace/events/kmem.h
+++ b/include/trace/events/kmem.h
@@ -35,8 +35,9 @@ DECLARE_EVENT_CLASS(kmem_alloc,
01        __entry->gfp_flags   = gfp_flags;
02     ),
03
04-     TP_printk("call_site=%lx ptr=%p bytes_req=%zu bytes_alloc=%zu gfp_flags=%s",
05+     TP_printk("call_site=%lx caller(%pS) ptr=%p bytes_req=%zu bytes_alloc=%zu gfp_flags=%s",
06         __entry->call_site,
07+        (void*)__entry->call_site,
08         __entry->ptr,
09         __entry->bytes_req,
10         __entry->bytes_alloc,
@@ -88,8 +89,9 @@ DECLARE_EVENT_CLASS(kmem_alloc_node,
11         __entry->node        = node;
```

```
12      ),
13
14-     TP_printk("call_site=%lx ptr=%p bytes_req=%zu bytes_alloc=%zu gfp_flags=%s node=%d",
15+     TP_printk("call_site=%lx caller(%pS) ptr=%p bytes_req=%zu bytes_alloc=%zu gfp_flags=%s
node=%d",
16          __entry->call_site,
17+         (void*)__entry->call_site,
18          __entry->ptr,
19          __entry->bytes_req,
20          __entry->bytes_alloc,
@@ -131,7 +133,7 @@ DECLARE_EVENT_CLASS(kmem_free,
21          __entry->ptr        = ptr;
22      ),
23
24-     TP_printk("call_site=%lx ptr=%p", __entry->call_site, __entry->ptr)
25+     TP_printk("call_site=%lx caller(%pS) ptr=%p", __entry->call_site, (void*)__entry->call_site,
__entry->ptr)
26 );
27
28 DEFINE_EVENT(kmem_free, kfree,
```

04~08번째 줄의 코드는 kmalloc에 대한 ftrace 이벤트를 출력할 때 함수의 이름을 추가합니다.

```
04-     TP_printk("call_site=%lx ptr=%p bytes_req=%zu bytes_alloc=%zu gfp_flags=%s",
05+     TP_printk("call_site=%lx caller(%pS) ptr=%p bytes_req=%zu bytes_alloc=%zu gfp_flags=%s",
06          __entry->call_site,
07+         (void*)__entry->call_site,
08          __entry->ptr,
```

여기서 "caller(%pS)"를 추가해 함수를 호출한 주소를 심벌로 변환해 출력합니다. 이를 위해 07번째 줄에서 __entry->call_site를 void* 포인터 타입으로 캐스팅합니다. __entry->call_site에는 kmalloc() 함수를 호출한 함수의 심벌 주소가 4바이트 형식으로 저장돼 있습니다.

24~25번째 줄도 마찬가지입니다.

```
24-     TP_printk("call_site=%lx ptr=%p", __entry->call_site, __entry->ptr)
25+     TP_printk("call_site=%lx caller(%pS) ptr=%p", __entry->call_site, (void*)__entry->call_site,
__entry->ptr)
26 );
```

kfree에 대한 ftrace 이벤트를 출력할 때 "caller(%pS)"라는 문자열로 함수를 호출한 주소를 심벌로 출력합니다.

패치 코드를 입력하고 난 후 커널을 빌드해야 합니다. 커널 빌드 후 커널 이미지를 설치한 다음 라즈베리 파이를 리부팅합시다.

ftrace 설정 및 로그 추출

이번에는 ftrace를 설정하는 방법을 소개합니다.

```
01 #!/bin/bash
02
03 echo 0 > /sys/kernel/debug/tracing/tracing_on
04 sleep 1
05 echo "tracing_off"
06
07 echo 0 > /sys/kernel/debug/tracing/events/enable
08 sleep 1
09 echo "events disabled"
10
11 echo nop > /sys/kernel/debug/tracing/current_tracer
12 sleep 1
13 echo "nop tracer enabled"
14
15 echo 1 > /sys/kernel/debug/tracing/events/kmem/kmalloc/enable
16 echo 1 > /sys/kernel/debug/tracing/events/kmem/kfree/enable
17
18 sleep 1
19 echo "event enabled"
20
21 echo 1 > /sys/kernel/debug/tracing/tracing_on
22 echo "tracing_on"
```

위 셸 스크립트 코드에서 눈여겨볼 부분은 20~21번째 줄입니다.

```
20 echo 1 > /sys/kernel/debug/tracing/events/kmem/kmalloc/enable
21 echo 1 > /sys/kernel/debug/tracing/events/kmem/kfree/enable
```

kmalloc과 kfree 이벤트를 활성화하는 코드입니다. 다른 코드에 대해서는 이미 많이 설명했으니 넘어가 겠습니다.

위와 같은 셸 스크립트 코드를 입력한 다음 nop_kmem_trace.sh라는 이름으로 저장합시다. 그런 다음 "chmod +x nop_kmem_trace.sh" 명령어를 입력해 nop_kmem_trace.sh 셸 스크립트 파일에 실행 권한을 설 정한 다음 실행합시다.

```
root@raspberrypi:/home/pi# ./nop_kmem_trace.sh
```

10초 후에 다음과 같이 3.4.4절에서 소개한 get_ftrace.sh 셸 스크립트를 실행해 ftrace 로그를 받습니다.

```
root@raspberrypi:/home/pi# ./get_ftrace.sh
ftrace off
```

이어서 ftrace 로그를 분석해보겠습니다.

개선된 kmalloc과 kfree 이벤트 로그 분석

이번에 분석할 ftrace 로그를 소개합니다.

```
01 <idle>-0 [000] d.h. 328.473305: kmalloc: call_site=805ee260 caller(__DWC_ALLOC_ATOMIC+0x24/0x28)
ptr=b7d93cc0 bytes_req=12 bytes_alloc=64 gfp_flags=GFP_ATOMIC|__GFP_ZERO
02 <idle>-0 [000] ..s. 328.473324: kfree: call_site=805ee2c8 caller(__DWC_FREE+0x1c/0x20) ptr=b7d93cc0
```

메모리를 할당하고 해제한 함수의 이름이 보입니다. 1번째 줄의 로그를 보겠습니다.

```
01 <idle>-0 [000] d.h. 328.473305: kmalloc: call_site=805ee260 caller(__DWC_ALLOC_ATOMIC+0x24/0x28)
ptr=b7d93cc0 bytes_req=12 bytes_alloc=64 gfp_flags=GFP_ATOMIC|__GFP_ZERO
```

ftrace 로그의 가운데 부분에서 다음 메시지를 확인할 수 있습니다.

```
caller(__DWC_ALLOC_ATOMIC+0x24/0x28)
```

이번 실습 시간에 추가한 코드가 작동해서 출력하는 정보입니다. 이어서 위 메시지의 오른쪽 부분을 보 면 다음 메시지가 보입니다.

```
ptr=b7d93cc0
```

이는 kmalloc() 함수를 호출해 할당받는 메모리의 주소를 의미합니다.

앞의 두 가지 사실을 토대로 1번째 줄의 메시지는 다음과 같이 해석할 수 있습니다.

> __DWC_ALLOC_ATOMIC() 함수의 시작 주소를 기준으로 +0x24 오프셋 주소에 해당하는 코드에서
> kmalloc() 함수를 호출한다. 할당받는 메모리의 주소는 (ptr=b7d93cc0)이다.

다음으로 2번째 줄의 로그를 분석하겠습니다.

```
02 <idle>-0 [000] ..s. 328.473324: kfree: call_site=805ee2c8 caller(__DWC_FREE+0x1c/0x20) ptr=b7d93cc0
```

위 로그의 가운데 부분에서 다음과 같은 메시지가 보입니다.

```
caller(__DWC_FREE+0x1c/0x20)
```

이는 kfree() 함수를 호출한 코드의 정보입니다. 이 정보를 토대로 2번째 줄의 로그를 해석하면 다음과
같습니다.

> __DWC_FREE() 함수의 시작 주소를 기준으로 +0x1c 코드에서 kfree() 함수를 호출해 메모리
> (ptr=b7d93cc0)를 해제합니다.

여기서 한 가지 중요한 정보가 보입니다. 바로 1번째 줄의 "d.h." 텍스트입니다. 이 텍스트는 프로세스
의 세부 실행 정보를 표현하는데, 해석하면 다음과 같습니다.

- d: CPU 인터럽트 라인을 비활성화
- h: 인터럽트 컨텍스트

이때 gfp_flags 부분의 로그를 보면 GFP_ATOMIC|__GFP_ZERO입니다. 이 플래그 정보는 다음과 같이 해석
할 수 있습니다.

> GFP_ATOMIC 플래그가 설정됐으므로 휴면 상태에 진입하지 않고 슬럽 오브젝트를 할당하고,
> __GFP_ZERO 플래그로 할당받은 슬럽 오브젝트의 메모리 공간을 0x0으로 초기화하라.

이처럼 ftrace를 통해 메모리를 할당하고 해제하는 함수의 이름을 알 수 있으니 더 효율적으로 디버깅
할 수 있습니다.

kmalloc와 kfree 이벤트를 출력한 커널 소스 분석

ftrace 로그에서 본 정보를 참고하면 kmalloc() 함수와 kfree() 함수를 어디서 호출하는지 바로 확인할 수 있습니다.

1번째 줄의 로그를 참고하면 kmalloc() 함수를 호출하는 함수는 '__DWC_ALLOC_ATOMIC+0x24'입니다.

```
01 <idle>-0 [000] d.h. 328.473305: kmalloc: call_site=805ee260 caller(__DWC_ALLOC_ATOMIC+0x24/0x28)
ptr=b7d93cc0 bytes_req=12 bytes_alloc=64 gfp_flags=GFP_ATOMIC|__GFP_ZERO
```

자, 그럼 라즈비안 커널 소스를 열고 코드의 위치를 확인해 봅시다.

https://github.com/raspberrypi/linux/blob/rpi-4.19.y/drivers/usb/host/dwc_common_port/dwc_common_linux.c

```
01 void *__DWC_ALLOC_ATOMIC(void *mem_ctx, uint32_t size)
02 {
03    return kzalloc(size, GFP_ATOMIC);
04 }
```

__DWC_ALLOC_ATOMIC() 함수의 3번째 줄에서 kzalloc() 함수를 호출합니다.

kzalloc() 함수는 할당받는 메모리를 0x0으로 초기화한다는 점만 빼고 kmalloc() 함수와 같습니다. 다음은 kzalloc() 함수의 구현부입니다.

https://github.com/raspberrypi/linux/blob/rpi-4.19.y/include/linux/slab.h

```
static inline void *kzalloc(size_t size, gfp_t flags)
{
    return kmalloc(size, flags | __GFP_ZERO);
}
```

ftrace 메시지에서 확인된 정보와 소스코드의 내용이 일치한다는 사실을 알 수 있습니다.

이번에는 2번째 줄의 로그를 출력한 커널 소스의 위치를 알아봅시다.

```
02 <idle>-0 [000] ..s. 328.473324: kfree: call_site=805ee2c8 caller(__DWC_FREE+0x1c/0x20) ptr=b7d93cc0
```

위 로그에서 볼 수 있듯이 kfree() 함수를 호출하는 함수는 '__DWC_FREE+0x1c'입니다. 라즈비안 커널 소스를 열고 kfree() 함수를 호출하는 코드 위치를 확인해 봅시다.

https://github.com/raspberrypi/linux/blob/rpi-4.19.y/drivers/usb/host/dwc_common_port/dwc_common_linux.c

```
01 void __DWC_FREE(void *mem_ctx, void *addr)
02 {
03    kfree(addr);
04 }
```

__DWC_FREE() 함수의 03번째 줄에서 kfree() 함수를 호출합니다.

이 방식을 활용하면 커널에서 kmalloc()/kfree() 함수를 호출해 동적 메모리를 어느 함수가 할당하고 해제하는지 알 수 있습니다.

14.6.2 가상주소를 물리주소로 변환하는 과정 확인

이번 절에서는 가상주소를 물리주소로 변환하는 과정을 실습을 통해 알아봅시다.

여기서는 3장의 3.6절에서 소개한 rpi_debugfs.c 소스를 활용해 실습을 진행합니다. 실습을 시작하기 전에 먼저 rpi_debugfs.c 소스를 입력하고 커널 빌드를 하시기 바랍니다.

패치 코드 입력

먼저 입력할 패치 코드부터 소개합니다.

drivers/soc/bcm/rpi_debugfs.c

```
01 static int rpi_kernel_debug_stat_set(void *data, u64 val)
02 {
03    int ret;
04
05    raspbian_debug_state = (uint32_t)val;
06
07    if ( raspbian_debug_state == 1402 ) {
08       unsigned long phys_address, page_frame_num;
09       struct page *page_ptr;
10
11       void * func_ptr = schedule;
12       unsigned long vir_address = (unsigned long)func_ptr;
13
14       phys_address = __pa(vir_address);
```

```
15      page_frame_num = virt_to_pfn(vir_address);
16
17      page_ptr = virt_to_page(vir_address);
18
19      trace_printk("[+]sym: %pS vir_address: 0x%lx phys_address: 0x%lx pfn: 0x%lx page_ptr:%p\n",
20                  func_ptr, vir_address, phys_address, page_frame_num, page_ptr);
21  }
```

원래 위에서 본 패치 코드를 입력하기 전 rpi_kernel_debug_stat_set() 함수의 구현부는 다음과 같았습니다. 패치 코드의 07~21번째 줄을 다음 원본 코드의 04번째 줄 부분에 입력하면 됩니다.

```
01 static int rpi_kernel_debug_stat_set(void *data, u64 val)
02 {
03     raspbian_debug_state = (uint32_t)val;
04
05     printk("[rpi] [%s][L:%d], raspbian_debug_state[%lu],value[%lu]===\n",
                        __func__, __LINE__, (long unsigned int)raspbian_debug_state, (long
unsigned int)val);
06
07     return 0;
08 }
```

패치 코드를 입력하는 방법을 알아봤으니 이제 패치 코드의 내용을 소개합니다. 11번째 줄을 보겠습니다.

```
11    void * func_ptr = schedule;
```

schedule() 함수의 주소를 func_ptr 포인터에 저장합니다. 라즈비안 커널은 가상주소를 기반으로 구동하므로 schedule() 함수의 주소는 가상주소입니다.

다음은 12번째 줄의 코드입니다.

```
12    unsigned long vir_address = (unsigned long)func_ptr;
```

func_ptr 포인터를 unsigned long 타입으로 캐스팅해 vir_address 지역변수에 저장합니다. schedule() 함수의 주소를 vir_address 지역변수로 저장하려는 목적입니다.

다음은 14번째 줄입니다.

```
14    phys_address = __pa(vir_address);
```

커널에서 제공하는 __pa() 함수를 사용해 가상주소를 담고 있는 vir_address를 물리주소로 변환합니다.
그 결과, phys_address 변수는 물리주소를 저장하게 됩니다.

이번에는 15번째 줄을 보겠습니다.

```
15    page_frame_num = virt_to_pfn(vir_address);
```

virt_to_pfn() 함수를 사용해 가상주소인 vir_address에 대한 페이지 프레임 번호를 page_frame_num 지
역변수에 저장합니다. **이는 가상주소에 대한 페이지 프레임 번호를 계산하는 코드입니다.**

마지막으로 19~20번째 줄의 로그는 이 정보를 ftrace로 출력하는 동작입니다.

```
19    trace_printk("[+]sym: %pS vir_address: 0x%lx phys_address: 0x%lx pfn: 0x%lx page_ptr:%p\n",
20            func_ptr, vir_address, phys_address, page_frame_num, page_ptr);
```

trace_printk() 함수로 출력하는 세부 정보는 다음과 같습니다.

- sym: %pS = func_ptr   // func_ptr 주소에 대한 심벌 정보
- vir_address: 0x%lx = vir_address   // vir_address 주소
- phys_address: 0x%lx = phys_address   // phys_address 주소
- pfn: 0x%lx = page_frame_num   // 페이지 프레임 번호
- page_ptr: %p = page_ptr   // 페이지 디스크립터 주소

출력 정보는 주석 내용을 참고합시다. 실습 코드를 입력하고 컴파일한 후 라즈비안에 설치합니다. 그다
음 라즈베리 파이를 재부팅시킵니다.

ftrace 설정 및 로그를 추출

이어서 ftrace 로그를 설정하는 방법을 소개합니다.

```
#!/bin/bash

echo 0 > /sys/kernel/debug/tracing/tracing_on
```

```
sleep 1
echo "tracing_off"

echo 0 > /sys/kernel/debug/tracing/events/enable
sleep 1
echo "events disabled"

echo secondary_start_kernel > /sys/kernel/debug/tracing/set_ftrace_filter
sleep 1
echo "set_ftrace_filter init"

echo function > /sys/kernel/debug/tracing/current_tracer
sleep 1
echo "function tracer enabled"

echo 1 > /sys/kernel/debug/tracing/events/sched/sched_switch/enable
sleep 1
echo "event enabled"

echo rpi_kernel_debug_stat_set > /sys/kernel/debug/tracing/set_ftrace_filter

sleep 1
echo "set_ftrace_filter enabled"

echo 1 > /sys/kernel/debug/tracing/options/func_stack_trace
echo 1 > /sys/kernel/debug/tracing/options/sym-offset
echo "function stack trace enabled"

echo 1 > /sys/kernel/debug/tracing/tracing_on
echo "tracing_on"
```

위 명령어를 입력한 후 vir_mem_test.sh라는 이름으로 저장합니다.

ftrace를 설정하는 셸 스크립트는 이전 절에서 다룬 내용과 다르지 않습니다. 대신 다음 명령어가 추가됐습니다.

```
echo rpi_kernel_debug_stat_set > /sys/kernel/debug/tracing/set_ftrace_filter
```

rpi_kernel_debug_stat_set() 함수의 콜 스택을 ftrace로 출력하기 위한 명령어입니다.

vir_mem_test.sh 셸 스크립트를 실행해 ftrace를 설정합니다.

```
root@raspberrypi:/home/pi# ./vir_mem_test.sh
```

이어서 다음 명령어를 입력합니다.

```
root@raspberrypi:/home/pi# echo 1402 > /sys/kernel/debug/rpi_debug/val
```

위 명령어를 입력하면 raspbian_debug_state 전역변수가 1402로 바뀝니다. 그 결과, rpi_kernel_debug_stat_set() 함수의 08~20번째 줄을 실행합니다.

drivers/soc/bcm/rpi_debugfs.c

```
01 static int rpi_kernel_debug_stat_set(void *data, u64 val)
02 {
03    int ret;
04
05    raspbian_debug_state = (uint32_t)val;
06
07    if ( raspbian_debug_state == 1402 ) {
08       unsigned long phys_address, page_frame_num;
09       struct page *page_ptr;
...
19       trace_printk("[+]sym: %pS vir_address: 0x%lx phys_address: 0x%lx pfn: 0x%lx page_ptr:%p\n",
20                   func_ptr, vir_address, phys_address, page_frame_num, page_ptr);
21 }
```

이어서 3.4.4절에서 소개한 get_ftrace.sh 셸 스크립트를 실행해 ftrace 로그를 받습니다.

```
root@raspberrypi:/home/pi# ./get_ftrace.sh
```

지금까지 설명한 실습 과정을 정리해 봅시다.

1. rpi_kernel_debug_stat_set() 함수에 실습 코드를 작성한다.

2. 커널을 빌드하고 라즈비안에 커널 이미지를 설치한다.

3. vir_mem_test.sh 셸 스크립트를 실행해 ftrace를 설정한다. 이어서 다음 명령어를 실행해 실습 코드를 실행한다.

```
root@raspberrypi:/home/pi# echo 1402 > /sys/kernel/debug/rpi_debug/val
```

4. get_ftrace.sh 셸 스크립트를 실행해 ftrace 로그를 추출한다.

ftrace 로그 분석

분석할 ftrace 로그를 소개합니다.

```
01 bash-863 [000] .... 742.800103: rpi_kernel_debug_stat_set+0x14/0x428 <-simple_attr_write+0xbc/0x104
02 bash-863 [000] .... 742.800155: <stack trace>
03 => rpi_kernel_debug_stat_set+0x18/0x428
04 => simple_attr_write+0xbc/0x104
05 => full_proxy_write+0x64/0x80
06 => __vfs_write+0x4c/0x170
07 => vfs_write+0xb4/0x1c0
08 => ksys_write+0x5c/0xbc
09 => sys_write+0x18/0x1c
10 => ret_fast_syscall+0x0/0x28
11 => 0x7ed602d4
12 bash-863 [000] .... 742.800168: rpi_kernel_debug_stat_set+0xa0/0x428: [+]sym: schedule+0x0/0xa8
vir_address: 0x807a0a8c phys_address: 0x7a0a8c pfn: 0x7a0 page_ptr:ba3b0280
```

01~11번째 줄의 로그는 특별히 유용한 정보를 담고 있지 않습니다. 단지 rpi_kernel_debug_stat_set()
함수가 실행됐다는 정보를 알려줍니다.

우리가 분석할 메모리 디버깅 정보는 모두 12번째 줄에 모여 있습니다.

```
12 bash-863 [000] .... 742.800168: rpi_kernel_debug_stat_set+0xa0/0x428: [+]sym: schedule+0x0/0xa8
vir_address: 0x807a0a8c phys_address: 0x7a0a8c pfn: 0x7a0 page_ptr:ba3b0280
```

12번째 줄에 담긴 메시지는 다음과 같습니다.

- [+]sym: schedule+0x0/0xa8   // 0x807a0a8c 주소의 심벌 정보

- vir_address: 0x807a0a8c   // schedule() 함수의 주소(가상주소)

- phys_address: 0x7a0a8c   // 0x807a0a8c 가상주소에 대한 물리주소

- pfn: 0x7a0   // 페이지 프레임 번호

- page_ptr: ba3b0280   // 페이지 디스크립터 주소

자세한 설명은 주석의 내용을 참고합시다.

이번 절에서는 가상주소를 물리주소로 변환하는 원리를 파악하는 것이 목적이므로 각 메시지의 의미를 알아보겠습니다. 먼저 가상주소에서 물리주소로 어떻게 변환하는지 알아봅시다.

물리주소는 다음 계산식으로 변환됩니다.

```
0x7a0a8c(물리주소) = 0x807a0a8c(가상주소) - 0x8000_0000
```

이어서 페이지 프레임의 번호를 계산해 봅시다. 계산식은 다음과 같습니다.

```
물리주소 >> 12
0x7a0a8c >> 12
11110100000101010001100 >> 12
---------------------------------------------
11110100000
0x7a0
```

0x7a0a8c 물리주소에 대한 페이지 프레임 번호는 0x7a0입니다. 14.1.3절에서 배운 바와 같이 물리주소를 오른쪽으로 12만큼 비트 시프트한 결과가 페이지 프레임 번호입니다.

이번 절에서 소개한 패치 코드를 활용하면 커널에서 가상주소로 존재하는 커널 함수나 전역변수의 물리주소와 페이지 프레임 번호를 ftrace 로그로 알아낼 수 있습니다. 이를 통해 가상주소를 물리주소로 변환하는 과정을 더 빨리 배울 수 있습니다.

14.6.3 kmalloc() 함수로 메모리 할당 후 슬랩 캐시 종류 확인

14.4절에서 kmalloc 슬랩 캐시를 다뤘습니다. 그런데 커널 소스를 분석하거나 이론을 배우다 보면 실제 리눅스 시스템에서 내가 배운 내용이 맞는지 확인보고 싶을 때가 많습니다.

이번 절에서는 실습을 통해 kmalloc 슬랩 캐시에서 배운 내용을 검증하는 시간을 갖겠습니다. 이번에도 3장의 3.6절에서 소개한 rpi_debugfs.c 소스를 활용해 실습을 진행합니다. 실습을 시작하기 전에 먼저 rpi_debugfs.c 소스를 입력하고 커널을 빌드하시기 바랍니다.

패치 코드 입력

먼저 입력할 패치 코드부터 소개합니다.

drivers/soc/bcm/rpi_debugfs.c

```
01 static int rpi_kernel_debug_stat_set(void *data, u64 val)
02 {
03     raspbian_debug_state = (uint32_t)val;
04
05     if ( raspbian_debug_state == 1403 ) {
06       u32 *mem_ptr1, *mem_ptr2;
07       struct page *mem1_page, *mem2_page;
08       struct kmem_cache * k_cache_ptr;
09
10       mem_ptr1 = kmalloc(124, GFP_KERNEL);
11       mem_ptr2 = kmalloc(48, GFP_KERNEL);
12
13       memset(mem_ptr1, 0x78, 124);
14       memset(mem_ptr2, 0x78, 48);
15
16       trace_printk("[+]mem_ptr1: %p mem_ptr2: %p \n",
17                         mem_ptr1, mem_ptr2);
18
19       mem1_page = virt_to_head_page(mem_ptr1);
20       trace_printk ("[+] page: %p \n", mem1_page);
21       if (PageSlab (mem1_page)) {
22         k_cache_ptr = mem1_page->slab_cache;
23         trace_printk ("[+] [kmem_cache] name: %s, size: %d \n",
24                       k_cache_ptr->name, k_cache_ptr->size);
25       }
26
27       mem2_page = virt_to_head_page(mem_ptr2);
28       trace_printk ("[+] page:%p \n", mem2_page);
29       if (PageSlab (mem2_page)) {
30         k_cache_ptr = mem2_page->slab_cache;
31         trace_printk ("[+] [kmem_cache] name: %s, size: %d \n",
32                         k_cache_ptr->name, k_cache_ptr->size);
33       }
34
```

```
35        kfree(mem_ptr1);
36        kfree(mem_ptr2);
37    }
```

원래 위에서 본 패치 코드를 입력하기 전의 rpi_kernel_debug_stat_set() 함수 구현부는 다음과 같았습니다. 패치 코드의 05~37번째 줄을 다음 원본 코드의 04번째 줄에 입력하면 됩니다.

```
01 static int rpi_kernel_debug_stat_set(void *data, u64 val)
02 {
03    raspbian_debug_state = (uint32_t)val;
04
05    printk("[rpi] [%s][L:%d], raspbian_debug_state[%lu],value[%lu]===\n",
                        __func__, __LINE__, (long unsigned int)raspbian_debug_state, (long
unsigned int)val);
06
07    return 0;
08 }
```

패치 코드를 입력하는 방법을 알아봤으니 이제 패치 코드의 내용을 소개합니다.

먼저 10번째 줄을 보겠습니다.

```
10        mem_ptr1 = kmalloc(124, GFP_KERNEL);
```

kmalloc() 함수를 호출해 124바이트 크기로 동적 메모리 할당을 받습니다.

다음은 11번째 줄입니다.

```
11        mem_ptr2 = kmalloc(48, GFP_KERNEL);
```

이번에도 kmalloc() 함수를 호출해 48바이트 크기로 동적 메모리 할당을 받습니다.

13~14번째 줄은 할당받은 메모리 공간을 memset() 함수를 써서 초기화하는 코드입니다.

```
13        memset(mem_ptr1, 0x78, 124);
14        memset(mem_ptr2, 0x78, 48);
```

이어서 16~17번째 줄을 보겠습니다.

```
16        trace_printk("[+]mem_ptr1: %p mem_ptr2: %p \n",
17                              mem_ptr1, mem_ptr2);
```

할당받은 메모리 주소를 ftrace 로그로 출력합니다.

- mem_ptr1: 124바이트 메모리 할당
- mem_ptr2: 48바이트 메모리 할당

다음으로 19번째 줄을 보겠습니다.

```
19        mem1_page = virt_to_head_page(mem_ptr1);
```

virt_to_head_page() 함수에 할당받은 동적 메모리 주소가 담긴 mem_ptr1을 입력으로 페이지 디스크립터 주소를 읽어 mem1_page에 저장합니다. **virt_to_head_page() 함수는 가상주소를 입력받아 페이지 디스크립터로 변환하는 역할입니다.**

여기서 struct page 타입인 mem1_page 페이지 디스크립터는 '슬랩 페이지'입니다. kmalloc() 함수로 할당받은 가상주소이기 때문입니다.

다음으로 20번째 줄을 보겠습니다.

```
20        trace_printk ("[+] page: %p \n", mem1_page);
```

페이지 디스크립터의 주소를 출력합니다.

다음으로 21~25번째 줄을 보겠습니다.

```
21        if (PageSlab (mem1_page)) {
22            k_cache_ptr = mem1_page->slab_cache;
23            trace_printk ("[+] [kmem_cache] name: %s, size: %x \n",
24                      k_cache_ptr->name, k_cache_ptr->object_size);
25        }
```

이번 실습 코드에서 가장 중요한 부분입니다. 먼저 21번째 줄을 보겠습니다. 조건문인데 PageSlab(mem1_page)의 결과로 true가 반환되면 22~24번째 줄이 실행됩니다. kmalloc 슬랩 캐시는 슬랩 캐시의 한 종류이므로 mem1_page는 슬랩 페이지입니다. **따라서 PageSlab(mem1_page) 함수는 true를 반환할 것입니다.**

다음으로 22번째 줄을 보겠습니다. page 구조체의 slab_cache 필드의 주소를 k_cache_ptr 변수에 저장합니다.

슬럽 할당자는 page 구조체의 필드 정보를 활용해 슬럽 오브젝트를 관리합니다. 만약 페이지가 슬럽 페이지이면 page 구조체의 slab_cache 필드는 슬럽 캐시 주소를 저장합니다. 만약 페이지가 슬럽 캐시가 아닌 경우에는 slab_cache 필드는 NULL 혹은 다른 값을 저장합니다.

다음으로 23~24번째 줄을 보겠습니다.

```
23          trace_printk ("[+] [kmem_cache] name: %s, size: %x \n",
24                    k_cache_ptr->name, k_cache_ptr->object_size);
```

ftrace로 다음 정보를 출력하는 코드입니다.

- k_cache_ptr->name: 슬럽 캐시 이름
- k_cache_ptr->object_size: 슬럽 오브젝트 크기

27~33번째 줄도 같은 패턴의 코드입니다. 대신 mem_ptr2 가상주소에 대한 슬럽 캐시 정보를 출력하는 동작입니다.

마지막으로 35~36번째 줄을 보겠습니다.

```
35          kfree(mem_ptr1);
36          kfree(mem_ptr2);
```

할당한 메모리를 해제하는 코드입니다. 이 코드는 슬럽 캐시 관점으로 "kmalloc() 슬럽 캐시에 슬럽 오브젝트를 반환한다"라고 해석할 수 있습니다.

실습 코드를 입력하고 컴파일한 후 라즈비안에 설치합니다. 이어서 라즈베리 파이를 재부팅시킵니다.

ftrace 설정 및 로그 추출

이어서 ftrace 로그를 설정하는 방법을 소개합니다.

```
#!/bin/bash

echo 0 > /sys/kernel/debug/tracing/tracing_on
sleep 1
```

```
echo "tracing_off"

echo 0 > /sys/kernel/debug/tracing/events/enable
sleep 1
echo "events disabled"

echo  secondary_start_kernel  > /sys/kernel/debug/tracing/set_ftrace_filter
sleep 1
echo "set_ftrace_filter init"

echo function > /sys/kernel/debug/tracing/current_tracer
sleep 1
echo "function tracer enabled"

echo 1 > /sys/kernel/debug/tracing/events/kmem/kmalloc/enable
echo 1 > /sys/kernel/debug/tracing/events/kmem/kfree/enable
sleep 1
echo "event enabled"

echo  kmem_cache_alloc_trace > /sys/kernel/debug/tracing/set_ftrace_filter

sleep 1
echo "set_ftrace_filter enabled"

echo 1 > /sys/kernel/debug/tracing/options/func_stack_trace
echo 1 > /sys/kernel/debug/tracing/options/sym-offset
echo "function stack trace enabled"

echo 1 > /sys/kernel/debug/tracing/tracing_on
echo "tracing_on"
```

위 명령어를 입력한 후 vir_kmem_test.sh라는 이름으로 저장합니다. ftrace 설정 셸 스크립트는 이전 절
에서 다룬 내용과 다르지 않습니다. 대신 다음 명령어가 추가됐습니다.

```
echo kmem_cache_alloc_trace > /sys/kernel/debug/tracing/set_ftrace_filter
```

kmem_cache_alloc_trace() 함수의 콜 스택을 ftrace로 출력하기 위한 명령어입니다. kmem_cache_alloc_trace() 함수를 필터로 지정한 이유는 **kmalloc() 함수를 호출하면 커널 내부에서 kmem_cache_alloc_trace() 함수가 호출되기 때문입니다.**

vir_kmem_test.sh 셸 스크립트를 실행해 ftrace를 설정합니다.

```
root@raspberrypi:/home/pi# ./vir_kmem_test.sh
```

이어서 다음 명령어를 입력합니다.

```
root@raspberrypi:/home/pi# echo 1403 > /sys/kernel/debug/rpi_debug/val
```

이 명령어를 입력하면 raspbian_debug_state 전역변수가 1403으로 바뀝니다. 그 결과, rpi_kernel_debug_stat_set() 함수의 05~37번째 줄이 실행됩니다.

```
01 static int rpi_kernel_debug_stat_set(void *data, u64 val)
02 {
03     raspbian_debug_state = (uint32_t)val;
04
05     if ( raspbian_debug_state == 1403 ) {
06       u32 *mem_ptr1, *mem_ptr2;
07       struct page *mem1_page, *mem2_page;
...
34
35       kfree(mem_ptr1);
36       kfree(mem_ptr2);
37     }
```

이어서 3.4.4절에서 소개한 get_ftrace.sh 셸 스크립트를 실행해 ftrace 로그를 받습니다.

```
root@raspberrypi:/home/pi# ./get_ftrace.sh
```

여기까지 설명한 실습 과정을 정리해 봅시다.

1. rpi_kernel_debug_stat_set() 함수에 실습 코드를 작성한다.

2. 커널을 빌드하고 라즈비안에 커널 이미지를 설치한다.

3. `vir_kmem_test.sh` 셸 스크립트를 실행해 `ftrace`를 설정한다. 이어서 다음 명령어를 실행해 실습 코드를 실행한다.

```
root@raspberrypi:/home/pi# echo 1403 > /sys/kernel/debug/rpi_debug/val
```

4. `get_ftrace.sh` 셸 스크립트를 실행해 `ftrace` 로그를 추출한다.

ftrace 로그 분석

분석할 `ftrace` 로그를 소개합니다.

```
01 bash-863 [001] .... 301.320081: kmem_cache_alloc_trace+0x14/0x25c
<-rpi_kernel_debug_stat_set+0x23c/0x428
02 bash-863 [001] .... 301.320105: <stack trace>
03 => kmem_cache_alloc_trace+0x18/0x25c
04 => rpi_kernel_debug_stat_set+0x23c/0x428
05 => simple_attr_write+0xbc/0x104
06 => full_proxy_write+0x64/0x80
07 => __vfs_write+0x4c/0x170
08 => vfs_write+0xb4/0x1c0
09 => ksys_write+0x5c/0xbc
10 => sys_write+0x18/0x1c
11 => ret_fast_syscall+0x0/0x28
12 => 0x7ed602d4
13 bash-863 [001] .... 301.320107: kmalloc: call_site=80554994 ptr=7576a560 bytes_req=124
bytes_alloc=128 gfp_flags=GFP_KERNEL
14 bash-863 [001] .... 301.320131: kmalloc: call_site=805549bc ptr=811a4f70 bytes_req=44
bytes_alloc=64 gfp_flags=GFP_KERNEL
15 bash-863 [001] .... 301.320141: rpi_kernel_debug_stat_set+0x220/0x428: [+]mem_ptr1: 7576a560
mem_ptr2: 811a4f70
16 bash-863 [001] .... 301.320144: rpi_kernel_debug_stat_set+0x220/0x428: [+]page: 45b1cfc2
17 bash-863 [001] .... 301.320149: rpi_kernel_debug_stat_set+0x2ec/0x428: [+][kmem_cache]name :
kmalloc-128, size : 0x80
18 bash-863 [001] .... 301.320151: rpi_kernel_debug_stat_set+0x304/0x428: [+]page: fb6b2253
19 bash-863 [001] .... 301.320155: rpi_kernel_debug_stat_set+0x350/0x428: [+][kmem_cache]name :
kmalloc-64, size : 0x40
20 bash-863 [001] .... 301.320156: kfree: call_site=80554ac8 ptr=7576a560
21 bash-863 [001] .... 301.320158: kfree: call_site=80554ad0 ptr=811a4f70
```

먼저 1번째 줄을 보겠습니다.

```
01 bash-863 [001] .... 301.320081: kmem_cache_alloc_trace+0x14/0x25c
<-rpi_kernel_debug_stat_set+0x23c/0x428
```

rpi_kernel_debug_stat_set() 함수에서 kmem_cache_alloc_trace() 함수를 호출하는 정보입니다. kmalloc() 함수를 호출하면 실제 커널에서 실행하는 함수는 kmem_cache_alloc_trace()입니다.

02~12번째 줄은 특별히 유용한 정보를 담지 않습니다. 단지 rpi_kernel_debug_stat_set() 함수가 실행됐다는 정보를 알려줍니다.

다음으로 13번째 줄을 보겠습니다.

```
13 bash-863 [001] .... 301.320107: kmalloc: call_site=80554994 ptr=7576a560 bytes_req=124
bytes_alloc=128 gfp_flags=GFP_KERNEL
```

위 로그에서 출력되는 메시지는 다음과 같습니다.

- ptr=7576a560: 할당받는 동적 메모리 주소
- bytes_req=124: 요청한 동적 메모리 크기
- bytes_alloc=128: 커널 kmalloc 슬랩 캐시가 실제로 할당한 메모리 크기
- gfp_flags=GFP_KERNEL: gfp 플래그

여기서 한 가지 의문이 생깁니다. **앞에서 본 13번째 줄의 ftrace 메시지는 어느 실습 코드가 실행될 때 출력될까요?** 바로 다음의 10번째 줄을 실행할 때 출력됩니다.

```
10          mem_ptr1 = kmalloc(124, GFP_KERNEL);
```

10번째 줄에서 kmalloc() 함수를 호출해 124바이트만큼 동적 메모리를 할당했습니다. 그런데 커널에서는 124바이트가 아니라 128바이트 크기의 동적 메모리를 할당했습니다.

그렇다면 'ptr=7576a560' 메시지는 할당받는 동적 메모리의 주소라고 언급했습니다. 이 주소는 슬랩 오브젝트인가요?

맞습니다. **124바이트만큼 동적 메모리를 할당해달라고 요청하면 kmalloc-128 캐시가 이미 할당해 놓은 128바이트 크기의 슬랩 오브젝트를 할당해줍니다.**

그렇다면 kmalloc() 함수로 할당받는 주소는 슬럽 오브젝트 주소겠네요?

제대로 이해하셨습니다. kmalloc() 함수로 동적 메모리를 할당받는다고 할 수 있습니다. 슬랩 캐시 관점에서 보면 이는 슬럽 오브젝트의 주소인 것입니다.

이처럼 ftrace 로그 한 줄에 많은 정보가 담겨 있습니다. 이어서 14번째 줄 로그를 봅시다.

```
14 bash-863 [001] .... 301.320131: kmalloc: call_site=805549bc ptr=811a4f70 bytes_req=44
bytes_alloc=64 gfp_flags=GFP_KERNEL
```

위 로그에서 출력되는 메시지는 다음과 같습니다.

- ptr=811a4f70: 할당받는 동적 메모리 주소

- bytes_req=44: 요청한 동적 메모리 크기

- bytes_alloc=64: 커널 kmalloc 슬랩 캐시가 실제 할당해준 메모리 크기

- gfp_flags=GFP_KERNEL: gfp 플래그

이어서 15번째 줄을 보겠습니다.

```
15 bash-863 [001] .... 301.320141: rpi_kernel_debug_stat_set+0x220/0x428: [+]mem_ptr1: 7576a560
mem_ptr2: 811a4f70
```

위 ftrace 로그는 16~17번째 줄의 실습 코드가 실행될 때 출력됩니다.

```
16          trace_printk("[+]mem_ptr1: %p mem_ptr2: %p \n",
17                              mem_ptr1, mem_ptr2);
```

kmalloc() 함수로 할당받은 메모리 주소를 출력합니다. 이 정보는 13~14번째 줄의 'ptr=' 메시지에 있는 주소와 같습니다.

```
13 bash-863 [001] .... 301.320107: kmalloc: call_site=80554994 ptr=7576a560 bytes_req=124
bytes_alloc=128 gfp_flags=GFP_KERNEL
14 bash-863 [001] .... 301.320131: kmalloc: call_site=805549bc ptr=811a4f70 bytes_req=44
bytes_alloc=64 gfp_flags=GFP_KERNEL
```

이어서 17번째 줄을 보겠습니다.

```
17 bash-863 [001] .... 301.320149: rpi_kernel_debug_stat_set+0x2ec/0x428: [+][kmem_cache]name :
kmalloc-128, size : 128
```

위 메시지는 다음 코드로 동적 메모리 할당 요청을 할 때 '슬랩 캐시' 정보를 출력합니다.

```
10          mem_ptr1 = kmalloc(124, GFP_KERNEL);
```

ftrace의 세부 정보는 다음과 같습니다.

- [kmem_cache]name: kmalloc-128   // 슬랩 캐시 이름
- size: 128   // 슬랩 오브젝트 크기

이번에는 19번째 줄을 보겠습니다.

```
19 bash-863 [001] .... 301.320155: rpi_kernel_debug_stat_set+0x350/0x428: [+][kmem_cache]name :
kmalloc-64, size : 64
```

위 메시지는 다음 코드가 실행하면서 동적 메모리 할당 요청을 할 때 '슬랩 캐시' 정보를 출력합니다.

```
11          mem_ptr2 = kmalloc(48, GFP_KERNEL);
```

ftrace 메시지의 세부 정보는 다음과 같습니다.

- [kmem_cache]name: kmalloc-64   // 슬랩 캐시 이름
- size: 64   // 슬랩 오브젝트 크기

다음으로 20~21번째 줄을 보겠습니다.

```
20 bash-863 [001] .... 301.320156: kfree: call_site=80554ac8 ptr=7576a560
21 bash-863 [001] .... 301.320158: kfree: call_site=80554ad0 ptr=811a4f70
```

kfree() 함수를 호출해 할당받은 동적 메모리를 해제하는 로그입니다. 이 로그는 커널 메모리 관점에서 다음과 같이 해석할 수 있습니다.

kmalloc-128과 kmalloc-64의 슬랩 오브젝트를 반환한다.

지금까지 kmalloc()/kfree() 함수를 호출했을 때 출력되는 ftrace 메시지의 의미를 자세히 살펴봤습니다. 이번 실습으로 kmalloc 슬랩 캐시에 대한 개념이 오랫동안 머리에 남길 희망합니다.

14.7 정리

1. CPU에서 구동 중인 프로세스가 보는 주소는 가상주소이며 0~4GB 범위입니다. 가상주소는 MMU라는 하드웨어를 통해 물리주소로 변환됩니다.

2. 리눅스는 메모리를 4K 크기의 페이지 단위로 관리합니다. 페이지를 표현하는 자료구조는 page 구조체입니다.

3. 존은 비슷한 속성인 페이지를 관리하기 위한 자료구조이자 소프트웨어 계층입니다. 물리주소와 1:1로 매핑된 영역을 ZONE_NORMAL, 물리주소와 1:1로 매핑되지 않아 변환이 필요한 영역을 ZONE_HIGHMEM이라고 부릅니다.

4. 페이지 테이블은 페이지 테이블 엔트리에 따라 섹션 엔트리, 라지 페이지 테이블, 스몰 페이지 테이블로 분류할 수 있습니다.

5. 동적 메모리 할당을 위해 kmalloc() 함수를 호출하며, 실행 조건에 따라 적절한 GFP_* 플래그를 추가해야 합니다.

6. 슬랩은 커널에서 자주 쓰는 구조체의 패턴에 따라 미리 할당한 후 이미 할당한 메모리의 주소를 알려주는 기법입니다. 커널에서 자주 사용하는 구조체에 대한 동적 메모리를 미리 확보하고 관리하는 주체를 슬랩 캐시라고 하며, 슬랩 오브젝트는 슬랩 캐시가 할당해 놓은 메모리입니다.

부록 A

GCC 지시어

리눅스 커널 코드를 읽다 보면 낯선 구문을 만날 가능성이 높습니다. 그중 하나가 GCC 컴파일러 지시어입니다. 이번 절에서는 리눅스 커널에서 자주 쓰는 GCC 지시어를 소개합니다.

A.1 __init과 __section()

__init 키워드가 함수 선언부에 있으면 해당 함수는 init.text 섹션에 위치합니다. 이해를 돕기 위해 __init 키워드로 선언된 함수를 봅시다.

https://github.com/raspberrypi/linux/tree/rpi-4.19.y/kernel/watchdog.c

```
01 void __init lockup_detector_init(void)
02 {
03     set_sample_period();
```

01번째 줄과 같이 lockup_detector_init() 함수 옆에 보이는 __init 구문입니다. 함수 선언부에 __init 키워드가 보이면 부팅 과정에서 한 번 호출되는 함수라고 해석하면 됩니다.

__init 키워드로 선언된 함수는 언제 호출될까요? 다음 코드와 같이 do_one_initcall() 함수에서 부팅
과정에서 한 번 호출됩니다.

https://github.com/raspberrypi/linux/blob/rpi-4.19.y/init/main.c

```
static void __init do_initcall_level(int level)
{
    initcall_entry_t *fn;
...
    trace_initcall_level(initcall_level_names[level]);
    for (fn = initcall_levels[level]; fn < initcall_levels[level+1]; fn++)
        do_one_initcall(initcall_from_entry(fn));
}
```

init과 __section 매크로 코드 분석

이번에는 __init 키워드의 정체를 확인해보겠습니다. __init 키워드는 매크로 타입으로 다음과 같이
정의돼 있습니다.

https://github.com/raspberrypi/linux/tree/rpi-4.19.y/include/linux/init.h

```
#define __init          __section(.init.text) __cold notrace __latent_entropy
```

이어서 include/linux/compiler.h 파일을 열어보면 '__section(S)'는 '__attribute__ ((__section__
(#S)))' 구문으로 치환됩니다.

```
# define __section(S) __attribute__ ((__section__(#S)))
```

여기서 __section(S) 매크로의 'S'를 유심히 볼 필요가 있습니다. 좀 복잡해 보입니다만 조금 풀어서 설
명해 보겠습니다.

__init 키워드는 매크로 타입으로 __section(.init.text) 코드로 치환됩니다.

'__section(.init.text)' 구문은 입력이 .init.text이므로 #S 대신 .init.text로 치환됩니다. 이는 다음
과 같이 표현할 수 있습니다.

```
__attribute__ ((__section__(.init.text)))
```

여기서 __attribute__ 지시자는 컴파일러에게 함수 컴파일 속성을 지정하는 기능입니다. **그러면 __attribute__ ((__section__(.init.text)))는 어떤 의미일까요?**

이는 GCC 컴파일러에게 '.init.text'라는 섹션에 해당 함수의 코드를 위치시키라는 의미입니다. 여기서 섹션이란 비슷한 역할을 수행하는 코드 묶음을 의미합니다. 이 같은 방식으로 비슷한 속성의 코드나 변수들을 특정 섹션에 위치시키는 경우가 많습니다.

.init.text 섹션 정보 확인

__init 키워드를 분석하다 보니 자연히 다음과 같은 의문이 생깁니다.

.init.text 섹션의 정체는 무엇일까?

리눅스에서 기본으로 제공하는 objdump 바이너리 유틸리티 프로그램을 다음 명령어로 실행하면 섹션 정보를 확인할 수 있습니다.

```
objdump -x vmlinux | more


Sections:
Idx Name          Size      VMA       LMA       File off  Algn
  0 .head.text    0000026c  80008000  80008000  00008000  2**2
                  CONTENTS, ALLOC, LOAD, READONLY, CODE
  1 .text         00607798  80100000  80100000  00010000  2**6
                  CONTENTS, ALLOC, LOAD, READONLY, CODE
  2 .fixup        0000001c  80707798  80707798  00617798  2**2
                  CONTENTS, ALLOC, LOAD, READONLY, CODE
  3 .rodata       001c2c84  80800000  80800000  00618000  2**12
                  CONTENTS, ALLOC, LOAD, DATA
  .
...
 17 .stubs        000002c0  ffff1000  80b00020  008a1000  2**5
                  CONTENTS, ALLOC, LOAD, READONLY, CODE
 18 .init.text    0004275c  80b002e0  80b002e0  008a82e0  2**5
                  CONTENTS, ALLOC, LOAD, READONLY, CODE
```

18번째 섹션인 .init.text는 0x80b002e0부터 위치해 있고 그 크기는 0x4275c라는 것을 알 수 있습니다. 이 정보로 보아 .init.text 섹션은 0x80b002e0 ~ 0x80b42a3c 메모리 공간에 위치했다고 볼 수 있습니다.

A.2 inline

함수 선언부에 키워드로 inline을 지정하면 GCC 컴파일러는 함수 심벌을 만들지 않습니다. 이 같은 유형의 함수를 인라인 함수라고 부릅니다.

인라인 함수에 대해 알아보기에 앞서 인라인 함수를 지정하는 이유는 무엇인지 먼저 살펴봅시다. 커널 함수에서 어떤 함수를 호출하면 다음과 같은 동작을 수행합니다.

- 스택 프레임의 매개변수를 메모리에 저장
- 함수 인자를 레지스터에 복사
- 실행 흐름을 변경

물론 이 동작은 ARM 어셈블리 코드로 확인할 수 있습니다. 그런데 만약 1초에 수십 번 이상 자주 호출되는 함수가 있다고 가정해보겠습니다. 함수에서 수행할 코드가 얼마 되지 않는데 위 동작을 반복하면 오버헤드라 볼 수 있습니다. 즉, 배보다 배꼽이 더 큰 상황입니다.

이해를 돕기 위해 예제 코드를 봅시다.

https://github.com/raspberrypi/linux/tree/rpi-4.19.y/kernel/time/timer.c

```
static inline unsigned calc_index(unsigned expires, unsigned lvl)
{
    expires = (expires + LVL_GRAN(lvl)) >> LVL_SHIFT(lvl);
    return LVL_OFFS(lvl) + (expires & LVL_MASK);
}
```

calc_index() 함수의 구현부를 보니 '논리 연산을 수행'하는 2줄밖에 되지 않습니다. 그런데 calc_index() 함수는 백그라운드로 매우 자주 호출됩니다. **인라인으로 선언하기에 좋은 함수입니다.**

리눅스 커널 코드에서 inline 키워드로 선언된 함수를 보면 다음과 같이 해석하면 됩니다.

- **GCC는 이 함수에 대한 심벌을 생성하지 않는다.**
- **자주 호출될 가능성이 높다.**

A.3 noinline

noinline 키워드로 함수를 선언하면 GCC 컴파일러는 이 함수를 인라인으로 처리하지 않습니다. 이해를 돕기 위해 예제 코드를 소개합니다.

https://github.com/raspberrypi/linux/tree/rpi-4.19.y/mm/slub.c

```
static noinline int alloc_debug_processing(struct kmem_cache *s,
                struct page *page,
                void *object, unsigned long addr)
{
    if (s->flags & SLAB_CONSISTENCY_CHECKS) {
        if (!alloc_consistency_checks(s, page, object, addr))
            goto bad;
    }
```

alloc_debug_processing() 함수를 noinline 키워드와 함께 지정했습니다. 참고로 alloc_debug_processing() 함수는 슬럽 오브젝트를 할당할 때 오브젝트의 오염을 점검하는 역할을 수행합니다.

그런데 GCC는 컴파일 과정에서 inline 키워드로 함수를 선언하지 않아도 '인라인으로 처리해도 적합한 함수'라고 판단하면 **함수를 인라인 타입으로 컴파일합니다.** 물론 GCC 컴파일러가 알아서 인라인으로 함수를 처리해주니 고맙다는 생각이 들 수 있습니다. 하지만 문제는 코드를 작성한 의도와 다르게 함수가 오동작할 수 있다는 점입니다.

한 가지 예를 들어 봅시다. 어떤 개발자가 어떤 함수에서 __builtin_return_address() 매크로 함수를 써서 자신을 호출한 함수의 주소에 따라 다른 조건으로 처리하려고 합니다. 그런데 해당 함수가 인라인으로 처리되면 어떻게 될까요? 인라인으로 처리되니 함수의 주소나 심벌이 사라지게 됩니다. 따라서 __builtin_return_address() 매크로는 다른 결과를 반환해서 예상치 못한 동작을 하게 됩니다.

 예전에 필자가 개발 도중 도저히 설명이 불가능한 문제를 만난 적이 있습니다. 수많은 시행착오 끝에 알아낸 근본 원인은 GCC가 자동으로 함수를 인라인으로 처리하는 것이었습니다.

A.4 __noreturn

리눅스 커널에서는 자신을 호출한 함수로 되돌아가지 않는 함수가 있습니다. 이런 종류의 함수에 __noreturn 키워드를 붙이면 컴파일러가 최적화 작업을 추가로 수행합니다.

__noreturn 키워드로 선언한 예는 다음과 같습니다.

https://github.com/raspberrypi/linux/tree/rpi-4.19.y/kernel/exit.c

```
void __noreturn do_exit(long code)
{
    struct task_struct *tsk = current;
    int group_dead;
...
```

do_exit() 함수는 프로세스를 종료하는 동작입니다. 당연한 이야기지만 함수를 실행하는 주인공인 프로세스가 소멸하니 이전 함수로 되돌아 갈 수 없습니다.

A.5 unused

GCC 컴파일러는 특정 함수를 호출하는 코드가 없을 때 함수를 호출한 적이 없다는 경고 에러 메시지를 출력합니다. 그래서 함수 선언부에 unused 키워드를 붙이면 GCC 컴파일러에게 **함수가 호출되지 않는 듯해도 커널이 해당 함수를 사용한다**고 알려줍니다.

이해를 돕기 위해 관련 코드를 소개합니다.

https://github.com/raspberrypi/linux/tree/rpi-4.19.y/arch/arm/mach-omap2/pm.c

```
int __maybe_unused omap_pm_nop_init(void)
{
    return 0;
}
```

omap_pm_nop_init() 함수는 어느 코드에서도 호출하지 않지만 omap_pm_nop_init() 함수에 __maybe_unused 키워드를 붙이면 컴파일러는 경고 메시지를 출력하지 않습니다.

이 밖에도 함수 선언부에 unused 키워드를 지정하는 이유는 다음과 같습니다.

- 어셈블리 코드에서 C 코드로 구현된 함수를 호출할 때

- 함수에 전달된 인자를 받아서 해당 인자를 쓰지 않을 때

A.6 __builtin_return_address() 함수

GCC에서 제공하는 __builtin_return_address() 매크로 함수를 사용하면 자신을 호출한 함수의 주소를 알 수 있습니다. 커널에서는 __builtin_return_address() 매크로 함수를 활용해 다양한 방식으로 디버깅 메시지를 출력합니다.

다음은 __builtin_return_address() 매크로 함수를 써서 디버깅 메시지를 출력하는 패치 코드입니다.

```
diff --git a/kernel/workqueue.c b/kernel/workqueue.c
--- a/kernel/workqueue.c
+++ b/kernel/workqueue.c
@@ -2904,6 +2904,10 @@ bool __flush_work(struct work_struct *work)
01 {
02        struct wq_barrier barr;
03
04 +      long unsigned int caller_func_address = 0;
05 +      caller_func_address = (long unsigned int)__builtin_return_address(0);
06 +
07 +      trace_printk("caller: %pS [0x%08lx] \n", (void *)caller_func_address, (long unsigned
int)caller_func_address);
08            if (WARN_ON(!wq_online))
09                    return false;
```

이 패치 코드를 입력 방법을 소개하겠습니다. 다음 코드에서 "/* 패치 코드를 입력하세요 */" 부분에 04~07번째 줄의 패치 코드를 입력하면 됩니다.

https://github.com/raspberrypi/linux/tree/rpi-4.19.y/kernel/workqueue.c

```
static bool __flush_work(struct work_struct *work, bool from_cancel)
{
    struct wq_barrier barr;
    /* 패치 코드를 입력하세요 */
    if (WARN_ON(!wq_online))
            return false;
```

위와 같은 패치 코드를 적용하면 어느 함수에서 __flush_work() 함수를 호출하는지 확인할 수 있습니다.

A.7 container_of

커널 코드에서 container_of는 많이 활용하는 매크로입니다. container_of() 매크로 함수는 **구조체 필드의 주소로 구조체의 시작 주소를 계산하는** 기능을 제공합니다.

container_of 매크로를 쉽게 표현하면 다음과 같습니다.

```
구조체 시작 주소 = container_of(입력주소, 구조체, 해당 구조체의 필드)
```

다음 예제 코드를 함께 보면서 container_of 매크로를 어떻게 활용하는지 살펴보겠습니다.

https://github.com/raspberrypi/linux/tree/rpi-4.19.y/kernel/workqueue.c

```
01 static struct workqueue_struct *dev_to_wq(struct device *dev)
02 {
03     struct wq_device *wq_dev = container_of(dev, struct wq_device, dev);
04
05     return wq_dev->wq;
06 }
```

03번째 줄을 보면 container_of를 써서 struct wq_device *wq_dev 지역변수에 어떤 값을 대입합니다. 여기서 container_of(dev, struct wq_device, dev)는 코드는 다음과 같이 해석할 수 있습니다.

- dev: 입력 주소

- struct wq_device: 구조체

- dev: wq_device 구조체의 필드 이름

결과적으로 container_of 매크로를 쓰면 wq_device 구조체의 시작 주소를 반환합니다.

부록 B

리눅스 커널을
접하는 방법

이 책의 내용을 대부분 읽고 이해하셨나요? 혹은 세부 주제(인터럽트/프로세스)를 조금 더 알고 싶으신가요? **먼저 축하 드립니다.**

신입 개발자분이 이 책의 내용을 이해하는 것은 정말 힘든 일이기 때문입니다. 그런데 이 책을 거의 다 읽고 나면 다음과 같은 생각이 들 수 있습니다.

   조금 더 커널 코드를 분석해볼까?

또한 커널 코드를 분석하다 보면 이런 생각이 문득 떠오를 수 있습니다.

   커널 코드를 분석했는데 좀 지루하다. 커널을 조금 더 깊게 배울 수 있는 좋은 방법이 있을까?

필자만 이런 생각을 한 줄 알았는데 리눅스 세미나에서 많은 분들이 공통적으로 제게 주신 질문이었습니다. 이번 절에서는 '리눅스 커널'을 접하는 다음과 같은 방법을 이야기해보려 합니다.

- 블로그에 커널 분석 내용을 올리기

- kldp나 스택 오버플로(Stack Overflow)[2]에 답신 올리기

- 스터디 모임에 참석하기

- 리눅스 커널 메일링 리스트 구독하기

필자가 소개한 이 같은 방법을 활용해 커널을 자주 접하고 익히기를 바랍니다.

B.1 블로그에 공부한 내용을 올리기

커널 소스코드를 분석한 후 새롭게 알게 된 내용을 블로그에 정리해 보는 것은 어떨까요? 구글링으로 검색이 잘 되는 블로그를 하나 개설한 다음, 블로그에 다음과 같은 '주제의 글'을 꾸준히 올리는 것입니다.

- 새롭게 분석한 커널 코드

- 개발 도중 알게 된 노하우

- 리눅스에 대한 자신의 생각

블로그에 글을 올리면 누가 혜택을 받을까

블로그에 리눅스 커널에 대한 유용한 분석 자료나 개발 팁을 올렸다고 가정해 봅시다. 그러면 이 글을 읽고 누가 도움을 받게 될까요? 여러분이 올린 블로그의 글을 읽은 다른 학생이나 개발자가 도움을 받을 수 있습니다. **하지만 여러분이 올린 블로그 글에 도움을 받는 첫 번째 대상은 바로 여러분일 가능성이 높습니다.** 그 이유는 간단합니다. **여러분이 공부한 내용을 나중에 찾아 볼 가능성이 높기 때문입니다.**

사실 실전 프로젝트에 투입돼 개발하다 보면 문제를 해결할 시간이 충분히 주어지지 않습니다. 실전 개발에서는 대부분 개발 일정이 촉박해서 문제를 빨리 해결해야 하기 때문입니다. 문제를 해결하기 위해서는 먼저 로그나 덤프를 분석할 때가 많습니다. 그런데 이 과정에서 로그나 덤프에 관련된 커널이나 드라이버 코드에 대한 분석으로 이어집니다. 이때 기존 커널 코드 분석 내용이나 개발 팁을 활용해야 할 때가 있습니다.

---

2 https://stackoverflow.com/

문제는 예전에 분석했던 내용이 잘 떠오르지 않는다는 것입니다. 사실 저도 이런 경험을 많이 겪었습니다. 한 가지 예를 들어볼까요? 예전에 저는 커널 코드를 전처리 코드로 빌드하는 명령어가 무엇인지 기억이 나지 않았습니다.

이럴 때 필자는 필자의 블로그를 먼저 검색합니다. 블로그에서 '전처리'라는 키워드로 검색하니 바로 다음과 같은 포스팅을 확인할 수 있습니다.

[라즈베리 파이] 리눅스 커널: 전처리 파일 추출

http://rousalome.egloos.com/9969513

```
diff --git a/Makefile b/Makefile
index 4a7e6df..313dbbe 100644
--- a/Makefile
+++ b/Makefile
@@ -395,6 +395,7 @@ KBUILD_CFLAGS    := -Wall -Wundef -Wstrict-prototypes -Wno-trigraphs
                 -fno-strict-aliasing -fno-common
                 -Werror-implicit-function-declaration
                 -Wno-format-security
+                -save-temps=obj
                 -std=gnu89
 KBUILD_CPPFLAGS := -D__KERNEL__
 KBUILD_AFLAGS_KERNEL :=
```

만약 필자가 블로그에 위와 같은 내용을 올리지 않았다면 어떻게 했을까요? **기억을 더듬으면서 구글링해야 합니다.** 문제는 구글링하면서 헤매다가 긴 시간을 보낼 수 있다는 사실입니다. 이런 시간들이 쌓이면 자연히 퇴근 시간이 늦어질 수 있죠.

그래서 필자는 커널 코드를 분석한 내용이나 개발 팁을 블로그에 올려 놓습니다. 미래의 저를 위해 블로그에 분석 내용을 올리는 것입니다.

다른 개발자들에게 기여

꾸준히 공부한 내용을 블로그에 올리면 다른 개발자에게 도움을 줄 수 있습니다. 구글링으로 유용한 정보를 찾아내는 능력은 개발자의 필수 역량이 된 지 오래입니다. 여러분이 블로그에 올린 지식이 구글링한 다른 개발자에게 도움이 된다면 다른 개발자에게 기여(Contribution)한 것이라고 볼 수 있습니다.

리눅스 커널 오픈소스 프로젝트에 자신의 코드를 추가하는 것만이 기여(Contribution)는 아닙니다. 자신의 지식을 블로그를 통해 다른 개발자에게 공유하고 알리는 것도 큰 의미가 있습니다.

블로그는 개발자의 내공을 알리는 퍼스널 브랜딩 창구

유명 개발자는 각자 블로그를 운영하는 경우가 많습니다. 다음은 리눅스 커널 프로젝트의 리드(Lead) 개발자인 그렉 크로아 하트만(Greg Kroah-Hartman)과 세계 최고의 리눅스 커널 블로그를 운영하는 문영일 선배님의 '문c 블로그'입니다.

- Greg Kroah-Hartman: http://www.kroah.com/log
- 문영일(문c 블로그): http://jake.dothome.co.kr

어떤 개발자는 자신의 블로그 주소를 명함이나 이메일 서명에 추가하는 경우도 많습니다. 이처럼 블로그는 IT 개발자가 자신을 알리는 퍼스널 브랜딩의 주요 매체로 활용되고 있습니다.

여러분도 블로그를 하나 개설하고 일주일에 꾸준히 2개씩 포스팅하는 목표를 잡으면 어떨까요? 6개월 정도 지나면 여러분의 블로그가 유익한 자료로 가득 차 있을 것입니다.

사실 이 책의 출발점도 필자의 블로그였습니다. 2016년부터 꾸준히 리눅스 커널과 디버깅 자료를 블로그에 꾸준히 올렸습니다. 블로그에 올린 자료들이 모이니 자연히 책이 됐습니다.

B.2 리눅스 사이트에서 답신 달기

KLDP[3]나 스택 오버플로에 가면 여러 개발자가 올린 리눅스 관련 질문을 읽을 수 있습니다. 여기에 가서 질문을 올리라고요? 아닙니다. **질문을 남기는 것보다 다른 개발자가 올린 질문에 답해보는 것은 어떨까요?**

스택 오버플로나 KLDP에는 개발자들이 겪는 다양한 기술적인 문제를 확인할 수 있습니다. 한국에서 유명한 리눅스 포털인 다음 사이트를 예로 들어봅시다. 어떤 분이 다음과 같은 질문을 올렸습니다[4].

---

3 https://kldp.org/

4 출처: https://kldp.org/node/161302

> 커널 소스 파악 질문있습니다.
> context switching이 어떻게 동작하는지 궁금하여 분석을 해보려다...내공이 부족하여 질문을
> 올리게 되었습니다.
> 일단
> movq %rsp,TASK_threadsp(%rdi)
> movq TASK_threadsp(%rsi), %rsp
> 이런 코드가 있는데 TASK_threadsp가 어떤 동작을 하는지 모르겠습니다. 찾아 들어가면 결국
> 마지막에
> asm volatile("\n->" #sym " %0" #val :: "i" (val)) 나옵니다. 이건 또 어떤 문법인지..제가
> C언어를 못하는건지 아니면 어셈인지.. 파악을 못하겠습니다. 도움좀 부탁드립니다.

이 질문을 보고 필자는 다음과 같은 답변을 달았습니다.

> TASK_threadsp는 태스크 디스크립터 thread.sp 주소 오프셋입니다.
>
> 컨텍스트 스위칭을 할 때 레지스터 세트를 프로세스 만의 공간에 저장하거나 로딩합니다.
> 해당 코드는 관련 동작인데, TASK_threadsp 는 태스크 디스크립터 구조체 기준으로 thread.sp 주소
> 오프셋을 의미합니다.
>
> https://code.woboq.org/linux/linux/include/generated/asm-offsets.h.html
> #define TASK_threadsp 12120 /* offsetof(struct task_struct, thread.sp) */
> ...

필자는 ARMv7, ARMv8 아키텍처에 익숙해 x86 관련 어셈블리 코드는 최근 자주 보지 못했습니다.
하지만 코드를 보고 연구를 해서 위와 같이 답변을 올린 것입니다.

여러분도 다른 개발자가 올린 질문에 답하면서 다른 개발자에게 도움을 주면 어떨까요? 이 과정에서
자연히 공부를 하게 됩니다.

B.3 커널 스터디 클럽

리눅스에 관심이 있는 동료나 친구들이 있으면 리눅스 커널 스터디 모임을 하나 만드는 것은 어떨까
요? 일주일 동안 자신이 공부한 내용을 발표하면 좋겠죠. 스터디 모임을 한 다음 뒤풀이할 때도 커널을
주제로 토론해보는 것은 어떨까요? 먼저 스터디 모임을 꾸준히 연 다음에 공부한 내용을 공유하는 것
이 중요할 것 같습니다.

만약 스터디 모임을 만들기 어렵다면 이미 운영되고 있는 IAMROOT(http://www.iamroot.org/) 같은 훌륭한 리눅스 커널 스터디 모임에 참석하는 것도 좋은 방법 중 하나입니다.

B.4 리눅스 커널 메일링 리스트 구독하기

리눅스 커널을 조금 더 분석하다 보면 다음과 같은 생각이 들 수 있습니다.

커널의 특정 서브시스템을 조금 더 깊게 알고 싶다. 실제 커널 개발자들은 어떻게 개발할까?

이를 위해서는 어떻게 해야 할까요?

리눅스 커널 메일링 리스트를 구독하면 됩니다.

세계 정상급 개발자들이 어떻게 리눅스 커널을 개발하는지를 여러분의 '이메일'로 받아 볼 수 있습니다. 리눅스 커널 메일링 리스트에서는 다음과 같은 내용을 확인할 수 있습니다.

- 새로운 커널 패치와 코드 리뷰
- 리눅스 커널의 세부 기능별 버그 공유
- 새로운 기능에 대한 논의
- 질문과 대답

여기서 소개하는 내용을 참고해서 '리눅스 커널 메일 리스트'를 적극적으로 활용하시길 바랍니다. 먼저 리눅스 커널 메일링 리스트를 구독하는 방법을 알아봅시다.

리눅스 커널 메일링 리스트 페이지 방문

웹 브라우저에서 다음 URL로 이동합시다.

- http://vger.kernel.org/vger-lists.html

그러면 다음과 같은 화면이 보일 것입니다.

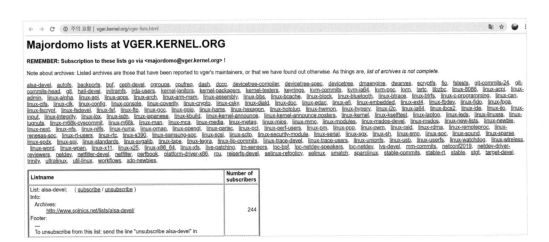

그림 B.1 메일링 리스트 목록

이 페이지에서 각 하이퍼링크가 리눅스 커널 메일링 리스트입니다. 보시다시피 수십 가지 리눅스 커널 메일링 리스트가 보입니다. 이 목록 중 하나를 등록하면 되는 것입니다.

메일링 리스트를 구독하기 위한 메일 발송

예를 들어 위 목록에서 linux-xfs 메일링 리스트에 등록하려면 어떻게 해야 할까요? 이를 위해 다음 형식으로 이메일을 전송하면 됩니다.

- 수신자: majordomo@vger.kernel.org
- 제목: 제목 없음
- 본문:

   subscribe linux-xfs

다음은 필자의 이메일 계정으로 linux-xfs 메일링 리스트를 등록하는 화면입니다.

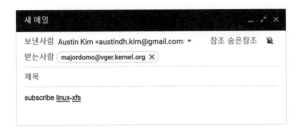

그림 B.2 메일링 리스트 구독 신청 메일 보내기

반복하지만 수신자의 이메일 주소는 `majordomo@vger.kernel.org`이고 제목 없이 본문에 'subscribe linux-xfs'라는 내용만 적으면 됩니다. 메일을 보낸 후 3분 정도 기다리면 다음과 같은 메일이 올 것입니다.

그림 B.3 메일링 리스트 구독 확인 메일

메일의 내용을 요약하면 다음과 같습니다.

- 누군가 `austindh.kim@gmail.com`이라는 이메일 주소로 `linux-xfs` 메일링 리스트 구독을 요청한 것 같다.
- 정말 구독을 원하면 다음 내용으로 메일을 다시 보내달라.
- 수신자 이메일의 주소는 `majordomo@vger.kernel.org`이다.

이번에는 다음 내용을 복사해 다시 답장을 보냅니다.

```
auth b370f3eb subscribe linux-xfs austindh.kim@gmail.com
```

그림 B.4 메일링 리스트 구독 확정 메일 보내기

메일링 리스트 구독 완료 확인

1분 후 다음과 같은 구독 완료 메일이 도착합니다.

Welcome to linux-xfs

Majordomo@vger.kernel.org
나에게 ▼

文A 영어 ▼ > 한국어 ▼ 메일 번역

--

Welcome to the linux-xfs mailing list!

Please save this message for future reference. Thank you.

If you ever want to remove yourself from this mailing list,
you can send mail to <Majordomo@vger.kernel.org> with the following
command in the body of your email message:

   unsubscribe linux-xfs

그림 B.5 메일링 리스트 구독 완료

앞에서 받은 메일의 내용을 정리하면 다음과 같습니다.

- linux-xfs 메일링 리스트 구독이 완료됐다.

- 만약 linux-xfs 메일링 리스트 구독을 취소하려면 다음 정보로 메일을 보내달라.

    수신자: majordomo@vger.kernel.org

    본문: unsubscribe linux-xfs

10분 정도 지나니 linux-xfs 메일링 리스트로 메일이 도착했음을 알 수 있습니다.

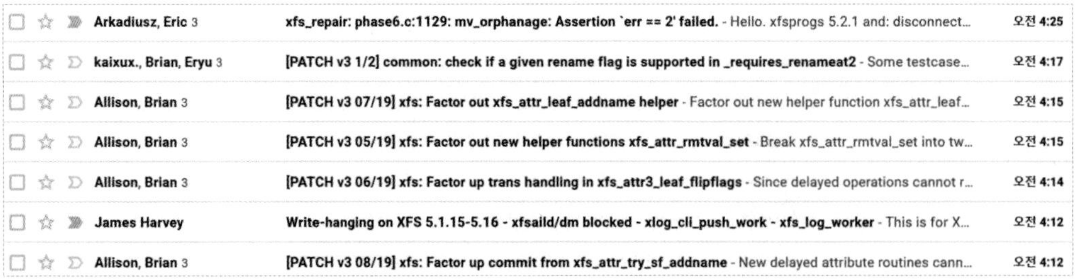

☐ ☆ ≫	Arkadiusz, Eric 3	xfs_repair: phase6.c:1129: mv_orphanage: Assertion `err == 2' failed. - Hello. xfsprogs 5.2.1 and: disconnect...		오전 4:25
☐ ☆ ⟫	kaixux., Brian, Eryu 3	[PATCH v3 1/2] common: check if a given rename flag is supported in _requires_renameat2 - Some testcase...		오전 4:17
☐ ☆ ⟫	Allison, Brian 3	[PATCH v3 07/19] xfs: Factor out xfs_attr_leaf_addname helper - Factor out new helper function xfs_attr_leaf...		오전 4:15
☐ ☆ ⟫	Allison, Brian 3	[PATCH v3 05/19] xfs: Factor out new helper functions xfs_attr_rmtval_set - Break xfs_attr_rmtval_set into tw...		오전 4:15
☐ ☆ ⟫	Allison, Brian 3	[PATCH v3 06/19] xfs: Factor up trans handling in xfs_attr3_leaf_flipflags - Since delayed operations cannot r...		오전 4:14
☐ ☆ ≫	James Harvey	Write-hanging on XFS 5.1.15-5.16 - xfsaild/dm blocked - xlog_cli_push_work - xfs_log_worker - This is for X...		오전 4:12
☐ ☆ ⟫	Allison, Brian 3	[PATCH v3 08/19] xfs: Factor up commit from xfs_attr_try_sf_addname - New delayed attribute routines cann...		오전 4:12

그림 B.6 linux-xfs 메일링 리스트로 전달된 메일

이제부터 XFS 파일 시스템 개발자들이 제안한 패치와 토론 내용을 볼 수 있습니다.

여기까지 리눅스 커널 메일링 리스트를 구독하는 방법을 소개했습니다. 생각보다 리눅스 커널 메일링 리스트를 등록하는 방법은 매우 간단합니다. 리눅스 커널 메일링 리스트를 구독하는 것보다 이를 잘 활용하는 것이 중요합니다. **꾸준히 메일링 리스트에서 다룬 내용을 읽고 정리하면 여러분의 실력은 분명히 업그레이드될 것입니다.**

부록 C

리눅스 커널 프로젝트에
기여하기

부록 B에서 리눅스 커널을 익히는 다양한 방법을 소개했습니다. 그런데 리눅스 커널 실력을 키우는 또 다른 좋은 방법은 '리눅스 커널 프로젝트'에 참여해 기여하는 것입니다. 그럼 '리눅스 커널 오픈소스 프로젝트에 기여한다'라는 것은 무엇을 의미할까요? 여러분이 수정한 소스코드가 리눅스 커널 커뮤니티에서 관리하는 리눅스 커널 소스의 저장소에 반영되는 것입니다. 리눅스 커널 소스를 분석하는 데 그치지 말고 코드를 개선해 보면 더 많은 것을 얻을 수 있습니다.

이번에는 리눅스 커널 오픈소스 프로젝트에 참여해 여러분이 수정한 코드를 기여하는 방법을 소개합니다.

C.1 리눅스 커널 오픈소스 프로젝트 소개

리눅스 커널 오픈소스 프로젝트를 진행하다 보면 낯선 용어를 만나게 됩니다. 먼저 관련 용어를 배워봅시다.

C.1.1 용어

메인테이너란?

여러분이 리눅스 커널 오픈소스 프로젝트를 진행하면 가장 먼저 메인테이너(Maintainer)를 만나게 됩니다. 그 이유는 여러분이 커널 패치 코드를 이메일로 보내면 이를 리뷰해주는 개발자가 메인테이너이기 때문입니다.

리눅스 커널을 구성하는 서브시스템별로 메인테이너가 있는데 이들은 각 서브시스템에서 가장 실력이 뛰어나거나 활발하게 활동하는 커널 개발자로서 여러 커널 개발자가 제안한 패치를 수락하거나 거절하는 역할을 합니다.

만약 여러분이 제안한 내용을 메인테이너가 수락하면 리눅스 커널의 메인 저장소에 병합(Merge)될 가능성이 높습니다. 리누스 토발즈(Linus Torvalds)도 메인테이너의 권한을 존중해주기 때문입니다.

서브시스템이란?

서브시스템은 리눅스 커널의 세부 기능을 의미합니다. 예를 들면 다음과 같습니다.

- ext4 파일 시스템
- xfs 파일 시스템
- USB 드라이버
- perf
- tracing

리눅스 커널은 수십 개의 서브시스템으로 구성돼 있으며, 각 서브시스템별로 메인테이너가 있습니다.

C.1.2 패치 반영 과정

여러분이 커널 코드를 수정한 후 패치를 보내면 다음과 같은 과정을 거칩니다.

- 여러분이 패치 코드를 이메일로 전송하면 먼저 메인테이너나 다른 커널 개발자로부터 코드 리뷰를 받습니다.
- 메인테이너가 패치를 승락하면 서브시스템별로 관리되는 저장소에 병합됩니다.
- 일주일 후 서브시스템별로 관리되는 저장소는 linux-next 메인 브랜치에 병합됩니다.

C.2 설정 방법

리눅스 커널 패치를 생성하기 전에 먼저 간단한 설정을 해야 합니다. 이를 위한 리눅스 배포판을 소개하고 프로그램을 설치하는 방법을 설명하겠습니다.

C.2.1 리눅스 배포판 소개

리눅스 커널 소스코드를 내려받은 후 커널 패치를 생성하려면 두 가지 리눅스 배포판을 사용하면 됩니다.

- 이번 책에서 사용한 라즈베리 파이
- 버추얼박스로 로딩한 우분투 리눅스(16.04 버전)

이어지는 절에서는 라즈베리 파이에서 커널 소스를 내려받고 빌드하고 패치를 메일로 전송하는 방법을 소개하겠습니다.

C.2.2 git과 mutt 프로그램 설정

먼저 리눅스 컴퓨터에는 mutt와 git 프로그램이 설치돼 있어야 합니다.

```
root@raspberrypi:/home/pi# apt-get install mutt git
```

위 명령어를 입력하면 mutt와 git 프로그램을 설치할 수 있습니다. 이 프로그램이 제대로 설치됐는지 확인해 봅시다. 이를 위해 다음 명령어를 입력합니다.

```
root@raspberrypi:/home/pi#which mutt
/usr/bin/mutt
root@raspberrypi:/home/pi#which git
/usr/local/bin/git
```

Git은 소스코드 파일 간 변경사항을 추적하기 위한 분산 버전 관리 시스템이자 프로그램입니다. 많은 소프트웨어 회사에서 Git을 버전 관리 시스템으로 많이 활용하고 있으며, 리눅스 커널의 오픈소스도 Git을 사용해 버전을 추적 관리합니다.

Mutt는 리눅스 계열에서 구동하는 텍스트 기반 이메일 클라이언트 프로그램입니다. 많은 리눅스 커널 개발자들이 Mutt 프로그램을 사용해 리눅스 커널 패치를 '리눅스 메일링 리스트'와 커널 개발자에게 전송합니다.

'cd ~' 명령어를 입력해 계정의 홈 디렉터리로 이동합니다.

```
root@raspberrypi:/home/pi# cd ~
```

다음으로 .muttrc 파일을 생성하고 .muttrc 파일에 '읽기+쓰기' 권한을 부여합니다.

```
root@raspberrypi:/home/pi# touch .muttrc
root@raspberrypi:/home/pi# chmod 777 .muttrc
```

이번에는 .muttrc 파일을 텍스트 편집기로 열고 다음 정보를 입력합니다.

```
root@raspberrypi:/home/pi# vi .muttrc
```

[설정 내용]

```
set realname = "Austin Kim"
set from = "austindh.kim@gmail.com"
set use_from = yes
set envelope_from = yes

set smtp_url = "smtps://austindh.kim@gmail.com@smtp.gmail.com:465/"
set smtp_pass = "enter_your_passwd"
set imap_user = "austindh.kim@gmail.com"
set imap_pass = "enter_your_passwd"
set folder = "imaps://imap.gmail.com:993"
set spoolfile = "+INBOX"
set ssl_starttls=yes
set ssl_force_tls = yes

bind index G imap-fetch-mail
set editor = "vim"
set charset = "utf-8"
set record = ''
```

앞에서 소개한 내용은 필자의 이메일 계정을 기준으로 설정한 것이므로 아래의 두 항목을 여러분의 계정에 맞게 변경하길 바랍니다.

- "austindh.kim@gmail.com": 여러분의 이메일 주소
- "enter_your_passwd": 여러분의 이메일 비밀번호

이렇게 해서 mutt 설정이 끝났습니다.

C.2.3 리눅스 커널 소스코드 내려받기

리눅스 커널 소스코드를 수정하려면 최신 버전의 리눅스 커널 소스를 내려받아야 합니다. 이를 위해 다음 명령어를 입력합니다.

```
git clone https://kernel.googlesource.com/pub/scm/linux/kernel/git/next/linux-next
```

다음은 리눅스 터미널에서 리눅스 커널 소스코드를 내려받기 위해 사용한 명령어입니다.

```
root@raspberrypi:/home/pi# mkdir kernel_src
root@raspberrypi:/home/pi# cd kernel_src
root@raspberrypi:/home/pi/kernel_src# git clone https://kernel.googlesource.com/pub/scm/linux/
kernel/git/next/linux-next

Cloning into 'linux-next'...
remote: Sending approximately 1.32 GiB ...
remote: Counting objects: 13164, done
remote: Finding sources: 100% (7076597/7076597)
remote: Total 7076597 (delta 5964592), reused 7076255 (delta 5964592)
Receiving objects: 100% (7076597/7076597), 1.31 GiB | 10.35 MiB/s, done.
Resolving deltas: 100% (5964592/5964592), done.
Checking connectivity... done.
Checking out files: 100% (65459/65459), done.
```

이렇게 kernel_src 디렉터리를 생성한 후 해당 디렉터리에 이동해 소스를 내려받았습니다. 소스를 다 내려받고 나면 linux-next 폴더가 생성됐음을 확인할 수 있습니다.

```
root@raspberrypi:/home/pi/kernel_src# ls
linux-next
```

이어서 linux-next 디렉터리에 이동해 커밋을 확인해 봅시다.

```
root@raspberrypi:/home/pi/kernel_src# cd linux-next/
root@raspberrypi:/home/pi/kernel_src/linux-next# git log
commit 5d18cb62218608a1388858880ad3ec76d6cb0d3b
Author: Stephen Rothwell <sfr@canb.auug.org.au>
```

```
Date:    Wed Aug 28 19:59:14 2019 +1000

    Add linux-next specific files for 20190828

    Signed-off-by: Stephen Rothwell <sfr@canb.auug.org.au>
```

이렇게 'git log' 명령어를 입력하면 커밋 정보를 볼 수 있습니다.

C.2.4 리눅스 커널의 git 정보

참고로 리눅스 커널 오픈 소스 프로젝트의 세부 커밋 정보는 다음 사이트에서 확인할 수 있습니다.

- https://kernel.googlesource.com/pub/scm/linux/kernel/git/next/linux-next/

리눅스 커널에서는 세부 서브시스템별로 Git으로 운영되는 저장소를 운영합니다. 이 정보를 확인하려면 다음 페이지를 참고합시다.

- https://kernel.googlesource.com/pub/scm/linux/kernel/git/

C.3 패치 코드를 작성한 후 이메일로 보내기

이제 리눅스 커널 패치를 생성할 수 있는 설정을 마무리했으니 패치를 작성하는 방법을 소개합니다.

- 패치 코드를 작성하는 방법
- 커밋과 커밋 메시지 작성
- 패치에 대한 코딩 룰 체크
- 패치를 보낼 메일 수신자 확인
- mutt 프로그램으로 패치 전송

패치와 패치를 작성하는 방법은 필자가 2019년 9월에 리눅스 커널 오픈소스 프로젝트에 기여한 패치를 기준으로 설명하겠습니다.

C.3.1 패치 코드를 작성하기 전 커널 코드 분석

리눅스 커널 오픈 소스 프로젝트에 기여하려면 먼저 리눅스 커널의 소스코드를 자주 봐야 합니다. 소스 코드를 이해하는 것은 물론이고 코드에 어떤 오류가 있는지 살펴보면서 코드를 볼 필요가 있습니다.

필자는 리눅스 커널의 vmalloc 서브시스템 내 __vmalloc_area_node() 함수를 분석했습니다. 소스코드를 함께 봅시다. 특히 07~13번째 코드를 눈여겨봅시다.

https://elixir.bootlin.com/linux/v5.3/source/mm/vmalloc.c

```
01 static void *__vmalloc_area_node(struct vm_struct *area, gfp_t gfp_mask,
02              pgprot_t prot, int node)
{
03    struct page **pages;
04    unsigned int nr_pages, array_size, i;
...
05    area->nr_pages = nr_pages;
06    /* Please note that the recursion is strictly bounded. */
07    if (array_size > PAGE_SIZE) {
08        pages = __vmalloc_node(array_size, 1, nested_gfp|highmem_mask,
09            PAGE_KERNEL, node, area->caller);
10    } else {
11        pages = kmalloc_node(array_size, nested_gfp, node);
12    }
13    area->pages = pages;
14    if (!area->pages) {
15        remove_vm_area(area->addr);
16        kfree(area);
17        return NULL;
18    }
19    for (i = 0; i < area->nr_pages; i++) {
20        struct page *page;
...
21    }
```

소스코드를 보고 **"뭐가 문제지?"**라고 반문할 수 있습니다.

많은 분들이 커널 소스코드를 분석할 때 이해하는 데 급급할 때가 많습니다. 하지만 커널 소스코드를 조금 '비판적'으로 보면 가끔 논리적인 오류가 발견될 때가 있습니다.

그럼 위 소스코드의 문제점에 대해 설명해 드리겠습니다.

```
07    if (array_size > PAGE_SIZE) {
08        pages = __vmalloc_node(array_size, 1, nested_gfp|highmem_mask,
09                PAGE_KERNEL, node, area->caller);
10    } else {
11        pages = kmalloc_node(array_size, nested_gfp, node);
12    }
```

08번째와 11번째 줄에서는 __vmalloc_node() 함수와 kmalloc_node() 함수를 호출해 페이지를 할당받습니다. 그런데 메모리 부족으로 페이지가 부족할 때는 이 함수들은 NULL을 반환합니다.

이번에는 13~17번째 줄을 보겠습니다.

```
13    area->pages = pages;
14    if (!area->pages) {
15        remove_vm_area(area->addr);
16        kfree(area);
17        return NULL;
18    }
```

먼저 13번째 줄을 보면 페이지가 할당된 pages를 area->pages 필드에 저장합니다. page가 NULL일지도 모르는 상황인데도 area->pages 필드에 page를 저장합니다.

이번에는 14번째 줄을 눈으로 따라가 봅시다. area->pages가 NULL인지 체크하는 동작입니다. area->pages가 NULL이면 '!area->pages' 구문은 true이니 15번째 줄을 실행해 area->addr과 area 주소를 해제(free)합니다.

위 코드를 분석하고 난 후 다음과 같이 코드를 개선하면 좋겠다는 아이디어가 떠올랐습니다.

- 08번째와 11번째 줄과 같이 __vmalloc_node() 함수와 kmalloc_node() 함수를 호출해 페이지를 할당받은 다음 바로 page 포인터에 대한 NULL 체크를 하자.

- 이 14~18번째 줄의 예외 처리 코드 다음에 'area->pages = pages'를 실행하면 좋지 않을까?

앞에서 설명한 기준에 따라 소스코드를 수정했습니다. 12~20번째 줄이 수정한 코드입니다.

```
01 static void *__vmalloc_area_node(struct vm_struct *area, gfp_t gfp_mask,
02            pgprot_t prot, int node)
{
```

```
03    struct page **pages;
04    unsigned int nr_pages, array_size, i;
...
05    /* Please note that the recursion is strictly bounded. */
06    if (array_size > PAGE_SIZE) {
07        pages = __vmalloc_node(array_size, 1, nested_gfp|highmem_mask,
08                PAGE_KERNEL, node, area->caller);
09    } else {
10        pages = kmalloc_node(array_size, nested_gfp, node);
11    }
12
13    if (!pages) {
14        remove_vm_area(area->addr);
15        kfree(area);
16        return NULL;
17    }
18
19    area->pages = pages;
20
21    for (i = 0; i < area->nr_pages; i++) {
22        struct page *page;
...
23    }
```

이번에는 패치 형태로 소스 수정 내역을 확인해보겠습니다.

```
root@raspberrypi:/home/pi/kernel_src/linux-next# git diff mm/vmalloc.c
diff --git a/mm/vmalloc.c b/mm/vmalloc.c
index e66e7ff..0471c78 100644
--- a/mm/vmalloc.c
+++ b/mm/vmalloc.c
@@ -2416,13 +2416,15 @@ static void *__vmalloc_area_node(struct vm_struct *area, gfp_t gfp_mask,
        } else {
                pages = kmalloc_node(array_size, nested_gfp, node);
        }
-       area->pages = pages;
-       if (!area->pages) {
+
+       if (!pages) {
```

```
                remove_vm_area(area->addr);
                kfree(area);
                return NULL;
        }

+       area->pages = pages;
+
        for (i = 0; i < area->nr_pages; i++) {
                struct page *page;
```

C.3.2 커밋과 커밋 메시지 작성

코드를 수정했으니 이제 패치를 커밋으로 생성해 봅시다.

'git add 파일_이름' 명령어를 입력해 패치를 인덱스에 등록합니다.

```
root@raspberrypi:/home/pi/kernel_src/linux-next# git add mm/vmalloc.c
```

다음 명령어를 입력해 커밋 메시지와 함께 커밋 인덱스를 추가합니다.

```
root@raspberrypi:/home/pi/kernel_src/linux-next# git commit -m "mm/vmalloc.c: move 'area->pages'
after if statement"
 [master 09c14a5] mm/vmalloc.c: move 'area->pages' after if statement
 1 file changed, 4 insertions(+), 2 deletions(-)
```

위 명령어에서 커밋 메시지는 다음과 같습니다.

```
 "mm/vmalloc.c: move 'area->pages' after if statement"
```

이번에는 다음 명령어를 입력해 커밋 메시지에 'Signed-off-by: 이메일 주소'와 추가 커밋 메시지를
추가합니다.

```
root@raspberrypi:/home/pi/kernel_src/linux-next# git commit --amend -s

mm/vmalloc.c: move 'area->pages' after if statement

Signed-off-by: Austin Kim <austindh.kim@gmail.com>
```

```
# Please enter the commit message for your changes. Lines starting
# with '#' will be ignored, and an empty message aborts the commit.
...
#
# Changes to be committed:
#   modified:   mm/vmalloc.c
#
```

'Signed-off-by'는 오픈소스 라이선스 정책을 이해했으며, 정책을 따르겠다는 의도로 추가하는 '도장'
입니다. 만약 'Signed-off-by' 없이 패치 코드를 메인테이너에게 전달하면 'Signed-off-by'와 함께
다시 패치를 보내라는 답장을 받을 확률이 높습니다.

이어서 'mm/vmalloc.c: move 'area->pages' after if statement'라는 제목 아랫부분에 패치를 설명하는
메시지를 추가합니다.

```
01 mm/vmalloc.c: move 'area->pages' after if statement
02
03 If !area->pages statement is true where memory allocation fails, area is
04 freed.
05
06 In this case 'area->pages = pages' should not executed.  So move
07 'area->pages = pages' after if statement.
08
09 Signed-off-by: Austin Kim <austindh.kim@gmail.com>
10
```

커밋 메시지를 작성할 때는 패치의 내용을 명확하게 설명할 수 있는 문장을 써야 합니다. 여기서 주의
해야 할 점은 패치의 내용을 너무 과장해서 설명하면 안 된다는 것입니다. 패치를 설명할 때 만약 'Fix
Bug...", "Use-after-Free Fix" 등등의 표현을 쓰면 패치를 리뷰할 때 메인테이너나 다른 커널 개발
자로부터 다음과 같은 질문을 받을 가능성이 높습니다.

- 문제를 발생시킬 수 있는 테스트 케이스는 무엇인가?
- 문제가 발생할 때의 커널 로그를 알려줘라.

패치 리뷰를 할 때 이런 질문에 일일이 대답해야 하며, 제대로 답변하지 못하면 패치가 거절될 가능성
이 높습니다.

이제 다음 명령어로 패치를 하나 생성해보겠습니다.

```
root@raspberrypi:/home/pi/kernel_src/linux-next# git format-patch -1
0001-mm-vmalloc.c-move-area-pages-after-if-statement.patch
```

'git format-patch -1'은 최신 커밋 기준으로 1개의 패치를 생성하는 명령어입니다. 그 결과, 다음 파일이 생성됐습니다.

```
0001-mm-vmalloc.c-move-area-pages-after-if-statement.patch
```

이번에는 이 파일을 열어 보겠습니다.

```
01 From a7c761e9946132891664b2817984bf2466552130 Mon Sep 17 00:00:00 2001
02 From: Austin Kim <austindh.kim@gmail.com>
03 Date: Fri, 30 Aug 2019 12:57:16 2019 +0900
04 Subject: [PATCH] mm/vmalloc.c: move 'area->pages' after if statement
05
06 If !area->pages statement is true where memory allocation fails, area is
07 freed.
08
09 In this case 'area->pages = pages' should not executed.  So move
10 'area->pages = pages' after if statement.
11
12 Signed-off-by: Austin Kim <austindh.kim@gmail.com>
13 ---
14  mm/vmalloc.c | 6 ++++--
15  1 file changed, 4 insertions(+), 2 deletions(-)
16
17 diff --git a/mm/vmalloc.c b/mm/vmalloc.c
18 index e66e7ff..0471c78 100644
19 --- a/mm/vmalloc.c
20 +++ b/mm/vmalloc.c
21 @@ -2416,13 +2416,15 @@ static void *__vmalloc_area_node(struct vm_struct *area, gfp_t gfp_mask,
22     } else {
23         pages = kmalloc_node(array_size, nested_gfp, node);
24     }
25 -   area->pages = pages;
26 -   if (!area->pages) {
```

```
27 +
28 +     if (!pages) {
29            remove_vm_area(area->addr);
30            kfree(area);
31            return NULL;
32        }
33
34 +     area->pages = pages;
35 +
36        for (i = 0; i < area->nr_pages; i++) {
37            struct page *page;
38
39 --
40 2.6.2
41
```

C.3.3 패치 코딩 룰 체크

패치 코드를 생성했으면 리눅스 커널에 맞는 '코딩 룰'을 체크해야 합니다. 이를 위해 다음과 같이 스크립트 파일을 실행할 필요가 있습니다.

```
./scripts/checkpatch.pl [패치 코드 이름]
```

앞에서 생성한 패치 파일에 대해 '코딩 룰'을 체크하는 스크립트를 실행한 결과는 다음과 같습니다.

```
root@raspberrypi:/home/pi/kernel_src/linux-next# ./scripts/checkpatch.pl 0001-mm-vmalloc.c-move-
area-pages-after-if-statement.patch
total: 0 errors, 0 warnings, 17 lines checked

0001-mm-vmalloc.c-move-area-pages-after-if-statement.patch has no obvious style problems and is
ready for submission.
```

만약 '코딩 룰'에 맞지 않게 패치를 작성해서 메인테이너에게 메일을 보내면 '코딩 룰'에 맞게 다시 패치를 보내라는 답장을 받을 확률이 높습니다. 혹은 아예 반응이 없는 경우도 있습니다. 그래서 './scripts/checkpatch.pl'로 스크립트를 실행한 후 경고나 에러 메시지가 출력되면 다음과 같은 후속 조치를 취해야 합니다.

- 패치 코드를 수정하고 코딩 룰 체크 스크립트를 다시 실행합니다.
- 코딩 룰 체크 스크립트에서 경고 메시지가 출력되지 않을 때까지 패치 코드를 수정해야 합니다.

C.3.4 패치를 보낼 메일 수신자 확인

이제 패치 작성이 완료됐으니 패치를 받을 수신자를 확인해야 합니다. 이를 위해 다음 스크립트를 실행할 필요가 있습니다.

```
./scripts/get_maintainer.pl [패치파일 이름]
```

다음은 0001-mm-vmalloc.c-move-area-pages-after-if-statement.patch 패치 파일을 리뷰할 이메일 주소를 확인하는 과정을 보여 줍니다.

```
root@raspberrypi:/home/pi/kernel_src/linux-next# ./scripts/get_maintainer.pl 0001-mm-vmalloc.c-
move-area-pages-after-if-statement.patch
Andrew Morton <akpm@linux-foundation.org> (commit_signer:44/38=100%)
"Uladzislau Rezki (Sony)" <urezki@gmail.com>
(commit_signer:15/38=39%,authored:12/38=32%,added_lines:994/1402=71%,removed_lines:298/590=51%)
Roman Gushchin <guro@fb.com> (commit_signer:6/38=16%)
Roman Penyaev <rpenyaev@suse.de> (commit_signer:4/38=11%,authored:4/38=11%,removed_lines:31/590=5%)
Michal Hocko <mhocko@kernel.org> (commit_signer:3/38=8%)
Rick Edgecombe <rick.p.edgecombe@intel.com> (authored:3/38=8%,added_lines:102/1402=7%)
Mike Rapoport <rppt@linux.ibm.com>
(authored:2/38=5%,added_lines:219/1402=16%,removed_lines:195/590=33%)
Andrey Ryabinin <aryabinin@virtuozzo.com> (authored:2/38=5%)
linux-mm@kvack.org (open list:MEMORY MANAGEMENT)
linux-kernel@vger.kernel.org (open list)
```

메일 이름을 보면 아래의 개발자 이메일 주소로 보이니 'To:'로 지정하면 됩니다.

- akpm@linux-foundation.org
- urezki@gmail.com
- guro@fb.com
- rpenyaev@suse.de
- mhocko@suse.com

- rick.p.edgecombe@intel.com

- rppt@linux.ibm.com

- aryabinin@virtuozzo.com

다음은 리눅스 커널 메일링 리스트 주소로 보이므로 'Cc:'로 기입하겠습니다.

- linux-mm@kvack.org

- linux-kernel@vger.kernel.org

특히 'linux-kernel@vger.kernel.org'라는 메일링 리스트 주소를 'Cc:'로 추가하지 않으면 다른 개발자에게 불평을 들을 수 있으니 꼭 추가합시다. 패치의 코딩 룰을 체크했고 메일을 받을 이메일 주소도 확인했으니 이제 패치 코드를 보낼 차례입니다.

C.3.5 mutt 프로그램으로 패치 전송

이제 패치 파일을 mutt 프로그램으로 전송할 일만 남았습니다. 이를 위해 다음과 같은 형식으로 명령어를 입력해봅시다.

```
mutt -H [패치 코드 이름]
```

먼저 다음 명령어를 입력해 봅시다.

```
root@raspberrypi:/home/pi/kernel_src/linux-next# mutt -H 0001-mm-vmalloc.c-move-area-pages-after-if-statement.patch
```

mutt 프로그램이 실행되면서 다음 항목이 출력될 것입니다.

```
To:
```

'To:' 오른쪽에 다음 이메일을 수신자로 지정합니다.

```
akpm@linux-foundation.org,
urezki@gmail.com,
guro@fb.com,
rpenyaev@suse.de,
mhocko@suse.com,
```

```
rick.p.edgecombe@intel.com,
rppt@linux.ibm.com,
aryabinin@virtuozzo.com
```

다음은 메일 수신자를 기입한 후의 화면입니다.

```
To: akpm@linux-foundation.org, urezki@gmail.com, guro@fb.com, rpenyaev@suse.de, mhocko@suse.com,
rick.p.edgecombe@intel.com, rppt@linux.ibm.com, aryabinin@virtuozzo.com
```

메일 수신자를 모두 입력한 다음 '엔터'를 입력합니다. 이어서 다음과 같은 내용이 출력될 것입니다. 패치 제목과 패치의 내용을 볼 수 있습니다.

```
Subject: [PATCH] mm/vmalloc.c: move 'area->pages' after if statement

01 If !area->pages statement is true where memory allocation fails, area is
02 freed.
03
04 In this case 'area->pages = pages' should not executed.  So move
05 'area->pages = pages' after if statement.
06
07 Signed-off-by: Austin Kim <austindh.kim@gmail.com>
08 ---
09  mm/vmalloc.c | 6 ++++--
10  1 file changed, 4 insertions(+), 2 deletions(-)
11
12 diff --git a/mm/vmalloc.c b/mm/vmalloc.c
13 index e66e7ff..0471c78 100644
14 --- a/mm/vmalloc.c
15 +++ b/mm/vmalloc.c
16 @@ -2416,13 +2416,15 @@ static void *__vmalloc_area_node(struct vm_struct *area, gfp_t gfp_mask,
17      } else {
18          pages = kmalloc_node(array_size, nested_gfp, node);
19      }
20 -    area->pages = pages;
21 -    if (!area->pages) {
22 +
23 +    if (!pages) {
24          remove_vm_area(area->addr);
25          kfree(area);
```

```
26          return NULL;
27      }
28
29 +    area->pages = pages;
30 +
31      for (i = 0; i < area->nr_pages; i++) {
32          struct page *page;
33
34 --
35 2.6.2
36


/tmp/mutt-ATEARND20B15-1035-97268-32752046138858321
1,1              All
:wq
```

패치 코드와 제목에 문제가 없으니 'wq'를 입력해 다음 화면으로 이동합니다.

```
y:Send  q:Abort  t:To  c:CC  s:Subj  a:Attach file  d:Descrip  ?:Help
    From: Austin Kim <austindh.kim@gmail.com>
      To: akpm@linux-foundation.org, urezki@gmail.com, guro@fb.com, rpenyaev@suse.de,
mhocko@suse.com, rick.p.edgecombe@intel.com, rppt@linux.ibm.com, aryabinin@virtuozzo.com
      Cc:
      Bcc:
 Subject: [PATCH] mm/vmalloc.c: move 'area->pages' after if statement
Reply-To:
      Fcc:
      Mix: <no chain defined>
Security: None
```

위 화면에서 'c'를 입력하면 참조 이메일 주소를 입력하는 항목이 출력됩니다.

```
'Cc:'
```

 'Cc:' 리스트에는 이전 절에서 아래 명령어로 확인한 메일링 리스트의 이메일 주소를 입력하면 됩니다.

```
'./scripts/get_maintainer.pl [패치파일 이름]'
linux-mm@kvack.org
linux-kernel@vger.kernel.org,
```

'Cc:' 오른쪽 부분에 메일링 리스트 주소와 필자의 이메일 주소를 기입합니다.

```
Cc: linux-mm@kvack.org, linux-kernel@vger.kernel.org, austindh.kim@gmail.com
```

'Cc:' 메일 주소를 입력한 후 '엔터' 키를 입력합니다. 그러면 다음과 같은 내용이 출력될 것입니다.

```
y:Send  q:Abort  t:To  c:CC  s:Subj  a:Attach file  d:Descrip  ?:Help
    From: Austin Kim <austindh.kim@gmail.com>
      To: akpm@linux-foundation.org, urezki@gmail.com, guro@fb.com, rpenyaev@suse.de,
mhocko@suse.com, rick.p.edgecombe@intel.com, rppt@linux.ibm.com, aryabinin@virtuozzo.com
      Cc: linux-mm@kvack.org, linux-kernel@vger.kernel.org, austindh.kim@gmail.com
     Bcc:
 Subject: [PATCH] mm/vmalloc.c: move 'area->pages' after if statement
Reply-To:
     Fcc:
     Mix: <no chain defined>
Security: None
```

메일 주소와 수신자를 다시 한 번 확인한 후 오탈자가 없으면 'y'를 입력해 패치 코드를 송신합니다.

C.4 패치 코드 리뷰 과정과 업스트림(병합) 확인

이렇게 이메일로 패치 코드를 전달한 후 필자의 이메일로 'memory management/vmalloc' 서브시스템의 메인테이너인 앤드루 모튼(Andrew Morton)에게서 답장이 왔습니다.

```
보낸사람:  Andrew Morton <akpm@linux-foundation.org>
받는사람:  Austin Kim <austindh.kim@gmail.com>
참조:    linux-mm@kvack.org,
        linux-kernel@vger.kernel.org
제목:    Re: [PATCH] mm/vmalloc: move 'area->pages' after if statement

Fair enough.  But we can/should also do this?

--- a/mm/vmalloc.c~mm-vmalloc-move-area-pages-after-if-statement-fix
+++ a/mm/vmalloc.c
@@ -2409,7 +2409,6 @@ static void *__vmalloc_area_node(struct
        nr_pages = get_vm_area_size(area) >> PAGE_SHIFT;
```

```
        array_size = (nr_pages * sizeof(struct page *));

-       area->nr_pages = nr_pages;
        /* Please note that the recursion is strictly bounded. */
        if (array_size > PAGE_SIZE) {
                pages = __vmalloc_node(array_size, 1, nested_gfp|highmem_mask,
@@ -2425,6 +2424,7 @@ static void *__vmalloc_area_node(struct
        }

        area->pages = pages;
+       area->nr_pages = nr_pages;

        for (i = 0; i < area->nr_pages; i++) {
                struct page *page;
```

답장의 내용은 다음과 같습니다.

Fair enough. But we can/should also do this?
(좋아. 그런데 다음과 같이 수정하는 것은 어떨까?)

필자가 수정한 패치 코드에서 뭔가 추가하면 좋은 내용이 보여 메인테이너인 앤드루 모튼이 패치 코드를 알려준 것이었습니다. 필자는 '고맙다, 동의한다'라고 답장을 보냈습니다.

 필자가 이메일을 통해 메인테이너와 이메일로 패치에 대한 의견을 교환한 내역은 다음 페이지에서 확인할 수 있습니다.

- https://lkml.org/lkml/2019/8/30/952
- https://patchwork.kernel.org/patch/11122851/

이 두 사이트는 리눅스 커널 메일링 리스트를 통해 커널 개발자가 나눈 이메일 내용을 보관하는 사이트입니다.

하루 뒤 다음과 같은 메일이 전달됐습니다. 패치가 리뷰되면서 'Signed-off-by', 'Acked-by', 'Reviewed-by'와 같이 다른 커널 개발자로부터 받은 도장이 보입니다. 필자가 처음에 'Signed-off-by'로 자신의 이메일 주소를 추가한 다음 부분에 메인테이너가 'Signed-off-by'를 추가한 것입니다.

제목: + mm-vmalloc-move-area-pages-after-if-statement.patch added to -mm tree

The patch titled
    Subject: mm/vmalloc.c: move 'area->pages' after if statement
has been added to the -mm tree. Its filename is
    mm-vmalloc-move-area-pages-after-if-statement.patch

This patch should soon appear at
    http://ozlabs.org/~akpm/mmots/broken-out/mm-vmalloc-move-area-pages-after-if-statement.patch
and later at
    http://ozlabs.org/~akpm/mmotm/broken-out/mm-vmalloc-move-area-pages-after-if-statement.patch

Before you just go and hit "reply", please:
  a) Consider who else should be cc'ed
  b) Prefer to cc a suitable mailing list as well
  c) Ideally: find the original patch on the mailing list and do a
     reply-to-all to that, adding suitable additional cc's

*** Remember to use Documentation/process/submit-checklist.rst when testing your code ***

The -mm tree is included into linux-next and is updated
there every 3-4 working days

From: Austin Kim <austindh.kim@gmail.com>
Subject: mm/vmalloc.c: move 'area->pages' after if statement

If !area->pages statement is true where memory allocation fails, area is
freed.

In this case 'area->pages = pages' should not executed. So move
'area->pages = pages' after if statement.

Link: http://lkml.kernel.org/r/20190830035716.GA190684@LGEARND20B15
Signed-off-by: Austin Kim <austindh.kim@gmail.com>
Acked-by: Michal Hocko <mhocko@suse.com>
Reviewed-by: Andrew Morton <akpm@linux-foundation.org>
Cc: Uladzislau Rezki (Sony) <urezki@gmail.com>
Cc: Roman Gushchin <guro@fb.com>

Cc: Roman Penyaev <rpenyaev@suse.de>

Cc: Rick Edgecombe <rick.p.edgecombe@intel.com>

Cc: Mike Rapoport <rppt@linux.ibm.com>

Cc: Andrey Ryabinin <aryabinin@virtuozzo.com>

Signed-off-by: Andrew Morton <akpm@linux-foundation.org>

```
 mm/vmalloc.c |   6 ++++--
 1 file changed, 4 insertions(+), 2 deletions(-)


--- a/mm/vmalloc.c~mm-vmalloc-move-area-pages-after-if-statement
+++ a/mm/vmalloc.c
@@ -2417,13 +2417,15 @@ static void *__vmalloc_area_node(struct
        } else {
                pages = kmalloc_node(array_size, nested_gfp, node);
        }
-       area->pages = pages;
-       if (!area->pages) {
+
+       if (!pages) {
                remove_vm_area(area->addr);
                kfree(area);
                return NULL;
        }

+       area->pages = pages;
+
        for (i = 0; i < area->nr_pages; i++) {
                struct page *page;


-
```

Patches currently in -mm which might be from austindh.kim@gmail.com are

mm-vmalloc-move-area-pages-after-if-statement.patch

이 이메일을 받고 난 후 23일 후에 리눅스 커널의 저장소에 필자가 제안한 패치 코드가 병합된 것을 확인할 수 있었습니다.

author Austin Kim <austindh.kim@gmail.com> 2019-09-23 15:36:42 -0700

committer Linus Torvalds <torvalds@linux-foundation.org> 2019-09-24 15:54:10 -0700

commit 7ea362427c170061b8822dd41bafaa72b3bcb9ad (patch)

tree   3b31fc56753b3fcfd467ae6b19b714dd4776ee26

parent 688fcbfc06e4fdfbb7e1d5a942a1460fe6379d2d (diff)

download   linux-next-7ea362427c170061b8822dd41bafaa72b3bcb9ad.tar.gz

mm/vmalloc.c: move 'area->pages' after if statement

If !area->pages statement is true where memory allocation fails, area is
freed.

In this case 'area->pages = pages' should not executed. So move
'area->pages = pages' after if statement.

...

diff --git a/mm/vmalloc.c b/mm/vmalloc.c

index f095843..fcadd3e 100644

--- a/mm/vmalloc.c

+++ b/mm/vmalloc.c

@@ -2409,7 +2409,6 @@ static void *__vmalloc_area_node(struct vm_struct *area, gfp_t gfp_mask,

    nr_pages = get_vm_area_size(area) >> PAGE_SHIFT;

    array_size = (nr_pages * sizeof(struct page *));

-    area->nr_pages = nr_pages;

    /* Please note that the recursion is strictly bounded. */

    if (array_size > PAGE_SIZE) {

        pages = __vmalloc_node(array_size, 1, nested_gfp|highmem_mask,

@@ -2417,13 +2416,16 @@ static void *__vmalloc_area_node(struct vm_struct *area, gfp_t gfp_mask,

    } else {

        pages = kmalloc_node(array_size, nested_gfp, node);

    }

-    area->pages = pages;

-    if (!area->pages) {

+

+   if (!pages) {

        remove_vm_area(area->addr);

        kfree(area);

        return NULL;

    }

+   area->pages = pages;

```
+    area->nr_pages = nr_pages;
+

     for (i = 0; i < area->nr_pages; i++) {
         struct page *page;
```

 출처는 다음 사이트입니다.

- https://git.kernel.org/pub/scm/linux/kernel/git/next/linux-next.git/commit/?id=7ea362427c1
  70061b8822dd41bafaa72b3bcb9ad

패치가 '리눅스 커널의 소스코드 저장소'에 병합됐다는 이메일을 받은 후, 최신 리눅스 커널 코드를 아래 사이트에서 검색해보니 필자와 메인테이너가 제안한 코드가 반영됐음을 확인할 수 있습니다.

https://elixir.bootlin.com/linux/v5.4-rc1/source/mm/vmalloc.c

```
static void *__vmalloc_area_node(struct vm_struct *area, gfp_t gfp_mask,
                pgprot_t prot, int node)
{
...

     /* Please note that the recursion is strictly bounded. */
     if (array_size > PAGE_SIZE) {
         pages = __vmalloc_node(array_size, 1, nested_gfp|highmem_mask,
                 PAGE_KERNEL, node, area->caller);
     } else {
         pages = kmalloc_node(array_size, nested_gfp, node);
     }

     if (!pages) {
         remove_vm_area(area->addr);
         kfree(area);
         return NULL;
     }

     area->pages = pages;
     area->nr_pages = nr_pages;
```

C.5 리눅스 커널 오픈소스 프로젝트로 얻는 지식

이전 절에서는 리눅스 커널 소스코드를 내려받아 여러분의 코드를 반영하는 과정을 설명했습니다. 여기서 필자는 너무나 당연한 질문을 하나 던져 보겠습니다.

리눅스 커널 오픈소스에 참여해 기여하는 이유는 무엇일까요?

이 질문에 여러 가지 답변을 드릴 수 있습니다만 필자의 생각은 다음과 같습니다.

리눅스 커널 오픈소스 프로젝트에 참여함으로써 많은 것을 배울 수 있습니다.

우리가 수정한 코드가 리눅스 커널 저장소에 반영되는 것 자체로는 큰 의미는 없다고 생각합니다. 무엇보다 그 과정이 중요합니다. 그래서 이번에는 리눅스 커널 오픈소스 프로젝트에 참여함으로써 무엇을 배울 수 있는지 이야기해보겠습니다.

C.5.1 코드 리뷰

먼저 리눅스 커널 오픈소스를 진행하면 세계 정상급 커널 개발자로부터 코드 리뷰를 받을 수 있습니다. 필자가 겪은 한 가지 예를 들어보겠습니다.

필자는 ext4 파일 시스템의 코드를 분석하다가 커널 패닉을 유발하는 BUG(); 코드 다음에 'return -EINVAL' 구문을 제거하는 패치를 메일로 송부했습니다.

```
diff --git a/fs/ext4/extents_status.c b/fs/ext4/extents_status.c
index a959adc..7f97360 100644
--- a/fs/ext4/extents_status.c
+++ b/fs/ext4/extents_status.c
@@ -781,7 +781,6 @@ static int __es_insert_extent(struct inode *inode, struct extent_status
*newes)

		p = &(*p)->rb_right;
	} else {
	    BUG();
-	    return -EINVAL;
	}
    }
```

패치의 아이디어는 간단합니다.

- BUG();가 실행돼서 커널 패닉이 발생하면 'return -EINVAL;' 코드를 실행하지 않는다.
- 그래서 코드를 삭제하는 것이 좋겠다.

조금 후에 ext4 파일 시스템 메인테이너인 "Theodore Y. Ts'o"에게서 메일을 받았습니다. 코드 리뷰 내용은 다음과 같습니다.

출처: https://lkml.org/lkml/2019/8/22/696

```
This would not be safe in the case of !CONFIG_BUG.  (See init/Kconfig)

It's fair to argue that we shouldn't have CONFIG_BUG --- or
!CONFIG_BUG should still cause the kernel to stop without actually
printing the full BUG information, for those tiny kernel applications
which are really worried about kernel text space.

It also would be fair to argue that we should remove the unreachable
annotation for BUG(), or even, add a *reachable* annotation to catch
code where something something terribly might happen if the kernel is
built with !CONFIG_BUG and we trip against a bug.

But this is a much higher level issue than your sending individual
paches subsystems.

Regards,
```

코드 리뷰의 내용을 간단히 요약하면 'CONFIG_BUG 컨피그를 비활성화했을 때의 동작'을 고려해 보자라는 내용입니다. 즉, 제안한 패치는 사실상 거절됐지만 '이보다' 상세한 코드 리뷰를 받을 수 있어서 참 유익했다고 생각합니다. 또한 코드 리뷰의 내용을 읽고 많은 생각을 하게 됐습니다.

이처럼 정상급 리눅스 커널 개발자로부터 다음과 같은 내용이 포함된 상세한 코드 리뷰를 받을 수 있습니다.

- 코딩 룰
- 주석문의 내용
- 코드의 사이드 이펙트(Side-Effect)

C.5.2 Git 사용법

리눅스 오픈소스 프로젝트에 참여하면 자연스럽게 Git을 익히게 됩니다.

- 커밋 생성
- 커밋 메시지 작성
- 코드 병합

Git은 리눅스 진영에서 소개된 소프트웨어 형상 관리 프로그램입니다. 하지만 지금은 다른 소프트웨어 개발 분야에서도 Git을 버전 관리 프로그램으로 많이 쓰고 있습니다.

어떤 소프트웨어 회사이건 반드시 소프트웨어 버전 관리를 하기 마련인데, 개발자들은 이를 잘 다뤄야 개발을 매끄럽게 진행할 수 있습니다.

C.5.3 개발자 간의 의사소통과 개발 문화

해외 리눅스 커널 개발자들은 어떤 방식으로 소통하고 개발하는지도 오픈소스 프로젝트를 통해 알 수 있습니다. 무엇보다 값진 경험입니다.

지금까지 부록을 통해 리눅스 커널 오픈소스에 기여하는 방법을 설명했습니다. 리눅스 오픈소스 프로젝트와 관련된 팁이나 유익한 내용을 조금 더 알고 싶으면 다음 필자의 블로그를 참고하세요.

- http://rousalome.egloos.com/category/Kernel_Contribution_Tips

ㄱ - ㅅ

ㅇ ‒ ㅎ